中国世界贸易组织年鉴

李岚清

主　管：中华人民共和国商务部
主　办：中国世界贸易组织研究会
合　办：对外经济贸易大学
北京市国际服务贸易事务中心
上海WTO事务咨询中心
深圳市世贸组织事务中心
武汉大学WTO学院
国际贸易和可持续发展中心

2014
总第8期

中国商务出版社
CHINA COMMERCE AND TRADE PRESS

图书在版编目（CIP）数据

中国世界贸易组织年鉴．2014/中国世界贸易组织研究会编．—北京：中国商务出版社，2015.1

ISBN 978-7-5103-1236-6

Ⅰ．①中…　Ⅱ．①中…　Ⅲ．①世界贸易组织－影响－中国经济－2014－年鉴　Ⅳ．①F743-54②F12-54

中国版本图书馆 CIP 数据核字（2015）第 024685 号

中国世界贸易组织年鉴 2014

中国世界贸易组织研究会　编

出　　版：中国商务出版社
发　　行：北京中商图出版物发行有限责任公司
责任编辑：李彩娟　孙　梅
社　　址：北京市东城区安定门外大街东后巷 28 号
邮　　编：100710
电　　话：010—64269744（编辑室）
010—64266119（发行部）
010—64263201（零售、邮购）
网　　址：www.cctpress.com
网　　店：http://cctpress.taobao.com
邮　　箱：cctp@cctpress.com
照　　排：北京科事洁技术开发有限责任公司
印　　刷：北京京海印刷厂
开　　本：889 毫米×1194 毫米　1/16
彩　　插：3.75 印张
正　　文：50.75 印张　　字　数：1611 千字
版　　次：2015 年 2 月第 1 版　　2015 年 2 月第 1 次印刷

书　　号：ISBN 978-7-5103-1236-6
定　　价：480.00 元

《中国世界贸易组织年鉴》编委会组织机构

主　编

孙振宇　第十一届全国政协委员、商务部前副部长、中国首任常驻世界贸易组织代表团常驻代表、特命全权大使、中国世界贸易组织研究会会长

副主编

俞晓松　中国世界贸易组织研究会高级顾问、中国国际贸易促进委员会前会长、中国世界贸易组织研究会竞争政策与法律专业委员会主席

张志刚　全国政协经济委员会副主任、中国世界贸易组织研究会高级顾问、商务部前副部长、中国商业联合会会长

徐秉金　中国世界贸易组织研究会高级顾问、中国欧洲经济技术合作协会会长、原对外贸易经济合作部部长助理、原国家机电办主任

李恩恒　中国常驻世界贸易组织代表团前副代表、中国世界贸易组织研究会副会长

霍建国　商务部国际贸易经济合作研究院院长、中国世界贸易组织研究会副会长

王琴华　商务部产业司前司长、中国世界贸易组织研究会副会长

王成安　中国—葡语国家经贸合作论坛（澳门）前秘书长、中国世界贸易组织研究会副会长、中国世界贸易组织研究会竞争政策与法律专业委员会执行主席

薛荣久　对外经济贸易大学教授、中国世界贸易组织研究会副会长

郑志海　原对外贸易经济合作部研究院院长、中国世界贸易组织研究会前副会长

吴家煌　中国入世市场准入谈判代表、中国世界贸易组织研究会前副会长

执行主编

陈　鹏　中国世界贸易组织研究会副会长兼秘书长、商务部配额许可证事务局前局长、中国国际贸易学会前副会长

施建军　对外经济贸易大学校长、教授、中国世界贸易组织研究会副会长

梁惊原　北京市国际服务贸易事务中心常务副主任

高　瞻　深圳市世贸组织事务中心主任

余敏友　武汉大学 WTO 学院院长、教授

梅林德　国际贸易和可持续发展中心（ICTSD）总裁

委　员

（以下按姓氏笔画排序）

王　晖　海峡两岸经贸交流协会副会长
王世春　联合国工业发展组织办公室主任
王利群　中国钢铁工业协会副会长
王俊文　中国国际贸易学会会长
王洛林　商务部经贸政策咨询委员会主任
尹宗华　中国国际贸易促进委员会副会长
刘　佐　中国税务报社总编辑
刘有厚　驻欧盟使团经商参处前公使衔参赞
杜　墨　中国保险监督管理委员会国际部国际规则处处长
李月芬　联合国贸易和发展会议高级经济事务官员
岑兆琦　中国世界贸易组织研究会竞争政策与法律专业委员会副秘书长
沙开清　国家知识产权局办公室处长
张丽萍　联合国贸易和发展会议高级经济事务官员
张晓婉　农业部农业贸易促进中心研究员
陈婧丹　中国民用航空局政策法规司政策处
林桂军　对外经济贸易大学副校长
周宏达　中国证监会国际合作部副处长
周冠山　海关总署国际合作司前司长
赵　宏　商务部世界贸易组织司世界贸易组织谈判专员
赵龙跃　南开大学教授、南开大学中国国际发展研究中心主任
赵明霞　中国纺织工业联合会产业部处长
赵忠秀　对外经济贸易大学副校长
胡　铁　中国世界贸易组织研究会竞争政策与法律专业委员会副秘书长
侯　颖　中国钢铁工业协会高级分析师、市场调研部副主任、教授级高级工程师
姜　波　中国保险监督管理委员会国际部主任
钱建初　中国商务出版社总编辑
唐　炜　中国国际贸易中心股份有限公司总经理
崔明谟　中国国际经济合作学会会长
屠新泉　对外经济贸易大学中国WTO研究院执行院长
隆国强　国务院发展研究中心副主任
蒋璇芳　中国钢铁工业协会市场调研部进出口处副处长
韩铁城　中国驻法国大使馆经济商务参赞处前公使衔参赞
戴云楼　中国驻美国大使馆经济商务参赞处前公使衔参赞

指导单位

编 辑 部

序

世界贸易组织自1995年1月1日正式运行。20年来运行机制逐步完善，世界贸易组织多边贸易体制保障着世界贸易和经济的增长。全球金融危机以来，世界贸易组织在应对贸易保护主义、解决贸易争端、监督各国贸易政策等方面，更是发挥了重要作用。

随着世界贸易组织第九届部长级会议上“巴厘一揽子协定”取得成功，重新唤起了世界对多边贸易体制的信心。然而，其后《贸易便利化协议》的实施困难，则预示着多哈回合和世界贸易组织的未来仍然面临很多不确定因素，期望通过各国的努力，今年就其路线图和时间表达成一致。

迄今，经济危机的负能量还在积聚和发散，与多哈发展回合的长期停滞形成鲜明对照的是，危机以来区域经济合作的方兴未艾。这些新的区域经济合作，成为了国际贸易新规则的“试验区”。

正在洽谈中的跨太平洋伙伴关系协议（TPP）、区域全面经济伙伴关系（RCEP）、跨大西洋贸易与投资伙伴关系协定（TTIP），以及刚刚结束的北京亚太经合组织第22次领导人非正式会议上宣布启动并全面、系统推进的亚太自由贸易区（FTAAP），既是区域合作的“巨无霸”，又可能成为未来多边贸易体制的“奠基石”。

中国自加入世界贸易组织以来，一直坚定支持和维护世界贸易组织多边贸易体制，继续推动多哈回合取得进展。同时，为了更好地协调推动经济全球化“多边贸易体制”和“区域经济合作”的两个轮子，中国正在以更加主动开放的姿态参与诸边协定的谈判，加快实施自贸区战略。

党的十八大报告和十八届三中全会指出，中国为适应经济全球化新形势，将全面提升开放型经济水平，实行更加积极主动的开放战略，完善互利共赢、多元平衡、安全高效的开放型经济体系。为实现这一目标，党的十八届四中全会号召全面推进依法治国，这就要求我们以国际法治推动“规则重构”，完善国际经济社会的治理机制。

由中国世界贸易组织研究会编辑出版的《中国世界贸易组织年鉴(2014)》，围绕当前国际形势下多边贸易体制的新挑战、多哈回合谈判的新进展、中国在WTO中的新动态、中国学术界的最新研究等内容，进行了全面、客观、系统的介绍。希望这部工具书能较全面地宣传WTO的规则，并为社会各界研究世界贸易组织多边贸易体制和中国经贸发展提供有益的参考和借鉴。

中国世界贸易组织研究会名誉会长
中华人民共和国商务部前部长　陈德铭

2014年11月

编 辑 说 明

《中国世界贸易组织年鉴（2014）》（以下简称“本年鉴”）是中华人民共和国商务部主管、由中国世界贸易组织研究会组织国内外权威部门和专家、学者参与编撰出版的大型工具书，集政策性、研究性、实用性、史料性为一体，是国内外追踪研究 WTO 及相关问题，全面了解加入 WTO 后中国对外开放新形势和新变化的年度出版物。

2013 年 12 月在印度尼西亚巴厘岛举行的第九届部长级会议终于取得突破，达成了“巴厘一揽子协议”。多哈回合得来不易的第一份成果，重塑了人们对多边贸易体制的信心。中国在多哈回合谈判中无疑担当着重要的角色，发挥了重要作用，在“后巴厘”时代更可期待建设性作用的发挥。当前，区域、诸边和双边经贸合作方兴未艾，日益成为国际经贸新规则的“试验区”。在此轮国际经济规则重构中，历史赋予了中国积极参与的重任和对全球经贸发展做出更大贡献的机会。本期年鉴发表的专文对上述问题进行了深入阐述。

在内容框架体系方面，本年鉴在前七卷基础上做了进一步完善。正文内容增至十篇，框架体系得以充实并基本定型，计有：专文、WTO 事务、中国与 WTO、中国大陆与港澳台、中国与 WTO 主要成员经贸关系、与 WTO 有关的政策与管理措施、中国地方 WTO 事务、WTO 学术成果、与 WTO 有关的法规及政策、贸易统计数据。

在年鉴编撰过程中，得到了商务部、国务院其他相关经济贸易主管部门以及我国常驻世界贸易组织代表团和广大作者、译者的积极支持和帮助，在此谨表示衷心的感谢！

本年鉴所涉及单位名称、作者姓名及职务均以截稿日期为准。我们真诚希望社会各界继续对年鉴的编辑和出版工作给予关心和支持，对本年鉴的不足之处，敬请提出批评和改进意见，以使本年鉴日臻完善。

通信地址：北京市朝阳区惠新东街 10 号对外经济贸易大学行政楼 125 室

邮政编码：100029

电　　话：0086-10-8425 5121

传　　真：0086-10-8425 5121

E-mail：cwtoyearbook@sina. com

《中国世界贸易组织年鉴》编辑部

2014 年 11 月

目 录

序……………………………………… 中华人民共和国商务部前部长、中国世界贸易组织研究会名誉会长 陈德铭

编辑说明……………………………………………………………………《中国世界贸易组织年鉴》编辑部

第一篇 专 文

- 在世贸组织“后巴厘”时代发挥建设性作用…………… 中国常驻世界贸易组织大使 俞建华（3）
- 中国在多哈回合谈判中的角色和作用
  ………………………………………… 商务部前副部长、中国世界贸易组织研究会会长 孙振宇（6）
- 国际经贸规则续构热潮与中国应对
  ……………………………… 中国世界贸易组织研究会副会长、对外经济贸易大学教授 薛荣久（10）

第二篇 WTO 事务

- WTO 运行总体情况（2013）
  一、WTO 秘书处人员与预算（2013）……………………………………………………（17）
  二、WTO 主要活动（2013）…………………………………………………………………（25）
- 多哈回合谈判进展（2013）………………………………………………………………………（48）
- 向争端解决机构请求磋商的案件（2013）………………………………………………（57）
  附录 1：1995—2013 年争端解决机构受理的案件 ……………………………………（103）
  附录 2：1995—2013 年上诉机构受理的案件 ……………………………………………（203）
- 贸易政策审议（2013）
  - 日本贸易政策审议 ……………………………………………………………………（244）
  - 阿根廷贸易政策审议 ………………………………………………………………（246）
  - 印度尼西亚贸易政策审议 ……………………………………………………………（251）
  - 墨西哥贸易政策审议 …………………………………………………………………（255）
  - 瑞士和列支敦士登贸易政策审议 ……………………………………………………（258）
  - 中国澳门贸易政策审议 ………………………………………………………………（261）
  - 苏里南贸易政策审议 …………………………………………………………………（263）
  - 巴西贸易政策审议 ……………………………………………………………………（265）
  - 欧盟贸易政策审议 ……………………………………………………………………（270）
  - 喀麦隆、刚果（布）、加蓬、乍得和中非贸易政策审议 ……………………………（272）
  - 越南贸易政策审议 ……………………………………………………………………（275）

- ➢ 哥斯达黎加贸易政策审议 ……………………………………………………………… (279)
- ➢ 秘鲁贸易政策审议 ……………………………………………………………………… (283)
- ➢ 吉尔吉斯共和国贸易政策审议 ………………………………………………………… (287)
- ➢ 马其顿贸易政策审议 …………………………………………………………………… (289)

第三篇　中国与 WTO

- ● 中国 WTO 事务综述（2013） …………………………………… 商务部世界贸易组织司(295)
- ● 贸易争端与救济措施
  - ➢ 中国参与世贸组织争端解决情况 …………………………………… 商务部条约法律司(297)
  - ➢ 中国进出口公平贸易工作概况 ……………………… 商务部贸易救济调查局局长　周晓燕(305)
  - ➢ 全球及中国保障措施情况……………………………………… 商务部贸易救济调查局(307)
  - ➢ 全球及中国反补贴措施情况…………………………………… 商务部贸易救济调查局(309)
  - ➢ 全球及中国反倾销措施情况…………………………………… 商务部贸易救济调查局(310)
- ● 政策审议
  - ➢ 世贸组织对日本第十一次贸易政策审议中国代表团的发言 …………………… (311)
  - ➢ 世贸组织对欧盟第十一次贸易政策审议中国代表团的发言 …………………… (312)
- ● WTO/TBT 与 SPS
  - ➢ 2013 年 WTO/ TBT、SPS 工作情况…………………… 国家质量监督检验检疫总局国际合作司(313)
  - ➢ 2013 年世贸组织有关《TBT 协定》和《SPS 协定》的争端解决案件综述 …………………………………………………………………… 商务部条约法律司(318)

第四篇　中国大陆与港澳台

- ➢ 与中国香港、澳门 WTO 事务 ………………………………………… 商务部台港澳司(327)
- ➢ 与中国台北 WTO 事务 ……………………………………………… 商务部台港澳司(328)
- ➢ 与港、澳、台经贸关系 ……………………………………………… 商务部台港澳司(329)

第五篇　与 WTO 主要成员经贸关系

- ➢ 中国与美国的经济贸易关系 …………………………………………… 商务部美大司(333)
- ➢ 中国与加拿大的经济贸易关系 ………………………………………… 商务部美大司(334)
- ➢ 中国与澳大利亚的经济贸易关系 ……………………………………… 商务部美大司(335)
- ➢ 中国与智利的经济贸易关系 …………………………………………… 商务部美大司(336)
- ➢ 中国与秘鲁的经济贸易关系 …………………………………………… 商务部美大司(337)
- ➢ 中国与新西兰的经济贸易关系 ………………………………………… 商务部美大司(338)
- ➢ 中国与拉美国家的经济贸易关系 ……………………………………… 商务部美大司(339)
- ➢ 中国与俄罗斯的经济贸易关系 ………………………………………… 商务部欧亚司(340)
- ➢ 中国与欧盟的经济贸易关系 …………………………………………… 商务部欧洲司(342)
- ➢ 中国与英国的经济贸易关系 …………………………………………… 商务部欧洲司(344)
- ➢ 中国与德国的经济贸易关系 …………………………………………… 商务部欧洲司(345)

➢ 中国与法国的经济贸易关系 …… 商务部欧洲司(347)
➢ 中国与东盟的经济贸易关系 …… 商务部亚洲司(348)
➢ 中国与新加坡的经济贸易关系 …… 商务部亚洲司(349)
➢ 中国与日本的经济贸易关系 …… 商务部亚洲司(350)
➢ 中国与韩国的经济贸易关系 …… 商务部亚洲司(352)
➢ 中国与印度的经济贸易关系 …… 商务部亚洲司(353)
➢ 中国与巴基斯坦的经济贸易关系 …… 商务部亚洲司(355)
➢ 中国与非洲国家的经济贸易关系 …… 商务部西亚非洲司(356)

第六篇 与 WTO 有关的政策与管理措施（2013）

● 贸易政策与管理措施
➢ 依法推进中国行政审批制度改革 …… 国务院法制办公室 徐志群(361)
➢ 中国海关管理制度 …… 海关总署(363)
➢ 中国关税政策 …… 海关总署(366)
➢ 中国关税政策 …… 财政部关税司(367)
➢ 中国海关估价制度 …… 海关总署(371)
➢ 中国海关原产地管理制度 …… 海关总署(373)
➢ 中国海关商品归类制度 …… 海关总署(376)
➢ 中国进出口许可证制度 …… 商务部对外贸易司(379)
➢ 中国关税配额制度 …… 商务部对外贸易司(381)
➢ 中国与进出口有关的其他税收制度 …… 中国税务报社 刘佐(384)
➢ 中国出入境检验检疫制度 …… 国家质量监督检验检疫总局通关司综合处处长 张东(390)
➢ 中国进出口信贷制度 …… 中国进出口银行 高小吉(393)
➢ 中国政府采购制度 …… 财政部国库司(397)
➢ 中国的自由贸易区建设 …… 商务部国际经贸关系司(399)

● 投资政策与管理措施
➢ 中国对外投资合作情况 …… 商务部对外投资和经济合作司(402)
➢ 中国利用外资情况 …… 商务部外国投资管理司(405)
➢ 中国外汇管理制度 …… 国家外汇管理局综合司(407)
➢ 中国国有企业改革发展与国有资产监管综述 …… 国务院国有资产监督管理委员会研究局 付升涛(409)

● 产业开放与管理措施
➢ 中国农业对外开放情况 …… 农业部农业贸易促进中心 张晓婉(411)
➢ 中国纺织业对外开放情况 …… 中国纺织工业联合会产业部 赵明霞(419)
➢ 中国汽车业对外开放情况 …… 中国汽车工业协会贸易协调部 刘振尤(426)
➢ 中国服务贸易发展概况 …… 商务部服务贸易和商贸服务业司(432)
➢ 外资银行在中国的经营和发展 …… 中国银行业监督管理委员会银行监管三部(435)
➢ 中国保险业对外开放情况 …… 中国保险业监督管理委员会国际部(436)

➤ 中国资本市场对外开放情况 ………… 中国证券监督管理委员会国际合作部 卢嘉红 周宏达(445)
➤ 中国交通运输业对外开放情况 ……………………………………………… 交通运输部规划研究院(463)
➤ 中国航空运输业对外开放情况 ………………………… 中国民用航空局政策法规司 陈婧丹(465)
➤ 中国旅游业对外开放情况 ………………………………………… 国家旅游局政策法规司 王倬(467)
➤ 中国电信业对外开放情况 ………………………………………… 工业和信息化部通信发展司(468)
➤ 中国文化产业对外开放情况 ………………………………… 北京大学文化产业研究院 范颖(470)
➤ 中国钢铁工业对外开放情况 ……………………………… 中国钢铁工业协会 王利群 蒋璇芳(476)
➤ 中国建筑业对外开放情况……………………………… 住房城乡建设部建筑市场监管司 张娟(484)

● 知识产权保护

➤ 中国知识产权发展情况 ………………… 国家知识产权局办公室综合信息处处长 沙开清(486)
➤ 中国专利制度 ……………………………… 国家知识产权局办公室综合信息处处长 沙开清(489)
➤ 中国商标保护制度 ……………………………………………… 国家工商行政管理总局商标局(493)
➤ 中国版权工作基本情况 ……………………………………… 国家版权局综合处副处长 丁智勇(512)
➤ 中国地理标志保护制度 ………………… 国家质量监督检验检疫总局科技司司长 武津生(515)

第七篇 中国地方 WTO 事务（2013）

➤ 内蒙古自治区加强制度体系建设，提升外贸质量水平…………………… 内蒙古自治区商务厅(521)
➤ 青岛加快构建开放型经济新体制 …………………… 青岛市商务局公平贸易和产业损害调查处(523)
➤ 新疆商务贸易工作概况 ……………………………………………………………… 新疆商务厅(527)
➤ 新疆生产建设兵团商务及 WTO 工作取得新进展 …… 新疆生产建设兵团商务局 徐荣 卢磊(531)
➤ 西藏自治区对外贸易、利用外资及对外经济合作简况 ……………… 西藏自治区商务厅(532)
➤ 深圳 WTO 事务工作 …………………………………………………… 深圳市世贸组织事务中心(533)
➤ 江西省商务工作及 WTO 事务概况 ………………………………………………… 江西省商务厅(535)
➤ 湖北省 WTO 工作情况简述 ……………………………………………………… 湖北省商务厅(537)
➤ 广西对外经贸工作与 WTO 事务简述 ……………………………… 广西壮族自治区商务厅 赵理(538)
➤ 广东省公平贸易工作与地方 WTO 事务
……………………………………… 广东省商务厅公平贸易局、广东省世界贸易组织事务中心(540)

第八篇 WTO 学术成果

● 专著 ……………………………………………………………………………………………… (545)

1.《21 世纪经济报道》. WTO 改变中国 ………………………………………………………… (545)
2. 陈彬 . WTO 司法体制法律适用问题研究 ……………………………………………………… (545)
3. 葛壮志 . WTO 争端解决机制法律和实践问题研究 ……………………………………………… (545)
4. 宫占奎 . 亚太区域经济合作发展报告——2013 ………………………………………………… (545)
5. 顾春芳 . 中国贸易救济与产业安全论丛——2012 ……………………………………………… (545)
6. 宫松 . 论 WTO 争端解决机制下的报复制度 …………………………………………………… (545)
7. 广东省对外贸易经济合作厅 . 多边贸易规则与自贸区协定条款系列解读与指引 …… (546)

8. 何宪民．WTO体制下贸易救济实施与中国的应对策略研究 …………………………（546）
9. 侯连琦．反规避法律制度研究 ……………………………………………………（546）
10. 胡庆江．东亚自由贸易区（EAFTA）路径选择研究 ……………………………（546）
11. 黄东黎，等．反补贴法与国际贸易．…………………………………………（546）
12. 姜鸿，等．实施自由贸易区战略问题研究 ……………………………………（546）
13. 金向东．东北亚区域整合现状及趋势 …………………………………………（546）
14. 李廷江，等．东亚区域合作与中日韩关系 ……………………………………（547）
15. 李建民．二十一世纪东亚区域经济合作战略研究 ……………………………（547）
16. 厉力．自由贸易区的原产地规则问题研究 ……………………………………（547）
17. 梁明，等．中国自由贸易区发展报告——2012 ……………………………（547）
18. 刘稚．大湄公河次区域合作发展报告——2012—2013 ………………………（547）
19. 栾信杰．世界贸易组织（WTO）规则解读 ……………………………………（547）
20. 毛树春，等．WTO与中国棉花十年 ……………………………………………（548）
21. 彭德雷．WTO下参与法律机制研究 ……………………………………………（548）
22. 任钢建．中国一东盟文化共生与包容性发展 …………………………………（548）
23. 商务部条约法律司，等．中国——影响知识产权保护和实施措施案（DS362号） ………
……………………………………………………………………………………（548）
24. 孙琬钟．WTO法与中国论丛．2013年卷 ………………………………………（548）
25. 汤碧．中国自贸区战略动态优化研究 …………………………………………（548）
26. 王婧．论WTO多哈回合服务贸易谈判 …………………………………………（549）
27. 王俊文．加快实施中国自贸区战略研究（论文集） …………………………（549）
28. 王永杰．世界贸易组织补贴争端解决机制研究 ………………………………（549）
29. 魏传忠．特别贸易关注 …………………………………………………………（549）
30. 吴喜梅．WTO框架下我国农业补贴法律体系的建构 …………………………（549）
31. 杨国华，等．法学教学方法：探索与争鸣 ……………………………………（549）
32. 杨国华，等．探索WTO一二 ……………………………………………………（550）
33. 杨静．自由贸易协定知识产权条款研究 ………………………………………（550）
34. 易波．WTO非违法之诉研究 ……………………………………………………（550）
35. 袁志刚．中国（上海）自由贸易试验区新战略研究 …………………………（550）
36. 张磊，等．多哈回合谈判的最新进展——2011年度报告 ……………………（550）
37. 张彬，等．中日韩自由贸易区问题研究 ………………………………………（550）
38. 张乃根．WTO法与中国涉案争端解决 …………………………………………（550）
39. 郑东阳，等．两岸ECFA时代 ……………………………………………………（551）
40. 赵晋平，等．跨太平洋伙伴关系协定 …………………………………………（551）
41. 中国世界贸易组织研究会竞争政策与法律专业委员会．中国竞争法律与政策
研究报告——2013年 ……………………………………………………………（551）
42. 中国一东盟环境保护合作中心．中国—东盟环境合作 ………………………（551）

43. 朱榄叶．WTO 争端解决案例新编 …… (551)

● 学术论文

➢ 中国与世界贸易组织

1. 入世后我国粮食安全立法的反思与未来战略．黄晖，曾文革 …… (552)
2. 入世对中国农业发展影响的事后评估——基于 GTAP 模型的实证分析．陈恭军，田维明 …… (552)
3. 入世十年中国纺织品出口国际竞争力分析．吴钧 …… (552)
4. 完善我国农业补贴制度的思考．张勇，张国梅 …… (552)
5. WTO 下企业电子商务的营销管理创新．王燕，张茹冰 …… (552)
6. 探析 WTO 体制下中国反倾销法律制度的立法完善．左祥宾 …… (552)
7. 我国农业产业安全评估指标体系研究．高庆鹏，陈彬，李沁洋 …… (553)
8. WTO 视角下的中国农业国内支持．殷德生 …… (553)
9. 论 WTO 框架下的竞争法律对我国反不正当竞争法的修改启示与借鉴．贾平，刘茜 …… (553)
10. WTO 框架下我国农业补贴政策发展趋势．王炜，李莎 …… (553)
11. 入世以来我国价格贸易条件变化原因的一个新的研究视角——基于 SITC2 分类的分解研究．赵晓梅 …… (553)
12. TBT 对我国出口竞争力的影响及对策．沈明其 …… (553)
13. WTO 规则下稀土出口应对策略．徐雅萍 …… (554)
14. 贸易自由化、劳动要素流动与贫困．陈怡，王洪亮，姜德波 …… (554)
15. 贸易政策与产业政策的协调．宋学义 …… (554)
16. 国内学界对入世后中国外贸的研究述评．王蕾 …… (554)
17. WTO 协议在中国法院的适用问题．李晓郛 …… (554)
18. WTO 对中国的影响——入世十二年后的回顾及展望．王钰 …… (554)
19. 入世十年来我国在国际贸易网络中的角色与地位演变轨迹．张勤，李海勇，马文杰 …… (555)
20. 入世以来中国对外贸易依存度的变化趋势及其原因分析．张建华 …… (555)
21. 加入世贸组织后中国省际贸易成本测度、效应及决定因素．许统生，洪勇，涂远芬，黄先明 …… (555)
22. 中国加入 WTO 十年银行业竞争力提升分析．徐盛发，巴曙松 …… (555)
23. 中国服务贸易发展现状、问题及对策．李晓峰，左煌 …… (555)
24. 加入 WTO 以来中国水果出口分析．王晓娜 …… (555)
25. 加入 WTO 对海峡两岸水产品出口波动影响的实证研究——基于福建与台湾的恒定市场分析．郑思宁，黄祖辉 …… (556)
26. 浅析中国入世议定书及相关承诺的法律性质．耿瑞宁 …… (556)
27. 国际经济法在中国对外贸易中的地位和作用．王大鹏 …… (556)
28. WTO 视野下我国风力发电上网电价补贴政策研究．吴昱，边永民 …… (556)

29. 全球贸易格局演变的新趋向与中国的应对策略．巩胜利…………………………………… (556)
30. 加入 WTO 与中国“开放型经济体系”的确立与完善．杨凤鸣，薛荣久…………… (556)

➢ 多边贸易体制、多哈回合与新议题

1. 刍议国际投资协定中的税收仲裁机制——以中国的缔约实践为例．李庆灵 ………… (557)
2. 从产品标准的解释看环境税在 WTO 体制下的法律地位．魏圣香，王慧 …………… (557)
3. 自然人流动谈判的进程及影响因素分析．李琴 ……………………………………… (557)
4. WTO 环境产品贸易自由化问题的研究综述．龚清华…………………………………… (557)
5. 从产品标准的解释看环境税在 WTO 体制下的法律地位．魏圣香，王慧 …………… (557)
6. WTO 新贸易统计数据的优势及对我国的影响．蒋庚华，郭沛，刘舒野……………… (557)
7. 从 WTO 与“文化例外”看国际文化贸易规则．吴承忠，牟阳 ……………………… (557)
8. 论 WTO 出口税制度的改革：自然资源主权、经济发展与环境保护．秦娅，
吕晓杰，李伶 ………………………………………………………………………… (558)
9. 国际经济新秩序的理念和现实．何力 ……………………………………………… (558)
10. 浅析 WTO 未来之路——WTO 改革动向及思考．刘敬东 ………………………… (558)
11. 论 WTO 与国际海关制度及组织的关系．朱秋沅…………………………………… (558)
12. 碳关税对我国对外贸易的影响及对策分析．王红…………………………………… (559)
13. 多哈回合农业国内支持谈判的进展与中国农业政策的调整．李淑静……………… (559)
14. 附加值贸易统计方法视角下的中国外贸发展状况．关兵…………………………… (559)
15. 服务贸易自由化的争议与中国的发展趋势．张小琳，姚新超……………………… (559)
16. 碳关税与 WTO 规则的相符性研究——基于 WTO 对相关贸易与环境争端
处理的分析．赵玉焕，郭付强………………………………………………………… (559)
17. 多哈回合农业谈判未决议题及前景展望．何燕华…………………………………… (559)
18. 国际投资条约仲裁审查标准之反思．王燕…………………………………………… (559)
19. 中国 GPA 谈判面临的主要问题与应对策略．芦艳荣 ……………………………… (560)
20. WTO 框架下国际粮食援助与公平贸易——后多哈时代展望．陈亚芸 …………… (560)
21. 世界需要建立新的全球金融规则．张斌，胡志浩…………………………………… (560)
22. 中国发展国际服务贸易的思考与法律完善．曹飞，刘正…………………………… (560)
23. 从 2012 版 GPA 文本论政府采购发展走势．祝尔坚 ……………………………… (560)
24. 美国投资协定中的知识产权保护问题研究．何艳…………………………………… (560)
25. 国际贸易与气候变化的协调对策研究．闫云凤……………………………………… (561)
26. 国际投资条约中不排除措施条款的解释．陈正健…………………………………… (561)
27. WTO 宪政化：从“司法宪法论”到“贸易民主论”．左海聪，范笑迎 ………… (561)
28. 《政府采购协定》的新发展与我国的加入分析．叶波 ……………………………… (561)
29. 国际服务贸易协议（TISA）进展研究．梁日杰 …………………………………… (561)
30. WTO 困境下的国际贸易新格局与挑战．章昌裕 …………………………………… (561)
31. 《国际服务贸易协定》与《服务贸易总协定》的比较分析．李伍荣，冯源 ………… (562)

➢ 区域贸易协定

1. 东亚 FTA/EPA 推动下的日本农业政策演变：基于利益集团博弈的视角．

谢剑锋 …………………………………………………………………………………… (562)
2. ECFA 的法律性质研究．陈姿文 ………………………………………………………… (562)
3. WTO 环境产品贸易自由化问题的研究综述．龚清华 ………………………………… (562)
4. 实施 FTA 战略的潜在风险及中国的防范策略．戴臻，魏磊 ………………………… (562)
5. CEPA 框架下香港与中国内地的贸易创造——基于 1997～2010 年贸易关联面板数据．冯邦彦，胡娟红 ……………………………………………………………… (562)
6. 特惠贸易协定与多边贸易协定：一致或侵蚀．王中美 ……………………………… (563)
7. 以美韩自由贸易协议探究亚太区域经济安全．杨智翔 ……………………………… (563)
8. 中国—东盟农产品贸易结构变化及互补性分析．谢思娜，杨军，刘合光，Orachos Napasintuwong Artachinda ……………………………………………………… (563)
9. 亚太区域经济一体化的走势及我国的对策．汪占熬，陈小倩 ……………………… (563)
10. 自贸协定：区域合作的新潮流．赵晋平 …………………………………………… (564)
11. 美欧自贸区建立对中欧经贸的影响．孙元江 ……………………………………… (564)
12. 中国参与亚太区域整合的战略选择——RCEP 对 TPP 的替代效应．汤婧 ………… (564)
13. 两岸四地经济一体化法律模式分析．鲍禄 ………………………………………… (564)
14. 论 FTA 中的地理标志与中国的选择．那力，魏德才 ……………………………… (564)
15. 亚太地区 FTA 整合问题研究．宫占奎．曾霞 ……………………………………… (564)
16. 关于世界自由贸易区的若干问题研究．张娟 ……………………………………… (565)
17. 论 ECFA 的过渡性质及其完善．曾炜 ……………………………………………… (565)
18. 中国加入 TPP 的利弊权衡及战略选择．毕晶 ……………………………………… (565)
19. 金砖国家推动全球经济治理变革与转型．蔡春林 ………………………………… (565)
20. 模板、跳板、挡板：美国战略视角下 TPP 功能的三位一体．饶芸燕 ……………… (565)
21. 区域一体化背景下中国与东亚和欧盟投资、贸易互动效应分析．邓慧慧 ………… (565)
22. 服贸协议为何在台湾遭遇扭曲．陈咏江 …………………………………………… (565)
23. 论 TPP 谈判对 WTO 多哈回合谈判的影响．许多 …………………………………… (566)
24. 区域一体化视角下我国竞争法与反倾销法协调研究．毕莹 ……………………… (566)
25. 上海自贸区：外贸引擎新动力．孙晶晶，齐昕时 ………………………………… (566)
26. 沪自贸区开启“全球化红利”第二波．张茉楠 …………………………………… (566)
27. 自由贸易协定（FTA）与知识产权国际环境．李顺德 ……………………………… (566)
28. 上海自贸区的机遇和风险．任新建 ………………………………………………… (567)
29. 深化国企改革 助力 TPP 谈判．于换军 ……………………………………………… (567)
30. 世界典型区域贸易协定的历史比较与国际比较．陈淑梅，陈敏，赵亮 …………… (567)
31. 台湾当局自由贸易协议实践的亚太转向及其前景．季烨，彭莉 …………………… (567)

➢ 争端解决

1. 我国涉案 WTO 争端解决的国内法审查以及应对研究．张乃根 ……………………… (567)
2. GATT1994 第 20 条的权利性质分析——对 WTO 上诉机构相关裁决的思考．刘敬东 …………………………………………………………………………………… (567)
3. 技术性国际争端解决的“全球行政法”思路——基于 WTO 食品安全案例的

分析．龚向前 …………………………………………………………………………………… (568)

4. 出口关税引发的贸易摩擦之法律应对——以中国原材料出口限制措施案为视角．邵朱励，张美红 ……………………………………………………………………………… (568)

5. 以贸易救济措施为视角看美国对 DSB 裁决的执行．李晓郛 ……………………………… (568)

6. 论 WTO 争端解决机制的透明度——以"法庭之友"制度为视角．杜玉琼 ………… (568)

7. "中国电子支付服务案"详解．杨国华 ………………………………………………… (568)

8. WTO 贸易救济措施争端解决的绩效分析——基于动态非平衡面板数据模型系统 GMM 检验．杨仕辉，郭艳春 ……………………………………………………………… (568)

9. 资源争夺战：WTO 争端中的中国困境与应对．钟楹 ………………………………… (569)

10. 从新近 WTO/TBT 争端论技术性贸易措施的应对．阙占文 …………………………… (569)

11. 美日欧诉中国稀土出口限制的博弈论分析．胡建州……………………………………… (569)

12. 中美 DSB 争端案件考察（2001～2012）．李晓郛，熊轩昱 …………………………… (569)

13. 美国对华新能源产业实施"双轨制反补贴"战略研究．陈利强，屠新泉……………… (569)

14. GATS 承诺表解释的困境与出路——从美国诉中国银联垄断案谈起．崔聪聪 …… (569)

15. 光伏产品反补贴贸易争端透析——兼析 WTO 可再生能源补贴问题．徐忆斌……… (570)

16. WTO 争端解决中的举证责任及分配规则．曾炜 ……………………………………… (570)

17. 国际机制司法化模式的治理失灵——基于 GATT/WTO 争端解决机制司法化进程的分析（1980—2010）．苏瑞娜 ……………………………………………………… (570)

18. 论 WTO 争端解决中食品安全国际软法适用的分歧及其消解．曾文革，林婧友…… (570)

19. 美国对华反补贴案件补贴项目分析．杨荣珍……………………………………………… (570)

20. 中美贸易争端的新动向及风险防范策略．张军生，李俊………………………………… (571)

21. 论国家安全审查措施在 WTO 中的可诉性．黄志瑾 …………………………………… (571)

22. 政府采购、利益与补贴——从日、欧诉加拿大可再生能源案看开去．Fernando Pierola，张蔚蔚 ………………………………………………………………… (571)

➢ 贸易摩擦

1. WTO 法律框架下的新能源补贴问题研究——以美国对华新能源产业"301 调查"为视角．李婧舒，刘朋 ……………………………………………………………… (571)

2. 金融危机期间我国遭受国际反倾销的特点及原因分析．王林 ………………………… (571)

3. 再议欧盟反倾销"承诺"条款．何黎明 ………………………………………………… (572)

4. WTO 贸易规则下中国瓷砖行业应对反倾销的思考．王思鹏…………………………… (572)

5. 拉美国家对华贸易摩擦现状及应对——以巴西、阿根廷为例．岳云霞，武小琦 …… (572)

6. 浅析新兴经济体对华反倾销调查呈现数量剧增趋势之原因以及我国的应对策略．闫星宇 ……………………………………………………………………………… (572)

7. 全球技术性贸易壁垒发展的新特点、趋势及对我国的启示．李丽 …………………… (572)

8. 应对贸易摩擦，环境政策怎样调整？吴玉萍 …………………………………………… (572)

9. 争端不休，我国稀土贸易管理该走向何方？宋鹏，毛显强，李丽平，李向前，刘峥延 ……………………………………………………………………………………… (572)

10. 基于国际经验的农业补贴对中国农业的启示．王宁…………………………………… (572)

11. 欧盟对华贸易摩擦现状及对策探析——基于政府宏观视角．王光丽…………………（573）
12. 浅议反倾销的会计问题及其对策．秦艳，杨孝安…………………………………（573）
13. 浅谈绿色壁垒对我国农产品出口的影响及对策——以中日农产品贸易为例．
郭绮均…………………………………………………………………………（573）
14. 中国工业遭遇反补贴的理论机制与现状研究．龙晓柏…………………………（573）
15. 美国 337 调查与 TRIPS 协议实体规定冲突问题研究．冯涛波 ……………………（573）
16. 基于 TCD 和 ADI 测度的 11 国对华反倾销案件实证分析．刘爱东，曾辉祥 ………（573）
17. 美国对非市场经济体反补贴措施分析：历史转变、双重救济与合法性．王中美……（574）
18. 技术性贸易壁垒对我国农产品出口的影响——以日本肯定列表制度为例．
熊力治…………………………………………………………………………（574）
19. 美欧对华光伏产品反倾销的成因与影响．韩玉军，李雅菲…………………………（574）
20. 光伏产品贸易争端中的反补贴问题研究——以 WTO 法律规则为基点．杨旭………（574）
21. 印度对华反倾销与我国报复性威胁机制的缺位．汤晓军，张进铭，殷功利…………（574）
22. 印度对华反倾销加剧的原因探析——基于 1994—2011 年数据的实证分析．
苏爱岩…………………………………………………………………………（574）
23. 反倾销会计与涉外企业财务风险研究．隋玉明……………………………………（575）
24. 论 WTO 补贴案件报复规则的发展——以美国—陆地棉花案为视角．官松…………（575）
25. WTO 多哈谈判农产品特殊保障机制问题的思考——基于生存权与发展权
平等视角．尚清，郝震……………………………………………………………（575）
26. 浅析蓝色贸易壁垒对中国出口贸易产生的效应．张慧……………………………（575）
27. TBT 新近案例关键争议点分析：趋势与启示．隋军 ……………………………（575）
28. 第三国倾销制度初探．陈立虎……………………………………………………（575）

➢ 其他议题

1. 知识产权保护对国际贸易的影响研究述评．余长林 …………………………………（576）
2. WTO 贸易政策审议机制的特点与功能——以中国第四次贸易政策审议
为切入点．胡加祥，彭德雷 ……………………………………………………（576）
3. WTO《政府采购协议》救济机制浅析之二——面向参加方的救济机制．徐舟 ………（576）
4. WTO 成立以来技术性贸易措施对中国农产品出口影响研究——基于多边
贸易阻力的两阶段引力模型．秦臻，倪艳 …………………………………………（576）
5. 入世后的俄罗斯能源政策对中俄贸易影响．汤敏，关越，张莹 ……………………（576）
6. 条约解释的新动向：当代意义解释对当时意义解释．吴卡 ………………………（577）
7. WTO 安全例外条款分析．安佰生…………………………………………………（577）
8. TRIPs 协定下拒绝商标注册的理由——兼评我国的义务履行．杨建锋 ……………（577）
9. WTO 透明度原则对《SPS 协定》通知要求的影响分析．叶波 ………………………（577）
10. 动物福利的国际贸易保障制度与我国的立法对策．张敏……………………………（577）
11. 农产品地理标志产业发展研究的有益探索——《农产品地理标志保护利用与
产业发展研究》评介．陈萌山……………………………………………………（577）
12. WTO 框架下转基因食品标识的消费者知情权研究．郭高峰 ………………………（577）

13. 中俄贸易互补性及发展对策研究．李艳 …… (578)
14. 论 WTO 法律框架下的跨 TRIPs 协定交叉报复．徐成伦 …… (578)
15. WTO 框架下 CAC 标准的适用析论．曾文革，田路 …… (578)
16. 论单独关税区的国际经济法律关系主体地位．董金鑫 …… (578)
17. WTO 框架下中国渔业补贴及其出口效应研究——基于 1999—2011 年数据的实证．胡宁宁，邓启明 …… (578)
18. 过境货物的知识产权边境措施：TRIPs 协定下的合规性问题．杨鸿，高田甜 …… (578)
19. WTO 体系下的碳标签制度研究．陈咪 …… (579)
20. 论条约序言的法律效力——兼论 TRIPs 序言与《WTO 协定》及其涵盖协定之序言间的位阶关系．冯寿波 …… (579)
21. SPS 措施通报应用的发展及对中国的启示．隋军 …… (579)

第九篇 与 WTO 有关的法规及政策（2013）

➢ 对外投资合作环境保护指南 …… (583)
➢ 台湾投资者经第三地转投资认定暂行办法 …… (583)
➢ 商务部关于印发《规范对外投资合作领域竞争行为的规定》的通知 …… (583)
➢ 电子招标投标办法 …… (583)
➢ 旧电器电子产品流通管理办法 …… (583)
➢ 外国投资者境内直接投资外汇管理规定 …… (583)
➢ 国务院关于修改《中华人民共和国外资保险公司管理条例》的决定 …… (583)
➢ 中华人民共和国海关对平潭综合实验区监管办法（试行） …… (583)
➢ 中华人民共和国海关对横琴新区监管办法（试行） …… (584)
➢ 对外投资合作境外安全事件应急响应和处置规定 …… (584)
➢ 海关总署关于修改中华人民共和国海关最不发达国家特别优惠关税待遇进口货物原产地管理办法的决定 …… (584)
➢ 对外投资合作和对外贸易领域不良信用记录试行办法 …… (584)
➢ 执行世界贸易组织贸易救济争端裁决暂行规则 …… (584)
➢ 司法部关于修改《取得内地法律职业资格的香港特别行政区和澳门特别行政区居民在内地从事律师职业管理办法》的决定 …… (584)
➢ 全国人民代表大会常务委员会关于修改中华人民共和国商标法的决定 …… (584)
➢ 商品现货市场交易特别规定（试行） …… (584)
➢ 国务院关于修改《国际收支统计申报办法》的决定 …… (585)
➢ 消费金融公司试点管理办法 …… (585)
➢ 有机产品认证管理办法 …… (585)
➢ 国务院关于修改部分行政法规的决定 …… (585)
➢ 政府采购非招标采购方式管理办法 …… (585)
➢ 中华人民共和国海关审定内销保税货物完税价格办法 …… (585)
➢ 海关总署关于修改《中华人民共和国海关暂时进出境货物管理办法》的决定 …… (585)

➤ 中华人民共和国海关审定进出口货物完税价格办法 …… (585)
➤ 机动车强制报废标准规定 …… (586)
➤ 海关总署关于修改《中华人民共和国海关关于大嶝对台小额商品交易市场管理办法》的决定 …… (586)

第十篇 贸易统计数据

● 世界贸易统计
➤ 表 1 1950—2013 年世界货物出口、产量和 GDP …… (589)
➤ 表 1（续） 1950—2013 年世界货物出口、产量和 GDP …… (590)
➤ 表 2 2011—2013 年世界货物贸易流向（按地区） …… (592)
➤ 表 3 2011—2013 年世界货物贸易流向（按产品类别和地区） …… (594)
➤ 表 4 2004—2013 年区域一体化协定的货物贸易 …… (600)
➤ 表 5 2003—2013 年区域集团的货物贸易 …… (601)
➤ 表 6 2003—2013 年区域集团的服务贸易 …… (602)
➤ 表 7 2003—2013 年世界货物出口（按地区和国家） …… (603)
➤ 表 8 2003—2013 年世界货物进口（按地区和国家） …… (607)
➤ 表 9 2003—2013 年世界商务服务出口（按地区和国家） …… (611)
➤ 表 10 2003—2013 年世界商务服务进口（按地区和国家） …… (615)
➤ 表 11 2005—2013 年世界货物出口量和产量增长 …… (618)
➤ 表 12 2005—2013 年世界主要地区和经济体货物贸易量增长 …… (619)
➤ 表 13 2005—2013 年世界货物和服务贸易（按地区和国家） …… (619)
➤ 表 14 2013 年世界货物出口（按产品类别） …… (620)
➤ 表 15 2013 年世界货物出口（按产品类别和地区） …… (621)
➤ 表 16 2013 年世界商业服务贸易（按产品类别） …… (622)
➤ 表 17 1990—2013 年世界商业服务出口增长（按产品类别和地区） …… (622)
➤ 表 18 2013 年区域间和区域内货物贸易 …… (623)
➤ 表 19 1948、1953、1963、1973、1983、1993、2003 和 2013 年世界货物出口（按地区和国家） …… (624)
➤ 表 20 1948、1953、1963、1973、1983、1993、2003 和 2013 年世界货物进口（按地区和国家） …… (625)
➤ 表 21 2013 年世界货物贸易的主要进出口方 …… (626)
➤ 表 22 2013 年世界货物贸易的主要进出口方［不包括 EU（28）内部贸易］ …… (627)
➤ 表 23 2013 年世界商业服务贸易的主要进出口方 …… (629)
➤ 表 24 2013 年世界商业服务贸易的主要进出口方［不包括 EU（28）内部贸易］ …… (630)
➤ 表 25 2003—2013 年美国的货物贸易（按地区和国家） …… (631)
➤ 表 26 2009—2013 年欧盟（28）的货物贸易（按地区和国家） …… (632)
➤ 表 27 2003—2013 年日本的货物贸易（按地区和国家） …… (633)
➤ 表 28 2003—2013 年中国的货物贸易（按地区和国家） …… (634)

➢ 表 29　2013 年 NAFTA 成员的货物贸易（按产品和原产地/目的地）…………（635）
➢ 表 30　2013 年 MERCOSUR 成员的货物贸易（按产品和原产地/目的地）…………（636）
➢ 表 31　2013 年安第斯共同体成员的货物贸易（按产品和原产地/目的地）…………（637）
➢ 表 32　2013 年 ASEAN 成员的货物贸易（按产品和原产地/目的地）…………（638）
➢ 表 33　2013 年最不发达国家货物贸易进出口…………（640）
➢ 表 34　2003—2014 年初级产品的出口价格…………（641）
➢ 表 35　2013 年农产品占货物贸易和初级产品的份额（按地区）…………（642）
➢ 表 36　2013 年农产品出口（按目的地）…………（643）
➢ 表 37　2013 年农产品的主要进出口方…………（644）
➢ 表 38　1990—2013 年主要经济体的农产品进口…………（645）
➢ 表 39　1990—2013 年主要经济体的农产品出口…………（647）
➢ 表 40　1990—2013 年主要经济体的食品出口…………（649）
➢ 表 41　1990—2013 年主要经济体的食品进口…………（651）
➢ 表 42　2013 年燃料和矿产品占货物贸易和初级产品的份额（按地区）…………（653）
➢ 表 43　2013 年燃料占货物贸易和初级产品的份额（按地区）…………（653）
➢ 表 44　2013 年制成品占货物贸易的份额（按地区）…………（653）
➢ 表 45　2013 年各地区制成品的出口（按目的地）…………（654）
➢ 表 46　2013 年制成品的主要进出口方…………（655）
➢ 表 47　2013 年美国、欧盟（28）和中国的制成品贸易（按原产地和目的地）…………（657）
➢ 表 48　1990—2013 年主要经济体的制成品出口…………（658）
➢ 表 49　1990—2013 年主要经济体的制成品进口…………（660）
➢ 表 50　2013 年钢铁的主要进出口方…………（662）
➢ 表 51　1990—2013 年主要经济体的汽车出口…………（663）
➢ 表 52　1990—2013 年主要经济体的汽车进口…………（664）
➢ 表 53　1990—2013 年主要经济体的纺织品出口…………（666）
➢ 表 54　1990—2013 年主要经济体的纺织品进口…………（667）
➢ 表 55　2013 年服装的主要进出口方…………（669）
➢ 表 56　1990—2013 年主要经济体的服装出口…………（671）
➢ 表 57　1990—2013 年主要经济体的服装进口…………（672）
➢ 表 58　2013 年世界运输服务贸易（按地区）…………（674）
➢ 表 59　2013 年运输服务的主要进出口方…………（675）
➢ 表 60　2013 年世界旅游服务贸易（按地区）…………（676）
➢ 表 61　2013 年旅游服务的主要进出口方…………（676）
➢ 表 62　2013 年世界其他服务贸易（按地区）…………（677）
➢ 表 63　2013 年其他服务贸易的主要进出口方…………（678）
➢ 表 64　2012 和 2013 年世界通信服务出口（按地区）…………（679）
➢ 表 65　2012 和 2013 年通信服务的主要进出口方…………（680）
➢ 表 66　2012 和 2013 年电信服务的主要进出口方…………（680）

➢ 表 67　2012 和 2013 年世界建筑服务出口（按地区） …………………………………………（681）

➢ 表 68　2012 和 2013 年建筑服务的主要进出口方 ……………………………………………（681）

➢ 表 69　2012 和 2013 年保险服务的主要进出口方 ……………………………………………（682）

➢ 表 70　2012 和 2013 年金融服务的主要进出口方 ……………………………………………（683）

➢ 表 71　2012 和 2013 年计算机服务的主要进出口方 …………………………………………（684）

➢ 表 72　2012 和 2013 年专有权利使用费和特许费服务的主要经济体 ………………………（685）

➢ 表 73　2012 和 2013 年其他商业服务的主要进出口方 ………………………………………（685）

➢ 表 74　2012 和 2013 年个人、文化及娱乐服务的主要进出口方 ……………………………（686）

➢ 表 75　2012 年中间品的主要进出口商 …………………………………………………………（687）

➢ 表 76　2009 年主要经济体总出口的增值含量 …………………………………………………（688）

➢ 表 77　2009 年主要经济体国内外对总出口的贡献度 …………………………………………（690）

➢ 表 78　2011 年美国海外子公司提供的货物和服务 ……………………………………………（692）

● 中国商务统计

➢ 表 1　1981—2013 年全国进出口总值 ……………………………………………………………（693）

➢ 表 2　2013 年全国进出口简要情况 ………………………………………………………………（693）

➢ 表 3　2013 年全国进出口主要国别/地区总值 …………………………………………………（694）

➢ 表 4　2013 年全国进口重点量值 …………………………………………………………………（694）

➢ 表 5　2013 年全国出口重点商品量值 ……………………………………………………………（695）

➢ 表 6　2013 年进出口商品企业性质贸易方式总值表 ……………………………………………（696）

➢ 表 7　2013 年出口商品企业性质贸易方式总值表 ………………………………………………（700）

➢ 表 8　2013 年进口商品企业性质贸易方式总值表 ………………………………………………（703）

➢ 表 9　2013 年全国月度进口和出口统计 …………………………………………………………（707）

➢ 表 10　2013 年全国月度进出口总值统计 …………………………………………………………（708）

➢ 表 11　1982—2012 年全国年度服务进出口 ………………………………………………………（708）

➢ 表 12　1997—2012 年全国服务贸易出口（分项目） ……………………………………………（710）

➢ 表 13　1997—2012 年全国服务贸易进口（分项目） ……………………………………………（712）

➢ 表 14　1997—2012 年全国服务进出口差额 ………………………………………………………（714）

➢ 表 15　2012 年全国派出各类劳务人员（省市区排名） …………………………………………（715）

➢ 表 16　2013 年全国对外承包营业额（分省市区排序） …………………………………………（716）

➢ 表 17　2013 年我国对外承包工程业务完成营业额前 50 家企业 …………………………………（717）

➢ 表 18　2013 年我国对外承包工程业务新签合同额前 50 家企业 …………………………………（718）

➢ 表 19　2013 年全国外商投资企业进出口情况 ……………………………………………………（719）

➢ 表 20　2013 年我国非金融类对外直接投资（按省市区排序） …………………………………（719）

➢ 表 21　2000—2013 年两岸贸易统计 ………………………………………………………………（720）

➢ 表 22　2000—2013 年台商投资大陆统计 …………………………………………………………（720）

➢ 表 23　2000—2013 年内地与香港贸易统计 ………………………………………………………（721）

➢ 表 24　2000—2013 年香港对内地投资统计 ………………………………………………………（721）

➢ 表 25　1998—2013 年内地对香港承包工程统计 …………………………………………………（721）

➢ 表 26　2000—2013 年内地与澳门贸易统计 …………………………………………………………… (722)
➢ 表 27　2000—2013 年澳门对内地投资统计 …………………………………………………………… (722)
➢ 表 28　1998—2013 年内地对澳门劳务合作统计 ………………………………………………………… (723)
➢ 表 29　2013 年中国对亚洲国家（地区）贸易统计 ……………………………………………………… (723)
➢ 表 30　2013 年美国对中国出口主要商品构成（章） …………………………………………………… (724)
➢ 表 31　2013 年美国自中国进口主要商品构成（章） …………………………………………………… (725)
➢ 表 32　2013 年美国对中国出口主要商品构成（类） …………………………………………………… (726)
➢ 表 33　2013 年美国自中国进口主要商品构成（类） …………………………………………………… (726)
➢ 表 34　2013 年美国自中国进口的十大类商品及其国别/地区构成 ……………………………………… (727)
➢ 表 35　2013 年欧盟（27）对中国出口主要商品构成（章） …………………………………………… (728)
➢ 表 36　2013 年欧盟（27）自中国进口主要商品构成（章） …………………………………………… (729)
➢ 表 37　2013 年欧盟（27）对中国出口主要商品构成（类） …………………………………………… (730)
➢ 表 38　2013 年欧盟（27）自中国进口主要商品构成（类） …………………………………………… (730)
➢ 表 39　2013 年欧盟（27）自中国进口的十大类商品及其国别/地区构成 ……………………………… (731)
➢ 表 40　2013 年日本对中国出口主要商品构成（章） …………………………………………………… (732)
➢ 表 41　2013 年日本自中国进口主要商品构成（章） …………………………………………………… (733)
➢ 表 42　2013 年日本对中国出口主要商品构成（类） …………………………………………………… (734)
➢ 表 43　2013 年日本自中国进口主要商品构成（类） …………………………………………………… (734)
➢ 表 44　2013 年日本自中国进口的十大类商品及其国别/地区构成 ……………………………………… (735)

附　录

附录一：多哈回合及中国参与谈判大事记（2013） ……………………… 商务部世界贸易组织司(739)
附录二：中国自由贸易区建设概况 ………………………………………………… 商务部国际司(742)
附录三：WTO 年度大事记（2013） …………………………………………………………………… (743)
附录四：《世界贸易报告（2013）》内容摘要 ………………………………………………………… (754)
附录五：WTO 成员一览表、WTO 观察员一览表 ……………………………………………………… (765)
附录六：中国世界贸易组织研究会年度大事记（2013） ……………………………………………… (770)
附录七：对外经济贸易大学年度大事记（2013） ……………………………………………………… (774)
附录八：北京市国际服务贸易事务中心年度大事记（2013） ………………………………………… (777)
附录九：上海 WTO 事务咨询中心年度大事记（2013） ……………………………………………… (779)
附录十：深圳市世贸组织事务中心年度大事记（2013） ……………………………………………… (781)

CONTENTS

Preface ········ Deming Chen

Notes of the Editors ········ Editorial Department

Part I Special Articles

- The Constructive Role in the WTO Post-Bali Era ········ Jianhua Yu (3)
- China's Role in the Doha Round Negotiation ········ Zhenyu Sun (6)
- International Trade Rules Reconstruction and China's Countermeasures ······ Rongjiu Xue (10)

Part II Activity of the WTO

- Overview (2013) ········ (17)
- Doha in 2013 ········ (48)
- The Cases Request for Consultations in 2013 ········ (57)
  Appendix 1: Overview of the State of Play of WTO Disputes (1995—2013) ········ (103)
  Appendix 2: Summary of the Activities by the Appellate Body (1995—2013) ········ (203)
- Trade Policy Reviews in 2013 ········ (244)

Part III China and WTO

- Review of China as a WTO Member in 2013 ········ (295)
- Trade Disputes and Relief Measures ········ (297)
- Trade Policy Reviews ········ (311)
- WTO/TBT and SPS ········ (313)

Part IV Mainland China and Hong Kong, Macau, Chinese Taipei ········ (325)

Part V Economic and Trade Relations between China and the Selected WTO Members ········ (331)

Part VI Policies and Management Measures Related WTO in 2013

- Trade Policies and Management Measures ········ (361)
- Investment Policies and Management Measures ········ (402)
- Industry Open and Management Measures ········ (411)
- Intellectual Property Protection ········ (486)

Part VII Local WTO Affairs in 2013 …… (519)

Part VIII Academic Achievement Related WTO
- Monographs …… (545)
- Papers …… (552)

Part IX Regulations and Policies Related WTO in 2013 …… (581)

Part X Trade Statistics
- World Trade Statistics …… (589)
- China Business Statistics …… (693)

Appendix
Appendix 1: Memorabilia of Doha Round and China's Participation (2013) …… (739)
Appendix 2: Overview of China's FTAs …… (742)
Appendix 3: WTO Annual Events (2013) …… (743)
Appendix 4: Summary of World Trade Report 2013 …… (754)
Appendix 5: WTO Members and Observers …… (765)
Appendix 6: Annual Events of China Society for World Trade Organization Studies (2013) …… (770)
Appendix 7: General Information about University of International Business and Economics (2013) …… (774)
Appendix 8: Annual Events of Beijing International Trade in Services Center (2013) …… (777)
Appendix 9: Annual Events of Shanghai WTO Affairs Consultation Center (2013) …… (779)
Appendix 10: Annual Events of Shenzhen WTO Affairs Center (2013) …… (781)

2014 中国世界贸易组织年鉴支持单位

SUPPORTS OF CHINA WORLD TRADE ORGANIZATION YEARBOOK

架起桥梁 让中国百姓吃到全球健康食品

Set up the bridge to let Chinese people enjoy the healthy food from the world.

冠相品创始人寄语

——孙震

打造少环节、低成本、高效率的一站式进口食品供应链，就是我们成立冠相品的初衷。

食品安全是民生问题中最重要的。我一直希望通过自己的企业来改善这一问题。我与我的团队认真酝酿了两年时间。2013 年 6 月，我作为杭州市政协委员，随同市领导出访了欧洲。在这次行程期间，特别是在波罗的海三国访问过程中，我对当地的优质生鲜食品和绿色农产品留下了深刻印象，并与当地有关商业机构进行了一段时间的沟通。由此诞生了以提供进口生鲜食品为主的全球一站式供应链——冠相品。

冠相品的最大优势是中间环节少、成本低，所以即使是从国外进口的食品，普通老百姓也能消费得起。而且为了保证食品的新鲜度，我们以运送药品的规范来运生鲜，最大程度地保证了新鲜。我一直希望把全球健康安全的食品引进到中国来，因为“民以食为天”，要让百姓感觉到幸福，首先就要吃得安心。

The original intention of establishing Grand Shop is to achieve a one-stop imported food supply chain with less links, fewer cost and higher efficiency.

Food security is the most important part in livelihood issues. I have always been hoping to improve the current situation by running my enterprise. I have been deliberated the idea with my team for two years. In June 2013, as a CPPCC member of Hangzhou, I visited Europe with the leaders. In the meantime, especially when I was in the Baltic Sea, I had a deep impression on the local high-quality seafood and meat as well as the green agricultural products, and I also communicated with the relevant commercial institutions for some time. Since then, Grand Shop, a one-stop global supply chain mainly providing imported food, was born.

Our greatest advantage is we run the company with less intermediate links and fewer cost. So I believe common people can also afford these imported food. In order to guarantee the freshness of the seafood and meat, we would transport them with the same level as that with the medicine. I want to bring health and safe food to China. Food is of paramount necessity for the people. If you want to make common people feel happy, first of all you should let them eat safely.

采自全球 品安中国

Purchased from the world, the products would serve you safe in China.

冠相品作为中国首家采用“双子星”商业模式经营的进口食品贸易商，主营业务是进口欧洲、美洲、澳洲等地的生鲜类食材、乳制品、调味品、婴幼儿食品、中老年人保健食品以及当地有特色的食品。

冠相品已取得进口乳制品许可证，以及外汇管理、海关等部门颁发的可独立核销的资格证，具备乳制品的经营许可，拥有食品流通许可证。

我们的经营理念是把全球最健康、安全、有品质保证的食材，以连锁经营的形式，将最新鲜的状态呈现给中国消费者。

As the first food importing trader in China that adopts the Binary Star business mode, Grand Shop focuses on the importing of seafood and meat, dairy produce, seasoning, infant food, health care products for the elderly and local specialties from the Europe, the America and the Australia.

Grand Shop has acquired the import license of dairy produce and the independent cancel after verification license issued by Departments of Foreign Exchange Management, the customs, etc. It possesses licenses of dairy produce and food circulation.

Our business concept is to bring the world’s best food in their best forms to the Chinese consumers by chain-store operation.

ageLOC™
抗衰老历史上的革命性突破
直击老化根源　破解青春奥秘
NU SKIN.
THE DIFFERENCE. DEMONSTRATED.™

NU SKIN
THE DIFFERENCE DEMONSTRATED™
眺望未来，
生活一切如新

人才
文化
产品
事业

中国（贵州）国际酒类博览会

中国（贵州）国际酒类博览会是中国举办的大型国际性酒类博览会，也是经国务院批准、上升到国家层面、面向全国全世界举办的国际性专业展会。中国（贵州）国际酒类博览会旨在推动中国酒业走向世界，成为全球酒业和经贸投资专业交流平台，并将展示中国酒业发展、贵州投资环境、资源禀赋、特色优势和发展潜力，加深国内外客商对贵州的了解。2011年以来，在商务部及其他国家部委及相关单位的大力支持和全省上下的共同努力下，酒博会规模弘大、成果丰硕、盛况空前，充分体现了国家级展会的吸引力、凝聚力和影响力。

2011年8月18日至20日，"中国(贵州)国际酒类博览会暨2011中国•贵阳投资贸易洽谈会"在贵州省贵阳市成功举办。26个国家和地区、28个省（区、市）、16个国家部委、5个行业协会、7个驻华使领馆、1854家企业、近1.2万名客商参会参展，其中酒类参展企业820家，参展客商3000余人、采购商5374人。境外酒类参展企业188家。本次酒博会完成酒类贸易合同共1867个，贸易总额497.4亿元。参加集体签约仪式企业100家，签订酒类贸易合同50个，签约总额116.0088亿元。包括拉菲酒庄、拉图酒庄、木桐酒庄、玛歌酒庄、奥比昂酒庄、人头马君度集团、保乐力加集团、百加得、百富门、酩悦轩尼诗等世界知名酒类企业，世界排名前十位的烈性酒、红酒、啤酒品牌集中亮相；国内酒类参展企业632家，包括茅台酒、五粮液、水井坊、西凤酒、古井贡酒、汾酒、洋河大曲、稻花香、郎酒、红星等白酒知名企业，莫高、张裕、长城、新天、王朝等葡萄酒知名企业，青岛、雪花、百威、珠江、燕京等啤酒知名企业。省内外各界人士近20万人参观了展览。

2012年9月9日，第二届中国（贵州）国际酒类博览会在贵阳市成功举办，15个国家部委和单位、31个省（区、市）和新疆建设兵团、4个对口帮扶城市、43个国家和地区、9个驻华使领馆、5个国外友好省州政府代表，近2万名客商、86家国内外新闻媒体近295名记者参会参展，其中酒类参展企业1346家，比首届酒博会增加526家，参展客商7000多人、采购商12000多人。本次酒博会现场集中签约酒类贸易合同50个，贸易总额106.94亿元，其中出口贸易项目4个，贸易总额18.96亿元，进口贸易项目5个，贸易总额10.05亿元，境内贸易项目41个，贸易总额77.48亿元。展会期间酒类现场销售和贸易洽谈活动也十分活跃，现场签约金额达73.7亿元，比上届酒博会增加了5倍多。此次展会境外参展企业662家，分别来自法国、意大利、德国、西班牙、美国、澳大利亚、新西兰、南非、智利、香港、台湾等43个国家和地区，与中国酒类进出口贸易额前十位的国家和地区均有参展。

2013年9月9日，第三届中国（贵州）国际酒类博览会在贵阳成功举办，共有860多家境外参展商，涉及法国、西班牙、意大利等38个葡萄酒主产区和酒类消费大国及地区，占全部展商的55%，较上届酒博会增加30%以上。本届酒博会，展

Intoxicated with the Beauty of Guizhou

走遍大地神州，醉美多彩贵州

酒博会开幕式

领导致词

酒博会签约仪式

巡视展馆

会期间现场销售和贸易洽谈活动十分活跃，现场签约金额达 29.6 亿元。我国酒类企业共与各国客商签订酒类进出口贸易合同共 241 个，是上届的 4 倍，贸易总额达 6.92 亿美元。世界知名酒庄（企业）拉菲、拉图、白马、木桐，新西兰葡萄酒协会、法国葡萄酒品鉴协会负责人参会。国内参展商 600 余家。四川、湖南、河南等 13 个省份搭建省区市形象馆。国内知名酒企茅台、郎酒、泸州老窖、汾酒等参展。参会采购商企业近 12000 家、24000 人，较上届增长 60% 以上。

2014 年 9 月 9 日至 12 日第四届中国（贵州）国际酒类博览会贵阳成功举办。参展商和采购商共 7400 余家，约 18000 人。参展商 1400 余家，约 6000 人，其中，境外 902 家，约 1000 人，涉及法国、意大利、西班牙等 40 个国家和地区；省外 150 家，约 1000 人，来自四川、广东、山东等 21 个省（区、市），甘肃、内蒙、青海、陕西、江西、安徽、浙江、四川、黑龙江、宁夏等 10 个省（区、市）搭建了省区馆；省内近 400 家，约 4000 人。采购商 6000 家，约 12000 人。签订投资类项目 258 个，投资总额 2020.9 亿元，首次突破 2000 亿大关，比上届酒博会增长了 13.7%。其中第一产业项目 15 个，投资总额 18.4 亿元；第二产业项目 98 个，投资总额 610.3 亿元；第三产业项目 145 个，投资总额 1392.2 亿元。签订贸易合同 3356 个，比上年增加 600 个，实现贸易总额 1042.85 亿元，比上年增加 442.13 亿元，增长了 73.6%。展会现场参观采购观众 22 万人次，现场贸易成交总计 29.9 亿美元。

第五届中国（贵州）国际酒类博览会定于 2015 年 9 月 9 日—12 日在贵阳市国际会议展览中心举行，本届酒博会将继续围绕“展示全球佳酿，促进交流合作”主题，举行世界名酒展示，重点合作项目签约仪式，高峰论坛等系列活动，共品活动，共叙友情，共谋发展。

境内参展：0851-5283203　境外参展：+86 851 5284027

采购商专线：0851-5284027　传真：0851-8555620　5284027

E-mail:exhibition@9expo.cn（参展商事宜）　trade@gexpo.cn（采购商事宜）

http://www.9expo.cn/

秦皇岛经济技术开发区简介

Introduction to Qinhuangdao Economic & Technological Development Zone

秦皇岛开发区森林体育公园　方志强摄

秦皇岛经济技术开发区是1984年设立的首批国家经济技术开发区之一，地处正在迅速崛起的环渤海经济圈中心地带，联结华北和东北两大经济区，交通十分便利。这里自然风景优美，空气质量优良，气候怡人，宜业宜居。

秦皇岛经济技术开发区致力于打造办事程序最简、审批事项最少、工作效率最高、服务意识最强的“四最”服务品牌，全力打造与国际惯例和国际市场接轨的投资软环境；全面实行服务承诺制、限时办结制和全程代理代办制，形成项目审批“一条龙”、项目建设“全方位”和项目投产后的“经常化”三个服务体系。先后荣获“全国投资环境40佳”、“中国最具发展潜力园区”、“跨国公司最佳投资开发区”、“中国最佳投资环境开发区”、“2013中国创造力开发区”、“全国首批民生改善典范开发区”等多项荣誉称号。

历经30年的发展，秦皇岛经济技术开发区基础设施配套日臻一流，生态环境建设成效显著，建成区绿化覆盖率达42.31%，人均公共绿地达14平方米，是河北省首家ISO14000国家示范区和河北省环境保护模范城。美国通用电气、联合技术、ADM和韩国LG、日本旭硝子、新加坡丰益、台湾鸿海等世界500强企业，以及中信、中粮、中船、中航、中兴、哈电等众多国际国内知名公司，相继落户，蓬勃发展。

2008年，秦皇岛经济技术开发区将节能环保、数据产业、生物工程、新能源确定为重点发展的四大战略性新兴产业，建成中国首家数据产业基地、国内最大节能卤素灯生产基地、重要的清洁能源装备生产基地。依靠科技创新提升特色产业，开发区着力打造世界最大汽车铝制零部件基地、重要高端装备制造基地和北方最大粮油食品加工基地。

坚持创新驱动，强化与中科院、清华大学等顶尖科研院所合作，建成中科院（秦皇岛）技术创新成果转化基地、秦皇岛3D打印设计制造中心等一批科技成果转化及产业化平台，组建了清华大学装备研究院等8家国内知名研发机构和11家院士专家工作站，吸引上百名院士、科技专家进区创新创业。牢牢把握京津冀协同发展机遇，引进了北大科技产业园、中关村海淀园秦皇岛分园、京津人才创新创业园为代表的承接平台，一批优质项目入园投资兴业，成为京秦合作的排头兵。

秦皇岛京津人才创新创业园揭牌　张洋摄

中关村海淀园秦皇岛分园开园

Qinhuangdao Economic & Technological Development Zone is one of the first batch of national economic and technological development zones established in 1984, and it is located in heartland of Bohai Economic Rim under rapid development and connects North China economic zone and Northeast China economic zone, with very convenient traffic. Furthermore, with beautiful natural scenery, excellent air quality, and pleasant climate, it is livable and suitable for starting a business.

秦皇岛开发区国家级大学科技园 燕山大学科技园 崔子昕摄

Qinhuangdao Economic & Technological Development Zone devotes to creating the "four most" service brand with the simplest handling procedure, the least approval materials, the highest work efficiency, and the strongest service awareness for the purpose of creating the soft environment of investment which is in line with international conventions and international market, and it comprehensively implements service promise system, time-limit settlement system, and whole process agency system to form three service systems, that is, "a coordinated process" of project approval, "overall" project construction, "routinization" after putting into operation. Furthermore, it has won many honorary titles such as "top 40 national investment environment", "park with most development potential in China", "best investment development zone for transnational enterprises", "development zone with best investment environment in China", "China creativity development zone of 2013", and "national first batch of demonstrative development zone in improvement of people's livelihood".

秦皇岛开发区高新技术产业聚集区 秦皇岛科技城主题雕塑 宋润秋摄

Over 30-year development, the infrastructure of Qinhuangdao Economic & Technological Development Zone becomes more and more first-class, the significant achievement is obtained in construction of ecological environment, its green coverage ratio is up to 42.31%, and the per capita public green areas are up to 14m2; it is the first ISO14000 national demonstration area in Hebei province and Hebei environmental protection model city. The world top 500 enterprises such as General Electric, United Technologies, ADM, LG, Asahi Glass Co., Ltd., Wilmar, Hon Hai, and numerous international and domestic famous companies such as CITIC, COFCO, CSIC, Air China, ZTE, and Harbin Electric settle in this zone in succession and get booming development.

秦皇岛开发区戴河生态园夜色 方志强摄

In 2008, Qinhuangdao Economic & Technological Development Zone determined energy conservation and environmental protection, data industry, bioengineering, and new energy as four strategic emerging industries for which the key development was made, and built the first data industrial base in China, the biggest energy-saving halogen lamp production base in China, and the important clean energy device production base. Besides, it depends on technical innovation to improve featured industries, and focuses on creating the biggest automobile aluminum parts base in the world, the important high-end device manufacturing base, and the biggest grain and oil food processing base in North China.

秦皇岛数据产业基地 数谷翔园内街景 张德志摄

On the basis of innovation-driven principle, it enhances cooperation with top scientific research institutions such as Chinese Academy of Sciences and Tsinghua University, builds Chinese Academy of Sciences (Qinhuangdao) technological innovation achievement transformation base, Qinhuangdao 3D printing, design, and manufacturing center, and other technological achievement transformation and industrialization platforms, establishes 8 domestic famous research and development institutions (such as Tsinghua University equipment research institute) and 11 academicians and experts workstations, and attracts hundreds of academicians and science experts to enter into this zone to make innovation and start a new business. Furthermore, it firmly seizes the opportunity of synergetic development of Beijing-Tianjin-Hebei region, introduces a batch of undertaking platforms which take Peking University science and technology park, Zhongguancun Haidian park Qinhuangdao sub-park, Beijing-Tianjin talent innovation and pioneering park as representatives and a batch of excellent projects for investment, and becomes the bellwether of Beijing-Qinhuangdao cooperation.

秦皇岛经济技术开发区 王怀强摄

中国北车股份有限公司海外事业部
地址：北京市丰台区芳城园一区15号中国北车大厦1311室
邮政编码：100078
电话：86 (10) 51897277, 13601351957
传真：86 (10) 52608280
电子邮箱：yangxiongjing@chinacnr.com
http://www.chinacnr.com

CNR is a state-owned key enterprise under the supervision and management of the State-owned Assets Supervision and Administration Commission of the State Council (SASAC). CNR was listed on the Shanghai (601299) and Hong Kong (6199) Stock Exchanges in 2009 and 2014.

CNR experienced rapid development in last ten years. Its revenue increased up to 24.4% per year. In Sept. 2014, SCI Verkehr, a Germany company released a list of top ten manufacturers as measured by turnover from new rail vehicles 2013-14. CNR continue lie in the first position after 2011. CNR's revenue in rolling stock shares 9.25%.in world rolling stock market.

CNR is the largest world leading manufacturer and solutions provider of railway transportation equipment. CNR is mainly engaged in design, manufacture, refurbishment, service and lease of rolling stock. Headquartered in Beijing, CNR has 86,138 employees divided among over 20 subsidiaries. CNR has world advanced technology platform of high-speed EMUs, high power locomotives, heavy load wagons, coaches, metros and urban rail vehicles as well as world leading manufacturing ability. The annual output of CNR is 1,000 electric locomotives and diesel locomotives, 4,000 multiple-unit train-sets, passenger coaches and urban railway vehicles, 30,000 freight wagons, which share over half of the market in China, and are exported to over 80 countries and regions.

CNR consists of a great number of technological talents with expertise in locomotives, rolling stocks and other products. The soul of CNR enterprise is innovation in technology in its course of development. CNR is actively engaged in the construction of "the national engineering laboratory of high-speed train system integration", "the national key laboratory of traction and control of EMU & locomotive", “the national engineering technology research center of system integration of rail coach", “the national engineering technology research center of heavy load & rapid freight wagon", and other national level R&D platforms. CNR continues to lead the technology development of Chinese rolling stock. CNR has 8 national level enterprise technical centers, 5 postdoctoral workstations and 5 academician workstations.

CNR produces a family of AC propulsion locomotives with high tractive power capable of drawing more than 5,000 tons with a single locomotive. CNR manufactures 10,000 kW locomotives, the most powerful ones in the world.

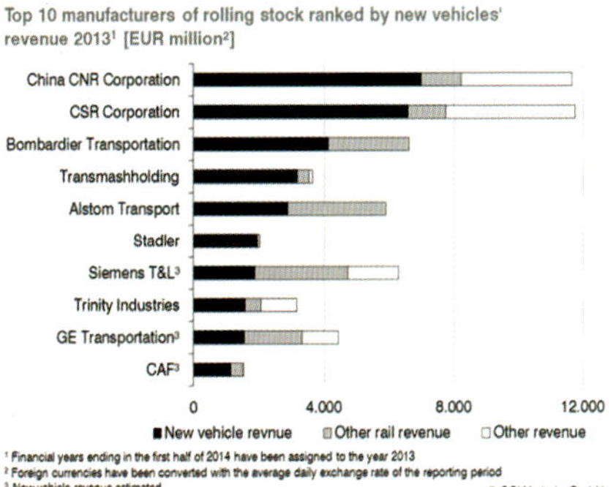

CNR has developed high-speed trains of speed at 200 km/h and over 300 km/h in order to meet the demand of high-speed intercity seamless transportation service. CRH380BL "Harmony" 380 km/h high-speed train broke the train speed record in China on 2011-01-09 at 487.3 km/h. In Dec. 2012, 921-km long Harbin-Dalian line, the world's first & longest high-speed railway operating in extremely low temperatures started running. CRH380B HST took up the task and become the first high-speed train suitable for running on frigid region at 350 km/h in the world.

CNR has world leading R&D platforms of types A, B, C and L metros. CNR metro cars adopt lightweight carbody made of stainless steel and aluminum, Automatic Train Supervision System (ATS) and Automatic Train Protection System (ATP). They feature high reliability, availability, less maintenance and low life time cost. Delivering metro cars to Hong Kong, Saudi Arabia and Brazil marks as well as supply new trains for Boston of USA, CNR products entrance into the high-end international markets.

CNR advanced the development of new wagons through innovations and experiences. It leads the development of 70-ton and 80-ton wagons, which marked a new epoch in Chinese railway transportation for both speed and load. With the loading capacity increased 17-31% and speed up to 120 km/h, these wagons can form 5,000-ton to 20,000-ton heavy haul unit trains.

CNR is committed to supply the harmonious society with products and services that offer safety, reliability, speed, comfort and eco-friendly. Hand in hand with all of you, our dear customers and friends, CNR will find the most efficient solutions for the sustainable development of railway transportation.

潍坊滨海经济技术开发区简介

Introduction of Weifang Binhai Economic-Technological Development Area

潍坊滨海经济技术开发区是1995年8月成立的国家经济技术开发区，陆域面积677平方公里，海域面积510平方公里，先后被确定为“国家科技兴贸创新基地”、“国家生态工业示范园区”、“国家职业教育创新发展试验区”、“全国科技兴海示范区”和“山东科学发展园区、循环经济示范区”。

开发区位于山东半岛北部，地处环渤海经济圈的咽喉地带，是连接长三角与京津地区的重要节点、省会都市圈的出海口、济青通关一体化的支撑点、对接东北亚的保税港、海洋产业群的聚集地，地缘优势十分明显。区内潍坊港为国家一类开放口岸、地区性重要港口。开发区可直接开发利用的工矿存量用地500多平方公里，办理土地手续方便快捷，发展空间非常广阔。

目前已有海化集团、潍柴大机、瑞驰汽车、海王化工、新和成药业等一大批骨干企业投产达效，盐化油化一体化、新能源汽车、机器人、高档游艇、中速机、港口建设等多个大项目正在建设。下一步，将着力打造汽车制造、动力机械、工程机械、海洋化工四个产业城，临港物流、滨海旅游两个产业基地，加快形成过万亿的蓝色高端产业体系。

山东省首家海事类职业院校建成投用
Shandong Marine College located in Scientific and Educational Innovation Zone has been put into service

先进制造业产业园一角
A corner of Advanced Manufacturing Par

已形成了以潍柴动力、山东海化为代表的大规模产业集群
and Shandong Haihua Group, has been established

Established in August 1995, Weifang Binhai Economic & Technological Development Area(BEDA) is a national economic and technological development area approved by the State Council. Covering a land area of 677 square kilometers and the sea area of 510 square kilometers, BEDA has been continuously accredited as National Innovation Base for Rejuvenating Trade through Science and Technology, National Demonstration Eco-Industry Park, National Vocational Education Innovation Zone, National Demonstration Zone Invigorating the Sea by Science and Technology and Scientific Development Park and Circular Economy Demonstration zone in Shandong Province.

BEDA is located in the northern part of Shandong peninsula. It has obvious geography advantages, such as the throat of Bohai Economy Circle, the important connecting place of Yangtze River Delta and Beijing-Tianjin Region, the estuary of the Provincial Capital Cit Circle, the supporting point of Jinan-Qingdao Integration, the bonded port connecting with Northeast Asia and the gathering place o marine industrial groups. Weifang Harbor, a national first class open port and regional important harbor with all berths opening to th world, is located in BEDA. BEDA Possesses a large state-owned land for industrial use with an area of nearly 500 square kilometers. Th land can be transacted conveniently which would guarantee the setting down of the projects and provide broad development space fc the enterprises in the area.

Currently, there are more than 100 backbone enterprises, including Haihua, Weichai Heavy Machine, Rainchst, Haiwang, Xinhechen Pharmacy, etc, putting into application and making benefits. And there are many big projects under construction, like petrochemical & salinization Integration, new energy automobiles, robots, high-end yachts, medium-speed engines, port construction and so on. In the next step, BEDA will strive to build four industrial cities, such as automobile manufacturing, power machinery, engineering machinery and marine chemical, to build two industrial bases, such as port logistics and coastal tourism, so as to accelerate shaping the blue high-end industrial system with value more than 1 billion RMB.

投资热土贵州义龙新区

Investment Hot Spot Guizhou Province Yilong New District

贵州义龙新区位于黔西南州兴义、安龙、兴仁三县市中心结合部，辖贵州顶效、安龙两个省级经济开发区及9镇，总人口32万，是滇、黔、桂三省（区）结合部的商业集散地和通衢要塞之地。新区距省会贵阳市287公里，距云南省会昆明市306公里，距广西首府南宁市421公里，将成为三省区结合部的交通、物流、通讯、旅游和商贸中心。

贵州义龙新区交通运输条件极为便利。西南地区重要的交通运输路线南昆铁路在新区有2个客运站、6个货运站；汕昆高速、晴兴高速、惠兴高速、324国道在新区境内交汇；309省道、关兴公路从新区穿过；距黔西南州兴义万峰林机场仅20分钟车程。这些交通要道在义龙新区形成了实现滇、黔、桂三省（区）互通的重要的交通枢纽网络。

贵州义龙新区有充足的电力资源和水利资源。目前新区有8座500千伏、220千伏、110千伏变电站，有2座年发电量约136亿度的自备电站；有12座中小型水库，另有2座大型水库在建，年蓄水量达2亿立方米以上，水资源充足，水质良好。

贵州义龙有世界独一无二的低纬度中海拔地带气候特点，夏无酷暑、冬无严寒，常年雨量充沛、日照充足，平均气温16.20℃，非常适宜居住。这里有历史悠久的古镇鲁屯，神秘幽静的坡岗岩溶国家地质公园，有天印山、间歇泉、太阳泉等丰富的旅游资源，更有备受世界地质学界和古生物学界关注的贵州龙化石。围绕旅游业发展服务业，可以打造一个世界的义龙。

贵州义龙新区欢迎社会各界有识之士前来参观考察、投资兴业。

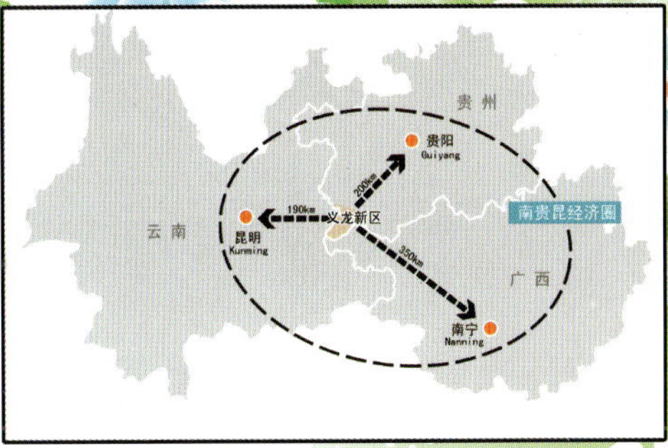

贵州义龙新区位于滇、黔、桂三省区核心区

Guizhou province Yilong New District is located in the core zone of Guizhou province,Yunnan province and Guangxi province.

贵州义龙新区拥有便利的交通条件

Guizhou province Yilong New District has convenient transportation condition.

Guizhou Yilong New District located southwest of Guizhou Xingyi, Anlong, Xingren center junction of three counties, jurisdiction Guizhou Dingxiao, Guizhou Anlong two provincial-level economic development zones and nine towns, with a total population of 32 million, is Yunnan, Guizhou and Guangxi provinces commercial hub (area) with the department of land and thoroughfare fortress. 287 km from the provincial capital Guiyang, Guizhou, 306 km from the provincial capital of Yunnan, Kunming, 421 km from the capital of Nanning City, Guangxi Zhuang Autonomous Region, Provinces will be combined with the department of transportation, logistics, communications, tourism and business center.

Guizhou Yilong New District transportation is very convenient. NanKun Railway in the New District 2 Terminal, 6 freight station; Kunming-Shantou speed, Qinlong-Xingyi speed, Huishui-Xingren speed, 324 State Road intersection in the New District territory; Guizhou Province, a major transportation hub Highway 309, Guanlin-Xingren Road since then pass through; New District from Qianxinan Xingyi Wanfenglin Airport only 20 minutes away by car. These important traffic arteries in the New District of Yilong intersection, Formed a realization of Yunnan, Guizhou and Guangxi provinces (regions) interworking important transportation hub network.

Guizhou Yilong New District has sufficient power resources and water resources. Here are currently New District 8 pedestal 500 KV, 220 KV, 110 KV substation, there are 2 annual generation of about 13.6 billion degrees captive power plant; there are 12 medium and small reservoirs, another 2 large reservoirs in the construction, water storage capacity of 200 million cubic meters or more, sufficient water resources, water quality is good.

Guizhou Yilong New District Unique in the world with low-latitude climate in altitudes, Summer heat and winter cold, Annual rainfall, abundant sunshine, The average temperature of 16.20 ℃, Very livable. The historic old town New District has Lu Tun, there are secluded hillock slope mysterious Karst National Geopark, Tianyin Hill, geysers, beautiful spring sun rich tourism resources, much more world attention to geology and paleontology field Guizhou Dragon fossils. Do around tourism services, can make a world of Yilong.

Guizhou Yilong New District sincerely welcome people of insight to visit and invest.

联系地址：贵州省黔西南州义龙新区义龙集团

Address: Guizhou Province, Qianxinan Yilong New District Yilong Group

联系电话(Tel)：13518595799 18985962345　电话/传真(Tel/Fax)：0859-3520281

邮箱(Mailbox)：1343473753@qq.com　http://www.ylxq.com.cn

大理经济技术开发区简介

Brief Introduction to Dali Economic and Technological Development Zone

开发区办公楼

开发区鸟瞰图

以力帆骏马为龙头的机械装备制造业

明阳风电

大理经济技术开发区是1992年11月云南省政府批准成立的省级经济开发区，2014年2月升级为国家经济技术开发区，加挂省级高新技术产业开发区和大理创新工业园区两块牌子。大理经济技术开发区下辖天井、满江两个办事处，成建制委托管理凤仪镇，辖区面积339平方公里，总人口15.6万人。区内已建成飞机场、火车站、汽车站，形成了集航空、高速公路、铁路为一体的立体交通网络。

大理经济技术开发区按“一园五片区”规划布局：天井片区主要布局烟草烟辅、金融保险、现代商贸服务等产业，满江片区主要布局商贸旅游、总部经济、科技孵化等产业，上登片区主要布局建材、汽车装备制造及零配件制造等产业，凤仪片区主要布局机械装备制造、生物医药、食品饮料、轻工纺织、仓储物流等产业，杨梅坪片区主要布局新能源、新材料、高原生态高效农牧等产业。

经过二十多年的发展，大理经济技术开发区产业聚集效应开始显现，现有规模以上工业企业43家，区内登记注册各类工商企业1957户，注册资金94.10亿元，其中私营企业1820户，注册资金69.62亿元。2014年1-9月，全区完成工业总产值144.64亿元，财政总收入8.64亿元，固定资产投资58.80亿元，累计引进州外国内实际到位资金43.06亿元。

大理经济技术开发区抢抓国家“一带一路”战略、“桥头堡”建设和滇西中心城市建设等历史机遇，创新管理机制和开发模式，强化政策资金支持，着力改善园区发展软硬环境，加大招商引资力度，实现跨越发展。

Dali Economic and Technological Development Zone is a province-level economic development zone established under the approval by Yunnan Provincial Government in November, 1992. It was upgraded to a province-level high and new tech development zone in February, 2014, and was added with two boards: province-level high and new tech development zone and Dali innovative industrial park. Dali Economic and Technological Development Zone has jurisdiction over Tianjing and Manjiang Offices and is entrusted to collectively administrate Fengyi Town, having an administrative area of 339km2 and a total population of 0.156 million. Airport, railway station and bus station have been built in the zone, and the three-dimensional transportation network has formed, integrating aviation, expressway and railway.

The planning and layout of Dali Economic and Technological Development Zone are in accordance with the "one park and five districts". Tianjing District is arranged mainly for tobacco and its auxiliaries, finance and insurance, modern trade services, etc. Manjiang District is arranged mainly for tourism and trade, headquarters economy, technological incubation, etc. Shangdeng District is arranged for building materials, Auto equipment manufacturing, spare and accessory parts manufacturing, etc. Fengyi District is arranged mainly for mechanized equipment manufacturing, biological medicine, food and beverage, light and textile industry, warehouse logistics, etc. Yangmeiping District is arranged mainly for new energies and materials, plateau ecological and efficient agriculture and animal husbandry, etc.

With over 20 years of development, the industrial agglomeration effect of Dali Economic and Technological Development Zone starts to appear. Currently, there are 43 industrial enterprises above designated size and 1957 industrial and commercial enterprises of different types registered withir the zone; the registered capital is RMB 9.410 billion Yuan. Besides, there are 1820 private enterprises, having a registered capital of RMB 6.962 billior Yuan. From January to September, 2014, total industrial output value achieved in the zone is RMB 14.464 billion Yuan; the overall fiscal revenue realized is RMB 0.864 billion Yuan; the fixed-asset investment accomplished is RBM 5.880 billion Yuan; the out-state domestic paid-in func accumulatively introduced is RMB 4.306 billion Yuan.

Dali Economic and Technological Development Zone seizes the "One Belt and One Road" strategy, "Bridgehead" construction, Western Yunnar Central City Construction and other historic opportunities, innovates the management mechanism and development mode, strengthens the suppor by policy funds, puts effort into improving the soft and hard environments for the park development and intensifies the investment promotion, so as tc achieve the leaping development.

重庆经济技术开发区

CETZ

CHONGQING ECONOMIC&TECHNOLOGICAL DEVELOPMENT ZONE

——中国西部经济增长新引擎

重庆经济技术开发区成立于1993年，是中国西部地区最早设立的国家经济技术开发区。2010年7月，重庆经开区划归南岸区管理，位于重庆六大城市副中心之一的茶园新区，区位优势凸显，60平方公里的发展空间，肩负重庆市委、市政府赋予的两江万亿工业板块，引领江南万亿工业走廊，带动长江以南经济快速发展的重要战略任务。拓展区依山临江，坐拥万亩森林和15公里长江黄金水道，拥有密集的水陆空立体交通网络和国家物流枢纽平台——东港国际港区，公路、铁路、水路联运便捷高效。区内社会配套齐全，要素资源丰富，自然环境优美，多重优惠政策叠加，与隔江相望的两江新区、寸滩保税港区产业优势互补，是投资兴业的黄金宝地。

近年来，在市委市政府的正确领导下，重庆电子信息产业已成为第一支柱产业。以打造“中国西部手机之都”为目标，手机产业按照“整机+代工企业+零部件+研发设计+市场开拓”的发展思路已呈现集聚态势，产业规模不断扩大、产业链不断完善，步步高、国虹金谷、国信通、百立丰、宝捷讯、天迈、融讯、蓝岸等11户手机整机企业，相关配套企业和机构17户已落户经开区。2013年手机出货量3545万台，2014年1－6月累计完成手机出货量3838万台，产值149亿元，预计全年出货量7000万台，2015年出货量有望达到1亿台。

----The New Engine in West China's Economic Growth

Chongqing Eco. & Tech. Development Zone, approved to establish in 1993, is the first Chinese economic development zone set up in West China.In July, 2010, Chongqing Eco. & Tech. Development Zone (hereafter referred to as ChongQ Development Zone) was put under the administration of Nan'an District located in one of the six city sub–centers of Chongqing, the Tea Zone. With prominent advantages of locality and 60km2 development space, ChongQ Development Zone shoulders significant strategic tasks given by Chongqing municipal government in trillion industrial sector of Two–River Area, in leading trillion industrial corridor in the South, and in driving rapid economic development south of the Yangtze. Situated against mountains and by the river, the development zone embraces a trillion acres forest and 15 kms golden waterway of the Yangtze, owning an national–level logistics hub platform and an intensive three–dimensional transport network constituting water route, road and air – The transport network constituting highway, railway and waterway is especially convenient and fast in Donggang International Harbor District. Sharing complementary industry advantages with Two–River Area and Cuntan Bonded Port across the river, the development zone is a valuable place for business investment with all kind of necessary supporting facilities, abundant resources, the beautiful natural environment, and multiple preferential policies.

For the past few years, the electronics and information manufacturing industry has become the first pillar industries in Chongqing under the correct leadership of the municipal government. With the goal of being the capital of cellphones in West China, the mobile phone industry, there among, in ChongQ Development Zone is developing in accordance with the idea – Machine+OEM business+ Spare Parts +R&D design + Marketing. It has rendered a gathering momentum, whose industrial scale is the continuously growing and industrial chain is constantly improving. 11 mobile phone companies, including Backgammon, MICT, Iephone, Baojie, Tianmai, Rongxun, Lan’an and etc. and 17 related businesses and organizations have settled in ChongQ Development Zone. In 2013, phone shipment amount was 35.45 million units. In the first half year of 2014, it totaled 38.38 million units with an output value of 14.9 billion Yuan and the whole year’s shipment amount is estimated to be 70 million units. It is expected to reach 100 million units in 2015.

联系地址：重庆市南岸区江桥路1号
联系电话：+86-23-62457241
传　真：+86-23-62900253
电子邮件：cqjkqtz@126.com

Address: river's bridge in nanan distract of chongqing city road no. 1
Telephone: + 86-23-62457241
Fax: + 86-23-62900253
Email: cqjkqtz@126.com

安徽省天长市国家级承接产业转移示范区

——安徽天长经济开发区

天长经济开发区是安徽省人民政府批准设立的省级经济开发区，位于安徽工业重镇天长市西郊，规划面积 50 平方公里，属于皖江城市带承接产业转移示范区范围。自建区以来，开发区按照“ 工业立区，科技兴区 ”的发展战略，充分发挥与长三角地区地缘相近、人缘相亲、经济发展互补性强的独特优势，积极承接产业转移，培育新产业，发展支柱产业，扶持传统产业，重点打造产业园区，努力把开发区建成“ 开发型现代工业新区 ”，成为长三角产业拓展的优选区。力争 2015 年建成区域面积达到 30 平方公里，销售收入 800 亿元，财政收入达 20 亿元。

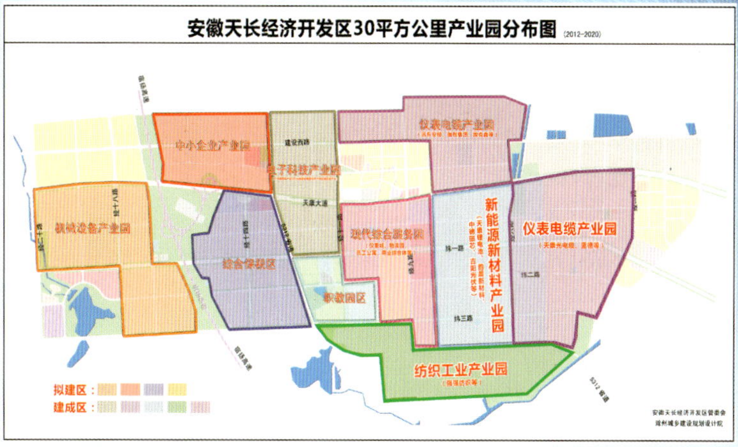

区位和交通条件优越

开发区距南京 75 公里，距扬州 50 公里，到上海仅 3 小时车程，临江近海，属于中国最具活力的“ 长三角 ”地区；开发区交通便捷，陆路四通八达，水路经高邮湖直达沿江、沿海各大港口，是东部沿海地区与内陆中部地区的跳板。

基础设施条件优越

自 2003 年启动建设以来，始终坚持以可持续发展为主题，坚持“ 高标准规划、高质量建设、高水平管理 ”原则，稳步推进园区的规划建设和管理。开发区内 60 米宽主干道、50 米宽次干道、30 米宽支干道形成“ 十一纵七横 ”近 50 公里长的道路网络。区内建有 110KV 的变电所一座，各种管线均铺设到位，已达到“ 六通一平四配套 ”。

软环境优越

为营造“亲商、富商、安商”的投资环境，开发区始终奉行“业主发财、园区发展”的服务理念，成立了涵盖国土、市场监督、国税、地税、人力资源等 12 个职能部门的行政综合服务中心，以“最优质、最快捷、最高效”的投资服务环境，“零费用、零距离、零障碍 ”的项目服务保障，以及投资审批系列服务、项目建设全方位服务、开工投资经常性服务的“ 三条主线 ”服务于企业，确保企业办事不出园区。

地址：安徽省天长市经济开发区经三路　　邮编：239300　　管委会办公室电话及传真：0550-7622933

邮箱：tckfqbgs@sina.com　　网址：http://www.ahtcedz.gov.cn/

宁波市对外贸易经济合作局

NingBo Foreign Trade & Economic Cooperation Bureau

宁波地处我国海岸线中段，长江三角洲南翼，毗邻上海、杭州，是中国对外开放城市之一，享有省一级经济管理权限的计划单列城市，具有制定地方性法规权力的“全国较大的市”，也是全国历史文化名城、浙江省经济中心。

宁波对外贸易历史悠久，早在公元七世纪就已成为中国三大对外贸易口岸之一。2013年，宁波港货物吞吐量4.96亿吨，集装箱吞吐量1677.4万标准箱，均位居大陆港口第三位。目前，宁波港口集装箱航线总数为235条，远洋干线达117条，月均航班量超过1400班次。

宁波正在加快由“开放大市”向“开放强市”转变。2013年全市完成外贸自营进出口总额逾1000亿美元，新批外商投资总额超过100亿美元，实际利用外资超过30亿美元；核准中方境外投资额超过15亿美元。截至2013年12月，宁波累计吸引外商投资企业14630家，投资总额1124.33亿美元，实际利用外资332.11亿美元；累计批准境外企业和机构1839家，核准中方投资额55.69亿美元，分布在108个国家和地区。目前共有服务外包企业近千家，从业人员近4万人。

Ningbo is located in the middle of China's coastline, south of the Yangtze River Delta, adjacent to Shanghai, Hangzhou, is China city opening to the outside world, enjoy province level economic management authority of the city specifically designated in the state plan, enact local laws and regulations with the power of the "national larger city", is a national historical and cultural city, the economic center of Zhejiang province.

Ningbo is a long history of foreign trade port city, as early as in seventh Century has become one of the three largest foreign trade port Chinese. In 2013, the cargo throughput of Ningbo port 4.96 tons, container throughput of 16774000 TEUs, are among the mainland port third. At present, the total number of Ningbo port container routes235, ocean artery was 117, average monthly total flights more than 1400 class.

Ningbo is accelerating the "open big city" to "open strong city" transformation. In 2013 the city completed a total import and export trade of more than US$100,000,000,000, the newly approved foreign investment amounted to more than US$10,000,000,000, the actual utilization of foreign capital of more than US$3,000,000,000; approved overseas China invested more than US$1,500,000,000. As of December，2013, Ningbo has attracted foreign investment enterprises 14630, a total investment of US$112,433,000,000, the actual utilization of foreign capital US$33,211,000,000; total approved overseas enterprises and institutions 1839, approved by the Chinese investment of US$5,569,000,000, distributed in 108 countries and regions. At present there are service more than 1000 outsourcing enterprises, employing nearly 40000 people.

宁波企业运营的贝宁中国经济贸易发展中心

新加坡宁波商品展

宁波港码头

宁波市区

地址：浙江省宁波市灵桥路190号　问询电话：0574-87178015
传真：0574-87328288　网址：www.nbfet.gov.cn　电子邮箱：bgs@nbfet.gov.cn

成都经济技术开发区建设发展情况

The Development and Construction Situation of Chengdu Economic & Technological Development Zone

一、经开区建设发展现状

成都经开区是以汽车及关键零部件为主导的先进制造业基地，2000年被批准为国家经济技术开发区，2005年被批准为国家（成都）电子元器件产业园，2010年被批准为国家汽车产业新型工业化产业示范基地创建单位，是四川省重点打造的两大千亿产业园区之一，2010年被成都市委、市政府确定为汽车产业综合功能区的主体区。

现已基本形成百万整车生产平台。一汽大众、一汽丰田、吉利轿车等重大整车项目建成投产，大运汽车、瑞华特电动汽车等重大整车项目顺利落户，初步形成了“十车七机”产业体系。已建、再建、拟建总产能达到125万台，可生产轿车、客车、越野车、商务车、SUV、载重车、专用车等多种车型。神钢集团、卡特彼勒等工程机械项目扩能增效，普什重机、神钢大吨位起重机等项目加快建设。成都经开区已成为四川省最重要的汽车产业核心聚集区。

二、基本思路和奋斗目标

基本思路：抓住机遇，深入实施区域互动和追赶跨越战略，以汽车产业综合功能区为主体，以汽车制造为基础，以新能源汽车和汽车研发为突破口，以汽车服务链深度创新为核心，强化建厂建链，做大产业规模，强化“两个高端”，加快培育核心竞争力，加快建设“西部第一、全国一流、世界知名”的成都国际汽车城。

奋斗目标：（1）到2020年，汽车整车产量达到125万台，本地配套率达60%以上，建成全国一流的汽车产业城，进入全国汽车产业集群格局中的一级体系，形成功能齐备，产城相融、城乡一体的现代都市区。（2）再用20年时间进入国际汽车集群高端行列，成为四川加快“西部经济发展高地”及成都建设“世界生态田园城市”的重要支撑，最终建成“成都国际汽车城”。

Current Status of Construction

Chengdu Economic & Technological Development zone (short for CDETDZ), the manufacturing base of passenger and engineering automaking and key components，was approved to be a state-level economic and technological development zone by central committee and the State Council in 2000, the National (Chengdu) Electronic Components Industrial Park by the Ministry of Information Industry in 2005，and the new type base of national automobile industry by the Ministry of Industry and Information Technology in 2010. CDETDZ is also one of the two province hundred-billion industrial parks, and approved to be the center of comprehensive functional area of automobile industry by the municipal Party committee and government of Chengdu.

There has basically formed the product platform of million whole vehicles. Major projects of whole vehicles, such as FAW-Volkswagen, FAW Toyota, Geely, have completed and put into production. Other major projects of new energy vehicle, such as Dayuan, Ruihuate, have successfully settled. The system of Ten Vehicles and Seven Engines has been shaped. The overall production capacity has reached 1.25 million, including finished, re-building and under construction projects. There has formed vehicle products system of Car, Bus, Truck, SUV, Special vehicles etc. Machinery companies including Kobelco, Caterpillar, is enlarging the production capacity. Sichuan Push Heavy Machine and Kobelco large-tonnage crane is increasing the construction. CDETDZ has become the most important core area of the automobile industry in Sichuan province.

Basic Ideas and Goals

We should seize the opportunity and firmly implement the strategy of regional interaction and pursuant & span-type development, dominated by auto industry comprehensive functional areas, based on auto manufacture, using new–energy auto and auto R&D as a breakthrough point, with auto service chain deep innovation at the core, intensifying plant & link building, making big industry scale, strengthening two” high-ends”, accelerating the cultivation of core competitiveness, only in this way, can we accelerate the construction of Chengdu International Auto City with the title of” The best in the West, The first class in the whole nation and The first tier in the world”.

Struggling objective：1）To fulfill the target of annual output of 1.25 million whole vehicles and local supplying rate of more than 60%, to build the first rate auto industry city, to be listed in the first level system of the auto industry cluster around China, tc establish the fully functioned, industry and city combined and rural-urban balanced modern town in 2020. 2）To enter the international high-end car cluster in 20 years, to become the important support for Sichuan’s speeding up to build “the Western highland of economic development” and Chengdu’s speeding up to build “the ecological garden city of the world”, and eventually to create the “Chengdu international auto city”.

地址：四川省成都市成都经济技术开发区（龙泉驿）星光中路18号　　联系电话：028-84853592
传真：028-84872887　　网址：www.cdetdz.gov.cn

青岛与国外城市建立经济合作伙伴关系

Qingdao Eyes Worldwide Economic Partnerships

按照国家推进地方政府建立对外经贸合作机制试点的工作部署，青岛积极研究推进，在全国率先与经济关系紧密的全球重点城市建立地方经济合作创新机制。

2012 年，青岛贯彻落实中日韩自贸区启动谈判倡议“ 利用中国山东毗邻日韩的区位优势，建设中日韩地方经济合作示范区 ”，加快建设中日韩地方经济合作示范城市，于当年 8 月率先与韩国釜山建立了经济合作伙伴城市关系。截至目前，青岛已先后与韩国釜山市、大田市，日本京都市、川崎市，法国孚日省、第戎市，荷兰海牙市，澳大利亚南澳州，新西兰奥克兰市、但尼丁市，美国旧金山市 11 个国外城市（地区）建立了经济合作伙伴关系。

2013 年 12 月，青岛市政府办公厅印发了《关于建立国外城市经济合作伙伴关系的实施意见》，以“ 走出去 ”与“ 引进来 ”相结合，以推进体制机制创新为重点，探索对外经贸合作模式和推进机制。通过深化建立稳定、高效的“ 伙伴关系 ”工作机制，根据不同国家城市的特点，建立经济合作理事会或定期召开联席会议，打造国际城市经贸合作伙伴关系工作平台，并针对不同城市的特点，发挥优势开展务实合作，提升与缔结城市的合作层次和水平。

According to the arrangement for local governments to launch pilot projects for the establishment of mechanisms for international economic and trade cooperation, Qingdao has made positive efforts and taken the lead in establishing an innovative mechanism for cooperation with economically-related key cities in the world.

In 2012, Qingdao achieved notable progress in terms of economic cooperation with Japan and South Korea in accordance with the requirements of “capitalizing on Shandong’ s geographic advantage with Japan and South Korea to establish trilateral economic cooperation” proposed for the launch of negotiations for a China-Japan-South Korea Free Trade Area. Later in August, Qingdao inked its first economic partnership with Busan of South Korea. Currently, Qingdao has established economic partnerships with 11 foreign cities (regions), such as Busan and Daejeon of South Korea, Kyoto and Kawasaki of Japan, Vosges and Dijon of France, The Hague of the Netherlands, South Australia of Australia, Auckland and Dunedin of New Zealand, and San Francisco of the United States.

In December 2013, the General Office of Qingdao Municipal Government issued “Opinions on the Establishment of Economic Cooperation Partnerships with Foreign Cities”, which proposed models and promotion mechanisms for foreign economic cooperation in light of the “going out” and “bringing in” strategies, with emphasis on system and mechanism innovations. It called for creating a working mechanism to boost stable and efficient “partnerships”, and building a platform for international economic and trade cooperation by setting up economic cooperation councils or holding regular joint meetings in accordance with the characteristics of specific cities and countries, in order to promote pragmatic cooperation and improve the cooperation level with the partner cities(regions).

常熟经济技术开发区

常熟经济技术开发区成立于 1992 年，2002 年 8 月被江苏省委、省政府批准比照国家开发区享有相应的经济审批权限和行政级别。2005 年 6 月经批准设立常熟出口加工区。2010 年 11 月升格为国家经济技术开发区。同年，碧溪新区正式撤镇建区，与开发区实行“区镇合一”管理体制。近年来，常熟经济技术开发区依托得天独厚的濒江临港和“二路一桥”（苏嘉杭高速、沿江高速、苏通长江大桥）的交通区位优势，开发建设以沿江工业区、出口加工区为核心的工业板块以及综合配套服务沿江发展的滨江新市区。区内拥有来自二十多个国家和地区的外资企业 500 多家，累计总投资 250 亿美元，其中 26 家世界 500 强企业投资项目 56 个，超亿美元项目 30 多个。2013 年，实现地区生产总值 772 亿元，工业总产值 2508 亿元，公共财政预算收入 46.8 亿元，进出口总额 112 亿美元。2013 年底，常熟港货物吞吐量已超 7000 万吨。目前，开发区正以五年再建一个开发区为目标，全力构建规模化产业创新体系、国际化城市特色体系、现代化社会和谐体系，积极培育汽车及零部件、高端装备制造、新能源、创新创意和现代物流五大新兴产业，建设 10 家超百亿企业，力争在“十三五”期间形成 1 个两千亿产业、2 个一千亿产业、3 个五百亿产业。

领导视察

创业服务中心为高端人才提供创新创业服务

行政服务中心为区内企业和群众提供"一站式"便捷服务

生态优美的园区环境

肇庆高新技术产业开发区

肇庆国家高新技术产业开发区是广东省吸收外资重点工业园区、广东省山区吸收外资示范区、广东省首批示范性产业转移园区，享有地市一级经济管理和相关行政审批权限，所在地大旺总面积 98 平方公里。

该区位于珠三角中心区西部、肇庆市最东端，距广州市区 50 公里，到广州白云机场仅需 30 多分钟车程，属广佛半小时经济生活圈。铁路、公路、高速公路、城际轨道、水路等四通八达。

近年来，该区实现了超常规、跨越式发展。与 2002 年相比，2013 年全区 GDP 增长了 53.6 倍，工业总产值增长了 162.2 倍，公共财政预算收入增长了 51.9 倍。目前全区已投产企业 230 多家，吸引了一大批国内外知名企业落户，初步形成了金属新材料、电子信息、生物医药、先进装备制造四大主导产业。

下阶段，该区将按照现代科技工业城的发展定位，全力以赴谋招商，聚精会神抓工业，大力发展四大主导产业，努力开创"二次创业"新辉煌，引领全市新型工业化。

Zhaoqing National High-tech industry development Zone has three provincial titles: the key foreign investment-attracting industrial zone, the foreign investment-attracting demonstration zone of mountainous area, the first industrial-transfer demonstration zone. It enjoys prefecture-level economical management right, and prefecture-level administrative approval. It lies in Dawang district, which consists of 98 square kilometers state-owned land.

Zhaoqing National High-tech industry development Zone located in the west of the Pearl River Delta' s centre, the east of Zhaoqing city. It lies within the "economy and life half hour circle of Guangzhou and Foshan". There is only 50 kilometers from Dawang to Guangzhou, and 30-minutes' drive from Dawang to Guangzhou Baiyun Airport. There are railways, highways, intercity railways, and waterway transportation leading in all directions.

In recent years, the economy of this area has grown by leaps and bounds extraordinarily. In 2013, the GDP of this region has grown by 53.6times, the industrial output has risen by 162.2 times and the public budget revenues has increased 51.9-fold compared with those in 2002. With more than 230 enterprises in production now, it attracts a large number of well-known domestic and foreign enterprises and enjoys four leading industries--the new metal materials, electronic information, biomedicine and advanced equipment manufacturing .

In accordance with the development orientation of modern science and technology industrial city, the people in the district will go all out to seek investment, focus on industry production, make efforts on developing the four leading industries, strive for creating "Second Startup" and hold the lead in Zhaoqing`s new industrialization.

中国能源建设集团广西水电工程局有限公司

Guangxi Hydroelectric Construction Bureau Co., Ltd of Energy China (GHCB)

中国能源建设集团广西水电工程局有限公司成立于1958年，隶属中国能源建设集团有限公司，具有水利水电工程总承包、电力工程总承包、房屋建筑工程总承包、市政公用工程总承包一级资质，国家援外工程承包A级、对外承包工程劳务合作经营权等。企业注册资金6.24亿元。同时从事水电投资、房地产开发、国际贸易等多种经营产业。

2009年，公司被授予“全国文明单位”，自此公司连续六保留该称号
In 2009, GHCB was awarded the “National Civilized Co pany”, since then, GHCB had kept wining the prize fo years successively.

公司成立五十多年来，先后在国内外建成西津、岩滩、昭平、乐滩、龙滩、百色、贵港航运枢纽，以及布隆迪国穆雷、巴基斯坦真纳和阿莱瓦、安哥拉玛布巴斯和洛玛乌、缅甸太平江、老挝南椰II等各类水电站100多座，总装机1500多万千瓦，成为广西水电建设的主力。此外还承建多项水利、送变电、公路、桥梁、机场、码头、工民建工程和100多项工程。

荣获2001年中国建筑工程鲁班奖的岩滩水电站
The Yantan Hydropower Station, being awarded Luban Aw of Construction Engineering of China in 2001.

公司实施“优先国际业务”发展战略，目前在建国际项目分布在安哥拉、老挝、蒙古、肯尼亚、圣多美、埃塞俄比亚以及尼泊尔等国家，总金额近100亿元。投资及参股开发10多个水电站，装机容量25万千瓦。

公司以“优质、快速、守约、重誉”为宗旨，秉承“自强不息、追求卓越”的企业精神，以一流的队伍、一流的管理、一流的质量创建更多精品工程，竭诚为国内外客户提供更加优质的服务。

Guangxi Hydroelectric Construction Bureau Co., Ltd of Energy China (GHCB), founded in 1958 and subordinated to China Ener Engineering Group Co., Ltd, has such qualifications as water conservancy and hydropower project EPC, electric power project EPC, buildi construction project EPC, municipal public works EPC (Grade A), national foreign aid project contracting (Grade A) as well as the franchise ri of overseas project contracting and labor service. GHCB has a registered capital of CNY0.624 billion. Its business also covers hydropow projects investment, real estate development and international trade and other business industries.

Founded more than 50 years, GHCB has built up more than 100 hydropower projects both at home and aboard, including Xijin, Yant Zaoping, Letan, Longtan, Baise, Guigang Navigation Hub as well as Murray in Burundi, Jinnah and Allai Khwar in Pakistan, Mar Bbu Bass a Roma uri in Angola, Taiping River of Myanmar and Hydropower Station II in Arenga Westerhoutii of Laos, with a total installed capacity of mo than 15000 MW, making it the main force of hydropower construction in Guangxi. In addition, it contracted a lot of projects covering wa conservancy, electricity transformation & transmission, roads & bridges, airports, docks and civil construction as well as more than 100 project

GHCB implements such a development strategy of “priority in international business”, At present, GHCB's overseas projects un construction has been distributed in Angola, Laos, Mongolia, Kenya, Sao Tome, Ethiopia and Nepal, etc., with the total amount of CNY billion. It has invested and participated in the development of more than 10 hydropower stations, with the installed capacity of 250MW.

GHCB, taking “good quality, quickness, following treaty and good reputation” as its mission as well as “self-improvement and pur of excellence” as its enterprise spirit, will create more fine projects by the best team, the best management and the best quality, and prov wholeheartedly more quality service for all customers both at home and abroad.

荣获2005年度中国建筑工程鲁班奖的郁江贵港航运枢纽
The Yujiang Guigang Navigation Hub, being awarded Luban Award of Construction Engineering of China in 2005.

2014年，驻安哥拉公司新签合同2亿美元，合同储备额8亿美元
In 2014, GHCB Angola Company signed a new contract with the amount of 0.2 billion US dollars and the contract reserves of 0.8 billion US dollars.

受公司资助的安哥拉本格拉省洛比托市第6学校修复工程竣工
The No. 6 School Project in Lobito of Benguela, subsidize GHCB Angola Company, was officially completed.

地址：广西南宁市明秀东路1号 Address: 1 East Mingxiu Road, Nanning, Guangxi
邮编：530001 Post Code: 530001
网址：http://www.ghcb.com.cn Website: http://www.ghcb.com.cn
邮箱：gcj_gx8888@163.com Email: gcj_gx8888@163.com

国家萍乡经济技术开发区

NATIONAL PINGXIANG ECONOMIC &TECHNOLOGICAL DEVELOPMENT ZONG

国家萍乡经济技术开发区作为示范区建设的重要载体，将在投资、财税、金融、土地、对外开放等各方面得到国家、省、市各级政府的政策支持。

“十二五”发展思路：科学发展，城市转型，产业兴区，以晋升国家级经济技术开发区为新的起点，全力推进工业产业化、城市生态化、惠民常态化，将开发区打造成工业强区、城市新区、和谐社区，努力把开发区建设成为萍乡对外开放的窗口、高新技术产业的示范区、现代化城市建设的排头兵，建设富裕和谐秀美开发区，致力打造一流的国家级开发区。

As an important carrier for demonstrational park, Pingxiang NTDZ has received a number of government policy supports in investment, taxation, finance, land and opening fields from national, provincial and municipal levels.

The ideas of development strategies for Piangxiang ETDZ in year 2011-2015 are scientific development, urban transformation and prosperity by industry. We are taking recent promotion of the state-level development zone as a new starting point and making great efforts for advancing industrialization, urban ecology construction and continuous Huimin policy to build the demonstrational zone characterized by strong industries, civilized citizens and harmonious community. We are trying to build Pingxiang ETDZ to a rich, beautiful and harmonious district and the first-class national development zone as the window of opening policy, the demonstration of high-tech industry and the vanguard of modern urban construction.

安源钢铁
AnYuan steel

创业孵化园
Business incubator park

萍乡安源学院
Pingxiang AnYuan college

国家萍乡经济技术开发区招商局
招商热线/传真：0799-6761716 13307996258
地址：江西省萍乡市工业大道1号
网址：//www.pxedz.gov.cn 邮编：337055
E-mail：644271712@qq.com

Investment Bureau of Pingxiang ETDZ
Phone/Fax: 0799-6761716 13307996258
Address: No. 1, Industry Road, Pingxiang City, Jiangxi Province, China
website: www.pxedz.gov.cn Post code: 337055

片区文化生态休闲中心鸟瞰图
al view tanaka area culture ecological leisure center

安徽省外经建设（集团）有限公司
Anhui Foreign Economic Construction (Group) Co., Ltd

津巴布韦龙城广场
Longcheng Plaza in Zimbabwe

近年来，安徽外经积极响应国家“走出去”战略，大力拓展境外矿产资源开发、国际工程承包、房地产开发、进出口贸易、国际连锁超市、连锁酒店、旅游等各项业务，已先后在三十多个国家承建了近百个大中型对外援助项目和优惠贷款项目，驻外大使馆、经商处馆舍项目，以及国际工程承包项目。安徽外经在非洲、欧洲、亚洲、中南美洲以及加勒比等地区的二十二个国家注册成立了分公司，积极开展多元化经营，取得了良好的经济效益和社会效益，受到了所在国政府和人民的普遍赞誉，得到了我国各级政府和领导的充分肯定和表扬，为增进中外友谊、树立中国企业的良好形象做出了一定的贡献。

2009年以来，公司连年跻身ENR全球最大225家国际承包商排行榜。公司先后三次被评为全国文明单位，获得全国优秀施工企业、全国商务系统先进单位、对外工程承包及劳务输出“AAA”级信用企业、中国建筑业百强企业、中国企业海外投资100强等光荣称号，以及2010年“中非友好贡献奖——感动非洲的十大中国企业”。

安徽外经始终奉行“诚信、创新、务实”的经营理念和“德行善举、尽责感恩”的企业宗旨，竭诚为社会各界提供一流的服务，愿意通过真诚合作，优势互补，共谋发展，实现双赢！

In recent years, Anhui Foreign Economic Construction (Group) Co., Ltd. (AFECC) positively responds to the national strategy of GOING OUT. AFECC has made significant achievements in terms of overseas mining, international project contracting, real estate development, import & export, overseas chain supermarkets, chain hotels, tourism, etc... AFECC has successively established branch companies in twenty-two countries across Africa, Europe, Asia, South& central America and the Caribbean area, carrying out about hundred large-medium foreign-aid projects , projects sponsored by Chinese Government Concessional Loads, Chinese Embassy and commercial counselor's office in many other countries as well as overseas engineering contracts in more than thirty countries, in such a way carrying out the multi-operations and giving promotion in social and economic development of the countries. In these countries, AFECC has received widespread praise from the project-stationed governments and the people. AFECC has also received the recognition and compliments from Chinese government for its great endeavor and contributions in enhancing friendship between China and other countries and in setting up a good image of Chinese enterprises.

AFECC has been listed in the “Top ERN 225 International Contractors Worldwide” since 2009. It is successively awarded with “National Civilized Unit” for three time, and “National Excellent Construction Enterprise”, “National Advanced Unit of Commercial System”, “Enterprise with Grade AAA Credit (Foreign Project Contracting and Labor Export), “China Top 100 Competitive Enterprise in Construction Industry”, “Top 100 Foreign Investment Enterprise”and “Sino-Africa Friendship Contribution Award”–“Top 10 Chinese Enterprises in Africa in 2010”.

By always sticking to the operation philosophy of “Sincerity, Innovation and Pragmatism” and the corporation principle of “Upholding good virtue and charity to the society and fulfilling responsibilities”, AFECC tries its best to provide first-class service to the friends from all circle of life and seeks common development and realizes win-win through sincere cooperation and the use of complementary advantages.

中非光明行
China-Africa “Brightness Action”

金孔雀温泉旅游度假村
Golden Peacock Spa Resort

马拉维金孔雀酒店
Golden Peacock Malawi Hotel

哥斯达黎加国家体育场
National Stadium of Costa Rica

莫桑比克马普托国际机场
Maputo International Airport in Mozambique

津巴布韦安津钻石矿
Anjin Diamond Mining in Zimbabwe

集团公司总部大楼
AFECC'S Head Office Building

地址：中国 安徽省 合肥市东流路28号
公司网址：www.afecc.com
邮政编码:230051
联系方式：电话:00-86-551 63492558 传真:00-86-551 63492537
Address: No.28 Dongliu Road, Hefei, Anhui, China
Website: www.afecc.com
Postalcode:230051
Contacts: Tel:00-86-551 63492558 Fax:00-86-551 63492537

第一篇　专　　文

在世贸组织“后巴厘”时代发挥建设性作用

中国常驻世界贸易组织大使 俞建华

2013年12月，中国同其他世贸组织成员一道推动达成了世贸组织成立后的首个多边贸易协定——巴厘一揽子协定，标志着WTO全面进入“后巴厘”时代。与此同时，中国超过美国成为全球最大货物贸易国，在WTO中受到前所未有的关注与期待。面对“后巴厘”时代新的任务与挑战，中国以更加积极主动的姿态参与谈判，维护和巩固多边贸易体制在国际贸易中主渠道地位，在“后巴厘”多哈回合谈判中发挥了建设性作用。

一、全力推动巴厘岛一揽子协定实施

巴厘岛部长级会议在贸易便利化、部分农业议题和发展三个领域达成了早期收获。2014年将是落实巴厘岛一揽子协定的关键一年，其中实施《贸易便利化协定》是重中之重。据OECD测算，《贸易便利化协定》将降低发达国家贸易成本10%、发展中国家贸易成本13%～15%，每年将为全球创造1万亿美元的收益和2100万个就业岗位，帮助发展中国家出口增长10%，发达国家出口增长5%。对中国而言，该协定将使我国贸易成本降低13.2%，相当于每年增加2800亿美元出口。

中国坚定支持多边贸易体制，为全面实施巴厘岛部长级会议成果做出了应有贡献。中国全力支持在2015年6月31日前生效实施《贸易便利化协定》，与其他主要成员一道推动成立了《贸易便利化协定》筹备委员会，积极和建设性地参与了《贸易便利化协定》法律审议文本工作，确保已达成的修改意见符合巴厘岛部长级会议决定关于法律审议不影响协定实质内容的授权和要求，以及法律审议过程不产生对中国不利的结果。2014年6月30日，中国率先完成可立即实施的“A类措施”通报，并将四类主要贸易便利化措施列入其中，是首批完成通报的发展中大国之一。WTO总干事和各成员对此高度肯定，认为中国为《贸易便利化协定》的实施做出了强有力的表率，展现了发展中大国的领导力。

因部分成员的反对，WTO总理事会最终未能按照巴厘岛部长级会议决定于2014年7月31日前一致通过《贸易便利化协定》议定书，无法使该协定如期进入各国法律审批程序，令人遗憾。中国希望有关各方对此反思并汲取教训，同时呼吁有关各方继续在总干事斡旋下开展对话，争取早日弥合分歧，尽快落实《贸易便利化协定》的实施，同时，全面平衡地推进巴厘部长会议其他决定的落实。

二、积极参与“后巴厘”工作计划制订

巴厘一揽子协议的达成为一度陷入困境的多哈回合谈判注入新的动力，但巴厘一揽子协议仅解决了部分多哈回合议题，农业、工业品（非农）和服务三大核心议题的主要内容依然悬而未决。巴厘岛部长级会议宣言要求世贸组织成员在2014年年底前完成“后巴厘”工作计划的制订，为尽早全面结束多哈回合谈判制订路线图。2014年上半年，各方密集磋商，就各项核心议题相互“摸底”，下一步，各方将对具体谈判模式进行更加具体和深入的讨论。

多哈回合谈判久拖不决，区域、诸边以及双边自由贸易谈判风起云涌，不仅造成全球贸易治理碎片化的危险，而且减弱了发展中国家在贸易规则制定中的话语权，严重损害了发展中国家参与分享全球化

的利益。作为发展中大国，中国高度重视“后巴厘”工作计划的谈判，在总理事会、贸易谈判委员会、各谈判机构和各类大使级磋商中，中方发挥既是发展中国家又是贸易大国的特殊影响力，在多种利益集团和多个区域集团之间发挥桥梁作用，促进各方以灵活务实的态度缩小分歧。同时，中国坚定地维护发展中成员和WTO新成员在谈判中的利益，维护中国在多边贸易体系中的利益，大力推动工作计划的制订朝平衡和可行的方向前进。

三、务实推进各类诸边贸易协议谈判

近年来，中国以务实的态度推动贸易自由化，广泛参与了多个世贸组织框架下的诸边谈判。目前，中国是《信息技术协定》（ITA）扩围谈判和环境产品诸边谈判的参与方，并积极谈判加入《政府采购协定》（GPA）。特别是2014年以来，中国始终在以最惠国待遇为基础的ITA扩围和环境产品诸边谈判中发挥积极的建设性作用，大力推动诸边成果多边化，使诸边谈判真正成为多边贸易体制的有益补充。

在ITA扩围谈判中，中国严肃认真地与有关参加方展开谈判，多次增加对扩围产品的支持，目前支持产品已达200余项，为谈判取得积极进展做出了重大贡献。2014年5月，亚太经合组织（APEC）青岛贸易部长会议发表声明，对主要成员通过创新方式推动ITA谈判予以肯定。环境产品谈判旨在WTO框架下降低环境产品关税，实现环境、贸易与发展的“三赢”。2014年1月，中国与美、欧等14个世贸组织成员共同宣布启动环境产品诸边谈判倡议，7月8日，第一轮谈判在日内瓦正式启动。

中国还高度重视GPA加入谈判，成立了GPA谈判工作领导小组。2007年中国加入GPA谈判正式启动以来，中国与各方积极磋商，四次修改出价，不断扩大中国政府采购市场的开放程度，其积极态度受到各方肯定。目前，在GPA谈判工作领导小组领导下，中国正在积极准备第五份修改出价。

四、认真参与第五次对华贸易政策审议

2014年7月1日至3日，世贸组织成功完成第五次对华贸易政策审议。WTO成员高度关注中国在深化改革、扩大开放方面的新举措，在审议中，共提交了1700多个书面问题，美国、欧盟、日本、巴西、印度等47个成员踊跃发言，重点强调中国经贸发展和相关政策对世界经济的重大贡献，充分肯定中国在遵守世贸规则、坚定支持多边贸易体制方面发挥的积极作用。与此同时，WTO成员明确指出，中国作为世界第二大经济体和第一大贸易国，“已成为世界经济的塑造者”，希望中国解决经济体制和贸易政策中存在的诸如政策透明度不够、国内政策法规执行不一、政府干预经济、存在技术性贸易壁垒等相关问题，并对中国进一步深化改革开放提出建议和期望。

两年一度的对华贸易政策审议是世贸组织成员对中国经贸政策的一次“会诊”。中国将高度重视各方意见，进一步提高政策透明度、减少政府对市场过度干预、提高相关政策合规性，特别是要加快推进国有企业改革、扩大服务业开放、完善知识产权保护、规范政策性补贴等。我们将更加严格执行世贸组织规则，进一步推进改革开放，释放更多改革红利，推动国内经济转型升级，实现经济的平稳快速增长，并协助带动世界经济走出低谷。

五、充分运用争端解决机制抵制贸易保护主义

自加入世贸组织以来，中国逐渐熟悉和掌握世贸规则和争端解决程序，通过积极运用争端解决机制，抵制形形色色的贸易保护主义，有效捍卫了中国的正当贸易利益。

近几年，美国和欧盟发起的贸易救济措施70%都是针对中国，金融危机以来，更是频繁对我国出口产品采取“双反”措施。对此，我国运用世贸组织法律手段予以了坚决回击。近期中国起诉案件包括诉美“双反”措施案和反倾销归零案、诉欧紧固件反倾销措施案和皮鞋反倾销措施案等，通过这些案件，我国在补贴的“双重救济”、国有企业性质（公共机构）、单独税率、归零等问题上胜诉，遏制了美、欧等对中国产品保护主义的抬头趋势。尤其是2014年7月7日，世贸组织公布了中国诉美关税法修订案上诉机构报告，根据专家组裁决，中国在大多数问题上取得了压倒性的支持。本案涉案产品年出口金额逾72亿美元，是继我国诉美“双反”措施案后，系统挑战美国滥用贸易救济措施的又一成功案例。

世贸组织是我国改革开放和参与全球经济治理的重要平台。当前，全球经贸格局正在发生重大变化，国内改革已进入深水区，中国积极参与世贸组织各项事务、维护多边贸易体制核心地位显得尤为重要。我国将继续发挥好在世贸组织中负责任的大国作用，统筹多边、诸边、区域和双边谈判，为我国经济发展争取一个稳定、公平、友好的外部环境，为深化改革提供有力的外部动力。

中国在多哈回合谈判中的角色和作用

商务部前副部长
中国世界贸易组织研究会会长 孙振宇

在当今纷繁复杂的国际形势下，多哈回合谈判一直步履维艰，进展缓慢。多哈回合谈判的宗旨是促进世贸组织成员削减贸易壁垒，通过更公平的贸易环境来促进世界各国的经济发展。在经过 13 年努力，谈判仍处于停滞不前的情况下，区域及双边自由贸易协定安排却风起云涌，蓬勃发展。作为全球主要贸易大国，中国如何在维护多边贸易体制和推进世贸组织改革方面有所作为，如何以开放、包容的心态积极参与区域、双边自贸区谈判以及诸边贸易谈判，如何在错综复杂的国际贸易谈判中发挥负责任发展中大国应有的作用，这是摆在中国政府主管部门面前的重大课题。

一、中国在谈判中的角色

中国是贸易和投资自由化便利化的坚定支持者，始终致力于推动建立公平、合理、非歧视的多边贸易体制。当然，美国等发达国家对中国在多哈回合中发挥的作用常有微词。诸如“中国成为世界第一大贸易国，是多边贸易体制的最大受益者，因此，中国应当在谈判中做出更大贡献”，“中国已经坐到谈判的主桌上，这意味着中国应当承担更大的责任”，“中国不应当成为躲在蚂蚁后面的大象”，同时对中国发展中成员的地位提出质疑。

实际上，多哈回合谈判顿足不前是发达国家和发展中国家矛盾长期积累的结果。从谈判议题来看，各成员在农产品、非农产品和服务贸易等领域的分歧众多且难以弥合，以美欧为代表的发达国家在大幅度削减农业补贴和改善农产品市场准入方面缺乏政治意愿是问题的关键。多年来，美欧通过实施巨额农业补贴和高关税壁垒保护自身农业利益，这种做法扭曲了国际农产品贸易，对广大发展中国家的利益造成伤害。发达国家一味要求生产率相对低下的发展中国家全面开放市场，并频频采取贸易救济相要挟，这对发展中国家显然有失公允。2008 年夏天在日内瓦的小型贸易部长会上，以印度为代表的发展中国家（G33）希望能放宽动用农业特殊保障措施的底线，来充分保护本国相对脆弱的农业生产和农户生计，维护粮食安全，遭到美国拒绝，其强硬态度直接导致了谈判破裂。

入世给中国带来的最大收获是制度红利。不仅改善了中国的外部环境及参与国际分工和贸易的条件，也为国内改革提供了强有力的外部动力。为履行入世承诺，中国清理了 2300 多件中央部门法律法规，地方政府清理的法律法规多达 19 万件。在过去的十多年中，中国实际上在不断进行改革，不断适应现有国际规则，经历了一个从学习规则、熟悉规则到掌握规则、运用规则并参与制定规则的过程。作为一个发展中的大国，中国人均收入排在世界 100 位左右，仍面临“中等收入陷阱”的现实挑战，医疗、教育、社保等民生领域与发达国家的巨大差距不是短期内可以赶上的。因此积极参加国际贸易规则的制定与推动国内改革开放同时进行才是中国唯一可行的选择。

在谈判中，中国一贯坚定不移地维护多边贸易体制，遵守 WTO 规则，积极推进多哈回合谈判，积极参与全球经济治理，在制定新的国际经济规则的过程中不断提升影响力和话语权，为中国和世界的和平发展营造有利的环境。在谈判中中国始终扮演一个负责任的、勇于担当的发展中大国的角色。

二、中国在谈判中的作用

（一）维护多边贸易体制

中国积极推动多哈回合谈判早日达成协议，积极推动进一步完善多边贸易体制决策机制，提高世贸组织开展贸易谈判的效率，防止世贸组织在全球经济治理中被边缘化。

（二）维护发展中国家利益

中国致力于加强与金砖国家的合作关系，联合广大的发展中国家和地区，更好地维护发展中国家的利益，尤其是最不发达国家的利益，为贫穷国家和地区谋取更多的公平贸易条件，共同推动国际经济贸易秩序朝着更加公正合理的方向发展。

（三）发挥在谈判中利益协调者的作用

在全球经济治理中，中国是制度的建设者和利益的平衡者，中国是发展中国家，与发展中国家利益自然是一致的，而作为一个制造业大国，在制成品贸易方面，中国与发达国家也存在利益共同点。作为负责任的发展中大国，中国应发挥联系发达成员和发展中成员的桥梁作用。要尽最大努力协调好发展中成员内部利益关系，推动发展中成员共同发展，同时在世贸组织中发挥好发达成员与发展中成员利益协调者的作用。

三、中国参与今后谈判的具体建议

（一）高举多边大旗，维护多边贸易体制

以 WTO 为代表的多边贸易体制是推动全球贸易自由化的主渠道，是世界和平与繁荣的保证，是目前最可取、最有效、最节省成本的法律框架，任何区域协定都无法取代，任何削弱甚至抛弃多边贸易体制的做法都是短视的。

多哈回合谈判是发展中国家争取全球经济治理话语权的重要平台，WTO 巴厘岛会议的成功再次增强了人们对多边贸易体制的信心，中国和发展中国家以及 WTO 所有成员一道，应尽快落实巴厘岛会议成果，实施《贸易便利化协定》，加紧制订后巴厘工作计划，推动多哈谈判进程，实现发展目标。

区域和双边自由贸易协定对世界经济贸易有一定的积极作用，但其消极影响不容忽视，双边与区域自贸协定对内实行贸易自由，对外实行差别待遇，对 WTO 最惠国待遇原则造成侵蚀和冲击。因此 WTO 应继续建立健全监督和评估区域及双边自贸协定的机制，为最终实现多边化、将这些协定纳入 WTO 框架之下奠定基础。

WTO 通过谈判达成的协定是全球贸易的主导规则。长期以来，美国在 WTO 谈判中不考虑发展中国家的国情，坚持让发展中国家在农业、非农产品和服务业上做出重大的市场准入承诺，而在发展中国家高度关注的农产品补贴、农产品与纺织品关税高峰等方面缺乏改革诚意。当谈判陷入僵局，美国绕开 WTO，转向区域自贸协定和诸边谈判，意在继续主导制定一整套新的贸易规则和标准。在跨太平洋伙伴关系协议（TPP）、服务贸易新协定（TISA）、信息技术产品协定（ITA）和环境产品等区域和诸边谈判中，实际上美国不需要付出任何代价，只等待其他国家的减让，对发展中国家没有相应的特殊与差别待遇，仅有过渡期。针对这种情况，发展中国家只有在 WTO 中团结一致，才能迫使其进行自身改革，减少农业补贴，降低纺织品和农产品关税，并重新把贸易谈判的重心回归到多边贸易体制中来。

（二）加快中韩、区域全面经济伙伴关系（RCEP）等自贸区谈判步伐

1. 争取年内完成中韩自贸区谈判

中国周边是全球经济发展潜力最大、整体实力上升最快的地区，对未来全球政治经济格局的演变至关重要，加强与周边国家的自贸区建设具有重大意义。因此，应加快实施以周边为基础的自贸区战略。

中韩、中日韩自贸区谈判以及 RCEP 谈判覆盖中国 31.6%的对外贸易，对中国进一步拓展经济发展空间，具有重大而深远的意义。首先要抓住中韩两国政治意愿较强的有利时机，以灵活务实的态度，争取年内尽快取得突破。中韩自贸区协定一旦达成，将为亚洲尤其是东北亚区域经济一体化塑造一个成功的典范。

2. 推进 RECP 谈判

中国与东南亚国家发展水平接近，共同利益多，一体化意愿强烈。RECP 几乎囊括了亚洲的主要国家，占全球总人口的一半。要积极推动 RECP 谈判进程，全力支持和维护东盟在区域合作中的主导作用，推动谈判在广泛领域取得进展，努力实现 2015 年底结束谈判的目标。

目前，美国主导的 TPP，并没有把所有的东盟国家纳入进去，而 RCEP 则包括了东盟 10 国，通过 RCEP 将进一步密切东盟各国的经济关系并提升凝聚力。此外，相比 TPP，RCEP 具有更加包容、开放、互补的特点。RCEP 在准入方面没有设置过高的标准，更加重视区域内各国相互利益的平衡，在化解新兴经济体与发达经济体间由于经济发展不均衡造成的贸易分歧时，注重平等，兼顾双方的利益，以求达到各方的共赢，而且 RCEP 谈判将充分考虑区域内发展较慢的国家，在谈判议题上给予充分的理解与照顾。

中国在推动 RCEP 谈判进程的同时，也要通过 APEC 峰会启动并推进亚太自贸区进程，制定 APEC 推动实现亚太自贸区路线图，建立自贸区信息交流机制，建设开放型经济和区域合作框架。

（三）以开放心态对待 TPP、跨大西洋贸易与投资伙伴协议（TTIP），积极参加诸边、双边谈判，力争把美国拉回到多边谈判桌上来

TPP、TTIP 带来挑战，也带来机遇。中国以开放、包容的心态应对 TPP、TTIP，并积极参加诸边和双边谈判。中国始终坚持以多边为主，区域为辅的立场，主张继续推动多哈谈判，希望所有区域自贸谈判都能秉持开放、透明、非歧视原则，都应当考虑最终与多边贸易谈判的衔接与挂钩，以便实现区域自贸区多边化与诸边贸易协定的多边化。

1. 认真研究 TPP、TTIP

中国的经济是在不断地改革开放、不断地接受适应现有国际规则的基础上发展壮大起来的。TPP、TTIP 提出的一些新议题，也是中国深化改革开放过程中不得不考虑的问题，发达国家遇到的问题中国将来也会遇到。中国是贸易大国，对多边、诸边或双边的贸易安排，应保持开放的心态，多包容，多研究，多融合，这也是中国从贸易大国走向贸易强国必须要经历的过程。

2. 做“影子成员”，促国内改革

对于 TPP，不必分庭抗礼，而是要因势利导。中国虽然没有加入 TPP 谈判，但可以“影子成员”的方式来参与，以 TPP 的标准作为参照标准，推进自主改革，调整政策，加快产业升级和技术创新，如果利用得好，可以起到撬动和催化改革的作用。

3. 推进上海自贸区建设与试验

上海自贸区的试验与后巴厘工作计划的制订和目前进行的 BIT 与 TISA 等谈判密切相关。当前美国主导的 TPP、TTIP 一系列谈判正在发挥着“下一代贸易规则孵化器”的作用，同时，中国正在参加一批高标准的诸边和双边谈判，如 ITA、TISA、政府采购协定（GPA）、环境产品协定、中美和中欧投资协定谈判，这些谈判涉及的许多议题属于中国改革的深水区，上海自贸区可以作为中国主动应对谈判以及国际贸易趋势的试验田，以对外谈判的形式推动国内改革，而上海自贸区的先行先试反过来促进了中国对外谈判进程的深入。对于一些重大的新议题和一些措施的实施，可以在上海自贸区先做起来，以检验我们的承受度，积累经验，推广到全国，以便中国在全球新的贸易规则和经济格局发生深刻变化的过程中更好地掌握主动权。

4. 积极参加并推动诸边谈判与中美、中欧双边投资协定谈判（BIT）

这些谈判都是美国、欧盟等发达国家非常关注的，中国将是谈判中贡献最大的成员，有着举足轻重的作用，同时也将大大推动国内进一步的改革开放。如果 ITA、TISA、环境产品谈判，以及 GPA、BIT 等谈判能够圆满结束，美国欧盟在多哈回合谈判中 95%以上的诉求就都可以满足了。只有当中国与其他发展中国家积极推动谈判取得进展，同时明确提出一切谈判的实施都与多哈回合最终一揽子成果同时开始执行，美国才会有兴趣回到多边谈判桌上来。如果把多哈回合谈判抛到一边，只满足发达成员的诉求，世贸组织在国际上的信誉与作用将大大受损。

（四）加强与金砖国家及发展中国家的合作

金砖国家人口众多，地域广阔，发展速度很快，但在全球治理中尚未赢得应有的地位，在国际组织中的话语权相对来说仍比较弱。在这次金融危机中，金砖国家在全球经济复苏方面发挥了很大作用，但美国采取量化宽松政策，输出通胀，在一定程度上把自身经济问题转嫁到别国，导致金砖国家的发展面临新的瓶颈和压力。金砖国家迫切需要在国际事务中联合自强，共同发声，在全球经济治理中发挥更大影响力。

1. 协调金砖各国的立场

在 WTO 中，中国应同金砖国家各方继续保持沟通与协调，加强与金砖国家的定期会晤和磋商，协调金砖各国的立场，争取用一个声音说话，共同维护新兴经济体的利益，在尊重发展授权、维护已有成果的基础上，最终全面完成多哈回合谈判。

2. 寻找应对 TPP、TTIP 的平衡方式

从长期来看，不同贸易集团的共同目标都是要发展经济，但人口众多且经济约占世界总量一半的发展中国家与发达国家处于不同的经济发展阶段，有些领域甚至尚未涉足，其发展步伐目前不可能太快。有鉴于此，发展中国家及金砖国家有必要坐在一起，共同讨论自己的前途，寻找应对 TPP、TTIP 的平衡方式，建立起适合发展中国家经济水平和发展现状的自己的规则和标准，这将会使全球大多数国家人民受益。

3. 减少金砖国家间的贸易摩擦

进一步加强发展中国家之间的协调与沟通，加强金砖国家在贸易救济等国际贸易投资规则领域的协调，尽可能地减少金砖国家之间的贸易摩擦。金砖国家应具有抱团心理，求同存异，加强内部利益协调，以共赢性发展来实现优势互补。

国际经贸规则续构热潮与中国应对

中国世界贸易组织研究会副会长
对外经济贸易大学教授 薛荣久

国际经贸规则续构热潮的背景与态势

国际经贸规则是指国家之间经贸行为应遵守的共同确认的规章制度。它是国际经贸发展的产物，对国际经贸关系具有促进和调整的作用。国际经贸规则确立的基础为：国际经贸的发展、成员的共同意愿、国家经贸的实力、企业发展的要求和非国家行为体的赞同。它随着上述基础的发展而变化。通常，规则滞后于基础的发展，如不及时续构，将抑制国际经贸的正常发展，因此要对已有规则不断续构，以完善和扩展。

第二次世界大战以后，在联合国和发达国家推动下，1944 年成立国际货币基金组织（IMF）和世界复兴与开发银行（IBRD），1947 年成立关税与贸易总协定（GATT），初步构成国际金融、贸易的世界性规则，促进了战后世界经济贸易的恢复与发展。

在经济全球化推动下，1995 年建立的世界贸易组织（WTO），取代 GATT 成为多边贸易体制和规则的组织和法律基础，是倡导和推动自由贸易、具有国际法人地位的国际组织。它在实施管理乌拉圭回合达成的协定与协议的同时，进一步完善和拓展经贸规则。为此 2001 年 11 月，在 WTO 第四届部长级会议上，发起多哈回合多边贸易谈判，就 19 个议题进行谈判，原计划 2005 年底结束，但事与愿违！

21 世纪以来，世界经济政治发展不平衡加剧，导致经济全球化发展与阻力并存，国际分工细密与碎片并举，发达国家和发展中国家此消彼长，跨国公司与新兴企业竞争激烈，地缘政治和民族诉求抬头，非政府组织涌现并不断加强，全球非可持续发展危及地球生态环境，等等。2008 年世界金融危机进一步加重上述态势。

为摆脱上述困境，扭转已有经贸规则的滞后，续构国际经贸规则形成热潮，呈现如下态势：

一、国际经贸规则续构方向多样化

（一）从国家边境规则延伸到境内的规则

原有的国际经贸规则，主要关注各国的边境措施，如关税壁垒和非关税措施等。当今，国际企业及其政府日益关注 WTO 成员边境内的经贸规则，诸如技术标准、劳工待遇、卫生要求、环境要求、知识产权、企业运作、竞争政策中的监管和执法等。

（二）服务贸易和投资规则深化

在 GATT 乌拉圭回合中，达成了《服务贸易总协定》，促进了 WTO 成员间服务贸易的发展。随着电子商务快速发展，跨境电子数据流动日新月异，基于互联网技术的新业态的涌现，它们超出了该协定的涵盖范围，必须加以丰富和充实。

在国际投资规则上，乌拉圭回合达成的《与贸易有关的投资措施协议》只对成员方投资措施中涉及货物贸易进出口的部分做了界定和限制，远远落后于国际投资的发展实际，续构多边的国际投资规则日益迫切。

（三）关注国有企业的竞争中立

新兴经济体的崛起及其国有企业的强势发展，引起发达国家和企业的焦虑。它们认为，前者国有企业竞争优势主要来自政府的优惠政策，故坚持建立政府在企业竞争中立的新规则，取消政府对国有企业的优惠待遇。

（四）关注环境、劳工等问题

生态环境恶化、劳工待遇不公、人权乃至反腐败等问题，日益影响国际经贸发展的大环境，需要通过国际经贸规则续构来解决。

（五）国际金融规则脱旧

金融是现代经济的核心。战后 IMF 和 IBRD 确立的国际金融规则，对世界经济的恢复和发展起到积极作用的同时，也存在许多弊病，需要加大改革。

二、国际经贸规则续构角色多元化

20 世纪 90 年代以来，参与国际经贸规则续构的角色多元化。

（一）已有的世界经贸组织启动

为完善和深化国际经贸规则，WTO 已做出各种努力。诸如：执行管理乌拉圭回合谈判达成的协定与协议，促进诸边贸易协议向多边贸易协议转化，推动信息和国际投资协议的构建；坚持最惠国待遇和差别待遇共存，尽力关注和支持发展中国家的贸易发展；维护贸易争端解决和政策审议机制运行；坚持和维护自由贸易，反对和抑制贸易保护主义的兴起和泛滥；加强原有规则的深化和新规则的拓展。为此 2001 年发起“多哈回合”，进行原有规则的深化和续构新规则。在国际货币制度中，以牙买加体系取代布雷顿森林体系，实行浮动汇率，构建全球金融安全网，改革金融机构，提升新兴经济体地位，储备货币多元化等。

（二）区域贸易协定（Regional Trade Arrangements，RTA）涌起

截至 2014 年 6 月 15 日，向 WTO 通报的区域贸易协定有 585 个，其中仍然有效的区域贸易协定为 379 个。其中自由贸易协定成为主流，约占 90%。美国 2008 年加入并主导的 TPP，自命要成为“21 世纪自由贸易协定的里程碑”，其谈判议题大大超出 WTO 负责实施管理的贸易规则范围。

（三）非国家行为体日益活跃

环境保护集团、劳工联盟和反全球化运动日益关注国际经贸新规则的扩充和制定，通过舆论、论坛和集会等表达诉求。

（四）各种国际组织密切关注

国际经贸规则续构已成为联合国贸易与发展大会（UNCTAD）、经济合作与发展组织 OECD、七国集团（G7）、二十国集团（G20）、亚太经济合作组织（APEC）和各种国际论坛的关注议题。

国际经贸规则续构中的角色担当

一、WTO 居于主体，但进展缓慢

世界三大经贸组织继续成为经贸规则续构的主体。WTO 因其实施和管理的国际经贸规则具有整体性、世界性、均衡性、宪法性、连续性、缘起性和合规性，使其成为国际经贸规则续构的主体。参加多哈回合谈判的 160 个成员，因经济规模、发展水平、参与能力、追求目标各不相同，加以采用“协商一致”原则和“一揽子”的谈判方式，使谈判出现“意大利面条碗”的杂乱局面，结束谈判的日程一拖再拖，减缓了国际经贸规则续构进程。

二、区域贸易协定成为重要“试验田”

区域贸易协定因其区域性、顺向性、大国性、排他性、竞争性、难预性和乏通性的特点，不能取代 WTO。区域贸易协定达成的经贸规则只有纳入 WTO，才具有国际性质。它只能成为 WTO 经贸规则完善和新规则确立的“试验田”。

三、美国和欧盟仍为重要的制衡角色

多哈回合以前的 8 次多边贸易谈判的议题确定最初由美国敲定，随着欧盟的崛起，改由美国和欧盟之间商定。它们的谈判决策在很大程度上制约着多哈回合谈判的进程和区域贸易协定的归宿。

四、新兴经济体作用日益加大

当今，国际社会公认的新兴经济约为 30 个，其中巴西、俄罗斯、印度、中国和南非被冠称 BRICs（金砖国家），总人口占世界人口的 43%，幅员广阔，发展潜力巨大，经济总量已占世界经济总量的 20%，成为多哈回合谈判中制衡发达国家为所欲为的重要力量。

五、非国家行为体要加大作为

随着贸易壁垒的逐步消减和约束，经济全球化深入发展中效益外溢的扩展，非政府组织如企业组织、绿色组织、劳工联盟和人权组织日益关注国际经贸规则的续构，通过各种方式施加影响。

国际经贸规则续构的内涵、前景与影响

一、国际经贸规则续构的内涵

国际经贸研究界，一般把贸易规则分为两代。第一代的经贸规则包括：工业品、农产品、海关程序、进口税、卫生与动植物检疫、技术性贸易壁垒、国营贸易、反倾销、反补贴、保障措施、公共补贴、政府采购、与贸易有关的投资措施、服务贸易、与贸易有关的知识产权等。第二代规则主要涉及：扩展的知识产权、竞争、投资、环保、劳工、消费者保护、资本流动、财政支持、税收、农业支持、采矿权、视听、能源、经济政策对话、工业合作、区域合作、创新、文化保护、文化合作、教育与培训、技术与科研、中小企业、社会事务、健康、信息、统计、数据保护、政治对话、公共行政、反腐败、恐怖主义、人权、非法移民、毒品、反洗钱、核安全、签证与政治庇护等。

在对外直接投资领域，第一代规则主要围绕赋予外国投资者非歧视性待遇和提供必要的投资保护，包括外资准入与开业、所有权与股权、经营业绩要求、投资者待遇、利润回流、资金转移、征用、投资激励（税收）、争端解决等。第二代规则在继续保障新的投资待遇和公平竞争的基础上加进对外国投资者进行必要的规制与促进可持续发展的内容，诸如投资者义务、企业社会责任、投资便利化、知识产权、竞争政策、劳动力市场管理、土地获取、环境政策、公共治理与机构、反腐败、投资者—东道国争端解决、基础设施与公私合作等。通常把第二代经贸规则视为新规则。

二、发展前景与影响

（一）国际经贸新规则成型尚需时日

多哈回合谈判久拖未决，区域贸易协定发展不平衡，加以新旧国际经贸规则关系尚待理清，其成果纳入多边贸易规则需待时日，自命要成为“21 世纪自由贸易协定的里程碑”的 TPP 的高调低就，特别是 2008 年国际金融危机以后，整个世界经济发展陷入低迷，国际经贸新规则快速成型基础不牢。

（二）多边与区域贸易协定并行交汇

在国际经贸新规则进展缓慢下，WTO 负责实施和管理的国际经贸协定继续下去，区域贸易协定在 WTO 监控下继续发展。二者在贸易自由化上有交汇点，一主一辅，相辅相成。迄今为止的区域贸易协定中，均以多边经贸规则为基础，扩充和加深议题。二者规则交汇并存的情况将继续下去。

（三）随着国际经贸发展，国际经贸新规则必将成型

新规则成型过程对国际经贸组织、区域贸易协定的构建以及企业和国家既带来发展和改革的助力，同时也构成相应的挑战。

（四）国际经贸新规则成型后的影响

世界各国国内市场与世界市场进一步融合；国际分工向纵深发展；地区经贸集团内部经贸扩大；国家主权的更多让与和获得；国家经贸逐步让位于集团经贸；国际多边贸易体制中集团谈判地位上升；国际经贸运行中正传递作用加大，副传递效应也在加强；全球性国际经贸合作机会增多，争端问题加重；主动参与和接受新规则的国家和经贸组织机遇拓宽，而消极参与和被动接受新规则的国家和经贸组织的机遇萎缩，挑战加重。

中国如何应对国际经贸规则的续构热潮

一、国际经贸规则续构热潮对中国的机遇与挑战

国际经贸规则续构热潮对中国既有机遇，也有挑战。它关系到：中国特色社会主义的发展与巩固；中国特色社会主义市场经济体制的确立与强化；对国际经贸活动正传递的接受与副传递的抑制；中国安全底线的维护；中国构建全面的经济结构与新兴产业的发展；中国从贸易大国转变为贸易强国的实现；中国从国际分工半外围地位成为国际分工的中心；中国在世界贸易组织和国际金融机构中地位的强化；中国参与构建区域贸易安排的凝聚力；中国国际经贸良好形象的确立；中国国家主权的让与和稳定；中国经济的可持续发展，等等。

二、中国对策

（一）辩证地看待国际经贸规则

现有的国际经贸规则是在西方大国主导下制定的，反映了市场经济的基本规律，总体上维护了国际经贸秩序，为各国参与国际市场提供了可预见的环境。它们推动了战后的贸易自由化和投资自由化，加大了全球市场的开放与融合，为各国充分发挥比较优势和建立竞争优势创造了条件，比较有效公正地解决了成员间的贸易争端，避免和减少了贸易战。当然，它们也存在不合理和不公正的成分，但不是主流。

国际经贸规则是各方妥协的产物，对接受者而言机遇和挑战并存，但它是外部条件。内因是根据，外因是条件，外部条件通过内部机制发生作用。中国改革开放以后的巨大发展，一方面来自内部的改革，社会主义经济体制的确立；一方面来自加大开放，成为 WTO 成员，对国际经贸规则从接受、熟悉到运用，又促进了内部的改革。二者相辅相成，扩大机遇，化解挑战，并把挑战转化为机遇，成为国际经贸规则的最大受益者。

中国特色的社会主义对源自资本主义的国际经贸规则不是根本否定，而把它视为世界经贸发展的遗产，吸收其合理部分，抛弃其不合理的成分，与国际社会合作构建起符合历史潮流的更为公正合理的国际经贸规则。

（二）参与国际经贸规则续构是历史责任

首先，中国构建和完善开放型经济体制的战略需要。2012 年中国共产党十八大报告中提出“适应经济全球化新形势，必须实行更加积极主动的开放战略，完善互利共赢、多元平衡、安全高效的开放型经济体系”。参与国际经贸规则的续构将为中国构建和完善开放型经济体系搭建一个更为广阔、可依据规则体系的平台。其次，中国履行负责任大国的担当。中国已成为全球第二大经济体、第一大出口国、第二大进口国，成为全球最重要的跨国投资目的地和越来越重要的资本输出国。历史赋予中国积极参与国际经贸规则续构的重任，以对世界经贸发展做出更大的贡献。

（三）积极参与整体谋划

第一，加强参与国际经贸规则续构的总体规划，确定战略与策略；第二，坚定不移地深化对外开放，推动以多边国际经贸规则为基础的续构；第三，积极参与区域贸易协定的构建，坚持区域贸易协定的开放性和非歧视性；第四，加快国内改革，主动适应国际经贸规则续构产生的机遇和挑战；第五，明确新旧两代国际经贸规则的拓展关系，进行深化研究；第六，加强国际经贸规则人才队伍的建设。

第二篇　WTO 事务

● WTO运行总体情况（2013）

一、WTO秘书处人员与预算（2013）

（一）WTO秘书处人员

WTO秘书处总部设在日内瓦，2013年拥有634名日常工作人员，统一接受新任总干事巴西人罗伯托·卡瓦略·阿泽维多（Roberto Carvalho de Azevêdo）的领导。新任总干事的任期开始于2013年9月1日。其新组的领导班子的其他4位副总干事分别是尼日利亚人尤诺夫·阿加（Yonov Frederick Agah），德国人卡尔布劳纳（Karl Brauner），美国人戴维·沙克（David Shark），中国人易小准——任期开始于当年10月1日。WTO一切决策权归属其全体成员，秘书处没有任何决策权。（见表1）

WTO秘书处的主要职责是为各理事会和委员会提供技术和专业支持，为发展中国家成员提供技术援助，监督和分析全球贸易发展动态，为公众和媒体提供信息以及组织召开部长级会议。此外，秘书处提供争端解决程序中的一定形式的法律支持服务，并为申请加入WTO的政府提供咨询服务。

WTO秘书处致力于吸收优秀的工作人员，并力争其来源更为多样。2013年秘书处人员共来自于78个WTO成员，相较于2012年增加了一个成员，即第一个俄罗斯籍工作人员。其中，专业人员大多由经济学家、法学家和其他国际贸易政策方面的专家组成。此外，还有大量负责提供支持性服务的员工，包括信息技术人员、财务人员、人力资源及语言服务人员。

2013年WTO秘书处的专业人员比重为57%，支持性服务人员比重为43%。女职员人数超过男职员，其中女职员为334人，男职员为300人。WTO工作语言是英语、法语和西班牙语。（见表2）

人力资源部门继续应对秘书处不断变化的需求。提高员工的工作绩效最终实现最佳产出，这是制订一些关键的人力资源计划的主要动力。各项计划之间强大的管理系统已经实施，确保集体讨论通过WTO领导对员工的期望和员工绩效一年一度的集体绩效和成果以确定谁最值得奖励。WTO员工委员会由所有的职员选举产生，以确保所有职员的利益。

根据《关于争端解决规则与程序的谅解》，WTO秘书处专门设立上诉机构，负责处理争端解决专家组裁决的上诉事宜。上诉机构设有独立秘书处，由7名在法律和国际贸易领域拥有特别威望的专家组成，每位专家的每届任期4年，且可以连任一届。（见表3）

表 1 WTO 秘书处组织机构

总干事 罗伯托·卡瓦略·阿泽维多（Roberto Carvalho de Azevêdo）	总干事办公室 理事会与贸易谈判委员会部 内部审计部 信息与媒体联系部 上诉机构秘书处向总干事报告非争端的行政事务 增强综合框架秘书处向总干事报告行政事务
副总干事 尤诺夫·阿加（Yonov Frederick Agah）	贸易政策审议部 发展部 培训与技术援助研究所
副总干事 卡尔布劳纳（Karl Brauner）	法律事务部 规则部 行政与综合服务部 人力资源部
副总干事 戴维·沙克（David Shark）	农业与货物贸易部 贸易与环境部 加入部 信息技术解决方案部 语言、文件与信息管理部
副总干事 易小准（Xiaozhun Yi）	市场准入部 服务贸易部 知识产权部 经济研究与统计部

资料来源：*WTO Annual Report 2014*，Figure 1 WTO Secretariat organization chart，截至 2013 年 12 月 31 日。

表 2 WTO 秘书处日常工作人数统计（按性别、地区和成员）

地　区	成　员	女　性	男　性	小　计
北美洲	加拿大	6	15	21
	墨西哥	2	5	7
	美国	19	10	29
合计		27	30	57
南/中美洲	阿根廷	4	7	11
	巴巴多斯	0	1	1
	玻利维亚	1	2	3
	巴西	4	6	10
	智利	3	0	3
	哥伦比亚	3	5	8
	哥斯达黎加	1	1	2
	古巴	1	0	1
	厄瓜多尔	1	1	2
	危地马拉	1	0	1
	洪都拉斯	1	0	1
	巴拉圭	1	0	1
	秘鲁	3	4	7
	圣卢西亚	0	1	1
	特立尼达和多巴哥	1	0	1
	乌拉圭	0	6	6
	委内瑞拉	1	4	5
合计		26	38	64

续 表

地 区	成 员	女 性	男 性	小 计
欧洲	阿尔巴尼亚	1	0	1
	奥地利	2	3	5
	比利时	3	2	5
	保加利亚	0	3	3
	克罗地亚	1	0	1
	丹麦	1	1	2
	爱沙尼亚	1	0	1
	芬兰	2	3	5
	法国	97	72	169
	德国	7	15	22
	希腊	3	2	5
	匈牙利	0	1	1
	爱尔兰	10	1	11
	意大利	8	10	18
	荷兰	2	4	6
	挪威	0	2	2
	波兰	2	2	4
	葡萄牙	1	3	4
	罗马尼亚	2	0	2
	俄罗斯	1	0	1
	西班牙	26	13	39
	瑞典	1	2	3
	瑞士	21	14	35
	土耳其	2	1	3
	英国	45	15	60
合计		239	169	408
非洲	贝宁	0	2	2
	乍得	0	1	1
	科特迪瓦	0	1	1
	刚果（金）	1	1	2
	埃及	3	2	5
	加纳	0	1	1
	几内亚	0	1	1
	肯尼亚	1	0	1
	马拉维	0	1	1
	毛里求斯	0	2	2
	摩洛哥	1	2	3
	尼日利亚	0	2	2
	卢旺达	0	1	1
	塞内加尔	0	1	1
	南非	0	1	1
	坦桑尼亚	1	0	1
	突尼斯	2	3	5
	乌干达	3	0	3
	赞比亚	1	0	1
	津巴布韦	2	0	2
合计		15	22	37

续 表

地 区	成 员	女 性	男 性	小 计
亚洲	孟加拉国	0	1	1
	中国	6	6	12
	印度	2	10	12
	日本	2	2	4
	约旦	1	0	1
	韩国	4	0	4
	马来西亚	0	2	2
	巴基斯坦	0	2	2
	菲律宾	5	8	13
	斯里兰卡	1	2	3
	泰国	0	1	1
合计		21	34	55
大洋洲	澳大利亚	5	6	11
	新西兰	1	1	2
合计		6	7	13

资料来源：*WTO Annual Report 2014*，Figure 4 WTO staff on regular budget by gender and nationality，截至 2013 年 12 月 31 日。

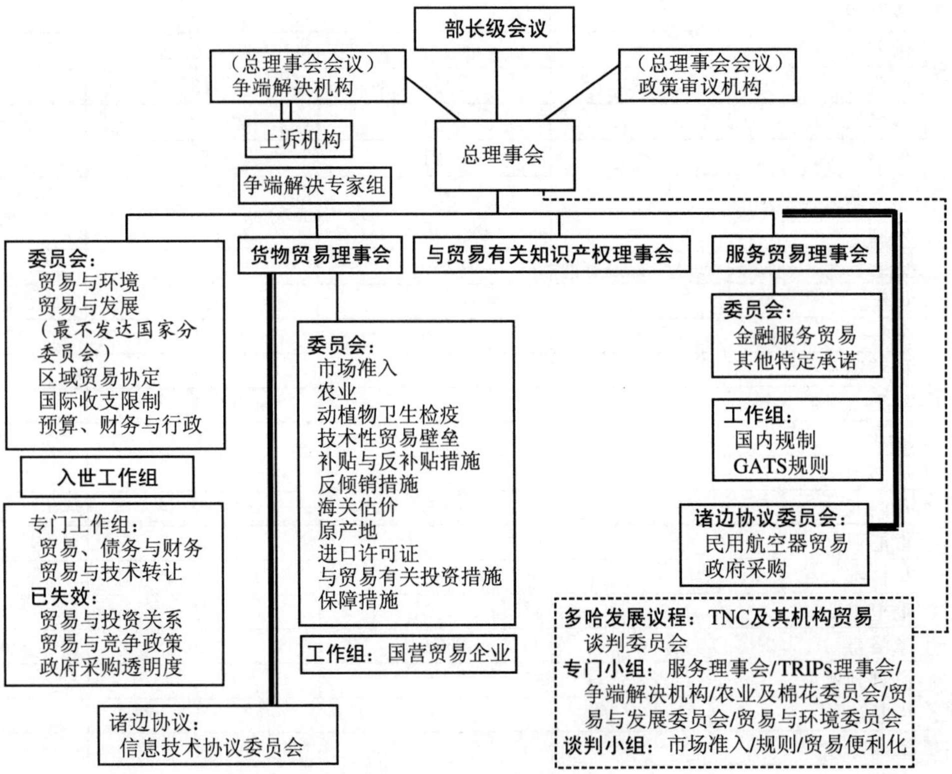

图1 WTO组织结构

注：——向总理事会（或其下属机构）报告　═向争端解决机构报告
-----诸边贸易协议委员会将其活动通知总理事会或货物理事会（虽然只有部分WTO成员签署这些协议）
▬贸易谈判委员会向总理事会报告

资料来源：http://www.wto.org/english/thewto_e/whatis_e/tif_e/org2_e.htm，截至 2014 年 10 月 31 日。

表 3 WTO 秘书处各部门职位分布

部门	日常工作人员	高管和主管	总计
总干事		1	1
总干事办公室	12	1	13
副总干事办公室	4	4	8
加入部	11	1	12
行政与综合服务部	71	1	72
农业与货物贸易部	15	2	17
理事会与贸易谈判委员会部	13	1	14
发展部	16	1	17
经济研究与统计部	40	2	42
人力资源部	21	1	22
信息与媒体联系部	27	1	28
信息技术解决方案部	45	1	46
培训与技术合作研究所	34	1	35
知识产权部	14	1	15
语言、文件与信息管理部	148	1	149
法律事务部	17	1	18
市场准入部	11	1	12
内部审计部	2	0	2
规则部	18	1	19
贸易与环境部	9	1	10
服务贸易部	17	1	18
贸易政策审议部	53	2	55
上诉机构	13	1	14
总计	611	28	639

注：①小数是因统计包括那些工作时数不满一周的人员。

②工作年限为 11 年和 12 年。

资料来源：WTO 官方网站，http://www.wto.org/english/thewto_e/secre_e/intro_e.htm#divisions，访问日期 2014 年 10 月 31 日。

（二）WTO 秘书处经费

WTO 秘书处年度经费绝大部分来自于所有成员所承担的会费。依据过去 5 年货物、服务和知识产权贸易的可用数据，每个成员的会费取决于其在国际贸易中所占的份额。此外，WTO 秘书处年度经费还来源于其他收入，主要包括租金及纸质和电子出版物的销售收入。WTO 还管理大量的由成员出资的信托基金。这些资金主要用于特定的活动，如旨在使最不发达国家成员和发展中国家成员更好地利用 WTO 及自多边贸易体制中获取更大利益的技术合作与培训项目。

表 4 2013 年 WTO 秘书处的合并开支 单位：瑞士法郎

项目	预算	开支	结余
年薪（包括工资和养老金）	127 783 800	119 948 582	7 835 218
临时补助	15 240 500	18 461 143	−3 220 643
通信（包括通信费和快递费）	1 719 700	905 313	814 387
物业设施（包括租金、水电费、维护和保险费）	4 529 000	4 364 804	164 196

续 表

项 目	预 算	开 支	结 余
固定资产	1 454 000	1 352 487	101 513
耗材	1 201 000	975 549	225 451
项目服务（包括复印、办公自动化和安全等）	8 936 600	8 064 551	872 049
员工费用（包括培训和保险）	5 162 000	4 358 655	803 345
代表团	3 157 000	2 418 544	738 456
贸易政策课程	2 851 300	2 483 670	367 630
其他（包括争端解决专家组、出版、图书馆和公共信息服务等）	6 258 000	5 712 588	545 412
国际贸易中心	18 911 000	18 067 586	843 414
合计	197 203 900	187 113 472	10 090 428

资料来源：*WTO Annual Report 2014*，Table1 Consolidated Expenditure 2013。

表 5　　2013 年度 WTO 成员承担的会费

成 员	瑞士法郎	%
阿尔巴尼亚	54 740	0.03
安哥拉	459 425	0.24
安提瓜和巴布达	29 325	0.02
阿根廷	737 035	0.38
亚美尼亚	31 280	0.02
澳大利亚	2 447 660	1.25
奥地利	2 328 405	1.19
巴林	179 860	0.09
孟加拉国	224 825	0.12
巴巴多斯	29 325	0.02
比利时	4 250 170	2.17
伯利兹	29 325	0.02
贝宁	29 325	0.02
玻利维亚	62 560	0.03
博茨瓦纳	58 650	0.03
巴西	2 209 150	1.13
文莱	68 425	0.04
保加利亚	336 260	0.17
布基纳法索	29 325	0.02
布隆迪	29 325	0.02
柬埔寨	74 290	0.04
喀麦隆	70 380	0.04
加拿大	5 434 900	2.78
佛得角	29 325	0.02
中非	29 325	0.02
乍得	41 055	0.02
智利	760 495	0.39
中国	15 047 635	7.70
哥伦比亚	453 560	0.23
刚果（布）	52 785	0.03
哥斯达黎加	156 400	0.08
科特迪瓦	107 525	0.06

续　表

成　员	瑞士法郎	%
克罗地亚	303 025	0.16
古巴	146 625	0.08
塞浦路斯	123 165	0.06
捷克	1 429 105	0.73
刚果（金）	78 200	0.04
丹麦	1 802 510	0.92
吉布提	29 325	0.02
多米尼克	29 325	0.02
多米尼加	158 355	0.08
厄瓜多尔	205 275	0.11
埃及	582 590	0.30
萨尔瓦多	84 065	0.04
爱沙尼亚	181 815	0.09
欧盟	0	0.00
斐济	29 325	0.02
芬兰	1 180 820	0.60
法国	8 156 260	4.17
加蓬	41 055	0.02
冈比亚	29 325	0.02
格鲁吉亚	52 785	0.03
德国	16 723 070	8.55
加纳	103 615	0.05
希腊	920 805	0.47
格林纳达	29 325	0.02
危地马拉	136 850	0.07
几内亚	29 325	0.02
几内亚比绍	29 325	0.02
圭亚那	29 325	0.02
海地	29 325	0.02
洪都拉斯	93 840	0.05
中国香港	5 022 395	2.57
匈牙利	1 233 605	0.63
冰岛	82 110	0.04
印度	3 520 955	1.80
印度尼西亚	1 548 360	0.79
爱尔兰	2 207 195	1.13
以色列	846 515	0.43
意大利	6 746 705	3.45
牙买加	72 335	0.04
日本	9 014 505	4.61
约旦	156 400	0.08
肯尼亚	105 570	0.05
韩国	5 405 575	2.77
科威特	615 825	0.32
吉尔吉斯斯坦	31 280	0.02
拉脱维亚	156 400	0.08

续 表

成　员	瑞士法郎	%
莱索托	29 325	0.02
列支敦士登	46 920	0.02
立陶宛	279 565	0.14
卢森堡	805 460	0.41
中国澳门	183 770	0.09
马达加斯加	29 325	0.02
马拉维	29 325	0.02
马来西亚	2 033 200	1.04
马尔代夫	29 325	0.02
马里	29 325	0.02
马耳他	78 200	0.04
毛里塔尼亚	29 325	0.02
毛里求斯	58 650	0.03
墨西哥	3 427 115	1.75
摩尔多瓦	37 145	0.02
蒙古	33 235	0.02
黑山	29 325	0.02
摩洛哥	369 495	0.19
莫桑比克	41 055	0.02
缅甸	64 515	0.03
纳米比亚	48 875	0.03
尼泊尔	33 235	0.02
荷兰	6 095 690	3.12
新西兰	430 100	0.22
尼加拉瓜	44 965	0.02
尼日尔	29 325	0.02
尼日利亚	715 530	0.37
挪威	1 691 075	0.87
阿曼	306 935	0.16
巴基斯坦	353 855	0.18
巴拿马	185 725	0.10
巴布亚新几内亚	48 875	0.03
巴拉圭	89 930	0.05
秘鲁	349 945	0.18
菲律宾	709 665	0.36
波兰	2 168 095	1.11
葡萄牙	955 995	0.49
卡塔尔	477 020	0.24
罗马尼亚	711 620	0.36
俄罗斯	4 066 400	2.08
卢旺达	29 325	0.02
圣基茨和尼维斯	29 325	0.02
圣卢西亚	29 325	0.02
圣文森特和格林纳丁斯	29 325	0.02
萨摩亚	29 325	0.02
沙特阿拉伯	2 248 250	1.15

续 表

成 员	瑞士法郎	%
塞内加尔	44 965	0.02
塞拉利昂	29 325	0.02
新加坡	4 430 030	2.27
斯洛伐克	764 405	0.39
斯洛文尼亚	365 585	0.19
所罗门群岛	29 325	0.02
南非	1 071 340	0.55
西班牙	4 772 155	2.44
斯里兰卡	134 895	0.07
苏里南	29 325	0.02
斯威士兰	29 325	0.02
瑞典	2 412 470	1.23
瑞士	2 623 610	1.34
中国台北	3 065 440	1.57
坦桑尼亚	72 335	0.04
泰国	2 140 725	1.10
马其顿	58 650	0.03
多哥	29 325	0.02
汤加	29 325	0.02
特立尼达和多巴哥	127 075	0.07
突尼斯	248 285	0.13
土耳其	1 861 160	0.95
乌干达	43 010	0.02
乌克兰	789 820	0.40
阿联酋	2 232 610	1.14
英国	8 453 420	4.32
美国	22 891 095	11.71
乌拉圭	95 795	0.05
瓦努阿图	29 325	0.02
委内瑞拉	727 260	0.37
越南	785 910	0.40
赞比亚	58 650	0.03
津巴布韦	37 145	0.02
合计	195 500 000	100

资料来源：http：//www. wto. org/english/thewto _ e/secre _ e/contrib13 _ e. htm，访问日期2014年10月31日 。

二、WTO主要活动（2013）

（一）技术援助和培训

WTO与贸易有关的技术援助计划旨在提高成员对WTO活动的了解程度，各项培训都尽可能地满足成员方的实际要求。WTO成员任何时候都可以向秘书处提出技术援助的相关请求，这可以确保技术援助能及时集中反映成员方的要求，特别是发展中成员和最不发达成员的诉求。

2013年，WTO在日内瓦以及全球其他地区共计举行了281次技术援助和培训活动。虽然活动次数相较于2012年有所下降，但由于电子课程等形式（WTO online https：//etraining. wto. org）的引入使得受益人数反而增加，而且增加人数多来自于最不发达国家（35%）和非洲地区（37%）。2013年受益人数为13400，比2012年增长了6.4%。

这些活动近一半（49%）使最不发达国家受益，包括在最不发达国家举行的也包括最不发达国家成员参与的。甚至一些活动是针对最不发达国家成员设计的，如为期三周的培训最不发达国家人员的活动，既有介绍性课程也有高阶的课程。

这些活动绝大多数是和其他国际组织、区域组织和次区域组织共同举办的。国家层面的活动，主要是多重议题的简报会，主要围绕世界贸易组织所管辖的协定协议或多哈回合谈判。这主要包括农业、非农市场准入、卫生与植物卫生措施、与贸易相关的知识产权协定等领域。而且为了满足WTO成员的不同需求，这些活动40%都是在国家层面开展的。

这些活动的直接目标是促使参与者更好地了解所涉及的议题的WTO基本原则。多哈回合谈判的一些特定谈判领域，目的是让参加者掌握其谈判立场所需要的技能和专业知识，以便于其国家在多哈回合谈判达成时取得积极的成果。2013年设立和更新了8个WTO信息咨询中心，以便能依据受益人的需求，更好地调整项目活动。其中，6个在非洲地区，2个在亚太地区。这些信息咨询中心配有信息设备、书籍、CD、DVD和其他WTO相关的文件。

技术援助和培训最为重要的是确保有及时和充分的资金。金融援助项目主要来自多哈发展议程全球信托基金（Doha Development Agenda Global Trust Fund，DDAGTF），这一基金资助了80%的援助活动。这是一个由WTO成员发起的自愿的基金窗口。截至2013年11月30日，捐助额达2460万瑞士法郎，与2012年全年数额差不多，但仍比2011年少150万瑞士法郎。相对于2012年，捐助成员增加一名，共有15个成员捐助。

表6　2013年与贸易有关的技术援助活动分布（按地区统计）　单位：次

地　区	国别 TA		区　域		全　球		其他（会议等）		合　计	
非洲	40	37%	16	30%	0	0%	10	28%	66	23%
阿拉伯和中东地区	7	5%	6	11%	0	0%	3	8%	14	5%
亚太地区	25	23%	13	24%	0	0%	4	11%	42	15%
中东欧和中亚	15	14%	9	17%	0	0%	4	11%	28	10%
加勒比地区	3	3%	4	7%	0	0%	0	0%	7	2%
拉丁美洲地区	19	18%	6	11%	0	0%	4	11%	29	10%
全球性合计	0	0%	0	0%	84	100%	11	31%	95	34%
合计	107	100%	54	100%	84	100%	36	100%	281	100%

资料来源：*WTO Annual Report 2014*，CH8 Table1 Trade-related technical assistance by region in 2013。

（二）WTO各理事会活动

1. 总理事会

自前次年度报告起，总理事会一共举行了8次会议，分别为2013年1月29—31日，2月25日，5月14日，6月4日，7月24—25日，9月9日，10月9日，11月26日。这些会议的纪要都包括在文件WT/GC/M/142-WT/GC/M/149中。

2013年，老挝和塔吉克斯坦正式完成入世程序，使得WTO成员总数达到159位。12月份巴厘部长级会议上通过了也门的入世条件，清除了其加入的障碍。WTO为正在加入的政府提供技术援助，包括在日内瓦召开的为期五天的研讨会。旨在帮助最不发达国家加入世界贸易组织的“中国项目”将于明年继续开展。

表7　正在申请加入WTO国家的谈判进展情况

	申请日期	工作组成立日期	达成备忘录日期	首次/最后一次日期（工作组会议）	工作组会议次数	货物贸易承诺		服务贸易承诺		起草工作组报告日期
						初始	最终	初始	最终	
阿富汗	2004.11	2004.12	2009.03	2011.01 /2013.07	4	2012.11		2012.06		2014.03
阿尔及利亚	1987.06	1987.06	1996.07	1998.04/2014.03	12	2002.02	2013.11	2002.03	2013.10	2014.02
安道尔	1997.07	1997.07	1999.03	1999.10	1	1999.09		1999.09		

续 表

	申请日期	工作组成立日期	达成备忘录日期	首次/最后一次日期	工作组会议次数	货物贸易承诺		服务贸易承诺		起草工作组报告日期
阿塞拜疆	1997.06	1997.07	1999.04	2002.06/2014.02	11	2005.05	2013.09	2005.05	2013.10	2013.12
巴哈马	2001.05	2001.07	2009.04	2010.09/2012.06	2	2012.03		2012.03	2013.08	
白俄罗斯	1993.09	1993.10	1996.01	1997.06/2005.05	7	1998.03	2006.05	2000.02	2006.09	2012.11
不丹	1999.09	1999.10	2003.02	2004.11/2008.01	4	2005.08	2007.11	2005.08	2007.11	2007.12
波黑	1999.05	1999.07	2002.1	2003.11/2013.06	12	2004.10	2007.02	2004.10	2007.02	2013.05
科摩罗	2007.02	2007.10								
赤道几内亚	2007.02	2008.02								
埃塞俄比亚	2003.01	2003.02	2007.01	2008.05/2012.05	3	2012.02				2012.03
伊朗	1996.07	2005.05	2009.11							
伊拉克	2004.09	2004.12	2005.09	2007.04/2008.04	2					
哈萨克斯坦	1996.01	1996.02	1996.09	1997.03/2013.10	18	1997.06	2004.12	1997.09	2004.06	2013.09
黎巴嫩	1999.01	1999.04	2001.06	2002.10/2009.10	7	2003.11	2004.06	2003.12	2004.06	2009.10
利比里亚	2007.06	2007.12	2011.04	2012.07	1					
利比亚	2004.06	2004.07								
圣多美和普林西比	2005.01	2005.05								
塞尔维亚	2004.12	2005.02	2005.03	2005.10/2013.06	13	2006.04	2008.11	2006.10	2008.11	2012.10
塞舌尔	1995.05	1995.07	1996.08/2009.05	1997.02/2013.11	5	2010.10	2013.05	2010.10	2013.05	2012.09
苏丹	1994.10	1994.10	1999.01	2003.07/2004.03	2	2004.07	2006.10	2004.06	2006.10	2004.09
叙利亚	2001.10	2010.05								
乌兹别克斯坦	1994.12	1994.12	1998.10	2002.07/2005.10	3	2005.09		2005.09		

资料来源：http：//www.wto.org/english/thewto _ e/acc _ e/status _ e.htm，截至2014年4月。

2. 货物贸易理事会

(1) 进口许可程序委员会

进口许可程序委员会2013年年度报告考察期为2012年10月30日至2013年10月4日。报告考察期间，进口许可程序委员会分别于2013年4月22日和10月4日举行了两次会议。在4月22日会议上，委员会任命了来自中国的Lu Xiankung卢先堃先生为委员会主席，同时选举了来自葡萄牙的Filipe Ramalheira先生为副主席。

根据《进口许可程序协议》第1.4 (a) 条和第8.2 (b) 条，报告考察期内进口许可程序委员会共从16个成员收到22次通报：哥伦比亚，厄瓜多尔，欧盟，加蓬，马来西亚，摩尔多瓦，摩洛哥，秘鲁，菲律宾，俄罗斯，圣卢西亚，中国台湾、澎湖、金门和马祖单独关税区，多哥，乌克兰，美国，越南。

根据《进口许可程序协议》第5条第5.1～5.4段，进口许可程序委员会共从8个成员收到18次通报：阿根廷、乍得、哥伦比亚、欧盟、印度尼西亚、新西兰、泰国和乌克兰。

根据《进口许可程序协议》第7.3条，进口许可程序委员会共从39个成员收到35次通报：阿尔巴尼亚，阿根廷，柬埔寨，加拿大，布基纳法索，佛得角，乍得，智利，哥伦比亚，哥斯达黎加，古巴，多米尼加共和国，海地，中国香港，印度，日本，科威特，列支敦士登，马里，摩尔多瓦，新西兰，尼加拉瓜，挪威，巴拿马，秘鲁，菲律宾，塞内加尔，圣卢西亚，中国台湾、澎湖、金门和马祖单独关税区，新加坡，泰国，乌克兰，瑞士，美国，乌拉圭。

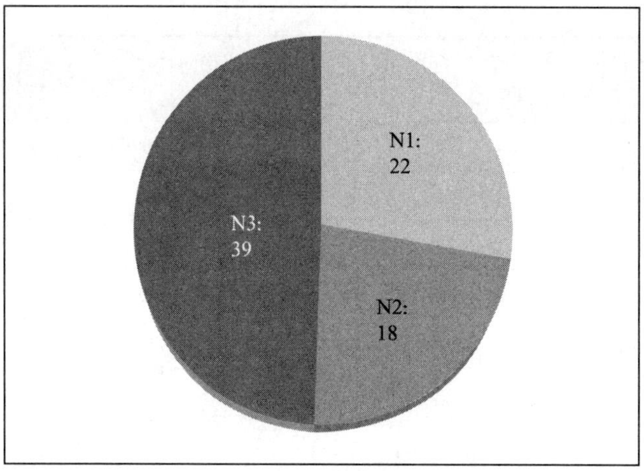

图2 审查期间通报的成员数和通报次数（2012—2013年）

注： No of members having notified：通报成员数

No of notifications：通报数量

N/1：根据第1.4（a）条和第8.2（b）条，相关的法律、法规和行政程序及其变更的通报。

N/2：根据第5.1～5.4条，相关实施程序及其变更的通报。

N/3：根据第7.3条，相关调查问卷回复的通报。

资料来源： Report（2013）of the committee on import licensing to the council for trade in goods，G/L/1048.

（2）补贴与反补贴措施委员会

补贴与反补贴措施委员会2013年年度报告考察期为2012年10月24日至2013年10月21日。报告考察期内，补贴与反补贴措施委员会分别于2013年4月22日和10月21日举行了两次常规会议和两次特别会议。报告考察初期来自中国香港的Sam C. S. Hui先生为委员会主席，来自加拿大的William Kendall先生为副主席。

在2012年4月22日常规会议上，委员会选举Marcus Bartley Johns先生为委员会主席，同时选举了埃及的Hamed El Etreby先生为副主席。

截至2013年10月21日，共有33[①]个WTO成员向委员会通报了其所发起的反补贴调查措施，有16个成员作了无反补贴调查措施通报。在半年度报告中，2012年7月1日至2012年12月31日期间，有9个成员通报其所发起的反补贴调查措施，共有56个成员未履行通报义务；2013年1月1日至2013年6月30日期间，有13个成员通报其所发起的反补贴调查措施，共有60个成员未履行通报义务。

表8　　全球发起反补贴调查案件数（按被调查国/地区）

被调查国/地区＼年份	1995	1996	1997	1998	1999	2000	2001	2002	2003	2004	2005	2006	2007	2008	2009	2010	2011	2012	2013	合计
阿根廷						3	1					1	1		1			1		8
澳大利亚					1															1
奥地利								1												1
比利时				1																1
巴西			1	1	1	1	2					1								7
加拿大		1	1	1			2	2		1										8
智利			1		1		1													3

① 欧盟作为一个成员计数。

续 表

被调查国/地区 \ 年份	1995	1996	1997	1998	1999	2000	2001	2002	2003	2004	2005	2006	2007	2008	2009	2010	2011	2012	2013	合计
中国										3		2	8	11	13	6	9	10	14	76
哥伦比亚									1											1
捷克					1															1
丹麦				1																1
厄瓜多尔																			1	1
欧盟	3	1	1	1	1			1	2						1	1		1	1	14
马其顿					1															1
法国				2	2		2					1								7
德国			1				2													3
希腊			1						1											2
匈牙利							1													1
印度	1		3	6	5	7	8	2	8	1	1	1	1	2	1	1	5	2	6	61
印度尼西亚				1	5	1	2				1	1			1		2	2	2	18
伊朗															1					1
以色列						1														1
意大利	3	2	1	3	1		1	1	1											13
韩国				5	4	1	1	2		1	1	1			1		1	1	1	20
马来西亚					2						1			1	1				1	6
荷兰							1													1
挪威		1																		1
阿曼																	2	1		3
巴基斯坦						1									1			1		3
秘鲁			1																	1
菲律宾					1															1
波兰					1				1											2
沙特				1													1			2
新加坡					1															1
南非		2	1	1	1	1													1	7
西班牙			1	1					1											3
中国台北			1		5					1									1	8
泰国	1				5	1				1	1				1		2		1	13
特立尼达和多巴哥			1				1													2
土耳其	1						1												2	4
阿联酋															1		1	1		3
英国							1													1
美国	1				1	1					1		1	2	4	1	1	2		15
委内瑞拉			1		1															2
越南															1		1	1	2	5
合计	10	7	16	25	41	18	27	9	15	8	6	8	11	16	28	9	25	23	33	335

注：调查类型：最初；自 1995 年 1 月 1 日至 2013 年 12 月 31 日。

资料来源：http：//www. wto. org/english/tratop _ e/scm _ e/scm _ e. htm，访问日期 2014 年 10 月 31 日。

表 9　　全球发起反补贴调查案件数（按发起调查的成员）

发起调查的成员 \ 年份	1995	1996	1997	1998	1999	2000	2001	2002	2003	2004	2005	2006	2007	2008	2009	2010	2011	2012	2013	合计
阿根廷	1	1	1																	3
澳大利亚			1		1			1	3			1		2	1	1	2	2	1	16
巴西							1		1				1				3	1	2	9
加拿大	3				3	4	1		1	4	1	2	1	3	1	1	2	6	4	37
智利					4							1	1							6
中国															3	1		2	1	7
哥斯达黎加									1											1
埃及				4																4
欧盟		1	4	8	19		6	3	1		3	1		2	6	3	4	6	5	72
印度															1					1
以色列	2																			2
日本										1										1
拉脱维亚									1											1
墨西哥			1						1								3		1	6
新西兰	1	4	1																	6
巴基斯坦																	2			2
秘鲁			1			1		1					1		2			1		7
南非			1	1	2	6	1							2						13
土耳其														1						1
美国	3	1	6	12	11	7	18	4	5	3	2	3	7	6	14	3	9	5	19	138
委内瑞拉					1				1											2
合计	10	7	16	25	41	18	27	9	15	8	6	8	11	16	28	9	25	23	33	335

注：调查类型：最初；自 1995 年 1 月 1 日至 2013 年 12 月 31 日。

资料来源：http：//www. wto. org/english/tratop _ e/scm _ e/scm _ e. htm，访问日期 2014 年 10 月 31 日。

表 10　　全球发起反补贴调查案件数（按产品类别）

HS 编码 \ 年份	1995	1996	1997	1998	1999	2000	2001	2002	2003	2004	2005	2006	2007	2008	2009	2010	2011	2012	2013	合计
Ⅰ活动物，动物产品	1	1	1	1	4	1			1	1			1		1					13
Ⅱ植物产品		1				2	1	2			1	1				1				9
Ⅲ动植物油、脂、蜡			1					1	5						1					8
Ⅳ食品；饮料，酒，醋；烟草	8	4	2	5	2			1	1			1							8	32
Ⅴ矿产品							4							1		1	1	2		9
Ⅵ化学工业及其相关工业的产品	1		2		1		2		4			1	1	3	4		3	3	6	31
Ⅶ树脂、塑料及其制品；橡胶及其制品				4	7	2	2			2	2		2	1	4		2		2	30
Ⅸ木材，软木制品；篮筐		1					1			1						1		1		5
Ⅹ纸、纸板及其制品											2	3	1	1	2	1	2			12
Ⅺ纺织原料及纺织制品				2	5	1	2	1					2		1		3	2	3	22

续 表

HS 编码 \ 年份	1995	1996	1997	1998	1999	2000	2001	2002	2003	2004	2005	2006	2007	2008	2009	2010	2011	2012	2013	合计
Ⅻ鞋、帽；羽毛，人造花，风扇						1														1
ⅩⅢ石料、石膏的制品；陶瓷产品；玻璃			1		1										1				2	5
ⅩⅤ贱金属及其制品			7	12	20	11	14	1	3	3		2	3	7	11	4	10	11	12	131
ⅩⅥ机器和电气设备			1	1	1		1	3	1	1	1		1	3	2	1	2	3		22
ⅩⅦ车辆、航空器和船舶			1												1		2	1		5
总计	10	7	16	25	41	18	27	9	15	8	6	8	11	16	28	9	25	23	33	335

注：调查类型：最初；自 1995 年 1 月 1 日至 2013 年 12 月 31 日。

资料来源：http：//www. wto. org/english/tratop _ e/scm _ e/scm _ e. htm，访问日期 2014 年 10 月 31 日。

表 11　　全球实施反补贴措施案件数（按被调查国/地区）

被调查国/地区 \ 年份	1995	1996	1997	1998	1999	2000	2001	2002	2003	2004	2005	2006	2007	2008	2009	2010	2011	2012	2013	合计
阿根廷	1						3													4
澳大利亚						1														1
奥地利	1																			1
比利时					1															1
巴西	4					2		2												8
加拿大								2	1											3
中国											2		1	10	6	10	5	8	10	52
哥伦比亚										1										1
科特迪瓦	1																			1
欧盟	1	2		2		1			1	1	1					1	1			11
法国					2	1	1	1					1							6
德国							1	1												2
匈牙利								1												1
印度	1			2	4	4	3	5	1	6		1		1	2		1	2	1	34
印度尼西亚	1				1	2	1		1			1				1				8
伊朗																1				1
以色列	1																			1
意大利	2	2		1	3			1												9
韩国					2	1		1	2		1	1							1	9
马来西亚	1					2														3
荷兰							1													1
挪威			1																	1
巴基斯坦							1									1				2
菲律宾	1					1														2
南非			2		1		1													4
西班牙				1																1
斯里兰卡	1																			1
中国台北						3														3

续 表

被调查国/地区 \ 年份	1995	1996	1997	1998	1999	2000	2001	2002	2003	2004	2005	2006	2007	2008	2009	2010	2011	2012	2013	合计
泰国						2	1													3
土耳其		1																		1
阿联酋																1				1
英国							1													1
美国						1									1	3	2			7
委内瑞拉	3																			3
越南																1			1	2
合计	19	5	3	6	14	21	14	14	6	8	4	3	2	11	9	19	9	10	13	190

注：调查类型：最初；自 1995 年 1 月 1 日至 2013 年 12 月 31 日。

资料来源：http：//www. wto. org/english/tratop _ e/scm _ e/scm _ e. htm，访问日期 2014 年 10 月 31 日。

表 12　　全球实施反补贴措施案件数（按发起调查的成员）

发起调查的成员 \ 年份	1995	1996	1997	1998	1999	2000	2001	2002	2003	2004	2005	2006	2007	2008	2009	2010	2011	2012	2013	合计
阿根廷		2		2																4
澳大利亚						1							1			1	1	2	3	9
巴西	5									1				1						7
加拿大	1					5	1			1	2		1	3	1	1	1	4	3	24
智利						2														2
中国																2	2			4
哥斯达黎加										1										1
欧盟			1	2	3	10		2	3	2	1				1	3	2		3	33
日本												1								1
墨西哥	7										1							2		10
新西兰		1	2	1																4
秘鲁	1						1		1							2				5
南非						1	2	2												5
土耳其															1					1
美国	5	2		1	11	2	10	10	2	2		2		7	6	10	3	2	4	79
委内瑞拉										1										1
合计	19	5	3	6	14	21	14	14	6	8	4	3	2	11	9	19	9	10	13	190

注：调查类型：最初；自 1995 年 1 月 1 日至 2013 年 12 月 31 日。

资料来源：http：//www. wto. org/english/tratop _ e/scm _ e/scm _ e. htm，访问日期 2014 年 10 月 31 日。

表 13　　全球实施反补贴措施案件数（按产品类别）

HS 编码 \ 年 份	1995	1996	1997	1998	1999	2000	2001	2002	2003	2004	2005	2006	2007	2008	2009	2010	2011	2012	2013	合计
Ⅰ活动物，动物产品			1			2	1									1				5
Ⅱ植物产品	5			1			1		1								1			9
Ⅲ动、植物油、脂、蜡				1					1	1	1					1				5
Ⅳ食品；饮料，酒，醋；烟草	2	5	2	1		1				1			1							13

续 表

HS编码 \ 年份	1995	1996	1997	1998	1999	2000	2001	2002	2003	2004	2005	2006	2007	2008	2009	2010	2011	2012	2013	合计
Ⅴ矿产品							4								1		1			6
Ⅵ化学工业及其相关工业的产品				1		1		2		1				1	2	2		2	1	13
Ⅶ树脂、塑料及其制品；橡胶及其制品					1	4	1	1						2	1	4				14
Ⅸ木材，软木制品；篮筐								1			1						1			3
Ⅹ纸、纸板及其制品												2		1		2	1			6
Ⅺ纺织原料及纺织制品						3	1	1		1				1		1				8
ⅩⅢ石料、石膏的制品；陶瓷产品；玻璃																1				1
ⅩⅤ贱金属及其制品	12			2	13	10	6	9	1	3	1		1	4	3	7	4	6	9	91
ⅩⅥ机器和电气设备									3	1	1	1		2	2			1	3	14
ⅩⅦ车辆、航空器和船舶																	1	1		2
合计	19	5	3	6	14	21	14	14	6	8	4	3	2	11	9	19	9	10	13	190

注：调查类型：最初；自1995年1月1日至2013年12月31日。

资料来源：http://www.wto.org/english/tratop_e/scm_e/scm_e.htm，访问日期2014年10月31日。

(3) 反倾销措施委员会

反倾销措施委员会2013年年度报告考察期为2012年10月24日至2013年10月23日。报告期间，反倾销措施委员会分别于2013年4月24日和10月23日举行了两次常规会议。

报告初期，来自以色列的Shai Moses先生为委员会主席，来自新西兰的Alana Hudson女士为委员会副主席。在2013年4月24日会议上，委员会选举了来自泰国的Parima Damrithamanji女士为委员会主席，还选举了新西兰的Alana Hudson女士为委员会副主席。

截至2013年10月23日，共有76个WTO成员对其国内的反倾销立法做了通报，其中有36个成员做了无反倾销立法的通报。此外，还有20个成员未尽到通报义务。在半年度报告中，2012年7月1日至2012年12月31日期间，有31个成员通报了其反倾销的行动，20个成员通报其无反倾销行动，共有18个成员未履行通报义务；2013年1月1日至2013年6月30日期间，有32个成员通报了其反倾销的行动，17个成员通报其无反倾销行动，共有20个成员未履行通报义务。

表14　全球发起反倾销调查案件数（按被调查国/地区）

被调查国/地区 \ 年份	1995	1996	1997	1998	1999	2000	2001	2002	2003	2004	2005	2006	2007	2008	2009	2010	2011	2012	2013	合计
阿尔及利亚					1			1												2
阿根廷	1			1	4	2	5	3	1	3	4	3	1	2	2	2	1	2	5	42
亚美尼亚														1						1
澳大利亚	1		2	2	3	4	1	3	2			1	2	2			1	1	1	26
奥地利		2	3		3	3		1		1		1		2		2	1	1		20
巴林					1															1
孟加拉国							1						1							2

续 表

年份 被调查国/地区	1995	1996	1997	1998	1999	2000	2001	2002	2003	2004	2005	2006	2007	2008	2009	2010	2011	2012	2013	合计
白俄罗斯					3	4	3	2	1	2			1	2		1	3			22
比利时	1	2	3	3	1		5	1	3	2					3	1	1		2	28
波黑	1												1			1				3
巴西	8	10	5	6	13	9	13	3	3	10	4	7	2	3	12	3	3	3	6	123
保加利亚		3	2	1	1	1	2		1		1	1		1			1			15
加拿大	2	1	3	4		1	7	5	4	2	1	1	2	2	1	2	1		2	41
智利	2	2	2	2	1	6	4	4			1	1		1	1	2		2	2	33
中国	20	43	33	27	43	43	55	50	53	49	53	73	62	78	78	44	51	60	74	989
哥伦比亚		1		2			1	1											3	8
哥斯达黎加				2																2
克罗地亚	1			1	1	1					1									5
古巴		1			1															2
捷克	1	1		2	7	3	2	1	1				1				1		1	21
丹麦	1	1		2	2							1						1	1	9
多米尼加							1						1			1				3
厄瓜多尔								1		1				1						3
埃及	1	2	1	2		1	3					2						1	1	14
萨尔瓦多															2	1				3
爱沙尼亚			1			1	1	1									1			5
欧盟		1	2	4	7	9	9	10	10	3	5	3	2	4	6	9	3	5	8	100
法罗群岛								2												2
芬兰			1	1	2		1	2	2	2	1		1			2		2		17
马其顿	1		1	1	1		2	1				1						1		9
法国		4	4	10	7	2	3	2	3	1	1	1	1	1	1	2			1	44
格鲁吉亚								1												1
德国	7	9	13	8	11	6	9	7	3	2	2	2	4	1	3	3	2	3	7	102
希腊			3			1	1		1					1	1				1	9
危地马拉		1					1				1				1	1				5
洪都拉斯				1																1
中国香港	1	4	2	3	2	1	3	3			2	2	3	3	2		1		1	33
匈牙利	2		2	2	4		4	1								1				16
印度	3	11	8	13	13	10	12	16	14	8	14	6	4	6	7	4	7	10	11	177
印度尼西亚	7	7	9	5	20	13	18	12	8	8	14	9	5	11	10	4	5	6	6	177
伊朗		1	2		2	3	2	2	1	2			1	3	1	2		1	1	24
爱尔兰			2	1					1	2										6
以色列		1	2	1		1	2						1	1	1		2		1	13
意大利	6	5	5	5	2	5	8	3	4	1	1			2	2	1	2	3	3	58
日本	5	6	14	14	22	12	14	13	16	9	7	9	4	3	5	5	5	6	11	180
约旦							1													1
哈萨克斯坦	3	1	2	4		3	3	6				2		1			1			26
肯尼亚																1	1			2
朝鲜							1									1				2
韩国	14	11	15	27	35	23	23	23	17	24	12	10	13	9	8	9	11	22	25	331
科威特														1		1				2

续 表

被调查国/地区 \ 年份	1995	1996	1997	1998	1999	2000	2001	2002	2003	2004	2005	2006	2007	2008	2009	2010	2011	2012	2013	合计
拉脱维亚			2	1	1	3														7
利比亚						1	1													2
列支敦士登			1																	1
立陶宛			1		4	1	1	3									1			11
卢森堡							2			1										3
中国澳门	1							1				1		1	1		1			6
马拉维					1															1
马来西亚	2	3	5	4	7	9	6	4	8	6	14	5	7	10	7	4	2	3	8	114
墨西哥	3	5	2	9	4	1	4	1	4	3	1	2	2		5	5	3	3	6	63
摩尔多瓦						2	1							1						4
莫桑比克			1																	1
尼泊尔							2													2
荷兰	6	1	5	3	2	3	4	1		2					1	1			2	31
新西兰	1	1			2		3	1					1	1	1					11
尼加拉瓜		1																		1
尼日利亚									1											1
挪威		1				1	1	1		1				1		1				7
阿曼							1								1	2	2	1		7
巴基斯坦		2	1		1		1	2	2		1				1	1	1	2	1	16
巴拉圭			1												1					2
秘鲁	1					1								2					2	6
菲律宾	2					1	1	1	1	2		3		1					2	14
波兰	2	3	3	5	3	5	1	4	1	2						1	2		1	33
葡萄牙		2		2		1	1									1			2	9
卡塔尔							1													1
罗马尼亚	1	2	1	5	4	4	5	8	2		2			2		1	1	1		39
俄罗斯	2	7	7	13	18	12	9	20	2	8	4	5	6	2	4	2	3	3	5	132
沙特		1		3	2	3	1	1	2		1	1		4	2	2	1	2	5	31
塞尔维亚																		1		1
塞尔维亚和黑山					1		1				1									3
新加坡	2		4		5		12	9	1	1	1	6	2		1	1		2	1	48
斯洛伐克		1	1	1	3	1	2	1		1										11
斯洛文尼亚	1			1																2
南非	2	6	4	5	4	6	9	10	4		2	2	1	3	1	1	1	2	3	66
西班牙	2	4	7	7	5	6	4	2	4	1			1	1		2	1		4	51
斯里兰卡										1			1	2			1			5
瑞典	1	2	5		1		2	1		1	1	1		1		1	1		3	21
瑞士		2	1		1				1			1			1	1		1		9
中国台北	4	9	16	10	22	14	19	16	13	21	13	13	6	11	12	5	9	22	16	251
泰国	8	9	5	2	19	12	17	12	7	9	13	8	9	13	8	5	8	10	14	188
特立尼达和多巴哥			2				1													3
土耳其	2	3	1	2	6	7	5	4	4	1		2	3	4	2	4	4	5	5	64
乌克兰	2	3	4	9	9	7	6	8	3	1	5	4	1	2	3	2		3	3	75

续 表

被调查国/地区 \ 年份	1995	1996	1997	1998	1999	2000	2001	2002	2003	2004	2005	2006	2007	2008	2009	2010	2011	2012	2013	合计
阿联酋			1			2	2		3	2			3		1	4	3	1	3	25
英国	6	4	6	4	2	9	6	2		1	1			3					3	47
美国	12	21	15	16	14	13	15	11	21	14	12	11	7	8	14	19	10	9	13	255
乌拉圭	1				1					1			1						2	6
乌兹别克斯坦	2									1										3
委内瑞拉		1	1	4	2	2	4	3	1								2		2	22
越南			1		1	1		3		7	3	2	2	3	3	1	3	8	3	41
南斯拉夫	1	1			1															3
津巴布韦	1			1																2
合计	157	226	246	264	359	296	372	311	234	220	200	203	166	218	217	173	165	209	283	4519

注：调查类型：最初；自 1995 年 1 月 1 日至 2013 年 12 月 31 日。

资料来源：http：//www. wto. org/english/tratop _ e/adp _ e/adp _ e. htm，访问日期 2014 年 10 月 31 日。

表 15 全球发起反倾销调查案件数（按发起调查的成员）

发起调查的成员 \ 年份	1995	1996	1997	1998	1999	2000	2001	2002	2003	2004	2005	2006	2007	2008	2009	2010	2011	2012	2013	合计
阿根廷	27	22	14	6	24	41	28	10	1	12	9	10	8	19	28	14	7	13	19	312
澳大利亚	5	17	44	13	24	15	24	16	8	9	7	11	2	6	9	7	18	12	20	267
巴西	5	18	11	18	16	11	17	8	4	8	6	12	13	24	9	37	16	47	54	334
保加利亚								1												1
加拿大	11	5	14	8	18	21	25	5	15	11	1	7	1	3	6	2	2	11	17	183
智利	4	3		2		5						1	1	1	1	1	1	1	4	25
中国				3	2	11	14	30	22	27	24	10	4	14	17	8	5	9	11	211
哥伦比亚	4	1	1	6	2	3	6			2	2	9	1	6	5	2	4	2	11	67
哥斯达黎加		4	1	1							1	1			2					10
捷克				2	1															3
多米尼加																1			2	3
厄瓜多尔				1												2				3
埃及			7	14	7	3	7	3	1		12	9	2		2	1	2	1	2	73
欧盟	33	25	41	22	65	32	28	20	7	30	24	35	9	19	15	15	17	13	4	454
危地马拉		1																		1
洪都拉斯																3				3
印度	6	21	13	28	64	41	79	81	46	21	28	31	47	55	31	41	19	21	29	702
印度尼西亚		11	5	8	8	3	4	4	12	5		5	1	7	7	3	6	7	14	110
以色列	5	6	3	7		1	4			1	4			1	6	6	1	2	1	48
牙买加						1	1	1	1						1	1				6
日本							2						4					1		7
约旦												1								1
韩国	4	13	15	3	6	2	4	9	18	3	4	7	15	5		3		2	8	121
拉脱维亚							1	6												7
立陶宛					1	6														7
马来西亚	3	2	8	1	2		1	5	6	3	4	8						11	8	62
墨西哥	4	4	6	12	11	6	6	10	14	6	6	6	3	1	2	2	6	4	6	115

续 表

发起调查的成员＼年份	1995	1996	1997	1998	1999	2000	2001	2002	2003	2004	2005	2006	2007	2008	2009	2010	2011	2012	2013	合计
摩洛哥																	1	2	3	6
新西兰	10	4	5	1	4	9	1	2	5	5		1	6			1	2		1	57
尼加拉瓜				2																2
巴基斯坦								1	3	3	13	4		3	26	11	7	5	6	82
巴拿马				2											4					6
巴拉圭					1					1										2
秘鲁	2	8	2	3	8	1	8	13	4	7	4	3	2		4		1	1	1	72
菲律宾	1	1	2	3	6	2		1	1						1				1	19
波兰			1		7			3	1											12
俄罗斯											2	4	1	4	8		10	1	1	31
斯洛文尼亚					1															1
南非	16	34	23	41	16	21	6	4	8	6	23	3	5	3	3		4	1	10	227
中国台北			1	6		4	3		2			5			1	2		9	3	36
泰国		1	3				3	21	3	3		3	2	1	1	2	13	5		61
特立尼达和多巴哥		1		4	3	1	1		2											12
土耳其			4	1	8	7	15	18	11	25	12	8	6	23	6	2	2	14	6	168
乌克兰							2	3	2	6	2	1	5	7	2	2	6	3	2	43
美国	14	22	15	36	47	47	77	35	37	26	12	8	28	16	20	3	15	11	39	508
乌拉圭			1			1	4									1				7
委内瑞拉	3	2	6	10	7	1	1	1												31
合计	157	226	246	264	359	296	372	311	234	220	200	203	166	218	217	173	165	209	283	4519

注：调查类型：最初；自 1995 年 1 月 1 日至 2013 年 12 月 31 日。

资料来源：http：//www. wto. org/english/tratop _ e/adp _ e/adp _ e. htm，访问日期 2014 年 10 月 31 日。

表 16　　全球发起反倾销调查案件数（按产品类别）

HS 编码＼年份	1995	1996	1997	1998	1999	2000	2001	2002	2003	2004	2005	2006	2007	2008	2009	2010	2011	2012	2013	合计
Ⅰ活动物，动物产品	1	2	2	6	8	3	2	10	2	10			1	1	3		2		4	57
Ⅱ植物产品		5	2	4	1	7	8	3	1	6	4	3	1	5	1	1	1	1	2	56
Ⅲ动、植物油、脂、蜡							4	2	2	1	2	3								14
Ⅳ食品；饮料、酒及醋；烟草	13	6	4	8	2	3	2	3		1	1	7			2	1	5		6	64
Ⅴ矿产品	1	4	3	4	9	9	16	8	5	1		2	2	2	1	4	2	2		75
Ⅵ化学工业及其相关产品	31	42	21	24	74	63	67	96	73	49	37	39	56	34	47	44	29	34	48	908
Ⅶ树脂、塑料及其制品；橡胶及其制品	20	26	36	33	40	24	56	40	24	44	37	24	16	21	31	24	13	40	41	590
Ⅷ生皮、毛皮及制品；马具和旅行用品		3									2									5
Ⅸ木材，软木制品；篮筐	1	4	11	3	1	5	4		11	11	3	2	1	9	7	5	13	2	5	98
Ⅹ纸、纸板及其制品	3	14	36	7	18	5	7	7	20	8	6	17	19	2	8	20	11	6	12	226

续 表

HS 编码 \ 年份	1995	1996	1997	1998	1999	2000	2001	2002	2003	2004	2005	2006	2007	2008	2009	2010	2011	2012	2013	合计
Ⅺ纺织原料及纺织制品	1	23	8	28	36	17	27	7	14	21	27	17	12	39	20	7	2	12	21	339
Ⅻ鞋、帽；羽毛，人造花，风扇	6	1		4	2	3	2	3			4	3		1	3					32
ⅩⅢ石料、石膏的制品；陶瓷产品；玻璃	3	11	11	12	8	6	6	11	11	8	10	12	3	4	11	12	14	13	23	189
ⅩⅣ珠宝，贵金属和金属，硬币							1													1
ⅩⅤ贱金属及其制品	43	39	64	111	111	109	137	96	53	38	39	31	24	70	52	43	58	76	93	1287
ⅩⅥ机器和电气设备	24	33	34	10	30	30	24	9	12	16	16	30	28	16	22	10	8	18	22	392
ⅩⅦ车辆、航空器和船舶	3	3	1		4	5		2	2	2	4	2	1	3	3	1	6	4		46
ⅩⅧ仪器，钟表，录音机和复读机	1	5	9	5	2		3	3	2	1	1	5		6	3	1	1		1	49
ⅩⅩ杂项制品	6	5	4	5	13	7	6	11	2	3	7	6	2	5	3			1	5	91
总计	157	226	246	264	359	296	372	311	234	220	200	203	166	218	217	173	165	209	283	4519

注：调查类型：最初；自 1995 年 1 月 1 日至 2013 年 12 月 31 日。

资料来源：http：//www.wto.org/english/tratop _ e/adp _ e/adp _ e.htm，访问日期 2014 年 10 月 31 日。

表 17　　全球实施反倾销措施案件数（按被调查国/地区）

被调查国/地区 \ 年份	1995	1996	1997	1998	1999	2000	2001	2002	2003	2004	2005	2006	2007	2008	2009	2010	2011	2012	2013	合计
阿尔及利亚						1			1											2
阿根廷	3				1	1	3	1	1		2	1	2		1	1	2	1	1	21
亚美尼亚															1					1
澳大利亚			1	1	2	2			1	2				2		1				12
奥地利	1			3		2							1		2			1		10
孟加拉国							1							1						2
白俄罗斯		1				3	4	3	1	1	1			1	1			2		18
比利时		1		4	5			2	2		1				1		1	1		18
波黑		1															1			2
巴西	9	10	7	6	5	8	2	6	4	3	5	5	2	2	3	4	2		3	86
保加利亚	2		1		2	1	1	2		1		1	1			1		1		14
加拿大	1			2	1			4	4	1			1	2	1			1		18
智利		1	1	3			4	4	1	1		1	1				1		2	20
中国	27	16	33	24	21	31	31	36	40	44	42	37	46	54	56	56	37	35	51	717
哥伦比亚	1				1															2
克罗地亚		2				1		1			1									5
古巴						1														1
捷克	1	1	1		1	4	1	3	1	1					1					15
丹麦	1			1		1	1													4
多米尼加								1												1
厄瓜多尔	1								1		1									3

续表

被调查国/地区 \ 年份	1995	1996	1997	1998	1999	2000	2001	2002	2003	2004	2005	2006	2007	2008	2009	2010	2011	2012	2013	合计
埃及			2		2									1						5
爱沙尼亚					1			1	1											3
欧盟			1	1	4	4	8	6	7	6	3	3	1	3	1	4	4	8	4	68
法罗群岛										1										1
芬兰				1	1	2			1	2	2	1		1				2	1	14
马其顿		1			1		1		1					1						5
法国	1	1	2	5	7	3	4	1	1		2				2		1			30
格鲁吉亚									1											1
德国	4	2	2	6	5	7	1	6	4			2		3	4			1	3	50
希腊				2				1	1						1				1	6
危地马拉									1											1
洪都拉斯					1															1
中国香港		3	1	1	1	1	1	2	2				1	1	2	3		1		20
匈牙利		1			2	2		2	1								1			9
印度	4	1	5	7	9	7	6	6	7	10	2	12	3	6	4	2	3	3	6	103
印度尼西亚		2	4	7	4	11	5	9	12	2	7	10	3	6	7	8	4	2	7	110
伊朗						1	2		1	2	1				1			2	1	11
爱尔兰					2							1								3
以色列	1				1		1	1	1							1		2		8
意大利	2	2	1	7	5	1	2	4	2		1				1		2		3	33
日本	5	6	5	9	11	22	9	5	11	6	7	8	4	3		2	3	5	5	126
约旦								1												1
哈萨克斯坦			2	2	4		1	2	7				1	1						20
肯尼亚																		1		1
韩国	4	6	3	14	15	23	12	13	22	13	8	10	6	8	7	4	4	10	17	199
科威特																1				1
拉脱维亚				1	1		4		1											7
利比亚								1												1
列支敦士登			1																	1
立陶宛					1	1		1												3
中国澳门														1		2		1		4
马拉维							1													1
马来西亚	3	3	3	4	3	4	1	4	3	6	3	6	5	2	7	3	5	2	1	68
墨西哥		3	4	1	3	4	1	4		3	2	1	2	1	1	2		2	3	37
摩尔多瓦	1						2	1												4
尼泊尔								2												2
荷兰	2		1	2	1	3	1	2	2		1				1	1				17
新西兰				1			1		1							1				4
尼日利亚										1										1
挪威			1							1		1					1			4
阿曼								1								1		1	1	4
巴基斯坦	1		1				1		1	2								1		7
巴拉圭	1				1											1				3
秘鲁															1					1

续 表

被调查国/地区 \ 年份	1995	1996	1997	1998	1999	2000	2001	2002	2003	2004	2005	2006	2007	2008	2009	2010	2011	2012	2013	合计
菲律宾			1			1		1	1			3								7
波兰	1	1	3	2	4	2	4	1	1	1	1							1		22
葡萄牙			1	1	1			1												4
卡塔尔								1												1
罗马尼亚	2	1	1	2	2	4	1	4	5	2	1	1			1		1		1	29
俄罗斯	8	3	9	5	16	8	8	4	13	5	6	3	1	6		3	1	3	3	105
沙特				1	1	1	1	1			1		1		1	2			1	11
塞尔维亚																			1	1
塞尔维亚和黑山						1	1					1								3
新加坡				3		3		7	7	1		2	4	3		1		1	1	33
斯洛伐克			1		2	1		2	1		1									8
斯洛文尼亚		1																		1
南非	2	3	2	2	3	4	3	7	8					4		2	1		2	43
西班牙	3			4	4	3	3	3		1	1			1	1		1			25
斯里兰卡										1					1				1	3
瑞典				4	1	1			1		1	1		1	1			1		12
瑞士				1						1			1							3
中国台北	2	2	7	12	8	17	8	13	11	10	8	7	7	9	7	8	5	9	12	162
泰国	5	8	2	5	1	12	8	8	8	6	6	8	4	4	10	7	7	3	9	121
特立尼达和多巴哥			1					1												2
土耳其	1	1	1	2	4	3	3	3	2	2				3		1	2	2	3	33
乌克兰	5	1	3	5	7	8	7	5	6		1	3	2		1	1	1	2	1	59
阿联酋							1	1		1	1	1		1	1		1	3	2	13
英国	3	1	2	3	3	1	2	5	1			1			2	1				25
美国	8	4	9	12	8	13	4	10	6	10	13	9	4	7	5	7	7	9	5	150
乌拉圭							1				1			1						3
乌兹别克斯坦										1										1
委内瑞拉	4	1		1		2		1	2	1									1	13
越南				1		1	1		1	2	4	2	2	2	4	2			6	28
南斯拉夫		1																		1
津巴布韦			1																	1
合计	120	92	127	181	190	238	169	218	223	154	138	142	106	142	142	134	99	120	159	2894

注：调查类型：最初；自 1995 年 1 月 1 日至 2013 年 12 月 31 日。

资料来源：http：//www. wto. org/english/tratop _ e/adp _ e/adp _ e. htm，访问日期 2014 年 10 月 31 日。

表 18　　全球实施反倾销措施案件数（按发起调查的成员）

发起调查的成员 \ 年份	1995	1996	1997	1998	1999	2000	2001	2002	2003	2004	2005	2006	2007	2008	2009	2010	2011	2012	2013	合计
阿根廷	13	20	11	12	9	16	14	22	19	1	8	4	8	5	15	15	8	9	9	218
澳大利亚	1	1	1	20	6	5	11	9	10	4	3	5	1	3	2	2	5	10	9	108
巴西	3	6	2	14	5	9	13	5	2	5	3		9	11	16	5	13	14	30	165
加拿大	7		7	10	10	14	19		5	8	4		3	3	2	3	1	10	7	113

续 表

发起调查的成员＼年份	1995	1996	1997	1998	1999	2000	2001	2002	2003	2004	2005	2006	2007	2008	2009	2010	2011	2012	2013	合计
智利	2		2	2									1		1	1		1		10
中国				3	2	5		5	33	14	16	24	12	4	12	15	6	5	8	164
哥伦比亚	1	1	1		6	2				1	1	1	7		3				6	30
哥斯达黎加									1				2							3
捷克						1														1
多米尼加																	1			1
埃及				5	14	1	2	7	4	1		12	2	3		1	1		1	54
欧盟	15	23	23	28	18	41	13	25	2	10	20	12	12	15	9	5	11	3	12	297
危地马拉			1																	1
印度	7	2	8	22	23	55	38	64	52	29	18	16	24	31	30	32	26	30	12	519
印度尼西亚			4	2	7		1		1	8	4	2		5	1	5	2	4	5	51
以色列	1			6	4		1	2		1		3	1			2	1		1	23
牙买加							1	2		1										4
日本	1							2						4						7
韩国		5	10	8		5		1	4	10	3	8		12	4		2		5	77
拉脱维亚								1	1											2
立陶宛							7													7
马来西亚		2	2	4	1	1		1	7		7								11	36
墨西哥	16	4	7	7	7	6	3	4	7	7	8	5			1	2	1	4	2	91
摩洛哥																		1	1	2
新西兰	3	4		1			2	1		2	4	2	3				2			24
尼加拉瓜					1															1
巴基斯坦								1	2	4	1	7	4		6	5	7	6	7	50
巴拉圭					1					1										2
秘鲁	2	2	3		3	4	1	7	7	8	3	4	1		2	1	1		1	50
菲律宾		2	1	1	3	4														11
波兰				1		6			2											9
俄罗斯												1	1	4	1	10	1	4	6	28
新加坡	2																			2
南非		8	18	13	36	13	5	15	1	4		7	1	3	3	1		1	2	131
中国台北			1	5	1	1		2				1	1			2	1			15
泰国			1	2				1	20	1	2		1		3		3	2	7	43
特立尼达和多巴哥				2		1	2		1	1										7
土耳其	11				1	8	2	11	28	16	9	21	6	11	9	10	2	1	8	154
乌克兰							1	2	2	2	6	2	1	5	7			7	2	37
美国	33	12	20	12	24	31	33	27	12	14	18	5	5	23	15	17	4	7	7	319
乌拉圭				1														1		2
委内瑞拉	2		4		8	9		1		1										25
合计	120	92	127	181	190	238	169	218	223	154	138	142	106	142	142	134	99	120	159	2894

注：调查类型：最初；自 1995 年 1 月 1 日至 2013 年 12 月 31 日。

资料来源：http：//www. wto. org/english/tratop _ e/adp _ e/adp _ e. htm，访问日期 2014 年 10 月 31 日。

表 19　　全球实施反倾销措施案件数（按产品类别）

年份 / HS 编码	1995	1996	1997	1998	1999	2000	2001	2002	2003	2004	2005	2006	2007	2008	2009	2010	2011	2012	2013	合计
Ⅰ活动物，动物产品	2		1	2	1	3	7		1	2	6	1				1		1		28
Ⅱ植物产品	4	1	1	4	3	1	3	3	1		2	5	3	1	2	2		1		37
Ⅲ动、植物油、脂、蜡								1			1									2
Ⅳ食品；饮料、酒及醋；烟草	6	6	1	3	1	1	4	1	1			5	3				2			34
Ⅴ矿产品		1	2	3	1	5	11	8	2	7			1	1	2		3		3	50
Ⅵ化学工业及其相关工业的产品	19	12	22	15	15	49	38	57	68	46	31	27	28	46	18	32	28	36	22	609
Ⅶ树脂、塑料及其制品；橡胶及其制品	10	11	13	14	27	26	11	25	48	22	23	28	7	25	13	15	12	8	30	368
Ⅷ生皮、毛皮及其制品；马具和旅行用品			1									1								2
Ⅸ木材，软木制品；篮筐	1		1	6	7	1		3		4	5	5		3	6		2	1	5	50
Ⅹ纸、纸板及其制品	2		2	29	5	10	2	6	10	4	10	7	4	11		2	4	13	1	122
Ⅺ纺织原料及纺织制品	4	8	9	2	21	26	9	30	2	14	13	23	17	10	30	17	2	3	5	245
Ⅻ鞋、帽；羽毛，人造花，风扇	1		3	3		7	2	1				2	1		1	2				23
ⅩⅢ石料、石膏的制品；陶瓷产品；玻璃	3	3	1	6	5	7	1	2	10	4	5	7	5	4	4	5	13	8	11	104
ⅩⅤ贱金属及其制品	49	24	46	61	85	83	65	59	65	39	24	16	11	28	28	40	21	40	67	851
ⅩⅥ机器和电气设备	9	17	16	29	4	14	11	15	8	6	12	9	15	12	27	14	7	7	11	243
ⅩⅦ车辆、航空器和船舶	1	5	1	1	1		1		2	2	1		5		1	2	2	1	3	29
ⅩⅧ仪器，钟表，录音机和复读机	2	1			11		1		1	1	3		4		5	1	3	1		34
ⅩⅩ杂项制品	7	3	7	3	3	5	3	7	4	3	2	6	2	1	5	1			1	63
合计	120	92	127	181	190	238	169	218	223	154	138	142	106	142	142	134	99	120	159	2894

注：调查类型：最初；自 1995 年 1 月 1 日至 2013 年 12 月 31 日。

资料来源：http：//www. wto. org/english/tratop _ e/adp _ e/adp _ e. htm，访问日期 2014 年 10 月 31 日。

（4）保障措施委员会

保障措施委员会 2013 年年度报告考察期为 2012 年 10 月 23 日至 2013 年 10 月 22 日。报告调查期内，保障措施委员会分别于 2013 年 4 月 23 日和 2013 年 10 月 22 日举行了两次常规会议。

2013 年 4 月 23 日会议上，委员会选举了 Alex Yun-hsing Ni 先生为委员会主席，选举了 William Kendall 先生为副主席。

截至 2013 年 10 月 22 日，共有 105 个 WTO 成员对其国内的保障措施的立法和规章做了通报。此外，还有 26 个成员未尽到通报义务。

表 20 全球发起保障措施调查案件数

发起调查的成员 \ 年份	1995	1996	1997	1998	1999	2000	2001	2002	2003	2004	2005	2006	2007	2008	2009	2010	2011	2012	2013	2014	合计
阿根廷	0	0	1	1	0	1	1	0	0	1	0	1	0	0	0	0	0	0	0	0	6
澳大利亚	0	0	0	1	0	0	0	0	0	0	0	0	1	0	0	0	0	0	2	0	4
巴西	0	1	0	0	0	0	1	0	0	0	0	0	0	1	0	0	0	1	0	0	4
保加利亚 *	0	0	0	0	0	1	1	3	1	0	0	0	0	0	0	0	0	0	0	0	6
加拿大	0	0	0	0	0	0	0	1	0	0	2	0	0	0	0	0	0	0	0	0	3
智利	0	0	0	0	2	3	2	2	0	1	0	1	0	0	1	0	0	1	2	0	15
中国	0	0	0	0	0	0	0	1	0	0	0	0	0	0	0	0	0	0	0	0	1
中国台北	0	0	0	0	0	0	0	0	0	0	0	0	0	0	0	0	0	0	1	0	1
哥伦比亚	0	0	0	0	1	0	0	0	0	2	0	0	0	0	0	0	0	0	4	0	7
哥斯达黎加	0	0	0	0	0	0	0	1	0	0	0	0	0	0	0	0	0	1	0	1	3
克罗地亚	0	0	0	0	0	0	0	0	0	0	0	0	0	0	1	0	0	0	0	0	1
捷克 *	0	0	0	0	1	2	1	5	0	0	0	0	0	0	0	0	0	0	0	0	9
多米尼加	0	0	0	0	0	0	0	0	0	0	0	0	0	0	3	2	0	0	0	0	5
厄瓜多尔	0	0	0	0	2	0	0	1	4	0	0	0	0	0	0	1	0	0	0	0	8
埃及	0	0	0	1	1	1	0	0	0	0	0	0	0	1	0	0	1	4	0	0	9
萨尔瓦多	0	0	0	0	0	3	0	0	0	0	0	0	0	0	0	0	0	0	0	0	3
爱沙尼亚 *	0	0	0	0	0	0	0	0	1	0	0	0	0	0	0	0	0	0	0	0	1
欧盟 *	0	0	0	0	0	0	0	1	1	1	1	0	0	0	0	1	0	0	0	0	5
匈牙利	0	0	0	0	0	0	0	1	2	0	0	0	0	0	0	0	0	0	0	0	3
印度	0	0	1	5	3	2	0	2	1	1	0	0	0	1	10	1	1	1	3	4	36
印度尼西亚	0	0	0	0	0	0	0	0	0	1	1	1	0	2	0	7	4	7	0	2	25
以色列	0	0	0	0	0	0	0	0	0	0	0	0	0	0	1	0	1	0	0	0	2
牙买加	0	0	0	0	0	0	0	0	1	0	0	0	0	0	0	0	0	0	0	0	1
日本	0	0	0	0	0	1	0	0	0	0	0	0	0	0	0	0	0	0	0	0	1
约旦	0	0	0	0	0	1	0	8	0	0	1	1	1	2	0	1	0	1	0	0	16
韩国	1	2	0	0	1	0	0	0	0	0	0	0	0	0	0	0	0	0	0	0	4
吉尔吉斯斯坦	0	0	0	0	0	0	0	0	0	0	0	0	0	0	2	1	0	0	1	0	4
拉脱维亚 *	0	0	0	0	1	0	0	1	0	0	0	0	0	0	0	0	0	0	0	0	2
立陶宛 *	0	0	0	0	0	0	1	0	0	0	0	0	0	0	0	0	0	0	0	0	1
马来西亚	0	0	0	0	0	0	0	0	0	0	0	0	0	0	0	0	1	0	0	0	1
墨西哥	0	0	0	0	0	0	0	1	0	0	0	0	0	0	0	1	0	0	0	0	2
摩尔多瓦	0	0	0	0	0	0	0	0	1	1	0	0	0	0	0	0	0	0	0	0	2
摩洛哥	0	0	0	0	0	2	0	0	0	0	1	0	0	0	1	1	0	1	0	0	6
巴基斯坦	0	0	0	0	0	0	0	0	0	0	1	0	0	0	0	0	0	0	0	0	1
巴拿马	0	0	0	0	0	0	0	0	0	0	0	1	0	0	0	0	0	0	0	0	1
秘鲁	0	0	0	0	0	0	0	0	0	1	0	0	0	0	1	0	0	0	0	0	2
菲律宾	0	0	0	0	0	0	3	0	3	0	0	1	0	1	1	0	0	0	2	0	11
波兰 *	0	0	0	0	0	1	0	4	0	0	0	0	0	0	0	0	0	0	0	0	5
俄罗斯	0	0	0	0	0	0	0	0	0	0	0	0	0	0	0	0	0	3	0	0	3
斯洛伐克 *	0	0	0	0	1	1	0	1	0	0	0	0	0	0	0	0	0	0	0	0	3
斯洛文尼亚 *	0	0	0	1	0	0	0	0	0	0	0	0	0	0	0	0	0	0	0	0	1
南非	0	0	0	0	0	0	0	0	0	0	0	0	1	0	0	0	0	1	1	0	3
泰国	0	0	0	0	0	0	0	0	0	0	0	0	0	0	0	1	0	2	0	1	4
突尼斯	0	0	0	0	0	0	0	0	0	0	0	2	0	0	0	0	0	0	0	0	2

续 表

年份 发起调查的成员	1995	1996	1997	1998	1999	2000	2001	2002	2003	2004	2005	2006	2007	2008	2009	2010	2011	2012	2013	2014	合计
土耳其	0	0	0	0	0	0	0	0	0	5	0	5	3	1	1	0	1	0	1	0	17
乌克兰	0	0	0	0	0	0	0	0	0	0	0	0	2	1	2	3	2	0	1	0	11
美国	1	2	1	1	2	2	1	0	0	0	0	0	0	0	0	0	0	0	0	0	10
委内瑞拉	0	0	0	0	0	4	1	1	0	0	0	0	0	0	0	0	0	0	0	0	6
越南	0	0	0	0	0	0	0	0	0	0	0	0	0	0	1	0	0	1	0	0	2
合计	2	5	3	10	15	25	12	34	15	14	7	13	8	10	25	20	11	24	18	8	279

注：自1995年1月1日至2014年4月30日。

*欧共体2004年5月1日和2007年1月1日东扩。所有新加入的国家加入前作为WTO成员统计数字仍有效。欧盟整体的数字：(a) 1995年1月1日至2004年4月30日以15国为准；(b) 2004年5月1日至2006年12月31日以25国为准；(c) 2007年1月1日至2013年6月30日以27国为准；(d) 2013年7月1日后以28国为准。

资料来源：http：//www. wto. org/english/tratop _ e/safeg _ e/safeg _ e. htm，访问日期2014年10月31日。

表21　　全球发起保障措施调查案件数（按产品类别）

部 门	1995	1996	1997	1998	1999	2000	2001	2002	2003	2004	2005	2006	2007	2008	2009	2010	2011	2012	2013	2014	合计
Ⅰ	0	1	0	3	2	3	0	1	1	1	0	1	1	0	2	1	0	1	1	0	19
Ⅱ	1	1	1	0	2	3	2	1	0	2	1	0	0	0	1	0	0	3	2	1	21
Ⅲ	1	0	0	0	0	1	0	1	0	0	0	0	0	0	0	0	0	1	0	0	4
Ⅳ	0	0	0	0	1	4	3	3	3	0	1	0	0	1	1	0	0	3	3	0	23
Ⅴ	0	0	0	0	0	0	1	0	1	0	0	1	0	1	0	1	1	0	0	0	6
Ⅵ	0	0	1	3	4	5	0	8	2	2	1	1	1	2	6	2	1	3	3	2	47
Ⅶ	0	0	0	2	1	3	0	0	1	0	0	1	1	0	1	0	3	1	1	0	15
Ⅷ	0	0	0	0	0	0	0	0	0	0	0	0	1	0	0	0	0	0	0	0	1
Ⅸ	0	0	0	1	0	0	0	2	0	0	0	0	0	0	1	0	0	0	0	0	4
Ⅹ	0	0	0	0	0	1	0	0	1	0	0	0	0	0	4	1	0	0	1	0	8
Ⅺ	0	0	0	0	0	1	0	0	0	1	0	0	0	2	3	4	2	3	0	1	17
Ⅻ	0	0	1	0	1	1	0	1	0	0	1	2	0	0	0	0	0	0	0	0	7
XIII	0	0	0	0	0	0	1	2	5	3	1	2	1	1	3	2	1	1	1	0	24
XV	0	0	0	0	2	2	4	12	1	0	0	0	1	2	3	7	2	6	6	4	52
XVI	0	0	0	0	1	0	0	3	0	3	0	4	1	1	0	1	0	1	0	0	15
XVII	0	1	0	0	1	1	0	0	0	0	1	1	0	0	0	1	1	0	0	0	7
XVIII	0	0	0	0	0	0	0	0	0	2	0	0	1	0	0	0	0	1	0	0	4
XX	0	2	0	1	0	0	1	0	0	0	1	0	0	0	0	0	0	0	0	0	5
合计	2	5	3	10	15	25	12	34	15	14	7	13	8	10	25	20	11	24	18	8	279

注：自1995年1月1日至2014年4月30日。

资料来源：http：//www. wto. org/english/tratop _ e/safeg _ e/safeg _ e. htm，访问日期2014年10月31日。

表 22 全球实施保障措施案件数

发起调查的成员＼年份	1996	1997	1998	1999	2000	2001	2002	2003	2004	2005	2006	2007	2008	2009	2010	2011	2012	2013	2014	合计
阿根廷	0	1	0	0	0	2	0	0	0	0	0	1	0	0	0	0	0	0	0	4
巴西	0	1	0	0	0	0	1	0	0	0	0	0	0	0	0	0	0	0	0	2
保加利亚 *	0	0	0	0	0	0	2	0	0	0	0	0	0	0	0	0	0	0	0	2
智利	0	0	0	0	2	1	2	0	0	1	1	0	0	0	0	0	1	0	0	8
中国	0	0	0	0	0	0	1	0	0	0	0	0	0	0	0	0	0	0	0	1
哥伦比亚	0	0	0	0	0	0	0	0	0	0	0	0	0	0	0	0	0	0	1	1
克罗地亚 *	0	0	0	0	0	0	0	0	0	0	0	0	0	1	0	0	0	0	0	1
捷克 *	0	0	0	1	0	1	1	2	0	0	0	0	0	0	0	0	0	0	0	5
多米尼加	0	0	0	0	0	0	0	0	0	0	0	0	0	0	2	0	0	0	0	2
厄瓜多尔	0	0	0	0	0	1	0	1	1	0	0	0	0	0	1	0	0	0	0	4
埃及	0	0	0	1	1	1	0	0	0	0	0	0	1	0	0	0	1	0	0	5
欧盟 *	0	0	0	0	0	0	1	0	1	1	0	0	0	0	0	0	0	0	0	3
匈牙利 *	0	0	0	0	0	0	0	3	0	0	0	0	0	0	0	0	0	0	0	3
印度	0	0	4	1	1	0	2	0	0	1	0	0	0	3	0	1	2	0	2	17
印度尼西亚	0	0	0	0	0	0	0	0	0	0	1	0	0	2	0	7	3	2	0	15
约旦	0	0	0	0	0	1	1	2	0	1	0	1	0	0	1	0	0	1	0	8
韩国	0	1	0	0	1	0	0	0	0	0	0	0	0	0	0	0	0	0	0	2
吉尔吉斯斯坦	0	0	0	0	0	0	0	0	0	0	0	0	0	1	0	0	0	1	0	2
拉脱维亚 *	0	0	0	1	0	0	0	1	0	0	0	0	0	0	0	0	0	0	0	2
立陶宛 *	0	0	0	0	0	0	1	0	0	0	0	0	0	0	0	0	0	0	0	1
摩尔多瓦	0	0	0	0	0	0	0	0	1	0	0	0	0	0	0	0	0	0	0	1
摩洛哥	0	0	0	0	0	1	0	0	0	0	1	0	0	0	0	0	0	1	0	3
巴拿马	0	0	0	0	0	0	0	0	0	0	0	1	0	0	0	0	0	0	0	1
菲律宾	0	0	0	0	0	0	1	1	3	0	0	0	0	1	0	1	0	0	0	7
波兰 *	0	0	0	0	0	0	0	4	0	0	0	0	0	0	0	0	0	0	0	4
俄罗斯	0	0	0	0	0	0	0	0	0	0	0	0	0	0	0	0	0	1	1	2
斯洛伐克 *	0	0	0	0	0	1	0	1	0	0	0	0	0	0	0	0	0	0	0	2
南非	0	0	0	0	0	0	0	0	0	0	0	1	0	0	0	0	0	0	1	2
泰国	0	0	0	0	0	0	0	0	0	0	0	0	0	0	0	1	0	1	0	2
土耳其	0	0	0	0	0	0	0	0	0	2	4	1	4	1	0	1	0	0	1	14
乌克兰	0	0	0	0	0	0	0	0	0	0	0	0	1	1	0	0	0	1	0	3
美国	1	0	1	1	2	0	1	0	0	0	0	0	0	0	0	0	0	0	0	6
越南	0	0	0	0	0	0	0	0	0	0	0	0	0	0	0	0	0	1	0	1
合计	1	3	5	5	7	9	14	15	6	6	7	5	6	10	4	11	7	9	6	136

注：自 1995 年 1 月 1 日至 2014 年 4 月 30 日。＊欧共体 2004 年 5 月 1 日和 2007 年 1 月 1 日东扩。所有新加入的国家加入前作为 WTO 成员统计数字仍有效。欧盟整体的数字：(a) 1995 年 1 月 1 日至 2004 年 4 月 30 日以 15 国为准；(b) 2004 年 5 月 1 日至 2006 年 12 月 31 日以 25 国为准；(c) 2007 年 1 月 1 日至 2013 年 6 月 30 日以 27 国为准；(d) 2013 年 7 月 1 日后以 28 国为准。

资料来源：http：//www. wto. org/english/tratop _ e/safeg _ e/safeg _ e. htm，访问日期 2014 年 10 月 31 日。

表 23　　全球实施保障措施案件数（按产品类别）

部　门	1996	1997	1998	1999	2000	2001	2002	2003	2004	2005	2006	2007	2008	2009	2010	2011	2012	2013	2014	合计
Ⅰ	0	1	0	2	0	2	0	1	0	1	1	0	0	1	0	0	1	0	0	9
Ⅱ	0	0	1	0	2	2	1	0	0	2	0	0	0	1	0	0	1	2	0	12
Ⅲ	0	0	0	0	0	0	0	0	0	0	0	0	0	0	0	0	0	1	0	1
Ⅳ	0	0	0	1	0	3	3	2	2	0	0	0	0	1	0	0	0	0	1	13
Ⅴ	0	0	0	0	0	0	0	1	0	0	1	0	0	0	0	0	0	0	0	2
Ⅵ	0	0	3	2	1	1	3	5	0	2	0	1	0	5	0	1	2	0	2	30
Ⅶ	0	0	1	0	0	0	0	0	0	0	0	1	0	0	0	1	1	0	0	3
Ⅷ	0	0	0	0	0	0	0	0	0	0	0	0	1	0	0	0	0	0	0	1
Ⅸ	0	0	0	0	0	0	0	1	0	0	0	0	0	0	0	0	0	0	0	1
Ⅹ	0	0	0	0	0	0	0	0	0	0	0	0	0	0	0	1	0	0	0	1
Ⅺ	0	0	0	0	1	0	0	0	0	0	0	0	2	0	2	3	1	0	0	9
Ⅻ	0	1	0	0	0	0	0	0	0	0	1	1	0	0	0	0	0	0	0	3
ⅩⅢ	0	0	0	0	0	0	1	1	4	0	2	0	0	0	2	1	0	1	0	13
ⅩⅤ	0	0	0	0	2	0	5	3	0	0	0	0	1	2	0	4	1	4	2	26
ⅩⅥ	0	0	0	0	1	0	1	1	0	0	2	1	1	0	0	0	0	0	1	8
ⅩⅦ	0	0	0	0	0	1	0	0	0	0	0	1	0	0	0	0	0	1	0	3
ⅩⅧ	0	0	0	0	0	0	0	0	0	1	0	0	1	0	0	0	0	0	0	2
ⅩⅩ	1	1	0	0	0	0	0	0	0	0	0	0	0	0	0	0	0	0	0	2
合计	1	3	5	5	7	9	14	15	6	6	7	5	6	10	4	11	7	9	6	139

注：自 1995 年 1 月 1 日至 2014 年 4 月 30 日。

资料来源：http：//www.wto.org/english/tratop _ e/safeg _ e/safeg _ e.htm，访问日期 2014 年 10 月 31 日。

3. 服务贸易理事会

服务贸易理事会于 2012 年 12 月 6 日、2013 年 3 月 21 日和 6 月 20 日，举行了 3 次正式会议。重点审议和解决了下列问题：第一，审议成员方根据《服务贸易总协定》第 3 条第 3 款和第 5 款，以及第 5 条第 7 款所通报的服务贸易措施；第二，《服务贸易总协定》通报义务的相符性讨论；第三，有关电子商务的工作计划；第四，服务贸易与规则的发展；第五，专门讨论了国际漫游服务；第六，讨论了第八届部长级会议就最不发达国家服务豁免的实施问题；第七，附属机构的工作。

服务贸易理事会下属委员会和工作组活动如下：

（1）金融服务贸易委员会

年度报告期内，金融服务贸易委员会举行了 3 次正式会议及 2 次非正式会议，分别为 2012 年 12 月 5 日、2013 年 3 月 20 日和 6 月 19 日。委员会讨论了下列议题：对加入 GATS 第 5 议定书的监管、宏观审慎政策和监管——成员经验、金融服务贸易和发展、金融服务监管问题和金融服务分类的技术问题。

（2）特定承诺委员会

自 2012 年度报告以来，国内规制工作组举行了 3 次正式会议，分别为 2012 年 12 月 6 日、2013 年 3 月 20 日和 6 月 20 日。特定承诺委员会重点讨论三方面议题：分类问题、减让表问题及划分等级等审查问题。

（3）国内规制工作组

自 2012 年度报告以来，国内规制工作组举行了 3 次正式会议和数次非正式会议，分别为 2012 年 12 月 5 日、2013 年 3 月 21 日和 6 月 19 日。工作组工作中心仍是国内规制协议文本草稿的修订与讨论。重点是讨论了技术问题，还讨论了有关服务提供模式和部门的监管问题。

（4）GATS 规则工作组

自 2012 年度报告以来，2013 年 3 月 20 日和 6 月 20 日，GATS 规则工作组举行 2 次正式会议和一次非正式会议。工作重点仍然是紧急保障措施、政府采购和补贴三个问题。

4. 知识产权理事会

自2012年度报告以来，知识产权理事会共举行三次正式会议，分别为2013年3月5—6日、6月11—12日和10月10—11日。这三次会议内容可见于IP/C/M/72，IP/C/M/73，IP/C/M/73/Add.1，IP/C/M/74和IP/C/M/74/Add.1。3月的会议由洪都拉斯大使Dacio Castillo先生主持，后续会议由巴拿马大使Alfredo Suescum主持。

这些会议向所有的WTO成员、其他政府和观察员以及具有该理事会观察员地位的某些国际政府间组织开放。理事会继续讨论了通报和成员相关法律框架的审议，《与贸易有关的知识产权协定》与《生物多样性公约》的关系以及对传统知识和历史传说的保护，非违反之诉和情势之诉，技术合作和能力建设问题等。

● 多哈回合谈判进展（2013）

2013 多哈谈判的整体概况

巴厘一揽子协议

2013 年 12 月在巴厘岛举行的第九届部长级会议上，达成了一揽子协议。这一成果旨在便利贸易，允许发展中国家在粮食保护上有更多的选择，促进最不发达国家的贸易，促进普遍发展。从 12 月 4 日直至 12 月 7 日会议结束，经过几乎夜以继日地密集磋商，“巴厘一揽子协议”终于达成。这一成果被认为是世界贸易组织自 1995 年成立以来，所达成的第一个重要的协定。

《贸易便利化协定》是关于去除“繁文缛节”的程序和加速通关的协定。其余的成果主要集中在农业和发展，包括发展中国家的粮食安全、棉花以及大量的给予最不发达国家的特殊和优惠待遇的条款。“巴厘一揽子协议”也包括削减农业补贴的政治承诺，承诺将其约束在较低的水平，承诺减少关税配额内农产品进口的贸易壁垒。

贸易谈判委员会的作用

2011 年 12 月的第八届部长级会议上，部长们承认多哈回合谈判陷入了僵局。然而，部长们都不愿意放弃多哈回合目标，并达成共识督促日内瓦的一线谈判人员探索出与之前不同的方法，为贸易谈判提供新的动力。这包括集中于《多哈宣言》的要素，将工作集中在确认可以提交早期收获成果的领域，而不是达成全面的多哈回合“一揽子承诺”。在这样的背景下，贸易谈判委员会在准备大量基础工作以提出并促成多哈发展回合缩减版议题（已在巴厘第九届部长级会议上通过）方面起到了关键作用。

WTO 成员认可的潜在的可交付的成果，包括贸易便利化、一些农业和发展议题，包括最不发达国家关切的议题。一些成员强调，提交部分多哈发展回合议题不仅对于部长级会议是重要的，同样也有助于维持多边贸易体制和世界贸易组织的可信度，尤其是对其谈判功能的维护。

2013 年，在待交付成果的谈判小组三位主席、贸易便利化主席的四个“朋友”以及 4 月应最不发达国家小组请求任命的最不发达国家议题调解人的领导下，在相关的谈判小组，以不同的模式和组合，开展了密集的磋商。贸易谈判委员会提供评估进展的平台，并据此给出前进的路线。为了提出可能会被认可的巴厘成果，几个方案被 WTO 成员以单独或成组方式在相关利益领域进行了讨论。

7 月被视作判断巴厘岛是否能够取得成果的关键节点。WTO 成员认为 7 月底是“通往巴厘高速路上的最后一个加油站”。7 月的贸易谈判委员会会议是由前任世贸组织总干事帕斯卡尔·拉米主持，他说在交付三个领域的具体成果上，成员已经比两个月前进了一大步。在此次会议上，一些成员开始警告不要在部长级会议时谈判。他们强调所有的谈判应该在日内瓦完成。

9 月，新上任的总干事罗伯托·阿泽维多接任了贸易谈判委员会主席。巴厘可交付成果的谈判更加密集，开启了所谓的“水平程序”——确保所有的谈判议题可以被考虑。所有三个可交付的巴厘成果以一种集中的、精细的、商业的模式讨论。代表们处于一种寻求解决方案的模式，这对于讨论来说无疑是加入了备受鼓舞的声音。包容性是这一过程的宗旨，这包括所有区域的和群体的协调者，还有受不同议题的影响的成员们。

工作强度

主席相信 WTO 成员的目标是在 10 月底之前在日内瓦完成主要的谈判工作。到那个时间，巴厘可交付成果的“着陆区”应该已经很明显了。因为在关键议题上取得进展的目标需要更多的关注，因而工作强度变得更大了。主席们、朋友们、LDC

调解员也都在他们各自的领域内的关键议题上力争取得一致。他们向贸易谈判委员会汇报磋商取得的进展。

作为主席外展性活动的成果，不同地区的部长们一致地积极回应，认为推进巴厘达成成果的建设性工作，是保障和维护世界贸易组织信誉和推动多哈发展回合的必要的第一步。

部长级会议开始前的最后几周，WTO成员对于巴厘可交付成果的投入度更是空前高涨。成员们积极从事于解决文本问题，在那些未达成一致的领域，工作已经提交到更高的层面以便可以更快地达成一致。在那些已经到达确认“着陆区”的领域，他们集中将其转化为文本。

所有的WTO成员都在逐行地审核三个巴厘可交付成果的文本（贸易便利化、农业和发展），这些都有赖于谈判小组，由主席、其他相关主席、贸易便利化主席的朋友和LDC调解员等领导的密集磋商程序。在贸易便利化、农业和发展三个领域都取得了重大的进展。

命悬一线

9月份的贸易谈判委员会会议，主席告诫WTO成员，他强调由于某些已存的“冰山”，部长级会议失败的风险仍然存在。然而，他评估仍然可能取得成功。因而他督促WTO成员继续谈判，因为我们距离成功很近而不能接受失败。谈判强度进一步加大了，已经有首府的官员介入以试图在少数困难的领域达成一致。

11月底的总理事会大会，主席向WTO成员提交了一揽子成果，代表在那时谈判现状的10个文本。其中有4个文本关于农业的，1个贸易便利化协议草案，5个关于发展和最不发达国家（包括棉花）。

这些文本是以一揽子的方式提交的，主席表明WTO成员已经做出了妥协，表现出了灵活性，他们所做出的贡献将会在其他领域的谈判得到回报。因为在当时，所有的领域中的工作都没有完全完成，所以10个文本都不能算完全达成一致。这些文件可以说明成员所在的立场。他将这些文本用于在巴厘岛部长级会议简化一些程序，而不是作为要接受的达成文本。

主席点出成员已经非常接近于全面达成文本，其中几个文本已经非常稳定了。他指出这所以在日内瓦没能最终到达终点，主要是因为缺乏政府意愿和政治投入，因而需要强硬的政治号召。

部长级会议上，部长们表达了他们共同的愿望，希望可以在三个领域都取得成果。他们请求总干事在巴厘岛启动磋商程序，以集中解决阻碍一揽子协议通过的障碍。总干事展开了密集的磋商，最终在突出议题的协定方面达成一致。这些最终带来了部长级会议上通过“巴厘一揽子协议”。

部长们指出此次一揽子协议是多哈回合完成的重要基石。他们指示贸易谈判委员会于2014年年底前就多哈发展议程后续议题制订出明确的工作议程，后续议程要建立在巴厘决议和对于多哈回合成功结束至关重要的其他议题。他们指出“巴厘一揽子协议”中还不具备法律约束力的议题应该被放在紧要的位置。他们一致同意，那些在大会中没有完全解决的一揽子中的议题，应该在相关的委员会和谈判小组中重新谈判。

另外，他们还一致同意工作议程应该以与第八届部长级会议上做出的指导原则相符的方式提出，包括需要寻找允许成员解决最关键和最根本的绊脚石的方法。

农业谈判情况

• 2013年，农业谈判者集中努力解决为巴厘岛部长级会议所准备的议题。他们遵循2011决议将谈判集中在最有可能取得成果的领域。最终在12月的巴厘达成的内容主要来自于成员集团。在会议上，部长们签发了4个决议和1个农业宣言。这些领域有：用于农村发展和贫困消除的补贴，粮食安全原公共储备，如何避免将配额演变为贸易壁垒，更广泛意义上的补贴，以及棉花。

今年的谈判主要是讨论技术性问题以及分享有关公共储备议案的信息。过去数月数周谈判在主席John Adank主持下，凭借不断缩小各代表团的谈判立场分歧以提出具体的议案。

临近年底，总干事阿泽维多主持了一系列密集的磋商以解决每个农业议案的突出问题，同时也主持了其他可以纳入“巴厘一揽子协议”的对话。从而使几个难度较大的、敏感性的问题得以解决。11月25日，在巴厘部长级会议召开前一周，农业议案文本草案已经广为散发。到巴厘岛时，讨论则集中在食品安全的公共储备。密集的磋商最终产生了涵盖所有讨论的农业议题的协定。

食品安全和补贴限制

2012 年后半年，由食品进口的发展中国家组成的 G33 集团寻求对农民补贴的灵活性，提议发展中国家政府应该以支持性价格从贫苦的农民手里购买食品，并用于食品安全，这不受补贴的限制。

WTO 成员一致认为食品安全是非常重要的，尤其对于贫穷国家而言。那些对于这一议案有所保留的成员，主要是担心如果对于这一类公共储备没有任何限制，一旦等这些储备放出时将会压低食品价格，进而影响农民收入和其他国家的食品安全。此类谈判多集中在这类问题应该适用怎样的规则。

2013 年的谈判开始于农业委员会召开的一系列“特别会议”，这些会议主要在于对主席所散发的调查问卷的回复。这些会议的目标在于，让 WTO 成员了解这些发展中国家成员在维持《农业协议》所规定的农业补贴限制（严格来说，是“贸易扭曲的国内支持”上限）时，实施其公共储备和粮食安全项目时所面临的挑战。同时也使 WTO 成员有机会了解这些项目是如何实施的。

自春天起，主席已转向如何挖掘和促进成员就议案达成一致。在分两步实现目标方面达成妥协：成员将专注于达成可能的暂定机制，直至将来达成永久的解决方案。

因此，在巴厘岛，部长们一致同意暂时保留该议案。假使其他条件也满足，成员们承诺不会打破发展中国家粮食安全的公共储备的国内支持承诺。任何使用该决议的发展中国家都必须提供相关的信息，并且避免其公共储备会扭曲贸易或对其他国家的公共储备带来负面影响。在永久解决方案达成之前，这一暂时的解决方案将会一直有效。一个工作组致力于未来四年达成永久解决方案。

发展和减贫

G33 提议明晰规则以确保政府补贴可以用于土地复垦、土壤养护、防洪抗旱、农村就业、农村生计保障和其他与发展和减贫相关的用途。这一提案最初是由非洲集团提出的，其成员有些属于 G33，该提案将这些项目放入“普遍服务”清单，作为可能会很少或不会带来贸易扭曲的支持政策的示例（“绿箱”国内支持），可无限使用。这一提案是无争议的。

出口补贴和相关政策

第三个问题是关于出口补贴和有同等效果的相关措施——国际食品援助、出口信贷、出口信贷担保和保险项目，以及农业国营企业。这些都归入“出口竞争”问题。

2013 年前半年，WTO 秘书处散发该问题的背景文件，主要是 WTO 成员的通报和由一份调查问卷收集的信息。秘书处还散发了有关出口禁止和限制的文件。

随后，G20，一个发展中国家的农业联盟，散发了供巴厘部长级会议通过的提案。该提案寻求开始削减出口补贴作为朝向先前达成的最终削除目标的第一步。该提案还提议限制出口融资项目的最高支付条件。然而，此类型提案没有达成一致，因为一些成员称他们仅仅可以在出口补贴（和相关政策）上做出法律约束的承诺，以作为完整的多哈回合一揽子协议的一部分。在巴厘岛达成的妥协是一项强有力的政治声明，政府将确保所有形式的出口补贴保持在较低的水平，并且承诺将加强透明度并改善其监管。

关税配额管理

WTO 成员继续考察“关税配额管理”的议案，这是 G20 于 2012 年 10 月散发的，也是另一份有可能在巴厘岛达成的议案。实施关税配额时，配额内的产品征收的进口关税要低于配额外产品的进口关税。

一些国家担心政府分配配额的方式将演变为传统的贸易壁垒。例子即是部分配额，甚至有时全部配额都未使用。另一方面，进口国宣称这一现象主要是由于市场上的供需条件引起的。（举例来说，产品供应国歉收或者进口国生产者的低价。）

G20 提案列明了当关税配额频繁未使用时应该采取的管理方式。巴厘部长决议在农业委员会设置了监管程序，即磋商与快速提供未使用补贴的信息。巴厘决议称如果一配额频繁未使用——信息分享和磋商无效——进口国政府将必须适用旨在移除障碍的配额管理预定系列方法中的一种。

棉花

在巴厘岛，部长一致同意 WTO 成员开展一年举行两次专门研讨，从出口竞争、国内支持和棉花贸易关税及非关税措施的角度关注贸易发展。这些预定的有关棉花的研讨应该在农业谈判的背景下开展，要以增加透明度和强化监管为目标。

决议来自于几个主要代表团大量的前期工作，主要由农业谈判主席主持，他曾经是棉花分委员会主席。提案是由贝宁、布基纳法索、乍得和马里（棉花四国）联合提出的。

非农产品市场准入的谈判情况

·非农产品市场准入谈判在 2013 年被搁置，为 12 月在巴厘岛召开的部长级会议的成果让路。普遍认为任何对非农产品市场准入谈判部门的深化将损害在巴厘岛就贸易便利化问题达成一致的可能性。谈判小组主席 Renigi Winzap 宣称，伴随着巴厘岛的胜利，非农产品市场准入“将再一次来到前台”。

Winzap 大使在 2012 年 11 月被任命为谈判小组主席，他任职前几个月用于与 WTO 成员沟通，看是否有可能重启陷入僵局的非农产品市场准入谈判。然而，他得出结论现在启动仍然太早。“我从磋商中得出的主要信息是：‘不要给巴厘会议捣乱。’”他在 2014 年 4 月散发的报告中宣称。就关税领域的谈判，他观察到：“有几个成员的观点仍然停留在导致失败的 2011 年。就这些主要的成员来说，目前没有什么实质性的变化。因此，贸易谈判委员会主席的报告，2011 年发布的有关僵局的那份报告，到今天仍然有效。”

就非关税壁垒，Winzap 先生指出状况有细微的改善。虽然就非关税壁垒相关的技术问题仍有谈判的意愿，但同时还有一种观点非常清晰，即在解决非关税壁垒前必须在“关税领域有明确的投入”。

Winzap 先生在报告中是这样总结的：他将“关注巴厘的进展”，如果“将非农产品市场准入议题纳入后巴厘议程的时机到来时”，他将重新回到谈判中来。

服务谈判的情况

·2013 年，降低服务贸易壁垒的谈判几乎没有取得进展，服务贸易理事会也没有召开过特别会议。国内规制工作组就许可证、资格要求和程序以及技术标准在国家层面的适用进行了信息交流。就政府采购问题，《服务贸易总协定》规则工作组进一步探索《政府采购协定》与《服务贸易总协定》之间的关系和互补性。

国内规制

国内规则谈判小组的工作是提出相关的规则，以确保许可证、资格要求和程序以及技术标准不会对服务贸易带来不必要的壁垒。2013 年，基于 WTO 成员提供的信息，就许可证、资格要求和程序以及技术标准在国家层面的适用，工作组完成了 90 多个问题的检查。讨论主要包括与透明度相关的问题，许可证和资格体制的简化，互认安排，单边服务承诺，国际标准和监管影响评估的使用和作用。

在技术讨论环节，应成员的要求，WTO 秘书处准备了两个新的背景说明。一个是 WTO 协定协议中的“普遍适用的措施”的解释，主要是在争端解决案件中的解释。另一个是讨论服务的技术标准，提供服务标准程序在国家层面和国际层面的解释。总体而言，技术讨论有助于提高对监管实践的理解，也有助于确认需要在国内规制的规则进一步发展所应关注的领域和问题。

在秘书处背景说明的帮助下，代表团们就“服务部门和提供模式的监管问题”展开了一系列的讨论。这些讨论的目标在于帮助 WTO 成员更好地理解服务部门的监管环境，并确认与服务贸易有可能存在特殊联系的相关问题。

《服务贸易总协定》规则

《服务贸易总协定》规则工作组任务是对 GATS 第 10 条（紧急保障措施）、第 13 条（政府采购）和第 15 条（补贴）进行谈判。然而，在前些年，WTO 成员对于每个议题都有不同的观点，目前以文本为基础的谈判还不能实现。

就紧急保障措施而言，经过谨慎的回顾期，代表团们一致同意基于成员驱动的原则，于 2014 年开始讨论区域和双边贸易协定中的保障措施。

就政府采购而言，基于 WTO 秘书处的介绍，讨论重新取得了一些成果，解决了一些问题，如就服务贸易领域修正《政府采购协定》的重要性，《服务贸易总协定》和《政府采购协定》以及目前区域贸易协定中的服务采购之间的经济和法律联系。

就服务补贴而言，代表们的投入热情非常有限。为更好地理解服务贸易补贴的作用和可能带来的贸易扭曲效果，需要更多的实证和概念性工作。

与贸易有关的知识产权问题的谈判情况

·有关葡萄酒和烈酒的地理标志注册和通报的谈判仍然处于僵局。与贸易有关的知识产权理事会就程序问题仅召开了一次特别会议，而且没有解决任何实质问题。与贸易有关的自我剖析理事会常规会议，对发达国家成员向最不发达国家成员技术转移的激励措施进行第十一次年度审议。WTO 部长级会议确认了与贸易有关的知识产权理事会提出的延长《与贸易有关的知识产权协定》非违反之诉和情势之诉的暂停期。

地理标志注册的谈判

地理标准注册的法律效果，以是否要对所有 WTO 成员适用或仅仅对签字方适用，这两个问题至今仍有分歧。分歧仍然在产品的覆盖范围，以及如谈判的任务所显示的，注册应该限于葡萄酒和烈酒或者是否应适用于其他产品，如食品和农产品。

葡萄酒和烈酒地理标志注册旨在便利地理标志的保护。这些地名（或有时与地方相关的其他条款或体征）用于识别产品的位置，以确认或区分其特定品质、声誉或其他特性。苏格兰粗呢、香槟酒和龙舌兰酒是众所周知的例子。自 1996 年以来，《与贸易有关的知识产权协定》即进行地理标志注册谈判。

2011 年“复合文本草案”的散发，反映了 WTO 成员的立场，而主席力求找到一种方法解决问题的尝试是不成功的。另一个难题是，地理标志的外延和《与贸易有关的知识产权协定》与《生物多样性公约》的关系问题。

考虑到这些根本的和程序的复杂性，WTO 成员没有将地理标志问题放在即将到来的巴厘部长级会的优先考虑的位置。

突出的实施问题的磋商

WTO 成员在将地理标志注册保护外延至其他产品是否可以促进此类产品的贸易，以及是否产生不必要的法律和商业负担方面还存在分歧。实施加强或过度保护其他产品的外延问题，现在加强保护一般用在葡萄酒和烈酒上，这就是第一个“实施问题”。2005 年香港部长宣言号召总干事就与贸易相关的知识产权的“突出的实施问题”进行磋商，其中首要的就是外延的可能性。

另外一个问题是，《与贸易有关的知识产权协定》和生物多样性公约的关系：《与贸易有关的知识产权协定》是否应采取措施促进生物多样性目标实现，同时享受遗产资源被用于研究和产业所带来的好处。现在已有成员提案要求修订《与贸易有关的知识产权协定》，要求专利权人披露提供遗传资源和相关传统知识的来源和国家。总干事拉米提交了 2009 年 3 月至 2011 年 4 月期间的书面报告。此后没有进一步的磋商。这一问题在 2013 年与贸易有关的知识产权总理事会上由几个成员提出，但并没有取得任何进展。

技术转移的激励措施

2013 年 10 月与贸易有关的知识产权理事会常规会议上，对发达国家成员向最不发达国家成员技术转移的激励措施进行第十一次年度审议。《与贸易有关的知识产权协定》要求向最不发达国家转让技术的激励措施。2003 年理事会决定建立这样一个审查机制，要求发达国家提供关于激励措施实施的详细信息。

WTO 秘书处组织了第六次年度专题讨论会，发达国家成员和最不发达国家成员之间讨论这些激烈措施实施的程度。基于最不发达国家的提议，代表团继续探索有助于分析和理解所报告措施的可行的协调报告模式。这些讨论也包括秘书处努力改善大量有用可得信息的准入，以及为更好地满足最不发达国家成员的需求改善信息工具。

知识产权保护争端

2013 年，知识产权理事会继续考虑知识产权相关的“非违反之诉”是否要纳入 WTO 的争端解决机制。成员在是否接受这类投诉、是否把这类投诉作为争端的法律基础方面还存在争执。

一般而言，凡提交到 WTO 争端解决机制的争端不仅是违反了协议，还包括并未违反协议但根据协议的可预期利益被破坏。然而，就知识产权保护方面的争端来说，就启动此类“非违反之诉和情势之诉”《与贸易有关的知识产权协定》规定了知识产权加强保护的五年过渡期。这个过渡期条款规定还被一系列的部长级会议扩充。

在 10 月的理事会会议上，主席说 WTO 成员已经打算在 2014 年早期通过一系列的密集工作来审查这类范畴和模式，也希望可以就目前“非违反之诉”的过渡期以部长级会议年年增长的方式中探寻到最终的解决方案。

此次，WTO 第九届部长级会议提示理事会继续审查此类争端的范畴和模式，并为2015年召开的下一届部长级会议提出建议。同时，就成员不得在《与贸易有关的知识产权协定》下启动此类投诉达成一致。

贸易与发展的谈判情况

·为响应WTO第八届部长级会议的号召，贸易与发展委员会的工作集中在提出发展中国家特殊和差别待遇的监管体制要素方面，以及盘点在2003年墨西哥坎昆部长级会议所达成一致原则的28个特别提案。

监管体制问题为分析和审查WTO多边协定、部长宣言和总理事会决议所涵盖的特殊与差别待遇实施的各个方面提供了很好的机会。

关于构建监管体制的提案最初是在2002年贸易与发展委员会特别会议上，由非洲集团提交的。当年，总理事会同意设立该机制，并指示委员会特别会议确定该机制的功能、结构和参照条件。

2011年部长级会议上，部长们重申了给予发展中国家特殊和差别待遇是世界贸易组织协定不可分割的部分。部长们也重新申明，为满足多哈议程的需要所做出的审议这些条款的宣言，其目的在于强化这些条款，并使这些条款更加精确、有效和可实施。部长们一致同意加速构建特殊与差别待遇的监管机制，也一致同意盘点坎昆部长草案附件C的28个特定提案，最终目标是正式适用这些提案。

监管体制的部长宣言

巴厘部长级会议对监管体制的批准，表明多边贸易体制对于发展中国家成员所关注的特殊与差别待遇条款的实施与使用问题，做出正面回应的重要一步。享受特殊与差别待遇的成员以多种方式从监管体制中受益。这将至少从三个方面增加了多边贸易体制的价值。

第一，监管体制将定期审议WTO所管辖的多边协定协议中所有现存和未来的特殊与差别待遇条款，增加与特殊和差别待遇相关关注的可预见性。第二，当问题出现且偏离了讨论的轨道，该机制具有修正功能。第三，这些修正建议将会在相关的WTO技术机构中讨论。这将为发展中国家成员提供机会，以解决在使用特殊与差别待遇时所面临的挑战，以及确保特殊与差别待遇问题在成员的政治监管中。

最不发达国家成员的部长宣言

巴厘会议时部长们通过了几个惠及最不发达国家成员的宣言，以进一步协助最不发达国家成员融入多边贸易体制。宣言包括旨在促进最不发达国家商品准入的优惠原产地规则，最不发达国家的免关税免配额市场准入宣言，号召WTO成员提高他们免关税免配额的范围，还有最不发达国家的服务和服务提供者优惠待遇豁免的实施宣言。

此外，还有关于棉花的宣言。该宣言旨在增加透明度和强化与贸易和发展相关援助的监管。这是基于“棉花四国”——贝宁、布基纳法索、乍得和马里——所提出的议案。

特别协定提案

2013年委员会举行了许多正式和非正式的会议，讨论有关给予发展中国家成员的特殊与差别待遇的议案，这些议案在坎昆会议时就已经取得进展。然而成员取得一致仍是非常困难的，WTO成员倾向于将其拖到2014年。

这一议案主要在于识别WTO协定中现存的特殊与差别待遇条款，并给予新的语义或释义，以使得条款更加准确、有效和可操作。因此称之为“特别协定提案”（Agreement-specific proposals）。认识到发展中国家成员和最不发达国家成员不具备像发达国家成员一样兑现承诺承担义务的能力，特殊与差别待遇条款向发展中国家成员或最不发达国家成员提供优惠待遇、灵活性和相关援助。

非洲集团和其他最不发达国家成员曾经希望将28个特别提案纳入巴厘一揽子协议，但是其他成员声明他们无法接受全部28个提案。工作仍要继续。

贸易和技术转移的谈判情况

·2013年，贸易和技术转移工作组召开了3次正式会议，继续分析贸易与技术转移的关系，探讨增加向发展中国家转移技术。这些工作主要基于以下几点：2012年联合国贸易与发展大会（UNCTAD）就技术转移发表的演讲，巴基斯坦在金融服务和数据管理方面的经验，WTO秘书处基于“环境技术扩散”工作组的工作所提出的主要因素的演讲。

贸易和技术转移的关系

工作组讨论了政府从非股权模式（NEM）的

技术转移中如何最大化发展收益，以及如何通过连贯的贸易、投资和技术政策将非股权模式政策植入总体的发展战略。技术转移的非股权模式的表现通常是合同关系，许可安排，专营权或者当地企业和跨国公司的合约制造。

联合国贸易与发展大会的演讲指出非股权模式是直接投资（跨国公司控制资产）和贸易（国际贸易伙伴不控制资产）的中间环节。非股权模式常见于医药、汽车配件、信息服务和电子部门。

巴基斯坦的经验在于使用技术改善金融服务、数据管理和信息技术部门，强调这些对于人民生活水平的积极影响。信息技术可以通过网络和移动手机提供移动金融服务来促进金融部门的增长。这些发展使人民直接受益，比如使金融服务扩展至农村或者帮助妇女成为创业者。

就贸易和技术转移的关系，WTO 成员听取了 WTO 贸易和环境部就“环境技术扩散，与环境技术扩散有关的挑战和机遇”所做的演讲。讨论集中在影响环境技术扩散的壁垒和这一扩散对于可持续发展的贡献度。

三个具体的环境技术被讨论：碳捕获和储存技术、低排放技术、废物管理和水处理技术。碳捕获包括捕集二氧化碳、温室气体、燃烧矿物燃料及其他化学的或生物过程中产生的气体，同时封存起来以确保这些气体不会重回大气中。发展中国家对于国际标准设置、贸易和投资的参与是促进创新并支持发展中国家市场发展的关键因素。

未来的工作

WTO 成员继续讨论了印度、巴基斯坦和菲律宾的提案，题目是“获得合适技术来源的信息——提高向发展中国家技术转移力度的步骤”。支持者希望在近期提交一份修正版。成员也一致同意在 2014 年设立贸易与技术转移研讨会。

巴厘宣言

12 月份的巴厘部长级会议，部长们决定为完成多哈部长宣言的任务，贸易和技术转移工作组仍需要做更多的工作，尤其是强化对贸易与技术转移相关的复杂问题的理解。

贸易和环境的谈判情况

·2013 年前半年，贸易和环境委员会召开特别会议，找到改善其工作的方法，推动谈判，尤其是消除环境货物和服务贸易的壁垒。

2013 年前半年，代表团之间的讨论专注于环境产品，这也是谈判的任务。WTO 规则和《多边环境协定》(MEAs）的关系，WTO 和多边环境机构秘书处之间的协同合作，是谈判的另外两个部分，这两个部分都已经取得了相当的进展。2013 年后半年没有举行相关会议。

这些年的讨论多围绕环境产品的区分及其关税待遇。许多 WTO 成员对于所考虑的环境产品已经提出了 409 个不同的关税号。这些产品都属于环境产品的分类，如环境技术、空气污染控制、废物管理和水处理、可再生能源以及碳捕获和储存技术。

对于环境产品的区分工作仍有大量的技术难题。这包括对 HS 描述的确认，对提交的环境产品的子分类。由贸易和环境委员会主席组织的磋商和会议，集中于寻找实施技术工作的方式以及推进讨论。

贸易便利化的谈判情况

·经过数年谈判，2013 年 12 月召开的 WTO 第九届部长级大会通过了一项新的《贸易便利化协议》。该协议将简化通关程序，并为全球经济带来巨大的福利，预计将高达 1 万亿美元。该协议的关键部分包括向发展中国家和最不发达国家提供援助。

发展中国家和发达国家长期以来都指出了货物跨境流动中存在的大量的“繁文缛节”的问题。文件的要求通常缺乏透明度，且多处要求重复提交，以及由于贸易商和官方机构缺少合作而来的复合性问题。尽管信息技术取得了进步，但自动数据提交仍不常见。

《贸易便利化协议》将通过削减成本和改善运行速度、效率来简化通关程序。这将是一个具有法律约束力的协议，也是自 1995 年 WTO 成立以来最重要的改革协议之一。

该协议的目标：加速通关程序，使贸易更加简单、快捷和便宜，提供确定性、有效性和透明度，减少官僚和腐败，使用先进技术。该协议还包括有关货物过境的条款，尤其是涉及有关闭关锁国国家的利益，它们寻求贸易可通过邻国的港口。该协定还包括向发展中国家和最不发达国家提供援助，以帮助它们更新其基础设备，训练其海关官员，或者任何其他关于实施该协定的相关成本。

《贸易便利化协定》增加的贸易流量给世界经济带来的利益估计在 4 000 亿美元到 10 000 亿美元之间。该协定估计将减少约 10%～15%的贸易成本。虽然实质内容不会变化，但巴厘岛所通过的文本并不是最终的版本。这一文本将被审查和更改以确保获得法律批准，旨在于 2014 年 7 月 31 日前通过。

该协定共有两个部分，第一部分加快货物包括过境货物的流动、放行和清关。这部分旨在澄清和改善 GATT 1994 的相关条款：第 5 条过境自由、第 8 条进出口规费和手续、第 10 条贸易法规的公布和实施。第二部分包括向发展中国家和最不发达国家提供特殊与差别待遇的条款，旨在帮助这些国家尽快实施该协定。

贸易便利化谈判小组由来自危地马拉的主席 Eduardo Sperisen-Yurt 与四位"主席之友"(Frederick Agah 大使、Mario Matus 代表、常驻代表 Michael Stone 和 Remigi Winzap 大使）主持，在 2013 年进行了密集的谈判工作。

WTO 规则的谈判情况

·在缺乏有效谈判的情况下，规则谈判组继续其技术活动，最显著的是技术谈判小组在 WTO 成员反倾销实践领域交换信息。

2012 年 10 月公开的非正式磋商代表团之间交换不同意见后，来自牙买加的 Wayne McCook 大使总结成员之间缺乏重启谈判的欲望，除非多哈回合的方向和范围得到确认。这一状况在 2013 年并没有改变。然而，Wayne McCook 主席指出成员有兴趣促进某些技术工作。

其中一个领域就是在反倾销实践方面，技术工作小组举行了相关的研讨，代表团交换各自的信息。

技术小组于 2013 年 4 月和 10 月召开了两次会议，就国内产业定义、数据收集、调查时限、关税征收、税率估算方法，以及期中和新出口商复审等进行信息交流。

这一工作是在 2013 年后半年进行的。Wayne McCook 主席协助这一工作，并且确保对所有代表团都是透明的。盘点会议是在 7 月、10 月和 11 月召开的，旨在向参加者汇报在这些问题—所进行的建设性的工作。

虽然 2013 年底并没有取得具体的成果，但是在几个领域都取得了稳定的进展，在一些突出的领域还出现了令人鼓舞的迹象，而且在这些领域还有解决问题的意愿。

一些突出的问题

就发回重审问题，或者上诉机构阶段出现事实性问题而将争端返回给专家组的问题，就发回机制的一些关键特征上已经趋于一致。同样在后报复问题上，就表明后报复形势的步骤一系列的概念性的标准，已经达成一致。

在第三方权利问题的磋商中也已经达成一致，但是第三方在专家组和上诉机构阶段的参与问题还需要更多的谈判工作。透明度和法庭之友陈述也需要大量的谈判工作。

时间性规定议案，关键目标基本达成，如使程序更为流畅，确保所有 WTO 成员都有充足的时间，包括受到资源限制的发展中国家成员。

合规有效性议题，主要的问题在于如何改善争端解决谅解，以使所有的 WTO 成员都可以将此机制作为有效的救济方式。就发展中国家利益而言，一些发展中国家成员明确了与其利益相关的议题，如第三方权利、时间框架和合规的有效性，参与和加入争端解决。在这些领域取得有意义的进展，将有助于解决发展中国家的整体关注。

有关灵活性和成员控制的工作也将继续，这些领域的部分方面取得了一致。

《政府采购协议》的谈判情况

·2013 年 12 月 31 日，WTO《政府采购协议》成员的部长们在 WTO 第九届部长级会议期间也举行了会议，对于实施修订的《政府采购协议》方面的进展表示满意。在其中 10 个成员完成国内批准程序后，该协议将于 2014 年 4 月 6 日正式实施。

2012 年 3 月 30 日，WTO《政府采购协议》各方正式适用修订后的案文，包括 15 位成员（欧盟和其 28 个成员视为整体)。2014 年 3 月，其中 10 个成员已经完成国内批准程序。这些成员是（以其批准时间为序)：列支敦士登、挪威、加拿大、中国台北、美国、中国香港、欧盟（及其成员)、冰岛、新加坡和以色列。只要通过国内批准程序的成员占其成员总数的 2/3，该协议的修订版即可实施。

修订后的《政府采购协议》，除了增加了新的和改善的内容，扩展了成员的市场准入承诺。同时，对发展中国家的加入提供了灵活性，增加了过渡期，以便于其加入更加具有竞争性的政府采购体制。新的文本纳入了政府采购实践的发展，如电子设备的广泛使用，同时强化了《政府采购协议》对于改善良好管理和抗争腐败的作用。修订后的《政府采购协议》扩大了国际政府采购市场准入机会，大约每年为 800 亿～1000 亿美元。其他的市场准入承诺包括：扩大了覆盖范围，增加了约 500 个采购实体，包括地方政府及其附属机构，还覆盖了服务领域的政府采购。

修订的《政府采购协议》的即将实施，引发了政府采购委员会在几个领域的新的工作计划。这些代表了谈判的一个成果，将解决一些重要的问题，如便利中小企业对于政府采购的参与，促进可持续采购实践，改善该协议统计数据的收集和报告。

● 向争端解决机构请求磋商的案件（2013）

一、印度尼西亚——园艺产品、动物及动物产品进口：美国请求磋商

此文件自2013年1月10日起在美国代表团和印度尼西亚代表团及争端解决机构主席间进行沟通，现根据DSU第4.4条规定予以散发。

受我方政府授权，根据《关于争端解决规则与程序的谅解》（DSU）第1条和第4条、《1994年关税与贸易总协定》（GATT 1994）第22条、《农业协议》第19条以及《进口许可程序协议》第6条，针对自印度尼西亚进口的园艺产品①、动物及动物产品②，就以下措施请求与印度尼西亚进行磋商：

对于进口至印度尼西亚的园艺产品、动物及动物产品，印度尼西亚采用非自动化进口许可和配额，因此限制货物进口。

对于园艺产品，印度尼西亚采取非自动化进口许可机制。在进口园艺产品之前，必须要完成相应程序步骤。第一，进口商必须持有农业部颁发的“园艺产品进口推荐证书”（RIPH）。农业部在颁发该推荐证书时，会综合考虑国内相似产品的产量、该产品的国内消费量以及进口该产品可能对国内市场造成的潜在影响。第二，进口商必须向贸易部申请取得“园艺产品生产者进口商”指派称号或是“注册园艺产品进口商”。第三，对于每种进口产品，进口商必须向贸易部提交RIPH证书和指派书以申请进口许可。

对动物及动物产品，印度尼西亚也采取非自动化进口许可机制。在进口园艺产品之前，必须要完成相应程序步骤。第一，进口商必须持有农业部颁发的“进口推荐证书”（RPP），才可进口动物及动物产品。印度尼西亚政府每两年设定一次标准。农业部分配配额，并具体指定各进口商所得到的各种动物或动物产品进口量。在取得RPP之后，进口商必须向贸易部申请进口许可。唯有国内产量和此种产品的共计不能满足“合理定价下公众消费需求”时，贸易部才可允许此种产品的进口③。

这些许可机制对进口有严重贸易限制影响，其措施也是与WTO规则不符的。多步许可程序给这类措施的行政管理造成沉重负担。颁发“园艺产品进口推荐证书”和“进口推荐证书”是许可过程中的重要一步，而印度尼西亚政府看来却以不透明原因拖延或拒绝颁发推荐书。印度尼西亚许可措施未告知买卖商颁发许可的条件。由于采取的措施不一致且不可测，此颁发机制看来未得以进行统一、公正和合理的管理。

印度尼西亚针对措施实施管理所采用的法律法规条例如下，但不限于以下法律法规：

·印度尼西亚2010年关于园艺业第13条法令（第13号法令）；

·印度尼西亚农业部60/Permentan/OT.140/9/2012号法规；

·有关园艺品进口规定的贸易部30/M-DAG/PER/5/2012号法规；

---

① 包括水果、蔬菜、蔬菜原料和花卉相关产品，其中包括新鲜或是加工制作后的可作为蔬菜、蔬菜原料和美学原料的真菌类、藓类及水生植物，贸易部第60号规定，第1（1）条、第1（2）条。

② 包括所有供消费、药用、农业或企业满足人类需求和健康的新鲜或是加工处理后的动物及动物产品。贸易部第24号规定，第1（5）条。目前处于争端审议中的措施还包括动物畜体、肉和可使用内脏，以及加工处理过的产品。农业部第50号规定，第2（1）条。

③ 贸易部第24号规定，第3（2）条。

·印度尼西亚贸易部 60/M-DAG/PER/9/2012 号法规：关于第 2 次修改有关园艺品进口规定的贸易部 30/M-DAG/PER/5/2012 号法规；

·关于畜牧业和动物健康的印度尼西亚 18/2009 号法规；

·农业部第 50/Permentan/OT. 140/9/2011 号法规——有关进口动物畜体、肉与内脏及加工产品的批准建议；

·有关进出口动物及动物产品条规的贸易部第 24/M-DAG/PER/9/2011 号法规；

此外，还有修订、相关以及执行措施。

基于下列协议规定，印度尼西亚的实际措施与其义务不符：

（1）1994 关税及贸易总协定第 X:3（a）条和第 XI:1 条；

（2）《农业协议》第 4.2 条；

（3）《进口许可协议》第 1.2 条，第 3.2 条和第 3.3 条。

美国期待对此请求的回复并确定均可接受的磋商日期。

二、印度——有关太阳能电池和太阳能模块的相关措施：美国请求磋商

附　录

此文件自 2014 年 2 月 10 日起在美国代表团和印度代表团及争端解决机构主席间进行沟通，现根据 DSU 第 4.4 条规定予以散发。

受我方授权，根据 DSU 第 1 条和第 4 条、GATT 1994 第 22 条、《与贸易有关的投资措施协议》（TRIM 协议）第 8 条，在国家太阳能任务（NSM）二期项目下有关太阳能电池和太阳能模块国内要求中，就以下相关措施请求与印度进行磋商。①

具体来看，印度要求太阳能开发商及合约中其后续继承者购买使用本国来源的太阳能电池和太阳能电板，以其达成并维持 NSM 项目下购电协议，或与印度国家热电公司全资能源交易子公司 Vidyut Vyapar Nigam（NVVN）和印度太阳能公司签署购电协议。除此之外，太阳能开发商及合约中其后续继承者可享受一些救济金或其他优势，例如若购置使用本国来源的太阳能电池和太阳能电板，可以享受电力长期关税。

在 NSM 项目二期印度设立和维持国内要求所运用的法律工具包括但不限于以下法规：

1. 印度新能源和可再生能源部，解决方案：印度国家太阳能任务，5/14/2008 号（2010 年 1 月）；

2. 印度新能源和可再生能源部，印度国家太阳能任务二期政策文件（2012 年 12 月）；

3. 印度新闻信息局、印度内阁经济事务委员会，设立最大输出功率为 750MW 的大型光伏电站并入输电网。这座光伏电站是印度国家太阳能计划中的一个项目，在印度国家清洁能源基金（NCEF）“可行性弥补缺口基金（Viability Gap Funding，VGF)”的援助下建设。（2013 年 10 月 3 号）；

4. 印度新能源和可再生能源部，印度太阳能公司，选拔 JNNSM 二期第一批下的 750MW 大型光伏电站并入输电网项目的太阳能开发商，*SECI/2013/JNNSM/Ph-II, Batch-I/Solar PV/750MW* 号文件（2013 年 10 月 4 号）；

5. 印度新能源和可再生能源部，批准实施“在印度国家清洁能源基金‘可行性弥补缺口基金’的援助下建设 JNNSM 二期第一批中最大输出功率为 750MW 的大型光伏电站并入输电网项目”方案；

6. 印度太阳能公司，“建设 JNNSM 二期第一批中最大输出功率为 750MW 的大型光伏电站并入输电网项目”要求选拔文件；

7. 印度新能源和可再生能源部，JNNSM 二期对“设立最大输出功率为 750MW 的大型光伏电站并入输电网项目”的指导方针（2013 年 10 月 25 号）；

8. 印度太阳能公司，JNNSM 二期第一批要求选拔文件修订案，SECIJNNSM/SPV/P-2/B-1/RfS/102013 号（2013 年 11 月 29 号）；

9. 印度太阳能公司，JNNSM 二期第一批要求

① 进一步明确，该请求对请求磋商文件 WT/DS456/1 进行增补，而非替代。

选拔文件修订案，SECI/JNNSM/SPV/P-2/B-1/RfS/102013号（2014年1月9号）；

10. 印度太阳能公司，对不同利益相关者提出的询问的澄清解释（2013年11月30号）；

11. 印度太阳能公司，长期基础下购置——MW太阳能的标准购电协议草案（2013年11月30号）；

12. 印度太阳能公司，长期基础下购置——MW太阳能的标准购电协议草案（2014年1月8号）；

13. NSM二期中的购电协议，同印度国家热电公司全资能源交易子公司Vidyut Vyapar Nigam和印度太阳能公司及其继任者签署购电协议；

除此之外，还有修订，相关及实施措施。

印度的措施与下属条例不符：

· GATT 1994的第III:4条，因为相对于进口太阳能电池和太阳能模块，其对印度本国产品采取了更加优惠的措施；

· TRIMs协议的第2.1条，因为印度采取的与贸易有关的投资措施与GATT 1994第III条不符。

印度的做法直接或间接地剥夺和减损了美国根据上述协议所应得的利益。

美国期待对此请求的回复并确定均可接受的磋商日期。

三、秘鲁——进口某些农产品的附加税：危地马拉请求磋商

此文件自2013年4月12日起在危地马拉代表团和秘鲁代表团及争端解决机构主席间进行沟通，现根据DSU第4.4条规定予以散发。

受我方授权，根据DSU第4条、《农业协议》第19条、《实施〈1994年关税和贸易总协定〉（海关估价协议）第七条的协议》的第19条、GATT 1994第22条，就进口某些农产品的附加税请求与秘鲁进行磋商。

根据DSU第4条，我方现陈述该请求的依据，包括对商议中的措施的识别，以及该控诉的法律依据。

I. 对商议中的措施的识别

商议中的措施是指秘鲁对进口某些农产品，例如大米、糖、玉米、某些奶制品（此后受影响的产品）征收附加税。根据危地马拉的理解，附加税有如下特点：

（1）除对进口受影响的产品[①]的正常关税，附加税还包括一项特殊征税；[②]

（2）附加税适用于“当某些产品的国际参考价格低于最低价，且退税价格高于这些产品的最高价时”[③]，对受影响的产品的进口；

（3）附加税的额度以每吨美元详细规定[④]；

（4）额度本局下述情况而改变：(i) 对每项受影响的产品有一个与CIF参考价格对应的既定附加税或退税，且每半年由中央储蓄银行更新，由经济财政部和农业部审批[⑤]，(ii) 经济财政部每两周会定夺一次每项受影响产品的CIF价格[⑥]；

（5）对于受影响产品，应付附加税、普通关税和其他对受影响产品征收的进口税[⑦]。

危地马拉希望秘鲁全面详尽地解释附加税的运作流程。为便于解释，危地马拉明确了其正对上述法律文件所述的附加税请求磋商，同时该磋商请求还给予其他法规、指导意见、行政和司法管理、决议或计算方法、指导意见修订、增补和补充，或该磋商请求中涉及的法规文书。

II. 该控诉的法律依据

危地马拉政府，根据WTO协定，商议中的措施与秘鲁应履行的义务不符，尤其是下列义务：

---

① 第1152001EF号最高法令第1条，2001年6月21号（第1152001EF号最高法令）。

② 普通海关税从价计征。除归为1108.12.00.00、1108.13.00.00和35.05.10.00.00副标题项下的产品的从价计征税是6%，其他所有受影响产品的从价计征税率是0%（2012关税，第2382011EF号最高法令，2011年12月24号）。

③ 第1152001EF号最高法令。

④ 同上。

⑤ 同上第7条，危地马拉政府了解到的最近更新包含在第2932012EF号最高法令，2012年12月22号，且设立了适用于2013年1月1号到6月30号的报关表。

⑥ 同上第4条，危地马拉政府了解到的最近更新包含在第0022013EF/15.01号副部长决议中，2013年1月21号。

⑦ 国家技术海关通知第INTACR 622002号文件第3（c）段，2002年8月26号。

（1）与《农业协议》第 4.2 条和脚注 1 不符，该附加税包括“可变征税”、“最低进口价格”，或任何与这两项类似的措施；

（2）与 GATT 1994 第 II:1（b）条第二句话不符，因为该措施形成了除普通关税外的额外税费。该措施在 1994 年 4 月 15 号[①]失效，且在任何秘鲁法律中都不属强制条例。同时，该措施与《理解 GATT 1994 第 II:1（b）条解释》的第 1、2、3、4 段不符，因为秘鲁未将此措施在 1994 年 4 月 15 号前记录在该承诺减让表；

（3）与 GATT 1994 第 XI:1 条不符，征收附加税以及进口价格导致形成类似于最低进口价格的体系；

（4）与《海关估价协议》的第 1、2、3、5、6、7 条不符，处于商议的措施与上述条例中规定的海关估价方法不符，并可被解释为，根据《海关估价协议》第 7.2（f）条和（g）条，建立在“最低关税估价”或“任意或虚构的估价”的基础上。

危地马拉认为这些磋商有可能会导致其他具有法律意义的事项。本请求并未表述这些事项，但这些事项与 WTO 协定中秘鲁须履行的义务有关，尤其是有关货物贸易准入相关的义务［如在 GATT 1994 第 II：1（a）条和 II：1（b）条以及第 XI 条中规定的］，以及有关影响国际货物贸易实施措施透明度的义务［如在 GATT 1994 第 X:1 条和第 X:3（a）条中规定的］。为了促进意见广泛交流，危地马拉政府强调，如果上述这些事项成为事实，也会请求磋商。

四、澳大利亚——关于烟草制品和包装的商标、地理标志和其他简单包装措施：古巴请求磋商

此文件自 2013 年 5 月 3 日起在古巴代表团和澳大利亚代表团及争端解决机构主席间进行沟通，现根据 DSU 第 4.4 条规定予以散发。

受我方政府授权，根据 DSU 第 4 条、GATT 1994 第 22 条、《与贸易有关的知识产权协议》（TRIPs 协议）第 64.1 条的规定，以及《技术性贸易壁垒协议》（TBT 协议）第 14.1 条，就以下措施请求与澳大利亚进行磋商。

A. 商议中的措施

商议中的措施如下：

·《2011 年烟草制品简单包装法案》，2011 年第 148 号法案，“减少使用或以相关用途使用烟草制品的法令”；

·《2011 年烟草制品简单包装法规》（Select Legislative Instrument 2011，No. 263），由《2012 年烟草制品简单包装修订法规》（1 号）修订（Select Legislative Instrument 2012，No 29）；

·《2011 年商标修订（烟草制品简单包装）法案》。2011 年第 149 号法案，“修订或以相关目的修订《1995 年商标法案》的法令”；

·澳大利亚采取的任何相关措施，包括实施、补充或增加这些法律法规的措施，以及修订或替换这些法律法规的措施。

古巴政府将这些措施视为“简单包装措施”。

简单包装措施规定了有关雪茄、香烟和其他烟草制品的零售包装的样式和外观。简单包装措施还规定了烟草产品本身的外观和样式。

至于烟草制品零售包装事项，简单包装措施：

（i）禁止除以下信息外的任何标记和信息：（1）品牌、所做生意或公司名称，（2）类似名称，以及（3）法律、法规[②]中第 2.3 条明确的基本信息。

（ii）指定了品牌、所做生意、公司和其他类似名称必须以统一的字体、字形、字号、颜色和位置印于包装上。

（iii）规定在外包装表面和内衬使用统一颜色，也可使用亚光。

（iv）限制了包装的尺寸和形式（例如雪茄管、雪茄的主要包装、烟盒以及香烟纸箱）。

（v）规范了包装和插页的使用。

至于雪茄衬带和雪茄的外观和形式，简单包装措施：

（i）禁止除以下信息外的任何标记和信息：

---

① 记录“其他税费”的相关日期，与《理解 GATT 1994 第 II:1（b）条解释》第 2 段相符，

② 这些法规包括（i）法规第 2.3.2 条提出的产地标记，（ii）法规第 2.3.3 条和第 2.3.1（3）条提出的校准标记，（iii）法规第 2.3.4 条提出的度量衡标记和贸易描述，（iv）法规中第 2.3.5 条提出的条形码，（v）法规第 2.3.6 条提出的火灾风险声明，（vii）法规第 2.3.8 条提出的名称和地址，以及（viii）法规第 2.3.9 条中提出的消费者合同和电话号码。

(1) 品牌、所做生意或公司名称，(2) 类似名称，(3) 原产国信息，以及 (4) 字母数字混合代码。

(ii) 指定了标记和信息必须以统一的字体、字形、字号、颜色和位置印于雪茄衬带上。

(iii) 规定雪茄衬带使用统一的颜色 (Pantone 448C)。

(iv) 要求只能使用一个雪茄衬带。

关于香烟的外观和形式，简单包装措施：

(i) 禁止除字母数字混合代码外的任何标记和信息。

(ii) 要求卷烟用纸必须为白色，或者带仿软木烟嘴的白色卷烟用纸。

(iii) 滤嘴必须为白色。

B. 提出申诉的法律依据

根据 TRIPs 协议、TBT 协议和 GATT 1994 的下述条例，澳大利亚简单包装措施与其应履行的义务不符：

· 与 TRIPs 协议第 20 条不符，因为澳大利亚以特殊要求在贸易过程中无理阻碍烟草制品商标的使用。尤其是，澳大利亚批准：(i) 与烟草产品有关的商标以特殊形式使用，且 (ii) 与烟草产品有关的商标可损害其区分一企业的烟草制品与其他企业的烟草制品的能力。

· 与 TBT 协议第 2.2 条不符，因为澳大利亚强加技术法规，以至于为贸易造成不必要的障碍，且考虑不完成合法目标可能带来的风险，这些技术法规对完成合法目标的限制过多。

· 与 GATT 1994 的第 IX:4 条不符，因为澳大利亚要求对进口雪茄产品有所标记，这样会导致这些进口雪茄产品价值降低或是成本无理上升；

· 与 TRIPs 协议第 2.1 条，以及《保护工业产权巴黎公约》(经《1967 年斯德哥尔摩法案》修订) 的第 10bis 条，第 (1) 段和第 (3) 段不符，因为澳大利亚没有对不公平竞争提供有效的保护措施；

· 与 TRIPs 协议第 22.2 (b) 条不符，因为有关古巴地理标志，澳大利亚没有提供有效地反对不公平竞争的措施；

· 与 TRIPs 协议第 24.3 条不符，因为相较于 1995 年 1 月 1 日前澳大利亚对地理标志的保护程度，澳大利亚对古巴地理标志的保护程度正逐渐降低；

· 与 TRIPs 协议第 2.1 条，《保护工业产权巴黎公约》(经《1967 年斯德哥尔摩法案》修订) 的第 6 quinquies 条不符，因为澳大利亚对国外进行注册的商标不予保护；

· 与 TRIPs 第 15.4 条不符，因为运用商标反映货物本质对在澳大利亚注册商标形成了一种障碍；

· 与 TRIPs 第 16.1 条不符，因为澳大利亚不允许注册商标拥有者享用商标带来的权利；

· 与 TRIPs 第 3.1 条不符，因为在知识产权保护方面，澳大利亚给予其本国公民的待遇要比给予他国公民的待遇要优厚；

· 与 TBT 协议第 2.1 条不符，因为澳大利亚强加了一些技术法规使得进口烟草制品所享有的待遇比澳大利亚本国生产的烟草制品的待遇差；

· 与 GATT 1994 Ⅲ:4 条不符，因为澳大利亚给予其本国烟草制品的待遇比进口烟草制品的优厚。

古巴保留在磋商过程中或未来请求小组诉讼中提出额外申诉的权利。

古巴期待贵方对此请求的回复以确定一个双方均可接受的时间进行磋商。

五、欧盟及部分成员国——对生物柴油进口营销采取的部分措施及支持生物柴油产业的措施：阿根廷请求磋商

此文件自 2013 年 5 月 13 日起在阿根廷代表团和欧盟代表团及争端解决机构主席间进行沟通，现根据 DSU 第 4.4 条规定予以散发。

受我方政府授权，根据 DSU 第 1 条和第 4 条，GATT 1994 第 23 条，SCM 协议第 4.1 条、第 7.1 条和第 30 条，TRIMs 协议第 8 条，TBT 协议第 14 条，关于欧盟及其部分成员国采取的影响生物柴油进口营销以及支持生物柴油产业的措施，请求与欧盟及其成员国进行磋商。

该磋商请求分为两部分。第 (A) 部分是指欧盟对于促进使用可再生能源和引进控制减少温室气体排放机制所施加的措施，以及实施欧盟成员国级别的措施。

第 (B) 部分是指部分成员国采取的与欧盟措施实施以及建立生物柴油产业支持机制相关的措施。

A 部分

欧盟

阿根廷在本部分确认了下列与受质疑措施相关的措施，如下所述：

（1）欧盟议会和理事会第 2009/28/EC 号指令，2009 年 4 月 23 日，关于推进可再生资源的运用，以及修订和撤销第 2001/77/EC 号和第 2003/30/EC 号指令，《欧洲共同体公报》2009 年 6 月5 日。

（2）欧盟议会和理事会第 2009/28/EC 号指令，2009 年 4 月 23 日，修订第 98/70/EC 号指令——关于汽油、柴油和天然气规格以及引进监测和减少温室气体排放机制，和修订第 1999/32/EC 号指令——关于内河船舶使用的燃料的规格，撤销第 93/12/EEC 号指令，《欧洲共同体公报》2009 年6 月5 日。

欧盟成员国

（3）2011 年 11 月 26 日皇家法令，制定生物燃料的产品标准，《比利时公报》2011 年 12 月 7 日。

（4）《法国能源守则》第 L.661 1 至 L.661 9 条，由 2011 年 9 月 14 日第 2011—1105 号法令修订：2009 年 4 月 23 日欧盟议会和理事会第 2009/28/EC 号法令和第 2009/30/EC 号法令的调换，《法兰西公报》2011 年 9 月 17 日。

（5）2011 年 9 月 14 日第 2011—1105 号法令，2009 年 4 月 23 日欧盟议会和理事会在可再生能源和生物燃料领域第 2009/28/EC 号法令和第 2009/30/EC 号法令的调换，《法兰西公报》2011 年 9 月 16 日。

（6）2011 年 11 月 9 日的第 2011—1468 号法令，其依照 2009 年 4 月 23 日欧盟议会和理事会在可再生能源和生物燃料领域对第 2009/28/EC 号法令和第 2009/30/EC 号法令进行调换的法令，《法兰西公报》2011 年 11 月 10 日。

（7）2011 年 11 月 23 日法令，依照 2011 年 9 月 14 日第 2011—1105 号法令和 2011 年 11 月 9 日第 2011—1468 号法令，关于生物燃料和生物质液体的可持续性，《法兰西公报》2011 年 11 月 26 日。

（8）2007 年 10 月 25 日关于可再生运输燃料义务的法令，由 2011 年 12 月 7 日关于可再生燃料义务的法令进行修订[①]（英国）。

（9）2005 年 3 月 21 日第 66/2005 号法令，《意大利公报》第 96 期，2005 年 4 月 27 日，由 2011 年 3 月 31 日第 55/2011 号法令第 1 条修订，调换了第 2009/30/EC 号法令，《意大利公报》第 97 期，2011 年 4 月 28 日。

（10）2012 年 1 月 23 日部委间法令，《意大利公报》第 31 期，2012 年 2 月 7 日，由 2012 年 6 月 11 日部委间法令（《意大利公报》第 141 期，2012 年 6 月 19 日）修订，并由 2012 年 11 月 12 日部委间法令修订（《意大利公报》第 271 期，2012 年 11 月 20 日）。

（11）2011 年 11 月 4 日第 1597/2011 号皇家法令，规定生物燃料和生物质液体的可持续性标准，可持续性核查和部分生物燃料重复计算的国家制度，《国家公报》第 267 期，2011 年 11 月 5 日（西班牙）。

以及所有修订、修正、更替、实施措施和与上述确认的相关的措施；还有由这部分未确认的欧盟成员国采取的所有其他根据欧盟议会和理事会第 2009/28/EC 和 2009/30/EC 号法令的实施措施，同时阿根廷请求在磋商中欧盟委员会可协助进行确认。

这部分提到的措施中设立了生物燃料[②]和生物质液体应遵循的可持续性标准，以期在衡量欧盟成员国在可再生能源领域的目标的合规性时可加以考虑，以及生物燃料和生物质液体可从其使用的激励措施中获益。

为达到可持续发展要求，除其他标准外，相对于化石燃料，生物燃料和生物质液体必须减少至少 35％的温室气体排放。[③]

阿根廷不反对使用可持续性标准，或计算节省

① 2007 年可再生运输燃料义务（修订）命令，SI 2011/2937。

② 基于本磋商请求的目的，阿根廷模糊运用西班牙语中的 biocarburantes 和 biocombustibles。

③ 第 2009/28/EC 号法令第 17 条和第 98/70/EC 号法令第 7b 条，由第 2009/30/EC 号法令修改。

了多少温室气体排放量的方法。事实上，阿根廷生物柴油产业因其环境和社会可持续性而出众。其综合生产设施的效率高，并接近原料种植地区和深水港口，从而使得温室气体排放量的减少非常显著。不过，阿根廷认为，对上述提到的 35％这一门槛的确定是任意的，不是科学合理的，也没有基于一个公认的国际准则或标准。

这些措施给大豆生物柴油分配的标准值为 31％。这暗示了阿根廷生产的大豆生物柴油不符合温室气体排放减少标准，因此基于标准值，其不能被视为具有可持续性。

因此，对于产自阿根廷的生物柴油来说，针对上述处理，只有两种可行方法能使其合格：

（1）每次出口产品至欧盟时经营者需计算温室气体排放减少量；或者

（2）他们可以通过欧盟委员会决议认证的志愿机制来展示其与可持续标准的合规性。

第一种方法表明每次交易时生物柴油生产商必须达成这项额外规定。至于第二种方法，阿根廷生物燃料商会（CARBIO，由生物燃料出口商组成）向欧盟委员会展示了一个资源机制并在 2010 年 12 月申请认证。然而，直到现在，该机制还未被欧盟委员会批准通过。

阿根廷认为这些措施与下述义务相违背：

· GATT 1994 第Ⅰ:1 条，因为这些措施给予产自其他成员国的产品以优势、优惠、特权或豁免权，而对产自阿根廷的类似产品却没有同样无条件的待遇。

· GATT 1994 第Ⅲ:1 条，因为这些受质疑的措施的应用似乎影响了欧盟内部市场中这种产品的销售或使用，因此其对欧盟内部市场提供了保护措施。

· GATT 1994 第Ⅲ:4 条，因为这些措施似乎是影响这些产品内部销售、兜售、购买、运输、分销和使用的法律法规和要求。同时，相对于产自欧盟的生物柴油来说，这些措施使得产自阿根廷的生物柴油受到了较低的待遇。

· TBT 协议第 2.1 条，因为这些措施是一些技术法规，使得相对于产自欧盟和其他国家的生物柴油来看，产自阿根廷的生物柴油受到了较低的待遇。

· TBT 协议第 2.2 条，因为这些措施是一些技术法规，其目的或影响是对国际贸易造成了不必要的障碍。同时，对于完成合法目标来说，这些措施对贸易造成了不必要的限制。

· TBT 协议第 5.1 条和第 5.2 条，因为据 CARBIO 请求对志愿机制的认可，运用这些措施，尤其是合格评定程序，似乎对产自阿根廷的生物燃料造成了较低的待遇（相对于产自欧盟或其他国家的类似产品），也对国际贸易造成了不必要的障碍。同时，其没有尽快完成这些程序，从而导致产自阿根廷的产品受到了较低的待遇（相对于产自欧盟的类似产品）。

· 《马拉喀什协议》第 XVI：4 条，因为欧盟有义务确保其法律法规和行政程序与附件中的协议相符合，而欧盟的措施与这一义务相违背。

B 部分

阿根廷已确认了与这部分受质疑措施相关的下列措施：

比利时

（1）2004 年 12 月 27 日程序法，《比利时公报》，2004 年 12 月 31 日，由 2012 年 12 月 24 日修订 2004 年 12 月 27 日程序法第 419 条和 2006 年 6 月 10 日法律第 4 条的法律进行修订，《比利时公报》2012 年 12 月 28 日；

（2）2009 年 7 月 22 日法律关于向供消费的化石燃料中添加生物燃料的义务，《比利时公报》2009 年 8 月 3 日；

（3）2009 年 8 月 10 日皇家法令，关于信息和管理义务，控制《2009 年 7 月 22 日法律关于向供消费的化石燃料中添加生物燃料的义务》义务和行政罚款，以及其他条例，《比利时公报》，2009 年 8 月 17 日；

（4）2011 年 6 月 23 日皇家法令，关于扩大运用《2009 年 7 月 22 日法律关于向供消费的化石燃料中添加生物燃料的义务》的范围，《比利时公报》，2011 年 6 月 30 日；

（5）2006 年 6 月 10 日法律，关于生物燃料，《比利时公报》2006 年 6 月 16 日，由 2012 年 12 月 24 日修订 2004 年 12 月 27 日程序法第 419 条和 2006 年 6 月 10 日法律第 4 条的法律进行修订，《比利时公报》2012 年 12 月 28 日；

(6) 2011年2月9日皇家法令，关于生物燃料，《比利时公报》2011年2月23日；

以及所有修正、修订、替换、实施措施和相关措施。

其中部分措施或所有措施似乎都旨在实施或变相实施：

• 2003年10月27日理事会第2003/96/EC号法令，重构能源产品和电力税制的社区机制；

• 欧洲议会和理事会第2009/28/EC号法令，2009年4月23日，关于促进可再生资源能源的应用和修订及撤销第2001/77/EC和2003/30/EC号法令；

• 欧洲议会和理事会第2009/30/EC号法令，2009年4月23日，修订第98/70/EC号法令——关于汽油、柴油和瓦斯油的规格和引入监控和减少温室气体排放的机制并修订第1999/32/EC号关于内河船舶燃料规格的理事会法令并撤销第93/12/EEC号法令。

根据这些措施，任何生产消费用燃料和柴油产品的石油公司还要生产一定量的供消费用的可持续性生物燃料。这些措施规定，仅把产自欧盟的生物燃料视为“可持续生物燃料”。然而，由于产自阿根廷的生物燃料未被视为“可持续生物燃料”，其不符合向化石燃料中添加生物燃料的义务，也不能从其提供的消费税降低获益。

这些措施还规定，对经海关和消费税部门批准的燃料，若含有一定比例脂肪酸甲酯（CN code 3824 90 99），可享受较低的消费税率。根据这些措施，只有在欧盟成员国领土内生产的燃料才可以获此批准。

阿根廷认为这些措施与下述义务相违背：

• GATT 1994第Ⅲ:2条，因为进口自阿根廷的生物柴油直接或间接地受欧盟国内税和其他超出其适用于欧盟类似产品的收费影响，与第Ⅲ:1条列明的原则相违背。

• GATT 1994第Ⅲ:4条，因为这些法律法规和要求影响了国内销售、兜售、购买、运输和分销以及产品使用。同时，这些措施导致产自阿根廷的生物柴油享受的待遇比国产生物柴油要低。

• GATT 1994第Ⅲ:5条，因为这些措施似乎是一个与特定量或比例的部分产品的混合、加工和使用相关的内部定量条规。其要求作为这些措施的主体的任何产品的明细数量或比例必须由国内供应。

• TRIMs协议第2.1条和第2.2条，单独看或是与这一协议附录明细表第1（a）条结合，因为这些措施是与货物贸易相关的投资措施，与GATT 1994第Ⅲ条相违背。

• SCM协议第3.1（b）条和第3.2条，因为根据SCM协议第1.1条，应给予补贴。这一补贴是禁止性补贴，因为只有当使用欧盟生产的生物柴油时才可享受这一补贴。由于SCM协议第3条规定了这一补贴，这一补贴也可视为是依照SCM协议第2.3条的；

• SCM协议第5（b）条和第5（c）条，因为根据SCM协议第1.1条采取补贴措施对阿根廷的利益造成了不利影响。这些补贴造成了不利影响，因为根据第6.3（a）条对另一成员的利益有严重偏见。

SCM协议第4.2条和第7.2条要求根据这些条例第一段进行的磋商请求须包括一份关于受质疑补贴的存在性和本质的证据，以及严重偏见。有关证据在本请求的附件部分列明。

法国

(1)《海关法》第265 bis A条：对部分生物燃料实施税收减免机制，由2011年9月14日第2011－1105法令修改，转换欧洲议会和理事会2009年4月23日第2009/28/EC和2009/30/EC号法令，《法兰西公报》，2011年9月16日；

(2) 2011年9月14日第2011—1105号法令，实施欧洲议会和理事会2009年4月23日第2009/28/EC和2009/30/EC号法令，《法兰西公报》，2011年9月16日；

(3) 2004年6月7日第2004—506号法令，关于《海关法》第265 bis A条应用程序，《法兰西公报》，2004年6月10日；

(4) 2003年10月27日命令，有关参加呼吁导致石油产品国内消费税降低的消费用生物燃料在法国运用所需要的条件，《法兰西公报》，2003年11月8日；

以及所有修正、修订、替换、实施和相关措施。

部分或所有措施似乎是在实施或变相实施：

• 2003年10月27日理事会第2003/96/EC号法令，重构能源产品和电力税制的社区机制；

·欧洲议会和理事会第2009/28/EC号法令，2009年4月23日，关于促进可再生资源能源的应用和修订及撤销第2001/77/EC和2003/30/EC号法令；

·欧洲议会和理事会第2009/30/EC号法令，2009年4月23日，修订第98/70/EC号法令——关于汽油、柴油和瓦斯油的规格和引入监控和减少温室气体排放的机制并修订第1999/32/EC号关于内河船舶燃料规格的理事会法令并撤销第93/12/EEC号法令。

根据许可证设定的数量限制和某些条件，这些措施降低了某些生物燃料的国内消费税，包括生物柴油。

阿根廷认为这些措施与下述义务相违背：

·SCM协议第3.1（b）条和第3.2条，因为根据SCM协议第1.1条，应给予补贴。这一补贴是禁止性补贴，因为只有当使用欧盟生产的生物柴油时才可享受这一补贴。由于SCM协议第3条规定了这一补贴，这一补贴也可视为是依照SCM协议第2.3条的；

·SCM协议第5（b）条和第5（c）条，因为根据SCM协议第1.1条采取补贴措施对阿根廷的利益造成了不利影响。这些补贴造成了不利影响，因为根据第6.3（a）条对另一成员的利益有严重偏见。

SCM协议第4.2条和第7.2条要求根据这些条例第一段进行的磋商请求须包括一份关于受质疑补贴以及严重偏见的存在性和本质的证据。有关证据在本请求的附件部分列明。

意大利

（1）2005年3月21日第66/2005号立法法令，《意大利公报》第96期，2005年4月27日，由2011年3月31日第55/2011号立法法令第1条修订，其实施了第2009/30/EC号法令，《意大利公报》第97期，2011年4月28日；

（2）2005年5月30日第128/2005号立法法令，《意大利公报》第160期，2005年12月7日，由2006年12月27日第296号法律第1条第367段修订，《意大利公报》第299期，2006年12月27日；

（3）2006年1月10日第2/2006号法令法律，《意大利公报》第8期，2006年1月11日，由2006年3月11日第81号法律转化成法律修订案，《意大利公报》第54期，2006年3月11日，有2006年12月27日第296/2006号法律第1条第368段修订，《意大利公报》第299期，2006年12月27日，以及由2011年3月3日第28/2011号立法法令第33条修订，《意大利公报》第71期，2011年3月28日；

（4）2008年4月23日第100号部委间法令，《意大利公报》第131期，2008年6月6日；

（5）2008年4月29日第110号部委间法令，《意大利公报》第142期，2008年6月19日，由2013年2月13日部委间法令修订，《意大利公报》第54期，2013年3月5日；

（6）2010年1月25日部委间法令，《意大利公报》第42期，2010年2月20日；

（7）2011年3月3日第28/2011号立法法令，《意大利公报》第71期，2011年3月28日，由2012年6月22日第83/2012号法令法律修订和补充，《意大利公报》第147期，2012年6月26日，由2012年8月7日第134/2012号法律转化成法律修订案，《意大利公报》第187期，2012年8月11日；

（8）2012年1月23日部委间法令，《意大利公报》第31期，2012年2月7日，由2012年6月11日部委间法令修订，《意大利公报》第141期，2012年6月19日，以及由2012年11月12日部委间法令修订，《意大利公报》第271期，2012年11月20日；

以及所有修正、修订、替换、实施和相关措施。

部分或所有措施似乎旨在实施或变相实施：

·欧洲议会和理事会第2009/28/EC号法令，2009年4月23日，关于促进可再生资源能源的应用和修订及撤销第2001/77/EC和2003/30/EC号法令；

·欧洲议会和理事会第2009/30/EC号法令，2009年4月23日，修订第98/70/EC号法令——关于汽油、柴油和瓦斯油的规格和引入监控和减少温室气体排放的机制并修订第1999/32/EC号关于内河船舶燃料规格的理事会法令并撤销第93/12/EEC号法令。

这些措施设置了添加生物燃料至用于陆地运输的化石燃料的最小配额。强制加入化石燃料的生物燃料的比例是每年根据上一年消费用燃料总热值来计算的。只有符合这些措施中可持续性要求的生物燃料才可纳入考虑范围。

添加义务的合规性是通过生物燃料消耗证书的方式来监控的。这一证书由农业、食品和林业部颁发。每个证书都对应 100 亿卡热量的消耗。那些受添加义务约束的各方必须要有足够的证书才能符合该项义务。

产自欧盟及由欧盟领土内原材料生产的货源自欧盟废弃物和副产物的生物燃料可享受 20%的能源贡献增长。这意味着，相较于其他生物燃料，仅 80%的热值就足以获得相同数量的证书。

此外，对于产自欧盟之外的生物燃料，仅当其每次出货都有进口许可证时才可视为符合添加义务。授予许可证视文件数量而定，这引发了额外的行政程序负担，对于这些生物燃料的利用不太有利。

阿根廷认为这些措施与下述义务相违背：

·GATT 1994 第Ⅲ:4 条，因为这些法律法规和要求影响了国内销售、兜售、购买、运输和分销以及产品使用。同时，这些措施导致产自阿根廷的生物柴油享受的待遇比国产生物柴油要低。

·GATT 1994 第Ⅲ:5 条，因为这些措施似乎是一个与特定量或比例的部分产品的混合、加工和使用相关的内部定量条规。其要求作为这些措施的主体的任何产品的明细数量或比例必须由国内供应。

·TRIMs 协议第 2.1 条和第 2.2 条，单独看或是与这一协议附录明细表第 1（a）条结合，因为这些措施是与货物贸易相关的投资措施，与 GATT 1994 第Ⅲ条相违背。

波兰

（1）2006 年 8 月 25 日法律，《波兰公报》第 189 期，2006 年 9 月 25 日；

（2）部长理事会法规，2007 年 6 月 15 日，关于 2008—2013 年国家目标，《波兰公报》第 110 期，2007 年 6 月 25 日；

（3）2011 年 5 月 27 日法律，修订了关于监控燃料质量的法律（2011 年 5 月 27 日），《波兰公报》第 153 期，2011 年 7 月 26 日；

以及所有修正、修订、替换、实施措施和相关措施。

根据这些规则，营销陆地运输燃料的公司或个人需要添加最少量的生物燃料于其营销燃料的总量中。这一最小比例被称为“国家目标指示”，当前的比率为 7.10%。这一百分比是基于燃料的热值计算的。

这些规则规定，上述百分比现在为 15%，当受制于该要求的人提供了至少使用了 70%源自欧盟成员国境内或欧洲自由贸易联盟（EFTA）的原材料的生物柴油的证据时，该百分比会降低。

阿根廷认为这些措施与下述义务相违背：

·GATT 1994 第 I:1 条，因为其对产自其他成员国的产品给予了一定优势、优惠、特权或豁免权，而没有及时无条件地给予产自阿根廷境内的类似产品相应的优势、优惠、特权或豁免权；

·GATT 1994 第Ⅲ:4 条，因为这些法律法规和要求影响了国内销售、兜售、购买、运输和分销以及产品使用。同时，这些措施导致产自阿根廷的生物柴油享受的待遇比国产生物柴油要低。

·TRIMs 协议第 2.1 条和第 2.2 条，单独看或是与这一协议附录明细表第 1（a）条结合，因为这些措施是与货物贸易相关的投资措施，与 GATT 1994 第Ⅲ条相违背。

阿根廷保留在磋商过程中涉及与该磋商请求 A 和 B 部分相关、修订或扩展的规则的权利，以及增加理赔的权利。

阿根廷期待欧盟及其成员国对该请求的回复并已准备好确定双方都方便的日期和地点来进行磋商。

附　录
现有证据声明

比利时

（1）*Decisión de la Comisión Europea de 23 de diciembre de* 2005，*N 334 / 2005 — Taux d'accise réduit en faveur des biocarburants*（欧洲共同体公报，2006 年 2 月 10 日）

（2）Senado de Bélgica，*Bulletin des questions et réponses*，3-87，*Session* 2006-2007，*Question n°*3-7207 *posée par M. Cornil le* 21 *février* 2007 *au Vice-premier ministre et ministre des Finances*

（3）ValBiom-2007

(4) 可再生资源与节能、生物柴油链中心——"促进有利条件，建立生物柴油市场"。概况介绍——比利时生物柴油市场。

(5) 国家可再生能源行动计划，2010年11月。

(6) 部长理事会新闻发布，*Validation annuelle des agréments accordés aux unités de production de biocarburants*，2013年5月3日。

(7) 2006年6月20日，关于生物燃料的法律，《比利时公报》2006年6月16日，由2012年12月24日修订2004年12月27日程序法第419条和2006年6月10日法律第4条的法律，《比利时公报》2012年12月28日。

(8) 2004年12月27日程序法，《比利时公报》，2004年12月31日，由2012年12月24日修订2004年12月27日程序法第419条和2006年6月10日法律第4条的法律，《比利时公报》，2012年12月28日。

法国

(1)《审计法院关于生物燃料扶持政策的公开报告》，刊发于2012年1月。

(2) Europétrole，le portail de l'industrie du pétrole；*Biocarburant*.

(3) Contrepoints；*Les aides à la production des biocarburants — Quelles sont les causes de l'augmentation soudaine de la production des biocarburants?* 2013年2月11日。

(4) 根据海关法第265 bis A条授权的许可生物燃料生产单位列表。

(5) 路透社，法国生产商看到对欧盟生物柴油的价格威胁，2008年1月14日。

(6) F. O. Licht的世界乙醇和生物燃料报告，法国生物柴油进口Y/y下降，2012年5月22日。

(7) 海关法第265 bis A条：对部分生物燃料实施税收减免机制，由2011年9月14日第2011 1105法令修改，转换欧洲议会和理事会2009年4月23日第2009/28/EC和2009/30/EC号法令，《法兰西公报》，2011年9月16日。

(8) 2011年9月14日第2011 1105法令修改，转换欧洲议会和理事会2009年4月23日第2009/28/EC和2009/30/EC号法令，《法兰西公报》，2011年9月16日。

(9) 2004年6月7日第2004 506号法令，关于《海关法》第265 bis A条应用程序，《法兰西公报》，2004年6月10日。

(10) 2003年10月27日命令，有关参加呼吁导致石油产品国内消费税降低的消费用生物燃料在法国运用所需要的条件，《法兰西公报》，2003年11月8日。

六、中国——对欧盟高性能不锈钢无缝管（HP-SSST）征收反倾销税：欧盟请求磋商

此文件自2013年6月13日起在欧盟代表团和中国代表团及争端解决机构主席间进行沟通，现根据DSU第4.4条规定予以散发。

受我方政府授权，根据DSU第1条和第4条、GATT 1994第22条第1段、《关于实施〈1994年关税与贸易总协定〉第6条的协议》(反倾销协议)第17.2条和第17.3条的规定，就下述措施请求与中国进行磋商：

根据中国商务部2012年第21号公告（即"初裁公告"）、2012年第72号通知公告（即"终裁公告"），以及所有附件和修订案所述，中国对欧盟相关高性能不锈钢无缝管（HP-SSST）征收反倾销税。

受质疑的措施与GATT 1994和《反倾销协议》中，中国所应履行的义务不符，相关条例如下所示：

1. 与《反倾销协议》第2.2条不符，因为中国在计算生产成本、管理费用、销售费用和总成本数额时，未能以相应记录和调查中的出口商或生产商的实际数据为依据。

2. 与《反倾销协议》第2.4条和第2.4.2条不符，因为中国并未通过公正比较出口价格和正常价值而设置倾销幅度。

3. 与《反倾销协议》第3.1条和第3.2条不符，因为中国在裁决其所受损害时并非基于肯定性证据，且中国并未客观审查受调查的倾销进口产品数量，也未客观审查这些进口产品对国内类似产品市场价格的影响程度。

4. 与《反倾销协议》第3.1条和第3.4条不符，因为中国在裁决其所受损害时并非基于肯定性证据，且中国并未客观审查这些倾销进口产品对国

内类似产品生产商的影响程度，同时，中国未能评估或是忽视了那些表明国内产业并未受到损害的相关经济因素和指标。

5. 与《反倾销协议》第 3.1 条和第 3.5 条不符，因为中国未能基于肯定性证据客观审查倾销进口产品对其声称的对国内产业造成的影响。中国也未能基于肯定性证据客观审查除处于调查外其他进口产品，而这些产品对国内产业造成损害。因此，中国错误地将其所受损害归咎于这些倾销进口产品。

6. 与《反倾销协议》第 6.4 条不符，因为中国未能向所有利益相关方提供机会，使其了解所有与其利益相关的信息，包括用来设置倾销幅度的信息以及裁定进口产品对国内类似产品市场的影响的信息。

7. 与《反倾销协议》第 6.5 条不符，因为中国在表现出正当理由的情况下将申请人提供的信息视为机密信息。

8. 与《反倾销协议》第 6.5.1 条不符，因为中国没有要求申请人提供非机密摘要，而这些摘要可充分反映以及有助于合理了解申请人所私下提交的信息的实质内容。

9. 与《反倾销协议》第 6.7 条和附录 I 第 7 段不符，因为中国拒绝考虑当场调查的信息。

10. 与《反倾销协议》第 6.8 条和附录 II 第 3 段不符，因为有关设置倾销幅度的全部信息是可验证的，且提交及时恰当，因此在开展调查时本可以不费过分力气加以利用，而中国没有将这些信息加以充分考虑。

11. 与《反倾销协议》第 6.8 条和附录 II 第 1 段不符，因为中国不当依靠可用事实，除对某些公司的单独倾销幅度外，对所有欧盟公司设定倾销幅度。

12. 与《反倾销协议》第 6.9 条不符，因为中国没有告知利益相关方，使其了解促成反倾销措施这一决议时所考虑的必要事实，包括裁定计算倾销幅度以及裁定损害和因由的必要事实。

13. 与《反倾销协议》第 7.4 条不符，因为中国申请临时措施的期限超过了四个月。

14. 与《反倾销协议》第 12.2 条和第 12.2.2 条不符，因为中国没有详细提供其调查机构就所有事实和法律依据最后得出的调查结果和结论，也没有具体提供导致实施最终措施的所有有关的事实问题和法律问题及理由。

15. 由于中国违反了上述描述的《反倾销协议》，因此对原产自欧盟的高性能不锈钢无缝管采取反倾销措施也与《反倾销协议》第 1 条和 GATT 1994 第 6 条不符。

因此，根据上述引用的协议内容，中国的措施使欧盟无法享受其利益，或损害了欧盟的利益。

欧盟保留在磋商期间进一步举证事实以及提起法律申诉的权利。

欧盟期待贵方对此请求的回复，以便确定双方均可接受的磋商时间和方式。

七、哥伦比亚——与纺织品、服装和鞋类产品进口有关的措施：巴拿马请求磋商

此文件自 2013 年 6 月 18 日起在巴拿马代表团和哥伦比亚代表团及争端解决机构主席间进行沟通，现根据 DSU 第 4.4 条规定予以散发。

受我方政府授权，根据 DSU 第 4 条、GATT 1994 第 22 条，就哥伦比亚对自巴拿马进口的纺织品、服装和鞋类产品征收复合关税的措施请求与哥伦比亚进行磋商。

根据 DSU 第 4.4 条，我方将陈述请求该磋商的因由，包括鉴定受质疑的措施以及提出申诉的法律依据。

1. 鉴定受质疑措施

受质疑的措施具体表现为，据 2013 年 1 月 23 日由哥伦比亚总统颁布的第 074/2013 号法令，哥伦比亚对相关纺织品、服装和鞋类产品的进口征收复合关税。就巴拿马了解，该复合关税有如下特点：

(i) 该复合关税由一个从价计征税和一个明细征税构成。从价计征税以货物海关价值的百分比进行征收，明细征税以每计量单位的单位货币进行征收，这两种税在进口时同时征收。①

(ii) 该复合关税适用于哥伦比亚关税清单中

① 第 074/2013 号法令中第 1 条和第 2 条。第二个徐艳条款中指出该措施以“混合关税由对进口（受影响）产品同时征收的从价计征关税和明细关税构成”。

第61章、第62章、第63章和第64章中规定的产品（受影响产品）。①

(iii) 关于第61章、第62章、第63章和标题64.06② 中规定的产品，复合关税的额度为货物海关价值的10%，同时每净一千克增收5美元。③

(iv) 关于第64章中分类的产品，除标题64.06中的产品外，其余产品的复合关税额度为货物海关价值的10%，同时每双增收5美元。④

(v) 自2013年3月1日起，复合关税措施已经实施了一年。⑤

(vi) 对于原产自与哥伦比亚签订自由贸易协定并生效的国家的产品，复合关税措施不适用。⑥

(vii) 每千克或每双（视具体情况而定）征收的5美元明细税包含在增值税（VAT）的课税基础中。⑦

巴拿马了解到受质疑的措施包含在下述通告中：(i) 第074/2013号法令；(ii) 第1497/2011号法令，关于关税清单中第61章、第62章、第63章和第64章中规定的产品定义；(iii) 国家税务和海关局的海关管理部于2013年4月30日签订的有关"控制与074/2013合规的措施"的第000165号备忘录。

巴拿马希望哥伦比亚能够提供一个关于这次复合关税的期限、范围和操作的全面和详细的解释。为了便于解释，巴拿马明确了其针对复合关税的磋商请求。其请求基于前述的法律文书，其他法规、命令、管理或司法惯例、决议或计算方法，此外，这一要求还包括任何修订、增补、补充、扩展指导意见，以及其他有关本次磋商请求中的监管文书。

2. 提出申诉的法律依据

在巴拿马看来，复合关税与《WTO协议》中规定的哥伦比亚的义务不符，尤其是：

(i) 与GATT 1994第Ⅱ:1 (b) 条第一句话不符，因为复合关税是一种普通关税，其应用会导致最后征税额超出哥伦比亚特许清单中从价计征税的额度；

(ii) 与GATT 1994第Ⅱ:1 (a) 条不符，鉴于上述条例，该措施对受影响的进口产品待遇要比哥伦比亚特许清单中的产品的待遇要低；

(iii) 与GATT 1994第Ⅱ: 1 (b) 条第二句话不符，因为对每千克或每双（视具体情况而定）征收的5美元的税应视为一种税收或是收费，而非普通关税，因为这一措施并未在1994年4月15日生效⑧，也没有在这个日期由哥伦比亚法律强制规定。在这种情况下，与《谅解〈GATT 1994〉第Ⅱ: 1 (b) 条》的第1、2、3、4段不符，因为哥伦比亚没有在其特许清单中记录这一课税规定；

(iv) 与GATT 1994第Ⅷ:1 (a) 条不符，对每千克或每双征收5美元的税收应被视为进口时的税收或是服务费，因为5美元和任何服务的"估计成本"没有关系。

巴拿马建议这些磋商会导致其他具有法律含义的事项，这些事项在本次请求中可能尚未提到，但与《WTO协议》中哥伦比亚的其他义务有关，如GATT 1994第Ⅹ:3 (a) 条所述，尤其是与统一、公正和合理管理对国际货物贸易产生影响的措施的相关义务。为便于广泛交流意见，巴拿马注意到，若上述这些事项发生，巴拿马也会对其请求磋商。

我方期待贵方对此请求的回复，并提议双方可确定在日内瓦的磋商时间。

---

① 2011年12月26日，哥伦比亚共和国总统颁布第4297号法令（4297/2011），这一法令采纳了关税清单。根据关税清单明细系统，第61章包括"针织或钩织的服装及衣服配件"；第62章包括"非针织或钩织的服装及衣服配件"；第63章包括"其他纺织制成品；套装；穿戴的衣服和纺织物品；抹布"；以及第64章包括"鞋类、护膝和类似产品，以及这些产品的配件"。

② 根据第4297/2011号法令，标题64.06包括"鞋类产品配件（包括附着到鞋底而非外鞋底的鞋面）；可拆卸的鞋底，愈合坐垫及类似物品；绑腿、护腿和类似品及其零件"。

③ 第074/2013号法令第1和2条。

④ 同上第2条。

⑤ 同上第3条，有关第074/2013号法令第5条。

⑥ 同上第3条的第1段。

⑦ 同上第3条的第2段。

⑧ 记录《谅解〈GATT 1994〉第Ⅱ: 1 (b) 条》第2段中"其他税收和收费"的相关日期。

八、俄罗斯——机动车的回收费：欧盟请求磋商

此文件自 2013 年 7 月 9 日起在欧盟代表团和俄罗斯代表团及争端解决机构主席间进行沟通，现根据 DSU 第 4.4 条规定予以散发。

受我方政府授权，根据 DSU 第 1 条和第 4 条、GATT 1994 第 22 条、TRIMs 协议第 8 条，就俄罗斯对机动车征收所谓“回收费”的措施请求与其进行磋商。

俄罗斯要求对进口车辆征收“回收费”。相反，在一些条件下，国内车辆免交这一费用。此外，从某些国家进口的车辆，例如白俄罗斯和哈萨克斯坦，也无须缴纳。然而，从欧盟进口的车辆却无一例外要缴纳“回收费”。因此，相较于俄罗斯国内车辆，以及从白俄罗斯和哈萨克斯坦进口的车辆，欧盟的车辆享受了较低的待遇。

此外，“回收费”的构成对国内生产形成了一种保护。针对不同种类车辆，“回收费”的额度也是渐进的。而且，“新”车与“三年前生产的”车所需缴纳的费用大有不同。相较于相关国产车辆，这种收费结构对进口车辆有不利影响。

除其他事项外，俄罗斯以下述法律文书为根据采取措施，以及任何修订、替换、扩展和执行措施及其他相关措施，包括任何俄罗斯议会或行政部门可确认、扩展、修订或影响受质疑的措施的行为：

·第 89-FZ 号关于生产和消耗废物的联邦法律，由第 128-FZ 号关于介绍第 89-FZ 号有关生产和消耗废物的联邦法律修订案修订，以及俄罗斯预算准则第 51 条，刊发于俄罗斯政府公报，2012 年 7 月 30 日第 5845 号。

·俄罗斯政府决议，2012 年 8 月 30 号，第 870 号文件，有关对轮式运输车辆征收回收费，以及附录中的准则，刊发于俄罗斯政府公报，2012 年 8 月 31 日，第 5873 号文件。

俄罗斯的措施与下述协议中其应履行的义务不符，尤其是：

·GATT 1994 第Ⅰ:1 条；

·GATT 1994 第Ⅱ:1（a）条和（b）条；

·GATT 1994 第Ⅲ:2 条；

·GATT 1994 第Ⅲ:4 条；

·TRIMs 协议 第 2.1 条和第 2.2 条，连同附录中第 1（a）段和第 2（a）段。

欧盟保留在磋商期间就争议措施进一步举证事实以及提起法律申诉的权利。

欧盟期待俄罗斯对此请求的回复并确定相互方便的在日内瓦磋商的日期。

九、俄罗斯——对机动车征收回收费：日本请求磋商

此文件自 2013 年 7 月 24 日起在日本代表团和俄罗斯代表团及争端解决机构主席间进行沟通，现根据 DSU 第 4.4 条规定予以散发。

受我方政府授权，根据 DSU 第 1 条和第 4 条，GATT 1994 第 22 条第 1 段、TRIMs 协议第 8 条，以及 TBT 协议第 14 条，就俄罗斯对机动车征收所谓“回收费”的措施请求与其进行磋商。

通过采取受质疑的措施，俄罗斯对每辆进口车辆或是在俄罗斯领土内生产制造的车辆征收回收费。对于承诺安全处理废物的车辆生产公司，俄罗斯免除其回收费。然而，仅有在俄罗斯注册的法律实体且依据特定模式（包括在俄罗斯、白俄罗斯或哈萨克斯坦进行部分具体生产制造流程）在俄罗斯生产车辆的公司才可有机会免除回收费。因此，不管分开还是整体来看，在这些条件下，受质疑的措施对进口车辆造成了一种歧视。除此之外，相较于进口自其他 WTO 成员（包括日本）的零件或部件产品，他们偏好购置产于俄罗斯、白俄罗斯或哈萨克斯坦的零件或部件。

甚者，受质疑的措施有投资目的和特征，因为这些措施根据本土生产要求和生产商国籍调整免除回收费的额度，从而鼓励本土制造商发展。

通过受质疑的措施，俄罗斯还在某些条件下免除进口自白俄罗斯和哈萨克斯坦的车辆的回收费。这一免除措施仅对进口自白俄罗斯和哈萨卡斯坦的车辆适用，对其他国家不适用（包括日本）。

而且，根据车辆是“新的”还是“三年前生产的”，回收费的额度也有很大差别，从而造成了对进口车辆的较低待遇。

除其他事项外，俄罗斯以下述法律文书为根据采取措施，以及任何修订、替换、扩展和执行措施及其他相关措施：

·联邦法律第 128-FZ 号，2012 年 7 月 28 号颁布，“对‘有关生产废料和耗费’的联邦法律和

俄罗斯预算准则第 51 条的修订案”，于 2012 年 7 月 30 号刊登在俄罗斯公报第 5845 期；

·政府法令第 870 号，2012 年 8 月 30 号颁布，“对轮式运输车辆征收回收费”，于 2012 年 8 月 31 号俄罗斯公报第 5873 期；

·由内务部第 496 号、经济发展和贸易部第 134 号、工业和能源部第 192 号“关于批准车辆登记护照和底盘登记护照法规”于 2005 年 6 月 23 号发布的联合命令，由下述进行修订：2012 年内务部第 828 号、工业和贸易部第 1227 号、联邦海关服务第 1774 号“关于 2005 年 6 月 23 号内务部、经济发展和贸易部及工业和能源部第 N 496/192/134 号发布的联合命令的修订案”，于 2012 年 9 月 5 号俄罗斯公报第 203 期；

·俄罗斯政府第 520 号决议，2013 年 6 月 20 号，有关批准从联邦预算中拨款来补贴组织和个人企业家因轮式运输车辆消费者益处特性丧失而进行废物处理所产生的费用而因此缴纳回收费，2013 年 7 月 1 号刊于俄罗斯法律汇编，第 26 号，第 3342 页。

俄罗斯措施与适用协议中俄罗斯的义务相违背，尤其是以下协议条例：

·GATT 1994 第Ⅰ：1 条；

·GATT 1994 第Ⅱ：1（a）条和（b）条；

·GATT 1994 第Ⅲ：2 条；

·GATT 1994 第Ⅲ：4 条；

·TRIMs 协议第 2.1 条和第 2.2 条，或连同协议附录详细列表的 1（a）条目；

·TBT 协议第 2.1 条和第 2.2 条。

日本保留在磋商期间就争议措施进一步举证事实以及提起法律申诉的权利。

日本期待俄罗斯对此请求的回复并确定双方均接受的磋商日期。

十、美国——对韩国产大型家用洗衣机采取反倾销和反补贴措施：韩国请求磋商

此文件自 2013 年 8 月 29 日起在韩国代表团和美国代表团及争端解决机构主席间进行沟通，现根据 DSU 第 4.4 条规定予以散发。

受我方政府授权，现代表韩国政府，根据 DSU 第 4 条、GATT 1994 第 22 条、《反倾销协议》第 17 条，以及 SCM 协议第 30 条，就美国商务部（“USDOC”）采取的反倾销和反补贴措施请求与其进行磋商。

Ⅰ. 美国对产自韩国的大型家用洗衣机采取反倾销措施

韩国希望能就美国对其大型家用洗衣机采取的反倾销措施进行磋商（第 A-580-868 号案件）。除其他公布的措施外，由下述措施或相关措施可知：

1. 低于公平价值的最终销售决议——低于公平价值的最终销售决议通知：产自韩国的大型家用洗衣机，第 77 Fed. Reg. 75988 号（2012 年 12 月 26 日）。

2. 对产自韩国的大型家用洗衣机的反倾销调查的事项和决策备忘录（2012 年 12 月 18 日），详情请查看www. ita. doc. gov。

3. 反倾销税令——产自墨西哥和韩国的大型家用洗衣机：反倾销税令，第 78 Fed. Reg. 11148 号（2013 年 2 月 15 日）。

4. 进程中任何题有产自韩国的大型家用洗衣机且美国商务部运用了“归零”方法的决议，在第 II 部分的描述中可知，包括但不限于行政审查、新发货商审查、日落复审和情势变更评论的初级和最终决议。

5. 进程中任何题有产自韩国的大型家用洗衣机且美国商务部运用了《反倾销协议》第 2.4.2 条第 2 句话的决议，不管是被描述为“针对性倾销”还是“差别定价”或任何其他名义，包括但不限干行政审查、新发货商审查、日落复审和情势变更评论的初级和最终决议。

韩国认为美国商务部运用“归零”方法论（下述第 II 部分描述的）对产自韩国的大型家用洗衣机进行低于公平价值的最终销售决议以及上述确认的其他措施与下述协议中的条例相违背，包括《反倾销协议》、GATT 1994、《马拉喀什协议》及其他条例：

1.《反倾销协议》第 2.1 条，GATT 1994 第 VI：1 条和第 VI：2 条，因为美国商务部没有对整体产品设定倾销幅度；

2.《反倾销协议》第 2.4 条和第 2.4.2 条，因为美国商务部进行的比较没有对整体产品设定倾销幅度，美国商务部未对出口价格和正常价值进行公平比较，因此与这些协议条例不符；

3.《反倾销协议》第 5.8 条，因为微量倾销幅度被错误地判定为不属微量；

4.《反倾销协议》第 9.4 条和第 9.3 条，由于采用“归零”方法而施加并征收了反倾销税，这超出了依照《反倾销协议》第 2 条合理规定的倾销幅度；

5.《反倾销协议》第 1 条和第 2.1 条，以及 GATT 1994 第 VI：1 条和第 VI：1 条，由于采用“归零”法而施加并征收的反倾销税与《反倾销协议》相违背；

6.《马拉喀什协议》第 XVI：4 条，以及《反倾销协议》第 18.4 条，因为美国尚未采取所有措施来确保其法律法规和行政手续与 GATT 1994 和《反倾销协议》的条例相一致。

韩国认为，鉴于美国采取的措施与 GATT 1994 和《反倾销协议》不相符，依照《反倾销协议》第 2.4.2 条而使用 W-T 比较法不足以为“归零”法的使用提供权威证据。

Ⅱ.美国采取“归零”法且在反倾销调查、行政审查和其他反倾销进程中采用加权平均对交易比较法方法论

韩国希望同美国针对方法论进行磋商。美国经判定，依照《反倾销协议》第 2.4.2 条适用 W-T 比较法，在进行反倾销调查、行政审查和其他反倾销进程部分（包括但不限于前述的与产自韩国的大型家用洗衣机相关的反倾销进程）而判定加权倾销幅度时，美国商务部对某些或全部负倾销的交易的差额算为零（例如，运用“归零”法）。韩国认为，根据下述措施及其他事项可看出，依照《反倾销协议》第 2.4.2 条，反倾销调查、行政审查和其他反倾销进程部分中，美国规定首先比较加权平均正常价值和单个出口交易价格，然后采用“归零”法来处理这些差额。美国商务部一贯采用这一措施，并依据或谨慎依据下列措施，而这些措施也受到韩国的质问，从而成为受质疑措施：

1. 1930 关税法令，尤其包括 771（35）（A）部分及（B）部分，以及 777A（c）和（d）部分。

2. 与《乌拉圭回合协议法案》相协同的《行政行动声明》，H. R. Doc. No. 103-316，第Ⅰ卷。

3. 美国商务部实施法规，19 C.F.R. 部分 351，包括 351.212 和 351.414 部分。

4. 这些法规的前身，包括 19 C. F. R. 351.414（2008）版本，其中美国商务部试图退出 73 Fed. Reg. 74930（2008 年 12 月 10 日），但美国法庭在江苏金东纸业案件中发现其仍在生效期，Slip Op. 13-74（2013 年 6 月 17 日）。

5. 美国商务部进口管理局反倾销手册，包括任何修订版本，以及其中指明的电脑程序。

6. 其他任何紧密相关的允许在反倾销调查、行政审查和其他反倾销进程部分中使用归零法的措施。

韩国认为美国在反倾销调查时，除去第 2.4.2 条例，运用 W-T 比较法和归零法与《反倾销协议》中的下述条例相违背：

1.《反倾销协议》第 2.1 条、第 2.4 条和第 2.4.2 条，GATT 1994 第 VI：1 条和第 VI：2 条，因为这些条例不允许使用归零法对反倾销差额进行比较，包括 W-T 比较差额。

2.《反倾销协议》第 2.1 条、第 2.4 条和第 2.4.2 条，以及 GATT 1994 第 VI：1 条和第 VI：2 条，因为美国未能对出口价格和正常价值进行公平比较，且未能对整体产品判定倾销幅度。

韩国进一步认为，在行政审查和其他反倾销进程部分内，美国在 W-T 比较法后运用归零法，包括第 2.4.2 条的特例，与《反倾销协议》下述条例相违背：

1.《反倾销协议》第 9.3 条、第 9.5 条和第 11 条，以及 GATT 1994 第 VI:2 条，因为美国设置的反倾销税额超出了第 2 条规定的反倾销额度。

2.《反倾销协议》第 2.1 条、第 2.4 条和第 2.4.2 条，以及 GATT 1994 第 VI:1 条，因为美国未能对出口价格和正常价值进行公平比较且未能对整体产品进行倾销额度判定。

韩国因此认为美国未能采取所有必要措施来确保其法律法规和行政管理办法与 GATT 1994 和《反倾销协议》的条例相符合，因此与《马拉喀什协议》第 XVI：4 条和《反倾销协议》第 18.4 条规定的美国的义务相违背。

Ⅲ.美国商务部根据《反倾销协议》第 2.4.2 条第 2 句话在对产自韩国的大型家用洗衣机进行反倾销调查时运用的方法论

韩国认为，美国商务部在这次调查中对韩国大型家用洗衣机运用《反倾销协议》第 2.4.2 条的第 2 句话，这一做法与《反倾销协议》第 2.4.2 条、

第2.1条和第2.4条、GATT 1994第VI：1条不符，如下所述：

1. 美国商务部未能在第2.4.2条定义下找到“一个因购买商、地域和时间段不同而变化的出口价格模式”，也未能对为什么被告的价格构成了一个第2.4.2条所述的“模式”提供合理的解释。

2. 美国商务部判定被告的价格在本次调查中显示了三个方面——购买商、区域和时间段中差异价格的“模式”，这一判定与第2.4.2条中所述的“模式”不符。

3. 美国商务部未能从合法商务理由和市场原因对差异价格模式进行考虑，这一做法与第2.4.2条中“模式”的定义相违背。

4. 美国商务部定义差异价格“模式”时采用的数据分析统计不健全，且这些数据分析从经济上看并不合理。

5. 找到差异价格模式后，美国商务部对被告所有的出口销售交易运用了W-T比较法，而非仅对“有意倾销”的出口交易运用这一比较法，这与第2.4.2条相违背。

6. 美国商务部未能合理解释为何价格差异不能用“加权平均值与加权平均值的比较来合理考虑”，也未解释为何不能用“交易与交易比较来合理考虑”。

IV. 美国商务部应用第2.4.2条等方法

韩国认为，美国商务部坚持统一得出的判定“出口价格随购买商、区域和时间段不同而变化”必须完全由统计分析来得出，这是一个系统统一的规范做法。这一方法论未能依据第2.4.2条中定义的“价格模式”解释价格差异且未考虑相关经济和商务因素，因此，韩国认为美国的做法与第2.4.2条中规定的美国的义务相违背。

V. 美国对产自韩国的大型家用洗衣机采取的反补贴措施

韩国希望能与美国就对产自韩国的大型家用洗衣机采取反补贴措施进行磋商（第C-580-869号案件），如下述措施所示，以及涉及任何在磋商请求中描述的措施：

1. 反补贴税最终裁决——产自韩国的大型家用洗衣机：最终确定反补贴判定，第77 Fed. Reg. 75975号（2012年12月26日）。

2. 对产自韩国的大型家用洗衣机征收反补贴税最终裁决的事项和决议备忘录（2012年12月18日），详情请查看www.ita.doc.gov。

3. 反补贴税令——对产自韩国的大型家用洗衣机的反补贴令，第78 Fed. Reg. 11154号（2013年2月15日）。

4. 在诉讼过程中任何题有产自韩国的大型家用洗衣机的决议，包括调查和所有行政审查、新发货商审查、情势变更审查、日落审查和其他诉讼部分。

韩国认为美国商务部的决议与GATT 1994和SCM协议中相关条例规定的美国的义务相违背，包括但不限于：

关于韩国《税收特例限制法》（RSTA）第10（1）和（3）条

1. SCM协议第2.1条，因为：

a. 根据韩国《税收特例限制法》(简称“RSTA”)第10（1）和（3）条，被告三星电子公司未受到普遍补贴，美国商务部在得出此判定时出现了错误，这自动为所有进行某些特定类型投资的韩国纳税人提供了税收抵免待遇；

b. 美国商务部错误地判定三星受到了RSTA第10（1）和（3）条下提供的大量的税收抵免；

c. 在判定根据这一条例下三星受到大量税收抵免之前，美国商务部未能考虑到韩国国内经济的多元化程度，也未考虑到RSTA第10（1）和（3）条的有效期限。

2. GATT 1994第VI：3条，因为美国商务部对三星施加反补贴税收措施，这一反补贴税是针对其根据RSTA第10（1）和（3）条进行投资所受到的税收抵免，而RSTA这一条例针对的是除被调查产品以外的其他产品，也即除“大型家用洗衣机”外的产品。例如，第VI：3条不允许对“任何产品……超过相当于直接或间接在出口国对生产、制造或出口这种产品准予的估计政府奖金或已确定的补贴数额”征收反补贴税。然而，美国商务部对除大型家用洗衣机外的产品征收反补贴税，这一措施与该条例相违背。

3. SCM协议第1.1条、第1.2条及第14条，因为：

a. 美国商务部错误地夸大了韩国政府的财政贡献，并错误地夸大了其授予三星的利益。美国商务部未能意识到根据RSTA第10（1）、（3）条所提供的税收抵免有益于三星在韩国以外的地方生产的产品；

b. 美国商务部在进行利益计算时未考虑到第10（1）、（3）条提供的税收抵免对三星在韩国以外的地方生产产品的益处，对此美国商务部未能给予充分解释。

3. SCM 协议第 19.4 条，因为美国商务部对进口产品超出已发现的补贴数额征收反补贴税，反补贴税按照对每单位补贴和出口产品的补贴进行计算。

关于韩国《税收特例限制法》(RSTA) 第26条

1. SCM 协议第 1.2 条和第 2.2 条，因为美国商务部发现 RSTA 第 26 条提供了具体补贴因为其只对特定地理区域的某些企业准予补贴，这一发现是错误的。事实上，在记录的证据证明了，第 26 条下的税收抵免是在韩国可普遍受到的。因此，这一税收抵免项目是不具体的。

2. GATT 1994 第 VI：3 条，因为美国商务部对三星征收反补贴税，这一反补贴税是针对其根据 RSTA 第 26 条进行投资所受到的税收抵免，而 RSTA 这一条例针对的是除被调查产品以外的其他产品，也即除“大型家用洗衣机”外的产品。例如，第 VI：3 条不允许对“任何产品……超过相当于直接或间接在出口国对生产、制造或出口这种产品准予的估计奖金或已确定的补贴数额”征收反补贴税。然而，美国商务部对除大型家用洗衣机外的产品征收反补贴税，这一措施与该条例相违背。

3. SCM 协议第 19.4 条，因为美国商务部对进口产品超出已发现的补贴数额征收反补贴税，反补贴税按照对每单位补贴和出口产品的补贴进行计算。

有关 KDB 和 IBK 承兑交单（D/A）和往来账户（O/A）筹资

1. SCM 协议第 1.1 条，因为就第 1.1（a）（1）（i）条而言，美国商务部错误地将韩国产业银行（“KDB”）和韩国中小企业银行（“IBK”）视为公共机构，完全由政府所有；

2. SCM 协议第 1.2 条和第 14 条，因为美国商务部错误地判定 KDB 和 IBK 提供的筹资不合理，因此就那些条例商讨利益，忽视了可证明这些金融机构运用其自己的商务判断的证据。

3. SCM 协议第 19.4 条，因为美国商务部对进口产品超出已发现的补贴数额征收反补贴税，反补贴税按照对每单位补贴和出口产品的补贴进行计算。

* * *

由于上述讨论的美国采取的措施触犯了《反倾销协议》和 SCM 协议，故美国措施与《反倾销协议》第 1 条、SCM 协议第 10 条以及 GATT 1994 第 VI 条相违背。

此外，美国采取的措施直接或间接地剥夺或减损了韩国根据这些协议所应获得的利益。

韩国保留在磋商和请求设立专门小组期间进一步举证事实以及提起法律申诉的权利。

韩国期待贵方对此请求的回复，以便根据 DSU 第 4.3 条确定双方均可接受的磋商时间及地点。

十一、印度尼西亚——园艺产品、动物及动物产品的进口：美国请求磋商

此文件自 2013 年 8 月 30 日起在美国代表团和印度尼西亚代表团及争端解决机构主席间进行沟通，现根据 DSU 第 4.4 条规定予以散发。

受我方政府授权，根据 DSU 第 1 条和第 4 条、GATT 1994 第 22 条、《农业协议》第 19 条、《进口许可程序协定》第 6 条，以及《装运前检验协议》第 7 条和第 8 条，针对自印度尼西亚进口的园艺产品、动物及动物产品，就以下措施请求与印度尼西亚进行磋商：

对于进口至印度尼西亚的园艺产品、动物及动物产品，印度尼西亚采用非自动化进口许可和配额，因此限制了货物进口。印度尼西亚不管这些产品的国内产量是否能够满足国内需求，其采取的措施限制了这些产品的进口。在这些措施下，印度尼西亚也通过部长级调解会议和部委间技术会议每年或每半年进行配额设置。农业部进行配额分配，并明确每个进口商每种产品的数量。

对于园艺产品，印度尼西亚采取非自动化进口许可机制，包括多个步骤。第一，进口商必须持有农业部颁发的“园艺产品进口推荐证书”(RIPH)。RIPH 证书限制了以每六个月为期的进口园艺产品的数量、种类和原产国。对于六个月前刚收获的园艺产品，RIPH 证书也不允许进口该种园艺产品供消费。第二，进口商必须向贸易部申请

取得“园艺产品生产者进口商”指派称号或是“注册园艺产品进口商”。第三，对于每种进口产品，进口商必须向贸易部提交RIPH证书和指派书以申请进口许可。

对动物及动物产品，印度尼西亚采取的非自动化进口许可机制包括多个程序步骤。第一，进口商必须持有农业部颁发的“进口推荐证书”（RPP），才可进口动物及动物产品。第二，以交易或转让给另一方的商业目的的进口商必须申请“注册动物及动物产品进口商”的指派称号。第三，进口商向贸易部提交RPP证书和指派书以申请进口许可。

印度尼西亚的非自动进口许可和配额限制了进口，且除了保护印度尼西亚生产商外没有任何显而易见的理由。这种多步骤许可流程过于繁琐，对于措施管理来说也很繁复且不必要。印度尼西亚的许可措施未能给政府和交易者提供足够的相关信息来使其熟知，包括总体配额细节、国家配额部分，以及发放和分配许可证的依据。许可机制的管理并不统一、公正及合理，因为这些措施前后不一致且不可预测。同时，许可措施未能允许许可证持有者选择进口来源地。

印度尼西亚的措施限制了园艺产品、动物及动物产品的购买、销售和使用，而没有对国内产品设置同等的限制。例如，印度尼西亚的措施限制了出售给分销商的进口园艺产品，以及出售给宾馆、餐馆和膳食业的进口牛肉。

印度尼西亚的措施施加了装运前检验要求。印度尼西亚未能确保装运前检验不会导致不合理的延误，未能确保这一操作过程不含歧视因素及平等对待所有出口商。

最后，印度尼西亚进行进口限制的措施视国内价格而定。

印度尼西亚针对措施实施管理所采用的法律文书如下，但不限于以下法律、法规：

·印度尼西亚2010年关于园艺业第13条法令；

·农业部第47/Permentan/OT.140/4/2013号法规，有关建议进口园艺产品，撤销并替换了农业部第60/Permentan/OT.140/9/2012号法规；

·贸易部第16/M-DAG/PER/4/2013号法规，有关园艺产品进口的条例撤销并替换了贸易部第30/M-DAG/PER/5/2012号法规，有关园艺产品进口的条例，以及贸易部第60/M-DAG/PER/9/2012号法规，关于对贸易部第30/M-DAG/PER/5/2012号法规有关园艺产品进口的条例的二次修订；

·印度尼西亚第18/2009号关于动物畜牧业和动物健康的法律；

·农业部第50/Permentan/OT.140/9/2011号法规有关批准进口动物畜体、肉和可食用内脏，以及加工处理过的产品至印度尼西亚境内的建议，由农业部第63/Permentan/OT.140/5/2013号法规有关修订农业部第50/Permentan/OT.140/9/2011号法规有关进口动物畜体、肉和内脏及衍生物至印度尼西亚领土的许可建议进行修订；

·贸易部第22/M-DAG/PER/5/2013号法规有关进出口动物及动物产品，撤销并替换了贸易部第24/M-DAG/PER/9/2011号法规有关进出口动物及动物产品的条例；

·贸易部第699/M-DAG/KEP/7/2013号法令，有关牛肉价格稳定；

·印度尼西亚第18/2012号有关食物的法律；

·印度尼西亚第19/2013号有关对农民的保护和赋权。

还有任何修订、相关或实施措施。

印度尼西亚的措施与下列协议中其应履行的义务相违背：

(i) GATT 1994第Ⅲ:4条，第X:1条，第X:3（a）条，第XI:1条，第XIII:2（a）条，第XIII:2（c）条，以及第XIII:2（d）条；

(ii)《农业协议》第4.2条；

(iii)《进口许可程序协议》第1.3条，第3.2条，第3.3条，第3.5（a）条，第3.5（b）条，第3.5（c）条，以及第3.5（k）条；

(iv)《装运前检验协议》第2.1条和第2.15条。

美国期待对此请求的回复并确定均可接受的磋商日期。

十二、印度尼西亚——园艺产品、动物及动物产品进口：新西兰请求磋商

此文件自2013年8月30日起在新西兰代表团和印度尼西亚代表团及争端解决机构主席间进行沟通，现根据DSU第4.4条规定予以散发。

受我方政府授权，根据DSU第1条和第4条、GATT 1994第22条、《农业协议》第19条、《进

口许可程序协议》第 6 条，以及《装运前检验协议》第 7 条和第 8 条，针对印度尼西亚对园艺产品、动物及动物产品进口采取的某些措施请求与印度尼西亚进行磋商。

印度尼西亚采取的禁止和限制措施影响了一系列动物及动物产品和园艺产品的进口。[①] 这些禁止和限制措施包括配额、进口限制、酌情处理或非自动进口许可机制。

印度尼西亚政府对采取这些措施的依据是，限制某些国内产量已满足国内需求的农产品的进口。部长级协调会议和部委间技术会议会进行每年配额的设置和分配。例如，印度尼西亚对冷冻牛肉的进口配额已开始递减，2012 年为 73 000 吨，2011 年为 50 000 吨，2012 年为 34 000 吨，2013 年为 32 000吨，其他的产品也有着类似的配额。这些配额和限制由酌情处理和非自动进口许可机制进行管理，从而在接下来的“六个月期限”限制了数量、种类[②]和原产国。

印度尼西亚没有统一、公正及合理的管理这些配额和限制措施，其配额和限制的运用前后不一致且不可预测。印度尼西亚也未刊发或提供足够的相关信息以供别国政府和交易商熟知，包括总体配额信息。

印度尼西亚的酌情处理和非自动进口许可程序要求进口商在进口产品至印度尼西亚前完成多个步骤。第一，进口商必须持有农业部颁发的进口批准推荐书（RPP[③] 或 RIPH[④]）。第二，进口商必须向贸易部申请并取得“注册动物及动物产品进口商”、“注册园艺产品进口商”或“园艺产品生产进口商”的指派称号。[⑤] 最后，对每种产品，进口商都必须向贸易部申请取得进口许可证。

这些许可程序对贸易有所限制和扭曲，许可程序范围广且管理起来很繁复。他们不允许许可证持有者选择进口源。同时，由于这些许可程序前后不一致且不可预测，其管理不统一、不公正且不合理。印度尼西亚未能刊发或提供足够的相关信息以供别国政府和交易商熟知，包括授予和分配许可证的依据。

此外，印度尼西亚施加的措施影响了农产品的内部销售、许诺销售、购买、分销和使用，相较于国内产品，这些进口产品享受的待遇较低，包括限制出售给宾馆、餐馆和膳食部门的进口牛肉的措施，以及限制出口给分销商的进口园艺产品的措施。

最后，在 2013 年 6 月，印度尼西亚装运前检验机构限制了在新西兰对 Bureau Veritas 公司进行的装运前检验，最终导致了延误和贸易障碍。

这些措施对贸易的影响很大。自从有了这些限制措施，新西兰对印度尼西亚出口的牛肉和一系列园艺产品，包括苹果和洋葱，已经下降了 80%，对新西兰的产业造成相当大的损失。

新西兰知晓印度尼西亚采取并管理这些措施的法律文书，包括但不限于：

关于动物产品及动物

· 印度尼西亚 2009 年第 18 号法律，关于动物畜牧业和动物健康；

· 农业部第 50/Permentan/OT. 140/9/2011 号法规有关批准进口动物畜体、肉和可食用内脏，以及加工处理过的产品至印度尼西亚境内的建议，由农业部第 63/Permentan/OT. 140/5/2013 号法规有关修订农业部第 50/Permentan/OT. 140/9/2011 号法规有关进口动物畜体、肉和内脏及衍生物至印度尼西亚领土的许可建议进行修订；

· 贸易部第 22/M-DAG/PER/5/2013 号法规有关进出口动物及动物产品，撤销并替换了贸易部第 24/M-DAG/PER/9/2011 号法规有关进出口动

---

① 在本次磋商请求中提到的多个法律和法规中都列有动物及动物产品。它们包括但不限于：所有源自供消费、药用、农业或企业满足人类需求和健康的新鲜或是加工处理后的动物的原料。园艺产品也列在本次磋商请求中提到的多个法律和法规中。它们包括但不限于：水果、蔬菜、药用植物成分以及花卉，以及所有源自新鲜或加工后的园艺作物。

② 包括禁止进口六个多月前收获的供消费的新鲜园艺产品。

③ Rekomendasi Persetujuan Pemasukan. 在进口某些动物及动物产品时要求持有 RPP 证书。这些动物及动物产品名录列在农业部第 50/2011 号法规的第 I 至Ⅲ附录中，有农业部第 63/2013 号法规进行修订。

④ Rekomendasi Impor Produk Hortikultura. 在进口某些园艺产品时要求持有 RIPH 证书，这些园艺产品名录列在农业部第 47/2013 号法规附录 II 中。

⑤ 为进口贸易部第 22/2013 号法规附录 I 中列明的动物产品和农业部第 16/2013 号法规附录 I 中列明的园艺产品。

物及动物产品的条例；

·印度尼西亚2012年第18号法律，有关食品的法律；

·印度尼西亚第19/2013号有关对农民的保护和赋权；

·贸易部第699/M-DAG/KEP/7/2013号法令，有关牛肉价格稳定；

·此外，还有其他任何修订案、替换、相关措施和实施措施。

关于园艺产品

·印度尼西亚2010年第13号法律，关于园艺；

·农业部第47/Permentan/OT.140/4/2013号法规，有关建议进口园艺产品，撤销并替换了农业部第60/Permentan/OT.140/9/2012号法规；

·贸易部第16/M-DAG/PER/4/2013号法规，有关园艺产品进口的条例撤销并替换了贸易部第30/M-DAG/PER/5/2012号法规，有关园艺产品进口的条例，以及贸易部第60/M-DAG/PER/9/2012号法规，关于对贸易部第30/M-DAG/PER/5/2012号法规有关园艺产品进口的条例的二次修订；

·食品法；

·农民法；

·此外，还有其他任何修订、替换、相关和实施措施。

印度尼西亚的措施与WTO协议规定的其应履行的义务相违背，包括：

·《农业协议》第4.2条，因为其规定的配额、进口限制、许可机制和类似措施是一种“应被转化为普通关税”的措施，且WTO各成员国不得维持、采取或恢复这些措施。①

·GATT 1994第XI:1条，因为其规定的配额、进口限制、许可机制和其他措施②属于“除关税、税收及其他收费外的进口禁止或限制”。

·《进口许可程序协议》第3.2条，因为非自动进口许可程序对贸易产生限制或扭曲影响，且范围和期限比任何其声称要实施的措施更广泛，此外这一程序很繁复且不必要。

·GATT 1994第X:3（a）条和《进口许可程序协议》第1.3条，因为印度尼西亚没有统一、公正及合理的管理与配额、进口限制和许可机制相关的法律法规和决议规则。

·GATT 1994第X:1条，因为分配的配额及依据没有及时刊发以使政府和交易商能熟知。

·《进口许可程序协议》第3.3条和第3.5（a）条到（c）条，因为印度尼西亚未能刊发或提供足够的相关信息，包括总体配额信息、国家配额，以及准予和分配许可证的依据。

·GATT 1994第XIII:2（a）、（c）和（d）条，以及《进口许可程序协议》第3.5（k）条，因为印度尼西亚未能调整或适当通知配额信息，也未能允许许可证持有者选择进口源。

·GATT 1994第III:4条，因为印度尼西亚的法律法规和要求影响了内部销售、许诺销售、购买、分销和使用，相较于国内类似产品，这些进口产品享受的待遇较低。

·《装运前检验协议》第2.1条和第2.15条，因为印度尼西亚未能确保活动不会导致不合理的延误，其实施不能有歧视，且对所有出口商平等对待。

新西兰期待印度尼西亚对此请求的回复，并确定一个双方都方便的时间和地点来进行磋商。鉴于美国在2013年8月30日对同样的措施请求了磋商，新西兰提议该磋商与美国一同举行。新西兰将服从在雅加达进行的磋商安排。

十三、澳大利亚——关于烟草制品和包装的商标、地理标志和其他简单包装措施：印度尼西亚请求磋商

此文件自2013年9月20日起在印度尼西亚代表团和澳大利亚代表团及争端解决机构主席间进行沟通，现根据DSU第4.4条规定予以散发。

受我方政府授权，根据DSU第4条、TBT协议第14.1条、TRIPs协议第64.1条的规定，以及GATT 1994第22条，就澳大利亚关于烟草制品和

---

① 新西兰还希望针对影响国内价格的进口限制措施进行磋商，这些措施与《农业协议》第4.2条和GATT 1994第XI：1条相违背。

② 包括限制在新西兰对一家公司的装运前检验活动。

包装的商标、地理标志和其他简单包装措施请求与澳大利亚进行磋商。

受质疑的措施如下：

·《2011 年烟草制品简单包装法案》，2011 年第 148 号法案，“减少使用或以相关用途使用烟草制品的法令”；

·《2011 年烟草制品简单包装法规》，由《2012 年烟草制品简单包装修订法规》（1 号）修订；

·《2011 年商标修订（烟草制品简单包装）法案》。2011 年第 149 号法案，修订或以相关目的修订《1995 年商标法案》的法令；

·澳大利亚采取的任何相关措施，包括实施、补充或增加这些法律、法规的措施，以及修订或替换这些法律、法规的措施。

这些措施适用于香烟、雪茄盒和其他烟草制品的零售。这些措施对烟草产品的包装及烟草产品本身的外观和形式设置了广泛的要求。这些措施也设定了处罚措施，包括违反这些要求将受到刑事制裁。除其他外，这些措施要求如下：

·关于烟草产品的零售包装，这些措施（i）规定了商标和地理标志的外观，包括禁止展示设计和修饰性特征，包括知识产权的构成部分；（ii）规定构成商标的品牌和相似名称应以统一的字体、字形、大小、颜色放在包装的正面、顶部和底部；[①]（iii）禁止显示其他文字（除基本信息外，基本信息包括原产国和制造商的联系信息）；（iv）规定零售包装的颜色须采用亚光和单一的深棕色（Pantone 448C）；

·这些措施规定，除了供生产识别的字母数字混合代码外，单个香烟不能展示商标、地理标志及其他标志；

·这些措施规定单个香烟可标记品牌名称、相似名称、原产国和字母数字混合代码；这些信息必须以统一的字体、字形、大小和颜色标在一个深棕色（Pantone 448C）[②] 衬带上；

·这些措施规定了香烟包装和香烟产品的其他方面，比如下列要求：（i）香烟的零售包装必须用规定的大小、形式和材料；（ii）香烟必须是白色的[③]；且（iii）雪茄管必须是圆柱形的、刚性的，并且具有至少 15mm 的开口。

这些措施规定了零售烟草产品的简单包装和外观，这与 TBT 协议、TRIPs 协议和 GATT1994 中规定的澳大利亚应履行的义务相违背：

·TBT 协议第 2.1 条，因为受质疑的技术法规适用于进口烟草产品，这使得相较于国内原产产品来说，进口产品的待遇较低；

·TBT 协议第 2.2 条，因为受质疑的技术法规对贸易造成了不必要的障碍，原因是对于达成合法目的来说，这些措施对贸易有限制；

·TRIPs 协议第 2.1 条及《保护工业产权巴黎公约》的条例，由《1967 年斯德哥尔摩法案》（“巴黎公约”）修订，尤其是：（i）第 6 quinquies 条，因为在澳大利亚外注册的商标在澳大利亚不受保护；且（ii）第 10 bis 条，因为对于不公平竞争，澳大利亚没有提供有效的保护，例如，在竞争者货物间制造混淆；

·TRIPs 协议第 3.1 条，因为关于知识产权保护，澳大利亚对本国的待遇比 WTO 其他成员国的待遇要高；

·TRIPs 协议第 15.4 条，因为商标所反映的货物的本质对商标注册形成了障碍；

·TRIPs 协议第 16.1 条，因为这些措施阻碍注册商标持有者享有商标赋予的权利；

·TRIPs 协议第 16.3 条，因为这些措施阻碍“驰名”注册商标持有者享受商标赋予的权利；

·TRIPs 协议第 20 条，因为澳大利亚以特殊要求在贸易过程中无理阻碍烟草制品商标的使用。例如：（i）以特殊形式使用，例如，用统一的字体、字形、大小、颜色和位置展示品牌名称，且（ii）与烟草产品有关的商标可损害其区分一企业的烟草制品与其他企业的烟草制品的能力。

---

① 品牌名称和相似名称必须用 Lucida Sans 字体；品牌名称不能超过 14 号字，相似名称不能超过 10 号；只有首字母大写；用常规字形；用 Pantone Cool Gray 2C 颜色；置于香烟包装正面健康警示下方。

② 只能在衬带上写一遍，用 Lucida Sans 字体；小于 10 号字；用常规字形；用 Pantone Cool Gray 2C 颜色。品牌名称和相似名称应水平印制在衬带上，这样可围绕在香烟外观。

③ 但是，香烟可包含一个棕色的仿软木塞，置于滤嘴外。

· TRIPs协议第22.2（b）条，因为关于地理标志的不公平竞争，澳大利亚没有采取有效的保护措施，例如，针对货物原产地在消费者间制造混淆；

· TRIPs协议第24.3条，因为相较于1995年1月1日前澳大利亚对地理标志的保护程度，澳大利亚对地理标志的保护程度正逐渐降低；

· GATT 1994第Ⅲ:4条，因为受质疑的措施给予其本国烟草制品的待遇比进口烟草制品的优厚。

印度尼西亚保留在磋商和请求小组诉讼过程中进一步举证事实的权利。

印度尼西亚期待澳大利亚对此请求的回复并确定一个双方均可接受的磋商时间。

十四、乌克兰——有关小轿车的最终保障措施：日本请求磋商

此文件自2013年10月30日起在日本代表团和乌克兰联邦代表团及争端解决机构主席间进行沟通，现根据DSU第4.4条规定予以散发。

受我方政府授权，根据DSU第4条、GATT 1994第22条第1段、《保障措施协议》（简称"AoS"协议）第14条，就乌克兰对进口某些小轿车采取最终保障措施并展开调查请求与其进行磋商。

2011年6月30日，国际贸易部门间委员会（委员会）采取了第SP-259/2011/4402-27号决议，发起了对某些进口至乌克兰的小轿车（不论原产国或出口国）的调查以采用保障措施。由于乌克兰汽车制造商协会"UkrAvtoprom"代表三家乌克兰汽车制造商发起投诉，这一委员会决议有了进一步的措施。委员会决议于2011年7月2日刊登在Uryadoviy Kuryer第118期上。在2012年4月28日，委员会批准了第SP-275/2012/4423-08号决议（以下简称"决议"），根据这一决议，对进口至乌克兰的产品采取保障措施，以下述两条附加关税的形式进行：

· 对于气缸容量超过1000 cm^3但小于1500 cm^3的汽车，征收6.46%的关税

· 对于气缸容量超过1500 cm^3但小于2200 cm^3的汽车，征收12.95%的关税

相关产品包括主要供客乘的汽车和其他机械驱动的车辆（第M1类——不少于4轮，除司机座位外不多于8个座位的车），有火花点火内燃机和曲轴齿轮，且气缸容量超过1000 cm^3但小于2200 cm^3、新型且归属于UKTZED代码8703 22 10 00 and 8703 23 19 10的汽车。

有关这一决议的通知刊登于2013年3月14日Uryadoviy Kuryer第48期。

在这一通知刊登30天后，这些措施开始生效。措施的有效期为三年。

在2013年4月11日采用第SP-288/2013/4423-06号决议后，保障措施得以修订为装有混合动力推进装置（有车轮驱动的电动马达）的汽车实行临时非应用程序的特别措施。这一决议刊登于2013年4月20日Uryadoviy Kuryer第75期，自2013年4月20日至2014年2月28日有效。

日本深切关注乌克兰施加的保障措施以及致使保障措施的潜在调查。具体来说，日本考虑到：

（1）乌克兰未能遵守AoS协议第12.1条和第12.2条，这些条规引导成员国立即将所有保障行动通知给保障措施委员会。乌克兰未能遵守AoS协议第12.3条，这一条规引导成员国在与牵涉到产品重大出口利益国进行事先协商时提供充分的机会。

（2）乌克兰未能遵守AoS协议第8.1条，因为乌克兰没有努力维持GATT 1994规定下与AoS协议第12.3条相符合的日本与其本国的平等特许权。

（3）乌克兰未能刊发一份依据所有事实和法律以及经调查后详细案件分析的调查结果和合理结论的报告，也未能提供一份检验因素相关性的论证，因此乌克兰的措施与AoS协议第3.1条和第4.2（c）条相违背。

（4）乌克兰在调查阶段结束两年后运用保障措施，因此，其措施与AoS协议第2.1条、第3.1条和第4.2（c）条相违背，也与GATT 1994第XIX:1（a）条相违背。

（5）由于乌克兰没有逐渐开放其决议和WTO通告，对于防止或弥补严重损害并便于调整，乌克兰采取的保障措施超出必要程度之外，因此其措施与AoS协议第3.1条、第4.2（c）条、第5.1条、第7.1条、第7.4条和第12.2条以及GATT 1994第XIX:1（a）条相违背。

(6) 针对其声称不可预见的发展和对这些不可预见的发展如何导致保障措施涉及的具体产品的进口增长的解释，乌克兰未能提供合理重组的调查结果和结论。因此，乌克兰的措施与 AoS 协议第 3.1 条、第 4.2（c）条和第 11.1（a）条以及 GATT 1994 第 XIX:1（a）条相违背。

(7) 关于 GATT 1994 规定的乌克兰须履行的义务的影响，乌克兰没有在其决议中做合理充足的调查结果和结论，也未能解释这种影响会如何导致保障措施涉及的具体产品的进口增长。因此，乌克兰的措施与 AoS 协议第 3.1 条、第 4.2 条（c）和第 11.1（a）条以及 GATT 1994 第 XIX:1（a）条相违背。

(8) 关于其声称的调查中具体产品进口的增长，以绝对数量或是相对于国内生产的数量，乌克兰在其决议中未能做出合理且充足的调查结果和结论。因此，乌克兰的措施与 AoS 协议第 2.1 条、第 3.1 条、第 4.2（a）条、第 4.2（c）条和第 11.1（a）条以及 GATT 1994 第 XIX:1（a）条相违背。

(9) 关于其声称严重损害或严重损害威胁的存在性，乌克兰没有在其决议中做出合理且充足的调查结果和结论。因此，乌克兰的措施与 AoS 协议第 2.1 条、第 3.1 条、第 4.1（a）条、第 4.1（b）条、第 4.2（a）条、第 4.2（b）条和第 4.2（c）条以及 GATT 1994 第 XIX:1（a）条相违背。

(10) 关于其声称的进口增长与其声称的对国内产业的严重损害或严重损害威胁之间的因果关系，乌克兰没有在其决议中做出合理且充足的调查结果和结论。因此，乌克兰的措施与 AoS 协议第 2.1 条、第 3.1 条、第 4.1（a）条、第 4.1（b）条、第 4.2（a）条、第 4.2（b）条和第 4.2（c）条以及 GATT 1994 第 XIX:1（a）条相违背。

(11) 通过保障措施，乌克兰施加了关税，而这一关税超出了其安排中的数额，因此，这一措施违反了 GATT 1994 第 II:1（b）条。

日本政府保留在磋商期间进一步举证事实和法律申诉的权利。

日本政府期待乌克兰对此磋商请求的回复并确定一个双方均可接受的磋商时间。

十五、欧盟——针对亚特兰大—斯坎迪亚鲱鱼的措施：丹麦代表法罗群岛请求磋商

此文件自 2013 年 11 月 4 日起在丹麦代表团（代表法罗群岛）和欧盟代表团及争端解决机构主席间进行沟通，现根据 DSU 第 4.4 条规定予以散发。

代表丹麦王国法罗群岛（法罗群岛），受我方政府授权，根据 DSU 第 4 条、GATT 1994 第 23 条第 1 段，就欧盟针对亚特兰大—斯坎迪亚鲱鱼采取的胁迫性经济措施请求与欧盟进行磋商。

I. 背景

法罗群岛是丹麦王国的一个自治领土。法罗群岛也从属丹麦接受的《马拉喀什协定》的领土范围。

法罗群岛不属于欧盟的领土范围。

丹麦王国代表法罗群岛请求磋商。

法罗群岛拥有其领海附近及之外的主权权利。根据《联合国海洋法公约》（UNCLOS）的相关条例反映的国际法的既定原则，法罗群岛在这一区域内享有开发、保护和管理海洋生物资源的主权权利。

亚特兰大—斯坎迪亚鲱鱼资源由五个沿海国家各自专属区共享，即法罗群岛、冰岛、挪威、俄罗斯联邦和欧盟部分区域。为了与 UNCLOS 保持相一致，恰当管理并要求相关沿海国家联合管理并做出共同努力，以便为商定协调并保护和发展该共享资源储备做出必要措施方面达成一致意见。

法罗群岛在依据 UNCLOS 方面保护亚特兰大—斯坎迪亚鲱鱼资源的记录很完善。法罗群岛通过适当的保护和管理措施来确保资源维护以避免受到过度捕捞的危害。①

为此，法罗群岛每年与其他四个沿海国家开展谈判，依据国际海洋考察理事会（ICES）的意见来分配总允许捕捞量（TAC）。同时，这一分配基于这五个沿海国家达成的长期管理计划中写明的鱼死亡率。

---

① 通过这一请求，丹麦王国（代表法罗群岛）保留 UNCLOS 规定下的所有权利。因此这一请求对丹麦王国（代表法罗群岛），在 UNCLOS 下，采取或可能采取的措施没有偏见。

可惜的是，有关2013年对亚特兰大—斯坎迪亚鲱鱼资源的TAC的分配，这五个沿海国家没能达成一致意见。在2013年3月26日，根据已有的科学证据，法罗群岛设置了105 230吨的捕捞限制。

法罗群岛谅解欧盟现在的意见是法罗群岛应该通过将其亚特兰大—斯坎迪亚鲱鱼资源TAC捕捞限制设为5.16%来限制其主权权利，即2013年约为31 000吨。

II. 受质疑措施的鉴定

作为对法罗群岛决议设置的105 230吨亚特兰大—斯坎迪亚鲱鱼捕捞限制，欧盟已采取了胁迫性经济措施来应对法罗群岛。欧盟禁止法罗群岛管辖范围内捕捞的某些亚特兰大—斯坎迪亚鲱鱼产品和北大西洋鲭鱼进入欧盟领域。欧盟还禁止任何竖有法罗群岛国旗的捕捞亚特兰大—斯坎迪亚鲱鱼和北大西洋鲭鱼的渔船进入欧盟港口，及禁止任何运输由法罗群岛渔船及其他法罗群岛授权的第三方国家捕捞的亚特兰大—斯坎迪亚鲱鱼和北大西洋鲭鱼产品的船只进入欧盟港口。

在2013年8月21日，欧盟在欧盟公报刊登了委员会实施法规（欧盟）第793/2013号文件，2013年8月20日，制定措施确保法罗群岛对亚特兰大—斯坎迪亚鲱鱼资源施以保护。①

实施法规坚持，根据欧洲议会和委员会在2012年10月25日颁布的第1026/2012号法规（欧盟）第4(1)（i）条——有关对于允许非可持续捕鱼业国家保护鱼类资源的措施（“基础法规”②），对于亚特兰大—斯坎迪亚鲱鱼资源，“法罗群岛被确定为允许不可持续捕鱼业”③。

根据基础法规授予理事会的权力，实施法规第1条、第2条和第5条进一步明确：

1. 法罗群岛将被禁止向欧盟引入附录中列明的鱼和鱼类产品（由法罗群岛负责捕捞的亚特兰大—斯坎迪亚鲱鱼和北大西洋鲭鱼构成的或是含有这些成分的产品），包括港口运输。

2. 欧盟禁止任何竖有法罗群岛国旗的捕捞亚特兰大—斯坎迪亚鲱鱼和北大西洋鲭鱼的渔船进入欧盟港口，及禁止任何运输由法罗群岛渔船及其他法罗群岛授权的第三方国家捕捞的亚特兰大—斯坎迪亚鲱鱼和北大西洋鲭鱼产品的船只进入欧盟港口。根据《1982年联合国海洋法公约》第18条规定，遇到不可抗力或遇难情况必须运用相关服务来补救这些情况时，这一禁令不适用。④

实施法规在欧盟公报⑤刊发后第7天开始生效，即从2013年8月28日生效。

法罗群岛谅解，依照实施法规，欧盟采纳了一份禁止使用欧盟港口的指示性名单，包括伯利兹、中国、法罗群岛、圣基茨和尼维斯的船只。

受质疑的措施包括基础法规、实施法规，以及任何欧盟和其成员国采取的相关措施，包括指导、修订、支持、补充、替换和实施基础法规和实施法规中条例的措施。

Ⅲ. 诉讼的法律依据

法罗群岛唯恐上述欧盟采取的措施与下述协议中规定的欧盟所需履行的义务相违背。尤其是，其措施与下述条例相违背：

(a) GATT 1994第I：1条，因为：

• 欧盟明确禁止亚特兰大—斯坎迪亚鲱鱼和北大西洋鲭鱼产品进入欧盟领域，如实施法规第5（1）条所示；

• 禁止运输特定鱼和鱼类产品的竖有法罗群岛国旗和第三方国家的船只使用欧盟港口，如实施法规第5（2）条所示。

相较于产自其他国家的亚特兰大—斯坎迪亚鲱鱼和北大西洋鲭鱼，欧盟未能及时且无条件地给予产自法罗群岛类似产品以相关优势条件、待遇、特权和豁免权。

(b) GATT 1994第V:2条，因为，通过禁止亚特兰大—斯坎迪亚鲱鱼和北大西洋鲭鱼进入欧盟领域：

---

① 欧盟公报，第L 223号文件，2013年8月21日，第1页。

② 欧盟公报，第L 316号文件，2012年11月14日，第34页。

③ 实施法规，第4条。

④ 实施法规，第5条。第5条第1段涉及的附录设定了一份详细的欧盟禁止进入其领土的鱼类和鱼类产品名单。

⑤ 实施法规，第7条。

· 如实施法规第 5（1）条所示；

· 禁止运输特定鱼和鱼类产品的竖有法罗群岛国旗和第三方国家的船只进入欧盟港口，如实施法规第 5（2）条所示。

欧盟拒绝船只以最便捷的国际中转路径在欧盟及其成员国领土自由穿行，拒绝过境运输或进入其他 WTO 成员的领土。对于船只或其他运输方式，欧盟对其船只旗帜、原产国、始发地、进口、出口货目的地及与船主货物有关的情境加以区分。

（c）GATT 1994 第 XI：1 条，因为，通过禁止：

· 亚特兰大—斯坎迪亚鲱鱼和北大西洋鲭鱼产品进入欧盟领域，如实施法规第 5（1）条所示；

· 运输特定鱼和鱼类产品的竖有法罗群岛国旗和第三方国家的船只使用欧盟港口，如实施法规第 5（2）条所示。

欧盟对进口产自法罗群岛的特定产品设立或维持禁令或限制，而非关税、税收或其他收费。

我方期待欧盟，根据 DSU 第 4.3 条，在收到本请求 10 天后对此请求的回复。

十六、巴基斯坦——对产自印度尼西亚的部分纸制品的反倾销和反补贴措施：印度尼西亚请求磋商

此文件自 2013 年 11 月 27 日起在印度尼西亚代表团和巴基斯坦代表团及争端解决机构主席间进行沟通，现根据 DSU 第 4.4 条规定予以散发。

受我方政府授权，根据 DSU 第 4 条、《反倾销协议》第 17.3 条、SCM 协议第 30 条、GATT 1994 第 23 条第 1 段的规定，就巴基斯坦未能及时终止对产自印度尼西亚的部分纸制品所进行的反倾销和反补贴税调查请求与巴基斯坦进行磋商。

巴基斯坦分别于 2011 年 11 月 10 日和 23 日对进口自印度尼西亚的书写和打印纸发起了反倾销和反补贴调查。发起调查两年之后，这两项调查仍处于待定期，尚未终止。印度尼西亚认为巴基斯坦未能终止调查的行为与《反倾销协议》第 5.10 条和 SCM 协议第 11.11 条相违背。上述协议条例规定在任何反倾销或反补贴调查发起之后 18 个月之内终止。而巴基斯坦未能及时终止这些调查，巴基斯坦的行为与 WTO 协议的其他一些条例也不相符，下面会进一步列明。

背景

在 2011 年 11 月 10 日，巴基斯坦国家关税委员会（简称“委员会”）对进口自印度尼西亚的纸制品发起了反倾销和反补贴调查（“受质疑的反倾销调查”）。在 2011 年 12 月 12 日，该调查由伊斯兰堡高等法庭暂停。在 2012 年 5 月 24 日，伊斯兰堡高等法庭颁布了一项决议，声称该调查与巴基斯坦国内法律相违背。伊斯兰堡高等法庭的决议现今处于上诉状态。到 2013 年 11 月 10 日——调查发起 24 个月之后——巴基斯坦并未颁布最终决议，也未终止该调查。

在 2011 年 11 月 23 日，委员会对产自印度尼西亚的部分纸制品开展了反补贴调查（“受质疑的反补贴调查”）。白沙瓦高等法院驳回了一些进口商的请愿。这些进口商认为这项调查是不合法的并发起请愿。然而，在 2012 年 12 月 18 日，白沙瓦高等法院授予了中期济助，终止了该项调查，而法院对这项调查与巴基斯坦国内法律一致性的决议却处于待定状态。在 2013 年 11 月 10 日——调查发起 23 个多月后——巴基斯坦既未颁布最终决议，也未终止该项调查。

法律事项

巴基斯坦政府无视《反倾销协议》和 SCM 协议规定的 18 个月终止期限，未能及时终止受质疑的反倾销和反补贴调查。这一行为与下列 WTO 法律条例相违背：

· GATT 1994 第 X：3（a）条，因为巴基斯坦未能遵守《反倾销协议》第 5.10 条、SCM 协议第 11.11 条以及与这些协议合并的巴基斯坦法律法规中规定的时间表①，巴基斯坦政府未能统一、合理并公正地料理其反倾销反补贴法律法规以及决议和

① 印度尼西亚谅解适用于反倾销调查的相关巴基斯坦国家法律包括《1990 年国家关税委员会法案》、《2000 年反倾销税条例》、《2011 年反倾销税法案（修订案）》。尤其是，《2000 年反倾销税条例》第 29 条规定“除特殊情况，委员会应在 12 个月内缔结一项调查，调查期限不能超过自发起日之后的 18 个月”。

印度尼西亚进一步谅解适用于反补贴税调查的巴基斯坦国家法律包括《1990 年国家关税委员会法案》及《2001 年反补贴税条例》。《2011 年反补贴税条例》第 12.8 条对相关部分规定“可能的话，一项调查应在一年之内缔结，不能超过自发起日后的 18 个月。”

裁决事项。

• SCM协议第11.11条，因为该条例规定任何反补贴调查必须在发起日之后18个月内完成或终止，而巴基斯坦超出了这一时限。

• GATT 1994第XI:1条，因为根据《反倾销协议》第5.10条和SCM协议第11.11条，受质疑的反倾销和反补贴调查超出了时间限制。对进口产品的“寒蝉效应”限制了自印度尼西亚进口的产品量。根据GATT 1994第XI:1条，这一行为相当于对进口的禁止或限制，因而违背了这一条例。

• 《反倾销协议》第1条和第18.1条，以及GATT 1994第VI:1条和第VI:2条，因为受质疑的反倾销调查超过了《反倾销协议》第5.10条规定的18个月期限，这进而构成了另一个《反倾销协议》第18.1条规定下不被允许的“反倾销的特殊行动”。

• SCM协议第10条和第32.1条以及GATT 1994第VI:3条，因为正在实施的反补贴调查超过了《反倾销协议》第5.10条规定的18个月期限，这进而构成了另一个《反倾销协议》第18.1条规定下不被允许的“反倾销的特殊行动”。

除此之外，印度尼西亚谅解巴基斯坦的措施与下列条例不相符：

• 《反倾销协议》第1条和第18.4条，因为巴基斯坦未能采取所有必要措施来确保其法律规定和行政程序符合《反倾销协议》的条例。尤其是，巴基斯坦未能确保其法律、法规和行政程序中规定所有反倾销调查在发起日之后18个月内结束（如《反倾销协议》第5.10条规定的）。

• SCM协议第10条和第32.5条，因为巴基斯坦未能采取所有必要措施来确保其法律规定和行政程序符合《反倾销协议》的条例。尤其是，巴基斯坦未能确保其法律、法规和行政程序中规定所有反倾销调查在发起日之后18个月内结束（如SCM协议第11.11条规定的）。

• 《反倾销协议》第5.10条，巴基斯坦法律要求，当与该调查相关的法律诉讼已经发起时，国家关税委员会应继续该反倾销调查（在18个月法律规定期限之内），或阻止其缔结。

• SCM协议第11.1条，巴基斯坦法律要求，当与该调查相关的法律诉讼已经发起时，国家关税委员会应继续该反倾销调查（在18个月法律规定期限之内），或阻止其缔结。

基于上述这些原因，印度尼西亚认为巴基斯坦政府的行为与GATT 1994第6条，《反倾销协议》第1条、第5.10条、第18.1条和第18.4条，SCM协议第10条、第11.11条和第32.5条，GATT 1994第X:1条和第X:3（a）条，以及上述引证的具体条例不符。印度尼西亚保留磋商期间进一步举证事实和法律诉讼的权利。除体现上述措施的法律文书之外，这一请求还包括任何修订案、扩展、相关文书和实践、任何与受质疑调查相关的司法或行政审查程序的结果，包括但不限于进入伊斯兰堡和白沙瓦高等法院前的诉讼，以及任何调查引发的措施。

印度尼西亚期待巴基斯坦对此请求的回复。我方提议商议一个双方都方便的日期在日内瓦举行磋商。

十七、美国——部分方法及其在涉及中国的反倾销诉讼中的运用：中国请求磋商

此文件自2013年12月3日起在中国代表团和美国代表团及争端解决机构主席间进行沟通，现根据DSU第4.4条规定予以散发。

1. 受中国政府授权，根据DSU第4条、GATT 1994第22条、《反倾销协议》第17条的规定，请求与美国政府进行磋商。

2. 下列部分，我方确认了受质疑的措施并指明投诉的法律依据。

A. 在原始调查中运用目标倾销方法

3. 在部分涉及所谓“目标倾销”指控的反倾销调查中，美国商务部采用了一系列措施来判定是否存在随购买商、区域或时间阶段而变化的出口价格模式（一个“相关价格模式”）。这些措施的关键部分在之前美国商务部“产自中国的钢钉”调查中已经确定，也称作“钢钉测试”。

4. 在部分运用“钢钉测试”的决议中得出了存在相关定价模式的结论，美国商务部表示，运用涉及比较加权平均标准值和加权平均出口价格的方法不能说明相关定价模式的存在。据此，就受质疑的出口商而言，美国商务部采取了比较了加权平均标准值和单笔交易中出口价格的方法。

5. 为判定产品整体的倾销幅度，美国商务部加总了特定交易加权平均对交易（“W-T”）比较值。当加总这些中间比较数据时，美国商务部采用

了“归零法”，因此，忽略（即“归零”）了交易出口价格超出加权平均正常值的数额。除此之外，在部分调查中，美国商务部将产品组归成不同的型号来比较公允价值和出口价格，虽然“钢钉测试”的情况只符合出口商对美出售的部分型号，美国商务部对所有出口商出售的产品型号的销售额运用了W-T 比较法。

6. 中国将第 3 条至第 5 段提到的措施视为“目标倾销方法”。在本次磋商请求中，受质疑措施包括反倾销调查的决议和附录 1 中列举的相关措施。在这些措施中，美国商务部运用了目标倾销方法。

7. 中国担心，在附录 1 中列举的调查中运用目标倾销方法与《反倾销协议》中第 2.4.2 条中规定的美国义务相违背，因为：

a）对于确认是否存在随购买商、地区和时间而变化的出口价格模式，“钢钉测试”中写明的措施步骤不适宜；

b）就为何不能通过使用加权平均对加权平均（“W-W”）或交易对交易进行比较而适当考虑相关定价模式，美国商务部忽略了或未能提供一个合理且充分的解释；

c）对出口商进行的所有对美出售额，在加总单笔交易 W-T 比较额时，美国商务部运用了“归零法”。

B. 在审议中运用目标倾销方法

8. 在最近的一项行政审议中，美国运用了目标倾销方法，包括为解决涉及中国出口的“目标倾销”诉讼时的“钢钉测试”。为此，在判定审议期间出口商对美销售额的倾销幅度时，美国商务部运用了 W-T 比较方法和归零法。

9. 受质疑的措施包括审议判定和附录 2 中列举的相关措施。

10. 我方担心，美国商务部在反倾销诉讼审议阶段采用目标倾销方法，如第 8 段所述，与《反倾销协议》第 9.3 条和 GATT 1994 第 VI：2 条相违背。因为美国商务部未能确保受评估的反倾销税款数额不超过所有产品整体的倾销幅度。

C. 对非市场经济国家的单独税率假设

11. 在有关美国视为非市场经济国家（“NME”）进口产品的反倾销诉讼时，美国假定在一般政府管控下所有生产商和出口商构成了一个单一实体（“非市场经济国家实体”），对此确定了单一倾销幅度或单独的反倾销税率。生产商和出口商若驳回该假设可运用单独反倾销税率，而他们必须提供足够证据，且以美国“单独税率”测试中多个因素未考虑，就其出口活动证明其在法律和事实上不受政府管控。美国的该项规则包括假定和单独税率测试，我方将该规则视为“单独税率假设”。

12. 单独税率假设是一般和假设应用中的准则。在下述措施中一致使用了该假设：

• C. F. R. § 351.107（d）中陈述的法规；

• 进口管理政策公告第 05.1 号，2005 年 4 月 5 日；

• 进口管理反倾销手册，2009 年，第 10 章。

13. 在本次磋商请求中，受质疑措施包括单独税率假设，以及第 12 段提到的文书。

14. 受质疑的措施包括决议判定和附录 3 中列举的相关措施。在这些措施中运用了单独税率假设。

15. 我方认为，这些措施与下列协议中的条例规定的美国的义务相违背：

a）《反倾销协议》第 6.10 条，因为美国未能判定各出口商或生产商的单独倾销幅度，或其限制检验的出口商或生产商的单独倾销幅度；

b）《反倾销协议》第 9.2 条，因为美国未能针对每起案件收集适当数额的反倾销税，且未能列明相关产品的供应商；

c）《反倾销协议》第 9.4 条，因为美国未能做到不得超过对非单独调查的出口商或生产商确定的加权平均倾销幅度，这一加权倾销幅度是针对选定的出口商和生产商，且忽略了任何零幅度、微量幅度和根据可得事实所计算出的幅度。

D. 非市场经济国家法

16. 美国运用单独税率假设，为非市场经济国家实体计算了单独倾销幅度或单独反倾销税。为此，美国采用了很多其他措施。我方将这些措施统称为“非市场经济国家法”。这包括如下措施：

• 对于构成非市场经济国家实体的生产商和出口商，或非市场经济国家整体，未能系统性地索取判定其倾销幅度所需的信息。为便于参阅，我方将这一实践称为“未能索取信息”。

• 未能给予非市场经济国家实体的生产商和出口商，或是非市场经济国家实体整体适当的机会来提交信息（口述或字面），使得美国商务部在设定倾销幅度时无须参照二级来源信息。为便于参阅，我方将这一实践称为“未能提供辩护权”。

• 当一个或多个构成非市场经济国家实体的生产商或出口商未能提交其所要求的信息时，基于可得事实系统判定非市场经济国家实体的生产商和出口商的倾销幅度。为便于参阅，我方将这一实践称为“诉诸可得事实”。

17. 在本次磋商请求中，受质疑措施包括决议判定和附录4中列举的相关措施。在这些措施中，美国商务部运用了第16段所述的部分或所有实践措施。

18. 我方担心，这些措施与下述《反倾销协议》中规定的美国的义务相违背：

a）第6.1条，因为有关未能索取信息和未能提供辩护权利，美国未能向生产商和出口商索取必要信息，未能向其提供充分机会来提交相关证据；

b）第6.8条和附录II，因为有关未能索取信息和未能提供辩护权，美国没有具体说明其向所有利益相关方索取的信息。有关求助于可得事实方面，美国没有向利益相关方索取必要信息，而是运用现有可得事实来决议倾销判定；

c）第6.8条和附录II，因为有关求助于可得事实，美国未能恰当和客观评估事实，而得出了非市场经济实体未能配合提供判定倾销幅度必要信息的结论。美国未能最佳利用现有可得信息。当运用二级来源信息获得结论时，美国实践特殊谨慎态度；

d）第9.4条，因为非市场经济实体未能得到单独调查，反倾销税超出了“所有其他”税。

E. 运用现有可得的不利事实

19. 当美国商务部认为一个生产商或是出口商未能尽最大努力采取行动进行配合时，便运用“在现有可得事实中选取不利于利益相关方”的参考信息。① 我方将美国商务部的该种措施方式称为“运用现有可得的不利事实”。

20. 美国商务部将运用现有可得的不利事实作为一般和潜在应用准则。运用现有可得的不利事实与下述美国商务部适用的条例相违背：

• 《1930关税法》第776（b）部分，编入19 U.S.C. § 1677e（b）；

• 19 C.F.R. § 351.308中的法规。

21. 在本次磋商请求中，受质疑措施包括运用现有可得的不利事实，以及第20段中列举的文书。

22. 受质疑措施还包括决议判定和附录5中列举的措施。在这些措施中，美国商务部采用了运用现有可得的不利事实。

23. 我方担心，这些措施与《反倾销协议》第6.8条和附录II中规定的美国的义务相违背。因为通过利用现有可得不利事实，美国未能运用现有可得的最佳信息，在运用二级来源信息推出调查结果时也未能予以谨慎态度。

24. 我方期待美国政府对该请求的回复并确定双方便利的磋商日期。

附录1：美国商务部采用目标倾销法的调查受质疑措施（第6段）

（1）产自中国的适用于使用单张纸印刷机的高品质打印图形的部分铜版纸（USDOC调查A-570-958），包括：

• 低于公允价值销售的最终决议，第75 FR 59217号，2010年9月27日；

• 低于公允价值销售的最终决议修订案和反倾销命令，第75 FR 70203号，2010年11月17日；

• 上述措施的任何修改、替换和修订；

• 涉及在判定倾销幅度、倾销利润或反倾销税率时运用W-T比较法的任何相关或后续措施。

（2）原产自中国的部分石油管材（USDOC调查A-570-943），包括：

• 低于公允价值销售的最终决议，紧急状况的肯定性最终决议，以及目标倾销的最终决议，第75 FR 20335号，2010年4月19日；

• 低于公允价值销售的最终决议修订案和反倾销税命令，第75 FR 28551号，2010年5月21日；

• 上述措施的任何修改、替换和修订；

• 涉及在判定倾销幅度、倾销利润或反倾销税率时运用W-T比较法的任何相关或后续措施。

（3）原产自中国的高压钢瓶（USDOC调查A-570-977），包括：

• 低于公允价值销售的最终决议，第77 FR

① 《1930年关税法》第776（b）部分，编入19 U.S.C. § 1677e（b）。

26739 号，2012 年 5 月 7 日；

·反倾销税命令，第 77 FR 37377 号，2012 年 6 月 21 日；

·上述措施的任何修改、替换和修订；

·涉及在判定倾销幅度、倾销利润或反倾销税率时运用 W-T 比较法的任何相关或后续措施。

附录 2：美国商务部采用目标倾销法的审议中受质疑措施（第 9 段）

（4）原产自中国的聚对苯二甲酸乙二醇酯薄膜、片材和带材（USDOC 调查 A-570-924），包括：

·反倾销税行政审议最终结论，2010－2011 年，第 78 FR 35245 号，2013 年 6 月 12 日；

·上述措施的任何修改、替换和修订；

·涉及在判定倾销幅度、倾销利润或反倾销税率时运用 W-T 比较法的任何相关或后续措施。

附录 3：美国商务部采用单独假设的受质疑措施（第 14 段）

（5）原产自中国的铝合金型材（USDOC 调查 A-570-967），包括：

·低于公允价值销售的最终决议，第 76 FR 18524 号，2011 年 4 月 4 日；

·反倾销税命令，第 76 FR 30650 号，2011 年 5 月 26 日；

·反倾销税行政复审和撤销的初步结果，第 Part，2010/12 部分，第 78 FR 34986 号，2013 年 6 月 11 日，以及该诉讼中的任何最终决议；

·上述措施的任何修改、替换和修订；

·任何涉及单独税率假设应用的相关和后续措施。

（6）产自中国的适用于使用单张纸印刷机的高品质打印图形的部分铜版纸（USDOC 调查 A-570-958），包括：

·低于公允价值销售的最终决议，第 75 FR 59217 号，2010 年 9 月 27 日；

·低于公允价值销售的最终决议修订案和反倾销命令，第 75 FR 70203 号，2010 年 11 月 17 日；

·上述措施的任何修改、替换和修订；

·任何涉及单独税率假设应用的相关和后续措施。

（7）原产自中国的部分冷冻和罐装温水虾（USDOC 调查 A-570-893），包括：

·低于公允价值销售的最终决议通知，第 69 FR 70997 号，2004 年 12 月 8 日；

·低于公允价值销售的最终决议修订案通知和反倾销税命令，第 70 FR 5149 号，2005 年 2 月 1 日；

·行政复议的最终结果，2011－2012 年，第 78 FR 56209 号，2013 年 9 月 12 日；

·上述措施的任何修改、替换和修订；

·任何涉及单独税率假设应用的相关和后续措施。

（8）原产自中国的部分新充气工程机械轮胎（USDOC 调查 A-570-912），包括：

·低于公允价值销售的最终确定性决议和紧急情况部分确定性决议，第 73 FR 40485 号，2008 年 7 月 15 日；

·低于公允价值销售的最终确定性决议修订案通知和与最终法庭决议相符的反倾销命令修订案，第 75 FR 49459 号，2010 年 8 月 13 日；

·反倾销行政审议最终结果和最终撤销，部分，2010－2011 年，第 78 FR 22513 号，2013 年 4 月 16 日；

·上述措施的任何修改、替换和修订；

·任何涉及单独税率假设应用的相关和后续措施。

（9）原产自中国的部分石油管材（USDOC 调查 A-570-943），包括：

·低于公允价值销售的最终决议，紧急状况的确定性最终决议，以及目标倾销的最终决议，第 75 FR 20335 号，2010 年 4 月 19 日；

·低于公允价值的最终决议的修订案，和反倾销税命令，第 75 FR 28551 号，2010 年 5 月 21 日；

·反倾销税行政审议最终结果，2010－2011 年，第 77 FR 74644 号，2012 年 12 月 17 日；

·上述措施的任何修改、替换和修订；

·任何涉及单独税率假设应用的相关和后续措施。

（10）原产自中国的晶硅光伏电池（无论是否组装成模块）（USDOC 调查 A-570-979），包括：

· 低于公允价值销售的最终决议，以及紧急情况的确定性最终决议，部分，第77 FR 63791号，2012年10月17日；

· 低于公允价值销售的最终决议修订案，以及反倾销税命令，第77 FR 73018号，2012年12月7日；

· 上述措施的任何修改、替换和修订；

· 任何涉及单独税率假设应用的相关和后续措施。

（11）原产自中国的金刚石锯片和部件（USDOC调查A-570-900），包括：

· 低于公允价值销售的最终决议和紧急情况的最终部分确定性决议，第71 FR 29303号，2006年5月22日；

· 反倾销税命令，第74 FR 57145号，2009年11月4日；

· 反倾销税行政审议的最终结果，2009—2010年，第78 FR 11143号，2013年2月15日；

· 反倾销税行政审议的最终结果，2010—2011年，第78 FR 36166号，2013年6月17日；

· 与低于公允价值销售的最终决议不相符的法院裁决通知，以及根据法院裁决的低于公允价值销售的最终决议修订案通知，第78 FR 65289号，2013年10月31日；

· 上述措施的任何修改、替换和修订；

· 任何涉及单独税率假设应用的相关和后续措施。

（12）原产自中国的高压钢瓶（USDOC调查A-570-977），包括：

· 低于公允价值销售的最终决议，第77 FR 26739号，2012年5月7日；

· 反倾销税命令，第77 FR 37377号，2012年6月21日；

· 上述措施的任何修改、替换和修订；

· 任何涉及单独税率假设应用的相关和后续措施。

（13）原产自中国的多层复合木地板（USDOC调查A-570-970），包括：

· 低于公允价值销售的最终决议，第76 FR 64318号，2011年10月18日；

· 低于公允价值销售的最终决议修订案，以及反倾销税命令，第76 FR 76690号，2011年12月8日；

· 反倾销和反补贴税命令修订案，第77 FR 5484号，2012年2月3日；

· 反倾销税行政审议的初步结果，2011—2012年，第78 FR 70267号，2013年11月25日，以及该诉讼中的任何最终决议；

· 上述措施的任何修改、替换和修订；

· 任何涉及单独税率假设应用的相关和后续措施。

（14）原产自中国的窄幅织带（USDOC调查A-570-952），包括：

· 低于公允价值销售的最终决议，第75 FR 41808号，2010年7月19日；

· 低于公允价值销售的最终决议修订案，第75 FR 51979号，2010年8月24日；

· 反倾销税命令，第75 FR 53632号，2010年9月1日；

· 反倾销税命令修订案，第75 FR 56982号，2010年9月17日；

· 反倾销税行政审议的最终结果，2010—2011年，第78 FR 10130号，2013年2月13日；

· 上述措施的任何修改、替换和修订；

· 任何涉及单独税率假设应用的相关和后续措施。

（15）原产自中国的聚乙烯零售手提袋（USDOC调查A-570-886），包括：

· 低于公允价值销售的最终决议通知，第69 FR 34125号，2004年6月18日；

· 低于公允价值销售的最终决议修订案通知，第69 FR 42419号，2004年7月15日；

· 反倾销税命令，第69 FR 48201号，2004年8月9日；

· 反倾销税行政审议最终结果，第74 FR 6857号，2009年2月11日；

· 反倾销税行政审议最终结果，第74 FR 63718号，2009年12月4日；

· 上述措施的任何修改、替换和修订；

· 任何涉及单独税率假设应用的相关和后续措施。

（16）原产自中国的聚对苯二甲酸乙二醇酯薄膜、片材和带材（USDOC调查A-570-924），包括：

·低于公允价值销售的最终决议，第 73 FR 55039 号，2008 年 9 月 24 日；

·反倾销税命令，以及对阿拉伯联合酋长国低于公允价值销售的最终决议修订案，第 73 FR 66595 号，2008 年 11 月 10 日；

·反倾销税行政审议的最终结果，2010－2011 年，第 78 FR 35245 号，2013 年 6 月 12 日；

·上述措施的任何修改、替换和修订；

·任何涉及单独税率假设应用的相关和后续措施。

(17) 原产自中国的木质卧室家具（USDOC 调查 A-570-890），包括：

·低于公允价值销售的最终决议，第 69 FR 67313 号，2004 年 11 月 17 日；

·低于公允价值销售的最终决议修订案的通知，以及反倾销税命令，第 70 FR 329 号，2005 年 1 月 4 日；

·根据法院裁决的低于公允价值销售的最终决议修订案通知，第 71 FR 34305 号，2006 年 6 月 14 日；

·根据法院裁决的低于公允价值销售的最终决议修订案通知，第 71 FR 35870 号，2006 年 6 月 22 日；

·低于公允价值销售的最终决议修订案通知，以及反倾销税命令/根据法院裁决，第 71 FR 67099 号，2006 年 11 月 20 日；

·反倾销税行政审议的最终结果，2011 年，第 78 FR 35249 号，2013 年 6 月 12 日；

·上述措施的任何修改、替换和修订；

·任何涉及单独税率假设应用的相关和后续措施。

附录 4：美国商务部采用 NME 法的受质疑措施（第 17 段）

(1) 原产自中国的铝合金型材（USDOC 调查 A-570-967），包括：

低于公允价值销售的最终决议，第 76 FR 18524 号，2011 年 4 月 4 日；

反倾销税命令，第 76 FR 30650 号，2011 年 5 月 26 日；

反倾销税行政审议和撤销的初步结果，部分，2010/12，78 FR 34986，2013 年 6 月 11 日，以及该诉讼中的任何最终决议；

·上述措施的任何修改、替换和修订；

·任何涉嫌非市场经济国家法应用的相关和后续措施。

(2) 原产自中国的适用于使用单张纸印刷机的高品质打印图形的部分铜版纸（USDOC 调查 A-570-958），包括：

·低于公允价值销售的最终决议，第 75 FR 59217 号，2010 年 9 月 27 日；

·低于公允价值销售的最终决议修订案和反倾销命令，第 75 FR 70203 号，2010 年 11 月 17 日；

·上述措施的任何修改、替换和修订；

·任何涉嫌非市场经济国家法应用的相关和后续措施。

(3) 原产自中国的部分冷冻和罐装温水虾（USDOC 调查 A-570-893），包括：

·低于公允价值销售的最终决议通知，第 69 FR 70997 号，2004 年 12 月 8 日；

·低于公允价值销售的最终决议修订案通知以及反倾销税命令，第 70 FR 5149 号，2005 年 2 月 1 日；

·行政审议的最终结果，2011－2012 年，第 78 FR 56209 号，2013 年 9 月 12 日；

·上述措施的任何修改、替换和修订；

·任何涉嫌非市场经济国家法应用的相关和后续措施。

(4) 原产自中国的部分新充气工程机械轮胎（USDOC 调查 A-570-912），包括：

·低于公允价值销售的最终确定性决议和紧急情况部分确定性决议，第 73 FR 40485 号，2008 年 7 月 15 日；

·低于公允价值销售的确定性最终决议修订案通知以及反倾销税命令，第 73 FR 51624 号，2008 年 9 月 4 日；

·与最终法院裁决符合的低于公允价值销售的最终决议修订案通知和反倾销税命令修订案，第 75 FR 49459 号，2010 年 8 月 13 日；

·反倾销税行政审议最终结果和最终撤销，部分，2010－2011 年，第 78 FR 22513 号，2013 年 4 月 16 日；

·上述措施的任何修改、替换和修订；

• 任何涉嫌非市场经济国家法应用的相关和后续措施。

(5) 原产自中国的部分石油管材 (USDOC 调查 A-570-943), 包括:

• 低于公允价值销售的最终决议, 紧急情况的确定性最终决议, 以及目标倾销的最终决议, 第 75 FR 20335 号, 2010 年 4 月 19 日;

• 低于公允价值销售的最终决议修订案和反倾销税命令, 第 75 FR 28551 号, 2010 年 5 月 21 日;

• 反倾销税行政审议最终结果, 2010—2011 年, 第 77 FR 74644 号, 2012 年 12 月 17 日;

• 上述措施的任何修改、替换和修订;

• 任何涉嫌非市场经济国家法应用的相关和后续措施。

(6) 原产自中国的晶硅光伏电池 (无论是否组装成模块) (USDOC 调查 A-570-979), 包括:

• 低于公允价值销售的最终决议, 紧急情况的确定性最终决议, 部分, 第 77 FR 63791 号, 2012 年 10 月 17 日;

• 低于公允价值销售的最终决议修订案, 以及反倾销税命令, 第 77 FR 73018 号, 2012 年 12 月 7 日;

• 上述措施的任何修改、替换和修订;

• 任何涉嫌非市场经济国家法应用的相关和后续措施。

(7) 原产自中国的金刚石锯片及部件 (USDOC 调查 A-570-900), 包括:

• 低于公允价值销售的最终决议以及紧急情况的最终部分确定性决议, 第 71 FR 29303 号, 2006 年 5 月 22 日;

• 反倾销税命令, 第 74 FR 57145 号, 2009 年 11 月 4 日;

• 反倾销税行政审议的最终结果, 2009—2010 年, 第 78 FR 11143 号, 2013 年 2 月 15 日;

• 反倾销税行政审议的最终结果, 2009—2011 年, 第 78 FR 36166 号, 2013 年 6 月 17 日;

• 与低于公允价值销售的最终决议不符的法院裁决通知, 以及以法院裁决为依据的低于公允销售的最终决议修订案通知, 第 78 FR 65289 号, 2013 年 10 月 31 日;

• 上述措施的任何修改、替换和修订;

• 任何涉嫌非市场经济国家法应用的相关和后续措施。

(8) 原产自中国的高压钢瓶 (USDOC 调查 A-570-977), 包括:

• 低于公允价值销售的最终决议, 第 77 FR 26739 号, 2012 年 5 月 7 日;

• 反倾销税命令, 第 77 FR 37377 号, 2012 年 6 月 21 日;

• 上述措施的任何修改、替换和修订;

• 任何涉嫌非市场经济国家法应用的相关和后续措施。

(9) 原产自中国的多层复合木地板 (USDOC 调查 A-570-970), 包括:

• 低于公允价值销售的最终决议, 第 76 FR 64318 号, 2011 年 10 月 18 日;

• 低于公允价值销售的最终决定已修订案和反倾销税命令, 第 76 FR 76690 号, 2011 年 12 月 8 日;

• 反倾销和反补贴税命令修订案, 第 77 FR 5484 号, 2012 年 2 月 3 日;

• 反倾销税行政审议的初步结果, 2011—2012 年, 第 78 FR 70267 号, 2013 年 11 月 25 日, 以及该诉讼中的任何最终决议;

• 上述措施的任何修改、替换和修订;

• 任何涉嫌非市场经济国家法应用的相关和后续措施。

(10) 原产自中国的窄幅织带 (USDOC 调查 A-570-952), 包括:

• 低于公允价值销售的最终决议, 第 75 FR 41808 号, 2010 年 7 月 19 日;

• 低于公允价值销售的最终决议修订案, 第 75 FR 51979 号, 2010 年 8 月 24 日;

• 反倾销税命令, 第 75 FR 53632 号, 2010 年 9 月 1 日;

• 反倾销税命令修订案, 第 75 FR 56982 号, 2010 年 9 月 17 日;

• 反倾销税行政审议的最终结果, 2010—2011 年, 第 78 FR 10130 号, 2013 年 2 月 13 日;

• 上述措施的任何修改、替换和修订;

• 任何涉嫌非市场经济国家法应用的相关和后续措施。

(11) 原产自中国的聚乙烯零售手提袋 (USDOC 调查 A-570-886), 包括:

· 低于公允价值销售的最终决议通知，第 69 FR 34125 号，2004 年 6 月 18 日；

· 低于公允价值销售的最终决议修订案通知，第 69 FR 42419 号，2004 年 7 月 15 日；

· 反倾销税命令，第 69 FR 48201 号，2004 年 8 月 9 日；

· 反倾销税行政审议最终结果，第 74 FR 6857 号，2009 年 2 月 11 日；

· 反倾销税行政审议最终结果，第 74 FR 63718 号，2009 年 12 月 4 日；

· 上述措施的任何修改、替换和修订；

· 任何涉嫌非市场经济国家法应用的相关和后续措施。

（12）原产自中国的聚对苯二甲酸乙二醇酯薄膜、片材和带材（USDOC 调查 A-570-924），包括：

· 低于公允价值销售的最终决议，第 73 FR 55039 号，2008 年 9 月 24 日；

· 反倾销税命令，以及对阿拉伯联合酋长国低于公允价值销售的最终决议修订案，第 73 FR 66595 号，2008 年 11 月 10 日；

· 反倾销税行政审议的最终结果，2010—2011 年，第 78 FR 35245 号，2013 年 6 月 12 日；

· 上述措施的任何修改、替换和修订；

· 任何涉嫌非市场经济国家法应用的相关和后续措施。

（13）原产自中国的木质卧室家具（USDOC 调查 A-570-890），包括：

· 低于公允价值销售的最终决议，第 69 FR 67313 号，2004 年 11 月 17 日；

· 低于公允价值销售的最终决议修订案的通知，以及反倾销税命令，第 70 FR 329 号，2005 年 1 月 4 日；

· 根据法院裁决的低于公允价值销售的最终决议修订案通知，第 71 FR 34305 号，2006 年 6 月 14 日；

· 根据法院裁决的低于公允价值销售的最终决议修订案通知，第 71 FR 35870 号，2006 年 6 月 22 日；

· 低于公允价值销售的最终决议修订案通知，以及反倾销税命令/根据法院裁决，第 71 FR 67099 号，2006 年 11 月 20 日；

· 反倾销税行政审议的最终结果，2011 年，第 78 FR 35249 号，2013 年 6 月 12 日；

· 上述措施的任何修改、替换和修订；

· 任何涉嫌非市场经济国家法应用的相关和后续措施。

附录 5：运用可得不利事实的受质疑措施（第 22 段）

（1）原产自中国的铝合金型材（USDOC 调查 A-570-967），包括：

· 低于公允价值销售的最终决议，第 76 FR 18524 号，2011 年 4 月 4 日；

· 反倾销税命令，第 76 FR 30650 号，2011 年 5 月 26 日；

· 反倾销税行政复审和撤销的初步结果，第 Part，2010/12 部分，第 78 FR 34986 号，2013 年 6 月 11 日，以及该诉讼中的任何最终决议；

· 上述措施的任何修改、替换和修订；

· 任何涉及应用可得不利事实的相关和后续措施。

（2）产自中国的适用于使用单张纸印刷机的高品质打印图形的部分铜版纸（USDOC 调查 A-570-958），包括：

· 低于公允价值销售的最终决议，第 75 FR 59217 号，2010 年 9 月 27 日；

· 低于公允价值销售的最终决议修订案和反倾销命令，第 75 FR 70203 号，2010 年 11 月 17 日；

· 上述措施的任何修改、替换和修订；

· 任何涉及应用可得不利事实的相关和后续措施。

（3）原产自中国的部分冷冻和罐装温水虾（USDOC 调查 A-570-893），包括：

· 低于公允价值销售的最终决议通知，第 69 FR 70997 号，2004 年 12 月 8 日；

· 低于公允价值销售的最终决议修订案通知和反倾销税命令，第 70 FR 5149 号，2005 年 2 月 1 日；

· 行政复议的最终结果，2011—2012 年，第 78 FR 56209 号，2013 年 9 月 12 日；

· 上述措施的任何修改、替换和修订；

· 任何涉及应用可得不利事实的相关和后续措施。

（4）原产自中国的部分新充气工程机械轮胎

(USDOC 调查 A-570-912)，包括：

低于公允价值销售的最终确定性决议和紧急情况部分确定性决议，第 73 FR 40485 号，2008 年 7 月 15 日；

• 低于公允价值销售的确定性最终决议修订案通知以及反倾销税命令，第 73 FR 51624 号，2008 年 9 月 4 日；

• 与最终法院裁决符合的低于公允价值销售的最终决议修订案通知和反倾销税命令修订案，第 75 FR 49459 号，2010 年 8 月 13 日；

• 反倾销税行政审议最终结果和最终撤销，部分，2010－2011 年，第 78 FR 22513 号，2013 年 4 月 16 日；

• 上述措施的任何修改、替换和修订；

• 任何涉及应用可得不利事实的相关和后续措施。

(5) 原产自中国的部分石油管材（USDOC 调查 A-570-943)，包括：

• 低于公允价值销售的最终决议，紧急情况的确定性最终决议，以及目标倾销的最终决议，第 75 FR 20335 号，2010 年 4 月 19 日；

• 低于公允价值销售的最终决议修订案和反倾销税命令，第 75 FR 28551 号，2010 年 5 月 21 日；

• 反倾销税行政审议最终结果，2010－2011 年，第 77 FR 74644 号，2012 年 12 月 17 日；

• 上述措施的任何修改、替换和修订；

• 任何涉及应用可得不利事实的相关和后续措施。

(6) 原产自中国的晶硅光伏电池（无论是否组装成模块）(USDOC 调查 A-570-979)，包括：

• 低于公允价值销售的最终决议，紧急情况的确定性最终决议，部分，第 77 FR 63791 号，2012 年 10 月 17 日；

• 低于公允价值销售的最终决议修订案，以及反倾销税命令，第 77 FR 73018 号，2012 年 12 月 7 日；

• 上述措施的任何修改、替换和修订；

• 任何涉及应用可得不利事实的相关和后续措施。

(7) 原产自中国的金刚石锯片及部件（USDOC 调查 A-570-900)，包括：

• 低于公允价值销售的最终决议以及紧急情况的最终部分确定性决议，第 71 FR 29303 号，2006 年 5 月 22 日；

• 反倾销税命令，第 74 FR 57145 号，2009 年 11 月 4 日；

• 反倾销税行政审议的最终结果，2009－2010 年，第 78 FR 11143 号，2013 年 2 月 15 日；

• 反倾销税行政审议的最终结果，2009－2011 年，第 78 FR 36166 号，2013 年 6 月 17 日；

• 与低于公允价值销售的最终决议不符的法院裁决通知，以及以法院裁决为依据的低于公允销售的最终决议修订案通知，第 78 FR 65289 号，2013 年 10 月 31 日；

• 上述措施的任何修改、替换和修订；

• 任何涉及应用可得不利事实的相关和后续措施。

(8) 原产自中国的高压钢瓶（USDOC 调查 A-570-977)，包括：

• 低于公允价值销售的最终决议，第 77 FR 26739 号，2012 年 5 月 7 日；

• 反倾销税命令，第 77 FR 37377 号，2012 年 6 月 21 日；

• 上述措施的任何修改、替换和修订；

• 任何涉及应用可得不利事实的相关和后续措施。

(9) 原产自中国的多层复合木地板（USDOC 调查 A-570-970)，包括：

• 低于公允价值销售的最终决议，第 76 FR 64318 号，2011 年 10 月 18 日；

• 低于公允价值销售的最终决定已修订案和反倾销税命令，第 76 FR 76690 号，2011 年 12 月 8 日；

• 反倾销和反补贴税命令修订案，第 77 FR 5484 号，2012 年 2 月 3 日；

• 反倾销税行政审议的初步结果，2011－2012 年，第 78 FR 70267 号，2013 年 11 月 25 日，以及该诉讼中的任何最终决议；

• 上述措施的任何修改、替换和修订；

• 任何涉及应用可得不利事实的相关和后续措施。

(10) 原产自中国的窄幅织带（USDOC 调查 A-570-952)，包括：

• 低于公允价值销售的最终决议，第 75 FR

41808 号，2010 年 7 月 19 日；

·低于公允价值销售的最终决议修订案，第 75 FR 51979 号，2010 年 8 月 24 日；

·反倾销税命令，第 75 FR 53632 号，2010 年 9 月 1 日；

·反倾销税命令修订案，第 75 FR 56982 号，2010 年 9 月 17 日；

·反倾销税行政审议的最终结果，2010—2011 年，第 78 FR 10130 号，2013 年 2 月 13 日；

·上述措施的任何修改、替换和修订；

·任何涉及应用可得不利事实的相关和后续措施。

（11）原产自中国的聚乙烯零售手提袋（USDOC 调查 A-570-886），包括：

·低于公允价值销售的最终决议通知，第 69 FR 34125 号，2004 年 6 月 18 日；

·低于公允价值销售的最终决议修订案通知，第 69 FR 42419 号，2004 年 7 月 15 日；

·反倾销税命令，第 69 FR 48201 号，2004 年 8 月 9 日；

·反倾销税行政审议最终结果，第 74 FR 6857 号，2009 年 2 月 11 日；

·反倾销税行政审议最终结果，第 74 FR 63718 号，2009 年 12 月 4 日；

·上述措施的任何修改、替换和修订；

·任何涉及应用可得不利事实的相关和后续措施。

（12）原产自中国的聚对苯二甲酸乙二醇酯薄膜、片材和带材（USDOC 调查 A-570-924），包括：

·低于公允价值销售的最终决议，第 73 FR 55039 号，2008 年 9 月 24 日；

·反倾销税命令，以及对阿拉伯联合酋长国低于公允价值销售的最终决议修订案，第 73 FR 66595 号，2008 年 11 月 10 日；

·反倾销税行政审议的最终结果，2010—2011 年，第 78 FR 35245 号，2013 年 6 月 12 日；

·上述措施的任何修改、替换和修订；

·任何涉及应用可得不利事实的相关和后续措施。

（13）原产自中国的木质卧室家具（USDOC 调查 A-570-890），包括：

·低于公允价值销售的最终决议，第 69 FR 67313 号，2004 年 11 月 17 日；

·低于公允价值销售的最终决议修订案的通知，以及反倾销税命令，第 70 FR 329 号，2005 年 1 月 4 日；

·根据法院裁决的低于公允价值销售的最终决议修订案通知，第 71 FR 34305 号，2006 年 6 月 14 日；

·根据法院裁决的低于公允价值销售的最终决议修订案通知，第 71 FR 35870 号，2006 年 6 月 22 日；

·低于公允价值销售的最终决议修订案通知，以及反倾销税命令/根据法院裁决，第 71 FR 67099 号，2006 年 11 月 20 日；

·反倾销税行政审议的最终结果，2011 年，第 78 FR 35249 号，2013 年 6 月 12 日；

·上述措施的任何修改、替换和修订；

·任何涉及应用可得不利事实的相关和后续措施。

十八、巴西——关于税收和收费的部分措施：欧盟请求磋商

此文件自 2013 年 12 月 19 日起在欧盟代表团和巴西代表团及争端解决机构主席间进行沟通，现根据 DSU 第 4.4 条规定予以散发。

受我方政府授权，根据 DSU 第 1 条和第 4 条、GATT 1994 第 22 条、SCM 协议第 4 条、TRIMs 协议第 8 条，就违反若干条例的有关税制和收费的部分措施，请求与巴西进行磋商。

这些措施影响了某些经济领域，同时也适用于所有商品和产品大类。从整体或个体角度来看，通过①对进口货物征收的税要高于国内国务，②调整使用国内货物的税务优势，且③视情况而定提供出口补贴，这些措施提高了巴西边境保护的有效水平，同时为国内生产商和出口商提供了优惠和支持。

部分具体的受质疑措施已存在数年，自 2012 年 9 月以来，随着新明细税制的采用以及对现有税务机制的修改和完善，巴西运营商享受税收优惠的总体框架的显著增强，因此逐渐形成了一致的模式。

该磋商请求集中于下述几方面：

1. 在汽车产业的歧视性税收优惠

第 n°12，715 号法律，2012 年 9 月，建立“对汽车供应链技术创新和增密的激励项目”，也称作“INOVAR-AUTO”。其条例在第 n°7，819 号法令中得到进一步发展，2012 年 10 月 3 日，由相关机构采用①。

根据 INOVAR-AUTO 项目，巴西对现有或潜在的汽车制造商给予与“工业产品税收”相关的税收优惠（IPI）。这些汽车制造商由 INOVAR-AUTO 项目“认证”。这些优惠由减免高达 30%的 IPI 课税基础构成。在某些条件下，这些减免的税收可用于抵消对该项目中汽车的销售额的 IPI。

有三种“认证”形式：国内制造商；位于当地而没有在巴西开展制造活动的分销商；在对国内制造业投资商。为得到“认证”，符合条件的经营者必须符合一些条件。依据其申请的认证形式，这些条件关乎：在巴西开展制造活动的最小额；在巴西对研发、工程、基础工业科技和实际的和潜在供应商能力建设的最低支出水平；坚持“车辆标签计划”；达成部分有关在巴西销售的车辆的能源效率目标。

对“认证”参与公司的税收减免数额取决于巴西每个参与者的支出本质。到目前为止，准予税收减免最重要的一项是在巴西的“战略投入和工具”支出。因此，没有在巴西开展制造活动的进口车辆分销商不能得到足够多的税收减免来抵消进口货物的 IPI 税收。与研发和技术支出相关的条件也是基于对进口产品惩罚的标准。除此之外，该体系是为了促进国内制造商使用巴西生产的零件。同时，制造商参与者使用税收减免的条件限制了抵消进口货物 IPI 税收的可能性。最后，INOVAR-AUTO 计划似乎对原产自某些国家的货物给予了税收优惠，包括南方共同市场和非南方共同市场国家，而没有将这些优惠扩展至其他 WTO 成员。

欧盟担心，根据该磋商请求（包括附录）中的法律、法规条例，以及任何修正案、补充案、扩展案、替换措施、更新措施和实施措施，以及关乎申请公司的个体行为，INOVAR-AUTO 计划似乎与下述协议条例相违背：

- GATT 1994 第Ⅰ：1 条
- GATT 1994 第Ⅲ：2 条
- GATT 1994 第Ⅲ：4 条
- GATT 1994 第Ⅲ：5 条
- SCM 协议第 3.1（b）条
- TRIMs 协议第 2.1 条，与 TRIMs 协议第 2.2 条和附录的详细列表相结合。

根据 SCM 协议第 4.2 条，欧盟提供了一份可用证据陈述，通过在附录 A 列明了制定和实施 INOVAR-AUTO 计划的所有法律文书。

2. 在电子和相关行业的歧视性税收优惠

巴西已逐步设置到位了一整套相互关联的措施，在许多与计算、自动化和视听设备相关技术领域奠定了税收优惠措施。第 n°12，715 号法律，2012 年 9 月 17 日，在前一部分中提到过且是与汽车产业的，还有引入的修订、扩展和对与现存的几项税收机制的补充。不管是单独来看还是与在本磋商请求第 3 部分提到的水平措施结合来看，这些措施对相关产品的国内制造商提供了与 WTO 规则相违背的支持和保护。

尤其是，以 1991 年 10 月 23 日②第 n°8，248 号法律修订案，与其他准则联系来看，巴西大幅降低了相关物品的销售额所需缴纳的 IPI 税款，以此来对在计算和自动化领域的研发活动提供优惠。税收减免只适用于以政府规定的基础生产流程（PPB）为根据且在巴西生产的产品。PPB 是一份规定了在巴西进行制造活动的最小数额以及其他情况下国内特定产品零件的采购条件的文件。任何利益相关的公司都可以请求政府颁发对某个产品的 PPB 文件，且该文件必须对同种产品的所有生产商都适合。具体条例适用于在玛瑙斯自由贸易区的生产商。③

其他税收优惠也需要遵循 PPB 文件及其他要求。这些机制具体有“PADIS”（半导体行业的激

① 请见附录 A。

② 法律第 n°8，248 号条例在法令第 n°5，906 号中得到进一步修订，2006 年 9 月 26 日，修订以及相关机构采取的其他措施：请参见附录 B。

③ 尤其是法律第 n°8，387 号，1991 年 12 月 30 日，修订案，以及法令第 n°6，008 号，2006 年 12 月 29 日。

励计划），“PATVD”（对数字电视设备产业的技术发展支持计划）以及“数字共融计划”。

PADIS 和 PATVD 都是通过第 n°11，484 号法律（2007 年 5 月 31 日）设立的。[①] 对那些在巴西将其总营业额 5%以上资金投资于研发的公司，PADIS 准予免除其部分税收。PADIS 税收优惠也是要视部分在巴西与下述相关活动而定的（包括创造、发展、涉及、制造、最终组装和测试）：（i）半导体，根据相关法律所规定的；（ii）LCD、等离子体及其他显示器；（iii）与 PPB 要求相符的生产半导体或显示器的投入和设备。对于每年将总营业额 2.5%以上资金投资于在巴西研发通过射频数字电视发射信号的设备的公司，PATVD 准予豁免其部分税收。根据 PPB 文件要求，PATVD 税收优惠也视在巴西开展的部分制造和发展活动而定。

根据 PADIS 和 PATVD，符合条件的公司必须申请政府的“认证”。根据认证，国内机械、仪器、工具或设备的购买或进口——以上述任一制造活动为目的且根据 PPBs 文件生产——可免除部分税收，包括 PIS/PASEP[②]、COFINS[③]、PIS/PASEP Importação[④]、COFINS Importação[⑤]，以及普通关税[⑥]。除此之外，得到认证的公司销售产品时还可以免受 PIS/PASEP，COFINS，IPI 以及其他部分税收。

此外，根据第 n°11.196 号法律条例的修订案，[⑦] 2005 年 11 月 21 日，关于“数字融合计划”，对生产大量所谓“电子产品”（例如电脑、路由器、智能手机和其他硬件）的公司，只要公司是根据 PPBs 要求在巴西生产开发，巴西则准予其 PIS/PASEP 和 COFINS 豁免权。

欧盟担心，通过免除在巴西进行制造活动的货物销售的间接税并降低其销售额的缴税额度，上述描述的这些税收机制会导致对进口产品的歧视，因为进口产品需要缴纳所有适用的税收。与研发和其他技术支出相关的条件也基于惩罚进口产品的标准。此外，通过 PPBs 要求和与 PPBs 相关的税收优惠，该体系对使用巴西生产产品的公司授予优惠待遇。

欧盟还认为，通过对进口产品征收一般税收和收费，而同时维持上述描述的税收机制（在本磋商请求中所列的法律、法规中，包括附录，以及所有修订、补充、扩充、替换、更新、实施以及通过与申请公司相关的个体行为中有所体现），与下述协议条例规定相违背：

- GATT 1994 第Ⅱ：1（b）条
- GATT 1994 第Ⅲ：2 条
- GATT 1994 第Ⅲ：4 条
- GATT 1994 第Ⅲ：5 条
- SCM 协议第 3.1（b）条
- TRIMs 协议第 2.1 条，与 TRIMs 协议第 2.2 条和附录的详细列表相结合。

根据 SCM 协议第 4.2 条，欧盟提供了一份可

---

① 由法律第 n°12，715 号修订，2012 年 9 月 17 日，由法令第 n°6，233 号进一步发展，2007 年 10 月 11 日（关于 PADIS），以及由法令第 n°6，234 号进一步发展，2007 年 10 月 11 日（关于 PATVD），修订案，以及有相关机构采取的其他措施：请见附录 B。

② 社会一体化税/公务员财产税，由法律第 n°9，718 号（1998 年 11 月 27 日）和法律第 n°10，637 号（2002 年 12 月 30 日）以及其后的修订案设立。

③ 社会保障融资贡献，由法律第 n°9，718 号（1998 年 11 月 27 日）和法律第 n°10，833 号（2003 年 12 月 29 日）设立，以及其后的修订案设立。

④ 适用于外国商品或服务进口的社会融合和公务资产形成方案"），由法律第 n°10，865 号（2004 年 4 月 30 日）设立，后续修订。收费计算方式由法令第 RFB n 1，401 号（2013 年 10 月 9 日）设立。

⑤ 适用于外国商品或服务进口的社会保障融资贡献，由法律第 n°10，865 号（2004 年 4 月 30 日）设立，后续进行修订。收费计算方式由法令第 RFB n 1，401 号（2013 年 10 月 9 日）设立。

⑥ 欧盟注意到 PIS/PASEP 和 COFINS 是对国内公司营业额征收的税。PIS/PASEP Importação 和 COFINS Importação 是数年前在 PIS/PASEP 和 COFINS 成立后引入的：他们是对所有进口产品单独征收的税费。欧盟认为，巴西将 PIS/PASEP Importação 和 COFINS Importação 收费当作巴西国内税收体系的一部分，而非对进口产品征收的“其他税或费用”［根据 GATT 1994 第 II：1（b）条］，但该结论的依据并不明显。因此，在本磋商请求中，欧盟认为 PIS/PASEP Importação 和 COFINS Importação 要么是国内税，要么是“其他税和费用”。

⑦ 法律第 n°11，196 号条例在法令第 n°5，602 号（2005 年 12 月 6 日）中得到进一步发展、修订，以及有相关机构采取的其他措施：请参见附录 B。

用证据陈述，通过在附录 B 中列明了所有法律文书。通过这些法律条例，给予补贴的相关税收机制得以设立和实施。

3. 与在自由贸易区生产的产品相关的歧视性税收优惠

玛瑙斯自由贸易区（Zona Franca）生产货物，若在巴西境内销售，巴西准予其 IPI 税收豁免权。① 另一方面，进口产品（包括那些在玛瑙斯自由贸易区贮存②的产品）但在巴西其他地方销售的情况，需要支付所有与进口产品适用的税后，包括 IPI。具体条例适用于坐落于玛瑙斯自由贸易区以及生产与“信息学”产业相关产品的公司。③

类似的还有，巴西免除在自由贸易区（包括 Tabatinga，Guajará-Mirim，Boa Vista 和 Bonfim，Macapá 和 Santana，和 Brasiléia 和 Cruzeiro do Sul）制造生产产品的 IPI 税。④ 进口产品，包括贮存在这些区域⑤的进口产品，若在巴西境内其他地方销售，也需要缴纳所有适用的税款。

根据 WTO 准则，WTO 成员必须提供激励措施来支持工业化程度较低的地区，包括如降低企业税等的税收激励措施。欧盟担心，根据该磋商请求中提到的法律法规条例（包括附录），以及所有修订案、补充案、扩充案、替换措施、更新措施和实施措施，当玛瑙斯自由贸易区以及在前述的 Áreas de Livre Comércio 生产的产品在巴西境内销售时，对其免除 IPI 税与 GATT 1994 第Ⅲ:2 条相违背。因为不管是否是通过自由贸易区中转，同一种税收优惠不能适应于在巴西的进口和进口产品销售。

除了 IPI 税收豁免，对于在玛瑙斯自由贸易区和上述的 Áreas de Livre Comércio 生产的产品，巴西还维持与 PIS/PASEP 和 COFINS 相关的明细条例。对于批准项目的生产商，若其货物销售给巴西境内其他地方的运营商，这部分销售额的 PIS/PASEP 和 COFINS 税率可得以降低。⑥ 此外，产于自由贸易区的产品的购买商在得到税率降低的优惠后还可请求更多的税收优惠。⑦ 这样一来，运营商（涉及产于玛瑙斯自由贸易区或是 Áreas de Livre Comércio 的产品）的税负会比其他产品的税负要低，包括所有在巴西销售的进口产品。如此，相较于相关的国内产品，所有受 PIS/PASEP Importação 和 COFINS Importação 影响且再销售额受普通 PIS/PASEP 和 COFINS 税率影响的进口产品处于不利地位。⑧

因此，欧盟担心，根据本磋商请求中所列的法律法规中（包括附录）以及所有修订、补充、扩充、替换、更新和实施措施，巴西采取上述与 PIS/PASEP、PIS/PASEP Importação、COFINS 和 COFINS Importação 相关的措施与下述条例相违背：

- GATT 1994 第Ⅱ:1（b）条
- GATT 1994 第Ⅲ:2 条

4. 出口商税收优惠

巴西已经设置了旨在对“主要出口企业”给予税收优惠的部分计划。通过下述计划，在巴西可享受下述这些补贴。通过修改公司被列为“主要出口企业”的要求，第 n°12，715 号法律（2012 年 9 月 17 日）扩展了相关计划范围内的受益方。

4. a. RECAP

根据第 n°11，196 号法律，2005 年 11 月 25 日，修订案，巴西维持“出口企业购置资本货物的

---

① 根据法令法律第 n°288 号，1967 年 2 月 28 日，修订案（尤其是第 9 条），以及法令第 n°7，212 号，2010 年 6 月 15 日（尤其是第 81. II 条）。

② 根据法令法律第 n°288 条，1967 年 2 月 28 日，修订案（尤其是第 9 条）。

③ 尤其是法律第 n°8，387 号，1991 年 12 月 30 日，修订案，以及法令第 n°6，008 号，2006 年 12 月 29 日。

④ 根据法律第 n°11，732 号，2008 年 7 月 30 日，修订案（尤其是第 6 条）；以及法令第 n°7. 212 号，2010 年 6 月 15 日，修订案（尤其是第 105 号）。

⑤ 根据法律第 No. 7，965 号，1989 年 12 月 22 日，修订案（尤其是第 3（V）和第 8 条）；以及第 n°8，256 号，1991 年 11 月 25 日，修订案（尤其是第 6 条）。

⑥ 根据法律第 n°10，637 号，2002 年 12 月 30 日，修订案（尤其是第 2 条、第§§ 4 条、第 5 条和第 6 条）；以及法律第 n°10，833 号，2003 年 12 月 29 日，修订案（尤其是第 2 条、第§§ 5 条、第 6 条和第 7 条）。

⑦ 同上，修订案（尤其是第 3 条、第§§ 17 条、第 23 条和第 24 条）。

⑧ 就已经提到的，在本次磋商请求中，欧盟认为 PIS/PASEP Importação 和 COFINS Importação 要么是国内税，要么是“其他税或费用”。

特殊机制”（Regime Especial de Aquisição de Bens de Capital para Empresas Exportadoras，“RECAP”）。[①] 在这一计划之下，为了“主要出口公司”法人的利益，巴西暂停了 PIS/PASEP、COFINS、PIS/PASEP Importação 和 COFINS Importação 的申请。“主要出口企业”是指在过去一年出口额占其总营业额 50%的公司。为了从 RECAP 中获益，“主要出口公司”必须从财政部联邦税务总局秘书处获得“认证”。

只要保证接下来两年的公司出口额占其总营业额的 50%，这些受 RECAP 承认的公司就可以享受税务豁免。除此之外，对那些承诺在接下来三年达到或超过 50%这一规定的公司，及时在过去的一年中其出口没有达到总营业额的 50%，也可以享受 RECAP 的优惠。

欧盟认为，根据本磋商请求中所列的法律法规中（包括附录）以及所有修订、补充、扩充、替换、更新和实施措施，以及与申请公司相关的个体行为，RECAP 与 SCM 协议第 3.1（a）条相违背，因为 RECAP 是一个视出口业绩表现而定的补贴项目。

根据 SCM 协议第 4.2 条，欧盟在本请求的附录 D 中提供了一份可用证据声明，列明了 RECAP 项目制定和实施依据的所有法律文书。

4.b. 与原材料、中间产品和包装材料相关的出口补贴

根据第 n°10，637 号法律，2002 年 12 月 30 日，修订案，以及第 n°10，865 号法律，2004 年 4 月 30 日，修订案，[②] 为了那些在过去一年出口额占其总营业额 50%以上的生产商的利益（“主要出口公司”），巴西暂停了 PIS/PASEP、COFINS、PIS/PASEP Importação 和 COFINS Importação 的申请。因此，免除 IPI 税是视公司的是否能达到特定出口标准而定的，以公司营业额的百分比进行计算。这一税务免除适用于税务方案中受益人对原材料、中间产品和包装材料的购置。

欧盟认为，根据本磋商请求中所列的法律法规中（包括附录）以及所有修订、补充、扩充、替换、更新和实施措施，以及与申请公司相关的个体行为，RECAP 与 SCM 协议第 3.1（a）条相违背，因为 RECAP 是一个视出口业绩表现而定的补贴项目。

根据 SCM 协议第 4.2 条，欧盟在本请求的附录 D 中提供了一份可用证据声明，列明了原材料、中间产品和包装材料的出口补贴制定和实施依据的所有法律文书。

欧盟保留在磋商过程中根据所涉及协议条例进一步举证措施和索赔的权利。

欧盟期待巴西对该请求的回复。根据 DSU 第 4.3 条，除非双方同意，收到该磋商请求的成员国必须在收到日后 10 天内予以回复。有关此规定，鉴于已到年底假期阶段，欧盟同意巴西在 2014 年 1 月 9 日前进行回复。欧盟已准备好与巴西商议双方都方便的日期来进行磋商。

附录 A——汽车产业

制定实施 INOVAR-AUTO 计划的普遍适用措施清单：

- Lei n°12，715，2012 年 9 月 17 日。
- Decreto n°7，819，2012 年 10 月 3 日。
- Decreto n°7，969，2013 年 3 月 28 日。
- Decreto n°8，015，2013 年 5 月 17 日。
- Portaria MCTI n°296，2013 年 4 月 1 日。
- Portaria MDIC n°106，2013 年 4 月 11 日。
- Portaria MDIC n°113，2013 年 4 月 15 日。
- Portaria interministerial MCTI/MDIC n°772，2013 年 8 月 12 日。
- Portaria MDIC n°280，2013 年 9 月 4 日。
- Portaria MDIC n°297，2013 年 9 月 30 日。

所有根据 INOVAR-AUTO 计划授予的认证（habilitações）：

在巴西发展、工业和外贸部网站上可看到所有受认证公司列表：

请见：

http：//www.mdic.gov.br//sitio/interna/interna.php？area=2&menu=4217&refr=4205

① 法律第 n°11，196 号的相关条例在法令第 n°5，649 号（2005 年 12 月 29 日）中得到进一步发展。

② 修订案，以及相关机构采取的其他措施：请参见附录 D 法律第 n°10，637 号，与 IPI 相关，以及法律第 n°10，865 号，与 PIS/PASEP，PIS/PASEP Importação，COFINS 和 COFINS Importação 相关。

附录B——电子和相关产业

Lei de Informatica 和相关措施：

·法律第 n°8，248 号，1991 年 10 月 23 日，由后续措施进行修订。

·法律第 n°8，191 号，1991 年 6 月 11 日，由后续措施进行修订。

·法律第 n°8，387 号，1991 年 12 月 30 日，由后续措施进行修订。

·法律第 n°10，176 号，2001 年 1 月 11 日，由后续措施进行修订。

·法律第 n°11，077 号，2004 年 12 月 30 日。

·法令第 n°5，906 号，2006 年 9 月 26 日，由后续措施进行修订（包括 Decreto n°8，072，2013 年 8 月 14 日）。

·法令第 n°6，008 号，2006 年 12 月 29 日。

·法令第 n°6，759 号，2009 年 2 月 5 日（最终和过渡条例）。

·法令第 n°7，212 号，2010 年 6 月 15 日（尤其是第 6 章，第 2 部分）。

·部委间法令 MDIC/MCTI n°177，2002 年 10 月 18 日。

·法令第 MCT n°950 号，2006 年 12 月 12 日。

·部委间法令第 MCTI/MDIC/MF n°148 号，2007 年 3 月 19 日。

·部委间法令第 MCTI/MDIC n°685 号，2007 年 10 月 25 日。

·部委间法令第 MDIC/MCT n°170 号，2010 年 8 月 4 日。

·法令第 MDIC n°267 号，2013 年 8 月 30 日。

·法令第 SDP/MDIC n°1 号，2013 年 9 月 18 日。

·根据上述提到的文书采取的所有 PPB 列表可参见：*http：//www.desenvolvimento.gov.br/arquivos/dwnl_1302542328.pdf*（至 2011 年 3 月的 PPB）*http：//www.desenvolvimento.gov.br/arquivos/dwnl_1339511332.pdf*（从 2009 年 12 月至 2012 年 5 月的 PPBs）*http：//www.suframa.gov.br/zfm_legislacao.cfm? idTopico*=5

PADIS 计划：

·法律第 n°11，484 号，2007 年 5 月 31 日，由后续措施进行修订。

·法令第 n°6，233 号，2007 年 10 月 11 日，由后续措施进行修订。

·指令第 RFB n°852 号，2008 年 6 月 13 日。

·法令第 n°7，212 号，2010 年 6 月 15 日（尤其是第 6 章，第 2 部分）。

PATVD 计划：

·法律第 n°11，484 号，2007 年 5 月 31 日，由后续措施进行修订。

·法令第 n°6，234 号，2007 年 10 月 11 日，由后续措施进行修订。

·指令第 RFB n°853 号，2008 年 6 月 13 日。

·指令第 n°7，212 号，2010 年 6 月 15 题（尤其是第 6 章，第 4 部分）。

电子融合计划：

·法律第 n°11.196 号，2005 年 11 月 21 日，由后续措施进行修订。

·法令第 n°5，602 号，2005 年 12 月 6 日，由后续措施进行修订（包括法令第 n°7，981 号，2013 年 4 月 8 日）。

·法令第 MC n°87 号，2013 年 4 月 10 日。

·法令第 STE n°2 号，2013 年 8 月 26 日。

附录C——有关在自由贸易区生产的产品的歧视性税收优惠

有关巴西玛瑙斯自由贸易区（Zona Franca）和其他自由贸易区（Áreas de Livre Comércio）的措施：

·法令法律第 n°288 号，1967 年 2 月 28 日，由后续措施进行修订。

·法律第 n°7，965 号，1989 年 12 月 22 日，由后续措施进行修订。

·法律第 n°8，256 号，1991 年 11 月 25 日，由后续措施进行修订。

·法律第 n°8，387 号 1991 年 12 月 30 日，由后续措施进行修订。

·法律第 n°10，637 号，2002 年 12 月 30 日，由后续措施进行修订。

·法律第 n°10，833 号，2003 年 12 月 29 日，由后续措施进行修订。

·指令第 SRF n°546 号，2005 年 6 月 16 日。

·法令第 n°6，008 号，2006 年 12 月 29 日，

由后续措施进行修订。

·法律第 n°11，732 号，2008 年 7 月 30 日，由后续措施进行修订。

·法令第 n°7，212 号，2010 年 6 月 15 日，由后续措施进行修订。

附录 D——出口商税收优惠

制订和实施 RECAP 计划的一系列普遍适用措施列表：

·法律第 n°11，196 号，2005 年 11 月 25 日，由后续措施进行修订。

·法令第 n°5，649 号，2005 年 12 月 29 日，由后续措施进行修订。

·法令第 n°5，789 号，2006 年 5 月 26 日，由后续措施进行修订。

·指令第 SRF n°605 号，2006 年 1 月 4 日。

其他与 RECAP 计划有关的证据：

·受益人列表，请见：

http：//www.receita.fazenda.gov.br/Legislacao/RegimeAquisicao/RelacaodasPJIN605.htm

制定和实施与原材料、中间产品和包装材料补贴相关的普遍适用措施清单：

·法律第 n°10，637 号，2002 年 12 月 30 日，由后续措施进行修订。

·法律第 n°10，865 号，2004 年 4 月 30 日，由后续措施进行修订。

·指令第 SRF n°595 号，2005 年 12 月 27 日，由后续措施进行修订。

十九、欧盟——对产自阿根廷的生物柴油的反倾销措施：阿根廷请求磋商

此文件自 2013 年 12 月 19 日起在阿根廷代表团和欧盟代表团及争端解决机构主席间进行沟通，现根据 DSU 第 4.4 条规定予以散发。

受我方政府授权，根据 DSU 第 1 条和第 4 条，GATT 1994 第 22 条，《反倾销协议》第 17 条的规定，就以下措施请求与欧盟进行磋商：

a. 欧盟对产自阿根廷的生物柴油采取的暂时①且确定性②反倾销措施以及导致这些措施的调查③。这些措施都与 GATT 1994 和《反倾销协议》中规定的欧盟的义务相违背：

1. 《反倾销协议》第 2.1、2.2 条和第 2.2.1.1 条，以及 GATT 1994 第 6 条第 1 段，因为欧盟没有根据调查中出口商或生产商的数据计算成本，同时欧盟没有恰当地判定生产成本；

2. 《反倾销协议》第 2.1 条和第 2.2 条，以及 GATT 1994 第 6 条第 1 段，因为在构建正常价值方面，欧盟没有使用原产国的生产成本；

3. 《反倾销协议》第 2.1 条、第 2.2 条和第 2.2.1.1 条，因为在构建正常价值方面，欧盟将与调查中的产品的生产和销售不相关的成本计入了成本之中；

4. 《反倾销协议》第 2.4 条，因为欧盟没有公正对比出口价格和正常价值，同时，欧盟没有对影响价格可比性的差异做出相应的津贴，包括税制差异；

5. 《反倾销协议》第 2.2 条和第 2.2.2 条，因为欧盟没有恰当判定与这些条例相符的利润额；

6. 《反倾销协议》第 9.3 条以及 GATT 1994 第 6 条第 2 段，因为欧盟施加的反倾销税额超出了《反倾销协议》第 2 条和 GATT 1994 第 6 条第 2 段中规定的倾销幅度；

7. 《反倾销协议》第 3.1、3.2、3.4 和 3.5 条，因为欧盟对损害的判定，尤其是对国内④产业生产制造的产品的影响，并非依据肯定性证据，也没有客观审查倾销进口产品的数量和倾销进口产品对国内市场同类产品价格及对国内产业类似产品生

① 暂时措施依据《委员会法规（欧盟）》第 490/2013 号，2013 年 5 月 27 日，对产自阿根廷和印度尼西亚的生物柴油施加反倾销税，OJ L 141，28.5.2013，第 6 页。

② 确定性措施依据《理事会实施法规（欧盟）》第 1194/2013 号，2013 年 11 月 19 日，对产自阿根廷和印度尼西亚的生物柴油施加确定性反倾销税并收纳临时税。

③ 调查依据《对产自阿根廷和印度尼西亚的部分生物柴油发起反倾销诉讼的通知》发起，OJ C 260，29.8.2012，第 8 页。

④ “国内”这一词用来指《理事会法规（欧盟理事会）》第 4 条中定义的欧盟产业，第 1225/2009 号，有关防范产自非欧盟理事会成员国的倾销进口产品，第 OJ L 343，22.12.2009 号，第 51 页。

产商的影响；

8.《反倾销协议》第3.1条和第3.4条，因为欧盟对损害的判定，并非依据肯定性证据，也没有客观审查倾销进口产品对国内产业类似产品生产商的影响，例如有关国内产业容量和利用率；

9.《反倾销协议》第3.1条和第3.5条，因为欧盟没有依据肯定性证据对倾销进口产品和其对国内产业的损害的因果关系开展客观审查。同时，在调查对国内产业影响时，欧盟没有基于肯定性证据对除倾销进口产品外的其他因素开展客观审查，因此将其他因素造成的影响归咎于倾销进口产品；

10.《反倾销协议》第6.5、6.5.1、6.4和6.2条，因为欧盟未能及时给予利益相关方以机会来审查与案件相关的信息，进而用来准备案件展示，包括判定倾销幅度以及损害程度的相关信息。因此，欧盟剥夺了利益相关方对自己的利益进行充分辩护的机会。

由于欧盟违反了上述条例，欧盟对产自阿根廷的生物柴油施加的反倾销措施与《反倾销协议》第1条和第18条，以及GATT 1994第6条相违背。

b.《理事会法规（欧盟理事会）》第2（5）条，第1225/2009号，2009年11月30日，有关防范产自非欧盟理事会[①]成员国的倾销进口产品，因为该条例规定，若相关方数据未能合理体现受调查的产品的生产销售成本，或者当这些信息不可得或是不可利用，包括其他代表市场的信息，或基于其他合理原理，其将依据同一国家的生产商和出口商的成本对这些数据加以调整。这一措施与下属条例中规定的欧盟须履行的义务相违背：

1.《反倾销协议》第2.2条，该条例规定基于出口价格和生产成本的比较，加上合理的管理、销售和总体成本费用及利润，运用原产国生产成本来判定倾销额度。

2.《反倾销协议》第2.2.1.1条，该条例规定正常情况下，成本应以受调查的出口商或生产商的数据为依据来计算。

3.《马拉喀什协定》第16条第4段以及《反倾销协议》第18.4条，因为欧盟未能采取一切必要措施来确保其法律法规和行政程序与GATT 1994的《反倾销协议》相一致。

以上提到的欧盟的措施直接或间接地剥夺或减损了阿根廷依据上述协议所应获得的利益。

阿根廷保留在磋商期间进一步举证与上述事项相关的措施和索赔，包括任何修订、替换、扩展和实施措施，以及其他相关措施。

阿根廷期待欧盟对此请求的回复以便商定双方都方便的磋商日期和地点。

二十、欧盟——成本调整方法论和部分对产自俄罗斯的进口品的反倾销措施：俄罗斯请求磋商

此文件自2013年12月23日起在俄罗斯联邦代表团和欧盟代表团及争端解决机构主席间进行沟通，现根据DSU第4.4条规定予以散发。

1. 受我方政府授权，根据DSU第1条和第4条、GATT 1994第22条第1段、《反倾销协议》第17条、SCM协议第30条的规定，请求与欧盟进行磋商。

2. 该请求，尤其是但不限于，是关于下述法律、法规、行政程序、方法论和实践的：

2.1 理事会法规（“EC”）第1225/2009号，2009年11月30日，关于防范非欧洲共同体成员国倾销产品[②]（“基础法规”），尤其是第2.3条和第2.5条，以及其他任何修订、替换或扩充；

---

① 《理事会法规（欧盟理事会）》第1225/2009号，有关防范产自非欧盟理事会成员国的倾销进口产品，第OJ L 343，22.12.2009号，第51页。

② 第OJ L 343，22.12.2009号，第51页（正误表，OJ 2010 L 7，第22页），编入理事会法规（EC）第384/96号，1995年12月22日，关于防范欧洲共同体以外的国家的倾销进口品（第OJ L 56，6.3.1996号，第1页），以及其后的修订案，包括理事会法规（EC）第2331/96号（第OJ L 317，6.12.1996号，第1页）；理事会法规（EC）第905/98号（第OJ L 128，30.4.1998号，第18页）；理事会法规（EC）第2238/2000号（第OJ L 257，11.10.2000号，第2页）；理事会法规（EC）第1972/2002号（第OJ L 305，7.11.2002号，第1页）；理事会法规（EC）第461/2004号（第OJ L 77，13.3.2004号，第12页）；理事会法规（EC）第2117/2005号（第OJ L 340，23.12.2005号，第17页）。

2.2 欧盟在反倾销调查和欧盟复议中计算倾销幅度时运用的“成本调整”行政程序、方法论或实践：

·拒绝使用外国生产商或是出口商记录中的按照出口国会计准则且合理反映与生产和销售相关的成本的实际成本数据；

·用其声称的“市场化”的成本数据替换生产者和出口商的实际成本数据，包括原产国和出口国以外的价格，来决定销售额是否通过普通贸易过程获得并随后构建正常价值①；

2.3 当出现“特殊市场情况”时，诸如待审议的产品价格或生产中的投入价格被视为“人为压低”，“与世界市场价格或其他代表市场价格有出入”或由于政府价格管制或出口关税的应用而导致的价格扭曲，欧盟使用“成本调整”行政程序、方法或实践，拒绝将原产国和出口国类似产品的销售价格作为决定正常价值的依据。

3. 这一要求还涉及欧盟在后续与下述有关的反倾销诉讼中继续使用上述“成本调整”：

3.1 进口原产自俄罗斯联邦的硝酸铵；②

3.2 进口原产自俄罗斯联邦的部分焊接管及铁管或非合金钢管③；

3.3 进口原产自俄罗斯联邦的部分无缝钢管④。

4. 该请求还涉及下述措施：

4.1 对产自俄罗斯联邦的硝酸铵化肥施加的确定性反倾销税⑤，根据 2012 年 10 月 10 号理事会第 2012/629/EU 号决议，修订第 2008/577/EC 号决议，接受关于对原产自俄罗斯的进口硝酸铵的诉讼事项⑥；

4.2 作为对产自俄罗斯的硝酸铵的反倾销措

---

① 该方法论在一般法庭第 T-235/08 号判决中被确认为“法律原则”，2013 年 2 月 7 日（Acron OAO 和 Dorogobuzh OAO 与欧盟理事会），以及一般法庭第 T-459/08 号判决，2013 年 2 月 7 日（EuroChem MCC 与欧盟理事会）。

② 对所有相关行动和诉讼的概况反映在第 2012/629/EU 号委员会决议中，2012 年 10 月 10 日，修订第 2008/577/EC 号决议，接受与进口原产自俄罗斯的硝酸铵的反倾销诉讼相关的事项，第 OJ L 277，11.10.2012 号。请见，理事会法规（EC）第 236/2008 号，2008 年 3 月 10 日，有关终止部分中期审议。这些中期审议依据第 384/96 号法规（EC）第 11（3）条，对进口原产自俄罗斯的硝酸铵的反倾销税，第 11（3）号，第 1 页；理事会法规（EC）第 661/2008 号，2008 年 7 月 8 日，在一项以第 11（2）条为依据的期满复审以及一项以法规（EC）第 384/9 第 11（3）条为依据的中期审议之后，对进口原产自俄罗斯的硝酸铵征收确定性反倾销税，第 OJ L 185，12.7.2008 号，第 10 页；理事会法规（EC）第 661/2008 号，2008 年 7 月 8 日，在一项以第 11（2）条为依据的期满复审以及一项以法规（EC）第 384/9 号第 11（3）条为依据的中期审议之后，对原产自俄罗斯的硝酸铵进口品征收确定性反倾销税，第 OJ L 185，12.7.2008 号，第 10 页。

③ 请见理事会法规（EC）第 1256/2008 号，2008 年 12 月 16 日，对原产自白俄罗斯、中国和俄罗斯的部分焊接管和铁管或非合金钢管进口品征收确定性反倾销税，这是在以法规（EC）第 384/96 号第 5 条为依据的一项诉讼之后，——原产自泰国，以法规（EC）第 384/96 号第 11（2）条为依据的一项期满复审之后，——终止有关原产自波黑和土耳其的相通进口产品的诉讼，第 OJ L 343，19.12.2008 号，第 1 页。

④ 对所有相关行动和诉讼的概况反映在第 1269/2012 号理事会实施法规（EU）中，2012 年 12 月 21 日，修订第 585/2012 号实施法规（EU），对原产自俄罗斯的部分无缝钢管或铁管进口品征收确定性反倾销税，在一项以法规（EC）第 1225/2009 号第 11（3）条的部分中期审议之后。请见，理事会法规（EC）第 954/2006 号，2006 年 6 月 27 日，对原产自克罗地亚、罗马尼亚、俄罗斯和乌克兰的部分无缝钢管或铁管进口品征收确定性反倾销税，撤销理事会法规（EC）第 2320/97 号和第 348/2000 号，终止对原产自俄罗斯和罗马尼亚的部分无缝铁管或非合金钢管进口品征收反倾销税的中期和期满审议，并终止对原产自俄罗斯、罗马尼亚、克罗地亚和乌克兰的部分无缝铁管或非合金钢管进口品征收反倾销税的中期审议，第 OJ L 175，29.6.2006 号，第 4 页；理事会法规（EC）第 812/2008 号，2008 年 8 月 11 日，修订法规（EC）第 954/2006 号，对原产自俄罗斯的部分无缝钢管或铁管进口品征收确定性反倾销税，第 OJ L 220，15.8.2008 号，第 1 页；理事会实施法规（EU）第 1269/2012 号，2012 年 12 月 21 日，修订实施法规（EU）第 585/2012 号，对原产自俄罗斯的部分无缝钢管或铁管征收确定性反倾销税，在一项以法规（EC）第 1225/2009 号第 11（3）条为依据的部分中期审议之后，第 OJ L 357，28.12.2012 号，第 1 页。

⑤ 理事会法规（EC）第 661/2008 号，2008 年 7 月 8 日，对原产自俄罗斯的硝酸铵进口品征收确定性反倾销税，根据以法规（EC）第 11（2）条为依据的期满复议和以法规（EC）第 11（3）条为依据的部分中期审议进行，第 384/96 OJ L 185，12.7.2008 号，第 1 页。

⑥ 委员会决议第 2012/629/EU 号，2012 年 10 月 10 日，修订第 2008/577/EC 号决议，接受与原产自俄罗斯的硝酸铵进口品有关的反倾销诉讼，第 OJ L 277 号。

施发起期满复审的结果，对产自俄罗斯联邦超过五年期的硝酸铵施加确定性反倾销税（第 2013/C 200/09 号），2013 年 7 月 12 日①；

4.3 对原产自俄罗斯联邦的部分焊接管和铁管或非合金钢征收的反倾销税②；

4.4 作为对产自俄罗斯的部分焊接管和铁管或非合金钢的反倾销措施发起期满复审的结果，原产自俄罗斯联邦超过五年期的部分焊接管和铁管或非合金钢是假的反倾销税（第 2013/C 372/10 号），2013 年 12 月 19 日③；

4.5 对原产自俄罗斯联邦的部分无缝钢管和铁或钢的确定性反倾销税④。

5. 俄罗斯联邦希望在磋商过程中提出的事项包括但不限于：

5.1 拒绝使用在审议的产品制造成本，包括能源投入成本，如汽油和电力。这些成本准确合理地反映了与待审议产品生产和销售相关的成本以及出口商和生产商依据原产国和出口国广为接受的会计原则记录的数据；

5.2 用包括原产国和出口国之外且并未能反映原产国和出口国的生产成本的价格替换和“调整”待审议的外国生产商和出口商的产品制造成本，包括能源投入成本，如汽油和电力。同时，用这些价格数据作为决议其销售是否通过正常贸易过程并构建正常价值的成本构建依据；

5.3 拒绝使用原产国和出口国正常贸易过程中类似产品销售价格来判定正常价值，由于一些“特殊市场情况”，诸如原产国和出口国存在与待审议的产品或投入有关的出口税、价格规定或其他“市场障碍”，或是其价格与“世界市场价格”或其他代表市场价格有出入，并用以原产国和出口国之外的价格为依据的正常价值进行替换；

5.4 拒绝使用原产国和出口国生产商和出口商的成本和价格信息，而继续使用这些外国生产商或出口商的未经调整的盈利数据，从而判定销售是否通过正常贸易过程以及构建正常价值；

5.5 根据欧盟拒绝使用准确和可靠的成本和价格数据确定的倾销幅度的影响，以及用并不能反映原产国和出口国成本和价格的成本和价格信息来进行替换，从而判定倾销进口产品造成的损害；

5.6 欧盟拒绝使用准确且可靠的成本和价格数据，同时用并不能反映原产国和出口国成本和价格的成本和价格信息来替换上述数据，以这些数据为依据来征收、延续或收集超过倾销幅度的反倾销税；

5.7 欧盟拒绝使用外国生产商和出口商的准确和可靠成本和价格数据，并用除原产国和出口国的成本外的成本和价格数据，以及其后征收、继续或收集反倾销税，以此数据为依据来判定微量倾销幅度；

5.8 继俄罗斯联邦入世之后，未能审议继续征收反倾销税的需要；

5.9 在没有足够的复发或延续倾销的可能性的数据时，发起期满复审；

5.10 运用反倾销税为具体行动来抵制政府补贴。

6. 俄罗斯联邦担心上述所列措施在某些方面与《反倾销协议》、《补贴与反补贴措施协议》、GATT 1994 以及《建立世界贸易组织的马拉喀什协定》（WTO 协定）中规定的欧盟的义务相违背，尤其是有关下列条例：

---

① 对原产自俄罗斯的硝酸铵进口品的反倾销措施发起期满审议的通知（第 2013/C 200/09 号），第 OJ C 200, 12.7.2013 号，第 12 页。

② 理事会法规（EC）第 1256/2008 号，2008 年 12 月 16 日，对原产自白俄罗斯、中国和俄罗斯的部分焊接管和铁管或非合金钢管征收确定性反倾销税，根据以法规第 384/96 号第 5 条为依据的诉讼进行——原产自泰国，根据以该法规第 11（2）条为依据的期满审议进行——原产自乌克兰，根据以该法规第 11（2）条的期满审议和以第 11（3）条为依据的中期审议进行——终止与原产自波黑和土耳其的相同进口产品相关的诉讼，第 OJ L 343，19.12.2008 号，第 1 页。

③ 对原产自白俄罗斯、中国、俄罗斯和乌克兰的部分焊接管和铁管或非合金钢管的反倾销措施的发起期满审议的通知（第 2013/C 372/10 号），第 OJ C/372 号，第 21 页，2013 年 12 月 19 日。

④ 理事会实施法规（EU）第 1269/2012 号，2012 年 12 月 21 日，修订实施法规（EU）第 585/2012 号，对原产自俄罗斯的部分无缝钢管和铁管进口品征收确定性反倾销税，根据以法规（EC）第 1225/2009 OJ L 357 号第 11（3）条为依据的部分中期审议进行，2012 年 12 月 28 日，第 1 页。

·《反倾销协议》第 2.1 条、第 2.2 条、第 2.2.1 条、第 2.2.1.1 条、第 2.2.2 条和第 2.4 条；

·《反倾销协议》第 3.1 条、第 3.2、3.4 条和第 3.5 条；

·《反倾销协议》第 5.8 条；

·《反倾销协议》第 6.8 条和附录 II；

·《反倾销协议》第 9.2 条和第 9.3 条；

·《反倾销协议》第 11.1 条、第 11.2 条和第 11.3 条；

·《反倾销协议》第 18.1 条和第 18.4 条；

·SCM 协议第 10 条和第 32.1 条；

·GATT 1994 第 I 条和第 VI 条；以及，

·《WTO 协定》第 XVI：4 条。

7. 俄罗斯保留磋商过程中进一步举证的权利。

8. 俄罗斯已准备好与欧盟商议双方都方便的日期进行磋商。

9. 俄罗斯期待欧盟对此请求的回复。根据 DSU 第 4.3 条，除非双方同意，被请求进行磋商的成员国须在收到请求 10 日内予以回复。在这方面，鉴于今年的假期时间，俄罗斯同意欧盟可在 2014 年 1 月 9 日前予以回复。

（王洁　译）

附录 1：1995—2013 年争端解决机构受理的案件[①]

第一部分
请求磋商；成立专家组；达成解决方案

序号	案件	请求磋商	收到磋商请求（日-月-年）	加入磋商请求	请求成立专家组（日-月-年）	专家组成立（日-月-年）	双边达成解决方案（日-月-年）
1	马来西亚一聚乙烯和聚丙烯进口禁令	新加坡 WT/DS1/1	10-01-1995		17-03-1995 新加坡 WT/DS1/2 WT/DSB/M/6 （请求撤回）		
2	美国一精炼汽油及传统汽油标准	委内瑞拉 WT/DS2/1	24-01-1995		27-03-1995 委内瑞拉 WT/DS2/2	10-04-1995 WT/DSB/M/3	
3	韩国一对于农业产品检测及检验措施	美国 WT/DS3/1	04-04-1995	日本 WT/DS3/2			
4	美国一精炼汽油及传统汽油标准	巴西 WT/DS4/1	10-04-1995		22-05-1995 巴西 WT/DS4/2	31-05-1995 WT/DSB/M/5	
5	韩国 韩国产品保质期措施	美国 WT/DS5/1	03-05-1995	加拿大 WT/DS5/2 日本 WT/DS5/4			31-07-1995 WT/DS5/5 和 Corr. 1 24-11-1995 Add. 1 22-04-1996 Add. 1/Rev. 1 22-04-1996 Add. 2 22-04-1996 Add. 3 19-07-1996 Add. 4 20-09-1996 Add. 5
6	美国一在 1974 年贸易法第 301 节及 304 节中来自日本汽车征收进口税	日本 WT/DS6/1	17-05-1995	欧共体 WT/DS6/2 澳大利亚 WT/DS6/3			19-07-1995 WT/DSB/M/6

① 此统计截至 2013 年 10 月 31 日。案件可分为五个部分：第一部分包括从最初提出磋商请求到成立专家组，再到争议各方形成双方满意的解决方法的案件；第二部分包括从成立专家组到通过专家组报告，再到提起上诉和通过上诉机构报告的案件；第三部分包括从通过专家组/上诉机构报告到执行争端解决机构建议和裁决的案件；第四部分、第五部分分别包括援引《关于争端解决规则与程序的谅解》第 21.5 条和第 22 条再次提请申诉的案件。

续 表

序号	案件	请求磋商	收到磋商请求 （日-月-年）	加入磋商请求	请求成立专家组 （日-月-年）	专家组成立 （日-月-年）	双边达成解决方案 （日-月-年）
7	欧共体一扇贝的贸易描述	加拿大 WT/DS7/1	19-05-1995	智利 WT/DS7/2 爱尔兰 WT/DS7/3 日本 WT/DS7/4 秘鲁 WT/DS7/5	10-07-1995 加拿大 WT/DS7/7 和 Corr. 1	19-07-1995 WT/DSB/M/6	19-07-1996 WT/DS7/12
8	日本一对酒精饮料征税	欧共体 WT/DS8/1	21-06-1995	美国 WT/DS8/2 加拿大 WT/DS8/3	15-09-1995 欧共体 WT/DS8/5	27-09-1995 WT/DSB/M/7	
9	欧共体一谷类进口税	加拿大 WT/DS9/1	30-06-1995		15-09-1995 加拿大 WT/DS9/2	11-10-1995 WT/DSB/M/8	
10	日本一对酒精饮料征税	加拿大 WT/DS10/1	07-07-1995	美国 WT/DS10/2 欧共体 WT/DS10/3	15-09-1995 加拿大 WT/DS10/5	27-09-1995 WT/DSB/M/7	
11	日本一对酒精饮料征税	美国 WT/DS11/1	07-07-1995		15-09-1995 美国 WT/DS11/2 和 Corr. 1	27-09-1995 WT/DSB/M/7	
12	欧共体一扇贝的贸易描述	秘鲁 WT/DS12/1	18-07-1995	加拿大 WT/DS12/3 智利 WT/DS12/2 和 Rev. 1 日本 WT/DS12/5	15-09-1995 秘鲁 WT/DS12/6 附录 22-09-1995 秘鲁 WT/DS12/7	11-10-1995 WT/DSB/M/8	19-07-1996 WT/DS12/12
13	欧共体一对谷物征收进口税	美国 WT/DS13/1	19-07-1995		29-09-1995 美国 WT/DS13/2 22-11-1996 WT/DS13/2/ Add. 1 13-02-1997 WT/DS13/5 27-03-1997 WT/DS13/6		02-05-1997 WTDS13/8 （请求撤回）

续 表

序号	案件	请求磋商	收到磋商请求（日-月-年）	加入磋商请求	请求成立专家组（日-月-年）	专家组成立（日-月-年）	双边达成解决方案（日-月-年）
14	欧共体—扇贝的贸易描述	智利 WT/DS14/1	24-07-1995	加拿大 WT/DS14/2 秘鲁 WT/DS14/3 日本 WT/DS14/4	15-09-1995 智利 WT/DS14/5 附录 27-09-1995 智利 WT/DS14/6 附录	11-10-1995 WT/DSB/M/8	19-07-1996 WT/DS14/11
15	日本—影响电信设备购买措施	欧共体 WT/DS15/1	18-08-1995	美国 WT/DS15/2			
16	欧共体—对于香蕉进口、销售及分销的规定	危地马拉 洪都拉斯 墨西哥 美国 WT/DS16/1	28-09-1995	圣卢西亚 WT/DS16/2 哥伦比亚 WT/DS16/3 多米尼加 WT/DS16/4 委内瑞拉 WT/DS16/5 尼加拉瓜 WT/DS16/6 哥斯达黎加 WT/DS16/7			08-11-2012 WT/DS16/8
17	欧共体—稻米进口征税	泰国 WT/DS17/1	05-10-1995				
18	澳大利亚—影响鲑鱼进口措施	加拿大 WT/DS18/1	05-10-1995		10-03-1997 WT/DS18/2	10-04-1997 WT/DSB/M/31	
19	波兰—汽车进口管理体制	印度 WT/DS19/1	28-09-1995				11-09-1996 WT/DS19/2
20	韩国—罐装水措施	加拿大 WT/DS20/1	08-11-1995	美国 WT/DS20/2 欧共体 WT/DS20/4			24-04-1996 WT/DS20/6
21	澳大利亚—影响鲑鱼进口措施	美国 WT/DS21/1	20-11-1995	加拿大 WT/DS21/2	11-05-1999 美国 WT/DS21/4	16-06-1999 WT/DSB/M/64	27-08-2000 WT/DS21/10
22	巴西—影响可可粉措施	菲律宾 WT/DS22/1	30-11-1995		08-02-1996 菲律宾 WT/DS22/5	05-03-1996 WT/DSB/M/12	
23	委内瑞拉—对工业用管材的反倾销调查	墨西哥 WT/DS23/1	05-12-1995				26-05-1997 WT/DS23/3 （调查终止）
24	美国—对棉质及人造纤维质内衣进口的限制	哥斯达黎加 WT/DS24/1	22-12-1995		27-02-1996 哥斯达黎加 WT/DS24/2	05-03-1996 WT/DSB/M/12	

续 表

序号	案件	请求磋商	收到磋商请求（日-月-年）	加入磋商请求	请求成立专家组（日-月-年）	专家组成立（日-月-年）	双边达成解决方案（日-月-年）
25	欧共体—乌拉圭回合稻米协议实施	乌拉圭 WT/DS25/1	14-12-1995				
26	欧共体—与肉及肉类制品相关措施（荷尔蒙）	美国 WT/DS26/1	26-01-1996	新西兰 WT/DS26/2 澳大利亚 WT/DS26/3 加拿大 WT/DS26/4	25-04-1996 美国 WT/DS26/6	20-05-1996 WT/DSB/M/17	
27	欧共体—对于香蕉进口、销售及分销的规定	厄瓜多尔 危地马拉 洪都拉斯 墨西哥 美国 WT/DS27/1	05-02-1996	多米尼加 WT/DS27/2 圣卢西亚 WT/DS27/3 尼加拉瓜 WT/DS27/4 牙买加 WT/DS/27/5	12-04-1996 厄瓜多尔 危地马拉 洪都拉斯 墨西哥 美国 WT/DS27/6	08-05-1996 WT/DSB/M/16	08-11-2012 WT/DS27/98
28	日本—关于音像制品措施	美国 WT/DS28/1	09-02-1996	欧共体 WT/DS28/2			24-01-1997 WT/DS28/4
29	土耳其—对于纺织品和服装限制措施	香港 WT/DS29/1	12-02-1996	欧共体 WT/DS29/2 马来西亚 菲律宾 泰国 WT/DS29/3 秘鲁 WT/DS29/4 印度 WT/DS29/5 巴西 WT/DS29/7 加拿大 WT/DS29/8			
30	巴西—对来自斯里兰卡的可可粉和可可奶进口征收补贴税	斯里兰卡 WT/DS30/1	23-02-1996				
31	加拿大—关于杂志的特定措施	美国 WT/DS31/1	11-03-1996		24-05-1996 美国 WT/DS31/2	19-06-1996 WT/DSB/M/19	
32	美国—影响女士及女童羊毛外套进口措施				15-03-1996 印度 WT/DS32/1	17-04-1996 WT/DSB/M/14	30-04-1996 WT/DS32/2 (根据争端解决机构1996年4月17日决定终止进一步行动)

续 表

序号	案件	请求磋商	收到磋商请求（日-月-年）	加入磋商请求	请求成立专家组（日-月-年）	专家组成立（日-月-年）	双边达成解决方案（日-月-年）
33	美国一影响羊毛衬衫及女上衣进口的措施				15-03-1996 印度 WT/DS33/1 和 Corr. 1	17-04-1996 WT/DSB/M/14	
34	土耳其一对于纺织品及服装进口的限制	印度 WT/DS34/1	21-03-1996		02-02-1998 WT/DS34/2	13-03-1998 WT/DSB/M/43	06-07-2001 WT/DS34/14
35	匈牙利一对于农产品出口补贴	阿根廷 澳大利亚 加拿大 新西兰 泰国 美国 WT/DS35/1	27-03-1996	日本 WT/DS35/2	10-01-1997 澳大利亚 WT/DS35/4 10-01-1997 新西兰 WT/DS/35/5 10-01-1997 美国 WT/DS35/6 10-01-1997 阿根廷 WT/DS35/7	25-02-1997 WT/DSB/M/29	30-07-1997 WT/DSB/M/36
36	巴基斯坦一制药及农业化学产品的专利保护	美国 WT/DS36/1	30-04-1996	欧共体 WT/DS36/2	04-07-1996 美国 WT/DS36/3		07-03-1997 WT/DS36/4
37	葡萄牙一工业产权法案专利权保护	美国 WT/DS37/1	30-04-1996				15-10-1996 WT/DS37/2 和 Corr. 1
38	美国一古巴自由民主团结法案	欧共体 WT/DS38/1	03-05-1996		08-10-1996 欧共体 WT/DS38/2 14-10-1996 Corr. 1	20-11-1996 WT/DSB/M/26 根据 DSU 第 12. 12 条 1998 年 4 月 22 日专家组解散	
39	美国一对来自欧共体的产品提高关税	欧共体 WT/DS39/1	18-04-1996		24-06-1996 欧共体 WT/DS39/2		
40	韩国一电信采购部门的法律、法规及实践	欧共体 WT/DS40/1	09-05-1996				29-10-1997 WT/DS40/2
41	韩国一关于农产品检验措施	美国 WT/DS41/1	24-05-1996				
42	日本一音像制品相关措施	欧共体 WT/DS42/1	28-05-1996	美国 WT/DS42/2			7-11-1997 WT/DS42/4
43	土耳其一对外国电影收入征税	美国 WT/DS43/1	12-06-1996		10-01-1997 美国 WT/DS43/2	25-02-1997 WT/DSB/M/29	24-07-1997 WT/DS43/3

续 表

序号	案件	请求磋商	收到磋商请求（日-月-年）	加入磋商请求	请求成立专家组（日-月-年）	专家组成立（日-月-年）	双边达成解决方案（日-月-年）
44	日本—影响消费者照相软片及相纸的措施	美国 WT/DS44/1	13-06-1996		20-09-1996 美国 WT/DS44/2	16-10-1996 WT/DSB/M/24	
45	日本—影响分销服务的措施	美国 WT/DS45/1 和 Add. 1	13-06-1996				
46	巴西—航空器出口融资计划	加拿大 WT/DS46/1	19-06-1996		17-09-1996 加拿大 WT/DS46/2 04-10-1996 WT/DS46/4 13-07-1998 WT/DS46/5	23-07-1998 WT/DSB/M/47	
47	土耳其—对于纺织品及服装进口的限制	泰国 WT/DS47/1	20-06-1996				
48	欧共体—影响家畜及肉类措施（荷尔蒙）	加拿大 WT/DS48/1	28-06-1996	澳大利亚 WT/DS48/2 美国 WT/DS48/3 新西兰 WT/DS48/4	17-09-1996 加拿大 WT/DS48/5	16-10-1996 WT/DSB/M/24	
49	美国—对来自墨西哥的新鲜或冷藏西红柿的反倾销调查	墨西哥 WT/DS49/1	01-07-1996				
50	印度—对于药物及农业化学产品专利权保护	美国 WT/DS50/1 美国 WT/DS50/11	02-07-1996	欧共体 WT/DS50/2 欧共体 WT/DS50/12	08-11-1996 美国 WT/DS50/4	20-11-1996 WT/DSB/M/26	
51	巴西—特定汽车投资措施	日本 WT/DS51/1	30-07-1996	韩国 WT/DS51/2 欧共体 WT/DS51/3 美国 WT/DS51/4 加拿大 WT/DS51/6			
52	巴西—影响汽车部门贸易及投资措施	美国 WT/DS52/1	09-08-1996	加拿大 WT/DS52/2 日本 WT/DS52/3 韩国 WT/DS52/4 欧共体 WT/DS52/5			
53	墨西哥—进口海关估价	欧共体 WT/DS53/1	27-08-1996	挪威 WT/DS53/2 瑞士 WT/DS53/3			

续 表

序号	案件	请求磋商	收到磋商请求（日-月-年）	加入磋商请求	请求成立专家组（日-月-年）	专家组成立（日-月-年）	双边达成解决方案（日-月-年）
54	印度尼西亚—影响汽车工业特定措施	欧共体 WT/DS54/1	03-10-1996	美国 WT/DS54/2 日本 WT/DS54/3 韩国 WT/DS54/4 加拿大 WT/DS54/5	12-05-1997 欧共体 WT/DS54/6	12-06-1997 欧共体 WT/DSB/M/34	
55	印度尼西亚—影响汽车工业特定措施	日本 WT/DS55/1	04-10-1996	美国 WT/DS55/2 欧共体 WT/DS55/3 韩国 WT/DS55/4 加拿大 WT/DS55/5	18-04-1997 日本 WT/DS55/6 WT/DS64/4	12-06-1997 WT/DSB/M/34	
56	阿根廷—影响鞋类、纺织品、服装和其他项目进口的措施	美国 WT/DS56/1	04-10-1996	匈牙利 WT/DS56/2 欧共体 WT/DS56/3	10-01-1997 美国 WT/DS56/5	25-02-1997 WT/DSB/M/29	
57	澳大利亚—纺织品、服装及鞋类进口信贷计划	美国 WT/DS57/1	07-10-1996				
58	美国—对特定虾类及虾类产品进口限制	印度 马来西亚 巴基斯坦 泰国 WT/DS58/1	08-10-1996	中国香港 WT/DS58/2 欧共体 WT/DS58/3 日本 WT/DS58/4 澳大利亚 WT/DS58/5	10-01-1997 马来西亚 泰国 WT/DS58/6 07-02-1997 巴基斯坦 WT/DS58/7 04-03-1997 印度 WT/DS58/8	25-02-1997 WT/DSB/M/29 马来西亚 泰国 巴基斯坦 10-04-1997 WT/DSB/M/31 印度	
59	印度尼西亚—影响汽车工业的特定措施	美国 WT/DS59/1	08-10-1996	日本 WT/DS59/2 欧共体 WT/DS59/3 韩国 WT/DS59/4 加拿大 WT/DS59/5	13-06-1997 美国 WT/DS59/6	30-07-1997 WT/DSB/M/36	
60	危地马拉—对来自墨西哥的波兰特水泥的反倾销调查	墨西哥 WT/DS60/1	17-10-1996		13-02-1997 墨西哥 WT/DS60/2	20-03-1997 WT/DSB/M/30	
61	美国—对特定虾类及虾类产品进口限制	菲律宾 WT/DS61/1	25-10-1996	澳大利亚 WT/DS61/2 日本 WT/DS61/3			

续 表

序号	案件	请求磋商	收到磋商请求（日-月-年）	加入磋商请求	请求成立专家组（日-月-年）	专家组成立（日-月-年）	双边达成解决方案（日-月-年）
62	欧共体一对某些计算机设备的海关分类	美国 WT/DS62/1	08-11-1996	韩国 WT/DS62/2 加拿大 WT/DS62/3	13-02-1997 美国 WT/DS62/4	25-02-1997 WT/DSB/M/29	
63	美国一对于前民主德国的尿素进口采取反倾销措施	欧共体 WT/DS63/1	28-11-1996				
64	印度尼西亚一影响汽车工业的特定措施	日本 WT/DS64/1	29-11-1996	美国 WT/DS64/2 欧共体 WT/DS64/3	18-04-1997 日本 WT/DS55/6 WT/DS64/4	12-06-1997 WT/DSB/M/34	
65	巴西一影响汽车部门贸易及投资措施	美国 WT/DS65/1	10-01-1997				
66	日本一影响猪肉进口措施	欧共体 WT/DS66/1	15-01-1997	加拿大 WT/DS66/2			
67	英国一对某些计算机设备的海关分类	美国 WT/DS67/1	14-02-1997	韩国 WT/DS67/2	10-03-1997 美国 WT/DS67/3	20-03-1997 争端解决机构决定此问题交由 1997 年 2 月 25 日成立的专家组决定 WT/DSB/M/30	
68	爱尔兰一对某些计算机设备的海关分类	美国 WT/DS68/1	14-02-1997		10-03-1997 美国 WT/DS68/2	20-03-1997 争端解决机构决定此问题交由 1997 年 2 月 25 日成立的专家组决定 WT/DSB/M/30	
69	欧共体一影响特定家禽产品进口的措施	巴西 WT/DS69/1	24-02-1997		12-06-1997 巴西 WT/DS69/2	30-07-1997 WT/DSB/M/36	
70	加拿大一影响民用航空器出口的措施	巴西 WT/DS70/1	10-03-1997		13-07-1998 巴西 WT/DS70/2	23-07-1998 WT/DSB/M/47	
71	加拿大一影响民用航空器出口的措施	巴西 WT/DS71/1	10-03-1997				
72	欧共体一影响黄油产品的措施	新西兰 WT/DS72/1	24-03-1997		7-11-1997 新西兰 WT/DS72/2	18-11-1997 WT/DSB/M/39	11-11-1999 WT/DS72/7
73	日本一导航卫星政府采购	欧共体 WT/DS73/1	26-03-1997	美国 WT/DS73/2			19-02-1998 WT/DS73/5
74	菲律宾一影响猪肉及家禽措施	美国 WT/DS74/1	01-04-1997	欧共体 WT/DS74/2 加拿大 WT/DS74/3			13-03-1998 WT/DS74/5 WT/DS102/6

续 表

序号	案件	请求磋商	收到磋商请求（日-月-年）	加入磋商请求	请求成立专家组（日-月-年）	专家组成立（日-月-年）	双边达成解决方案（日-月-年）
75	韩国—对酒精类饮料征税	欧共体 WT/DS75/1	02-04-1997	美国 WT/DS75/2 加拿大 WT/DS75/3	15-09-1997 欧共体 WT/DS75/6	16-10-1997 WT/DSB/M/38	
76	日本—影响农产品措施	美国 WT/DS76/1	07-04-1997		06-10-1997 美国 WT/DS76/2	18-11-1997 WT/DSB/M/39	23-08-2001 WT/DS76/12
77	阿根廷—影响纺织品及服装措施	欧共体 WT/DS77/1	21-04-1997	美国 WT/DS77/2	15-09-1997 欧共体 WT/DS77/3 06-10-1997 Rev. 1 16-10-1997 Rev. 1/Corr. 1	16-10-1997 WT/DSB/M/38 29-07-1998 WT/DS77/5 专家组暂停其程序	
78	美国—扫帚进口的保障措施	哥伦比亚 WT/DS78/1	28-04-1997				
79	印度—对于药物及农业化学产品专利权保护	欧共体 WT/DS79/1	28-04-1997		15-09-1997 欧共体 WT/DS79/2	16-10-1997 WT/DSB/M/38	
80	比利时—影响商业电话目录服务的措施	美国 WT/DS80/1	02-05-1997				
81	巴西—影响汽车部门贸易及投资措施	欧共体 WT/DS81/1	07-05-1997				
82	爱尔兰—影响版权及邻接权的措施	美国 WT/DS82/1	14-05-1997		12-01-1998 美国 WT/DS82/2		06-11-2000 WT/DS82/3
83	丹麦—影响知识产权实施的措施	美国 WT/DS83/1	14-05-1997				07-06-2001 WT/DS83/2
84	韩国—对酒精饮料征税	美国 WT/DS84/1	23-05-1997	加拿大 WT/DS/84/2 欧共体 WT/DS84/3	15-09-1997 美国 WT/DS84/4	16-10-1997 WT/DSB/M/38	
85	美国—影响纺织品及服装产品的措施	欧共体 WT/DS85/1	22-05-1997	瑞士 WT/DS85/2 洪都拉斯 WT/DS85/3 中国香港 WT/DS85/4 巴基斯坦 WT/DS85/5 印度 WT/DS85/6 日本 WT/DS85/7 多米尼加 WT/DS85/8			11-02-1998 WT/DS85/9

续 表

序号	案件	请求磋商	收到磋商请求（日-月-年）	加入磋商请求	请求成立专家组（日-月-年）	专家组成立（日-月-年）	双边达成解决方案（日-月-年）
86	瑞典一影响知识产权实施的措施	美国 WT/DS86/1	28-05-1997				02-12-1998 WT/DS86/2
87	智利一对酒精饮料征税	欧共体 WT/DS87/1	04-06-1997	秘鲁 WT/DS87/2 美国 WT/DS87/3 墨西哥 WT/DS87/4	06-10-1997 欧共体 WT/DS87/5	18-11-1997 WT/DSB/M/39	
88	美国一影响政府采购措施	欧共体 WT/DS88/1	20-06-1997	日本 WT/DS88/2	09-09-1998 欧共体 WT/DS88/3	21-10-1998 WT/DSB/M/49 14-02-2000 WT/DS88/6 专家组建立的授权取消	
89	美国一对于来自韩国彩色电视接收机进口征收反倾销税	韩国 WT/DS89/1 和 Corr. 1	10-07-1997	墨西哥 WT/DS89/2 泰国 WT/DS89/3 日本 WT/DS89/4 中国香港 WT/DS89/5 欧共体 WT/DS89/6	07-11-1997 韩国 WT/DS89/7 28-11-1997 WT/DS89/7/ Corr. 1		05-01-1998 WT/DS89/8 18-09-1998 WT/DS89/9 （请求撤回）
90	印度一对于农产品、纺织品及工业品的数量限制	美国 WT/DS90/1	15-07-1997	日本 WT/DS90/2 欧共体 WT/DS90/3 加拿大 WT/DS90/4 澳大利亚 WT/DS90/5 瑞士 WT/DS90/6 新西兰 WT/DS90/7	06-10-1997 美国 WT/DS90/8 07-11-1997 WT/DS90/8/ Corr. 1	18-11-1997 WT/DSB/M/39	
91	印度一对于农产品、纺织品及工业品的数量限制	澳大利亚 WT/DS91/1	16-07-1997	日本 WT/DS91/2 美国 WT/DS91/3 欧共体 WT/DS91/4 加拿大 WT/DS91/5 瑞士 WT/DS91/6 新西兰 WT/DS91/7			17-03-1998 WT/DS91/8 17-08-1998 WT/DS91/8 Corr. 1

续 表

序号	案件	请求磋商	收到磋商请求（日-月-年）	加入磋商请求	请求成立专家组（日-月-年）	专家组成立（日-月-年）	双边达成解决方案（日-月-年）
92	印度—对于农产品、纺织品及工业品的数量限制	加拿大 WT/DS92/1	16-07-1997	日本 WT/DS92/2 美国 WT/DS92/3 欧共体 WT/DS92/4 澳大利亚 WT/DS92/5 瑞士 WT/DS92/6 新西兰 WT/DS92/7			18-03-1998 WT/DS92/8 25-09-1998 WT/DS92/8/Corr. 1
93	印度—对于农产品、纺织品及工业品的数量限制	新西兰 WT/DS93/1	16-07-1997	日本 WT/DS93/2 美国 WT/DS93/3 欧共体 WT/DS93/4 加拿大 WT/DS93/5 澳大利亚 WT/DS93/6 瑞士 WT/DS93/7			01-12-1998 WT/DS93/8
94	印度—对于农产品、纺织品及工业品的数量限制	瑞士 WT/DS94/1 和 Corr. 1	17-07-1997	日本 WT/DS94/2 美国 WT/DS94/3 欧共体 WT/DS94/4 加拿大 WT/DS94/5 澳大利亚 WT/DS94/6 新西兰 WT/DS94/7			23-02-1998 WT/DS94/9 18-09-1998 WT/DS94/9/Corr. 1
95	美国—影响政府采购措施	日本 WT/DS95/1	18-07-1997	欧共体 WT/DS95/2	09-09-1998 日本 WT/DS95/3	21-10-1998 WT/DSB/M/49 14-02-2000 WT/DS95/6 专家组建立的授权取消	

续 表

序号	案件	请求磋商	收到磋商请求（日-月-年）	加入磋商请求	请求成立专家组（日-月-年）	专家组成立（日-月-年）	双边达成解决方案（日-月-年）
96	印度一对于农产品、纺织品及工业品的数量限制	欧共体 WT/DS96/1	18-07-1997	日本 WT/DS96/2 美国 WT/DS96/3 加拿大 WT/DS96/4 澳大利亚 WT/DS96/5 瑞士 WT/DS96/6 新西兰 WT/DS96/7			07-04-1998 WT/DS96/8 28-09-1998 WT/DS96/8/Corr. 1
97	美国一对来自智利的鳟鱼进口实施反补贴税调查	智利 WT/DS97/1	05-08-1997				
98	韩国一对于特定奶制品进口保障措施	欧共体 WT/DS/98/1	12-08-1997	澳大利亚 WT/DS98/2	12-01-1998 欧共体 WT/DS98/4	23-07-1998 WT/DSB/M/47	
99	美国一对来自韩国1兆或以上的计算机动态随机存取存储器芯片征收反倾销税	韩国 WT/DS99/1 和 Corr. 1&2	14-08-1997		07-11-1997 韩国 WT/DS99/2	16-01-1998 WT/DSB/M/40	25-10-2000 WT/DS99/12
100	美国一影响家禽产品进口措施	欧共体 WT/DS100/1	18-08-1997				
101	墨西哥一对来自美国的高果糖玉米糖浆开展反倾销调查	美国 WT/DS101/1	04-09-1997				
102	菲律宾一影响猪肉及家禽产品措施	美国 WT/DS102/1	07-10-1997	加拿大 WT/DS102/3 欧共体 WT/DS102/4			13-03-1998 WT/DS74/5 WT/DS102/6
103	加拿大一影响牛奶进口及奶制品出口的措施	美国 WT/DS103/1	08-10-1997	日本 WT/DS103/2 澳大利亚 WT/DS103/3	03-02-1998 WT/DS103/4	25-03-1998 WT/DSB/M/44	09-05-2003 WT/DS103/33
104	欧共体一影响融化干酪出口的措施	美国 WT/DS104/1	08-10-1997	日本 WT/DS104/2 澳大利亚 WT/DS104/3 加拿大 WT/DS104/4			

续 表

序号	案件	请求磋商	收到磋商请求（日-月-年）	加入磋商请求	请求成立专家组（日-月-年）	专家组成立（日-月-年）	双边达成解决方案（日-月-年）
105	欧共体一对于香蕉进口、销售及分销区域的规定	巴拿马 WT/DS105/1 和 Add. 1&2	24-10-1997	哥伦比亚 WT/DS105/2 和 Add. 1 危地马拉 WT/DS105/3 多米尼加 WT/DS105/4 墨西哥 WT/DS105/5 哥斯达黎加 WT/DS105/6 洪都拉斯 WT/DS105/7 和 Add. 1 厄瓜多尔 WT/DS105/8 美国 WT/DS105/9 科特迪瓦 WT/DS105/10			08-11-2012 WT/DS105/11
106	澳大利亚一对汽车皮革生产和采购补助	美国 WT/DS106/1	10-11-1997		12-01-1998 美国 WT/DS106/2	22-01-1998 WT/DSB/M/41	11-06-1998 WT/DS126/2（专家组要求撤销）
107	巴基斯坦一影响皮革出口措施	欧共体 WT/DS107/1	07-11-1997				
108	美国一“海外销售公司”的税收	欧共体 WT/DS108/1 和 Add. 1	18-11-1997		09-07-1998 欧共体 WT/DS108/2	22-09-1998 WT/DSB/M/48	
109	智利一对酒精饮料征税	美国 WT/DS109/1 和 Corr. 1	11-12-1997	秘鲁 WT/DS109/2 墨西哥 WT/DS/109/3			
110	智利一对酒精饮料征税	欧共体 WT/DS110/1	15-12-1997	美国 WT/DS110/2 墨西哥 WT/DS110/3	13-03-1998 WT/DS110/4	25-03-1998 WT/DSB/M/44	
111	美国一落花生进口关税率配额	阿根廷 WT/DS111/1	19-12-1997	加拿大 WT/DS111/2 日本 WT/DS111/3			
112	秘鲁一对来自巴西的公交车进口的反补贴税调查	巴西 WT/DS112/1	23-12-1997				

续 表

序号	案件	请求磋商	收到磋商请求（日-月-年）	加入磋商请求	请求成立专家组（日-月-年）	专家组成立（日-月-年）	双边达成解决方案（日-月-年）
113	加拿大—影响奶制品出口措施	新西兰 WT/DS113/1	29-12-1997	美国 WT/DS113/2 日本 WT/DS113/3	12-03-1998 WT/DS113/4	25-03-1998 WT/DSB/M/44	09-05-2003 WT/DS113/33
114	加拿大—药物产品专利权保护	欧共体 WT/DS114/1	19-12-1997	美国 WT/DS114/2 澳大利亚 WT/DS114/3 瑞士 WT/DS114/4	12-11-1998 WT/DS114/5	01-02-1999 WT/DSB/M/54	
115	欧共体—影响版权及邻接权的措施	美国 WT/DS115/1	06-01-1998		12-01-1998 美国 WT/DS115/2		06-11-2000 WT/DS115/3
116	巴西—影响进口付款条件的措施	欧共体 WT/DS116/1	08-01-1998	瑞士 WT/DS116/2 日本 WT/DS116/3 澳大利亚 WT/DS116/4 美国 WT/DS116/5 韩国 WT/DS116/6			
117	加拿大—影响企业分销服务的措施	欧共体 WT/DS117/1	20-01-1998				
118	美国—港口维护税	欧共体 WT/DS118/1	06-02-1998	加拿大 WT/DS118/2 日本 WT/DS118/3 挪威 WT/DS118/4			
119	澳大利亚—涂层非木纸反倾销措施	瑞士 WT/DS119/1	20-02-1998	日本 WT/DS119/2 欧共体 WT/DS119/3			13-05-1998 WT/DS119/4
120	印度—影响特定商品出口措施	欧共体 WT/DS120/1	11-03-1998		13-10-2000 欧共体 WT/DS120/2		
121	阿根廷—鞋类产品进口保障措施	欧共体 WT/DS121/1	06-04-1998	美国 WT/DS121/2	11-06-1998 欧共体 WT/DS121/3	23-07-1998 WT/DSB/M/47	
122	泰国—对波兰出口的铁或非合金钢的角铁、型材、轧材及工字梁的反倾销税案	波兰 WT/DS122/1	06-04-1998		15-10-1999 波兰 WT/DS122/2	19-11-1999 WT/DSB/M/71	

续 表

序号	案件	请求磋商	收到磋商请求（日-月-年）	加入磋商请求	请求成立专家组（日-月-年）	专家组成立（日-月-年）	双边达成解决方案（日-月-年）
123	阿根廷—鞋类产品进口保障措施	印度尼西亚 WT/DS123/1	22-04-1998	美国 WT/DS123/2	16-04-1999 WT/DS123/3 10-05-1999，印尼要求从争端解决机构议程中撤回上诉，并保留其在以后的争端解决机构会议上做出上诉的权利（WT/DS123/4）		
124	欧共体—动画片及电视节目知识产权保护的实施	美国 WT/DS124/1	30-04-1998				20-03-2001 WT/DS124/2
125	希腊—动画片及电视节目知识产权保护的实施	美国 WT/DS125/1	04-05-1998				20-03-2001 WT/DS125/2
126	澳大利亚—汽车皮革生产和出口的补贴	美国 WT/DS126/1	04-05-1998		11-04-1998 美国 WT/DS126/2	22-06-1998 WT/DSB/M/46	24-07-2000 WT/DS126/11
127	比利时—构成补贴的特定进口税	美国 WT/DS127/1	05-05-1998				
128	荷兰—构成补贴的特定进口税	美国 WT/DS128/1	05-05-1998				
129	希腊—构成补贴的特定进口税	美国 WT/DS129/1	05-05-1998				
130	爱尔兰—构成补贴的特定进口税	美国 WT/DS130/1	05-05-1998				
131	法国—构成补贴的特定进口税	美国 WT/DS131/1	05-05-1998				
132	墨西哥—对来自美国的高果糖玉米糖浆开展反倾销调查	美国 WT/DS132/1	08-05-1998		14-10-1998 美国 WT/DS132/2	25-11-1998 WT/DSB/M/51	
133	斯洛伐克—关于牛的运输及奶制品进口的措施	瑞士 WT/DS133/1	07-05-1998	美国 WT/DS133/2			
134	欧共体—对于稻米的特定进口税的限制	印度 WT/DS134/1 和 Corr. 1	27-05-1998				
135	欧共体—影响石棉及石棉产品的措施	加拿大 WT/DS135/1	28-05-1998	巴西 WT/DS135/2	09-10-1998 加拿大 WT/DS135/3	25-11-1998 WT/DSB/M/51	
136	美国—1916 年反倾销法案	欧共体 WT/DS136/1	04-06-1998		12-11-1998 欧共体 WT/DS136/2	01-02-1999 WT/DSB/M/54	

续 表

序号	案件	请求磋商	收到磋商请求（日-月-年）	加入磋商请求	请求成立专家组（日-月-年）	专家组成立（日-月-年）	双边达成解决方案（日-月-年）
137	欧共体—影响从加拿大进口松木的措施	加拿大 WT/DS137/1	17-06-1998				
138	美国—对来自英国的热轧铅铋碳钢产品征收反补贴税	欧共体 WT/DS138/1	12-06-1998	加拿大 WT/DS138/2	14-01-1999 WT/DS138/3 25-01-1999 WT/DS138/3 和 Corr. 1	17-02-1999 WT/DSB/M/55 和 Corr. 1	
139	加拿大—特定汽车工业措施	日本 WT/DS139/1	03-07-1998		13-11-1998 WT/DS139/2	01-02-1999 WT/DSB/M/54	
140	欧共体—对来自印度未漂平纹棉布进行反倾销调查	印度 WT/DS140/1	03-08-1998	巴基斯坦 WT/DS140/2			
141	欧共体—对来指印度棉布床单进口征收反倾销税	印度 WT/DS141/1	03-08-1998	巴基斯坦 WT/DS141/2	08-09-1999 印度 WT/DS141/3	27-10-1999 WT/DSB/M/70	
142	加拿大—特定汽车工业措施	欧共体 WT/DS142/1	17-08-1998		14-01-1999 WT/DS142/2	01-02-1999 WT/DSB/M/54	
143	斯洛伐克—影响从匈牙利小麦进口关税的措施	匈牙利 WT/DS143/1	18-09-1998（20 天）		09-10-1998 匈牙利 WT/DS143/2		
144	美国—影响从加拿大进口牛、羊和谷物的特定措施	加拿大 WT/DS144/1	25-09-1998				
145	阿根廷—对来自欧共体的面筋征收反补贴税	欧共体 WT/DS145/1 和 Rev. 1	23-09-1998				
146	印度—影响汽车部门的措施	欧共体 WT/DS146/1 和 Corr. 1	06-10-1998	日本 WT/DS146/2 美国 WT/DS146/3	13-10-2000 欧共体 WT/DS146/4	17-11-2000 WT/DSB/M/92	
147	日本—影响皮革的关税配额及补贴	欧共体 WT/DS147/1	08-10-1998				
148	捷克—影响从匈牙利小麦进口关税的措施	匈牙利 WT/DS148/1	12-10-1998（20 天）				
149	印度—进口限制	欧共体 WT/DS149/1	28-10-1998	美国 WT/DS149/2 日本 WT/DS149/3 瑞士 WT/DS149/4 澳大利亚 WT/DS149/5			

续 表

序号	案件	请求磋商	收到磋商请求（日-月-年）	加入磋商请求	请求成立专家组（日-月-年）	专家组成立（日-月-年）	双边达成解决方案（日-月-年）
150	印度—影响关税措施	欧共体 WT/DS150/1	31-10-1998	美国 WT/DS150/2 加拿大 WT/DS150/3 日本 WT/DS150/4 瑞士 WT/DS150/5 澳大利亚 WT/DS150/6			
151	美国—影响纺织品及服装产品的措施(II)	欧共体 WT/DS151/1	19-11-1998	多米尼加 WT/DS151/2 中国香港 WT/DS151/3 巴基斯坦 WT/DS151/4 洪都拉斯 WT/DS151/5 日本 WT/DS151/6 瑞士 WT/DS151/7 萨尔瓦多 WT/DS151/8 印度 WT/DS151/9			24-07-2000 WT/DS151/10
152	美国—1974 年贸易法案第 301 ～ 310 部分	欧共体 WT/DS152/1	25-11-1998	多米尼加 WT/DS152/2 巴拿马 WT/DS152/3 危地马拉 WT/DS152/4 墨西哥 WT/DS152/5 牙买加 WT/DS152/6 洪都拉斯 WT/DS152/7 日本 WT/DS152/8 哥伦比亚 WT/DS152/9 厄瓜多尔 WT/DS152/10	02-02-1999 欧共体 WT/DS152/11	02-03-1999 WT/DSB/M/56	

续 表

序号	案件	请求磋商	收到磋商请求（日-月-年）	加入磋商请求	请求成立专家组（日-月-年）	专家组成立（日-月-年）	双边达成解决方案（日-月-年）
153	欧共体—制药及农业化学产品的专利保护	加拿大 WT/DS153/1	02-12-1998	美国 WT/DS153/2 澳大利亚 WT/DS153/3 瑞士 WT/DS153/4			
154	欧共体—影响咖啡差别及优惠待遇的措施	巴西 WT/DS154/1	07-12-1998	哥伦比亚 WT/DS154/2 秘鲁 WT/DS154/3 哥斯达黎加 WT/DS154/4 玻利维亚 WT/DS154/5			
155	阿根廷—影响牛皮出口及成皮进口的措施	欧共体 WT/DS155/1	23-12-1998		04-06-1999 欧共体 WT/DS155/2	26-07-1999 WT/DSB/M/65	
156	危地马拉—对来自墨西哥的波兰特水泥的反倾销措施	墨西哥 WT/DS156/1 和 Corr. 1&2	05-01-1999		15-07-1999 墨西哥 WT/DS156/2 05-08-1999 WT/DS156/2 和 Corr. 1	22-09-1999 WT/DSB/M/68	
157	阿根廷—从意大利进口钻头的采取反倾销措施	欧共体 WT/DS157/1	14-01-1999				
158	欧共体—对于香蕉进口、销售及分销的规定	危地马拉、洪都拉斯、墨西哥、巴拿马和 美国 WT/DS158/1	20-01-1999	厄瓜多尔 WT/DS158/2 伯利兹 WT/DS158/3			08-11-2012 WT/DS158/4
159	匈牙利—对来自捷克的钢铁产品进口的保障措施	捷克 WT/DS159/1	21-01-1999				
160	美国—美国版权法第110（5）节	欧共体 WT/DS160/1	26-01-1999	澳大利亚 WT/DS160/2 加拿大 WT/DS160/3 瑞士 WT/DS160/4	16-04-1999 欧共体 WT/DS160/5	26-05-1999 WT/DSB/M/62	

续 表

序号	案件	请求磋商	收到磋商请求（日-月-年）	加入磋商请求	请求成立专家组（日-月-年）	专家组成立（日-月-年）	双边达成解决方案（日-月-年）
161	韩国—影响新鲜、冷藏、冷冻牛肉进口措施	美国 WT/DS161/1	01-02-1999	新西兰 WT/DS161/2 澳大利亚 WT/DS161/3 加拿大 WT/DS161/4	16-04-1999 美国 WT/DS161/5	26-05-1999 WT/DSB/M/62	
162	美国—1916反倾销法案	日本 WT/DS162/1	10-02-1999	欧共体 WT/DS162/2	04-06-1999 日本 WT/DS162/3	26-07-1999 WT/DSB/M/65	
163	韩国—影响政府采购措施	美国 WT/DS163/1	16-02-1999	欧共体 WT/DS163/2 日本 WT/DS163/3	11-05-1999 美国 WT/DS163/4	16-06-1999 WT/DSB/M/64	
164	阿根廷—影响鞋类进口措施	美国 WT/DS164/1	01-03-1999	欧共体 WT/DS164/2	20-05-1999 美国 WT/DS164/3 15-07-1999 WT/DS164/4	26-07-1999 WT/DSB/M/65	
165	美国—对来自欧共体特定产品的进口措施	欧共体 WT/DS165/1	04-03-1999	多米尼加 WT/DS165/2 日本 WT/DS165/3 洪都拉斯 WT/DS165/4 危地马拉 WT/DS165/5 厄瓜多尔 WT/DS165/6 巴拿马 WT/DS165/7 和 Corr. 1	11-05-1999 欧共体 WT/DS165/8	16-06-1999 WT/DSB/M/64	
166	美国—对来自欧共体面筋进口的保障措施	欧共体 WT/DS166/1	17-03-1999	澳大利亚 WT/DS166/2	04-06-1999 欧共体 WT/DS166/3	26-07-1999 WT/DSB/M/65	
167	美国—对来自加拿大活牛的反补贴税调查	加拿大 WT/DS167/1	19-03-1999	墨西哥 WT/DS167/2			
168	南非—对来自印度某些药品征收反倾销税	印度 WT/DS168/1	01-04-1999				

续 表

序号	案件	请求磋商	收到磋商请求（日-月-年）	加入磋商请求	请求成立专家组（日-月-年）	专家组成立（日-月-年）	双边达成解决方案（日-月-年）
169	韩国—影响新鲜、冷藏及冷冻牛肉进口的措施	澳大利亚 WT/DS169/1	13-04-1999	新西兰 WT/DS169/2 美国 WT/DS169/3 加拿大 WT/DS169/4 和 Corr. 1	15-07-1999 澳大利亚 WT/DS169/5	26-07-1999 WT/DSB/M/65	
170	加拿大—专利保护条款	美国 WT/DS170/1	06-05-1999		15-07-1999 美国 WT/DS170/2	22-09-1999 WT/DSB/M/68	
171	阿根廷—对药品的专利权保护及对农业化学品测试数据保护	美国 WT/DS171/1	06-05-1999	瑞士 WT/DS171/2			31-05-2002 WT/DS171/3
172	欧共体—航班管理系统开发有关措施	美国 WT/DS172/1	21-05-1999				
173	法国—航班管理系统开发有关措施	美国 WT/DS173/1	21-05-1999				
174	欧共体—农产品和食品的商标及地理标识保护	美国 WT/DS174/1 和 Add. 1	01-06-1999 04-04-2003	加拿大 WT/DS174/3 澳大利亚 WT/DS174/4 墨西哥 WT/DS174/5 新西兰 WT/DS174/6 斯里兰卡 WT/DS174/7 印度 WT/DS174/8 阿根廷 WT/DS174/9 匈牙利 WT/DS174/10 马耳他 WT/DS174/11 保加利亚 WT/DS174/12 捷克 WT/DS174/13 塞浦路斯 WT/DS174/14 斯洛文尼亚 WT/DS174/15 土耳其 WT/DS174/16 罗马尼亚 WT/DS174/17 斯洛伐克 WT/DS174/18	18-08-2003 美国 WT/DS174/20	02-10-2003 WT/DSB/M/156	

续 表

序号	案件	请求磋商	收到磋商请求（日-月-年）	加入磋商请求	请求成立专家组（日-月-年）	专家组成立（日-月-年）	双边达成解决方案（日-月-年）
175	印度—影响汽车部门投资和贸易的措施	美国 WT/DS175/1	02-06-1999	日本 WT/DS175/2 欧共体 WT/DS175/3	18-05-2000 美国 WT/DS175/4	27-07-2000 WT/DSB/M/86	
176	美国—1998年全面拨款法第211部分	欧共体 WT/DS176/1	08-07-1999		07-07-2000 欧共体 WT/DS176/2	26-09-2000 WT/DSB/M/89	
177	美国—对来自新西兰的新鲜、冷藏及冷冻羔羊肉采取保障措施	新西兰 WT/DS177/1	16-07-1999	澳大利亚 WT/DS177/2 加拿大 WT/DS177/3	15-10-1999 新西兰 WT/DS177/4	19-11-1999 WT/DSB/M/71	
178	美国—对来自澳大利亚羔羊肉进口的保障措施	澳大利亚 WT/DS178/1 和 Corr. 1	23-07-1999	新西兰 WT/DS178/2 和 Corr. 1 欧共体 WT/DS178/3 加拿大 WT/DS178/4	15-10-1999 澳大利亚 WT/DS178/5 和 Corr. 1	19-11-1999 WT/DSB/M/71	
179	美国—对来自韩国的不锈钢卷板和不锈钢条的反倾销措施	韩国 WT/DS179/1	30-07-1999		15-10-1999 韩国 WT/DS179/2	19-11-1999 WT/DSB/M/71	
180	美国—特定糖浆税则归类	加拿大 WT/DS180/1	06-09-1999				
181	哥伦比亚—对来自泰国的纯聚酯长丝布进口的保障措施				08-09-1999 泰国 WT/DS181/1 撤销请求 27-10-1999 WT/DSB/M/70		
182	厄瓜多尔—对来自墨西哥的灰水泥的反倾销措施	墨西哥 WT/DS182/1 和 Corr. 1	05-10-1999				
183	巴西—对于进口许可证及最低进口价格的措施	欧共体 WT/DS183/1	14-10-1999	美国 WT/DS183/2			
184	美国—对来自日本的热轧薄板卷产品征收反倾销税	日本 WT/DS184/1	18-11-1999		11-02-2000 日本 WT/DS184/2	20-03-2000 WT/DSB/M/77	

续 表

序号	案件	请求磋商	收到磋商请求（日-月-年）	加入磋商请求	请求成立专家组（日-月-年）	专家组成立（日-月-年）	双边达成解决方案（日-月-年）
185	特立尼达和多巴哥—影响从哥斯达黎加进口的意大利面的措施	哥斯达黎加 WT/DS185/1	18-11-1999				
186	美国—1930 关税法及修正 第 337 部分	欧共体 WT/DS186/1	12-01-2000	加拿大 WT/DS186/2 日本 WT/DS186/3			
187	特立尼达和多巴哥—对来自哥斯达黎加的通心粉和意大利面进口的临时反倾销措施	哥斯达黎加 WT/DS187/1	17-01-2000				
188	尼加拉瓜—洪都拉斯和哥伦比亚进口措施	哥伦比亚 WT/DS188/1	17-01-2000		28-03-2000 哥伦比亚 WT/DS188/1 和 Corr. 1	18-05-2000 WT/DSB/M/80	
189	阿根廷—对从德国进口动画板和意大利进口的瓷砖采取明确反倾销措施	欧共体 WT/DS189/1	26-01-2000		15-09-2000 欧共体 WT/DS189/2 07-11-2000 WT/DS189/3	17-11-2000 WT/DSB/M/92	
190	阿根廷—对于原产巴西的特定机织棉布的过渡期保障措施				11-02-2000 巴西 WT/DS190/1	20-03-2000 WT/DSB/M/77	27-06-2000 WT/DS190/2
191	厄瓜多尔—来自墨西哥水泥的明确反倾销措施	墨西哥 WT/DS191/1	15-03-2000				
192	美国—对来自巴基斯坦精梳棉纱线的过渡期保障措施	N. A.	N. A.	N. A.	03-04-2000 巴基斯坦 WT/DS192/1	19-06-2000 WT/DSB/M/84	
193	智利—影响剑鱼的运输及进口措施	欧共体 WT/DS193/1	19-04-2000		06-11-2000 欧共体 WT/DS193/2	12-12-2000 WT/DSB/M/94 23-03-2001 WT/DS193/3 终止成立专家组	
194	美国—作为出口限制的补贴	加拿大 WT/DS194/1	19-05-2000		24-07-2000 加拿大 WT/DS194/2	11-09-2000 WT/DSB/M/88	

续 表

序号	案件	请求磋商	收到磋商请求（日-月-年）	加入磋商请求	请求成立专家组（日-月-年）	专家组成立（日-月-年）	双边达成解决方案（日-月-年）
195	菲律宾—影响汽车部门投资和贸易的措施	美国 WT/DS195/1	23-05-2000		13-10-2000 美国 WT/DS195/3	17-11-2000 WT/DSB/M/92	
196	阿根廷—对于专利及测试数据的特定保护措施	美国 WT/DS196/1	30-05-2000	欧共体 WT/DS196/2 瑞士 WT/DS196/3			31-05-2002 WT/DS196/4
197	巴西—最低进口价格措施	美国 WT/DS197/1	30-05-2000	欧共体 WT/DS197/2			
198	罗马尼亚—最低进口价格措施	美国 WT/DS198/1	30-05-2000				26-09-2001 WT/DS198/2
199	巴西—影响专利保护措施	美国 WT/DS199/1	30-05-2000	欧共体 WT/DS/199/2	08-01-2001 美国 WT/DS199/3	01-02-2001 WT/DSB/M/98	05-07-2001 WT/DS199/4
200	美国—1974 贸易法案及修正案第 306 节	欧共体 WT/DS200/1	05-06-2000	厄瓜多尔 W/DS200/2 牙买加 WT/DS200/3 日本 WT/DS200/4 多米尼加 WT/DS200/5 洪都拉斯 WT/DS200/6 危地马拉 WT/DS200/7 加拿大 WT/DS200/8 巴拿马 WT/DS200/9 澳大利亚 WT/DS200/10 圣卢西亚 WT/DS200/11			
201	尼加拉瓜—影响从洪都拉斯和哥伦比亚进口的措施	洪都拉斯 WT/DS201/1	06-06-2000	欧共体 WT/DS201/2			
202	美国—自韩国进口的圆焊碳质条形管的保障措施	韩国 WT/DS202/1	13-06-2000	欧共体 WT/DS202/2 日本 WT/DS202/3	15-09-2000 韩国 WT/DS202/4	23-10-2000 WT/DSB/M/91	

续 表

序号	案件	请求磋商	收到磋商请求（日-月-年）	加入磋商请求	请求成立专家组（日-月-年）	专家组成立（日-月-年）	双边达成解决方案（日-月-年）
203	墨西哥—影响活猪贸易的措施	美国 WT/DS203/1	10-07-2000				
204	墨西哥—影响电信服务的措施	美国 WT/DS204/1 和 Add. 1	17-08-2000		10-11-2000 美国 WT/DS204/2 18-02-2002 WT/DS204/3	17-04-2002 WT/DSB/M/123	
205	埃及—豆油罐装金枪鱼进口限令	泰国 WT/DS205/1	22-09-2000				
206	美国—对来自印度钢板的反倾销及反补贴措施	印度 WT/DS206/1	04-10-2000		07-06-2001 印度 WT/DS206/2	24-07-2001 WT/DSB/M/107	
207	智利—对特定农产品的综合价格制度及保障措施	阿根廷 WT/DS207/1	05-10-2000		19-01-2001 阿根廷 WT/DS207/2	12-03-2001 WT/DSB/M/101	
208	土耳其—对于钢铁管配件征收反倾销税	巴西 WT/DS208/1	09-10-2000				
209	欧共体—影响速溶咖啡措施	巴西 WT/DS209/1	12-10-2000	厄瓜多尔 WT/DS209/2			
210	比利时—建立稻米海关税的管理办法	美国 WT/DS210/1	12-10-2000		19-01-2001 美国 WT/DS210/2 01-03-2001 WT/DS201 /2/Rev. 1	12-03-2001 WT/DSB/M/101	18-12-2001 WT/DS210/6
211	埃及—对来自土耳其钢筋采取反倾销措施	土耳其 WT/DS211/1	06-11-2000		04-05-2001 土耳其 WT/DS211/2 11-05-2001 WT/DS/211 /2/Corr. 1	20-06-2001 WT/DSB/M/106	
212	美国—对于特定来自欧共体产品的反补贴措施	欧共体 WT/DS212/1 和 Add. 1	10-11-2000	巴西 WT/DS212/2 和 Add. 1 以色列 WT/DS212/3	10-08-2001 欧共体 WT/DS212/4	10-09-2001 WT/DSB/M/109	
213	美国—对特定来自德国的耐腐蚀扁钢征收反补贴税	欧共体 WT/DS213/1 和 Add. 1	10-11-2000	印度 WT/DS213/2	10-08-2001 欧共体 WT/DS213/3	10-09-2001 WT/DSB/M/109	
214	美国—对钢盘条和圆缝碳质钢管的保障措施	欧共体 WT/DS214/1	01-12-2000	加拿大 WT/DS214/2 印度 WT/DS214/3	10-08-2001 WT/DS214/4	10-09-2001 WT/DSB/M/109	
215	菲律宾—对来自韩国的聚乙烯树脂采取反倾销措施	韩国 WT/DS215/1	15-12-2000				

续 表

序号	案件	请求磋商	收到磋商请求（日-月-年）	加入磋商请求	请求成立专家组（日-月-年）	专家组成立（日-月-年）	双边达成解决方案（日-月-年）
216	墨西哥一对电力传输器采取临时反倾销措施	巴西 WT/DS216/1	20-12-2000	欧共体 WT/DS216/2 美国 WT/DS216/3			
217	美国一2000年持续性倾销及补贴补偿法	澳大利亚、巴西、智利、欧共体、印度、印度尼西亚、日本、韩国和泰国 WT/DS217/1	21-12-2000	阿根廷 WT/DS217/2 加拿大 WT/DS217/3 墨西哥 WT/DS217/4 和 Add. 1	13-07-2001 澳大利亚、巴西、智利、欧共体、印度、印度尼西亚、日本、韩国和泰国 WT/DS217/5	23-08-2001 WT/DSB/M/108	
218	美国一对来自巴西的特定碳钢制品的反补贴税	巴西 WT/DS218/1	21-12-2000	欧共体 WT/DS218/2			
219	欧共体一对来自巴西的可锻铸铁管接头征收反倾销税	巴西 WT/DS219/1	21-12-2000		08-06-2001 巴西 WT/DS219/2	24-07-2001 WT/DSB/M/107	
220	智利一对特定农产品相关的综合价格制度及保障措施	危地马拉 WT/DS220/1	05-01-2001				
221	美国一乌拉圭回合协议第129（C）（1）节	加拿大 WT/DS221/1	17-01-2001	印度 WT/DS221/2 欧共体 WT/DS221/3	13-07-2001 加拿大 WT/DS221/4	23-08-2001 WT/DSB/M/108	
222	加拿大一地区航空器的出口信贷保证	巴西 WT/DS222/1	22-01-2001		01-03-2001 巴西 WT/DS222/2	12-03-2001 WT/DSB/M/101	
223	欧共体一来自美国的玉米黄浆饲料的关税率配额	美国 WT/DS223/1	25-01-2001				
224	美国一美国专利权	巴西 WT/DS224/1	31-01-2001	印度 WT/DS224/2			
225	美国一对从意大利进口无缝管征收反倾销税	欧共体 WT/DS225/1	05-02-2001	日本 WT/DS225/2			
226	智利一对食用油混合物的临时保障措施	阿根廷 WT/DS226/1	19-02-2002				
227	秘鲁一对香烟征税	智利 WT/DS227/1 和 Corr. 1&2	01-03-2001		03-05-2001 智利 WT/DS227/2 此上诉于2001年7月12日被正式撤回 WT/DS227/3	20-06-2001 WT/DSB/M/106	

续 表

序号	案件	请求磋商	收到磋商请求（日-月-年）	加入磋商请求	请求成立专家组（日-月-年）	专家组成立（日-月-年）	双边达成解决方案（日-月-年）
228	智利—对糖类的保障措施	哥伦比亚 WT/DS228/1	15-03-2001	古巴 WT/DS228/2 危地马拉 WT/DS228/3 尼加拉瓜 WT/DS228/4 哥斯达黎加 WT/DS228/5 萨尔瓦多 WT/DS228/6			
229	巴西—对来自印度的麻袋征收反倾销税	印度 WT/DS229/1	09-04-2001				
230	智利—关于糖类的保障措施和程序修改	哥伦比亚 WT/DS230/1	17-04-2001	危地马拉 WT/DS230/2 哥斯达黎加 WT/DS230/3 古巴 WT/DS230/4 尼加拉瓜 WT/DS230/5			
231	欧共体—沙丁鱼贸易描述	秘鲁 WT/DS231/1	20-03-2001	委内瑞拉 WT/DS231/2 智利 WT/DS231/3 美国 WT/DS231/4 厄瓜多尔 WT/DS231/5	07-06-2001 秘鲁 WT/DS231/6	24-07-2001 WT/DSB/M/107	25-07-2003 WT/DS231/18
232	墨西哥—影响火柴的进口措施	智利 WT/DS232/1 要求磋商的申请撤回 WT/DS232/3 (02-02-2004)	17-05-2001	欧共体 WT/DS232/2			
233	阿根廷—影响药类产品进口的措施	印度 WT/DS233/1	25-05-2001				

续 表

序号	案件	请求磋商	收到磋商请求（日-月-年）	加入磋商请求	请求成立专家组（日-月-年）	专家组成立（日-月-年）	双边达成解决方案（日-月-年）
234	美国—2000年持续性倾销及补贴补偿法案	加拿大和墨西哥 WT/DS234/1	21-05-2001	日本 WT/DS234/2 欧共体 WT/DS234/3 巴西 WT/DS234/4 印度尼西亚 WT/DS234/5 韩国 WT/DS234/6 印度 WT/DS234/7 危地马拉 WT/DS234/8 泰国 WT/DS234/9 澳大利亚 WT/DS234/10 智利 WT/DS234/11	10-08-2001 加拿大 WT/DS234/12 10-08-2001 墨西哥 WT/DS234/13	10-09-2001 争端解决机构决定于2001年8月23日成立专家组应澳大利亚、巴西、智利、欧共体、印度、印度尼西亚、日本、韩国和泰国的要求。此案件也可参见加拿大和墨西哥申请 WT/DSB/M/109	
235	斯洛伐克—糖类进口的保障措施	波兰 WT/DS235/1	11-07-2001				11-01-2002 WT/DS235/2
236	美国—对来自加拿大的特定软木的初步判决	加拿大 WT/DS236/1	21-08-2001		26-10-2001 加拿大 WT/DS236/2	05-12-2001 WT/DSB/M/114	12-10-2006 WT/DS236/5/Add. 1
237	土耳其—新鲜水果的特定进口程序	厄瓜多尔 WT/DS237/1	31-08-2001	欧共体 WT/DS237/2	14-06-2002 厄瓜多尔 WT/DS237/3	29-07-2002 WT/DSB/M/130	22-11-2002 WT/DS237/4
238	阿根廷—桃脯进口的保障措施	智利 WT/DS238/1	14-09-2001		06-12-2002 智利 WT/DS238/2	18-01-2002 WT/DSB/M/117	
239	美国—对从巴西进口硅金属征收反倾销税	巴西 WT/DS239/1 和 Rev. 1	18-09-2001 01-11-2001	泰国 WT/DS239/2 欧共体 WT/DS239/3			
240	罗马尼亚—小麦及小麦粉进口禁令	匈牙利 WT/DS240/1 WT/DS240/1/Add. 1	18-10-2001 30-10-2001		28-11-2001 匈牙利 WT/DS240/2 2001年12月20日撤销建立专家组请求 WT/DS240/3		
241	阿根廷—对来自巴西家禽征收反倾销税	巴西 WT/DS241/1	07-11-2001	欧共体 WT/DS241/2	26-02-2002 巴西 WT/DS241/3	17-04-2002 WT/DSB/M/123	

续 表

序号	案件	请求磋商	收到磋商请求（日-月-年）	加入磋商请求	请求成立专家组（日-月-年）	专家组成立（日-月-年）	双边达成解决方案（日-月-年）
242	欧共体—普惠制	泰国 WT/DS242/1	07-12-2001	哥斯达黎加 WT/DS242/2 危地马拉 WT/DS242/3 尼加拉瓜 WT/DS242/4 洪都拉斯 WT/DS242/5 哥伦比亚 WT/DS242/6			
243	美国—纺织品及服装原产地证明	印度 WT/DS243/1	11-01-2002	孟加拉国 WT/DS243/2 欧共体 WT/DS243/3	08-05-2002 印度 WT/DS243/5 07-06-2002 WT/DS243/5/Rev. 1	24-06-2002 WT/DSB/M/128	
244	美国—对来自日本的耐腐蚀钢板反倾销税日落复审	日本 WT/DS244/1	30-01-2002	欧共体 WT/DS244/2 印度 WT/DS244/3	05-04-2002 日本 WT/DS244/4	22-05-2002 WT/DSB/M/124 和 Corr. 1	
245	日本—影响苹果进口措施	美国 WT/DS245/1	01-03-2002		08-05-2002 美国 WT/DS245/2	03-06-2002 WT/DSB/M/125	30-08-2005 WT/DS245/21
246	欧共体—给予发展中国家的优惠关税条件	印度 WT/DS246/1	05-03-2002	委内瑞拉 WT/DS246/2 哥伦比亚 WT/DS246/3	06-12-2002 印度 WT/DS246/4	27-01-2003 WT/DSB/M/142	
247	美国—对来自加拿大的软木进口的临时反倾销措施	加拿大 WT/DS247/1	06-03-2002				12-10-2006 WT/DS247/2 23-02-2007 WT/DS247/2/Add. 1
248	美国—对于特定钢铁制品进口的保障措施	欧共体 WT/DS248/1	07-03-2002	日本 WT/DS248/2 瑞士 WT/DS248/3 韩国 WT/DS248/4 挪威 WT/DS248/5 委内瑞拉 WT/DS248/6 加拿大 WT/DS248/7 墨西哥 WT/DS248/8 中国 WT/DS248/9 新西兰 WT/DS248/10	08-05-2002 欧共体 WT/DS248/12	03-06-2002 WT/DSB/M/125	

续 表

序号	案件	请求磋商	收到磋商请求（日-月-年）	加入磋商请求	请求成立专家组（日-月-年）	专家组成立（日-月-年）	双边达成解决方案（日-月-年）
249	美国—对于特定钢铁产品的保障措施	日本 WT/DS249/1	20-03-2002	挪威 WT/DS249/2 新西兰 WT/DS249/3 墨西哥 WT/DS249/4	24-05-2002 日本 WT/DS249/6	14-06-2002 争端解决机构同意在2002年6月3日成立专家组来调查欧共体提请的上诉，同时也就日本提请的类似案件上诉做相应调查 WT/DSB/M/127	
250	美国—美国佛罗里达州对橙、柚加工产品的补贴性特许权税	巴西 WT/DS250/1	20-03-2002		19-08-2002 巴西 WT/DS250/2	01-10-2002 WT/DSB/M/133	28-05-2004 WT/DS250/3
251	美国—对于特定钢铁产品进口的保障措施	韩国 WT/DS251/1	20-03-2002	挪威 WT/DS251/2 日本 WT/DS251/3 新西兰 WT/DS251/4 墨西哥 WT/DS251/5	24-05-2002 韩国 WT/DS251/7	14-06-2002 争端解决机构同意在2002年6月3日成立专家组来调查欧共体提请的上诉，同时也就韩国提请的类似案件上诉做相应调查 WT/DSB/M/127	
252	美国—对于特定钢铁产品进口的保障措施	中国 WT/DS252/1	26-03-2002	日本 WT/DS252/2 新西兰 WT/DS252/3	27-05-2002 中国 WT/DS252/5	24-06-2002 争端解决机构同意在2002年6月3日成立专家组来调查欧共体提请的上诉，同时也就中国提请的类似案件上诉做相应调查 WT/DSB/M/128	
253	美国—对于特定钢铁产品进口的保障措施	瑞士 WT/DS253/1	03-04-2002	新西兰 WT/DS253/2 日本 WT/DS253/3	04-06-2002 瑞士 WT/DS253/5	24-06-2002 争端解决机构同意在2002年6月3日成立专家组来调查欧共体提请的上诉，同时也就瑞士提请的类似案件上诉做相应调查 WT/DSB/M/128	

续 表

序号	案件	请求磋商	收到磋商请求（日-月-年）	加入磋商请求	请求成立专家组（日-月-年）	专家组成立（日-月-年）	双边达成解决方案（日-月-年）
254	美国一对于特定钢铁产品进口的保障措施	挪威 WT/DS254/1	04-04-2002	新西兰 WT/DS254/2 日本 WT/DS254/3	04-06-2002 挪威 WT/DS254/5	24-06-2002 争端解决机构同意在 2002 年 6 月 3 日成立专家组来调查欧共体提请的上诉，同时也就挪威提请的类似案件上诉做相应调查 WT/DSB/M/128	
255	秘鲁一对特定进口产品的税收措施	智利 WT/DS255/1	22-04-2002	美国 WT/DS255/2	14-06-2002 智利 WT/DS255/3 25-09-2002 WT/DS255/5（此事件撤回）		
256	土耳其一对来自匈牙利的宠物食品进口禁令	匈牙利 WT/DS256/1	03-05-2002				
257	美国一对来自加拿大的特定软木的最终反补贴税决定	加拿大 WT/DS257/1	03-05-2002		19-07-2002 加拿大 WT/DS257/2 19-08-2002 WT/DS257/3	01-10-2002 WT/DSB/M/133	12-10-2006 WT/DS257/26 23-02-2007 WT/DS257/26/Add. 1
258	美国一对于特定钢铁产品进口的保障措施	新西兰 WT/DS258/1	14-05-2002	欧共体 WT/DS258/2 日本 WT/DS258/3 韩国 WT/DS258/4 挪威 WT/DS258/5 中国 WT/DS258/6 墨西哥 WT/DS258/7	28-06-2002 新西兰 WT/DS258/9	08-07-2002 争端解决机构同意在 2002 年 6 月 3 日成立专家组来调查欧共体提请的上诉，同时也就新西兰提请的类似案件上诉做相应调查 WT/DSB/M/129	

续 表

序号	案件	请求磋商	收到磋商请求（日-月-年）	加入磋商请求	请求成立专家组（日-月-年）	专家组成立（日-月-年）	双边达成解决方案（日-月-年）
259	美国—对特定钢铁产品进口采取保障措施	巴西 WT/DS259/1	21-05-2002	欧共体 WT/DS259/2 日本 WT/DS259/3 韩国 WT/DS259/4 挪威 WT/DS259/5 中国 WT/DS259/6 墨西哥 WT/DS259/7	22-07-2002 巴西 WT/DS259/10	29-07-2002 争端解决机构同意在2002年6月3日成立专家组来调查欧共体提请的上诉，同时也就巴西提请的类似案件上诉做相应调查 WT/DSB/M/130	
260	欧共体—对于特定钢铁产品进口的临时保障措施	美国 WT/DS260/1	30-05-2002	日本 WT/DS260/2	19-08-2002 美国 WT/DS260/4	16-09-2002 WT/DSB/M/132	
261	乌拉圭—特定产品的税收待遇	智利 WT/DS261/1	18-06-2002	欧共体 WT/DS261/2 墨西哥 WT/DS261/3	03-04-2003 智利 WT/DS261/4	19-05-2003 WT/DSB/M/150	08-01-2004 WT/DS261/7
262	美国—对来自德国和法国的特定钢铁产品的反倾销和反补贴税的日落复审	欧共体 WT/DS262/1	25-07-2002	加拿大 WT/DS262/2 日本 WT/DS262/3			
263	欧共体—影响酒类进口的措施	阿根廷 WT/DS263/1	04-09-2002				
264	美国—对来自加拿大的木材的最终倾销决定	加拿大 WT/DS264/1	13-09-2002		06-12-2002 加拿大 WT/DS264/2	08-01-2003 WT/DSB/M/140	12-10-2006 WT/DS264/29 23-02-2007 Add. 1

续 表

序号	案件	请求磋商	收到磋商请求（日-月-年）	加入磋商请求	请求成立专家组（日-月-年）	专家组成立（日-月-年）	双边达成解决方案（日-月-年）
265	欧共体—糖类出口补贴	澳大利亚 WT/DS265/1	27-09-2002	毛里求斯 WT/DS265/2 巴西 WT/DS265/3 瑞士 WT/DS265/4 斐济 WT/DS265/5 圭亚那 WT/DS265/6 伯利兹 WT/DS265/7 牙买加 WT/DS265/8 印度 WT/DS265/9 津巴布韦 WT/DS265/10 马拉维 WT/DS265/11 加拿大 WT/DS265/12 肯尼亚 WT/DS265/13 巴巴多斯 WT/DS265/14 科特迪瓦 WT/DS265/15 刚果 WT/DS265/16 马达加斯加 WT/DS265/17 哥伦比亚 WT/DS265/18 圣基茨和尼维斯 WT/DS265/19	09-07-2003 澳大利亚 WT/DS265/21	29-08-2003 WT/DSB/M/155	

续 表

序号	案件	请求磋商	收到磋商请求（日-月-年）	加入磋商请求	请求成立专家组（日-月-年）	专家组成立（日-月-年）	双边达成解决方案（日-月-年）
266	欧共体一糖类出口补贴	巴西 WT/DS266/1	27-09-2002	澳大利亚 WT/DS266/2 毛里求斯 WT/DS266/3 印度 WT/DS266/4 瑞士 WT/DS266/5 斐济 WT/DS266/6 圭亚那 WT/DS266/7 伯利兹 WT/DS266/8 牙买加 WT/DS266/9 津巴布韦 WT/DS266/10 马拉维 WT/DS266/11 加拿大 WT/DS266/12 肯尼亚 WT/DS266/13 巴巴多斯 WT/DS266/14 科特迪瓦 WT/DS266/15 刚果 WT/DS266/16 马达加斯加 WT/DS266/17 哥伦比亚 WT/DS266/18 圣基茨和尼维斯 WT/DS266/19	09-07-2003 巴西 WT/DS266/21	29-08-2003 WT/DSB/M/155	
267	美国一陆地棉补贴	巴西 WT/DS267/1	27-09-2002	津巴布韦 WT/DS267/2 印度 WT/DS267/3 阿根廷 WT/DS267/4 加拿大 WT/DS267/5	06-02-2003 巴西 WT/DS267/7	18-03-2003 WT/DSB/M/145	
268	美国一对来自阿根廷的石油管材的反倾销措施日落复审	阿根廷 WT/DS268/1	07-10-2002		03-04-2003 阿根廷 WT/DS268/2	19-05-2003 WT/DSB/M/150	

续 表

序号	案件	请求磋商	收到磋商请求（日-月-年）	加入磋商请求	请求成立专家组（日-月-年）	专家组成立（日-月-年）	双边达成解决方案（日-月-年）
269	欧共体—对冷冻无骨鸡块的关税分类	巴西 WT/DS269/1	11-10-2002	美国 WT/DS269/2	19-09-2003 巴西 WT/DS269/3	07-11-2003 WT/DSB/M/157	
270	澳大利亚—影响新鲜水果和蔬菜进口的特定措施	菲律宾 WT/DS270/1	18-10-2002	欧共体 WT/DS270/2 泰国 WT/DS270/3	07-07-2003 菲律宾 WT/DS270/5/Rev. 1	29-08-2003 WT/DSB/M/155	
271	澳大利亚—影响菠萝进口的措施	菲律宾 WT/DS271/1	18-10-2002	欧共体 WT/DS271/2 泰国 WT/DS271/3			
272	秘鲁—对来自阿根廷的植物油征收临时税	阿根廷 WT/DS272/1	21-10-2002				
273	韩国—影响商船贸易的措施	欧共体 WT/DS273/1	21-10-2002		11-06-2003 欧共体 WT/DS273/2	21-07-2003 WT/DSB/M/153	
274	美国—对于特定钢铁产品进口的保障措施	台、澎、金、马单独关税区 WT/DS274/1	01-11-2002	日本 WT/DS274/2			
275	委内瑞拉—对特定农产品进口许可证措施	美国 WT/DS275/1	07-11-2002	欧共体 WT/DS275/2 加拿大 WT/DS275/3 新西兰 WT/DS275/4 阿根廷 WT/DS275/5 哥伦比亚 WT/DS275/6 智利 WT/DS275/7			
276	加拿大—对于小麦出口措施和谷物进口待遇	美国 WT/DS276/1	17-12-2002	日本 WT/DS276/2 墨西哥 WT/DS276/3 欧共体 WT/DS276/4 澳大利亚 WT/DS276/5	06-03-2003 美国 WT/DS276/6 30-06-2003 美国 WT/DS276/9	31-03-2003 WT/DSB/M/146 11-07-2003 WT/DSB/M/152	
277	美国—对来自加拿大的软木的国际贸易商会调查	加拿大 WT/DS277/1	20-12-2002		03-04-2003 加拿大 WT/DS277/2	07-05-2003 WT/DSB/M/149	12-10-2006 WT/DS277/20
278	智利—果糖进口的保障措施	阿根廷 WT/DS278/1	20-12-2002				

续 表

序号	案件	请求磋商	收到磋商请求（日-月-年）	加入磋商请求	请求成立专家组（日-月-年）	专家组成立（日-月-年）	双边达成解决方案（日-月-年）
279	印度—2002至2007年进出口政策中进口限制的持续	欧共体 WT/DS279/1	23-12-2002	美国 WT/DS279/2			
280	美国—对来自墨西哥的钢板的反补贴税	墨西哥 WT/DS280/1	21-01-2003		04-08-2003 墨西哥 WT/DS280/2	29-08-2003 WT/DSB/M/155	
281	美国—对来自墨西哥水泥的反倾销措施	墨西哥 WT/DS281/1	31-01-2003		29-07-2003 墨西哥 WT/DS281/2	29-08-2003 WT/DSB/M/155	16-05-2007 WT/DS281/8
282	美国—对来自墨西哥的石油工业用管材的反倾销措施	墨西哥 WT/DS282/1	18-02-2003		29-07-2003 墨西哥 WT/DS282/2	29-08-2003 WT/DSB/M/155	
283	欧共体—糖类出口补贴	泰国 WT/DS283/1	14-03-2003		09-07-2003 泰国 WT/DS283/2	29-08-2003 WT/DSB/M/155	
284	墨西哥—阻碍来自尼加拉瓜黑豆进口的特定措施	尼加拉瓜 WT/DS284/1	17-03-2003	美国 WT/DS284/2 加拿大 WT/DS284/3			
285	美国—影响博彩业跨境提供的措施	安提瓜和巴布达 WT/DS285/1 和 WT/DS285/1/Add. 1	13-03-2003 01-04-2003		12-06-2003 安提瓜和巴布达 WT/DS285/2	21-07-2003 WT/DSB/M/153	
286	欧共体—冷冻无骨鸡的关税分类	泰国 WT/DS286/1	25-03-2003	巴西 WT/DS286/2 美国 WT/DS286/3	27-10-2003 泰国 WT/DS286/5	21-11-2003 争端解决机构同意在11月7日成立专家组对巴西（WT/DS269/3）做出的上诉进行调查，同时也调查泰国（WT/DSB/M/15）就同一事件提出的投诉	
287	澳大利亚—进口检疫制度	欧共体 WT/DS287/1	03-04-2003	智利 WT/DS287/2 加拿大 WT/DS287/3 印度 WT/DS287/4 菲律宾 WT/DS287/5	29-08-2003 欧共体 WT/DS287/7 和 14-10-2003 WT/DS287/7/Rev. 1		09-03-2007 WT/DS287/8
288	南非—对来自土耳其毛毯的反倾销措施	土耳其 WT/DS288/1	09-04-2003				
289	捷克—对自波兰进口的猪肉的格外关税	波兰 WT/DS289/1	16-04-2003				

续 表

序号	案件	请求磋商	收到磋商请求（日-月-年）	加入磋商请求	请求成立专家组（日-月-年）	专家组成立（日-月-年）	双边达成解决方案（日-月-年）
290	欧共体—农产品和食品的商标及地理标识保护	澳大利亚 WT/DS290/1	17-04-2003	马耳他 WT/DS290/2 保加利亚 WT/DS290/3 捷克 WT/DS290/4 塞浦路斯 WT/DS290/5 美国 WT/DS290/6 斯洛文尼亚 WT/DS290/7 新西兰 WT/DS290/8 土耳其 WT/DS290/9 墨西哥 WT/DS290/10 阿根廷 WT/DS290/11 匈牙利 WT/DS290/12 哥伦比亚 WT/DS290/13 罗马尼亚 WT/DS290/14 斯洛伐克 WT/DS290/15 台、澎、金、马单独关税区 WT/DS290/16	18-08-2003 澳大利亚 WT/DS290/18	02-10-2003 WT/DSB/M/156	
291	欧共体—影响生物科技产品审批及营销的措施	美国 WT/DS291/1	13-05-2003	秘鲁 WT/DS291/2 哥伦比亚 WT/DS291/3 墨西哥 WT/DS291/4 澳大利亚 WT/DS291/5 新西兰 WT/DS291/6 阿根廷 WT/DS291/7 巴西 WT/DS291/8 加拿大 WT/DS291/9 印度 WT/DS291/10 智利 WT/DS291/11	07-08-2003 WT/DS291/23	29-08-2003 WT/DSB/M/155	

续 表

序号	案件	请求磋商	收到磋商请求（日-月-年）	加入磋商请求	请求成立专家组（日-月-年）	专家组成立（日-月-年）	双边达成解决方案（日-月-年）
292	欧共体一影响生物科技产品审批及营销的措施	加拿大 WT/DS292/1	13-05-2003	墨西哥 WT/DS292/2 美国 WT/DS292/3 澳大利亚 WT/DS292/4 阿根廷 WT/DS292/5 巴西 WT/DS292/6 印度 WT/DS292/7 新西兰 WT/DS292/8	07-08-2003 WT/DS292/17	29-08-2003 WT/DSB/M/155	15-07-2009 WT/DS292/40
293	欧共体一影响生物科技产品批准及营销的措施	阿根廷 WT/DS293/1	14-05-2003	墨西哥 WT/DS293/2 美国 WT/DS293/3 澳大利亚 WT/DS293/4 巴西 WT/DS293/5 加拿大 WT/DS293/6 印度 WT/DS293/7 新西兰 WT/DS293/8	07-08-2003 阿根廷 WT/DS293/17	29-08-2003 WT/DSB/M/155	19-03-2010 WT/DS293/41
294	美国一计算倾销差额（归零法）的法律、规则及方法	欧共体 WT/DS294/1 和 WT/DS294/1/Add. 1	12-06-2003 08-09-2003	印度 WT/DS294/2 韩国 WT/DS294/3 日本 WT/DS294/4 墨西哥 WT/DS294/5 和 WT/DS294/6	05-02-2004 欧共体 WT/DS294/7	19-03-2004 WT/DSB/M/166	
295	墨西哥一对于牛肉及稻米反倾销措施	美国 WT/DS295/1	16-06-2003		19-09-2003 美国 WT/DS295/2		
296	美国一对于来自韩国的计算机动态随机存取存储器芯片（DRAMS）征收反补贴税调查	韩国 WT/DS296/1 和 WT/DS296/1/Add. 1	30-06-2003 18-08-2003		19-11-2003 韩国 WT/DS296/2	23-01-2004 WT/DSB/M/163	

续 表

序号	案件	请求磋商	收到磋商请求（日-月-年）	加入磋商请求	请求成立专家组（日-月-年）	专家组成立（日-月-年）	双边达成解决方案（日-月-年）
297	克罗地亚一影响活体动物及肉产品进口的措施	匈牙利 WT/DS297/1	09-07-2003				30-01-2009 WT/DS297/2
298	墨西哥一对于海关估价及其他特定用途的定价方法	危地马拉 WT/DS298/1 撤销要求磋商的请求 WT/DS298/2 （29-08-2005）	22-07-2003				
299	欧共体一对来自韩国的计算机动态随机存取存储器芯片采取反补贴措施	韩国 WT/DS299/1 和 WT/DS299/1/ Rev. 1/Add. 1	25-07-2003 25-08-2003		19-11-2003 韩国 WT/DS299/2	23-01-2004 WT/DSB/M/163	
300	多米尼加一影响香烟进口的措施	洪都拉斯 WT/DS300/1	28-08-2003				
301	欧共体一影响商船贸易的措施	韩国 WT/DS301/1	03-09-2003	中国 WT/DS301/2	05-02-2004 韩国 WT/DS301/3	19-03-2004 WT/DSB/M/163	
302	多米尼加一影响香烟进口和国内销售的措施	洪都拉斯 WT/DS302/1	08-10-2003	危地马拉 WT/DS302/2 尼加拉瓜 WT/DS302/3	08-12-2003 洪都拉斯 WT/DS302/5	09-01-2004 WT/DSB/M/162	
303	厄瓜多尔一对中密度板进口的保障措施	智利 WT/DS303/1	24-11-2003				
304	印度一对来自欧共体的特定产品进口的反倾销措施	欧共体 WT/DS304/1 和 Corr. 1	08-12-2003	土耳其 WT/DS304/2 台、澎、金、马单独关税区 WT/DS304/3			
305	埃及一影响纺织品及服装进口措施	美国 WT/DS305/1	23-12-2003	欧共体 WT/DS305/2			20-05-2005 WT/DS305/4
306	印度一对来自孟加拉国的电池采取反倾销措施	孟加拉国 WT/DS306/1	28-01-2004	欧共体 WT/DS306/2			20-02-2006 WT/DS306/3
307	欧共体一对商船的补贴	韩国 WT/DS307/1	13-02-2004				

续 表

序号	案件	请求磋商	收到磋商请求（日-月-年）	加入磋商请求	请求成立专家组（日-月-年）	专家组成立（日-月-年）	双边达成解决方案（日-月-年）
308	墨西哥一对于非酒精饮料及其他饮料征税	美国 WT/DS308/1	16-03-2004	加拿大 WT/DS308/2	10-06-2004 美国 WT/DS308/4	06-07-2004 WT/DSB/M/172	
309	中国一对集成电路的增值税	美国 WT/DS309/1	18-03-2004	欧共体 WT/DS309/2 日本 WT/DS309/3 墨西哥 WT/DS309/4 台、澎、金、马单独关税区 WT/DS309/5			05-10-2005 WT/DS309/8
310	美国一国际贸易委员会对来自加拿大的硬粒赤春小麦的决定	加拿大 WT/DS310/1	08-04-2004		10-06-2004 加拿大 WT/DS310/2 On 20-07-2004 加拿大 请求将成立专家组的要求从争端解决机构议程中撤出，保留其在未来会议中对该项请求的权利 (WT/DSB/M/173)		
311	美国一对来自加拿大软木的反补贴税复审	加拿大 WT/DS311/1	14-04-2004				12-10-2006 WT/DS311/2 23-02-2007 WT/DS311/2/Add. 1
312	韩国一对来自印度尼西亚特定纸张征收反倾销税	印尼 WT/DS312/1	04-06-2004		16-08-2004 印尼 WT/DS312/2	27-09-2004 WT/DSB/M/176	
313	欧共体一对来自印度的扁钢和非合金钢产品采取反倾销措施	印度 WT/DS313/1	05-07-2004				22-10-2004 WT/DS313/2
314	墨西哥一对来自欧共体的橄榄油采取临时反补贴措施	欧共体 WT/DS314/1	18-08-2004				

续 表

序号	案件	请求磋商	收到磋商请求（日-月-年）	加入磋商请求	请求成立专家组（日-月-年）	专家组成立（日-月-年）	双边达成解决方案（日-月-年）
315	欧共体一特定海关措施	美国 WT/DS315/1	21-09-2004	澳大利亚 WT/DS315/2 日本 WT/DS315/3 巴西 WT/DS315/4 阿根廷 WT/DS315/5 台、澎、金、马单独关税区 WT/DS315/6 印度 WT/DS315/7	13-01-2005 美国 WT/DS315/8	21-03-2005 WT/DSB/M/186	
316	欧共体及其某些成员国一影响大型民用航空器贸易的措施	美国 WT/DS316/1 WT/DS316/1/Add. 1	06-10-2004 31-01-2006		31-05-2005 美国 WT/DS316/2 11-04-2006 美国 WT/DS316/6	20-07-2005 WT/DSB/M/194 09-05-2006 WT/DSB/M/211和 Corr. 1	
317	美国一影响大型民用航空器贸易的措施	欧共体 WT/DS317/1 WT/DS317/1/Add. 1	06-10-2004 27-06-2005		31-05-2005 欧共体 WT/DS317/2 20-01-2006 欧共体 WT/DS317/5	20-07-2005 WT/DSB/M/194 17-02-2006 WT/DSB/M/205	
318	印度一对来自台、澎、金、马单独关税区特定产品的反倾销措施	台、澎、金、马单独关税区 WT/DS318/1	28-10-2004				
319	美国一1930 年关税法案第 776 节	欧共体 WT/DS319/1	05-11-2004				
320	美国一继续中止在荷尔蒙案件中的义务	欧共体 WT/DS320/1	08-11-2004	加拿大 WT/DS320/2 澳大利亚 WT/DS320/3 墨西哥 WT/DS320/4	13-01-2005 欧共体 WT/DS320/6	17-02-2005 WT/DSB/M/183	
321	加拿大一欧共体继续中止在荷尔蒙案件中的义务	欧共体 WT/DS321/1	08-11-2004	澳大利亚 WT/DS321/2 墨西哥 WT/DS321/3 美国 WT/DS321/4	13-01-2005 欧共体 WT/DS321/6	17-02-2005 WT/DSB/M/183	

续 表

序号	案件	请求磋商	收到磋商请求（日-月-年）	加入磋商请求	请求成立专家组（日-月-年）	专家组成立（日-月-年）	双边达成解决方案（日-月-年）
322	美国—与归零法及日落复审相关的措施	日本 WT/DS322/1	24-11-2004	印度 WT/DS322/2 挪威 WT/DS322/3 阿根廷 WT/DS322/4 台、澎、金、马单独关税区 WT/DS322/5 欧共体 WT/DS322/6 墨西哥 WT/DS322/7	04-02-2005 日本 WT/DS322/8	28-02-2005 WT/DSB/M/185	
323	日本—干紫菜和风味紫菜进口配额	韩国 WT/DS323/1	01-12-2004		04-02-2005 韩国 WT/DS323/2	21-03-2005 WT/DSB/M/186	23-01-2006 WT/DS323/5
324	美国—对来自泰国虾的临时反倾销措施	泰国 WT/DS324/1	09-12-2004	日本 WT/DS324/2 巴西 WT/DS324/3 欧共体 WT/DS324/4 中国 WT/DS324/5 印度 WT/DS324/6 厄瓜多尔 WT/DS324/7			
325	美国—对来自墨西哥的不锈钢的反倾销措施	墨西哥 WT/DS325/1	05-01-2005	日本 WT/DS325/2 欧共体 WT/DS325/3			
326	欧共体—对于鲑鱼的保障措施	智利 WT/DS326/1 撤回磋商请求 WT/DS326/4 (12-05-2005)	08-02-2005	挪威 WT/DS326/2			
327	埃及—对来自巴基斯坦火柴的反倾销措施	巴基斯坦 WT/DS327/1	21-02-2005		09-06-2005 巴基斯坦 WT/DS327/2	20-07-2005 WT/DSB/M/194	27-03-2006 WT/DS327/3
328	欧共体—对于鲑鱼的保障措施	挪威 WT/DS328/1	01-03-2005	智利 WT/DS328/2			
329	巴拿马—对于特定奶类产品的关税分类	墨西哥 WT/DS329/1	16-03-2005				20-09-2005 WT/DS329/2

续 表

序号	案件	请求磋商	收到磋商请求（日-月-年）	加入磋商请求	请求成立专家组（日-月-年）	专家组成立（日-月-年）	双边达成解决方案（日-月-年）
330	阿根廷一对于橄榄油、面筋及桃子的反补贴税	欧共体 WT/DS330/1	29-04-2005				
331	墨西哥一对来自危地马拉的钢管征收反倾销税	危地马拉 WT/DS331/1	17-06-2005		06-02-2006 危地马拉 WT/DS331/2	17-03-2006 WT/DSB/M/207	
332	巴西一影响翻新轮胎进口的措施	欧共体 WT/DS332/1	20-06-2005	阿根廷 WT/DS332/2	17-11-2005 欧共体 WT/DS332/4	20-01-2006 WT/DSB/M/203	
333	多米尼加一影响从自哥斯达黎加进口的外汇费用	哥斯达黎加 WT/DS333/1	12-09-2005	危地马拉 WT/DS333/2 萨尔瓦多 WT/DS333/3			
334	土耳其一影响稻米进口的措施	美国 WT/DS334/1	02-11-2005	澳大利亚 WT/DS334/2 泰国 WT/DS334/3	06-02-2006 美国 WT/DS334/4	17-03-2006 WT/DSB/M/207	
335	美国一对来自厄瓜多尔的虾的反倾销措施	厄瓜多尔 WT/DS335/1	17-11-2005	欧共体 WT/DS335/2 印度 WT/DS335/3 巴西 WT/DS335/4 泰国 WT/DS335/5	08-06-2006 厄瓜多尔 WT/DS335/6	19-07-2006 WT/DSB/M/217	
336	日本一对来自韩国的计算机动态随机存取存储器芯片的反补贴措施	韩国 WT/DS336/1	14-03-2006	美国 WT/DS336/2 欧共体 WT/DS336/3	18-05-2006 韩国 WT/DS336/5	19-06-2006 WT/DSB/M/215	
337	欧共体一对来自挪威的养殖鲑鱼的反倾销措施	挪威 WT/DS337/1 和 WT/DS337/1/Add. 1	17-03-2006 27-03-2006		29-05-2006 挪威 WT/DS337/2	22-06-2006 WT/DSB/M/216	
338	加拿大一对来自美国谷物玉米征收临时的反倾销税和反补贴税	美国 WT/DS338/1	17-03-2006				

续 表

序号	案件	请求磋商	收到磋商请求（日-月-年）	加入磋商请求	请求成立专家组（日-月-年）	专家组成立（日-月-年）	双边达成解决方案（日-月-年）
339	中国一影响汽车零部件进口的措施	欧共体 WT/DS339/1	30-03-2006	美国 WT/DS339/2 日本 WT/DS339/3 澳大利亚 WT/DS339/4 墨西哥 WT/DS339/5 加拿大 WT/DS339/6	15-09-2006 欧共体 WT/DS339/8	26-10-2006 WT/DSB/M/221	
340	中国一影响汽车零部件进口的措施	美国 WT/DS340/1	30-03-2006	日本 WT/DS340/2 欧共体 WT/DS340/3 澳大利亚 WT/DS340/4 墨西哥 WT/DS340/5 加拿大 WT/DS340/6	15-09-2006 美国 WT/DS340/8	26-10-2006 WT/DSB/M/221	
341	墨西哥一对来自欧共体的橄榄油采取反补贴措施	欧共体 WT/DS341/1	31-03-2006		07-12-2006 欧共体 WT/DS341/2	23-01-2007 WT/DSB/M/225	
342	中国一影响汽车零部件进口的措施	加拿大 WT/DS342/1	13-04-2006	美国 WT/DS342/2 澳大利亚 WT/DS342/3 日本 WT/DS342/4 欧共体 WT/DS342/5 墨西哥 WT/DS342/6	15-09-2006 加拿大 WT/DS342/8	26-10-2006 WT/DSB/M/221	
343	美国一影响来自泰国虾的措施	泰国 WT/DS343/1 和 Corr. 2	24-04-2006	印度 WT/DS343/2 日本 WT/DS343/3 巴西 WT/DS343/4 中国 WT/DS343/5	15-09-2006 泰国 WT/DS343/7	26-10-2006 WT/DSB/M/221	

续 表

序号	案件	请求磋商	收到磋商请求（日-月-年）	加入磋商请求	请求成立专家组（日-月-年）	专家组成立（日-月-年）	双边达成解决方案（日-月-年）
344	美国—对来自墨西哥不锈钢的反倾销措施	墨西哥 WT/DS344/1	26-05-2006	日本 WT/DS344/2	12-10-2006 墨西哥 WT/DS344/4	26-10-2006 WT/DSB/M/221	08-04-2013 WT/DS344/26
345	美国—涉及反倾销及反补贴税的商品海关保证金	印度 WT/DS345/1	06-06-2006	泰国 WT/DS345/2 中国 WT/DS345/3 巴西 WT/DS345/4	13-10-2006 印度 WT/DS345/6	21-11-2006 WT/DSB/M/222	
346	美国—对来自阿根廷的工业用管材的反倾销行政复审	阿根廷 WT/DS346/1	20-06-2006				
347	欧共体及其某些成员国—影响大型民用航空器贸易的措施（二诉）	美国 WT/DS347/1	31-01-2006		11-04-2006 美国 WT/DS347/3	09-05-2006 WT/DSB/M/211 和 Corr. 1 根据 DSU 第 12.12 条 2007 年 10 月 7 日专家组解散	
348	哥伦比亚—来自巴拿马特定产品进口的海关措施	巴拿马 WT/DS348/1	20-07-2006	危地马拉 WT/DS348/2 中国 WT/DS348/3 菲律宾 WT/DS348/4 中国香港 WT/DS348/5 巴基斯坦 WT/DS348/6 WT/DS348/7 泰国 WT/DS348/8			01-12-2006 WT/DS348/10
349	欧共体—影响新鲜及冷藏大蒜的关税配额措施	阿根廷 WT/DS349/1	06-09-2006				
350	美国—继续使用归零法	欧共体 WT/DS350/1 和 WT/DS350/1/Add. 1	02-10-2006 09-10-2006	日本 WT/DS350/2 泰国 WT/DS350/3 巴西 WT/DS350/4 印度 WT/DS350/5	10-05-2007 欧共体 WT/DS350/6	04-06-2007 WT/DSB/M/233	
351	智利—对于特定奶制品的临时保障措施	阿根廷 WT/DS351/1	25-10-2006		8-03-2007 阿根廷 WT/DS351/2 WT/DS356/2	24-04-2007 WT/DSB/M/230	

续 表

序号	案件	请求磋商	收到磋商请求（日-月-年）	加入磋商请求	请求成立专家组（日-月-年）	专家组成立（日-月-年）	双边达成解决方案（日-月-年）
352	印度—影响来自欧共体葡萄酒和烈性酒进口和销售的措施	欧共体 WT/DS352/1	20-11-2006	美国 WT/DS352/2 澳大利亚 WT/DS352/3	23-03-2007 欧共体 WT/DS352/4	24-04-2007 WT/DSB/M/230 17-07-2008 建立专家组的授权取消（WT/DS352/7）	
353	美国—影响大型民用航空器贸易的措施（二诉）	欧共体 WT/DS353/1 WT/DS317/1/Add. 2			欧共体 WT/DS353/2/Corr. 1 WT/DS317/5/Add. 1/Corr. 1		
354	加拿大—对葡萄酒和啤酒的税收减免	欧共体 WT/DS354/1	29-11-2006				17-12-2008 WT/DS354/2
355	巴西—对产自阿根廷特定树脂征收反倾销税	阿根廷 WT/DS355/1	26-12-2006		07-06-2007 阿根廷 WT/DS355/2	24-07-2007 WT/DSB/M/236 05-02-2009 建立专家组的授权取消 WT/DS355/6	
356	智利—对特定奶制品实施保障措施	阿根廷 WT/DS356/1	28-12-2006		8-03-2007 阿根廷 WT/DS351/2 WT/DS356/2	24-04-2007 WT/DSB/M/230	
357	美国—对玉米和其他农产品的补贴和国内支持	加拿大 WT/DS357/1	08-01-2007	澳大利亚 WT/DS357/2 危地马拉 WT/DS357/3 巴西 WT/DS357/4 阿根廷 WT/DS357/5 欧共体 WT/DS357/6 乌拉圭 WT/DS357/7 尼加拉瓜 WT/DS357/8 泰国 WT/DS357/9	07-06-2007 加拿大 WT/DS357/11 15-11-2007 撤回请求 WT/DS357/13 08-11-2007 加拿大 WT/DS357/12 和 Corr. 1	17-12-2007 WT/DSB/M/243	

续 表

序号	案件	请求磋商	收到磋商请求（日-月-年）	加入磋商请求	请求成立专家组（日-月-年）	专家组成立（日-月-年）	双边达成解决方案（日-月-年）
358	中国—国内税收和其他支付的退还、抵免、减免措施	美国 WT/DS358/1 WT/DS358/1/Add. 1	02-02-2007 27-04-2007	欧共体 WT/DS358/2 澳大利亚 WT/DS358/3 日本 WT/DS358/4 墨西哥 WT/DS358/5 墨西哥 WT/DS358/7 欧共体 WT/DS358/8 澳大利亚 WT/DS358/9 日本 WT/DS358/10 加拿大 WT/DS358/11	12-07-2007 美国 WT/DS358/13	31-08-2007 WT/DSB/M/238	
359	中国—国内税收和其他支付的退还、抵免、减免措施	墨西哥 WT/DS359/1 WT/DS359/1/Add. 1	26-02-2007 04-05-2007	欧共体 WT/DS359/2 澳大利亚 WT/DS359/3 日本 WT/DS359/4 美国 WT/DS359/5 澳大利亚 WT/DS359/7 欧共体 WT/DS359/8 加拿大 WT/DS359/9 日本 WT/DS359/10 美国 WT/DS359/11	12-07-2007 墨西哥 WT/DS359/13	31-08-2007 WT/DSB/M/238	
360	印度—对来自美国的进口产品征收“附加税”和“超额附加税”	美国 WT/DS360/1	06-03-2007	欧共体 WT/DS360/2 澳大利亚 WT/DS360/3	24-05-2007 美国 WT/DS360/5	20-06-2007 WT/DSB/M/234	
361	欧共体—香蕉进口制度	哥伦比亚 WT/DS361/1	21-03-2007				08-11-2012 WT/DS361/3

续　表

序号	案件	请求磋商	收到磋商请求（日-月-年）	加入磋商请求	请求成立专家组（日-月-年）	专家组成立（日-月-年）	双边达成解决方案（日-月-年）
362	中国—影响知识产权保护和执法的措施	美国 WT/DS362/1	10-04-2007	日本 WT/DS362/2 欧共体 WT/DS362/3 加拿大 WT/DS362/4 墨西哥 WT/DS362/5	21-08-2007 美国 WT/DS362/7	25-09-2007 WT/DSB/M/239	
363	中国—影响某些出版物和视听娱乐产品贸易权和分销权的措施	美国 WT/DS363/1 WT/DS363/1/Add. 1	10-04-2007 10-07-2007	欧共体 WT/DS363/2 欧共体 WT/DS363/4	10-10-2007 美国 WT/DS363/5	27-11-2007 WT/DSB/M/242	
364	欧共体—香蕉进口制度	巴拿马 WT/DS364/1	22-06-2007				08-11-2012 WT/DS364/3
365	美国—对农产品的国内支持和出口信贷担保	巴西 WT/DS365/1	11-07-2007	加拿大 WT/DS365/2 危地马拉 WT/DS365/3 哥斯达黎加 WT/DS365/4 欧共体 WT/DS365/5 墨西哥 WT/DS365/6 澳大利亚 WT/DS365/7 阿根廷 WT/DS365/8 泰国 WT/DS365/9 印度 WT/DS365/10 尼加拉瓜 WT/DS365/11	08-11-2007 巴西 WT/DS365/13	17-12-2007 WT/DSB/M/243	
366	哥伦比亚—指示性价格和入境港口的限制	巴拿马 WT/DS366/1	12-07-2007	危地马拉 WT/DS366/2 洪都拉斯 WT/DS366/3 台、澎、金、马单独关税区 WT/DS366/4	14-09-2007 巴拿马 WT/DS366/6	22-10-2007 WT/DSB/M/241	

续 表

序号	案件	请求磋商	收到磋商请求（日-月-年）	加入磋商请求	请求成立专家组（日-月-年）	专家组成立（日-月-年）	双边达成解决方案（日-月-年）
367	澳大利亚一影响来自新西兰苹果进口的措施	新西兰 WT/DS367/1	31-08-2007	欧共体 WT/DS367/2 美国 WT/DS367/3	06-12-2007 新西兰 WT/DS367/5	21-01-2008 WT/DSB/M/245	
368	美国一对来自中国的铜版纸征收临时反倾销和反补贴税	中国 WT/DS368/1	14-09-2007				
369	欧共体一禁止海豹产品进口和销售的措施	加拿大 WT/DS369/1	25-09-2007		11-02-2011 加拿大 WT/DS369/2	25-03-2011 WT/DSB/M/294	
370	泰国一对来自欧共体特定商品的海关估价制度	欧共体 WT/DS370/1	25-01-2008	菲律宾 WT/DS370/2 美国 WT/DS370/3			
371	泰国一对来自菲律宾烟草所采取的海关和财政措施	菲律宾 WT/DS371/1	07-02-2008	欧共体 WT/DS371/2	29-09-2008 菲律宾 WT/DS371/3	17-11-2008 WT/DSB/M/259	
372	中国一影响金融信息服务和外资金融信息服务提供商的措施	欧共体 WT/DS372/1	03-03-2008	美国 WT/DS372/2			
373	中国一影响金融信息服务和外资金融信息服务提供商的措施	美国 WT/DS373/1	03-03-2008	欧共体 WT/DS373/2			
374	南非一对未涂层纸采取反倾销措施	印度尼西亚 WT/DS374/1 撤回磋商请求 WT/DS374/2（2008 年 11 月 20 日）	09-05-2008				
375	欧共体及其成员国一对特定信息技术产品的关税措施	美国 WT/DS375/1	28-05-2008	泰国 WT/DS375/2 日本 WT/DS375/3 新加坡 WT/DS375/4 菲律宾 WT/DS375/5 台、澎、金、马单独关税区 WT/DS375/6 中国 WT/DS375/7	18-08-2008 美国 WT/DS375/8 WT/DS376/8 WT/DS377/6	23-09-2008 WT/DSB/M/256	

续 表

序号	案件	请求磋商	收到磋商请求（日-月-年）	加入磋商请求	请求成立专家组（日-月-年）	专家组成立（日-月-年）	双边达成解决方案（日-月-年）
376	欧共体及其成员国一对特定信息技术产品的关税措施	日本 WT/DS376/1	28-05-2008	泰国 WT/DS376/2 台、澎、金、马单独关税区 WT/DS376/3 新加坡 WT/DS376/4 菲律宾 WT/DS376/5 美国 WT/DS376/6 中国 WT/DS376/7	18-08-2008 日本 WT/D376/8 WT/DS375/8 WT/DS377/6	23-09-2008 WT/DSB/M/256	
377	欧共体及其成员国一对特定信息技术产品的关税措施	台、澎、金、马单独关税区 WT/DS377/1	12-06-2008	美国 WT/DS377/2 中国 WT/DS377/3 日本 WT/DS377/4	18-08-2008 台、澎、金、马单独关税区 WT/DS377/6 WT/DS375/8 WT/DS376/8	23-09-2008 WT/DSB/M/256	
378	中国一影响金融信息服务和外资金融信息服务提供商的措施	加拿大 WT/DS378/1	20-06-2008	美国 WT/DS378/2			
379	美国一对来自中国的特定产品征收反倾销税和反补贴税	中国 WT/DS379/1	19-09-2008		09-12-2008 中国 WT/DS379/2	20-01-2009 WT/DSB/M/263	
380	印度一对进口葡萄酒与烈酒采取的某些税收和其他措施	欧共体 WT/DS380/1 WT/DS380/1/Add. 1 WT/DS380/1/Add. 2	22-09-2008 15-12-2008 04-05-2009	澳大利亚 WT/DS380/2 美国 WT/DS380/3 美国 WT/DS380/4 美国 WT/DS380/5			
381	美国一对金枪鱼和金枪鱼产品的进口，营销和销售采取的措施	墨西哥 WT/DS381/1	24-10-2008	欧共体 WT/DS381/2 澳大利亚 WT/DS381/3	09-03-2009 墨西哥 WT/DS381/4	20-04-2009 WT/DSB/M/267	
382	美国一对从巴西进口的特定橙汁采取的反倾销行政复审和其他措施	巴西 WT/DS382/1 WT/DS382/1/Add. 1	27-11-2008 22-05-2009	日本 WT/DS382/2 日本 WT/DS382/3	20-08-2009 巴西 WT/DS382/4	25-09-2009 WT/DSB/M/274	14-02-2013 WT/DS382/12（双方达成满意的解决方案）
383	美国一对从泰国进口的聚乙烯包装袋采取的反倾销措施	泰国 WT/DS383/1	26-11-2008		09-03-2009 泰国 WT/DS383/2	20-03-2009 WT/DSB/M/266	

续 表

序号	案件	请求磋商	收到磋商请求（日-月-年）	加入磋商请求	请求成立专家组（日-月-年）	专家组成立（日-月-年）	双边达成解决方案（日-月-年）
384	美国—对特定国家原产地标签要求	加拿大 WT/DS384/1 WT/DS384/1/Add. 1	01-12-2008 07-05-2009	尼加拉瓜 WT/DS384/2 墨西哥 WT/DS384/3 墨西哥 WT/DS384/5 秘鲁 WT/DS384/6	07-10-2009 加拿大 WT/DS384/8	19-11-2009 WT/DSB/M276	
385	欧共体—对从印度进口的聚对苯二甲酸乙二醇酯（PET）征收反倾销和反补贴税的期终复审	印度 WT/DS385/1	04-12-2008				
386	美国—对特定国家原产地标签要求	墨西哥 WT/DS386/1 WT/DS386/1/Add. 1	17-12-2008 07-05-2009	加拿大 WT/DS386/2 加拿大 WT/DS386/4 秘鲁 WT/DS386/5	13-10-2009 墨西哥 WT/DS386/7 和 Corr. 1	19-11-2009 WT/DSB/M/276	
387	中国—援助、贷款和其他鼓励措施	美国 WT/DS387/1	19-12-2008	墨西哥 WT/DS387/2 欧共体 WT/DS387/3 加拿大 WT/DS387/4 澳大利亚 WT/DS387/5 土耳其 WT/DS387/6 哥伦比亚 WT/DS387/7 危地马拉 WT/DS387/8 厄瓜多尔 WT/DS387/9 新西兰 WT/DS387/10			

续 表

序号	案件	请求磋商	收到磋商请求（日-月-年）	加入磋商请求	请求成立专家组（日-月-年）	专家组成立（日-月-年）	双边达成解决方案（日-月-年）
388	中国—援助、贷款和其他鼓励措施	墨西哥 WT/DS388/1	19-12-2008	欧共体 WT/DS388/2 加拿大 WT/DS388/3 澳大利亚 WT/DS388/4 土耳其 WT/DS388/5 美国 WT/DS388/6 哥伦比亚 WT/DS388/7 危地马拉 WT/DS388/8 厄瓜多尔 WT/DS388/9 新西兰 WT/DS388/10			
389	欧共体—对从美国进口的鸡肉及其产品采取的特定措施	美国 WT/DS389/1	16-01-2009	澳大利亚 WT/DS389/2	08-10-2009 美国 WT/DS389/4	19-11-2009 WT/DSB/M/276	
390	中国—援助、贷款和其他鼓励措施	危地马拉 WT/DS390/1	19-01-2009	欧共体 WT/DS390/2 澳大利亚 WT/DS390/3 墨西哥 WT/DS390/4 美国 WT/DS390/5 土耳其 WT/DS390/6 厄瓜多尔 WT/DS390/7 哥伦比亚 WT/DS390/8 加拿大 WT/DS390/9 新西兰 WT/DS390/10			
391	韩国—对从加拿大进口牛肉及其产品采取的措施	加拿大 WT/DS391/1	09-04-2009	欧共体 WT/DS391/2	09-07-2009 加拿大 WT/DS391/3	31-08-2009 WT/DSB/M/273	19-06-2012 WT/DS391/9
392	美国—对从中国进口的鸡肉采取的特定措施	中国 WT/DS392/1	17-04-2009		23-06-2009 中国 WT/DS392/2	31-07-2009 WT/DSB/M/272	
393	智利—对从阿根廷进口面粉采取的反倾销措施	阿根廷 WT/DS393/1	14-05-2009				

续 表

序号	案件	请求磋商	收到磋商请求（日-月-年）	加入磋商请求	请求成立专家组（日-月-年）	专家组成立（日-月-年）	双边达成解决方案（日-月-年）
394	中国—与限制原材料出口有关的措施	美国 WT/DS394/1	23-06-2009	欧共体 WT/DS394/2 土耳其 WT/DS394/3 加拿大 WT/DS394/4 墨西哥 WT/DS394/5	04-11-2009 美国 WT/DS394/7	21-12-2009 WT/DSB/M/277	
395	中国—与限制原材料出口有关的措施	欧共体 WT/DS395/1	23-06-2009	土耳其 WT/DS395/2 美国 WT/DS395/3 加拿大 WT/DS395/4 墨西哥 WT/DS395/5	04-11-2009 欧共体 WT/DS395/7	21-12-2009 WT/DSB/M/277	
396	菲律宾—对蒸馏酒征收国内税	欧共体 WT/DS396/1	29-07-2009	美国 WT/DS396/2	10-12-2009 欧盟 WT/DS396/4	19-01-2010 WT/DSB/M/278	
397	欧共体—对从中国进口的钢铁紧固件采取最终反倾销措施	中国 WT/DS397/1	31-07-2009		12-10-2009 中国 WT/DS397/3	23-10-2009 WT/DSB/M/275	
398	中国—与限制原材料出口有关的措施	墨西哥 WT/DS398/1	21-08-2009	欧共体 WT/DS398/2 美国 WT/DS398/3 哥伦比亚 WT/DS398/4 加拿大 WT/DS398/5	04-11-2009 墨西哥 WT/DS398/6	21-12-2009 WT/DSB/M/277	
399	美国—对从中国进口汽车轮胎采取的限制措施	中国 WT/DS399/1	14-09-2009		09-12-2009 中国 WT/DS399/2	19-01-2010 WT/DSB/M/278	
400	欧共体—限制海豹产品进口及营销的限制措施	加拿大 WT/DS400/1 WT/DS400/1/Add. 1	02-11-2009 18-10-2010	冰岛 WT/DS400/2 挪威 WT/DS400/3	11-02-2011 加拿大 WT/DS400/4	25-03-2011 WT/DSB/M/294	
401	欧共体—限制海豹产品进口及营销的限制措施	挪威 WT/DS401/1 WT/DS401/1/Add. 1	05-11-2009 19-10-2010	冰岛 WT/DS401/2 加拿大 WT/DS401/3 加拿大 WT/DS401/4	14-03-2011 挪威 WT/DS401/5	21-04-2011 争端解决机构同意在 2011 年 3 月 25 日会议上，设立专家组以调查加拿大的投诉（WT/DS400/4）和挪威的投诉 WT/DSB/M/295	

续 表

序号	案件	请求磋商	收到磋商请求（日-月-年）	加入磋商请求	请求成立专家组（日-月-年）	专家组成立（日-月-年）	双边达成解决方案（日-月-年）
402	美国—对自韩国产品的反倾销措施适用归零法	韩国 WT/DS402/1	24-11-2009	日本 WT/DS402/2	08-04-2010 韩国 WT/DS402/3	18-05-2010 WT/DSB/M/283	
403	菲律宾—对蒸馏酒精征税	美国 WT/DS403/1	14-01-2010	欧盟 WT/DS403/2	26-03-2010 美国 WT/DS403/4	20-04-2010 争端解决机构同意在2010年1月19日会议上成立专家组来调查欧盟提请的上诉，同时也就美国提请的类似案件上诉做相应调查 WT/DSB/M/282	
404	美国—对自越南进口的虾采取反倾销措施	越南 WT/DS404/1	01-02-2010	日本 WT/DS404/2 欧盟 WT/DS404/3 泰国 WT/DS404/4	07-04-2020 越南 WT/DS404/5	18-05-2010 WT/DSB/M/283	
405	欧盟—对自中国进口的鞋采取反倾销措施	中国 WT/DS405/1	04-02-2010		08-04-2010 中国 WT/DS405/2	18-05-2010 WT/DSB/M/283	
406	美国—影响丁香香烟生产和销售的措施	印度尼西亚 WT/DS406/1	07-04-2010		09-06-2010 印度尼西亚 WT/DS406/2	20-07-2010 WT/DSB/M/285	
407	中国—对自欧盟的钢铁紧固件征收临时反倾销税	欧盟 WT/DS407/1	07-05-2010				
408	欧盟及其成员—运输中的癫痫仿制药	印度 WT/DS408/1	11-05-2010	加拿大 WT/DS408/2 巴西 WT/DS408/3 厄瓜多尔 WT/DS408/4 土耳其 WT/DS408/5 中国 WT/DS408/6 日本 WT/DS408/7			

续 表

序号	案件	请求磋商	收到磋商请求（日-月-年）	加入磋商请求	请求成立专家组（日-月-年）	专家组成立（日-月-年）	双边达成解决方案（日-月-年）
409	欧盟及其成员—运输中的癫痫仿制药	巴西 WT/DS409/1	12-05-2010	加拿大 WT/DS409/2 厄瓜多尔 WT/DS409/3 印度 WT/DS409/4 土耳其 WT/DS409/5 中国 WT/DS409/6 日本 WT/DS409/7			
410	阿根廷—对来自秘鲁的紧固件及链条实施反倾销措施	秘鲁 WT/DS410/1	19-05-2010				
411	亚美尼亚—影响香烟和酒精输入和进口的措施	乌克兰 WT/DS411/1	20-07-2010		06-10-2010 乌克兰 WT/DS411/2/Rev. 1		
412	加拿大—影响再生能源部门的措施	日本 WT/DS412/1	13-09-2010	美国 WT/DS412/2 欧盟 WT/DS412/3	01-06-2011 日本 WT/DS412/5	20-07-2011 WT/DSB/M/300	
413	中国—影响电子支付服务的措施	美国 WT/DS413/1	15-09-2010		11-02-2011 美国 WT/DS413/2	25-03-2011 WT/DSB/M/294	
414	中国—对自美国进口的取向电工钢征收反补贴税和反倾销税	美国 WT/DS414/1	15-09-2010		11-02-2011 美国 WT/DS414/2	25-03-2011 WT/DSB/M/294	
415	多米尼加—聚丙烯管状织物包装袋进口的保障措施	哥斯达黎加 WT/DS415/1	15-10-2010	巴拿马 WT/DS415/2 萨尔瓦多 WT/DS415/3 洪都拉斯 WT/DS415/4 危地马拉 WT/DS415/5	15-12-2010 哥斯达黎加 WT/DS415/7	07-02-2011 WT/DSB/M/292	
416	多米尼加—聚丙烯管状织物包装袋进口的保障措施	危地马拉 WT/DS416/1	15-10-2010	巴拿马 WT/DS416/2 哥斯达黎加 WT/DS416/3 厄瓜多尔 WT/DS416/4 洪都拉斯 WT/DS416/5	15-12-2010 危地马拉 WT/DS416/7	07-02-2011 WT/DSB/M/292	

续 表

序号	案件	请求磋商	收到磋商请求（日-月-年）	加入磋商请求	请求成立专家组（日-月-年）	专家组成立（日-月-年）	双边达成解决方案（日-月-年）
417	多米尼加—聚丙烯管状织物包装袋进口的保障措施	洪都拉斯 WT/DS417/1	18-10-2010	巴拿马 WT/DS417/2 和 Corr. 1 哥斯达黎加 WT/DS417/3 萨尔瓦多 WT/DS417/4 危地马拉 WT/DS417/5	20-12-2010 洪都拉斯 WT/DS417/7	07-02-2011 WT/DSB/M/292	
418	多米尼加—聚丙烯管状织物包装袋进口的保障措施	萨尔瓦多 WT/DS418/1	19-10-2010	巴拿马 WT/DS418/2 哥斯达黎加 WT/DS418/3 洪都拉斯 WT/DS418/4 危地马拉 WT/DS418/5	20-12-2010 萨尔瓦多 WT/DS418/7	07-02-2011 WT/DSB/M/292	
419	中国—有关风能设备的措施	美国 WT/DS419/1	22-12-2010	欧盟 WT/DS419/2 日本 WT/DS419/3			
420	美国—对自韩国进口的耐腐蚀碳钢板采取反倾销措施	韩国 WT/DS420/1	31-01-2011	日本 WT/DS420/2 墨西哥 WT/DS420/3	15-09-2011 韩国 WT/DS420/4 09-02-2012 韩国 WT/DS420/5	22-02-2012 WT/DSB/M/312	
421	摩尔多瓦 影响货物进口及国内销售的措施（环保税）	乌克兰 WT/DS421/1	17-02-2011	欧盟 WT/DS421/2	12-05-2011 乌克兰 WT/DS421/4	17-06-2011 WT/DSB/M/298	
422	美国—对自中国进口的冷冻暖水虾采取反倾销措施	中国 WT/DS422/1 WT/DS422/1/Add. 1	28-02-2011 27-07-2011	日本 WT/DS422/2	13-10-2011 中国 WT/DS422/3	25-10-2011 WT/DSB/M/305	
423	乌克兰—蒸馏酒征税	摩尔多瓦 WT/DS423/1	02-03-2011	欧盟 WT/DS423/2	01-06-2011 摩尔多瓦 WT/DS423/4	20-07-2011 WT/DSB/M/300	
424	美国—对自意大利进口的不锈钢薄板和卷材不锈钢薄板和卷材采取反倾销措施	欧盟 WT/DS424/1	01-04-2011	日本 WT/DS424/2			
425	中国—对从欧盟进口的 X 射线安全检查设备征收最终反倾销税	欧盟 WT/DS425/1	25-07-2011		08-12-2011 欧盟 WT/DS425/2	20-01-2012 WT/DSB/M/311	

续 表

序号	案件	请求磋商	收到磋商请求（日-月-年）	加入磋商请求	请求成立专家组（日-月-年）	专家组成立（日-月-年）	双边达成解决方案（日-月-年）
426	加拿大一上网电价补贴计划相关措施	欧盟 WT/DS426/1 WT/DS426/1/Add. 1	11-08-2011 22-08-2011	美国 WT/DS426/2 日本 WT/DS426/3	09-01-2012 欧盟 WT/DS426/5	20-01-2012 WT/DSB/M/311	
427	中国一对来自美国的白羽肉鸡产品采取反倾销和反补贴措施	美国 WT/DS427/1	20-09-2011		08-12-2011 美国 WT/DS427/2	20-01-2012 WT/DSB/M/311	
428	土耳其一对来自印度的进口棉纱（不包括缝纫线）采取保障措施	印度 WT/DS428/1	13-02-2012				
429	美国一对源自越南的某些暖水虾的反倾销措施	越南 WT/DS429/1	22-02-2012		17-01-2013 越南 WT/DS429/2/Rev. 1 和 Corr. 2	27-02-2013 WT/DSB/M/329	
430	印度一影响某些农产品进口的措施	美国 WT/DS430/1	06-03-2012	哥伦比亚 WT/DS430/2	11-05-2012 美国 WT/DS430/3	25-06-2012 WT/DSB/M/318	
431	中国一影响稀土、钨、钼出口的措施	美国 WT/DS431/1	13-03-2012	欧盟 WT/DS431/2 日本 WT/DS431/3 加拿大 WT/DS431/4	27-06-2012 美国 WT/DS431/6	23-07-2012 WT/DSB/M/320	
432	中国一影响稀土、钨、钼出口的措施	欧盟 WT/DS432/1	13-03-2012	日本 WT/DS432/2 美国 WT/DS432/3 加拿大 WT/DS432/4	27-06-2012 欧盟 WT/DS432/6	23-07-2012 WT/DSB/M/320	
433	中国一影响稀土、钨、钼出口的措施	日本 WT/DS433/1	13-03-2012	欧盟 WT/DS433/2 美国 WT/DS433/3 加拿大 WT/DS433/4	27-06-2012 日本 WT/DS433/6	23-07-2012 WT/DSB/M/320	
434	澳大利亚一影响烟草制品包装使用商标及其他简单包装要求的措施	乌克兰 WT/DS434/1	13-03-2012	危地马拉 WT/DS434/2 乌拉圭 WT/DS434/3 巴西 WT/DS434/4 挪威 WT/DS434/5 欧盟 WT/DS434/6 新西兰 WT/DS434/7 加拿大 WT/DS434/8 尼加拉瓜 WT/DS434/9	14-08-2012 乌克兰 WT/DS434/11	28-09-2012 WT/DSB/M/322	

续 表

序号	案件	请求磋商	收到磋商请求（日-月-年）	加入磋商请求	请求成立专家组（日-月-年）	专家组成立（日-月-年）	双边达成解决方案（日-月-年）
435	澳大利亚一影响烟草制品包装使用商标及其他简单包装要求的措施	洪都拉斯 WT/DS435/1 Corr. 1	04-04-2012	巴西 WT/DS435/2 Corr. 1 津巴布韦 WT/DS435/3 Corr. 1 新西兰 WT/DS435/4 Corr. 1 尼加拉瓜 WT/DS435/5 Corr. 1 危地马拉 WT/DS435/6 Corr. 1 乌拉圭 WT/DS435/7 Corr. 1 欧盟 WT/DS435/8 Corr. 1 乌克兰 WT/DS435/9 Corr. 1 加拿大 WT/DS435/10 Corr. 1 萨尔瓦多 WT/DS435/11 Corr. 1 挪威 WT/DS435/12 Corr. 1 菲律宾 WT/DS435/13 Corr. 1 印度尼西亚 WT/DS435/14 Corr. 1	15-10-2012 洪都拉斯 WT/DS435/16		
436	美国一对源自印度的某些热轧碳钢产品的反补贴措施	印度 WT/DS436/1 Rev. 1	12-04-2012 24-04-2012	加拿大 WT/DS436/2	12-07-2012 印度 WT/DS436/3	31-08-2012 WT/DSB/M/321	
437	美国一对来自中国的某些产品的反补贴税的措施	中国 WT/DS437/1	25-05-2012		20-08-2012 中国 WT/DS437/2	28-09-2012 WT/DSB/M/322	

续 表

序号	案件	请求磋商	收到磋商请求（日-月-年）	加入磋商请求	请求成立专家组（日-月-年）	专家组成立（日-月-年）	双边达成解决方案（日-月-年）
438	阿根廷一影响货物进口的措施	欧盟 WT/DS438/1	25-05-2012	土耳其 WT/DS438/2 美国 WT/DS438/3 乌克兰 WT/DS438/4 日本 WT/DS438/5 加拿大 WT/DS438/6 危地马拉 WT/DS438/7 澳大利亚 WT/DS438/8 墨西哥 WT/DS438/9	06-12-2012 欧盟 WT/DS438/11	28-01-2013 WT/DSB/M/328	
439	南非一对来自巴西的冷冻鸡征收反倾销税	巴西 WT/DS439/1	21-06-2012				
440	中国一对美部分进口汽车实施反倾销和反补贴措施	美国 WT/DS440/1	05-07-2012		17-09-2012 美国 WT/DS440/2	23-10-2012 WT/DSB/M/323	
441	澳大利亚一影响烟草制品包装使用商标、地理标志及其他简单包装要求的措施	多米尼加 WT/DS441/1	18-07-2012	乌拉圭 WT/DS441/2 新西兰 WT/DS441/3 洪都拉斯 WT/DS441/4 尼加拉瓜 WT/DS441/5 危地马拉 WT/DS441/6 萨尔瓦多 WT/DS441/7 欧盟 WT/DS441/8 巴西 WT/DS441/9 乌克兰 WT/DS441/10 南非 WT/DS441/11 加拿大 WT/DS441/12 挪威 WT/DS441/13	09-11-2012 多米尼加 WT/DS441/15		

续 表

序号	案件	请求磋商	收到磋商请求（日-月-年）	加入磋商请求	请求成立专家组（日-月-年）	专家组成立（日-月-年）	双边达成解决方案（日-月-年）
442	欧盟—对印度尼西亚脂肪醇的进口反倾销措施	印度尼西亚 WT/DS442/1	27-07-2012		01-05-2013 印度尼西亚 WT/DS442/2	25-06-2013 WT/DSB/M/333	
443	欧盟及其成员国—对生物柴油进口的某些措施	阿根廷 WT/DS443/1	17-08-2012	澳大利亚 WT/DS443/2 印度尼西亚 WT/DS443/3	06-12-2012 阿根廷 WT/DS443/5		
444	阿根廷—影响货物进口的措施	美国 WT/DS444/1	21-08-2012	墨西哥 WT/DS444/2 土耳其 WT/DS444/3 欧盟 WT/DS444/4 澳大利亚 WT/DS444/5 日本 WT/DS444/6 加拿大 WT/DS444/7 危地马拉 WT/DS444/8	06-12-2012 美国 WT/DS444/10	28-01-2013 WT/DSB/M/328	
445	阿根廷—影响货物进口的措施	日本 WT/DS445/1	21-08-2012	墨西哥 WT/DS445/2 土耳其 WT/DS445/3 欧盟 WT/DS445/4 澳大利亚 WT/DS445/5 加拿大 WT/DS445/6 危地马拉 WT/DS445/7 美国 WT/DS445/8	06-12-2012 日本 WT/DS445/10	28-01-2013 WT/DSB/M/328	
446	阿根廷—影响货物进口的措施	墨西哥 WT/DS446/1	24-08-2012	土耳其 WT/DS446/2 澳大利亚 WT/DS446/3 日本 WT/DS446/4 加拿大 WT/DS446/5 欧盟 WT/DS446/6 危地马拉 WT/DS446/7 美国 WT/DS446/8	21-11-2012 墨西哥 WT/DS446/10		

续 表

序号	案件	请求磋商	收到磋商请求（日-月-年）	加入磋商请求	请求成立专家组（日-月-年）	专家组成立（日-月-年）	双边达成解决方案（日-月-年）
447	美国一影响源自阿根廷动物、肉类和其他动物制品进口的措施	阿根廷 WT/DS447/1 Corr. 1	30-08-2012		06-12-2012 阿根廷 WT/DS447/2	28-01-2013 WT/DSB/M/328	
448	美国一影响新鲜柠檬进口的措施	阿根廷 WT/DS448/1 Corr. 1	03-09-2012		06-12-2012 阿根廷 WT/DS448/2		
449	美国一对来自中国的某些产品的反补贴和反倾销措施	中国 WT/DS449/1	17-09-2012		19-11-2012 中国 WT/DS449/2	17-12-2012 WT/DSB/M/327	
450	中国—影响汽车与汽车零部件产业的若干措施	美国 WT/DS450/1	17-09-2012	欧盟 WT/DS450/2			
451	中国—影响纺织品服装产品生产与出口的措施	墨西哥 WT/DS451/1	15-10-2012	欧盟 WT/DS451/2 危地马拉 WT/DS451/3 澳大利亚 WT/DS451/4 美国 WT/DS451/5 巴西 WT/DS451/6 秘鲁 WT/DS451/7 洪都拉斯 WT/DS451/8 哥伦比亚 WT/DS451/9			
452	欧盟及其成员国—影响可再生能源生产部门的措施	中国 WT/DS452/1	05-11-2012	日本 WT/DS452/2 澳大利亚 WT/DS452/3 阿根廷 WT/DS452/4			
453	阿根廷—与货物和服务贸易相关的措施	巴拿马 WT/DS453/1	12-12-2012	美国 WT/DS453/2 欧盟 WT/DS453/3	13-05-2013 巴拿马 WT/DS453/4	25-06-2013 WT/DSB/M/333	

续　表

序号	案件	请求磋商	收到磋商请求（日-月-年）	加入磋商请求	请求成立专家组（日-月-年）	专家组成立（日-月-年）	双边达成解决方案（日-月-年）
454	中国—对日本进口的高性能不锈钢无缝钢管（HP-SSST）征收反倾销税	日本 WT/DS454/1	20-12-2012	欧盟 WT/DS454/2	11-04-2013 日本 WT/DS454/4	24-05-2013 WT/DSB/M/332	
455	印度尼西亚—园艺产品、动物及动物产品进口	美国 WT/DS455/1	10-01-2013	欧盟 WT/DS455/2 加拿大 WT/DS455/3 澳大利亚 WT/DS455/4	14-03-2013 美国 WT/DS455/7	24-04-2013 WT/DSB/M/331	
456	印度—有关太阳能电池和太阳能模块的相关措施	美国 WT/DS456/1	06-02-2013	日本 WT/DS456/2 澳大利亚 WT/DS456/3			
457	秘鲁—某些农产品进口的附加税	危地马拉 WT/DS457/1	12-04-2013		13-06-2013 危地马拉 WT/DS457/2	23-07-2013 WT/DSB/M/334	
458	澳大利亚—关于烟草制品和包装的商标、地理标志和其他简单包装措施	古巴 WT/DS458/1	03-05-2013	加拿大 WT/DS458/2 新西兰 WT/DS458/3 挪威 WT/DS458/4 乌克兰 WT/DS458/5 洪都拉斯 WT/DS458/6 欧盟 WT/DS458/7 多米尼加 WT/DS458/8 乌拉圭 WT/DS458/9 巴西 WT/DS458/10 危地马拉 WT/DS458/11 尼加拉瓜 WT/DS458/12			
459	欧盟及部分成员国—对生物柴油进口营销采取的部分措施及支持生物柴油产业的措施	阿根廷 WT/DS459/1	15-05-2013				

续 表

序号	案件	请求磋商	收到磋商请求（日-月-年）	加入磋商请求	请求成立专家组（日-月-年）	专家组成立（日-月-年）	双边达成解决方案（日-月-年）
460	中国—对欧盟高性能不锈钢无缝钢管（HP-SSST）征收反倾销税	欧盟 WT/DS460/1	13-06-2013	日本 WT/DS460/2	16-08-2013 欧盟 WT/DS460/4	30-08-2013 WT/DSB/M/336	
461	哥伦比亚—与纺织品、服装和鞋类产品进口有关的措施	巴拿马 WT/DS461/1	18-06-2013	危地马拉 WT/DS461/2	19-08-2013 巴拿马 WT/DS461/3	25-09-2013 WT/DSB/M/337	
462	俄罗斯—机动车的回收费	欧盟 WT/DS462/1	09-07-2013	美国 WT/DS462/2 日本 WT/DS462/3 中国 WT/DS462/4 土耳其 WT/DS462/5 乌克兰 WT/DS462/6			
463	俄罗斯—对机动车征收回收费	日本 WT/DS463/1	24-07-2013	美国 WT/DS463/2 土耳其 WT/DS463/3 欧盟 WT/DS463/4 乌克兰 WT/DS463/5 中国 WT/DS463/6			
464	美国—对韩国产大型家用洗衣机采取反倾销和反补贴措施	韩国 WT/DS464/1	29-08-2013	中国 WT/DS464/2 日本 WT/DS464/3			
465	印度尼西亚—园艺产品、动物及动物产品的进口	美国 WT/DS465/1	30-08-2013	新西兰 WT/DS465/2 加拿大 WT/DS465/3 欧盟 WT/DS465/4 泰国 WT/DS465/5 澳大利亚 WT/DS465/6			

续 表

序号	案件	请求磋商	收到磋商请求（日-月-年）	加入磋商请求	请求成立专家组（日-月-年）	专家组成立（日-月-年）	双边达成解决方案（日-月-年）
466	印度尼西亚—园艺产品、动物及动物产品进口	新西兰 WT/DS466/1	30-08-2013	美国 WT/DS466/2 加拿大 WT/DS466/3 欧盟 WT/DS466/4 泰国 WT/DS466/5 澳大利亚 WT/DS466/6			
467	澳大利亚—关于烟草制品和包装的商标、地理标志和其他简单包装措施	印度尼西亚 WT/DS467/1	20-09-2013	危地马拉 WT/DS467/2 尼加拉瓜 WT/DS467/3 新西兰 WT/DS467/4 乌拉圭 WT/DS467/5 欧盟 WT/DS467/6 挪威 WT/DS467/7 加拿大 WT/DS467/8 多米尼加 WT/DS467/9 巴西 WT/DS467/10 洪都拉斯 WT/DS467/11 乌克兰 WT/DS467/12 古巴 WT/DS467/13			

第二部分
散发及通过专家组及上诉机构报告

序号	案件	专家组成立（日-月-年）	散发专家组报告（日-月-年）	通知上诉（日-月-年）	通过专家组报告（日-月-年）	散发上诉机构报告（日-月-年）	通过上诉机构报告（日-月-年）
1	美国—精炼及传统汽油标准	10-04-1995 委内瑞拉 WT/DS2 31-05-1995 巴西 WT/DS4	29-01-1996 WT/DS2/R	21-02-1996 美国 WT/DS2/6	20-05-1996 WT/DS2/9	29-04-1996 WT/DS2/AB/R	20-05-1996 WT/DS2/9

续 表

序号	案件	专家组成立（日-月-年）	散发专家组报告（日-月-年）	通知上诉（日-月-年）	通过专家组报告（日-月-年）	散发上诉机构报告（日-月-年）	通过上诉机构报告（日-月-年）
2	日本—对酒精饮料征税	27-09-1995 欧共体 WT/DS8 加拿大 WT/DS10 美国 WT/DS11	11-07-1996 WT/DS8/R WT/DS10/R WT/DS11/R	08-08-1996 日本 WT/DS8/9 WT/DS10/9 WT/DS11/6	01-11-1996 WT/DS8/11 WT/DS10/11 WT/DS11/8	04-10-1996 WT/DS8/AB/R WT/DS10/AB/R WT/DS11/AB/R	01-11-1996 WT/DS8/11 WT/DS10/11 WT/DS11/8
3	欧共体—扇贝的贸易描述	19-07-1995 加拿大 WT/DS7	05-08-1996 WT/DS7/R	N. A.	N. A.	N. A.	N. A.
4	欧共体—扇贝的贸易描述	11-10-1995 秘鲁 WT/DS12 智利 WT/DS14	05-08-1996 WT/DS12/R WT/DS14/R	N. A.	N. A.	N. A.	N. A.
5	巴西—影响可可粉的措施	05-03-1996 菲律宾 WT/DS22	17-10-1996 WT/DS22/R	16-12-1996 菲律宾 WT/DS22/8	20-03-1997 WT/DS22/11/Rev. 2	21-02-1997 WT/DS22/AB/R	20-03-1997 WT/DS22/11/Rev. 2
6	美国—对于棉质及人造纤维内衣的进口限制	05-03-1996 哥斯达黎加 WT/DS24	08-11-1996 WT/DS24/R	11-11-1996 哥斯达黎加 WT/DS24/5	25-02-1997 WT/DS24/8	10-02-1997 WT/DS24/AB/R	25-02-1997 WT/DS24/8
7	美国—影响从印度进口羊毛衬衫和女上衣进口的措施	17-04-1996 印度 WT/DS33	06-01-1997 WT/DS33/R	24-02-1997 印度 WT/DS33/3	23-05-1997 WT/DS33/5	25-04-1997 WT/DS33/AB/R 和 Corr. 1	23-05-1997 WT/DS33/5
8	加拿大—关于杂志的特定措施	19-06-1996 美国 WT/DS31	14-03-1997 WT/DS31/R 和 Corr. 1	29-04-1997 加拿大 WT/DS31/5	30-07-1997 WT/DS31/7	30-06-1997 WT/DS31/AB/R	30-07-1997 WT/DS31/7
9	欧共体—香蕉进口、销售和分销	08-05-1996 厄瓜多尔 危地马拉 洪都拉斯 墨西哥 美国 WT/DS27	22-05-1997 WT/DS27/R/ECU WT/DS27/R/GTM WT/DS27/R/HND WT/DS27/R/MEX WT/DS27/R/美国 A	11-06-1997 欧共体 WT/DS27/9	25-09-1997 WT/DS27/12	09-09-1997 WT/DS27/AB/R	25-09-1997 WT/DS27/12

续 表

序号	案件	专家组成立（日-月-年）	散发专家组报告（日-月-年）	通知上诉（日-月-年）	通过专家组报告（日-月-年）	散发上诉机构报告（日-月-年）	通过上诉机构报告（日-月-年）
10	欧共体—关于肉类及肉制品措施（荷尔蒙）	20-05-1996 美国 WT/DS26 16-10-1996 加拿大 WT/DS48	18-08-1997 WT/DS26/R/美国A WT/DS48/R/CAN	24-09-1997 欧共体 WT/DS26/9 WT/DS48/7	13-02-1998 WT/DS26/13 WT/DS48/11	16-01-1998 WT/DS26/AB/R WT/DS48/AB/R	13-02-1998 WT/DS26/13 WT/DS48/11
11	印度—对于药品及农业化学品的专利权保护	20-11-1996 美国 WT/DS50	05-09-1997 WT/DS50/R	15-10-1997 印度 WT/DS50/6	16-01-1998 WT/DS50/9	19-12-1997 WT/DS50/AB/R	16-01-1998 WT/DS50/9
12	阿根廷—影响鞋类、纺织品、服装和其他项目的进口措施	25-02-1997 美国 WT/DS56	25-11-1997 WT/DS56/R	21-01-1998 阿根廷 WT/DS56/8	22-04-1998 WT/DS56/11	27-03-1998 WT/DS56/AB/R 20-04-1998 WT/DS56/AB/R/Corr. 1	22-04-1998 WT/DS56/11
13	欧共体—特定计算机设备的海关分类	25-02-1997 美国 WT/DS62 30-03-1997 WT/DS67 WT/DS68	05-02-1998 WT/DS62/R WT/DS67/R WT/DS68/R	24-03-1998 欧共体 WT/DS62/8 WT/DS67/6 WT/DS68/5	22-06-1998 WT/DS62/11 WT/DS64/9 WT/DS68/8	05-06-1998 WT/DS62/AB/R WT/DS67/AB/R WT/DS68/AB/R	22-06-1998 WT/DS62/11 WT/DS67/9 WT/DS68/10
14	欧共体—影响特定家禽产品进口的措施	30-07-1997 巴西 WT/DS69	12 03 1998 WT/DS69/R	29-04-1998 巴西 WT/DS69/4	23 07 1998 WT/DS69/7	13 07 1998 WT/DS69/AB/R	23 07 1998 WT/DS69/7
15	日本—对进口胶卷相纸的限制	16-10-1996 美国 WT/DS44	31-03-1998 WT/DS44/R	N. A.	22-04-1998 WT/DS44/5	N. A.	N. A.
16	美国—对特定虾及虾类产品进口限制	25-02-1997 马来西亚 泰国 巴基斯坦 10-04-1997 印度 WT/DS58	15-05-1998 WT/DS58/R 09-11-1998 WT/DS58/R/Corr-. 1	13-07-1998 美国 WT/DS58/11	06-11-1998 WT/DS58/14	12-10-1998 WT/DS58/AB/R	06-11-1998 WT/DS58/14
17	澳大利亚—影响鲑鱼进口的措施	10-04-1997 加拿大 WT/DS18	12-06-1998 WT/DS18/R 13-07-1998 WT/DS18/R/Corr. 1	22-07-1998 澳大利亚 WT/DS18/5	06-11-1998 WT/DS18/11	20-10-1998 WT/DS18/AB/R	06-11-1998 WT/DS18/11
18	危地马拉—对来自墨西哥的波兰特水泥的反倾销调查	20-09-1997 墨西哥 WT/DS60	19-06-1998 WT/DS60/R	04-08-1998 危地马拉 WT/DS60/9	25-11-1998 WT/DS60/12	02-11-1998 WT/DS60/AB/R	25-11-1998 WT/DS60/12

续 表

序号	案件	专家组成立（日-月-年）	散发专家组报告（日-月-年）	通知上诉（日-月-年）	通过专家组报告（日-月-年）	散发上诉机构报告（日-月-年）	通过上诉机构报告（日-月-年）
19	印度尼西亚—影响汽车工业的特定措施	12-06-1998 日本 WT/DS55 WT/DS64 欧共体 WT/DS54 30-06-1997 美国 WT/DS59	02-07-1998 WT/DS54/R WT/DS55/R WT/DS59/R WT/DS64/R 和 Corr-2	N. A.	23-07-1998 WT/DS54/10 WT/DS55/10 WT/DS59/9 WT/DS64/8	N. A.	N. A.
20	印度—对于药品及农业化学品的专利权保护	16-10-1997 欧共体 WT/DS79	24-08-1998 WT/DS79/R	N. A.	22-09-1998 WT/DS79/5 和 Corr. 1	N. A.	N. A.
21	韩国—对酒精饮料征税	16-10-1997 欧共体 WT/DS75 美国 WT/DS84	17-09-1998 WT/DS75/R WT/DS84/R	20-10-1998 韩国 WT/DS75/9 WT/DS84/7	17-02-1999 WT/DS75/12 WT/DS84/10	18-01-1999 WT/DS75/AB/R WT/DS84/AB/R	17-02-1999 WT/DS75/12 WT/DS84/10
22	日本—影响农产品的措施	18-11-1997 美国 WT/DS76	27-10-1998 WT/DS76/R	24-11-1998 日本 WT/DS76/5	19-03-1999 WT/DS76/8	22-02-1999 WT/DS76/AB/R	19-03-1999 WT/DS76/8
23	美国—对来自韩国的 1 兆或以上的计算机动态随机存取存储器芯片征收反倾销税	16-01-1998 韩国 WT/DS99	29-01-1999 WT/DS99/R	N. A.	19-03-1999 WT/DS99/5	N. A.	N. A.
24	印度—对于农产品、纺织品和工业产品进口的数量限制	18-11-1997 美国 WT/DS90	06-04-1999 WT/DS90/R	25-05-1999 印度 WT/DS90/11	22-09-1999 WT/DS90/14	23-08-1999 WT/DS90/AB/R	22-09-1999 WT/DS90/14
25	巴西—对于航空器出口融资	23-07-1998 加拿大 WT/DS46	14-04-1999 WT/DS46/R	03-05-1999 巴西 WT/DS46/8	20-08-1999 WT/DS46/10	02-08-1999 WT/DS46/AB/R	20-08-1999 WT/DS46/10
26	加拿大—影响民用航空器措施	23-07-1998 巴西 WT/DS70	14-04-1999 WT/DS70/R	03-05-1999 加拿大 WT/DS70/4	20-08-1999 WT/DS70/6	02-08-1999 WT/DS70/AB/R	20-08-1999 WT/DS70/6
27	加拿大—影响牛奶进口及奶制品出口的措施	25-03-1998 美国 WT/DS103 新西兰 WT/DS113	17-05-1999 WT/DS103/R WT/DS113/R	15-07-1999 加拿大 WT/DS103/6 WT/DS113/6	27-10-1999 WT/DS103/11 WT/DS113/11	13-10-1999 WT/DS103/AB/R WT/DS113/AB/R	27-10-1999 WT/DS103/11 WT/DS113/11
28	澳大利亚—对于汽车皮革制造商和生产商提供的补贴	22-06-1998 美国 WT/DS126	25-05-1999 WT/DS126/R	N. A.	16-06-1999 WT/DS126/5	N. A.	N. A.

续 表

序号	案件	专家组成立（日-月-年）	散发专家组报告（日-月-年）	通知上诉（日-月-年）	通过专家组报告（日-月-年）	散发上诉机构报告（日-月-年）	通过上诉机构报告（日-月-年）
29	土耳其—对于纺织品和服装进口的限制	13-03-1998 印度 WT/DS34	31-05-1999 WT/DS34/R	26-07-1999 土耳其 WT/DS34/6	19-11-1999 WT/DS34/11	22-10-1999 WT/DS34/AB/R	19-11-1999 WT/DS34/11
30	智利—对酒精饮料征税	18-11-1997 欧共体 WT/DS87 25-03-1998 欧共体 WT/DS110	15-06-1999 WT/DS87/R WT/DS110/R	13-09-1999 智利 WT/DS87/8 WT/DS110/7	12-01-2000 WT/DS87/12 WT/DS110/11	13-12-1999 WT/DS87/AB/R WT/DS110/AB/R	12-01-2000 WT/DS87/12 WT/DS110/11
31	韩国—对于特定奶制品进口的保障措施	22-07-1998 欧共体 WT/DS98	21-06-1999 WT/DS98/R	15-09-1999 韩国 WT/DS98/7	12-01-2000 WT/DS98/10	14-12-1999 WT/DS98/AB/R	12-01-2000 WT/DS98/10
32	阿根廷—对鞋类产品进口的保障措施	23-07-1998 欧共体 WT/DS121	25-06-1999 WT/DS121/R	15-09-1999 阿根廷 WT/DS121/6 和 Corr. 1	12-01-2000 WT/DS121/9	14-12-1999 WT/DS121/AB/R	12-01-2000 WT/DS121/9
33	欧共体—影响黄油产品的措施	18-11-1997 新西兰 WT/DS72	24-11-1999 WT/DS72/R	N. A.	N. A.	N. A.	N. A.
34	美国—“海外销售公司”税收待遇	22-09-1998 欧共体 WT/DS108	08-10-1999 WT/DS108/R	26-11-1999 美国 WT/DS108/7	20-03-2000 WT/DS108/10	24-02-2000 WT/DS108/AB/R	20-03-2000 WT/DS108/10
35	美国—1974年贸易法第301-310节	02-03-1999 欧共体 WT/DS152	22-12-1999 WT/DS152/R	N. A.	27-01-2000 WT/DS152/14	N. A.	N. A.
36	美国—对来自英国的热轧铅铋碳钢产品征收反补贴税	17-02-1999 欧共体 WT/DS138	23-12-1999 WT/DS138/R	27-01-2000 美国 WT/DS138/5	07-06-2000 WT/DS138/9 和 Corr. 1	10-05-2000 WT/DS138/AB/R	07-06-2000 WT/DS138/9 和 Corr. 1
37	墨西哥—对来自美国的高果糖玉米浆进行反倾销调查	25-11-1998 美国 WT/DS132 和 Corr. 1	28-01-2000 WT/DS132/R	N. A.	24-02-2000 WT/DS132/4 和 Corr. 1	N. A.	N. A.
38	加拿大—影响汽车工业的特定措施	01-02-1999 日本 WT/DS139 01-02-1999 欧共体 WT/DS142	11-02-2000 WT/DS139/R WT/DS142/R	02-03-2000 加拿大 WT/DS139/5 WT/DS142/5	19-06-2000 WT/DS139/8 WT/DS142/8	31-05-2000 WT/DS139/R WT/DS142/R	19-06-2000 WT/DS139/8 WT/DS142/8
39	加拿大—药品的专利权保护	04-02-1999 欧共体 WT/DS114	17-03-2000 WT/DS114/R	N. A.	07-04-2000 WT/DS114/9	N. A.	N. A.
40	美国—1916年反倾销法	01-02-1999 欧共体 WT/DS136	31-03-2000 WT/DS136/R 和 Corr. 1	29-05-2000 美国 WT/DS136/5	26-09-2000 WT/DS136/8	28-08-2000 WT/DS136/AB/R	26-09-2000 WT/DS136/8

续 表

序号	案件	专家组成立（日-月-年）	散发专家组报告（日-月-年）	通知上诉（日-月-年）	通过专家组报告（日-月-年）	散发上诉机构报告（日-月-年）	通过上诉机构报告（日-月-年）
41	韩国—影响政府采购措施	16-06-1999 美国 WT/DS163	01-05-2000 WT/DS163/R	N. A.	19-06-2000 WT/DS163/7	N. A.	N. A.
42	加拿大—专利保护条款	22-09-1999 美国 WT/DS170	05-05-2000 WT/DS170/R	19-06-2000 加拿大 WT/DS170/4	12-10-2000 WT/DS170/7	18-09-2000 WT/DS170/AB/R	12-10-2000 WT/DS170/7
43	美国—1916 年反倾销法	26-07-1999 日本 WT/DS162	29-05-2000 WT/DS162/R 和 25-09-2000 Add. 1	29-05-2000 美国 WT/DS162/6	26-09-2000 WT/DS162/11	28-08-2000 WT/DS162/AB/R	26-09-2000 WT/DS162/11
44	美国—美国版权法第 110（5）节	26-05-1999 欧共体 WT/DS160	15-06-2000 WT/DS160/R	N. A.	27-07-2000 WT/DS160/8	N. A.	N. A.
45	美国—对来自欧共体特定产品的进口措施	16-06-1999 欧共体 WT/DS165	17-07-2000 WT/DS165/R 和 Add. 1	12-09-2000 欧共体 WT/DS165/10	10-01-2001 WT/DS165/13	11-12-2000 WT/DS165/AB/R	10-01-2001 WT/DS165/13
46	韩国—影响新鲜、冷藏及冷冻牛肉进口的措施	26-05-1999 美国 WT/DS161 26-07-1999 澳大利亚 WT/DS169	31-07-2000 WT/DS161/R WT/DS169/R	11-09-2000 韩国 WT/DS161/8 WT/DS169/8	10-01-2001 WT/DS161/11 WT/DS169/11	11-12-2000 WT/DS161/AB/R WT/DS169/AB/R	10-01-2001 WT/DS161/11 WT/DS169/11
47	美国—对来自欧共体面筋进口的保障措施	26-07-1999 欧共体 WT/DS166	31-07-2000 WT/DS166/R	26-09-2000 美国 WT/DS166/7	19-01-2001 WT/DS166/10	22-12-2000 WT/DS166/AB/R	19-01-2001 WT/DS166/10
48	欧共体—影响石棉及含石棉产品的措施	25-11-1998 加拿大 WT/DS135	18-09-2000 WT/DS135/R 和 Add. 1	23-10-2000 加拿大 WT/DS135/8	05-04-2001 WT/DS135/12	12-03-2001 WT/DS135/AB/R	05-04-2001 WT/DS135/12
49	危地马拉—对来自墨西哥的灰波兰特水泥采取反倾销措施	22-09-1999 墨西哥 WT/DS156	24-10-2000 WT/DS156/R	N. A.	17-11-2000 WT/DS156/4	N. A.	N. A.
50	美国—对来自韩国的不锈钢卷板和不锈钢条采取反倾销措施	19-11-1999 韩国 WT/DS179	22-12-2000 WT/DS179/R	N. A.	01-02-2001 WT/DS179/4	N. A.	N. A.
51	阿根廷—影响牛皮出口和成皮进口的措施	26-07-1999 欧共体 WT/DS155	19-12-2000 WT/DS155/R 和 Corr. 1	N. A.	16-02-2001 WT/DS155/5	N. A.	N. A.
52	欧共体—对于来自印度棉质床单进口征收反倾销税	27-10-1999 印度 WT/DS141	30-10-2000 WT/DS141/R	01-12-2000 欧共体 WT/DS141/6	12-03-2001 WT/DS141/9	01-03-2001 WT/DS141/AB/R	12-03-2001 WT/DS141/9

续 表

序号	案件	专家组成立 (日-月-年)	散发专家组报告 (日-月-年)	通知上诉 (日-月-年)	通过专家组报告 (日-月-年)	散发上诉机构报告 (日-月-年)	通过上诉机构报告 (日-月-年)
53	泰国—对波兰出口的铁或非合金钢的角铁、型材、轧材及工字梁的反倾销税案	19-11-1999 波兰 WT/DS122	28-09-2000 WT/DS122/R	23-10-2000 泰国 WT/DS122/4	05-04-2001 WT/DS122/7	12-03-2001 WT/DS122/AB/R	05-04-2001 WT/DS122/7
54	美国—对来自新西兰和澳大利亚的新鲜、冷藏和冷冻羔羊肉进口采取保障措施	19-11-1999 新西兰 WT/DS177 澳大利亚 WT/DS178	21-12-2000 WT/DS177/R WT/DS178/R	31-01-2001 美国 WT/DS177/7 WT/DS178/8	16-05-2001 WT/DS177/10 WT/DS178/11	01-05-2001 WT/DS177/AB/R WT/DS178/AB/R	16-05-2001 WT/DS177/10 WT/DS178/11
55	美国—对来自日本的某些热轧钢产品采取反倾销措施	20-03-2000 日本 WT/DS184	28-02-2001 WT/DS184/R	25-04-2001 美国 WT/DS184/5	23-08-2001 WT/DS184/8	24-07-2001 WT/DS184/AB/R	23-08-2001 WT/DS184/8
56	美国—对来自巴基斯坦棉纱采取过渡性保障措施	19-06-2000 巴基斯坦 WT/DS192	31-05-2001 WT/DS192/R	09-07-2001 美国 WT/DS192/4	05-11-2001 WT/DS192/7	08-10-2001 WT/DS192/AB/R	05-11-2001 WT/DS192/7
57	美国—对于作为出口限制的补贴措施	11-09-2000 加拿大 WT/DS194	29-06-2001 WT/DS194/R	N. A.	23-08-2001 WT/DS194/4	N. A.	N. A.
58	美国—1998 年全面拨款法第 211 节	26-09-2000 欧共体 WT/DS176	06-08-2001 WT/DS176/R	04-10-2001 欧共体 WT/DS176/5	01-02-2002 WT/DS176/9	02-01-2002 WT/DS176/AB/R	01-02-2002 WT/DS176/9
59	阿根廷—影响从意大利进口地板砖的措施	17-11-2000 欧共体 WT/DS189	28-09-2001 WT/DS189/R	N. A.	05-11-2001 WT/DS189/6	N. A.	N. A.
60	美国—自韩国进口的圆焊碳质条形管的保障措施	23-10-2000 韩国 WT/DS202	29-10-2001 WT/DS202/R	19-11-2001 美国 WT/DS202/9	08-03-2002 WT/DS202/13	15-02-2002 WT/DS202/AB/R	08-03-2002 WT/DS202/13
61	印度—影响汽车部门的措施	27-07-2000 美国 WT/DS175 17-11-2000 欧共体 WT/DS146	21-12-2001 WT/DS146/R 和 Corr. 1 WT/DS175/R 和 Corr. 1	31-01-2002 印度 WT/DS146/8 WT/DS175/8	05-04-2002 WT/DS146/11 WT/DS175/11	19-03-2002 WT/DS146/AB/R WT/DS175/AB/R	05-04-2002 WT/DS146/11 WT/DS175/11
62	加拿大—地区性航空器的出口信贷保证	12-03-2001 巴西 WT/DS222	28-01-2002 WT/DS222/R 和 Corr. 1	N. A.	19-02-2002 WT/DS222/6	N. A.	N. A.
63	智利—对特定农产品相关的综合价格制度及保障措施	12-03-2001 阿根廷 WT/DS207	03-05-2002 WT/DS207/R	24-06-2002 智利 WT/DS207/5	23-10-2002 WT/DS207/8	23-09-2002 WT/DS207/AB/R	23-10-2002 WT/DS207/8
64	欧共体—沙丁鱼贸易描述	24-07-2001 秘鲁 WT/DS231	29-05-2002 WT/DS231/R 和 Corr. 1	28-06-2002 欧共体 WT/DS231/11	23-10-2002 WT/DS231/15	26-09-2002	23-10-2002 WT/DS231/15

续 表

序号	案件	专家组成立（日-月-年）	散发专家组报告（日-月-年）	通知上诉（日-月-年）	通过专家组报告（日-月-年）	散发上诉机构报告（日-月-年）	通过上诉机构报告（日-月-年）
65	美国—对来自印度的钢板采取反倾销及反补贴措施	24-07-2001 印度 WT/DS206	28-06-2002 WT/DS206/R 和 Corr. 1	N. A.	29-07-2002 WT/DS206/5	N. A.	N. A.
66	美国—对于来自德国的某些耐腐蚀碳钢板产品征收反补贴税	10-09-2001 欧共体 WT/DS213	03-07-2002 WT/DS213/R 和 Corr. 1	30-08-2002 美国 WT/DS213/6	19-12-2002 WT/DS213/9	28-11-2002 WT/DS213/AB/R 和 Corr. 1	19-12-2002 WT/DS213/9
67	美国—乌拉圭回合协议法案第129（C）(1)节	23-08-2001 加拿大 WT/DS221	15-07-2002 WT/DS221/R 和 Corr. 1	N. A.	30-08-2002 WT/DS221/7	N. A.	N. A.
68	美国—对来自欧共体某些产品采取反补贴措施	10-09-2001 欧共体 WT/DS212	31-07-2002 WT/DS212/R	09-09-2002 美国 WT/DS212/7	08-01-2003 WT/DS212/11	09-12-2002 WT/DS212/AB/R	08-01-2003 WT/DS212/11
69	埃及—对来自土耳其的钢筋采取反倾销措施	20-06-2001 土耳其 WT/DS211	08-08-2002 WT/DS211/R	N. A.	01-10-2002 WT/DS211/5	N. A.	N. A.
70	美国—2000 年持续性倾销及补贴补偿法案	23-08-2001 澳大利亚 巴西 智利 欧共体 印度 印度尼西亚 日本 韩国 泰国 WT/DS217 10-09-2001 加拿大 墨西哥 WT/DS234	16-09-2002 WT/DS217/R WT/DS234/R	18-10-2002 美国 WT/DS217/8 WT/DS234/16	27-01-2003 WT/DS217/11 WT/DS234/19	16-01-2003	27-01-2003 WT/DS217/11 WT/DS234/19
71	美国—对来自加拿大特定软木的初步决定	05-12-2001 加拿大 WT/DS236	27-09-2002 WT/DS236/R	N. A.	01-11-2002 WT/DS236/4	N. A.	N. A.
72	阿根廷—对于桃脯进口的保障措施	18-01-2001 智利 WT/DS238	14-02-2003 WT/DS238/R	N. A.	15-04-2003 WT/DS238/5	N. A.	N. A.
73	欧共体—对来自巴西的可锻铸铁管接头征收反倾销税	24-07-2001 巴西 WT/DS219	07-03-2003 WT/DS219/R	23-04-2003 巴西 WT/DS219/7	18-08-2003 WT/DS219/10	22-07-2003 WT/DS219/AB/R	18-08-2003 WT/DS219/10
74	阿根廷—对来自巴西的家禽征收反倾销税	17-04-2001 巴西 WT/DS241	22-04-2003 WT/DS241/R	N. A.	19-05-2003 WT/DS241/6	N. A.	N. A.

续 表

序号	案件	专家组成立（日-月-年）	散发专家组报告（日-月-年）	通知上诉（日-月-年）	通过专家组报告（日-月-年）	散发上诉机构报告（日-月-年）	通过上诉机构报告（日-月-年）
75	美国—纺织品及服装原产地证明	24-06-2002 印度 WT/DS243	20-06-2003 WT/DS243/R 和 Corr. 1	N. A.	21-07-2003 WT/DS243/8	N. A.	N. A.
76	美国—对特定钢铁产品进口采取保障措施	03-06-2002 欧共体 WT/DS248 14-06-2002 日本 WT/DS249 14-06-2002 韩国 WT/DS251 24-06-2002 中国 WT/DS252 24-06-2002 瑞士 WT/DS253 24-06-2002 挪威 WT/DS254 08-07-2002 新西兰 WT/DS258 29-07-2002 巴西 WT/DS259	11-07-2003 WT/DS248/R 和 Corr. 1 WT/DS249/R 和 Corr. 1 WT/DS251 和 Corr. 1 WT/DS252 和 Corr. 1 WT/DS253 和 Corr. 1 WT/DS254 和 Corr. 1 WT/DS254 和 Corr. 1 WT/DS258 和 Corr. 1 WT/DS259 和 Corr. 1	11-08-2003 美国 WT/DS248/17 WT/DS249/11 WT/DS251/12 WT/DS252/10 WT/DS253/10 WT/DS254/10 WT/DS258/14 WT/DS259/13	10-12-2003 WT/DS248/20 WT/DS249/14 WT/DS251/15 WT/DS252/13 WT/DS253/13 WT/DS254/13 WT/DS258/17 WT/DS259/16	10-11-2003 WT/DS248/AB/R WT/DS249/AB/R WT/DS251/AB/R WT/DS252/AB/R WT/DS253/AB/R WT/DS254/AB/R WT/DS258/AB/R WT/DS259/AB/R	10-12-2003 WT/DS248/20 WT/DS249/14 WT/DS251/15 WT/DS252/13 WT/DS253/13 WT/DS254/13 WT/DS258/17 WT/DS259/16
77	日本—影响苹果进口的措施	03-06-2002 美国 WT/DS245	15-07-2003 WT/DS245/R	28-08-2003 日本 WT/DS245/5	10-12-2003 WT/DS245/8	26-11-2003 WT/DS245/AB/R	10-12-2003 WT/DS245/8
78	美国—对来自日本的耐腐蚀碳钢板产品的反倾销税日落复审	22-05-2002 日本 WT/DS244	14-08-2003 WT/DS244/R	15-09-2003 日本 WT/DS244/7	09-01-2004 WT/DS244/10	15-12-2003 WT/DS244/AB/R	09-01-2004 WT/DS244/10
79	美国—对来自加拿大的软木最终反补贴税决定	01-10-2002 加拿大 WT/DS257	29-08-2003 WT/DS257/R 和 Corr. 1	21-10-2003 美国 WT/DS257/8	17-02-2004 WT/DS257/11	19-01-2004 WT/DS257/AB/R	17-02-2004 WT/DS257/11
80	欧共体—发展中国家优惠关税授予条件	27-01-2003 印度 WT/DS246	01-12-2003 WT/DS246/R	08-01-2004 欧共体 WT/DS246/7	20-04-2004 WT/DS246/10	07-04-2004 WT/DS246/AB/R	20-04-2004 WT/DS246/10
81	美国—对加拿大软木的国际贸易委员会调查	07-05-2003 加拿大 WT/DS277	22-03-2004 WT/DS277/R	N. A.	26-04-2004 WT/DS277/5	N. A.	N. A.
82	墨西哥—影响电信服务的措施	17-04-2002 美国 WT/DS204	02-04-2004 WT/DS204/R	N. A.	01-06-2004 WT/DS204/8	N. A.	N. A.

续 表

序号	案件	专家组成立（日-月-年）	散发专家组报告（日-月-年）	通知上诉（日-月-年）	通过专家组报告（日-月-年）	散发上诉机构报告（日-月-年）	通过上诉机构报告（日-月-年）
83	美国—对加拿大软木的最终倾销决定	08-01-2003 加拿大 WT/DS264	13-04-2004 WT/DS264/R	13-05-2004 美国 WT/DS264/6	31-08-2004 WT/DS264/9	11-08-2004 WT/DS264/AB/R	31-08-2004 WT/DS264/9
84	加拿大—关于小麦出口和谷物进口的措施	31-03-2003 美国 WT/DS276	06-04-2004 WT/DS276/R	01-06-2004 美国 WT/DS276/15	27-09-2004 WT/DS276/18	30-08-2004 WT/DS276/AB/R	27-09-2004 WT/DS276/18
85	美国—对来自阿根廷的石油工业用管材的反倾销措施日落复审	19-05-2003 阿根廷 WT/DS268	16-07-2004 WT/DS268/R	31-08-2004 美国 WT/DS268/5	17-12-2004 WT/DS268/8	29-11-2004 WT/DS268/AB/R	17-12-2004 WT/DS268/8
86	美 国—陆 地 棉补贴	18-03-2003 巴西 WT/DS267	08-09-2004 WT/DS267/R 和 Corr. 1	18-10-2004 美国 WT/DS267/17	21-03-2005 WT/DS267/20	03-03-2005 WT/DS267/AB/R	21-03-2005 WT/DS267/20
87	韩国—影响商船贸易的措施	21-07-2003 欧共体 WT/DS273	07-03-2005 WT/DS273/R	N. A.	11-04-2005 WT/DS273/8	N. A.	N. A.
88	欧共体—农产品和食品的商标及地理标识保护	02-10-2003 美国 WT/DS174 澳大利亚 WT/DS290	15-03-2005 WT/DS174/R 和 Add. 1，2&3 WT/DS290/R 和 Add. 1，2&3	N. A.	20-04-2005 WT/DS174/23 WT/DS290/21	N. A.	N. A.
89	美国—影响博彩业跨境交付的措施	21-07-2003 安提瓜和巴布达 WT/DS285	10-11-2004 WT/DS285/R	07-01-2005 美国 WT/DS285/6	20-04-2005 WT/DS285/10	07-04-2005 WT/DS285/AB/R	20-04-2005 WT/DS285/10
90	欧共体—糖类出口补贴	29-08-2003 澳大利亚 WT/DS265 巴西 WT/DS266 泰国 WT/DS283	15-10-2004 WT/DS265/R WT/DS266/R WT/DS283/R	13-01-2005 欧共体 WT/DS265/25 WT/DS266/25 WT/DS283/6	19-05-2005 WT/DS265/29 WT/DS266/29 WT/DS283/10	28-04-2005 WT/DS265/AB/R WT/DS266/AB/R WT/DS283/AB/R	19-05-2005 WT/DS265/29 WT/DS266/29 WT/DS283/10
91	多米尼加—影响香烟进口和国内销售的措施	09-01-2004 洪都拉斯 WT/DS302	26-11-2004 WT/DS302/R	24-01-2004 多米尼加 WT/DS302/8	19-05-2005 WT/DS302/12	25-04-2005 WT/DS302/AB/R	19-05-2005 WT/DS302/12
92	欧共体—影响商船贸易的措施	19-03-2004 韩国 WT/DS301	22-04-2005 WT/DS301/R	N. A.	20-06-2005 WT/DS301/6	N. A.	N. A.
93	美国—对来自韩国的计算机动态随机存取存储器芯片进行反补贴税调查	19-11-2003 韩国 WT/DS296	21-02-2005 WT/DS296/R	29-03-2005 美国 WT/DS296/5	20-07-2005 WT/DS296/10	27-06-2005 WT/DS296/AB/R	20-07-2005 WT/DS296/10

续 表

序号	案件	专家组成立（日-月-年）	散发专家组报告（日-月-年）	通知上诉（日-月-年）	通过专家组报告（日-月-年）	散发上诉机构报告（日-月-年）	通过上诉机构报告（日-月-年）
94	欧共体—对于来自韩国的计算机动态随机存取存储器芯片采取补贴措施	23-01-2004 韩国 WT/DS299	17-06-2005 WT/DS299/R	N. A.	03-08-2005 WT/DS299/6	N. A.	N. A.
95	欧共体—冷冻无骨鸡的关税分类	07-11-2003 巴西 WT/DS269 21-11-2003 泰国 WT/DS286	30-05-2005 WT/DS269/R WT/DS286/R	13-06-2005 欧共体 WT/DS269/6 WT/DS286/8	27-09-2005 WT/DS269/10 WT/DS286/12	12-09-2005 WT/DS269/AB/R WT/DS286/AB/R	27-09-2005 WT/DS269/10 WT/DS286/12
96	墨西哥—对于牛肉和稻米的反倾销措施：针对稻米的上诉	07-11-2003 美国 WT/DS295	06-06-2005 WT/DS295/R	20-07-2005 墨西哥 WT/DS295/6	20-12-2005 WT/DS295/9	29-11-2005 WT/DS295/AB/R	20-12-2005 WT/DS295/9
97	美国—对来自墨西哥的石油工业用管材反倾销措施	29-08-2003 墨西哥 WT/DS282	20-06-2005 WT/DS282/R	04-08-2005 墨西哥 WT/DS282/6	28-11-2005 WT/DS282/10	02-11-2005 WT/DS282/AB/R	28-11-2005 WT/DS282/10
98	韩国—对来自印度尼西亚特定纸张进口征收反倾销税	27-09-2004 印度尼西亚 WT/DS312	28-10-2005 WT/DS312/R	N. A.	28-11-2005 WT/DS312/5	N. A.	N. A.
99	墨西哥—对非酒精饮料及其他饮料征税	06-07-2004 美国 WT/DS308	07-10-2005 WT/DS308/R	06-12-2005 墨西哥 WT/DS308/10	24-03-2006 WT/DS308/13	06-03-2006 WT/DS308/AB/R	24-03-2006 WT/DS308/13
100	美国—计算倾销差额（归零法）的法律、规则及方法	19-03-2004 欧共体 WT/DS294	31-10-2005 WT/DS294/R	17-01-2006 欧共体 WT/DS294/12	09-05-2006 WT/DS294/17	18-04-2006 WT/DS294/AB/R	09-05-2006 WT/DS294/17
101	日本—干紫菜和味付紫菜进口配额	21-03-2005 韩国 WT/DS323	01-02-2006 WT/DS323/R	N. A.	N. A.	N. A.	N. A.
102	欧共体—特定海关措施	21-03-2005 美国 WT/DS315	16-06-2006 WT/DS315/R	14-08-2006 美国 WT/DS315/11	11-12-2006 WT/DS315/15	13-11-2006 WT/DS315/AB/R	11-12-2006 WT/DS315/15
103	美国—关于归零法及日落复审措施	28-02-2005 日本 WT/DS322	20-09-2006 WT/DS322/R	11-10-2006 日本 WT/DS322/12	23-01-2007 WT/DS322/15	09-01-2007 WT/DS322/AB/R	23-01-2007 WT/DS322/15

续　表

序号	案件	专家组成立（日-月-年）	散发专家组报告（日-月-年）	通知上诉（日-月-年）	通过专家组报告（日-月-年）	散发上诉机构报告（日-月-年）	通过上诉机构报告（日-月-年）
104	欧共体—影响生物科技产品审批及营销的措施	29-08-2003 美国 WT/DS291 加拿大 WT/DS292 阿根廷 WT/DS293	29/09-2006 WT/DS291/R WT/DS292/R WT/DS293/R		21-11-2006 WT/DS291/33 WT/DS292/27 WT/DS293/27	N. A.	N. A.
105	美国—对来自厄瓜多尔的虾的反倾销措施	19-07-2006 厄瓜多尔 WT/DS335	30-01-2007 WT/DS335/R	N. A.	20-02-2007 WT/DS335/9	N. A.	N. A.
106	墨西哥—对来自危地马拉的钢管征收反倾销税	17-03-2006 危地马拉 WT/DS331	08-06-2007 WT/DS331/R	N. A.	24-07-2007 WT/DS331/5	N. A.	N. A.
107	巴西—影响翻新轮胎进口的措施	20-01-2006 欧共体 WT/DS332	12-06-2007 WT/DS332/R	03-09-2007 欧共体 WT/DS332/9	17-12-2007 WT/DS332/12	03-12-2007 WT/DS332/AB/R	17-12-2007 WT/DS332/12
108	日本—对来自韩国的计算机动态随机存取存储器芯片的反补贴措施	19-06-2006 韩国 WT/DS336	13-07-2007 WT/DS336/R	30-08-2007 日本 WT/DS336/8	17-12-2007 WT/DS336/12	28-11-2007 WT/DS336/AB/R 和 CORR. 1	17-12-2007 WT/DS336/12
109	土耳其—影响稻米进口的措施	17-03-2006 美国 WT/DS334/4	21-09-2007 WT/DS334/R	N. A.	22-10-2007 WT/DS334/8	N. A.	N. A.
110	欧共体—对产自挪威的养殖鲑鱼采取反倾销措施	22-06-2006 挪威 WT/DS337	16-11-2007 WT/DS337/R	N. A.	15-01-2008 WT/DS337/6	N. A.	N. A.
111	美国—对来自墨西哥的不锈钢采取最终反倾销措施	21-10-2006 墨西哥 WT/DS344	20-12-2007 WT/DS344/R	31-01-2008 墨西哥 WT/DS344/7	20-05-2008 WT/DS344/10	30-04-2008 WT/DS344/AB/R	20-05-2008 WT/DS344/10
112	美国—对来自泰国的虾采取的措施	26-10-2006 泰国 WT/DS343	29-02-2008 WT/DS343/R	17-04-2008 泰国 WT/DS343/10	01-08-2008 WT/DS343/14	16-07-2008 WT/DS343/AB/R	01-08-2008 WT/DS343/14
113	美国—海关保税指令	21-11-2006 印度 WT/DS345	29-02-2008 WT/DS345/R	17-04-2008 印度 WT/DS345/9	01-08-2008 WT/DS345/13	16-07-2008 WT/DS345/AB/R	01-08-2008 WT/DS345/13
114	美国—欧共体要求取消报复措施：荷尔蒙争端	17-02-2005 欧共体 WT/DS320	31-03-2008 WT/DS320/R	29-05-2008 欧共体 WT/DS320/12	14-11-2008 WT/DS320/18	16-10-2008 WT/DS320/AB/R	14-11-2008 WT/DS320/18
115	加拿大—欧共体要求取消报复措施：荷尔蒙争端	17-02-2005 欧共体 WT/DS321	31-03-2008 WT/DS321/R	29-05-2008 欧共体 WT/DS321/12	14-11-2008 WT/DS321/16	16-10-2008 WT/DS321/AB/R	14-11-2008 WT/DS321/16

续 表

序号	案件	专家组成立（日-月-年）	散发专家组报告（日-月-年）	通知上诉（日-月-年）	通过专家组报告（日-月-年）	散发上诉机构报告（日-月-年）	通过上诉机构报告（日-月-年）
116	印度—对来自美国的进口产品征收“附加税”和“超额附加税”	20-06-2007 美国 WT/DS360	09-06-2008 WT/DS360/R	01-08-2008 美国 WT/DS360/8	17-11-2008 WT/DS360/12	30-10-2008 WT/DS360/AB/R	17-11-2008 WT/DS360/12
117	中国—影响汽车零部件进口的措施	26-10-2006 欧共体 WT/DS339 美国 WT/DS340 加拿大 WT/DS342	18-07-2008 WT/DS339/R WT/DS340/R WT/DS342/R 和 Add. 1&2	15-09-2008 中国 WT/DS339/12 WT/DS340/12 WT/DS342/12	12-01-2009 WT/DS339/14 WT/DS340/14 WT/DS342/14	15-12-2008 WT/DS339/AB/R WT/DS340/AB/R WT/DS342/AB/R	12-01-2009 WT/DS339/14 WT/DS340/14 WT/DS342/14
118	墨西哥—对来自欧共体的橄榄油采取反补贴措施	23-01-2007 欧共体 WT/DS341	04-09-2008 WT/DS341/R	N. A.	21-10-2008 WT/DS341/5	N. A.	N. A.
119	美国—与归零法和日落复审相关的措施	04-06-2007 欧共体 WT/DS350	01-10-2008 WT/DS350/R	06-11-2008 欧共体 WT/DS350/11	19-02-2009 WT/DS350/15	04-02-2009 WT/DS350/AB/R	19-02-2009 WT/DS350/15
120	中国—影响知识产权保护和执法的措施	25-09-2007 美国 WT/DS362	26-01-2009 WT/DS362/R	N. A.	20-03-2009 WT/DS362/10	N. A.	N. A.
121	哥伦比亚—对港口入境的价格限制要求	22-10-2007 巴拿马 WT/DS366	27-04-2009 WT/DS366/R 和 Corr. 1	N. A.	20-05-2009 WT/DS366/9	N. A.	N. A.
122	中国—影响知识产权保护和执法的措施	27-11-2007 美国 WT/DS363	12-08-2009 WT/DS363/R 和 Corr. 1	22-09-2009 WT/DS363/10	19-01-2010 WT/DS363/14	21-12-2009 WT/DS363/AB/R	19-01-2010 WT/DS363/14
123	美国—对自泰国的 PE 塑胶购物袋采取反倾销措施	20-03-2009 泰国 WT/DS383	22-01-2010 WT/DS383/R	N. A.	18-02-2010 WT/DS383/5	N. A.	N. A.
124	欧共体及其部分成员—影响大型民用飞机贸易的措施	20-07-2005 美国 WT/DS316	30-06-2010 WT/DS316/R	21-07-2010 欧盟 WT/DS316/12	01-06-2011 WT/DS316/16	18-05-2011 WT/DS316/AB/R	01-06-2011 WT/DS316/16
125	澳大利亚—影响自新西兰进口苹果的措施	21-01-2008 新西兰 WT/DS367	09-08-2010 WT/DS367/R	31-08-2010 澳大利亚 WT/DS367/13	01-06-2011 WT/DS316/16	18-05-2011 WT/DS316/AB/R	01-06-2011 WT/DS316/16
126	欧共体及其成员国—部分信息技术产品的关税待遇	23-09-2008 美国 WT/DS375 日本 WT/DS376 台、澎、金、马单独关税区 WT/DS377	16-08-2010 WT/DS375/R WT/DS376/R WT/DS377/R	N. A.	21-09-2010 WT/DS375/13 WT/DS376/13 WT/DS377/11	N. A.	N. A.

续 表

序号	案件	专家组成立（日-月-年）	散发专家组报告（日-月-年）	通知上诉（日-月-年）	通过专家组报告（日-月-年）	散发上诉机构报告（日-月-年）	通过上诉机构报告（日-月-年）
127	美国—影响自中国进口家禽的措施	31-07-2009 中国 WT/DS392	29-09-2010 WT/DS392/R	N. A.	25-10-2010 WT/DS392/5	N. A.	N. A.
128	美国—对自中国进口的产品征收确定性反倾销税和反补贴税	20-01-2009 中国 WT/DS379	22-10-2010 WT/DS379/R	01-12-2010 中国 WT/DS379/6	25-03-2011 WT/DS379/9	11-03-2011 WT/DS379/AB/R	25-03-2011 WT/DS379/9
129	泰国—对自菲律宾进口香烟的关税和财政措施	17-11-2008 菲律宾 WT/DS371	15-11-2010 WT/DS371/R	22-02-2011 泰国 WT/DS371/8	15-07-2011 WT/DS371/11	17-06-2011 WT/DS371/AB/R	15-07-2011 WT/DS371/11
130	欧共体—对从中国进口的钢铁紧固件采取最终反倾销措施	23-10-2009 中国 WT/DS397	03-12-2010 WT/DS397/R	25-03-2011 欧盟 WT/DS397/7	28-07-2011 WT/DS397/11	15-07-2011 WT/DS397/AB/R	28-07-2011 WT/DS397/11
131	美国—对从中国进口汽车轮胎采取的限制措施	19-01-2010 中国 WT/DS399	13-12-2010 WT/DS399/R	24-05-2011 中国 WT/DS399/6	05-10-2011 WT/DS399/9	05-09-2011 WT/DS399/AB/R	05-10-2011 WT/DS399/9
132	美国—对来自韩国产品的反倾销措施适用归零法	18-05-2010 韩国 WT/DS402	18-01-2011 WT/DS402/R	N. A.	24-02-2011 WT/DS402/5	N. A.	N. A.
133	美国—对从巴西进口的特定橙汁采取的反倾销行政复审和其他措施	25-09-2009 巴西 WT/DS382	25-03-2011 WT/DS382/R	N. A.	17-06-2011 WT/DS382/8	N. A.	N. A.
134	美国—影响大型民用航空器贸易的措施（二诉）	17-02-2006 欧共体 WT/DS353	31-03-2011 WT/DS353/R	01-04-2011 欧盟 WT/DS353/8	23-03-2012 WT/DS353/13	12-03-2012 WT/DS353/AB/R	23-03-2012 WT/DS353/13
135	中国—与限制原材料出口有关的措施	21-12-2009 美国 WT/DS394 欧共体 WT/DS395 墨西哥 WT/DS398	05-07-2011 WT/DS394/R WT/DS395/R WT/DS398/R	31-08-2011 中国 WT/DS394/11 WT/DS395/11 WT/DS398/10	22-02-2012 WT/DS394/16 WT/DS395/15 WT/DS398/14	30-01-2012 WT/DS394/AB/R WT/DS395/AB/R WT/DS398/AB/R	22-02-2012 WT/DS394/16 WT/DS395/15 WT/DS398/14
136	美国—对自越南进口的虾采取反倾销措施	18-05-2010 越南 WT/DS404	11-07-2011 WT/DS404/R	N. A.	02-09-2011 WT/DS404/9	N. A.	N. A.
137	菲律宾—对蒸馏酒精征税	19-01-2010 欧盟 WT/DS396 20-04-2010 美国 WT/DS403	15-08-2011 WT/DS396/R WT/DS403/R	23-09-2011 菲律宾 WT/DS396/7 WT/DS403/7	20-01-2012 WT/DS396/11 WT/DS403/11	21-12-2011 WT/DS396/AB/R WT/DS403/AB/R	20-01-2012 WT/DS396/11 WT/DS403/11

续 表

序号	案件	专家组成立（日-月-年）	散发专家组报告（日-月-年）	通知上诉（日-月-年）	通过专家组报告（日-月-年）	散发上诉机构报告（日-月-年）	通过上诉机构报告（日-月-年）
138	美国—影响丁香香烟生产和销售的措施	20-07-2010 印度尼西亚 WT/DS406	02-09-2011 WT/DS406/R	05-01-2012 美国 WT/DS406/6	24-04-2012 WT/DS406/9	04-04-2012 WT/DS406/AB/R	24-04-2012 WT/DS406/9
139	美国—对金枪鱼和金枪鱼产品的进口、营销和销售采取的措施	20-04-2009 墨西哥 WT/DS381	15-09-2011 WT/DS381/R	20-01-2012 美国 WT/DS381/10	13-06-2012 WT/DS381/15	16-05-2012 WT/DS381/AB/R	13-06-2012 WT/DS381/15
140	欧盟—对自中国进口的鞋采取反倾销措施	18-05-2010 中国 WT/DS405	28-10-2011 WT/DS405/R	N. A.	22-02-2012 WT/DS405/6	N. A.	N. A.
141	多米尼加—聚丙烯管状织物包装袋进口的保障措施	07-02-2011 哥斯达黎加 WT/DS415 危地马拉 WT/DS416 洪都拉斯 WT/DS417 萨尔瓦多 WT/DS418	31-01-2012 WT/DS415/R WT/DS416/R WT/DS417/R WT/DS418/R Add. 1	N. A.	22-02-2012 WT/DS415/11 WT/DS416/11 WT/DS417/11 WT/DS418/11	N. A.	N. A.
142	美国—对特定国家原产地标签要求	19-11-2009 加拿大 WT/DS384 墨西哥 WT/DS386	18-11-2011 WT/DS384/R WT/DS386/R	23-03-2012 美国 WT/DS384/12 WT/DS386/11	23-07-2012 WT/DS384/18 WT/DS386/17	29-06-2012 WT/DS384/AB/R WT/DS386/AB/R	23-07-2012 WT/DS384/18 WT/DS386/17
143	美国—对自中国进口的冷冻暖水虾采取反倾销措施	25-10-2011 WT/DS422	08-06-2012 WT/DS422/R Add. 1	N. A.	23-07-2012 WT/DS422/6	N. A.	N. A.
144	中国—对自美国进口的取向电工钢征收反补贴税和反倾销税	25-03-2011 WT/DS414	15-06-2012 WT/DS414/R Add. 1	20-07-2012 中国 WT/DS414/5	16-11-2012 WT/DS414/8	18-10-2012 WT/DS414/AB/R	16-11-2012 WT/DS414/8
145	中国—影响电子支付服务的措施	25-03-2011 WT/DS413	16-07-2012 WT/DS413/R Add. 1	N. A.	31-08-2012 WT/DS413/6	N. A.	N. A.
146	中国—对从欧盟进口的X射线安全检查设备征收最终反倾销税	20-01-2012 欧盟 WT/DS425	26-02-2013 WT/DS425/R 和 Add. 1	N. A.	24-04-2013 WT/DS425/6	N. A.	N. A.
147	加拿大—影响再生能源部门的措施/加拿大—上网电价补贴计划相关措施	20-07-2011 日本 WT/DS412 20-01-2012 欧盟 WT/DS426	19-12-2012 WT/DS412/R WT/DS426/R 和 Add. 1	05-02-2013 加拿大 WT/DS412/10 WT/DS426/9	24-05-2013 WT/DS412/14 WT/DS426/13	06-05-2013 WT/DS412/AB/R WT/DS426/AB/R	24-05-2013 WT/DS412/14 WT/DS426/13

续 表

序号	案件	专家组成立（日-月-年）	散发专家组报告（日-月-年）	通知上诉（日-月-年）	通过专家组报告（日-月-年）	散发上诉机构报告（日-月-年）	通过上诉机构报告（日-月-年）
148	中国—对来自美国的白羽肉鸡产品采取反倾销和反补贴措施	20-01-2012 美国 WT/DS427	02-08-2013 WT/DS427/R 和 Add. 1	N. A.	25-09-2013 WT/DS427/5	N. A.	N. A.

第三部分
执行争端解决机构建议

序号	案件	通过专家组及上诉机构报告（日-月-年）	通知执行争端解决机构建议的意向（日-月-年）	确定合理时限（日-月-年）	根据 DSU 第 21.3 条确定的合理期限	根据 DSU 第 21.6 条争端解决机构对执行的监督
1	美国—精炼及传统汽油标准	20-05-1996 WT/DS2/9	19-06-1996 WT/DSB/M/19	03-12-1996 WT/DSB/M/27	20-05-1996 至 20-08-1997 （15 个月）	WT/DS2/10 和 Add. 1～Add. 7
2	日本—对酒精饮料征税	01-11-1996 WT/DS8/11 WT/DS10/11 WT/DS11/8	20-11-1996 WT/DSB/M/26	14-02-1997 WT/DS8/15 WT/DS10/15 WT/DS11/13 （通过仲裁）	14-02-1997 至 14-05-1998 （15 个月）	WT/DS8/18 WT/DS10/18 WT/DS11/16 和 Add. 1～Add. 2
3	美国—对于棉质及人造纤维内衣的进口限制	25-02-1997 WT/DS24/8	20-03-1997 WT/DSB/M/30	N. A.	N. A.	此措施于 1997 年 3 月 28 日到期 WT/DSB/M/31
4	巴西—影响可可粉的措施	20-03-1997 WT/DS22/11/Rev-2	N. A.	N. A.	N. A.	N. A.
5	美国—影响从印度进口羊毛衬衫和女上衣进口的措施	23-05-1997 WT/DS33/5	N. A.	N. A.	N. A.	该限制于 1996 年 12 月 3 日废除 WT/DSB/M/33
6	加拿大—关于杂志的特定措施	30-07-1997 WT/DS31/7	29-08-1997 WT/DS31/8	15-09-1997	30-07-1997 至 30-10-1998 （15 个月）	WT/DS31/9 和 Add. 1～Add. 5
7	欧共体—香蕉进口、销售和分销	25-09-1997 WT/DS27/12	16-10-1997 WT/DSB/M/38	07-01-1998 WT/DS27/15 （通过仲裁）	25-09-1997 至 01-01-1999 （15 个月零 1 周）	WT/DS27/17 和 Add. 1～Add. 3 WT/DS27/51 和 Add. 1～Add. 25
8	印度—对于药品及农业化学品的专利权保护	16-01-1998 WT/DS50/9	13-02-1998 WT/DSB/M/42	21-04-1998 WT/DSB/M/45	16-01-1998 至 19-04-1999 （15 个月）	WT/DS50/10 和 Add. 1～Add. 4
9	欧共体—关于肉及肉制品措施（荷尔蒙）	13-02-1998 WT/DS26/13 WT/DS48/11	13-03-1998 WT/DSB/M/43	29-05-1998 WT/DS26/15 WT/DS48/13 （通过仲裁）	13-02-1998 至 13-05-1999 （15 个月）	WT/DS26/17 WT/DS48/15 和 Add. 1～Add. 4

续 表

序号	案件	专家组成立（日-月-年）	散发专家组报告（日-月-年）	通知上诉（日-月-年）	通过专家组报告（日-月-年）	散发上诉机构报告（日-月-年）	通过上诉机构报告（日-月-年）
10	阿根廷—影响鞋类、纺织品、服装和其他项目的进口措施	22-04-1998 WT/DS56/11	08-05-1998 WT/DS56/12	15-06-1998 WT/DSB/M/46	22-04-1998 至 19-10-1998（有 180 天的调查期限来决定纺织品和服装的特殊税）22-04-1998 至 01-01-1999（有 242 天的调查期限决定统计税）	WT/DS56/15 和 Add. 1～Add. 4	
11	日本—对进口胶卷相纸的限制	22-04-1998 WT/DS44/5	N. A.	N. A.	N. A.	N. A.	
12	欧共体—特定计算机设备的海关分类	22-06-1998 WT/DS62/11 WT/DS67/9 WT/DS68/8	N. A.	N. A.	N. A.	N. A.	
13	欧共体—影响特定家禽产品进口的措施	23-07-1998 WT/DS69/7	27-08-1998 WT/DS69/8	20-10-1998 WT/DS69/9	直至 31-03-1999		
14	印度尼西亚—影响汽车工业的特定措施	23-07-1998 WT/DS54/10 WT/DS55/10 WT/DS59/9 WT/DS64/8	21-08-1998 WT/DS54/12 WT/DS55/11 WT/DS59/10 WT/DS64/9	07-12-1998 WT/DS54/15 WT/DS55/14 WT/DS59/13 WT/DS64/12（通过仲裁）	23-07-1998 至 23-07-1999（12 个月）	WT/DS54/17 WT/DS55/16 WT/DS59/15 WT/DS64/14 和 Add. 1	
15	印度—对于药品及农业化学品的专利权保护	22-09-1998 WT/DS79/5 和 Corr. 1	21-10-1998 WT/DSB/M/49	24-11-1998 WT/DSB/M/51	直至 19-04-1999	WT/DS79/6	
16	美国—对特定虾及虾类产品进口限制	06-11-1998 WT/DS58/14	25-11-1998 WT/DSB/M/51	21-01-1999 WT/DSB/M/54	06-11-1998 至 06-12-1999（13 个月）	WT/DS58/15	
17	澳大利亚—影响鲑鱼进口的措施	06-11-1998 WT/DS18/11	25-11-1998 WT/DSB/M/51	23-02-1999 WT/DS18/9（通过仲裁）	06-11-1998 至 06-07-1999（8 个月）	（见第四部分）	
18	危地马拉—对来自墨西哥的波兰特水泥的反倾销调查	25-11-1998 WT/DS60/12	N. A.	N. A.	N. A.	N. A.	
19	韩国—对酒精饮料征税	17-02-1999 WT/DS75/12 WT/DS84/10	19-03-1999 WT/DSB/M/57	04-06-1999 WT/DS75/16 WT/DS84/14（通过仲裁）	17-02-1999 至 31-01-2000（11 个月零 2 周）	WT/DS75/18 WT/DS84/16	

续 表

序号	案件	专家组成立（日-月-年）	散发专家组报告（日-月-年）	通知上诉（日-月-年）	通过专家组报告（日-月-年）	散发上诉机构报告（日-月-年）	通过上诉机构报告（日-月-年）
20	日本—影响农产品的措施	19-03-1999 WT/DS76/8	15-04-1999 WT/DSB/M/58	15-06-1999 WT/DS76/9	19-03-1999 至 31-12-1999 （9 个月零 12 天）	WT/DS76/11 和 Add. 1～Add. 16 日本和美国已通知争端解决机构，他们已达成双方满意的解决方案 WT/DS76/12	
21	美国—对来自韩国的 1 兆或以上的计算机动态随机存取存储器芯片征收反倾销税	19-03-1999 WT/DS99/5	15-04-1999 WT/DSB/M/58	19-05-1999 WT/DSB/M/65	19-03-1999 至 19-11-1999 （8 个月）	WT/DS99/6	
22	澳大利亚—对于汽车皮革制造商和生产商提供的补贴	16-06-1999 WT/DS126/5	06-07-1999 WT/DS126/6		根据《补贴与反补贴协议》第 4.7 条，专家组建议于报告批准日起 90 天内撤销此措施	WT/DS126/7 （见第四部分）	
23	巴西—对于航空器出口资金融通	20-08-1999 WT/DS46/10	13-09-1999 WT/DS46/11		根据《补贴与反补贴协议》第 4.7 条，专家组建议于报告批准日起 90 天内撤销此措施	WT/DS46/12 （见第四部分）	
24	加拿大—影响民用航空器措施	20-08-1999 WT/DS70/6	06-09-1999 WT/DS70/1		根据《补贴与反补贴协议》第 4.7 条，专家组建议于报告批准日起 90 天内撤销此措施	WT/DS70/8 （见第四部分）	
25	印度—对于农产品、纺织品和工业产品进口的数量限制	22-09-1999 WT/DS90/14	14-10-1999 WT/DSB/M/69	28-12-1999 WT/DS90/15	直至 01-04-2000 及 01-04-2001	WT/DS90/16 和 Add. 1～Add. 7	
26	加拿大—影响牛奶进口及奶制品出口的措施	27-10-1999 WT/DS103/11 WT/DS113/11	19-11-1999 WT/DSB/M/71	22-12-1999 WT/DS103/10 WT/DS113/10	此实施阶段最迟不超过 2000 年 12 月 31 日	WT/DS103/12 至 WT/DS113/12 和 Add. 1～Add. 6 （见第四部分）	
27	土耳其—对于纺织品和服装进口的限制	19-11-1999 WT/DS34/11	15-12-1999 WT/DS34/9	07-01-2000 WT/DS34/10	19-02-2001	WT/DS34/12 和 Add. 1～Add. 8 就土耳其所采取的措施达成一致的通知 WT/DS34/14	

续 表

序号	案件	专家组成立（日-月-年）	散发专家组报告（日-月-年）	通知上诉（日-月-年）	通过专家组报告（日-月-年）	散发上诉机构报告（日-月-年）	通过上诉机构报告（日-月-年）
28	智利—对酒精饮料征税	12-01-2000 WT/DS87/12 WT/DS110/11	11-02-2000 WT/DSB/M/75	23-05-2000 WT/DS87/15 WT/DS110/4（通过仲裁）	12-01-2000 至 21-03-2001（14个月零9天）	WT/DS87/17 和 Add. 1&2	
29	韩国—对于特定奶制品进口的保障措施	12-01-2000 WT/DS98/10	11-02-2000 WT/DSB/M/75	21-03-2000 WT/DS98/11	直至 20-05-2000	WT/DS98/12	
30	阿根廷—对鞋类产品进口的保障措施	12-01-2000 WT/DS121/9	11-02-2000 WT/DSB/M/75	N. A.	N. A.	N. A.	
31	美国—1974 年贸易法第 301～310 部分	27-01-2000 WT/DS152/14	N. A.	N. A.	N. A.	N. A.	
32	墨西哥—对来自美国的高果糖玉米浆进行反倾销调查	24-02-2000 WT/DS132/4 和 Corr. 1	20-03-2000 WT/DSB/M/77	10-04-2000 WT/DS132/5	24-02-2000 至 22-09-2000（6个月零29天）	（见第四部分）	
33	美国—“海外销售公司”税收待遇	20-03-2000 WT/DS108/10	07-04-2000 WT/DSB/M/78	20-03-2000（报告批准）	直至 01-10-2000 相应时间延至 01-11-2000	（见第四部分）	
34	加拿大—药品的专利权保护	07-04-2000 WT/DS114/9	25-04-2000 WT/DSB/M/79	18-08-2000 WT/DS114/13（通过仲裁）	直至 07-10-2000	相关规定于 07-10-2000 公布	
35	美国—对来自英国的热轧铅铋碳钢产品征收反补贴税	07-06-2000 WT/DS138/9 和 Corr. 1	05-07-2000 WT/DSB/M/85	N. A.	N. A.	N. A.	
36	加拿大—影响汽车工业的特定措施	19-06-2000 WT/DS139/8 WT/DS142/8	27-07-2000 WT/DSB/M/86	04-10-2000 WT/DS139/12 WT/DS142/12（通过仲裁）	直至 19-02-2001	此措施于 18-02-2001 废止 WT/DSB/M/101	
37	韩国—影响政府采购措施	19-06-2000 WT/DS163/7	N. A.	N. A.	N. A.	N. A.	
38	美国—美国版权法第 110(5) 节	27-07-2000 WT/DS160/8	24-08-2000 WT/DS160/9	15-01-2001 WT/DS160/12（通过仲裁）	直至 27-07-2001 相应时间顺延直至美国国会结束或 31-12-2001（WT/DS160/14）	WT/DS160/18 和 Add. 1～Add. 16（见第四部分）在 23-06-2003 各方达成了相互满意的临时性协议（WT/DS160/23）相应地现状报告重新开始 WT/DS 160/24 和 Add. 1～Add. 22	

续 表

序号	案件	专家组成立（日-月-年）	散发专家组报告（日-月-年）	通知上诉（日-月-年）	通过专家组报告（日-月-年）	散发上诉机构报告（日-月-年）	通过上诉机构报告（日-月-年）
39	美国—1916 年反倾销法	26-09-2000 WT/DS136/8 WT/DS162/11	23-10-2000 WT/DSB/M/91	28-02-2001 WT/DS136/11 WT/DS162/14（通过仲裁）	直至 26-07-2001 相应时间顺延直至美国国会结束或 31-12-2001（WT/DS136/13 WT/DS162/16）	WT/DS136/14 WT/DS162/17 和 Add. 1～Add. 31（见第四部分）	
40	加拿大—专利保护条款	12-10-2000 WT/DS170/7	23-10-2000 WT/DSB/M/91	28-02-2001 WT/DS170/10（通过仲裁）	直至 12-08-2001	加拿大宣布执行建议至 12-08-2001 止 WT/DSB/M/107	
41	危地马拉—对来自墨西哥的波兰特灰水泥采取反倾销措施	17-11-2000 WT/DS156/4	12-12-2000 WT/DSB/M/94	N. A.	N. A.	反倾销税至 02-10-2000 止 WT/DSB/M/94	
42	韩国—影响新鲜、冷藏及冷冻牛肉进口的措施	10-01-2001 WT/DS161/11 WT/DS169/11	01-02-2001 WT/DSB/M/98	19-04-2001 WT/DS161/12 WT/DS169/12	直至 10-09-2001	韩国宣布执行建议至 10-09-2001 止 WT/DSB/M/110	
43	美国—对来自欧共体面筋进口的保障措施	19-01-2001 WT/DS166/10	03-04-2001 WT/DSB/M/99	04-04-2001 WT/DS166/12	直至 02-06-2001		
44	美国—来自韩国的不锈钢卷板和不锈钢条的反倾销措施	01-02-2001 WT/DS179/4	01-03-2001 WT/DSB/M/100	26-04-2001 WT/DS179/5	直至 01-09-2001	美国宣布执行建议至 01-09-2001 止 WT/DSB/M/109	
45	阿根廷—影响牛皮出口和成皮进口的措施	16-02-2001 WT/DS155/5	12-03-2001 WT/DSB/M/101	31-08-2001 WT/DS155/10（通过仲裁）	直至 28-02-2002	WT/DS155/12 争端解决机构注意到欧共体和阿根廷之间根据《关于争端解决规则与程序的谅解》第 21 条和 22 条达成的协议 WT/DSB/M/121	
46	欧共体—对来自印度的棉质床单进口征收反倾销税	12-03-2001 WT/DS141/9	05-04-2001 WT/DSB/M/103	26-04-2001 WT/DS141/10	直至 14-08-2001	见第四部分	
47	泰国—对波兰出口的铁或非合金钢的角铁、型材、轧材及工字梁的反倾销税案	05-04-2001 WT/DS122/7	26-04-2001 WT/DSB/M/104	25-05-2001 WT/DS122/8	直至 20-10-2001	WT/DS122/9 WT/DS122/11（双方达成协议，此项不再出现在争端解决机构的日程中）	

续 表

序号	案件	专家组成立（日-月-年）	散发专家组报告（日-月-年）	通知上诉（日-月-年）	通过专家组报告（日-月-年）	散发上诉机构报告（日-月-年）	通过上诉机构报告（日-月-年）
48	欧共体—影响石棉及含石棉产品的措施	05-04-2001 WT/DS135/12	N. A.	N. A.	N. A.	N. A.	
49	美国—对来自新西兰和澳大利亚的新鲜、冷藏和冷冻羔羊肉进口采取保障措施	16-05-2001 WT/DS177/10 WT/DS178/11	20-06-2001 WT/DS177/11 WT/DS178/12	31-08-2001 决定于 15-11-2001 停止该措施 WT/DS177/12 WT/DS178/13	直至 15-11-2001	14-11-2001 美国宣布已完成必要的法律步骤来实施 8 月 31 日的决定 WT/DSB/M/113	
50	美国—对来自日本的某些热轧钢产品采取反倾销措施	23-08-2001 WT/DS184/8	10-09-2001 WT/DSB/M/109	19-02-2001 WT/DS184/13 （通过仲裁）	23-08-2001 至 23-11-2002 （15 个月） 相应的时间顺延直至 31-12-2003 或直至美国国会休会日，选两者较前者 （WT/DS184/16） 相应地，时间被修改于 31-07-2004 到期 （WT/DS184/17） 相应地，时间被修改于 31-07-2005 到期 （WT/DS184/18）	WT/DS184/15 和 Add. 1～Add. 47	
51	美国—对于作为出口限制的补贴措施	23-08-2001 WT/DS194/4	N. A.	N. A.	N. A.	N. A.	
52	美国—对来自巴基斯坦棉纱采取过渡性保障措施	05-11-2001 WT/DS192/7	21-11-2001 WT/DSB/M/113	N. A.	N. A.	美国宣布此措施于 01-11-2001 被废除 WT/DSB/M/113	
53	阿根廷—对来自意大利的地板砖进口的反倾销措施	05-11-2001 WT/DS189/6	05-12-2001 WT/DSB/M/114	18-12-2001 WT/DS189/7	05-11-2001 至 05-04-2002 WT/DS189/7	WT/DS189/8	

续 表

序号	案件	专家组成立（日-月-年）	散发专家组报告（日-月-年）	通知上诉（日-月-年）	通过专家组报告（日-月-年）	散发上诉机构报告（日-月-年）	通过上诉机构报告（日-月-年）
54	美国—1998 年全面拨款法第 211 节	01-02-2002 WT/DS176/9	19-02-2002 WT/DSB/M/120	28-03-2002 WT/DS176/10	直至 31-12-2002 或美国国会休会日，不迟于 03-01-2003 相应地，时间被修改于 30-06-2003 到期（WT/DS176/12）时间再次被修改为 31-12-2003 到期（WT/DS176/13）相应地，时间被修改于 31-12-2004 到期（WT/DS176/14）相应地，时间被修改于 30-06-2005 到期（WT/DS176/15）	WT/DS176/11 和 Add. 1～Add. 47	
55	加拿大—地区性航空器的出口信贷保证	19-02-2002 WT/DS222/6	08-03-2002 WT/DSB/M/121		专家组建议从报告通过后的 90 天内撤销此措施（截至 20-05-2002）	（见第四部分）	
56	美国—对产自韩国的环状焊接碳素钢管实施保障措施	08-03-2002 WT/DS202/13	05-04-2002 WT/DSB/M/122	29-07-2001 WT/DS202/18	直至 01-09-2002	在 18-03-2003 争端解决机构会议上，美国宣布此措施已于 01-03-2003 终止 WT/DSB/M/145	
57	印度—影响汽车部门的措施	05-04-2002 WT/DS146/11 WT/DS175/11	02-05-2002 WT/DS146/12 WT/DS175/12	18-07-2001 WT/DS146/13WT/DS175/13	05-04-2002 至 05-09-2002（5 个月）	在 11-11-2002 争端解决机构会议上，印度宣布其已执行了争端解决机构的建议 WT/DSB/M/136	
58	美国—对来自印度的钢板采取反倾销及反补贴措施	29-07-2002 WT/DS206/5	27-08-2002 WT/DS206/6	01-10-2002 WT/DS206/7	20-07-2002 至 29-12-2002（5 个月）相应地，时间被修改为 31-01-2003 到期（WT/DS206/8）	在 19-02-2003 争端解决机构会议上，美国宣布已按争端解决机构建议来执行 WT/DSB/M/143	

续 表

序号	案件	专家组成立（日-月-年）	散发专家组报告（日-月-年）	通知上诉（日-月-年）	通过专家组报告（日-月-年）	散发上诉机构报告（日-月-年）	通过上诉机构报告（日-月-年）
59	美国—乌拉圭回合协议第129(c)(1)	30-08-2001 WT/DS221/7	N. A.	N. A.	N. A.	N. A.	
60	埃及—对来自土耳其的钢筋采取反倾销措施	01-10-2002 WT/DS211/5	23-10-2002 WT/DSB/M/134	14-11-2002 WT/DS211/6	01-10-2002至31-07-2003（9个月）	WT/DS211/7和Add. 1～Add. 3在29-08-2003争端解决机构会议上，埃及宣布已按争端解决机构建议执行	
61	智利—对特定农产品相关的综合价格制度及保障措施	23-10-2002 WT/DS207/8	11-11-2002 WT/DSB/M/136	17-03-2003 WT/DS207/13（通过仲裁）	23-10-2002至23-12-2003（14个月）	WT/DS207/15和Add. 7（见第四部分）	
62	欧共体—沙丁鱼贸易描述	23 10 2002 WT/DS231/15	11-11-2002 WT/DSB/M/136	19-12-2002 WT/DS231/16	23-10-2002至23-04-2003相应地，时间被修改于01-07-2003到期（WT/DS231/17）	WT/DS231/18（双方同意的解决方案）	
63	美国—对来自加拿大特定软木的初步决定	01-11-2002 WT/DS236/4	28-11-2002 WT/DSB/M/137	N. A.	N. A.	N. A.	
64	美国—对来自德国的特定耐腐蚀碳钢板征收反补贴税	19-12-2002 WT/DS213/9	17-01-2003 WT/DSB/M/141	N. A.	N. A.	在20-04-2004争端解决机构会议上，美国宣布已按争端解决机构建议执行（WT/DSB/M/167）	
65	美国—对于特定来自欧共体产品的反补贴措施	08-01-2003 WT/DS212/11	27-01-2003 WT/DSB/M/142	10-04-2003 WT/DS212/12	08-01-2003至08-11-2003（10个月）	WT/DS212/13 WT/DS212/19（见第四部分）	

续 表

序号	案件	专家组成立（日-月-年）	散发专家组报告（日-月-年）	通知上诉（日-月-年）	通过专家组报告（日-月-年）	散发上诉机构报告（日-月-年）	通过上诉机构报告（日-月-年）
66	美国—2000 年持续性倾销及补贴补偿法案	27-01-2003 WT/DS217/11 WT/DS234/19	27-01-2003 WT/DSB/M/142 19-02-2003 WT/DSB/M/143 26-02-2003 WT/DSB/M/144	13-06-2003 WT/DS217/14 WT/DS234/22 （通过仲裁）	27-01-2003 至 27-12-2003（11 个月）在与澳大利亚、印度尼西亚和泰国有关的争议中，实施期间按被修改，至 27-12-2004 到期（WT/DS217/17，18，19）相应地，美国就此事向分别与下列国家达成程序谅解澳大利亚（WT/DS217/44）泰国（WT/DS217/45）印度尼西亚（WT/DS217/46）	WT/DS217/16 WT/DS234/24 和 Add. 1～Add. 24 （见第四部分）	
67	阿根廷—对于桃脯进口的保障措施	15-04-2003 WT/DS238/5	14-05-2003 WT/DS238/6 19-05-2003 WT/DSB/M/150	30-05-2003 WT/DS238/7	直至 31-12-2003	在 23-01-2004 争端解决机构会议上，阿根廷宣布已按争端解决机构建议执行（WT/DSB/M/163）	
68	阿根廷—对来自巴西的家禽征收反倾销税	19-05-2003 WT/DS241/6	N. A.	N. A.	N. A.	N. A.	
69	美国—纺织品及服装原产地证明	21-07-2003 WT/DS243/8	N. A.	N. A.	N. A.	N. A.	
70	欧共体—对来自巴西的可锻铸铁管接头征收反倾销税	18-08-2003 WT/DS219/10	15-09-2003 WT/DS219/11 02-10-2003 WT/DSB/M/156	01-10-2003 WT/DS219/12	18-08-2003 至 19-03-2004（7 个月）	17-03-2004，欧共体就其执行争端解决机构建议提供信息（WT/DS219/13）	
71	日本—影响苹果进口的措施	10-12-2003 WT/DS245/8	09-01-2003 WT/DSB/M/162	30-01-2003 WT/DS245/9	10-12-2003 至 30-06-2004（6 个月零 20 天）	（见第四部分）	
72	美国—对特定钢铁产品进口采取保障措施	10-12-2003 WT/DS248/20 WT/DS249/14 WT/DS251/15 WT/DS252/13 WT/DS253/13 WT/DS254/13 WT/DS258/17 WT/DS259/16	N. A.	N. A.	N. A.	在 10-12-2003 的争端解决机构会议上，美国宣布其总统已经下令停止与此争议相关的 10 项保障措施（WT/DSB/M/160）	

续 表

序号	案件	专家组成立（日-月-年）	散发专家组报告（日-月-年）	通知上诉（日-月-年）	通过专家组报告（日-月-年）	散发上诉机构报告（日-月-年）	通过上诉机构报告（日-月-年）
73	美国—对来自日本的耐腐蚀碳钢板产品的反倾销税日落复审	09-01-2004 WT/DS244/10	N. A.	N. A.	N. A.	N. A.	
74	美国—对来自加拿大的软木最终反补贴税决定	17-02-2004 WT/DS257/11	05-03-2004 WT/DS257/12	28-04-2004 WT/DS257/13	17-02-2004 至 17-12-2004（10 个月）	WT/DS257/14 和 Add. 1（见第四部分）	
75	欧共体—发展中国家优惠关税授予条件	20-04-2004 WT/DS246/10	19-05-2004 WT/DSB/M/169	20-09-2004 WT/DS246/14（通过仲裁）	20-04-2004 至 01-07-2005（14 个月零 11 天）	WT/DS246/16 和 Add. 1～Add. 3	
76	美国—国际贸易委员会对加拿大软木的调查	26-04-2004 WT/DS277/R	19-05-2004 WT/DSB/M/169	01-10-2004 WT/DS277/7	26-04-2004 至 26-01-2005（9 个月）	在 25-01-2005 的争端解决机构会议上，美国说明其已按争端解决机构在此争端中的建议执行（见第四部分）	
77	墨西哥—影响电信服务的措施	01-06-2004 WT/DS204/8	01-06-2004 WT/DS204/7	01-06-2004 WT/DS204/7	从报告通过之日起的 13 个月内；也就是说在 2005 年 7 月底前	WT/DS204/9 和 Add. 1～Add. 8	
78	美国—对加拿大软木的最终倾销决定	31-08-2004 WT/DS264/9	27-09-2004 WT/DSB/M/176	06-12-2004 WT/DS264/12	31-08-2004 至 15-04-2005 相应地，时间被修改于 02-05-2005 到期（WT/DS264/15）	在 19-05-2005 的争端解决机构会议上，美国说明其已按争端解决机构的建议和规则执行（WT/DSB/M/189）（见第四部分）	
79	加拿大—关于小麦出口和谷物进口的措施	27-09-2004 WT/DS276/18	18-10-2004 WT/DSB/M/177	15-11-2004 WT/DS276/19	27-09-2004 至 01-08-2005（10 个月零 5 天）	WT/DS276/20 和 Add. 1～Add. 3	
80	美国—对来自阿根廷石油工业用管材的反倾销措施日落复审	17-12-2004 WT/DS268/8	14-01-2005 WT/DSB/M/181	07-06-2005 WT/DS268/12（通过仲裁）	17-12-2004 至 17-12-2005（12 个月）	在 20-12-2005 的争端解决机构会议上美国说明其已按争端解决机构的建议和规则执行（见第四部分）	
81	美国—陆地棉补贴	21-03-2005 WT/DS/267/20	20-04-2005 WT/DSB/M/188		根据《补贴与反补贴协议》第 4.7 条，专家组建议此措施自报告被批准后的 6 个月内或在 2005 年 7月1日之前撤销（以较早的为准）	（见第四部分）	

续 表

序号	案件	专家组成立（日-月-年）	散发专家组报告（日-月-年）	通知上诉（日-月-年）	通过专家组报告（日-月-年）	散发上诉机构报告（日-月-年）	通过上诉机构报告（日-月-年）
82	韩国—影响商船贸易的措施	11-04-2005 WT/DS273/8			根据《补贴与反补贴协议》第4.7条，专家组建议此措施自报告被批准后的90天内撤销		
83	欧共体—农产品和食品的商标及地理标识保护	20-04-2005 WT/DS174/23 WT/DS290/21	19-05-2005 WT/DSB/M/189	09-06-2005 WT/DS174/24 WT/DS290/22	实施时间到03-04-2006为止（11个月零2周）	WT/DS174/25～WT/DS290/23和Add. 1～Add. 3	
84	美国—影响博彩业跨境交付的措施	20-04-2005 WT/DS285/10	19-05-2005 WT/DSB/M/189	19-08-2005 WT/DS285/13 （通过仲裁）	20-04-2005至03-04-2006 （11个月零2周）	WT/DS285/15和Add. 1 （见第四部分）	
85	欧共体—糖类出口补贴	19-05-2005 WT/DS265/29 WT/DS266/29 WT/DS283/10	13-06-2005 WT/DSB/M/191	28-10-2005 WT/DS265/33～ WT/DS266/33～ WT/DS283/14 （通过仲裁）	19-05-2005至22-05-2006 （12个月零3天）	WT/DS265/35～ WT/DS266/35～ WT/DS283/16 和Add. 1	
86	多米尼加—影响香烟进口和国内销售的措施	19-05-2005 WT/DS302/12	13-06-2005 WT/DSB/M/191	16-08-2005 WT/DS302/17	19-05-2005之后的24个月：也就是在19-05-2007之前		
87	欧共体—影响商船贸易的措施	20-06-2005 WT/DS301/6	20-07-2005 WT/DSB/M/194				
88	美国—对来自韩国的计算机动态随机存取存储器芯片的反补贴税调查	20-07-2005 WT/DS296/10	03-08-2005 WT/DSB/M/195	07-11-2005 WT/DS296/11	20-07-2005至08-03-2006 （7个月零16天）	在14-03-2006的争端解决机构会议上美国说明其已按争端解决机构的建议和规则执行 （WT/DSB/M/206）	
89	欧共体—对来自韩国的计算机动态随机存取存储器芯片的反补贴措施	03-08-2005 WT/DS299/6	31-08-2005 WT/DSB/M/196	12-10-2005 WT/DS299/7	03-08-2005至03-04-2006 （8个月）	WT/DS299/8 WT/DS299/9	
90	欧共体—冷冻无骨鸡的关税分类	27-09-2005 WT/DS269/10 WT/DS286/12	18-10-2005 WT/DSB/M/199	20-02-2006 WT/DS269/13～ WT/DS286/15 （通过仲裁）	27-09-2005至27-06-2006 （9个月）	WT/DS269/15～ WT/DS286/17 和Add. 1	
91	美国—对来自墨西哥的石油工业用管材反倾销措施	28-11-2005 WT/DS282/10	20-12-2005 WT/DSB/M/202	15-02-2006 WT/DS282/11	28-11-2005至28-05-2006 （6个月）	（见第四部分）	
92	韩国—对来自印度尼西亚特定纸张进口征收反倾销税	28-11-2005 WT/DS312/5	20-12-2005 WT/DSB/M/202	10-02-2006 WT/DS312/6	28-11-2005至28-07-2006 （8个月）	（见第四部分）	

续　表

序号	案件	专家组成立（日-月-年）	散发专家组报告（日-月-年）	通知上诉（日-月-年）	通过专家组报告（日-月-年）	散发上诉机构报告（日-月-年）	通过上诉机构报告（日-月-年）
93	墨西哥—对于牛肉和稻米的反倾销措施：对于稻米的上诉	20-12-2005 WT/DS295/9	19-01-2006 WT/DS295/10	18-05-2006 WT/DS295/12	20-12-2005至20-08-2006［8个月，考虑到专家组报告第8.1段和8.3段和上诉机构报告第350（b）和（c）段］20-12-2005至20-12-2006［12个月，考虑到专家组报告第8.5段和上诉机构报告第350（d）段］	WT/DS295/13和Add.1	
94	墨西哥—对于非酒精饮料及其他饮料征税	24-03-2006 WT/DS308/13	21-04-2006 WT/DSB/M/210	03-07-2006 WT/DS308/15	24-03-2006至01-01-2007（9个月零8天）或者如果墨西哥国会在2006年12月1日～31日间制定法律停止此措施24-03-2006至31-01-2007（10个月零7天）	WT/DS308/16	
95	美国—计算倾销差额（归零法）的法律、规则及方法	09-05-2006 WT/DS294/17	30-05-2006 WT/DSB/M/213	28-07-2006 WT/DS294/19	09-05-2006至09-04-2007（11个月）	WT/DS294/20和Add.1～Add.6（见第四部分）WT/DS294/34和Add.1～Add.6随后的报告：WT/DS294/38和Add.1～Add.20	
96	欧共体—影响生物科技产品审批及营销的措施	21-11-2006 WT/DS291/33 WT/DS292/27 WT/DS293/27	19-12-2006 WT/DSB/M/224	21-06-2007 WT/DS291/35	21-11-2006至21-11-2007（12个月）期限延长WT/DS292/34，35，36,37,38&39（Corr.1）（加拿大）和WT/DS293/34，35，36，37，38，39&40（阿根廷）	WT/DS291/37和Add.1～Add.57 WT/DS292/31和Add.1～Add.18 WT/DS293/31和Add.1～Add.26（见第四部分）	

续 表

序号	案件	专家组成立（日-月-年）	散发专家组报告（日-月-年）	通知上诉（日-月-年）	通过专家组报告（日-月-年）	散发上诉机构报告（日-月-年）	通过上诉机构报告（日-月-年）
97	欧共体—特定海关措施	11-12-2006 WT/DS315/15	19-12-2006 WT/DSB/M/224				
98	美国—关于归零法及日落复审措施	23-01-2007 WT/DS322/15	20-02-2007 WT/DSB/M/226	04-05-2007 WT/DS322/20	23-01-2007 至 24-12-2007（11 个月）	WT/DS322/22 和 Add. 1～Add. 2（见第四部分）WT/DS322/36 和 Add. 1～Add. 29	
99	美国—对来自厄瓜多尔的虾征收反倾销税	20-02-2007 WT/DS335/9	20-03-2007 WT/DSB/M/228	26-03-2007 WT/DS335/10	20-02-2007 至 20-08-2007（6 个月）	2007 年 8 月，美国宣布已按争端解决机构建议和裁决执行 WT/DSB/M/238	
100	墨西哥—对来自危地马拉的钢管征收反倾销税	24-07-2007 WT/DS331/5	23-08-2007 WT/DS331/6	25-09-2007 WT/DS331/7	24-07-2007 至 24-01-2008（6 个月）	2008 年 1 月 24 日，墨西哥宣布已按争端解决机构建议和裁决执行 WT/DSB/M/248	
101	土耳其—影响大米进口的措施	22-10-2007 WT/DS334/8	20-11-2007 WT/DS334/10	09-04-2008 WT/DS334/12	22-10-2007 至 22-04-2008（6 个月）	WT/DS334/14	
102	巴西—影响翻新轮胎进口的措施	17-12-2007 WT/DS332/12	15-01-2008 WT/DSB/M/244	29-08-2008 WT/DS332/16（通过仲裁）	17-12-2007 至 11-12-2008（12 个月）	WT/DS332/19 和 Add. 1～Add. 6	
103	日本—对来自韩国的动态随机存储器征收反补贴税	17-12-2007 WT/DS336/12	15-01-2008 WT/DSB/M/244	05-05-2008 WT/DS336/16（通过仲裁）	17-12-2007 至 01-09-2008（8 个月零 2 周）	（见第四部分）	
104	欧共体—对产自挪威人工养殖的鲑鱼采取反倾销措施	15-01-2008 WT/DS337/6	08-02-2008 WT/DSB/M/246	06-05-2008 WT/DS337/8	15-01-2008 至 15-11-2008（10 个月）	争端解决机构于 2008 年 8 月 1 日开会宣布撤销该措施，于 2008 年 7 月 20 日生效 WT/DSB/M/254	
105	美国—对产自墨西哥的不锈钢采取最终反倾销措施	20-05-2008 WT/DS344/10	02-06-2008 WT/DSB/M/251	31-10-2008 WT/DS344/15（通过仲裁）	20-05-2008 至 30-04-2009（11 个零 10 天）	（见第四部分）	
106	美国—与来自泰国虾有关的措施	01-08-2008 WT/DS343/14	29-08-2008 WT/DSB/M/255	31-10-2008 WT/DS343/16	01-08-2008 至 01-04-2009（8 个月）	在 2009 年 4 月 20 日争端解决机构会议上，美国说明其已按争端解决机构的建议和规则执行 WT/DSB/M/267	

续 表

序号	案件	专家组成立（日-月-年）	散发专家组报告（日-月-年）	通知上诉（日-月-年）	通过专家组报告（日-月-年）	散发上诉机构报告（日-月-年）	通过上诉机构报告（日-月-年）
107	美国—海关保税指令	01-08-2008 WT/DS345/13	29-08-2008 WT/DSB/M/255	31-10-2008 WT/DS345/15	01-08-2008 至 01-04-2009（8个月）	在2009年4月20日争端解决机构会议上，美国说明其已按争端解决机构的建议和规则执行 WT/DSB/M/267	
108	墨西哥—对从欧共体进口的橄榄油采取最终反补贴措施	21-10-2008 WT/DS341/5	17-11-2008 WT/DSB/M/259			在2008年12月11日争端解决机构会议上，墨西哥说明其已按争端解决机构的建议和规则执行 WT/DSB/M/260	
109	美国—欧共体继续要求中止在荷尔蒙案件中的义务	14-11-2008 WT/DS320/18	11-12-2008 WT/DSB/M/260				
110	加拿大—欧共体继续要求中止在荷尔蒙案件中的义务	14-11-2008 WT/DS321/16	11-12-2008 WT/DSB/M/260				
111	中国—影响汽车零部件进口的措施	12-01-2009 WT/DS339/14 WT/DS340/14 WT/DS342/14	11-02-2009 WT/DSB/M/264	27-02-2009 WT/DS339/15 WT/DS340/15 WT/DS342/15	12-01-2009 至 01-09-2009（7个月零20天）	在2009年8月31日争端解决机构会议上，中国说明其已使其措施与争端解决机构的建议和裁决一致 WT/DSB/M/273	
112	美国—继续存在和运用归零法	19-02-2009 WT/DS350/15	20-03-2009 WT/DSB/M/266	02-06-2009 WT/DS350/17	19-02-2009 至 19-12-2009（10个月）	WT/DS350/18 和 Add. 1～Add. 10	
113	中国—影响知识产权保护和执法的措施	20-03-2009 WT/DS362/10	20-04-2009 WT/DSB/M/267	29-06-2009 WT/DS362/13	20-03-2009 至 20-03-2010（12个月）	WT/DS362/14 和 Add. 1& Add. 2 2010年4月20日争端解决机构会议上，中国说明其已使其措施与争端解决机构的建议和裁决一致（WT/DSB/M/282）	

续 表

序号	案件	专家组成立（日-月-年）	散发专家组报告（日-月-年）	通知上诉（日-月-年）	通过专家组报告（日-月-年）	散发上诉机构报告（日-月-年）	通过上诉机构报告（日-月-年）
114	哥伦比亚—对港口入境的价格限制要求	20-05-2009 WT/DS366/9	19-06-2009 WT/DSB/M/270	02-10-2009 WT/DS366/13	20-05-2009 至 04-02-2010（8 个月零 15 天）	WT/DS366/15	
115	中国—影响出版物和视听娱乐产品的贸易权和分销服务措施	19-01-2010 WT/DS363/14	18-02-2010 WT/DSB/M/279	12-07-2010 WT/DS363/16	19-01-2010 至 19-03-2011（14 个月）	WT/DS363/17 和 Add. 1～Add. 15	
116	美国—对来自泰国的 PE 塑胶购物袋采取反倾销措施	18-02-2010 WT/DS383/5	19-03-2010 WT/DSB/M/280	31-03-2010 WT/DS383/6	18-02-2010 至 18-08-2010（6 个月）	2010 年 8 月 31 日争端解决机构会议上，美国说明其已使其措施与争端解决机构的建议和裁决一致（WT/DSB/M/286）	
117	欧盟及其成员国—某些信息技术产品的关税待遇	21-09-2010 WT/DS375/13 WT/DS376/13 WT/DS377/11	13-10-2010 WT/DS375/14 WT/DS376/14 WT/DS377/12	20-12-2010 WT/DS375/16 WT/DS376/16 WT/DS377/14	21-09-2010 至 30-06-2011（9 个月零 9 天）	WT/DS375/18 WT/DS376/18 WT/DS377/16	
118	澳大利亚—影响自新西兰进口苹果的措施	17-12-2010 WT/DS367/17	10-01-2011 WT/DS367/18	31-01-2011 WT/DS367/19	直至 17-08-2011	WT/DS367/20	
119	美国—对来自韩国产品的反倾销措施适用归零法	24-02-2011 WT/DS402/5	25-03-2011 WT/DSB/M/294	17-06-2011 WT/DS402/6	(i) 9 个月～直至 24-11-2011 (ii) 8 个月～直至 24-10-2011		
120	美国—对来自中国的特定产品征收反倾销税和反补贴税	25-03-2011 WT/DS379/6	21-04-2011 WT/DSB/M/295	08-07-2011 WT/DS379/11	25-03-2011 至 25-02-2012（11 个月）	WT/DS379/12 和 Add. 1～Add. 7	
121	欧共体及其某些成员国—影响大型民用航空器贸易的措施	01-06-2011 WT/DS316/16	17-06-2011 WT/DSB/M/298		根据《补贴与反补贴协议》第 7.9 条，此措施自报告被批准后的 6 个月内撤销（01-12-2011）	（见第四部分）	
122	美国—对从巴西进口的特定橙汁采取的反倾销行政复审和其他措施	17-06-2011 WT/DS382/8	17-06-2011 WT/DSB/M/298	17-06-2011 WT/DS382/9	17-06-2011 至 17-03-2012（9 个月）	WT/DS382/10 和 Add. 1～Add. 10	

续表

序号	案件	专家组成立（日-月-年）	散发专家组报告（日-月-年）	通知上诉（日-月-年）	通过专家组报告（日-月-年）	散发上诉机构报告（日-月-年）	通过上诉机构报告（日-月-年）
123	泰国—对来自菲律宾烟草所采取的海关和财政措施	15-07-2011 WT/DS371/11	11-08-2011 WT/DS371/12	23-09-2011 WT/DS371/14	15-07-2011 至 15-05-2012（10 个月） 15-07-2011 至 15-10-2012（15 个月）	WT/DS371/15 和 Add. 1～Add. 6	
124	欧共体—对从中国进口的钢铁紧固件采取最终反倾销措施	28-07-2011 WT/DS397/11	18-08-2011 WT/DS397/12	19. 01. 12 WT/DS397/14	28-07-2011 至 12-10-2012（14 个月零 2 周）	WT/DS397/15 和 Add. 1～Add. 3	
125	美国—对自越南进口的虾采取反倾销措施	02-09-2011 WT/DS404/9	27-09-2011 WT/DSB/M/303	31-10-2011 WT/DS404/10	02-09-2011 至 02-07-2012（10 个月）	WT/DS404/11 和 Add. 1～Add. 5	
126	美国—对从中国进口汽车轮胎采取的限制措施	05-10-2011 WT/DS399/9	N. A.	N. A.	N. A.	N. A.	
127	菲律宾—对蒸馏酒精征税	20-01-2012 WT/DS396/11 WT/DS403/11	15-02-2012 WT/DS396/12 WT/DS403/12	20-04-2012 WT/DS396/14 WT/DS403/14	20-01-2012 至 08-03-2013（13 个月 &16 天）	WT/DS396/15～WT/DS403/15	
128	欧盟—对自中国进口的鞋采取反倾销措施	22-02-2012 WT/DS405/6	23-03-2012 WT/DSB/M/313	23-05-2012 WT/DS405/7	22-02-2012 至 11-10-2012（7 个月 &19 天）		
129	多米尼加—聚丙烯管状织物包装袋进口的保障措施	22-02-2012 WT/DS415/11 WT/DS416/11 WT/DS417/11 WT/DS418/11	23-03-2012 WT/DSB/M/313	13-04-2012 WT/DS415/12 WT/DS416/12 WT/DS417/12 WT/DS418/12	RPT2012 年 4 月 21 日结束 WT/DS415/13WT/DS416/13WT/DS417/13WT/DS418/13（保障措施 2012 年 4 月 21 日取消）		
130	中国—与限制原材料出口有关的措施	22-02-2012 WT/DS394/16 WT/DS395/15 WT/DS398/14	23-03-2012 WT/DSB/M/313	24-05-2012 WT/DS394/18 WT/DS395/17 WT/DS398/16	22-02-2012 至 31-12-2012（10 个月 &9 天）	WT/DS394/19 WT/DS395/18 WT/DS398/17 和 Add. 1	
131	美国—影响大型民用航空器贸易的措施（二诉）	23-03-2012 WT/DS353/13	13-04-2012 WT/DSB/M/314		SCM 协议相符 23-09-2012	WT/DS353/15	
132	美国—影响丁香香烟生产和销售的措施	24-04-2012 WT/DS406/9	24-05-2012 WT/DSB/M/316	14-06-2012 WT/DS406/10	24-04-2012 至 24-07-2013（15 个月）	WT/DS406/11 和 Add. 1～Add. 7	
133	美国—对金枪鱼和金枪鱼产品的进口、营销和销售采取的措施	13-06-2012 WT/DS381/15	25-06-2012 WT/DSB/M/318	17-09-2012 WT/DS381/17	13-06-2012 至 13-07-2013（13 个月）	WT/DS381/18 和 Add. 1～Add. 3	

续 表

序号	案件	专家组成立（日-月-年）	散发专家组报告（日-月-年）	通知上诉（日-月-年）	通过专家组报告（日-月-年）	散发上诉机构报告（日-月-年）	通过上诉机构报告（日-月-年）
134	美国—对自中国进口的冷冻暖水虾采取反倾销措施	23-07-2012 WT/DS422/6	23-07-2012 WT/DSB/M/320	27-07-2012 WT/DS422/7	23-07-2012 至 23-03-2013（8 个月）	WT/DS422/8 和 Add. 1	
135	美国—对特定国家原产地标签要求	23-07-2012 WT/DS384/18 WT/DS386/17	21-08-2012 WT/DS384/19 WT/DS386/18	04-12-2012 WT/DS384/24～WT/DS386/23（仲裁）	23-07-2012 至 23-05-2013（10 个月）	24-05-2013 美国关于 DSB 建议实施声明（WT/DSB/M/332）	
136	中国—影响电子支付服务的措施	31-08-2012 WT/DS413/6	28-09-2012 WT/DSB/M/322	22-11-2012 WT/DS413/8	31-08-2012 至 31-07-2013（11 个月）	WT/DS413/9 和 Add. 1	
137	中国—对自美国进口的取向电工钢征收反补贴税和反倾销税	16-11-2012 WT/DS414/8	30-11-2012 WT/DSB/M/326	03-05-2013 WT/DS414/12（仲裁）	16-11-2012 至 31-07-2013（8 个月 &15 天）	30. 08. 13 中国关于 DSB 建议实施声明 WT/DSB/M/336	
138	中国—对从欧盟进口的 X 射线安全检查设备征收最终反倾销税	24-04-2013 WT/DS425/6	24-05-2013 WT/DSB/M/332	19-07-2013 WT/DS425/8	24-04-2013 至 19-02-2014（9 个月 &25 天）		
139	加拿大—影响再生能源部门的措施/加拿大—上网电价补贴计划相关措施	24-05-2013 WT/DS412/14 WT/DS426/13	20-06-2013 WT/DS412/15 WT/DS426/14 25-06-2013 WT/DSB/M/333	29-07-2013 WT/DS412/16 WT/DS426/16	24-05-2013 至 24-03-2014（10 个月）		

第四部分
援引《关于争端解决规则与程序的谅解》第 21. 5 条

序号	案件	援引第 21. 5 条（日-月-年）	提交原专家组（日-月-年）	散发专家组报告（日-月-年）	通知上诉（日-月-年）	散发上诉机构报告（日-月-年）	通过专家组和/或上诉机构报告（日-月-年）
1	欧共体—香蕉进口、销售和分销	15-12-1998 欧共体 WT/DS27/40 18-12-1998 厄瓜多尔 WT/DS27/41	12-01-1999 WT/DSB/M/53 欧共体 厄瓜多尔	12-04-1999 WT/DS27/RW/ECU WT/DS27/RW/EEC 和 Corr. 1	N. A.	N. A.	06-05-1999 WT/DSB/M/61（WT/DS27/RW/ECU）
2	澳大利亚—影响鲑鱼进口的措施	28-07-1999 加拿大 WT/DS18/14	28-07-1999 WT/DSB/M/66	18-02-2000 WT/DS18/RW	N. A.	N. A.	20-03-2000 WT/DSB/M/77
3	澳大利亚—对于汽车皮革制造商和生产商提供的补贴	04-10-1999 美国 WT/DS126/8	14-10-1999 WT/DSB/M/69	21-01-2000 WT/DS126/RW 和 Corr. 1	N. A.	N. A.	11-02-2000 WT/DSB/M/75
4	巴西—对于航空器出口融资	26-11-1999 加拿大 WT/DS46/13	09-12-1999 WT/DSB/M/72	09-05-2000 WT/DS46/RW	22-05-2000 巴西 WT/DS46/17	21-07-2000 WT/DS46/AB/RW	04-08-2000 WT/DSB/M/87

续 表

序号	案件	专家组成立（日-月-年）	散发专家组报告（日-月-年）	通知上诉（日-月-年）	通过专家组报告（日-月-年）	散发上诉机构报告（日-月-年）	通过上诉机构报告（日-月-年）
5	加拿大—影响民用航空器措施	23-11-1999 巴西 WT/DS70/9	09-12-1999 WT/DSB/M/72	09-05-2000 WT/DS70/RW	22-05-2000 巴西 WT/DS70/12	21-07-2000 WT/DS70/ AB/RW	04-08-2000 WT/DSB/M/87
6	美国—对自韩国计算机动态随机存取存储器芯片征收反倾销税	07-04-2000 韩国 WT/DS99/8	25-04-2000 WT/DSB/M/79	07-11-2000 WT/DS99/RW （双方达成协议）	N. A.	N. A.	N. A.
7	美国—对特定虾及虾类产品进口限制	13-10-2000 马来西亚 WT/DS58/17	23-10-2000 WT/DSB/M/91	15-06-2001 WT/DS58/RW	23-07-2001 马来西亚 WT/DS58/20	22-10-2001 WT/DS58/ AB/RW	21-11-2001 WT/DSB/M/113
8	墨西哥—对来自美国的高果糖玉米浆开展反倾销调查	13-10-2000 美国 WT/DS132/6	23-10-2000 WT/DSB/M/91	22-06-2001 WT/DS132/RW	24-07-2001 墨西哥 WT/DS132/10	22-10-2001 WT/DS132/ AB/RW	21-11-2001 WT/DSB/M/113
9	美国—“海外销售公司”税收待遇	07-12-2000 欧共体 WT/DS108/16	20-12-2000 WT/DSB/M/95	20-08-2001 WT/DS108/RW	15-10-2001 美国 WT/DS108/21	14-01-2002 WT/DS108/ AB/RW	29-01-2002 WT/DSB/M/118
10	巴西—对于航空器出口资金融通：加拿大再次援引 DSU 第 21.5 条	19-01-2001 加拿大 WT/DS46/26	16-02-2001 WT/DSB/M/99	26-07-2001 WT/DS46/ RW/2	N. A.	N. A.	23-08-2001 WT/DSB/M/108
11	加拿大—影响牛奶进口及奶制品出口的措施	16-02-2001 美国 WT/DS103/16 16-02-2001 新西兰 WT/DS113/16	01-03-2001 WT/DSB/M/100	11-07-2001 WT/DS103/RW WT/DS113/RW	04-09-2001 加拿大 WT/DS103/20 WT/DS113/20	03-12-2001 WT/DS103/ AB/RW WT/DS113/ AB/RW	18-12-2001 WT/DSB/M/116
12	加拿大—影响牛奶进口及奶制品出口的措施：美国和新西兰再次引用第 21.5 条	06-12-2001 美国 WT/DS103/23 06-12-2001 新西兰 WT/DS113/23	18-12-2001 WT/DSB/M/116	26-07-2002 WT/DS103/ RW/2 WT/DS113/ RW/2	23-09-2002 加拿大 WT/DS103/28 WT/DS113/28	20-12-2002 WT/DS103/ AB/RW2 WT/DS113/ AB/RW2	17-01-2003 WT/DSB/M/141
13	欧共体—对于来自印度棉质床单进口征收反倾销税	07-05-2002 印度 WT/DS141/13/ Rev-1	22-05-2002 WT/DSB/M/124 和 Corr. 1	29-11-2002 WT/DS141/RW	08-01-2003 印度 WT/DS141/16	08-04-2003 WT/DS141/ AB/RW	24-04-2003 WT/DSB/M/148

续 表

序号	案件	专家组成立（日-月-年）	散发专家组报告（日-月-年）	通知上诉（日-月-年）	通过专家组报告（日-月-年）	散发上诉机构报告（日-月-年）	通过上诉机构报告（日-月-年）
14	美国—对来自欧共体特定产品反补贴措施	17-03-2004 欧共体 WT/DS212/14	27-09-2004 WT/DS212/15 WT/DSB/M/176	17-08-2005 WT/DS212/RW	N. A.	N. A.	27-09-2005 WT/DSB/M/198
15	智利—对特定农产品相关的综合价格制度及保障措施	19-05-2004 阿根廷 WT/DS207/17	20-01-2006 WT/DS207/18 WT/DSB/M/203	08-12-2006 WT/DS207/RW	05-02-2007 Chile WT/DS207/22	07-05-2007 WT/DS207/AB/RW	22-05-2007 WT/DSB/M/232
16	日本—影响苹果进口的措施	19-07-2004 美国 WT/DS245/11	30-07-2004 WT/DSB/M/174	23-06-2005 WT/DS245/RW	N. A.	N. A.	20-07-2005 WT/DSB/M/194
17	美国—对来自加拿大的软木最终反补贴税决定	04-01-2005 加拿大 WT/DS257/15	14-01-2005 WT/DSB/M/181	01-08-2005 WT/DS257/RW	06-09-2005 美国 WT/DS257/22	05-12-2005 WT/DS257/AB/RW	20-12-2005 WT/DSB/M/202
18	美国—“海外销售公司”税收待遇：欧共体再次援引第 21.5 条	14-01-2005 欧共体 WT/DS108/29	17-02-2005 WT/DSB/M/183	30-09-2005 WT/DS108/RW2	14-11-2005 美国 WT/DS108/32	13-02-2006 WT/DS108/AB/RW2	14-03-2006 WT/DS108/36
19	美国—国际贸易委员会对加拿大软木的调查	15-02-2005 加拿大 WT/DS277/8	25-02-2005 WT/DSB/M/184	15-11-2005 WT/DS277/RW	13-01-2006 加拿大 WT/DS277/16	13-04-2006 WT/DS277/AB/RW	09-05-2006 WT/DS277/19
20	美国—对加拿大软木的最终倾销决定	19-05-2005 加拿大 WT/DS264/16	01-06-2005 WT/DSB/M/190	03-04-2006 WT/DS264/RW	17-05-2006 加拿大 WT/DS264/25	15-08-2006 WT/DS264/AB/RW	01-09-2006 WT/DS264/28
21	欧共体—香蕉进口制度及 ACP-EC 合作伙伴协定	30-11-2005 洪都拉斯 WT/DS27/62 30-11-2005 巴拿马 WT/DS27/63 30-11-2005 尼加拉瓜 WT/DS27/64					

续 表

序号	案件	专家组成立（日-月-年）	散发专家组报告（日-月-年）	通知上诉（日-月-年）	通过专家组报告（日-月-年）	散发上诉机构报告（日-月-年）	通过上诉机构报告（日-月-年）
22	美国—对来自阿根廷石油工业用管材的反倾销措施日落复审	26-01-2006 阿根廷 WT/DS268/15	17-03-2006 WT/DS268/16 WT/DSB/M/207	30-11-2006 WT/DS268/RW	12-01-2007 美国 WT/DS268/19	12-04-2007 WT/DS268/AB/RW	11-05-2007 WT/DSB/M/231
23	美国—影响博彩业跨境交付的措施	08-06-2006 安提瓜和巴布达 WT/DS285/17	19-07-2006 WT/DS285/18 WT/DSB/M/217	30-03-2007 WT/DS285/RW	N. A.	N. A.	22-05-2007 WT/DSB/M/232
24	美国—陆地棉补贴	18-08-2006 巴西 WT/DS267/30	28-09-2006 WT/DSB/M/220	18-12-2007 WT/DS267/RW 和 Corr. 1	12-02-2008 美国 WT/DS267/33	02-06-2008 WT/DS267/AB/RW	20-06-2008 WT/DSB/M/252
25	美国—对来自墨西哥的石油工业用管材反倾销措施	21-08-2006 墨西哥 WT/DS282/13	24-04-2007 WT/DS282/14 WT/DSB/M/230 06-07-2008 专家组建立的授权取消 WT/DS282/17				
26	韩国—对来自印度尼西亚特定纸张进口征收反倾销税	26-10-2006 印度尼西亚 WT/DS312/8	23-01-2007 WT/DS312/9 WT/DSB/M/225	28-09-2007 WT/DS312/RW	N. A.	N. A.	22-10-2007 WT/DS312/12
27	欧共体—关于香蕉进口、销售和分销的制度	16-11-2006 厄瓜多尔 WT/DS27/65	20-03-2007 WT/DS27/80 WT/DSB/M/228	07-04-2008 WT/DS27/RW2/ECU	28-08-2008 EC WT/DS27/89	26-11-2008 WT/DS27/AB/RW2/ECU	11-12-2008 WT/DSB/M/260
28	欧共体—关于香蕉进口、销售和分销的制度	29-06-2007 美国 WT/DS27/83	12-07-2007 WT/DSB/M/235	19-05-2008 WT/DS27/RW/美国 A 和 Corr. 1	28-08-2008 EC WT/DS27/90	26-11-2008 WT/DS27/AB/RW/美国 A 和 Corr. 1	22-12-2008 WT/DSB/M/261
29	美国—计算倾销幅度的法律、法规和方法（“归零法”）	09-07-2007 欧共体 WT/DS294/22	25-09-2007 WT/DS294/25 WT/DSB/M/239	17-12-2008 WT/DS294/RW	13-02-2009 欧共体 WT/DS294/28	14-05-2009 WT/DS294/AB/RW 和 Corr. 1	11-06-2009 WT/DSB/M/269
30	美国—与归零法和日落复审相关的措施	07-04-2008 日本 WT/DS322/27	18-04-2008 WT/DSB/M/249	24-04-2009 WT/DS322/RW	20-05-2009 美国 WT/DS322/32	18-08-2009 WT/DS322/AB/RW	31-08-2009 WT/DSB/M/273

续 表

序号	案件	专家组成立（日-月-年）	散发专家组报告（日-月-年）	通知上诉（日-月-年）	通过专家组报告（日-月-年）	散发上诉机构报告（日-月-年）	通过上诉机构报告（日-月-年）
31	日本—对来自韩国的动态随机存储器征收反补贴税	09-09-2008 韩国 WT/DS336/19	23-09-2008 WT/DSB/M/256 2009年3月4日，韩国要求专家组中止工作 WT/DS336/22 05-03-2010 专家组建立的授权取消 WT/DS336/23				
32	欧共体—与肉及肉制品有关的措施（荷尔蒙）	22-12-2008 欧共体 WT/DS26/23					
33	欧共体—与肉及肉制品有关的措施（荷尔蒙）	22-12-2008 欧共体 WT/DS48/21					
34	美国—对从墨西哥进口的不锈钢采取最终反倾销措施	19-08-2009 墨西哥 WT/DS344/18	21-09-2010 WT/DS344/20 WT/DSB/M/287	06-05-2013 WT/DS344/RW			
35	欧盟及其部分成员国—影响大型民用航空器贸易的措施	30-03-2012 美国 WT/DS316/23	13-04-2012 WT/DS316/23 WT/DSB/M/314				
36	美国—影响大型民用航空器贸易的措施（二诉）	25-09-2012 欧盟 WT/DS353/16	23-10-2012 WT/DS353/18 WT/DSB/M/323				
37	美国—对特定国家原产地标签要求	19-08-2013 加拿大 WT/DS384/26	25-09-2013 WT/DSB/M/337				
36	美国—对特定国家原产地标签要求	19-08-2013 墨西哥 WT/DS386/25	25-09-2013 WT/DSB/M/337				

第五部分
援引《关于争端解决规则与程序的谅解》第22条

序号	案件	援引第22条	在第22.6下进行仲裁	仲裁人报告	由争端解决机构授权中止减让
1	欧共体—香蕉进口、销售和分销	14-01-1999 美国 WT/DS27/43	29-01-1999 欧共体 WT/DS27/46	09-04-1999 WT/DS27/ARB	根据美国要求 （WT/DS27/49） 于1999年4月19日 争端解决机构会议 上授权（WT/DSB/M/59）
2	欧共体—香蕉进口、销售和分销	08-11-1999 厄瓜多尔 WT/DS27/52	19-11-1999 欧共体 WT/DS27/53	24-03-2000 WT/DS27/ ARB/ECU	根据厄瓜多尔要求 （WT/DS27/54）于 2000年5月18日争端 解决机构会议上授权 （WT/DSB/M/80）
3	欧共体—关于肉及肉制品措施（荷尔蒙）	17-05-1999 美国 WT/DS26/19 20-05-1999 加拿大 WT/DS48/17	02-06-1999 欧共体 WT/DS26/20 WT/DS48/18	12-07-1999 WT/DS26/ARB WT/DS48/ARB	根据美国要求 （WT/DS26/21） 和加拿大要求（WT/DS48/19） 于1999年7月26日 争端解决机构会议 上授权（WT/DSB/M/65）
4	澳大利亚—影响鲑鱼进口的措施	15-07-1999 加拿大 WT/DS18/12	27-07-1999 澳大利亚 WT/DS18/13	N. A.	N. A.
5	巴西—对于航空器出口融资	10-05-2000 加拿大 WT/DS46/16	22-05-2000 巴西 WT/DS46/18	28-08-2000 WT/DS46/ARB	根据加拿大要求 （WT/DS46/25） 于2000年12月12日 争端解决机构会议 上授权（WT/DSB/M/94）
6	美国—“海外销售公司”税收待遇	17-11-2000 欧共体 WT/DS108/13	28-11-2000 美国 WT/DS108/17	30-08-2002 WT/DS108/ARB	根据欧共体要求 （WT/DS108/26） 于2003年5月7日的争端 解决机构会议上授权 （WT/DSB/M/149）
7	加拿大—影响牛奶进口及奶制品出口的措施	16-02-2001 美国 WT/DS103/17 16-02-2001 新西兰 WT/DS113/17	28-02-2001 加拿大 WT/DS103/18 WT/DS113/18	双方达成一致 （WT/DS103/33， WT/DS113/33） 仲裁于2003年 5月9日终止	
8	美国—1916年反倾销法	07-01-2002 欧共体 WT/DS136/15 07-01-2001 日本 WT/DS162/18	17-01-2002 美国 WT/DS136/16 WT/DS162/19	24-02-2004 WT/DS136/ARB	

续 表

序号	案件	专家组成立（日-月-年）	散发专家组报告（日-月-年）	通知上诉（日-月-年）	通过专家组报告（日-月-年）	散发上诉机构报告（日-月-年）	通过上诉机构报告（日-月-年）
9	美国—美国版权法第 110(5) 节	07-01-2002 欧共体 WT/DS160/19	17-01-2002 美国 WT/DS160/20	N. A.	N. A.		
10	加拿大—地区性航空器的出口信贷保证	23-05-2002 巴西 WT/DS222/7 和 Corr. 1	21-06-2002 加拿大 WT/DS222/8	17-02-2003 WT/DS222/ ARB	根据巴西要求(WT/DS222/10)于 2003 年 3 月 18 日争端解决机构会议上授权(WT/DSB/M/145)		
11	美国—2000 年持续性倾销及补贴补偿法案	15-01-2004 巴西 WT/DS217/20 智利 WT/DS217/21 欧共体 WT/DS217/22 印度 WT/DS217/23 日本 WT/DS217/24 韩国 WT/DS217/25 加拿大 WT/DS234/25 墨西哥 WT/DS234/26 和 Corr. 1	23-01-2004 美国 WT/DS217/26 WT/DS217/27 WT/DS217/28 WT/DS217/29 WT/DS217/30 WT/DS217/31 WT/DS234/27 WT/DS234/28	31-08-2004 WT/DS217/ ARB/BRA WT/DS217/ ARB/CHL WT/DS217/ ARB/EEC WT/DS217/ ARB/IND WT/DS217/ ARB/JPN WT/DS217/ ARB/KOR WT/DS234/ ARB/CAN WT/DS234/ ARB/MEX	根据巴西要求(WT/DS217/38)；欧共体(WT/DS217/39)；印度(WT/DS217/40)；日本(WT/DS217/41)；韩国(WT/DS217/42)；加拿大(WT/DS234/31)；墨西哥(WT/DS234/32)，于 2004 年 11 月 26 日在争端解决机构会议上授权(WT/DSB/M/178) 根据智利(WT/DS217/43)要求，于 2004 年 12 月 17 日在争端解决机构会议上授权(WT/DSB/M/180)		
12	日本—影响苹果进口的措施	19-07-2004 美国 WT/DS245/12	29-07-2004 日本 WT/DS245/13	双方达成一致(WT/DS245/21)仲裁于 2005 年 8 月 30 日终止			
13	美国—对来自加拿大的软木最终反补贴税决定	04-01-2005 加拿大 WT/DS257/16	13-01-2005 美国 WT/DS257/17	双方达成一致(WT/DS257/26)仲裁于 2006 年 10 月 12 日终止			
14	美国—国际贸易委员会对加拿大软木的调查	15-02-2005 加拿大 WT/DS277/9	23-02-2005 美国 WT/DS277/10	双方达成一致(WT/DS277/20)仲裁于 2006 年 10 月 12 日终止			

续 表

序号	案件	专家组成立（日-月-年）	散发专家组报告（日-月-年）	通知上诉（日-月-年）	通过专家组报告（日-月-年）	散发上诉机构报告（日-月-年）	通过上诉机构报告（日-月-年）
15	美国—对加拿大软木的最终倾销决定	19-05-2005 加拿大 WT/DS264/17	31-05-2005 美国 WT/DS264/19	双方达成一致（WT/DS264/29）仲裁于2006年10月12日终止			
16	美国—陆地棉补贴（I）	05-07-2005 巴西 WT/DS267/21	14-07-2005 美国 WT/DS267/23	31-08-2009 WT/DS267/ARB/1	根据巴西请求（WT/DS267/41）于2009年11月19日争端解决机构会议上授权（WT/DSB/M/276）		
17	美国—陆地棉补贴（II）	06-10-2005 巴西 WT/DS267/26	17-10-2005 美国 WT/DS267/27	31-08-2009 WT/DS267/ARB/2 和Corr. 1	根据巴西请求（WT/DS267/42）于2009年11月19日争端解决机构会议上授权（WT/DSB/M/276）		
18	美国—对来自阿根廷石油工业用管材的反倾销措施日落复审	21-05-2007 阿根廷 WT/DS268/24	01-06-2007 美国 WT/DS268/25				
19	美国—影响博彩业跨境交付的措施	21-06-2007 安提瓜和巴布达 WT/DS285/22	23-07-2007 美国 WT/DS285/23	21-12-2007 WT/DS285/ARB			
20	美国—与归零法和日落复审相关的措施	10-01-2008 日本 WT/DS322/23 10-01-2008 日本 WT/DS322/24	18-01-2008 美国 WT/DS322/25				
21	欧共体—影响生物科技产品审批和营销的措施	17-01-2008 美国 WT/DS291/39	06-02-2008 欧共体 WT/DS291/40				
22	美国—计算倾销幅度的法律、法规和方法（“归零法”）	29-01-2010 欧盟 WT/DS294/35 22-06-2012 WT/DS294/45（欧盟根据DSU第22.2条撤销）	12-02-2010 美国 WT/DS294/36				
23	欧盟及其部分成员国—影响大型民用航空器贸易的措施	09-12-2011 美国 WT/DS316/18	22-12-2011 欧盟 WT/DSB/M/309				
24	美国—影响大型民用航空器贸易的措施（二诉）	27-09-2012 欧盟 WT/DS353/17	22-10-2012 WT/DS353/19				
25	美国—影响丁香香烟生产和销售的措施	12-08-2013 印度尼西亚 WT/DS406/12	22-08-2013 WT/DS406/13 WT/DSB/M/335				

附录 2 1995—2013 年上诉机构受理的案件①

1. 上诉案件数量（1995—2013 年）

年份	数量	最初上诉程序	第 21.5 条上诉程序
1995	0	0	0
1996	4	4	0
1997	6	6	0
1998	8	8	0
1999	9	9	0
2000	13	11	2
2001	9	5	4
2002	7	6	1
2003	6	5	1
2004	5	5	0
2005	10	8	2
2006	5	3	2
2007	4	2	2
2008	13	10	3
2009	3	1	2
2010	3	3	0
2011	9	9	0
2012	5	5	0
2013	1	1	0
合计	120	101	19

2. 被上诉的专家组报告比率（1995—2013 年）②

批准年份	所有专家组报告			非第 21.5 条专家组报告			第 21.5 条专家组报告		
	批准的专家组报告	被上诉的专家组报告	被上诉比率（%）	批准的专家组报告	被上诉的专家组报告	被上诉比率（%）	批准的专家组报告	被上诉的专家组报告	被上诉比率（%）
1996	2	2	100	2	2	100	0	0	—
1997	5	5	100	5	5	100	0	0	—
1998	12	9	75	12	9	75	0	0	—
1999	10	7	70	9	7	78	1	0	0
2000	19	11	58	15	9	60	4	2	50
2001	17	12	71	13	9	69	4	3	75
2002	12	6	50	11	5	45	1	1	100
2003	10	7	70	8	5	63	2	2	100
2004	8	6	75	8	6	75	0	0	—
2005	20	12	60	17	11	65	3	1	33
2006	7	6	86	4	3	75	3	3	100
2007	10	5	50	6	3	50	4	2	50
2008	11	9	82	8	6	75	3	3	100
2009	8	6	75	6	4	67	2	2	100
2010	5	2	40	5	2	40	0	0	—

① 1995 年无专家组报告。

② 1995 年无专家组报告。

续 表

批准年份	所有专家组报告			非第21.5条专家组报告			第21.5条专家组报告		
	批准的专家组报告	被上诉的专家组报告	被上诉比率(%)	批准的专家组报告	被上诉的专家组报告	被上诉比率(%)	批准的专家组报告	被上诉的专家组报告	被上诉比率(%)
2011	8	5	63	8	5	63	0	0	—
2012	18	11	61	18	11	61	0	0	—
2013	4	2	50	4	2	50	0	0	—
合计	186	123	67	159	104	66	27	19	70

3. 上诉机构报告所涉及的WTO协议（1995—2013年）[①]

年份	DSU	WTO协议	GATT1994	农业	SPS	ATC	TBT	TRIMs	反倾销	进口许可证	SCM	安全保障	GATS	TRIPs
1996	0	0	2	0	0	0	0	0	0	0	0	0	0	0
1997	4	1	5	1	0	2	0	0	0	1	1	0	1	1
1998	7	1	4	1	2	0	0	0	1	1	0	0	0	0
1999	7	1	6	1	1	0	0	0	0	0	2	1	0	0
2000	8	1	7	2	0	0	0	0	2	0	5	2	1	1
2001	7	1	3	1	0	1	1	0	4	0	1	2	0	0
2002	8	2	4	3	0	0	1	0	1	0	3	1	1	1
2003	4	2	3	0	1	0	0	0	4	0	1	1	0	0
2004	2	0	5	0	0	0	0	0	2	0	1	0	0	0
2005	9	0	5	2	0	0	0	0	2	0	4	0	1	0
2006	5	0	3	0	0	0	0	0	3	0	2	0	0	0
2007	5	0	2	1	0	0	0	0	2	0	1	0	0	0
2008	8	1	9	1	2	0	0	0	3	0	3	0	0	0
2009	3	0	4	0	0	0	0	0	3	0	0	0	1	0
2010	1	0	0	0	1	0	0	0	0	0	0	0	0	0
2011	7	1	6	0	0	0	0	0	1	0	2	0	0	0
2012	9	0	7	0	0	0	4	0	1	0	2	0	0	0
2013	0	0	2	0	0	0	0	2	0	0	2	0	0	0
合计	94	11	77	13	7	3	6	2	29	2	30	7	5	3

4. 上诉案件中的参与方及第三方（1995—2013年）

（1）统计概况

WTO成员方	上诉方	其他上诉方	被上诉方	第三方	总数
安提瓜和巴布达	0	1	1	0	2
阿根廷	2	3	5	13	23
澳大利亚	2	2	6	34	44
巴林	0	0	0	1	1
巴巴多斯	0	0	0	1	1
伯利兹	0	0	0	4	4
贝宁	0	0	0	1	1
委内瑞拉	0	0	1	6	7
玻利维亚	0	0	0	1	1

① 1995年上诉。

续　表

WTO 成员方	上诉方	其他上诉方	被上诉方	第三方	总数
巴西	5	7	12	28	52
喀麦隆	0	0	0	3	3
加拿大	12	9	20	23	64
乍得	0	0	0	2	2
智利	3	0	2	12	17
中国	10	2	6	37	55
哥伦比亚	0	0	0	15	15
哥斯达黎加	1	0	0	3	4
科特迪瓦	0	0	0	4	4
古巴	0	0	0	4	4
多米尼克	0	0	0	4	4
多米尼加	1	0	1	4	6
厄瓜多尔	0	2	2	10	14
埃及	0	0	0	2	2
萨尔瓦多	0	0	0	4	4
欧盟	21	16	41	59	137
斐济	0	0	0	1	1
加纳	0	0	0	2	2
格林纳达	0	0	0	1	1
危地马拉	1	1	1	8	11
圭亚那	0	0	0	1	1
洪都拉斯	0	2	2	3	7
中国香港	0	0	0	8	8
印度	6	2	7	36	51
印度尼西亚	0	1	1	1	3
以色列	0	0	0	1	1
牙买加	0	0	0	5	5
日本	6	5	12	53	76
肯尼亚	0	0	0	1	1
韩国	3	4	6	27	40
科威特	0	0	0	1	1
马达加斯加	0	0	0	1	1
马来西亚	1	0	1	0	2
马拉维	0	0	0	1	1
毛里求斯	0	0	0	2	2
墨西哥	5	4	7	33	49
新西兰	0	3	6	13	22
尼加拉瓜	0	0	0	4	4
尼日利亚	0	0	0	1	1
挪威	0	1	1	21	23
巴基斯坦	0	0	2	3	5
巴拿马	0	0	0	3	3
巴拉圭	0	0	0	5	5
秘鲁	0	0	1	4	5
菲律宾	3	0	3	1	7
波兰	0	0	1	0	1

续 表

WTO成员方	上诉方	其他上诉方	被上诉方	第三方	总数
塞内加尔	0	0	0	1	1
圣卢西亚	0	0	0	4	4
沙特	0	0	0	7	7
圣基茨和尼维斯	0	0	0	1	1
圣文森特和格林纳丁斯	0	0	0	3	3
苏里南	0	0	0	3	3
斯威士兰	0	0	0	1	1
瑞士	0	1	1	0	2
中国台北	0	0	0	35	35
坦桑尼亚	0	0	0	1	1
泰国	3	2	5	20	30
特立尼达和多巴哥	0	0	0	1	1
土耳其	1	0	0	10	11
美国	33	21	71	32	157
越南	0	0	0	3	3
总数	119	89	225	638	1071

（2）年度详细信息

1996 年

案　件	上诉方	其他上诉方	被上诉方	第三方
美国一汽油 WT/DS2/AB/R	美国	—	巴西 委内瑞拉	欧共体 挪威
日本一含酒精饮料 II WT/DS8/AB/R WT/DS10/AB/R WT/DS11/AB/R	日本	美国	加拿大 欧共体 日本 美国	—

1997 年

案　件	上诉方	其他上诉方	被上诉方	第三方
美国一内衣裤 WT/DS24/AB/R	哥斯达黎加	—	美国	印度
巴西一可可粉 WT/DS22/AB/R	菲律宾	巴西	巴西 菲律宾	欧共体 美国
美国一羊毛衬衫及女上衣 WT/DS33/AB/R 和 Corr. 1	印度	—	美国	—
加拿大一期刊 WT/DS31/AB/R	加拿大	美国	加拿大 美国	—

续 表

案 件	上诉方	其他上诉方	被上诉方	第三方
欧共体—香蕉Ⅲ WT/DS27/AB/R	欧共体	厄瓜多尔 危地马拉 洪都拉斯 墨西哥 美国	厄瓜多尔 欧共体 危地马拉 洪都拉斯 墨西哥 美国	伯利兹 喀麦隆 哥伦比亚 哥斯达黎加 科特迪瓦 多米尼加 多米尼克 加纳 格林纳达 牙买加 日本 尼加拉瓜 圣卢西亚 圣文森特和格林纳丁斯 塞内加尔 苏里南 委内瑞拉
印度—专利权（美国） WT/DS50/AB/R	印度	—	美国	欧共体

1998 年

案 件	上诉方	其他上诉方	被上诉方	第三方
欧共体—荷尔蒙 WT/DS26/AB/R WT/DS48/AB/R	欧共体	加拿大 美国	加拿大 欧共体 美国	澳大利亚 新西兰 挪威
阿根廷—纺织品及服装 WT/DS56/AB/R	阿根廷	—	美国	欧共体
欧共体—计算机设备 WT/DS62/AB/R WT/DS67/AB/R WT/DS68/AB/R	欧共体	—	美国	日本
欧共体—家禽 WT/DS69/AB/R	巴西	欧共体	巴西 欧共体	泰国 美国
美国—虾 WT/DS58/AB/R	美国	—	印度 马来西亚 巴基斯坦 泰国	澳大利亚 厄瓜多尔 欧共体 中国香港 墨西哥 尼日利亚
澳大利亚—鲑鱼 WT/DS18/AB/R	澳大利亚	加拿大	澳大利亚 加拿大	欧共体 印度 挪威 美国
危地马拉—水泥Ⅰ WT/DS60/AB/R	危地马拉	—	墨西哥	美国

1999 年

案　件	上诉方	其他上诉方	被上诉方	第三方
韩国—含酒精饮料 WT/DS75/AB/R WT/DS84/AB/R	韩国	—	欧共体 美国	墨西哥
日本—农产品 II WT/DS76/AB/R	日本	美国	日本 美国	巴西 欧共体
巴西—航行器 WT/DS46/AB/R	巴西	加拿大	巴西 加拿大	欧共体 美国
加拿大—航行器 WT/DS70/AB/R	加拿大	巴西	巴西 加拿大	欧共体 美国
印度—数量限制 WT/DS90/AB/R	印度	—	美国	—
加拿大—奶制品 WT/DS103/AB/R WT/DS113/AB/R 和 Corr. 1	加拿大	—	新西兰 美国	—
土耳其—纺织品 WT/DS34/AB/R	土耳其	—	印度	中国香港 日本 菲律宾
智利—含酒精饮料 WT/DS87/AB/R WT/DS110/AB/R	智利	—	欧共体	墨西哥 美国
阿根廷—鞋类（欧共体） WT/DS121/AB/R	阿根廷	欧共体	阿根廷 欧共体	印度尼西亚 美国
韩国—奶制品 WT/DS98/AB/R	韩国	欧共体	韩国 欧共体	美国

2000 年

案　件	上诉人	其他上诉人	被上诉人	第三方
美国—海外销售公司 WT/DS108/AB/R	美国	欧共体	欧共体 美国	加拿大 日本
美国—热轧铅铋碳钢制品案 II WT/DS138/AB/R	美国	—	欧共体	巴西 墨西哥
加拿大—汽车 WT/DS139/AB/R	加拿大	欧共体 日本	加拿大 欧共体 日本	韩国 美国
巴西—航空器 （第 21.5 条—加拿大） WT/DS46/AB/RW	巴西	—	加拿大	欧共体 美国
加拿大—航空器 （第 21.5 条—巴西） WT/DS70/AB/RW	巴西	—	加拿大	欧共体 美国
美国—1916 年法案 WT/DS136/AB/R WT/DS162/AB/R	美国	欧共体 日本	欧共体 日本 美国	欧共体 印度 日本 墨西哥

续 表

案　件	上诉人	其他上诉人	被上诉人	第三方
加拿大一专利权保护 WT/DS170/AB/R	加拿大	—	美国	—
韩国一对牛肉的多种标准 WT/DS161/AB/R WT/DS169/AB/R	韩国	—	澳大利亚 美国	加拿大 新西兰
美国一特定欧共体产品 WT/DS165/AB/R	欧共体	美国	欧共体 美国	多米尼克 厄瓜多尔 印度 牙买加 日本 圣卢西亚
美国一麦麸 WT/DS166/AB/R	美国	欧共体	欧共体 美国	澳大利亚 加拿大 新西兰

2001 年

案　件	上诉方	其他上诉方	被上诉方	第三方
欧共体一棉质床单 WT/DS141/AB/R	欧共体	印度	欧共体 印度	埃及 日本 美国
欧共体一石棉 WT/DS135/AB/R	加拿大	欧共体	加拿大 欧共体	巴西 美国
泰国一工字梁 WT/DS122/AB/R	泰国	—	波兰	欧共体 日本 美国
美国一羔羊 WT/DS177/AB/R WT/DS178/AB/R	美国	澳大利亚 新西兰	澳大利亚 新西兰 美国	欧共体
美国一热轧钢 WT/DS184/AB/R	美国	日本	日本 美国	巴西 加拿大 智利 欧共体 韩国
美国一棉纱 WT/DS192/AB/R	美国	—	巴基斯坦	欧共体 印度
美国一虾 （第 21.5 条一马来西亚） WT/DS58/AB/RW	马来西亚	—	美国	澳大利亚 欧共体 中国香港 印度 日本 墨西哥 泰国
墨西哥一玉米浆（第 21.5 条一美国） WT/DS132/AB/RW	墨西哥	—	美国	欧共体

续　表

案　件	上诉人	其他上诉人	被上诉人	第三方
加拿大一奶制品 (第 21.5 条一新西兰和美国) WT/DS103/AB/RW WT/DS113/AB/RW	加拿大	—	新西兰 美国	欧共体

2002 年

案　件	上诉方	其他上诉方	被上诉方	第三方
美国一211 拨款法 WT/DS176/AB/R	欧共体	美国	欧共体 美国	—
美国一海外销售公司 (第 21.5 条一欧共体) WT/DS108/AB/RW	美国	欧共体	欧共体 美国	澳大利亚 加拿大 印度 日本
美国一直线管 WT/DS202/AB/R	美国	韩国	韩国 美国	澳大利亚 加拿大 欧共体 日本 墨西哥
印度一汽车 II WT/DS146/AB/R WT/DS175/AB/R	印度	—	欧共体 美国	韩国
智利一综合价格制度 WT/DS207/AB/R	智利	—	阿根廷	澳大利亚 巴西 哥伦比亚 厄瓜多尔 欧共体 巴拉圭 美国 委内瑞拉
欧共体一沙丁鱼 WT/DS231/AB/R	欧共体	—	秘鲁	加拿大 智利 厄瓜多尔 美国 委内瑞拉
美国一碳钢 WT/DS213/AB/R 和 Corr. 1	美国	欧共体	欧共体 美国	日本 挪威
美国一特定欧共体产品补偿措施 WT/DS212/AB/R	美国	—	欧共体	巴西 印度 墨西哥
加拿大一奶制品 (第 21.5 条一新西兰和美国 II) WT/DS103/AB/RW2 WT/DS113/AB/RW2	加拿大	—	新西兰 美国	阿根廷 澳大利亚 欧共体

2003 年

案　件	上诉方	其他上诉方	被上诉方	第三方
美国—抵消法案（伯德修正案） WT/DS217/AB/R WT/DS234/AB/R	美国	—	澳大利亚 巴西 加拿大 智利 欧共体 印度 印度尼西亚 日本 韩国 墨西哥 泰国	阿根廷 哥斯达黎加 中国香港 以色列 挪威
欧共体—棉质床单（第 21.5 条—印度） WT/DS141/AB/RW	印度	—	欧共体	日本 韩国 美国
欧共体—管道配件 WT/DS219/AB/R	巴西	—	欧共体	智利 日本 墨西哥 美国
美国—钢铁安全装置 WT/DS248/AB/R WT/DS249/AB/R WT/DS251/AB/R WT/DS252/AB/R WT/DS253/AB/R WT/DS254/AB/R WT/DS258/AB/R WT/DS259/AB/R	美国	巴西 中国 欧共体 日本 韩国 新西兰 挪威 瑞士	巴西 中国 欧共体 日本 韩国 新西兰 挪威 瑞士 美国	加拿大 古巴 墨西哥 中国台北 泰国 土耳其 委内瑞拉
日本—苹果 WT/DS245/AB/R	日本	美国	日本 美国	澳大利亚 巴西 欧共体 新西兰 中国台北
美国—不锈钢日落复审 WT/DS244/AB/R	日本	—	美国	巴西 智利 欧共体 印度 韩国 挪威

2004 年

案　件	上诉方	其他上诉方	被上诉方	第三方
美国—软木 IV WT/DS257/AB/R	美国	加拿大	加拿大 美国	欧共体 印度 日本

续 表

案 件	上诉方	其他上诉方	被上诉方	第三方
欧共体一歧视性关税 WT/DS246/AB/R	欧共体	—	印度	玻利维亚 巴西 哥伦比亚 哥斯达黎加 古巴 厄瓜多尔 萨尔瓦多 危地马拉 洪都拉斯 毛里求斯 尼加拉瓜 巴基斯坦 巴拿马 巴拉圭 秘鲁 美国 委内瑞拉
美国一软木 V WT/DS264/AB/R	美国	加拿大	加拿大 美国	欧共体 印度 日本
加拿大一小麦出口和谷物进口 WT/DS276/AB/R	美国	加拿大	加拿大 美国	澳大利亚 中国 欧共体 墨西哥 中国台北
美国一石油国家工业用管材日落复审 WT/DS268/AB/R	美国	阿根廷	阿根廷 美国	欧共体 日本 韩国 墨西哥 中国台北

2005 年

案 件	上诉方	其他上诉方	被上诉方	第三方
美国一细绒棉 WT/DS267/AB/R	美国	巴西	巴西 美国	阿根廷 澳大利亚 贝宁 加拿大 乍得 中国 欧共体 印度 新西兰 巴基斯坦 巴拉圭 中国台北 委内瑞拉

续 表

案 件	上诉方	其他上诉方	被上诉方	第三方
美国一博彩业 WT/DS285/AB/R 和 Corr. 1	美国	安提瓜和巴布达	安提瓜和巴布达 美国	加拿大 欧共体 日本 墨西哥 中国台北
欧共体一糖类 出口补贴 WT/DS265/AB/R WT/DS266/AB/R WT/DS283/AB/R	欧共体	澳大利亚 巴西 泰国	澳大利亚 巴西 欧共体 泰国	巴巴多斯 伯利兹 加拿大 中国 哥伦比亚 科特迪瓦 古巴 斐济 圭亚纳 印度 牙买加 肯尼亚 马达加斯加 马拉维 毛里求斯 新西兰 巴拉圭 圣基茨和尼维斯 瑞士 坦桑尼亚 特立尼达和多巴哥 美国
多米尼加一烟草进口和销售 WT/DS302/AB/R	多米尼加	洪都拉斯	多米尼加 洪都拉斯	中国 萨尔瓦多 欧共体 危地马拉 美国
美国一对计算机动态随机存取存储器芯片反补贴税调查案 WT/DS296/AB/R	美国	韩国	韩国 美国	中国 欧共体 日本 中国台北
欧共体一鸡块 WT/DS269/AB/R WT/DS286/AB/R 和 Corr. 1	欧共体	巴西 泰国	巴西 欧共体 泰国	中国 美国
墨西哥一稻米反倾销措施 WT/DS295/AB/R	墨西哥	—	美国	中国 欧共体
美国一石油工业用管材反倾销措施 WT/DS282/AB/R	墨西哥	美国	墨西哥 美国	阿根廷 加拿大 中国 欧共体 日本 中国台北

续　表

案　件	上诉方	其他上诉方	被上诉方	第三方
美国—软木 IV （第 21.5 条—加拿大） WT/DS257/AB/RW	美国	加拿大	加拿大 美国	中国 欧共体

2006 年

案　件	上诉方	其他上诉方	被上诉方	第三方
美国—海外销售公司 （第 21.5 条—欧共体 II） WT/DS108/AB/RW2	美国	欧共体	欧共体 美国	澳大利亚 巴西 中国
墨西哥　不含酒精饮料税 WT/DS308/AB/R	墨西哥	—	美国	加拿大 中国 欧共体 危地马拉 日本
美国—软木 VI （第 21.5 条—加拿大） WT/DS277/AB/RW 和 Corr. 1	加拿大	—	美国	中国 欧共体
美国—归零法（欧共体） WT/DS294/AB/R 和 Corr. 1	欧共体	美国	美国 欧共体	阿根廷 巴西 中国 中国香港 印度 日本 韩国 墨西哥 挪威 中国台北
美国—软木 V （第 21.5 条—加拿大） WT/DS264/AB/RW	加拿大	—	美国	中国 欧共体 印度 日本 新西兰 泰国
欧共体—特定海关事项案 WT/DS315/AB/R	美国	欧共体	欧共体 美国	阿根廷 澳大利亚 巴西 中国 中国香港 印度 日本 韩国 中国台北

2007 年

案　件	上诉方	其他上诉方	被上诉方	第三方
美国一归零法（日本） WT/DS322/AB/R	日本	美国	美国 日本	阿根廷 中国 欧共体 中国香港 印度 韩国 墨西哥 新西兰 挪威 泰国
美国一石油工业用管材日落复审（第 21.5 条一阿根廷） WT/DS268/AB/RW	美国	阿根廷	阿根廷 美国	中国 欧共体 日本 韩国 墨西哥
智利一价格综合制度（第 21.5 条一阿根廷）WT/DS207/AB/RW	智利	阿根廷	阿根廷 智利	澳大利亚 巴西 加拿大 中国 哥伦比亚 欧共体 秘鲁 泰国 美国
日本一计算机动态随机存取存储器芯片（韩国） WT/DS336/AB/R 和 Corr. 1	日本	韩国	韩国 日本	欧共体 美国
巴西一翻新轮胎 WT/DS332/AB/R	欧共体	—	巴西	阿根廷 澳大利亚 中国 古巴 危地马拉 日本 韩国 墨西哥 巴拉圭 中国台北 泰国 美国

2008 年

案　件	上诉方	其他上诉方	被上诉方	第三方
美国一不锈钢（墨西哥） WT/DS344/AB/R	墨西哥	—	美国	智利 中国 欧共体 日本 泰国

续 表

案 件	上诉方	其他上诉方	被上诉方	第三方
美国一高地棉（第21.5条一巴西）WT/DS267/AB/RW	美国	巴西	巴西 美国	阿根廷 澳大利亚 加拿大 乍得 中国 欧共体 印度 日本 新西兰 泰国
美国一虾（泰国）WT/DS343/AB/R	泰国	美国	美国 泰国	巴西 智利 中国 欧共体 印度 日本 韩国 墨西哥 越南
美国一海关保税指令 WT/DS345/AB/R	印度	美国	美国 印度	巴西 中国 欧共体 日本 泰国
美国一要求取消报复措施 WT/DS320/AB/R	欧共体	美国	美国 欧共体	澳大利亚 巴西 中国 印度 墨西哥 新西兰 挪威 中国台北
加拿大一要求取消报复措施 WT/DS321/AB/R	欧共体	加拿大	加拿大 欧共体	澳大利亚 巴西 中国 印度 墨西哥 新西兰 挪威 中国台北
印度一进口附加税 WT/DS360/AB/R	美国	印度	印度 美国	澳大利亚 智利 欧共体 日本 越南

续 表

案 件	上诉方	其他上诉方	被上诉方	第三方
欧共体一香蕉Ⅲ（第 21.5 条一厄瓜多尔 II） WT/DS27/AB/RW2/ECU 和 Corr. 1	欧共体	厄瓜多尔	厄瓜多尔 欧共体	伯利兹 巴西 喀麦隆 哥伦比亚 科特迪瓦 多米尼克 多米尼加 加纳 牙买加 日本 尼加拉瓜 巴拿马 圣卢西亚 圣文森特和格林纳丁斯 苏里南 美国
欧共体一香蕉Ⅲ （第 21.5 条一美国） WT/DS27/AB/RW/USA 和 Corr. 1	欧共体	—	美国	伯利兹 巴西 喀麦隆 哥伦比亚 科特迪瓦 多米尼克 多米尼加 厄瓜多尔 牙买加 日本 墨西哥 尼加拉瓜 巴拿马 圣卢西亚 圣文森特和格林纳丁斯 苏里南
中国一汽车零部件（欧共体） WT/DS339/AB/R	中国	—	欧共体	阿根廷 澳大利亚 巴西 日本 墨西哥 中国台北 泰国
中国一汽车零部件（美国） WT/DS340/AB/R	中国	—	美国	阿根廷 澳大利亚 巴西 日本 墨西哥 中国台北 泰国

续 表

案　件	上诉方	其他上诉方	被上诉方	第三方
中国一汽车零部件（加拿大） WT/DS342/AB/R	中国	—	加拿大	阿根廷 澳大利亚 巴西 日本 墨西哥 中国台北 泰国

2009 年

案　件	上诉方	其他上诉方	被上诉方	第三方
美国一归零法 WT/DS350/AB/R	欧共体	美国	欧共体 美国	巴西 中国 埃及 印度 日本 韩国 墨西哥 挪威 中国台北 泰国
美国一归零法（欧共体） （第 21.5 条一欧共体） WT/DS294/AB/RW 和 Corr. 1	欧共体	美国	欧共体 美国	印度 日本 韩国 墨西哥 挪威 中国台北 泰国
美国一归零法（日本） （第 21.5 条一日本） WT/DS322/AB/RW	美国	—	日本	中国 欧共体 中国香港 韩国 墨西哥 挪威 中国台北 泰国
中国一出版物和视听产品 WT/DS363/AB/R	中国	美国	中国 美国	澳大利亚 欧共体 日本 韩国 中国台北

2010 年

案　件	上诉方	其他上诉方	被上诉方	第三方
澳大利亚一苹果 WT/DS367/AB/R	澳大利亚	新西兰	新西兰 澳大利亚	智利 欧盟 日本 巴基斯坦 中国台北 美国

2011 年

案　件	上诉方	其他上诉方	被上诉方	第三方
美国—反倾销和反补贴税（中国） WT/DS379/AB/R	中国	—	美国	阿根廷 澳大利亚 巴林 巴西 加拿大 欧盟 印度 日本 科威特 墨西哥 挪威 沙特 中国台北 土耳其
欧盟及其部分成员国—大型民用航空器 WT/DS316/AB/R	欧盟	美国	美国 欧盟	澳大利亚 巴西 加拿大 中国 日本 韩国
泰国—香烟（菲律宾） WT/DS371/AB/R	泰国	—	菲律宾	澳大利亚 中国 欧盟 印度 中国台北 美国
欧共体—坚固件（中国） WT/DS397/AB/R	欧盟	中国	中国 欧盟	巴西 加拿大 智利 哥伦比亚 印度 日本 挪威 中国台北 泰国 土耳其 美国
美国—轮胎（中国） WT/DS399/AB/R	中国	—	美国	欧盟 日本 中国台北 土耳其 越南
菲律宾—蒸馏酒精（欧盟） WT/DS396/AB/R	菲律宾	欧盟	欧盟 菲律宾	澳大利亚 中国 印度 墨西哥 中国台北 泰国

续 表

案 件	上诉方	其他上诉方	被上诉方	第三方
菲律宾—蒸馏酒精（美国） WT/DS403/AB/R	菲律宾	—	美国	澳大利亚 中国 哥伦比亚 印度 墨西哥 中国台北 泰国

2012年

案 件	上诉方	其他上诉方	被上诉方	第三方
中国—原材料（美国） WT/DS394/AB/R	中国	美国	中国 美国	阿根廷 巴西 加拿大 智利 哥伦比亚 厄瓜多尔 印度 日本 韩国 挪威 沙特 中国台北 土耳其
中国—原材料（欧盟） WT/DS395/AB/R	中国	欧盟	中国 欧盟	阿根廷 巴西 加拿大 智利 哥伦比亚 厄瓜多尔 印度 日本 韩国 挪威 沙特 中国台北 土耳其
中国—原材料（墨西哥） WT/DS398/AB/R	中国	墨西哥	中国 墨西哥	阿根廷 巴西 加拿大 智利 哥伦比亚 厄瓜多尔 印度 日本 韩国 挪威 沙特 中国台北 土耳其

续 表

案 件	上诉方	其他上诉方	被上诉方	第三方
美国一大型民用航空器（2 诉） WT/DS353/AB/R	欧盟	美国	美国 欧盟	澳大利亚 巴西 加拿大 中国 日本 韩国
美国一丁香香烟 WT/DS406/AB/R	美国	—	印度尼西亚	巴西 哥伦比亚 多米尼加 欧盟 危地马拉 墨西哥 挪威 土耳其
美国一原产地标签（墨西哥） WT/DS386/AB/R	美国	墨西哥	墨西哥 美国	阿根廷 澳大利亚 巴西 中国 哥伦比亚 欧盟 危地马拉 印度 日本 韩国 新西兰 秘鲁 中国台北
中国一取向电工钢 WT/DS414/AB/R	中国	—	美国	阿根廷 欧盟 洪都拉斯 印度 日本 韩国 沙特 越南
美国一金枪鱼 II（墨西哥） WT/DS381/AB/R	美国	墨西哥	墨西哥 美国	阿根廷 澳大利亚 巴西 加拿大 中国 厄瓜多尔 危地马拉 日本 韩国 新西兰 中国台北 泰国 土耳其 委内瑞拉

续　表

案　件	上诉方	其他上诉方	被上诉方	第三方
美国—原产地标签（加拿大） WT/DS384/AB/R	美国	加拿大	加拿大 美国	阿根廷 澳大利亚 巴西 中国 哥伦比亚 欧盟 危地马拉 印度 日本 韩国 新西兰 秘鲁 中国台北
美国—原产地标签（墨西哥） WT/DS386/AB/R	美国	墨西哥	墨西哥 美国	阿根廷 澳大利亚 巴西 中国 哥伦比亚 欧盟 危地马拉 印度 日本 韩国 新西兰 秘鲁 中国台北
中国—取向电工钢 WT/DS414/AB/R	中国	—	美国	阿根廷 欧盟 洪都拉斯 印度 日本 韩国 沙特 越南

2013 年

案　件	上诉方	其他上诉方	被上诉方	第三方
加拿大—影响可再生能源部门的措施 WT/DS412/AB/R	加拿大	日本	日本 加拿大	澳大利亚 巴西 中国 萨尔瓦多 欧盟 洪都拉斯 印度 韩国 墨西哥 挪威 沙特 中国台北 美国

续 表

案　件	上诉方	其他上诉方	被上诉方	第三方
加拿大一有关上网电价补贴措施 WT/DS426/AB/R	加拿大	欧盟	欧盟 加拿大	澳大利亚 巴西 中国 萨尔瓦多 印度 日本 韩国 墨西哥 挪威沙特 中国台北 土耳其 美国

5. WTO 争端解决报告及裁决（1995—2011 年）

简要标题	案件标题全称及出处
阿根廷一陶瓷	专家组报告，阿根廷一对于从意大利进口地板瓷砖的明确反倾销措施，WT/DS189/R，2001 年 11 月 5 日通过，DSR2001：XII，6241
阿根廷一鞋类（欧共体）	上诉机构报告，阿根廷一鞋类进口安全标准措施，WT/DS121/AB/R，2000 年 1 月 12 日通过，DSR2000：I，515
阿根廷一鞋类（欧共体）	专家组报告，阿根廷一鞋类进口安全标准措施，WT/DS121/R，2000 年 1 月 12 日通过，上诉机构报告修改，WT/DS121/AB/R，DSR2000：II，575
阿根廷一皮革	专家组报告，阿根廷一影响牛皮出口及成皮进口措施，WT/DS155/R 和 Corr. 1，2001 年 2 月 16 日通过，DSR2001：V，1779
阿根廷一皮革〔第 21.3（c）条〕	仲裁决议，阿根廷一影响牛皮出口及成皮进口措施一在 DSU 第 21.3（c）条下的仲裁，WT/DS155/10，2001 年 8 月 31 日，DSR2001：XII，6013
阿根廷一家禽反倾销税	专家组报告，阿根廷一对来自巴西家禽的明确反倾销措施，WT/DS241/R，2003 年 5 月 19 日通过 DSR2003：V，1727
阿根廷一桃脯	专家组报告，阿根廷一对进口桃脯的明确保障措施，WT/DS238/R，2003 年 4 月 15 日通过，DSR2003：Ⅲ，1037
阿根廷一纺织品及服装	上诉机构报告，阿根廷一影响鞋类、纺织品、服装和其他项目的进口措施，WT/DS56/AB/R 和 Corr. 1，1998 年 4 月 22 日通过，DSR1998：Ⅲ，1003
阿根廷一纺织品及服装	专家组报告，阿根廷一影响鞋类、纺织品、服装和其他项目的进口措施，WT/DS56/R，1998 年 4 月 22 日通过，上诉机构报告修改，WT/DS56/AB/R，DSR1998：Ⅲ，1033
澳大利亚一苹果	上诉机构报告，澳大利亚一影响自新西兰苹果进口的措施，WT/DS367/AB/R，2010 年 12 月 17 日通过，DSR2010：V，2175
澳大利亚一苹果	专家组报告，澳大利亚一影响自新西兰苹果进口的措施，WT/DS367/R，2010 年 12 月 17 日通过，上诉机构报告修改，WT/DS367/AB/R，DSR2010：VI，2371
澳大利亚一汽车皮革 II	专家组报告，澳大利亚一对汽车皮革生产商及出口商的补贴，WT/DS126/R，1999 年 6 月 16 日，DSR1999：Ⅲ，951
澳大利亚一汽车皮革 II（第 21.5 条一美国）	专家组报告，澳大利亚一对汽车皮革生产商及出口商的补贴一根据 DSU 第 21.5 条，WT/DS126/RW 和 Corr. 1，通过 2000 年 2 月 11 日通过，DSR2000：Ⅲ，1189

续 表

简要标题	案件标题全称及出处
澳大利亚—鲑鱼	上诉机构报告，澳大利亚—影响鲑鱼进口措施，WT/DS18/AB/R，1998年11月6日通过，DSR1998：Ⅷ，3327
澳大利亚—鲑鱼	专家组报告，澳大利亚—影响鲑鱼进口措施，WT/DS18/R和Corr.1，1998年11月6日通过，上诉机构报告修改，WT/DS18/AB/R，DSR1998：Ⅷ，3407
澳大利亚—鲑鱼〔第21.3（c）条〕	仲裁决议，澳大利亚—影响鲑鱼进口措施—第21.3（c）条下的仲裁，WT/DS18/9，1999年2月23日，DSR1999：Ⅰ，267
澳大利亚—鲑鱼（第21.5条—加拿大）	专家组报告，澳大利亚—影响鲑鱼进口措施—根据加拿大DSU第21.5条，WT/DS18/RW，2000年3月20日通过，DSR2000：Ⅳ，2031
巴西—民用航空器	上诉机构报告，巴西—民用航空器出口资助计划，WT/DS46/AB/R，1999年8月20日通过，DSR1999：Ⅲ，1161
巴西—民用航空器	专家组报告，巴西—民用航空器出口补贴计划，1999年8月20日通过，上诉机构报告修改，WT/DS46/AB/R，DSR1999：Ⅲ，1221
巴西—民用航空器（第21.5条—加拿大）	上诉机构报告，巴西—民用航空器出口补贴计划—加拿大引用DSU第21.5条，WT/DS46/AB/RW，2000年8月4日通过，DSR2000：Ⅷ，4067
巴西—民用航空器（第21.5条—加拿大）	专家组报告，巴西—民用航空器出口补贴计划—加拿大引用DSU第21.5条，WT/DS46/RW，2000年8月4日，上诉机构报告修改，WT/DS46/AB/RW，DSR2000：Ⅸ，4093
巴西—民用航空器（第21.5条—加拿大Ⅱ）	专家组报告，巴西—民用航空器出口补贴计划—加拿大再次引用DSU第21.5条，WT/DS46/RW/2，2001年8月23日通过，DSR2001：Ⅹ，5481
巴西—民用航空器（第22.6条—巴西）	仲裁决定，巴西—民用航空器出口补贴计划—巴西根据DSU第22.6条及SCM协议第4.11条提出仲裁，WT/DS46/ARB，2000年8月28日，DSR2002：Ⅰ，19
巴西—可可粉	上诉机构报告，巴西—影响可可粉措施WT/DS22/AB/R，1997年3月20日通过，DSR1997：Ⅰ，167
巴西—可可粉	专家组报告，巴西—影响可可粉措施，WT/DS22/R，1997年3月20日通过，得到上诉机构报告支持，WT/DS22/AB/R，DSR1997：Ⅰ，189
巴西—翻新轮胎	上诉机构报告，巴西—影响翻新轮胎进口的措施，WT/DS332/AB/R，2007年12月17日通过，DSR2007：Ⅳ，1527
巴西—翻新轮胎	专家组报告，巴西—影响翻新轮胎进口的措施，WT/DS332/R，2007年12月17日通过，上诉机构报告修改，WT/DS332/AB/R，DSR2007：Ⅴ，1649
巴西—翻新轮胎（第21.3（c）条）	仲裁决定，巴西—影响翻新轮胎进口的措施—DSU第21.3（c）条下的仲裁，WT/DS332/16，2008年8月29日，DSR2008：ⅩⅩ，8581
加拿大—民用航空器	上诉机构报告，加拿大—影响民用航空器出口措施，WT/DS70/AB/R，1999年8月20日通过，DSR1999：Ⅲ，1377
加拿大—民用航空器	专家组报告，加拿大—影响民用航空器出口措施，WT/DS70/R，1999年8月20日通过，得到上诉机构报告支持，WT/DS70/AB/R，DSR1999：Ⅳ，1443
加拿大—民用航空器（第21.5条—巴西）	上诉机构报告，加拿大—影响民用航空器出口措施—巴西引用DSU第21.5条，WT/DS70/AB/RW，2000年8月4日通过，DSR2000：Ⅸ，4299
加拿大—民用航空器（第21.5条—巴西）	专家组报告，加拿大—影响民用航空器出口措施—巴西引用DSU第21.5条，WT/DS70/RW，2000年8月4日通过，上诉机构报告修改，WT/DS70/AB/RW，DSR2000：Ⅸ，4315
加拿大—民用航空器信贷保证	专家组报告，加拿大—地区民用航空器出口信贷保证，WT/DS222/R和Corr.1，2002年2月19日，DSR2002：Ⅲ，849

续 表

简要标题	案件标题全称及出处
加拿大—民用航空器信贷保证（第 22.6 条—加拿大）	仲裁决定，加拿大—地区民用航空器出口信贷保证—加拿大引用 DSU 第 22.6 条，SCM 协议第 4.11 条，WT/DS222/ARB，2003 年 2 月 17 日，DSR2003：Ⅲ，1187
加拿大—汽车	上诉机构报告，加拿大—影响汽车工业特定措施，WT/DS139/AB/R，WT/DS142/AB/R，2000 年 6 月 19 日通过，DSR2000：VI，2985
加拿大—汽车	专家组报告，加拿大—影响汽车工业特定措施，WT/DS139/R，WT/DS142/R，2000 年 6 月 19 日，上诉机构报告修改，WT/DS139/AB/R，WT/DS142/AB/R，DSR2000：VII，3043
加拿大—汽车〔第 21.3（c）条〕	仲裁决定，加拿大—影响汽车工业特定措施—DSU 第 21.3（c）条下的仲裁 WT/DS139/12，WT/DS142/12，2000 年 10 月 4 日，DSR2000：X，5079
加拿大—要求取消报复措施	上诉机构报告，加拿大—欧共体要求取消报复措施—荷尔蒙争端，WT/DS321/AB/R，2008 年 11 月 14 日通过，DSR2008：XIV，5373
加拿大—要求取消报复措施	专家组报告，加拿大—欧共体要求取消报复措施—荷尔蒙争端，WT/DS321/AB/R，2008 年 11 月 14 日通过，上诉机构报告修改，WT/DS321/AB/R，DSR2008：XV，5757—DSR2008：XVII，6717
加拿大—奶制品	上诉机构报告，加拿大—影响牛奶进口及奶制品出口的措施，WT/DS103/AB/R，WT/DS113/AB/R 及 Corr.1，引自 1999 年 10 月 27 日 DSR1999：V，2057
加拿大—奶制品	专家组报告，加拿大—影响牛奶进口及奶制品出口的措施，WT/DS103/R，WT/DS113/R，1999 年 10 月 27 日通过，上诉机构报告修改，WT/DS103/AB/R，WT/DS113/AB/R，DSR1999：VI，2097
加拿大—奶制品（第 21.5 条—新西兰和美国）	上诉机构报告，加拿大—影响牛奶进口及奶制品出口的措施—新西兰和美国引用 DSU 第 21.5 条，WT/DS103/AB/RW，WT/DS113/AB/RW，2001 年 12 月 18 日通过，DSR2001：XIII，6829
加拿大—奶制品（第 21.5 条—新西兰和美国）	专家组报告，加拿大—影响牛奶进口及奶制品出口的措施—新西兰和美国引用 DSU 第 21.5 条，WT/DS103/RW，WT/DS113/RW，2001 年 12 月 18 日通过，上诉机构报告驳回，WT/DS103/AB/RW，WT/DS113/AB/RW，DSR2001：XIII，6865
加拿大—奶制品（第 21.5 条—新西兰和美国 II）	上诉机构报告，加拿大—影响牛奶进口及奶制品出口的措施—新西兰和美国引用 DSU 第 21.5 条，WT/DS103/AB/RW2，WT/DS113/AB/RW2，2003 年 1 月 17 日通过，DSR2003：I，213
加拿大—奶制品（第 21.5 条—新西兰和美国 II）	专家组报告，加拿大—影响牛奶进口及奶制品出口的措施—新西兰和美国引用 DSU 第 21.5 条，WT/DS103/RW2，WT/DS113/RW2，2003 年 1 月 17 日通过，上诉机构报告修改，WT/DS103/AB/RW2，WT/DS113/AB/RW2，DSR2003：I，255
加拿大—专利条款	上诉机构报告，加拿大—专利保护条款，WT/DS170/AB/R，2000 年 10 月 12 日通过，DSR2000：X，5093
加拿大—上网电价计划	专家组报告，加拿大—有关上网电价计划，WT/DS426/R 和 Add.1，2012 年 12 月 19 日在 WTO 成员中散发【上诉中】
加拿大—专利条款	专家组报告，加拿大—专利保护条款，WT/DS170/R，2000 年 10 月 12 日通过，得到上诉机构报告支持，WT/DS170/AB/R，DSR2000：XI，5121
加拿大—专利条款〔第 21.3（c）条〕	仲裁决定，加拿大—专利保护条款—DSU 第 21.3（c）条下仲裁，WT/DS170/10，2001 年 2 月 28 日，DSR2001：V，2031
加拿大—杂志	上诉机构报告，加拿大—相关杂志特定措施，WT/DS31/AB/R，1997 年 7 月 30 日通过，DSR1997：I，449
加拿大—杂志	专家组报告，加拿大—相关杂志特定措施，WT/DS31/R 和 Corr.1，1997 年 7 月 30 日通过，上诉机构报告修改，WT/DS31/AB/R，DSR1997：I，481

续 表

简要标题	案件标题全称及出处
加拿大一药品专利	专家组报告，加拿大一药品专利保护，WT/DS114/R，2000 年 4 月 7 日通过，DSR2000：V，2289
加拿大一药品专利〔第 21.3（c）条〕	仲裁决定，加拿大一药品专利保护一根据 DSU 第 21.3（c）进行的仲裁，WT/DS114/13，2000 年 8 月 18 日，DSR2002：I，3
加拿大一可再生能源/加拿大一影响上网电价补贴的措施	上诉机构报告，加拿大一影响可再生能源生产部门的措施/加拿大一影响上网电价补贴的措施，WT/DS412/R/WT/DS426/R，2013 年 5 月 24 日通过
加拿大一可再生能源/加拿大一影响上网电价补贴的措施	专家组报告，加拿大一影响可再生能源生产部门的措施/加拿大一影响上网电价补贴的措施，WT/DS412/R/WT/DS426/R/和 Add. 1，2013 年 5 月 24 日通过，上诉机构报告修正，WT/DS412/AB/R/WT/DS426/AB/R
加拿大一小麦出口和谷物进口	上诉机构报告，加拿大一小麦出口和谷物进口措施，WT/DS276/AB/R，2004 年 9 月 27 日通过，DSR2004：VI，2739
加拿大一小麦出口和谷物进口	专家组报告，加拿大一小麦出口和谷物进口措施，WT/DS276/R，2004 年 9 月 27 日通过，得到上诉机构报告支持，WT/DS276/AB/R，DSR2004：VI，2817
智利一酒精饮料	上诉机构报告，智利一酒精饮料税，WT/DS87/AB/R，WT/DS110/AB/R，2000 年 1 月 12 日通过，DSR2000：I，281
智利一酒精饮料	专家组报告，智利一酒精饮料税，WT/DS87/R，WT/DS110/R，2000 年 1 月 12 日通过，上诉机构报告修改，WT/DS87/AB/R，WT/DS110/AB/R，DSR2000：I，303
智利一酒精饮料〔第 21.3（c）条〕	仲裁决定，智利一酒精饮料税一在 DSU 第 21.3（c）条下仲裁，WT/DS87/15，WT/DS110/14，2000 年 5 月 23 日，DSR2000：V，2583
智利一综合价格制度	上诉机构报告，智利一与特定农产品有关的综合价格制度和保障措施 WT/DS207/AB/R，2002 年 10 月 23 日通过，DSR2002：Ⅷ，3045 (Corr. 1，DSR2006：XII，5473)
智利一综合价格制度	专家组报告，智利一与特定农产品有关的综合价格制度和保障措施，WT/DS207/R，2002 年 10 月 23 日通过，上诉机构报告修改，WT/DS207AB/R，DSR2002：Ⅷ，3127
智利一综合价格制度〔第 21.3（c）条〕	仲裁决定，智利一与特定农产品有关的综合价格制度和保障措施一在 DSU 第 21.3（c）条下仲裁，WT/DS207/13，2003 年 3 月 17 日，DSR2003：Ⅲ，1237
智利一综合价格制度（第 21.5 条一阿根廷）	上诉机构报告，智利一与特定农产品有关的综合价格制度和保障措施一阿根廷引自 DSU 第 21.5 条，WT/DS207/RW，2007 年 5 月 22 日通过，DSR2007：II，513
智利一综合价格制度（第 21.5 条一阿根廷）	专家组报告，智利一与特定农产品有关的综合价格制度和保障措施一阿根廷引自 DSU 第 21.5 条，WT/DS207/RW 和 Corr. 1，2007 年 5 月 22 日通过，得到上诉机构报告的支持，WT/DS207/AB/RW，DSR2007：IIIII，613
中国一汽车零部件	上诉机构报告，中国一影响汽车零部件进口的措施，T/DS339/AB/R，WT/DS340/AB/R，WT/DS342/AB/R，2009 年 1 月 12 日通过，DSR2009：I，3
中国一汽车零部件	专家组报告，中国一影响汽车零部件进口的措施，WT/DS339/R，WT/DS340/R，WT/DS342/R 和 Add. 1 和 Add. 2，2009 年 1 月 12 日通过，得到 (WT/DS339/R) 支持，由上诉机构报告 WT/DS339/AB/R，WT/DS340/AB/R，WT/DS342/AB/R，DSR2009：I，119 一 DSR2009：II，625 修订 (WT/DS340/R/WT/DS342/R)
中国一电子支付服务	专家组报告，中国一影响电子支付服务的措施，WT/DS413/R，2012 年 8 月 31 日通过

续 表

简要标题	案件标题全称及出处
中国一肉鸡产品	专家组报告，中国一对自美国的白羽肉鸡产品采取反倾销和反补贴措施，WT/DS427/R 和 Add. 1，2013 年 9 月 25 日通过
中国一取向电工钢	上诉机构报告，对自美国进口的取向电工钢征收反补贴税和反倾销税，WT/DS414/AB/R，2012 年 11 月 16 日通过
中国一取向电工钢	专家组报告，对自美国进口的取向电工钢征收反补贴税和反倾销税，WT/DS414/R，2012 年 11 月 16 日通过，上诉机构报告 WT/DS414/AB/R 支持
中国一取向电工钢〔第 21. 3（c）条〕	仲裁裁决，中国—对自美国进口的取向电工钢征收反补贴税和反倾销税—在 DSU 第 21. 3（c）条下的仲裁，WT/DS414/12，2013 年 5 月 3 日
中国一知识产权	专家组报告，中国一影响知识产权保护和执法的措施，WT/DS362/R，2009 年 3 月 20 日通过，DSR2009：V，2097
中国一出版物和视听产品	上诉机构报告，中国一影响特定出版物和视听产品贸易和分销权的措施，WT/DS363/AB/R，2010 年 1 月 19 日通过，DSR2010：I，3
中国一出版物和视听产品	专家组报告，中国一影响特定出版物和视听产品贸易和分销权的措施，WT/DS363/R 和 Corr. 1，2010 年 1 月 19 日通过，上诉机构报告修改，WT/DS363/AB/R，DSR2010：II，261
中国一原材料出口	上诉报告，中国一不同原材料的出口措施，WT/DS394/R，WT/DS395/R，WT/DS398/R，2012 年 2 月 22 日通过
中国一原材料出口	专家组报告，中国一不同原材料的出口措施，WT/DS394/R/WT/DS395/R/WT/DS398/R/和 Corr. 1，2012 年 2 月 22 日通过，上诉机构执行修订，WT/DS394/AB/R/WT/DS395/AB/R/WT/DS398/AB/R
中国一X 射线设备	专家组报告，中国一对从欧盟进口的 X 射线安全检查设备征收最终反倾销税，WT/DS425/R 和 Add. 1，2013 年 4 月 24 日通过
哥伦比亚一港口入境	专家组报告，哥伦比亚一对港口入境的价格限制要求，WT/DS366/R 和 Corr. 1，2009 年 5 月 20 日通过，DSR2009：VI，2535
哥伦比亚一港口入境〔第 21. 3（c）条〕	仲裁报告，哥伦比亚一对港口入境的价格限制要求，在 DSU 第 21. 3（c）条下的仲裁，WT/DS366/13，2009 年 10 月 2 日，DSR2009：IX，3819
多米尼加一香烟的进口和销售	上诉机构报告，多米尼加一影响香烟进口及国内销售的措施，WT/DS302/AB/R，2005 年 5 月 19 日通过，DSR2005：XV，7367
多米尼加一香烟的进口和销售	专家组报告，多米尼加一影响香烟进口及国内销售的措施，WT/DS302/R，2005 年 5 月 19 日通过，上诉机构报告修改，WT/DS302/AB/R，DSR2005：XV，7425
多米尼加一香烟的进口和销售〔第 21. 3（c）条〕	仲裁报告，多米尼加一影响香烟进口及国内销售的措施一在 DSU 第 21. 3（c）条下的仲裁 WT/DS302/17，2005 年 8 月 29 日，DSR2005：XXIII，11665
多米尼加一保障措施	专家组报告，多米尼加一聚丙烯管状织物包装袋进口的保障措施，WT/DS415/R，WT/DS416/R，WT/DS417/R，WT/DS418/R，2012 年 2 月 22 日通过
欧共体一科托努协议	仲裁决定，欧共体一科托努协议一根据 2001 年 11 月 14 日决定提请仲裁，WT/L/616，2005 年 8 月 1 日，DSR2005：XXIII，11669
欧共体一科托努协议 II	仲裁决定，欧共体一科托努协议一根据 2001 年 11 月 14 日决定提请仲裁，WT/L/625，2005 年 10 月 27 日，DSR2005：XXIII，11703
欧共体一生物科技产品批准及营销	专家组报告，欧共体一影响生物科技产品批准及营销的措施，WT/DS291/R，WT/DS292/R，WT/DS293/R，Corr. 1 和 Add. 1，2，3，4，5，6，7，8 和 9，2006 年 11 月 21 日通过，DSR2006：Ⅲ，Ⅷ，847
欧共体一石棉	上诉机构报告，欧共体一影响石棉及含石棉产品的措施，WT/DS135/AB/R，2001 年 4 月 5 日通过，DSR2001：VII，3243

续 表

简要标题	案件标题全称及出处
欧共体一石棉	专家组报告，欧共体一影响石棉及含石棉产品的措施，WT/DS135/R 和 Add. 1， 2001年4月5日通过，上诉机构报告修改，WT/DS135/AB/R，DSR2001：Ⅷ，3305
欧共体一香蕉Ⅲ	上诉机构报告，欧共体一香蕉进口、销售及分销区域，WT/DS27/AB/R，1997年9月25日通过，DSR1997：II，591
欧共体一香蕉Ⅲ（厄瓜多尔）	专家组报告，欧共体一香蕉进口、销售及分销区域，厄瓜多尔提出上诉，WT/DS27/R/ECU，1997年9月25日通过，上诉机构报告修改，WT/DS27/AB/R，DSR1997：Ⅲ，1085
欧共体一香蕉Ⅲ（危地马拉和洪都拉斯）	专家组报告，欧共体一香蕉进口、销售及分销区域，危地马拉和洪都拉斯上诉，WT/DS27/R/GTM，WT/DS27/R/HND，1997年9月25日通过，上诉机构报告修改，WT/DS27/AB/R，DSR1997：II，695
欧共体一香蕉Ⅲ（墨西哥）	专家组报告，欧共体一香蕉进口、销售及分销区域，墨西哥上诉，WT/DS27/R/MEX，1997年9月25日通过，上诉机构报告修改，WT/DS27/AB/R，DSR1997：II，803
欧共体一香蕉Ⅲ（美国）	专家组报告，香蕉进口、销售及分销区域，美国上诉，WT/DS27/R/USA，1997年9月25日通过，上诉机构报告修改，WT/DS27/AB/R，DSR1997：II，943
欧共体一香蕉Ⅲ〔第21.3（c）条〕	仲裁决定，欧共体一香蕉进口、销售及分销区域，在DSU第21.3（c）条下仲裁，WT/DS27/15，1998年1月7日，DSR1998：I，3
欧共体一香蕉Ⅲ（第21.5条一欧共体）	专家组报告，欧共体一香蕉进口、销售及分销区域，墨西哥上诉，欧共体根据DSU第21.5条提出，WT/DS27/RW/EEC和Corr. 1，1999年4月12日，未通过，DSR1999：II，783
欧共体一香蕉Ⅲ（第21.5条一厄瓜多尔）	专家组报告，欧共体一香蕉进口、销售及分销区域一厄瓜多尔根据DSU第21.5条提出，WT/DS27/RW/ECU，1999年5月6日通过，DSR1999：II，803
欧共体一香蕉Ⅲ（第21.5条一厄瓜多尔）/欧共体一香蕉Ⅲ（第21.5条一美国）	上诉机构报告，欧共体一香蕉进口、销售及分销区域一厄瓜多尔根据DSU第21.5条第二次提出上诉，WT/DS27/AB/RW2/ECU，2008年12月11日通过，和Corr. 1。/欧共体一香蕉进口，销售及分销区域一美国根据DSU第21.5条提出上诉，WT/DS27/AB/RW/USA和Corr. 1，2008年12月22日通过，DSR2008：XVIII，7165
欧共体一香蕉Ⅲ（第21.5条一厄瓜多尔 II）	专家组报告，欧共体一香蕉进口、销售及分销区域一厄瓜多尔根据DSU第21.5条第二次提出上诉，WT/DS27/RW2/ECU，2008年12月11日通过。上诉机构报告修改，WT/DS27/AB/RW2/ECU，DSR2008：XVIII，7329
欧共体一香蕉Ⅲ（第21.5条一美国）	专家组报告，欧共体一香蕉进口、销售及分销区域一美国根据DSU第21.5条提出上诉，WT/DS27/RW/USA和Corr. 1，2008年12月22日通过，得到上诉机构报告的支持，WT/DS27/AB/RW/USA，DSR2008：XIX，7761
欧共体一香蕉Ⅲ（厄瓜多尔）（第22.6条一欧共体）	仲裁判决，欧共体一香蕉进口、销售及分销区域一欧共体根据DSU第22.6条提出仲裁，WT/DS27/ARB/ECU，2000年3月24日，DSR2000年：V，2237
欧共体一香蕉Ⅲ（美国）（第22.6条一欧共体）	仲裁判决，欧共体一香蕉进口、销售及分销区域一欧共体根据DSU第22.6条提出仲裁，WT/DS27/ARB，4月9日1999年，DSR1999：II，725
欧共体一棉质床单	上诉机构报告，欧共体一对来自印度的进口棉质床单征收反倾销税，WT/DS141/AB/R，2001年3月12日通过，DSR2001：V，2049
欧共体一棉质床单	专家组报告，欧共体一对来自印度的进口棉质床单征收反倾销税，WT/DS141/R，2001年3月12日通过，上诉机构报告修改，WT/DS141/AB/R，DSR2001：VI，2077

续 表

简要标题	案件标题全称及出处
欧共体一棉质床单（第 21.5 条一印度）	上诉机构报告，欧共体一对来自印度的进口棉质床单征收反倾销税一由印度根据 DSU 第 21.5 条提出，WT/DS141/AB/RW，2003 年 4 月 24 日通过，DSR2003：Ⅲ，965
欧共体一棉质床单（第 21.5 条一印度）	专家组报告，欧共体一对来自印度的进口棉质床单征收反倾销税一印度根据 DSU 第 21.5 条提出，WT/DS141/RW，2003 年 4 月 24 日通过，上诉机构报告修改，WT/DS141/AB/RW，DSR2003：IV，1269
欧共体一黄油	专家组报告，欧共体一影响黄油产品的措施，WT/DS72/R，1999 年 11 月 24 日，未采纳
欧共体一鸡块	上诉机构报告，欧共体一冷冻无骨鸡块海关分类，WT/DS269/AB/R，WT/DS286/AB/R，和 Corr. 1，引自 2005 年 9 月 27 日，DSR2005：XIX，9157
欧共体一鸡块（巴西）	专家组报告，欧共体一冷冻无骨鸡块海关分类，巴西上诉，WT/DS269/R，引自 2005 年 9 月 27 日，上诉机构报告修改，WT/DS269/AB/R，WT/DS286/AB/R，DSR2005：XIX，9295
欧共体一鸡块（泰国）	专家组报告，欧共体一冷冻无骨鸡块海关分类，泰国，WT/DS286/R，2005 年 9 月 27 日通过，上诉机构报告修改，WT/DS269/AB/R，WT/DS286/AB/R，DSR2005：XX，9721
欧共体一鸡块〔第 21.3（c）条〕	仲裁决定，欧共体一冷冻无骨鸡块海关分类一在 DSU 第 21.3（c）条下仲裁，WT/DS269/13，WT/DS286/15，2006 年 2 月 20 日
欧共体一商船	专家组报告，欧共体一影响商船贸易的措施，WT/DS301/R，2005 年 6 月 20 日通过，DSR2005：XV，7713
欧共体一计算机设备	上诉机构报告，欧共体一特定计算机设备海关分类，WT/DS62/AB/R，WT/DS67/AB/R，WT/DS68/AB/R，1998 年 6 月 22 日通过，DSR1998 年：V，1851
欧共体一计算机设备	专家组报告，欧共体一特定计算机设备海关分类，WT/DS62/R，WT/DS67/R，WT/DS68/R，1998 年 6 月 22 日通过，上诉机构报告修改，WT/DS62/AB/R，WT/DS67/AB/R，WT/DS68/AB/R，DSR1998：V，1891
欧共体一芯片的反补贴措施	专家组报告，欧共体一对来自韩国的芯片的反补贴措施，WT/DS299/R，2005 年 8 月 3 日通过，DSR2005：XVIII，8671
欧共体一糖类出口补贴	上诉机构报告，欧共体一糖类出口补贴，WT/DS265/AB/R，WT/DS266/AB/R，WT/DS283/AB/R，2005 年 5 月 19 日通过，DSR2005：XIII，6365
欧共体一糖类出口补贴（澳大利亚）	专家组报告，欧共体一糖类出口补贴，由澳大利亚上诉，WT/DS265/R，2005 年 5 月 19 日通过，上诉机构报告修改，WT/DS265/AB/R，WT/DS266/AB/R，WT/DS283/AB/R，DSR2005：XIII，6499
欧共体一糖类出口补贴（巴西）	专家组报告，欧共体一糖类出口补贴，由巴西上诉，WT/DS266/R，2005 年 5 月 19 日通过，上诉机构报告修改，WT/DS265/AB/R，WT/DS266/AB/R，WT/DS283/AB/R，DSR2005：XIV，6793
欧共体一糖类出口补贴（泰国）	专家组报告，欧共体一糖类出口补贴，由泰国上诉，WT/DS283/R，2005 年 5 月 19 日通过，上诉机构报告修改，WT/DS265/AB/R，WT/DS266/AB/R，WT/DS283/AB/R，DSR2005：XIV，7071
欧共体一糖类出口补贴〔第 21.3（c）条〕	仲裁决定，欧共体一糖类出口补贴一在 DSU 第 21.3（c）条下仲裁，WT/DS265/33，WT/DS266/33，WT/DS283/14，2005 年 10 月 28 日，DSR2005：XXIII，11581
欧共体一紧固件（中国）	上诉机构报告，欧共体一对自中国进口的钢铁紧固件实施肯定性反倾销措施，WT/DS397/AB/R，2011 年 7 月 28 日通过
欧共体一紧固件（中国）	专家组报告，欧共体一对自中国进口的钢铁紧固件实施肯定性反倾销措施，WT/DS397/R 和 Corr. 1，2011 年 7 月 28 日通过，上诉机构报告修正，WT/DS397/AB/R

续 表

简要标题	案件标题全称及出处
欧共体一荷尔蒙	上诉机构报告，欧共体一肉类及肉制品措施（荷尔蒙），WT/DS26/AB/R，WT/DS48/AB/R，1998年2月13日通过，DSR1998：Ⅰ，135
欧共体一荷尔蒙（加拿大）	专家组报告，欧共体一对于肉及肉制品相关措施（荷尔蒙），由加拿大上诉，WT/DS48/R/CAN，1998年2月13日通过，上诉机构报告修改，WT/DS26/AB/R，WT/DS48/AB/R，DSR1998：Ⅱ，235
欧共体一荷尔蒙（美国）	专家组报告，欧共体一对于肉及肉制品相关措施（荷尔蒙），由美国上诉，WT/DS26/R/USA，1998年2月13日通过，上诉机构报告修改，WT/DS26/AB/R，WT/DS48/AB/R，DSR1998：Ⅲ，699
欧共体一荷尔蒙〔第21.3（c）条〕	仲裁决定，欧共体一对于肉及肉制品相关措施（荷尔蒙）一在DSU第21.3（c）条下仲裁，WT/DS26/15，WT/DS48/13，1998年5月29日，DSR1998：Ⅴ，1833
欧共体一荷尔蒙（加拿大）（第22.6条一欧共体）	仲裁判决，欧共体一对于肉及肉制品相关措施（荷尔蒙），最初由加拿大上诉一由欧共体根据DSU第22.6条提出，WT/DS48/ARB，1999年7月12日，DSR1999：Ⅲ，1135
欧共体一荷尔蒙（美国）（第22.6条一欧共体）	仲裁判决，欧共体一对于肉及肉制品相关措施（荷尔蒙），最初由美国上诉一溯及欧共体根据DSU第22.6条的仲裁，WT/DS26/ARB，1999年7月12日，DSR1999：Ⅲ，1105
欧共体一IT产品	专家组报告，欧共体及其成员国一信息技术产品的关税待遇，WT/DS375/R，WT/DS376/R，WT/DS377/R，2010年9月21日通过，DSR2010：Ⅲ，933一DSR2010：Ⅳ，1567
欧共体一家禽	上诉机构报告，欧共体一影响特定家禽产品进口的措施，WT/DS69/AB/R，1998年7月23日通过，DSR1998：Ⅴ，2031
欧共体一家禽	专家组报告，欧共体一影响特定家禽产品进口的措施，WT/DS69/R，1998年7月23日通过，上诉机构报告修改，WT/DS69/AB/R，DSR1998：Ⅴ，2089
欧共体一鲑鱼（挪威）	专家组报告，欧共体一对产自挪威养殖鲑鱼采取反倾销措施，WT/DS337/R和Corr.1，2008年1月15日通过，DSR2008：Ⅰ，3
欧共体一沙丁鱼	上诉机构报告，欧共体一沙丁鱼贸易描述，WT/DS231/AB/R，2002年10月23日通过，DSR2002：Ⅷ，3359
欧共体一沙丁鱼	专家组报告，欧共体一沙丁鱼贸易描述，WT/DS231/R和Corr.1，2002年10月23日通过，上诉机构报告修改，WT/DS231/AB/R，DSR2002：Ⅷ，3451
欧共体一扇贝（加拿大）	专家组报告，欧共体一扇贝贸易描述一由加拿大请求，WT/DS7/R，1996年8月日，未通过，DSR1996：Ⅰ，89
欧共体一扇贝（秘鲁和智利）	专家组报告，欧共体一对于扇贝的贸易描述一由秘鲁和智利申请，WT/DS12/R，WT/DS14/R，1996年8月5日，未通过，DSR1996：Ⅰ，93
欧共体一海豹产品	专家组报告，欧共体一限制海豹产品进口及营销的限制措施，WT/DS400/R/WT/DS401/R/和Add.1，2013年11月25日向WTO成员散发【该报告已经于2014年1月22日上诉】
欧共体一特定海关事项案	上诉机构报告，欧共体一客户对特殊规格要求案，WT/DS315/AB/R，2006年12月11日，DSR2006：Ⅸ，3791
欧共体一特定海关事项案	专家组报告，欧共体一客户对特殊规格要求案，WT/DS315/R，2006年12月11日，上诉机构报告修改，WT/DS315/AB/R，DSR2006：IXX，3915
欧共体一关税优惠	上诉机构报告，欧共体一给予发展中国家关税优惠的条件，WT/DS246/AB/R，2004年4月20日通过，DSR2004：Ⅲ，925

续 表

简要标题	案件标题全称及出处
欧共体一关税优惠	专家组报告，欧共体一给予发展中国家关税优惠的条件，WT/DS246/R，引自 2004 年 4 月 20 日，上诉机构报告修改，WT/DS/246/AB/R，DSR2004：Ⅲ，1009
欧共体一关税优惠〔第 21.3（c）条〕	仲裁决定，欧共体一给予发展中国家关税优惠的条件一在 DSU 第 21.3（c）条下仲裁，WT/DS246/14，2004 年 9 月 20 日，DSR2004：IX，4313
欧共体一商标和地理标识（澳大利亚）	专家组报告，欧共体一对于农产品及粮食商标和地理标识的保护，由澳大利亚上诉，WT/DS290/R，2005 年 4 月 20 日通过，DSR2005：X，4603
欧共体一商标和地理标识（美国）	专家组报告，欧共体一对于农产品及粮食商标和地理标识的保护，由美国上诉，WT/DS174/R，2005 年 4 月 20 日通过，DSR2005：Ⅷ，3499
欧共体一管材配件	上诉机构报告，欧共体一对来自巴西的可锻铸铁管路连接件反倾销税，WT/DS219/AB/R，2003 年 8 月 18 日通过，DSR2003：VI，2613
欧共体一管材配件	专家组报告，欧共体一A 对来自巴西的可锻铸铁管路连接件反倾销税，WT/DS219/R，2003 年 8 月 18 日通过，上诉机构报告修改，WT/DS219/AB/R，DSR2003：VII，2701
欧共体和其成员国一大型民用航空器	上诉机构报告，欧共体及其成员国一影响大型民用航空器贸易的措施，WT/DS316/AB/R，2011 年 6 月 1 日通过
欧共体和其成员国一大型民用航空器	上专家组报告，欧共体及其成员国一影响大型民用航空器贸易的措施，WT/DS316/R，2011 年 6 月 1 日通过，上诉机构报告修改，WT/DS316/AB/R
埃及一钢筋	专家组报告，埃及一对于来自土耳其的钢筋的明确反倾销措施，WT/DS211/R，2002 年 10 月 1 日通过，DSR2002：VII，2667
欧盟一鞋类（中国）	专家组报告，欧盟一自中国进口的部分鞋实施反倾销措施，WT/DS405/R，2012 年 2 月 22 日通过
危地马拉一水泥 I	上诉机构报告，危地马拉一对来自墨西哥的水泥进行反倾销调查，WT/DS60/AB/R，1998 年 11 月 25 日通过，DSR1998：IX，3767
危地马拉一水泥 I	专家组报告，危地马拉一对来自墨西哥的水泥进行反倾销调查，WT/DS60/R，1998 年 11 月 25 日通过，上诉机构报告修改，WT/DS60/AB/R，DSR1998：IX，3797
危地马拉一水泥 II	专家组报告，危地马拉一对来自墨西哥的水泥采取反倾销措施，WT/DS156/R，2000 年 11 月 17 日通过，DSR2000：XI，5295
印度一进口附加税	上诉机构报告，印度一对来自美国的商品征收进口附加税，WT/DS360/AB/R，2008 年 11 月 17 日通过，DSR2008：XX，8223
印度一进口附加税	专家组报告报告，印度一对来自美国的商品征收进口附加税，WT/DS360/R，2008 年 11 月 17 日通过，上诉机构报告驳回，WT/DS360/AB/R，DSR2008：XX，8317
印度一汽车	上诉机构报告，印度一影响汽车部门措施，WT/DS146/AB/R，WT/DS175/AB/R，2002 年 4 月 5 日通过，DSR2002：V，1821
印度一汽车	专家组报告，印度一影响汽车部门措施，WT/DS146/R，WT/DS175/R 和 Corr.1，2002 年 4 月 5 日通过，DSR2002：V，1827
印度一专利权（欧共体）	专家组报告，印度一对于药品及农业化学产品的专利保护，由欧共体上诉，WT/DS79/R，1998 年 9 月 22 日通过，DSR1998：VI，2661
印度一专利权（美国）	上诉机构报告，印度一对于药品及农业化学产品的专利保护，WT/DS50/AB/R，1998 年 1 月 16 日通过，DSR1998：I，9

续 表

简要标题	案件标题全称及出处
印度—专利权（美国）	专家组报告，印度—对于药品及农业化学产品的专利保护，由美国上诉，WT/DS50/R，1998年1月16日通过，上诉机构报告修改，WT/DS50/AB/R，DSR1998：I，41
印度—数量限制	上诉机构报告，印度—对于农产品、纺织品及工业产品进口的数量限制，WT/DS90/AB/R，1999年9月22日通过，DSR1999：IV，1763
印度—数量限制	专家组报告，印度—对于农产品、纺织品及工业产品进口的数量限制，WT/DS90/R，1999年9月22日通过，得到上诉机构报告支持，WT/DS90/AB/R，DSR1999：V，1799
印度尼西亚—汽车	专家组报告，印度尼西亚—影响汽车工业的特定措施，WT/DS54/R，WT/DS55/R，WT/DS59/R，WT/DS64/R和Corr.1，2，3和4，1998年7月23日通过，DSR1998：VI，2201
印度尼西亚—汽车〔第21.3（c）条〕	仲裁决定，印度尼西亚—影响汽车工业的特定措施—在DSU第21.3（c）条下仲裁，WT/DS54/15，WT/DS55/14，WT/DS59/13，WT/DS64/12，1998年，12月7日DSR1998：IX，4029
日本—农产品II	上诉机构报告，日本—影响农产品措施，WT/DS76/AB/R，1999年3月19日通过，DSR1999：I，277
日本—农产品II	专家组报告，日本—影响农产品措施，WT/DS76/R，1999年3月19日通过，上诉机构报告修改，WT/DS76/AB/R，DSR1999：I，315
日本—酒精饮料II	上诉机构报告，日本—对酒精饮料征税WT/DS8/AB/R，WT/DS10/AB/R，WT/DS11/AB/R，1996年11月1日通过，DSR1996：I，97
日本—酒精饮料II	专家组报告，日本—对酒精饮料征税，WT/DS8/R，WT/DS10/R，WT/DS11/R，1996年11月1日通过，上诉机构报告修改，WT/DS8/AB/R，WT/DS10/AB/R，WT/DS11/AB/R，DSR1996：I，125
日本—酒精饮料II〔第21.3（c）条〕	仲裁决定，日本—对酒精饮料征税—在DSU第21.3（c）条下仲裁，WT/DS8/15，WT/DS10/15，WT/DS11/13，1997年2月14日，DSR1997：I，3
日本—苹果	上诉机构报告，日本—影响苹果进口措施，WT/DS245/AB/R，2003年12月10日通过，DSR2003：IX，4391
日本—苹果	专家组报告，日本—影响苹果进口措施，WT/DS245/R，2003年12月10日通过，得到上诉机构报告支持，WT/DS245/AB/R，DSR2003，IX，4481
日本—苹果（第21.5条—美国）	专家组报告，日本—影响苹果进口措施—由美国根据DSU第21.5条提出，WT/DS245/RW，2005年7月20日通过，DSR2005：XVI，7911
日本—动态存储器（韩国）	上诉机构报告，日本—对产自韩国动态存储器征收反补贴税，WT/DS336/AB/R和Corr.1，2007年12月17日通过，DSR2007：VII，2703
日本—动态存储器（韩国）	专家组报告，日本—对产自韩国动态存储器征收反补贴税，WT/DS336/R，2007年12月17日通过，上诉机构报告修改，WT/DS336/AB/R，DSR2007：VII，2805
日本—动态存储器（韩国）〔第21.3（c）条〕	仲裁决定，日本—对产自韩国动态存储器征收反补贴税—DSU第21.3（c）条下的仲裁，WT/DS336/16，2008年5月5日，DSR2008：XX，8553
日本—胶卷	专家组报告，日本—影响消费冲印胶卷和纸张的措施，WT/DS44/R，1998年4月22日通过，DSR1998：IV，1179
日本—紫菜配额	专家组报告，日本—干紫菜和味付紫菜进口配额，WT/DS323/R，2006年2月1日，未通过
韩国—酒精饮料	上诉机构报告，韩国—酒精饮料征税，WT/DS75/AB/R，WT/DS84/AB/R，1999年2月17日通过，DSR1999：I，3
韩国—酒精饮料	专家组报告，韩国—酒精饮料征税，WT/DS75/R，WT/DS84/R，1999年2月17日通过，上诉机构报告修改，WT/DS75/AB/R，WT/DS84/AB/R，DSR1999：I，44

续 表

简要标题	案件标题全称及出处
韩国—酒精饮料〔第 21.3（c）条〕	仲裁决定，韩国—酒精饮料征税—在 DSU 第 21.3（c）条下仲裁，WT/DS75/16，WT/DS84/14，1999 年 6 月 4 日，DSR1999：II，937
韩国—牛肉（加拿大）	专家组报告，韩国—影响自加拿大进口牛肉和肉制品的措施，WT/DS391/R，2012 年 7 月 3 日未通过
韩国—特定纸张	专家组报告，韩国—对特定来自印度尼西亚进口产品征收反倾销税，WT/DS312/R，2005 年 11 月 28 日通过，DSR2005：XXII，10637
韩国—特定纸张（第 21.5 条—印度尼西亚）	专家组报告，韩国—对特定来自印度尼西亚进口产品征收反倾销税—由印度尼西亚根据 DSU 第 21.5 条提出，WT/DS312/RW，2007 年 10 月 22 日通过，DSR2007：Ⅷ，3369
韩国—商船	专家组报告，韩国—影响商船贸易的措施，WT/DS273/R，2005 年 4 月 11 日通过，DSR2005：VII，2749
韩国—奶制品	上诉机构报告，韩国—进口特定奶制品的明确保障措施，WT/DS98/AB/R，2000 年 1 月 12 日通过，DSR2000：I，3
韩国—奶制品	专家组报告，韩国—进口特定奶制品的明确保障措施，WT/DS98/R 和 Corr.1，2000 年 1 月 12 日通过，上诉机构报告修改，WT/DS98/AB/R，DSR2000：I，49
韩国—政府采购	专家组报告，韩国—影响政府采购措施，WT/DS163/R，2000 年 6 月 19 日通过，DSR2000：Ⅷ，3541
韩国—牛肉多种措施	上诉机构报告，韩国—影响鲜肉、冷藏肉和冷冻肉的措施，WT/DS161/AB/R，WT/DS169/AB/R，2001 年 1 月 10 日通过，DSR2001：I，5
韩国—牛肉多种措施	专家组报告，韩国—影响鲜肉、冷藏肉和冷冻肉的措施，WT/DS161/R，WT/DS169/R，2001 年 1 月 10 日通过，上诉机构报告修改，WT/DS161/AB/R，WT/DS169/AB/R，DSR2001：I，59
墨西哥—稻米反倾销措施	上诉机构报告，墨西哥—对于牛肉和稻米的明确反倾销措施，对于稻米的上诉，WT/DS295/AB/R，2005 年 12 月 20 日通过，DSR2005：XXII，10853
墨西哥—稻米反倾销措施	专家组报告，墨西哥—对于牛肉和稻米的明确反倾销措施，对于稻米的上诉，WT/DS295/R，2005 年 12 月 20 日通过，上诉机构报告修改，WT/DS295/AB/R，DSR2005：XXIII，11007
墨西哥—玉米糖浆	专家组报告，墨西哥—对于来自美国的高果糖玉米糖浆的反倾销调查，WT/DS132/R 和 Corr.1，2000 年 2 月 24 日通过，DSR2000：Ⅲ，1345
墨西哥—玉米糖浆（第 21.5 条—美国）	上诉机构报告，墨西哥—对于来自美国的高果糖玉米糖浆的反倾销调查—由美国根据 DSU 第 21.5 条提请，WT/DS132/AB/RW，2001 年 11 月 21 日通过，DSR2001：XIII，6675
墨西哥—玉米糖浆（第 21.5 条—美国）	专家组报告，墨西哥—对于来自美国的高果糖玉米糖浆的反倾销调查—由美国根据 DSU 第 21.5 条提请，WT/DS132/RW，2001 年 11 月 21 日通过，得到上诉机构报告支持，WT/DS132/AB/RW，DSR2001：XIII，6717
墨西哥—橄榄油	专家组报告，墨西哥—对来自欧共体的橄榄油征收最终反补贴税，WT/DS341/R，2008 年 10 月 21 日通过，DSR2008：IX，3179
墨西哥—钢管	专家组报告，墨西哥—对产自危地马拉钢管征收反倾销税，WT/DS331/R，2007 年 7 月 24 日通过，DSR2007：IV，1207
墨西哥—非酒精饮料征税	上诉机构报告，墨西哥—对于非酒精饮料及其他饮料的征税措施，WT/DS308/AB/R，2006 年 3 月 24 日通过，DSR2006：I，3
墨西哥—非酒精饮料征税	专家组报告，墨西哥—对于非酒精饮料及其他饮料的征税措施，WT/DS308/R，2006 年 3 月 24 日通过，上诉机构报告修改，WT/DS308/AB/R，DSR2006：I，43

续 表

简要标题	案件标题全称及出处
墨西哥一电信	专家组报告，墨西哥一影响电信服务的措施，WT/DS204/R，2004年6月1日通过，DSR2004：IV，1537
菲律宾一蒸馏酒精	上诉机构报告，菲律宾一对蒸馏酒精征税，WT/DS396/AB/R/WT/DS403/AB/R，2012年1月20日通过
菲律宾一蒸馏酒精	专家组报告，菲律宾一对蒸馏酒精征税，WT/DS396/AB/R/WT/DS403/AB/R，2012年1月20日通过，上诉机构报告修正，WT/DS396/AB/R/WT/DS403/AB/R
泰国一香烟（菲律宾）	上诉机构报告，泰国一对自菲律宾进口香烟的海关和行政措施，WT/DS371/AB/R，2011年7月15日通过
泰国一香烟（菲律宾）	专家组报告，泰国一对自菲律宾进口香烟的海关和行政措施，WT/DS371/R，2011年7月15日通过，上诉机构报告修正，WT/DS371/AB/R
泰国一H型钢	上诉机构报告，泰国一对波兰出口的铁或非合金钢的角铁、型材、轧材及H型钢的反倾销税案，WT/DS122/AB/R，2001年4月5日通过，DSR2001：VII，2701
泰国一H型钢	专家组报告，泰国一对波兰出口的铁或非合金钢的角铁、型材、轧材及H型钢的反倾销税案，WT/DS122/R，2001年4月5日通过，上诉机构报告修改，WT/DS122/AB/R，DSR2001：VII，2741
土耳其一大米	专家组报告，土耳其一影响大米进口的措施，WT/DS334/R，2007年10月22日通过，DSR2007：VI，2151
土耳其一纺织品	上诉机构报告，土耳其一对于纺织品及服装进口的限制，WT/DS34/AB/R，1999年11月19日通过，DSR1999年：VI，2345
土耳其一纺织品	专家组报告，土耳其一对于纺织品及服装进口的限制，WT/DS34/R，1999年11月19日通过，上诉机构报告修改，WT/DS34/AB/R，DSR1999：VI，2363
美国一1916年法案	上诉机构报告，美国一1916年反倾销法案，WT/DS136/AB/R，WT/DS162/AB/R，2000年9月26日通过，DSR2000：X，4793
美国一1916年法案（欧共体）	专家组报告，美国一1916年反倾销法案，WT/DS136/R和Corr.1，2000年9月26日通过，得到上诉机构报告支持，WT/DS136/AB/R，WT/DS162/AB/R，DSR2000年：X，4593
美国一1916年法案（日本）	专家组报告，美国一1916年反倾销法案，由日本上诉，WT/DS162/R和Add.1，2000年9月26日通过，得到上诉机构报告支持，WT/DS136/AB/R，WT/DS162/AB/R，DSR2000：X，4831
美国一1916年法案〔第21.3（c）条〕	仲裁决定，美国一1916年反倾销法案一在DSU第21.3（c）条下仲裁，WT/DS136/11，WT/DS162/14，2001年2月28日，DSR2001：V，2017
美国一1916年法案（欧共体）（第22.6条一美国）	仲裁判决，美国一1916年反倾销法案，最初由欧共体上诉一由美国根据DSU第22.6条的仲裁，WT/DS136/ARB，2004年2月24日，DSR2004：IX，4269
美国一反倾销税和反补贴税（中国）	上诉机构报告，美国一对自中国的产品征收肯定反倾销税和反补贴税，WT/DS379/AB/R，2011年3月25日
美国一反倾销税和反补贴税（中国）	专家组报告，美国一对自中国的产品征收肯定反倾销税和反补贴税，WT/DS379/R，2011年3月25日，上诉机构报告修改，WT/DS379/AB/R
美国一石油国家工业用管的反倾销措施	上诉机构报告，美国一对来自墨西哥石油国家工业用管的反倾销措施，WT/DS282/AB/R，2005年11月28日通过，DSR2005：XX，10127
美国一石油国家工业用管的反倾销措施	专家组报告，美国一对来自墨西哥石油国家工业用管的反倾销措施，WT/DS282/R，2005年11月28日通过，上诉机构报告修改，WT/DS282/AB/R，DSR2005：XXI，10225

续 表

简要标题	案件标题全称及出处
美国—PET 包装袋反倾销措施	专家组报告，美国—对自泰国进口的 PET 包装袋采取反倾销措施，WT/DS383/R，2010 年 2 月 18 日通过，DSR2010：IV，1841
美国—碳钢	上诉机构报告，美国—对于来自德国的特殊耐腐蚀碳钢板的反补贴税，WT/DS213/AB/R 和 Corr. 1，2002 年 12 月 19 日通过，DSR2002：IX，3779
美国—碳钢	专家组报告，美国—对于来自德国的特殊耐腐蚀碳钢板的反补贴税，WT/DS213/R 和 Corr. 1，2002 年 12 月 19 日通过，上诉机构报告修改，WT/DS213/AB/R 和 Corr. 1，DSR2002：IX，3833
美国—特定欧共体产品	上诉机构报告，美国—特定从欧共体产品的进口措施，WT/DS165/AB/R，2001 年 1 月 10 日通过，DSR2001：I，373
美国—特定欧共体产品	专家组报告，美国—特定从欧共体产品的进口措施，WT/DS165/R 和 Add. 1，2001 年 1 月 10 通过，上诉机构报告修改，WT/DS165/AB/R，DSR2001：II，413
美国—丁香香烟	上诉机构报告，美国—影响丁香香烟生产和销售的措施，WT/DS406/AB/R，2012 年 4 月 24 日通过
美国—丁香香烟	专家组报告，美国—影响丁香香烟生产和销售的措施，WT/DS406/R，2012 年 4 月 24 日通过，上诉机构报告修改，WT/DS406/AB/R
美国—要求取消报复措施	上诉机构报告，美国—欧共体要求取消报复措施—荷尔蒙争端，WT/DS320/AB/R，2008 年 11 月 14 日通过，DSR2008：X，3507
美国—要求取消报复措施	专家组报告，美国—欧共体要求取消报复措施—荷尔蒙争端，WT/DS320/R，2008 年 11 月 14 日通过，上诉机构报告修改，WT/DS320/AB/R，DSR2008：XI，3891—DSR2008：XIII，4913
美国—归零法	上诉机构报告，美国—继续采用归零法则，WT/DS350/AB/R，2009 年 2 月 19 日通过，DSR2009：III，1291
美国—归零法	专家组报告，美国—继续采用归零法则，WT/DS350/R，2009 年 2 月 19 日通过，上诉机构报告修改，WT/DS350/AB/R，DSR2009：III，1481—DSR2009：IV，1619
美国—原产地标签	专家组报告，美国—部分原产地标签规定，WT/DS384/R/WT/DS384/AB/R/WT/DS386/AB/R，2012 年 7 月 23 日通过
美国—原产地标签	专家组报告，美国—部分原产地标签规定，WT/DS384/R/WT/DS384/AB/R/WT/DS386/AB/R，2012 年 7 月 23 日通过，上诉机构报告修改，WT/DS384/AB/R/WT/DS386/AB/R
美国—原产地标签〔第 21.3（c）条〕	专家组报告，美国—部分原产地标签规定—在 DSU 第 21.3（c）条下仲裁，WT/DS384/24，WT/DS386/23，2012 年 12 月 4 日
美国—不锈钢日落复审	上诉机构报告，美国—对于来自日本的特殊耐腐蚀碳钢板反倾销税的日落复审，WT/DS244/AB/R，2004 年 1 月 9 日通过，DSR2004：I，3
美国—不锈钢日落复审	专家组报告，美国—对于来自日本的特殊耐腐蚀碳钢板反倾销税的日落复审，WT/DS244/R，2004 年 1 月 9 日通过，上诉机构报告修改，WTDS244/AB/R，DSR2004：I，85
美国—棉纱	上诉机构报告，美国—对来自巴基斯坦棉纱的过渡期保障措施，WT/DS192/AB/R，2001 年 11 月 5 日通过，DSR2001：XII，6027
美国—棉纱	专家组报告，美国—对来自巴基斯坦棉纱的过渡期保障措施，WT/DS192/R，2001 年 11 月 5 日通过，上诉机构报告修改，WT/DS192/AB/R，DSR2001：XII，6067
美国—对计算机动态随机存取存储器芯片进行反补贴税调查	上诉机构报告，美国—对来自韩国的计算机动态随机存取存储器芯片进行反补贴税调查，WT/DS296/AB/R，2005 年 7 月 20 日通过，DSR2005：XVI，8131

续 表

简要标题	案件标题全称及出处
美国一对计算机动态随机存取存储器芯片进行反补贴税调查	专家组报告，美国一对来自韩国的计算机动态随机存取存储器芯片进行反补贴税调查，WT/DS296/R，2005 年 7 月 20 日通过，上诉机构报告修改，WT/DS296/AB/R，DSR2005：XVII，8243
美国一对特定欧共体产品贴税措施	上诉机构报告，美国一对特定欧共体产品贴税措施，WT/DS212/AB/R，2003 年 1 月 8 日通过，DSR2003：I，5
美国一对特定欧共体产品贴税措施	专家组报告，美国一对特定欧共体产品贴税措施，WT/DS212/R，2003 年 1 月 8 日通过，上诉机构报告修改，WT/DS212/AB/R，DSR2003：I，73
美国一对特定欧共体产品贴税措施（第 21.5 条一欧共体）	专家组报告，美国一对特定欧共体产品贴税措施一由欧共体根据 DSU 第 21.5 条提出，WT/DS212/RW，2005 年 9 月 27 日通过，DSR2005：XVIII，8950
美国一海关保税指令	专家组报告，美国一对征收反倾销和反补贴产品实行海关保税，WT/DS345/R，2008 年 8 月 1 日通过，上诉机构报告修改，WT/DS343/AB/R，WT/DS345/AB/R，DSR2008：Ⅷ，2925
美国一计算机动态随机存取存储器芯片	专家组报告，美国一对来自韩国 1 兆或以上的计算机动态随机存取存储器芯片征收反倾销税，WT/DS99/R，1999 年 3 月 19 日通过，DSR1999：II，521
美国一计算机动态随机存取存储器芯片（第 21.5 条一韩国）	专家组报告，美国一对来自韩国 1 兆或以上的计算机动态随机存取存储器芯片征收反倾销税一韩国根据 DSU 第 21.5 条，W 提出 T/DS99/RW，2000 年 11 月 7 日，未通过
美国一出口限制	专家组报告，美国一作为补贴的出口限制措施，WT/DS194/R 和 Corr. 2，2001 年 8 月 23 日通过，DSR2001：XI，5767
美国一海外销售公司	上诉机构报告，美国一“海外销售公司”税收待遇，WT/DS108/AB/R，2000 年 3 月 20 日通过，DSR2000：Ⅲ，1619
美国一海外销售公司	专家组报告，美国一“海外销售公司”税收待遇，WT/DS108/R，2000 年 3 月 20 日，上诉机构报告修改，WT/DS108/AB/R，DSR2000：IV，1675
美国一海外销售公司（第 21.5 条一欧共体）	上诉机构报告，美国一“海外销售公司”税收待遇，由欧共体根据 DSU 第 21.5 条提出，WT/DS108/AB/RW，2002 年 1 月 29 日通过，DSR2002：I，55
美国一海外销售公司（第 21.5 条一欧共体）	专家组报告，美国一“海外销售公司”税收待遇一由欧共体根据 DSU 第 21.5 条提出，WT/DS108/RW，2002 年 1 月 29 日通过，上诉机构报告修改，WT/DS108/AB/RW，DSR2002：I，119
美国一海外销售公司（第 21.5 条一欧共体 II）	上诉机构报告，美国一“海外销售公司”税收待遇，由欧共体根据 DSU 第 21.5 条提出，WT/DS108/AB/RW2，2006 年 3 月 14 日通过，DSR2006：XI，4721
美国一海外销售公司（第 21.5 条一欧共体 II）	专家组报告，美国一“海外销售公司”税收待遇，由欧共体根据 DSU 第 21.5 条提出，WT/DS108/RW2，2006 年 3 月 14 日通过，得到上诉机构报告支持，WT/DS108/AB/RW2，DSR2006：XI，4761
美国一海外销售公司（第 22.6 条一美国）	仲裁结论，美国一美国“海外销售公司”税收待遇，美国根据 DSU 第 22.6 条和 SCM 协议第 4.11 条做出的仲裁，WT/DS108/ARB，2002 年 8 月 30 日，DSR2002：VI，2517
美国一博彩业	上诉机构报告，美国一影响博彩业跨境提供服务的措施 WT/DS285/AB/R，2005 年 4 月 20 日通过，DSR2005：XII，5663（Corr. 1，DSR2006：XII，5475）
美国一博彩业	专家组报告，美国一影响博彩业跨境提供服务的措施，WT/DS285/R，2005 年 4 月 20 日通过，上诉机构报告修改，WT/DS285/AB/R，DSR2005：XII，5797

续 表

简要标题	案件标题全称及出处
美国一博彩业〔第21.3（c）条〕	仲裁决定，美国一影响博彩业跨境提供服务的措施一在DSU第21.3（c）条下仲裁，WT/DS285/13，2005年8月19日，DSR2005：XXIII，11639
美国一博彩业（第21.5条一安提瓜和巴布达）	专家组报告，美国一影响博彩业跨境提供服务的措施一由安提瓜和巴布达根据第21.5条提出，WT/DS285/RW，2007年5月22日通过，DSR2007：Ⅷ，3105
美国一博彩业（第22.6条一美国）	仲裁决定，美国一影响博彩业跨境提供服务的措施一由美国根据DSU第22.6条提交仲裁，WT/DS285/ARB，2007年12月21日，DSR2007：X，4163
美国一汽油	上诉机构报告，美国一精炼汽油及传统汽油标准WT/DS2/AB/R，1996年5月20日通过，DSR1996：I，3
美国一汽油	专家组报告，美国一精炼汽油及传统汽油标准，WT/DS2/R，1996年5月20日通过，上诉机构报告修改，WT/DS2/AB/R，DSR1996：I，29
美国一热轧钢	上诉机构报告，美国一对来自日本的热轧薄板卷产品征收反倾销税，WT/DS184/AB/R，2001年8月23日通过，DSR2001：X，4697
美国一热轧钢	专家组报告，美国一对来自日本的热轧薄板卷产品征收反倾销税，WT/DS184/R，2001年8月23日通过，上诉机构报告修改，WT/DS184/AB/R，DSR2001：X，4769
美国一热轧钢〔第21.3（c）条〕	仲裁决定，美国一对来自日本的热轧薄板卷产品征收反倾销税，在DSU第21.3条下仲裁，WT/DS184/13，2002年2月19日，DSR2002：IV，1389
美国一羔羊	上诉机构报告，美国一对来自新西兰和澳大利亚的新鲜。冷藏和冷冻羔羊肉进口保障措施，WT/DS177/AB/R，WT/DS178/AB/R，2001年5月16日通过，DSR2001：IX，4051
美国一羔羊	专家组报告，美国一对来自新西兰和澳大利亚的新鲜、冷藏和冷冻羔羊肉进口保障措施，WT/DS177/R，WT/DS178/R，2001年5月16日通过，上诉机构报告修改，WT/DS177/AB/R，WT/DS178/AB/R，DSR2001：IX，4107
美国一大型民用航空器（第2次起诉）	上诉机构报告，美国一影响大型民用航空器贸易的措施（第2次起诉），WT/DS353/AB/R，2012年3月23日通过
美国一大型民用航空器（第2次起诉）	专家组报告，美国一影响大型民用航空器贸易的措施（第2次起诉），WT/DS353/R，2012年3月23日通过，上诉机构报告修正，WT/DS353/AB/R
美国一热轧铅铋碳钢制品案II	上诉机构报告，美国一对于原产英国的某些热轧铅铋碳钢制品进行反补贴税，WT/DS138/AB/R，2000年6月7日通过，DSR2000：V，2595
美国一热轧铅铋碳钢制品案II	专家组报告，美国一对于原产英国的某些热轧铅铋碳钢制品进行反补贴税，WT/DS138/R和Corr.2，2000年6月7日通过，得到上诉机构报告支持，WT/DS138/AB/R，DSR2000：VI，2623
美国一直线管	上诉机构报告，美国一对来自韩国的圆焊碳质条形管进口的保障措施，WT/DS202/AB/R，2002年3月8日通过，DSR2002：IV，1403
美国一直线管	专家组报告，美国一对来自韩国的圆焊碳质条形管进口的保障措施，WT/DS202/R，2002年3月8日通过，上诉机构报告修改，WT/DS202/AB/，DSR2002：IV，1473
美国一直线管〔第21.3（c）条〕	仲裁员报告，美国一对来自韩国的圆焊碳质条形管进口的保障措施，在DSU第21.3（c）条下仲裁，WT/DS202/17，2002年7月26日，DSR2002：V，2061
美国一补偿法案（勃德修正案）	上诉机构报告，美国一2000年对持续倾销和补贴的补偿法案，WT/DS217/AB/R，WT/DS234/AB/R，2003年1月27日通过，DSR2003：I，375
美国一补偿法案（勃德修正案）	专家组报告，美国一2000年对持续倾销和补贴的补偿法案，WT/DS217/R，WT/DS234/R，2003年1月27日通过，上诉机构报告修改，WT/DS217/AB/R，WT/DS234/AB/R，DSR2003：II，489

续　表

简要标题	案件标题全称及出处
美国－补偿法案 (勃德修正案) 〔第 21.3 (c) 条〕	仲裁决定，美国－2000 年对持续倾销和补贴的补偿法案，在 DSU 第 21.3 (c) 条下仲裁，WT/DS217/14，WT/DS234/22，2003 年 6 月 13 日，DSR2003：Ⅲ，1163
美国－补偿法案 (伯德修正案)(巴西) (第 22.6 条－美国)	仲裁决定，美国－2000 年对持续倾销和补贴的补偿法案，最初由巴西上诉－溯及美国根据 DSU 第 22.6 条仲裁，WT/DS217/ARB/BRA，2004 年 8 月 31 日，DSR2004：IX，4341
美国－补偿法案 (伯德修正案)(加拿大) (第 22.6 条－美国)	仲裁决定，美国－2000 年对持续倾销和补贴的补偿法案，由加拿大上诉－溯及美国根据 DSU 第 22.6 条仲裁，WT/DS234/ARB/CAN，2004 年 8 月 31 日，DSR2004：IX，4425
美国－补偿法案 (伯德修正案)(智利) (第 22.6 条－美国)	仲裁决定，美国－2000 年对持续倾销和补贴的补偿法案，由智利上诉－溯及美国根据 DSU 第 22.6 条仲裁，WT/DS217/ARB/CHL，2004 年 8 月 31 日，DSR2004 年：IX，4511
美国－补偿法案 (伯德修正案)(欧共体) (第 22.6 条－美国)	仲裁决定，美国－2000 年对持续倾销和补贴的补偿法案，由欧共体上诉－溯及美国根据 DSU 第 22.6 条仲裁，WT/DS217/ARB/EEC，2004 年 8 月 31 日，DSR2004：IX，4591
美国－补偿法案 (伯德修正案)(印度) (第 22.6 条－美国)	仲裁决定，美国－2000 年对持续倾销和补贴的补偿法案最初由印度上诉－溯及美国根据 DSU 第 22.6 条仲裁 WT/DS217/ARB/IND，2004 年 8 月 31 日，DSR2004：X，4691
美国－补偿法案 (伯德修正案)(日本) (第 22.6 条－美国)	仲裁决定，美国－2000 年对持续倾销和补贴的补偿法案最初由日本上诉－溯及美国根据 DSU 第 22.6 条仲裁 WT/DS217/ARB/JPN，2004 年 8 月 31 日，DSR2004：X，4771
美国－补偿法案 (伯德修正案)(韩国) (第 22.6 条－美国)	仲裁决定，美国－2000 年对持续倾销和补贴的补偿法案最初由韩国上诉－溯及美国根据 DSU 第 22.6 条仲裁，WT/DS217/ARB/KOR，2004 年 8 月 31 日，DSR2004：X，4851
美国－补偿法案 (伯德修正案)(墨西哥) (第 22.6 条－美国)	仲裁决定，美国－2000 年对持续倾销和补贴的补偿法案最初由墨西哥上诉－溯及美国根据 DSU 第 22.6 条仲裁，WT/DS234/ARB/MEX，2004 年 8 月 31 日，DSR2004：X，4931
美国－石油工业用管材日落复审	上诉机构报告，美国－对来自阿根廷石油工业用管材反倾销措施日落复审，WT/DS268/AB/R，2004 年 12 月 17 日通过，DSR2004：VII，3257
美国－石油工业用管材日落复审	专家组报告，美国－对来自阿根廷石油工业用管材反倾销措施日落复审，WT/DS268/R 和 Corr.1，2004 年 12 月 17 日通过，上诉机构报告修改，W/DS/268/AB/R，DSR2004：Ⅷ，3421
美国－石油工业用管材日落复审 〔第 21.3 (c) 条〕	仲裁决定，美国－对来自阿根廷石油工业用管材反倾销措施日落复审，在 DSU 第 21.3 (c) 条下仲裁，WT/DS268/12，2005 年 6 月 7 日，DSR2005：XXIII，11619
美国－石油工业用管材日落复审 (第 21.5 条－阿根廷)	专家组报告，美国－对来自阿根廷石油工业用管材反倾销措施日落复审，由阿根廷根据 DSU 第 21.5 条提出，WT/DS268/RW，2007 年 5 月 11 日通过，DSR2007：IX，3523
美国－石油工业用管材日落复审 (第 21.5 条－阿根廷)	专家组报告，美国－对来自阿根廷石油工业用管材反倾销措施日落复审，由阿根廷根据 DSU 第 21.5 条提出，WT/DS268/RW，2007 年 5 月 11 日通过，上诉机构报告修改，WT/DS268/AB/RW，DSR2007：IXX，3609
美国－果汁（巴西）	专家组报告，美国－对自巴西进口的果汁采取反倾销行政复审及其他措施，WT/DS382/R，2011 年 6 月 17 日报告
美国－家禽（中国）	专家组报告，美国－影响自中国进口家禽的措施，WT/DS392/R，2010 年 10 月 25 日通过，DSR2010：V，1909
美国－美国版权法第 110 节第 5 段	专家组报告，美国版权法第 110 节第 5 段，WT/DS160/R，2000 年 7 月 27 日通过，DSR2000：Ⅷ，3769

续 表

简要标题	案件标题全称及出处
美国一美国版权法第 110 节第 5 段〔第 21.3（c）条〕	仲裁决定，美国一美国版权法第 110 节第 5 段，在 DSU 第 21.3（c）条下仲裁，WT/DS160/12，2001 年 1 月 15 日 DSR2001：II，657
美国一美国版权法第 110 节〔第 5 段（第 25 条）〕	仲裁决定 s，美国一美国版权法第 110 节第 5 段，在 DSU 第 25 条下仲裁，WT/DS160/ARB25/1，2001 年 11 月 9 日，DSR2001：II，667
美国一乌拉圭回合农业协议〔第 129（c）节（1）段〕	专家组报告，美国一乌拉圭回合农业协议第 129（c）节（1）段，WT/DS221/R，引自 2002 年，8 月 30 日 DSR2002：VII，2581
美国一综合拨款法第 211 节	上诉机构报告，美国一1998 年综合拨款法第 211 节，WT/DS176/AB/R，2002 年 2 月 1 日通过，DSR2002：II，589
美国一综合拨款法第 211 节	专家组报告，美国一1998 年综合拨款法第 211 节，WT/DS176/R，2002 年 2 月 1 日通过，上诉机构报告修改，WT/DS176/AB/R，DSR2002：II，683
美国一贸易法的 301 条款	专家组报告，美国一1974 年综合拨款法第 211 节，WT/DS152/R，2000 年 1 月 27 日通过，DSR2000：II，815
美国一虾	上诉机构报告，美国一特定虾及虾类产品进口限制，WT/DS58/AB/R，1998 年 11 月 6 日通过，DSR1998 年：VII，2755
美国一虾	专家组报告，美国一特定虾及虾类产品进口限制，WT/DS58/R 和 Corr. 1，1998 年 11 月 6 日通过，上诉机构报告修改，WT/DS58/AB/R，DSR1998：VII，2821
美国一虾（第 21.5 条一马来西亚）	上诉机构报告，美国一特定虾及虾类产品进口限制，由马来西亚根据 DSU 第 21.5 条提出，WT/DS58/AB/RW，2001 年 11 月 21 日通过，DSR2001：XIII，6481
美国一虾（第 21.5 条一马来西亚）	专家组报告，美国一特定虾及虾类产品进口限制，由马来西亚根据 DSU 第 21.5 条提出，，WT/DS58/RW，2001 年 11 月 21 日通过，得到上诉机构报告支持，WT/DS58/AB/RW，DSR2001：XIII，6529
美国一虾（厄瓜多尔）	专家组报告，美国一对产自厄瓜多尔虾采取反倾销，WT/DS335/R，2007 年 2 月 20 日通过，DSR2007：II，425
美国一虾（泰国）/ 美国一海关保税指令	上诉机构报告，美国一与从泰国进口虾有关的措施/美国一对征收反倾销和反补贴的商品实行海关保税指令，WT/DS343/AB/R，WT/DS345/AB/R，2008 年 8 月 1 日通过，DSR2008：VII，2385/DSR2008：VIII，2773
美国一虾（泰国）	专家组报告，美国一与从泰国进口虾有关的措施，WT/DS343/R，2008 年 8 月 1 日通过，上诉机构报告修改，WT/DS343/AB/R，WT/DS345/AB/R，DSR2008：VII，2539
美国一虾（越南）	专家组报告，美国一对自越南进口虾实施反倾销措施，WT/DS404/R，2011 年 9 月 2 日通过
美国一软木Ⅲ	专家组报告，美国一对来自加拿大的特定软木产品的初步裁定，WT/DS236/R，2002 年 11 月 1 日通过，DSR2002：IX，3597
美国一软木 IV	上诉机构报告，美国一对来自加拿大的特定软木的最后反补贴税决定，WT/DS257/AB/R，2004 年 2 月 17 日通过，DSR2004 年：II，571
美国一软木 IV	专家组报告，美国对来自加拿大的特定软木的最后反补贴税决定，WT/DS257/R 和 Corr. 1，2004 年 2 月 17 日通过，上诉机构报告修改，WT/DS257/AB/R，DSR2004：II，641
美国一软木 IV（第 21.5 条一加拿大）	上诉机构报告，美国一美国对来自加拿大的特定软木的最后反补贴税决定，由加拿大根据 DSU 第 21.5 条提出，WT/DS257/AB/RW，2005 年 12 月 20 日通过，DSR2005：XXIII，11357
美国一软木 IV（第 21.5 条一加拿大）	专家组报告，美国一对来自加拿大的特定软木的最后反补贴税决定，由加拿大根据 DSU 第 21.5 条提出，WT/DS257/RW，2005 年 12 月 20 日通过，上诉机构报告驳回，WT/DS257/AB/RW，DSR2005：XXIII，11401

续 表

简要标题	案件标题全称及出处
美国一软木V	上诉机构报告，美国一对来自加拿大软木的最终倾销判决，WT/DS264/AB/R，2004年8月31日通过，DSR2004：V，1875
美国一软木V	专家组报告，美国一对来自加拿大软木的最终倾销判决，WT/DS264/R，2004年8月31日通过，上诉机构报告修改，WT/DS264/AB/R，DSR2004：V，1937
美国一软木V〔第21.3（c）条〕	仲裁员报告，美国一对来自加拿大软木的最终倾销判决一在DSU第21.3（c）条下仲裁，WT/DS264/13，2004年12月13日，DSR2004：X，5011
美国一软木V（第21.5条一加拿大）	上诉机构报告，美国一对来自加拿大软木的最终倾销判决一由加拿大根据DSU第21.5条提出，WT/DS264/AB/RW，2006年9月1日通过，DSR2006：XII，5087
美国一软木V（第21.5条一加拿大）	专家组报告，美国一对来自加拿大软木的最终倾销判决，由加拿大根据DSU第21.5条提出，WT/DS264/RW，2006年9月1日通过，得到上诉机构报告支持，WT/DS264/AB/RW，DSR2006：XII，5147
美国一软木VI	专家组报告，美国一国际贸易委员会对来自加拿大软木的调查，WT/DS277/R，2004年4月26日通过，DSR2004：VI，2485
美国一软木VI（第21.5条一加拿大）	上诉机构报告，美国一国际贸易委员会对来自加拿大软木的调查一由加拿大根据DSU第21.5条提出，WT/DS277/AB/RW，2006年5月9日通过，和Corr.1，DSR2006：XI，4865
美国一软木VI（第21.5条一加拿大）	专家组报告，美国一国际贸易委员会对来自加拿大软木的调查，由加拿大根据DSU第21.5条提出，WT/DS277/RW，2006年5月9日通过，上诉机构报告修改，WT/DS277/AB/RW，DSR2006：XI，4935
美国一不锈钢（韩国）	专家组报告，美国一来自韩国的不锈钢卷板和不锈钢条的反倾销措施，WT/DS179/R，2001年2月1日通过，DSR2001：IV，1295
美国一不锈钢（墨西哥）	上诉机构报告，美国一来自墨西哥的不锈钢采取最终反倾销措施，WT/DS344/AB/R，2008年5月20日通过，DSR2008：II，513
美国一不锈钢（墨西哥）	专家组报告，美国一来自墨西哥的不锈钢采取最终反倾销措施，WT/DS344/R，2008年5月20日通过，上诉机构报告修改，WT/DS344/AB/R，DSR2008：II，599
美国一不锈钢（墨西哥）〔第21.3（c）条〕	仲裁决定，美国一来自墨西哥的不锈钢采取最终反倾销措施，第DSU21.3（c）条下的仲裁，WT/DS344/15，2008年10月31日，DSR2008：XX，8619
美国一不锈钢（墨西哥）（第21.5条）	专家组报告，美国一来自墨西哥的不锈钢采取最终反倾销措施，墨西哥诉诸DSU第21.5条，WT/DS344/RW，2013年5月6日，未通过
美国一钢板	专家组报告，美国一对来自印度钢板的反倾销及反补贴措施，WT/DS206/R和Corr.1，2002年7月29日通过，DSR2002：VI，2073
美国一钢铁保障措施	上诉机构报告，美国一对于特定钢制品进口的保障措施，WT/DS248/AB/R，WT/DS249/AB/R，WT/DS251/AB/R，WT/DS252/AB/R，WT/DS253/AB/R，WT/DS254/AB/R，WT/DS258/AB/R，WT/DS259/AB/R，2003年12月10日通过，DSR2003：VII，3117
美国一钢铁保障措施	专家组报告，美国一对于特定钢制品进口的保障措施，WT/DS248/R，WT/DS249/R，WT/DS251/R，WT/DS252/R，WT/DS253/R，WT/DS254/R，WT/DS258/R，WT/DS259/R，和Corr.1，2003年12月10日通过，上诉机构报告修改，WT/DS248/AB/R，WT/DS249/AB/R，WT/DS251/AB/R，WT/DS252/AB/R，WT/DS253/AB/R，WT/DS254/AB/R，WT/DS258/AB/R，WT/DS259/AB/R，DSR2003：Ⅷ，3273

续 表

简要标题	案件标题全称及出处
美国一纺织品原产地规则	专家组报告，美国一纺织品及服装产品原产地规则，WT/DS243/R 和 Corr. 1，2003 年 7 月 23 日通过，DSR2003：VI，2309
美国一金枪鱼 II（墨西哥）	上诉机构报告，美国一有关金枪鱼及其产品进口、市场和销售的措施，WT/DS381/AB/R，2012 年 5 月 16 日向 WTO 成员散发［未判决］
美国一金枪鱼 II（墨西哥）	专家组报告，美国一有关金枪鱼及其产品进口、市场和销售的措施，WT/DS381/R，2012 年 5 月 16 日向 WTO 成员散发［上诉中/未判决］
美国一轮胎（中国）	上诉机构报告，美国一影响自中国进口的客车和轻卡车轮胎的措施，WT/DS399/AB/R，2011 年 10 月 5 日通过
美国一轮胎（中国）	专家组报告，美国一影响自中国进口的客车和轻卡车轮胎的措施，WT/DS399/R，2011 年 10 月 5 日通过，上诉机构报告支持 WT/DS399/AB/R
美国一内衣	上诉机构报告，美国一对于棉质及人造纤维内衣进口的限制，WT/DS24/AB/R，1997 年 2 月 25 日通过，DSR1997：I，11
美国一内衣	专家组报告，美国一对于棉质及人造纤维内衣进口的限制，WT/DS24/R，1997 年 2 月 25 日通过，上诉机构报告修改，WT/DS24/AB/R，DSR1997：I，31
美国一棉花	上诉机构报告，美国一对于棉花的补贴，WT/DS267/AB/R，2005 年 3 月 21 日通过，DSR2005：I，3
美国一棉花	专家组报告，美国一对于棉花的补贴，，WT/DS267/R，和 Corr. 1，2005 年 3 月 21 日通过，上诉机构报告修改，WT/DS267/AB/R，DSR2005：II，299
美国一棉花 （第 21.5 条一巴西）	专家组报告，美国一对于棉花的补贴一由巴西根据 DSU 第 21.5 条提出，WT/DS267/RW 和 Corr. 1，2008 年 6 月 20 日通过，DSR2008：III，809
美国一棉花 （第 21.5 条一巴西）	上诉机构报告，美国一对于棉花的补贴一由巴西根据 DSU 第 21.5 条提出，WT/DS267/AB/RW 和 Corr. 1，2008 年 6 月 20 日通过，上诉机构报告修改，WT/DS267/AB/RW，DSR2008：III，997to DSR2008：VI，2013
美国一棉花 （第 22.6 条一美国 I）	仲裁决定，美国一对于棉花的补贴一由美国根据 DSU 第 22.6 条和《补贴和反补贴协议》第 4.11 条提出，WT/DS267/ARB/1，2009 年 8 月 31 日通过，DSR2009：IX，3871
美国一棉花 （第 22.6 条一美国 II）	仲裁决定，美国一对于棉花的补贴一由美国根据 DSU 第 22.6 条和《补贴和反补贴协议》第 7.10 条提交仲裁，WT/DS267/ARB/2 和 Corr. 1，2009 年 8 月 31 日通过，DSR2009：IX，4083
美国一面筋粉	上诉机构报告，美国一对来自欧共体的面筋粉进口的明确保障措施，WT/DS166/AB/R，2001 年 1 月 19 日通过，DSR2001：II，717
美国一面筋粉	专家组报告，美国一对来自欧共体的面筋粉进口的明确保障措施，WT/DS166/R，2001 年 1 月 19 日通过，上诉机构报告修改，WT/DS166/AB/R，DSR2001：Ⅲ，779
美国一羊毛衬衫及女上衣	上诉机构报告，美国一影响从印度进口的羊毛恤衫及衬衫措施，WT/DS33/AB/R 和 Corr. 1，1997 年 5 月 23 日通过，DSR1997：I，323
美国一羊毛衬衫及女上衣	专家组报告，美国一影响从印度进口的羊毛恤衫及衬衫措施，WT/DS33/R，1997 年 5 月 23 日通过，得到上诉机构报告支持，WT/DS33/AB/R，DSR1997：I，343
美国一归零法（欧共体）	上诉机构报告，美国一计算倾销差额（归零法）的法律、规则及方法，WT/DS294/AB/R，2006 年 5 月 9 日通过，和 Corr. 1，DSR2006：II，417
美国一归零法（欧共体）	专家组报告，美国一计算倾销差额（归零法）的法律、规则及方法，WT/DS294/R，引自 2006 年 5 月 9 日，上诉机构报告修改，WT/DS294/AB/R，DSR2006：II，521

续　表

简要标题	案件标题全称及出处
美国一归零法（欧共体） （第 21.5 条一欧共体）	上诉机构报告，美国一计算倾销差额（归零法）的法律、规则及方法，由欧共体根据第 21.5 条提出上诉，WT/DS294/AB/RW 和 Corr. 1，2009 年 6 月 11 日通过，DSR2009：VII，2911
美国一归零法（欧共体） （第 21.5 条一欧共体）	专家组报告，美国一计算倾销差额（归零法）的法律、规则及方法，由欧共体根据第 21.5 条提出上诉，WT/DS294/RW，2009 年 6 月 11 日通过，上诉机构报告修改，WT/DS294/AB/RW，DSR2009：VII，3117
美国一归零法（日本）	上诉机构报告，美国一与归零法有关的措施及日落复审，WT/DS322/AB/R，2007 年 1 月 23 日通过，DSR2007：I，3
美国一归零法（日本）	专家组报告，美国一与归零法有关的措施及日落复审，WT/DS322/R，2007 年 1 月 23 日通过，上诉机构报告修改，WT/DS322/AB/R，DSR2007：I，97
美国一归零法（日本） 〔第 21.3（c）条〕	仲裁报告，美国一与归零法有关的措施及日落复审，WT/DS322/21，2007 年 5 月 11 日，DSR2007：X，4160
美国一归零法（日本） （第 21.5 条一日本）	上诉机构报告，美国一与归零法和日落复审有关的措施，由日本根据第 21.5 条提出上诉，WT/DS322/AB/RW，2009 年 8 月 31 日通过，DSR2009：Ⅷ，3441
美国一归零法（日本） （第 21.5 条一日本）	专家组报告，美国一与归零法和日落复审有关的措施，由日本根据第 21.5 条提出上诉，WT/DS322/RW，2009 年 8 月 31 日通过，得到上诉机构报告支持，WT/DS322/AB/RW，DSR2009：Ⅷ，3553
美国一归零法（韩国）	专家组报告，美国一对自韩国进口的产品实施反倾销使用归零法，WT/DS402/R，2011 年 2 月 24 日通过，DSR2011：X，p. 5239

● 贸易政策审议（2013）

日本贸易政策审议

概述

1. 自2011年日本贸易政策审议以来，其贸易和相关政策几乎没有变化。尽管如此，日本所适用的简单平均最惠国关税上升，上升的部分原因是平均从价税等值非从价税。同时，日本采取了更多的国际标准。

2. 2011年日本经济萎缩。其贸易账户自1980年以来首次出现赤字，其经常账户盈余收窄至GDP的2%（2009年为2.9%）。

3. 在应对地震和海啸中，国家和地方政府执行的补充预算金总额占国内生产总值的3.6%。到2016年3月底，重建将占GDP的4%左右。因此，财政赤字超过10%，政府债务总水平上升到2011年GDP的近230%。

4. 在持续的通货紧缩环境下，日本采取了宽松货币政策下的补充预算，包括转向"通货膨胀目标制"。此外，所有主要货币对日元继续升值。如果持续下去，这将会进一步减少日本出口企业的国际竞争力，除非大大改善其生产力。

5. 这些更加扩张性的宏观经济政策支持着日本经济。GDP增长预计在2012年回升，这主要是由于供应链中断后的建筑支出、消费者支出和库存重建。然而，这些政策不能解决日本的长期结构性问题（包括人口老龄化加快），这导致在过去的十年左右日本经济增长疲软。这些问题可以通过深化结构改革得到有效的解决，其中贸易自由化（以及由此产生的刺激竞争）是一个组成部分。

6. 日本当局意识到结构性改革的需要并且已经发生了一些变化。例如，2012年4月，政府降低法定公司税率以刺激投资和在国内的外国直接投资，这在其他大型的OECD国家占GDP的比重非常小。

7. 日本至少给予除了安道尔、赤道几内亚、厄立特里亚、黎巴嫩、朝鲜、南苏丹、东帝汶之外的所有国家和经济体最惠国待遇。

8. 自2011年以来，日本和印度、秘鲁两个国家的伙伴关系协定已经生效（EPAs），目前日本已有12个双边协议和一个区域协议生效。日本认为，区域和双边贸易协议补充多边体系，并承认协议生效的复杂性增加。日本加入的EPAs还囊括了贸易便利化、投资、自然人流动和竞争政策。然而，与农产品出口国之间的协议倾向于排除农产品，也排除某些工业产品，如皮革和鞋类产品，当局认为这些产品特别敏感。

9. 这些产品也在很大程度上排除在普遍优惠制（GSP）之外，即日本方面对某些发展中国家和最不发达国家的产品给予优待。2011年，日本废除了所有的GSP方案。日本在之前的审议中对最不发达国家免税和免配额待遇没有改变。

10. 关税仍然是日本主要的边境限制。2012年财政年度，适用的简单平均最惠国税率为6.3%，略高于2010年的5.8%，反映在关税税则表（HS 2012版）的变化和增加的平均从价等值（AVEs）及非从价税。非从价税占到日本关税的6.6%，往往包括高平均从价等值，这也是日本关税的一个重要特性，尤其是农产品。普惠制简单平均关税是5.3%（比2010年的4.6%提高），对最不发达国家为0.5%（与2010年度相同）。区域贸易协定下日本的简单平均关税从2.3%到3.9%不等。

11. 日本的非关税措施包括边境进口禁令以及

定量进口限制（例如鱼类的进口配额）。国营贸易包括烟叶、鸦片、大米、小麦和大麦、奶制品（自2011年以来不变）。

12.2011年10月，授权经济经营者（AEO）计划修正后，进口由AEO经纪人申报货物或者由AEO制造商在关税申报前公布生产。

13. 日本很少使用应急措施。它继续对源自南非、澳大利亚、中国和西班牙的电解二氧化锰采用反倾销措施。2012年6月，日本终止对来自韩国和中国台北的聚酯短纤维征收反倾销税。日本自上次审议以来没有使用反补贴及保障措施。

14. 日本对国家安全和公共安全以及根据国际公约（例如濒危野生动植物物种国际公约）保护对自然资源实施出口管制。出口信贷、保险和担保是允许的。退税方案在某些制造业是可行的，但不一定退款支付100%的关税。

15. 大约54%的日本工业标准（JIS）在2011年与国际标准一致（高于2009年的46%）。尽管日本坚称其SPS措施是基于科学的风险评估，但显然没有在这方面进行成本收益分析。

16. 各种知识产权法在日本上交审议时已经修改，尤其是提高了专利和设计系统的便利性和有效性。在多边和区域关于促进国际保护知识产权制度协调性的讨论中，日本仍然是一个积极的参与国。

17. 政府打算继续加强竞争政策。在这方面，一项修改反垄断行为的法案已经提交国会。

18. 在农业方面，政府继续放弃价格支持转向收入支持。然而，变化相对较小，涉及部门继续获得可观的政府支持，尤其是适用更为优惠的最惠国税，以及关税配额、收入支持，以及在某些子行业的生产控制。

19. 日本是一个很大的渔业产品的净进口国，政府历来提供一系列对渔业部门的支持并制定年度预算。日本在2011年向WTO通报的补贴中，提出对先进设备和渔业现代化管理及相关部门实施补贴，从综合规划来看，非政府组织作为补充，旨在实现稳定、安全、高效的食品供应。

20.《电气事业法》和《天然气事业法》在2012年进行修订，着眼于放松关税方面的监管，除此之外，还包括对可再生能源领域免税。在2011年3月日本东北部核电站的几次严重事故背景下，政府正在评估是否在能源和公共事业部门采取监管改革。

21. 日本上次贸易政策审议修订的《邮政服务私有化法案》（2012年4月国会通过）主要是关于金融服务监管的变革。根据修改后的法案，日本邮政集团必须提供普遍的邮政服务和公平进入各地储蓄和保险服务的机会。同时，日本邮政控股公司向其两个金融子公司出售股份被认为将“尽快”，而不是在规定修订之前的“在2007年到2017年之间”。保险方面，最近的主要变化是放松银行保险的监管。

22.2011年6月，日本宣布海上反垄断豁免根据海上运输法将保持不变，其范围不变，日本计划在FY2015审查海上豁免。

23. 日本关于国际航空运输的政策已经明显转向自由化和开放领空，尤其是在满足互惠和拥堵的资格条件下，通过达成的双边协定涵盖放松的定价条款（自由定价）和生产能力条款（自由测定）。

（郭惠君　译）

阿根廷贸易政策审议

基本情况

1. 虽然受到2008—2009年世界金融危机的影响，阿根廷的经济在此之后开始复苏，GDP增长率在2010和2011年均达到约9%。但在2012年上半年，年均增长率降至2.4%，同时通货膨胀持续加剧，情况让人担忧。阿根廷通过参与多边贸易体制而获益良多，2005－2011年间，其出口总额增长了一倍，这也是它在金融危机后能够迅速恢复元气的一个原因，而另一个原因则是阿根廷出口的主要产品的国际价格有所上涨。

2. 阿根廷积极使用贸易政策措施来实现长远目标，如促进整体经济增长或推动工业化发展，推动社会进步或实现自给自足。此外，阿根廷还利用贸易政策工具来实现短期目标，如抑制通货膨胀和保持国际收支平衡。举例而言，阿根廷为了避免其国内市场价格受到出口产品的国际价格波动的影响，采取了与生产商签订国内供货协议的方法，并利用出口税进行调节，出口税是阿根廷税收收入的主要来源之一。阿根廷还通过与生产商签订补偿协定或进口许可等手段来实现贸易平衡，促进国内生产。利用贸易政策实现短期目标需要经常进行政策调整，这导致贸易体制更为复杂多变，难以预测，同时也会产生额外的经济成本。

3. 审议期间，阿根廷的贸易政策旨在促进出口和国内生产，有时会采用进口替代的措施。但是在落实所有政策后，却可能得到相反效果。一方面，一系列税收激励方法促进了制成品的生产和出口；但另一方面，由于出口需缴纳关税，并且某些农产品的出口有不同的登记要求，所以可能会削弱国家的出口能力和竞争力。此外，采用进口许可和其他进口相关的行政措施可能会增加生产成本，从而将可出口商品的成本提高。

经济环境

4. 阿根廷的经济已经走出世界经济危机的阴霾，虽然它的GDP增长率在2009年没有超过0.9%，但是在2010年和2011年大幅增长，分别达到9.2%和8.9%。这些增长一部分是由于强劲的国内需求，更主要的原因是阿根廷是初级产品的主要出口国。另外，阿根廷还充分利用财政政策、货币政策和收入政策刺激经济发展，克服危机所带来的影响。最近，由于国内和国际需求减少，阿根廷的经济增长逐渐放缓。虽然2012年第一季度的实际GDP同比增长5%，但是第二季度增长停滞，因此2012年上半年的GDP同比增长2.4%。

5. 审议期内，阿根廷的公共财政主要呈盈余状态，但在2011年和2012年有所恶化。2006年，税收收入占GDP的19%，到2011年，这一比例下降至14.3%。由于退休金制度在全国范围推广，社会保障的份额翻倍，在一定程度上弥补了税收收入的空缺。在各项税务中，增值税和所得税的份额在审议期间有所增加。出口税的份额同样有所增长，它在2006年占据GDP的2.2%，这一比例在2011年增长至2.9%，而进口税在2006年和2011年均为GDP的0.8%。2006年，出口税占据总税收收入的11.8%，及至2011年，这一比重上升至20.5%。

6. 阿根廷采用浮动汇率制管理。在过去几个月里，比索对美元的实际汇率升值。通货膨胀持续加速，情况堪忧，但由于官方数据只包括大布宜诺斯艾利斯地区的消费者物价指数的变动，因此并未完全体现通货膨胀问题。出口政策通过征税等手段来稳定可出口商品的价格，而正在实施的进口政策则由于抑制进口导致进口商品的价格上涨，从而影响到通胀水平。

7. 审议期间，阿根廷因参与全球化经济而获益匪浅，虽然它实施的内向型政策可能会抑制贸易发展。2011年，阿根廷的商品出口额达到840亿美元，几乎是2006年的两倍。其中，农产品和燃料出口占总出口份额的将近1/3，加工农产品（包括猪肉）占了另外1/3，剩下的1/3是制成品。阿根廷的出口市场相对较为多元化：在2011年，总出口额的56%出口到七大主要出口贸易地。2011年，商品进口额达到740亿美元。近些年来，阿根廷的贸易顺差逐渐缩小，主要是由于石油贸易愈发不平衡。2011年，石油贸易逆差达到30亿美元，比2010年同期增长50%。

8. 阿根廷的国际收支经常账户盈余在2009年达到顶峰，随后在2010和2011年大幅下降。这不仅表明进口商品和服务的增幅比出口商品和服务的增幅快，还说明外流的投资收入大幅增长。

9. 审议期间，政府持续实施债务削减政策。2012年，到期债务的利息无法通过预期基本盈余完全支付，削减政策的目的是为此提供所需资金，并进一步降低今后关于预期政府收入的债务偿还的压力。在同样背景下，中央政府还采取措施减少地方债务。由于政府采取债务削减政策，GDP增长，再加之公共财政审议期间基本盈余，所以公共债务占GDP的比重从2006年的60%降至2011年的41.6%。

贸易及投资政策

10. 审议期间，阿根廷以贸易政策为手段，实现官方所述的社会包容式经济发展的目标，争取将经济发展和降低失业率、减少贫困等其他目标相结合。自2006年以来，制定及实施贸易政策的体制结构发生了多次变化。目前由经济与公共财政部负责贸易政策。

11. 阿根廷宪法规定，在特殊情况下，如果常规的指导立法的宪法条例无法遵守，总统可以颁布"必要紧急"法令，除非是关于刑事罪行、税务、选举相关或政党事务的立法。但是这些法令需在国会两院均通过方可生效。除非有明确的相反裁决，法令自颁布起即刻生效。2007年以来，阿根廷颁布了许多这样的"必要紧急"法令，其中包括规定在30天里临时干预国家石油公司的法令，其目的在于保障业务持续经营，保护公司的资产和财富，供应燃料，以确保国家需要得到满足。

12. 阿根廷是南方共同市场的发起国之一，在此背景下，自2007年以来它已经签署了5项优惠协定，其中仅有2项协定已在阿根廷（印度和以色列）生效。它还签署了拉丁美洲一体化协会的一系列协定。

13. 除了渔业、大众传媒、特定地点的土地和房产买卖以及沿海贸易服务以外，其他行业均不限制外商投资，保险行业则有互惠要求。一般而言，外商投资不需要经过预先审批。

14.《投资法》保障了投资者将投资利润撤回本国的权利，也可以随时将净利润和实际利润转移到国外。但是，自2011年以来，阿根廷颁布了许多购买和转移外汇的规定。这些管控措施成为阿根廷现行经济政策的主要特征，目的在于增加外汇储备，管理汇率，限制私人部门的外汇负债，以及避免资本外流。

15. 阿根廷对于向国外支付利息、股息、利润、版税没有限制，只要账户经由外部审计人员结清及核实。它也允许投资者将投资利润撤回本国，只要资金已在阿根廷至少一年，并符合某些限制条件即可。大体上，对于外商撤资的数量没有限制，但是自2011年10月开始，如果外商直接投资要撤回本国，所有新的外汇投资或购买的地方公司和房地产的股份均需进入统一自由外汇市场，并通过其结汇。如果外汇没有经由统一自由外汇市场，那么投资者必须到阿根廷共和国中央银行申请将外商直接投资撤回本国。此外，如果要撤回任何投资于金融机构或控制金融机构的非金融类公司的资金，必须获得中央银行的预先授权。

16. 阿根廷在中央和地方都有许多促进（国内和国际）投资、提升竞争力、推动出口的激励方案，包括横向计划和产业计划，以刺激资本货物和技术创新方面的投资，推动中小企业的发展，促进优惠利率或固定利率的信贷。其中一些计划则以购买国内商品为条件。此外还有一些鼓励特定行业投资的激励方案。阿根廷根据地理位置授予不同激励条件，也给建立在自由贸易区的公司予以激励。

贸易政策（按措施划分）

17. 在审议期里，阿根廷增加了对非关税限制措施的使用，主要涉及注册规定、进出口手续和进口许可。此外，由于一些措施的执行明显缺少透明度，体制的透明性有所降低。

18. 自上次审议以来，阿根廷的进口程序发生了许多变化，其中一些变化据官方所述是为了促进贸易，比如自2012年2月1日开始，所有消费品的进口需通过提前进口申报程序；2012年9月5日起，预先自动进口许可证取消。但是，对于一些特定产品的进口，产品和/或进口商还是需要注册。

19. 为保障国家的财政利益，阿根廷一直对进口采取预留防备的价值准则。在审议期间，受价值准则约束的产品和/或国家清单一再变化。为了确定价值准则，国家海关总署认为，官方宣布的关于消费品进口的评估和数据库的信息应该对公共和私人部门开放。

20. 自上次审议以来，阿根廷的关税结构发生了重大变化。2010 年，影响到 8%关税细目的最低从量进口税取消。阿根廷如今采用的只有从价税。但其法律规定，在特殊情况下可以重征最低从量进口税。2006 年以来，关税保护不断加剧：2006—2012 年间，农产品（根据世贸组织定义）的最惠国税率由平均的 10.4%提升至 11.4%。农产品（根据世贸组织定义）采用的最惠国税率在 2012 年平均为 10.1%，低于授予非农产品的 11.5%。73%的关税细目征收 15%或以下的税率；27%的关税细目征收 15%以上的税率；4.2%的关税细目征收 35%以上的税率（在 2006 年是 4.4%）。自 2006 年以来，关税保护最严重的行业没有显著变化，仍然是纺织及制衣业、鞋类、特定交通工具，以及油籽。

21. 阿根廷对大部分进口商品继续征收 0.5%的海关统计税（最高课税额 500 美元）或最高 2%的海关原产地证明税。

22. 阿根廷对最惠国的进口没有关税配额。但是，在某些贸易协定中，它没有采用特惠关税配额。

23. 进口可能需要自动或非自动许可。需要进口许可（包括自动和非自动许可）的商品数量审议期间有所增加。但是，阿根廷在 2012 年取消了原进口预先自动许可证，因此大量减少了需要自动进口许可的关税细目数量。非自动许可的使用审议期间增加，尤其是纺织和纺织品以及机械和机械器具。需要非自动进口许可的商品一般也需满足具体的技术规范。要求满足具体的技术规范的产品也需要有一份宣誓证明（合格证书）。

24. 国内商务秘书处推行了特定商品的强制认证体系，颁布决议规定必须使用的证明类别，产品必须带有的标志，以及如何标记这些标志。产品和服务的制造商、进口商和经销商必须依照强制认证体系，在参与贸易之前从认证机关获得合格证书，并将经鉴定的复印件提供给国内商务秘书处。在一些情况下，商品在投入市场或进口前，需要证明所提供信息的准确性。这些要求已经实施，在一定程度上，是出于所宣称的保护消费者的目的。

25. 将世贸组织成员中使用反倾销措施最多的国家进行排名，阿根廷位居第四。审议期间，它推出了新的立法措施来规范现有措施的调查和审议。在 2006—2011 年间，阿根廷使用了 57 项反倾销措施。但在同一期间，它并没有采用任何反补贴措施，也没有展开任何调查。

26. 虽然阿根廷贸易政策的其中一个目标是促进出口，阿根廷的贸易体制采取措施控制出口，以确保国内供应及价格稳定。结果是，粮食、猪肉和奶制品在出口时，除了要满足常规的注册要求，还要进行特殊的注册。阿根廷始终保留着消费品出口的价值管控体制，目的在于控制申报价值，从而保障出口税所获得的收益。特定的农产品仍然需要依照官方出口价格。制定这些官方价格是用于对出口关税、费用和其他出口税进行估价，或者用于计算讨论商品的出口补贴和补偿。

27. 阿根廷仍继续征收出口税。这主要为了缓解国内市场因汇率不稳造成的基本生活物资价格波动，也是充实国库的税收措施。除了个别特殊情况，所有出口都需要缴纳出口税。税率在审议期间有所上升，如今的税率从 5%到 100%不等。由于阿根廷是主要的农产品出口国，其油籽饼、麦片、大豆和大豆副产品的出口也是位居世界前茅，因此它的出口税有可能对这些产品的国际价格带来影响。

28. 但是，阿根廷为了促进出口，也推出了许多关税减让方案，包括：许多促进投资的计划、临时准入制度、工厂内关税制度、自由区制度和海关特区。其中一些制度，如对矿业和林业活动予以补贴、自由区制度，以及资本商品、信息技术和电信产品制度，都通报世贸组织予以补贴。

29. 根据《竞争保护法》，任何产品或服务的生产或交换，如果是为了限制、削弱或歪曲竞争或市场准入，或者是因滥用市场支配地位而损害整体经济利益，都是被禁止的。受禁止的不是这些活动本身，而只是它们的影响。这一法律适用于所有在阿根廷境内参与经济活动的自然人和法人、公共部门和私人单位，或是所有在阿根廷境外参与经济的活动，这些行为、活动或协定会影响到阿根廷的市场。审议期间，颁布了 14 项关于视听教材、石油、天然气和水泥配送等行业的反竞争活动的条例。

30. 阿根廷继续实施价格监管政策以刺激消

费，加强本国生产，改善收入分配。执行委员会有权颁布关于监管市场、仲裁、分销和/或生产的法规，即便没有发生紧急供应情况。在这样的背景下，政府利用了生产者和经销商在多种活动所签订的国内市场供应协议和价格协议。政府所使用的另一个稳定国内价格的手段是农业活动补偿体制。

31. 阿根廷是政府采购协议的观察国。它利用国家的购买力来保护并推动国内产业，尤其是通过项目扶持中小企业，如购买阿根廷劳动力计划，"购买本省"和"购买本市"授予5%到7%的优惠给国内或本地符合条件的生产者。自2012年起，阿根廷也拿出7%的优惠幅度给投标的出口供应商。一些行业如航空运输则要求必须选用国内的供应商。

32. 在2007年，阿根廷修订了《知识产权法》，对于利用特殊手段提供给盲人或其他视觉障碍人士的科技和文学作品，可免除其在复制和分销过程中所缴纳的版权费用。从2008年开始，立法开始保护集体商标。2009年，增加了地理标志和农产品及食品产地标记保护的法规。同年建立了保护唱片创作者和生产者权益的时间期限。2012年，阿根廷建立了指导方针，对检验化学/制药的专利应用进行了专利性审查。

贸易政策（以产业划分）

33. 阿根廷是一个主要的农产品生产国，尤其是谷类食品和家禽产品。在国际层面，阿根廷始终致力于农产品和家禽产品的贸易自由化。它在世界贸易组织的主要利益之一就是农产品谈判。总体而言，阿根廷对于农业的扶持较为有限：事实上所有通报的补贴最后都成为"绿箱措施"，只有烟草是唯一的例外。对于农产品的关税保护要少于对制造行业（根据国际标准工业分类法的定义）的关税保护：在2012年是7.2%，而整体平均值是11.4%。在多边层面，阿根廷并未保留关税限额，但是它对某些农产品有特惠关税限额。出口农产品需缴纳从5%到32%不等的关税。

34. 采矿业向国内和国外私人投资者开放，并享有一系列已通报至世贸组织的税收优惠。虽然采矿活动由中央政府进行协调，但是地方有权力制定自己的政策，管理自己的矿产资源，以及征收矿区使用费。出口矿产品需缴纳5%到10%的关税。自2012年5月以来，享受税收优惠的采矿公司在水运交通服务上必须选择本国企业。

35. 阿根廷是拉丁美洲第四大的原油生产国，有第三大的天然气储备。2008年，为了刺激生产以满足国内产业对于能源的需求，阿根廷实施了"油＋"和"精炼＋"计划。计划的受益者是有效生产超过基础生产的企业，它们可以从能源秘书处获得税收信贷证明。在2008至2012年间，"精炼＋"计划下有26个项目，总投资金额为26亿美元。但是，除了这些计划以外，阿根廷的石油开采和出口在审议期间有所减少。原油出口需缴纳的关税取决于国际石油价格，在25%到45%间波动。

36. 各省掌控自己地区内的油田。因此，当前烃类领域实施两套制度，一套制度是通过中央政府获得许可证和租赁权，另一套制度是与地方政府签订合约。在2012年5月，随着国家石油公司的国有化，阿根廷出台了新的烃类政策的指导原则，包括鼓励国内外的公共一私营合资企业来对传统的和非传统的烃类勘探和开采，并在烃类贸易平衡中获得盈余。

37. 在审议期间，天然气的开采同样有所减少，大部分天然气的经销商自2002年以来比率未变。再加上国内需求增加，天然气出口需缴纳100%的税率，丙烷气的出口需缴纳45%的税率，综合作用下，阿根廷在气体燃料上的贸易地位发生了变化，2008年起，阿根廷成为天然气的净进口国。

38. 审议期间，制成品的进口和出口均飞速增长，其中进口增长率稍高于出口增长率。2011年，制成品（包括加工食品）的出口总额达到289亿美元，大约占总出口额的1/3，而进口额达到604亿美元。出口的制成品主要包括汽车产品（占总额的35%）、化学和相关产品（20%）、金属加工（11%），以及宝石和金属（10%）。制成品的出口有很大比例是综合性大企业和跨国企业所为，其中一些以外资参与为主。许多工业产品的出口，如汽车工业等，都是进口投入密集型。

39. 为了促进制造行业的发展，阿根廷采取了横向财政激励方案和出口鼓励方案，如自由出口区和临时准入。资本产品、信息技术和电信产品的管理体制还对资本产品的生产采用特殊管理办法。制造行业如果要开展研发项目或是进行技术发展创新，还能获得特别的信贷优惠。为了保护制造行业，阿根廷采取了许多边境措施，包括：关税、自动和非自动的进口许可、应急措施，尤其还有反倾销税。制造行业（根据国际标准工业分类法的定义）的普通最惠国税率在 2012 年平均达到了 11.7%，如果根据世贸组织定义的非农产品则是 11.5%。在审议期间，许多制成品的进口仍然需要非自动许可，而大多数制成品出口则需要缴纳 5% 的关税。

40. 阿根廷的资源基本能够满足本国的能源需求。大部分水电站都是私人所有，尽管最大的两个水电站归国家所有。电力行业的主要特征是外商有强大的影响力。阿根廷和巴西、巴拉圭、乌拉圭和智利北部的供电体系相互通连，是这些国家的电力净出口国。电力行业的政策旨在促进可持续发展以及鼓励可再生能源的使用。根据阿根廷的法律，终端消费者市场可以分为两种，面向普通消费者的市场受到管辖，而面向大用户的可以开放竞争。在管辖市场，拥有特许权的经销商有垄断权，需遵循所规定的关税；大用户则可以自由地在市场购电。

41. 阿根廷的电信服务以市场竞争为基础。但是，座机仍然是由两个"传统经营者"控制，它们的合同有效期直至 2020 年，那时它们的费率也被冻结。直至 2012 年中期，这些费率都未进行修改。经营者有权确定其他电信服务的费率。

42. 阿根廷的财政部门成功地走出 2008—2009 年世界金融危机的阴霾，其偿付能力也较为充足。2011 年，15.5%的信贷风险加权资产是认购资本，62%高于法律要求。在 2012 年 1 月，随着金融中介增长逐步放缓，认购资本程度上升至 15.9%。对于想要参与地方金融系统或通过自己的机构进行交易的投资者，阿根廷法律对于其国籍不做限制。外资金融机构在阿根廷能获得本国待遇，然而外资保险公司能否获得同样待遇则取决于其互惠性。

43. 根据机会愿望准则，进入保险市场前需要提前获得批准。只有在阿根廷成立的保险公司才能够赔付在阿根廷境内发生的风险。阿根廷的资本市场主要以布宜诺斯艾利斯证券交易所为中心，虽然在其他城市也有证券市场，但它们的交易额总和也不过是布宜诺斯艾利斯证券交易所的 1%。

44. 国内的航空和水运交通服务全部由国有企业提供，但也有特例存在。机场是国家所有，但主要机场的管理由私人公司或企业联盟外包。大部分港口由私人管理，但布宜诺斯艾利斯港口等六个港口仍然是国家所有。

45. 总体而言，阿根廷并未对专业执业有所规定。但是，对于有可能影响公共利益或是直接危及公众健康、安全、权利、财产、教育的职业，政府颁布了法规监管相应文凭的课程内容。至于提供专业服务方面，如果要在阿根廷从事某职业，在国外获得的专业资格需要在国内高校重新认证方可生效。根据服务业贸易总协定，阿根廷对于法律、会计、工程和建筑等许多专业服务都有具体约束。

46. 根据阿根廷法律，旅游行业涉及国家利益。在 2010 年，阿根廷创立了旅游部来增加并强化政府在旅游行业的举措，该行业也能享受普遍的激励政策和特殊的激励政策。

（曾曼园　译）

印度尼西亚贸易政策审议

经济环境

1. 自上次2007年审议以来，印度尼西亚的经济发展平稳，年均GDP为5.9%。人均GDP几乎增长了一倍，达到3500美元，贫困率由后危机峰值24%降至2011年的12.4%。当面临2008至2009年的全球金融危机时，这些以及其他的基本原则提供了良好的基础支持。面向未来，政府在2011年的“加速和扩张经济发展总计划（2011—2025)”中提到，更强更可持续性的经济发展需要使增长来源多样化、加速基建发展并降低东西部地区发展差距。世界银行预测到，假定消费和投资持续强健增长，且有出口复苏的支持，2012年实际GDP增长6.1%，2013年将缓慢增长至6.3%。

2. 印尼已经采取措施来改善其商业环境，多项全球指标排名可反映出其改善状况。除了对印尼宏观经济环境和FDI体系的正面评估，还有一些显著的改革，包括设立印尼国家单一窗口来便利网上操作贸易和许可程序，以及发起一系列倡议来改善政府治理。

3. 国企对印尼的经济发展仍非常重要，约占印尼GDP的40%。审议期间尚未有任何显著的私有化行动。然而，政府已经部分剥离其在某些行业的所有权，包括：水泥、电信、采矿、能源、制药、建筑、高速公路、钢铁、制造业、航空业和银行业。2012年国企对酒精饮品的进口垄断也得到终止。

4. 以经济产出份额来看，贸易仍然有限，商品出口审议期间的GDP占比为21%至26%，进口为15%至18.5%。从进口和出口方面看，印尼的能源相关产品（燃料）贸易仍高于其他任何产品。近期多种措施引发了对贸易和投资政策制定方向的担忧，包括对原材料的出口限制和税收，加紧进口许可要求，进口准入限制，对银行的所有权限制和对部分外资采矿公司的剥离要求。在这方面，当权机构认为国内产业政策事项旨在发展当地产业并提升价值链，应与开放外贸和投资机制相平衡，以此来确保印尼的对外承诺得到充分尊重。

贸易和投资政策框架

5. 印尼对所有WTO成员都至少给予了最惠国待遇。为了改善贸易和投资政策，印尼颁布了新的有关投资、SPS体系、出口融资、特殊经济区、农业、渔业、船运业、矿产、煤炭开采和旅游业的法律。印尼继续加强其与该区域国家的经济联系，包括通过双边关系以及参与东盟活动。东盟则有意在2015年达成东盟共同体，新的货物和投资协议已经生效。

6. 印尼的中期贸易政策目标旨在增加非石油产品的出口，加强国内市场并控制基本产品的供给；还要加强国家分销渠道。为达到该目的，印尼已经确定了贸易谈判中关乎重大利益的十项先决条件。其经济重点也是多种发展计划的基本原则，如提高印尼企业的竞争力并鼓励向高附加值产品的转移。这其中最核心的是六个经济通道的经济发展，每一项都有重点领域的产业群。通过增强运输和ICT基建可连接这些通道。实现这些目标在很大程度上有赖于私有投资。

7. 印尼的外国投资制度有了很大的法律和机构性变化。2007年一项新的《外国投资法》得以颁布，这代表着对过去规则的改善，例如去除允许产业进行外资投资的最长时间限制，同时还规定了外商投资者的国民待遇以及诉诸国际仲裁的方法。投资限制（包括对外资参股的限制）在全面的“负面清单”中得以体现。审议期间，负面清单得到了修订和自由化。在一些产业，如农业、林业和渔业、能源相关活动、通讯、金融服务和健康服务业上，外资所有权仍有所限制。总体来看，2007年的投资法提高了一些产业的透明度并减少了行政负担。

贸易措施和实践

8. 印尼继续采取系统性措施来降低贸易、投资和生产限制，并简化边境程序。在政府日程中海关改革非常重要。2007年设立了印尼国家单一窗口，使其可在网上处理海关文件、许可申请和关税缴纳。如今在印尼的各个主要海关准入点都运行这一机制，约有 90%的贸易是通过这一机制进出印尼的。此外，印尼还努力改善其风险管理，并通过引进信誉良好的进口商来便利贸易发展。海关改革的目标是减少清关的时间和成本，并限制走私和海关欺诈。权威机构观察到，由于设立了指导方针来协助海关官员判定进口产品的海关价值，有关海关的诉讼大幅下降。另一方面，由于注册要求、部分产品准入港口限制、大量的装运前检验和进口许可要求，进口程序变得复杂化。

9. 虽然关税对税收的贡献较小，但其仍是印尼的主要贸易政策工具。印尼的国际贸易税收约占总税收的 4%，大大低于发展中国家平均值。印尼贸易税收的大约一半是来源于出口的，主要是大宗商品。主要政策目标是维持价格的稳定、下游加工设施的发展，以及消耗不可再生资源的税率。

10. 财政部在 2010 年缔结了一项为期五年的关税协调方案，使得印尼的平均最惠国关税由 2006 年的 9.5%降至 2012 年的 7.8%。工业产品的平均适用最惠国关税为 7.5%，农业进口产品为 9.5%。超过 85%的关税税率在 0 至 10%之间。按照长期的行业支持，汽车的关税税率最高。同过去的审议一样，95%的税目都限制在 37.4%，平均约束税率大大超过了平均应用税率，使得关税的不可预测性增强。对农产品来说，平均应用税率与平均运输税率的差异更大（分别为 9.5%和 47.1%）。除了部分税目受制于特定税率，所有适用税率都是从价计征，这保证了关税的透明度。印尼通过双边和东盟自由贸易协定而设定了关税优惠，关税降幅从 0.8%至 5.9%不等，如此加大了其最惠国关税税率的差距。除了关税，印尼的增值税率为 10%，奢侈品税为 10%到 75%，对酒精和烟草产品征收消费税，对含 5%以上酒精的酒精饮品进口品的消费税比国产产品的要高。

11. 印尼约 20%的税目受到进口许可要求的影响。自上次审议以来，许可要求有所扩大。许多许可要求旨在保护国内产品，如大米、糖、盐、部分纺织和纺织品、丁香、动物和动物产品以及园艺产品。WTO 成员对于印尼的进口许可要求的复杂性、缺乏透明度以及贸易损害有所担忧。

12. 在 2011 年，印尼颁布了有关管理反倾销、反补贴和保障措施的新规则。主要变动是加强调查程序并在同一法律中规定贸易救济法规。相关机构性重构已在进程中。印尼目前尚未发起反补贴调查。在 2012 年底，印尼有 18 项确定性反倾销措施生效。自 2010 年印尼大幅增加运用保障措施，使其一跃成为 WTO 使用该工具频率第二高的成员。

13. 印尼的国家标准是依照国际标准设定的。约有 3%的标准是强制性的。印尼设定标准和技术规定的方法是透明的，允许利益相关者参与。审议期间，新的有关畜牧业和动物健康以及园艺的 SPS 相关法律已经生效。所有进口肉类和奶制品须含有经批准的清真认证机构颁发的清真证书。实施园艺法律的规定加紧了进口检疫程序来防止果蝇的传播。对于原产自食品安全体系未认证国家的进口品，则限制其进入印尼可准入的港口。

14. 印尼的公共采购由多个中央和区域政府机构以及国有企业承担。印尼在 2012 年成为 WTO《政府采购协定》（GPA）的观察国。政府采购仍是一项重要的产业政策工具。外资企业仅可与本国企业合作来竞标（除非没有本国企业有能力提供需求的货物和服务），且仅能对超过一定阈值的投标竞标。如果有供应商提供当地含量超过 40%价值的货物和服务，采购协定强制政府购买使用国内产品。自 2007 年以来，随着公开招标强制性电子采购的引入，采购透明度有所改善。新的采购协定要求每个采购机构加强管控力并设定合同程序和时间限定。然而，除了这些改革，串通投标仍是一个主要问题，且约占 70%的竞争委员会工作量。未来需要一个完善的采购法并加强审计程序。印尼的竞争政策框架审议期间变动不大。

15. 对一系列国内外投资商的激励计划为生产和贸易提供了支持。主要包括：企业税减免、燃料补贴、关税豁免，以及多项有关自由贸易区和特殊经济区的激励计划。印尼目前有一个自由贸易区。政府在 2009 年颁布了一项特殊经济区（SEZ）法律来鼓励 SEZ 发展成为经济战略中心并包含出口加工区、保税区、工业园区、科技园区以及配套设施。目前有两个 SEZ 正在建设之中。

16. 印尼的出口许可、禁止和限制确保了对自然资源和濒危物种的保护，同时保证提供适当的国内必需品供应，并促进了高附加值下游产业的发展，以及升级出口产品的质量。除此之外，政府禁止矿业公司出口矿石产品（目前受出口许可和税的影响），在 2014 年将被要求在印尼进行提炼。审议期间，对皮革和木制品、棕榈油、可可原料和矿石产品引入了新的出口税，这些措施的主要目的是鼓励在印尼境内进行增值加工活动，其次是确保国内供应，保护环境，并提高收入。

17. 在2009年，为出口商提供装运前和装运后融资活动的国有银行Ekspor Indonesia在新法律下转变成了Indonesia Eximbank，在商业和金融机构未进入的领域提供出口融资、担保和保险，主要为毛棕榈油、纺织、石油和天然气及矿业客户提供服务。另一个国企Asuransi Expor Indonesia为所有产品（除石油和天然气）的出口商提供出口信贷保险。

18. 作为知识产权密集型产品的净进口国，印尼试图加强其对知识产权的保护，主要通过改善其法律框架体系等措施。印尼在起草有关版权、商标、专业和工业设计法律修订案方面较为领先。印尼支持加入TRIPs协议——一项披露遗传资源和相关传统知识来源的要求。审议期间，印尼对两项案件运用强制许可以允许政府使用制药专利，以此来生产部分抗病毒和抗逆转病毒药物：在任何情况下，政府对这些专利的应用持续至其到期日。知识产权侵权，尤其是与版权相关的事项，仍是印尼贸易伙伴的关注点。印尼正通过进口许可要求和省级监控和调查措施来努力打击知识产权侵权行为。

行业政策发展

19. 印尼是一个大的群岛国家，在运输基础设施、通信和公用事业上面临很大困难，而这些公用事业对其社会经济的发展都是必不可少的。数年来，印尼基建投资较低，目前基建网络很弱。道路拥堵，港口遇到瓶颈，且许多印尼人无法享用饮用水或可靠的电力。基础设施不完善也导致了低劣的分销系统，因此物流成本很高，比如说，船运成本比该地区的其他地方高约50%～80%。由于政府分权，省级和区政府争夺利益，改善港口发展的总计划受到了阻碍。

20. 从印尼经济整体行业架构来看，审议期间鲜有变化。农业、林业、渔业在2011年约占GDP的14.7%，同时占用了35.9%的就业劳动力，为4000多万人提供就业机会。农业政策方面，粮食自给、粮食消费和生产多样化，高附加值和竞争力，以及农民的福利成为发展重点。大米是最重要的粮食且是多数印尼人最喜欢的主食。大多数印尼人摄取的卡路里有约一半来自大米，因此对于印尼政府来说，维持粮食低价是一项重要的政策目标。主要国内政策目标都是通过对化肥和种子的广泛投入补贴来实现的，信贷用来支持生产商。对大米、糖、盐进行检疫进口限制，这一措施也开始指向动物和动物产品引入。因食品安全、SPS和文化原因而施加的进口限制变得更加严格。对毛棕榈油和衍生产品已经引入可变出口税制度，最近对可可也引入了这项制度。

21. 约70%的印尼土地由森林覆盖，但大量的非法采伐行为导致了严重的环境毁坏问题。面临非法采伐和木材走私，政府通过与欧盟、马来西亚、日本和中国签署协议来加大其国内执法力度，从而禁止从印尼进口非法木材。印尼还制定了一系列的政策措施来打击或禁止木材出口，以此来鼓励在印尼境内进行加工活动。在2011年，印尼禁止了原料和半加工藤条（用于制造传统家具）的出口。这项措施旨在鼓励藤条家具的生产，但似乎将藤条价格拉低了。另一方面，经加工处理的木材和木制品（包括制成品如家具）是印尼出口的一个重要组成部分。

22. 印尼仍是黄金采矿业的重要供应者，并且提供大量的煤、铜、黄金、锡和镍。根据2009年颁布的新的采矿法，在印尼从事经营的采矿公司在出口未加工矿石时会面临新的限制。这项政策旨在支持增值活动的扩展，包括熔炼产业。

23. 最近，印尼GDP表现强劲，主要得益于服务业和大宗商品业而非制造业。印尼制造业的GDP占比已经下降至25%以下。虽然从增值、出口和就业占比方面看，制造业已经下降或停滞，但其对GDP的贡献仍是所有产业中最大的。由于印尼的劳动力成本比东南亚其他区域低且国内市场庞大，政府努力争取投资者向电子制造业投资。然而，基建不足仍阻碍着它的发展。印尼提供了多项激励计划来吸引外国直接投资，包括保税区或自由贸易区、税收和进口税豁免权。为利用这些激励，投资者必须满足2007年投资法中的特定条件，例如建址于农村或边界地区，雇用大量劳动力，或开展研发。

24. 2011年服务业占GDP的比值为38.1%。在审议期间，该比值保持相对稳定。服务业占用43.5%的就业劳动力。审议期间，经济增长的驱动力已从制造业转向了服务业。服务业的增速约为制造业和农业的两倍。服务贸易（进口和出口之和）在 2011 年约占 GDP 的 6.3%，而 2000 年为 12%。代表着旅游业的旅游服务支配着出口，且有超过 37%的印尼服务出口。在部分服务行业，印尼有着潜在的比较优势，如熟练劳动力服务、技术部署和业务流程外包。

25. 在自 2007 年开始的全球金融危机期间，印尼的金融体系很有弹性。这主要得益于银行业的稳定性，相对于亚洲邻国印度和中国来说仍较小。在 2012 年中期，金融行业总资产为 GDP 的 66%，银行总资产占 GDP 的比例为 50%。印尼银行（BI）承担监管银行业的任务，而当前的监管架构会有改变。在 2011 年，印尼设立了一个新的金融服务机构（Otoritas Jasa Keuangan），将成为所有金融服务机构的唯一监管机构（包括银行、证券公司、保险公司、养老金和提供多种金融服务的公司）。其权力范围包括银行许可、银行业务、设定银行流动性政策以及银行业监管。所有这些权力都将在 2013 年底从 BI 接管。新的权力机构将于 2014 年 1 月份开始监管银行。

26. 金融体系由银行支配，银行占金融行业资产的 76%，且金融产业其他参与者，如保险公司、养老机构、金融公司、证券公司以及当铺，占市场份额较小。外资银行（包括分支、合资银行和外资所有的本地银行）在该产业中起着重要作用，且其占银行资产的份额逐渐上升。自 1999 年以来，高达 99%的银行份额由外国机构和个体占有。印尼修改了其 WTO 金融服务承诺，将 GATS 承诺的外资所有权由 49%调至 51%；新的银行许可不再受约束。2012 年的一项关于商业银行所有权的法规旨在通过更好的治理来改善银行的灵活性。这项法规减少了银行中的所有权主导，因为这对银行业务有负面影响。法规适用于所有利益相关者，不管是印尼的还是外资的。允许外资对银行占有 99%的所有权这一规定保持不变。

27. 审议期间，印尼的电信市场继续扩大，且进入了健康发展阶段。固定无线技术为全国固话网络发展扩张提供了新的基础。在固定市场部分无线亦成为主要成本，且在 2011 年前约占总固话用户的 80%，电话普及率 2012 年初达到 17%；固话为未获服务的社区提供了急需的基础电话服务。移动电话用户从 2007 年的 10400 万（37%的普及率）增至 2012 年初的约 24900 万，普及率超过 100%。鉴于普及率超过了 100%这一里程碑，该市场仍有进一步增长的潜力，且消费者开始转向运营商提供的 3G 服务。电信产业的快速增长吸引了大量外国投资者进入。

28. 政府的国家运输增长率强调了通过主要基础设施发展和运输产业改革来加强国内连接。运输产业发展的具体目标有：改善运输基础设施建设的容量，并减少运输服务的积压和瓶颈问题；达到 90%的稳定公路网络；提高国内海运市场份额至 100%，铁路货运和客运分别达到 7%和 23%；提升运输安全（2014 年前交通事故下降 50%）。根据基础设施建设或服务的层次，运输基础设施和服务由国家、省级、地区或城市机构控制。针对具体用途而拨款很难，因为印尼政府采用分权制度。

（王洁　译）

墨西哥贸易政策审议

概述

一、综述

1. 墨西哥实施反周期的财政和货币政策，加上得到内需和出口恢复的支持，其经济成功克服了2008－2009年的全球金融危机。

2. 自上次2008年的贸易政策审议以来，墨西哥已经启动了一项单边自由化计划，该计划在2009－2013年间实施。它降低了许多工业产品的关税。这是最值得一提的一点，因为墨西哥是在全球金融危机余波中进行实质性的关税削减的少数几个国家之一，而墨西哥的经济曾遭这次金融危机的重创。最重大的改变发生于2010年，当时3852个税目的关税被去除了。就在同一时期，墨西哥通过把其关税水平从88减到28来简化其关税结构。

3. 墨西哥还采取措施简化海关程序和降低进口成本。这些措施包括在2008年消除特定的进口要求和为贸易创造一个单一窗口，这些在2012年9月得以充分运作。然而，尽管做出这些努力，墨西哥仍然有空间去降低非关税边境措施的发生率，尤其是卫生与植物卫生措施的发生率。在海关估价领域，墨西哥消除了玻璃、铁、玩具和纺织品的“估算价格”，但维持了汽车的估算价格。墨西哥继续要求特定产品的进口要获得进口许可，这些产品包括石油产品、二手轮胎和二手车。

4. 墨西哥继续充当反倾销措施的使用者，虽然近年来它已经大大减少了使用反倾销措施。审议期间，墨西哥已经加强了它的竞争法，但在关键部门中竞争仍然有限。2010年的改革提高了对违反竞争法的罚款，并且把不争的竞争行为视为刑事犯罪。尽管如此，在诸如碳氢化合物、电力和通信等部门中依然有提高竞争的余地。

5. 墨西哥通过不同类型的计划来促进出口，特别是“工业、制造业、加工和出口服务计划”（IMMEX计划）。在2007－2011年期间，墨西哥66.2%的出口和47.2%的进口是由IMMEX计划下的公司做出的。

二、经济环境

6. 墨西哥的经济已经成功克服2008－2009年的全球金融危机，该次危机导致墨西哥2009年的GDP大幅缩水。通过成功实施反周期的财政和货币政策，墨西哥在2010年走出衰退并自那以后经济增势稳健，2010年增长了5.6%，2011年增长了3.9%，2012年前三个季度增长了4.2%。金融危机导致人均收入减少，但自2010年之后人均收入得以恢复，2012年9月人均收入达到了10000美元。经济增长得到内需和复苏的出口的支持。

7. 虽然产量已经恢复到危机前的水平，但是失业率仍然高于危机前的失业率，2012年末失业率约为5%。通货膨胀得到控制，2012年9月前的12个月，消费价格上升了4.8%。

8. 2007－2011年间，墨西哥联邦政府的财政状况轻微恶化，最近两年同期赤字分别占GDP的2.7%和2.5%。这一恶化部分反映了2009年实施的用以应对全球经济放缓的财政激励。然而，最近墨西哥重回财政整顿之路。公共财政继续高度依赖石油收入。在此意义上，从长期看来，财政状况仍是一个挑战，特别是考虑到石油收入可能减少而由于人口老龄化的开支会增多。

9. 审议期内，经常账户赤字大幅波动，尽管这一赤字占GDP的份额并不大。在2011年，经常账户赤字达到了91.5亿美元（占GDP的0.8%），差不多是2008年的一半。

10. 2007－2011年间，墨西哥的贸易增速减缓。在此期间，若以美元来衡量，商品的出口和进口分别增长了28.6%和24.4%，而在2002－2006年间，进出口扩张超过了50%。工业产品在墨西哥出口（占出口总额的72.9%）和进口（占进口总额的78.1%）中占支配地位。墨西哥的出口结构高度集中于一个市场，即美国市场。平均来说，80.4%的墨西哥出口是出口到这一市场。进口相对而言则更为多元化：平均49%的进口源于美国。其他重要供应商则是中国（占进口的13.1%）和日本（占进口的5.1%）。近年来与中国的贸易急剧上升。

11. 墨西哥面临的一大挑战是提高劳动生产率和经济竞争力并确保可持续增长。2007－2011年的 GDP 年均实际增长率仅为 1%，这意味着这几年 GDP 的增长基本停滞不前。此外，虽然墨西哥是一个中等收入国家，其人均 GDP 仅超过 10000 美元，但其收入分配是倾斜的并且减少贫困依然是一个挑战。墨西哥早就该进行改革以加速经济增长。为此，政府已经引入旨在改善商业环境的政策，这主要是通过削减繁琐的程序和培养竞争实现的。同时，墨西哥还采取措施解决这些问题，例如削减工业产品的适用关税，启动法律法规的改革和改善竞争政策的监管和实施。然而，若要提高竞争力并支持可持续增长，墨西哥要进行进一步的改革，包括为提高产量而进行的石油业改革、拓宽税基的财政改革和劳动力市场立法的改变。

三、贸易和投资政策

12. 审议期间，墨西哥的贸易政策或其根本法律框架没有实质性的变化。墨西哥贸易政策的目的依旧是通过多边贸易体制和特惠贸易协定来加强并提高墨西哥对世界贸易的参与。

13. 作为一个 WTO 成员，墨西哥对其所有的贸易伙伴（包括非 WTO 成员）给予最惠国待遇。墨西哥承认，多哈谈判的成功和改善 WTO 纪律对于确保多边贸易体制的有效性至关重要。

14. 墨西哥是签订最多贸易协定的拉丁美洲国家之一。审议期间，墨西哥继续扩张其特惠贸易协定网络，在此期间它签订了三个新的贸易协定。截至 2012 年 9 月，墨西哥有 12 个自由贸易协定（Free Trade Agreements，FTAs）和拉丁美洲一体化协会（ALADI）框架下的 8 个局部自由贸易协定。墨西哥的大部分贸易是与其 FTA 伙伴国家并主要与美国（NAFTA 的一个成员）展开。

15. 除了保留给国家和墨西哥公民的一系列活动或受到资本限制（10%，25%和 49%）或批准所限，外资可占墨西哥公司资本的 100%。外国投资依然要进行登记。自上次贸易政策审议以来，外商直接投资立法发生了一些变化。截至 2008 年，墨西哥授权外商投资高达信用合作社资本的 10%。

16. 为了促进和增加外商直接投资，墨西哥继续签订促进和相互保护投资协定。截至 2012 年 6 月，墨西哥有 28 个已生效的投资协定。

四、按措施分类的贸易政策

17. 审议期间，墨西哥采取不同的行动以提高其竞争力并减少公司的贸易成本。为此，墨西哥实施简化海关程序措施并根据《贸易便利化法令（2008）》和《海关现代化计划（2007－2012）》减少进口成本。2008 年，墨西哥消除了一些进口要求并为涉外贸易的运行建立了单一窗口，这些措施到 2012 年 9 月全面运行。

18. 2009 年，墨西哥实施一项单边自由化计划，该计划仅涵盖工业产品并将于 2013 年完成。由于该计划，到 2012 年 1 月，墨西哥 58.3%的关税细目实现了零关税并且最惠国关税从 2007 年的 11.2%降到了 6.2%。工业产品（WTO 的定义）的平均关税从 2007 年的 9.9%降到了 2012 年的 4.6%，而农产品（WTO 的定义）的平均关税仅从 23%降到 20.9%。随着这些关税的削减，最惠国关税和特惠关税之间的差别幅度也相应减少。此外，墨西哥通过把关税水平的数量从 88 减到 28 来简化其关税结构。然而，一些关税高峰依旧存在，2012 年的关税水平幅度在 3%～254%之间。

19. 除了关税，进口还要交海关手续费、仓储费、增值税和生产服务税。新车还要交 ISAN 税。海关手续费依旧是货物海关价值的 8‰。

20. 墨西哥对 WTO 框架下的农产品适用关税税率配额，对农产品和工业产品还适用单边和特惠关税税率配额。

21. 在海关估价领域，墨西哥不再适用“估算价格”（参考价格），二手车除外。少数产品要获得进口授权。审议期间，要获得进口授权产品的清单有所改变：2008 年，未经加工的钻石被列入该清单，而在 2009 年，特定类型的二手车被移出了该清单。

22. 审议期间，虽然墨西哥减少了反倾销措施的使用，但墨西哥依然是这类措施的积极使用者。2007—2012 年期间，墨西哥发起了 15 起反倾销调查（2002－2006 年有 42 起），其中有 5 起采取了最终反倾销措施（2002－2006 年有 31 起）。到 2012 年 6 月，墨西哥有 38 项反倾销措施在实施中，但没有实施反补贴措施。

23. 采纳技术规范的程序已经明确建立。技术规范在 5 年后要接受日落复审；如果没有进行日落复审，这些措施就自动过期。在 2008 年，墨西哥逐渐取消获得健康注册以进口药物的“建立”要求。自那以后，如果外国制造商有文件证明其公司有其原产国有权部门颁发的制药执照，那么该外国制造商可以获得墨西哥的健康注册。在2011年1月，墨西哥还修改了食物和软饮料标签上所要求标明的信息。

24. 在卫生与植物卫生措施方面，获得证书和有关进口要求的询问因产品和措施而异。为了便于信息的扩散，墨西哥于2010年和2011年实施包含植物卫生、动物健康和水产养殖要求的网上数据库。

25. 墨西哥通过财政支持计划、税收激励和培训计划来强烈促进制造出口业的发展。提供税收里的主要计划有：进口退税计划（退税）和2010年修改的IMMEX计划。2007－2011年间，墨西哥66.2%的出口和47.2%的进口是由IMMEX计划下的公司做出的。

26. 为支持国民生产，墨西哥自2002年起运行几个部门促进项目（PROSEC)。审议期间，墨西哥还实施了两个项目（食物与肥料），因此2012年总共有24个项目。除了这些项目，墨西哥在公司和行业层面上实施其他项目，提供财政支持、税收激励或技术援助。

27. 出口要缴纳海关手续费，根据特定贸易协定出口的货物除外。该手续费费率是固定的并适用于每个交易。有些产品要缴纳出口税，而其他产品要进行登记。未加工的钻石、铁矿物和某些石油产品要获得出口许可才可以出口。这些产品中，仅石油产品在上次贸易政策审议中被要求获得出口许可。

28. 在竞争政策方面，墨西哥在审议期内加强了联邦竞争委员会及其罚款制度。尽管如此，有些部门依然竞争有限，例如碳氢化合物部门、通信和电力部门。墨西哥继续对诸如汽油、电和专利药物等产品实施价格控制。

29. 审议期间，墨西哥对获得专利程序的立法和商标登记以及许可的立法做出了修改。

五、按部门分的贸易政策

30. 墨西哥维持对农业和渔业的几个激励计划。这些计划的运行规则每年确定一次。为实现更大的生产力和改善资源分配，要对农业部门进行进一步改革。虽然最具扭曲性的干预已经减少，但市场价格支持和以产量为基础来支付报酬的机制依然占据给予生产者的支持的50%以上。

31. 墨西哥依然是世界上主要的石油生产国之一；然而在2007－2011年间，虽然增加了对石油业的投资，但原油的产量下降了17%。此外，墨西哥现仍是成品油的进口国。

32. 2008年，墨西哥推出新的石油法，确定了墨西哥国家石油公司（PEMEX）在特定战略领域的专有地位。国家保有对碳氢化合物的所有权和控制权，但PEMEX可以与私人部门签订提供与碳氢化合物的勘探和生产活动有关的服务合同。电力供应也是一个国家准垄断部门，整个传输网络和大多数发电站由国有联邦电力委员会（CFE）运营。

33. 服务业得到实质性的自由化，但并不总是在《服务贸易总协定》(GATS）中得到巩固。墨西哥实践中的市场准入条件比墨西哥在GATS项下做出的承诺更加有利，现在包含了77个子部门。更多的竞争和外资参与导致了某些服务业的重大的市场结构调整。然而，需要采取更多的措施以促进诸如在电信和航空运输等行业中的竞争，包括提高外资参与。

34. 外资若要在墨西哥提供金融服务，则需要在墨西哥设立机构，并且所设机构的母国和墨西哥要存在有关金融服务的贸易协定。金融机构一旦建立，该机构会被赋予国民待遇并且外国投资者可以拥有100%的资本。

35. 电信部门依然高度集中，主要的电信运营商控制了固话市场的80%和手机市场的70%。墨西哥的立法并不要求运营商对通信服务进行分类定价，国际通信的成本依然相当高。

36. 要获得特许才可以提供定期航空运输服务，这种特许只能颁发给至少有75%的墨西哥资本的公司。

（梁意　译）

瑞士和列支敦士登贸易政策审议

概述

1. 瑞士和列支敦士登自上次 2008 年贸易政策审议以来，对其贸易体制做出了重大改变。除了农业依然受到关税和非关税措施的保护外，贸易体制整体上依然是自由的。

2. 瑞士和列支敦士登位于世界上最富裕的国家之列。它们的经济已经从全球经济危机中很好地恢复过来。幸亏在经济危机爆发之前，它们实施"债务刹车规定"（debt break rule），并且联邦层面上大量的财政盈余不断积累，瑞士得以在 2009－2010 年实施经济稳定化措施，这些措施主要是基础设施开支和劳动力市场措施，所以失业率得以维持在 3%～4%之间。然而，近年来劳动生产率的下降引发了担忧。列支敦士登的经济表现对外国人而言是一个磁铁，吸引着大量的外国人来此工作，外国人占据了劳动力市场的 2/3。

3. 贸易是瑞士和列支敦士登经济的一大重要驱动力，货物和服务贸易占 GDP 的份额超过了 100%。考虑到对贸易的依赖，它们都坚持发展全球需求。两国经济的主要挑战一直是瑞士法郎的强劲升值（这是由于其安全港的身份），这一直威胁以至于损害两国的竞争力。2011 年 9 月，瑞士国家银行决定通过设定一个最低汇率（1.2 瑞士法郎兑 1 欧元）来遏制瑞士法郎的升值并致力于在有需要的情况下放开外汇的购买。列支敦士登把瑞士法郎作为国家货币。

4. 由于许多原因，瑞士和列支敦士登仍然是欧洲的高价岛，例如坚挺的瑞士法郎和相对高的收入，也因为对农业的高水平保护、技术贸易壁垒和很多产业中的有限竞争。一个关键的政策目标是改善国内市场的竞争。虽然在审议期间瑞士和列支敦士登采取了大量的措施（例如瑞士采用了"黑加仑第戎原则"）去刺激竞争和反制高价，但这些措施仍然不够，整体来说还需要采取更多的有效措施去解决经济面临的竞争挑战，特别是在农业上。

5. 瑞士和列支敦士登一直是多边贸易体制的坚实拥护者。因为现在多哈谈判陷入僵局，加上经济环境困难，瑞士和列支敦士登已经延伸了它们的自由贸易协定网络以帮助改善其对外国市场的进入。这一趋势使得它们的贸易体制变得日益复杂。自上次贸易政策审议以来，欧洲自由贸易联盟（EFTA，有瑞士、列支敦士登、冰岛和挪威）下新缔结的 8 个自由贸易协定已经生效（与阿尔巴尼亚、加拿大、哥伦比亚、中国香港、黑山共和国、秘鲁、塞尔维亚和乌克兰）。此外，瑞士和日本缔结的一个双边自由贸易协定于 2009 年生效。总体而言，除了欧盟，瑞士跟 35 个贸易伙伴缔结了 26 个自由贸易协定。瑞士和欧盟加深了它们之间的贸易关系，最著名的就是在海关程序和互相承认合格评定程序这两个领域。根据 1924 年的《关税同盟条约》，瑞士代表列支敦士登处理关税同盟事项，例如影响进口的贸易政策措施和农业政策。瑞士缔结的所有贸易协定都适用于列支敦士登。

6. 一般而言，瑞士的投资体制对外国人开放。然而，在国家垄断领域依旧有投资限制，这些领域包括特定的邮政、保险和铁路运输服务。以住所要求为形式的限制在某些部门中依旧适用，包括航空运输部门。瑞士在联盟层面和州层面上提供了大量的税收和非税收激励。包括直接支付在内的大多数非税收援助是给农业的。

7. 列支敦士登也有一个基本开放的投资体制。公共事业和许多金融服务业（资产管理、投资咨询和信托）有投资限制。此外，住所要求也是一个限制。在 2009 年的《列支敦士登宣言》中，政府承诺实施经济合作与发展组织（OECD）提出的关于透明度和信息互换的全球标准。随后，列支敦士登采取措施改革其国内和国际税收政策，包括在 2011 年采用新的税收体制。作为欧洲经济区（European Economic Area）的一个成员，列支敦士登得益于在欧盟、冰岛和挪威市场中的四大自由流通（货物、服务、资本和人员）。

8. 自上次贸易政策审议以来，瑞士－列支敦士登关税同盟所适用的最惠国关税结构基本上没有改变。所有关税依然是明确的，相应的从价税等值范围是从 0 到 1676%。简单平均最惠国关税税率从 2008 年的 8.1%升到了 2012 年的 9.2%。这部分反映了瑞士法郎的升值。不同部门之间乃至统一部门内的关税保护差别迥然，农产品的平均关税为31.9%，而非农产品（WTO的定义）的平均关税为2.3%，诸如纺织品和衣服这些产品的国际关税则是最高的。最惠国免税待遇差不多占关税额的20%，主要适用于不产于国内的农产品、鱼、石油、特定的化学品、基本金属以及根据医药计划(Pharmaceutical Initiative)、《信息技术协定》《民用航空贸易协议》等诸边协定获得免税待遇的产品。差不多40%的关税额是低于2%的非零税率(低率关税)。

9. 由瑞士一列支敦士登缔结的特惠贸易协定能使大部分非农产品实现自由贸易，但要提供原产地证书。对于农产品而言，更优惠的市场准入主要是通过双边关税配额给予的。最不发达国家从关税同盟中的实质性和已提高的关税优惠中获益。包括大米和糖在内的所有的农产品和非农产品都能享受免税和免配额待遇。瑞士的普惠制原产地规则于2011年向欧盟的相关规则看齐。

10. 瑞士和列支敦士登坚持出于健康、安全、国家安全或环境原因以及确保遵循国际义务的考虑，对特定产品实施进口禁止和出口控制。自动和非自动许可程序实质上没有变动。自动许可证（一般进口许可）适用于某些被强制储备库存计划（特定的燃料和食品）或进口闸门价格涵盖的产品。适用非自动许可主要是出于关税配额管理的目的。根据2011年开始生效的瑞士一欧盟双边协定，来自非欧盟国家的经营者要提供事先通知和接受安全风险分析。为了帮助减轻安全相关的海关程序的负担，瑞士已经引入了一个经认证的经济经营者计划，该计划仅对官方认可的经营者开放。

11. 瑞士已经采取措施以减少技术贸易壁垒并提高国内市场中的进口竞争。2010年，瑞士单方面对某些产品引入“黑加仑第戎原则”。加上瑞士和欧盟之间关于合格评定的互认协议，“黑加仑第戎原则”确保在欧盟或欧洲经济区合法投入市场的产品原则上可以免受进一步的技术要求检查。从其他WTO成员出口到瑞士的产品如果符合欧盟或欧洲经济区技术要求也可以从“黑加仑第戎原则”中获益。然而，瑞士无法获得一些可能从贸易中获得的利益，因为“黑加仑第戎原则”不能适用于特定的产品（例如动物饲料、药物或特定的化学品），并且食物进口要受制于特别批准程序。

12. 由于自1995年5月1日起列支敦士登成为欧洲经济区的成员，加上其与瑞士结为关税同盟，列支敦士登要确保在其领土内根据瑞士和欧洲经济区的规则货物具有类似的适销性。为此，列支敦士登坚持实行市场控制和监管机制，该机制适用于关税（例如对鱼类征收的关税）或非关税要求（例如药物、某些通信设备和盐的关税）在欧洲经济区和瑞士之间不同的进口。该机制用于阻止不满足瑞士进口要求的货物通过开放边境进入瑞士的市场。

13. 自2008年以来，没有WTO成员向技术贸易壁垒委员会（TBT委员会）和卫生与植物卫生委员会（SPS委员会）提出关于瑞士措施引发的贸易问题。瑞士现在实行的23080种标准（2008年后没有改变）的95%向国际标准或欧洲标准看齐。瑞士的SPS制度没有大的变动，虽然瑞士正在对其食物安全体制进行改革以进一步向欧洲标准看齐。暂停批准培养生物技术水稻的程序已被延期。自上次贸易政策审议以来，瑞士的兽医制度和植物卫生制度已经与欧盟的相关制度充分协调。

14. 瑞士和列支敦士登没有专门的反倾销、反补贴或保障措施立法，也不适用这些措施。它们坚持不征收出口税费。为了应对全球经济危机，瑞士已经引入了新的出口保险和担保机制以改善出口竞争力和缓解流动性问题。

15. 瑞士的竞争体制依然没有实质上的变动。政府正在考虑竞争特别小组提出的很多政策建议，这些政策建议旨在让瑞士的竞争框架更好地向国际最佳实践看齐。至于国营贸易，虽然用做燃料的生物乙醇的进口专有权已被解除，但瑞士联邦继续行使进口酒精的法定垄断权。瑞士正在对调整酒精业的法律和制度框架进行一个全面的检查，包括终止国家的进口垄断。瑞士和列支敦士登有其各自的政府采购体制，它们都是已修订的《政府采购协议》的签约方。

16. 知识产权领域的主要发展就是瑞士单方决定在专利发明（产品和方法）上引入欧洲经济区范围内的权利用尽原则。因此，专利权人不能阻止对由他们投放或经他们同意投放于欧洲经济区成员市场的专利产品的平行进口。进口由国家定价的产品要获得专利权人的同意，这意味着国内用尽原则在此情形下继续适用。这特别影响到医药产品。

17. 瑞士和列支敦士登都有一个强大的出口导向产业基础。瑞士有政策去支持研究和改善所有经济部门的框架条件，但它不坚持国家冠军企业政策。瑞士没有对特定的制造业进行现金补贴，而只有对所有公司开放的措施。

18. 电力部门正处于转型之中，由垄断电力供应体制转向更有竞争的体制。自 2009 年以来，大型终端使用者可以在自由市场上购买电力。为了落实竞争，瑞士已经将电力传输和分配网络向非歧视的第三方开放。瑞士的汽油市场也部分开放以促进竞争，允许大型消费者直接进口油气。瑞士政府最近建议对能源政策方向（《能源政策 2050》）做出重大改变，在中期没有核能的情况下达到供应安全。

19. 瑞士是世界上最重要的金融服务中心之一，它吸引着大量的外资企业。审议期内，市场准入条件没有改变，除了所签订的四个区域贸易协定包含的优惠服务承诺。然而，有两个主要的监管改变：金融危机爆发后随之而来的加强审慎监管并采纳了《巴塞尔协议Ⅲ》的原则；在国际财政政策上的著名变动，例如瑞士解除了对 OECD 的《税收示范公约》中的收入和关于税务问题信息交换的资本条款的保留。瑞士现在正在逐渐使其双边协定网络适应这一新安排。关于提高场外衍生品市场透明度的方法的初步思考也被提出。列支敦士登是一个小得多且专业化的金融服务中心。

20. 电信和分配部门都没有受到《服务贸易总协定》（以下简称“GATS”）意义上的市场和国民待遇限制，但限于它们的属性，也因为市场相对小，它们依然是集中的。随着欧盟内部自由化过程的展开，邮政部门也被自由化了。考虑到瑞士在地理上处于欧洲的中心位置，加上瑞士与欧盟签订了空运和陆运的双边协定，运输政策很大程度上与欧洲背景息息相关。瑞士正在改革已进一步自由化的铁路运输部门。瑞士正打算通过征收一种特别税来制定一种政策，该政策是关于建设跨阿尔卑斯运输基础设施与公路和铁路之间的多元运输交汇点。旅游是开放的，但受制于瑞士法郎升值强劲，得益于高端旅游服务。

21. 从贸易政策的角度来看，农业对 GDP 和就业的贡献甚微，一直是瑞士和列支敦士登经济的“薄弱环节”。自上次贸易政策审议以来，一些关税削减计划得以实施，但总体上对农业的高水平进口保护大致没有改变。肉制品和奶制品是瑞士一列支敦士登农业的支柱，是关税保护最多的产品，这些产品的进口平均要被征收超过 100%的关税，所征关税最高达到 1676%。关税配额体制依旧高度复杂，28 个 WTO 关税配额被分成 58 个份额，80 个双边特惠关税加剧了这一复杂性。瑞士在 2009 年废除了其牛奶配额制，但过剩问题依旧持续。瑞士实施的一个消除过剩战（征收强制牛奶税）引起 WTO 成员的批评。对基础农产品的出口补贴在 2009 年被废除了，但对特定的奶制品、面粉和其他混入食品的研磨产品仍要征收出口补贴。由于使用某些受到关税保护的国内农业原材料存在不利条件，这些出口补贴部分补偿了食品制造商，例如补偿了巧克力制造商。

22. 瑞士议会尚未通过新的“农业政策 2013—2017”。新政策的核心是对直接支付机制进行重新安排和调整以改善其效力并解决与 WTO 绿箱标准之间的冲突。虽然瑞士的农业政策整体上正朝着正确的方向前进，但瑞士对农业的支持和保护依然是 OECD 国家平均水平的三倍。农业的市场导向改革进程需要加速了。

（梁意　译）

中国澳门贸易政策审议

概述

1. 中国澳门保持着开放型经济，实施零关税政策，对贸易和投资鲜有限制。在经济审议期间（2007—2012）增势强劲，在多数年份内（2008年和2009年除外）其GDP增长率保持着两位数的纪录。中国澳门经济的增长由服务出口引领，包括博彩业的旅游业对经济增长的贡献尤为重要。自从2002年开放博彩业，博彩经营者之间的竞争已经激发了一个繁荣的旅游部门：旅游出口额在2011年增至380亿美元，而2004年第一个外商特许投资的赌场开始经营时旅游出口额仅为75亿美元，2002年博彩部门刚放开时服务出口额则为43亿美元。根据澳门特别行政区和中国（大陆）之间签订的《关于建立更紧密经贸关系的安排》（简称“CEPA”）建立起来的“个人游计划”使中国游客的数量得以增长。

一、经济表现/经济实绩

2. 澳门特区非常依赖贸易。在2011年，贸易额（货物和服务进出口额）大致相当于GDP的160%。有赖于强大的服务出口，澳门特区维持了国际收支经常项目顺差，但货物贸易逆差反映了澳门的制造业正在萎缩。审议期间，货物出口下滑了65%。外国直接投资总体上涨，一半进入澳门特区的外商直接投资投在了博彩部门，批发零售业则是接收外资的第二大部门。

3. 审议期间，澳门特区的经济变得更加以服务为导向。在2011年，服务业占GDP和就业的90%；博彩部门占GDP的45%和就业的20%。来自博彩部门的直接税收占了财政总收入的80%，这使政府得以维持财政盈余并继续改善（澳门/澳门政府的）基础设施。澳门特区已经转型为博彩目的地的世界领头羊。澳门政府致力于维持博彩业的可持续发展，最近采取了几项决议以调整博彩业的扩张范围和步伐。

4. 经济的快速发展和博彩业的盛行催促着价格上涨，特别是地价和劳动力价格。澳门特区的货币——澳元盯住港币，进而间接盯住美元，所以在审议期间，澳元对包括中国（大陆）在内的澳门特区主要贸易伙伴的货币贬值。因此，澳门特区需要在进口上支付更多的钱。综合消费物价指数（用以衡量通货膨胀）则一直上涨。然而，澳门特区没有独立的货币政策，因为它实行盯住港币的汇率制度。

5. 猛增的当地价格因素损害了包括制造业在内的非博彩部门的竞争力。虽然澳门特区是个自由港（免税港），货物进入澳门特区享受零关税待遇，亦几乎不受边境措施的束缚，但是制造部门继续萎缩，这主要是因为生产成本相对过高，而生产成本是由澳门人地兼少和繁荣的旅游部门和博彩部门推升的。制造业对GDP的贡献由2007年的2.9%降至2011年的0.7%，其在就业中的占比从2007年的7.1%降至2011年的3.9%。

6. 澳门特区政府致力于发展多元化的经济，包括发展非博彩服务，例如会展、文化和创新产业、传统中医和商贸服务（例如进出口服务）。区域合作（例如与中国广东省的合作）将是澳门特区克服其自身局限性和改善竞争力的重要渠道。

7. 特区政府已经采取了许多措施来培养有吸引力的商业环境。例如，政府采取措施来降低经营成本，这些措施包括维持一个简单的税收结构、低水平的行政费用和开放电信市场。政府也采取措施在公共事务部门引入竞争。为了满足日益增长的用电需求（大多数电力依靠进口），特区政府打算对电力市场实行“部分自由化”。根据2010年与现任电力供应商签订的一个更新的特许经营权合同，特区政府可以决定何时对其他投资者开放上游发电市场和电力进口市场。

二、贸易与投资体制

8. 自上次2007年的贸易政策审议以来，澳门特区的体制和政策框架大体上保持不变。根据《澳门基本法》，澳门特区维持自由港的身份，追求自由贸易政策并保障货物、无形资产和资本的自由流动。促进经济多元化和提升区域合作仍是政府的当务之急。与中国（大陆）签订的CEPA被认为能够为澳门特区未来的发展提供机会。

9. CEPA由三部分组成，即货物贸易、服务贸易和贸易投资便利化。目前，CEPA 对澳门特区经济的最大影响是通过个人游计划实现的，对中国大陆人签证限制的放宽使得到澳门特区的游客数量增势强劲。尽管目前收效甚微，政府当局试图利用 CEPA 提供的资源和机会去鼓励制造商把新产业引入澳门境内。自从《纺织品与服装协议》在 2005 年过期后，澳门的纺织品和服装业持续萎缩。有关当局提供的数据显示，CEPA 项下的优惠待遇培养了一些“新型”制造业，比如食物和咖啡加工业。鉴于澳门特区更多的是出口服务而非货物，因此可能是服务部门而非制造业，以及对毗邻的广东省珠江三角洲地区出口服务将是根据 CEPA 服务条款获得优惠进入中国市场机会的更有效的利用。

三、贸易政策和实践

10. 澳门特区的贸易和投资体制依旧相当开放。所有进口都免关税。然而，澳门特区关税约束的范围依然有限，大约 70％的关税细目是不受约束的。在审议期间，澳门特区通知 WTO 由于制药协议里产品范围的扩张，额外的医药产品要受到约束。

11. 澳门基本上没有非关税边境措施，维持进口许可只是出于健康、安全、环境和消费税的管理等原因。虽然消费税对进口产品和境内产品同等适用，但对进口产品征收的消费税是不成比例的，因为澳门境内很少或没有生产这些（需要被征收消费税的）产品。部分出于反思发展其他非博彩旅游部门的经济多元化努力，澳门特区废除了其对酒精浓度低于 30％的饮料的消费税。因此，对这些产品的进口不再需要进口许可。

12. 在适当情况下，澳门特区不发展自己的标准，而是采纳国际标准或海外标准。进口汽车和无线电通讯设备要获得许可，这是为了确保这些产品达到为其设定的强制性技术要求。在申请许可时，测试结果和由制造商或其他权威机构/官方颁发的证书被视为有用的参考材料。

13. 中国澳门并非 WTO《政府采购协议》的签约方或观察员。在审议期间，外商在政府采购领域中的份额显著增加。2011 年，在主要由金融服务局签订的采购合同中，外商供应占比由 2007 年的 9％升到了 27％。这个数据也许依然低估了外商供应在公共采购中的份额，因为向金融服务局登记的外国公司被视为当地公司（不管它们是否当地企业化）并且不予记录母国/来源国。

14. 澳门特区维持着一个简单的税收结构和低税率。作为对猛增的全球价格的回应，澳门在 2008 年 8 月废除了对燃料和润滑油征收的消费税。对于环境友好型机动车辆的新购置免征机动车辆税。政府提供包括减免利得税在内的税收激励。也有诸如利息补贴和信用担保等非税收激励，这主要是提供给中小型企业的。

15. 澳门于 2012 年修改了《版权及相关权法》以提高在数字环境下对版权的保护。经澳门经济局批准，由中国国家知识产权局授予的发明专利的持有者可以要求将他们的权利延伸至澳门特区。在审议期间，发明专利申请数量下降，而延伸权利申请数量则稳步增长。澳门特区在知识产权执法方面一向活跃，在对诸如光碟、药物和香烟等侵权产品的没收上尤为活跃。

16. 澳门特区没有一个总的竞争立法。有关当局认为现在散落在各种法律和部门法规中的条款已经提供了足够的保障，因为澳门的领土很小，而且大多数企业是中小型企业。在过去 10 年间，澳门采取了一系列措施在博彩部门、公共事务部门和电信部门中引入竞争。

四、展望

17. 作为一个小型的开放经济体，澳门特区未来的发展将受到来自其贸易伙伴的外部需求的强烈影响，考虑到包括国际货币基金组织在内的国际组织已经降低了东亚地区的增长预期，澳门金融管理局估计经济实际增长从 2011 年的 21.9％降至 2012 年的 9.0％。澳门金融管理局还预测了在 2013 年也是一个单数增长的年份。因得到来自公私部门资助的基础设施和旅游相关设备建设的巩固，国内需求有望成为经济增长的一支驱动力量。服务出口将继续增长，但预计增速会比近几年低。

18. 审议期间，澳门特区通过大量的公共建设项目开始改善基础设施，这些项目有轻轨捷运项目、改善关口检查站和建设港珠澳大桥。这些基础设施的改善将让澳门跟泛珠三角地区建立更好的联系并更好地融入泛珠三角地区。我们相信这对澳门特区的经济多元化是至关重要的：通过寻求更多的土地供应和合并该地区中诸如金融中介、交通枢纽和物流设施等资源，来促进旅游业和制造业的发展。

（梁意　译）

苏里南贸易政策审议

概述

1. 苏里南是个开放的小型经济体，在2012年之前的六年中，其贸易额和GDP逐年增长，表现为GDP总量和人均国民总收入（GNI）近乎翻倍，分别为51.73亿美元和9321美元。该国拥有很大的矿产储量，经济以生产和出口黄金、铝土矿/氧化铝和燃料为主，占出口总额的90%以上。

2. 苏里南政府的主要发展政策，包括贸易和行业政策，是2012年至2016年制定的发展计划（Ontwikkelingsplan），它是一系列发展计划中最新的，其中强调了经济的多元化和出口增长对发展和减少外来经济冲击的风险至关重要。

3. 苏里南的货币政策的重点是保持对美元的兑换率，其在2011年1月下降了20%之后，保持在每苏里南元（SRD）兑3.25到3.35美元。中央银行拥有很大比例的美元银行储蓄和贷款，为了加强监管，提高了对外币的存款准备金要求。虽然政府在过去几年多数有财政盈余，但其收入基础非常狭窄，30%的收入来自黄金、铝矾土和石油行业，使其收入受这些商品的国际价格波动的影响。

4. 其贸易对经济非常重要，进口和出口相当于其GDP的100%。苏里南的货物贸易顺差大于服务贸易逆差。自2007年以来，货物出口量大幅增长，其结构也有所改变，如黄金取代了铝土矿/氧化铝成为主要出口货物，且燃料出口也有重大增长。香蕉和大米的出口增长与总贸易的增长相当，虽然就总出口而言非常微小。进口比出口拥有更广泛的基础，虽然石油（主要是苏里南不生产的精制产品）构成了进口的1/4，机电设备构成了另外的1/5。

5. 在出口目的地方面，在2007—2011年间，对欧洲的出口已经从总出口的近一半缩水到约1/4，而对中东的出口从几乎为零增长到1/4。进口产品的来源没有发生像出口目的地那样大的变化，虽然从美国和欧盟的进口份额下降，而从特立尼达和多巴哥的进口份额增加。

6. 苏里南是加勒比共同体（CARICOM）中唯一的荷兰语成员国，而且是为数不多的非岛国成员国之一。苏里南采取加勒比共同体的共同对外关税，除了由于受修订后的查瓜拉马斯（Chaguaramas）条约的规定和共同体的国际协定，包括区域贸易协定与加勒比论坛－欧盟（CARIFORUM－EU）经济伙伴关系协定限制而导致的少数例外。共同对外关税的适用意味着在苏里南的WTO时间表中，平均最惠国关税低于平均约束关税。然而，在大约9%的关税税目中，适用的最惠国关税高于约束税率。被影响的是一些农产品，特别是烟草产品和含酒精饮料的关税税目。对高于约束税率的关税的申请是苏里南对关贸总协定（GATT）第十八条的谈判的请求主旨。为了应对进口产品被低估的情况，一些产品如烟草和含酒精饮料的关税被申请为特别税。

7. 一些涉及贸易与投资的领域将因法律框架的更新而受益，包括2001年《投资法》，而且海关法更新和巩固了现有的一些可以追溯到1908年的海关立法。当局打算制备新的立法，而且在其他方面修改海关程序，如采纳ASYCUDA ＋＋为海关数据系统。

8. 其他现有的法律框架中，可以被改善的领域是知识产权，因为现行立法可以被追溯到1912和1913年。一个新的知识产权法曾在2001年提出，但没有被国民大会通过。此外，在某些方面没有具体的立法，如应急措施与竞争政策方面。虽然这些问题的某些方面已经被包含在其他法律中，但它们将从全面的专门立法和为更好地支持、实施相关法律进行的机构改革中受益。

9. 一些领域已经实施了改革。例如在2006年实施的一个法律支持下，苏里南标准局于2007年成立，一批国家标准已被确立，加勒比共同体的标准也被采用。虽然在SPS上的立法已经有小的改变，一个改善食品控制系统的计划已经开始，其他改革也在设想之中。

10. 苏里南在增加农业生产上有着巨大潜力，已经有一些针对棕榈油和林业生产的外国投资。香蕉和水稻是苏里南仅次于矿物的主要出口产品，而且这两种产品的生产和贸易在2012年之前的六年间有很大增长。国有香蕉生产者 SBBS 从 2000 年的生产崩溃中恢复，达到了 2011 年创纪录的生产水平。除了香蕉，大部分农业生产是在小农场进行，因此面临着一系列制约因素，包括基础设施薄弱，缺乏研究和开发，以及植物动物健康服务的薄弱。此外，过时的土地所有制系统抑制了投资，限制了生产者获得信贷。政府政策的重点是改善基础设施，推广服务、研究和发展。

11. 矿物、炼油和氧化铝的生产对苏里南的经济非常重要。在石油领域，Staatsolie 是一家国有垂直一体化的企业，它涉及的领域从石油产品的勘探到提取、精炼、出口和国内零售业。它也为国有电力公司 Energiebedrijven Suriname 生产电力。Staatsolie 在苏里南独享探索和开发所有烃类的权利，虽然它有可能通过合资企业与外国石油公司一起行使这个权利。

12. 由于目前资源正在枯竭，虽然有计划在不同地区开发新矿，但铝土矿生产和氧化铝精炼已在过去几年中缩减。帕拉南地区在使用 Afobaka 水电站的电力精炼铝土矿，该水电站由苏里南铝业公司（Suralco）建造和运营。除了为提炼氧化铝提供电力，它还为 Energiebedrijven Suriname 提供电力。

13. 黄金领域被 Rosebel 金矿公司和大量的小生产者分割，虽然政府努力试图组织它们，这些小生产者仍然有效的免税且缺少管制。所有 Rosebel 金矿公司生产的黄金都被出口，而后在加拿大被最终精炼，以 2.25%的特许权使用费保留给苏里南。虽然小生产者给国家和经济带来好处，但它们使用的生产方法可导致环境恶化，而且在提取黄金上效率低下。

14. 在苏里南九大国有商业银行中，三家被国家全资持有，一家被国家掌握多数股权，还有一家被国家掌握少数股权。三家国家全资持有银行的建立是为了给特定部门提供金融服务，和/或解决社会目标。中央银行对该领域的监管在 2011 年被银行和信贷系统监督法所增强。苏里南受到 2009 年在特立尼达和多巴哥的 CL 金融集团崩溃的影响，使得 CLICO-Suriname 保险公司破产，并被 40% 国有的 Self Reliance Insurance 保险公司接管。

15. 大多数进口到苏里南的货物到达帕拉马里博的新港，此港自 2010 年已由一家私有公司运营。对运营港口负法律责任（与 Nieuw Nickerie 一起）的国有公司 N. V. Havenbeheer Suriname 现在成为开发者、监管者和调节者。对港口设施的投资已大大缩短了港口和码头装卸所需的时间。

以其出口产品的高价格为支持，苏里南享受了几年的经济增长。然而，它的发展和繁荣，与政府的收入，都基于一个狭窄的产品范围。当局也意识到了多样化的必要性，且在连续的国家计划中已经明确了各种发展领域以及经济所面临的挑战。在一些领域，必要的立法尚未实现，即使在某些情况下它们已被准备和提交国民议会。此外，通过新的法律只会是改革的第一步，因为对于适用法律来说，立法的实现和制度的改革是必需的。同时，苏里南在经济进一步增长上有巨大潜力，不仅在矿业上，也在旅游业、农业，以及成长为商品和服务的区域门户等方面。

（张煜婕　译）

巴西贸易政策审议

概述

1. 受到强大的内外需和健全的宏观经济政策的支持，巴西很好地经受住了全球经济危机。巴西还通过充分增加进口的方式对全球经济的恢复做出了贡献。坚实的经济增长和积极的收入政策使得巴西在减少贫困、失业和收入不平衡等问题上有了进步。

2. 为克服影响巴西经济竞争力的长期结构性缺点（例如基础设施不足、信贷不足和高税率），巴西需要采取进一步的行动。巴西政府已经采取措施去解决这些问题，但在寻求方法支持那些因丧失竞争力而受到影响的部门时，它还采纳了一些可能对贸易有限制的措施。考虑到巴西经济的规模和重要性，继续对贸易和投资开放其市场和政策推动经济增长是很重要的。

一、经济环境

3. 巴西经济在2007—2012年期间的大部分时间内表现良好（增长强劲），尽管有时波动得厉害，巴西的GDP平均每年增长3.6%。巴西GDP的增长得益于其强大的内需和有利的外部条件，包括对巴西商品的过盛需求和高的国际价格，这促进了巴西的贸易。经济增长得到健全的宏观经济政策的支持，这种政策集中于达到一个主要的财政盈余和严格的通胀目标；经济增长还得到浮动汇率制的支持，而浮动汇率制反过来会巩固宏观经济的稳定。得益于货币升值，虽然国内需求增势强劲，通货膨胀一直得到控制，基本上在通胀目标政策允许的浮动范围内。超过10年的可持续经济增长以及积极的收入政策使得巴西在减少贫困和收入不平衡上获得重大进步，就业率也得到提高。

4. 然而，从2011年下半年开始，经济增长急剧下滑，2012年的平均增长率仅为0.9%。经济活力的丧失部分是由于巴西雷亚尔升值和全球经济放缓，但它也反映了影响巴西经济竞争力的长期结构问题，例如基础设施不足、信贷不足和高税负。为了解决这些问题，政府已经采取措施以消除基础设施瓶颈、扩大特许权和公私合营的范围并对特定的制造业削减税负。然而，为了支持受到丧失竞争力影响的部门，巴西政府也采取了一些对贸易有限制效应的措施，这些措施包括暂时提高关税、在政府采购中对国内产品和服务适用优惠幅度和增加出口信贷。巴西当局还采取措施以增加信贷的可得性和提高金融中介的水平。在2011年，中央银行以创纪录的水平降低政策利率（SELIC）。在财政方面，政府能够在审议期内维持基本盈余的情况下刺激经济增长。

5. 审议期内，巴西的对外贸易特别活跃。在2007—2012年间，出口平均增长率达到了8.6%，这反映了对巴西产品的强烈外需。矿业和农业出口占据了大部分的增长，它们的年均增长率分别为15.4%和12.3%。工业产品出口的年均增长率仅为1.8%，它们在总体商品出口中所占份额大幅下降，从2007年的46.6%降到了2012年的33.8%。特别是由于矿产品的强势表现，初级产品出口的份额从50.1%增长到了62.7%。

6. 审议期内，进口增速超过了出口增速，在2007—2012年间，进口以13.1%的年均增长率扩张，这导致贸易顺差的萎缩。随着审议期内工业产品进口以年均16.2%的增长率增长，且在2012年制造产品进口占进口总额的73.1%。巴西在制造业的贸易赤字急剧扩大。审议期内，巴西在服务贸易平衡中的结构性赤字也扩大了，很大一部分原因是在租赁固定设备、旅游和交通运输业中有更高的薪资。在连续几年的盈余之后，巴西的经常账户于2008年陷入赤字；这一赤字持续不消，在2012年赤字约占GDP的2.4%。然而，大量资金的涌入，特别是外商直接投资的涌入，不仅仅抵消了经常账户赤字。在2012年年中，巴西是世界上第六大的外商直接投资接收国。

7. 审议期内，巴西与亚洲的贸易纽带得到加强，特别是与中国的贸易纽带。尽管如此，欧盟仍然是巴西的主要贸易伙伴，它既是巴西的主要出口目的地，又是巴西的主要进口来源国。

二、贸易与投资政策框架

8. 巴西注重参与多边贸易体制，因为巴西认为多边贸易体制是维持巴西经济社会可持续发展的发展目标的根本。大巴西计划中阐明和发展了许多工业、技术和外贸政策以巩固巴西的发展目标。

9. 无论从个体上说还是相对于金砖国家集团的国家而言，巴西都是WTO的最活跃的参与方之一。巴西一如既往地致力于加强多边贸易体制以及促进多哈发展议程的成功达成。巴西在多哈议程上已经单独提交并与其他代表一同提交了许多提案，这些提案特别涉及农业、服务贸易、知识产权和贸易规则。巴西没有批准电信的第四议定书，但已经对充分批准金融服务的第五议定书开启了国内批准程序。从2008年10月到2012年10月，巴西根据WTO争端解决机制提起了三起诉讼。

10. 巴西政策的目标之一就是加强区域经济一体化。巴西是南方共同市场（MERCOSUR）的创始成员之一，因此已经与玻利维亚、智利、哥伦比亚、古巴、厄瓜多尔、墨西哥、秘鲁和委内瑞拉签订了特惠贸易协定。巴西和MERCOSUR伙伴一起跟其他国家签订了特惠贸易协定，目前生效的协定有与印度和以色列签订的协定，还有三个协定尚未生效。此外在拉丁美洲一体化协会（LAIA）下，巴西与圭亚那和苏里南签订了双边特惠贸易协定。欧盟和南方共同市场已经重新开启谈判以创造一个双边区域自由贸易协定（Bi-regional Free Trade Agreement）。

11. 1995年巴西通过了宪法修正案，该修正案禁止未在法律中明示规定的所有形式的歧视。随着宪法修正案的通过，在大多数经济部门，在巴西的外国投资者跟当地投资者享受相同的法律待遇。然而，外商投资局限于健康、大众媒体、电信、航天业、农村财产、海运和空运等领域。为了克服生产瓶颈，刺激竞争和支持经济增长，巴西政府寻求途径以促进私人投资，特别是在交通基础设施、能源、航天以及其他技术密集型部门。提供给投资者的投资激励一般包括税收豁免和低成本融资；一般而言，这些投资激励措施不在国内投资者和外国投资者之间做出区分。

三、按措施分类的贸易政策

12. 审议期内，巴西采取了进一步的措施以简化和现代化其海关程序。巴西根据提供四个渠道的一个风险评估方法来处理进口报关。超过85%的进口报单是通过绿色通道处理的。自巴西上次贸易审议以来，该比例已经上升。

13. 巴西2012年适用的最惠国关税完全是从价的，征税幅度为从0到55%。2012年适用的简单平均最惠国关税从2008年的11.5%涨到了11.7%。关税细目的8%在2012年是免税的，该比例与2008年的持平。对制造业的平均适用关税税率是12%，该关税比对农业（农产品）征收的税要高。在乌拉圭回合中，巴西对其整个关税税率做出了减让承诺，对农产品（WTO的定义）征收的关税税率在0～55%之间，对非农产品征收的关税税率在0～35%之间。除了关税，进口还要受到许多国内税的调整。这些税的适用因产品类型而异，因地方主管部门而异并因进口商的税收体制地位而异，因此，巴西的税收体制是很复杂的。

14. 巴西对各种产品的进口维持着一套自动和非自动的许可体制，不管这些产品产自何地。许可证是不可转让的，有效期为90天。非自动进口许可证由16个机构颁发，提交申请非自动许可的法定时间是60天。某些产品的进口可能需要不止一个实体颁发的许可证。若某机构拒绝许可，可以向该机构申诉。一些机构可能会就进口许可证收取费用，根据这些机构所收取的费用反映了服务的成本。非自动许可用于管理税费优惠以从这些优惠中获益，进口必须进行一个“相似性检验”以确定没有相当的国内生产存在。

15. 巴西是贸易救济的一个重要使用者，尤喜使用反倾销措施：在审议期内，新案件的数量每年都不同，但除了2009年，每年案件数量都高于历史趋势。在2012年的头9个月，巴西发起了47个新调查，超过了2010年40起的纪录。2012年年中有83项反倾销措施在实施，而在上次2008年10月贸易政策审查时报告了63起案件。在审议期内，巴西采取了大量步骤加强贸易防御，这些包括对特定的实践进行改变，例如反规避措施；对一些规范框架做出改变，例如通过新的立法规定更严格的临时措施申请。

16. 巴西颁布的大多数技术规范都是基于国际标准；即便不是基于国际标准，也是基于性能标准。措施的颁布公布和生效之间通常有6个月的时间。所提出的技术规范若被认为有贸易效果就进一步提交到WTO供成员评论。对技术规范的审议和审查建议期是四年。巴西的卫生与植物卫生体制建立在风险分析基础上，风险分析通常考虑进口来源和产品的特征。害虫风险分析的结论作为一个评论草案，要通报给原产国的相关机构和WTO。受到卫生和植物卫生措施控制的任何产品的进口都要有非自动许可证。

17. 巴西法律规定申请30%的出口税，这一出口税税率可降低也可提高到150%以解决外汇和贸易政策问题。在实践中，出口税是0，但对未加工的兽皮和植皮、香烟、武器和弹药征收的出口税除外。在审议期内，对这些产品征收的出口税税率保持不变。

18. 巴西坚持促进出口的政策，该政策通过大量的计划去提高出口导向型公司（特别是小型企业）的竞争力和提高出口来实现。自上次巴西的贸易政策审议以来，若干出口支持计划已被改变或扩大，还引入了一些新的计划。出口商能享受到许多提供可观利率和其他条件的金融、保险和担保机制。在主要文件中，有巴西进出口银行计划下的出口融资计划和出口信贷计划。后者用于促进有当地增加值的出口，参与该计划的条件通常包括当地成分/生产门槛。据巴西当局所言，这些条件仅为确保融资的自动资格而适用。

19. 巴西的竞争立法为考虑所有的集中和反竞争行为提供了一个“合理原则”。在审议期内，巴西的竞争体制被彻底检查。2012年5月，一个新的竞争政策生效。主要的变动包括一个重大的制度重构，对并购从事后控制转变为事前控制，关于禁止行为和制裁的范围也得到修改。在新法中，关于可能的反竞争行为的非穷尽清单已被提炼和扩大到包括知识产权的滥用。知识产权的强制许可被当做对有条件地清除并购的可能救济和对反竞争行为的可能处罚。现有的从宽处理程序得到加强。随着累计标准（基于两个合并方之前那年的巴西营业额）的引入，通知合并的标准也被修改了。巴西希望以此减少交易的数量。违反竞争法罚款的计算基准也得到修改；因此，这些制裁的威慑作用可能会减小。

20. 在联邦层面和地方层面都有激励机制和政府援助。激励计划可能是地区性的，旨在发展研究或面向特定的部门。对于汽车、信息技术、航天和石油业有特定的计划在实施。支持措施的范围包括：贷款、税收激励、财政捐款、长期和股权融资、加速折旧、担保、拨款和信用保险。在推广信息技术和电信的特定计划背景下授予的激励是与基本生产程序（PPB）标准有关的，这些基本生产程序标准因产品而异，它规定了在巴西必须执行的各个阶段的各自生产程序。

21. 巴西对进出口坚持自由贸易区（FTZ）的政策，这种政策通过财政以及其他激励措施去促进北方地区边境区域的生产、发展和区域一体化。巴西设立了8个自贸区。主要的自贸区是位于亚马孙地区的玛瑙斯自贸区（ZFM）。在玛瑙斯自贸区设立的公司可由联邦政府和州政府给予税收豁免。获得这些利益特许权的主要要求之一就是遵守基本生产程序标准；此外，公司还要遵守许多环境和社会要求。所有进入玛瑙斯自贸区的进口都要获得许可。玛瑙斯自贸区计划项下的激励措施直到2013年都一直有效。

22. 巴西当局主要担心的一个问题是信贷的可得性和成本。在这方面，巴西当局认为他们的目标信贷政策是纠正市场失灵的必备良药。为此，巴西针对不同部门和类型的生产者维持着几个官方信贷计划。巴西国家开发银行（BNDES）是提供信贷或充当金融中介和担保人的主要机构。信贷以中长期贷款为形式，并辅之以有吸引力的利率。巴西国开行“均衡”了利率，即覆盖了协定利率和相关市场利率之间的差额。

23. 巴西不是《政府采购协议》的缔约方。巴西的采购制度是分散的，一般使用招投标程序。巴西的《招投标法》允许在同等出价的情况下偏向于采购产于巴西的货物和服务，或由巴西公司生产或供应或在巴西投资技术发展的公司生产或供应的货物和服务。小企业可以从一些优惠措施中获益，这些优惠措施可能包括配额、高达10%的优惠差额以及仅面向小公司的招投标程序。2010年巴西《招投标法》的修改对巴西的采购立法做出了重大改变，这一修法旨在使这些优惠措施成为政府采购制度的永久方案：高达25%的优惠差额可以授予在巴西生产并根据巴西技术标准生产的货物和服务。

24. 巴西的知识产权立法涵盖了所有TRIPs协定所提的主要方面。在包括版权在内的某些领域，巴西对权利授予超过TRIPs协定中所规定的最低保护标准。自2009年以来，除了引入对集成电路和计算机软件的外观设计的登记要求，巴西在知识产权上没有进行实质性的立法修改。在 2012 年 4 月，巴西开启了一项“绿色专利”优先审查的试验计划，该计划快速跟踪通过《保护工业产权的巴黎公约》（简称“《巴黎公约》”）在巴西提交的专利申请，这种申请可由巴西居民或非居民提交，且这种申请始于 2011 年 1 月 2 日。

四、按部门分类的贸易政策

25. 巴西的农业在其经济中扮演着重要角色，特别是它是出口和就业的一大来源。在审议期内，农商部门在维持巴西的贸易顺差中发挥了至关重要的作用。2012 年，农产品出口达到了 958 亿美元的最高水平。用 WTO 关于农业的定义来说，2012 年的平均最惠国关税是 10.1%。面临被征收高于平均关税的产品包括：乳制品（18.6%），糖和糖果（16.7%），饮料、烈性酒和烟草制品（16.5%），咖啡和茶（13.7%）。但进口棉花（7.4%）、油籽、油脂及其产品（7.8%）、动物和动物产品（7.9%）要交的关税则低于平均最惠国待遇关税。

26. 与其他国家相比，巴西对其农业生产者的支持水平是相对较低的。但巴西坚持几项国内支持措施，包括优惠信贷额度和价格支持机制。审议期间，巴西创造了新的计划去资助农民，这些计划包括中等规模农业生产者支持计划（PRONAMP）和低碳农业计划（Programa ABC）。官方农村信用支出继续上涨，诸如 PRONAF（家庭农业支持计划）这一项关键支持计划的支出也在增多。巴西维持着一项强制银行储备金要求的政策以拨款去资助农业活动。自 2008 年 11 月以来，强制资源所要求的储备率已经被两度提高，从活期存款的 25%提高到 34%。以固定利率提供信贷是支持巴西家庭农业的主要政策工具。

27. 巴西运营着几个以担保最低价格为基础的计划，这些计划支持许多种不同商品的生产，这些商品包括玉米、大米、棉花和小麦。这些计划占据了资助农民款项的超过一半。在这些计划中，最低价格担保政策（PGPM）一直是巴西农业政策的一个重要支柱。最低价格担保政策旨在于市场价格下降到被认为会有损生产者的收入稳定之时支持生产者。该政策通过两类计划实施：一是商业化工具，这可能包括直接购买产品；二是信用额度，这用以资助贮存由担保最低价格政策涵盖的产品。

28. 巴西拥有高度多样化的制造业。然而审议期间，由于竞争力被侵蚀，巴西的制造业失去了活力，这转化为进口的上涨和出口的缓慢增长。进口制造产品的市场份额一直在提高并成为消费增长的重要部分，而且制造部门的贸易赤字在 2012 年达到了 813 亿美元。巴西政府已经加强了给予工业政策的重要性。从某种程度上说，巴西政府是通过两个全面的全国性计划，即生产力发展计划（2008—2010）和大巴西计划（2011—2014）来努力扭转这一情形。用以促进这些计划下制造业的发展的工具包括有利条件下的信用额度、公共采购、财政激励和边境措施。

29. 根据大巴西计划，巴西政策采用了重大财政激励以帮助国内汽车产业从全球经济危机的影响中恢复过来。在 2011 年 12 月至 2012 年 12 月期间，对于生产具有超过 65%当地成分的汽车的公司，巴西政府给予税收减免。从 2013 年 1 月 1 日开始，汽车业的财政资助制度被汽车新政计划（INOVAR-AUTO programme）超越了。享受该计划的合格公司可获高达 30%的工业产品税收减免。为了获得享受该计划的资格，汽车制造商必须遵守节能要求并符合特定的国内制造或投资条件。

30. 2010 年，巴西对其油气勘探生产法律框架进行了修改，这一修改着眼于允许提高国家参与。巴西赋予国家控制的巴西石油公司（PETROBRAS）在已识别的地理板块以专有权，对于战略性板块和位于岩层下多边形的板块，则引入生产分享制度。油气勘探生产活动一直受制于当地成分条件的限制。在 2009 年，巴西采纳了一部新的《汽油法》，该法对处于天然气子部门的下游段的特许权引入招投标制度。

31. 巴西在初级能源生产上基本能自给自足；石油生产稳步增长，从 2007 年到 2011 年上涨了 20.5%。尽管国内需求增加，巴西在 2007 年第一次成为原油的净出口国并且自那以后，石油贸易顺差实现了重大的扩张。尽管如此，由于提炼石油能力不足，巴西对精炼石油产品进口的依赖反倒上升了。虽然巴西天然气的生产从 2007 年到 2012 年增加了 41%，但是巴西仍然十分依赖天然气的进口。巴西石油公司在石油和石油产品的生产、提炼、分配和零售市场上维持着支配地位，占据了巴西石油总产量的 90%和总体提炼能力的 98%。巴西仍然是世界第二大的乙醇生产国。2012年，巴西国家开发银行启动了两项新计划，这些计划对乙醇部门以有吸引力的条件提供信贷。

32. 私有部门对电力市场的参与得以加大，这是通过政府拍卖和特许实现的，但在电力市场上，国有企业仍然发挥重要作用。2013年初期，巴西以通过新法的方式对规范电力部门的法律框架进行了修改，该法调整电力的生产、传输和分配的特许问题。新法延长了电力生产特许制度和配额制度的期限，该期限高达30年。具体延长多久视发电者对特定条件的接受程度而定，这些条件包括将适用的薪酬关税、确保的供应配额分配和质量标准。配额会通过合同来分配。

33. 多亏有充分的应对政策和嵌入式的金融缓冲区，巴西的金融系统能很好地经受住全球经济危机。巴西致力于逐渐实施《巴塞尔协议Ⅲ》，而且既然巴西的当前的资本要求超过了《巴塞尔协议Ⅲ》设定的标准，那么巴西采纳《巴塞尔协议Ⅲ》就不能被认为这是巴西对其金融系统做出重大资本化努力的举措。新外资金融机构的设立要得到总统令的批准。在实践中，新外资金融机构的设立已获批准，17%的资产在外资银行的手中。

34. 获得信贷的成本之高和机会之稀缺是巴西经济的体制性问题，在承认该问题的前提下，巴西当局已继续促进金融中介等级的提高和减少利差。巴西已经促进金融参与，这主要是通过以下方式做到的：改善分配渠道、提高透明度、使金融服务规范适应低收入消费者的需求。这些措施带来了金融中介等级的提高：信贷之于GDP的比例从2003年的25%升到了2012的大于50%。国有银行在中长期融资/贷款上继续发挥着非常重要的作用，这种作用可以是直接的，也可以通过利率均衡倡议。利差的降低在增加金融深化上发挥了重要作用。若将信用组合视为一个整体，平均利差在审议期内差不多降低了10%。然而，虽然平均利差变得更低了，2012年的平均利差仍高于24个百分点，这一利差还是相当可观的。

35. 最近对电信法做出的变动让电信运营商在根据国际趋势和新技术的发展来提供融合（电信）服务上有了更多的灵活性。电信监管机构巴西电信管理局（ANATEL）控制着根据特许（公共制度）提供的固定电话服务的价格。巴西电信管理局还为依公共制度提供的服务规定了互联价格，依私人制度提供服务的互联价格则由自由协商确定，但协商确定的价格必须通知巴西电信管理局。巴西在电信公司的外资股权上不做限制。外商投资有线电视服务的上限在2011年被取消了。2012年6月，巴西电信管理局把射频频谱拍卖掉用于商业移动服务，要求中标者承诺购买含有国家技术的货物、设备、系统和数据网络，并要求中标者确保5年后有50%的设备、电信系统和网络是由当地生产的，20%用了在巴西研发的技术。

36. 提供以巴西为基地的定期航空运输服务的特许权只能赋予巴西公司，这些巴西公司的总部必须在巴西，只能由巴西人经营管理，并且80%的投票权要在巴西人的手中。国内公共航空运输服务只能由巴西公司提供。在审议期内，巴西政府授予特许权以运营主要国际机场中的三个，还有两个国际机场运营的特许仍在审查中。至于海上运输，政府和企业的货物以及得益于财政和信贷计划的货物必须由悬挂巴西国旗的船只运输，除非有互惠性的豁免。在巴西开采的原油出口也必须由悬挂巴西国旗的船只运输。沿海航行权仅留给由巴西航运公司运营的悬挂巴西国旗的船只。巴西对进口船货征收一种联邦税（AFRMM），这些资源被用于提供有吸引力的利率的信贷给巴西航运公司和巴西的造船者。没有任何一个公共港口是根据私人授权运营的。

（梁意 译）

欧盟贸易政策审议

概述

1. 虽然由于他国贸易有更快速的发展以至于欧盟占世界贸易的份额在下降，但是欧盟作为一个单一的实体（单独关税区）一直保持着世界最大贸易集团的地位，其进出口额在2011－2012年间继续上升。欧盟是一个开放的经济体，2011年欧盟对外货物贸易和服务贸易额占GDP的比重超过了33％。欧盟的法规和程序也是透明的。尽管欧盟各个成员国在它们的经济、法律制度和公共机构等诸多方面各有不同，但欧盟是一个高度一体化的经济联盟。它有统一的关税政策，并且在大多数与贸易有关的领域都有共同政策。

2. 在过去两年间，大家对欧盟政策的关注集中在金融危机方面，欧盟在贸易政策、法律或其他领域的制度上鲜有改变。然而，欧盟没有倒退回去实施贸易保护主义这一事实本身就是一个积极的迹象。在追寻金融危机的林林总总的原因时，恐怕欧盟缺乏适当的财政改革是一个重要的原因。在欧盟，政府和私人部门易于获得信贷和低借款成本，这导致了私人和/或公共部门债务的不可持续水平，还有一些银行也暴露在这些债务之下。在此背景下欧盟没有进行适当的财政改革似乎是金融危机的一个重要原因。一个使这场危机恶化的因素是一些成员国竞争力的下降，而这是由其单位劳动成本和实际有效汇率相当快速地上升所导致的。

3. 欧盟及其成员国在各自层面采取了一些措施以减少公共赤字和改善经济治理。充分实施那些措施将有望支持2013年和2014年的经济复苏。

4. 在海关程序方面，欧盟已经建立起一个普及欧盟的有着集中清关的电子程序体制，这项工作最晚将在2020年完成。在审议期内，单一授权以简化程序得到了更广泛的使用。对于来自欧盟境外的货物，如果货物的目的国是欧盟的另一个成员国，那么现在货物可以在其所抵达的港口完成海关手续；“海关进口汇总申报”现在可以在目的国提出，而不是在货物的首次入关地点提出，但前提是已就有关细节与后者做出沟通。欧盟单一窗口的第一个项目有望在2014年建成。

5. 总体而言，欧盟的关税和市场准入政策没有大的变动。虽然欧盟有大量的免关税额，其最惠国关税是6.5％。欧盟的某些产业尤其是农业，仍然得到很好的保护，有时候会得到复杂关税或季节性关税的保护。然而，鲜有国家与欧盟在最惠国的基础上进行贸易，因为欧盟跟其他国家签订了相当多的贸易协定；此外，欧盟还有普惠制（GSP）、普惠制加（GSP＋）和欧洲银行管理局计划（EBA）。

6. 欧盟不同成员国的增值税和消费税税率各不相同，公司和个人税收体制以及相应的税率也大相径庭。包括收付在内的税收体制相当复杂。以增值税为例，复杂的增值税税率会让经营者增加合规成本，对某些产品适用降低的增值税税率会导致大量税收转移到传统上的非贸易部门。如果所有削减的税率被消除，某些成员国的增值税标准税率理论上能下降多达7.5％且对总体税收没有任何影响。

7. 尽管有资料显示，欧盟成员国共有几百家国有企业或国家控股企业，但在欧盟层面上没有国有企业或国家控股企业的有关信息。过去几年国企的数量可能上升了，因为为了应对金融危机，一些欧盟成员国接手了许多银行。当然，关于“国家所有或控制的”企业的定义有别于GATT第17条和《关于GATT第17条的解释谅解》关于“国营贸易企业”的含义。然而，欧盟成员国的很多这些国有企业是对贸易和投资有影响的商事企业。

8. 虽然有大量关于高于欧盟法和《政府采购协议》所设门槛的采购数据供欧盟参考，但有相当一部分的公共采购是低于这些门槛的。我们不清楚低于这些门槛的采购是如何发生的，因为各成员国的报告各不相同，包括地方政府机构和国有企业的采购。该问题并非欧盟的特有问题，但欧盟公共采购占了GDP的一大部分，而且一些联邦制的成员国有很大一部分的采购是发生在地方（次联邦）层面上的。

9. 很大程度上，卫生与植物卫生措施（“SPS措施”）在欧盟层面上得到统一，关于技术要求的欧盟立法亦是如此。然而，欧盟各成员国在某些领域的规范还是差异迥然。正如欧盟委员会（“欧委会”）所言，“阻碍欧盟成员国之间货物自由流动的技术壁垒依然广泛存在”。审议期间，欧盟有一个合格评定和验收协议生效，该协议不仅让立法向技术要求对齐，还预见了特定产品共同市场准入的可能性，这些产品是合法投放于缔约方的市场的。

10. 在知识产权领域，欧盟持续进行着一个审查和发展现存立法机构的全面程序，以促成一个一致平衡的整体框架。为此，欧委会2011年5月关于在欧盟中促进创造力和创新的“蓝图”为知识产权体制的现代化提出了一个全面的战略。审议期内最重大的发展就是创造了一个具有统一影响的欧洲专利局。这将让未来的权利持有者请求授予的专利权得到统一保护，并且在25个参与成员国中都自动有效。与此配套，一个统一的专利诉讼体制将建立起来。作为该全面程序的一部分，欧委会在版权领域也提交了很多立法建议，包括关于版权的集体管理和多区域许可；欧委会整体审查了立法框架。通往更一致体制的另外重要一步落在了地理标志这一领域上：统一的框架业已建立以推广高质量的农产品和食品，包括通过原产地命名和地理标志。这就是说，建立一个保护非农产品地理标志的同等法律框架继续在审查之中。最后，即将通过的经修订的海关条例旨在加强欧盟外部边界的知识产权执法。为此，海关条例的范围将扩大，某些海关程序将被简化，关于对在欧盟过境的货物应该采取何种海关行动的进一步解释将会出台。是否对现存的欧盟内部市场的知识产权民事执法法律框架进行更新以及进行何种更新，仍是广泛磋商程序的主题。

11. 审议期内，农业政策没有大的变化，因为上一套改革的实施仍在持续。更多的改革有望在2013年做出，2014年将实施这些改革。由于过去的改革以及农产品较高的国际价格，支持农业的总体水平在过去几年是下降了，并且大多数农产品的欧盟价格和国际价格没什么区别。然而，欧盟的改革没有影响市场准入条件，农产品的关税仍然高于非农产品关税，而且在某些情况下这些关税颇为复杂而且/或者是季节性的。

12. 过度捕捞仍然是欧盟的一个严重问题，因为允许捕捞的总量经常超过可持续的限度。然而，现在有一段时间欧盟日益强调长期计划，关于《共同渔业政策》的更多改革近年也该着手了。

13. 在金融服务方面，改革的政策目标有四重：第一个目标是通过一个单一的监管机制、一个欧洲存款担保制度和一个银行破产的欧洲解决框架来创造一个银行联盟。第二个目标是改革金融机构和市场以改善稳定性。为此，欧盟打算建立欧洲监管机构，对银行和保险公司做出更高的资本要求，并且对信用评级机构、审计员、证券市场及其衍生品和可能会导致过度市场波动的投机交易行为设置特定的监管规则。第三个目标是加强金融系统里对消费者的责任；第四个目标是为某些成员国建立金融服务税制度。第三方可以参与这些改革，这些改革也发展了在这方面的新监管工具，例如等价概念。

14. 至于环境服务，最著名的贸易发展是目前进行的为确保更高透明度和更多竞争的特许立法框架改革。

15. 在航空运输方面，单一航空市场规则正在经受一个“健康检查”程序的审查。其他关于地面勤务、箱位和噪音的改革也列入考虑议程，共同外部航空政策也是继续延展，特别是通过“共同体条款”的普遍化来实现。在海上运输方面，审议期内的主要发展涉及对国家援助和反垄断指南有着持续修改的竞争问题。第三个对管道运输有影响的能源一揽子计划，包括了加强的分类计价和第三方参与条款；其所有组成部分均已生效，这些组成部分始于2011年并终于2013年。

16. 欧盟是一个高度一体化的经济单位，它在许多与贸易有关的领域有着共同的政策和法律。正如上文所言，很多领域的一体化程度是不断提高的。《里斯本条约》把欧盟共同商业政策项下的专属权限延伸到外商直接投资上。正当欧盟发展并实施其投资政策之时，欧盟成员国也许依然坚持推行它们与第三国在《欧盟运作条约》（TFEU）生效前签订的投资协定。

17. 然而，在许多欧盟有权限的领域，成员国负责执行法律；在其他领域，成员国有权或与欧盟共享执行法律的权力。这些领域包括：欧元区以外的国家的货币政策、政府采购、增值税和消费税。此外，国有企业的数量和重要性在不同的成员国之间差别迥然。所以总体而言，这就是为什么未来对欧盟进行的贸易政策审议要更多地关注成员国内与贸易相关的实践，不仅仅因为以它们自身的能力来说它们是WTO的成员。

（梁意 译）

喀麦隆、刚果（布）、加蓬、乍得和中非贸易政策审议

1. 中非经济与货币共同体由 6 个国家组成，其中 5 个是世界贸易组织成员，它们共同组成本报告的主体，这些国家是：喀麦隆、刚果共和国（布）、加蓬、中非共和国和乍得。2007 年，赤道几内亚成为 WTO 观察国，并申请加入世贸组织。所有中非经济与货币共同体的国家也是中部非洲国家经济共同体的成员，后者成立于 1983 年，但其一体化进程的开展非常缓慢。

2. 中非经济与货币共同体所代表的是一个覆盖 300 万平方公里土地和拥有 4250 万人口的市场，并拥有丰富的自然资源。喀麦隆拥有整个共同体近一半的人口，为地区 GDP 贡献 28.6%。由于气候多样、土地丰富，中非经济与货币共同体所覆盖的区域非常适合农牧活动的发展。除了乍得面临荒漠扩展和乍得湖干涸的问题，其他国家的水源和牧场资源都非常丰富。此外，中非经济与货币共同体有一半区域被刚果盆地的森林覆盖，刚果盆地是世界第二大的热带雨林，汇聚了极为丰富的生态物种。

3. 这里储备的矿物资源包括石油、天然气、黄金、钻石、锰和铀。因为缺乏私人投资，除了石油和木材以外，这里的大部分自然资源均很少开发甚至未被开采。除了中非共和国，原油是中非经济与货币共同体国家的重要资源：原油占据共同体出口的 86%（主要运往欧洲和亚洲）；原油占据刚果（布）GDP 的 61%，加蓬的 50%，乍得的 40%，喀麦隆的将近 10%。木材是共同体的第二大出口产品，是除了乍得以外其他四个国家的主要出口收入来源。进口的主要是来自欧洲、非洲和亚洲的工业制成品。共同体内部贸易停留于较低水平，即便只和其他非洲经济集团的贸易水平相比。

4. 事实上，虽然中非经济与货币共同体已经成立了将近 20 年，但至今未能够推动成员国之间的贸易往来，尽管发表了许多文章，表明要和自由贸易区成员建立关税联盟。除了供给方面的限制，问题主要在于国家间缺乏通讯基础结构（公路、铁路和港口网络），或是通讯基础结构状况不佳，能源供应没有计划且成本较高，融资较少因而比较昂贵。众所周知，中非经济与货币共同体国家已经付出努力，通过非洲统一商法组织、简化程序以及打击贪污腐败从而改善商业环境。这些举措需要继续进行，包括在贸易便利化的地区，才能够吸引这些国家极度需要的投资来挖掘它们巨大的潜能。

5. 国家投资体制向外国人开放，一些外商和政府合资的企业可以在很多方面获得垄断地位或专有权，从而导致反竞争行为（包括滥用市场支配地位）和持续的价格管控。除了 1999 年的共同体投资宪章以及共同体的免税条例，各国拥有极大的财政自主权和关税特权，这些都可以进行改善。

6. 过去六年，五个国家的经济发展走向不同部分是由于世界经济危机的影响，外界对于其产品的需求下降。在刚果，自 2007 年的经济衰退后，经济增长较为强劲（2007－2011 年间，平均增长率为 6.4%）。由于石油资源逐步损耗，喀麦隆正在寻求经济的多样化发展，它的经济增长速度较为平缓，但是非常稳定（2007－2011 年间，平均增长率为 3%），这使得喀麦隆和刚果（布）、加蓬一起成为共同体中中等收入的国家。加蓬在同阶段的平均增长率为 3%，在 2008 年为 5.3%，达到顶峰，2009 年起增长率回落。中非共和国的增长率波动较少，年均 2.5%。而乍得虽然有石油收入，经济发展却呈颓势（过去两年都不容乐观），除了 2012 年的增长率猛蹿至 13%，将这几年的平均增长率拉高到 3%。中非共和国和乍得仍然是最不发达国家，商业环境持续萧条主要源于它们的社会政治军事冲突（尤其是中非共和国），且不得不和内陆环境进行抗争。总体而言，五个国家正面临收入再分配的问题，这一问题在加蓬尤为尖锐。

7. 在 2008－2009 年，通货膨胀由于食物危机而达到较高水平。随后，由于中非国家银行采取稳健的货币政策，通货膨胀得以控制在低于共同体标准 3%的水平上。中非国家银行负责发行统一货币中非法郎，中非法郎和欧元挂钩。中非经济与货币共同体国家的外汇资产必须交由中非国家银行储存在法国财政部的营业账户。为了保证兑现，2009 年中非经济与货币共同体国家的外汇资产比例从 65%降至 50%。

8. 总体而言，国际贸易和区域贸易都因苛捐杂税和官僚作风而受到阻碍。商品的进出口程序非常繁琐因而价格高昂，走私商品的成本较低，却给公众安全构成威胁，因为假冒伪劣最多的产品正是生活必需品，如糖、面粉、药品、石油产品和水泥。

9. 无论是共同体层面还是国家层面，中非经济与货币共同体国家的贸易体制自上一次贸易政策审议以来没有明显变化，这些贸易体制是各国在2006－2007年间单独或成对建立。近期的关税举措主要包括：采用了喀麦隆的海关数据自动化系统，刚果（布）也在安装升级版的系统。将海关计算机化的举措和/或迅速的报关通关正在进行当中。但是，在注册登记进口报单后，平均需要五六天才能拿到放行货物。再加上其他手续，进口货物的时间需花费数周，尤其当货物要通过杜阿拉港口运送往中非共和国、乍得或其他国家时。

10. 除加蓬以外，其他国家都保留了装运前检查的项目。这项强制检查项目向进口商收取费用（并且是一次性付款），从而增加了进口商的成本，而且重复（甚至增加）海关的工作。所有采取这一项目的中非经济与货币共同体国家都使用参考价值作为海关估价。此外，由于检查公司和这些国家的海关部门之间缺乏联系，因此无法简化这些手续。推行电子货物跟踪单后，不仅单证要求和手续更为复杂，而且成本也进一步提高。此外，由于缺乏恰当的自由流动机制，如果通过第三方国家进口货物，那么每次跨境（即便在共同体内）都需要完成相关程序，缴纳关税和其他税费。

11. 中非经济与货币共同体的共同对外关税有五个等级（0，5%，10%，20%和30%），平均税率为18.1%（自2006年以来没有显著变化），变化系数是0.53，这意味着税率的分布较适中。农业（国际标准工业分类第二版本定义）是最受保护的行业（23.6%），其次是制造业（17.8%）和采掘行业（11.2%）。关税保护级别最高的产品是服装（30%），咖啡和茶（平均28.6%），酒类和烟草（平均27%），水果、蔬菜和种植产品（平均26.4%）。另外，中非经济与货币共同体外的国家如果要进口商品，需要交纳1%的共同体综合税；中部非洲国家经济共同体外的国家需要交纳0.4%的进口税；如果不是非洲统一商法组织的成员国家还要交纳0.05%的进口税，此外还有共同体条例所要求的内部税费，也就是增值税和消费税。在国家层面，还要征收装运前检查和电子货物跟踪单的费用。其他税费则按国家法规收取。

12. 总体而言，共同对外关税的特征是混合增加：对未加工至半加工产品是正，对半加工至制成品是负。这样的结构也解释了一些国家单方面给当地生产行业免除部分进口税的部分原因。另外，从2007年开始，这些国家还采取了一些中止措施（关于海关税费和/或国内税）来限制基本必需品的成本上涨。这些措施表明，共同体的税务体制和各国的海关税费都需要进行审议。

13. 在多边贸易体制内，加蓬限制了所有关税细目，中非共和国限制了62.3%，刚果（布）是17.4%，乍得是15.2%，喀麦隆是14.9%。共同对外关税的税率比加蓬限制的2058个关税细目高，比刚果（布）的2个高，比中非的1个高。另外，刚果（布）、中非和乍得还收取其他比限制税额还更高的税费。上一次贸易政策审议以后，加蓬采取行动来重新协商关税减让。

14. 除了乍得，共同体国家都在上一次贸易政策审议后修订了政府采购法律。2012年，喀麦隆成立一个部门专门负责政府采购，有望改善其授予合同的程序。2010－2012年，通过私下协议来授予政府采购合同的数量急剧增加，新部门的成立有可能缓解这一情况。对于世贸组织的《政府采购协议》，喀麦隆仍然是观察国，而其他共同体国家既不是会员国也不是观察国。

15. 所有共同体国家都是非洲知识产权组织的成员，该组织为它们提供保护知识产权的法律框架。但是，由于没有采取行动传播知识产权和打击侵权的理念，假冒产品通过进口涌入各国市场，这些产品包括人体使用的药物、兽类药物和植物用药物产品。喀麦隆推行了“知识作品的费用”，由海关对电脑硬盘、手机、打印机和记忆棒等传媒产品收取，费用是进口离岸价的5%，目的在补偿相关知识产权的拥有者。

16. 除了对牛有通行证和国际移畜证明的要求，在共同体层面没有其他卫生和植物检疫措施或技术管理制度。在国家层面，这些制度或者没有可行性，或者只是各机构收取费用的手段，并不能有效地对产品进行检验。此外，只有喀麦隆有SPS

咨询点，需要进行能力建设。

17. 对于这些国家而言，国民的就业机会和收入主要来自农业、畜牧业和林业，而这些行业发展的主要障碍在于缺乏有效的卫生和植物检疫体制以及过度的关税保护。过度的保护使得这些行业不用参与国际竞争，也就没有动力提升自己的竞争力。如果发展基础设置（尤其是农村基础设施），并减少内部边界的诸多阻碍程序，就可以增强共同体内部的农产品贸易。此外，如果采用有效的卫生和植物检疫体制，就可以提升产品质量，同时再减少大量税费（包括退出的），就可以促进农产品出口。这些改革可以提高共同体国家的农民收入，改善食品安全。

18. 油田开发向私人投资开放，包括外商投资。但是，其他能源领域仍然是国家垄断，并且有价格控制，这影响了这些行业的绩效，也导致商业环境难以吸引私人资本，最终对制造业和服务业有所损害。

19. 金融活动（包括银行业）受中非国家银行领导，由通用银行规章管理，该规章来自于建立监管机构中非银行委员会的公约。外国组织和国内组织的建立条件相同。空运和铁路运输仍然由一部分外国组织掌控，但是新的本地航运公司将开始提供服务。除了便利计划以外，公路交通和运输仍然遵循过时的双边保护主义条例。

20. 总体而言，如果五个国家要实现自己的发展宏图，如果希望中非经济与货币共同体的区域一体化能对各国发展有所助益，那么这些国家需要进行多种改革，尤其是结构上的改革，并且将多边承诺扩展到改革的体制，才能保证改革体制的可信度和可预测性，同时还要有效执行共同体所制定的集体措施。这些改革可以通过 EIF 获得专门提供给最不发达国家的资助，也可以获得贸易援助提供的一般性资助。这些改革可以帮助建立适合商业发展的环境，吸引这些国家极度需要的投资来挖掘它们巨大的潜能。

（曾曼园　译）

越南贸易政策审议

经济环境

1. 通过政治和经济改革（Doi Moi），越南已从世界最贫穷经济体之一转变成一个中等偏下收入国家，通过逐步融入全球贸易和投资体系，从一个中央计划经济体转变成偏向市场主导的经济体。贸易和外商直接投资开放成为结构改革的基本成分，并为改善竞争力及提高出口主导的增长做出贡献。虽然越南经济发展非常迅速，但其国际竞争力在近些年受到威胁。更为具体的是，尽管劳动生产率提高，总因素生产率对越南因素驱动型经济的作用开始瓦解。

2. 自政治和经济改革开始，一直到越南加入WTO，越南经济因投资增长和强劲的出口而增长快速。越南的年均增长率为 6.3%（2007 至 2012 年），但在过去五六年增速有下滑趋势。越南经济增长得益于出口产业的扩展和强大的国内投资，并受到 2009 年经济刺激计划的支持。然而最近的经济发展下滑主要是由于阻碍 TFP 增长的缓慢结构改革、全球金融危机以及 2011 年采取的紧缩型宏观经济政策。虽然最近宏观经济不稳定，包括通胀大幅上涨随后又下跌，最近的是在 2008 年（23%）及 2011 年（18.6%），但是失业率很低。

3. 货币政策是在平衡通胀和可持续经济增长的基础上设定的。从 2011 年开始，控制通胀并稳定宏观经济成为发展重点，同时，越南采取直接政策工具而非间接政策工具，来确保达成宏观经济目标。近年来，中央银行在政府的监管下将本国货币至少贬值了七次，以此来提升其出口竞争力并缩短贸易波动区间。2009 年达到财政赤字的顶峰（GDP 的 7.2%），并反映出刺激计划的影响。在这之后赤字开始逐渐降低，因大量的税收和公共投资支出显著减少，到 2011 年逐渐降至 2007 年时的水平（GDP 的 2.5%）。

4. 越南大幅缩小其大型商品贸易和经常账户赤字，并且 2011 年（经常账户）和 2012 年（贸易账户）实现盈余。自 2008 年以来，由于全球经济危机的影响，外汇储备显著下降。但在 2012 年，外汇储备得以增加并在 2013 年 2 月达到 286 亿美元（约相当于 3 个月的进口值）。由于与该国工业化和现代化相关的资金需求增加，越南历史性外债最低位置由 GDP 的 29.8%（2008 年）上升至 41.5%（2011 年）。

5. 越南经济是外向型的，货物和服务贸易占 GDP 的 171.5%。越南外贸有很大一部分日益转向区域内（亚太地区）；其劳动密集型和低附加值出口也相当多样化。

6. 在加入世贸组织以后，越南的外商直接投资（FDI）一度激增。FDI 流入与许可项目总值在 2008 年达到峰值，但因投资者的担忧而下降，而在 2007—2011 年间 FDI 外流增长了五倍。然而，该国对外商投资者来说仍非常有吸引力，且有着长期增长的潜力。外商投资对 GDP、就业、出口和产品以及市场多样化的贡献非常显著，而国家在某些经济活动中的参与程度较高，但呈现下降趋势。

7. 随着 2005 年颁布的企业和投资法律，越南在平衡给予越南和外国投资者的待遇时经历了很长时间。然而，待遇差异仍旧存在，尤其是当外国投资者并购当地所有业务时，或许会导致不同的解读。为企业注册和投资许可设置一站式系统是一个长期问题，且其能帮助解决因负责政府机构实施措施与法律法规不一致不协调而引起指控。越南不允许土地私有，但可通过长期协议租赁土地。自 2011 年初开始试点实施公司合作项目，以此来刺激对基础设施的民间投资。

贸易政策框架

8. 越南将法律文书分为 12 个等级，且等级由法律类型和颁布机构决定。由较低等级的机构颁布的法律必须与高级机构颁布的法律文书相一致。然而，新的立法是废除还是补充现有法律并不总是显而易见的。各部委仍依据官方信件、通知和指导方针来设置政策并澄清实施事项，然而，关于颁布法律文书的法律规定这样的沟通文件不具有法律或约束效应。

9. 工业和贸易部对国际贸易来说至关重要，而许多其他部委和机构也参与解决贸易相关事项。

国际经济合作全国委员会在部委和直属机构间发挥协调作用。自越南加入 WTO 以来，向 WTO 秘书处提交了大约 130 项涉及多个领域的通告。显著的差距主要包括农业和工业补贴方面，这些数据不可获得（自 2007 年以来）。在国营贸易方面，尽管公共产业对其经济非常重要，但越南未提供任何信息。关于越南提供的信息的时效性和完整性，对进口许可委员会引发了担忧。

10. 越南在 1995 年加入东盟，并成为货物贸易、服务贸易和投资完整框架的一部分。越南追求亚洲和太平洋地区的贸易自由化，同时，与其东盟伙伴签订双边协议来进行补充。越南利用这些协议来促进出口一些具有竞争力的产品线，如农业、渔业、纺织、鞋类和家具。自 2010 年 11 月以来，越南还全力参与跨太平洋伙伴关系协议的谈判，并与欧盟，EFTA 成员国，海关同盟中的白俄罗斯、哈萨克斯坦、俄罗斯和韩国谈判双边自由贸易协议。

贸易政策发展

11. 越南在加入 WTO 后约束了其关税税率表，多数是在 0 至 40%间。由于越南正采用诸如关税减让措施，其平均最惠国关税大幅下降，从 2007 年的 18.5%降至 2013 年的 10.4%。然而，约束税率和适用税率的差距创造了一定程度的灵活性，越南很好地利用了这些差距来降低其国内能源价格的浮动，并为自 2008 年以来获选的产业提供额外保护。关税配额规定了鸡蛋、糖、未加工烟草和烟草废物及盐的进口。

12. 对部分货物和服务（包括香烟、酒精饮品、汽车、摩托车、高尔夫和赌博服务）征收一项特殊消费税。自加入 WTO 以来，对进口和国内生产的酒精饮品征收的税款的税率是相同的。然而，对于税基的估价差异为本地生产商带来一些优势。越南对五种产品类别引入了环境保护税，自 2012 年 1 月 1 日生效，部分替代了早先对各种燃料的附加费。增值税的一般税率为 10%，几乎占政府税收的 1/3，而贸易税似乎只占 1/10。

13. 关于非关税措施，越南禁止进口对人类健康和安全有害或危害国家安全的产品。进口限制与越南签订的国际条约和公约相一致。“线性管理”适用于多种货物的进口，例如由工业和贸易部颁发其他部委规定的进口产品的许可证。根据权威机构称，该体系包括自动和非自动许可程序。

14. 在 2008 年，越南对大量消费品和农业产品引入自动许可机制（其自视为自动）。在 2010 年该产品覆盖率扩大了，而在 2011 年缩减了，并自 2012 年 9 月开始暂时中止。然而，部分钢铁产品因该措施而受到影响。在 2010 年 4 月，工业和贸易部发布了一个“非必需”进口大宗货物和消费品的列单，这些产品都是不鼓励进口的。越南国家银行阻止向资助这些项目进口的信贷机构贷款。自 2011 年 5 月至 2012 年底实行了一项仅可通过三个海港运输酒、烈酒、化妆品和手机的规定。

15. 尽管越南有实行反倾销和反补贴调查的法律和机构，但是尚未发起反补贴或反倾销调查。一项针对有关进口浮法玻璃的可能性保障措施的调查因没有保障措施而在 2010 年 2 月终止。在一项正在进行的对部分进口植物油的调查中，2013 年 5 月判定施加暂时性保障措施（5%的额外税）。

16. 技术委员会在标准、计量和质量司长办公室（STAMEQ）的支持下，根据科技部规定，起草标准和技术规定。STAMEQ 是 WTO TBT 的咨询点，也在一系列国际和区域标准机构中代表越南，同时其下属机构负责计量、合格评定、质量保证和认证。实验室认可是认证局的责任，同时归科技部管，但不属于 STAMEQ。在 2012 年底，越南有 6800 项国家标准，其中 40%与国际、区域和外国标准一致，同时，有 116 个技术委员会在 2013 年计划完成 813 项标准。

17. 多个政府部委负责动植物卫生检疫措施。农业和农村发展部是 WTO SPS 的咨询点。同标准和技术法规一样，有关 SPS 措施的法律包括多项命令、法律、决议、法令和通告。这些措施大致与 OIE、食品法（Codex Alimentarius）和 IPPC 颁布的标准相一致；尽管没有设定日期，但官方目标是全面协调这些法律措施。

18. 在影响出口的措施中，越南对部分产品征收出口税，并对部分自然资源征收办税。对废金属征收的出口税自 2006 年以来降低了约 50%，这与越南的 WTO 承诺一致。自 2006 年以来还有很多其他变化，包括增加或删除了一些项目，并增加或消除了一些税率。一些产品受出口控制影响。工业和贸易部没有适用法律条例通过自动许可来规定和监视出口。然而，有权力机构施加的其他措施包括对部分矿石出口的质量标准和禁令。

19. 越南主要以税收激励措施来提供补贴，例如鼓励研发；发展重要的基础设施；协助有关教育、培训和保健企业；以及在地理条件较差的地区设立企业。越南发展银行（VDB）为基础设施建设和商业发展融资。此外，有一项支持方案的利率。对贸易促进活动的支持较缓和，且根据有关机构所说，远低于越南企业要求的水平。

20. 约有300家工业园区和出口加工区，其在越南工业产值、投资、出口和就业中的占比相当显著。虽然，工业园区的表现极度不平衡，且平均占用率近年来开始下降，但有多个新的园区和区域正在计划之中。

21. 尽管越南没有正式承诺加入政府采购协议，但其当前拥有观察者身份。在现有法律下，国际招标中，本地供应商可享受优惠，且当机械、仪器和采购中运用的材料可在本地生产时，禁止对这些产品的进口。

22. 越南在二十多年前开始国企改革。许多企业已经私有化，且可以预见国有股份会进一步撤资。然而，国有产业仍占GDP的38%，且国家所有制的根本途径是翻新、保存和扩展的混合。在2005年，越南开始设立国家经济组试点，例如，有相似商业利益的国企松散联盟。这些组合之一在2010年曝出金融困难，在大型越南国企中披露出一系列的结构缺点，包括企业架构复杂、缺少有效监督以及超出声明的核心业务活动扩张。2011年设立了一个指导委员会来重组国企。越南还开始将国家所有权从国家监管职能中合法分离。

23. 知识产权保护是越南及许多贸易伙伴的核心焦点。越南是WIPO相关条约的成员，并继续将“知识产权一创新一贸易”三角融入国际和区域事项中。在2008年，越南的法律由TRIPs理事会进行审议。越南的执法系统非常复杂。通过多种法律和行政文本来下放规定。IPR执法的职责由多个中央和地方机构共同承担。例如假冒和盗版产品、有线和卫星信号盗取等事项仍旧引起担忧。

产业政策发展

24. 农业产品的生产和贸易在过去几年内有所增加。越南现在是几项农业产品的重要生产商和出口商，包括大米、咖啡和腰果。越南在农产品贸易中处于盈余状态。进口也增长很多，尤其是动物饲料和棉花的进口。虽然国企在生产中的作用不大，但其中一些涉及加工和贸易，以及为农民供给投入。在2010年，农业总公共支出约占国家总预算的5%～6%，大致相当于农业生产总价值的6%～7%。政府政策的重点是通过投资基础设施、研发和改善推广服务以及便利贷款来提高生产率，并降低风险。

25. 由于海洋捕捞和水产养殖生产以及出口在过去几年有所增长，越南渔业产品处于贸易盈余状态，尤其是水产养殖的产值自2005年至2011年几乎增长了一倍。渔业由水产养殖和捕捞业的小型生产主导。公共政策旨在完成水产资源的数据库，增加水产养殖产量，通过资源管理提高可持续性，并实施可持续渔业发展的法律法规。

26. 在采矿业，外资企业占大部分。越南已采取措施来促进可持续发展并确保在运用矿业产品时节约成本并提高利用率。该产业的总体关税保护相对较低；对矿物燃料和石油的平均适用最惠国关税大幅下降，而矿砂、矿渣和矿灰的税率却小幅上升。近来对部分矿业产品的出口禁令和控制得到加强，同时对其他矿业产品的税有所增长，以此来确保充足的国内供应，以及提高附加值和重要税收。

27. 越南已采取措施来促进可再生能源发展和节能以及提高利用率。能源产业仍旧被跨所有制国企主导，且其营业、监管和所有权只能松散分离。越南正采取措施解决本国有限的炼油能力。零售汽油和石油价格随市场机制灵活调整，因此，其价格现在已更加接近国际市场价格。天然气价格和电力批发价格都相对较低。虽然引入竞争型电力市场，但国有垄断的低电力购买价格阻止了对这些急需的新电厂生产能力的投资。当前的定价结构不允许公用事业覆盖生产和分配电力的全部成本。同时，低收入家庭的电费和灌溉由工业和商业的高价进行补贴。

28. 制造业对GDP的贡献自2007年以来平稳下降，而其就业份额增长了。对工业产品的平均最惠国关税保护减少了约一半。然而，相对于其他制造品，服装、鞋类、陶瓷制品、汽车和摩托车的关税仍旧很高。对制造活动的国内支持主要是以税收和非税收激励措施的形式进行以及政府采购行为，还有一项买国产的运动“越南人买越南产品”。除了边境保护，还采取了对特定行业的国内支持，以此来促进“支持产业”。支持某些关键产业尤其是增加本地内容的重要部分，同时支持钢铁产业并考虑协助汽车产业的发展。越南还采取了措施来促进病患安全以及可持续获得药品和生物制品。

29. 服务是越南经济的最大组成部分，且随着越南加入 WTO 进一步开放。但它在最近的区域贸易协议中的 GATS＋承诺相对得到限制。劳动生产率比该经济体其他部分的平均值高，但其增速比其他产业要慢。部分活动取决于外国所有权的最高值。在市场集中程度高的主要服务下属部门，国家参与程度较高。银行业虽有所成功，但其贷款增速快。越南正采取行动来解决安全和稳健问题。更新电信系统、改善准入和服务可承受性方面取得了大的进展；虽受到一定限制，但一项鼓励竞争的管理机制已经通过。在影院放映外国影片的屏幕配额最近也已通过，且对影片进口的部分限制条件也被解除。运输机制缺陷和对主导越南海外海运市场的外企愈来愈高的费用和附加费似乎影响了出口竞争力。此外，外国船只在国内集装箱运输市场的运营在 2012 年 6 月被限制。越南已采取措施来解决港口竞争力问题，主要通过降低其费用的方法。越南降低机场收费和费用来鼓励航空公司增加飞行频率。虽然越南充分对外商独资企业开放，但若要建立第二家零售店，需要强制进行经济需求测试。

展望

30. 虽然越南经济基础强劲且在经济转型中取得很大进步，但还存在一些重大不足。这些不足对越南经济前景产生下行风险。越南正采取措施来解决这些问题。公平（包容）和可持续增长有赖于政府按时实施长期结构改革，尤其是旨在解决金融产业面临的系统风险、改善贸易相关产业的运营框架（例如电力供给和运输基础设施），以及深化国企改革。这些措施以及相关改革，包括某些产业的监管改革和贸易自由化，将改善资源分配，因此来提高 TFP 及竞争力，同时提升经济灵活性和吸引外资的能力。因此，越南的关键挑战是在稳定、透明和可预测的政策框架内重点发展有利于达成这些目标的贸易及贸易相关政策。

（王洁　译）

哥斯达黎加贸易政策审议

概述

1. 自从2007年的贸易政策审议之后，哥斯达黎加继续推动国外贸易制度自由化，主要措施是参与优惠贸易协定，与此同时保持一种建立在RZF和其他激励计划基础上的积极吸引投资的政策。由于上述策略，该国已经实现其生产和出口平台多样化，以此覆盖更高的科技产品和服务，并且促进了哥斯达黎加经济在一系列全球价值链上的整合。

2. RZF在吸引外资、提升出口业绩和创造更多更好的工作机会上发挥了重要的作用。然而，国内活动和出口型业务之间的联系仍需加强。为了增强竞争性，改善商业环境，改革不可或缺。尤其是，基础设施需要改善，电力和燃料价格需要降低，受教育机会和市场需求之间的差距需要减小。在宏观经济前沿，财政整顿十分重要。最近大量原属国家垄断的服务业务放开竞争，这是增加经济竞争力和经济效益的积极举措。亦属此类举措的是在贸易相关领域的改革，如竞争制度、规范化、知识产权保护和政府采购。

经济环境

3. 由于国内的强劲需求，哥斯达黎加经济在2007年和2012年之间均增长3.2%。与此同时，人均GDP在2012年达到9665美元。通过在保持财政稳定的基础上加大公共开支，哥斯达黎加克服了2008－2009年期间的经济危机的影响。但是，自此之后该国的财政状况不断恶化。现在财政整顿是保持该国宏观经济稳定性的一个关键。金融政策已经转向巩固自2009年一直保持的低膨胀率，而汇率政策则建立在汇率区间系统的基础上。中央银行已经干涉汇率市场，随着近些年大量资本流入而确保汇率区间。

4. 由于贸易平衡的恶化，这一时期的国际收支差额账户在审议下出现赤字。而这些赤字被资本和金融账户上因大量国外资本流入带来的盈余所抵消。哥斯达黎加的国外贸易多样化仍在继续，现在服务业出口占据了海外销售账户的1/3。主要的出口货物是制成品，尤其是微处理器和医疗设备。香蕉继续占据农业主要出口份额，尽管其他非传统的产品已经取得进展。工业制成品大约占据哥斯达黎加进口总额的75%。哥斯达黎加经济与美国紧密相关，后者占据了前者约40%的货物贸易和直接对外投资。欧盟、中美洲共同市场、巴拿马、墨西哥和中国也是哥斯达黎加的重要贸易伙伴。哥斯达黎加国外贸易市场的进一步多样化将开放更多的机会并且改善可持续性。哥斯达黎加是FDI的净收入国，这一事实为其经济增长和出口增长贡献实多。

贸易和投资政策框架

5. 哥斯达黎加保持了开放的贸易和投资制度，该制度对达到经济增长和发展目标十分重要。哥斯达黎加的对外贸易政策主要在于通过更有力的多边规则和双边协议扩展贸易平台，并且通过必需的国内改革以最大限度地利用这些协议。

6. 作为WTO的创始成员之一，哥斯达黎加积极参与该组织的日常工作和多哈发展回合谈判。该国也参与了目的在于扩大《信息技术协议》(IFA) 覆盖范围的谈判。在审议阶段，哥斯达黎加保持了稳定的WTO通告，并且在争端解决机制的框架下作为原告提起了一项新的诉讼，该诉讼与多米尼加共和国采用的某些保障措施有关。

7. 哥斯达黎加是中美洲共同市场（CACM）的成员国之一，该组织的其他成员国是尼加拉瓜、危地马拉、洪都拉斯和萨尔瓦多。CACM成员国统一了大约93%的对外关税，加强了中美洲投资监管并且采取有利于相互贸易的举措，比如简化海关过境手续、统一技术规范和卫生与动植物检疫措施。

8. 哥斯达黎加贸易政策的一项基本内容是扩展区域和双边协定网络，其对象不仅限于美国的传统贸易伙伴，也包括欧洲和亚洲的国家。哥斯达黎加一些新签订的协定自2007年起生效，这些协定的签署国分别是：中美洲和巴拿马；中美洲、美国和多米尼加共和国（CAFTA-DR)；哥斯达黎加和中国。其他的协定要么是即将生效（中美洲－墨西哥、哥斯达黎加一秘鲁、哥斯达黎加一新加坡)，要么是正在通过立法程序（中美洲一欧盟、哥斯达黎加一哥伦比亚)，要么是即将签署（哥斯达黎加一欧盟自由贸易协定)。在2013年初，那些已经生效的协定覆盖了哥斯达黎加大约68%的出口和76%的进口。

9. 哥斯达黎加在国外直接投资上的限制相对较少。这些限制主要在能源、矿产和渔业，还有一些服务行业：通信、广告、运输、某些专业服务、娱乐和运动服务。从2007年起，保险业和某些电信服务开始开放。与此同时，最高法院决议提升在哥斯达黎加航空业的国外投资的限制。哥斯达黎加正在致力于多种多样的用于改善商业环境的项目，包括程序的简化和自动化。

贸易政策措施

10. 自从上次审议过后，哥斯达黎加采取了措施以促进贸易规则现代化并且为贸易提供便利。这些措施包括海关程序自动化、简化手续和文件、升级边境检查站、设立权威经济操作制度、修正海关法。关税是主要的贸易政策工具，而所有的税率从价计征。在审议时期，平均应用最惠国税率保持不变，在2013年为6.9%。平均农产品税率（14%）要高于其他产品（5.5%)。哥斯达黎加约束了整个税率表，平均约束税率明显高于应用税率，导致了关税规则可预测性的降低。

11. 哥斯达黎加对几乎所有从CACM进口的货物免除关税。除此之外，哥斯达黎加对进口自与其签订自由贸易协定的国家的货物给予优惠税率。

12. 除了仅对进口啤酒征收的“市政促进和支持研究所”（IFAM）税，哥斯达黎加对于国内产品和进口产品无差别地征收国税。适用于某些产品的进口许可主要是关于保健、公共安全和环境。

13. 哥斯达黎加不经常使用贸易保护措施。在2007和2013年之间，哥斯达黎加仅使用了一些反倾销措施。哥斯达黎加已经统一了贸易保护立法和相关的中美洲规范。

14. 哥斯达黎加拥有一个健全的法律与机构框架，以发展和实施技术规范和卫生与植物检疫措施(SPS)，并且不断地将这些措施通报给WTO。哥斯达黎加在统一与其CACM伙伴之间的技术和SPS规范上已经取得进展，并且已经与其他贸易伙伴就有关SPS检验系统对等性签订了协议。

15. 出于公共健康、环境保护或保证质量的原因，某些出口货物（如咖啡、散装糖、鱼类、贝壳和甲壳动物）必须得到批准。各类原木的出口皆被禁止。对咖啡、生牛和香蕉的出口征收关税。施加这些关税的缘由值得再考虑以判断其主张是否合理。直到2010年，由于竞争政策的原因，香蕉仍处于最低出口价格。

16. 在2010年，哥斯达黎加修正了RZF相关法律，以便在延长期限结束（2015年12月31日）之前与WTO补贴与反补贴措施保持一致。主要的变化是取消了对由RZF获益的公司的出口要求和对国内销售额的限制。哥斯达黎加也在致力于改革进口加工制度，以此来兑现WTO承诺。

17. 哥斯达黎加保持了一系列其他税收和财政激励方案以刺激各类生产和社会活动。考虑到整个公共财政的迫切需求，尤其有必要评估这些方案的影响以合理化避税。

18. 由于国企在关键部门的掌控，如电力、基础通信、港口和铁路管理、金融业，政府在经济领域继续承担领导角色。一家国营企业（RECOPE）垄断了原油及其衍生产品的进口、精炼和批发。该企业已作为国营贸易企业被通报给WTO。其他国营贸易企业预计将被通报。有必要计算某些国营企业提供的服务的花费和税负，以使其对经济竞争力的影响最小化。

19. 在2012年，哥斯达黎加修正了关于竞争政策的立法以加强对反竞争行为的管控。尤其是，这些改革包括采用对合并的事先通知义务，增加对竞争主管机构的调查权力，还有对拥有未被法律授权的特许经营权的公共服务提供者应用法规。但是，这并不包括受法律保护的政府垄断行为。一系列的部门规章也得到采用，以规范金融和电信部门监管主体监督下的市场中的竞争。在2013年中旬，受监管的公共事业和大米价格受到政府控制。

20. 哥斯达黎加既不是“关于政府采购的WTO多边协议”的成员国，也不是其观察国。在审议时期，哥斯达黎加对其关于政府采购的法律框架进行了改革，特别是包括了采购类型的革新；采用了框架协议合同和电子拍卖；实现程序自动化；加强对腐败的行政处罚。国家电信和保险公司的采购规章也被更改以应对最近在这些领域的开放竞争。在某些条件下，哥斯达黎加给予国内产品和中小企业在政府采购方面的特惠权。按照法律规定，国外竞标者享受互惠待遇，但实际上享受不到。

21. 自从上次审议之后，哥斯达黎加推动了知识产权制度现代化改革，以顺应技术进步并兑现其国际承诺。立法改革实际上覆盖了所有的知识产权和执法制度。2008年，通过了一项用以保护植物多样性的法律。2011年，哥斯达黎加接受了修正TRIPs协议的议定书，该协议与第6段提及的"关于TRIPs协议和公共健康的多哈宣言"有关。一个更有效率的执法体系，尤其是关于著作权的执法体系仍有改革余地。

产业政策

22. 在2012年，农业、林业和渔业一共贡献了5.7%的GDP和13.4%的就业，并占据了出口货物的37.5%。尽管对农业部门（按WTO的定义）的平均保护税率是14%，对某些产物（肉类、乳制品、马铃薯、洋葱、糖和大米）的税率远超平均水平。在其中一个政策的保护下，大米生产受到政府支持；该政策将大米市场价格保持在WTO承诺值以上，且未导致产量的增加。在2013年5月，政府颁布了一项法令，准备从2014年3月起取消大米限价。国营企业负责解决某些产品的销售（比如糖和酒精）。

23. 在2012年，制造业贡献了15.4%的GDP和11.3%的就业，并且占据了出口货物的60%。在自由区域的制造业活动继续吸引国外直接投资，并且在创造出口上发挥了重要的作用（超过2012年制造业出口的70%）。但是，这些区域和其他经济之间的联系仍很有限。在普通体制下运作的公司贡献了82%的制造业附加值；它们的产品主要流向国内市场，在某些情况下，这些产品受到较高水准的关税保护。

24. 哥斯达黎加国有电力机构（ICE）控制了大部分的发电和配电，并且只对输电负责。民间参与发电最多不能超过全国装机总量的30%。按照法律，政府完全垄断了碳氢化合物的进口、精炼和经销批发。电价和燃料价格受到管制。它们的价格在该地区属于最高层次，这一事实影响了哥斯达黎加的经济竞争力。

25. 服务业贡献了62.7%的GDP和67%的就业。服务业出口很有活力（尤其是计算机服务和其他商业服务），这导致了在服务业上的贸易顺差。事实上，服务市场体制的开放性已超出哥斯达黎加在《服务业贸易总协定》（GATS）下做出的承诺，该承诺只限于有限的领域。哥斯达黎加接受了GATS关于金融服务的第五议定书，但在电信业方面仍未履行承诺。尽管一些原属国家垄断的服务领域在审议时期开放竞争，在某些服务细分市场，国家仍有很强的存在感。最近的开放进程应该被贯彻巩固，以保证有效竞争下的发展。

26. 2009年，随着ICE在移动通讯、互联网和局域网领域垄断的结束，电信业变得很有活力。这一领域的开放伴随着一个新的法律和机构框架的采用。私人运营商的参与促进了市场竞争并且导致了更加多样化的服务供应和更低的费用。

27. 国家保险协会（INS）垄断的结束，新立法的通过和管理机构的创立当属金融业最具意义的变革。这一变革带来的后果是市场新进的参与者和总保费的增加，尽管如此，INS仍占据了该行业总收入的90%。国外保险公司可通过建立合股公司或分支机构进入哥斯达黎加市场。国外资本投资保险公司不受任何限制。可同外资保险公司签订保险合同，以此来覆盖哥斯达黎加与受质疑公司所属国家之间明确定义的风险。

28. 国有银行仍占据哥斯达黎加银行业的主导地位，拥有大约65%的银行业总资产。国外银行可以通过把子公司设置为合股公司，但是不可以通过设分支机构，以便在哥斯达黎加进行营业。在哥斯达黎加当地注册的民营银行所有的国外资本不受任何限制。一旦建立，国外银行便可享受国民待遇。但是，在民营银行、本国银行、外国银行和国有银行之间仍存在监管上的不平等性——比如，民营银行必须支付"银行服务费"才能接受没有存款保险的活期账户存款。国有银行则受政府采购规则的影响。在审议时期，一系列的改革得到采用以抑制境外银行业务并加强对银行业的监管。

29. 在运输领域，哥斯达黎加仍然面临关于港口和道路质量的问题，这些港口和道路为其97%的总出口额提供服务。为了升级基础设施并且改进效率，哥斯达黎加委托民营公司建设、保养并运营港口和机场，而依据法律这些港口的机场应该是国家所有的。海运服务仅限于注册于哥斯达黎加的船只。哥斯达黎加的航空运输体制相对开放，从2007年以来，100%外国所有的哥斯达黎加公司可以提供人员、货物和邮件航空服务。在审议时期，哥斯达黎加签署了新的双边航空运输协议，某些缔约国并不属于其传统市场——美洲地区。地勤服务市场向国外投资者开放、电脑定位系统、航空运输服务业的销售和市场营销，或者飞行器维修和保养均无任何限制。

30. 尽管某种程度上受到了全球金融危机的影响，旅游业自2010年以来恢复程度可观。旅游业总收入占据了总货物和服务出口的14%。该行业严重依赖从美国来的游客。在审议时期，新的法律被采用以促进乡村社区旅游，管理认证在旅游业上的企业社会责任，并对所有坐飞机进入该国的乘客征收费用。一项受哥斯达黎加旅游协会委托的研究表明，各类对旅游业免税引起的投资收益要大于免税造成的财政成本。

（程一帆译，王洁校）

秘鲁贸易政策审议

概述

1. 自上次2007年的贸易政策审议之后，秘鲁的经济发展颇为优秀，实际GDP增长强劲，通胀低，财政状况得以改进，债务减少，且外部账户加强。这反映了秘鲁审慎的宏观经济管理以及持续的结构改革。这对促进秘鲁FDI流入有显著作用。由于反周期财政刺激支持了经济活动和可持续就业，秘鲁经济还经受住了全球金融危机。虽然贫困问题和生活条件得到改善，但社会融入性仍旧较低。未来几年需要提高竞争力和创新力，进一步改善商业环境并增加人力和基建投资来维持高增长。

2. 审议期内，在贸易政策方面，秘鲁积极参与区域贸易协议。自2007年以来，有14项新的区域贸易协定生效，还有一项已经缔结但尚未生效，还有几项处于谈判阶段。通过与美国签订协议并获益于其广泛的区域贸易协议网络，秘鲁对其贸易政策做了重大改变并颁布了新的有关海关、政府采购和知识产权的法律。秘鲁还改变了其促进竞争性和投资的法规框架。大多数改动都是基于最惠国待遇。除此之外，秘鲁还积极参与WTO事项，并将其最惠国关税从2007年的平均8%降至2013年的平均3.2%，以此单方面开放其贸易体制。

经济环境

3. 自2007年至2012年，秘鲁经济发展强劲。尽管受国际经济环境影响，平均GDP年增长率约为7%。非主要产业（建筑、贸易和服务业）的增长率、公共和私人投资强劲、消费、产品及服务的出口的发展势头促进了经济的发展。

4. 审议期内，经济增长快速导致以美元计数的人均GDP持续增长，从2007年的3772美元增长至2012年的6623美元。在审议期内，失业率从由8.4%降至6.8%，总计和极端贫困也是如此。然而，该国的社会差距仍旧很高，尤其是城乡之间的差距。

5. 由于大约为2.5%的反周期财政刺激，在2008至2009年，秘鲁经济相对较好地应对了全球金融危机。在2009年，财政赤字约为GDP的1.3%。随着经济活动的恢复，财政刺激也逐渐退出，在2011和2012年财政盈余约为GDP的2%。

6. 审议期间（除2007年）秘鲁经常账户处于赤字状态。2007年的经常账户由1.4%的GDP盈余变为2012年的3.6%的赤字。由于全球经济危机对贸易的损害，在2008、2009年和2012年贸易平衡盈余极大缩减。秘鲁在服务业方面是净进口国，在2007至2012年间的赤字约为年均20亿美元。大量的金融资本流入导致国际储备增长至约640亿美元（2012年），相当于GDP的32%。

7. 审议期内，秘鲁贸易活力十足，进出口都增长近一倍。作为世界领先原材料生产商之一，秘鲁的矿石出口独立性渐长，尤其是铜和黄金，在2012年约占GDP的10%。2012年农业和制造业出口分别占商品出口总额的17%和12%。2012年，向中国、欧盟和美国出口的产品共计占秘鲁总出口的一半，而中国也超过美国成为主要购买商。

8. 在2012年，制造进口品占商品进口总额的3/4，主要由机械及运输设备和化学品主导。美国、中国和欧盟是秘鲁主要进口产品来源国，共占总进口产品的49%（2007年为41%）。

9. 秘鲁的FDI流入量由2000年至2006年的年均20亿美元增长至2007年至2012年的79000亿美元。基建和商业环境的改善将有利于FDI的进一步增长。

贸易和投资政策框架

10. 秘鲁非常重视参与多边贸易体制，并认为其对达成可持续贸易增长的贸易政策目标有着至关重要的作用，尤其是非传统产业，可提升秘鲁的产品和服务的竞争力，并促进世界范围内贸易和投资的流动。

11. 秘鲁仍然致力于多哈发展议程（DDA）的圆满缔结。在DDA中秘鲁独自展示并同其他代表团展示了多项提议。在审议期间，秘鲁作为被告，而非作为原告，参加了WTO争端解决机构的一起案件；还有六次是作为第三方。秘鲁在政府采购多边协议中既非成员，也非观察者身份。自2009年以来，秘鲁加入了信息科技协议。在审议期内，秘鲁向 WTO 呈现多次通告，在 2013 年中期之前，仅有一小部分尚未结局，尤其是与农业的国内支持相关的通告。

12. 自 2007 年以来，秘鲁积极参与数起区域贸易协议谈判，其中有 14 个已经生效，包括：加拿大、智利、中国、哥斯达黎加、欧洲自由贸易联盟（EFTA）、欧盟、日本、韩国、墨西哥、巴拿马、新加坡、泰国、美国和委内瑞拉。秘鲁还与危地马拉缔结了一项贸易协议（尚未生效）。尚处于谈判阶段的协议包括与萨尔瓦多、洪都拉斯，以及太平洋联盟和跨太平洋伙伴关系（TPP）。除此之外，秘鲁还是安第斯共同体的创办成员国，与南方共同市场签署了自由贸易协议，还与拉丁美洲一体化协会（LAIA）签订了其他协议。秘鲁共计与 52 个国家签署了 17 份区域贸易协议。在 2012 年，秘鲁所有进出口产品的 3/4 都来源于其区域贸易协议伙伴。

13. 总体来说，秘鲁的外商投资者与当地投资商受到的法律待遇相同。然而，外商投资在部分活动中受到限制，比如海运和空运服务。政府尝试促进公司合作伙伴关系投资，尤其是在运输、能源和其他科技密集型产业，以此来克服基建瓶颈，刺激竞争，并维持经济增长，投资经营措施由税务减免和低成本融资构成。一般来讲，在国内外投资者间并无差异。

贸易政策措施

14. 秘鲁将贸易视为促进经济增长和发展的支柱之一。自 2007 年以来，秘鲁已经开始实施政策来促进贸易发展，并继续其单方面关税自由化计划。秘鲁通过在 2006 年创建外贸单一窗口促进贸易，在 2010 年开始运行这一机制，并运用风险分析体系来通过海关明确商品，以此来简化其海关和行政程序，这样就减少了审查的次数。除了这些进展，还需进一步努力来促进贸易，包括改善基础设施建设。

15. 审议期间，秘鲁继续减少其单方面关税，平均关税由 2007 年的 8％降低至 2013 年的 3.2％，成为该洲关税税率最低的国家。最高适用税率从 2007 年的 20％降至 2013 年的 11％，成为秘鲁关税体系中变动最大的一次。除此之外，审议期内，免税税目比例从 43.6％增至 55.9％。然而，在普遍宽松政策中，秘鲁对某些农产品继续运用价格区间，例如大米、糖、玉米和奶制品。总体来讲，除价格区间中的产品，秘鲁适用关税采用从价计征，由从价计征和具体组成构成。运用价格区间的关税随相关产品的国际价格而变动。这使得透明简单的关税结构变得复杂。在部分区域协议下，价格区间被部分淘汰，在另外一些协议中得以消除，如与美国的协议。

16. 秘鲁以关税配额为工具来加强在优惠基础上的市场准入。秘鲁已经进行了谈判并在部分区域协议中运用最惠国关税配额；然而，事实上很少用到。

17. 秘鲁将所有税目限制在：0％，30％和 68％。最高税率适用于农产品，其中一些采用价格区间机制。然而，按照国内立法，根据价格区间计算的税率不能超过 WTO 约束关税税率（最高适用税率）。

18. 除了关税，进口产品也受国内税款和其他收费项目的影响。当商品的申报价格等于或超过纳税单位的三倍时，决定性进口产品和存放于海关仓库的产品因处理产品报关而受从价计征收费影响，数额为纳税单位的 2.35％。对多数国产和进口酒精饮品采用选择性消费税的程序自上次审议后有所改变；当前，其应用在大多数情况下取决于烈酒的酒精含量。在 2007 年对 392 种税目征收的 5％的附加税得以消除。

19. 在 2009 年，秘鲁修改了其贸易救济措施法律。改变有关计算正常价值和倾销幅度的方法；反倾销和反补贴措施的期限；报销不必要的或超出支付的临时税款的期限和程序；进行日落复审的程序。在审议期内，秘鲁发起了八项新的调查。在同期内，还发起了四项反补贴调查，致使两项反补贴措施的实施，仅发起了一项保障调查而且并没有采用措施。

20. 取决于限制或禁止的进出口产品很少，且自上次审议后未有改变。这些限制主要是因健康、安全和环保理由而施加。同时，施加这些措施是为了符合其国际协议承诺。秘鲁的标准化和卫生政策还旨在保护人类和动植物健康。总的来说，技术法规和 SPS 要求是基于国际标准的。SPS 体系以在不同部门间协调为准则而实施，且秘鲁认为这对促进其出口产品的质量和竞争力很关键。

21. 秘鲁最重要的贸易政策目标之一是促进出口。为达到这一目的，秘鲁简化了其出口程序并继续运用多种出口支持、融资、保险和促进计划。退税体系允许以出口产品的 f. o. b. 价值的某一百分比进行报销。这一体系尚在运作之中。退税体系适用于价值不超过 2000 万美元的出口产品。退税税率目前为 5%；然而，该税率会因经济环境而改变，例如在 2009 年由于金融危机而增至 8%。秘鲁一些传统出口产品（约有 279 项十位数水平的税目）不适用该体系。为享受某些项目下的救济金来为货物和服务出口融资，企业必须满足一些标准，包括符合出口或国内原产地门槛。

22. 秘鲁继续使用财政刺激来促进某些产业的投资，同时支持其他计划来促进区域发展并贡献于社会公平，例如在该国贫困地带设立“特殊待遇区域”的计划。

23. 2008 年，为更新竞争保护规则，秘鲁采用了新的法律，除了在水平基础上解决竞争问题的这一法律，秘鲁还有在电力产业解决竞争问题的法律。在审议期内，这些具体针对电力产业的法律没有重大变化。在 INDECOPI 范围内主管竞争问题的机构的体制能力自上次审议以来得到加强。因此，自 2007 年起依职权发起的案件数量增加了，罚款也是如此。

24. 在审议期内，秘鲁还通过引进新的法律来加强与政府采购有关的法律和制度框架。这一举措尤其旨在提高效率、竞争和透明度。某些优先权仍旧存在，主要是惠及中小企业和本土生产商。秘鲁还大幅改动了其知识产权体系的法律框架，其中一些是为了符合区域贸易协议的承诺，其他一些是为充分保护秘鲁的生物多样性、遗传资源和传统知识。这些领域的保护对秘鲁来说是重点考虑事项，因此其在 DDA 中参与较为活跃。

产业贸易政策

25. 秘鲁的农业产业的 GDP 贡献率为 7.2%，并在出口和就业方面发挥着重要作用。审议期内，农业 GDP（包括狩猎和林业，但不包括渔业）年平均增长率为 4.7%。然而，各环节的生产率仍较低。秘鲁对农业产业的支持措施由方便获取信贷和债务削减计划的一般服务措施组成。

26. 依照 WTO 对农业的定义，平均最惠国适用关税由 2007 年的 12.9%降至 2013 年的 3.9%。降低的一个原因是消除了影响主要农业产品（如肉、奶制品、水果和蔬菜、谷物和食物准备）的 20%税率。同时，秘鲁废除了对 392 个十位数税目适用的 5%关税附加费。

27. 秘鲁继续对有关大米、糖、玉米和奶制品的 47 个十位数税目（HS 2012）运用“价格区间体系”。通过计算 2013 年第一季度的价格区间体系可知，农产品的平均最惠国关税从 3.9% 增至 4.3%。

28. 渔业产值自 2007 年以来每年都有增长，但比整体经济增速要低。渔业产业约占总出口的 1%，因为仅有一小部分得到加工并出口。适用于鱼和鱼产品的平均最惠国关税为 0.4%，最高为 6%。秘鲁的法规没有限制外资对渔业企业、加工植物或水产养殖活动的所有权。然而，竖有外国国旗的船只仅当其能补充秘鲁舰队的活动时才能得到捕鱼许可。在秘鲁卸下鱼货则可享受部分税收优惠和减免许可。

29. 采矿业是秘鲁经济的基础，占到 GDP 的 5%，财政收入的 20%，还提供了大量就业机会，并占出口收入约 2/3，同时它也是 FDI 流入的目标产业。基本金属（铜、锌、钼、铁、铅）和贵金属（如黄金和银）的生产在近些年有所下降，部分是由于恐惧环境影响而导致的一些新采矿项目的延误。适用于采矿业的平均最惠国关税为 2.7%，最高为 6%。采矿特许权持有者可受益于具体部门税收稳定合同。在 2011 年，采矿费体系得以修改，每年募集约 10 亿美元或 GDP 的 0.5%来发展最贫困区域的社会和基建项目。

30. 秘鲁的制造业产业较为多样化，由食品、化工、纺织和皮革制品主导。由于竞争力削弱，进口增加，出口增长缓慢，制造业的 GDP 占比由 2007 年的 15.7%降至 2012 年的 14.2%。制造业产品的平均最惠国关税为 3.2%，部分纺织品和服装及其他制造品的最高关税税率为 11%。秘鲁正采取措施鼓励该领域的创新和技术发展。

31. 秘鲁对 GATS 下的 12 个服务领域中的 7 个做出了承诺，签署了《基础电信第四协议》，接受了电信业管理原则的参考文件，并签署了《金融服务第四协议》。秘鲁在其区域贸易协定中的服务承诺超越了 GATS 日程中或 DDA 中的承诺。秘鲁还是参与谈判新一项服务业国际协议的 WTO 成员之一。

32. 由于其恰当的法规框架，秘鲁的金融体系得以抵御 2008 至 2009 年的全球金融危机。贷款和存款增长使金融中介达到了更高水平，这反映了金融产业的健全发展。虽然近年来有所进步，但金融体系的美元化程度仍保持较高水平。银行业的审慎指标保持在适当水平，但银行贷款组合质量在 2013 年有所削弱。秘鲁将其金融交易税率由 2007 年的 0.08%降至如今的 0.005%。

33. 电信自由化进程自上次审议以来一直在持续进行，但 2012 年底，仍有一个私营公司控制着超过 70%的固定电话线路和约 50%的移动电话市场。尽管秘鲁市场自由化正在进行且服务质量有所改善，但固定电话服务、移动电话和宽带的价格体系都相对较高。2007 年，秘鲁消除了其对外商参与无线电广播服务的限制（高达股本或利益相关者的 40%）。

34. 在运输领域，法规方面有所进步，但部分与基建相关的问题仍旧存在。在空运领域，在秘鲁设立的公司营业之初，高达 49%的外商获得许可得以发展，在 6 个月后可能增至 70%。提供常规国际空运服务的秘鲁公司须提供类似的国内服务。在海运领域，沿海运输服务由秘鲁控制多数股份的国家旗帜船只享有。最高有 25%在国内航线运输的碳氢化合物由秘鲁海军享有。虽然法律规定路线自由，但互惠原则可适用于外贸货物。

（王洁　译）

吉尔吉斯共和国贸易政策审议

1. 吉尔吉斯共和国在1998年加入WTO。其贸易体制较为开放且关税较低。作为一个有着多山地形且数个非WTO成员邻国的内陆国家，吉尔吉斯面临着一系列的挑战和机遇。吉尔吉斯的自然资源和旅游业发展潜力尚未发掘，且该国的运输和基础设施事项也约束了它进一步发展和出口的势头。2010年的种族暴力，吉尔吉斯政府机构的频繁变动以及部分地区的紧张局势都导致其政治的不稳定性，影响着该国的发展和投资吸引力。

2. 吉尔吉斯经济相对来说较为多样化。该国服务、采矿业以及建筑行业的GDP占比呈上升趋势，而农业呈下降趋势。服务行业约占50%的GDP。由于外部冲击、恶劣的环境条件、政治和民族危机以及黄金产量大幅下降，在审议期间，吉尔吉斯的经济增长很不稳定。同时，吉尔吉斯的国际收支中的经常账户处于赤字状态。

3. 2006—2012年间，吉尔吉斯的商品贸易总额增长了一倍多。在过去六年，该国出口量约增长一倍，但进口增长三倍多。因此该国的商品贸易总额保持赤字状态。吉尔吉斯出口产品范围较窄，主要是黄金和农业产品。虽然旅游业和运输业有相当大的发展潜力，在2006年至2012年，吉尔吉斯是一个服务业净进口国。CIS诸国作为吉尔吉斯的进口供应国和出口目的国，仍是其主要贸易伙伴。然而，瑞士近年成为其重要的黄金出口市场。

4. 吉尔吉斯的外国直接投资（FDI）在2006年至2007年处于增长态势，但与该国的发展潜力不对称，且对邻国的FDI较低。FDI大多集中在加工业、房地产和服务行业。《2003年投资法》作为其管理投资的主要法律框架保持不变。该国政府很重视吸引外资。近年来，加大了外联工作并创建机构来吸引外资。

5. 吉尔吉斯的法律条例与WTO义务大体一致，且旨在促进贸易发展。然而，其法律法规常因资源不足或实施法规缺口而被逐渐削弱。吉尔吉斯的通告记录也有待改进。该国尚未运用过争端解决机制或发起反倾销反补贴调查。

6. 由于吉尔吉斯可能加入关税同盟（目前有白俄罗斯、哈萨克斯坦和俄罗斯），未来其贸易体系有可能发生变化。采用关税同盟的共同对外关税需要重新谈判吉尔吉斯在WTO的关税约束承诺，最终关税平均来看将会下降。吉尔吉斯当局正起草加入关税同盟的草案。该草案可能在2013年底成形。吉尔吉斯也有可能调整其准则和程序来符合关税同盟要求，例如统一的TBT和SPS规则可能会导致政治领域的重大变化。

7. 吉尔吉斯近年来采取的贸易促进措施有“无纸交易”倡议和海关“单一窗口”。自由经济区立法已到位，而未来可能有变化。对自然人的简化海关程序允许用统一重量为基础的从量税代替从价税。虽然适合的产品名单减少了且在该审议期内将重点转向纺织品行业，但该程序仍旧促进了再出口。多项非关税措施开始实施或在审议期内进行提案，尤其是禁止性措施、季节性关税、进口许可、保障措施和国营贸易产品。

8. 吉尔吉斯的最惠国应用关税目前平均为5%且在审议期内未有改变。该国的总体关税保护也较低，有超过20%的关税细目限制为0。高关税保护的产品包括烟草、酒精、鱼类和服装产品。多项引用关税超过了吉尔吉斯的WTO关税约束承诺。

9. 审议期内，吉尔吉斯经常使用出口税、出口许可证、管控和禁止措施。政府出口促进机制尚处于低度开发状态。在出口方面，出口融资、保险和促进方面的救助较少。然而，在ITC的协助下，政府当前正在批准第一项出口发展战略。

10. 吉尔吉斯的标准和技术要求变化频繁，尤其是涉及SPS的事项。吉尔吉斯目前没有SPS咨询点。

11. 自2004年以来，吉尔吉斯的法律框架基本保持不变，政府采购领域有了几项发展。管理公共采购的国家机构在2009年解构，采购职能由财政部接管。2010年引入电子采购且实施至今。吉尔吉斯尚未加入GPA。

12. 国有企业私有化开始于20世纪90年代，到目前尚在实施阶段且进展较缓。很多国有企业规模很大且主要集中在诸如采矿业、能源业和电信业等重要产业。多个国有企业依照自然和允许垄断法律和价格管控等法规运营。

13. 吉尔吉斯的地下资源丰富，但其经济潜力尚未充分开发。黄金开采和加工主要为国家所有，且其出口收入和GDP占比相当显著。因此，其经济运行情况严重依赖于单一大型矿山的运营。

14. 吉尔吉斯有相当大的水电潜力，且在电力方面是净出口国，但严重依赖于碳氢化合物的进口。该国仍控制着其所有主要能源。发电和输电尚处于低度开发状态且面临一些结构性限制，加剧了商业损失，阻碍了基建维护升级的投资。

15. 受到移动电话和网络用户持续活力的驱动，吉尔吉斯电信市场在审议期内得以扩张。虽然市场准入的法规障碍较小，但市场竞争性需进一步加强，可通过设立或澄清基建共享义务、互联条款、二级频谱交易、(固定和移动电话) 携号转网、本地环路开放、国内移动漫游，以及允许虚拟网络运营商进入和运营商 (预) 选择部分通话的框架。

(王洁　译)

马其顿贸易政策审议

概述

1. 由前南斯拉夫独立出来的马其顿共和国是一个拥有200万人口的内陆小国家，国内生产总值约100亿美元。该国的贸易是开放的，2012年进出口商品和服务占国内生产总值的127%。尽管有着国土面积小和资源有限的固有缺点，其政府已经建立和保持了一个政策框架，并在以下多个领域取得了巨大的成功：促进增长；稳定在外部冲击下的宏观经济和金融环境；促进改革，以便加快进入欧盟和促进马其顿对欧盟市场的产品出口；通过加入WTO和签署免税贸易协定，促进对其他重要市场的出口；以及改善商业环境以吸引外国直接投资。

2. 该国在2005年获得了候选国的地位，虽然正式入盟谈判尚未开始，除其他问题外，名称问题仍待解决。经济和贸易相关改革的重点是采用共同体，以及将欧盟明确作为一个独立市场的法规和公共政策，这已在货物运输、提供服务自由、公共采购、金融服务、海关改革、食品安全、交通，及农业方面取得了相当大的成功。

经济发展

3. 该国的经济产出在2006年至2008年间大幅扩张，平均每年为5.3%。由于国际经济危机，经济增长在2009年放缓，但幅度小于周边地区。随后恢复较快，2010和2011年增速达到近3%。由于欧元区的危机和出口需求减弱，2012年经济萎缩了约0.2%。由于对欧元和以前对德国马克的固定汇率，该国的货币政策已被锚定了超过15年。因此，通货膨胀率低且稳定，政府债务降至GDP的21%以下，同时保持占GDP的49%左右的适度外债。该国已在转变为市场经济的过程中取得了进展，并需要继续进行改革来进一步降低经营成本，包括基础设施投资和监管改革，以及改进劳动力市场的运行和提高工人的技术水平，否则这些因素会导致高且持续的失业率。

4. 关于商业环境的改善，该国已投资的技术产业开发区（TIDZs）具有良好的基础设施和税收优惠。这些都是在该国投资中令人鼓舞的项目，使外商直接投资成为未来的出口导向型增长的基石。当局意识到，通过宏观经济政策的支持和持续的结构性改革来提高竞争力，是投资和生产力增长的关键。

5. 鉴于国内和国外投资都对未来的竞争力至关重要，当局正致力于使投资环境更稳定和更可预测，来激励更高的投资水平。近期，该国已经成功吸引了一些重要的跨国公司，特别是在汽车零部件行业。转向跨国公司，体现了该国与投资相关的优势，包括：低劳动力成本和税收；地理上接近在中欧、西欧和土耳其的组装厂；免税进入欧洲的巨大市场；以及一些投资激励措施，包括免税。

6. 经济部是政府机构中主要负责制定和实施对外贸易政策的部门，该部门负责与第三世界国家签订贸易条约和其他贸易相关协定。对外贸易政策的制定还与财政部关系密切，该部门还负责与国际金融机构的合作以及与银行信贷、外汇、海关相关的政策。

7. WTO协议和该国当前及未来与欧盟的贸易关系是影响交易系统的主要因素。自从2003年加入WTO，马其顿改革了贸易和相关领域的政策，以使国内立法符合WTO与欧盟共同体既定法体系的要求。这引起了广泛的审查和几乎所有贸易相关立法的更新，且是一个持续的过程。

8. 马其顿的贸易强烈倾向于其自由贸易协定伙伴。目前，马其顿近90%的出口和近80%的进口在自由贸易协定下实施，其中63%的出口和58%的进口指向欧盟。约80%的贸易免关税，7%实行优惠关税。自由贸易协定允许马其顿加入货物原产地对角累积系统，该系统包括欧盟、欧洲自由贸易联盟体系、中欧和东欧国家，以及土耳其和中欧自由贸易协定（中欧自由贸易区）。

9. 该国政府相当重视多哈发展议程谈判。作为一个内陆国家，马其顿密切监察贸易便利化谈判的进展。在农业方面，该国同意新加入的成员，认为这些成员不应被要求承担所有减排承诺。在非农业市场的增长上，考虑到市场准入承诺在增加，该国支持它应该被排除在进一步降低关税之外的立场。同样，在服务领域，政府则认为应该考虑广泛的市场准入承诺。

贸易政策工具和措施

10. 除了在 WTO 进行广泛的贸易相关承诺，该国的贸易和投资政策也是为了达到加入欧盟的目标。该国已在其候选资格线内采用 acquis 上取得了进展，并在一些领域启用了新的修改过的立法，包括公司登记、海关、政府采购、标准和 SPS 措施、竞争政策、知识产权。贸易相关的总体监管框架已在近几年显著改善，该国政府正致力于巩固和有效地实施最近通过和修改的法律法规。

11. 进口货物一般都受关税、消费税和增值税管制。在占总税收的比重方面，关税从 2006 年的 9.4%平稳地下降到了 2012 年的 5.7%，反映了贸易自由化和关税削减的趋势。尽管来自关税的收入一直在下降，由于进口增值税和进口消费税的重要性上升，贸易相关税（关税+进口增值税+进口消费税）在 2006 年总体占国家总税收的 58%，在 2012 年占 68.9%。

12. 适用的简单平均最惠国关税从 2004 年的 11.1%下降到 2013 年的 8.5% 。平均关税低的同时，其分散率较高，范围从 0 到 70%。食物、鞋帽、军火、蔬菜产品的平均关税税率高于或远高于平均水平。所有非优惠的合作伙伴都享受最惠国待遇。马其顿在 2003 年限定了 79.4%的关税线，又在 2012 年增加至 100%，在部门关税协调协议的通过下，几千条关税线最终被限定至 0。农产品被限定为 17.5%，工业产品被限定为 6.2%。

13. 为了加入 WTO，马其顿承诺取消并不恢复或申请对进口的数量限制，或其他非关税措施，如实施许可、配额、禁令、许可证、要求事先授权、要求许可，和其他具有同等效果，且不被 WTO 规则允许的限制。当局认为，目前的进口许可制度完全符合 WTO 规则。

14. 该国政府致力于确保其在（尔后）自由经济区上对 WTO 义务的履行，这意味着取消对当地货物利用或出口业绩的任何要求。此外，在这些区域使用进口货物和进口材料生产的货物免于关税和一些特定税收，但在进入该国其他地区时将受正常海关手续的支配，包括关税和税收。这些基本原则持续适用于 TIDZs，这是一项通过提供拥有投资者友好硬件和法律基础、后勤服务、税收、海关和其他有利条件的完善的工业场所，来为商业活动提供有利环境的政策。该区以通过实施高环境标准来促进现代科技发展和资源有效利用为目的而建立。

15. 该国政府主要依据欧盟的有关指令协调技术标准的立法，该国实现了从欧洲技术立法到国内立法的高水平转换，除其他原因外，这还与水平法律框架的标准化、认证、计量、合格评定，以及市场监督有关。

16. 在 WTO 中，马其顿致力于修改现行立法，使其符合兽医和植物卫生措施领域的 SPS 协定，主要是以下方面：基于世界动物卫生组织（OIE）的建议和标准的动物保护新法规；与国际植物保护公约（IPPC）的标准相适应的植物保护新法规；采用国际食品法典（CA）的标准审查和协调国家立法；根据 ISO / IEC 标准重组国家参考实验室；以及国家食品安全计划的制备。这越来越让该国接受对等原则，执行控制，检测，以及与 WTO 原则相符的审批程序，并考虑采取相关国际组织开发的风险评估技术。

17. 在食品安全和兽医政策方面，该国已达到立法和国际 SPS 标准的高度协调。在植物检疫政策方面，符合 IPPC 标准的新植物保护法规已被采用，其他几个预计于 2013 / 2014 被采用。当局意识到对于实施 SPS 措施，有关机构的培训是必需的。除了保证与 WTO 规则的一致性，政府近年来一直致力于提高主管当局实施欧盟法律的以下方面的能力：现场检验服务，食品和饲料安全，动物疫病防治，植物卫生和植物保护产品，兽药产品的控制，以及边境进口后的控制的增强。

18. 国有企业（SOEs）的私有化相对迅速，且在 20 世纪 90 年代基本完成，主要是通过销售公司的管理层和员工。在约 2000 家国有企业中，仍未私有化的少于 70 家；当局表示，这些企业中的国有资本占 GDP 的比重约为 15%。国有资本仍然集中在能源部门（发电和输电公司均为国有）、公用事业，以及铁路相关的公共企业。该国还持有利益可观的电信公司，马其顿电信的重要的少数股权。该国的竞争法非常完善，且正致力于加强竞争机构来将其实施。

19. 马其顿有较为全面且近期完善过的知识产权（IP）保护的法律框架，包括工业产权法（包括专利、商标、工业设计、原产地名称、地理标志）和版权及相关权利法，这与欧盟相关指示和有关国际公约一致。然而，该国IP权利保护的进展是不平衡的间歇性的，为了能够用透明、一致的方式实施知识产权法，需要更进一步的工作。虽然对于侦查、起诉，与知识产权相关案件的审判有关的可靠的监测记录尚待建立，但在2012年，一套为执法目的收集和处理统计数据的方法已被采用，为其奠定了一个很有希望的基础。

部门政策

20. 该国经济是由大规模的服务业部门、中等规模的工业部门，和小规模的农业部门组成的。服务业贡献了超过一半的GDP，接纳了超过一半的劳动力就业，同时近1/4的GDP由以钢铁、服装、建筑和采矿为主的工业部门产生。

21. 在农业方面，为了进入WTO，该国致力于终止配额（除了现有的免税贸易协定中的关税配额），取消差价税和出口补贴，逐步降低进口关税，以及改革管理大宗商品储备的国家机关。类似许多其他国家的模式，边境保护制度对农业产品比对工业产品有更多的限制。对一些优惠和非优惠伙伴的最惠国待遇关税保持相对较高。该国政府周期性地出台了出口限制，包括为了防止国内小麦生产不足而引起的在国内市场中的严重短缺，而对小麦和面粉实施的临时出口禁令。用于国内支持的工具正在被与欧盟的相关工具协调，多数资金被用于收入支持措施。

22. 如包括食品的生产和加工，制造业占出口的绝大部分和总就业的1/6多。其优势领域是黑色金属和有色金属冶炼、机械、汽车、电器、化工、纺织、食品饮料加工，以及建筑业。吸引外商直接投资的策略开始显现积极的结果，对位于TIDZs的制造业的新投资正在改变这个国家的出口额。化学品在2010年约占总出口的10%，已成为一个重要的出口领域（排在金属和服装之后）。这是对排放控制催化剂生产的新投资的直接结果，这有助于向更多具有竞争力的产品的多元化发展。

23. 尽管在世界服务贸易中所占份额很小，马其顿在加入WTO时，对155个服务业领域中的115个（与欧盟的总体数量相同）做出承诺。该国安排了广泛的承诺，包括金融服务、电信、交通、旅游，以及专业的服务业领域。

24. 在与整体经济的关系上，金融业的规模在存款方面（2012年占GDP的53%），股票市值方面（GDP为24%），及保险方面（2012年保险费占GDP的1.5%）与巴尔干地区的规范大体一致。银行信贷对GDP的临界比率（2012年为47%）低于地区平均水平，且远远落后于作为全球基准的更发达的欧元区。2012年，调解率（以资产总额/GDP衡量）增长到了86%，这对于地区标准是相对较低的。获取金融服务困难，且除银行外的金融领域仍是相对简化的，且作为经济增长引擎的作用有限。租赁市场不发达，且储蓄机构在银行体系总资产中的份额仍然较低（在1%左右），而其他提供金融服务的机构，共占有10%左右的市场份额。

25. 该国的目标是建立高效的运输和物流服务，这对一个内陆国家是非常关键的。然而，诸如道路安全性差、铁路运营竞争力低，及基础设施不足等重大挑战，意味着运输政策上取得的进步有限。小马其顿航空运输业逐渐恢复增长，且政府彻查了制度框架，对一个私人经营商授予了两个机场的特许经营权。更频繁、价格更低廉的航班将有助于促进目前仅占全国服务业出口6%的入境旅游。

展望

26. 鉴于当前的全球金融动荡和对欧元区经济复苏的怀疑，马其顿的短期前景尚不明朗。2013年的增长预计上升到2%，且在全球状况明显改善，及当局继续推行结构性改革和支持性的宏观经济政策，并实现了计划中的使出口进一步多样化的外商直接投资的情况下，可能随后将超过3%。提高竞争力的改革将是进一步扩大投资和提高生产率的关键。针对降低商业成本，包括基础设施和监管改革，以及改进劳动力市场的运作的继续改革，也是未来增长的关键。然而，下滑风险也值得注意，任何进一步的外部环境恶化都可能主要通过贸易和投资渠道蔓延至马其顿，可能导致经济产出的停滞甚至下降。

（张煜婕　译）

第三篇　中国与WTO

中国 WTO 事务综述

2013年，中国紧紧围绕十八大、十八届三中全会所确立的更加积极主动的对外开放战略工作重心，积极参与多哈回合谈判，推动在世贸组织第九届部长级会议上成功达成“巴厘一揽子”协议，积极参与《信息技术协定》扩围谈判，协调国内做好加入《政府采购协定》谈判，全面参与世贸组织贸易政策审议等其他工作，推进新时期对外开放工作。

一、促谈、促和、促成，推动达成“巴厘一揽子”协议

中国积极参加了世贸组织“早期收获”谈判的各类磋商，在坚守国家利益的同时，为推动谈判做出了积极贡献。在世贸组织第九届部长级会议期间，中国代表团按照国务院制定的“促谈、促和、促成”工作方针积极斡旋，促使关键成员顾全大局，显示灵活性，为弥合各方分歧发挥了关键性作用。经中国积极工作和各方共同努力，“巴厘一揽子”协议谈判取得圆满成功，世贸组织取得了成立以来最重要的谈判成果。中国代表团的积极努力和建设性作用受到会议各方普遍赞赏。

二、研判形势，做好世贸组织总干事竞选工作

在2013年上半年世贸组织新任总干事遴选过程中，与来访的候选人深入交换意见，了解候选人对维护并加强多边贸易体制等问题的看法。在此基础上，中国认真参与遴选投票，为各方在候选人选举上达成共识做出了积极的贡献，选举出了来自于发展中成员的总干事。

三、务实推进《信息技术协定》（ITA）扩围谈判

中国支持信息技术产品贸易自由化，并积极参与了ITA扩围谈判。2013年，中国先后参加了ITA扩围谈判第8轮至第15轮磋商，通过多双边渠道与美、欧等主要谈判方保持密切沟通，一直努力发挥建设性作用，并为推进谈判做出了巨大贡献。

四、认真做好《政府采购协定》（GPA）谈判工作

中国积极参与GPA例会，密切跟踪掌握GPA新一轮谈判最新成果，深入分析加入GPA谈判的影响，推进谈判有关工作。积极参与加入GPA谈判，认真做好国内协调工作，在2013年底提交了第5次修改出价。

五、全面参与世贸组织贸易政策审议工作

2013年，中国深入参与对日本、巴西、欧盟等重要成员贸易政策审议；全面启动世贸组织对华第五次贸易政策审议准备工作，完成了秘书处信息要求的书面答复，安排了31个部门举行22场会谈，就第四次审议以来中国经贸体制和政策变化进行深入交流，为下一阶段工作打下了良好基础。

六、积极响应世贸组织“促贸援助”倡议

2013年，中国参加第四届促贸援助全球审议大会和“中国项目”支持的第二届最不发达国家圆桌会议，积极宣传中国促贸援助取得的成就。世贸组织第九届部长级会议期间，中国通过宣布加大对非洲“棉花四国”援助、向促贸援助“中国项目”捐款等，积极呼应发展中成员、特别是最不发达成员关切，推动最不发达国家更好地融入多边贸易体制。

七、继续做好贸易政策咨询和多双边技术合作工作

2013 年，中国继续认真履行义务，提高贸易政策透明度，向公众做好贸易政策咨询。利用咨询项目，为地方政府部门、研究机构和企业人员进行系统培训，支持国内相关法律、法规和部门规章的修改；加强对外交流和合作，积极向白俄罗斯等四十余个即将加入和新加入世贸组织的发展中成员提供培训，积极宣传中国的入世经验和应对工作。

八、扎实推进技术性贸易措施（TBT/SPS）相关工作

2013 年，中国在世贸组织 TBT/SPS 委员会项下向其他成员提出 14 项有关技术性贸易措施的关注，要求相关成员修订其不合理的内容，取得明显成效；同时，对其他成员向中国提出质疑的 14 项技术性贸易措施进行澄清，化解贸易摩擦，维护稳定的多双边经贸关系。另外，不断加强出口商品技术服务体系建设，中国政府已通过商务部网站发布 77 项《出口商品技术指南》，并成立 30 家“进出口商品技术服务中心”，免费为企业提供技术咨询服务，指导出口企业应对国外技术壁垒。

（商务部世界贸易组织司）

● 贸易争端与救济措施

中国参与世贸组织争端解决情况

2013年，世贸组织成员新发起争端解决案件共计20起。其中，中国作为当事方的案件2起（包括起诉1起，被诉1起），占当年全部新发起案件的10%。以下就2013年中国作为当事方参与的世贸组织争端解决案件情况做一简要介绍。

一、中国作为起诉方参与世贸组织争端解决案件新情况

（一）中国诉欧盟碳钢紧固件反倾销措施案（DS397）

1. 争端进程

2009年7月31日，中国就涉案措施对欧盟提起世贸组织争端解决机制项下的磋商请求。2009年10月23日，专家组设立。2010年12月3日，世贸组织公布专家组报告。欧盟和中国分别于2011年3月25日和30日提起上诉。2011年7月15日，世贸组织公布上诉机构报告。2011年7月28日，世贸组织争端解决机构（DSB）通过了本案专家组报告和上诉机构报告。

2012年3月6日至2012年10月10日，欧盟对原产于中国的碳钢紧固件产品的反倾销仲裁措施进行复审。2012年9月3日，欧盟公布第765/2012号条例修改了《欧盟理事会关于防范非欧盟成员国进口产品倾销的第384/96号条例》第9（5）条，于2012年9月6日起开始实施。我方认为欧盟的复审决定仍涉嫌违反世贸组织规则，于2013年10月30日按照《关于争端解决规则与程序的谅解》第21.5条的规定将欧盟的执行措施起诉至世贸组织。2014年2月18日，执行专家组设立。目前，本案正在执行专家组审理阶段。

2. 涉案措施

中国认为，欧盟为执行DSB建议和裁决所采取的措施并未完全遵守DSB的建议和裁决，并且违反了《关于实施1994年关税与贸易总协定第6条的协定》（《反倾销协定》）和《1994年关税与贸易总协定》的诸多条款，包括：

（1）《反倾销协定》第6.4条和第6.2条，因为欧盟未及时向利害关系方提供机会，使其了解与其案件陈述有关的、不属于第6.5条规定的机密性质，且主管机构在反倾销调查中使用的特别是与印度生产商销售的产品有关的所有信息，因而未向利害关系方提供为其利益进行辩护的充分机会。

（2）《反倾销协定》第6.5条，因为欧盟在无正当理由的情况下认定印度生产商销售的产品的相关信息为“保密”信息；以及《反倾销协定》第6.5.1条，因为欧盟未要求印度同类生产商就在保密基础上就提供的信息提供足够详细的非保密摘要，以便能够合理了解以机密形式提交的信息的实质内容。

（3）《反倾销协定》第2.4条，因为欧盟未向所涉各方指明为保证进行公平比较所必需的信息，特别是欧盟未提供确定正常价值时使用的、印度生产商销售的产品信息，并且未向当事方指明主张调整所需的信息。

（4）《反倾销协定》第2.4条的规定，因为欧盟未保证中国出口生产商所生产的标准紧固件的出口价格未与特殊紧固件的正常价值进行比较。

（5）《反倾销协定》第2.4条与《1994年关税与贸易总协定》第6.1条的规定，因为欧盟未对影响价格可比性的差异进行调整。

(6)《反倾销协定》第 2.1 条、第 2.4 条、第 2.4.2 条和第 9.3 条及《1994 年关税与贸易总协定》第 6.1 条和第 6.2 条，因为欧盟未根据所有可比的出口交易计算倾销幅度并且在此基础之上征收反倾销税。

(7)《反倾销协定》第 4.1 条和第 3.1 条，因为欧盟在重新定义国内产业时仅仅使用了原审《立案公告》第 6 条（b）项（i）规定的截止日之前登记的欧盟生产商的数据，因而未纠正该方法所造成的自我选择的过程。

（二）中国诉美国反补贴措施案（DS437）

1. 争端进程

2012 年 5 月 25 日，就美国针对中国某些产品实施的反补贴税措施，中国请求与美国进行磋商。由于磋商未能解决争议，中国于 2012 年 8 月 20 日请求设立专家组。2012 年 9 月 28 日，世贸组织争端解决机构正式设立了专家组，澳大利亚、巴西、加拿大、欧盟、印度、日本、韩国、挪威、俄罗斯、土耳其、越南和沙特阿拉伯共 12 个世贸组织成员保留各自的第三方权利。

2014 年 7 月 14 日，世贸组织公布专家组报告。2014 年 8 月 22 日，中国提起上诉。2014 年 8 月 27 日，美国提起交叉上诉。上诉机构预计于 2014 年 12 月 18 日发布报告。

2. 涉案措施

涉案措施包括：(1) 美国对中国 22 类输美产品发起的反补贴调查；(2) 美国商务部认定“公共机构”时适用的“可反驳推定”，即美国商务部认为，一家企业所有权的多数由政府持有这一事实即足以认定该企业为《补贴与反补贴措施协定》（以下简称《补贴协定》）第 1.1 条意义上的“公共机构”，除非一方能够证明政府持有多数所有权并不导致对企业的“控制”。

中国认为，美国下列措施违反了《1994 年关税与贸易总协定》和《补贴协定》有关条款：

(1) 美国声称中国通过国有企业以低于充分回报的价格提供原材料产品，将其视为补贴并发起反补贴调查，违反《补贴协定》第 1.1 条、第 2 条、第 11.1 条至第 11.3 条和第 14 条（d）项。

(2) 美国声称中国以低于充分回报的价格提供土地使用权，并将其认定为补贴，违反《补贴协定》第 2 条。

(3) 美国声称中国维持出口限制，将其视为补贴并发起反补贴调查，违反《补贴协定》第 1.1 条（a）项（1）以及第 11.1 条至第 11.3 条。

(4) 使用“可获得不利事实”做出不利推断，违反《补贴协定》第 12.7 条。

(5) 适用“可反驳推定”认定“公共机构”，违反《补贴协定》第 1.1 条、第 10 条和第 32.1 条以及《1994 年关税与贸易总协定》第 6 条。

3. 专家组的主要裁决

专家组认为，美国商务部将国有企业推定为公共机构的做法以及在涉案反补贴措施中的适用违反《补贴协定》第 1.1 条。美国在认定补贴事实专向性应考虑因素、土地专向性认定、基于出口限制反补贴立案的做法违反《补贴协定》第 2.2 条、第 2.4 条和第 11.3 条。专家组未支持中方关于补贴专向性、外部基准及使用可获得不利事实等方面的主张。

（三）中国诉美国关税法修订案（DS449）

1. 争端进程

2012 年 9 月 17 日，针对《1930 年关税法》修订案（公法 112-99，以下简称 GPX 立法）和 2006 年 11 月 20 日至 2012 年 3 月 13 日期间美国针对中国 24 类产品发起的反倾销反补贴（以下简称双反）调查，中国请求与美国进行磋商。2012 年 11 月 30 日，中国请求设立专家组。2012 年 12 月 17 日，世贸组织争端解决机构设立了专家组。澳大利亚、加拿大、欧盟、日本、土耳其和越南共 6 个世贸组织成员保留各自的第三方权利。

2014 年 3 月 27 日，世贸组织公布专家组报告。2014 年 4 月 8 日，中国提出上诉。2014 年 4 月 17 日，美国提出上诉。上诉机构报告于 2014 年 7 月 7 日公布。

2. 涉案措施

涉案措施包括：(1) 2012 年 3 月 13 日公布的美国 GPX 立法；(2) 2006 年 11 月 20 日至 2012 年 3 月 13 日，美国对中国 24 类产品发起的反倾销和反补贴调查以及相关后续行动。

中国认为，美国上述措施违反了《1994 年关税与贸易总协定》、《补贴协定》和《反倾销协定》有关条款：

(1) GPX 立法第 1 节规定美国《1930 年关税法》中的反补贴条款可以追溯性地适用于 2006 年

11 月 20 日或之后发起的所有反补贴调查以及相关后续行动，违反《1994 年关税与贸易总协定》第 10 条。

（2）对于 2006 年 11 月 20 日至 2012 年 3 月 13 日期间发起的反倾销和反补贴调查或复审，美国商务部缺乏识别和避免双重救济的法定权力，事实上也没有调查并避免这些调查或复审中的双重救济，违反《1994 年关税与贸易总协定》第 6 条、《补贴协定》第 10 条、第 15 条、第 19 条、第 21 条、第 32 条以及《反倾销协定》第 9 条和第 11 条。

3. 专家组和上诉机构的主要裁决

专家组的主要裁决如下：

（1）美国商务部在 2006 年至 2012 年间对华发起的 25 起反倾销反补贴调查中，同时征收反倾销税（基于“非市场经济”方法）和反补贴税，未能进行避免双重救济的税额调整，违反了《补贴协定》第 10 条、第 19.3 条和第 32.1 条。

（2）专家组多数意见认为，美国 GPX 立法不违反《1994 年关税与贸易总协定》第 10 条规定。

上诉机构的主要裁决为：美商务部在 2006 年至 2012 年间对华发起的 25 起双反调查中，同时征收反倾销税（基于“非市场经济”方法）和反补贴税，却未进行避免重复征税的税额调整，构成“双重救济”，违反了世贸规则。专家组在分析美国 GPX 立法是否符合《1994 年关税和贸易总协定》第 10 条时，适用了错误的法律解释，但由于专家组基于错误的法律解释未能审查美国反补贴法所有相关要素，上诉机构无法完成分析。

（四）中国诉欧盟及其特定成员国光伏补贴措施案（DS452）

1. 涉案措施

意大利、希腊有关法律规定，如果光伏发电项目的主要零部件原产于欧盟国家或欧洲经济区国家，该项目生产的电力即可获得一定金额或比例的上网电价补贴。

2. 法律诉求

中国认为，上述补贴措施违反了世贸组织协定关于国民待遇（《1994 年关税与贸易总协定》第 3 条、《与贸易有关的投资措施协定》第 2 条）和最惠国待遇（《1994 年关税与贸易总协定》第 1 条）的规定，构成了世贸组织协定禁止的进口替代补贴[《补贴协定》第 3.1 条（b）项]，并严重影响中国光伏产品出口，损害了中国作为世贸组织成员的正当权益。

3. 争端进程

2012 年 11 月 5 日，中国就意大利、希腊的光伏补贴措施提出世贸组织争端解决机制下的磋商请求。本案目前仍处于磋商阶段。

（五）我诉美国反倾销措施案（DS471）

1. 争端进程

2013 年 12 月 3 日，中方就美国对中国铝型材、铜版纸、非公路用轮胎、石油管材、金刚石锯片等 13 种产品采取的反倾销措施提出世贸争端解决机制下的磋商请求。2014 年 1 月，中美双方在日内瓦进行了磋商。2014 年 3 月 26 日，世贸组织争端解决机构设立专家组审理本案。目前本案正在专家组审理过程中。

2. 涉案措施

本案涉及美国对中国铝型材、铜版纸、非公路用轮胎、石油管材、金刚石锯片等 13 种产品采取的反倾销措施。

中国认为，美国上诉措施违反了《1994 年关税与贸易总协定》和《反倾销协定》有关条款：

（1）美国在某些涉及“目标倾销”指控的反倾销调查中，为确定产品整体的倾销幅度，将每笔交易计算的加权平均正常价格与交易价格的比较结果进行叠加，并采用“归零法”（以下简称目标倾销方法）；同时，扩大目标倾销方法的适用范围，违反《反倾销协定》第 2.4.2 条。

（2）在行政复审中使用目标倾销方法，违反《反倾销协定》第 9.3 条和《1994 年关税与贸易总协定》第 6.2 条。

（3）在与进口自被美国认为是非市场经济国家的产品有关的反倾销程序中，美国推定所有生产商和出口商构成一个受该国政府普遍控制的单一实体，并对该实体裁定一个单一的倾销幅度或一个单一的反倾销税率，违反《反倾销协定》第 6.10 条、第 9.2 条、第 9.4 条。

（4）美国在计算单一倾销幅度或反倾销税率时，未要求生产商和出口商提供必要信息，未提供抗辩权，并在此基础上使用可获得事实，违反《反倾销协定》第 6.1 条、第 6.8 条、第 9.4 条和附件 2。

（5）美国在反倾销调查中使用可获得不利事

实，违反《反倾销协定》第6.8条和附件2。

二、中国作为被诉方参与世贸组织争端解决案件新情况

（一）美国诉中国取向性硅电钢反倾销和反补贴措施案（DS414）

1. 争端进程

2010年9月15日，美国就中国对自美国进口的取向性硅电钢采取的反倾销反补贴措施对中国提起世贸组织争端解决机制项下的磋商请求。2011年3月25日，专家组设立。2012年6月15日，世贸组织公布专家组报告。2012年7月20日，中国提起上诉。2012年10月18日，世贸组织公布上诉机构报告。2012年11月16日，世贸组织争端解决机构通过了本案专家组报告和上诉机构报告。

2012年11月30日，中国在世贸组织争端解决机构会议上通报了执行意向。2013年2月8日，美国请求就合理执行期进行仲裁。2013年5月3日，仲裁员裁决合理执行期至2013年7月31日止。7月31日，中国公布再调查公告，依据世贸裁决对涉案措施进行了调整。2014年1月13日，美国将中国执行措施诉诸世贸执行专家组。3月17日，专家组组成，目前正在专家组审理阶段。

2. 涉案措施

本案涉案措施为中国对从美国进口的取向性硅电钢征收反倾销税和反补贴税的措施（商务部2010年第21号公告及其附件）。

美方认为，中国上述措施违反了《1994年关税与贸易总协定》、《反倾销协定》和《补贴协定》的有关条款：

（1）对特定项目发起反补贴调查，违反《补贴协定》第11.2条、第11.3条。

（2）未要求提供足够的非保密摘要，违反《补贴协定》第12.4.1条和《反倾销协定》第6.5.1条。

（3）在计算特定项目的补贴率时使用了可获得事实，违反《补贴协定》第12.7条。

（4）未披露用以计算倾销幅度的数据和计算方法，违反《反倾销协定》第12.2.2条。

（5）关于政府采购法案利益的裁定，未就实质性认定和法律结论提供充分信息，违反《补贴协定》第22.3条。

（6）对未知出口商计算反倾销税率时，违反《反倾销协定》第6.8条、第6.9条、第12.2条、第12.2.2条以及附件2。

（7）对未知出口商施加的反倾销税率高于倾销幅度，违反《1994年关税与贸易总协定》第6.2条。

（8）对未知出口商计算反补贴税率时，违反《补贴协定》第12.7条、第12.8条、第22.3条、第22.5条。

（9）进行价格影响分析时，违反《反倾销协定》第3.1条、第3.2条、第6.9条、第12.2.2条和《补贴协定》的第15.1条、第15.2条、第12.8条、第22.5条。

（10）进行因果关系分析时，违反《反倾销协定》第3.1条、第3.5条、第6.9条、第12.2.2条和《补贴协定》第15.1条、第15.5条、第12.8条、第22.5条。

美国第4、5项诉求被驳回，其他诉求得到专家组和上诉机构的支持。

（二）欧盟诉中国X射线安检设备最终反倾销措施案（DS425）

1. 争端进程

2011年7月25日，欧盟就中国对自欧盟进口X射线安全检查设备采取的反倾销措施对中国提出世贸组织争端解决机制下的磋商请求。2012年1月20日，专家组设立。2013年2月26日，世贸组织公布专家组报告。2013年4月24日，世贸组织争端解决机构通过了专家组报告。2013年7月中旬，中国与欧盟就合理执行期达成一致，为9个月25天，至2014年2月19日止。中国在2014年2月18日取消涉案措施。

2. 涉案措施

涉案措施为中国对原产于欧盟的X射线安全检查设备征收反倾销税的措施（中华人民共和国商务部2011年第1号公告及其附件）。

欧盟认为，中国上述措施违反《1994年关税与贸易总协定》和《反倾销协定》的有关条款：

（1）未提供适当非保密摘要，违反《反倾销协定》第6.5.1条。

（2）未及时向所有利害关系方提供可得知所有与抗辩其利益相关非保密信息的机会，违反《反倾

销协定》第6.1条、第6.2条、第6.4条和第6.5条。

（3）未在终裁前披露实施反倾销措施所依据的基本事实，违反《反倾销协定》第6.9条。

（4）未在终裁公告中进行充分披露，违反《反倾销协定》第12.2.2条。

（5）未对出口价格和正常价值进行公平比较，违反《反倾销协定》第2.4条和《1994年关税与贸易总协定》第6.1条。

（6）未基于肯定性证据对倾销进口的价格影响进行客观分析，违反《反倾销协定》第3.1条和第3.2条。

（7）未依据肯定性证据客观审查倾销进口产品对国内产业的影响，违反《反倾销协定》第3.1条和第3.4条。

（8）因果关系判断错误，违反《反倾销协定》第3.5条和《1994年关税与贸易总协定》第6.6条（a）项。

（三）美国诉中国白羽肉鸡反倾销和反补贴措施案（DS427）

1. 争端进程

2011年9月20日，美国就中国对于原产于美国的白羽肉鸡征收反倾销税和反补贴税的措施对中国提出世贸组织争端解决机制下的磋商请求。2012年1月20日，专家组设立。专家组报告已于2013年8月2日公布，于9月25日通过。合理执行期为9个月14天，到2014年7月9日止。中国已进行了再调查并重新做出裁决。

2. 涉案措施

涉案措施为中国对原产于美国的白羽肉鸡征收反倾销税和反补贴税的措施（商务部2010年第8、26、51、52号公告及其附件）。

美方认为，中国上述措施违反了《1994年关税与贸易总协定》、《反倾销协定》和《补贴协定》的有关条款：

（1）未以调查的美国生产商保留的记录作为基础计算成本，违反《反倾销协定》第2.2条。

（2）未适当地分配生产成本，违反《反倾销协定》第2.2.1.1条。

（3）未要求申请人提供非保密摘要，违反《反倾销协定》第6.4条、第6.5.1条和《补贴协定》第12.3条、第12.4.1条。

（4）不适当地以可获得事实为基础做出裁定，违反了《反倾销协定》第6.8条、附件2和《补贴协定》第12.7条。

（5）征收反补贴税超过了补贴额，违反《1994年关税与贸易总协定》第6.3条和《补贴协定》第19.4条。

（6）对被调查进口产品影响和因果关系分析未依据肯定性证据进行客观审查，未就影响产业状况的所有因素、指标和相关证据进行审查，违反《反倾销协定》第3.1条、第3.2条、第3.4条、第3.5条和《补贴协定》第15.1条、第15.2条、第15.4条、第15.5条。

（7）不恰当地定义国内产业且未能进行适当调查或客观审查，违反《反倾销协定》第3.1条、第4.1条、第5.1条和《补贴协定》第11.1条、第15.1条、第16.1条。

（8）未披露裁定所依据的基本事实，违反《反倾销协定》第6.9条和《补贴协定》第12.8条。

（9）未详细提供采取措施所依据事实和法律的相关信息，包括采纳或拒绝相关抗辩的理由，违反《反倾销协定》第12.2条、第12.2.1条、第12.2.2条和《补贴协定》第22.3条、第22.4条、第22.5条。

（10）未向利害相关方提供完全的辩护机会，违反《反倾销协定》第6.2条。

3. 专家组的主要裁决

专家组在国内产业定义、冷藏费的调整是否符合公平比较要求、是否在同一贸易水平上进行价格比较等方面驳回了美国诉求，支持了美国其他诉求。

（四）美国、欧盟、日本诉中国稀土、钨、钼出口管理措施案（DS431/432/433）

1. 争端进程

2012年3月13日，就中国对于稀土、钨和钼相关产品采取的出口限制措施，美国、欧盟和日本分别对中国提出世贸组织争端解决机制下的磋商请求。2012年7月23日，世贸组织争端解决机构设立了单一专家组审理本案。巴西、加拿大、哥伦比亚、印度、韩国、挪威、阿曼、沙特阿拉伯、中国台北、越南、阿根廷、澳大利亚、秘鲁、俄罗斯、印度尼西亚和土耳其共16个世贸组织成员保留各自的第三方权利。

世贸组织于 2014 年 3 月 26 日公布了专家组报告。美国于 4 月 8 日提出上诉。中国于 4 月 17 日对美提出交叉上诉，于 4 月 25 日对欧盟、日本提出上诉。8 月 7 日，世贸组织公布上诉机构报告。8 月 29 日，世贸组织争端解决机构通过了上诉机构报告和专家组报告。

2. 涉案措施

涉案措施主要包括：

(1) 中国对于稀土、钨和钼相关产品征收的出口税。

(2) 中国对于稀土、钨和钼相关产品采取的出口配额等数量限制措施。

(3) 中国对稀土和钼出口企业施加的出口业绩和注册资本要求。

起诉方指控中国的上述措施违反了：(1)《1994 年关税与贸易总协定》第 11 条；(2)《中国加入议定书》第 11.3 条以及被并入到《中国加入议定书》的《中国加入工作组报告》第 83 段、第 84 段、第 162 段和第 165 段。

3. 专家组和上诉机构的主要裁决结论

专家组认为，中国对稀土、钨、钼相关产品采取的出口关税、出口配额措施以及对稀土、钼相关产品出口配额的管理和分配措施不符合《1994 年关税与贸易总协定》和《中华人民共和国加入议定书》相关规定，且不符合《1994 年关税与贸易总协定》规定的例外情形。

同时，专家组驳回了欧盟关于中国对申请钼出口配额企业的“出口业绩”要求歧视外国企业的主张。

上诉机构支持了中方对《1994 年关税与贸易总协定》第 20 条的部分法律解释，维持了专家组关于中方涉案产品的出口关税、出口配额措施不符合世贸组织规则和中方加入世贸组织承诺的裁决。

（五）美国诉中国汽车“双反”案（DS440）

1. 争端进程

2012 年 7 月 5 日，就中国对美国某些汽车征收的反倾销税和反补贴税，美国请求与中国进行磋商。2012 年 9 月 17 日，美国请求设立专家组。世贸组织争端解决机构于 2012 年 10 月 23 日设立了专家组。哥伦比亚、欧盟、印度、日本、韩国、阿曼、沙特阿拉伯和土耳其等 8 个世贸组织成员保留各自的第三方权利。总干事于 2013 年 2 月 11 日指定了专家组成员。2014 年 5 月 23 日，世贸组织公布专家组报告。

2. 涉案措施

涉案措施为中国对美国某些汽车征收反倾销税和反补贴税的商务部 2011 年第 20 号公告（初裁裁决）和第 84 号公告（终裁裁决）。美国指控这些措施违反了《1994 年关税与贸易总协定》、《反倾销协定》和《补贴协定》的下述条款：

(1)《反倾销协定》第 5.3 条和第 5.4 条以及《补贴协定》第 11.3 条和第 11.4 条，因为：中国在发起反倾销和反补贴调查之前没有审查同类产品国内生产商所表达的支持或反对申请的程度；中国在支持申请的国内生产商占国内产业生产的同类产品总产量不到 25%的情况下发起了调查；中国没有审查申请人提交的证据的准确性和充分性。[①]

(2)《补贴协定》第 11.3 条，因为反补贴调查申请书没有包含申请人可以合理获得的信息，因此，申请书中没有足够的证据证明就许多项目发起反补贴调查具有正当理由。

(3)《反倾销协定》第 6.5.1 条和《补贴协定》第 12.4.1 条，因为中国没有要求申请人对其声称的保密信息提供充分的非保密摘要。

(4)《反倾销协定》第 6.9 条，因为中国没有充分披露用于确定反倾销税率的计算方法和数据。

(5)《反倾销协定》第 12.2 条和第 12.2.2 条，因为对于中国认为重要的所有事实和法律问题，中国没有提供足够详细的关于这些事实和法律问题的认定和结论。中国也没有对接受或拒绝相关主张或诉求说明理由。

(6)《反倾销协定》第 6.8 条（包括附件Ⅱ第 1 段）、第 6.9 条、第 12.2 条和第 12.2.2 条以及《补贴协定》第 12.7 条、第 12.8 条、第 22.3 条和第 22.5 条，因为：中国不恰当地依据可获得事实认定了“所有其他企业”的反倾销和反补贴税率；中国没有披露支撑其“所有其他企业”税率认定的基本事实；对于中国认为重要的所有事实和法律问题，中国没有在其“所有其他企业”税率决定中足

① 美国在其第一次书面陈述中明确放弃了此项诉求。

够详细地阐述关于这些事实和法律问题的认定和结论；就“所有其他企业”税率而言，中国未能提供导致采取最终措施的事实、法律和理由的所有相关信息。

(7)《反倾销协定》第3.1条和第4.1条以及《补贴协定》第15.1条和第16.1条，因为中国使用不恰当的国内产业定义做出了损害认定，由此导致其裁定没有肯定性证据的支持或者未能对生产被调查进口产品的国内产业相关事实进行客观审查。

(8)《反倾销协定》第3.1条和第3.2条以及《补贴协定》第15.1条和第15.2条，因为中国对于受调查进口产品对同类产品价格影响的分析没有依据对于案卷和肯定性证据的客观审查。

(9)《反倾销协定》第3.1条、第3.4条和第3.5条以及《补贴协定》第15.1条、第15.4条和第15.5条，因为：中国对于声称的因果关系的分析没有依据对于案卷和肯定性证据的客观审查，包括审查影响产业状况的所有相关经济因素和指标，审查调查当局面前的所有相关证据，或者审查声称的倾销和补贴进口产品之外的、正在同时损害国内产业的任何已知因素；中国没有满足下列非归因分析要求，即其他因素造成的损害不得归因于声称的倾销和补贴进口产品。

(10)《反倾销协定》第6.2条，因为中国没有给予利害关系方充分的抗辩机会。

(11) 由于违反了前述《反倾销协定》和《补贴协定》相关条款，美国认为中国也违反了《反倾销协定》第1条、《补贴协定》第10条和《1994年关税与贸易总协定》第6条。

（六）美国诉中国汽车及汽车零部件补贴政策案（DS450）

1. 争端进程

2012年9月17日，美国就汽车及汽车零部件补贴政策对中国提出世贸组织争端解决机制下的磋商请求。2012年11月6日至7日，中国与美国在日内瓦进行了首次磋商。本案目前仍处于磋商阶段。

2. 涉案措施

本案的涉案措施是《汽车产业发展政策》等71个关于汽车及零部件出口基地、汽车及零部件出口基地企业的中央和地方政府文件。

美国认为，中国通过上述措施设立了汽车及汽车零部件“出口基地”，并向位于这些“出口基地”或者被指定为“出口基地企业”的汽车及汽车零部件企业提供出口补贴，违反了《补贴协定》第3条。此外，美国还认为中国违反了相关透明度义务。

（七）墨西哥诉中国服装与纺织品案（DS451）

1. 争端进程

2012年10月15日，墨西哥就中国支持服装与纺织品生产和出口的补贴措施请求与中国进行磋商。欧盟、澳大利亚、危地马拉、巴西、秘鲁、美国、洪都拉斯、哥伦比亚共8个世贸组织成员先后请求加入磋商。为妥善解决此争端，双方根据2013年6月4日《中墨联合声明》的要求，就本案解决方案开展了密集磋商。2014年9月，双方就解决方案的《框架协议》达成了一致。目前双方正在《框架协议》的基础上就《谅解备忘录》进行谈判。

2. 涉案措施

墨西哥指控中国维持支持服装与纺织品生产商和出口商以及棉花和化纤产业供应商的多种补贴措施。涉案措施包括以下类型：(1) 免除某些企业的税收；(2) 减免和退还某类企业以及特定地区企业所购买的设备的进口税和增值税；(3) 低于充分对价提供土地使用权和电价；(4) 国有银行向某些产业提供低息贷款；(5) 棉花和化纤生产、销售和运输环节扶持措施；(6) 政府提供的现金支付。墨西哥认为这些措施涉及禁止性补贴和可诉补贴，后者正在通过替代和阻碍墨西哥产品进入美国，在同一市场造成显著价格削减、价格抑制、价格压低以及销售损失，对墨西哥利益造成严重损害或者严重损害威胁。墨西哥认为涉案措施违反了：(1)《补贴协定》第3.1条(a)项和(b)项、第5条(c)项、第6.3条(b)项和(c)项、第6.4条、第6.5条；(2)《1994年关税与贸易总协定》第3.4条；(3)《农业协定》第3条、第9条和第10条；(4)《中国加入议定书》第I部分第1.2段并入的《中国加入工作组报告》相关条款。

（八）日本、欧盟诉中国无缝钢管反倾销措施案（DS454/DS460）

1. 争端进程

2012年12月20日，日本就中国对自日本进口的无缝钢管采取的反倾销措施对中国提起世贸组织争端解决机制下的磋商请求。2013年1月18日欧盟作为第三方加入磋商。5 月 24 日，专家组设立。

2013 年 6 月 13 日，欧盟就相同涉案措施对中国提起世贸组织争端解决机制下的磋商请求。8 月 30 日设立专家组。两案由同一专家组程序进行审理。

2. 涉案措施

日本认为，中国上述措施违反了《1994 年关税与贸易总协定》和《反倾销协定》的有关条款：

(1) 中国未依据肯定性证据客观审查数量影响和价格影响、对国内产业影响和因果关系等，违反《反倾销协定》第 3.1 条、第 3.2 条、第 3.4 条和第 3.5 条。

(2) 未满足保密信息披露要求，违反《反倾销协定》第 6.5 条和第 6.5.1 条。

(3) 不恰当地依据可获得事实计算其他所有日本公司的倾销幅度，违反《反倾销协定》第 6.8 条和附件 2 第 1 段。

(4) 未能向所有利害关系方充分披露相关基本事实，违反《反倾销协定》第 6.9 条。

(5) 临时措施实施超过 4 个月，违反《反倾销协定》第 7.4 条。

(6) 未详细提供调查结果和结论以及实施最终反倾销措施所依据的事实和法律的有关信息，违反《反倾销协定》第 12.2 条和第 12.2.2 条。

(7) 以上不符措施违反《反倾销协定》第 1 条和《1994 年关税与贸易总协定》第 6 条。

欧盟认为，中国的上述措施违反了《1994 年关税与贸易总协定》和《反倾销协定》的有关条款：

(1) 未依据相关数据确定生产成本等，违反《反倾销协定》第 2.2 条。

(2) 未基于公平比较证明倾销幅度的存在，违反《反倾销协定》第 2.4 条和第 2.4.2 条。

(3) 未依据肯定性证据客观审查数量影响和价格影响、对国内生产者产生的影响和因果关系等，违反《反倾销协定》第 3.1 条、第 3.2 条、第 3.4 条和第 3.5 条。

(4) 未向所有利害关系方披露所有信息，违反《反倾销协定》第 6.4 条。

(5) 未满足非保密信息披露要求，违反《反倾销协定》第 6.5 条和第 6.5.1 条。

(6) 拒绝考虑在实地核查期间提供的信息，违反《反倾销协定》第 6.7 条和附件 1 第 7 段。

(7) 未考虑可核实的、与倾销幅度裁定有关的所有信息，违反了《反倾销协定》第 6.8 条和附件 2 第 3 段。

(8) 不适当地使用可获得的事实裁定所有其他欧盟企业的倾销幅度，违反《反倾销协定》第 6.8 条和附件 2 第 1 段。

(9) 未通知所有利害关系方实施最终反倾销措施所依据的基本事实，违反《反倾销协定》第 6.9 条。

(10) 临时措施实施超过 4 个月，违反《反倾销协定》第 7.4 条。

(11) 未详细提供调查结果和结论以及实施最终反倾销措施所依据的事实和法律的有关信息，违反《反倾销协定》第 12.2 条和第 12.2.2 条。

(12) 以上不符措施违反《反倾销协定》第 1 条和《1994 年关税与贸易总协定》第 6 条。

（商务部条约法律司）

中国进出口公平贸易工作概况

2013年，我国遭遇的贸易摩擦案件持续高发，特别是光伏、无线通信设备等大要案应对责任重、难度大；同时，我国面临的进口产品不公平竞争加剧，维护国内产业安全形势严峻。在商务部党组的正确领导下，我们以高度的责任感和使命感，锐意进取，克难攻坚，各项工作取得积极成效。

一、妥善解决中欧光伏贸易争端

光伏案是我国迄今遭遇的最大一起贸易摩擦案件，党中央国务院领导同志对此高度重视。公平贸易局认真贯彻落实党中央、国务院和商务部党组的决策部署，统筹各种资源，全力应对。尤其在谈判最后阶段，精心组织队伍，周密设计方案，与欧方进行了42天的高强度密集磋商，最终达成价格承诺协议。该案的妥善解决，维护了中欧经贸关系大局，避免了经贸争端升级；遏制了对华贸易保护主义势头，对欧美潜在的贸易摩擦“制造者”形成威慑；维护了中国重大经济和社会利益，保住了中国产品在欧60%的市场份额，为中国光伏行业的生存、发展赢得了时间和空间。特别是国务院领导同志亲自做欧方工作，鼓舞了企业信心，树立了中国新一届政府开放务实、为民负责的良好形象，也为今后应对工作积累了宝贵经验。

二、成功应对首例农产品反补贴调查

2013年初，美对中国出口暖水虾产品发起反补贴调查。该案是中国农产品遭遇的首例反补贴调查，如应对不力，不仅在规则上会产生示范效应，而且将危及中国近百万水产养殖户的生计。党中央、国务院领导同志高度重视，公平贸易局充分发挥商务部、地方政府、中介组织和企业的“四体联动”应对机制作用，会同有关部门研究应对方案，赴广东等主产区涉案企业指导填卷、核查等应对工作。同时，加大交涉力度，向美驻华使馆提出交涉，表达关注。经多方努力，美方10月底发布公告，认定我国出口产品未对美国国内产业造成实质损害或实质损害威胁，美不再对中国出口产品征收反补贴税，该案应对工作取得圆满成功。

三、有效处理与发达国家系列案件

在美对华硬木胶合板“双反”案、加拿大镀锌钢丝“双反”案中均获得无损害结案；对美光伏电池案中，将中国企业使用第三地电池生产的光伏组件排除出涉案产品；推动中外业界对话磋商，成功打掉美产业对中国大型洗衣机提出“双反”调查的申请，为在立案前化解贸易摩擦探索了一条新路。促使欧盟终止对中国自行车反补贴调查、不锈钢对焊件反倾销调查；经过多轮磋商，延缓无线通信设备案立案调查；陶瓷餐具反倾销终裁大幅下调税率并缩减涉案产品范围；指导澳大利亚镀锌钢、变压器“双反”案主要涉案企业获得了零税率或较低税率；指导华为、中兴公司在无线3G设备和无线消费性电子设备337调查中初裁获胜。

四、积极化解与发展中国家贸易摩擦

中国加大对发展中国家工作力度，努力推动业界对话合作来化解摩擦，取得积极成效。在亚洲，泰国冷轧不锈钢薄板案7家主要出口企业获得零税率；顺利解决土耳其特保框架下产品自律协议到期问题，土方按期全部取消限制措施，恢复正常贸易；印度乙酰乙酸甲酯保障措施案、巴基斯坦聚酯短纤反倾销案均无措施结案；以色列实施了8年的切割砂轮反倾销措施终止。在非洲，南非对中国铜版纸反补贴案终止调查，同时反倾销调查也以无税结案。在拉美，确保中墨鞋类产品协议顺利执行，同时终止对中国自行车复审调查；推动巴西对中国圆铜管、焦磷酸钠反倾销案无措施结案，终止对中国电熨斗、钻头复审调查；推动秘鲁以建设性方式妥善解决服装反倾销案。

五、依法运用贸易救济措施

2013年，中国共对外发起反倾销调查11起，反补贴调查1起，涉及进口金额24亿美元。按期完成TDI、吡啶、单丁醚等反倾销调查案的调查裁决，维护了中国产业利益和公平竞争的市场环境；成功结束对美汽车“双反”案的新出口商复审调查，为“双反”案的复审工作积累了宝贵经验；适时启动对欧盟葡萄酒“双反”调查程序，平稳处理对美欧多晶硅“双反”调查和对韩国多晶硅反倾销调查。此外，积极做好高性能不锈钢无缝钢管等被诉世贸组织案件的应对工作；按期完成取向电工钢世贸争端裁决报告执行工作，树立了中国政府遵守规则的良好形象。

六、不断深化多双边交流合作

与泰国建立了中国与东盟国家首个贸易救济合作机制；召开中土（耳其）、中摩（洛哥）贸易救济合作机制会议；与海合会贸易救济合作机制建设取得进展。促成墨西哥经济部与中国商务部签署《关于建立贸易救济合作机制的谅解备忘录》，推动《金砖国家第三次经贸部长会议联合公报》及《金砖国家贸易投资合作框架》中纳入贸易摩擦协商解决机制和贸易救济机构交流合作内容。首次承办由世贸秘书处、WTO专家、10多个发展中国家贸易救济调查官员参加的WTO“南南贸易救济对话”会议，加深了与发展中国家官员在贸易救济调查规则领域的交流。积极参加ECFA、RCEP、中韩、中澳、中日韩等自贸区谈判，完成中国—冰岛、中国—瑞士自贸谈判中贸易救济议题谈判，有力推动了两个协定的顺利缔结。

七、扎实做好公共服务工作

我们把丰富信息内容，提高时效性，强化综合分析作为今年信息工作重点。发布了《国别贸易投资报告2014》，提供中国主要出口市场的贸易投资环境信息。全年按月度编发了10期《商务通报——应对贸易摩擦动态》，为地方政府及时获取贸易摩擦信息提供了渠道，该刊物也成为我局加强与地方政府、商协会工作联系的重要平台。成功举办系列新闻发布会，及时表明中国政府反对贸易保护的立场，加深了社会各界对公平贸易工作的认识，履行了政务公开职责；在光伏等重大案件应对工作中及时发声，回应社会关注，有效配合贸易摩擦应对工作。全年共举办3期“贸易摩擦应对工作培训班”，参训人员约400人，取得良好效果。此外，大力支持地方商务部门的培训工作。

当前，全球经济结构面临深刻调整，围绕制度、规则、市场和资源的竞争日趋激烈。特别是中国目前已成为世界第一贸易大国，贸易摩擦将伴随我国从贸易大国到贸易强国的全过程，贸易摩擦的数量将更趋频发、形势更趋复杂。在这种大背景下，建立开放型经济体制下安全、高效的贸易摩擦应对和产业安全维护机制任务更加艰巨。

2014年，中国的贸易救济主管机关也将发生巨大变化，按照商务部党组统一部署，进出口公平贸易局和产业损害调查局将合并成立新的贸易救济调查局。此次机构调整充分体现了党的十八届三中全会全面深化改革、加快转变政府职能的精神和新形势新任务要求。面对新时期、新起点，我们将不断总结经验、完善机制、整合资源、创新思路，进一步提高贸易摩擦应对和贸易救济调查工作水平，为中国继续扩大对外开放，全面提升开放型经济水平做出新贡献。

（商务部贸易救济调查局局长　周晓燕）

全球及中国保障措施情况

除反倾销和反补贴调查外，保障措施调查也是不少WTO成员频繁使用的贸易保护工具。据统计，1995年至2013年间，各国发起的保障措施调查共279起，使用最为频繁的是印度、马来西亚和土耳其，分别为36起、25起和17起。

一、2013年WTO成员保障措施实施情况

2013年，WTO成员共发起20起保障措施调查（具体情况见表2）。发起国以发展中成员为主，其中哥伦比亚4起，印度4起，菲律宾、土耳其各2起。

二、与中国有关的保障措施情况

2013年中国未发起保障措施调查，WTO成员共发起7起针对中国的保障措施调查（具体情况见表1）。

三、全球保障措施实践动向

与针对不公平进口的反倾销、反补贴措施相比，保障措施可以针对正常贸易下进口所采取的措施，保护力度强，对贸易的负面影响大，故《保障措施协定》为保障措施的实施设定了更高的门槛、更高的要求，因此各国对保障措施使用一直持谨慎态度。然而，近年来，随着金融危机的蔓延，贸易保护主义之风盛行，保障措施的使用亦呈大幅上升趋势。2008—2013年间，世贸组织成员国共发起保障措施调查108起，约占世贸组织有统计数据（1995年）以来保障措施发起数量的40%。发起保障措施调查的成员主要为发展中国家，2008年至2013年间，印度尼西亚共发起20起保障措施调查，印度共发起17起，埃及共发起6起。这说明发展中国家为应对金融危机冲击，加大了贸易保护力度，选择了保护力度强的保障措施手段。

表1

涉案产品	涉案国家（地区）	立案时间	案件进展
陶瓷餐具、厨具（Tableware and Kitchenware）	乌克兰	2013年5月21日	2014年4月25日，乌克兰做出终裁；加征35.6%的特别保障措施关税，为期三年。实施12个月后放宽至32%，24个月后放宽至28.8%
亚硝酸钠（Sodium Nitrite）	印度	2013年4月17日	2014年2月26日采取保障措施：2014年2月26日至2015年2月25日，征收30%的从价税；2015年2月26日至2016年5月25日征收28%的从价税
无缝钢管（Seamless pipes）	印度	2013年4月22日	2014年4月25日做出终裁：第一年加征25%的从价税，第二年放宽至15%，第三年进一步放宽至5%，具体措施实施日待相关部门公告
乙酰乙酸甲酯（Methyl Acetoacetate）	印度	2013年6月6日	尚未裁决
镀锌板（Galvanized Iron and Pre-Painted Sheets and Coils）	菲律宾	2013年9月27日	尚未裁决
聚乙烯	台澎金马单独关税区	2013年10月25日	2014年5月14日，决定终止调查，不采取保障措施
加工水果产品	澳大利亚	2013年6月21日	2013年12月20日，决定终止调查，不采取保障措施

表2　2013年世贸组织成员保障措施调查汇总表

序号	产品名称	发起国	立案时间	裁决情况
1	罐装西红柿	澳大利亚	2013年6月21日	2013年12月20日，决定终止调查，不采取保障措施
2	加工水果产品	澳大利亚	2013年6月21日	2013年12月20日，决定终止调查，不采取保障措施
3	玉米	智利	2013年4月9日	2013年7月31日终止调查并取消临时措施
4	冷冻猪肉（Frozen Pork）	智利	2013年5月31日	2013年10月26日，决定终止调查，不采取保障措施
5	钢线材（Steel Wire Rod）	哥伦比亚	2013年7月17日	2014年4月30日采取保障措施
6	角钢（Steel Angle）	哥伦比亚	2013年8月1日	2014年3月31日，决定终止调查，不采取保障措施
7	铁杆以及铁线材（Bars of Iron or Non-alloy Steel/Rebar and Wire Rods of Iron or Non-alloy Steel）	哥伦比亚	2013年8月5日	2014年3月31日，决定终止调查，不采取保障措施
8	铁段及铁线（Sections of Iron or Non-alloy Steel and Rods of Iron or Steel）	哥伦比亚	2013年8月1日	2014年3月31日，决定终止调查，不采取保障措施
9	无缝钢管（Seamless Pipes）	印度	2013年4月22日	最终保障措施实施日不详
10	亚硝酸钠（Sodium Nitrite）	印度	2013年4月17日	2014年2月26日采取保障措施
11	乙酰乙酸甲酯（Methyl Acetoacetate）	印度	2013年6月6日	尚未裁决
12	PX-13	印度	2013年8月29日	尚未裁决
13	小麦粉（Wheat Flour）	吉尔吉斯斯坦	2013年7月2日	2013年8月15日采取临时保障措施
14	新闻纸（Newsprint）	菲律宾	2013年9月20日	尚未裁决
15	镀锌板（Galvanized Iron and Pre-Painted Sheets and Coils）	菲律宾	2013年9月27日	尚未裁决
16	冷冻薯条（Frozen Potato Chips）	南非	2013年3月8日	最终保障措施实施日不详
17	聚乙烯（HDPE and LLDPE）	台澎金马单独关税区	2013年10月25日	2014年5月14日，决定终止调查，不采取保障措施
18	对苯二甲酸（Terephthalic Acid）	土耳其	2013年1月8日	2013年8月31日，决定终止调查，不采取保障措施
19	电子设备（Electrical Appliances）	土耳其	2013年8月22日	2013年11月1日采取保障措施
20	陶瓷餐具、厨具（Tableware and Kitchenware）	乌克兰	2013年5月21日	2014年4月25日做出裁决，采取保障措施

（商务部贸易救济调查局）

全球及中国反补贴措施情况

除反倾销措施外，反补贴亦不断地被各国采用。使用反补贴调查的成员方主要集中在发达国家。1995—2013年间，美国、欧盟和加拿大使用最多，分别发起138起、72起和37起，占全球反补贴调查案件发起数量的41.2%、21.5%及11%；被调查国家主要为发展中国家，中国和印度遭受反补贴调查最多，分别为76起和61起。

一、2013年WTO成员反补贴立案情况

根据WTO统计数据，2013年WTO成员共发起反补贴案件33起，其中美国、欧盟和加拿大使用最多，分别为19起、5起和4起；中国、印度涉案最多，分别为14起和6起。

二、与中国有关的反补贴措施情况

2003年以前，中国并没有受到国外反补贴调查。2004年4月13日起，加拿大在不到半年的时间内连续对中国出口烧烤架、碳钢及不锈钢紧固件和复合地板发起反倾销和反补贴调查。这三起案件开启了国外对中国出口产品发起反补贴调查并被征收反补贴税的历史。2013年，中国遭遇反补贴调查数量再创新高，达14起，占全球反补贴案件发起总量的42.4%，中国已连续8年成为全球反补贴调查的最大目标国。

为限制受补贴产品的进口，保护国内生产商的利益，使国内产业获得公平竞争的市场环境并赢得恢复和发展的重要契机，中国自2009年启动第一起反补贴调查，迄今已对外发起7起反补贴调查。（详见附表）

三、全球反补贴实践动向

金融危机后，贸易保护主义重新掀起浪潮。近年来，全球经济虽逐渐走出低谷但仍于低位徘徊，反补贴措施使用频率居高不下。根据WTO统计数据，2010年至2013年，全球反补贴调查数量分别为9起、25起、23起以及33起，呈上升之势。其中，中国、印度等新兴发展中国家是反补贴调查的主要受害国，而中国已连续8年成为全球反补贴调查最大的受害国。除发达国家继续使用外，近期发展中国家亦频繁发起反补贴调查。根据WTO数据，2009年至2013年，巴西、墨西哥、秘鲁等发展中国家分别发起反补贴调查案件7起、4起和3起，分别占该国发起调查总量的77.8%、66.7%和42.9%。印度、土耳其、中国等亦开始使用反补贴措施。这说明金融危机后，各国均面临着内需不足和外需不旺的困境，贸易压力之下，更倾向于使用贸易救济手段来保护国内产业。

附表

涉案产品	涉案国家	立案时间	案情进展
取向电工钢	美国	2009年6月1日	2010年4月11日采取措施，征税期5年
白羽肉鸡产品	美国	2009年9月27日	2010年8月30日采取措施，征税期5年
排气量在2.0升及2.0升以上的小轿车和越野车	美国	2009年11月6日	2011年5月5日终裁，但决定暂不采取措施，2011年12月14日，开始征收反补贴税，征税期两年
马铃薯淀粉案	欧盟	2010年8月30日	2011年9月17日采取措施，征税期5年
太阳能级多晶硅	美国	2012年7月20日	2014年1月20日采取措施，征税期5年
太阳能级多晶硅	欧盟	2012年11月1日	2014年5月1日，征税期2年
葡萄酒	欧盟	2013年7月1日	由于申请人撤诉，2014年2月24日终止调查

（商务部贸易救济调查局）

全球及中国反倾销措施情况

在经济全球化及区域经济一体化发展过程中，国际竞争日益激烈，贸易摩擦日益严峻，贸易救济措施使用高企不下。其中，反倾销措施运用最为频繁。根据WTO最新数据统计，1995年至2013年间，各国发起的反倾销调查已有4519起。使用反倾销措施最频繁的为印度、美国和欧盟，分别为702起、508起和454起。

一、WTO成员反倾销实施情况

根据WTO数据，2013年成员共发起反倾销案件283起，其中巴西、美国和印度使用最多，分别为54起、39起和29起；从被调查国家/地区来看，中国、韩国以及中国台湾涉案最多，分别为74起、25起和16起。

二、与中国有关的反倾销措施情况

根据WTO数据，2013年中国已成连续19年成为遭受反倾销调查最多的国家。2010－2012年，中国遭受反倾销调查数量分别为44起、51起和60起，呈年年递增之势。2013年，中国共遭遇反倾销调查74起，同比增加23.3%，占全球反倾销案件发起总量的26.1%。2013年，中国共对外发起反倾销调查11起，产品涉及钢铁制品、光纤、化工产品等。（见下表）

<table>
<tr><th>涉案产品</th><th>涉案国家</th><th>立案时间</th><th>案件进展</th></tr>
<tr><td rowspan="3">浆粕</td><td>美国</td><td rowspan="3">2013年2月6日</td><td rowspan="3">2014年4月4日，征收反倾销税</td></tr>
<tr><td>加拿大</td></tr>
<tr><td>巴西</td></tr>
<tr><td rowspan="3">相关高温承压用合金钢无缝钢管</td><td>欧盟</td><td rowspan="3">2013年5月10日</td><td>2014年5月9日，征收反倾销税</td></tr>
<tr><td>美国</td><td rowspan="2">出口数量可忽略不计，终止调查</td></tr>
<tr><td>日本</td></tr>
<tr><td rowspan="2">四氯乙烯</td><td>欧盟</td><td rowspan="2">2013年5月31日</td><td rowspan="2">2014年5月30日征收反倾销税</td></tr>
<tr><td>美国</td></tr>
<tr><td>葡萄酒</td><td>欧盟</td><td>2013年7月1日</td><td>申请人撤诉终止调查</td></tr>
<tr><td>单模光纤</td><td>印度</td><td>2013年8月14日</td><td>调查中</td></tr>
<tr><td>特定基对苯二酚</td><td>印度</td><td>2013年8月22日</td><td>调查中</td></tr>
</table>

三、全球反倾销实践动向

在传统的关税和非关税措施被限制和取消之后，反倾销已成为国际新贸易保护主义的有效手段被广泛应用。近年，全球经济虽走出低谷但尚未摆脱金融危机后遗症，各国继续实施贸易保护政策的动力仍在，反倾销措施亦不断地被各国采用。除发达国家外，发展中国家对反倾销措施的使用亦逐渐频繁。2011－2013年，WTO成员发起反倾销调查数量呈逐年增加之势，分别为165起、209起和283起。其中巴西和印度使用最为频繁，2011－2013年的三年间，巴西共发起反倾销调查117起，印度发起69起，分别占全球案件发起数量的17.8%和10.5%。另外，各国采取反倾销措施的力度亦不断加大，如通过不断的日落复审，某些反倾销措施可持续十余年甚至数十年。同时，近年来一些国家频繁发起“双反”调查，即对一产品同时进行反倾销反补贴调查，叠加使用以增加贸易救济的力度。

随着实践的深入，如何严格反倾销措施的使用纪律，防止措施沦为贸易保护主义的手段，逐渐成为国际贸易领域的重要议题。由于多哈回合规则谈判处于停滞状态，世贸组织争端解决机制成为目前反倾销规则澄清的重要手段。2013年，成员国之间发起的涉及反倾销措施的争端案件共6起。在已裁决的争端案件中，对因果关系、可获得事实以及调查程序的透明度等规则都做出了进一步澄清。

（商务部贸易救济调查局）

● 政策审议

世贸组织对日本第十一次贸易政策审议中国代表团的发言

2013 年 2 月 19 日

感谢主席先生。日本是世界经济和世贸组织重要的参与者，中国和其他成员一样很高兴参加对日本的第十一次贸易政策审议。世贸成员高度关注日本在 WTO 中的作用和其经济变化。

一是关于其经济发展变化

审议期间，日本经济在 2011 年出现负增长，贸易额自 1980 年以来首次出现逆差。但在促消费的环保汽车补贴及减税政策、灾后重建需求等内需拉动下，日本经济开始复苏，2012 年 GDP 有望达到 2.4%的增长。尽管如此，日本经济复苏仍十分脆弱，仍面临着长期持续的结构性挑战。正如秘书处报告指出的，日本应加速结构性改革的步伐以应对挑战。中国对日本未来将采取哪些措施来推动结构改革表示关注。

二是关于投资和贸易政策

中国如秘书处报告所关注的一样也关注下列问题：

投资体制。秘书处报告指出，日本吸收外资的水平仍然大大低于其海外投资，远落后于其他发达经济体。高企业所得税、签证困难和一些法规障碍导致外资在日本经营成本高企，外国投资增长缓慢。中国注意到，日本政府批准的“促进日本成为亚洲商业中心和促进吸引外资计划”推出了一些积极措施，希望日本能采取更积极的措施改善投资环境。

技术法规和检验检疫措施。正如秘书处报告所述，外界难以获知或者缺乏成本一效益的评估，很多法规和检疫措施增加了企业成本，削弱了产品竞争力，造成贸易壁垒。中国希望日本应以科学态度重新审视一些法规措施的合理性。

农产品补贴。日本对农产品提供高额补贴，并对包括大米在内的一些农产品实施关税配额，但缺乏透明度。例如，多年来关于配额数量分配的信息无从得知。中国希望日本能够改正这些扭曲贸易的农业补贴并努力提高透明度。

主席先生，最后我简要谈谈日本在多边贸易体制中承担的作用。日本一直是多边贸易体制积极的参与者，然而，对其诸如高额补贴、关税配额和关税高峰等一些长期政策成员十分关切。在解决这些核心问题上缺乏共识是导致多哈回合谈判进展缓慢的部分原因。我们希望，其他成员也希望，日本能够严肃重新审视其在这些问题上的立场，为实现“早期收获”及最终实现多哈回合谈判结束继续承担积极作用。

主席先生，中国赞赏日本提供了详细的书面问题答复，我们祝愿日本贸易政策审议成功。

（以原英文发言为准，中文译文仅供参考）

世贸组织对欧盟第十一次贸易政策审议中国代表团的发言

2013 年 7 月 16 日

谢谢主席先生。

首先，热烈祝贺克罗地亚的加入使欧盟扩充至28个成员。欧盟在全球经济和贸易的重要性被广泛接受。尽管正面临严峻挑战，作为单一实体，欧盟仍然是世界上最大的经济体、贸易集团、最大的FDI投资方和接受方。因此，欧盟的政策和表现不仅仅影响其所有的成员，而且还对其贸易伙伴有着深刻的影响。

显然，由于全球经济疲软，主权债务危机日益恶化，欧盟过去几年经历了最为严重的挑战。然而，我们欣喜地注意到，欧盟已经采取了一系列能够刺激其2013年和2014年经济增长的措施。尤其值得称赞的是，审议期间，欧盟仍然大体维持了公开和透明的贸易政策。我们呼吁欧盟继续致力于恢复经济，从而为全球经济复苏做出贡献。

主席先生，中国对欧盟坚持多边贸易体制表示赞赏，赞成欧盟坚持“第九届部长级会议必须达成切实可行的成果，这将是最终结束多哈回合的第一步”的观点。我们将与 Pangratis 大使率领的欧盟代表团继续保持紧密且富有建设性的合作，确保即将到来的第九届部长级会议取得成功。

现在，让我转向讨论欧盟几个具体的贸易政策与措施。

第一，欧盟仍然是反倾销措施的主要使用者。我们在关注当前欧盟贸易保护工具“现代化”提案的同时，对中国产品总是成为欧盟的主要目标非常担忧。基于秘书处报告表 A3.4，我们测算，2008年至2012年针对中国商品的措施占其总数的40%。让我们更为担心的是欧盟针对中国产品的不公平做法正愈演愈烈，从2008年的37.5%上升至2012年的47%。最近欧盟对中国的光伏产品征收临时关税，这是中国产品遭遇的最大的贸易救济案件，涉案金额高达200亿美元，影响波及50万工人，这再一次引发我们对欧盟救济措施合理性和公平性的关注。中国已在多个重要场合坚决反对将贸易救济措施作为得力的贸易保护工具加以滥用。我们愿与欧盟继续双边对话，以找到双方都可接受的方案。

第二，正如秘书处报告所列明的，欧盟虽然有大量的免税项目而且平均最惠国税率也维持在较低的6.5%，但对部门尤其是农业部门仍然严加保护。非从价税约达11%，加之季节性关税和 Meursing 代码表使关税体制非常复杂，保护程度比从价税高。尽管不断的改革使农业部门总体支持水平降低，但这些改革对市场准入条件影响甚微且关税水平仍高于非农产品。

第三，TBT 和 SPS 措施仍是关注的重点。上次审议期间，许多成员质疑欧盟的 TBT 和 SPS 体制对贸易形成了不必要的阻碍。虽然此后情况有所改善，但仍有待进一步改进。中国特别呼吁欧盟加快其改进工作，确保给予中国的禽类产品公平待遇。

第四，我们注意到秘书处报告提及欧盟已经建设了33个FTA，且正在与其他6个伙伴进行FTA谈判。尤其值得注意的是，欧盟与美国上周开始了TTIP谈判。我们尊重每个成员洽谈FTA的权利，但我们诚挚地希望欧盟如其在政府报告中所承诺的那样，继续将多边体系作为其贸易政策的重点。

主席先生，无论是双边层面还是多边层面，欧盟与中国都是重要伙伴。第27届中欧经贸联委会会议上个月在北京结束，与会双方意识到对方的重要性，一致同意加强合作，将双边经贸关系推向更高水平。

最后，主席先生，我对 Balas 大使领导的欧盟代表团的参与以及对中方提问给予的书面回复表示感谢。祝愿此次欧盟贸易政策审议圆满成功。

（以原英文发言为准，中文译文仅供参考）

● WTO/TBT 与 SPS

2013 年 WTO /TBT、SPS 工作情况

一、TBT 概况

（一）TBT 通报数量

2013 年共有 73 个 WTO 成员提交了 1626 份技术法规和合格评定程序的新通报（包含 26 个修订），还有 467 份通报补遗和 42 份通报的勘误。其中，中国通报 TBT 措施 92 件，通报数量在所有 WTO 成员中列第 5 位。自 1995 年协定实施至 2013 年 12 月 31 日，共有 121 个成员提交了 17418 份通报、3150 份补遗和 524 份勘误。（见图 1）

在这些 TBT 通报中，布隆迪、刚果、马里和尼泊尔为首次提交通报。提交新通报数量位列前十位的成员依次是：沙特阿拉伯、乌干达、美国、欧盟、中国、以色列、阿拉伯联合酋长国、肯尼亚、巴西和科威特（见表 1）。

（二）TBT 通报目标和内容

在 2013 年收到的 1626 项通报中，各成员提到了下述目标和内容：保护人类健康或安全，防止欺诈行为，质量要求，保护环境，保护动物或植物的生命或健康，协调，向消费者提供信息，节约成本和提高生产力，贸易便利，国家安全等（见图 2）。

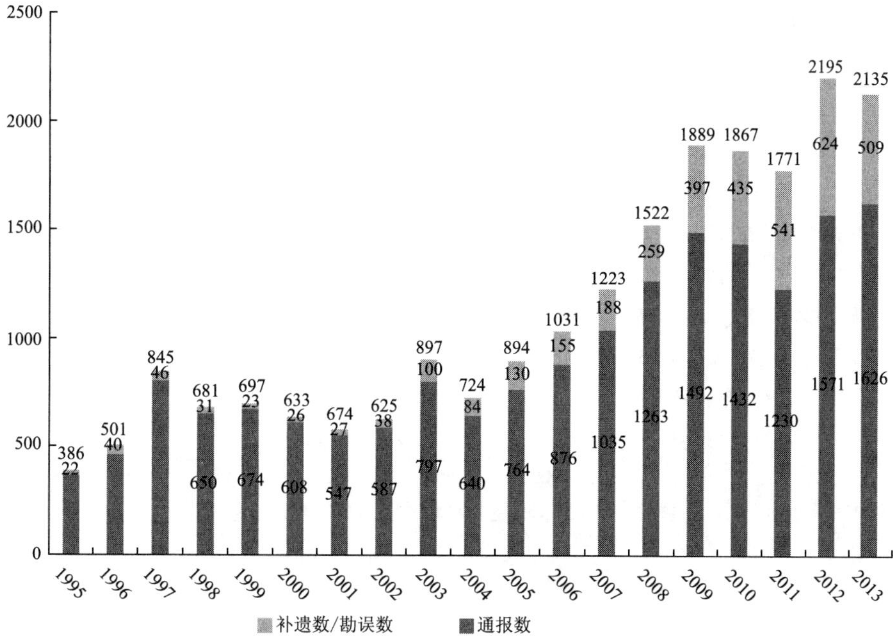

图 1 1995—2013 年 TBT 通报总数

表 1　　2013 年通报数量居前 10 位的成员通报情况

位　次	成　员	2013 年通报数量
1	沙特阿拉伯	214
2	乌干达	125
3	美国	103
4	欧盟	93
5	中国	90
6	以色列	83
7	阿拉伯联合酋长国	60
8	肯尼亚	54
9	巴西	50
10	科威特	49

（三）TBT 通报类型和领域

2013 年 WTO 成员发布的 2135 件通报中，1626 件为新通报（包含 26 个修订），还有 467 份通报补遗和 42 份通报的勘误。通报中涉及最多的产品领域仍是食品及相关产品，计 247 件次①，占总通报件次的 27.6%。这说明在各国的技术法规中与食品相关的内容占很大比例，食品始终是各国政府重点管理的产品。其次为环保保健安全和家用和商用设备、文娱、体育，这两个领域也一直是通报的热点，连续几年都位于通报领域的前 5 位。（见图 3）

（四）中国 TBT 通报和外方评议

2013 年，中国通过 WTO 向各成员通报 TBT 措施 92 件，通报数量在所有 WTO 成员中列第 5 位。在 92 件 TBT 措施中，强制性国家标准 78 件（66 件新标准、10 件修订、1 件补遗、1 件勘误）。截至 2013 年 12 月 31 日中国的 TBT 通报编号已编至 1017 号。

通报发出后，中国 TBT 国家通报咨询中心收到来自美国、欧盟、日本、韩国、德国、澳大利亚以及境外企业、行业协会的评议意见 30 件（次），涉及 19 件中国通报。中国政府有关部门对相关评议意见进行了认真研究考虑。

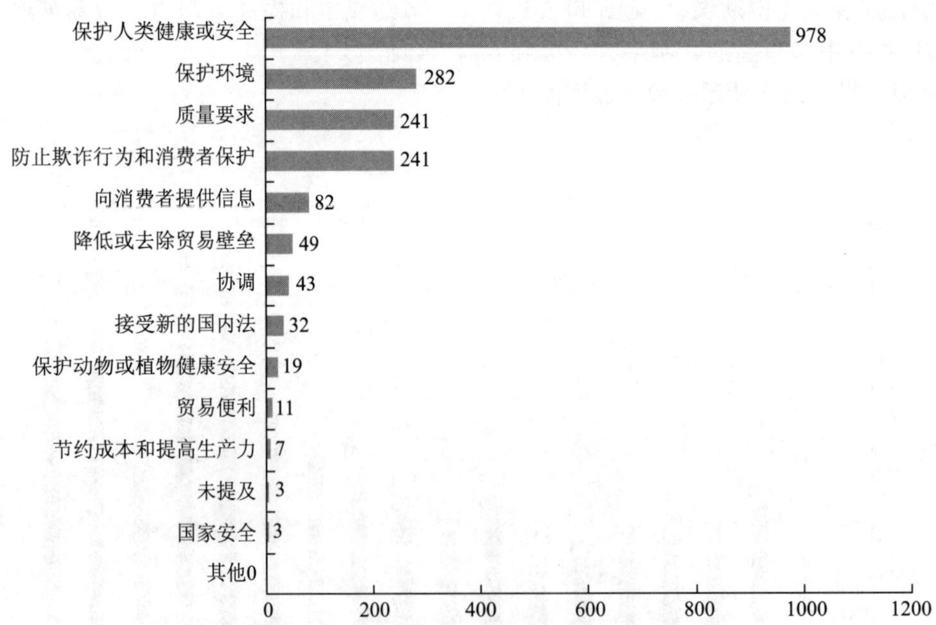

图 2　2013 年陈述各种理由的 TBT 通报数量

① 部分通报涉及多种产品，有些覆盖多个不同领域，因此对于同一通报，在统计时可能多次计入相应“通报领域”，以“件次”表述。

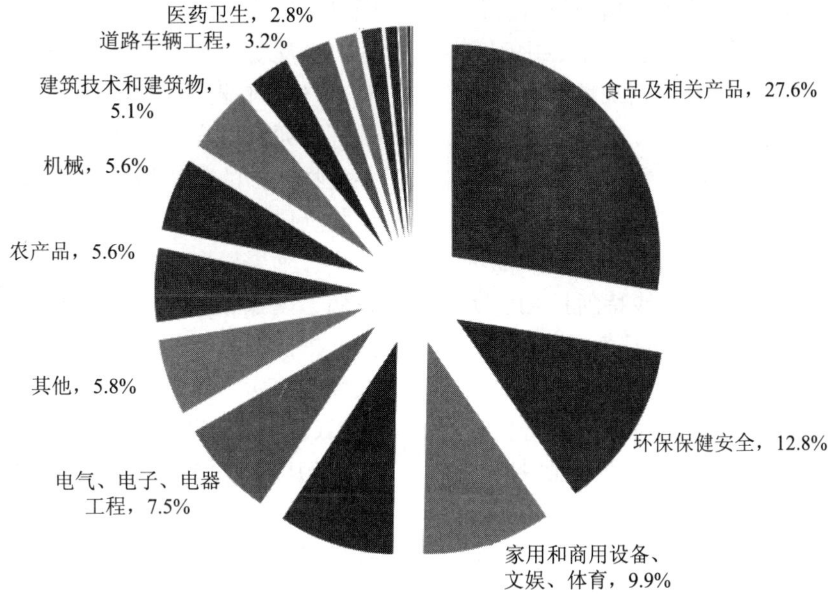

图3 2013年TBT通报涉及的产品类别

二、SPS概况

（一）SPS通报数量

2013年，有51个成员向WTO提交了1298件SPS通报。排在前10位的成员分别是：加拿大220件，美国170件，中国91件，巴西86件，欧盟60件，俄罗斯58件，沙特阿拉伯50件，中国台北49件，智利47件，秘鲁46件。前10位成员的通报数量为877件，占全部通报的67.6%。2013年，发展中成员的通报数量为780件，超出发达成员通报数量多达262件，说明发展中成员在卫生与植物卫生措施的通报方面表现更加活跃。（见图4）

（二）SPS通报目标和内容

通过对963件常规通报及修订通报中“涉及产品”和“内容摘要”栏目的分析，发现2013年各成员的通报措施，涉及食品安全的通报中，农药最大残留限量的通报数量最多，达278件，发布此类通报的主要有加拿大、美国、巴西、澳大利亚、欧盟、日本、中国台北、韩国、新西兰、

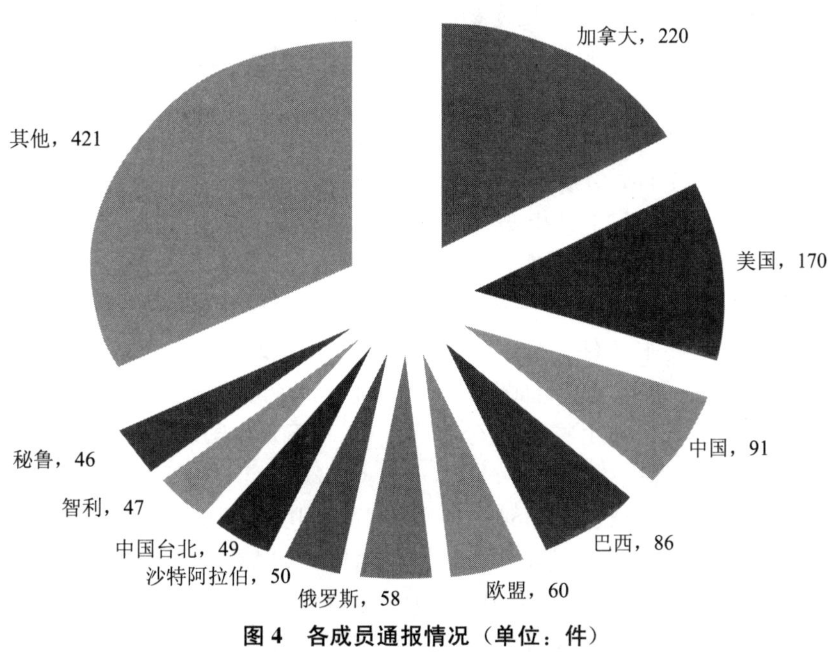

图4 各成员通报情况（单位：件）

俄罗斯、厄瓜多尔；其次是食品添加剂安全标准，共有105件，主要有中国、加拿大、日本、中国台北、韩国、美国、欧盟、土耳其、新加坡；食品产品标准57件（包括散装和预包装、饮料、酒类、瓶装水等），主要有沙特阿拉伯、中国、越南、卡塔尔、哥伦比亚、墨西哥、津巴布韦、斯里兰卡、中国台北、土耳其、印度尼西亚等；肉及肉制品进口卫生要求20件，主要有巴西、沙特阿拉伯、美国、韩国、新西兰、俄罗斯、洪都拉斯、卡塔尔、欧盟；食品中污染物限量（包括微生物、重金属、致病菌等），主要有韩国、中国、阿根廷、哥伦比亚、美国、摩洛哥、墨西哥、欧盟、沙特阿拉伯、中国台北、泰国、土耳其、乌克兰；乳制品卫生标准（包括婴幼儿乳品），包括沙特阿拉伯、泰国、马里、俄罗斯；水产品进口卫生要求（包括鱼、虾等）有哥斯达黎加、沙特阿拉伯、巴西、俄罗斯；食品接触材料安全标准（容器、包装介质等），有中国台北、韩国、卡塔尔、欧盟、沙特阿拉伯、泰国；保健/功能食品/营养品标准规范6件，包括韩国、中国、越南等。

涉及动物健康的通报中，主要有活动物进口检疫要求26件，按用途分为动物园动物，繁殖用动物，宠物或观赏用动物，实验用动物等；按动物种类分猫狗、牛羊马猪、兔子、禽类、水生动物等。动物饲料21件，防止动物疫病传入的卫生措施20件，包括口蹄疫、禽流感、新城疫、汉坦病毒、疯牛病、猪水疱病、施马伦贝格病毒等；非食用动物副产品进口检疫要求（精液、孵化卵、胚胎、血清等）15件，兽医卫生证书10件。

涉及植物保护方面，植物繁殖材料进口卫生要求（插条、切枝、幼苗等）21件，水果17件，种子进口卫生要求13件，蔬菜进口卫生要求（山药、萝卜、油菜、洋葱、大葱等）11件；植物有害生物的控制措施10件，植物卫生法规8件，观赏植物、花卉进口卫生要求7件；作物进口卫生要求（烟草、咖啡豆、可可豆、油莎豆等）6件，植物卫生证书6件，有害生物风险分析程序5件。

2013年，有23个成员向WTO提交了84件紧急措施通报（包括修订），主要是针对特定国家而发布。涉及食品安全的紧急措施有7件，其中4件针对乳制品，2件针对进口牛肉、猪肉，1件是因日本的放射性污染水而针对鱼类和甲壳类动物等。涉及动物健康的紧急措施有57件，包括禽流感30件，口蹄疫18件，施马伦贝格病毒4件，急性仔虾死亡综合征3件，猫狗1件，饲料1件。有关植物保护的紧急措施20件，其中关于植物有害生物（盾介壳虫、谷斑皮蠹、亚洲舞毒蛾、光肩星天牛、苹果异形小卷蛾）5件，植物疫病（柑橘黑斑病、黑点根腐病菌、白蜡鞘孢菌、马铃薯褐腐病、柑橘黄龙病、叶斑病、咖啡叶锈病、猕猴桃细菌性溃疡病）15件。

（三）SPS通报类型和领域

2013年发布的1298件通报中，常规措施通报为863件，约占通报总数的66.5%（包括修订通报16件）；紧急措施通报84件，约占通报总数的6.4%（其中修订通报1件）；补遗通报331件，约占通报总数的25.5%；勘误通报20件，约占通报总数的1.5%（见图5）。

就通报措施在SPS几大领域的分布情况而言，对可统计通报中“目的和理由”一栏的分析表明，2013年，涉及食品安全的通报数量636件，涉及动物健康183件，植物保护165件，保护人类免受动/植物有害生物的危害61件，保护国家免受有害生物的其他危害67件（见图6）。

（四）中国SPS通报和外方评议

2013年，中国通过WTO秘书处向各成员通报SPS措施91件。截至2013年12月31日，中国向WTO通报的SPS措施总数达到634件。

中国SPS通报发出后，收到美国、欧盟、加拿大、澳大利亚、新西兰、墨西哥、阿根廷、泰国、中国台北、韩国、日本等11个WTO成员政府，以及国际食品添加剂委员会（IFAC）、卡路里控制委员会（CCC）、美国零售商品生产商协会（GMA）、国际口香糖协会（ICGA）4个国外行业协会的评议意见共37件（次），涉及22项通报措施。中国政府有关部门对相关评议意见进行了认真研究和考虑。

（五）中国对其他成员SPS通报的评议

2013年，在其他WTO成员中，欧盟、新西兰、印度尼西亚、墨西哥、秘鲁、菲律宾发布了针对中国的SPS通报，分别是对中国用于运输某些特定商品的木质包装材料实施植物进口卫生检疫的临时紧急措施；进口中国洋葱的卫生标准；禁止从

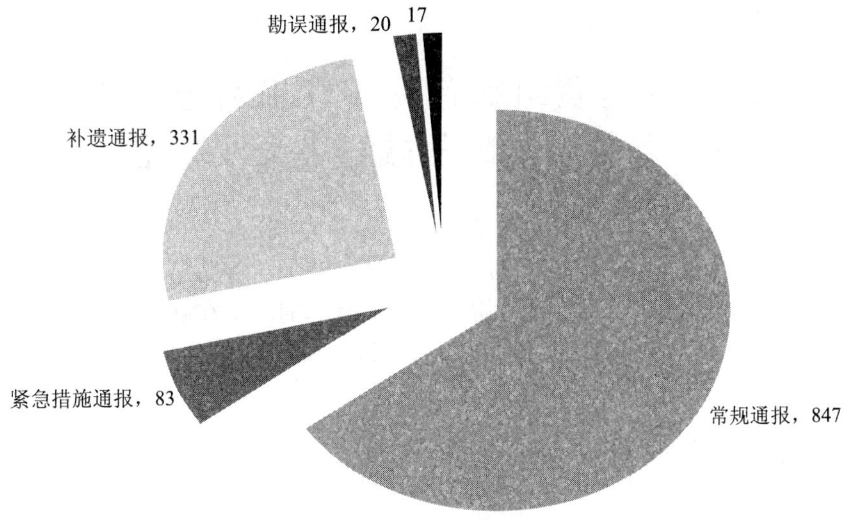

图 5　通报类型（单位：件）

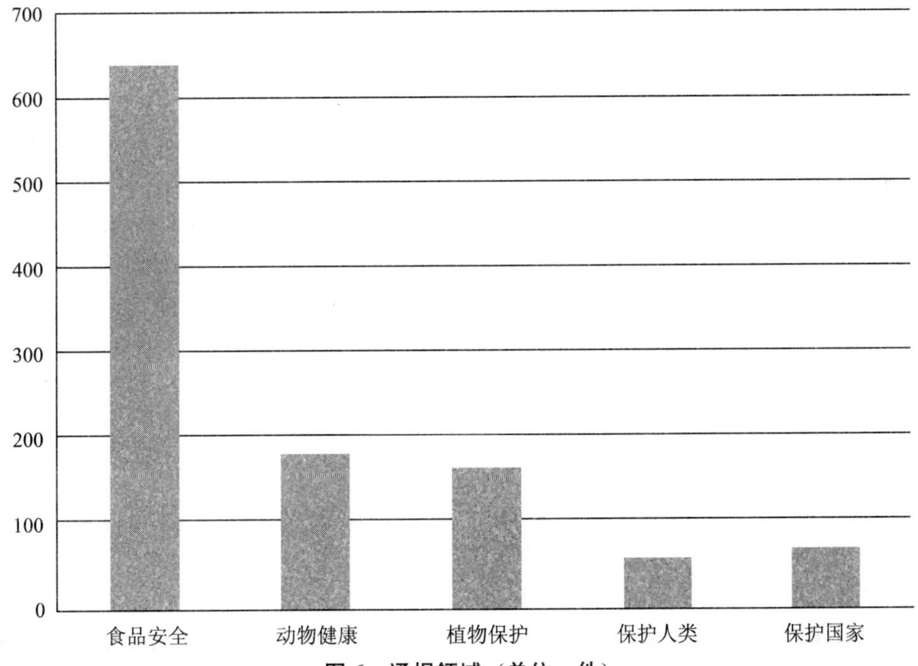

图 6　通报领域（单位：件）

中国进口家禽和家禽产品；暂停从中国进口甲壳纲动物；进口中国杂交南瓜种子的植物卫生要求；进口中国的藜麦粒的强制性植物卫生要求。中国分别对欧盟、墨西哥的通报提出了评议意见。

（国家质量监督检验检疫总局国际合作司）

2013年世贸组织有关《TBT协定》和《SPS协定》的争端解决案件综述

1995年1月1日世贸组织成立以来，截至2014年9月30日，世贸成员诉诸争端解决机制的案件共482件。其中，涉及《技术性贸易壁垒协定》(《TBT协定》)案件共49件，占案件总数的10.2%；涉及《卫生和植物卫生措施协定》(《SPS协定》)案件共41件，占案件总数的8.5%。总体而言，世贸组织有关《TBT协定》和《SPS协定》的争端解决案件数量不多，但具有重要地位和影响。

2013年，世贸成员提起的涉及《TBT协定》的争端有4件，分别是古巴诉澳大利亚影响香烟产品商标和其他平装要求措施案(DS458)，阿根廷诉欧盟生物柴油进口和销售措施案(DS459)，日本诉俄罗斯关于机动车辆“回收费用”措施案(DS463)，印度尼西亚诉澳大利亚平装烟草措施案(DS467)。2013年，世贸组织成员未提起新的有关《SPS协定》的案件。上述案件目前均在诉讼程序中，预计专家组将在2014年或者2015年做出裁决。

2013年11月，世贸组织专家组发布了加拿大和挪威诉欧盟海豹案(DS400/DS401)专家组报告，成为该年散发的唯一一个关于《TBT协定》争端的报告。与此同时，世贸组织专家组和上诉机构还在审理其他多起涉及《TBT协定》和《SPS协定》的案件。现就有关案件进展情况介绍如下：

一、加拿大和挪威诉欧盟海豹案(DS400/DS401)

(一) 磋商请求

2009年11月2日和5日，加拿大和挪威分别就欧盟影响海豹产品销售的某些措施，向欧盟提出磋商请求。涉案措施为：2009年9月16日通过的、调整海豹产品贸易的《欧洲议会和欧盟委员会第1007/2009号条例》(简称“基本条例”)；以及于2010年8月10日通过的基本条例的实施细则《欧盟委员会第737/2010号条例》(简称“实施细则”)(此为补充磋商请求中涉及的措施)，上述两项条例统称为“欧盟海豹制度(EU Seal Regime)”。申诉方主张，欧盟的海豹制度禁止了所有海豹产品在欧盟市场上的进口和销售。而且，欧盟海豹制度中的例外条款带有歧视性，使申诉方国内的海豹产品无法与原产于欧盟或某些特定国家的海豹产品进行公平竞争，且该制度包含的证明海豹产品符合欧盟规定的进口、销售条件的规定，存在歧视和贸易限制的嫌疑。同时针对这项证明要求，欧盟海豹制度中并未规定足够详细的评估程序。加拿大和挪威指控，欧盟的上述措施不符合欧盟承担的WTO协定义务，包括：《TBT协定》第2.1条(DS400案中)、第2.2条、第5.1.2条、第5.2.1条；以及《农业协定》第4.2条(DS401案中)；《1994年关税总协定》第1.1条、第3.4条、第11.1条、第20条(a)项(b)项、第23.1条(b)项(加拿大附条件的提起该项诉求，仅当欧盟的被诉措施被判定并未违反《TBT协定》或《1994年关税总协定》时，才提起该项诉求，但是最终专家组在该项诉求的审理中行使了司法经济原则)。

(二) 专家组审理

2011年2月11日和3月14日，加拿大和挪威先后请求设立专家组。2011年3月25日，WTO争端解决机构决定设立专家组，审理加拿大提起的争端。4月21日，WTO争端解决机构决定设立专家组，审理挪威提起的争端，根据DSU第9.1条的规定，在存在多个申诉方的情况下，WTO争端解决机构同意2011年3月25日设立的专家组亦对挪威提起的争端进行审理。阿根廷、加拿大(DS401案中)、中国、哥伦比亚、厄瓜多尔、冰岛、日本、墨西哥、纳米比亚(DS401案中)、美国、俄罗斯联邦和挪威(DS400案中)保留作为第三方参与案件的权利。2012年10月4日，WTO总干事组成了专家组。在与争端方协商后，专家组制定了工作时间表。2013年11月25日，专家组报告向成员散发。

本案主要涉及欧盟的海豹制度。该制度规定，欧盟禁止在其市场上销售海豹产品，除非该产品满足以下任一一项例外规定的要求：(1) 海豹产品是由因纽特人或土著人猎杀的 (IC 例外)；(2) 海豹产品的取得源自基于海洋资源管理目的而猎杀的海豹 (MRM 例外)；以及在特定情况下，旅行者可以携带海豹产品进入欧盟 (旅行者例外)。加拿大和挪威主要指控欧盟海豹制度禁止了所有海豹产品在欧盟市场上的进口和销售，且其例外规定带有歧视性。专家组首先判断欧盟海豹制度是否构成《TBT 协定》下的“技术法规”。在此方面，专家组做出肯定性结论，专家组对《TBT 协定》附件 1 第 1 段中列明的三个标准进行分析后（专家组着重分析了第二个标准，这也是当事方在此问题上的争议焦点），认为欧盟海豹制度是一项“技术法规”。专家组接下来判断申诉方根据《TBT 协定》第 2.1 条、第 2.2 条、附件 1.3 条、第 5.1.2 条和第 5.2.1 条提起的诉讼请求。

关于《TBT 协定》第 2.1 条，专家组认为欧盟海豹制度，特别是其中的 IC 例外和 MRM 例外，违反了《TBT 协定》第 2.1 条的规定。专家组认为，被欧盟海豹制度禁止进口的海豹产品与符合其例外规定而可以进口和销售的海豹产品属于同类产品。确定为同类产品之后，专家组进一步研判欧盟海豹制度是否给进口产品的竞争条件带来了有害影响，且该制度是否属于一种合理的差别规定。对于前者，专家组给予了肯定性回答。对于后者，由于欧盟无法证明 IC 例外和 MRM 例外给加拿大海豹产品带来的歧视性影响源于合理的差别对待，因此，IC 例外和 MRM 例外并未给予进口海豹产品不低于国内同类产品或来自任何其他国家同类产品的待遇，违反了第 2.1 条。

关于《TBT 协定》第 2.2 条，专家组认为欧盟海豹制度并未违反《TBT 协定》第 2.2 条，因为加拿大和挪威未能证明欧盟海豹制度对贸易的限制超过了为实现合法目标所必需的限度。考虑到替代方案是否存在及其无法落实的风险，欧盟关于海豹福利这一公共道德的合法目标并不能被其他对贸易限制更小的方案所替代。

关于《TBT 协定》附件 1.3 条，专家组认为，如上所述，欧盟海豹制度属于一项“技术法规”，而且，欧盟海豹制度中“实施细则”第 3 条、第 5 条、第 6 条的规定，确立了判定某一海豹产品是否符合欧盟海豹制度中具体要求的程序，因此这些规定构成了满足《TBT 协定》要求的“合规评定程序”。

关于《TBT 协定》第 5.1.2 条，专家组认为欧盟海豹制度违反了第 5.1.2 条的规定。专家组认为，欧盟海豹制度中的“合格评定程序”具有对国际贸易产生非必需障碍的效果，因此违反了第 5.1.2 条中第一句话的规定。专家组驳回了加拿大和挪威根据该条第二句话的规定提出的主张，因为申诉方并未能证明存在替代的“合规评定程序”，得以在同等水平上保证合规性评定的可信度。

关于《TBT 协定》第 5.2.1 条，专家组驳回了申诉方的指控。专家组认为，没有足够的理由证明欧盟海豹制度中的“合规评定程序”没有做到尽快进行并完成评定。

此外，专家组拒绝就挪威根据《农业协定》第 4.2 条提出的诉讼请求做出裁决。专家组还判定，IC 例外和 MRM 例外分别违反了《1994 年关贸总协定》第 1.1 条和第 3.4 条的规定。而且，尽管欧盟海豹制度中的例外规定符合《1994 年关贸总协定》第 20 条 (a) 款的规定，但是它们并不满足第 20 条前言的要求。

（三）上诉机构审理

2014 年 1 月 24 日，加拿大和挪威通知 WTO 争端解决机构，决定对专家组报告中的某些法律问题和专家组的某些法律解释提起上诉。2014 年 1 月 29 日，欧盟通知 WTO 争端解决机构，决定对专家组报告中的某些法律问题和专家组的某些法律解释提起上诉。2014 年 3 月 24 日，上诉机构主席通知 WTO 争端解决机构，考虑到上诉案件的规模、案件争议问题的数量和复杂性，上诉机构将无法在 60 天内，或者在《争端解决谅解》第 17.5 条规定的 90 天期限内散发报告。因此，上诉机构预计不迟于 2014 年 5 月 20 日散发报告。2014 年 5 月 16 日，上诉机构主席通知 WTO 争端解决机构，由于翻译耗时及其目前面临的案件负担量较大，无法在 2014 年 5 月 20 日发布报告。2014 年 5 月 22 日，上诉机构向成员散发报告。

加拿大和挪威的上诉涉及专家组就《TBT 协定》第 2.1 条和第 2.2 条，以及《1994 年关税总协定》第 20 条做出的裁决。欧盟就《TBT 协定》附件第 1.1 条、《TBT 协定》第 2.1 条和《1994 年关税总协定》第20条提起上诉。而且，争端当事方也对专家组审查时存在的与DSU第11条规定不符的问题，提出了上诉。

上诉机构首先推翻了专家组认定欧盟海豹制度规定了产品特征的裁决。上诉机构认为，欧盟海豹制度中关键性和整体方面均未规定产品特征。上诉机构认为，应该将欧盟海豹措施中的“禁止性条款”和“允许性条款”结合起来审查。本案被诉措施并非意在禁止在欧盟市场上销售海豹产品，而是在于为在欧盟市场上销售海豹产品的活动设定条件，这些条件主要是根据猎人身份或海豹产品的捕猎类型、捕猎目的的相关标准来确定的。这才是该措施的主要性质。上诉机构并不认为整体上的欧盟海豹制度规定了产品特征。

基于此，由于专家组对于欧盟海豹制度属于第1.1条规定的“技术法规”的认定，主要是基于其中间裁定，即欧盟海豹制度规定了产品特征，因此，上诉机构最终从整体上推翻了欧盟海豹制度构成“技术法规”的专家组裁决。但是上诉机构拒绝完成该项法律分析，因此其并未对欧盟海豹制度是否规定了产品特征问题做出判定。之后，上诉机构裁定专家组报告涉及《TBT协定》第2.2条、第5.1.2条、第5.2.1条的相关裁决均没有法律效力。

此外，上诉机构维持了专家组根据《1994年关贸总协定》第1.1条和第3.4条做出的裁决。

针对《1994年关贸总协定》第20条，上诉机构首先维持了专家组对于欧盟海豹制度所涉及的公共道德的合理目标的认定。接着，上诉机构维持了专家组认定欧盟海豹制度满足《1994年关贸总协定》第20条（a）款中“必需”要求的裁决。最后，上诉机构推翻了专家组涉及第20条前言的裁决，因为后者错误地将其适用在《TBT协定》第2.1条的法律标准，适用在对《1994年关贸总协定》第20条前言的审查上，而并未对欧盟海豹制度是否满足第20条前言的具体条款和要求进行独立分析。随后，上诉机构完成了该法律分析，但其最终结论与专家组裁决相同，即欧盟并未证明其海豹制度满足第20条前言的要求。

在2014年6月18日的会议上，WTO争端解决机构正式通过了上诉机构报告和经上诉机构报告修改的专家组报告。

二、其他涉及《TBT协定》争端解决案件进展情况

（一）乌克兰诉澳大利亚平装烟草措施案（DS434）

2012年3月13日，乌克兰就澳大利亚在烟草产品及其包装上限制使用商标以及其他平装要求的相关法律法规，向澳大利亚提出磋商请求。涉案措施为澳大利亚的《烟草平装法案（2011）》及其实施条例《烟草平装实施条例（2011）》；《商标法修正案（烟草平装）2011》；以及任何澳大利亚为了实施前述两项关键措施而进一步通过的法规、相关法案、政策或实践。乌克兰指控，澳大利亚的上述措施，尤其是从澳大利亚整体烟草监管制度的背景下看，不符合澳大利亚承担的WTO协定义务，包括：《TRIPs协定》第1条、第1.1条、第2.1条、第3.1条、第15条、第16条、第20条和第27条；《TBT协定》第2.1条、第2.2条；以及《1994年关贸总协定》第3.4款。

2012年8月14日，乌克兰请求设立专家组。2012年8月31日，WTO争端解决机构宣布推迟设立专家组。澳大利亚通知争端解决机构其已经接受了巴西、加拿大、欧盟、危地马拉、新西兰、尼加拉瓜、挪威和乌拉圭加入磋商的请求。

（二）洪都拉斯诉澳大利亚平装烟草措施案（DS435）

1. 磋商请求

2012年4月4日，洪都拉斯就澳大利亚在烟草产品及其包装上限制使用商标以及其他平装要求，向澳大利亚提出磋商请求。涉案措施为澳大利亚的《烟草平装法案（2011）》及其实施条例；《商标法修正案（烟草平装）2011》；以及任何修正案、拓展以及相关的文件或实践。洪都拉斯指控，澳大利亚的措施不符合澳大利亚承担的WTO协定义务，包括：《TBT协定》第2.1条、第2.2条；《TRIPs协定》第2.1条、第3.1条、第15.4条、第16.1条、第20条、第22.2（b）条和24.3条；以及《1994年关贸总协定》第3.4条。

2012年10月15日，洪都拉斯请求设立专家组。2012年11月19日，WTO争端解决机构宣布推迟设立专家组。

2. 专家组审理

2013年9月25日，WTO争端解决机构正式设立专家组。阿根廷、巴西、加拿大、智利、中国、古巴、多米尼加共和国、欧盟、印度、印尼、日本、韩国、新西兰、尼加拉瓜、尼日利亚、挪威、阿曼、巴拿马、菲律宾、南非、中国台北、泰国、乌克兰、美国、乌拉圭和津巴布韦保留作为第三方参与案件的权利。危地马拉、马拉维、马来西亚、墨西哥、秘鲁、新加坡、土耳其和赞比亚保留作为第三方参与案件的权利。2014年5月5日，WTO总干事组成了专家组。

（三）多米尼加诉澳大利亚平装烟草措施案（DS441）

1. 磋商请求

2012年7月18日，多米尼加就澳大利亚在烟草产品及其包装上限制使用商标以及其他平装要求的相关法律法规，向澳大利亚提出磋商请求。涉案措施为澳大利亚的《烟草平装法案（2011）》及其修改后的实施条例《烟草平装实施条例修正案2012（第1号）》；《商标法修正案（烟草平装）2011》；以及任何澳大利亚通过的相关措施，包括实施、补充或增加这些法律法规和任何修改或替换这些法律法规的任何措施。多米尼加指控，澳大利亚的措施不符合澳大利亚承担的WTO协定义务，包括：《TBT协定》第2.1条、第2.2条；《TRIPs协定》第2.1条、第3.1条、第15.4条、第16.1条、第20条、第22.2（b）条和24.3条；以及《1994年关贸总协定》第3.4条。

2012年11月9日，多米尼加请求设立专家组。2012年12月17日，WTO争端解决机构宣布推迟设立专家组。

2. 专家组审理

2014年4月25日，WTO争端解决机构正式设立专家组。阿根廷、巴西、加拿大、智利、中国、古巴、欧盟、危地马拉、洪都拉斯、印度、日本、韩国、马来西亚、墨西哥、新西兰、尼加拉瓜、挪威、菲律宾、俄罗斯、新加坡、中国台北、泰国、特立尼达和多巴哥、土耳其、乌克兰、美国、乌拉圭和津巴布韦保留作为第三方参与案件的权利。随后，印度尼西亚、尼日利亚、沙特阿拉伯、南非和秘鲁保留作为第三方参与案件的权利。2014年5月5日，WTO总干事组成了专家组。

（四）墨西哥诉阿根廷进口限制措施案（DS446）

1. 磋商请求

2012年8月24日，墨西哥就阿根廷针对进口货物实施的限制措施，向阿根廷提出磋商请求。认为阿根廷实行的外贸限制措施损害其出口贸易。涉案措施主要为：（1）阿根廷要求批准一项非自动进口许可证：DJAI；（2）进口某些产品需要取得非自动许可证，该许可证的形式为CIs或CLCs；（3）对进口商施加的承担某些贸易限制承诺的要求；（4）在批准进口许可证或拒绝批准这类许可证，或批准进口许可证方面的制度性迟延；（5）阿根廷为进口产品规定的合格评定程序，包含一项技术法规，涉及对进口产品的铅和其他重金属含量的检查。墨西哥指控阿根廷的上述措施不符合其承担的WTO协定义务，包括：《1994年关贸总协定》第3.4条、第8条、第10.1条、第10.2条、第10.3条和第11.1条；《TRIMs协定》第2条和第6条；《进口许可程序协定》第1.2条、第1.3条、第1.4条、第1.5条、第1.6条、第1.7条、第2.2条、第3.2条、第3.3条、第3.4条、第3.5条、第5.1条第5.2条第5.3条和第5.4条；《农业协定》第4.2条；《保障措施协定》第11条；《TBT协定》第2.1条、第2.2条。

2012年11月21日，墨西哥请求设立专家组。2012年12月17日，墨西哥撤回了设立专家组的请求。

（五）古巴诉澳大利亚平装烟草措施案（DS458）

1. 磋商请求

2013年5月3日，古巴就澳大利亚在烟草产品及其包装上限制使用商标以及其他平装要求的相关法律法规，向澳大利亚提出磋商请求，涉案措施为澳大利亚的《烟草平装法案（2011）》；《烟草平装实施条例（2011）》，随后被修改为《烟草平装实施条例修正案2012（第1号）》；《商标法修正案（烟草平装）2011》；以及任何澳大利亚通过的相关措施，包括实施、补充或增加这些法律法规和任何修改或替换这些法律法规的任何措施。古巴指控，澳大利亚的措施不符合澳大利亚承担的WTO协定义务，包括：《TBT协定》第2.1条、第2.2条；《TRIPs协定》第2.1条、第3.1条、第15.4条、第16.1条、第20条、第22.2（b）条和24.3条；以及《1994年关贸总协定》第3.4条。

2014 年 4 月 4 日，古巴请求设立专家组。

2. 专家组审理

2014 年 4 月 25 日，WTO 争端解决机构正式设立专家组。阿根廷、巴西、加拿大、智利、中国、多米尼加共和国、欧盟、危地马拉、洪都拉斯、印度、日本、韩国、马来西亚、墨西哥、新西兰、尼加拉瓜、挪威、菲律宾、俄罗斯、新加坡、中国台北、泰国、土耳其、乌克兰、美国、乌拉圭和津巴布韦保留作为第三方参与案件的权利。随后，印度尼西亚、尼日利亚、沙特阿拉伯、南非和秘鲁保留作为第三方参与案件的权利。2014 年 5 月 5 日，WTO 总干事组成了专家组。

（六）阿根廷诉欧盟生物柴油进口和销售措施案（DS459）

1. 磋商请求

2013 年 5 月 15 日，阿根廷就影响生物柴油进口、销售以及支持其生物柴油产业的相关措施，向欧盟及其成员国提出磋商请求，涉案措施为：（1）欧盟为推广对可再生能源的利用、引进控制和减少温室气体排放机制的相关措施；（2）欧盟对其生物柴油产业出台的支持计划。阿根廷指控，欧盟的措施不符合其承担的 WTO 协定义务，包括：《1994 年关贸总协定》第 1.1 条、第 3.1 条、第 3.2 条、第 3.4 条和第 3.5 条；《SCM 协定》第 1.1 条、第 2.3 条、第 3.1（b）条、第 3.2 条、第 5（b）条、第 5（c）条和第 6.3 条（a）；《TRIMs 协定》第 2.1 条、第 2.2 条；《TBT 协定》第 2.1 条、第 2.2 条、第 5.1 条和第 5.2 条；《WTO 协定》第 16.4 条。

（七）日本诉俄罗斯关于机动车辆“回收费用”措施案（DS463）

1. 磋商请求

2013 年 7 月 24 日，印度尼西亚就俄罗斯联邦关于机动车辆的“回收费用”措施，向俄罗斯提出磋商请求。日本认为，俄罗斯对进口和国内机动车辆征收回收费用，但规定了两种征税例外：（1）在俄罗斯登记的企业生产的车辆；（2）承诺在俄罗斯进行车辆生产的企业生产的车辆，包括在俄罗斯、白俄罗斯和哈萨克斯坦领土范围内存在的某些具体生产制造业务。日本指控俄罗斯的涉案措施不符合其承担的 WTO 协定义务，包括：《1994 年关贸总协定》第 1.1 条、第 2.1（a）条、第 2.1（b）条、第 3.2 条、和第 3.4 条；《TRIMs 协定》第 2.1 条、第 2.2 条；以及《TBT 协定》第 2.1 条、第 2.2 条。

（八）印度尼西亚诉澳大利亚平装烟草措施案（DS467）

1. 磋商请求

2013 年 9 月 20 日，印度尼西亚就澳大利亚在烟草产品及其包装上限制使用商标、地理标志以及其他平装要求的相关法律法规，向澳大利亚提出磋商请求，涉案措施为澳大利亚的《烟草平装法案（2011）》；《烟草平装实施条例（2011）》，随后被修改为《烟草平装实施条例修正案 2012（第 1 号）》；《商标法修正案（烟草平装）2011》；以及任何澳大利亚通过的相关措施，包括实施、补充或增加这些法律法规和任何修改或替换这些法律法规的措施。印度尼西亚指控，澳大利亚的措施不符合澳大利亚承担的 WTO 协定义务，包括：《TBT 协定》第 2.1 条、第 2.2 条；《TRIPs 协定》第 2.1 条、第 3.1 条、第 15.4 条、第 16.1 条、第 16.3 条、第 20 条、第 22.2（b）条和 24.3 条；以及《1994 年关贸总协定》第 3.4 条。

2014 年 3 月 3 日，印度尼西亚请求设立专家组。

2. 专家组审理

2014 年 3 月 26 日，WTO 争端解决机构正式设立专家组。巴西、加拿大、中国、古巴、欧盟、危地马拉、洪都拉斯、印度、印尼、日本、韩国、马来西亚、墨西哥、新西兰、尼加拉瓜、尼日利亚、挪威、阿曼、菲律宾、俄罗斯、中国台北、泰国、土耳其、乌克兰、美国、乌拉圭保留作为第三方参与案件的权利。随后，阿根廷、智利、多米尼加共和国、马拉维、秘鲁、新加坡和津巴布韦保留作为第三方参与案件的权利。2014 年 5 月 5 日，WTO 总干事组成了专家组。

三、其他涉及《SPS 协定》争端解决案件进展情况

（一）美国诉印度农产品进口限制措施案（DS430）

1. 磋商请求

2012 年 3 月 6 日，美国就印度对于美国各种农业产品采取的进口禁令，向印度提出磋商请求，据称该措施是为保护国内禽肉生产商免受禽流感影响而遭受损失。本案被诉措施为：《印度家畜进口法案

(1898)》；若干由印度政府农业部（畜牧、制酪、渔业司）根据上述法案发布的命令，其中最新发布的命令为S.O.1663（E）；和任何修正案、相关措施或其实施条例。美国指控，印度的措施不符合印度承担的WTO协定义务，包括：《SPS协定》第2.2条、第2.3条、第3.1条、第5.1条、第5.2条、第5.5条、第5.6条、第5.7条、第6.1条、第6.2条、第7条和附件B第2款、第5款、第6款，以及《1994年关贸总协定》第1条和第9条。

2012年5月11日，美国请求设立专家组。2012年5月24日，WTO争端解决机构宣布推迟设立专家组。

2. 专家组审理

2012年6月25日，WTO争端解决机构正式设立专家组。中国、哥伦比亚、厄瓜多尔、欧盟、危地马拉、日本、越南、阿根廷、澳大利亚和巴西保留作为第三方参与案件的权利。2013年2月18日，WTO总干事组成了专家组。2014年10月14日，专家组向当事方散发最终报告。

（二）阿根廷诉美国牛肉及其他肉类产品进口限制措施案（DS447）

1. 磋商请求

2012年8月30日，阿根廷就美国对进口阿根廷动物、肉类及其他肉类产品实施的限制措施，向美国提出磋商请求。本案被诉措施为：（1）美国动物卫生检查局（APHIS）做出的临时或最终裁决，决定对阿根廷新鲜牛肉（冷藏或冷冻）采取进口禁令，修改了美国联邦法规的规定；（2）美国未承认阿根廷的某些领土为非口蹄疫疫区；（3）认为美国在确定一个地区内的动物健康水平方面存在不正当的迟延，或在批准上述地区所产的动物或动物产品的出口方面存在不正当的迟延，而这两种迟延类型均是在美国联邦法规（CFR）规定的程序下产生的；而且阿根廷认为2009年美国《综合法案》第737条规定了进口附加条件。阿根廷指控，美国的措施不符合美国承担的WTO协定义务，包括：《1994年关贸总协定》第1.1条、第3.4条和第11.1条；《SPS协定》第1.1条、第2.2条、第2.3条、第3.1条、第3.3条、第5.1条、第5.2条、第5.6条、第6.1条、第6.2条、第8条、附件C.1和第10.1条；以及《WTO协定》第16.4条。

2012年12月6日，阿根廷请求设立专家组。2012年12月17日，WTO争端解决机构宣布推迟设立专家组。

2. 专家组审理

2013年1月28日，WTO争端解决机构正式设立专家组。澳大利亚、中国、欧盟、印度和韩国保留作为第三方参与案件的权利。2013年8月8日，WTO总干事组成了专家组。专家组将在2015年初向当事方散发最终报告。

（三）阿根廷诉美国柠檬进口措施案（DS448）

1. 磋商请求

2012年9月3日，阿根廷就美国对阿根廷西北部地区的新鲜柠檬实施的进口限制措施，向美国提出磋商请求。本案被诉措施为：（1）美国过去11年维持的一系列措施，阿根廷认为这构成了对柑橘类水果的一项进口禁令，影响了原产于阿根廷西北部地区的新鲜柠檬的进口；（2）美国未批准从阿根廷西北部地区进口新鲜柠檬；（3）美国针对阿根廷西北部地区的新鲜柠檬实施的进口批准程序存在不正当的迟延。阿根廷指控，美国的措施不符合美国承担的WTO协定义务，包括：《1994年关贸总协定》第1.1条、第3.4条、第10.1条、第10.3条和第11.1条；《SPS协定》第1.1条、第2.2条、第2.3条、第3.1条、第3.3条、第5.1条、第5.2条、第5.4条、第5.6条、第7条、附件B、第8条、附件C和第10.1条；以及《WTO协定》第16.4条。

2012年12月6日，阿根廷请求设立专家组。2012年12月17日，WTO争端解决机构宣布推迟设立专家组。

（四）欧盟诉俄罗斯联邦生猪及其遗传物质、猪肉、猪肉产品以及部分其他产品进口限制措施案（DS475）

1. 磋商请求

2014年4月8日，欧盟就俄罗斯影响生猪及其遗传物质、猪肉、猪肉产品以及部分其他产品从欧盟进口的相关措施，向俄罗斯提出磋商请求。欧盟指控，俄罗斯的措施不符合俄罗斯承担的WTO协定义务，包括：《SPS协定》第2.2条、第2.3条、第3.1条、第3.2条、第3.3条、第5.1条、第5.2条、第5.3条、第5.4条、第5.5条、第5.6条、第5.7条、第6.1条、第6.2条、第6.3条、第7条、第8条、附件B和附件C。

（商务部条约法律司）

第四篇　中国大陆与港、澳、台

与中国香港、澳门WTO事务

1995年1月1日，世界贸易组织成立。香港、澳门作为关贸总协定缔约方，成为其创始成员。2001年12月，中国内地以国家主体身份加入了世界贸易组织。从多边层面看，在世界贸易组织框架下，内地与港澳是平等的成员；从国内层面看，内地与港澳地区之间的经贸关系是国家主体与其单独关税区之间的关系。

2001年底，在内地正式成为世界贸易组织成员之初，香港特区政府即提出，希望在内地与香港之间建立自由贸易区，以便香港能够充分借助中国内地“入世”后的过渡期，先行进入内地市场。2002年1月，内地与香港就建立内地香港自由贸易区在北京进行了首次磋商，将两地未来的合作模式定位为更紧密经贸关系安排。

2003年6月29日，《内地与香港关于建立更紧密经贸关系的安排》（CEPA，以下简称《安排》）及其6个附件在香港签署。同年10月，内地与澳门也签署了《安排》。2004年1月1日，《安排》正式实施。此后的2004－2012年，内地分别与香港、澳门又相继签署了十个《安排》补充协议。

内地与香港、澳门《关于建立更紧密经贸关系的安排》的内容主要包括货物贸易自由化、服务贸易自由化和贸易投资便利化三方面。在货物贸易领域，自2006年1月1日起，内地与港澳已经全面实现了自由化，即内地对原产于港澳的产品全部实行零关税。在服务贸易领域，内地与港澳《〈关于建立更紧密经贸关系的安排〉补充协议十》将内地对香港、澳门开放的服务贸易领域均增至48个，开放措施分别达403项和383项。按照世界贸易组织服务贸易分类标准，《安排》对香港、澳门服务贸易的开放部门已经达到了149个，占世界贸易组织分类的160个服务贸易部门总量的93.1%；在贸易投资便利化方面，为支持港澳企业开拓内销市场，双方将加强商品检验检疫、质量标准领域的认证认可及标准化管理和知识产权保护领域的合作。此外，还在广东省继续增加了先行先试内容。

《安排》是中国国家主体与其单独关税区之间建立的具有自由贸易区性质的经贸安排，也是内地对外签署、全面实施并接受世界贸易组织审议的最早的自由贸易协议之一。既遵循“一国两制”方针，也符合世界贸易组织规则。通过不断地补充和完善，《安排》及其10个补充协议已经形成了对港澳较为系统的开放体系。

《安排》的实施，逐步减少了内地与港澳在经贸交流中的体制性障碍，加速了相互间资本、货物、人员等要素的便捷流动，对内地的改革开放、港澳经济的复苏和发展以及内地与港澳的经贸交流起到了积极促进作用；推动了内地经济建设和现代服务业发展，促进了内地与港澳经济互动；有利于充分发挥“两制”的优势，推动内地与港澳共同开拓国际市场。《安排》还为内地商签其他自由贸易协议起到了示范和借鉴作用。

（商务部台港澳司）

与中国台北 WTO 事务

2001 年 12 月 11 日，中国大陆正式加入世界贸易组织，成为其第 143 个成员。2002 年 1 月 1 日，台湾地区以“台澎金马单独关税区”（简称“中国台北”）的名义加入世界贸易组织。两岸由此在世贸组织框架下开启了相关问题的协商与互动，台先后三次参与了世贸组织对我贸易政策审议，我参与了两次世贸组织对台贸易政策审议。

2010 年 6 月 29 日，海峡两岸关系协会与台湾海峡交流基金会在重庆签署了《海峡两岸经济合作框架协议》（ECFA，以下简称“框架协议”）。框架协议包括序言和 5 章 16 条及 5 个附件，基本涵盖了两岸间的主要经济活动，是遵循世界贸易组织规则和平等互惠原则，并结合两岸经济发展的实际状况和特点，签署的综合性、具有两岸特色的经济合作协议。

2011 年 1 月 1 日，框架协议早期收获全面实施，大陆对 539 项原产于台湾的产品逐步降低或取消关税，在 11 个服务行业对台实施更加开放的政策措施；台对 267 项原产于大陆的产品实施降税，就 9 个服务行业对大陆进一步放开。2011 年 5 月 6 日，中国大陆和台湾分别致函世贸组织秘书处，就框架协议向世贸组织进行了早期通告。

框架协议签署后，两岸陆续启动了货物贸易、服务贸易、投资保障、争端解决 4 个后续协议的磋商工作。2012 年 8 月 9 日，海协会与海基会在台北签署了《海峡两岸投资保护和促进协议》（简称“投保协议”）。从实体权益看，两岸投保协议在规定了一般投保协议通常包括的重要实体条款，包括投资定义、投资待遇、征收、损失补偿、代位、转移等的同时，还就投资者人身安全保护和第三地转投资作了专门规定。从程序权利看，两岸投保协议为两岸投资者设计了一套行之有效的争端解决体系，这也是该协议的最大亮点之一。具体体现在如下方面：一是特别纳入了投资商事争议仲裁条款；二是为投资者与投资所在地一方的争端解决设计了多层次、多渠道的 5 种争端解决方式，包括争端双方友好协商解决、协调机制协调解决、投资争端协处机制协助解决、提交两岸投资争端解决机构通过调解方式解决、通过行政复议或司法程序解决等。投保协议有利于保护两岸投资者权益，逐步减少投资限制，创造公平的投资环境，促进两岸双向投资。作为框架协议生效后第一个完成商谈并成功签署的后续协议，它对两岸经贸领域制度化合作具有承前启后的重要作用。

2013 年 6 月 21 日，海协会与海基会在上海签署《海峡两岸服务贸易协议》（以下简称“服贸协议”），这也是框架协议生效后第二个完成商谈并成功签署的后续协议。服贸协议旨在逐步减少或消除两岸间的服务贸易限制性措施，促进两岸间服务贸易自由化，扩大两岸民众的受惠面，是两岸间签署的首个服务贸易自由化协议。服贸协议中，大陆方对台方开放涵盖 40 多个行业，共 80 条措施，其中 78 条（占总出价条数的 97.5%）超出我入世承诺水平，27 条超出 CEPA 开放水平。台方对大陆方开放共 64 条措施，其中 20 条（占 31%）超出其入世承诺水平，实现了自由化；23 条（占总出价条数的 36%）达到其入世承诺水平，实现了正常化；21 条（占 33%）低于其入世承诺水平，未实现正常化。

今后，商务部将按照世贸组织规则，结合《十二五规划纲要》中“关于建立健全两岸经济合作机制、全面深化两岸经济合作”的要求，加速推动框架协议其他两个后续协议的商谈工作，为两岸经济繁荣做出更大贡献。

（商务部台港澳司）

与港、澳、台经贸关系

（一）内地与港澳经贸关系

1. 内地与港、澳经贸交流情况

2013年，内地与香港贸易额为4010.1亿美元，同比增长17.5%；其中，内地对香港出口为3847.9亿美元，同比增长19%；自香港进口为162.2亿美元，同比减少9.3%。

2013年，内地与澳门贸易额为35.7亿美元，同比增长19.4%。其中，内地对澳门出口为31.8亿美元，同比增长17.4%；自澳门进口为3.9亿美元，同比增长38.7%。

从相互投资看，截至2013年底，内地累计批准港资项目360898个，实际利用港资6656.7亿美元。按实际使用外资统计，港资在内地累计吸收境外投资中占47.7%。内地累计批准澳资项目13452个，实际利用澳资113.5亿美元，澳资在我累计吸收境外投资中占0.8%。

与此同时，内地赴港澳投资也不断增加。截至2013年底，内地对香港非金融类累计直接投资为2923亿美元，占内地对外非金融类累计直接投资存量总额的57.9%。内地累计对澳门非金融类直接投资9.5亿美元。

2. 对港澳经贸领域成就

成功签署内地与香港、澳门《安排》及10个补充协议，并顺利实施，取得积极成果。

2003年，内地与香港、澳门特区政府分别签署了内地与港、澳《安排》，开启了两地经贸往来的新篇章。此后的2004－2013年，两地又陆续签署了10个《安排》补充协议，形成了对港澳较为系统的开放体系。

在货物贸易领域，据中国海关统计，2013年，《安排》项下内地进口香港零关税货物货值为12.2亿美元，关税优惠额6.3亿元人民币。截至2013年底，内地累计进口香港《安排》项下受惠货物71.6亿美元，关税优惠额39.8亿元人民币。据香港统计，截至2013年底，香港发证机构共签发108524份原产地证书，货物离岸价总值为568.1亿港元。

据中国海关统计，2013年，《安排》项下内地进口澳门零关税货物货值为1695万美元，关税优惠额854.6万元人民币。截至2013年底，内地累计进口澳门《安排》项下受惠货物6541.7万美元，关税优惠额3704.8万元人民币。据澳门统计，截至2013年底，澳门经济局共发出2949张“零关税原产地证书”，总出口额4.7亿澳门元。

在服务贸易领域，截至2013年底，香港工贸署共签发香港服务提供者证明书2623份。其中运输服务及物流服务共签发证明书1291份，占核发总数的49.2%。

截至2013年底，澳门经济局核发438张“澳门服务提供者证明书”，主要涉及货代、物流、运输、仓储、会议及展览等领域。

在金融领域，截至2013年底，香港共有215家银行开办人民币业务，香港人民币存款总额8605亿元。

截至2013年底，澳门共有22家银行开办人民币业务，澳门人民币存款总额830亿元。

在个体工商户方面，截至2013年底，内地共注册香港个体工商户5982户，从业人员16476人，资金数额5.2亿元。

截至2013年底，内地共注册澳门个体工商户989户，从业人员2371人，资金数额6587万元。

在个人游方面，据香港旅游局统计，2013年，内地赴港“个人游”旅客为2746万人次，占内地赴港旅客67.4%。2003年7月至2013年底，内地赴港“个人游”旅客累计达1.3亿人次，占内地赴港旅客的58.3%（同期内地赴港旅客为2.2亿人次）。

据澳门统计局统计，2013年，内地赴澳“个人游”旅客70.1万人次，占内地游客总数的43%。2003年7月至2013年底，内地赴澳“个人游”旅客累计达6300.6万人次，占内地游客总数的42.5%（同期内地赴澳旅客为1.5亿人次）。

（二）大陆与台湾经贸关系

1. 大陆与台湾经贸交流情况

2013年两岸贸易额达1972.8亿美元，同比增长16.7%，占我对外贸易总额的4.7%。其中，大陆对台湾出口 406.4 亿美元，同比增长 10.5%；自台湾进口 1566.4 亿美元，同比增长 18.5%。我对台贸易逆差 1160 亿美元。台湾是大陆第七大贸易伙伴，第九大出口市场和第五大进口来源地。大陆是台湾最大的贸易伙伴和贸易顺差来源地。

截至 2013 年 12 月底，按投资者注册地统计，大陆累计批准台资项目 9 万个，台资金额 591.3 亿美元。若加上台商经第三地的转投资，大陆累计实际使用台资约 1100 多亿美元，占大陆实际使用境外投资的 8.3%，在大陆外资来源地中排第二。

自台 2009 年 6 月 30 日开放陆资入岛起计算，截至 2013 年 12 月底，经商务主管部门批准，大陆已有 173 家非金融企业赴台设立了公司或代表机构，陆资投资金额 3.8 亿美元（据台办统计，同期大陆已有 193 家企业赴台投资，投资金额达 10.28 亿美元。)。

2. 对台经贸领域的成就

ECFA 早期收获于 2011 年 1 月 1 日全面实施，早期收获实施的覆盖面广、效果明显，普遍惠及两岸民众。

货物贸易领域，截至 2013 年 12 底，自台湾进口方面，大陆对台湾累计减免关税约 83.7 亿人民币；对台湾出口方面，大陆对台湾出口享受的减免关税 1.4 亿美元。大陆对台减免关税与台湾对大陆之比为 9.5∶1。

服务贸易领域，截至 2013 年 12 月底，共有 43 家台湾金融企业和 224 家台湾非金融企业利用早期收获优惠政策在大陆提供服务。大陆核准引进 15 部台湾电影片，其中 14 部公映。

（商务部台港澳司）

第五篇　与 WTO 主要成员经贸关系

中国与美国的经济贸易关系

2013年是中美两国新一届政府的开局之年。双边经贸关系总体平稳发展，两国间的合作大于分歧，经济联系日益紧密，共同利益基础更加牢固。

一、高层会晤和经贸对话为发展双边经贸合作创造良好条件

2013年6月，习近平主席和美国总统奥巴马在美国加州安纳伯格庄园举行历史性会晤，就共同建设"不冲突、不对抗、相互尊重、合作共赢"的新型大国关系达成重要共识，为推动发展新时期的中美关系指明方向。在2013年9月举行的二十国集团圣彼得堡峰会期间，两国元首再次成功会晤。美国副总统拜登2013年12月初访华期间，双方在经贸领域达成若干共识。第五轮中美战略与经济对话和第24届中美商贸联委会分别于2013年7月、12月成功举行。双方就关心的问题进行广泛讨论，达成多项共识，取得广泛、务实、平衡的成果。

二、双边贸易突破5000亿美元，中国自美进口增幅高于对美出口增幅

据中国海关统计，2013年，中美贸易额达5210亿美元，同比上升7.5%，首次突破5000亿美元。其中，中国自美进口1526亿美元，同比上升14.8%；出口3684亿美元，同比上升4.7%。中方顺差2159亿美元，同比下降1.4%。美国是我第二大贸易伙伴，第二大出口市场，第六大进口来源地。

据美国商务部统计，2013年中美货物贸易额①为5821亿美元，同比上升4.9%。其中，美自华进口4601亿美元，同比上升3.5%；对华出口1220亿美元，同比上升10.4%。美对华贸易逆差3381亿美元，同比上升1.2%。中国是美国第二大贸易伙伴，第三大出口市场，第一大进口来源地。

三、双向投资迅速增长，投资额累计超过1000亿美元

2013年，中国实际使用美资金额28.2亿美元，同比增长8.5%。截至2013年底，美对华实际投资达到730.1亿美元。美是中国外资最大的来源地之一。与此同时，中国对美投资继续呈快速增长趋势，2013年在美非金融类直接投资42.3亿美元。截至2013年底，中国企业在美累计非金融类投资154.8亿美元，投资范围广泛，涉及诸多领域。双向各类投资额累计已超过1000亿美元。

四、中美省州和城市间经贸合作蓬勃开展

2013年，中美省州和城市间经贸合作取得重要进展。2013年4月，商务部会同江苏、内蒙古、上海、山东、广东和重庆等6个省（区、市）与加利福尼亚州签署谅解备忘录，宣布成立"中国省与美国加州贸易投资合作联合工作组"。2013年12月，商务部会同北京、上海、天津、青岛、沈阳、武汉、杭州和成都等8个城市与芝加哥市建立了"中国市与美国芝加哥市贸易投资合作联合工作组"。

五、双边经贸摩擦时有发生，但合作共赢是主流

2013年以来，美方高调炒作网络窃密，无理指责中方支持此类"知识产权盗窃"行为。美国会再提涉人民币汇率议案，并在《2013财年综合继续拨款法案》中纳入限制采购中国信息技术产品等歧视性涉华内容。2013年9月以来，美对我连续发起贸易救济调查，贸易保护主义色彩十分明显。但总体看，合作共赢仍然是中美经贸关系的主旋律。中美两国经济高度互补，利益相互融合。中美经贸合作不仅符合两国和两国人民的根本利益，也为世界经济发展做出重要贡献。

（商务部美大司）

① 出口按离岸价（FAS）、进口按到岸价（CIF）统计。

中国与加拿大的经济贸易关系

2013 年，中加经贸关系保持稳定发展。双方高层互访频繁，各层级交流不断增多。2013 年 10 月加拿大总督约翰斯顿成功对华进行国事访问，两国领导人宣布一系列重要经贸成果。

一、双边贸易稳步增长

据中国海关统计，2013 年，中加双边贸易额 544.4 亿美元，同比增长 6%。其中，我对加出口 292.2 亿美元，自加进口 252.2 亿美元，同比分别增长 3.9%和 8.7%。中国对加出口的主要商品为：机械设备、电器及电子产品、服装、家具、电话机、纺织品和农产品；中国从加进口的主要商品为：农产品、机电产品、纸浆、铁矿砂、煤炭、菜籽油。

据加方统计，2013 年，加中贸易额 732.3 亿加元，同比增长 4.5%，占同期加对外贸易总额的 7.7%。其中，加自华进口 527.2 亿加元，同比增长 3.9%。加对华出口 205.2 亿加元，同比增长 6.0%。中国是加拿大的第二大贸易伙伴、第二大进口来源地和第二大出口市场。

二、双向投资持续发展

加拿大是中国外资的重要来源地之一。2013 年，加拿大在华投资新设立企业 320 家，实际使用外资金额 5.4 亿美元。截至 2013 年底，加拿大累计在华投资设立企业约 1.3 万家，累计实际使用外资金额 93.1 亿美元。加拿大在华投资项目在沿海发达地区、中部地区和西部地区均有分布。投资的行业主要有：电信设备制造、轻工机械设备制造、工程设计、软件开发、种植业、服装制造、房地产、矿业、娱乐服务等。

2013 年，中国企业对加拿大非金融类直接投资 7.9 亿美元。截至 2013 年底，中国企业对加拿大直接投资累计 61.9 亿美元。涉及的行业主要有资源开发、工业生产、金融服务、农牧渔业、餐饮业、科技文化交流、交通运输、咨询服务等。

（商务部美大司）

中国与澳大利亚的经济贸易关系

中国和澳大利亚同为亚太地区的重要国家，经济互补性很强，具有广泛的共同利益。近年来，中澳经贸关系发展良好，澳成为我重要的能矿资源合作伙伴，两国工商界人士来往日益频繁，各种经贸交流机制不断增多，中澳经贸合作已形成了全方位、多层次、宽领域的良好互动格局。

据中国海关统计，2013 年中澳双边贸易额达 1363.8 亿美元，同比增长 11.5%。其中，中国对澳出口 375.6 亿美元，同比下降 0.4%；从澳进口 988.2 亿美元，同比增长 16.8%。目前，澳是中国第八大贸易伙伴、第九大出口市场和第七大进口来源地。过去十年，双边贸易额年均增长率达 26%。

据澳方统计，2013 年澳中货物贸易额为 1418.9 亿澳元，同比增长 20.8%。其中，澳对我出口 946.6 亿澳元，增长 29.7%；澳从我进口 472.5 亿澳元，增长 6.2%。中国为澳第一大货物贸易伙伴，第一大进口来源地和第一大出口目的地。

澳大利亚是我国重要的外资来源地。截至 2013 年底，澳大利亚累计在华设立外商投资项目 10363 个，累计实际对华投资 75.1 亿美元。我对澳投资近年来增长较快，澳已成为我重要的海外投资目的国。据中方统计，截至 2013 年底，中国企业累计对澳各类投资 584.5 亿美元。据澳外国投资审查委员会报告，2012/13 财年（2012 年 7 月至 2013 年 6 月）澳共批准中国企业投资 158 亿澳元，占澳批准外资总额的 11.6%。按批准金额计，中国是澳第三大外资来源国，位于美国和瑞士之后。中澳两国企业在能矿资源开发、汽车制造、农业、金融服务、通信等诸多领域进行了积极合作。尽管我对澳投资势头增长较快，但我投资总量仍较小。截至 2012—2013 财年，中国在澳投资存量占澳吸收外资总量的 4.65%，排名第 10 位。

中国是澳矿产品和农产品第一大出口市场，同时也是澳第一大服务贸易出口市场。中国是澳最大的海外留学生来源国和人均消费最高的游客来源地。对华经贸合作给澳大利亚带来了广泛、巨大的经济利益。

两国政府部门建立了多个经贸磋商机制，开展了密切的沟通与合作。2013 年 4 月，时任澳大利亚总理吉拉德来华出席博鳌亚洲论坛并访华，期间举行了第三届中澳工商界 CEO 圆桌会、中澳经贸合作论坛。同月，广东省外经贸厅与澳外交贸易部签署《建立澳大利亚—广东商务合作理事会的谅解备忘录》。2014 年 9 月，澳阿博特政府上台后积极推进中澳自贸协定谈判进程，提出希望在 12 个月内完成谈判。

展望未来，中澳经贸合作的前景十分广阔。中澳经济高度互补是推动中澳经贸关系不断稳定发展的基础。澳各类资源十分丰富，契合中国经济快速发展的需要。中国未来的城镇化进程，也将为澳能矿资源和优质农产品提供广阔的市场机遇。如中澳最终签订自由贸易协定，则将更进一步升级双边经贸合作水平，为两国企业提供更广阔的出口市场和前所未有的发展机会。

（商务部美大司）

中国与智利的经济贸易关系

一、双边贸易

自2006年中智自贸协定实施以来，双边贸易快速增长。目前，智利是我在拉美的第三大贸易伙伴，我是智第一大贸易伙伴、第二大进口来源国和第一大出口目的地国。据中国海关统计，2013年中智双边贸易额为338亿美元，同比增长1.7%。其中，中方出口131.1亿美元，同比增长4.1%；中方进口206.9亿美元，同比增长0.3%。

我对智主要出口机电产品、纺织品、鞋类、钢材和汽车等商品，主要进口铜、铁矿砂、纸浆、水果、鱼粉、锯材和葡萄酒等商品。

二、相互投资

据商务部业务统计，截至2012年底，智利在华投资项目数151个，实际投入1.05亿美元。2013年，智利在华投资2094万美元。

据商务部业务统计，截至2012年底，我对智非金融类直接投资1.3亿美元。2013年，我对智非金融类直接投资1436万美元。

三、承包工程

据商务部业务统计，截至2013年底，中国企业在智利累计签订承包工程劳务合作合同额11.1亿美元，累计完成营业额7.4亿美元。2013年新签承包工程合同额2.3亿美元，完成营业额1.1亿美元。

四、中国一智利自由贸易协定

《中国一智利自由贸易协定》于2005年11月签署，并于2006年10月开始实施。《中国一智利自由贸易协定关于服务贸易的补充协定》于2008年4月签署，并于2010年8月开始实施。《中国一智利自由贸易协定关于投资的补充协定》于2012年9月签署，并于2014年2月开始实施。

（商务部美大司）

中国与秘鲁的经济贸易关系

一、双边贸易

（一）总体情况

2013年，中国是秘鲁第二大贸易伙伴，秘鲁是中国在拉美第六大贸易伙伴。中国是秘鲁第二大出口市场和第二大进口来源国。据我海关统计，当年中秘双边贸易额为146.2亿美元，同比增长6.0%，其中我出口61.9亿美元，同比增长16.1%，我进口84.3亿美元，同比下降0.3%。我向秘主要出口机电产品、高新技术产品、钢铁板材、汽车、纺织品等产品；我自秘主要进口铜矿砂及其精矿、原油、鱼粉和铁矿砂及其精矿等。

（二）反倾销及保障措施

截至2013年底，秘鲁共对我发起26起贸易救济调查，其中反倾销23起，保障措施2起，特保1起，被诉产品类别主要集中在纺织品和轻工艺品。目前，秘鲁对我正在征税的产品有鞋、拉链、不锈钢餐具、棉纺和混纺织物、滑水板、涤棉府绸、棉机织物和牛仔布等。

二、双边经济合作

（一）双向投资

根据商务部业务统计，截至2012年底，秘鲁在华实际投资4309万美元，涉及电子、房地产、汽车零部件等行业。2013年没有实际投资。

根据商务部业务统计，截至2012年底，我对秘非金融类直接投资7.5亿美元，2013年直接投资2.3亿美元。

（二）承包工程、劳务合作和设计咨询

中国对秘鲁开展承包工程业务始于1986年。截至2013年底，我在秘累计签署承包工程合同额15.9亿美元，完成营业额17亿美元。2013年，我在秘累计签署承包工程、劳务合作业务合同额2.2亿美元，完成营业额3.6亿美元。

三、中秘自贸协定

《中国一秘鲁自由贸易协定》于2010年3月1日起实施，是中国在拉美继《中智自贸协定》后开始实施的第二个自贸协定。

（商务部美大司）

中国与新西兰的经济贸易关系

2013 年中国和新西经贸关系发展顺利。根据中方统计，2013 年中国和新西兰双边贸易额达 123.9 亿美元，比上年增长 28%。其中，中国自新西兰进口 82.5 亿美元，比上年增长 42%；中国对新西兰出口 41.4 亿美元，比上年增长 6.9%。据新方统计，2013 年，中国成为新西兰第一大货物贸易伙伴和第一大出口市场，并已连续三年为新西兰第一大进口来源地。2013 年，新中贸易额 182.2 亿新元，比上年增长 25%，占同期新西兰对外贸易总额的 18.9%。中国对新西兰出口的主要产品有：机电产品、电子类产品、服装等；中国从新西兰进口的主要产品有：乳粉、原木、羊肉、羊毛等。

据中方统计，2013 年，新西兰在华投资新设企业 38 家，实际使用外资金额 6795 万美元。截至 2013 年底，新西兰企业累计在华投资设立企业 1729 家，累计实际使用新资 13.1 亿美元。新在华投资主要分布在农林、轻工、纺织、冶金、食品加工、医药、计算机等领域。2013 年，中国企业对新西兰非金融类投资为 7018 万美元。截至 2013 年底，中国企业累计对新西兰非金融类投资 3.4 亿美元。

（商务部美大司）

中国与拉美国家的经济贸易关系

中国和拉美地区国家经贸往来历史渊源悠久。20世纪七八十年代，随着中国同该地区大多数国家建立起外交关系，双边经贸往来逐渐增多，推动了双边经贸关系的发展。进入21世纪，特别是中国加入世界贸易组织以来，中拉经贸关系迎来了一个全方位、快速发展的阶段。

近年来，中拉经贸合作规模持续扩大，领域不断拓宽，利益交汇点和契合点日益增多，形成了相互倚重、共同发展的经贸关系格局。这种关系格局经受了金融危机的考验，其重要性也在危机中得到了验证。

一、双边贸易

改革开放初期的1979年，中拉贸易额仅为12.6亿美元。2000年，达到126亿美元，首次突破100亿美元。2007年双边贸易首次超过1000亿美元，2011年中拉双边贸易突破2000亿美元。2013年，中拉贸易为2615.7亿美元，同比增长0.1%，其中中方出口1342.7亿美元，同比下降0.7%，进口1273亿美元，同比增长1%，进出口总体平衡。2013年，中国是拉美仅次于美国、欧盟之后的第三大贸易伙伴，拉美是我全球第七大贸易伙伴。

我对拉美出口以机电产品和高新技术产品为主，从拉美进口主要为能矿和农产品。目前，拉美是我大豆、豆油、食糖、鱼粉、铜矿进口的最大来源地。

二、投资合作

近年来，中国对拉美投资增长较快。根据商务部业务统计，2005年，中国在拉美直接投资存量首次超过100亿美元（约115亿美元），2012年则达到682亿美元，占当年我全部对外直接投资存量的12.8%。2013年，我对拉美非金融类直接投资达151.6亿美元，同比增长42.9%，连续第4年超过100亿美元。近年来，我在拉美投资增长的同时，投资领域也从能矿领域逐步向制造业、电力、农业和金融等领域延伸，投资方式日趋多样化。

三、工程承包合作

根据商务部业务统计，截至2013年，我累计在拉美新签工程承包合同额946亿美元，实际完成营业额544亿美元，分别占我总体对外工程承包业务新签合同额和实际完成额的8.1%和6.9%。目前，我在拉美的工程承包业务主要涉及天然气管道、电站、铁路、公路、港口、住房、通信设施等多个领域。

（商务部美大司）

中国与俄罗斯的经济贸易关系

一、中俄经贸关系总体评价

受全球经济疲软，能源及大宗商品需求不振等因素影响，2013 年中俄经贸合作遭遇到一定程度的困难，但双边经贸关系的基本面依然向好，全年合作可圈可点。

（一）双边贸易企稳止跌

2013 年以来，受外部市场条件变化影响，中俄贸易出现近年少有的下滑势头，但自年中以来逐步企稳。据中国海关统计，2013 年中俄贸易额为 892.1 亿美元，同比增长 1.1%。我仍是俄第一大贸易伙伴，俄在我主要贸易伙伴中列第十位。

（二）对俄投资呈现井喷式增长

双向投资，特别是中国对俄投资合作规模不断扩大。2013 年我对俄非金融类直接投资为 40.7 亿美元，同比增长 518.2%。据俄方统计，截至 2013 年底，我已对俄累计投资（含对俄提供贷款）321.3 亿美元，占俄累计吸引外资总额的 8.4%，我是俄第四大外资来源地。双方企业积极探讨设立投资基金、参股、并购等多种合作模式，能源、核能、航空、航天、农林、基础设施建设等领域的大项目合作陆续启动。

（三）创新合作扎实推进

双方以开展经济现代化领域合作为契机，协商确定了优先项目清单并加以落实。联合研制远程宽体客机、建造示范快堆和浮动堆等战略性大项目进展顺利，双方还在积极探讨开展高铁建设、卫星导航、深空探测等新领域的合作。

（四）地方间合作蓬勃发展

中国东北地区与俄远东及东西伯利亚地区的贸易和投资往来日益密切，长江中上游地区与俄伏尔加河沿岸联邦区合作机制已经建立，双方合作的地域范围日益拓宽，合作水平逐步提高。双方还商定共同举办中国一俄罗斯博览会（原哈尔滨国际经济贸易洽谈会），为两国地方和企业搭建新的合作平台。

（五）金融合作日益深化

两国本币结算规模和使用范围逐步扩大，2013 年，中俄本币结算折合美元为 17.46 亿美元，同比增长 21%，人民币与卢布直接交易市场稳步发展，双方金融机构建立代理行的步伐不断加快，2013 年通过代理行账户的交易额达 570 亿美元，同比增长 17%，贸易和项目融资合作稳步推进。此外，双方在支付系统的合作不断加深，银联于 2013 年在俄设立了银联国际有限公司俄罗斯子公司，并在俄罗斯成功登记成为“支付系统运营商”。

（六）双边合作向多边领域延伸

中俄双方在多边场合，包括在二十国集团、世界贸易组织、亚太经合组织、金砖国家、上海合作组织等框架内，开展了良好合作，双方立场协调达到较高水平。

2013 年，中俄两国领导人多次会晤，就深化双边经贸关系达成重要共识。下一步，中俄双方将继续本着互利双赢的原则，推动双边务实合作大步迈进：一是努力实现双边贸易目标，在确保传统大宗商品贸易规模稳定增长的同时，扩大机电、高新技术产品等高附加值产品贸易。二是扩大相互投资，落实好经贸、投资、能源、核能、航空、航天、基础设施建设等领域的战略性大项目。三是推动跨境基础设施建设，为两国企业合作和民众交往提供互联互通的便利条件。四是拓展两国地方间合作，利用中俄博览会等平台，加强两国省州间的交流，积极参与俄远东地区开发合作。五是深化金融服务作用，进一步扩大本币结算合作，为项目融资和贸易融资创造更加便利的条件。

二、中俄双边贸易简况

中俄自 1992 年建交以来，双边贸易总体保持平稳较快增长态势，贸易额由 1992 年的 58.6 亿美元，增长到 2013 年的 892.1 亿美元，增幅逾 14 倍。中俄已互为主要的贸易伙伴，在对方国家的外贸关系中占有举足轻重的地位。

2013 年，虽然受到全球经济增长放缓和国际市场行情等因素的影响，双边贸易一度出现下滑，但中俄优势互补的基本合作格局并未改变，随着两国市场进一步开放，投资环境进一步改善，全年双边贸易仍实现微增。据中国海关统计，2013 年中俄贸易额为 892.1 亿美元，同比增长 1.1%。其中，我对俄出口 495.9 亿美元，同比增长 12.6%；

自俄进口 396.2 亿美元，同比下降 10.3%。对俄贸易顺差 99.7 亿美元。俄在我主要贸易伙伴中列第十位。据俄罗斯海关统计，2013 年俄中贸易额为 888.4 亿美元，同比增长 1.7%，我仍保持俄第一大贸易伙伴地位。

贸易结构方面，2013 年，我对俄主要出口机械设备、轻纺产品（服装、鞋、纱线等）、电子产品、钢材、农产品等，机电和高新技术产品在出口中的比重达到 45.6%和 12.9%，出口商品结构持续优化。自俄进口中，能源资源产品（原油、成品油、煤、铁矿砂、原木等）所占比重超过 70%，机电和高新技术产品占比不足 2%，商品结构失衡问题依然突出。

三、中俄投资合作简况

（一）我对俄投资

截至 2013 年底，我对俄累计非金融类直接投资 85 亿美元。其中 2013 年，我对俄非金融类直接投资为 40.8 亿美元，同比增长 518.2%。投资主要分布在能源资源、农林开发、建筑和建材生产、贸易、轻纺、家电、通信、服务等领域。

据俄方统计，截至 2013 年底，我已对俄累计投资（含对俄提供贷款）321.3 亿美元，占俄累计吸引外资总额的 8.4%，我是俄第四大外资来源地。

（二）俄对华投资

截至 2013 年底，我累计实际使用俄直接投资 8.7 亿美元。其中 2013 年，我实际使用俄直接投资 2208 万美元，同比下降 22.2%。俄对华投资集中在制造业、建筑、交通运输等领域。

四、中俄劳务及工程承包合作简况

据中国商务部统计，截至 2013 年底，中俄双方累计签署工程承包合同金额 157 亿美元，完成营业额 104 亿美元，期末在外人数 15337 人。我对俄劳务合作集中在俄远东、西伯利亚地区，主要从事农业种植、建筑、森林采伐、木材加工、制衣、医疗及其他服务行业。

五、中俄边境贸易简况

2013 年，中俄边境贸易额为 103.1 亿美元，同比下降 0.6%，其中对俄出口 48.5 亿美元，同比增长 23.1%，自俄进口 54.6 亿美元，同比下降 15.1%。我对俄边贸出口商品主要是轻纺、农产品和小家电等；进口以原木、原油、化肥、钢材、纸浆等初级产品为主。

（商务部欧亚司）

中国与欧盟的经济贸易关系

中欧于1975年建交，2003年建立全面战略伙伴关系。2013年，中欧经贸合作克服了欧债危机和世界经济复苏疲软等不利因素，稳步回升。

一、双边贸易

（一）货物贸易

据中方统计，欧盟连续多年保持我第一大货物贸易伙伴、第一大进口来源地。2013年，中欧货物贸易额5591亿美元，同比增长2.1%。其中，我对欧出口3390亿美元，增长1.1%；自欧进口2201亿美元，增长3.7%；我顺差1189亿美元，缩小2.5%。德国、荷兰、英国、法国和意大利是中国在欧盟内的主要贸易伙伴，中国与这5个国家的贸易额约占中欧双边贸易总额的70%。

据欧方统计，中国为欧盟第二大货物贸易伙伴、第一大进口来源地和第三大出口市场。2013年，中欧货物贸易额4280亿欧元，同比微弱增长0.2%。其中，欧自我进口2799亿欧元，同比下降4%；对我出口1481亿欧元，同比增长3%；欧方逆差1318亿欧元。

（二）服务贸易

据中方统计，欧盟为我第二大服务贸易伙伴。2013年，中欧服务贸易额699.9亿美元，同比增长15.2%。其中，我对欧出口251.9亿美元，同比增长16.6%；自欧进口448亿美元，同比增长14.5%；我逆差196.1亿美元。

据欧方统计，中国为欧盟第三大服务贸易伙伴。2013年，中欧服务贸易额531亿欧元，同比增长7.5%。其中，欧自我进口207亿欧元，同比增长3.5%；对我出口324亿欧元，同比增长10.2%；欧方顺差117亿欧元。

二、双向投资

（一）欧盟对华投资

欧盟连续多年保持我累计第四大实际投资来源地。据商务部统计，截至2013年底，欧盟对华直接投资项目38007个，实际投入904亿美元，占我吸收外资总量的6.3%。其中，2013年欧盟28国对华投资新设立企业1446家，同比下降9.9%；实际投入65.2亿美元，同比增长21.9%。欧盟对华投资以制造业为主（约占其对华投资总量的一半以上），主要集中在化学原料及化学品制造业、通信设备（含电子计算机和电子设备）、通用设备和专用设备制造等领域。

（二）我对欧投资

近年来，我企业对欧投资日渐活跃。据商务部统计，截至2012年底，我对欧直接投资累计达315.4亿美元，占我对外投资流量总额的5.9%，共设立直接投资企业近2000家，覆盖欧盟27个成员国，雇佣当地员工4.2万人。其中，2012年当年直接投资流量61.2亿美元，占我对外投资流量总额的7%，较上年下降19.1%。我对欧投资主要集中在制造业、租赁和商务服务业、金融业、交通运输、仓储和邮政业、批发和零售业等领域。从国别看，我对欧投资主要分布在卢森堡、英国、法国、德国、瑞典、荷兰等国。并购已成为我企业对欧投资的重要方式。

三、技术引进

欧盟长期保持我累计最大技术引进来源地。截至2013年底，我自欧引进技术共45756项，累计合同金额1725.4亿美元。其中，2013年我自欧引进技术3507项，合同金额133.4亿美元。

四、贸易摩擦

中国是欧盟贸易救济调查的重点目标。1995年至2013年的19年中，欧盟共发起反倾销案件455起，其中涉华案件114起，占总量的25.1%。采取反倾销措施的案件297起，其中涉华案件86起，占总量的28.9%。2013年共发起贸易救济案件7起，其中6起涉华，占其总量的85.7%。2013年7月，中欧双方以价格承诺方式妥善解决了光伏产品贸易争端，这是双方通过谈判和磋商管控双边贸易摩擦的成功案例。

五、发展合作

欧盟于1984年开始向我提供财政技术援助。

1995年以前，欧盟对华提供的发展援助以扶贫为主，主要集中在农业领域。1995年以后，欧盟调整了对华政策及对华发展援助政策，扩大了对华援助的领域。双方合作项目涉及经济与社会改革、贸易、司法、政府治理、农业、环保、能源、教育、卫生和社会保障等众多领域，对中国经济社会发展、管理水平的提高以及脱贫等起到了积极作用，也促进了中欧关系的健康、稳定发展。

六、重要经贸往来

2013年3月，第16次中欧经贸工作组会议在北京举行。

2013年5月，第七次中欧贸易与投资政策对话在布鲁塞尔举行。

2013年6月，第27届中欧经贸混委会在北京举行。

2013年10月，马凯副总理与欧委会副主席兼经济货币委员雷恩、贸易委员德古赫特在布鲁塞尔共同主持召开第四次中欧经贸高层对话。

2013年11月，李克强总理与欧洲理事会主席范龙佩、欧盟委员会主席巴罗佐在北京共同主持第十六次中欧领导人会晤。会后，双方发表了《中欧合作2020战略规划》。李克强总理还出席第九届中欧工商峰会并发表演讲。

七、对话机制

中欧对话机制健全，交流渠道畅通。1979年中欧成立正部级经贸混委会，下设经贸、环保、能源和信息社会对话4个工作组及科技指导委员会，迄今已举行27次会议。近年来，双方又相继建立了贸易和投资政策、竞争政策、知识产权等对话机制。2007年，双方领导人达成共识，建立副总理级中欧经贸高层对话机制，迄今已成功举行四次。多层次、宽领域的对话和磋商机制为双方协调立场、处理分歧、促进合作提供了重要平台。

（商务部欧洲司）

中国与英国的经济贸易关系

据中国海关统计，2013年中英双边贸易额为700.4亿美元，同比增长11%，其中我出口509.5亿美元，增长10%，我进口190.9亿美元，增长13.6%。主要进口产品有汽车（包括整套散件）、医药品、废金属、计量检测分析自控仪器及器具、废纸、农产品、航空器零件、涡轮喷气发动机、阀门、印刷品等；主要出口产品有服装及衣着附件、自动数据处理设备及其部件、家具及其零件、电话机、鞋类、纺织纱线、织物及制品、塑料制品、灯具、照明装置及类似品、箱包及类似容器、农产品等。

据商务部统计，截至2013年底，英国在华投资项目7477个，实际投入184.7亿美元，我对英累计实际投资123.7亿美元。2013年，英国在华新增投资项目236个，同比下降4.07%，实际投入3.92亿美元，同比下降4.31%。

截至2013年底，我自英技术引进累计合同金额达105.66亿美元。2013年，我自英技术引进合同金额为5.84亿美元。

截至2013年底，我在英承包工程合作项目累计合同额37亿美元，完成营业额28亿美元。2013年，我在英新签项目合同额8.7亿美元，完成营业额6.1亿美元。

截至2013年底，中英经贸联委会已举行了10次会议。2011年12月，商务部国际贸易谈判代表兼副部长（时任）高虎城与英国商业、技能和创新部大臣坎布尔在英国共同主持了第10次会议。

2013年我与英国的高层互访主要有：10月，英国财政大臣奥斯本访华召开中英经济财金对话第五次会议；12月，英国首相卡梅伦访华。

我与英国经贸合作中的主要问题是：放宽欧盟对华高技术产品出口限制、促进对英投资便利化、共同反对贸易保护主义和发挥中英经贸联委会及下设各工作组作用，加强中英核电、高铁合作。

（商务部欧洲司）

中国与德国的经济贸易关系

自1972年10月建交以来，中德双边关系总体保持平稳、顺利发展，逐步进入健康、稳定、成熟的发展轨道。2014年3月，习近平主席访问期间，中德两国宣布建立全方位战略伙伴关系。

中德均为世界主要经济体和贸易大国。近几年，作为中德双边关系重要引擎和坚实基础的经贸合作进入“快车道”和“加速期”，两国在双边贸易、双向投资等领域的合作深度和广度均不断拓展，走在中欧合作的前列。

一、货物贸易

建交之初，中德贸易额仅2.7亿美元。2008年，双边贸易额首次突破1000亿美元大关，并在2010年和2011年经历一轮快速发展，分别增长34.8%和18.9%。受欧债危机影响，2012年中德贸易额下降4.7%。2013年，中德贸易企稳回升，达1615.5亿美元，增长0.3%，占中欧贸易的28.9%。其中，中方出口673.5亿美元，下降2.7%；中方进口942亿美元，增长2.5%。目前，中德贸易额与中法、中英、中意贸易额之和相当。德国位列中国全球第六大贸易伙伴（排在美国、中国香港、日本、韩国和中国台湾之后），并在1975年以来保持中国在欧洲最大的贸易伙伴。

目前，中国对德国出口商品主要包括自动数据处理设备及其部件、服装及衣着附件、二极管及类似半导体器件、纺织纱线及织物制品、家具及其零件等。中国自德国进口商品主要包括汽车、汽车零件、计量检测分析自控仪器及器具、金属加工机床、通断保护电路装置及零件等。2013年，机电产品和高新技术产品在中国自德国进口产品中的比重分别达到78.7%和22.9%，在中国对德国出口产品中的比重分别为59.2%和26.2%；一般贸易在中德双边贸易中所占比重上升至68.7%；加工贸易比重下降至20.7%。

据德方统计，2002年和2010年，中国先后超过日本和美国成为德国在亚洲以及在欧盟以外最大的贸易伙伴。2013年，德中贸易额为1406亿欧元，下降2.3%。其中，德国对中国出口670亿欧元，增长0.4%；自中国进口736亿欧元，下降4.8%。目前，中国是德全球第三大贸易伙伴（仅次于法国、荷兰）、第二大进口来源国（仅次于荷兰）和第五大出口目的国（前四名分别是法国、美国、英国、荷兰）。

二、投资合作

（一）德国对华投资

德国是中国重要的外资来源地，也是累计对华投资最多的欧盟国家。截至2013年底，德国累计对华投资8193项，实际投入总额218.4亿美元，累计投资额居全球第九位。其中，近五年（2009—2013年）德企对华投资额为67.7亿美元，占德累计对华投资总额的30.1%。

2011年，中国首次成为德国企业海外投资首选地。2013年，德国新增对华直接投资项目为373项，实际投入20.8亿美元，投资额居全球第八位，增长43.3%，占同期欧盟各国对华投资总额的31.9%。德国对华投资项目主要集中在化工、汽车、金融、电子电气、制药和零售等领域。

（二）中国对德投资

据商务部统计，截至2013年底，中国累计在德国非金融类投资额为39.4亿美元，其中近五年（2009—2013）中国对德国投资额达27.3亿美元，占历史总额的69.3%。2013年，中国企业对德国非金融类投资额为8.3亿美元，增长28.8%，集中在工业生产、技术研发和贸易等领域，代表项目包括武汉钢铁集团收购蒂森克虏伯旗下国际激光拼焊公司、中国航空技术国际控股公司收购蒂特勒航空活塞发动机公司等。

三、高层互访

2013年，中德两国高层保持密切交往。5月，李克强总理访德，德国成为李总理就任后访问的首个欧盟国家。访问期间，两国政府宣布成立中德经济顾问委员会、德国中国商会，并启动在德设立投资促进机构。李克强总理将中德经济顾问委员会称做是与中德政府磋商并行推动中德经贸合作的“第二轨道”。

四、地方合作

2013 年，中德地方经贸合作取得实效。青岛中德生态园、太仓中德企业合作基地、佛山中德工业服务区、揭阳中德金属生态城等项目进展顺利。

附表

中国“入世”以来中德贸易数据（中方统计）

单位：亿美元

年份	总额	中方出口	中方进口	中方顺差
2001	235.3（+19.5%）	97.5（+5.1%）	137.7（+32.3%）	−40.2
2002	278.0（+18.2%）	113.7（+16.6%）	164.3（+19.3%）	−50.6
2003	418.8（+50.7%）	175.4（+54.2%）	243.4（+48.3%）	−68.0
2004	541.2（+29.7%）	237.5（+36.2%）	303.7（+25.0%）	−66.1
2005	632.5（+16.9%）	325.3（+36.9%）	307.2（+1.2%）	18.1
2006	782.0（+23.6%）	403.2（+23.9%）	378.8（+23.3%）	24.4
2007	941.1（+20.4%）	487.2（+20.8%）	453.9（+19.8%）	33.3
2008	1150.1（+22.2%）	591.7（+21.5%）	558.4（+23.0%）	33.3
2009	1057.3（−8.1%）	499.2（−15.7%）	558.1（+0%）	−58.9
2010	1423.9（+34.8%）	680.5（+36.3%）	743.4（+33.4%）	−62.9
2011	1691.5（+18.9%）	764.3（+12.3%）	927.2（+24.9%）	−162.9
2012	1611.3（−4.7%）	692.2（−9.4%）	919.1（−0.9%）	−226.9
2013	1615.5（+0.3%）	673.5（−2.7%）	942.0（+2.5%）	−268.5

中国“入世”以来中德贸易数据（德方统计）

单位：亿欧元

年份	总额	德方出口	德方进口	德方顺差
2001	321（+14.2%）	121（+27.4%）	200（+7.5%）	−79
2002	359（+11.8%）	146（+20.7%）	213（+6.5%）	−67
2003	440（+22.6%）	183（+25.3%）	257（+20.7%）	−74
2004	538（+22.3%）	210（+14.8%）	328（+27.6%）	−118
2005	621（+15.4%）	212（+1%）	409（+24.7%）	−197
2006	774（+24.7%）	275（+29.6%）	500（+22.2%）	−225
2007	863（+11.5%）	299（+8.9%）	564（+12.9%）	−265
2008	949（+9.9%）	341（+14%）	608（+7.8%）	−267
2009	940（−0.9%）	373（+9.4%）	567（−6.7%）	−194
2010	1311（+39.5%）	538（+44.2%）	773（+36.3%）	−235
2011	1440（+9.8%）	648（+20.4%）	792（+2.5%）	−144
2012	1439（−0.3%）	666（+2.7%）	773（−2.8%）	−107
2013	1406（−2.3%）	670（+0.4%）	736（−4.8%）	−66

（商务部欧洲司）

中国与法国的经济贸易关系

据中国海关统计，2013 年，中法双边贸易额为 498.3 亿美元，同比下降 2.3%。我出口 267.2 亿美元，同比下降 0.7%，我进口 231.1 亿美元，同比下降 4.2%。我对法出口主要商品：服装、自动数据处理设备、家具、电话机、鞋类、塑料制品、农产品、灯具、医药品、打印机等。我自法进口主要商品：飞机、农产品、医药品、酒类、计量检测分析自控仪、汽车零件、集成电路、废金属等。

据商务部统计，截至 2013 年底，法国在华投资项目 4630 个，实际投资 129.1 亿美元，我对法累计实际投资总额约 58.4 亿美元。2013 年，法在华新增投资项目 168 个，实际投资 7.5 亿美元，同比增长 15.3%。

截至 2013 年底，我自法引进技术 5372 项，合同金额达 227.23 亿美元。2013 年我自法引进技术 350 项，合同金额 8.1 亿美元。

截至 2013 年底，我在法承包工程累计签订合同额 57.63 亿美元，完成营业额 54.57 亿美元。2013 年我在法新签工程承包合同金额 17 亿美元，完成营业额 14.5 亿美元。

截至 2013 年底，中法经贸混委会举行了 21 次会议。2013 年 1 月 21 日，商务部部长陈德铭（时任）与法国外贸部长布里克在北京共同主持了第 21 次会议。

2013 年我与法国的高层互访主要有：4 月下旬，法国总统奥朗德访华；11 月下旬，法国经济与财政部长莫斯科维奇访华并召开中法高级别经济财金对话首次会议；12 月上旬，法国总理埃罗访华。

我与法国经贸合作中的主要关注是：放宽欧盟对华高技术产品出口限制、促进对法投资便利化、共同反对贸易保护主义、落实中法生态园合作、促进中法农产品贸易等。

（商务部欧洲司）

中国与东盟的经济贸易关系

中国与东盟国家是友好近邻，互为重要贸易伙伴。2014年是中国—东盟战略伙伴关系第二个10年的开局之年。在过去的10年里，伴随着中国—东盟自贸区建设进程的逐步加快，中国与东盟各国政治互信加强，贸易增长加快，经济融合加深，实现了互利共赢、共同发展的目标。双边经贸关系已形成多层次、多领域、全方位合作格局，中国与东盟经贸合作继续保持快速发展势头，在彼此对外经贸关系中的地位持续上升。

一、双边贸易额大幅提高

中国已连续5年成为东盟第一大贸易伙伴，东盟连续第3年保持我第三大贸易伙伴，东盟是我第四大出口市场和第二大进口来源地。2013年中国与东盟贸易额为4436.1亿美元，增长11%，占我对外贸易总额10.7%。其中，中国出口2440.7亿美元，进口1995.4亿美元，同比分别增长19.5%和1.9%。值得一提的是，2013年马来西亚成为东盟中首个与中国贸易额突破千亿美元的国家，也是继日本、韩国之后亚洲第三个与中国双边贸易超千亿美元的国家。2014年1～6月为2206.9亿美元，同比增长4.8%。超过全球平均水平3.6个百分点，占我对外贸易份额提高至10.9%。其中，中国出口1228.7亿美元，进口978.2亿美元，同比分别增长7.1%和2.1%。按照目前的发展速度，中国与东盟有望实现双方领导人确定的2015年双边贸易额达5000亿美元的目标。

二、双向投资合作卓有成效

中国是东盟第四大外资来源地，东盟是中国第三大外资来源地。据商务部统计，截至2002年底，中国与东盟双向直接投资额累计为301亿美元，而截至2013年底，双方相互投资上升至1147.8亿美元，年均增幅达13%。其中，东盟国家来华投资854.4亿美元，主要来自新加坡（664.9亿美元）、马来西亚（66.1亿美元）、泰国（39.5亿美元）、菲律宾（31亿美元）和文莱（25.5亿美元），新加坡继续位列东盟国家对华投资之首，2013年对华投资达72亿美元，成为当年中国最大的外资来源国别；中国企业对东盟非金融类直接投资293.4亿美元，在当地设立直接投资企业近2500家，雇佣当地雇员近12万人，投资主要集中在新加坡（136亿美元）、柬埔寨（28.8亿美元）、印度尼西亚（27.8亿美元）、老挝（27亿美元）、缅甸（26亿美元）等国家，主要涉及制造业、批发零售、能源、采矿、金融、农业等领域。

三、互利经济合作成果显著

东盟国家是中国重要的海外工程承包和劳务合作市场。双方在基础设施建设、农业、制造业、加工业等诸多领域正在商谈或建设一批大型合作项目，中方金融机构也为此提供了多种形式的融资便利。据商务部统计，2013年全年，中国企业在东盟国家新签承包工程合同额242.5亿美元，完成营业额210.8亿美元。截至2013年底，累计签订承包工程合同额1721.2亿美元，完成营业额1181.5亿美元，均占全球份额的近15%。新加坡、印度尼西亚、越南、马来西亚和缅甸是中国在东盟国家开展承包合作的主要国家。

四、中国—东盟自贸区升级版启动

2013年10月，在文莱举行的东亚领导人系列会议期间，李克强总理与东盟国家领导人共同宣布启动中国—东盟自贸协定升级版谈判，并于2014年内举行首轮谈判。通过提高自由化和便利化水平、加强产业合作、促进相互投资等措施，使中国—东盟自贸协定成为更现代、更全面和更便于工商界使用的协定。

（商务部亚洲司）

中国与新加坡的经济贸易关系

新加坡是重要的金融、航运和贸易中心，具有人才、技术和管理优势，中国正在加快转变经济发展方式，着力提高经济增长的质量和效益，内需市场潜力巨大，双方开展经贸合作具有很多利益会合点，前景广阔。中新经贸合作是两国友好合作的重要组成部分，也是深化两国友好关系的重要推动力。中新经贸关系的不断发展不仅给两国和两国人民带来实实在在的利益，也有利于本地区的稳定与繁荣。

近年来，中新双边贸易发展顺畅，双边贸易额由2002年的140.2亿美元增长至2013年的759.1亿美元，年均增长16.6%。2009年，两国贸易在国际金融危机影响下出现负增长，但是在双方共同努力下，两国贸易很快摆脱国际金融危机的影响，于次年即重新进入增长轨道，全年贸易额达571亿美元，比2009年增长19.3%。

2013年，中新贸易额继续保持快速增长，双边贸易总额达759.1亿美元，同比增长9.6%，其中我对新出口458.6亿美元，自新进口300.5亿美元，同比分别增长12.5%和5.4%。目前，新加坡是中国在东盟第二大贸易伙伴，中国2013年成为新加坡最大的贸易伙伴。2014年1～6月，中新双边贸易额366.7亿美元，较2013年同期微增0.6%。

新加坡地理位置优越，基础设施完善，投资环境优良，是中国在东盟第一大投资目的地，新加坡是2013年中国第一大外资来源国别。中新两国相互投资势头良好。中方统计，截至2013年底，中国企业累计对新非金融类直接投资金额为136亿美元。中国对新加坡投资主要集中在能源、矿业、房地产和建筑业、水上运输业。同期，新在华累计直接投资额665亿美元。新对华投资主要集中在制造业，主要投资地区为江苏、广东、上海、山东和天津等地区。开发区及园区建设合作是中新经贸合作的一大亮点。苏州工业园和天津生态城进展顺利，已成为中新合作的示范项目。

近年来，中新两国经济合作稳步发展。中方统计，截至2013年底，中国企业在新加坡累计签订承包工程合同金额244.7亿美元，完成营业额210.8亿美元。其中，2013年新签合同额38.5亿美元，完成营业额28.1亿美元。新加坡是中国全球第三大劳务市场，仅次于日本和澳门。中方统计，2013年末，中国在新各类对外投资合作人员共7.39万人。其中，承包工程项下外派人员0.71万人，劳务合作人员6.68万人。

（商务部亚洲司）

中国与日本的经济贸易关系

一、双边贸易情况

（一）中日贸易统计

受世界经济复苏动力不足以及中国国内要素成本上升、日元贬值等经济因素影响，加上中日政治关系恶化对中日经贸关系的冲击，2013年全年中日贸易规模继续下降。据中国海关统计，2013年中日贸易总额3125.5亿美元，同比下降5.1%，占中国对外贸易总额的7.5%。其中，中国对日出口1502.8亿美元，同比下降0.9%，占出口总额比重为6.8%；中国自日进口1622.8亿美元，同比下降8.7%，占进口总额比重为8.3%。中方逆差120.0亿美元，同比下降54.1%。在中国外贸国别排名中，日本仍为中国第二大贸易伙伴。日本为中国第二大出口市场，并首次被韩国超过，退居中国第二大进口来源国。

按日方统计，2013年中日贸易总额3119.9亿美元，同比下降6.5%，占日外贸总额的20.0%。其中，日对中国出口1298.8亿美元，同比下降10.2%，占日出口总额比重为18.1%；日自中国进口1821.1亿美元，同比下降3.7%，占日进口总额比重为21.7%。日方逆差522.3亿美元，同比增长17.8%。近年来，中国在日贸易地位总体呈上升趋势，2000年超越韩国成为日第二大贸易对象国，2009年超过美国成为最大贸易对象国。但2013年对华贸易占日本外贸比重有所下降，中国被美国超过，退居日本第二大出口市场，中国仍为日本第一大贸易对象国，第一大进口来源国。

（二）主要进出口商品情况

2013年，我对日货物贸易结构进一步优化。从出口商品看，机电产品对日出口788.2亿美元，同比增长1.4%，占我对日出口总额比重升至52.4%；高新技术产品出口387.1亿美元，同比增长5.7%，占比升至25.8%；传统大宗的农产品出口112.4亿美元，同比下降6.2%，占比降至7.5%。

主要对日出口商品有：电话机出口64.6亿美元，同比增长28.5%；太阳能电池出口27.9亿美元，同比增长212.9%；自动数据处理设备及其部件出口113.5亿美元，同比下降1.1%；电线电缆出口24.9亿美元，同比下降5.1%；汽车零部件出口28.7亿美元，同比增长10.8%；纺织纱线、织物及制品出口48.5亿美元，同比下降2.1%；服装及衣着附件出口221.1亿美元，同比下降0.7%；鞋类出口27.9亿美元，同比增长3.3%。

从进口商品看，机电产品自日进口1056.5亿美元，同比下降11.6%，占我自日进口总额比重降至65.1%；高新技术产品进口475.4亿美元，同比下降13.5%，占比降至29.3%。

主要自日进口商品有：集成电路128.7亿美元，同比下降10.8%，占比7.9%；汽车零件74.0亿美元，同比下降5.5%；汽车（包括整套散件）71.7亿美元，同比下降5.8%；通断保护电路装置及零件55.0亿美元，同比下降8.1%；主要原材料中，钢材66.0亿美元，同比下降10.3%；初级形状塑料47.0亿美元，同比下降4.4%。

（三）中日技术贸易情况

2013年，中国与日本签订技术引进合同2761份，同比下降2.6%，合同总金额72.3亿美元，同比下降33.9%，占我技术引进合同总金额的16.7%，较上年下降8个百分点，是我国第三大技术引进来源地，仅次于欧盟和美国。我自日本引进技术主要集中在交通运输设备制造业、通信设备、计算机及其他电子设备制造业、电气机械及器材制造业、通用设备制造业、专用设备制造业、工艺品及其他制造业、废弃资源和废旧材料回收加工业。我自日本技术引进方式主要包括专有技术的许可或转让、技术咨询、技术服务、专利技术的许可或转让等。

二、中日资金合作情况

（一）日本企业对华直接投资

2013年，日本对华投资出现下降。据商务部统计，2013年日本对华投资项目数943个，同比下降40.3%，实际到位资金70.6亿美元，同比下降4.0%，在国家/地区排名中列香港、新加坡之后位居第三。截至2013年底，日本对华投资累计项目数为48544个，实际到位金额943.0亿美元，是我利用外资第三大来源地，排在香港和英属维尔京群岛之后。

从投资地区分布看，2013年日本对我国东部、中部和西部地区实际投资额分别为63.8亿美元、4.7亿美元和2.1亿美元，比重分别为90.4%、6.6%和3.0%。从投资行业分布看，日本对华投资仍主要集中在制造业，实际到位金额为37.5亿美元，服务、金融等非制造业为32.8亿美元，农林牧渔业为0.3亿美元，比重分别为53.1%、46.5%和0.4%。

（二）中国企业对日直接投资

2013年，中国企业对日投资大幅下滑。据商务部统计，2013年我非金融类对日直接投资实际到位金额1.3亿美元，同比下降23.5%。截至2013年底，我对日非金融类投资存量为13.4亿美元。

（三）中日政府资金合作

根据2005年中日双方达成的协议，日本对华提供日元贷款和大规模无偿援助已于2008年基本结束。截至2013年底，我国实际使用日元贷款32233亿日元，累计提款28260亿日元，累计还本12778亿日元，累计付息8072亿日元，债务余额15482亿日元。截至2011年底，中国累计接受日本无偿援助1423.45亿日元，用于148个项目建设，涉及环保、教育、扶贫、医疗等领域。自2012年起，唯一保留的人才培养奖学金项目也已不再使用政府无偿援助资金。

三、中日工程承包和技能实习生合作情况

2013年中国对日承包工程合同额3.8亿美元，完成营业额6.2亿美元。截至2013年底，中国累计对日承包工程合同额26.4亿美元，完成营业额27.5亿美元。

日本是我第一大海外劳务市场。2013年，中国对日派遣技能实习生5.3万人，占当年中国对外劳务派出人员的20.9%。截至2013年底，中国累计对日派出技能实习生82.6万人，2013年底实际在日技能实习生15.3万人，占中国实际在外劳务人员总数的31.8%，主要分布在日本的中小企业，涉及制造业、农林牧渔和建筑业等。

（商务部亚洲司）

中国与韩国的经济贸易关系

韩国是东北亚新兴经济体，是中国重要的经贸伙伴。1992年8月，中韩两国正式建立外交关系。建交20多年来，双边经贸关系迅速发展，中韩贸易额比建交之初增长近50倍，仅用5年时间完成了从1000亿美元到2000亿美元的跨越式发展，提前两年实现2012年2000亿美元的贸易目标。习近平主席于2014年7月对韩国进行国事访问，双方就进一步提升双边经贸合作关系进行了深入沟通，达成广泛共识，取得丰硕成果。

一、中韩双边贸易

据中国海关统计，2013年，中韩双边贸易额2742.48亿美元，同比增长6.99%。其中，中方出口911.76美元，进口1830.73亿美元，同比分别增长3.99%和8.55%。中方贸易逆差918.97亿美元，同比增长13.5%。中国是韩国第一大贸易伙伴国和第一大出口、进口市场，韩国是中国第三大贸易伙伴国。中国对韩国主要出口产品包括半导体、电脑、钢板等；自韩国进口主要产品包括半导体、平板显示器、石油制品等。

据韩方统计，2013年，双边贸易额2288.74亿美元，同比增长6.4%。2013年中韩双边贸易额占韩国外贸总额的比重为21.29%，较2012年20.15%上升1.14个百分点。2013年全年，韩对华出口1458.37亿美元创历史新高，同比增长8.6%，自华进口830.37亿美元，同比增长2.8%。中韩双边贸易顺差628亿美元，较2012年增加93亿美元。

二、韩对华投资

2013年，韩对华投资新批项目1371个，同比增长4.98%，中国实际使用韩资30.54亿美元，同比增长0.53%。截至2013年12月底，韩累计对华投资项目数56224个，实际投资额559亿美元，韩国是中国第五大外资来源，中国是韩国第一大投资对象国。其中，三星电子在陕西西安总投资70亿美元建立10纳米闪存为主的存储芯片工厂。

据韩方统计，2013年韩对华投资申报额48亿美元，同比下降26.5%。中国继美国之后，成为韩国第二大投资对象国。

三、中国对韩国投资

2013年，中国对韩国非金融类直接投资约2.47亿美元，同比增加121.4%。截至2013年年底，我累计对韩投资约12.4亿美元。2012年起，中国企业重点扩大了对韩旅游观光等服务业领域投资。其中，绿地集团拟投资9亿美元购买济州南部地区1500亩土地，用于建设医疗服务、旅游、住宅园区等设施。

据韩方统计，2013年，中国对韩国投资申报额4.81亿美元，同比下降33.8%，继美国、日本、香港、荷兰、法国之后，为韩第六大投资来源地。

四、中韩自贸区谈判进展情况

2010年5月，中韩正式完成历时6年的双边自贸区官产学联合研究，2012年5月双方宣布启动谈判。中韩自贸区谈判大体分为模式和出（要）价两个阶段。截至2014年7月，双方已举行12轮谈判，前7轮为模式谈判，已就自由化水平等谈判模式达成一致。目前，谈判已进入实质性的出（要）价阶段谈判。

五、中韩雇佣许可制劳务合作

2010年5月，时任温家宝总理访韩期间，商务部和韩国劳动部在首尔签署了《关于启动雇佣许可制劳务合作的谅解备忘录》，就实质性启动中韩雇佣制劳务合作达成共识。2011年10月，时任李克强副总理访韩期间，商务部与韩国劳动部在首尔正式签署了《关于雇佣许可制下输韩劳务人员的谅解备忘录》，为新形势下中韩劳务合作发展奠定了基础。据商务部统计，2013年，我对韩派出各类劳务人员3094名。截至2013年12月，在韩劳务人员1.278万名。韩国于2007年起实施雇佣许可制引进外籍劳务，2013年中方赴韩劳务人员配额3700名。此外，韩国于2007年3月起以雇佣许可制特例方式实施“访问就业制”，采用配额方式，允许中国等地的部分朝鲜族来韩务工。韩国政府允许引进外籍劳务的行业为中小企业制造业、建筑业、服务业、渔业和农畜产业。

（商务部亚洲司）

中国与印度的经济贸易关系

2013年是中印关系的丰收年，双方在贸易、投资等领域的互利合作取得积极进展。印度成为中国在南亚地区第一大贸易伙伴、第一大出口市场、第二大的投资目的地和海外主要工程承包市场，中国是印度第一大贸易伙伴、最大的进口来源和第三大出口市场。目前，中印两国在基础设施建设、能源、电信等领域的合作不断推进。2013年5月，李克强总理成功访问印度；10月，印度辛格总理访问我国，双方实现了1954年以来两国总理首次年内互访，达成一系列重要共识，极大地增进了两国政治互信和务实合作，也使中印经贸关系的基础更加坚实稳固。

一、双边贸易

据中国海关统计，2013年，中印贸易额654.7亿美元，同比下降1.5%；其中中方出口484.4亿美元，同比增长1.6%，进口170.3亿美元，同比下降9.4%；中方顺差314.2亿美元，同比增长8.8%。中方对印主要出口商品是钢材、纺织纱线、无线电话、自动数据处理设备、肥料、抗菌素等；自印主要进口商品是铁矿石、农产品、棉花、铜材、钻石等。

据印方统计，2013年，印中贸易额659.7亿美元，印对华出口145.2亿美元，自华进口514.6亿美元，同比分别下降2.0%、2.6%和1.8%。

二、工程承包

印度为我重要海外工程承包市场之一，2006年至2011年，连续6年居我海外工程承包市场之首，2012年排名第二。

2013年，中国企业在印新签工程承包合同额22.7亿美元，同比下降49.8%；完成营业额52.8亿美元，同比下降21.1%。新签约项目主要集中于火力发电和通信领域。截至2013年，中国企业在印累计签订承包工程合同额624.0亿美元，完成营业额388.0亿美元。

三、中国对印投资

据商务部统计，2013年，中国企业对印非金融类直接投资2.16亿美元，同比增加40.2%。截至2013年底，中方在印非金融类直接投资存量9.41亿美元，主要投资领域包括电信、机械制造、冶金和家用电器制造等。

据印商工部统计，自2000年4月至2013年底，印度累计吸引外国直接投资2098.42亿美元，其中，中国（大陆）累计对印投资3.13亿美元，占印累计吸引外资的0.15%，中国为印度第30大外资来源国。

四、印度对华投资

据商务部统计，2013年印度在华投资新设企业66家，同比下降14.3%，外商直接投资实际到位金额2705万美元，同比下降38.6%。

截至2013年底，印累计来华直接投资项目866个，实际投资5.13亿美元。印在华投资覆盖金融、软件、高等教育、制药、贸易、钢铁、化工、清洁能源等领域。

五、中印边境贸易

1991年12月，1993年9月和2006年7月，中印分别开通强拉（利普勒克）山口（中方在西藏的普兰开辟边境贸易市场）、什布奇拉山口和乃堆拉山口边境贸易通道（中方在西藏的亚东县仁青岗，实际在洞青岗开辟边境贸易市场），且以乃堆拉边贸通道最为重要。但印方于2006年单方面宣布了印中边境贸易进出口商品清单，对边贸市场的进出口商品品种做出限制，严重阻碍和限制了边民互市贸易的健康发展，也影响了边贸市场贸易功能的充分发挥。

六、孟中印缅经济走廊

自1999年以来，中、印、缅、孟四国在“孟中印缅地区经济合作论坛（BCIM）”框架下开展次区域合作，并于2011年BCIM第九次会议上就推动构建“昆明—曼德勒—达卡—加尔各答经济走廊”达成共识。2013年5月李克强总理访问印度期间，中印双方共同倡议建设孟中印缅经济走廊。

根据设想，该走廊以中国昆明为东端，印度加尔各答为西端，以缅甸曼德勒、孟加拉国达卡为中间节点，连接中国西部和西南部地区、印度东部和东北部地区、缅甸和孟加拉国全境，形成促进沿线及周边地区发展的经济带，实现互利合作、共同发展。该走廊的建设拟主要包括基础设施互联互通、经贸合作、人文交流和地方政府合作等。

（商务部亚洲司）

中国与巴基斯坦的经济贸易关系

巴基斯坦是中国在南亚地区最大的投资目的地、第二大贸易伙伴和海外主要工程承包市场，中国是巴基斯坦第二大贸易伙伴、第二大进口来源地和第四大出口目的地。目前，中巴两国在基础设施建设、能源、水利、农业、矿产、电信等领域的合作不断推进。2013 年 5 月，李克强总理成功访问巴基斯坦；7 月，巴基斯坦新任总理谢里夫访华。两国领导人频繁互访，有力地推动中巴经贸合作不断向前发展。

2013 年，双方在贸易、投资等领域的互利合作取得积极进展。

一、双边贸易

据中国海关统计，2013 年中巴双边贸易额 142.2 亿美元，同比增长 14.5%；其中中方出口 110.2 亿美元，进口 32 亿美元，同比分别增长 18.8%和 1.9%。中国对巴出口主要商品为电器及电子产品、纺织品、化工产品、计算机与通信技术等，自巴进口主要商品为棉花、谷物、铜及其制品、矿砂等。

据巴方统计，2012/2013 财年（2012 年 7 月至 2013 年 6 月），中巴双边贸易额 93.1 亿美元，其中巴出口 26.3 亿美元，进口 66.8 亿美元。

二、对巴投资

截至 2013 年底，中国企业对巴非金融类直接投资存量为 22.3 亿美元。2013 年，中方对巴新增非金融类直接投资 1.2 亿美元，同比增长 99.9%。中方在巴主要投资项目有中国移动在巴收购巴基斯坦辛姆巴科电信公司（17 亿美元）、中巴联合投资公司（2 亿美元）等。

三、工程承包

截至 2013 年底，中国企业在巴累计签订工程承包合同额 273.8 亿美元，完成营业额 220.6 亿美元。2013 年，中国企业在巴新签承包工程合同额 54.6 亿美元，同比增长 132.4%，完成营业额 37 亿美元，同比增长 33.2%。中国企业在巴完成的工程项目主要有恰希玛核电站一期和二期、喀喇昆仑公路、瓜达尔港等，在建的主要项目包括恰希玛核电站三期和四期、尼勒姆·杰勒姆电站等。

四、中巴经济走廊

2013 年 5 月李克强总理访问巴基斯坦期间，中巴双方发表联合声明，同意由中国国家发展改革委和巴基斯坦计划委员会就中巴经济走廊成立联合委员会，共同研究制定远景规划。该走廊北起中国新疆喀什，南至巴基斯坦瓜达尔港，覆盖以沿线主要城市和周边地区为关键节点的广大区域。双方将通过加快交通、能源和通信等多种方式的互联互通和产业园区建设，推动相互投资和贸易往来，扩大人文交流，以形成促进沿线地区发展的充满活力的经济带。目前，双方在中巴经济走廊联合委员会框架下，成立了交通基础设施、能源和综合规划三个工作组，推进相关规划和优先项目合作。

（商务部亚洲司）

中国与非洲国家的经济贸易关系

2013年，在全球经济延续低增长态势的大背景下，中非经贸关系逆势上扬，以习近平主席访问非洲为新的历史起点，继续保持良好发展势头：双方合作基础更加牢固、意愿更加强烈、机制更加完善，合作中的新亮点不断涌现。

一、高层访问为合作强基固本

中非高层交往密切，互访频繁，通过访问，使双方传统友谊得以巩固、政治互信继续增强，为中非经贸合作持续发展奠定了基础。中国国家主席习近平2013年3月就任后首次出访即选择非洲，表明了新时期中国政府对发展中非关系的高度重视，全面阐述了"真、实、亲、诚"的合作理念，牢固构筑了中非未来合作之梦。2013年，张德江委员长、刘延东副总理、汪洋副总理等党和国家领导人也相继访非。尼日利亚总统乔纳森、肯尼亚总统肯雅塔、赞比亚总统萨塔、埃塞俄比亚总理海尔马里亚姆等非洲国家领导人陆续访华。

二、中国对非投资稳步增长

投资是中非经贸合作未来发展的重点。近年来，随着中国国内产业结构调整和非洲工业化、城镇化进程的加快，越来越多的中国企业到非洲投资兴业，凭借资金、技术等优势与非方开展合作。2013年，中国对非洲非金融类直接投资流量达到35亿美元，同比增长20%。目前中国已累计在非设立各类投资企业逾2000家，涉及农业、基础设施、加工制造、资源开发、金融、商贸等多个领域，雇用当地员工超过14万人。中非发展基金、非洲中小企业发展专项贷款和中非经贸合作区等投资促进措施在引导中国企业对非投资方面发挥了重要作用。

三、中非贸易再创历史新高

中国已连续五年成为非洲第一大贸易伙伴国。2013年，中非贸易持续健康发展，双边贸易额首次突破2000亿美元，达到2102亿美元，同比增长5.9%，再创历史新高，其中中国对非出口928亿美元、自非进口1174亿美元，分别同比增长8.8%和3.8%。同时，双边贸易结构继续不断优化，技术含量和附加值较高的机电、高新技术产品占中国对非出口商品的比例已接近一半，非洲的棉花、芝麻、烟草等农产品也已陆续进入中国市场。中国还通过给予埃塞俄比亚、贝宁、布隆迪等已建交的非洲最不发达国家95%税目输华产品零关税待遇，进一步向非洲开放了市场，有力促进了非洲商品对华出口。

四、承包工程开始转型升级

非洲已成为中国企业在海外承包工程的第二大市场，中国企业积极参与非洲电力、能源、交通和民生等基础设施领域的建设。2013年，中国企业在非新签署承包工程合同额678亿美元，同比增长5.9%，完成营业额479亿美元，同比增长17.3%。在巩固传统优势的基础上，中国企业正向对非承包工程的上、下游领域拓展，开始参与有关项目的规划设计和运营管理。

五、双方合作机制日益健全

2013年，中国与科特迪瓦、吉布提、卢旺达、南非等国分别召开了新一届双边经贸联委会，针对双边经贸合作中的重大问题进行了富有成效的磋商，就进一步加强合作深入交换了意见。中国同南非成立了两国政府间的联合工作组，加强了双方就未来合作中的重大项目进行统筹规划与协调的机制保障。中国政府与非洲联盟委员会正式签署了《关于开展非洲跨国（区域）基础设施建设合作谅解备忘录》，成立了联合工作组，为深化中非跨国跨区域基础设施建设合作伙伴关系搭建了机制平台。

六、中非合作论坛举措稳步落实

2013年是落实中非合作论坛第五届部长级会议有关经贸合作举措的开局之年。在扩大投融资合作方面，中方承诺的200亿美元融资额度落实进展顺利，已签订贷款协议的项目主要集中在基础设施、农业、制造业和中小企业发展领域；在扩大对非发展援助方面，2013年中国对非援助规模扩大，援非农业示范中心、非洲“光明行”活动、“非洲人才计划”等项目正在有序推进；在支持非洲一体化建设方面，中非双方密切合作，在推动非洲跨国跨区域基础建设和促进非洲区域贸易便利化方面进行了深入探讨。

回顾2013年，中非经贸合作规模不断扩大，水平持续提高，成果令人瞩目。建立在互利共赢基础上的经贸合作促进了非洲民生改善和经济多元化发展，为中国经济社会发展提供了有力支持，也为促进南南合作和世界经济平衡发展做出了积极贡献。

（商务部西亚非洲司）

第六篇　与 WTO 有关的政策与管理措施（2013）

贸易政策与管理措施

依法推进中国行政审批制度改革

2013 年以来，新一届国务院高度重视行政审批制度改革，把加快政府职能转变、简政放权作为开门第一件大事，把深化行政审批制度改革作为重要抓手和突破口，采取了一系列重大举措。同时，也强调运用法治方式规范和引领改革，做到重大改革于法有据，对不适应改革要求的法律法规，及时地进行修改和废止。

一、按照法定程序大幅精简行政审批事项

李克强总理提出本届政府任期内要把行政审批事项削减 1/3 以上，以理顺政府与市场、政府与社会的关系，释放市场社会活力。截至 2014 年 8 月，国务院先后取消和下放 7 批共 632 项行政审批等事项，向社会公开了国务院部门全部行政审批项目。同时还大幅度减少国务院部门核准的企业投资项目；将 100 多项工商登记前置审批事项改为后置审批；将企业年检制度改为年度报告公示；减少整合财政专项转移支付项目；大力减少行政事业性收费项目。这些措施有力促进了企业发展，极大激发了市场和社会活力，社会投资和创业积极性高涨。

在取消和下放国务院部门行政审批项目时，坚持职权法定原则，如果拟取消和下放行政审批是由法律设定的，都先将修改法律的草案提请全国人大常委会审议通过后，再公布取消和下放的行政审批项目。

二、及时清理修改有关法律法规

一年多来的改革稳健有序的突出特点是，启动伊始就重视运用法治方式推进改革。从工作部署到落实，严格遵循职权法定、程序合法、公开透明、法制统一的原则，充分发挥法治对改革的引导、规范、促进和保障作用。国务院法制办会同国务院有关部门对取消和下放行政审批项目涉及的法律、行政法规及时进行了清理，国务院三次提请全国人大常委会审议相关法律修正案草案，全国人大常委会审议通过修改法律 22 部，国务院共修改 55 部行政法规，废止 1 部行政法规。

通过修改法律法规，取消了一批有关生产经营活动许可、资质资格认定核准的行政审批项目，提高了企业的市场应变力和竞争力，降低了就业创业门槛；通过修改法律法规，将部分审批项目的实施主体由国务院行政主管部门下放到下级行政机关，方便了行政管理相对人，有利于发挥地方政府贴近基层的优势；通过修改法律法规，规范了行政审批的设定和实施，减少了审批环节，优化了审批流程，有利于提高行政管理效率。修改法律法规时，严格遵守法定程序，若行政法规规定的审批项目是以法律为依据的，则等到有关法律修改完成后，再修改相关行政法规。比如，煤炭法和乡镇煤矿管理条例都对同一行政审批做出了规定，国务院则等全国人大常委会审议《〈中华人民共和国文物保护法〉等 12 部法律的修正案（草案）》对煤炭法修改公布后再修改公布。

三、依法推动注册资本登记制度改革，放宽市场主体准入门槛

2013 年 10 月，国务院常务会议审议通过注册资本登记制度改革方案，决定放宽注册资本登记条件，将公司注册资本实缴登记制改为认缴登记制，取消公司注册资本最低限额。国务院法制办会同有关部门对改革方案涉及的公司法有关条文进行了认

真研究，提请国务院常务会议审议公司法修正案（草案）后提交全国人大常委会，全国人大常委会于2013年12月审议通过并公布。依据全国人大常委会修改公司法的决定，国务院法制办会同有关部门对公司登记管理条例等行政法规进行了认真研究，在征求有关部门意见的基础上，形成了《国务院修改和废止部分行政法规的决定（草案）》报国务院审批。2014年2月19日国务院公布了《国务院修改和废止部分行政法规的决定》，对涉及注册资本登记制度改革的8部行政法规予以修改，废止2部行政法规。

依法改革注册资本登记制度，在法律制度上放宽了市场主体准入门槛，营造了高效透明的投资环境，有利于激发社会活力和创业热情，增强经济发展内生动力。

四、依法彻底废止非行政许可审批

2014年4月，国务院颁布了《国务院关于清理国务院部门非行政许可审批事项的通知》（国发〔2014〕16号），决定对各部门现有非行政许可审批事项进行清理，该取消的一律取消，将面向公民、法人或其他组织的非行政许可审批事项取消或依法调整为行政许可，将面向地方政府等方面的非行政许可审批事项取消或调整为政府内部审批事项，不再保留“非行政许可审批”这一审批类别。确需保留新设许可的事项，严格按照行政许可法和国务院关于严格控制新设行政许可的规定，进行论证和审查。按照该通知规定，清理国务院部门非行政许可审批事项要在通知印发后一年内完成。

五、严格控制新设行政许可

为了防止行政审批边减边增，国务院法制办会同有关部门起草，并由国务院下发了《关于严格控制新设行政许可的通知》，对新设行政许可的标准、审查程序和监督作了更为严格的规定。一年多来，国务院法制办在起草和审查法律草案、行政法规草案工作中，严格执行行政许可法和国务院文件的规定，广泛听取各方面意见，加强设定行政许可项目合法性、必要性和合理性审查论证。坚持凡是公民、法人或者其他组织能够自主决定的，市场竞争机制能够有效调节的，行业组织或者中介机构能够自律管理的，行政机关采用事后监督等其他行政管理方式能够解决的，一律不设行政许可；依法可以设定，但对人民生活、生产影响较大的，一律从严控制，从立法源头上控制了新增行政许可项目的数量。

六、坚持放管结合，创新政府管理方式

在清理精简行政审批的基础上，各地区、各部门坚持放管并重，积极创新政府管理方式，将政府管理由事前审批更多地转为事中事后监管，实行宽进严管，健全告知性备案制度，发挥行业协会作用，制定行业从业标准，完善信用管理体系，进一步健全市场监管体系。同时，对现有行政审批项目通过机构改革、普遍设立行政审批服务大厅、大力推动政务公开、加大行政监督和问责力度，进一步简化程序、缩短时限、强化服务意识、提高审批效能。

（国务院法制办公室　徐志群）

中国海关管理制度

中国加入WTO以来，在更大范围和更深程度上参与经济全球化，改革开放和社会主义现代化建设进入一个新的阶段，对中国海关管理模式提出新的要求。同时，在经济全球化的趋势下，国际贸易对便利和安全需求加大，海关在保障全球贸易安全与贸易便利中的重要地位也对中国海关管理提出了新的挑战。

围绕这些要求和挑战，2001年以来，中国海关以现代化为主线，不断推进管理创新，实施建设现代海关制度“两步走”的发展战略，力求建立与社会主义市场经济相适应、与改革开放相配套、与国际海关通行做法相衔接的管理体制和机制。第一步发展战略以通关作业改革为突破口，大力推进海关信息化建设，对通关模式、作业流程、资源配置等进行了全面改革，基本实现了中国海关通关管理的“四肢协调”。海关管理基本上适应了中国入世和经济全球化带来的挑战和需求。2004—2010年，在初步实现现代海关制度第一步发展战略目标的基础上，中国海关实施了现代海关制度第二步发展战略，以建立健全风险管理机制为中心环节，全面、协调地推进海关管理的各项改革和建设，基本建立起与社会主义市场经济体制相配套，与国际通行规则相衔接，严密监管与高效运作相结合的现代海关制度，“耳聪目明”的智能型海关初现雏形。

2009—2011年，中国海关启动海关大监管体系建设，重点推进实施了“三查合一”，将企业稽查、保税中后期核查和减免税核查统一归口管理；发布了新修订的《企业分类管理办法》；调整了三级海关审批权限等。海关风险式管理思想进一步确立，综合监管模式逐渐形成，海关整体功能得到加强。

2011—2012年，中国海关认真贯彻落实国家“十二五”规划，结合海关工作特点和规律，提出“把好国门、做好服务、防好风险、带好队伍”，作为当前和今后一个时期海关工作的总体要求。全国海关在现代海关制度“两步走”发展战略取得的成果基础上，以国家现代化总体战略为指引，牢牢把握国家和海关现阶段的新特征新要求，实施通关作业无纸化改革，推进海关特殊监管区域整合发展，启动了金关工程二期建设，大力优化海关监管和服务，进一步推进管理思想、管理制度、管理方法和管理手段的现代化，以适应中国经济社会发展和对外开放的需要。2013年，中国海关全面贯彻党的十八大精神，认真落实国务院有关部署，推进简政放权，着力改革创新，在提高海关管理现代化水平方面主要做了如下工作：

一、扎实推进海关系统的转变职能、简政放权工作

2013年，在对海关行政审批事项以及对外执法和业务管理领域具有审批性质的其他事项进行全面梳理和摸底核实的基础上，取消4项［“加工贸易备案（变更）、外发加工、深加工结转、余料结转、核销、放弃核准”，“进境货物直接退运核准”，“报关员资格核准”，“报关单修改、撤销审批”］，下放3项［“减征、免征关税及进口环节海关代征税审批”、“减免进口货物滞报金审批”、“关税及进口环节海关代征税延期缴纳审批”］行政审批事项，并制定了2013—2015年取消和下放有关审批事项的时间表和路线图，做出分年度、分阶段的工作安排。对取消、下放的行政审批事项逐项改革管理模式，创新管理方式，取消事前审批，加强事中事后监管；集中修订23部海关规章，健全完善配套制度，使海关管理方式和管理手段发生实实在在的改变和优化，使企业和群众得到实实在在的便利和实惠，切实做到“管、减、简、便”（安全有效监管、减少审批、简化海关手续、促进贸易便利）。将海关现有行政审批事项目录清单通过海关总署门户网站对外公布，方便行政相对人办理有关业务，促进海关规范管理，主动接受社会监督。推动海关职能和职能实现方式向创造良好发展环境、提供优质公共服务、维护公平正义转变。

二、推行通关无纸化和区域通关改革，提高企业通关效率

为适应电子商务、国际贸易无纸化发展趋势，改变以纸面单证为基础的现有通关作业模式，提高

企业通关速度，2013 年 5 月 1 日，将试点企业扩大至海关管理类别为 B 类及以上企业，试点海关范围由 12 个直属海关扩大至所有直属海关，无纸化报关单占报关单总数的 54.7%。2013 年无纸化报关进、出口货物平均通关时间分别为 3.99 小时、0.22 小时，通关效率同比分别提高了 75%、86%。税单无纸化改革取得明显成效。截至 2013 年底，参与电子支付的银行 23 家、纳税企业 4.8 万家，通过电子支付方式缴税 11450 亿元，占税收总量的 68.8%，海关总署与人民银行就海关税费入库联网方案基本达成共识。发布《海关总署关于深入推进通关作业无纸化改革工作有关事项的公告》，将改革措施和试点范围扩大至全国海关所有业务现场和业务领域，逐步实现通关作业无纸化改革的全覆盖。推动区域通关改革和通关一体化试点。制定实施了《全面深化区域通关业务改革实施方案》，对经营单位为 AA 类且申报单位为 B 类及以上企业的进出口货物，除布控查验货物外，实行“属地申报、属地放行”；将“属地申报、口岸验放”适用范围扩大至 B 类生产型企业的进出口货物，适用“属地申报、口岸验放”区域通关模式企业由 15 万家扩大至 33 万家，促进跨关区间的货物便捷高效流转，海关之间分工协作、错位监管、良性互动的格局逐步形成。

三、加强海关科技创新，推进金关工程二期项目建设

金关工程二期项目是在一期建设的基础上，为有效解决关境保护形势严峻和通关环境亟待改善等社会问题，通过顶层设计和科技创新，采用物联网、云计算等新技术，重点建设全国海关监控指挥系统、进出口企业诚信管理系统、加工和保税监管系统、海关物流监控系统等应用系统，实现进出口货物全过程可视化监控，对监控信息实时分析、风险研判、快速反应和应急处置，有效打击走私违法行为，全面发挥海关在国家经济社会发展中的关境保护作用。海关总署于 2011 年 12 月启动金关工程二期项目立项申报工作，2012 年 4 月向发改委报送了金关工程二期项目建议书，2012 年 7 月国家发改委正式启动了海关金关工程二期项目的立项报批程序，2012 年 9 月国务院第 216 次常务会议审议批准《国家发展改革委关于审批金关工程二期项目建议书的请示》，同意批准该项目建议书。2013 年，海关总署签发《金关工程二期管理办法》和《金关工程二期实施方案》，开展跨部门综合性业务需求统筹论证和审核，确保技术创新与业务改革同步开展，为海关全面深化改革打好科技基础。

四、稳步推进口岸建设，助力内陆沿边开放型经济发展

落实《国家口岸发展规划（2011—2015 年）》和年度口岸开放审理计划，协同推进沿海、内陆、沿边口岸有序开放，优化了口岸布局。截至 2013 年底，全国共有经国务院批准对外开放口岸 285 个。助力内陆开放型经济快速发展，支持内陆城市增开国际客货运航线，以“渝新欧”铁路重庆车站为试点，积极探索内陆铁路口岸对外开放的新模式。沿边开放水平不断提升，积极配合内蒙古向北开放、云南西南开放桥头堡、新疆和西藏跨越式发展、“新丝绸之路经济带”等国家区域发展战略。大力推进口岸“大通关”建设，推动内陆同沿海沿边地区口岸的通关协作、优势互补，推动口岸执法活动的协调与统一。深化口岸国际交流与合作，年内推动签署了中越口岸合作机制双边条例，既是我国首次在两国政府声明中体现口岸合作内容，也是口岸合作首次作为独立的双边事项议定。创新粤澳新通道合作通关模式，各方首次就“合作查验、一次放行”达成共识，是“一国两制”内涵下我国口岸管理的一次突破。稳步推进中哈、中蒙等边境口岸国际交流与合作，促进农产品绿色通道及能源、矿石等战略物资快速通关模式建立。

五、推动海关特殊监管区域整合优化，完善政策和功能

认真贯彻落实《国务院关于促进海关特殊监管区域科学发展的指导意见》（国发〔2012〕58 号）要求，完善海关特殊监管区域管理制度，研究出台了《海关特殊监管区域设立审核办法（试行）》、《海关特殊监管区域退出管理办法（试行）》，为海关特殊监管区域整合奠定了制度基础。积极探索完善海关特殊监管区域政策功能，推进加工贸易转型升级和沿海内陆联动，促进特殊监管区域由加工制造为主向保税加工、保税物流、保税服务等多元化方向发展。研究有关海关特殊监管区域选择性征税政策的实施，在国家有关横琴、平潭政策基础上，

积极探索在中国（上海）自由贸易试验区的4个海关特殊监管区域开展选择性征税试点。不断丰富保税监管模式，与国家发改委、商务部组成联合调研组，共同开展保税工厂改革试点研究。

六、加强反走私综合治理，保持打私高压态势

加强关境保护，深化改革创新，充分发挥地方政府和打私办在打击走私中的基础作用和协调能力，反走私综合治理体制机制逐步完善，协作配合长效机制进一步健全。2013年会同10个部门，围绕打击固体废物、毒品枪支、非法携带货币等11个重点走私违法活动，开展了近10年来规模最大、参与部门最多、打击领域最广、整治力度最强的一次全国性统一行动，联合打私取得新成效。行动中，全国海关共立案侦办走私犯罪案件1063起，其中涉税案件470起，案值174.2亿元，涉嫌偷逃税额43.8亿元，同比分别增长12.4%、1.3倍和2.2倍；非涉税案件593起，增长54%。

七、推动海关内控机制建设与清权确权工作，强化权力运行制约和监督

以制度规范为依据、基层自控为基础、职能监控为重点、专门监督为关键、处置评估为保障，构建海关内控“五个一”建设框架，优化整合内控节点指标体系，整合率达到43%，并应用内控节点指标体系共查发问题3329个，纠正违规金额23.46亿元、追补税款12.65亿元。同时深入开展清权确权工作，上下联动梳理海关事权体系，理清119项执法权力清单，明晰179项组织管理事项和18项监督事项；注重制度确权，“废改立”制度139个，确保海关合法设权、合规用权、合理分权；促进公开亮权，对涉及管理相对人的执法权力，向社会公开权力清单，主动接受社会监督，让海关权力在阳光下运行。

八、坚持人民海关为人民，不断优化海关监管与服务

务实推进“五型”海关建设，突出准军事化海关纪律部队特色，注重内涵学军，提振队伍精气神，干部人事工作科学化水平不断提高，专家制度试点进展顺利。深入践行“爱国、厚德、增信、创新、奉献”的海关核心价值观，在不断深化改革中发展和完善海关核心价值观，以践行核心价值观来保障海关改革的顺利推进。认真开展党的群众路线教育实践活动，紧紧依靠群众推进改革，发挥群众首创精神，广泛凝聚共识，形成改革合力，确保改革顺利推进，并作为中央从参加第一批活动的274个单位中选取的8个单位之一，进行经验交流。继续优化窗口服务，“12360”热线服务进一步发挥作用，全年提供咨询服务超过100万人次。

基层执法窗口服务水平不断提升，多个海关在地方政风行风评议中名列前茅。

（海关总署）

中国关税政策

中国关税政策包括进出口征税政策和减免税政策。2013 年，中国海关共征收进出口关税 2630.3 亿元，同比下降 5.5%，其中征收进口关税 2577.4 亿元，下降 3.0%，征收出口关税 52.9 亿元，下降 57.8%。

进口关税设置最惠国税率、协定税率、特惠税率、普通税率、关税配额税率等。出口关税设置出口税率。对进出口货物在一定期限内可以实行暂定税率。

对进口货物需采取反倾销、反补贴、保障措施的，按照有关法律、行政法规的规定适用其税率。另外，对国家决定征收报复性关税的进口货物，适用报复性关税税率。

有关关税政策略述如下。

一、履行入世承诺，约束性降税已完成

2001 年中国入世后，为履行降税承诺，经过几年的约束性降税，我国进口关税水平（最惠国税率算术平均税率）大幅降低，全部完成了入世承诺的降税义务。目前进口关税依据《中华人民共和国进出口税则》征收。税则共分为 21 类，97 章，共计 8238 个税号。2013 年我国关税总水平为 9.8%，其中农产品平均税率为 15.1%，工业品平均税率为 8.9%。如考虑到进口商品结构，进口征税货物关税加权平均税率约为 3.0%。

二、发挥税收调节作用，自主实施暂定税率

暂定税率是国家对部分进出口货物实行的一种临时性进出口关税税率。一般根据国民经济发展的实际需要和进出口关税税率的总体调整情况，对部分进出口货物实行暂定税率，以更有效地发挥关税在提高国内竞争能力、促进企业技术进步、保障经济运行等方面的作用。2013 年对 767 个 8 位税号商品实行进口暂定税率。

三、发挥关税保护作用，抵制不正当竞争，主动实施特保措施

反倾销税、反补贴税、保障措施关税、报复性关税等贸易救济措施是进口国在遭遇贸易冲击时或遭受歧视性贸易待遇时所采取的世界贸易组织允许的贸易保护手段。2013 年我国共发布涉及反倾销和反补贴的公告共 26 个，主要涉及化工、钢铁制品、汽车等。

四、促进对外经济、外交关系发展，开展多边贸易合作，实行协定税率和特惠税率

我国目前已与 13 个国家（地区）签署了贸易或关税优惠协定，对有关国家或地区实施协定税率。同时，主动对老挝等东南亚 3 国、苏丹等非洲 30 国以及也门等 7 国，共 40 个联合国认定的最不发达国家，实施特惠税率。

（海关总署）

中国关税政策

2013年，中国关税政策坚持稳中求进工作总基调，统筹国内国际两个大局，落实积极的财政政策，充分发挥关税职能作用，灵活审慎地调整关税税目税率，加强和改善宏观调控；有效落实完善进口税收政策，推动经济结构调整；落实各项关税优惠协定，促进多双边和区域经贸合作；果断实施贸易救济措施，维护公平的贸易环境；及时出台增税措施，努力增加中央财政收入。一年来，关税工作有序开展、成效显著，为推动对外贸易平衡发展、加快转变经济发展方式、促进经济社会持续健康发展做出了积极贡献。受进口商品结构变化、人民币升值、入库进度“错位”等因素影响，2013年，全国海关征收关税和进口环节税16633.6亿元，同比下降5.4％，比全年18845亿元预算额短收2211亿元。其中，征收关税2630.3亿元，下降5.5％；征收进口环节税14003.3亿元，下降5.4％。进出口税收约占中央财政收入的27.6％。

一、科学调整进出口关税，加强和改善宏观调控

（一）落实结构性减税政策，支持经济结构调整

2013年1月1日起，通过进口暂定税率的方式，重点降低了能源资源性产品、重要工业原材料、先进技术设备和关键零部件、与人民群众生活密切相关生活用品等780多种商品的进口关税，平均税率为4.4％，相对于最惠国税率，平均优惠幅度达56％。从2013年外贸运行情况看，实施较低进口暂定税率的商品进口普遍保持平稳增长，在推动外贸平衡发展、促进经济结构调整、满足国内经济社会发展及消费需求等方面发挥了积极作用。

（二）保持出口关税调控力度，严控“两高一资”产品出口

为支持生态文明建设，2013年1月1日起，继续以暂定税率的形式对煤炭、原油、化肥、铁合金等300多种高耗能、高污染和资源性产品征收出口关税；同时，为稳定化肥生产，对化肥出口关税的淡旺季适用时间、征收方式等进行了调整。2013年以来，征收出口关税的“两高一资”产品出口保持低位，有效抑制了高耗能、高污染和产能过剩行业的盲目发展，并有利于引导产业结构优化。

（三）及时研究出台有关措施，增加进出口税收

2013年上半年，我国财政收入形势较为严峻，特别是中央财政收入增幅回落速度滑出预期空间。为增加进出口税收，缓解完成全年中央财政预算的压力，研究出台了提高褐煤进口关税、提高飞机进口关税和进口环节增值税、缩减自动进口许可管理货物等7项增加进出口税收的措施。有关措施对进出口税收增长发挥了积极作用，部分措施还有利于推动简政放权、理顺机制、深化改革。

二、落实完善进口税收政策，服务经济社会发展大局

（一）支持科技创新和产业结构调整

一是适时调整重大技术装备进口税收政策相关目录。根据国内产业发展情况，对重大技术装备进口税收政策相关目录进行了调整，对符合规定条件的国内企业为生产国家支持发展的直流场设备、新型农业机械等装备而确有必要进口的部分关键零部件、原材料免征关税和进口环节增值税；对液压支架等国内研制已取得重大突破、其关键零部件及原材料基本实现国内供给的装备，不再给予进口税收优惠；对六氟化硫断路器等国内配套产业取得明显进展、部分关键零部件已基本实现国内供给的装备，相应调整了有关进口零部件免税清单。有关政策调整旨在提高我国制造企业的核心竞争力和自主创新能力，有力地促进了国内装备制造业的发展。

二是有效落实支持创新的各项进口税收政策。2013年以来，办理了8个科技重大专项的相关承担单位享受进口税收政策的申请，全面落实科技重大专项进口税收政策，并调整简化了相关申报程序；办理了合肥鑫晟光电等公司享受新型显示器件进口税收政策的申请，鼓励和促进新型显示器件产业的发展；研究印发了维修用航空器材等年度政策，对进口国内不能生产或国产性能指标不能满足

需求的部分先进设备、关键零部件、原材料等给予税收支持，促进相关产业发展；审核发布了“十二五”期间第二批享受进口税收优惠政策的中资“方便旗”船舶清单，鼓励中资“方便旗”船回国登记，促进我国航运业发展壮大；配合做好科技类民办非企业单位进口税收政策的管理工作等。此外，继续通过进口税收政策支持企业技术中心、中小企业公共技术服务平台、动漫企业等发展，支持企业自主创新。

（二）积极支持农业农村发展

一是落实支持农业发展的进口税收优惠政策。为支持发展优质、高产农林业，及时研究印发了2013年度农业部、国家林业局种子（苗）、种畜（禽）、鱼种（苗）和种用野生动植物种源免税进口计划以及农业部追加种羊的进口计划；为支持地方发展特色农业，及时印发了2013年度云南进口花卉种苗、种球、种籽免税计划，帮助地方发展特色经济并提高农民收入；为巩固禁毒成果，会同有关部门制订了2013年度罂粟替代种植返销农产品免税进口计划，研究确定了替代种植项下免征出口关税的化肥数量，支持缩减境外毒品种植面积，促进边疆民族地区经济合作和社会稳定。

二是完善棉花进口调控机制。配合棉花支持政策改革，研究提出了完善棉花进口调控机制的一揽子建议，以推动实现市场决定资源配置的目标。此外，根据国内棉花生产成本及棉花支持政策的变化情况，对棉花滑准税的基准价格和公式参数进行了调整。此外，在2013年关税实施方案中，继续对部分饲料、农药中间体等农业生产资料和大马力拖拉机、大型收割机等农业机械产品实施较低的进口暂定税率，提升农业综合生产能力，加快推进农业现代化。

（三）大力保障和改善民生

一是研究出台政策支持芦山地震灾后恢复重建。自2013年4月20日起，对受灾地区企业、单位或支援受灾地区重建的企业、单位，在3年内进口国内不能满足供应并直接用于灾后恢复重建的大宗物资、设备等，给予进口税收优惠政策。

二是出台支持中西部地区举行洲际展会的进口税收政策。2013年8月1日至2015年12月31日期间，对中国—阿拉伯国家博览会、中国—南亚博览会暨中国昆明进出口商品交易会、中国（青海）藏毯国际展览会、中国（长沙）国家矿物宝石博览会等4个展会展期内销售的合理数量的进口展览品免征进口关税，支持中西部地区经济发展。

三是有效落实相关进口税收政策。继续对中国储备粮管理总公司为实现中央储备粮油年度轮换、转储备以及履行政府承诺而组织进口的粮油免征进口环节增值税，降低储备粮油成本，保障国内粮食安全。继续对有关图书进出口单位为科研单位、大专院校进口用于科研、教学的图书、文献、报刊及其他资料免征进口环节增值税，支持科教事业发展。此外，在2013年关税实施方案中，通过暂定税率的形式大幅降低了多项与百姓生活密切相关生活用品的进口关税，主要包括特殊配方奶粉等婴幼儿食品，护肤品、烫发剂等日化产品，人用疫苗、人工耳蜗等医疗卫生用品，咖啡机、榨汁机等厨用电器。有关产品进口普遍实现较快增长，丰富了国内市场供应，降低了百姓消费成本。

（四）丰富国内能源供应，保障能源安全

一是对自俄进口电力实施税收优惠政策。国家电网公司自俄进口电力项目是中俄能源合作框架的重要组成部分。经过深入研究和反复沟通协调，出台了对自俄进口电力实施按比例返还进口环节增值税的税收政策。该项政策落实了两国达成的能源合作共识，将进一步促进自俄进口电力。

二是研究完善天然气进口税收政策。为鼓励使用清洁能源，促进节能减排，2013年继续对国家准许项目进口天然气实施按比例返还进口环节增值税的优惠政策，并根据天然气价格调整情况，研究提出政策调整思路，较好地解决了天然气价格调整与现有政策的衔接问题。根据我国天然气进口增长情况，对享受政策的项目和企业进行了调整。此外，在2013年关税实施方案中，除继续对能源资源性产品实施较低进口暂定税率外，还降低了部分有利于环保和节能减排的先进设备和零部件的进口关税。

三、规范区域税收政策，支持深化改革、扩大开放

（一）制定落实中国（上海）自由贸易试验区税收政策

1. 牵头研究拟定试验区税收政策。参与《中

国（上海）自由贸易试验区总体方案》的拟订工作，研究提出拟订试验区税收政策的基本原则：一是试验区的改革应重点放在体制、机制创新上，避免在税收政策上产生“洼地”效应；二是相关政策要体现“对当前有用，对长远有利”的精神，要形成可复制、可推广的经验；三是应维护现行税制的公平、统一和规范，不宜单独出台仅适用于试验区的税收优惠政策。

2. 贯彻落实试验区进口税收政策。包括飞机租赁享受相关进口环节增值税优惠政策；对设在试验区内的企业生产、加工并经“二线”销往内地的货物试行按其对应进口料件或按实际报验状态征收关税的政策；在现行政策框架下，对区内企业进口所需的机器、设备等货物予以免税；在符合相关条件的前提下允许设立保税展示交易平台。

（二）落实横琴、平潭等综合实验区进口税收政策

贯彻落实国务院有关文件精神，先后出台了横琴开发、平潭综合实验区有关进口税收政策，包括对境外入区货物免税或保税、“二线”选择性征收关税等，同时明确了在“一线”不予免税和不予保税的货物清单，并对从境外经“一线”进入横琴、平潭和经“二线”进入内地的旅客携带行李物品的进口税收政策做出了具体规定。

（三）研究规范海关特殊监管区域健康发展

与有关部门制定了《海关特殊监管区域设立审核办法（试行）》和《海关特殊监管区域退出管理办法（试行）》，科学确立海关特殊监管区域设立条件，健全退出机制。

四、有效落实关税优惠协定，促进双边和区域经贸合作

为扩大多双边经贸合作，依据我国与有关国家或地区签署的自由贸易协定或优惠贸易安排，2013 年 1 月 1 日起，继续对原产于东盟各国、智利、巴基斯坦、新西兰、秘鲁、哥斯达黎加、韩国、印度、斯里兰卡、孟加拉等国家的部分进口产品实施协定税率，产品范围进一步扩大，税率水平进一步降低。在内地与香港、澳门更紧密经贸关系安排框架（CEPA）下，对原产于港澳地区且已制定优惠原产地标准的产品实施零关税。根据海峡两岸经济合作框架协议（ECFA）早期收获计划的安排，对原产于台湾地区的部分产品实施零关税。此外，扩大对最不发达国家零关税商品范围。2013 年 1 月 1 日起，继续对原产于老挝、苏丹、也门等 40 个最不发达国家的 60％产品实施特惠税率；2013 年 7 月 1 日起，将原产于埃塞俄比亚等 30 个已经履行换文手续的最不发达国家零关税商品税目比例提高至 95％，进一步支持最不发达国家对华出口和经济发展，拓展我国与最不发达国家的经贸合作。

五、科学运用贸易救济措施，维护公平贸易环境

一是决定对原产于美国和欧盟的进口乙二醇和二甘醇的单丁醚、原产于欧盟的进口甲苯二异氰酸酯、原产于日本和美国的进口间苯二酚以及原产于印度和日本的吡啶分别征收反倾销税。

二是决定对原产于日本、新加坡、韩国和台湾地区的进口丙酮在反倾销措施期终复审期间继续征税。

三是决定对原产于欧盟的进口马铃薯淀粉、原产于日本的进口电解电容器纸、原产于印度的进口磺胺甲噁唑、原产于印度和台湾地区的进口壬基酚、原产于日本、韩国、新加坡和台湾地区的进口双酚 A 以及原产于日本和台湾地区的进口甲乙酮在反倾销措施期终复审后继续征税。

四是决定调整非色散位移单模光纤案中部分韩国公司适用的反倾销税税率、汽车案中部分美国公司适用的反倾销税税率、氯丁橡胶案中部分日本公司适用的反倾销税税率、取向性硅电钢案中部分美国公司适用的反倾销税和反补贴税税率、核苷酸类食品添加剂中部分印度尼西亚和泰国公司适用的反倾销税税率。

五是决定对原产于美国的进口太阳能级多晶硅征收临时反补贴税保证金。

附表

中国关税平均水平

（1998—2013 年）

年　度	关税平均水平（%）	年　度	关税平均水平（%）
1998	17.3	1999	16.7
2000	16.4	2001	15.3
2002	12.0	2003	11.3
2004	10.4	2005	9.9
2006	9.9	2007	9.8
2008	9.8	2009	9.8
2010	9.8	2011	9.8
2012	9.8	2013	9.8

（财政部关税司）

中国海关估价制度

中国于2001年12月11日正式成为世界贸易组织（WTO）的第143个成员。中国“入世”给海关带来的最直接影响就是《WTO估价协定》的全面实施。2001年以来，中国海关根据《WTO估价协定》要求，从估价理念到估价方法、程序等方面进行了全方位深层次的改革，已实现了与国际惯例的接轨。

一、海关估价法律体系

中国目前的审价立法可以划分为三个层次：

第一个层次是《中华人民共和国海关法》第55条，“进出口货物的完税价格，由海关以该货物的成交价格为基础审查确定。成交价格不能确定时，完税价格由海关依法估定。”在法律层次上已经实现了和《WTO估价协定》的衔接。

第二个层次是《中华人民共和国关税条例》（以下简称《关税条例》）。2004年开始实施的新《关税条例》作为《海关法》的配套法规，对估价定义、估价方法、估价程序等均根据《WTO估价协定》要求进行了修订。

第三个层次是《中华人民共和国海关审定进出口货物完税价格办法》（以下简称《审价办法》）。《审价办法》是《WTO估价协定》在中国估价法律体系中最直接的体现，它完整准确地体现了《WTO估价协定》的有关规定。

二、海关估价原则

（一）以货物的成交价格为估价准则

货物的成交价格是中国海关估价的基本准则。进口货物的成交价格估价方法是《WTO估价协定》所规定的六种估价方法中的第一种，也是最重要和最基本的一种估价方法。它是建立在进口货物实际交易价格基础上的一种估价方法，也是在估价实践中使用率最高的一种估价方法。

确定进口货物成交价格的步骤依次是：审查构成成交价格的各种要素是否成立（销售、实付应付、该货物）；审查进口货物是否符合4项条件（限制、不确定因素、转售收益、特殊关系）；审查是否有必要根据销售情况对有关价格因素进行合理调整。

（二）其他估价方法

中国海关的估价方法与《WTO估价协定》一致，除成交价格方法外，其他依次适用的估价方法有：

1. 相同或类似货物成交价格方法

相同货物成交价格方法是指海关无法按成交价格方法确定进口货物完税价格时，将以被估货物同时或大约同时向中华人民共和国境内销售的相同货物的成交价格为基础确定该进口货物完税价格的估价方法。这是按顺序使用的第二种估价方法。

类似货物成交价格方法是指海关无法按成交价格方法和相同货物成交价格方法确定进口货物完税价格时，将以被估货物同时或大约同时向中华人民共和国境内销售的类似货物的成交价格为基础确定该进口货物完税价格的估价方法。这是按顺序使用的第三种估价方法。

2. 倒扣方法

倒扣方法是以进口货物、相同或类似进口货物在被估货物进口时或大约同时，按进口时的状态在境内第一销售环节，以最大总量单位售予境内无特殊关系方的单价为基础估定完税价格，是第四种估价方法。采用倒扣方法估价通常的步骤是：一是确定倒扣方法的基础价格，即确定转售价格；二是扣除有关的税费。

3. 计算方法

计算方法是指在普遍接受的会计原则下利用有关资料，将进口货物生产商的生产成本加上从出口国出口销售到进口国通常发生的利润及一般费用，并在此基础上计算得到的价格作为对货物估价的方法。它是第五种估价方法，其计算基础不是货物的成交价格或转售价格，而是生产成本。

4. 合理方法

合理方法是第六种估价方法。所谓合理方法，实际上不是一种具体估价方法，而是规定了使用方法的范围和原则。也就是说，海关在使用合理方法时，应当根据公平、统一、客观的估价原则，且不得使用六种禁止使用的价格估价。

三、海关与进口商的权利与义务

中国海关估价法律法规体系不但规定了海关审定货物完税价格的程序，还赋予了海关与进出口商在估价过程中的权利和义务。

海关权利包括：

查阅复制权：查阅、复制与进出口有关的书面资料和电子数据；

询问权：向进口商及相关企业调查与进出口货物价格有关的问题；

查验、送验权：对进出口货物进行检验和化验；

检查权：检查进出口货物相关的场所；

查询权：查询进出口货物相关付汇或缴纳国内税情况。

海关义务包括：

保密义务：保守进出口商的商业秘密；

举证责任：海关履行估价程序必须向进口商举证；

书面告知的义务：据进出口商申请就如何确定进出口货物完税价格做出书面说明；

具保放行货物的义务：未做出估价决定前，进出口商提供担保后先放行进出口货物。

进口商的权利：

要求具保放行货物的权利；

估价方法的选择权：选择倒扣价格方法和计算价格方法的适用次序；

知情权：要求海关估价透明公开；

申诉权：对海关估价决定不服的，可以向上一级海关申报复议和向法院提起诉讼的权利。

进口商的义务：

如实申报的义务：向海关如实申报进出口货物的成交价格，提供相关的资料和电子数据；

举证责任：举证证明申报价格的真实性和准确性或举证交易价格没有受到买卖双方特殊关系影响。

四、海关审价工作流程

进出口货物向海关申报后，对其成交价格的审查程序通常是：审单中心审价、通关现场验估、关税价格职能部门专业认定等。

（一）审单中心电子审核申报价格

进出口货物报关单电子数据首先经过审单中心对其申报价格进行电子审核，审单中心的审价主要是以价格信息资料为基础并结合企业信息等其他的审单中心所掌握的相关的信息对企业的申报价格真实性进行初步判断。经审核认为申报价格合理的给予放行，对于判断风险值高的申报则转由其他审价环节通过更丰富的资料和手段进行判断。

（二）现场海关书面审核

现场海关要在审单中心电子审核申报价格的基础上，对审单中心提示重点做进一步审核的报关单或者现场海关分析认为存在风险需重点审核的，通过对书面报关数据与随附单证及相关信息的核对和审核，以及对货物的实际验估，确定进出口货物的完税价格。

（三）职能部门专业认定

当审单中心和现场海关经过电子审核和书面审核，仍无法确定进出口货物的完税价格时，可以向上级关税职能部门提交估价专业认定申请。专业认定就是要发挥职能部门的专业优势，在掌握充分价格资料的基础上，通过企业进一步提供的更加充分的贸易单证对企业申报价格进行验证，从而对企业申报价格的真实性和完整性做出判断。

从对具体货物的估价程序看，分为价格质疑、价格磋商以及价格核查等。

价格质疑：是指海关对进出口货物的申报价格的真实性和准确性有疑问时，应当书面将怀疑的理由告知进出口商，要求进出口商做进一步说明，提供相关资料或其他证据，证明其申报价格是真实、准确的。

价格磋商：是指海关采用相同、类似货物成交价格资料或者采用倒扣价格方法、计算价格方法确定进口货物完税价格时，由海关与进出口商交流与进口货物有关的贸易状况、交易情况，相同或类似进口货物的成交价格，市场价格行情、成交数量、商业水平、运输方式、运输距离等信息，以及使用倒扣价格方法、计算价格方法估价时所需资料的过程。

价格核查：价格核查是海关审定完税价格的一种手段，是海关经过必要的审价程序后仍无法确定其完税价格时，依法通过审查单证、核实数据、核对实物及相关账册等方法，对进口货物申报成交价格的真实性准确性进行的审查。

（海关总署）

中国海关原产地管理制度

一、中国海关原产地管理制度概述

我国对进出口货物原产地的管理分为非优惠原产地管理和优惠原产地管理。经过多年实践，初步形成了我国非优惠和优惠原产地管理体系。截至2013年底，海关总署颁布实施原产地相关署令21个、公告60多个。2013年，制定下发《海关总署关于修改〈中华人民共和国海关最不发达国家特别优惠关税待遇进口货物原产地管理办法〉的决定》等1个署令和9个公告。

二、中国非优惠原产地管理

（一）法制框架

中国非优惠原产地管理是以《中华人民共和国进出口货物原产地条例》和《关于非优惠原产地规则中实质性改变标准的规定》为基本法制框架，连同海关总署颁布的各项原产地管理规章和进出口原产地管理操作规程，形成了我国的非优惠原产地管理体系。

1.《原产地条例》

2004年9月，国务院颁布了《原产地条例》(国务院令第415号)，自2005年1月1日起施行。《原产地条例》共27条，分别就立法宗旨、适用范围、原产地规则、原产地证书签发、海关监管及核查、法律责任等做了明确规定。该条例适用于进口税率的适用、贸易统计、最惠国待遇、反倾销和反补贴、保障措施、原产地标记管理、国别数量限制、关税配额等非优惠性贸易措施的实施，以及政府采购时对进出口货物原产地的确定。

《原产地条例》建立了判定进出口货物原产地的共同标准，实现进出口货物原产地规则的统一，明确了海关在进出口货物原产地管理上的主导地位，对进出口收发货人的权利和义务做出规范，对签证机构和签证程序提出要求，是我国实施非优惠原产地管理的根本法律依据。

2.《实质性改变标准规定》

依照《原产地条例》的有关规定，海关总署会同商务部、国家质检总局于2004年12月发布了《关于非优惠原产地规则中实质性改变标准的规定》，与《原产地条例》同时实施。《实质性改变标准规定》共9条，主要包含实质性改变标准条款和产品特定原产地标准清单两部分。

（二）进出口货物原产地管理

1. 进口货物原产地管理

货物申报进口时，进口货物收货人应当按照海关的申报规定，填制进口货物报关单，申明进口货物的原产地，并随附有关单证。海关对进口报关单进行审核。

为确定货物原产地是否与进口货物收发货人提交的原产地证书及其他申报单证相符，海关可以对进口货物进行查验。

海关对进口货物收货人或者其代理人提交的原产地证书的真实性、货物原产地的准确性存在怀疑时，可请求出口方原产地主管机构对进口货物的原产地进行核查，或对进口货物收货人或者其代理人及其进口货物进行核查。

2. 出口货物原产地管理

出口货物发货人可以向签证机构申请领取出口货物原产地证书。出口货物发货人办理申请手续时，应当如实申报出口货物的原产地，并提供出口货物的原产地相关资料。

货物申报出口时，出口货物发货人或者其代理人应当按照海关的申报规定填制出口货物报关单，申明出口货物的原产地。

为确定出口货物的原产地是否与申报相符，海关可以对出口货物进行查验。

海关对出口货物发货人或者其代理人提交的原产地证书的真实性、货物原产地的准确性存在怀疑时，也可根据有关规定，对出口货物发货人或者其代理人及其出口货物进行核查。

3. 原产地行政裁定与预确定

2001年12月7日，海关总署发布《中华人民共和国海关行政裁定管理暂行办法》(海关总署令第92号)。在海关注册登记的进出口货物经营单位可在货物拟作进口或出口的3个月前提出书面申请，请求海关对有关货物预先做出原产地的行政裁定。海关做出的原产地行政裁定具有海关规章的同等效力，对与实际进出口原产地相关事务具有普遍约束力，自公布之日起在中华人民共和国关境内统一适用。

为规范进口货物原产地预确定管理，便利合法进口，提高通关效率，海关总署制定下发了《进口货物原产地预确定暂行规定》，于 2012 年 4 月 1 日起实施。进口货物的收货人及与进口货物直接相关的其他人，在有正当理由的情况下，可以在货物实际进口前提出书面申请，请求货物进口地直属海关对有关货物的原产地进行预确定。

三、中国优惠原产地管理

（一）法律框架

《原产地条例》第 2 条明确规定，实施优惠性贸易措施的进出口货物原产地规则及其管理办法，依照我国缔结或者参加的国际条约、协定的有关规定另行制定。

截至 2013 年底，我国已对外签署并实施了 11 个优惠贸易协定，分别是《亚太贸易协定》、《中国—东盟自由贸易协定（FTA）》、《中国—巴基斯坦 FTA》、《中国—智利 FTA》、《中国—新西兰 FTA》、《中国—新加坡 FTA》、《中国—秘鲁 FTA》、《中国—哥斯达黎加 FTA》、《内地与香港关于建立更紧密经贸关系安排（CEPA）》、《内地与澳门 CEPA》、《海峡两岸经济合作框架协议（ECFA）》，以及对台农产品优惠措施和对最不发达国家特惠措施等 2 个优惠贸易安排。原产地规则作为这些协定的组成部分，对确保各项优惠政策的有效实施起着不可或缺的重要作用。中国海关依据上述协定项下的原产地规则，分别制定相应的优惠原产地管理办法，并以海关总署令的形式对外发布，完成从国际法向国内法的转换，作为优惠贸易项下进出口货物原产地管理的法律依据。

为加强我国进出口货物优惠原产地的统一管理，海关总署制定了《中华人民共和国海关进出口货物优惠原产地管理规定》（海关总署令第 181 号），自 2009 年 3 月 1 日起施行。该《优惠原产地管理规定》共 31 条，就优惠贸易项下普遍适用的原产地规则、签证机构及签证程序、进出口申报规范、货物查验及原产地标记、原产地核查等做了统领性规定。

《优惠原产地管理规定》连同各项优惠贸易协定项下的原产地管理办法，形成了我国优惠原产地管理的基本法律框架。

（二）优惠原产地规则

由于各个优惠贸易协定的对象国（地区）不同，谈判条件和结果各异，所达成的各项条款互有差异。总体来说包括以下内容：

1. 原产地标准

对于完全在一国（地区）获得或者生产的货物，适用完全获得标准；对于非完全在一国（地区）获得或者生产的货物，适用实质性改变标准。

2. 完全获得

对于符合完全获得标准的动物产品、植物产品、渔获产品、废碎料等产品范围进行界定。

3. 实质性改变

非完全在一国（地区）获得或者生产的货物，按照相应的自贸协定或优惠贸易协定规定的税则归类改变标准、区域价值成分标准、制造加工工序标准或者其他标准确定其原产地。

4. 累积规则

原产于优惠贸易协定缔约一方的货物或者材料，在另一方境内用于生产另一货物，并构成另一货物组成部分的，该货物或者材料应当视为原产于另一方境内。

5. 微小加工

为便于装载、运输、储存、销售而进行的加工、包装、展示等微小加工或者处理，不影响货物原产地确定。

6. 包装

运输期间用于保护货物的包装材料及容器不影响货物原产地的确定。

7. 中性成分

在货物生产过程中使用，本身不构成货物物质成分，也不成为货物组成部件的材料或者物品，其原产地不影响货物原产地的确定。

8. 直接运输

优惠贸易项下进口货物，应当从缔约一方直接运输至我国境内；经过第三方境内运输至我国境内的，不论在运输途中是否转换运输工具或者作临时储存，只要同时符合各协定规定的条件，可以视为“直接运输”。

（三）签证程序

依照国家法律、行政法规规定有权签发出口货物原产地证书的机构，可以签发优惠贸易协定项下出口货物原产地证书。签证机构应依据相应优惠贸易协定项下的原产地规则签发出口货物原产地证书。

出口商或生产商应向签证机构提出书面申请，由签证机构对其出口货物的原产地资格进行核实。出口货物的发货人及其代理人应向签证机构书面申领原产地证书，并提交相关证明文件。签证机构有权在货物出口前采取任何适当的措施审核产品是否具有原产地资格。

（四）通关管理措施

1. 进口申报要求

货物申报进口时，进口货物收货人或者其代理人应当按照海关的申报规定，填制进口货物报关单，申明适用协定税率或者特惠税率，同时提交货物的有效原产地证书正本或相关优惠贸易协定规定的原产地声明，以及货物的商业发票正本、运输单证等其他商业单证。货物经过第三方境内运输或临时储存的，应当提交证明符合直运规则的证明文件。一份报关单对应一份原产地证书；一份原产地证书或原产地声明对应同一批次的进口货物。

货物申报进口时，进口货物收货人虽已申明适用有关优惠贸易安排的协定税率，但未能提供有效原产地证书正本以及相关文件的，海关应当按照规定收取保证金后放行货物。海关可以申请在保证金收取的期限内，根据进口货物收货人按规定提供的材料退还保证金。

2. 出口申报规范

出口货物申报时，出口货物发货人应当按照海关的申报规定填制出口货物报关单，并向海关提交原产地证书电子数据或者原产地证书正本的复印件。货物出口后，出口货物发货人向签证机构申请补发优惠原产地证书的，出口货物发货人应向原出口地海关补交原产地证书正本复印件。

3. 货物查验及原产地标记

为确定货物原产地是否与进出口货物收发货人提交的原产地证书及其他申报单证相符，海关可以对进出口货物进行查验。优惠贸易协定项下进出口货物及其包装上标有原产地标记的，其原产地标记所标明的原产地应当与海关按照有关规定确定的货物原产地相一致。

4. 原产地核查

海关对进口货物收货人或者其代理人提交的原产地证书的真实性、货物原产地的准确性存在怀疑时，可以请求出口方原产地主管机构对自贸协定或优惠贸易协定项下进口货物原产地进行核查。必要时，海关可以进行跨境核查访问。

应优惠贸易协定缔约一方的请求，或者海关认为必要时，可以对有关出口货物原产地进行核查，以确定其原产地。

在核查期间，海关可以按照该货物适用的其他种类税率征收相当于应缴税款的等值保证金后放行货物。核查结束后，海关应当根据核查结果，立即办理退还保证金手续或者办理保证金转为进口税款手续。

5. 原产地预确定与行政裁定

进出口货物收发货人可以依照《中华人民共和国海关行政裁定管理暂行办法》的有关规定，向海关申请原产地行政裁定；进口货物的收货人可以依照《进口货物原产地预确定暂行规定》，向海关申请原产地预确定。

（海关总署）

中国海关商品归类制度

一、中国海关与《协调制度》

（一）《协调制度》介绍

《商品名称及编码协调制度》（简称《协调制度》，又称“HS”），是指世界海关组织（WCO）主持制定的商品分类目录体系，是顺应国际贸易实践的需要而产生的一种国际公约性质的商品分类标准，被称为国际贸易商品分类的一种“标准语言”。《协调制度》是《中华人民共和国进出口税则》制定的基础。

1983年中国成为海关合作理事会的成员国。中国海关于1987年将《协调制度》译成了中文，并开始着手对原中国海关的税则目录根据《协调制度》进行转换。1992年1月1日，中国海关加入了《协调制度》公约。同年，正式采用《协调制度》，使商品归类工作成为中国海关最早实现与国际接轨的执法项目之一。二十多年来，中国海关作为协调制度目录的主管部门，为目录在我国的推广和应用做了大量工作。

（二）《协调制度》在中国的应用

1.《协调制度》目录应用

《协调制度公约》第三条“缔约方的义务”第三款规定“本条规定不影响缔约各国在本国的税则目录或统计目录中，增列比《协调制度》目录更为详细的货品分类细目，但这些细目必须在本公约附件所规定的六位数级目录项下增列和编号。”因此，中国海关采用的《协调制度》分类目录，前6位数是协调制度国际标准编码，第7、第8两位是根据我国关税、统计和贸易管理的需要加列的本国子目，同时，还根据代征税、暂定税率和贸易管制的需要对部分税号增设了第9位、第10位附加代码。随着进出口贸易的不断发展和商品种类的日益繁多，我国海关商品编号的数量也从1992年采用《协调制度》之初的6250个增加到了2014年的13127个。

此外，世界海关组织为使各缔约国能够统一理解和执行《协调制度》，编制了《商品名称及编码协调制度注释》，我国也将其完全翻译过来并据此制定了《进出口税则商品及品目注释》；在此基础上，我国还针对本国增列的子目逐步编制《中华人民共和国海关进出口税则—统计目录本国子目注释》，二者共同构成了对《税则》的有效补充。

2.《协调制度》目录转版

为了适应国际贸易和现代科技发展的需要，《协调制度》每4～6年都要做一次大的转版升级。到目前为止，我国海关先后组织完成了1992年版、1996年版、2002年版、2007年版、2012年版《协调制度》的翻译，并组织完成了我国《进出口税则》的修订转换以及1992年版、1996年版、2002年、2007年、2012年版《协调制度注释》的翻译工作，极大地推动了协调制度在我国的普及和应用。

现行2012年版的《协调制度》不仅成为海关征收关税和编制海关统计的基本工具，同样也成为国家发展改革委、财政部、商务部、科技部、税务总局等部门制定相关经济和贸易政策时的一项基本政策工具。

二、中国海关商品归类依据

（一）中华人民共和国进出口税则

中国海关完全采用《协调制度》的分类方式和6位数编码，并在此基础上根据本国贸易特点，增列了第7、8位本国子目，形成了8位数的编码体系，形成《中华人民共和国进出口税则》。

根据国际和国内贸易发展情况，因技术的发展，贸易方式的改变、公共安全及环境保护的需要、贸易统计、国内行业的需求等原因，本国《税则》中的子目每年修订一次，经国务院批准，修订的《税则》在下一年度实施。中国海关是中国国务院关税税则委员会成员单位，每年向税委会提出修订意见。

（二）中国海关归类主要依据

中国海关归类主要依据《海关法》、《关税条例》以及《归类管理规定》开展。归类的法律依据主要包括《税则》、《协调制度注释》、《本国子目注释》以及以公告形式对外公布的归类决定。

归类工作的战略目标是建立一个守法便利的通

关环境，减少通关环节归类原因造成的延误。以此为目标，中国海关加强自身建设，加强信息化与法制化建设，取得了较好的成效。中国海关不断公开归类决定，通过网络公开归类信息，全国海关化验结论实现联网，努力营造良好贸易环境。目前中国海关对外公布作为归类依据的本国子目注释共307项，以公告形式对外公布的归类决定2956项，其中对外公布的世界海关组织归类决定650项，公布我国归类决定2306项，为归类业务的开展奠定了法律基础。

三、中国海关商品归类组织框架

中国海关归类工作是以世界海关组织协调制度为基础的进出口商品属性的认定工作，其目标就是在《协调制度》的框架下，确保进出口商品归类的准确性与一致性，保证税收及贸易管制等海关执法的进行，保证国际贸易便利化的有效开展，确保海关统计的准确性。

（一）中国海关商品归类组织结构

中国海关商品归类职能部门为海关总署关税征管司，负责规划、指导、税则立法建议、协调、数据库维护、争议解决、组织培训等工作。1998年机构改革后成立归类处，主管海关进出口商品的归类工作。经过近几年的发展，归类工作已经有较大的发展。目前，全国海关归类由关税司归类处主管，设有北京归类办，天津、大连、上海、广州归类分中心和化验中心，新建青岛、重庆化验中心。

北京海关商品归类办公室，上海、广州、天津、大连的4个商品归类分中心，为总署归类职能的外设机构，各负责部分全国海关的归类职能管理。同时在上海、广州、天津、大连设有海关化验中心。重庆、青岛化验中心已正式投入使用。

各个直属海关的关税部门负责本关区的具体归类管理，如遇到归类问题，可按照分管商品向商品归类分中心提交归类申请。

（二）中国海关商品归类委员会制度

目前中国海关成立了两个商品归类委员会，分别是协调制度商品归类技术委员会和协调制度管理委员会。

1. 协调制度商品归类技术委员会成立于1999年，主要由海关归类业务专家组成，研究和解决具体的商品归类疑难问题。归类技术委员会参照世界海关组织模式，下设一个顾问组，四个分委会（分别为审议分委会、政策分委会、科学分委会、数据分委会），四个专业组（分别为商品组、国际业务组、法规组、网络组）。其中，审议分委会负责税则和国家政策的研究，提出税则的修订和调整建议；政策分委会主要对商品归类工作的制度体系和业务规划进行系统性和前瞻性的研究；科学分委会主要由海关化验专家组成，为归类技术委员会提供技术支持和科学保障；数据分委会是归类化验数据的管理机构，负责对归类化验数据进行维护。各专业小组根据工作安排，完成总署分配的任务。归类技术委员会一年召开两次，研究海关面临的具体归类问题以及讨论涉及的法律法规方面的问题，寻求解决途径。

2. 协调制度管理委员会成立于2006年6月，由海关总署牵头其他十四个部委和二十余个行业协会组成，为海关与这些机构在归类事务上的沟通搭建了平台。协调制度管理委员会一年召开一次，由海关总署组织召开，各成员单位参与，主要是通报海关的重大措施以及征求相关意见等。

四、中国海关商品归类管理

（一）中国海关商品归类工作模式

归类业务具有专业性强、业务链条长、涉及领域广的特点，受到中国海关的重视。中国海关归类业务实行垂直、三级管理，即海关总署（归类分中心）—直属海关—隶属海关。遇到问题逐级请示，各层级有不同的处理权限。

归类业务涉及通关前、通关中和清关后三个阶段。

通关前：收发货人或者其代理人依据海关发布的归类依据和原则确定进出口商品归类。收发货人或者其代理人有义务按照上述归类规定如实正确确定进出口商品的海关商品编码。

通关中：海关依据风险管理模式，依靠技术平台，依法对收发货人或者其代理人申报的进出口货物商品的归类进行审核。

通关后：海关通过后续数据核查、风险评估进行后续监控以及维护风险数据，维护归类一致性和准确性。

（二）中国海关化验

中国海关分别在大连、天津、上海、广州、青岛和重庆设立了海关化验室，承接各直属海关报送的进出口商品化验任务。

1999 年 3 月，广州海关化验中心成为全国海关第一家通过国家认证的实验室，也是亚洲海关实验室中最早通过国际认证的实验室。2002 年 10 月，上海海关化验中心通过国家实验室认可委评审。上海海关化验中心首次将非标方法纳入认证项目并通过国家认可委评审。2002 年 12 月，大连海关化验中心通过国家实验室认可委评审。成为全国首家以电子化的质量管理体系通过评审的单位。2003 年 6 月，天津海关化验中心通过国家实验室认可委评审，并建立了全国唯一一个纸张检测专业实验室。各实验室通过 LIMS 系统实现联网，方便化验结果的查询。随着贸易量的迅速增长，需要化验的商品越来越多，海关总署正在重庆和青岛新建两个海关化验室，来满足不断增加的化验需求。2013 年 4 月，重庆海关化验中心正式投入使用。中国海关化验还对外发布海关化验部颁标准，并利用中国海关化验信息管理系统（LIMS）成功实现海关化验数据全国联网，实现海关化验标准化和信息化。

海关化验中心自 1991 年陆续成立以来，共受理送检样品近 19 万宗，补税及罚没超过 11 亿元，是对化验中心投入的 7 倍多。查获涉嫌逃避进出口许可证管制货物近 3000 多批，查获毒品约 160 批共计 9300 多公斤，取得了显著的经济效益和社会效益。

（三）中国海关商品预归类制度

根据《中华人民共和国海关进出口货物商品归类管理规定》，在海关注册登记的进出口货物经营单位，可以在货物实际进出口的 45 日前，向直属海关申请就其拟进出口的货物预先进行商品归类。规定在海关预归类的申请、受理、制发决定书等各个环节，从制度上给予保障，实现海关预归类工作的有法可依。同时为了缓解日益增大的海关预归类需求压力，中国海关正在天津、大连、上海、南京、广州、深圳六个地区进行预归类服务的有益尝试，以更大程度上提高通关速度，提供贸易便利。

（海关总署）

中国进出口许可证制度

一、进出口许可证制度和国际通行做法

进出口许可证制度是世界各国管理对外贸易所普遍采用的一种重要的行政手段，是世贸组织规则允许在一定条件下使用的非关税措施。它包括有关许可证的申请、审查、颁发、使用、效力、撤销和废止等各方面的法律制度，具有严格、简便易行、效果显著等特点。进出口许可证制度对于贯彻一国经济贸易政策、进出口贸易统计和监测、维护正常的贸易秩序等方面具有重要作用。

进口许可证制度是指一国为加强对外贸易管制，规定某些商品的进口需由进口商向进口国有关部门提出申请，获得许可证的一种制度。各国实施的进口许可证制度通常分为两种：一是自动进口许可证，通常是基于监测货物进口情况的需要，进口经营者应当在办理海关报关手续前自相应政府部门提出申请。二是进口许可证，对列入进口许可证管理的商品，进口商必须向有关部门提出申请，经审核批准并发给许可证后，才能进口。

出口许可证制度是指一国出于国家安全、环境保护、维护出口秩序、履行国际协议等目的，对商品出口实现管制的一项措施。出口许可证，是根据一国出口商品管理的法令规定，由有关当局签发的准许出口的证件。

二、我国进出口许可证制度

加入世贸组织以来，为适应经济全球化和我国外贸发展的新要求，我国修订了相关法律法规，按照世贸组织的透明度要求，形成了一整套统一、规范、透明的进出口许可证管理体系。目前，我国进出口许可证制度以《对外贸易法》、《行政许可法》为上位法依据，确立了许可证制度的法律地位；《货物进出口管理条例》及《货物自动进口许可管理办法》、《货物进口许可证管理办法》、《货物出口许可证管理办法》等法规部门规章明确了许可证管理的体制框架和具体程序。

（一）进口许可证制度

1. 自动进口许可证管理

根据《对外贸易法》第15条，基于监测货物进口情况的需要，我国对部分自由进口货物实行自动进口许可管理。对这些商品进口的监测有助于及时了解和把握其对国内产业和市场的影响。

近年来，我国逐年减少自动进口许可管理货物种类，陆续取消了酒、石棉、合成橡胶等多种商品的自动许可管理。根据《2013年自动进口许可管理货物目录》，我国对47种商品、723个商品税号实行自动许可管理，其中非机电类产品26种，263个商品税号；机电产品21种，460个商品税号。2013年9月1日，商务部进一步调减自动进口许可管理商品，取消了14种商品、130个商品编码的自动进口许可管理，进一步提高贸易便利化水平。

2. 进口许可证管理

为保护环境、人身健康安全，依据《对外贸易法》及相关国际公约，对消耗臭氧层物质、化工设备等重点旧机电产品实行进口许可证管理。为维护国家安全和社会公共利益，对监控化学品、易制毒化学品和放射性物质等实施两用物项和技术进口许可证管理。

根据《2013年进口许可证管理货物目录》，目前我国对化工设备、金属冶炼设备、工程机械类等12种货物实行进口许可证管理。

（二）出口许可证制度

根据《2013年出口许可证管理货物目录》，2013年实行出口许可证管理共有48种货物，分别实行出口配额许可证、出口配额招标和出口许可证管理。

实行出口配额许可证管理的货物是：玉米、大米、小麦、玉米粉、大米粉、小麦粉、棉花、锯材、活牛（对港澳）、活猪（对港澳）、活鸡（对港澳）、煤炭、原油、成品油、稀土、锑及锑制品、钨及钨制品、锡及锡制品、白银、铟及铟制品、钼、磷矿石。

实行出口配额招标的货物是：蔺草及蔺草制品、滑石块（粉）、镁砂、甘草及甘草制品。

实行出口许可证管理的货物是：活牛（对港澳以外市场）、活猪（对港澳以外市场）、活鸡（对港澳以外市场）、冰鲜牛肉、冻牛肉、冰鲜猪肉、冻猪肉、冰鲜鸡肉、冻鸡肉、消耗臭氧层物质、石蜡、部分金属及制品、铂金（以加工贸易方式出

口)、汽车(包括成套散件)及其底盘、摩托车(含全地形车)及其发动机和车架、天然砂(含标准砂)、钼制品、柠檬酸、维生素C、青霉素工业盐、硫酸二钠、焦炭、碳化硅、矾土、氟石。

(三)进出口许可证签发管理

根据《进出口许可证证书管理规定》,商务部配额许可证事务局受商务部委托,管理各类许可证书,并监督、检查地方商务主管部门和商务部驻各地特派员办事处所属进出口许可证签发机构的执行情况。许可证书是指由商务部监制完成且尚未发放的各类具有许可进出口性质的证明、文件、原产地证书等。根据《货物进出口管理条例》和每年的出口许可证管理货物目录、进口许可证管理货物目录,商务部每年发布出口许可证管理货物分级发证目录和进口许可证管理货物分级发证目录。

在出口许可证发证方面,由商务部配额许可证事务局、商务部驻各地特派员办事处及地方商务主管部门签发出口许可证。其中,商务部配额许可证事务局负责签发玉米、小麦、棉花等货物的出口许可证;商务部驻各特派员办事处负责签发大米、锯材、稀土等货物的出口许可证;地方发证机构负责签发冰鲜牛肉、冰鲜猪肉、石蜡等货物的出口许可证;在京中央企业的出口许可证由商务部配额许可证事务局签发。

在进口许可证签发方面,目前商务部配额许可证事务局负责签发重点旧机电产品的进口许可证;地方发证机构负责签发消耗臭氧层物质的进口许可证;在京中央企业的进口许可证由商务部配额许可证事务局签发。

三、我国进出口许可证制度的作用和发展趋势

(一)我国进出口许可证制度对外贸发展的作用

1. 进出口许可证数据是反映外贸运行动态的先行指标

许可证数据领先于海关数据,是企业在国际国内两个市场中开展生产经营决策的提前反映,许可证发放数量、金额、价格和国别等数据信息的变动趋势,是研判对外贸易和宏观经济运行的重要视角,是政府实施对外贸易和宏观调控的重要依据。

2. 进出口许可证管理是保护资源环境和产业安全的重要手段

我国实行进出口许可证管理的商品,既有石油等重要能源资源性产品、粮食等关系国计民生的大宗商品,也有部分重点机电产品、两用物项和技术、消耗臭氧层物质等。对这些商品实施许可证管理,有利于保障国内能源资源安全和有效利用,有利于提前发现进口异动,保护产业安全。

3. 进出口许可证管理是应对国际贸易摩擦的重要环节

我国已连续多年成为遭遇贸易摩擦最多的国家,通过进出口许可证管理,可以收集掌握受监控商品的进出口动态,为政府部门、行业协会及相关企业提供重要信息;可以规范贸易秩序,预防和减少贸易摩擦。

(二)发展趋势

进出口许可证制度是对外贸易管理政策体系的重要组成部分,加强和完善进出口许可证制度和管理,对于转变外贸发展方式、培育外贸竞争新优势、推动我国外贸强国进程具有重要意义。下一步,要继续发挥进出口许可证现有作用的基础上,学习和借鉴国外先进的管理经验和理念,同时结合我国实际、入世承诺、自由贸易协定和外贸新形势对许可证制度的要求,推动许可证制度创新;充分发挥和完善许可证监测预警功能,为有效应对贸易摩擦和提高外贸宏观调控质量提供参考和依据,推动许可证管理创新;建立统一规范的许可证签发平台,健全快速有效的许可证签发管理服务体系,利用互联网和计算机技术推动无纸化通关,推进相关部门数据互联互通,着力提高贸易便利化水平,为外贸企业提供优质高效的服务,推动许可证服务创新。

(商务部对外贸易司)

中国关税配额制度

一、关于关税配额的定义

关税配额是指进口国对商品进口在一定时期内总的数量不加限制，而设定一个数量界限，对该数量界限以内的进口产品适用较低的关税税率，对超过数量界限的进口适用较高的关税税率。这一设定的数量界限即称为关税配额。关税配额准入量是市场准入机会，而不是最低购买义务。按进口商品的来源，关税配额可分为全球关税配额和国别关税配额。

二、我国加入世贸组织时关于关税配额管理的承诺

（一）实施进口关税配额管理的商品

根据《中国加入世贸组织议定书》，我国对小麦、玉米、大米（包括中短粒米和长粒米，下同）、豆油、棕榈油、菜籽油、食糖、棉花、羊毛、毛条、化肥（包括磷酸氢二铵、尿素和氮磷钾复合肥，下同）进口实施关税配额管理。其中，对小麦、玉米、大米、豆油、棕榈油、菜籽油、食糖、棉花和化肥进口实行国营贸易管理。

按照加入世贸组织承诺，自2006年1月1日起，我国取消了对豆油、棕榈油和菜籽油进口的关税配额和国营贸易管理。

（二）基本管理原则

1. 关税配额数量、配额内税率、国营贸易比例和实施期限按照中国入世议定书减让表的有关规定执行。

2. 任何配额持有者可通过国营贸易企业和/或通过国营贸易企业以外的其他拥有贸易权的企业进口，拥有贸易权的配额持有者也可自行进口。

3. 每一产品的关税配额将在每年1月1日启用。除非另有规定，关税配额分配量在该日历年度内有效。

4. 配额按如下要求分配：（1）申请关税配额的具体条件将于申请期前1个月在官方刊物上公布，申请期为每年10月15日至10月30日（先来先领分配方式除外）。（2）全部关税配额量应在每年1月1日前分配给最终用户（先来先领分配方式除外）。（3）配额持有者获得的配额量不得少于上一年获得并实际完成的关税配额量（先来先领分配方式除外）。（4）配额分配量应按商业上可行的装运量确定，并允许关税配额分配量分船装运。贸易条款，包括产品规格、定价、包装等，仅由进出口商决定，同时充分考虑最终用户的需求。（5）关于关税配额分配情况的质询，管理机关应在10个工作日内提供有关信息。

配额持有者在每年9月15日前交还的未使用完的关税配额数量将进行再分配。

5. 应任何WTO成员请求，中国应就关税配额的管理与该成员磋商，以保证关税配额以透明、公平和非歧视的方式进行分配，并保证配额得到充分使用。

6. 实施期结束后的配额量将有待进一步磋商。除非议定新的配额量，否则实施期末的数量将继续适用。

7. 2006年1月1日以后，向一种实行关税配额管理的化肥产品提供的关税配额量增长率，应向所有实行关税配额管理的其他化肥产品提供。

三、我国现行关税配额管理政策

（一）进口关税配额管理暂行办法

为有效实施进口关税配额管理，根据加入世贸组织承诺、《中华人民共和国对外贸易法》、《中华人民共和国海关法》、《中华人民共和国货物进出口管理条例》、《中华人民共和国进出口关税条例》，我国分别于2002年和2003年制定并颁布了《化肥进口关税配额管理暂行办法》（国家经贸委、海关总署2002年27号令）和《农产品进口关税配额管理暂行办法》（商务部、发展改革委2003年4号令）。根据上述办法，我国按以下规定对进口关税配额实施管理：

1. 管理口径。我国进口关税配额为全球配额。相关商品所有贸易方式的进口均纳入关税配额管理范围。《农产品进口关税配额证》和《化肥进口关税配额证明》（以下统称“配额证明”）适用于一般贸易、加工贸易、易货贸易、边境小额贸易、援

助、捐赠等贸易方式进口。由境外进入保税仓库、保税区、出口加工区的产品，免于领取配额证明。

2. 管理部门。小麦、玉米、大米和棉花进口关税配额由发展改革委会同商务部分配，并通过其授权机构受理企业申请、接受咨询、向经过批准的申请者发放《农产品进口关税配额证》。食糖、羊毛、毛条、化肥进口关税配额由商务部分配，并通过其授权机构受理企业申请、接受咨询、向经过批准的申请者发放配额证明。

3. 配额申请、分配和调整。（1）进口关税配额申请期为每年 10 月 15 日至 30 日（先来先领分配方式除外）。（2）商务部、发展改革委分别于申请期前 1 个月在官方刊物和各自网站上公布每种商品下一年度进口关税配额总量、关税配额申请条件等情况。（3）商务部、发展改革委各自授权机构根据公布的条件，受理申请者提交的申请及有关资料，并于 11 月 30 日前将申请转报商务部、发展改革委（先来先领分配方式除外）。（4）每年 1 月 1 日前，商务部、发展改革委通过各自授权机构向用户发放相应的进口关税配额。（5）持有进口关税配额的最终用户当年无法将已申领到的全部配额量签订进口合同或已签订进口合同无法完成，须在当年 9 月 15 日前将无法完成的配额量交还原发证机构。（6）进口关税配额再分配量的申请期为每年 9 月 1 日至 15 日（先来先领分配方式除外）。商务部、发展改革委分别于申请期前 1 个月在官方刊物和各自网站上公布再分配量的申请条件，并由各自授权机构受理申请者的申请。（7）每年 9 月 30 日前，商务部、发展改革委将进口关税配额再分配量分配到最终用户。

4. 配额执行。（1）小麦、玉米、大米、食糖、棉花、化肥进口关税配额分为国营贸易配额和非国营贸易配额。国营贸易配额须通过国营贸易企业进口；非国营贸易配额可通过完成对外贸易经营者备案的任何企业进口。（2）国营贸易配额需在相应的配额证明上注明。（3）配额证明实行一证多批制，即最终用户需分多批进口的，凭配额证明可多次办理通关手续。最终用户须如实填写配额证明上“最终用户进口填写栏”，填满后，需持该证到原发证机构换领未办理通关部分的配额证明。（4）最终用户完成配额证明上标注配额量最后一批次进口报关后，于 20 个工作日内将海关签章的配额证明第一联（收货人办理海关手续联）原件交原发证机构。

5. 执行期限。（1）年度进口关税配额于每年 1 月 1 日开始实施，并在公历年度内有效。《农产品进口关税配额证》自每年 1 月 1 日起至当年 12 月 31 日有效，实行先来先领分配方式的《农产品进口关税配额证》、《化肥进口关税配额证明》有效期，按公布的实施细则执行。（2）当年 12 月 31 日前从始发港出运，需在下一年到货的进口关税配额产品，最终用户需持配额证明及有关证明单证到原发证机构申请延期。原发证机构审核情况属实后可予以办理延期，但延期最迟不得超过下一年 2 月底。

6. 罚则。（1）最终用户于当年未能完成分配其全部进口关税配额量进口，截至 9 月 15 日又未将当年不能实现进口的配额量交还原发证机构的，其下年度分配的关税配额量将按未完成的比例相应扣减，且不能参与当年的再分配。（2）最终用户连续两年未能完成分配其全部进口关税配额量进口，并在该两年内每年 9 月 15 日前将当年不能使用的关税配额量交还原发证授权机构的，其下年度分配的关税配额量将按其最近一年未完成的比例相应扣减。（3）最终用户未在规定时间将海关签章的配额证明第一联（收货人办理海关手续联）原件交原发证机构的，视同未完成进口，相应扣减其下年度关税配额量。

（二）2013 年进口关税配额实施细则

2013 年，各商品进口关税配额申请条件如下：

1. 基本条件。企业需在申请前完成在国家工商管理部门登记注册；近年无在海关、外汇、工商、税务、质检、社保和环保等方面的违规记录；没有违反关税配额管理规定。

2. 对不同商品企业需满足如下具体条件：（1）小麦。国营贸易企业；具有国家储备职能的中央企业；2012 年有进口实绩的企业；日加工小麦 400 吨以上的生产企业；2012 年无进口实绩，但具有进出口经营权并由所在地外经贸主管部门出具加工贸易生产能力证明、以小麦为原料从事加工贸易的企业。（2）玉米。国营贸易企业；具有国家储备职能的中央企业；2012 年有进口实绩的企业；以玉米为原料，年需要玉米 5 万吨以上的配合饲料生产企业；以玉米为原料，年需要玉米 10 万吨以上的其他生产企业；2012 年无进口实绩，但具有进出口经营权并由所在地外经贸主管部门出具加工贸易生产能力证明、以玉米为原料从事加工贸易的企业。（3）稻谷和大米。国营贸易企业；具有国家储备职能的中央企业；2012 年有进口实绩的企业；具有粮食批发零售资格，年销售额 1 亿元人民币以上的粮食企业；粮食年进出口额 2500 万美元以上的贸易企业；2012 年无进口实绩，但具有进出口经营权并由所在地外经贸主管部门出具加工贸易生产能力证明、以稻谷和大米为原料从事加工贸易的企业。（4）棉花。国营贸易企业；2012 年有进口实绩的企业；纺纱设备 5 万锭以上的棉纺企业。（5）食糖。国营贸易企业；具有国家储备职能的中央企业；持有 2012 年食糖关税配额且有进口实绩的企业；日加工原糖 600 吨以上（含 600 吨）、注册资金 1000 万元以上（含 1000 万元）、食糖年销售额 4.5 亿元以上（含 4.5 亿元）的制糖企业；以食糖为原料从事加工贸易的企业。（6）羊毛和毛条。2013 年有羊毛、毛条进口实绩者或新建成投产且羊毛、毛条年加工能力在 5000 吨以上的企业。（7）化肥。2013 年化肥进口关税配额实行凭合同先来先领的分配方式。凡是在工商行政管理部门登记注册的企业，在其经营范围内均可申请化肥进口关税配额。

2013 年关税配额管理商品有关情况表

单位：万吨

品　种	关税配额数量	关税配额税率	国营贸易比重
小麦	963.6	1%～10%不等	90%
玉米	720	1%～10%不等	60%
稻谷和大米	532	1%～9%不等	50%
食糖	194.5	15%	70%
棉花	89.4	1%	33%
羊毛	28.7	1%	—
毛条	8	3%	—
磷酸氢二铵	690	1%	55%
尿素	330	1%	90%
氮磷钾复合肥	345	1%	51%

四、进口关税配额政策实施效果

（一）充分体现了统一、透明、可预见、公平和非歧视的原则

我国在入世承诺中已明确了年度关税配额数量、关税配额申请条件和分配程序等。入世以来，我国依据国内的法律法规，先后制定并公布了《化肥进口关税配额管理暂行办法》和《农产品进口关税配额管理暂行办法》，建立起了统一、公开、透明、公平的关税配额管理政策体系和制度框架。在关税配额管理执行中，我国严格履行入世承诺，每年按时公布关税配额管理商品的年度进口实施细则，如期完成进口关税配额分配。我国现行的农产品进口关税配额分配和管理制度，与入世承诺和多哈早期收获农业谈判并不矛盾。

（二）非关税措施关税化

根据入世承诺，我国取消了传统进口政策对进口数量的直接限制，利用关税配额内外关税差异调节进口，实现了非关税措施关税化。

（三）提高了贸易便利化水平

按现行规定和做法，企业凭进口关税配额证明即可直接报关进口，不需再申领进口许可证，大大简化了原有凭进口配额证明和许可证双证报关的程序，减少了通关环节，降低了企业成本，更加便利企业进口。

（四）接受 WTO 年度审议

按照 WTO 规定和要求，我国认真履行成员义务，主动接受 WTO 年度审议，及时提供年度进口关税配额等有关情况，向成员国提供咨询并就共同关注的有关问题加强多双边领域的交流与磋商。

（商务部对外贸易司）

中国与进出口有关的其他税收制度

2013年，为了发展对外贸易、促进国内经济，中国在与进出口有关的其他税收制度方面采取了一系列的积极措施，取得了良好的效果。这里所说的与进出口有关的其他税收制度，主要包括进口环节征收的增值税、消费税（简称进口环节税），出口环节退还的增值税、消费税（简称出口退税），以及与进出口有关的营业税、企业所得税等税收和税收管理制度。

一、宏观决策和重大改革

3月5日，国务院总理温家宝在第十二届全国人民代表大会第一次会议上所做的《政府工作报告》中肯定了2012年税收工作的成绩，提出了2013年税收工作的主要任务：要结合税制改革完善结构性减税政策。重点是加快推进营业税改征增值税（以下简称“营改增”）试点工作，完善试点办法，适时扩大试点地区和行业范围。完善支持科技发展和成果应用转化的财税、金融、产业技术、人才政策。加快财税体制改革，理顺中央和地方财力与事权的关系，完善财政转移支付制度，健全公共财政体系，构建地方税体系，促进形成有利于结构优化、社会公平的税收制度。会议批准了以上述报告。

同日，财政部部长谢旭人在上述会议上所做的《关于2012年中央和地方预算执行情况与2013年中央和地方预算草案的报告》中肯定了过去五年工作的成绩，提出了2013年税收工作的要求：继续扩大“营改增”试点范围，促进现代服务业发展和产业结构升级，进一步减轻企业负担。适当降低部分能源资源和关键零部件、原材料产品的进口关税。实施好各项税费减免政策，减轻企业和居民负担。推进税收制度改革，促进形成有利于结构优化、社会公平的税收制度。抓紧研究在交通运输业和部分现代服务业开展“营改增”全国试点的方案，进一步优化增值税制度。推进资源税改革，扩大资源税从价计征范围。完善消费税制度，研究将部分过度消耗资源、污染环境的产品纳入征税范围。积极构建地方税体系。同时，积极发挥财税政策在调节收入分配中的作用，支持国有企业、金融、价格、投融资体制和事业单位改革。推进环境保护税法立法工作。加强监督检查，保障中央重大决策部署和重大财税政策有效落实。

上述会议批准了以上两个报告。

5月18日，国务院批转国家发展和改革委员会报送的《关于2013年深化经济体制改革重点工作的意见》。意见中提出：扩大“营改增”试点范围，在全国开展交通运输业和部分现代服务业“营改增”试点，择机将铁路运输和邮电通信等行业纳入试点范围。合理调整消费税征收范围和税率，将部分严重污染环境、过度消耗资源的产品等纳入征税范围。扩大个人住房房产税改革试点范围。将资源税从价计征范围扩大到煤炭等应税品目，清理煤炭开采和销售中的相关收费、基金。落实和完善成长型、科技型、外向型小微企业的财税支持政策。

10月6日，国务院发布《关于化解产能严重过剩矛盾的指导意见》。意见中提出：完善促进企业兼并重组的税收政策，鼓励企业重组，提高市场竞争力；向中国境外转移过剩产能的企业，其出口设备和产品可以按照现行规定享受出口退税政策；完善资源综合利用财税优惠政策，支持生产高标号水泥、高性能混凝土和利用水泥窑处置城市垃圾、污泥、产业废弃物。

11月12日，中国共产党第十八届中央委员会第三次全体会议通过《中共中央关于全面深化改革若干重大问题的决定》。决定中论及税制改革和税收管理时提出：改革税制，稳定税负。完善地方税体系，逐步提高直接税比重。推进增值税改革，适当简化税率。调整消费税征收范围、环节、税率，把高耗能、高污染产品及部分高档消费品纳入征收范围。逐步建立综合与分类相结合的个人所得税制。加快房地产税立法并适时推进改革，加快资源税改革，推动环境保护费改税。按照统一税制、公平税负和促进公平竞争的原则，加强对税收优惠特别是区域税收优惠政策的规范管理。税收优惠政策统一由专门税收法律、法规规定，清理规范税收优惠政策。完善国税、地税征管体制。保持现有中央和地方财力格局总体稳定，结合税制改革，考虑税种属性，进一步理顺中央和地方收入划分。论及完善人民代表大会制度时提出：落实税收法定原则。论及收入分配问题时提出：完善以税收、社会保障、转移支付为主要手段的再分配调节机制，加大税收调节力度。完善慈善捐助减免税制度，支持慈善事业发挥扶贫济困积极作用。论及实行资源有偿使用制度和生态补偿制度时提出：坚持使用资源付费和谁污染环境、谁破坏生态谁付费原则，逐步将资源税扩展到占用各种自然生态空间。

12月10日至13日，中共中央、国务院在北京召开中央经济工作会议。会议提出：2014年要继续实施积极的财政政策和稳健的货币政策；完善结构性减税政策，扩大“营改增”试点行业；大力调整产业结构，完善促进企业创新的税收政策。

二、重要税收政策和税收措施

1月1日，国务院发布《能源发展“十二五”规划》。规划中提出：加快推进能源资源税改革，逐步理顺国家与开发主体、中央与地方资源收益分配关系。推进煤炭税费综合改革，清理各类违规收费，逐步推行资源税从价计征。强化能源消费环节税收调节，完善化石能源的消费税，加快环境保护税立法工作。完善鼓励优质能源和能源密集型产品进口、限制出口的税收政策。

1月15日，国务院发布《“十二五”国家自主创新能力建设规划》。规划中提出：加强产业政策、财税政策和金融政策等与创新能力建设的衔接协调；进一步研究并完善支持企业创新和科研成果产业化的财税、金融政策，全面落实企业研发费用加计扣除，研发仪器、设备加速折旧，进口国内不能生产的研发设施税收减免等激励政策。

1月23日，国务院发布《循环经济发展战略及近期行动计划》。计划中提出：继续落实和完善资源综合利用税收优惠政策。研究制定并完善促进再生资源回收体系建设的税收政策。研究完善减少使用一次性消费品的税收政策。对于国内不能生产、国家鼓励引进的循环经济技术装备，在规定范围以内减免进口关税。研究完善鼓励资源性产品进口的关税政策。积极推进环境税费改革。

1月28日，经国务院批准，国务院办公厅发布《关于强化企业技术创新主体地位全面提升企业创新能力的意见》。意见中提出：对于企业国家重点实验室、国家工程（技术）研究中心、国家认定的企业技术中心和科技类民办非企业单位，根据相关规定给予进口科技开发用品和科教用品的税收优惠政策；完善和落实企业研发费用税前加计扣除政策，加大企业研发设备加速折旧政策的落实力度；完善高新技术企业认定办法，落实税收优惠政策。

2月5日，国务院发布《关于推进物联网有序健康发展的指导意见》。意见中提出：支持符合现行软件和集成电路税收优惠政策条件的物联网企业按照规定享受相关税收优惠政策。经认定为高新技术企业的物联网企业，按照规定享受相关所得税优惠政策。

5月24日，经国务院批准，财政部、国家税务总局发出《关于在全国开展交通运输业和部分现代服务业营业税改征增值税试点税收政策的通知》，自当年8月1日起执行。上述交通运输业，包括陆路运输（暂不包括铁路运输）、水路运输、航空运输和管道运输，适用税率为11%；上述部分现代服务业，包括研发和技术服务、信息技术服务、文化创意服务、物流辅助服务、有形动产租赁服务、鉴证咨询服务和广播影视服务，有形动产租赁服务适用税率为17%，其他项目适用税率为6%。

8月8日，经国务院批准，国务院办公厅发布《关于金融支持小微企业发展的实施意见》。意见中提出：充分发挥支持性财税政策的引导作用，强化对小微企业金融服务的正向激励；在简化程序、扩大金融机构自主核销权等方面，支持小微企业不良贷款核销。

9月10日，国务院发布《大气污染防治行动计划》。计划中提出：研究将部分“两高”行业产品纳入消费税征收范围；完善“两高”行业产品出口退税政策和资源综合利用税收政策；积极推进煤炭等资源税从价计征改革；符合税法规定、使用专用设备和建设环境保护项目的企业、高新技术企业，可以享受企业所得税优惠。

9月29日，根据企业所得税法及其实施条例等法规，商科技部同意，财政部、国家税务总局发出《关于研究开发费用税前加计扣除有关政策问题的通知》，自当年起执行。通知中规定：企业从事研究开发活动发生的下列费用支出，可以纳入税前加计扣除的研究开发费用范围，包括企业按照国务院有关主管部门或者省级人民政府规定的范围和标准为在职直接从事研究开发费用活动人员缴纳的基本养老保险费、基本医疗保险费、失业保险费、工伤保险费、生育保险费和住房公积金，专门用于研究开发活动的仪器、设备的运行维护、调整、检验和维修等费用，不构成固定资产的样品、样机和一般测试手段购置费，新药研制的临床试验费，研究开发成果的鉴定费用。

12月12日，财政部、国家税务总局发出《关于将铁路运输和邮政业纳入营业税改征增值税试点的通知》。通知中说：经国务院批准，自2014年1月1日起，铁路运输和邮政业纳入营业税改征增值税（以下称“营改增”）试点。结合交通运输业和部分现代服务业“营改增”试点中反映的问题，我们对“营改增”试点政策进行了修改完善，现将有关试点政策一并印发。随通知附发的文件有：《营业税改征增值税试点实施办法》、《营业税改征增值税试点有关事项的规定》、《营业税改征增值税试点过渡政策的规定》和《应税服务适用增值税零税率和免税政策的规定》。铁路运输和邮政业的增值税税率均为11%。

三、进出口税收、外商投资税收和国际税收关系

1月1日，中国政府于2009年5月14日、2012年6月16日分别与埃塞俄比亚、丹麦两国政府签订的关于避免对所得双重征税和防止偷漏税的协定开始执行。

同日国务院发布的《能源发展“十二五”规划》提出：完善鼓励优质能源和能源密集型产品进口、限制出口的税收政策。

1月10日，根据2012年6月28日国务院发布的《关于支持赣南等原中央苏区振兴发展的若干意见》，财政部、海关总署和国家税务总局发出《关于赣州市执行西部大开发税收政策问题的通知》。通知中规定：（1）赣州市内资鼓励类产业、外商投资鼓励类产业和优势产业的项目在投资总额以内进口的自用设备，在政策规定范围以内免征关税。（2）自2012年至2020年，设在赣州市的鼓励类产业的内资企业和外商投资企业减按15%的税率征收企业所得税。

1月15日国务院发布的《“十二五”国家自主创新能力建设规划》提出：全面落实企业进口国内不能生产的研发设施税收减免等激励政策。

1月22日，中国政府与厄瓜多尔政府签订关于避免对所得双重征税及防止偷漏税的协定。

1月23日国务院发布的《循环经济发展战略及近期行动计划》提出：对于国内不能生产、国家鼓励引进的循环经济技术装备，在规定范围以内减免进口关税；研究完善鼓励资源性产品进口的关税政策。

1月28日国务院办公厅发布的《关于强化企业技术创新主体地位全面提升企业创新能力的意见》提出：对于企业国家重点实验室、国家工程（技术）研究中心、国家认定的企业技术中心和科技类民办非企业单位，根据相关规定给予进口科技开发用品和科教用品的税收优惠政策。

3月25日，财政部、工业和信息化部、海关总署、国家税务总局发出《关于调整重大技术装备进口税收政策有关目录的通知》。通知中规定：自4月1日起，符合规定条件的国内企业为生产国家支持发展的直流场设备、高速铁路信号系统、生活垃圾精分选成套系统装备、举高消防车、染色机、新型农业机械、太阳能电池设备、集成电路关键设备、新型平板显示器件生产设备、锂离子动力电池设备和电子元器件生产设备等装备，确有必要进口的部分关键零部件、原材料，免征关税和进口环节增值税。同时，取消液压支架等装备进口关键零部件和原材料的免税规定，调整部分装备的技术规格要求和部分装备的进口零部件清单。

5月20日，根据国务院关于横琴开发有关政策的文件，财政部、海关总署和国家税务总局发出《关于横琴开发有关进口税收政策的通知》。通知中规定：（1）对从境外进入横琴与生产有关的下列货物实行备案管理，给予免税：横琴区内（以下简称区内）生产性的基础设施建设项目所需的机器、设备和建设生产厂房、仓储设施所需的基建物资，区内生产企业运营所需的机器、设备、模具及其维修用零配件，区内从事研发设计、检测维修、物流、服务外包等企业进口所需的机器、设备等货物。（2）对从境外进入横琴与生产有关的下列货物实行备案管理，给予保税：区内企业为加工出口产品所需的原材料、零部件、元器件、包装物料和消耗性材料，区内物流企业进口用于流转的货物。

5月31日，中国政府与荷兰政府签订新的关于避免对所得双重征税和防止偷漏税的协定。

7月26日，经国务院批准，国务院办公厅发布《关于促进出口稳增长、调结构的若干意见》。该文件中提出：加大出口退税支持力度，在防止骗退税的基础上，进一步提高退税审核效率，加快退税进度，保证及时足额退税；充分发挥外贸综合服务企业的作用，为中小民营企业出口提供通关、融资和退税等服务；结合“营改增”范围扩大，创造条件，对服务出口实行零税率。

8月21日，经国务院批准，国务院办公厅转发商务部、财政部和国家税务总局等9个部门报送的《关于实施支持跨境电子商务零售出口有关政策的意见》。意见中提出：对于符合条件的电子商务出口货物实行增值税、消费税免税或者退税政策，具体办法由财政部、国家税务总局商有关部门另行制定。12月30日，财政部、国家税务总局据此发出《关于跨境电子商务零售出口税收政策的通知》，自2014年1月1日起执行。通知中规定：电子商务出口企业出口货物，符合规定条件的，适用增值税、消费税退（免）税或者免税规定。

8月27日，中国国家税务总局王军局长代表本国政府在法国巴黎经济合作与发展组织总部签署《多边税收征管互助公约》。该公约是一项旨在通过国际税收征管互助应对和防范跨境逃避税、维护公平税收秩序的多边条约，由合作与发展组织和欧洲委员会于1988年发起，2010年修订以后向所有国家开放。

9月5日，习近平主席在俄罗斯圣彼得堡举行的二十国集团领导人峰会第一阶段会议上，就世界经济形势作了题为《共同维护和发展开放型世界经济》的发言。他在发言中指出：中国支持加强多边反避税合作，愿为健全国际税收治理机制尽一份力。中国将加强市场体系建设，推进宏观调控、财税、金融、投资、行政管理等领域体制改革，更加充分地发挥市场在资源配置中的基础性作用。

9月10日国务院发布的《大气污染防治行动计划》中提出：完善“两高”行业产品出口退税政策。

9月18日，国务院发布《中国（上海）自由贸易试验区总体方案》，其中提出了下列税收措施：

（1）注册在试验区的企业和个人股东，因非货币性资产对外投资等资产重组产生的资产评估增值部分，可以在5年期限以内分期缴纳所得税。试验区内的企业以股份和出资比例等股权形式给予企业高端人才和紧缺人才的奖励，实行在中关村等地区试点的股权激励个人所得税分期纳税制度。

（2）将试验区内注册的融资租赁企业和金融租赁公司在试验区内设立的项目子公司纳入融资租赁出口退税试点范围。试验区内注册的国内租赁公司和租赁公司设立的项目子公司，经国家有关部门批准从境外购买空载重量25吨以上并租赁给国内航空公司的飞机，享受相关进口环节增值税优惠。设在试验区内的企业生产、加工并经“二线”销往内地的货物照章征收进口环节增值税、消费税。根据企业申请，试行对该内销货物按照其对应进口料件或者按照实际报验状态征收关税的政策。在现行政策框架下，试验区内生产企业和生产性服务业企业进口机器、设备等货物免税，法定不予免税的货物除外。

（3）完善启运港退税试点制度，适时研究扩大启运地、承运企业和运输工具等试点范围。

（4）在符合税制改革方向和国际惯例、不导致利润转移和税基侵蚀的前提下，积极研究完善适应境外股权投资和离岸业务发展的税收政策。

10月15日，财政部、海关总署和国家税务总局根据上述文件发出《关于中国（上海）自由贸易试验区有关进口税收政策的通知》。

9月25日，中国政府与瑞士联邦委员会签订新的关于避免对所得和财产双重征税的协定。

11月26日，中国政府与法国政府签订新的关于避免对所得双重征税和防止偷漏税的协定。

同日发表的《首次中法高级别经济财金对话联合声明》中说：中法双方大力支持二十国集团关于应对税基侵蚀与利润转移问题以及促进税收透明度和自动情报交换的有关工作。双方鼓励所有税收管辖区进行税收情报自动交换和按需交换。双方将加强在税收透明度和情报交换全球论坛中的合作，深化双边税收政策协调方面的对话，并特别关注发展中国家从更加透明公正的国际税收体系中获益。

12月19日，经国务院批准，国务院办公厅发布《关于加快飞机租赁业发展的意见》。意见中提出：租赁企业一般贸易项下进口飞机并租给国内航空公司使用的，享受与航空公司进口飞机同等的税收优惠；暂定5年以内免征飞机租赁企业购机环节购销合同印花税。

据财政部统计，2013年，随着中国进出口贸易的变化，增值税、消费税进口环节的征税额从2012年的14802.2亿元减少到14004.6亿元，下降了5.4%；出口退税额从2012年的10428.9亿元增加到10518.9亿元，仅增长了0.9%。

四、税收法制和税收管理

1月1日，根据2012年11月9日国务院公布的《关于修改和废止部分行政法规的决定》，《中华人民共和国固定资产投资方向调节税暂行条例》即日起废止，中国现行税制的税种从此减少为18种。

同日，根据国务院的决定，财政部、国家发展和改革委员会发出《关于公布取消和免征部分行政事业性收费的通知》，国家税务总局发出《关于取消发票工本费有关问题的通知》，发票工本费即日起取消。

1月5日，根据税收征管法、车船税法等法规，国家税务总局、交通运输部公布《船舶车船税委托代征管理办法》，自当年2月1日起施行。

2月8日，国家税务总局发布《关于加强纳税人权益保护工作的若干意见》。意见中提出：要提高认识，高度重视纳税人权益保护工作；强化措施，夯实纳税人权益保护基础；强化保障，全面提升纳税人权益保护工作效率。

同日，根据国务院发布的发票管理办法，国家税务总局公布《网络发票管理办法》，自当年4月1日起施行。

4月15日，第十二届全国人大常委会第二次委员长会议通过全国人大常委会2013年立法工作计划，列入立法预备项目、视情况在2013年或者以后年度安排审议项目中有单行税法。

5月10日，根据税收征管法及其实施细则和发票管理办法，国家税务总局公布《委托代征管理办法》，自当年7月1日起施行。办法包括总则、委托代征的范围和条件、委托代征协议的生效和终止、委托代征管理职责、法律责任和附则，共6章30条。

5月15日，国务院发布《关于取消和下放一批行政审批项目等事项的决定》。决定中规定：取消《中华人民共和国税收征收管理法实施细则》中关于税务机关核准纳税人申报方式的规定、《中华人民共和国发票管理办法》（实为国家税务总局发布的该办法实施细则——本文作者注）中关于国家税务总局审批印制有本单位名称发票的规定和科技部、财政部、国家税务总局关于非营利性科研机构认定的规定。

5月17日，经国务院批准，国务院办公厅发布《国务院2013年立法计划》，其中将提请全国人大常委会修订税收征管法和制定环境保护税法列为预备项目。

6月29日，第十二届全国人民代表大会常务委员会第三次会议通过《全国人民代表大会常务委员会关于修改〈中华人民共和国文物保护法〉等十二部法律的决定》，其中将《中华人民共和国税收征收管理法》中税务机关受理税务登记申报以后30日之内办理的规定改为当日办理。

7月18日，国务院公布《关于废止和修改部分行政法规的决定》，自当日起施行。决定中有关税收的内容如下：（1）将《中华人民共和国税收征收管理法实施细则》第二十三条修改为："生产、经营规模小又确无建账能力的纳税人，可以聘请经批准从事会计代理记账业务的专业机构或者财会人员代为建账和办理账务。"（2）删去第三十条第一款中的"经税务机关批准"。

10月30日，新华社授权发布十二届全国人大常委会立法规划。其中，预算法（修改）、增值税法等若干单行税法、税收征收管理法（修改）列入第一类项目，即条件比较成熟、任期内拟提请审议的法律草案。

11月8日，国务院发布《关于取消和下放一批行政审批项目的决定》。在取消的行政审批项目中，海关总署国家税务总局管理的税收项目各有2个；在下放管理的行政审批项目中，国家税务总局管理的税收项目有5个，涉及关税、企业所得税、城镇土地使用税和税收征管等方面。

12月7日，国务院公布《关于修改部分行政法规的决定》，其中涉及税收的行政法规如下：

（1）将《中华人民共和国城镇土地使用税暂行条例》第七条中的"由省、自治区、直辖市税务机关审核后，报国家税务局批准"修改为"由县以上地方税务机关批准"。

（2）将《中华人民共和国进出口关税条例》第

三十九条中的“经海关总署批准”修改为“经海关批准”。

12月25日，根据《中华人民共和国海关法》和《中华人民共和国进出口关税条例》，海关总署发布修改以后的《中华人民共和国海关审定进出口货物完税价格办法》，自2014年2月1日起施行。

12月30日，经国务院批准，国务院办公厅转发财政部报送的《关于调整和完善县级基本财力保障机制的意见》。意见中提出：县级政府要依法实施收入征管，清理各类自行制定的财税优惠政策，纠正越权减免税和随意批准缓税、欠税、包税以及征收“过头税”等违规行为。要合理增加财政收入规模，提高财政收入质量，提高税收收入占比，增强自我保障能力。

（中国税务报社　刘佐）

中国出入境检验检疫制度

中华人民共和国国家质量监督检验检疫总局（以下简称“国家质检总局”）是国务院主管全国质量、计量、出入境商品检验、出入境卫生检疫、出入境动植物检疫和认证认可、标准化等工作，并行使行政执法职能的正部级直属机构。

与国家质检总局职能关系密切的有两个协定，即世贸组织《技术性贸易壁垒协定》（TBT 协定）和《实施卫生与植物卫生措施协定》（SPS 协定）。中国自入世以来，积极遵循 WTO 相关规则的规定，制定修订并实施出入境检验检疫法律法规、规章、标准，形成了比较完善的出入境检验检疫制度，在保护人类健康和安全、保护动物或者植物的生命和健康、保护环境、防止欺诈行为、维护国家安全等方面发挥了积极作用。

一、中国出入境检验检疫法律法规依据

中国现行出入境检验检疫方面的法律法规主要是“四法三条例”，具体是：

（一）商检法及其实施条例

1989 年 2 月 21 日，第七届全国人民代表大会常务委员会第六次会议通过《中华人民共和国进出口商品检验法》，2002 年 4 月 28 日第九届全国人民代表大会常务委员会第二十七次会议修订，共 6 章 41 条。

商检法明确规定，为了加强进出口商品检验，保证商品质量，维护对外贸易有关各方的合法权益，促进对外经济贸易关系顺利发展，对进出口商品实施品质等检验。商检法是进出口商品检验和监督管理的法律依据，规定国家商检部门根据保护人类健康和安全、保护动物或者植物的生命和健康、保护环境、防止欺诈行为、维护国家安全的原则，制定、调整并公布实施必须实施检验的进出口商品目录，列入目录的进口商品未经检验不准销售、使用；列入目录的出口商品未经检验合格的不准出口。对必须经商检机构检验的进出口商品以外的进出口商品，商检法规定商检机构根据国家规定实施抽查检验。

（二）动植物检疫法及其实施条例

1991 年 10 月 30 日，第七届全国人民代表大会常务委员会第二十二次会议通过《中华人民共和国进出境动植物检疫法》，共 8 章 50 条。

动植物检疫法是进出境动植物检疫和监督管理的法律依据，明确了进出境的动植物、动植物产品和其他检疫物，装载动植物、动植物产品和其他检疫物的装载容器、包装物，以及来自动植物疫区的运输工具，应接受动植物检疫机关的检疫和监管。输入动物、动物产品、植物种子、种苗及其他繁殖材料的，必须事先办理检疫审批手续，并在进境时接受检疫，检疫合格的，准予入境。输出动植物、动植物产品和其他检疫物，由动植物检疫机关实施检疫，经检疫合格或者经除害处理合格的，准予出境。来自动植物疫区的船舶、飞机、火车抵达口岸时，由动植物检疫机关实施检疫。

（三）卫生检疫法及其实施细则

1986 年 12 月 2 日，第六届全国人民代表大会常务委员会第十八次会议通过《中华人民共和国国境卫生检疫法》，2007 年 12 月 29 日第十届全国人民代表大会常务委员会第三十一次会议修订，共 6 章 28 条。

卫生检疫法是国境卫生检疫和监督管理的法律依据，明确了入境或出境的人员、交通工具、运输设备以及可能传播检疫传染病的行李、货物、邮包等物品，都应当接受检疫，经国境卫生检疫机关许可，方准入境或者出境。入境的交通工具和人员，必须在最先到达的国境口岸的指定地点接受检疫；出境的交通工具和人员，必须在最后离开的国境口岸接受检疫。国境卫生检疫机关对入境或出境的人员实施传染病监测，并且采取必要的预防、控制措施，对国境口岸的卫生状况和停留在国境口岸的入境、出境的交通工具的卫生状况实施卫生监督。

（四）食品安全法

2009 年 2 月 28 日，第十一届全国人大常委会第七次会议通过《中华人民共和国食品安全法》，共 10 章 104 条。2009 年 7 月 20 日，国务院颁布《食品安全法实施条例》，共 10 章 64 条。

食品安全法明确规定了出入境检验检疫机构在食品进出口环节的职责。进口的食品应当经出入境

检验检疫机构检验合格，出口的食品由出入境检验检疫机构进行监督、抽检。向我国境内出口食品的出口商或者代理商应当向国家出入境检验检疫部门备案。向我国境内出口食品的境外食品生产企业应当经国家出入境检验检疫部门注册，出口食品生产企业和出口食品原料种植、养殖场应当向国家出入境检验检疫部门备案。国家出入境检验检疫部门收集、汇总进出口食品安全信息，并及时通报相关部门、机构和企业。国家出入境检验检疫部门建立进出口食品的进口商、出口商和出口食品生产企业的信誉记录，并予以公布。对有不良记录的进口商、出口商和出口食品生产企业，加强对其进出口食品的检验检疫。

其他与出入境检验检疫相关的法律法规还有《中华人民共和国认证认可条例》、《中华人民共和国农产品质量安全法》等，以上法律法规共同构成了我国出入境检验检疫的法律体系。

二、中国国家质检总局检验检疫方面的职责和机构设置

质检总局在出入境检验检疫方面的职责主要是：组织起草有关检验检疫方面的法律、法规草案，研究拟定检验检疫工作的方针政策，制定和发布有关规章、制度；组织实施与检验检疫相关的法律、法规，指导、监督检验检疫的行政执法工作。

拟定出入境检验检疫综合业务规章、制度；负责口岸出入境检验检疫业务管理；负责商品普惠制原产地证和一般原产地证的签证管理。

组织实施出入境卫生检疫、传染病监测、卫生监督工作；管理国外疫情的收集、分析、整理，提供信息指导和咨询服务。

组织实施出入境动植物检疫和监督管理；管理国外重大动植物疫情的收集、分析、整理，提供信息指导和咨询服务；依法负责出入境转基因生物及其产品的检验检疫工作。

组织实施进出口食品和化妆品的安全、卫生、质量监督检验和监督管理；管理进出口食品和化妆品生产、加工单位的卫生注册登记和备案，管理出口企业对外卫生注册工作。

组织实施进出口商品法定检验和监督管理；监督管理进出口商品鉴定和外商投资财产价值鉴定；管理国家实行进口许可制度的民用商品的入境验证工作；审批法定检验商品免验和组织办理复验；组织进出口商品检验检疫的前期监督和后续管理；管理出入境检验检疫标志（标识）、进口安全质量许可、出口质量许可，并负责监督管理。依法审批并监督管理涉外检验、鉴定机构（含中外合资和合作的检验、鉴定机构）。

管理与协调质量监督检验检疫方面的国际合作与交流；代表国家参加与质量监督检验检疫有关的国际组织或区域性组织，签署并负责执行有关国际合作协定、协议和议定书，审批与实施有关国际合作与交流项目；按规定承担技术性贸易壁垒协议和卫生与植物卫生措施协定的实施、通报和咨询工作。

为履行出入境检验检疫职能，国家质检总局在全国31省（自治区、直辖市）共设有35个直属出入境检验检疫局，海陆空口岸和货物集散地设有近300个分支局和200多个办事处，共有检验检疫人员5万余人。质检总局对出入境检验检疫机构实施垂直管理。

三、中国出入境检验检疫工作的主要内容

出入境检验检疫工作的基本原则是保护人类健康和安全、保护动物或者植物的生命和健康、保护环境、防止欺诈行为、维护国家安全。国家质检总局依法制定《出入境检验检疫机构实施检验检疫的进出境商品目录》（以下简称《目录》），对出入境货物、交通工具和人员实施检验检疫通关管理，在口岸对出入境货物实行“先报检，后报关”的检验检疫货物通关管理模式。在非口岸，实施产地检验，口岸查验、换证放行通关管理模式。

（一）防止疫病疫情传播

通过对出入境人员、货物、交通工具等实施检验检疫，防止各种严重传染病及其传播媒介的传播。其中对出境人员实行健康体检，预防接种，确保出境人员健康；对入境人员查验健康证书，实施健康监测，及时发现染疫人员，采取相应措施。经过多年的实践，特别是经过抗击非典、高致病性禽流感、鼠间疫情、登革热以及甲型H1N1流感等严重疫病疫情，出入境检验检疫机构形成了查验体温、疑似病例报告、染疫人员应急处理以及口岸值班制度、紧急情况报告制度等口岸卫生查验体系，

完善突发事件紧急处置机制，形成了设施齐全、功能齐备、运转高效、反应灵敏、应对有力的口岸突发事件防御体系。

（二）防止有害生物传入传出

通过对出入境动植物及其产品和运输工具、集装箱、木制包装物等的检验检疫，防止有害生物和动植物疫病疫情传入传出。其中对出入境的动植物及其产品需经过风险分析、双边市场准入、强制隔离检疫、检疫处理，对来自疫区的入境运输工具和集装箱进行消杀灭处理，对查出疫情的产品予以退回、销毁或无害化处理。我国基本建立了严格科学的防止有害生物入侵体系，并在全国进行了大范围的疫情监测，以切实保证农业生产、生态安全和经济安全。

（三）防止有毒有害物质入境

针对入境货物携带有毒有害物质，特别是前些年进口废物原料夹带生活垃圾和废钢铁放射超标，国外废旧淘汰机电产品大量进境等情况，检验检疫部门加强了对有毒有害物质的防范，加强了对进口废物原料供货企业的管理，全面实施了装运前检验和到岸查验制度，对不符合我国环保要求的废物原料一律实行退运处理。与有关部门联合对废旧机电产品进口加强了管理，实施了废旧机电产品到岸逐一检查制度，对未经审批和不符合规定的废旧机电产品禁止入境，严厉打击非法入境行为。

（四）防止进出口商品质量安全事件发生

实施出入境检验检疫制度，一方面可确保出口商品的质量，维护国家利益和国家形象；另一方面可防止不合格商品进入我国，保护消费者健康安全。为了提高进出口商品质量，特别是保证高风险的农产品、食品质量安全，保证大宗原料质量和保证我国急需的重要设备质量，分别实行了强制性认证、卫生注册、生产过程监管、口岸查验、境外预检、风险预警、驻厂检验检疫等措施。各级检验检疫机构还帮助企业完善质量管理，提高生产工艺，积极采用先进标准，建立健全企业自检体系。同时积极向企业提供国外有关规定，国际市场信息，促使企业严格按照国外标准进行生产，提高质量。

（国家质量监督检验总局通关司综合处处长　张东）

中国进出口信贷制度

2013 年，在世界经济延续缓慢复苏态势，增速在 2012 年的低水平上进一步回落，国际市场需求低迷，国际金融市场持续动荡，国际经济金融形势依然复杂多变的情况下，我国对外贸易和投资保持了较高水平和较快增长，一举成为世界第一货物贸易大国，作为首个货物贸易总额超过 4 万亿美元的国家，创造了世界贸易发展史的奇迹。面对错综复杂的国内外经济金融形势发展，中国的银行业金融机构紧紧围绕科学发展这个主题和加快转变经济发展方式这条主线，加大进出口信贷制度建设力度，积极支持进出口融资和“走出去”融资，为促进经济平稳较快发展、构建开放型经济新体制提供了有力保障。

一、进出口信贷业务蓬勃开展

2013 年，面对复杂严峻的国际经济形势，中国的进出口信贷坚持稳中求进的工作总基调，服务于对外经济合作和经济发展大局，对实体经济的发展提供了强有力的支持。

（一）出口信贷

出口信贷包括出口卖方信贷和出口买方信贷。其中，出口卖方信贷是我国银行为了支持我国资本性货物和服务的出口，而给予出口商的中长期融资便利。出口买方信贷是我国银行为了支持我国机电产品、成套设备、对外工程承包等资本性货物和服务的出口，而给予进口商或进口商银行的中长期融资便利。出口卖方信贷的借款人是出口国的国内出口商；出口买方信贷的借款人通常为贷款行认可的进口商、进口方银行或进口国主权级借款人（如财政部、中央银行等）。在出口信贷中，贷款行根据借款人的资信状况、借款金额、期限、担保方式等因素，自主确定贷款利率，并按照一定的费率征收管理费、承担费等费用。

出口卖方信贷方面，中国进出口银行 2013 年全年新签约贷款 2013.08 亿元，放款 1924.09 亿元，年末贷款余额 3995.59 亿元，比年初增加 215.86 亿元。

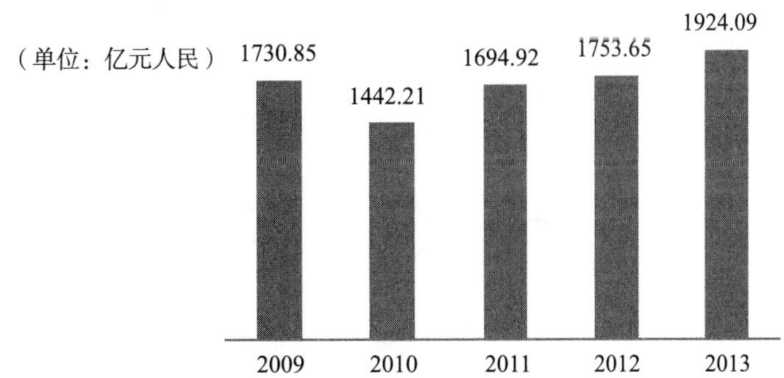

出口卖方信贷实际发放贷款发展示意图

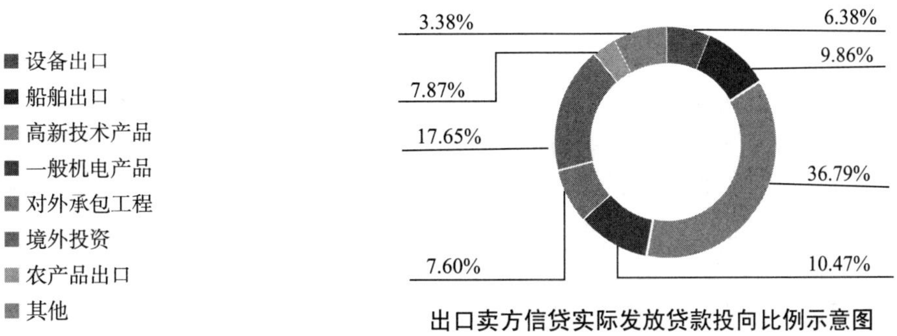

出口卖方信贷实际发放贷款投向比例示意图

出口买方信贷方面，中国进出口银行 2013 年全年新签出口卖方信贷项目金额 316.1 亿元，放款 542.98 亿元。年末贷款余额 1897.68 亿元，较年初增加 310.97 亿元。

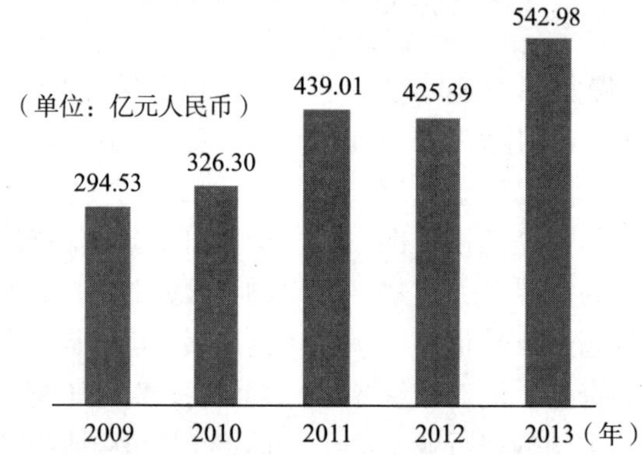

出口买方信贷实际发放贷款发展示意图

（二）进口信贷

进口信贷是指我国银行为我国企业从境外进口资本性货物以及相关配套建设、资源和能源以及企业生产经营所需产品的贷款。随着我国经济的快速发展，部分企业积极向供应链上游延伸，从国际市场进口先进的设备、技术、服务以及原材料等，以降低企业生产成本，提高企业的市场竞争能力，为进口信贷的发展拓宽了空间。

2013 年，中国进出口银行在进口信贷业务方面全年新签约贷款 1721.74 亿元，放款 1769.85 亿元，年末贷款余额 3307.06 亿元，比年初增加 588.91 亿元。

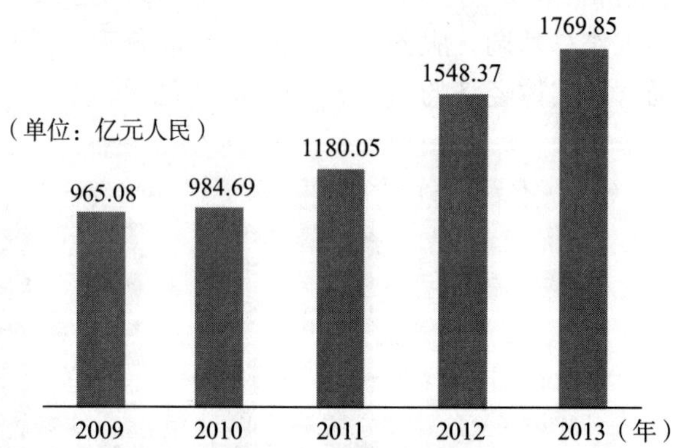

进口信贷实际发放贷款发展示意图

二、遵守世界贸易组织有关出口信贷的制度规则

中国的进出口信贷，是按照市场化原则确定信贷条件，开展信贷业务，坚持项目长期财务可持续发展的原则，在全面履行加入世界贸易组织承诺的同时，中国银行业自身的业务水平和竞争能力也得到了显著提高。在办理出口信贷业务时，中国的银行业金融机构除遵守国家有关的法律法规和监管部门的管理规定外，还在我国承诺的基础上，遵守 WTO 框架下的有关规定；此外，对于官方出口信用机构，其出口买方信贷业务还遵照经济合作与发展组织（Organization for Economic Co-operation and Development，以下简称 OECD）的《官方支持出口信贷的安排》（Arrangement on Officially Supported Export Credits，即通常所说的“君子协定”）等国际惯例的规定。

（一）《补贴与反补贴措施协定》

世界贸易组织（WTO）《补贴与反补贴措施协定》（Agreement on Subsides and Counter-vailing Measures，以下简称 SCM 协定）中对出口信贷的补贴问题做出了明确规定。根据 SCM 协定，满足以下三个条件的出口信贷构成 WTO 所禁止的补贴行为：（1）由政府或公共机构提供；（2）具有法律专向性或事实专向性；（3）授予了利益。但是，如果出口信贷是由经济合作与发展组织（OECD）《官方支持出口信贷的安排》（“君子协定”）的成员方所提供，或者出口信贷实施了“君子协定”规定的利率条款，则此等出口信贷不构成禁止性补贴（以下简称“安全港”条款）。

（二）《官方支持出口信贷的安排》（“君子协定”）

《官方支持出口信贷的安排》（“君子协定”）由于在官方支持的出口信贷领域的重要影响，已经成为一项国际惯例，为许多国家或出口信贷机构所遵从。同时，由于SCM协定中纳入“君子协定”的有关内容，因此“君子协定”在国际补贴与反补贴领域也起着重要的作用。“君子协定”旨在鼓励出口商之间以出口货物和服务的质量和价格，而不是以最优惠的融资条件进行竞争，它为有序使用官方支持的出口信贷提供基本框架。从性质上看，“君子协定”只是参加国之间道义上的协议安排，不属于国际条约的范畴，没有国际法约束力。

“君子协定”适用于由政府或代表政府为货物和/或服务出口（包括融资租赁）提供的、还款期在2年或2年以上的所有官方支持以及约束性援助贷款（其中第四章中规定的程序也适用于与贸易有关的非约束性援助贷款），不适用于军用设备和农产品。2014年1月，OECD发布了最新一版的《官方支持出口信贷的安排》（以下简称《安排》），其在第二章规定了出口信贷的融资条款，包括官方支持的最大限度、最长还款期、本息偿还、利率和费用等，其中，以商业参考利率CIRR为基准的官方融资支持下的最低固定利率，是SCM协定“安全港”条款关注的核心内容。

《安排》的附件是对《安排》主体协议的重要补充，与主体协议构成了一个有机联系的整体。《安排》的几个重要附件主要对一些比较特殊的资本货物出口信贷，如船舶出口信贷、核电站出口信贷、民用航空器出口信贷等做出了规定。2014年1月版的《安排》主要新增了〈2014年关于铁路基础设施出口信贷的部门谅解〉（2014 Sector Understanding on Export Credits for Rail Infrastructure，以下简称RSU）作为其附件五。RSU主要在主体协议基础上就新建铁路基础设施项目的融资条款（主要是最长还款期）进行了一定调整，适用于重要铁路基础设施资产的出口合同，包括铁路控制、电气化、轨道、车辆和相关施工工作。其目的在于适应发达国家和发展中国家的公共部门及出口商不同的需要，同时促进铁路这种交通方式的使用，以应对资源紧缺、燃料价格以及环境的变化。

三、进一步加强对绿色信贷的支持力度

银行业践行绿色信贷，既是落实科学发展观、主动履行社会责任的具体体现，也是防范信贷风险、加快转型发展的必由之路。2013年，中国的银行业金融机构在进出口信贷中秉承“可持续发展”的理念，从战略高度推进绿色信贷工作，根据《赤道原则》等国际准则，进一步完善了绿色信贷制度，加大对节能环保项目的信贷支持力度，严控“两高一剩”行业和落后产能项目，将绿色信贷要求贯彻于整个信贷流程。

银监会在《中国银行业运行报告（2013年度）》中指出，2013年，银监会督促和引导银行业金融机构认真贯彻落实《国务院“十二五”节能减排综合性工作方案》（国发〔2011〕26号）、《国务院关于加强环境保护重点工作的意见》（国发〔2011〕35号）、《国务院关于加快发展节能环保产业的意见》（国发〔2013〕30号）等政策要求，积极开展绿色信贷业务，加大对绿色经济、低碳经济、循环经济的支持力度，推进可持续发展。银监会印发《关于绿色信贷工作的意见》（银监办发〔2013〕40号）等文件，要求银行业金融机构进一步完善绿色信贷政策制度体系，建立绿色信贷统计制度，完善绿色信贷考核评价体系。建立健全信息共享机制，推动银行业金融机构加强与行业主管部门的沟通联系，主动了解产能过剩行业准入等信息，及时掌握淘汰落后产能、环境违法、土地和岸线管理违规等企业名单，并纳入信贷管理。

在监管机构的引导下，2013年，各银行业金融机构树立了绿色信贷理念，并将其作为自身经营战略的重要组成部分，进一步完善了绿色信贷制度，特别是对“两高一剩”行业的授信政策、授信指导意见及实施细则等，细化了信贷审批条件，明确了准入和退出制度。将节能环保等绿色信贷要求嵌入业务全流程，在客户准入、贷前调查、授信审批、合同签订、贷款支付及贷后管理等方面均细化落实绿色信贷相关要求，将节能、环保、安全与社

会风险纳入客户及项目风险的重要评价内容，确保项目节能环保方面的合规性、完整性和相关程序的合法性。在提升对节能环保领域信贷支持力度的同时，还加大了对“两高一剩”、落后产能企业和项目贷款的控制和管理力度。各机构从严制定“两高一剩”等高风险行业的准入标准和授信条件，实施名单制管理和限额管理，逐步压缩和退出国家产业政策明令限制、淘汰的落后产能项目，禁止介入不符合国家政策、环保不达标、审批手续不齐全的项目。

四、开展出口信贷规则的国际谈判，积极应对出口信贷面临的挑战

近年来，特别是金融危机以来，美国经济复苏乏力，欧洲主权债务危机加深，而中国经济在世界经济中的地位进一步突出，现已经成为世界第一货物贸易大国。美欧对我国出口信贷的关注和质疑不断加深，指责我国依靠提供低成本贷款，为中国企业提供补贴，借以占领国际市场份额，反补贴调查逐渐成为美欧等国家打击和遏制我国出口信贷和产品出口的重要武器。2013 年 4 月，欧盟对我国光伏玻璃产品发起反补贴立案调查，9 月，美国商务部决定对中国出口的三氯异氰尿酸发起反补贴调查。在这些反补贴调查中相当一部分内容涉及出口信贷，相关银行业金融机构对有关问卷内容做出了回答。

WTO 规则是一个跨学科、跨领域的庞大的法律规则体系，在出口信贷与反补贴方面，利益的争夺与博弈正在越来越多地转化为规则和法律的争执。我们必须基于 WTO 及其规则本身，深刻了解和合理利用这些规则，积极参与规则谈判与制定，争取规则利益。目前，我国正在与美国、欧盟、金砖国家以及一些发展中国家进行出口信贷规则的国际谈判，力争制定一套参与国均可接受的、照顾不同的国家利益和国情、与国际最佳实践一致的新的出口信贷国际规则，使规则为我所用，努力从国际经贸规则的“参与者”向“制定者”转变，积极应对挑战，保护我国发展的重要战略机遇期。

（中国进出口银行　高小吉）

中国政府采购制度

2013 年，我国政府采购制度改革不断深化，政府采购国际化进程稳步推进。

一、政府采购制度改革取得新进展

2013 年，全国政府采购金额达到 16381.1 亿元，占全国财政支出和 GDP 的比重分别为 11.7%和 2.9%，节约资金 1887 亿元，同时还进一步加大了改革创新力度，在完善制度建设、发挥政策功能、加强监督管理等方面取得了积极的成效。

（一）政府采购法律制度体系建设稳步推进

2013 年继续以完善法律体系架构、规范操作执行作为制度建设的重点，配合国务院法制办进一步修改完善政府采购法实施条例，并起草完成政府采购非招标采购方式管理办法，以规范性文件的形式出台了政府采购管理交易系统建设总体规划，用以规范政府采购业务基础数据，并发布政府采购品目分类目录。

（二）政府采购政策功能逐步强化

在支持中小企业方面，督促检查各地区、各部门落实《政府采购促进中小企业发展暂行办法》，深入推进政府采购信用担保试点工作。2013 年政府采购合同授予中小企业的总采购额为 12454 亿元，占采购总规模的 76%。在支持节能环保方面，两次调整公布新的“节能产品政府采购清单”和“环境标志产品政府采购清单”，全年全国强制和优先采购节能、环保产品规模比上年同期增幅达 43.6%和 52.7%。此外，与国内外专业机构合作开展了构建政府绿色采购体系的理论与实践研究。

（三）政府采购运行机制进一步完善

系统梳理中央单位预算、采购和支付等关键环节，强化政府采购预算执行管理，规范中央单位采购方式变更和采购进口产品审核工作，稳步推进中央单位的批量集中采购改革试点工作，制定统一采购标准、扩大实施范围，完善中央部门批量集中采购执行情况通报制度。同时，组织对部分中央、部门集中采购机构 2011－2012 年度工作考核，加强对集中采购工作的监管和指导，发布中央预算单位的批量集中采购管理暂行办法，协调推进批量集中采购与协议供货，选择部分品目进行新的协议供货办法。

（四）政府采购执行监管机制持续改进

进一步加大政府采购争议处理力度，建立与审计、监察等部门联合协作机制和违法行为公开曝光机制。落实中央纪委关于开展中介行业专项治理工作要求，对政府采购社会代理机构进行专项检查，整顿行业秩序，规范代理机构行为。有序开展信息化和标准化建设，正式运行中央政府采购评审专家监管系统。

二、政府采购国际化迈出新步伐

2013 年，财政部会同有关部门，以加入《政府采购协议》（GPA）谈判为主线，统筹兼顾其他多双边机制下的谈判和磋商，稳步推进政府采购市场开放进程，积极参与国际合作交流。

（一）按时提交第五份加入 GPA 出价

根据国务院部署，财政部会同有关部门研究起草了第五份出价，经国务院批准后于 12 月 31 日提交 WTO 秘书处，圆满履行了我国相关承诺。第五份出价一次性增加了 6 个省（市），大幅度降低工程门槛价，扩充了服务项目，缩短了实施期，并按照出价基本规范对相关内容做了调整，对参加方要价做出了积极回应。GPA 参加方对我国提交新出价给予充分肯定，同时希望我国进一步修改出价，进一步增加地方政府，扩大工程项目，并将承担公共职能的国有企业列入出价。

（二）积极与 GPA 参加方开展谈判

四次组团赴瑞士与美国、欧盟、加拿大、瑞士、韩国、日本等参加方就我国加入 GPA 开展多双边谈判。在 WTO 政府采购委员会会议上，通报了我国的出价工作进展，表明了我国加入 GPA 的立场，妥善回应参加方关切。还与欧盟分别在北京和布鲁塞尔开展了两次工作会谈，重点就公用事业管理体制、国有企业出价以及有关政府采购法律政策等进行磋商。GPA 参加方对我国积极开展谈判给予高度肯定，对我国加入 GPA 面临的困难表示理解，希望我国加快谈判进程，早日加入 GPA。

（三）统筹做好其他多双边机制交流磋商

在第 5 届中美战略与经济对话期间，就我国加入 GPA 改进出价议题与美国开展深入磋商，稳妥应对美方关于国有企业和公共工程的重点关切。在第 24 届中美商贸联委会期间，经反复磋商，最终就我国加入 GPA 出价达成新的成果。在中欧财金对话框架下，与欧盟积极开展政府采购对话，围绕欧盟政府采购政策、中国政府采购改革、中国加入 GPA 等问题进行深入探讨。在中冰、中瑞、中韩和中日韩等自由贸易区框架下开展政府采购谈判。参与中美投资协定政府采购议题磋商。积极参与亚太经济合作组织（APEC）政府采购议题交流。

（四）积极开展国际交流合作

分别与 WTO 秘书处和欧盟联合举办政府采购研讨会，就 GPA 的新变化对中国加入进程的影响、GPA 有关规则及参加方实施情况，以及欧盟公用事业出价、中欧政府采购改革开展深入讨论。举办中韩政府采购交流，就政府采购制度改革，电子化采购等进行研讨。

（财政部国库司）

中国的自由贸易区建设

一、2013年中国自贸区谈判新进展

2013年，我们按照党的十八大提出的“加快实施自贸区战略”和十八届三中全会“以周边为基础加快实施自贸区战略，形成面向全球的高标准自贸区网络”的要求，充分利用两个市场、两种资源，积极推进与有关国家和地区的自贸区建设，完善自贸区整体布局，取得了新的突破。截至2013年底，中国已经签署和正在商谈的自贸区有18个，涵盖对外贸易总额的1/3。其中，已经签署的自贸协定有12个，涉及20个国家和地区；正在谈判的自贸协定有6个，涉及22个国家。我国已初步构建起横跨东西的周边自贸平台和辐射各洲的全球自贸网络。

（一）与欧洲国家自贸区建设取得重要突破

1. 顺利完成中国一冰岛自贸区谈判并签署协定

2013年4月15日，在李克强总理和冰岛总理西于尔扎多蒂共同见证下，商务部部长高虎城与冰岛外交外贸部长斯卡费丁松代表各自政府在北京签署了中国一冰岛自贸协定。该协定是中国与欧洲国家签署的第一个自贸协定，涵盖货物贸易、服务贸易、投资等诸多领域。

中冰自贸协定是一个高水平的协定，双方最终实施零关税的产品，按税目数衡量接近96%，按贸易量衡量接近100%。中冰自贸区的建成，不仅将为两国经贸合作建立制度性安排，有力推动双边经贸关系的持续健康发展，而且将对深化中欧经贸合作具有重要的示范意义。

2. 成功结束中国一瑞士自贸区谈判并签署协定

2013年5月，在李克强总理出访瑞士期间，中瑞双方宣布结束自贸区谈判。7月6日，商务部部长高虎城和瑞士联邦委员兼经济部长施耐德一阿曼在北京正式签署《中瑞自贸协定》。《中瑞自贸协定》是我国与欧洲大陆国家及西方重要经济体签署的第一个自贸协定，协定覆盖面广、开放水平高、优惠政策多，是一个高质量、宽领域、互利共赢的协定，也是近年来我国对外达成的最高水平、最为全面的自贸协定之一。

在货物贸易领域，我国和瑞士同意给予对方绝大多数产品零关税或低关税待遇。瑞方将在协定生效之日起，对中国绝大部分出口产品削减关税，涉及中国对瑞士出口额的99.99%，其中99.7%在协定生效之日起实施零关税；中方也做出了较高的市场开放承诺，对瑞方产品在一定过渡期内大幅削减关税，涉及瑞士对我国出口额的96.5%，其中最终实施零关税的产品金额占比为84.2%。在服务贸易领域，双方承诺加快服务贸易自由化和便利化进程。中方将扩大航空、环境、证券等服务领域的开放；瑞方承诺为中方商务人员办理签证及工作许可提供便利。特别是在环境保护、知识产权、政府采购等领域，中方按照求同存异的原则与瑞方进行谈判，形成了许多共识，展示了我国在国际经贸规则制定进程中积极开放的态度，为我国参与其他高水平的自贸区谈判奠定了较好的基础。

（二）与周边国家自贸区建设取得新进展

1. 推动东亚经济一体化建设进程

近年来，东亚地区经济快速发展，已成为全球经济增长的新引擎，也是区域经济合作最为活跃的地区之一。我国大力推动中韩、中日韩自贸区和区域全面经济伙伴关系协定（RCEP）谈判，积极倡议打造中国一东盟自贸区“升级版”，在东亚区域经济一体化进程中起到了重要作用。

一是中韩自贸区结束模式谈判。为落实中韩两国领导人共识，双方工作层密切沟通，快速推进谈判进程。2013年中韩自贸区举行了八轮谈判，就货物贸易降税模式达成共识，顺利进入出要价谈判阶段。双方还交换了其他领域的文本草案，为尽快结束谈判奠定了较好基础。

二是稳步推进中日韩自贸区。2013年中日韩三方共举行了三轮谈判，成立了15个工作组和专家组，全面铺开各项工作，深入开展各领域谈判。三方就谈判的基本模式和框架范围进行了讨论，基本完成了货物贸易模式磋商工作。

三是正式开始RCEP谈判。2013年RCEP举行了头两轮谈判，确定了谈判的职责范围，并成立了货物、服务和投资工作组以及原产地规则及海关

程序与贸易便利化两个小组。此外，各方还就经济合作、知识产权和竞争政策等议题展开了磋商。RCEP 包括东盟 10 国、澳大利亚、中国、印度、日本、韩国和新西兰共 16 个成员国，覆盖了世界一半的人口和全球 1/3 的生产总值，建成后将成为全球人口最多的自贸区。

四是推进中国—东盟自贸区“升级版”谈判。中国—东盟自贸区是中国与其他国家达成的第一个、也是最大的一个自贸区，同时也是东盟作为整体对外建立的第一个自贸区。2013 年 10 月 9 日，李克强总理在文莱出席中国—东盟领导人会议期间，倡议启动中国—东盟自贸区升级版谈判。目前，中方已向东盟方提交了升级版倡议草案，获得东盟方的积极评价。打造中国东盟自贸区升级版，将进一步提升双方贸易投资自由化、便利化水平，实现共同发展。

2. 加强与南亚国家自贸区建设

一是启动中国—斯里兰卡自贸区联合可行性研究。2013 年 5 月斯里兰卡总统拉贾帕克萨访华期间，与习近平主席和李克强总理达成了建设中斯自贸区的共识。8 月，中斯正式启动自贸协定联合可行性研究。10 月，双方举行了第一次可行性研究工作组会议，就工作机制、报告框架及主要内容等交换了意见。

二是举行中国－巴基斯坦自贸区第二阶段降税谈判第二次会议。2013 年 11 月，中巴双方在京召开了中巴自贸区第二阶段降税谈判第二次会议，就深化中巴自贸区建设交换了意见。

此外，中国还积极推进与海湾合作委员会、澳大利亚等的自贸区谈判，深入参与了《亚太贸易协定》第四轮关税减让谈判。

二、中国自贸区建设成效显著

中国自贸区建设促进了与自贸伙伴经贸关系的快速发展，通过自贸区提供的制度性保障，各方货物、服务、投资和人员流动政策更加透明更具预见性，提升了彼此经贸关系和经济融合，取得了互利共赢、共同发展的结果。从实施情况看，自贸区做大了贸易的“蛋糕”，促进了我国与自贸伙伴国家和地区的互利双赢。可以预计，随着自贸协定的深入实施，我国与有关国家和地区的贸易潜力有望进一步释放。

（一）自贸区促进了与自贸伙伴贸易和投资的增长

2013 年，中国与 18 个自贸伙伴（不含冰岛和瑞士）的贸易总额为 1.13 万亿美元，占我外贸总额的比重达 27%，贸易总额同比增长 13.9%，比对全球高出 6.3 个百分点。如不包括台港澳地区，我与 15 个自贸伙伴国的贸易总额为 5244.1 亿美元，占我外贸总额的比重达 12.6%，贸易总额同比增长 10.3%，比对全球高出 2.7 个百分点。自贸区建设的推进，将使关税不断降低或取消，从而进一步激发贸易的潜力。

（二）自贸区带动了沿边地区经济合作

自贸区虽然是国家或单独关税区之间的合作，但与自贸伙伴毗邻的沿边地区往往可以发挥区位优势，“近水楼台”享受自贸区优惠政策，积极发展次区域合作，吸引和承接自贸伙伴或国内区际产业转移。因此自贸区可有效带动与我自贸伙伴接壤地区的发展。例如，东盟已连续多年成为广西第一大贸易伙伴、第二大利用外资来源地和广西企业“走出去”的重点地区。

（三）自贸区提升了企业的国际竞争力

自贸区建成后，中国和自贸伙伴之间的市场准入条件将进一步改善，贸易和投资环境也将更加规范透明。中国企业将有机会从自贸伙伴那里找到价廉物美的货源，并扩大在自贸伙伴的市场份额。同时，中国和自贸伙伴还将相互进一步开放服务贸易，降低投资门槛，优化投资环境。如在中瑞自贸协定下，双方同意在中瑞经贸联委会框架下成立钟表合作工作组，通过开展钟表合作，中国将扩大引进瑞方先进的钟表检测、维修技术，与瑞方合作培养钟表专业人才，提升中国钟表业发展水平和国际竞争力。

（四）自贸区增加了消费者的实际利益

通过自由贸易实现优势互补，互通有无，广大消费者可以更低的价格购买更多更丰富的商品，提高消费水平和生活质量。中冰自贸协定的实施将给中国消费者带来更多产自冰岛的丰富多样的水产品。中瑞自贸协定实施后，瑞士对华出口的医药、巧克力、奶酪以及电子电器、机械等的关税都将大幅降低，这将使得中国消费者能够更加优惠地获得高技术、高质量的瑞士产品。

面对全球自贸区迅速发展的新形势，我们将按照十八届三中全会的要求，在坚持世界贸易体制规则的同时，坚持双边、多边、区域次区域开放合作，扩大同各国各地区利益汇合点，以周边为基础加快实施自由贸易区战略，改革市场准入、海关监管、检验检疫等管理体制，加快环境保护、投资保护、政府采购、电子商务等新议题谈判，形成面向全球的高标准自由贸易区网络。

（商务部国际经贸关系司）

● 投资政策与管理措施

中国对外投资合作情况

一、2013年中国对外投资合作发展情况

2013年，中国对外投资合作继续保持较快增长态势。据商务部统计快报显示，2013年中国对外直接投资达到1004.5亿美元，同比增长20.9%。其中金融类102.8亿美元，占10.2%；非金融类901.7亿美元，同比增长16.8%，占89.8%。

2013年，对外承包工程完成营业额1371.4亿美元，同比增长17.6%；新签合同额1716.3亿美元，同比增长9.6%。截至2013年底，对外承包工程累计签订合同额11698亿美元，累计完成营业额7927亿美元。

2013年，对外劳务合作派出各类劳务人员52.7万人，较去年同期增加1.5万人。年末在外各类劳务人员85.3万人，较上年同期增加0.3万人。截至2013年底，对外劳务合作累计派出各类劳务人员692万人。

二、有关政策与管理措施

作为中国对外投资合作的主管部门，商务部高度重视对外投资合作政策制度体系建设，在对外投资合作政策促进、服务保障、风险防范体系建设等方面开展了一系列工作，会同有关部门初步建立了较为完善的鼓励和引导企业对外投资合作的政策制度体系，有力地推动了“走出去”战略的实施。

（一）政策促进体系

1. 对外投资

2009年，商务部发布了《境外投资管理办法》，缩短了核准时限、简化了审批程序，企业境外投资便利化程度大幅提高。2010年，国家发改委、商务部、国务院台办联合印发了《大陆企业赴台湾地区投资管理办法》，对于进一步鼓励、引导和规范大陆企业赴台湾地区直接投资，实现两岸经济互利共赢，推动两岸关系和平发展发挥了重要作用。2010年，商务部发布了《鼓励和支持服务外包企业海外并购的若干意见》，加强对境外投资的引导、促进和服务工作。2011年，商务部出台了《境外中资企业员工管理指引》，进一步规范境外中资企业（机构）员工管理工作，指导境外企业贯彻“互利共赢、共同发展”的原则，遵守我国对外投资合作和东道国劳动用工相关的政策法规。2011年，人民银行发布《境外直接投资人民币结算试点管理办法》和《关于境内银行业金融机构境外项目人民币贷款的指导意见》，允许境内银行和企业开展境外直接投资人民币结算业务，并明确了商业银行开展境外项目人民币贷款的有关要求。2012年，商务部等七个部门联合发布了《中国境外企业文化建设若干意见》，要求境外企业合法合规经营、强化道德规范、履行社会责任、加强与当地融合。2012年，国家发展改革委、商务部等十三个部门联合发布了《关于鼓励和引导民营企业积极开展境外投资的实施意见》，从加强宏观指导、完善政策支持、简化和规范境外投资管理、全面做好服务保障和加强风险防范、保障人员资产安全等五个方面，提出了鼓励和引导民营企业开展境外投资的18条主要措施。2012年，国务院国资委发布了《中央企业境外投资监督管理暂行办法》，该办法与2011年发布的《中央企业境外国有资产监督管理暂行办法》和《中央企业境外国有产权管理暂行办法》一起，构成了国资委对中央企业境外国有资产监督管理的制度体系。2013年，商务部、环境保护部制定发布了《对外投资合作环境保护指南》，

加强对“走出去”企业环境保护的引导，倡导企业树立环保理念，依法履行环保责任，要求企业遵守东道国环保法规，履行环境影响评价、达标排放、环保应急管理等环保法律义务。2013年，商务部、财政部出台了《境外经济贸易合作区确认考核和年度考核管理办法》，进一步创新合作区发展模式，积极稳妥地推动企业自主建设合作区。此外，商务部还先后建立并完善了境外投资联合年检、境外中资企业商会（协会）建设、对外直接投资统计、企业境外并购事项前期报告、境外中资企业（机构）报到登记、境外经贸合作区招标及确认考核等方面的管理制度。

2. 对外承包工程

2008年，国务院颁布了《对外承包工程管理条例》，对企业资格、经营活动、安全质量、风险防范等明确了责任和要求，这是我国“走出去”领域的第一部行政法规。此后，商务部会同有关部门陆续出台了《对外承包工程资格管理办法》、《对外承包工程投（议）标管理办法》、《对外承包工程违法违规行为行政处罚规定》等条例配套措施，修订了《对外承包工程业务统计制度》，并于2010年开展了贯彻落实《对外承包工程管理条例》专项检查。2012年，商务部出台了《对外承包工程行业社会责任指引》，指导、鼓励企业重视并履行必要社会责任。2013年，商务部印发了《规范对外投资合作领域竞争行为的规定》，作为《反不正当竞争法》配套的部门规章，系统阐释了对外投资合作企业不正当竞争行为的表现及处罚措施。

3. 对外劳务合作

2008年起，国家统一了对外劳务合作和境外就业的管理。2009年，商务部等7部门组织开展清理整顿外派劳务市场秩序专项行动，有效遏制了外派劳务纠纷频发势头。2010年，商务部印发《关于对外劳务合作经营资格核准有关事宜的通知》，将对外劳务合作经营资格核准下放至地方商务主管部门。同年，制定《对外劳务合作公共服务平台试行办法》，推动各地建立为企业和劳务人员提供政府公共服务的平台。2012年，国务院颁布《对外劳务合作管理条例》，在对外劳务合作企业经营资格、备用金管理、企业及劳务人员经营活动、合同关系等方面进一步明确了责任和要求，同时也明确了政府有关部门的服务和管理职责。2013年，商务部相继出台了《对外投资合作和对外贸易领域不良信用记录试行办法》、《关于加强对外投资合作在外人员分类管理工作的通知》等《条例》的配套文件。

（二）服务保障体系

1. 规划协调

为发挥规划的统筹和引领作用，商务部会同有关部门编制发布了《对外投资合作“十二五”发展规划》，编制实施了《境外农业资源开发合作规划》、《境外矿产资源开发合作规划》等重点行业“走出去”规划；与巴基斯坦、越南、菲律宾、老挝、泰国等周边国家签署双边中长期经贸合作发展规划。经国务院批准，国家发改委、商务部牵头建立了“走出去”工作部际联席会议制度，研究“走出去”工作的战略目标、主要任务和支持政策，协调解决“走出去”过程中遇到的重大问题。

2. 公共服务

商务部每年更新发布《对外投资合作国别（地区）指南》和《中国对外投资合作发展报告》，定期发布《国别贸易投资环境报告》、《对外投资国别产业导向目录》、《对外承包工程国别产业导向目录》，正在组织编写《“走出去”典型案例》。自2004年以来，商务部、国家统计局、国家外汇管理局形成了年度对外直接投资统计公报定期发布制度。2008年，建立了集信息、统计、决策参考为一体的对外投资合作信息服务系统。2011年，商务部会同有关部门在此前工作的基础上，编制发布了《对外投资国别产业指引（2011版）》。

3. 环境营造

目前中国已与132个国家签订了双边投资保护协定，在签署的自由贸易区协议中7个有投资章节或单独投资协议；对外签署了99个双边税收协定以及与港、澳的2个税收安排；与25个国家或国际组织签署了加强基础设施领域合作政府间协议；与17个国家签署了加强劳务合作政府间协议。同时，还利用多双边经贸联委会机制、投资合作促进机制，协调保障我境外投资企业和人员的利益。

4. 人才培训

2007年以来，商务部会同中组部、国资委、全国工商联等部门开展“走出去”综合业务培训、跨国经营管理人才培训、境外经贸合作区人才培训、境外风险防控培训及各种专题培训。今后还将继续加大培训力度。

（三）风险防范体系

1. 制度保证

2010年8月，商务部会同有关部门联合印发《境外中资企业机构和人员安全管理规定》，明确了“走出去”境外安全管理的职责分工和突发事件处置程序。2010年8月，与中国出口信用保险公司共同制定了关于加强境外经贸合作区风险防范工作有关问题的通知，强化合作区风险控制。2012年，发布《境外中资企业机构和人员安全管理指南》，指导企业提高境外安全风险防范能力。2013年，商务部会同有关部门印发了《对外投资合作境外安全事件应急响应和处置规定》，进一步完善了境外安全风险防控体系。

2. 信息采集

建立了《对外投资合作在外人员相关信息备案制度》，依托对外投资合作信息服务系统，开发运行了高风险国家对外投资合作企业人员信息数据库等系统，覆盖了大部分的在外企业、项目和人员信息，为妥善处置境外安全事件提供了有效保障。

3. 监测预警

商务部和相关部门密切配合，重点监测热点地区安全形势，获取安全信息并进行形势研判，及时发布预警。在商务部政府网站设立境外风险专栏，公开发布境外经济形势变化、社会动荡、自然灾害、传染病疫情等风险预警。下发《对外投资合作境外风险提示》，直接向有关企业发布境外恐怖袭击、绑架等风险预警。

4. 监管督导

建立了境外安全责任制、境外安全联络员制度和境外安全巡查制度。商务部组织编制了《境外中资企业机构和人员安全管理指南》，要求企业参照指南制定本企业的境外安全管理体系和相关管理制度，提高境外安全风险管理水平和突发事件应急处置能力。

5. 应急处置

按照《境外中资企业机构和人员安全管理规定》，境外安全突发事件由企业在我驻外使领馆的指导下妥善处置，地方政府和有关部门负责指导和协助。重大事件的处置由外交部会同商务部等部门在境外中国公民和机构安全保护工作部际联席会议的统一领导下进行。境外生产安全事故由安全监管总局、商务部会同有关部门统一指导处置。开展对外投资合作的全部船舶和人员的境外安全管理由交通部牵头负责。

为更好地适应全球跨国投资合作趋势和企业对外投资合作不断发展变化的要求，商务部将继续围绕创新政策促进体系、健全服务保障体系、完善风险控制体系开展工作，加快对外投资合作管理体制改革，确立企业对外投资主体地位，积极推进投资合作便利化，进一步提高政策协调性，营造更加公平、稳定、透明的对外投资合作政策制度体系。

（商务部对外投资和经济合作司）

中国利用外资情况

一、2013年中国吸收外资概况

2013年，中国吸收外资呈现稳定的发展态势，质量和水平进一步提升。全国新设立外商投资企业22773家，同比下降8.63%；实际使用外资金额1175.86亿美元，同比增长5.25%（不含银行、证券、保险领域数据，下同）。

（一）产业结构

2013年，外商投资农、林、牧、渔业新设立企业757家，同比下降14.17%，实际使用外资金额18亿美元，同比下降12.71%，分别占同期全国总量的3.32%和1.53%。

外商投资制造业新设立企业6504家，同比下降27.49%，占同期全国总量的28.56%，较上年同期相应比重下降7.43个百分点；实际使用外资金额455.55亿美元，同比下降6.78%，占同期全国总量的38.74%，较上年同期相应比重下降5个百分点。制造业中实际使用外资规模较大的行业包括：通信设备、计算机及其他电子设备制造业实际使用外资金额64.1亿美元，同比下降2.7%；交通运输设备制造业实际使用外资金额44.1亿美元，同比下降1.3%；化学原料及化学制品制造业实际使用外资金额39.3亿美元，同比增长0.7%；专用设备制造业实际使用外资金额34.9亿美元，同比增长0.8%。

全国服务业新设立外商投资企业13738家，同比增长1.47%，占同期全国总量的60.33%，较上年同期水平增长6.01个百分点；实际使用外资金额614.51亿美元，同比增长14.15%，占同期全国总量的52.26%，较上年同期水平上升4.07个百分点。服务业中实际使用外资规模较大的行业包括：房地产业实际使用外资金额287.9亿美元，同比增长19.4%；分销服务业实际使用外资金额97.4亿美元，同比增长20%；运输服务业实际使用外资金额42.2亿美元，同比增长21.4%；金融服务业实际使用外资金额23.3亿美元，同比增长10%。（参见附表1）

（二）主要投资来源地

2013年对华投资前15位国家和地区对华实际投资金额合计1123.4亿美元，占全国实际使用外资金额95.5%。其中，美国实际投资金额33.6亿美元，同比增长7.3%。新加坡实际投资金额73.3亿美元，同比增长12.1%。德国实际投资金额21亿美元，同比增长42.4%。①（参见附表2）

（三）区域分布

2013年，东部地区新设立外商投资企业19251家，同比下降10.43%，实际使用外资金额968.78亿美元，同比增长4.72%，分别占全国总额的84.53%和82.39%。中部地区设立外商投资企业2400家，同比增长3.14%，实际使用外资金额101.03亿美元，同比增长8.79%，分别占全国总额的10.54%和8.59%。西部地区设立外商投资企业1122家，同比增长1.45%，实际使用外资金额106.05亿美元，同比增长6.96%，分别占全国总额的4.93%和9.02%。（参见附表3）

（四）外商投资企业运营情况

2013年，外商投资企业纳税总额（不含关税、土地税费）22574.93亿元，占全国的19.4%；进出口总额19190.93亿美元，占全国进出口总值的46.1%，其中出口10442.73亿美元，占全国出口总值的47.25%，进口8748.2亿美元，占全国进口总值的44.86%；直接吸纳就业人员4500万人。

二、2013年中国出台的主要外资政策及管理措施

（一）推进外商投资管理体制改革

一是减少和下放投资审批事项，取消了“石油、天然气、煤层气对外合作合同”审批。二是开展中国（上海）自由贸易试验区外商投资管理体制改革，探索建立准入前国民待遇加负面清单的外资准入管理新模式。三是积极参与公司注册资本实缴制改为认缴制等改革，优化外商投资商事登记制度和流程。四是参与修订《政府核准的投资项目目录》，进一步缩小需政府核准的外商投资项目范围。

（二）进一步扩大对外开放

一是修订《中西部地区外商投资优势产业目

① 上述国别/地区对华投资包括其通过自由港对华的投资。

录》，新《目录》共列500条目，较2008年版增加了89条，进一步推动中西部地区扩大对外开放的广度和深度。二是积极稳妥推动服务业对外开放。发布实施关于外商投资融资租赁公司、港澳服务提供者在内地举办营利性养老机构和残疾人服务机构等规定。支持中国（上海）自由贸易试验区扩大金融服务、航运服务、商贸服务、专业服务、文化服务以及社会服务的开放，参与制定了前海现代服务业的产业准入目录。

（三）推进区域协调发展

一是加快实施沿边开放战略。编制《沿边地区开放开发规划（2012－2020）》，确定重点开放领域。二是提升国家级经济技术开发区发展水平，加强开发区服务平台建设，推进经贸领域节能环保国际合作。三是推进国家级经济技术区、边境经济合作区、跨境经济合作区建设工作。四是推动东中西部开发区加强合作，推动沿海地区国家级经济技术开发区与边境经济合作区开展“结对子”活动，提高内陆开发区建设水平，支持内陆地区对外开放。

附表1　**2013年外商直接投资分行业简况**　单位：亿美元

行业	新设企业数			实际使用外资金额		
	个数	同比%	比重%	金额	同比%	比重%
总计	22 773	－8.63	100	1 175.86	5.25	100
农林牧渔业	757	－14.17	3.32	18	－12.17	1.53
制造业	6 504	－27.49	28.56	455.55	－6.78	38.74
服务业	13 738	1.47	60.33	614.51	14.15	52.26
其他	1 774	15.64	7.78	87.8	26.3	7.47

附表2　**2013年对华投资前15位资金来源地简况**　单位：亿美元

	企业数		实际使用外资金额	
	本年数	同比%	本年数	同比%
总计	22 773	－8.63	1 175.9	5.25
中国香港	12 393	－4.9	783.9	10.0
新加坡	745	4.2	73.3	12.1
日本	943	－40.5	70.6	－4.3
台湾省	2 401	－9.3	52.9	－14.4
美国	1 113	－19.0	33.6	7.3
韩国	1 372	5.0	30.6	－0.2
德国	374	－11.2	21.0	42.4
荷兰	102	－1.9	12.8	12.0
英国	310	－7.5	10.6	2.6
法国	171	11.0	7.6	－1.3
百慕大	12	－20.0	7.2	－8.8
加拿大	323	－3.3	5.5	－16.2
泰国	37	－35.1	4.8	389.3
中国澳门	310	1.0	4.7	－7.7
卢森堡	25		4.3	90.5

附表3　**2013年外商直接投资分区域简况**　单位：亿美元

行业	新设企业数			实际使用外资金额		
	个数	同比%	比重%	金额	同比%	比重%
总计	22 773	－8.63	100	1 175.86	5.25	100
东部地区	19 251	－10.4	84.5	968.8	4.7	82.4
中部地区	2 400	3.1	10.5	101.0	8.8	8.6
西部地区	1 122	1.4	4.9	106.0	7.0	9.0

（商务部外国投资管理司）

中国外汇管理制度

2013年，外汇管理部门按照党中央、国务院的统一部署，紧紧围绕国际收支平衡这个中心任务，加快转变外汇管理理念和方式，以改革促发展、以改革促转型，不断深化外汇管理体制改革创新，积极促进贸易投资便利化，完善跨境资本流动监测和管理，牢牢守住不发生系统性、区域性风险的底线。

推进外汇管理改革，支持实体经济健康发展

一是深入推进贸易领域外汇管理制度改革，坚持抓大放小、奖优罚劣、强化事后监测的管理思路，在货物贸易改革的基础上开展服务贸易外汇管理改革，通过简政放权、简化单证审核、放宽境外存放，使企业办理服务贸易资金收付时间由每笔20分钟缩短为平均5分钟。完善海关特殊监管区域外汇管理，解决区内外“政策倒挂”问题。二是改进外债和跨境担保管理。调增外债和对外担保指标，将中资企业“外保内贷”政策试点推广至全国，开展小额外保内贷业务试点，优化投融资政策环境。三是促进外汇市场发展。完善银行间外汇市场做市商制度，推动交易平台建设，规范询价交易净额清算，推进外汇市场衍生产品创新。四是支持创新发展。研究制定中国（上海）自由贸易试验区外汇管理配套措施，支持跨境电子商务和互联网金融发展，在5个地区开展跨境电子商务外汇支付业务试点，助推经济转型升级。

稳步推进人民币资本项目可兑换，提升资金跨境配置效率

一是稳步推进跨国公司外汇资金集中使用试点。将试点范围进一步扩大到广东等7省（市）的32家国有、民营和外资企业。二是加大外债和资本市场管理简政放权。初步建立以登记管理为核心、以统计监测为手段、以主体监管和事后核查为重点的管理框架。三是稳步实施合格境外机构投资者（QFII）、人民币合格境外机构投资者（RQFII）和合格境内机构投资者（QDII）制度。截至2013年12月底，共批准QFII投资额度497.01亿美元，RQFII投资额度1575亿元人民币，QDII投资额度842.32亿美元。资本项下行政许可项目减少60%以上，政策效果和社会反响良好。

不断完善跨境资金流动监管，促进国际收支趋向平衡

一是进一步提高监测分析预警水平。加强外汇管理信息综合利用，密切跟踪外汇形势变化，提高监测分析的前瞻性和针对性。二是适时启动预案。针对2013年前4个月外汇净流入压力加大的情况，启动跨境资金异常流入应对预案，银行结售汇综合头寸管理、货物贸易分类管理、外汇检查和预期引导多策并举，取得了较为明显的效果。三是严厉打击外汇领域违法违规行为。全年共破获地下钱庄、逃汇等违法犯罪案件46起，涉案金额超过507亿元人民币。

完善统计制度和法规建设，推进简政放权和职能转变

一是完善国际收支统计制度。实施新修订的《国际收支统计申报办法》，进一步完善宏观决策支撑体系，增强全社会统计申报意识；完善对外金融资产负债统计制度。二是坚持依法行政。加大法规清理力度，2013年共废止规范性文件107件。研究制定了2013－2015年取消行政审批事项计划。统一执法证管理，规范外汇管理执法行为。三是加强新闻宣传，进一步提高外汇管理透明度。积极开展对十八届三中全会决定精神的解读和宣讲活动；针对外汇资金流入管理预案、外汇储备创新运用、新版国际收支统计申报办法发布等热点问题，及时回应社会关切；进一步提高数据透明度，首次发布银行自身结售汇和非居民人民币存款数据。

健全大规模外汇储备经营管理体制，实现外汇储备保值增值

一是完善外汇储备战略配置和战术配置体系，

坚持多元化投资策略，灵活调整资产配置，在确保外汇储备资产安全、流动的前提下，提高外汇储备经营当期和未来盈利能力。二是进一步完善风险管理框架，加强风险预警和风险判断，提高逆周期风险管理和抵御危机冲击的能力，健全相关预案，防范跨境资金大进大出风险。三是积极配合国家总体战略，创新外汇储备运用，稳步拓展委托贷款业务规模，开展多层次、多渠道的有效运用，重点支持企业"走出去"、进出口等对外合作领域，加大了对实体经济的支持力度。四是不断完善机构及能力建设，加强模型研发、考核评估及信息化建设等工作，提高研究及知识经验积累能力，不断完善外汇储备经营管理。

（国家外汇管理局综合司）

中国国有企业改革发展与国有资产监管综述

2013年是党的十八届三中全会胜利召开之年，也是“十二五”规划深入推进的关键一年。在党中央、国务院和地方党委、政府的正确领导下，各级国资委、中央企业和地方国有企业认真贯彻落实党中央、国务院各项决策部署，牢牢把握稳中求进工作总基调，积极应对复杂多变的国内外经济形势，着力保增长、抓改革、调结构、促转型、强管理，完善国资监管，扎实开展党的群众路线教育实践活动，保持了国有经济总体平稳运行。全国国资委系统监管企业累计实现营业收入42万亿元，同比增长10.5%；实现利润2.2万亿元，同比增长6.3%；上缴税金2.9万亿元，同比增长4.2%。国务院国资委监管的中央企业（以下简称中央企业）累计实现营业收入24.4万亿元，同比增长9.1%；实现利润1.3万亿元，同比增长3.6%；上缴税金1.9万亿元，同比增长5%。

一、国有资产管理体制不断完善

一是国资监管体系不断完善。国务院国资委不断推动国资监管法规制度建设，截至2013年底，国务院国资委共出台现行有效的规章27件，规范性文件305件。各地不断加强法规体系和国资监管组织建设，内蒙古、辽宁等地已将省级企业国有资产监督管理条例纳入立法规划和计划。湖北、湖南等地进一步明确和强化市（地）级国资监管机构职能定位，辽宁、浙江等一些具备条件的地方探索推进县级国资监管机构设置。经营性国有资产集中统一监管进一步推进，近20个省（区、市）和计划单列市国资委的监管覆盖面超过或接近90%。

二是国资监管方式不断改进。各地结合实际，梳理监管流程，优化监管方式，创新监管方法。福建、山东全面推进经济增加值考核，不断提升企业价值管理水平和发展质量。天津、江苏等地以企业战略定位为依据，探索分类考核、分类激励，引导企业更加注重发展的质量和效益，提高了监管的针对性和有效性。浙江根据国有企业不同类型、特点和分布领域，采取直接监管、参与监管、协助监管等多种模式。广东、四川等地不断扩大国资监管信息化范围，提高国资监管信息化水平。

三是国资监管力度进一步加大。各地积极改进监事会工作，进一步深化出资人监督职能，湖北、湖南等地确立重点企业“一企一监”工作模式，将监督重点放在第一线、放在企业内部，强化当期监督和过程监督；云南规定企业决策重大事项需听取监事会意见，建立监事会考核制度，健全监事会工作机构，企业内部监督资源的整合联动，进一步加强监事会的监督检查。各地不断强化审计监督，山西、吉林、江苏、浙江等地制定出台出资企业资产损失责任追究相关办法。

二、国有企业改革进一步深化

一是采取扎实有效措施实现经济平稳增长。中央企业和地方国有企业紧紧围绕保增长工作目标，做了大量工作。针对企业经营状况分化的现象，普遍加强对重点单位和困难企业的指导和帮助，落实相关政策，诊断解决生产经营中的突出问题和困难，鼓励盈利大户多做贡献，狠抓亏损大户止亏减亏。普遍加强对经济形势研判和经济运行监控，不断完善经济运行监测指导体系，着力做好各项应对措施和预案。许多企业针对产能过剩矛盾突出、市场需求不足等问题，创新商业模式，优化产品结构，大力开拓国内外市场，市场份额进一步提高。

二是企业改革和结构调整取得新进展，活力、竞争力进一步增强。公司制股份制改革取得新进展，中央企业公司制企业比重已达89%，混合所有制企业比重达到52%，控股境内外上市公司385家。规范董事会建设深入推进，已有52家中央企业开展了建立规范董事会试点，外部董事队伍建设不断加强。积极推进市场化改革，一些企业在下属单位公开竞聘总经理，部分中央企业和地方国有企业控股的上市公司规范实施了股权激励。中央企业面向高校和社会招聘工作、中央企业劳务派遣用工管理进一步规范。继续推进中央企业之间的战略性重组和资源整合，中国第二重型机械集团公司与中国机械工业集团有限公司实施联合重组，中国华粮物流集团公司整体并入中粮集团有限公司，中国诚通控股集团有限公司下属中国唱片总公司整体并入中国华录集团有限公司等，资源配置效率进一步提升。中央企业进一步突出主业发展，加快清理低效无效资产，推动优质资源更多向主业集中。加快解决企业历史遗留问题，15 个省（区、市）和 18 家中央企业启动了厂办大集体改革，各地国资委因地制宜探索改革路径，上海、天津等地已经或准备出台深化国有企业改革方案。安徽、厦门等地积极推进企业间重组整合，培育了一批具有较强实力的大企业。一些企业加快下属单位重组整合，减少集团的管理幅度和层级，不断优化组织结构。天津、江苏等地调整重组一批骨干企业，清理退出一批劣势低效企业，优质资源向优质业务、重要公司集聚，不断提高国有资本的配置效率。中央企业和地方战略合作进一步推进，地方企业之间合资合作积极展开，国有经济整体布局不断优化。

三是转型升级步伐不断加快。中央企业和地方国有企业把产业升级放到更加突出的位置，按照“四个一批”的要求，认真贯彻落实国务院关于化解产能严重过剩矛盾的部署，加快淘汰落后产能，加大技术改造力度，提高先进产能比重。不少企业瞄准物联网、生物医药、低碳技术、智能电网等新兴产业，加大投入，抢占市场先机。一些企业着力培育打造高附加值和特色产品，产品换代升级步伐加快。国务院国资委加强对企业并购的指导，引导企业并购向产业链高端布局，更加注重关键技术、核心能力的获取，更加注重各类要素的融合、整合。中央企业不断健全技术创新市场导向机制，努力加大科研开发投入，大力整合科技资源，完善科技创新体系，广泛开展协同创新，突破并掌握一批关键核心技术，取得一批重大科技成果。地方国资委也加大对企业科技创新的支持力度，在国有资本收益支持、科技创新优秀人才奖励、自主品牌培育等方面做了大量工作。中央企业和许多地方国有企业积极参与国际竞争与合作，全球配置资源能力进一步提高。

四是管理提升活动取得实效。中央企业管理提升活动完成第二和第三阶段工作。中央企业全面开展以企业集团为实施主体的管理诊断下基层工作，通过抓基层问题解决，推动活动深入一线，促进基层管理水平的提升；多数中央企业通过开展管理提升活动，引入和应用对标管理、管理诊断、价值提升等现代管理方法，开始系统解决管理短板和瓶颈问题，通过制定专项提升方案，选择关键环节实现重点突破，一批长期影响和制约企业发展的突出问题得到初步解决。各中央企业普遍把标准化、制度化、流程化、信息化建设作为管理提升的重要内容，使企业的基础管理水平跃上新台阶。河北、江苏、吉林等地国有企业也通过开展管理提升活动不断强化管理、挖潜增效，企业管理能力和管理水平大幅提升。

三、国有企业党建工作进一步加强

一是党的群众路线教育实践活动扎实开展。按照中央部署，中央企业和各地国资委认真开展群众路线教育实践活动，各项工作做到了领导有力、组织有序、严肃认真。各单位领导班子聚焦“四风”，深入查摆和整改突出问题，召开高质量专题民主生活会，针对社会关注度高、群众反映强烈的问题，边整边改，立行立改，密切了与广大职工群众的血肉联系，营造了风清气正的良好氛围。

二是企业领导班子建设不断加强。各单位认真贯彻十八大、十八届三中全会和中央八项规定精神，大兴求真务实之风，深入基层调查研究，倡导厉行节约，反对铺张浪费，工作作风明显转变。国有企业领导班子建设不断加强，选人用人渠道不断拓宽，班子结构持续优化，领导科学发展的能力和水平不断提高。

三是反腐倡廉工作深入推进。严格执行党风廉政建设责任制，完善惩防体系建设，加强反腐倡廉和廉洁从业宣传教育和制度建设，切实加强对“三重一大”决策制度执行情况的监督检查，严格规范职务消费行为，加大预防和惩治腐败力度，发现和解决了一些突出问题，严肃查办了一批违纪违法案件，真正做到下工夫解决不正之风和腐败问题。

四是新闻宣传和舆论引导工作不断加强。加大对国企改革发展的正面宣传报道，通过拍摄《国企备忘录》、开展“走进新国企”活动、开通国资委官方微博、宣传报道先进人物事迹和改革发展成果等工作，树立国有企业的良好形象，凝聚支持国企改革发展的正能量。

（国务院国有资产监督管理委员会研究局　付升涛）

● 产业开放与管理措施

中国农业对外开放情况

一、中国农产品贸易环境变化情况

（一）世界农产品市场

2013年，受国际粮油市场连续数年的高价激励，全球粮油生产实现了较大幅度的增长。据联合国粮农组织（FAO）预测，2013/2014年度，全球谷物总产量上升至25.15亿吨的历史最高水平，比上年增长9%。从不同国家类型看，发展中国家总产量14.38亿吨，增长3%；发达国家10.77亿吨，增长18.3%，其中农产品生产大国美国从上年严重旱灾减产中恢复是增长的主要原因。从不同品种产量增幅看，小麦增幅8.5%，粗粮增幅12.9%，大米增幅0.6%，均创历史纪录。全球粮油供给的充裕和价格下跌刺激了谷物消费，全球小麦、粗粮和大米使用量比上年分别增长0.8%、6.7%和2.4%。由于使用量增幅低于供给量，全球供求平衡格局得到改善，谷物库存消费比由上年的21.7%提至23.9%。

表1　　2011—2014年世界谷物生产、消费、库存和贸易情况

单位：百万吨，%

年份		2011/2012	2012/2013	2013/2014	2013/2014年度比上年度增长	年份		2011/2012	2012/2013	2013/2014	2013/2014年度比上年度增长
生产	谷物	2 353.3	2 306.8	2 514.8	9.0	出口	谷物	319.4	309.3	325.3	5.2
	小麦	702.4	660.2	716.2	8.5		小麦	147.2	139.8	146.0	4.4
	大米	486.1	491.1	493.9	0.6		大米	38.4	37.3	38.3	2.8
	粗粮	1 164.8	1 155.6	1 304.7	12.9		粗粮	133.8	132.2	141.0	6.7
消费	谷物	2326.6	2324.7	2419.8	4.1	期末库存	谷物	519.4	505.1	578.5	14.5
	小麦	699.1	684.9	690.3	0.8		小麦	180.9	159.0	179.3	12.7
	大米	470.4	477.8	489.4	2.4		大米	161.3	175.0	179.1	2.4
	粗粮	1157.1	1162.0	1240.1	6.7		粗粮	177.2	171.1	220.0	28.6

数据来源：联合国粮农组织谷物供求概况，2014年3月。

2013年，国际市场其他主要农产品供给也出现不同程度的增加。联合国粮农组织（FAO）预测，2013/2014年度，全球大豆产量比上年增长7%，糖料产量比上年增长0.3%，肉类产量比上年增长1.4%，奶产量比上年增长1.9%，水产品产量比上年增长2%。总体看，全球农产品供给全面增长，世界粮食安全保障程度有所改善。

据世界银行发布的数据，2013年，国际农产品价格比上年下跌了7.2%，其中谷物下跌9.3%，油料油脂下跌8.1%，农产工业原料价格下跌5.9%。能源价格与上年持平，化肥价格大幅下跌17.4%。

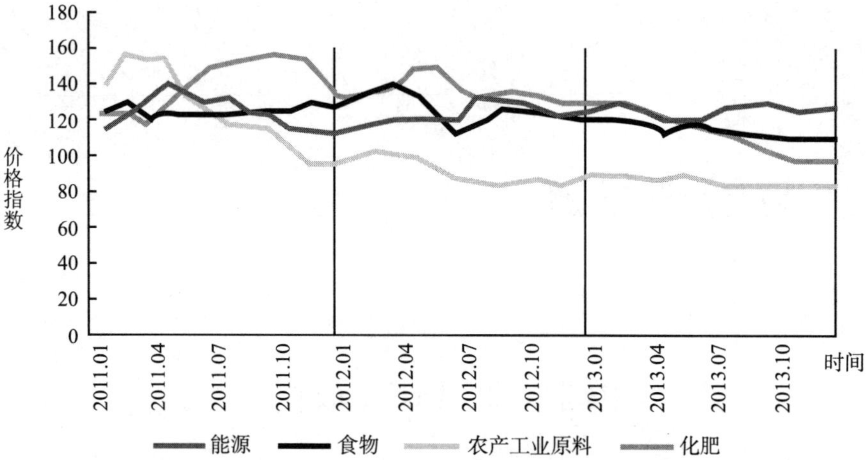

图 1　2011—2013 年国际市场初级产品价格指数变化

数据来源：世界银行（2014），价格指数以 2010 年为 100。

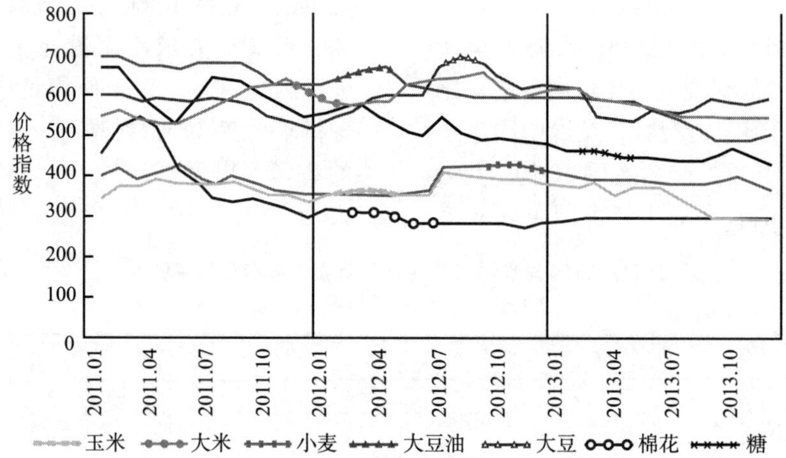

图 2　2011—2013 年国际市场主要农产品价格变化

数据来源：世界银行。

国际市场主要农产品价格与近年相比波幅略小。美国 1 号硬粒红小麦海湾离岸价小幅波动下滑，由年初的每吨 335 美元最高位降至 12 月份 292 美元的最低位；美国 2 号黄玉米海湾离岸价一季度短暂上升，3 月份处于每吨 309 美元的最高位，后波动下滑，12 月份降至 197 美元的最低位；泰国 5%碎米率大米曼谷离岸价 1 月份至 11 月份持续下滑，由每吨 564 美元降至 438 美元，12 月份反弹到 451 美元。美国大豆鹿特丹港到岸价 2 月份处于每吨 596 美元的最高位，4 月份跌至 495 美元的最低位，后波动上升，12 月份为 568 美元。荷兰豆油出厂价格波动下降，由 1 月份的每吨 1190 美元最高位跌至 10 月份的 987 美元最低位，12 月份为 989 美元。

棉花低位小幅波动。反映国际棉花市场现货价格水平的棉价指数指标 Cotlook A 远东指数价格 3 月份处于每吨 2082 美元的最高位，11 月份处于 1866美元的最低位。国际食糖价格波动下降，年内最高 1 月份每吨 416 美元，最低 12 月份 365 美元。牛肉价格呈 U 形变化态势，由 1 月份的每吨 4304 美元降至 6 月份的 3865 美元后反弹，12 月份回升至 4112 美元。鸡肉价格大体呈倒 U 形变化，由 1 月份每吨 2185 美元升至 8 月份的 2348 美元后下滑，12 月份为 2298 美元。

（二）中国农业和农村经济

2013 年，中国农业生产发展面临着国际市场农产品价格下跌、国内劳动力成本上升、资源环境压力加大等严峻挑战，中国政府采取了一系列积极措施扶持农业生产，推进农业现代化和农村改革，农业和农村发展稳中有进，粮食生产再创历史新高，农村民生有了新改善，农村社会保持和谐和稳定。

全国粮食生产实现"十连增"，总产量60194万吨，比上年增产2.1%，首次超越6亿吨。主要粮食品种中，稻谷产量20329万吨，减产0.5%；小麦产量12172万吨，增产0.6%；玉米产量21773万吨，增产5.9%。经济作物中，棉花产量631万吨，减产7.7%；油料产量3531万吨，增产2.8%；糖料产量13759万吨，增产2%；茶叶产量193万吨，增产7.9%。肉类产量8536万吨，增长1.8%，其中猪肉产量5493万吨，增长2.8%；牛肉产量673万吨，增长1.7%；羊肉产量408万吨，增长1.8%；禽肉产量1798万吨，下降1.3%。禽蛋产量2876万吨，增长0.5%。牛奶产量3531万吨，下降5.7%。水产品产量6172万吨，增长4.5%。

农民非农业就业继续增加，全国农民工总量26894万人，增长2.4%；其中外出农民工16610万人，增长1.7%。受益于农业生产发展和非农业收入的增加，农村居民人均纯收入比上年增长12.4%，达到8896元，扣除价格因素后，实际增长9.3%。农村居民食品消费支出占消费总支出的比重为37.7%，比上年下降1.6个百分点。2489个县（市、区）实施了新型农村合作医疗制度，参合率99%。以农村扶贫标准年人均纯收入2300元（2010年不变价）计算，年末农村贫困人口为8249万人，比上年减少1650万人。

（三）中国农业贸易政策环境

1. 颁布了修订的《中华人民共和国农业法》

2013年1月1日起，修订后的《中华人民共和国农业法》实施，为中国农业长期发展确定了基本方向和准则。

2. 加大对农业生产的扶持力度

2013年，中国政府继续加大强农惠农富农政策的落实力度，创新政策落实机制。主要扶持措施有：继续实施农业防灾减灾稳产增产关键技术补助和土壤有机质提升补助；扩大粮棉油糖高产创建、"菜篮子"产品生产专项规模，增加产粮（油）大县奖励资金，落实生猪调出大县奖励政策，逐步扩大种粮大户补贴试点范围，增加农民合作社发展资金；推进小型农田水利重点县建设，支持北方地区规模化发展高效节水灌溉；完善草原生态保护补奖机制，强化畜禽良种补贴、动物防疫补助等生产扶持；足额安排渔业柴油补贴，落实远洋渔业补贴及税收减免政策；推动落实完善粮食最低收购价、大宗农产品临时收储、生猪市场价格调控预案等政策；开展财政支持农民专业合作组织发展创新试点和新型农业生产社会化服务体系建设试点等。

3. 继续对部分农产品实行最低收购价或临时收储政策

面对国际市场农产品价格处于低位的形势，国家继续利用最低收购价及临时收储等措施，对小麦、水稻、玉米、大豆、棉花及食糖等重要农产品实行保护，以维持农民生产积极性以及提高生产者的收入。其中，对主产区小麦和水稻的最低收购价，按不同品种，进行了幅度7.1%～10%的提价，使国内外市场出现较大价差，农产品加工企业趋于多使用廉价进口原料，造成了部分农产品市场国内产品的积压和进口大量增加的局面。

4. 严厉打击走私活动

2013年7月至12月，海关总署会同公安部等10个部门在全国范围内联合开展了打击走私专项行动，打击重点包括近年走私活动的热点商品如肉类、粮食、食糖等农产品的沿海、沿边偷运走私和濒危野生动植物及制品走私。

5. 积极利用贸易救济措施维护中国利益

2013年，中国继续积极利用贸易救济措施维护中国农产品的贸易利益。

2013年2月商务部发布第4号公告决定对原产于欧盟的进口马铃薯淀粉继续征收5年反倾销税。该决定基于2012年2月后的反倾销措施期终复审调查。商务部裁定，如终止反倾销措施则原产于欧盟的进口马铃薯淀粉对中国的倾销可能继续发生并再度对中国国内产业造成损害。

2013年5月商务部收到中国酒业协会代表国内葡萄酒产业提交的对原产于欧盟的进口葡萄酒进行反倾销的调查申请并决定自2013年7月起进行反倾销立案调查。

2013年9月世界贸易组织争端解决机构通过了“中国对原产于美国白羽肉鸡产品的反倾销和反补贴措施”争端案件的专家组报告。商务部2013年12月发布公告决定依照上述裁决和建议对该案进行再调查。

2013年9月美国国际贸易委员会公布对中国等国冷冻暖水虾反补贴调查损害的终裁结果，认定中国等国输美冷冻暖水虾产品未对美国国内产业造成实质损害或实质损害威胁。据此美国商务部将不再对中国等国输美冷冻暖水虾产品发布反补贴税令，该案以“无损害”结案。

6. 加强进口食品检验检疫

国家质检总局针对进口奶粉质量安全事件频发的情况决定自2013年5月起实施新版《进出口乳品检验检疫监督管理办法》。该办法规定只有经过风险评估并符合要求的产品才允许进入中国，向中国出口的生乳奶畜养殖不得使用中国及进口国或地区禁用的饲料、饲料添加剂、兽药及其他对动物和人体具直接或潜在危害的物质；进口乳品存在安全问题已或可能对人体健康和生命安全造成损害的进口乳品进口商应主动召回并向所在地检验检疫机构报告。年内中国因新西兰恒天然乳制品公司发布部分乳制品受细菌感染公告而短期全面停止了自新西兰进口奶粉。从美国进口的多批次玉米被检测出含有未经中国农业部批准的转基因成分，中国对相关进口产品采取了退运处理。

二、中国农产品贸易情况

（一）进出口规模和贸易收支平衡

2013年，主要发达国家经济持续低迷，部分新兴经济国家经济形势恶化，全球贸易进入低速增长期。中国经济尽管增速有所放缓，但仍是增长最快的经济大国，国内市场需求仍保持旺盛。中国农产品贸易发展受到国际大宗进口农产品价格下跌、中国农业丰收、粮油棉产品国内支持政策实施加大了国内外市场价差以及人民币升值等内外部环境影响，出口实现较快增长，全年出口额678.4亿美元，比上年增长7.4%；进口1 189亿美元，增长5.8%；农产品贸易逆差510.6亿美元，比上年增加18.1亿美元。

年内各月农产品出口额均比上年同期增长，增幅在0.9%～13.8%之间。各月农产品进口额增幅波动较大，其中1月份和2月份受春节因素影响，分别增长31.5%和下滑20.4%，后半年增长强劲。

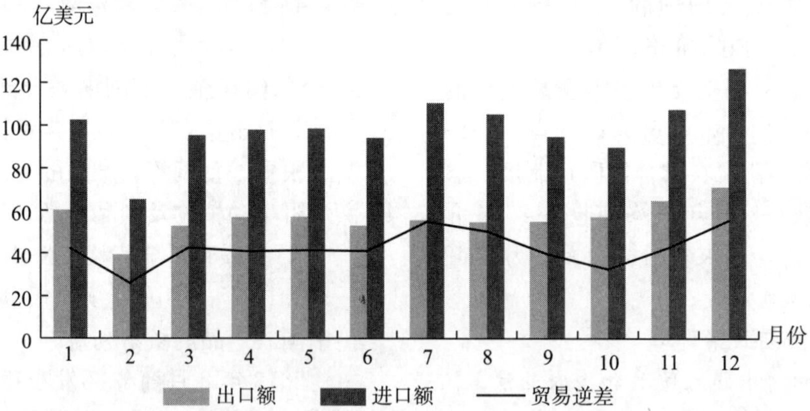

图3 2013年中国农产品对外贸易月度变化情况

数据来源：中国海关数据库。

（二）商品结构

农产品出口额居前五位的产品依次为水产品、蔬菜、畜产品、水果和饮品类；进口额居前五位的产品依次为油籽、畜产品、植物油、棉麻丝和水产品。

谷物贸易在国内丰收及内外价差拉的背景下出现出口和进口量双增长的局面。全年出口100.1万吨，比上年增长23.1%；进口1458.3万吨，比上年增长4.3%；净进口1358.2万吨，比上年略增；贸易逆差44亿美元。从分类看，稻谷和玉米产品均出现出口量大增和进口量下降的局面；小麦产品出口量略降，进口量增长近50%；大麦产品贸易变化不大。

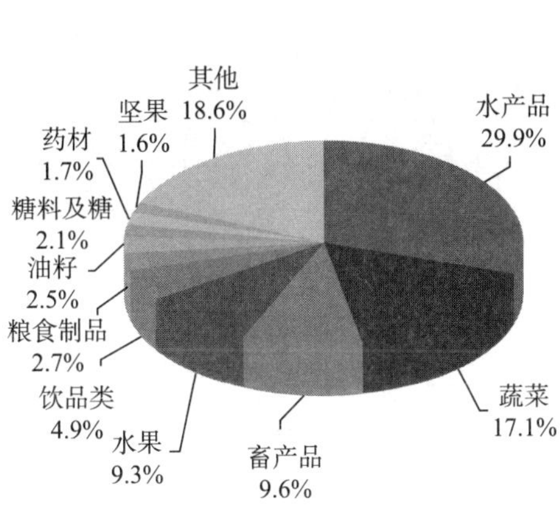

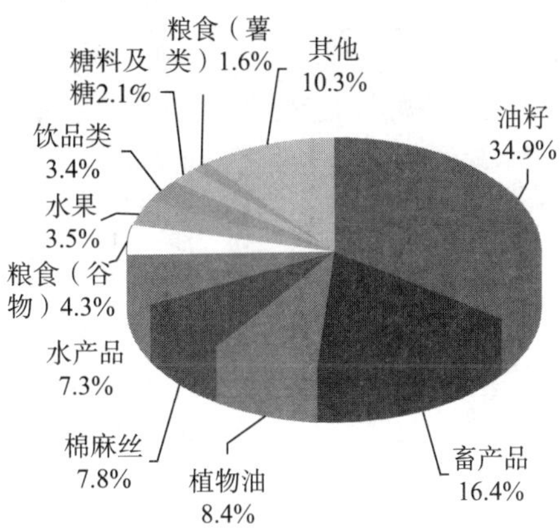

图4　2013年中国农产品进出口结构

数据来源：中国海关数据库。

食用油籽贸易呈现出口量下降和进口量增加的局面。出口87万吨，比上年下降13.6%；进口6786.6万吨，比上年增长9%；食用植物油贸易出现出口增长和进口下降的局面，出口11.7万吨，比上年增长15.6%；进口922.2万吨，比上年下降4%；食用油籽和食用植物油贸易逆差分别为398.8亿美元和87.5亿美元。

棉花国际市场价格处于低位，但国内市场价格受临时收储政策支撑而居高不下，对纺织业生产和出口造成了不利影响。面对高价差，纺织企业力争多用进口棉，致使国产棉大量进入国储。受上述因素综合影响，棉花进出口均出现萎缩，出口量8000吨，比上年下降65.2%；进口量450.2万吨，比上年下降16.9%；棉花贸易逆差87亿美元。

糖价国内市场受临储政策支持而显著高于国际市场，一定程度上刺激了进口。出口4.8万吨，比上年增长1.3%；进口454.6万吨，比上年增长21.3%；食糖贸易逆差20.3亿美元。

园艺产品中，蔬菜类出口115.9亿美元，比上年增长16.2%，在出口额增量中贡献最大；进口4.2亿美元，与上年持平；蔬菜类产品贸易顺差111.6亿美元。水果类出口63.2亿美元，比上年增长2.2%；进口41.5亿美元，比上年增长10.3%。坚果出口11.1亿美元，比上年增长9.6%；进口3.8亿美元，比上年下降20.3%。

畜产品出口65.2亿美元，比上年增长1.3%；进口195.1亿美元，比上年增长30.8%；畜产品贸易逆差129.9亿美元，居大类商品贸易逆差第二位，进口增长较快的主要是肉类和乳制品。

水产品出口202.7亿美元，比上年增长6.7%；进口86.4亿美元，比上年增长8%；水产品贸易顺差116.3亿美元。

（三）进出口市场结构

中国对各大洲农产品出口呈不同幅度全面增长的局面。对亚洲出口421.2亿美元，比上年增长7.8%，占出口总额的62.1%，比上年略增；对欧洲出口108亿美元，比上年增长7.1%；对北美洲出口83.7亿美元，比上年增长1.3%；对非洲出口28.2亿美元，比上年增长13%；对南美洲出口24.6亿美元，比上年增长16.5%，增幅居首位；对大洋洲出口12.6亿美元，比上年增长9.2%。

从各大洲农产品进口有增有减。南美洲再度超越北美洲成为中国农产品第一大进口来源地，从两大洲进口额分别为331.1亿美元和325.6亿美元，其中南美洲比上年增长了15.3%，北美洲则比上年下降了4.8%；亚洲仍是中国农产品第三大进口来源地，进口额226.9亿美元，比上年下降了7.9%；从大洋洲进口143.1亿美元，比上年增长了25.8%，增幅居首位；从欧洲进口131.3美元，比上年增长了22.1%；从非洲进口31.1亿美元，比上年增长8.5%。

中国农产品贸易对亚洲继续保持顺差，对其他地区均为逆差，其中对南美洲和北美洲逆差最多，分别为306.5亿美元和241.9亿美元。

表 2　　2013 年中国农产品贸易区域分布　　单位：亿美元，%

区　域	贸易额				比上年增长		占比	
	进出口	出口额	进口额	差额	出口	进口	出口	进口
合计	1 867.5	678.4	1 189.0	−510.6	7.4	5.8	100.0	100.0
亚　洲	648.1	421.2	226.9	194.3	7.8	−7.9	62.1	19.1
非　洲	59.3	28.2	31.1	−2.9	13.0	8.5	12.3	27.4
南美洲	355.7	24.6	331.1	−306.5	16.5	15.3	3.6	27.8
欧　洲	239.3	108.0	131.3	−23.2	7.1	22.1	15.9	11.0
北美洲	409.3	83.7	325.6	−241.9	1.3	−4.8	1.9	12.0
大洋洲	155.7	12.6	143.1	−130.5	9.2	26.8	4.2	2.6

数据来源：中国海关数据库。

从国别（地区）贸易看，前五大出口市场依序为日本、中国香港、美国、韩国和马来西亚，合计占农产品出口总额的 50%。前五大进口来源地依序为美国、巴西、澳大利亚、加拿大和新西兰，合计占农产品进口总额的 58%。中国对日本、中国香港、韩国、中国台湾和菲律宾的农产品贸易顺差处于前五位，净出口额分别为 107.8 亿美元、77 亿美元、36.7 亿美元、15.5 亿美元和 9.1 亿美元；对巴西、美国、澳大利亚、新西兰和阿根廷的农产品贸易顺差处于前五位，净进口额分别为 216.5 亿美元、193.2 亿美元、75.9 亿美元、54.6 亿美元和 49.5 亿美元。

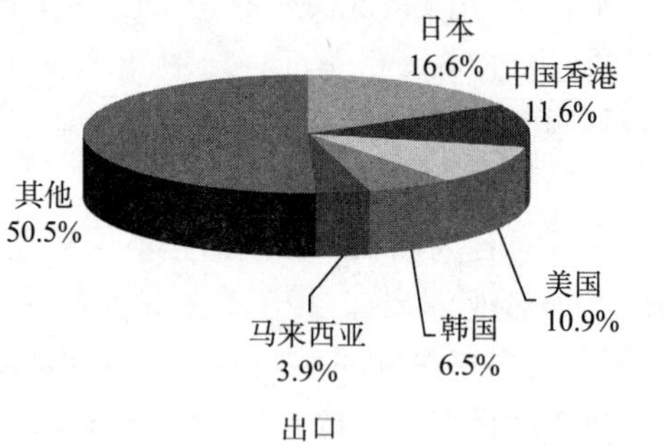

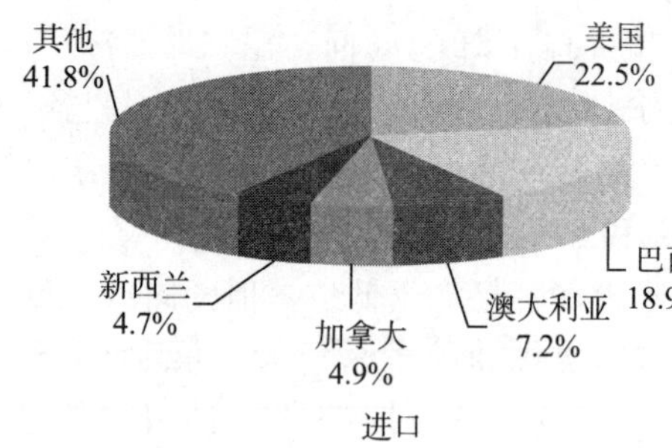

图 5　2013 年中国农产品出口市场和进口来源地结构

数据来源：中国海关数据库。

与自由贸易区伙伴间的双边农产品贸易发展出现分化。与智利和中国台湾之间的双向农产品贸易均实现较快增长，其中对智利的农产品进出口额分别比上年增长 11% 和 29%；对中国台湾的农产品进出口额分别比上年增长 22% 和 13%；与新西兰和哥斯达黎加之间的农产品双向贸易呈现出口与上年持平或下降、进口比上年大幅增长的格局，其中对哥斯达黎加的农产品出口额比上年下降 8.7%，进口额比上年增长了 57%；从新西兰农产品进口比上年增长了 47%；与东盟间的双向农产品贸易呈现比上年出口增长和进口下降的格局，出口额比上年增长了 18%，进口额比上年下降 8.2%；与秘鲁和巴基斯坦间的双向农产品贸易均有所萎缩，其中对秘鲁的农产品出口额与上年持平，进口额下降 9.5%；对巴基斯坦的农产品出口额比上年下降 8.9%，进口额比上年下降 30%；对中国香港和澳门的农产品出口额分别比上年增长 17% 和 6.1%。

（四）贸易方式

2013 年，农产品一般贸易出口额 557.4 亿美元，占农产品贸易总额 82%；进料加工贸易出口额 76 亿美元，占农产品出口额 11%。农产品一般贸易进口额 964.6 亿美元，占农产品进口总额 81%；保税区仓储转口货物 88.8 亿美元，占农产品尽量总额 7.5%；进料加工贸易进口额 75.1 亿美元，占农产品尽量总额 6.3%。

（五）国内进出口地区结构变化

农产品出口额排前五位的省（自治区、直辖市）依次为山东、广东、福建、浙江和辽宁，合计占农产品出口总额 63%。出口额增幅超过全国平均值的有 12 个省（自治区、直辖市），其中湖北、青海、河南、湖南和安徽等（自治区、直辖市）增幅超过 20%；出口额增幅下降有 8 个省（自治区、直辖市），其中北京、甘肃和四川等省（自治区、直辖市）降幅超过 10%。分区域看，东部地区出口 459.5 亿美元，占农产品出口额 68%；中部地区出口增幅最高比上年增长 32%；西部地区出口增幅比上年增长 3.6%。

农产品进口额排前五位的省（自治区、直辖市）依次为广东、山东、江苏、上海和天津，合计占农产品进口总额 65%。进口额增幅超过全国平均值的有 18 个省（自治区、直辖市），其中宁夏、内蒙古和山西等省增长 1 倍左右，陕西、青海和黑龙江增幅超过 30%；进口额下降的有 10 个省（自治区、直辖市），其中甘肃、重庆、贵州和西藏降幅超过 20%。分区域看，东部地区进口 970.2 亿美元；东北地区进口增幅 18%；西部地区增幅 4.6%。

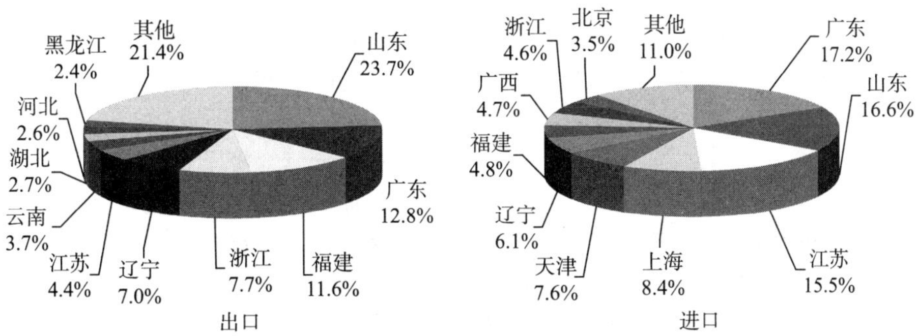

图 6　2013 年中国各省（自治区、直辖市）农产品进出口所占比重

数据来源：中国海关统计。

19 个省（自治区、直辖市）实现农产品贸易顺差，前五位的省（自治区、直辖市）及顺差额分别为：福建 21.9 亿美元、云南 13.8 亿美元、湖北 12 亿美元、黑龙江 10.6 亿美元和江西 5.3 亿美元。逆差前五位的省（自治区、直辖市）及逆差额分别为：江苏 155 亿美元、广东 117.2 亿美元、上海 86.3 亿美元、天津 81.5 亿美元和广西 42.5 亿美元。

（六）农产品贸易地位

2013 年，农产品进出口额分别占全国商品进出口总额的 6.1% 和 3.1%，均与上年持平。农产品进出口额与第一产业增加值比值分别为 12.9% 和 7.4%，与上年相比进口额下降 0.7 个百分点，出口额下降 0.2 个百分点。人民币对美元升值是该比值下降的重要原因。

三、中国参与国际粮食和农业事务情况

2013 年，中国农业多边外交丰富多彩，农业日益成为中国优势的外交资源，对国际粮农事务的影响力不断增强，在联合国粮农组织（FAO）、世界粮食计划署（WFP）、世界动物卫生组织（OIE）、国际农业研究磋商组织（CGIAR）、二十国集团（G20）、亚太经合组织（APEC）等重要平台上发挥着越来越重要的作用，在几大涉农国际组织中扮演着核心成员的角色，并深入参与了世界粮食安全委员会的改革，对国际粮食安全事务享有更高知情权和话语权，在国际粮农治理体系中的地位更加突出。在区域合作和新兴经济体合作中，中国也发挥了主导作用，加大了参与国际农业标准制度制定的力度，为构建公平的农业贸易环境逐渐发挥起关键作用。

中国政府致力于解决欠发达国家粮食不安全和饥饿问题。2008 年中国政府在联合国粮农组织设立了 3000 万美元信托基金支持联合国粮农组织在粮食安全特别计划框架之下开展农业多边“南南合作”项目。目前中国已向非洲、亚洲、加勒比和南太平洋地区约 24 个国家派遣了近千名派驻 2～3 年时间的专家和技术人员，为当地农民、推广人员和机构传授知识和经验，在发展中国家有效传播了适宜技术，改善了当地人生活。其中在尼日利亚的水稻生产、灌溉和水产养殖改善技术已成为该国《农业转型议程》（ATA）成功落实的重要方面，改变着尼日利亚数万名农民的生活。在塞内加尔，中国专家的技术已显著提高了水稻产量。在蒙古，中国

专家的集约化农业技术在极端气候条件下的作物和畜牧生产经验效果显著。2013 年 9 月，在尼日利亚阿布贾举办的“南南合作”高层论坛上通过的《阿布贾宣言》评估了中国作为“南南合作”提供方在“南南合作”中对非洲的成就，中国努力帮助发展中国家提高粮食生产能力应对全球粮食安全问题，其贡献和巨大潜力赢得了各方赞誉。

中国与联合国粮农组织及全球环境基金合作的“全球重要农业文化遗产系统的保护和适应性管理(GIAHS)”项目在提供粮食安全、农业生物多样性保护和独特的本土知识方面也取得了积极成就，中国深入参与了粮农组织全球重要农业文化遗产工作，促进了中国及发展中国家生态文明建设与农业可持续发展。

四、中国农业利用外资情况

2013 年，中国农业紧密围绕国内现代农业产业发展需要，不断优化农业利用外资结构。结合农业结构调整方向，鼓励外资投向农业高新技术产业、新能源和节能环保产业，引导外资向中西部地区转移，鼓励外商在中西部地区发展符合环保要求的劳动密集型产业，鼓励东部地区与中西部地区以市场为导向强化农业招商引资，促进农业利用外资方式多元化，提高农业利用外资质量和水平。据商务部统计，2013 年全国农业实际利用外资额 18.0 亿美元，比上年下降 12.7%，占同期全国实际利用外资总额 1.5%。农业“引进来”项目的实施对引进国外先进农业技术和管理理念，促进现代农业发展，提升农业粮食安全水平等具有积极的作用。

五、中国农产品贸易发展前景展望

2014 年，中国农业贸易发展面临着有利因素和严峻挑战。农业连年丰收，主要农产品供给保障程度较高，部分农产品有大量库存，从供求数量平衡角度看，具有扩大出口和减少进口的潜在能力；但因国内外明显价差以及国际市场价格有可能进一步下行，中国农产品价格竞争力将继续弱化，处置收储产品成为影响本年农产品贸易发展的重要政策问题。人民币汇率已逐渐趋近均衡水平，升值压力得到缓解，但这也使农业贸易企业面临较大的汇率波动的风险。

中国农产品对发达国家市场出口前景仍不乐观。全球经济下行风险仍然令人担忧，地缘政治风险加剧，可能会导致石油价格大幅上涨。此外，金融市场风险犹在。美国长期利率高于预期、风险利差缩小、波动性下降的情况出现逆转，经济的复苏有利于贸易发展，但中国农产品竞争力不足，预计对美出口困难仍很大。欧洲市场尚未摆脱低迷，同时可能受乌克兰危机冲击而陷入更深困境。对日出口面临复杂的不利因素。对发展中国家市场扩大出口前景较好。正常情况下，农产品出口量预期继续增长，出口额变化将取决于国际市场价格走势。

中国农产品进口发展态势主要由居民收入继续较快提高、公众对优质食品需求增加以及部分农产品国内外价差仍较大等趋势性因素决定，预期农产品进口量和进口额均将继续增加，但增速可能放缓。

（农业部农业贸易促进中心　张晓婉）

中国纺织业对外开放情况

一、发展概况

2013年，我国纺织工业[①]转型升级继续深入推进，经济运行质量稳步提高，基本上有效克服了外需增长缓慢、内外棉价差过大、生产成本上升等多重外部压力，行业发展态势总体良好。

（一）主要运行指标稳定增长

2013年，纺织行业主要运行指标实现平稳增长，多数指标增速较上年有所提升。根据国家统计局[②]和海关统计数据，全国3.9万户规模以上纺织企业[③]工业增加值同比增长8.3%；主营业务收入达到63848.9亿元，同比增长11.5%，增速较2012年提高0.9个百分点；利润总额达到3506亿元，同比增长15.8%，增速较2012年提高8.1个百分点。全社会纺织品服装出口总额[④]达到2920.8亿美元，同比增长11.2%，增速较2012年提高7.9个百分点。全行业500万元以上项目固定资产投资完成额[⑤]为9140.3亿元，同比增长17.3%，增速较2012年提高2.7个百分点。

表1　　2013年纺织工业主要运行指标

指标名称	单　位	2013年累计	同　比（%）
主要经济指标（规模以上企业）			
主营业务收入	亿元	63 848.9	11.5
主营业务成本	亿元	55 955.4	12.2
利润总额	亿元	3 506.0	15.8
应交增值税	亿元	1 607.5	15.7
资产合计	亿元	39 872.2	9.1
主要产品产量			
化学纤维（全社会）	万吨	4 121.9	7.4
纱（全社会）	万吨	3 200.0	7.2
布（全社会）	亿米	882.7	4.0
印染布（规模以上企业）	亿米	542.4	−2.2
无纺布（规模以上企业）	万吨	257.3	12.4
服装（规模以上企业）	亿件	271.0	1.3
固定资产投资指标（500万元以上项目）			
实际完成投资额	亿元	9 140.3	17.3
新开工项目数	个	13 718	5.9
纺织品服装贸易指标（全社会口径）			
出口总额	亿美元	2 920.8	11.2
进口总额	亿美元	275.5	11.1
贸易差额	亿美元	2 645.5	11.3

数据来源：中国国家统计局、中国海关。

---

① 本文中纺织工业、纺织行业是广义概念，涵盖化学纤维制造、纺纱、织造、非织造、针织、染整、家用和产业用制成品、服装制造及纺织机械制造整个纺织产业链条。本文中来源于国家统计局的纺织工业统计数据包括国家统计局标准分类中的纺织业、化学纤维制造业、纺织服装服饰业以及机械制造业中的纺织机械制造业。

② 本文中来源于国家统计局的数据除非特别说明为年报数据，均为快报数据。

③ 规模以上企业指年主营业务收入2000万元及以上的企业。

④ 纺织品服装贸易统计数据包括中国海关商品分类第50～63章中的纺织纱线、织物、制成品、服装和第94章中的寝具。

⑤ 纺织行业固定资产投资统计包括500万元以上的城镇固定资产投资项目、农村固定资产投资项目，但不含农户投资项目。

（二）经济发展结构与质量进一步优化

纺织产业结构调整继续取得积极进展，发展质量稳步提升。2013 年，产业用纺织品的新增长点作用继续发挥，产量达到 1130 万吨，同比增加 11.9%，服装、家用、产业用三大终端产业纤维消费比例优化至 48∶29∶23。服装、家纺、针织等行业利润率、资产周转率等运行指标均优于行业平均水平，电子商务成交额成倍增长，反映终端产业品牌附加价值与市场反应能力提升。中西部省份纺织产业发展速度有所加快，规模以上企业主营业务收入同比增长 15.5%，高于东部企业增速 5.3 个百分点。全行业经济运行质效稳步提高，规模以上企业销售利润率为 5.5%，同比提高 0.2 个百分点；总资产周转率为 1.6 次/年，同比提高 2.3%；三费比例为 6.2%，同比下降 0.1 个百分点。

（三）外部发展压力依然较为突出

国内棉花流通问题仍未解决，2013 年内外价差全年保持 4000 元/吨以上，棉纱线进口量快速增加，棉纺织企业面临的市场竞争及盈利压力始终未能得到有效缓解。国际市场需求增速总体依然缓慢，发达国家经济宏观面向好尚未对消费终端形成有力带动，欧盟纺织品服装进口额同比仅增加 0.9%，日本进口额（折美元）同比减少 1.3%。国际市场竞争更趋激烈，我国纺织行业受原料、用工等制造成本高企影响，在欧盟、美国、日本纺织品服装进口总额中所占份额同比分别降低 1.4、0.4 和 2 个百分点。

二、出口贸易情况

2013 年，尽管全球经济仍处于缓慢复苏阶段，纺织品服装国际市场需求并未显著好转，但由于市场环境较为稳定，我国纺织行业出口情况总体平稳。

（一）出口总额呈现恢复性增长

由于 2012 年纺织行业出口受内外棉价差问题影响较大，统计基数较低，2013 年出口总额呈现出明显的恢复性增长特征，增速同比较快回升。根据中国海关统计数据，2013 年我国纺织品服装出口总额达到 2920.8 亿美元，同比增长 11.2%，增速较 2012 年回升 7.9 个百分点。但是，如果与 2011 年相比较，两年来纺织行业出口额年均增速仅为 7.2%，与《纺织工业“十二五”发展规划》预期年均 8%的增长速度基本相符。纺织品服装出口增速高于全国出口贸易增速 3.3 个百分点，占全国比重同比回升 0.4 个百分点，达到 13.2%。

表 2　　我国纺织品服装出口额及占全国的比重情况

年 份	纺织品服装出口		其中：纺织品出口额（亿美元）	服装出口额（亿美元）
	出口额（亿美元）	占全国（%）		
2010 年	2 120.0	13.4	825.2	1 294.8
2011 年	2 541.2	13.4	1 009.0	1 532.2
2012 年	2 625.6	12.8	1 024.1	1 601.5
2013 年	2 920.8	13.2	1 188.6	1 782.2

数据来源：中国海关。

（二）出口数量贡献率有所提高

纺织品服装出口价格继续提升，2013 年同比增长 4.3%，较 2012 年略加快 0.4 个百分点。出口数量增长较之价格更为明显，2013 年同比增加 6.7%，较 2012 年加快 7.3 个百分点，对出口总额增长的贡献率达到 60%。其中，纺织品在棉花等原料价格支撑下，出口价格增长相对较快，2013 年同比提高 5%，较 2012 年加快 5.2 个百分点。服装因需求较为稳定，出口数量增长更为明显，2013 年同比增加 7.2%，较 2012 年加快 9.4 个百分点。

表3　我国纺织品服装出口价格、出口数量指数　上年同期＝100

年份	出口价格指数			出口数量指数		
	纺织品服装	纺织品	服装	纺织品服装	纺织品	服装
2010年	108.0	108.8	107.6	114.6	118.1	112.4
2011年	119.3	120.3	118.6	100.5	101.6	99.8
2012年	103.9	99.8	106.9	99.4	101.7	97.8
2013年	104.3	105.0	103.8	106.7	105.9	107.2

数据来源：中国纺织工业联合会统计中心根据中国海关统计数据整理。

（三）棉制纺织品出口增速回升明显

主要出口产品中，化纤制纺织品服装出口增长较快，2013年出口额达到1259.86亿美元，同比增长12.6%。棉制纺织品出口增速回升最为明显，2013年出口额为288.6亿美元，同比增长12.8%，增速较2012年回升16.2个百分点。其中，棉纱线、棉织物出口额同比分别增长15.2%和14.6%，较2012年分别提高18.4和18.7个百分点。由于国内棉价仍然大幅高于国际市场，价差并未显著缩小，棉制纺织品出口情况有所改善，反映出我国棉纺织企业应对棉价差及国际竞争压力的能力逐步增强。

表4　2013年我国主要纺织服装产品出口情况

主要出口产品	出口额（亿美元）	同比（%）	增速比2011年增减（百分点）
纺织品服装	2 920.8	11.2	7.9
纺织品	1 188.6	11.2	9.7
棉制纺织品	288.6	12.8	16.2
化纤制纺织品	598.1	12.3	9.3
服　装	1 782.2	11.3	6.8
棉制服装	713.5	10.3	4.7
化纤制服装	697.7	12.8	9.2

数据来源：中国海关。

（四）对新兴市场出口实现快速增长

主要出口市场中，欧盟、美国、日本三大传统市场增长虽较上年有所加快，但总体仍相对缓慢，2013年我国对欧、美、日纺织品服装出口额为1248.8亿美元，同比增长6%；占全行业出口额的比重为42.8%，较2012年下降2.1个百分点。我国对东盟出口增长相对更为突出，2013年纺织品服装出口额达347.1亿美元，出口规模已超过日本，成为我国第三大纺织品服装出口市场；同比增速达到28.3%，高于全行业出口增速17.1百分点，拉动全行业出口增长2.9个百分点。

表5　2013年我国对主要市场出口纺织品服装情况

国家或地区	出口额（亿美元）	同比（%）	增速比2011年增减（百分点）
欧盟	528.6	8.9	20.6
美国	439.5	7.0	3.2
东盟	347.1	28.3	－6.7
日本	280.7	－1.0	－1.8
中国香港	197.1	19.9	13.6
非洲	172.3	6.5	－10.5
韩国	70.2	16.8	25.7

资料来源：中国海关。

三、进口贸易情况

2013 年，我国纺织品服装进口总体实现稳定增长，进口总额达到 275.4 亿美元，同比增长 11.1%，增速较 2012 年加快 4 个百分点。但是，受到纺织行业生产增速放缓以及国内产业自我配套能力增强等因素影响，纺织原料、装备及染化料进口规模总体略有减少。

（一）服装进口快速增加

2013 年，我国服装进口规模继续稳步扩大，全年进口额达到 58.1 亿美元，同比增长 20.4%，较 2012 年略加快 0.1 个百分点；服装进口数量同比增加 25.8%，较 2012 年加快 5.9 个百分点。主要进口来源国中，从意大利、日本进口的服装达 14.1 亿美元，同比增长 20.9%，反映出我国内需消费不断升级的特征日益突出。与此同时，伴随着我国服装企业在发展中国家投资的服装加工基地增多，我国从越南、孟加拉、朝鲜等国进口服装的规模也不断扩大，2013 年从上述三国服装进口额已超过 12 亿美元，同比增长 46%。

（二）纺织品进口增长总体缓慢

2013 年，我国纺织品进口额为 217.3 亿美元，同比增长 8.8%，增速较 2012 年提高 4.5 个百分点；进口数量同比增长 7.6%，较 2012 年加快 2.6 个百分点。主要产品中，纺织纱线进口额同比增加 26%，较 2012 年加快 4.6 个百分点；其中，占纱线进口额 67%的棉纱线，受到国内棉价过高因素影响，进口额同比增速达到 37.5%。纺织织物进口额同比下降 5.6%，降幅较 2012 年进一步扩大，反映出我国面料自给能力提升。家纺、产业用制成品进口额同比增长 1.7%，增速随内需扩大较 2012 年略有加快。

表 6　我国纺织品服装出口额及占全国的比重情况

年份	纺织品服装进口		其中：纺织品进口额(亿美元)	服装进口额（亿美元）
	进口额（亿美元）	占全国（%）		
2010 年	203.2	1.5	178.1	25.2
2011 年	231.6	1.3	91.5	40.1
2012 年	248.0	1.4	199.8	48.2
2013 年	275.4	1.4	217.3	58.1

资料来源：中国海关。

表 7　2013 年我国纺织品服装进口情况

主要出口产品	进口额（亿美元）	同比（%）	增速比 2011 年增减（百分点）
纺织品服装	275.4	11.1	4.0
纺织品	217.3	8.8	4.5
纺织纱线	93.5	26.0	4.6
纺织织物	49.7	−5.6	−0.4
纺织制成品	74.1	1.7	4.2
服装	58.1	20.4	0.1

数据来源：中国海关。

表 8　我国纺织品服装进口价格指数　上年同期＝100

年　份	进口价格指数		
	纺织品服装	纺织品	服　装
2010 年	109.5	109.4	110.5
2011 年	116.7	116.3	118.7
2012 年	99.5	99.3	100.4
2013 年	100.0	101.2	95.7

数据来源：中国纺织工业联合会统计中心根据中国海关统计数据整理。

（三）原料进口需求总体平稳

由于棉花国储进口缩减，棉花进口仅用于满足企业需求，2013 年我国天然纤维原料进口总体规模同比减少，进口额为 122 亿美元，同比下降 20%。其中，原棉进口 414.7 万吨，同比下降 19.2%，进口额为 84.4 亿美元，同比下降 28.5%。但如果剔除国储减少原因，纺织企业对于棉花进口需求总体仍然稳定。除原棉以外，其他各种天然纤维共计进口 132.5 万吨，37.6 亿美元，同比增长 9.2%。

化纤原料中，纤维素纤维原料进口额为 114.4 亿美元，同比增长 2.8%；合成纤维单体进口额达 279.1 亿美元，同比增加 4.2%。其中，对二甲苯（PX）受环境及舆论因素影响，国内多个大型建设项目停滞，进口需求大幅增加，2014 年共进口 904.8 万吨，137.7 亿美元，同比增长 44.1%。

（四）装备及染料进口需求基本平稳

2014 年，我国纺织装备及染料、助剂等产业链配套进口需求基本平稳。纺织机械进口额为 42.3 亿美元，与 2012 年持平。主要产品中，纺纱机械受棉花问题影响，进口需求萎缩，进口数量及进口额同比分别下降 17.1%和 9.2%；化纤机械和针织机械进口数量同比分别增加 41.4%和 21%，但因装备价格降低，进口总额同比分别减少 11.9%和 4%；织造装备进口数量及金额同比分别增加 36.6%和 32.8%。有机染料进口需求基本平稳，2014 年进口额为 7.1 亿美元，同比增长 2.5%；各种助剂、油剂进口增长较快，2014 年进口额为 25.7 亿美元，同比增加 10.2%。

表 9　2012 年我国纺织工业进口相关产品情况 2013 年我国纺织工业进口相关产品情况①

产品名称	进口量		进口额	
	全年累计（万吨）	同比（%）	全年累计（亿美元）	同比（%）
天然纤维	547.3	−13.3	122.0	−20.0
纤维素纤维原料	1 700.5	2.3	114.4	2.8
合成纤维单体	2 124.6	0.8	279.1	4.2
有机染料及助剂	79.1	13.5	32.8	8.5
纺织机械	—	—	42.3	0.0
合　计	—	—	590.6	−2.3

数据来源：中国海关。

四、利用外资情况

2013 年，我国纺织行业中的外商及港澳台投资企业总体运行情况较 2012 年有所改善。但是，由于我国综合成本持续提升的现状仍然延续，以加工制造为主的外商及港澳台企业资本存量、增量以及经济增长对纺织全行业的贡献作用均进一步下降。

（一）三资企业经济运行情况同比有所改善

根据国家统计局数据，2013 年，全国 6546 户规模以上港澳台及外商控股纺织企业共计实现主营业务收入 11150 亿元，同比增长 8.1%，增速较 2012 年略提高 0.2 个百分点，但低于纺织行业平均增速 3.4 个百分点；主营业务收入占纺织全行业的比重为 17.5%，较 2012 年下降 0.5 个百分点。共计实现利润总额 584.5 亿元，同比增长 8.5%，增速较 2012 年提高 13.1 个百分点，盈利状况明显改善；但利润增速仍低于纺织行业平均增速 7.3 个百分点，占全行业利润总额的比重为 16.7%，较 2012 年下降 1.1 个百分点。根据中国海关统计数据，2013 年，全国三资企业纺织品服装出口总额为 712.7 亿美元，同比增长 1.5%，增速较 2012 年回升 4.6 个百分点；但由于其出口增速低于纺织行业平均水平 9.7 个百分点，三资企业出口占全行业的比重下降至 24.4%，低于 2012 年 2.3 个百分点。

① 本表格中天然纤维包括各种棉、麻、丝和毛纤维；纤维素纤维原料包括用于制造再生纤维素纤维的棉短绒、化学木浆等；合成纤维单体指用于制造合成纤维的对苯二甲酸、乙二醇、己内酰胺等单体原料。

表 10　　2013 年港澳台及外商控股纺织企业主要指标

主要经济指标（规模以上企业）							
指标名称	单位	港澳台控股			外商控股		
		累计	同比（%）	占全行业比重（%）	累计	同比（%）	占全行业比重（%）
企业户数	户	3 923	—	10.2	2 623	—	6.8
主营业务收入	亿元	7 178.4	8.0	11.2	3 971.7	8.3	6.2
利润总额	亿元	375.5	4.9	10.7	209.0	15.5	6.0
应缴增值税	亿元	181.5	17.5	11.3	95.0	12.4	5.9
资产合计	亿元	5 901.4	7.4	14.8	2 671.6	7.3	6.7

纺织品服装贸易指标（全社会口径）				
指标名称	单位	三资企业		
		累计	同比（%）	占全行业比重（%）
出口总额	亿美元	712.7	1.5	24.4
进口总额	亿美元	170.1	5.7	61.8
贸易差额	亿美元	542.6	3.0	20.5

数据来源：中国国家统计局、中国海关。

（二）三资企业固定资产投资同比减少

2013 年，纺织行业固定资产投资增长基本平稳，但港澳台及外商企业发展信心不足的情况较 2012 年进一步明显，新增投资同比有所减少。根据国家统计局数据，2013 年，港澳台和外商控股企业 500 万元以上项目固定资产投资完成额为 585.7 亿元，同比减少 7%，增速低于 2012 年 9.4 个百分点，低于纺织全行业平均水平 24.3 个百分点；占全行业投资总额的比重下降至 6.3%，低于 2012 年 1.7 个百分点。

表 11　　2013 年纺织行业固定资产投资情况（按企业注册类型，500 万元以上项目）

指标名称	累计（亿元）	同比（%）	占全行业比重（%）
全行业投资合计	9 140.3	17.3	100.0
其中：内资	8 512.7	19.5	93.1
港澳台投资	328.4	−5.7	3.6
外商投资	257.3	−8.6	2.8
个体经营	41.9	2.1	0.5

数据来源：中国国家统计局。

（三）外资在纺织行业资本结构中占比继续下降

由于新增投资增速不断放缓乃至绝对减少，近年来，港澳台及外商资本在我国纺织行业中的占比持续下降。根据国家统计局年报数据，2012 年①，我国规模以上纺织企业实收资本中，港澳台资本和外商资本合计为 2266.6 亿元，占全行业实收资本的比重为 29.5%，较 2011 年下降 1.7 个百分点。其中，港澳台实收资本占全行业比重为 17.3%，较 2011 年下降 1.2 个百分点；外商资本占比为 12.2%，较 2011 年下降 0.5 个百分点。

① 由于实收资本数据来源于国家统计局年报，而国家统计局每年四季度方发布上年度年报，本部分内容使用 2012 年年报数据。

表 12　　2012 年我国纺织工业实收资本及其结构（规模以上企业）①

实收资本类别	实收资本额（亿元）	2012 年占比（%）	占比较 2011 年增减（百分点）
实收资本总额	7 611.8	100.0	—
其中：国家资本	172.2	2.3	－0.6
集体资本	96.7	1.3	0.0
法人资本	2 463.4	32.4	1.7
个人资本	2 601.9	34.2	0.3
港澳台资本	1 318.3	17.3	－1.2
外商资本	948.3	12.2	－0.5

数据来源：中国国家统计局。

（中国纺织工业联合会产业部　赵明霞）

① 本表格中数据为年报数据；2011 年规模以上企业指年主营业务收入 200 万元及以上的企业。

中国汽车业对外开放情况

2013年，全球轻型汽车（不含中重型载货车）销量达到8350万辆，较2012年的8120万辆增长2.8%。中国汽车产销双超2000万辆，再创全球产销最高纪录，连续第五年蝉联全球第一位。在发达经济体汽车市场中，美国、欧洲及日本延续2012年的格局，美国轻型汽车市场依然领先其他成熟市场，稳步发展；日本车市微增长，未来市场形势不容乐观；欧洲仍未从2008—2010年的经济衰退中完全恢复，其新车销量仍然在下降。新兴市场中的金砖国家，除中国车市销量持续增长外，巴西、印度和俄罗斯新车销量均呈同比下降态势。

从国内形势来看，汽车行业按照稳中求进的工作总基调，加快推进行业转型升级，攻坚克难、锐意进取，全行业呈现持续健康发展态势。行业总体发展特点如下：中国品牌乘用车市场份额连续下降，商用车企稳回升；全行业经济效益明显转好，增速提高；市场集中度进一步提高，产业结构进一步优化，新能源汽车产业处于快速发展阶段。

第一部分　2013年国内汽车行业运行情况

据2013年全国汽车行业12918家规模以上行业主要经济指标快报显示，汽车行业经济运行平稳，主要指标稳中有升。全国汽车行业规模以上企业累计实现主营业务收入63222.6亿元，同比增长18.4%。实现利润总额5270.3亿元，同比增长25.1%。各小行业完成固定资产投资均高于2012年，汽车制造业和汽车零部件行业增长率均超过20%。其中，汽车零部件制造业同比增长额最高，达866.89亿元，同比增长15.3%；改装车制造业同比增长率为11.1%。

一、汽车产销突破2000万辆，再创新高

2013年我国汽车产销分别为2211.7万辆和2198.4万辆，同比分别增长14.8%和13.9%，增长较上年有明显提升。2013年中国汽车产量首次超过欧洲1847万辆的总产量，成为中国汽车行业崛起的又一个里程碑。在全球汽车制造业的市场份额已从2000年的3.5%提高到26.4%，成为名副其实的世界汽车制造大国，汽车产业的国际地位有了实质性的提升，为中国成为世界汽车制造强国奠定了更为坚实的基础。

二、中国品牌汽车份额继续下降

2013年，中国乘用车销量同比增长15.7%，同比增长8.6个百分点。其中欧系品牌增长20.4%，美系品牌增长22.7%，日系品牌增长16.8%，韩系品牌增长17.7%。中国品牌实现同比增长10.2%，增速低于乘用车市场整体增速，占有率有所下降。

中国品牌乘用车共销售722.2万辆，市场占有率进一步下降，较去年同期下降1.9%，缩小至38.6%。其中，中国品牌轿车共销售330.61万辆，同比增长8.41%，增幅同比有所提升，；中国品牌SUV销售121.38万辆，同比增长40.8%；中国品牌MPV和微型客车合计销售270.39万辆，同比增长5%，中国品牌乘用车的市场规模持续扩大。其中，吉利进入轿车销量排名前10家企业，列第8位，长城汽车凭借哈弗系列产品继续领跑SUV市场（具体销量情况如图表1所示）。

表1　2013年中国品牌乘用车分车型销量及市场份额　单位：辆，亿美元

中国品牌车型	销量	市场份额	份额变化
乘用车	722.2	40.28%	−1.57%
轿车	330.6	27.53%	−0.85%
SUV	121.4	40.61%	−2.49%
MPV	107.9	82.65%	17.93%

总体而言，上游的中国品牌汽车集团车型及简短配置的技术开发迟缓，中游的民营整车厂销售低迷都是造成占有率缩小的主要原因。

三、商用车市场呈现缓慢恢复态势

另一方面，2013年商用车市场呈现缓慢恢复态势。商用车产销分别为403.16万辆和405.52万辆，同比增长分别为7.56%和6.40%。其中客车（含非完整车辆）产销分别为56.3万辆和55.9万辆，同比增长为11.19%和10.6%。客车（含非完整车辆）累计销量55.89万辆，同比增长10.15%；相比去年只有客车增长的情况，今年载货车也重新回归增长状态，货车（含非完整车辆、半挂牵引车）产销分别为346.9万辆和349.6万辆，同比增长7.00%和5.83%。

四、汽车零部件产业发展概况

2013年，汽车零部件制造业（规模以上企业）主营业务收入累计2.71万亿元，同比增长18.2%，高于2012年同期12.0%的增长速度；行业利润总额1 886.30亿元，同比增长21.6%，好于2012年的7.7%增长速度；亏损企业1111家，亏损额69.71亿元，同比增长26.9%。

虽然汽车行业总体发展形势良好，但汽车零部件企业发展不均衡，外资企业要好于内资企业；部分为自主品牌整车企业配套的零部件企业效益下滑，甚至亏损；但是，在产品研发、品质保证等方面综合能力较强的部分自主企业，包括为外资配套的企业以及部分龙头企业等，则呈现良好的发展势头，一些企业逆市而上，产品产量增长超过40%。

国际化经营正在实现新的突破。2008年国际金融危机爆发，给汽车及零部件企业“走出去”提供了机遇。一些有实力的企业采取海外并购等方式，在国际化道路上走出一条新路。零部件行业的海外收购案例增多，对企业竞争力的提升提供了一条有效的途径。

五、新能源汽车产业发展迅速

电动汽车及混合动力等新能源汽车2013年同比增长37.9%，总量达到了17642辆。其中纯电动汽车销售14604辆，混合动力汽车销售3038辆。为了减轻大气污染等迫切问题，各地政府纷纷出台新能源汽车消费的补贴政策，新能源汽车市场化进程加速。

第二部分　2013年汽车商品进出口情况分析

据海关总署汽车商品进出口数据显示，2013年中国汽车商品进出口总额再创新高，达1681.60亿美元，同比增长5.9%。

一、2013年汽车产品进口情况

进口方面，2013年中国汽车商品进口共计825.23亿美元，同比增长5.5%，总体形势与去年持平。进口来源国家（含地区）共134个，其中汽车商品进口额超过1亿美元的国家（含地区）共有27个，比去年多了三个，共进口818.77亿美元，占比汽车商品进口总额的99.22%，进口金额的前十名国家（地区）依次是：德国、日本、美国、英国、韩国、斯洛伐克、墨西哥、比利时、法国和匈牙利，分别进口248.58亿美元、112.73亿美元、75.02亿美元、61.91亿美元、30.09亿美元、19.87亿美元、15.99亿美元、11.67亿美元、10.81亿美元。与2012年相比，德国、日本和斯洛伐克有所下降，其他国家均呈正增长，其中墨西哥、比利时、美国和英国的增速更为显著。2013年上述十国累计进口金额750.47亿美元，占汽车商品进口总额的90.94%，占比较2012年下降1.31个百分点。

汽车整车产品进口119.50万辆，进口额489.8亿美元，同比增长5.6%和3.0%；在七大类汽车进口产品中占比最高，达59.35%。挂车及半挂车进口0.1万辆，进口额0.28亿美元，同比增长5.6%和27.1%。发动机进口81.82万台，进口额23.76亿元，同比增长10.8%和4.9%。摩托车进口0.43万辆，同比下降60.5%，进口额0.39亿美元，同比增长61.7%。零部件（含发动机、摩托车零部件）进口372.79亿美元，同比增长9.5%。

整车进口方面，2013 年中国进口汽车依然保持在百万规模，共进口 119.5 万辆，同比增长 5.57%。其中四驱 SUV 排名第一，共进口 50.5 万辆，同比增长 10.73%，汽车产品进口主要呈现以下特点：

（1）跨国公司国产化进程提速，替代作用明显，进口车需求降低。

（2）政策因素对进口汽车市场起到一定抑制作用。如《乘用车企业平均燃料消耗量核算办法》加速产品、排量结构调整；《汽车品牌销售管理实施方法》修订及反垄断调查等。

汽车零部件进口表现总体好于 2012 年，四大类品种同比均呈一定增长态势。2013 年，汽车零部件进口额结束下降趋势，累计进口额 334.93 亿美元，同比增长 9.3%。在四大类汽车零部件品种中，发动机共进口 81.82 万台，同比增长 10.8%，进口额 23.76 亿美元，同比增长 4.9%。在发动机主要进口品种中，132KW 及以上柴油发动机进口额呈下降态势，其他品种有一定的增长，其中 1L 以下小排量汽油发动机增速更为明显。汽车零部件、附件及车身进口额 278.90 亿美元，同比增长 9.0%，增幅较 2012 年有所提升。在该系列主要品种中，电控燃料喷射系统、驱动桥和车身下降较为明显，变速器进口额超过 100 亿美元，达到 103.56 亿美元，同比增长 13.4%，表现较为突出。汽车、摩托车轮胎进口额 6.79 亿美元，同比增长 12.1%；与 2012 年比，汽车轮胎增长较快，摩托车轮胎呈一定程度下降。其他汽车相关商品进口额 25.48 亿美元，同比增长 17.6%，增幅较 2012 年也有所提升。

二、2013 年汽车产品出口概况

2013 年我国汽车商品出口目的国家（含地区）共 244 个，其中出口金额超 1 亿美元的国家共有 86 个，比去年多出两个，累计金额达 752.26 亿美元，占汽车商品出口总额的 95.93%。出口金额超过 10 亿美元的国家（含地区）共有 21 个，比去年多出三个，累计出口金额 523.21 亿美元，占汽车商品出口总额的 66.72%。

（一）汽车整车出口情况

2013 年出口结束了自 2010 年的持续增长，全年出口 94.85 万辆，同比下降 6.6%，出口额 128.98 亿美元，同比下降 6.0%。其中四驱 SUV 和轿车下降较为明显，而客车（含 9 座及以下小客车）增幅较大。

从近年来汽车整车出口形势看，2005—2007 年汽车出口呈现高增长，2008 年探底，2009—2010 年以来汽车出口量回升的趋势明显，但 2011 年开始的逐季增速也出现回落趋势。2013 年的汽车出口回落一方面由于受到主要出口目的国当地政策变动和局势动荡的影响，另一方面各出口汽车企业也在寻求结构转型优化（2010—2013 年汽车整车出口情况见表 2）。

表 2　2010—2013 年汽车整车出口情况　单位：辆，亿美元

产品类型 \ 年份		2010		2011		2012		2013	
		数量	金额	数量	金额	数量	金额	数量	金额
乘用车	轿车	179 940	12.76	372 083	25.98	495 456	35.89	424 471	29.67
	四驱越野车	22 502	1.94	24 309	2.26	4 863	0.54	3 063	0.45
	9 座及以下小客车	39 918	2.94	60 486	4.42	71 201	5.22	103 089	8.25
	其他载人机动车	2 067	0.23	3 373	0.40	6 938	0.86	6 454	31.12
	未列名载人机动车	37 941	0.73	9 839	0.34	9 242	0.38	16 262	0.45
	乘用车合计	282 368	18.60	470 090	33.40	587 700	42.90	450 250	69.94
商用车	客车	36 517	10.37	42 415	15.36	54 450	19.35	166 178	29.7
	载货车	232 081	31.84	322 053	48.13	355 450	57.32	285 497	37.8
	专用汽车	8 710	8.16	12 485	11.84	16 657	17.28	17 328	17.2
	汽车底盘	6 977	0.87	2 765	0.73	1 472	0.42	4 120	0.83
	商用合计	284 285	51.24	379 718	76.06	428 029	94.37	473 123	84.7
	汽车总计	566 653	69.84	849 808	109.46	1 015 729	137.27	948 135	129.08

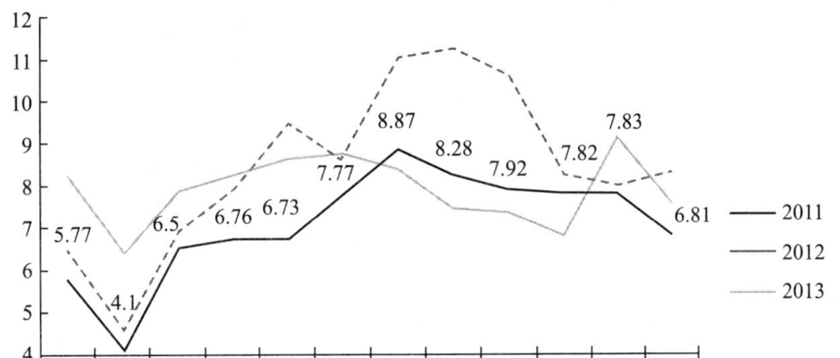

	1月	2月	3月	4月	5月	6月	7月	8月	9月	10月	11月	12月
2011	5.77	4.1	6.5	6.76	6.73	7.77	8.87	8.28	7.92	7.82	7.83	6.81
2012	6.51	4.56	6.9	7.92	9.49	8.62	11.0	11.2	10.6	8.82	8.04	8.33
2013	8.22	6.34	7.87	8.23	8.63	8.76	8.41	7.5	7.37	6.79	9.12	7.58

图1　2013年汽车整车月度出口情况

据中国汽车工业协会相关数据，2013年出口位于前十的汽车企业中，奇瑞共出口13.3万辆，同比下降28.23%。吉利出口约11.9万辆，同比增长18%。上汽集团出口10.7万辆，同比增长12.3%。位于出口量4～10名的企业分别为长城（7.3万辆）、华晨（7.0万辆）、东风（6.9万辆）、力帆（6.3万辆）、江淮（6.0万辆）、北汽集团（5.7万辆）、长安（4.8万辆）。出口量增长最大的是华晨和吉利，出口量同比分别增长57.84%和18.03%（如图2所示）。

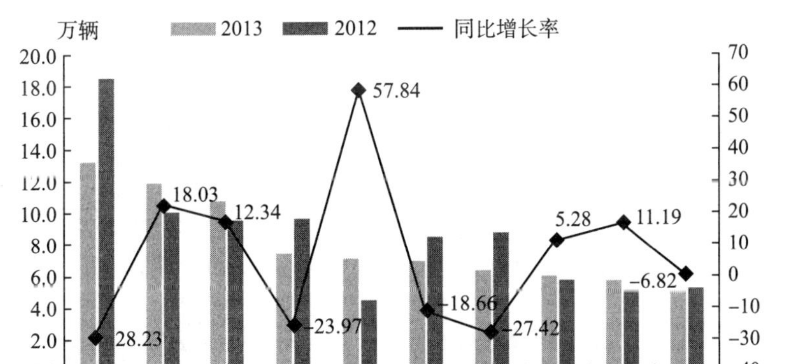

	奇瑞	吉利	上汽	长城	华晨	东风	力帆	江淮	北汽	长安
2013	13.3	11.9	10.7	7.3	7.0	6.9	6.3	6.0	5.7	4.8
2012	18.5	10.1	9.6	9.6	4.5	8.5	8.7	5.7	5.1	5.2
同比增长率	-28.23	18.03	12.34	-23.97	57.84	-18.66	-27.42	5.28	11.19	-6.82

图2　2013年出口前十位汽车企业情况

从出口目的国的情况来看（如图3所示），我国出口整车产品在亚洲、非洲、欧洲以及大洋洲的销量均有所下降，其中亚洲下降幅度最大，出口26.1万辆，同比下降18.9%。南北美洲区域出口量有所上升，其中向南美洲出口达28.65万辆，同比增长18.9%。

由于出口单价高，收益大，且未受到非洲局势动荡的影响，阿尔及利亚成为中国最大的出口市场。受当地政策及局势的影响，在阿尔及利亚、伊朗、伊拉克、沙特阿拉伯等目的国出口量和金额都有明显下降（具体数据如表3所示）。

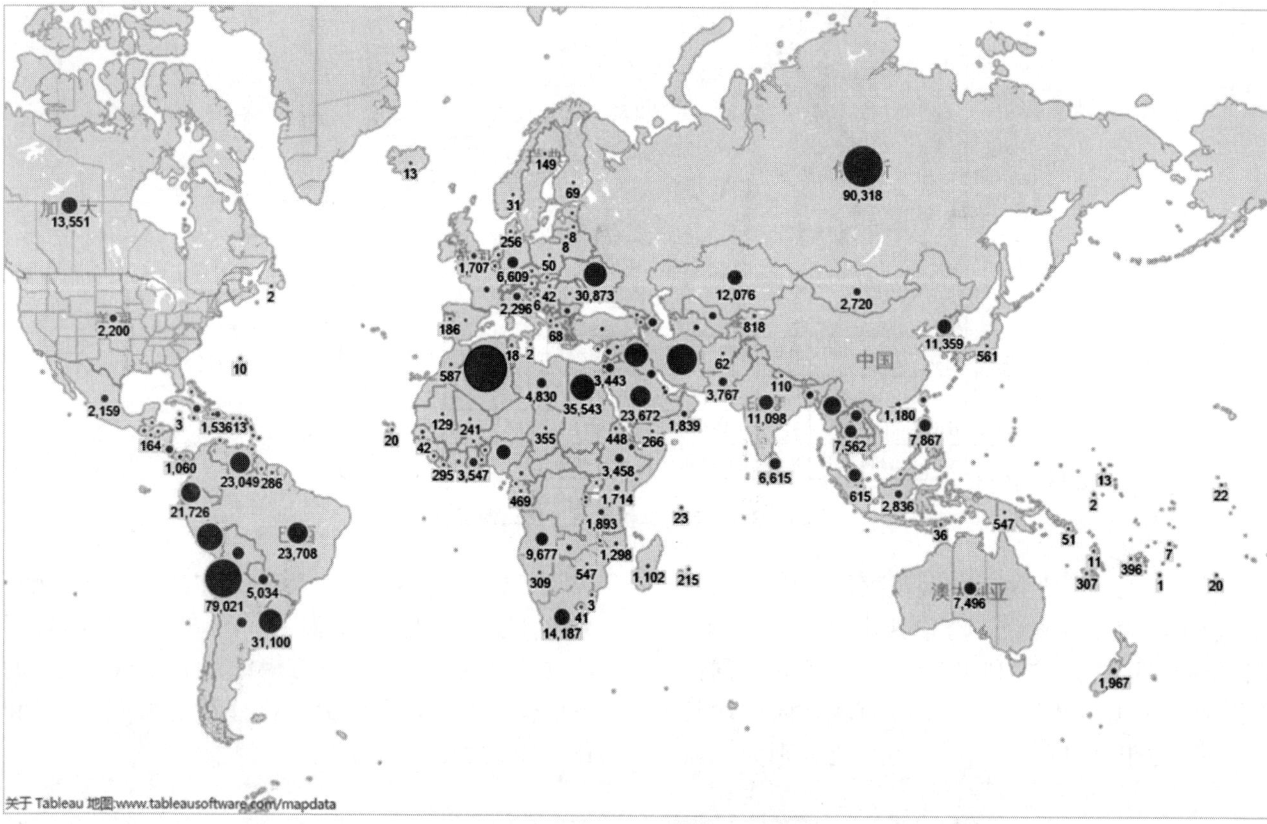

图 3　2013 年中国整车出口目的国分布

表3　2013 年汽车整车出口前十位国家及出口构成

序号	国别	累计数量（辆）
	合　　计	948 135
1	阿尔及利亚	117 198
2	俄罗斯联邦	90 318
3	智利	79 021
4	伊朗	51 677
5	秘鲁	39 507
6	哥伦比亚	37 461
7	埃及	35 543
8	伊拉克	33 494
9	乌拉圭	31 100
10	乌克兰	30 873

（二）2013 年汽车整车产品出口特点

1. 汽车出口出现回落，客车表现较为突出

2013 年汽车总出口 94.85 万辆，同比下降 6.6%。其中乘用车出口 55.33 万辆，同比下降 5.9%，商用车出口 39.52 万辆，同比下降 7.7%。在整车出口的主要品种中，轿车和载货车下降较明显，客车增幅较去年明显提升，表现最为出色。其中轿车出口约 39.7 万辆，同比下降 18.2%；SUV 出口 13.6 万辆，同比下降 5.5%；交叉型乘用车出口 5.7 万辆，同比上升 26.9%；载货车出口 27.6 万辆，同比增长 4.4%；客车出口 6.1 万辆，同比增长 28.7%。

2. 轿车单车价格上升

中国汽车出口车型仍以低端经济型车为主，而 2013 年出口乘用车的平均单价在上升，2013 年同期平均上升 88 美元，这说明出口汽车的产品结构和市场结构在不断优化。而另一方面，在轿车细分品种中，1.5 升及以下品种所占比重最大，共出口 30.13 万辆，同比下降 8.33%，占轿车出口总量的 70.98%，较 2012 年提升了 4.64 个百分点；2 升以上品种出口量依然较少，共出口 2153 辆，同比下降 43.55%。柴油轿车出口比重仍较低，且同比也呈现较大下降。

总体上，轿车出口呈现中低端全面发展的局面，这与自主品牌的产品排量较小，且合资品牌的低端车型价格与世界接轨有关，出口的组合优势在中低端体现。近两年轿车各排量市场的出口增长速度仍不均衡，中小排量仍是主导车型。2012 年下半年的 1.5 ～ 2L 车型也是表现较好，2013 年下半年轿车出口中的 1 ～ 1.5L 表现回落；1.5 ～ 2L 车型的出口走势近年较强，目前也有增长受阻的趋势。

3. 中国汽车零部件出口稳中微升

全年出口额 598.21 亿美元，同比增长 8.1%，出口顺差达到 263.28 亿美元，同比提高 16.39 亿美元。在四大类汽车零部件品种中，发动机扭转 2012 年下降趋势，出口 331.25 万台，同比增长 5.1%；出口额 15.75 亿美元，同比增长 5.9%。汽车零件、附件及车身出口额 315.81 亿美元，同比增长 13.3%，增幅明显提升。汽车、摩托车轮胎和其他汽车相关商品出口额增幅同比有所减缓，分别出口 148.78 亿美元和 117.87 亿美元，同比分别增长 2.8%和 2.6%。

4. 汽车出口市场发生较大变化

从汽车整车出口的分布情况看，除传统东南亚市场，还包括欧洲和南美市场。尽管 2013 年对巴西、越南的出口回落较多，上述两国已退出出口前十名的行列，但对俄罗斯、阿尔及利亚保持良好的出口业绩；对委内瑞拉、伊拉克及秘鲁的出口增长较快。

5. 汽车产品出口方式发生较大变化

随着我国汽车企业的发展与壮大，汽车产品出口也从单纯产品贸易向海外设厂等投资型转变。以出口量居前两名的奇瑞和吉利公司为例，奇瑞近年来不但汽车出口量名列前茅，海外设厂也是最多的，如在俄罗斯、乌克兰、埃及、印尼及土耳其等国家建设 CKD 或 SKD 生产线，生产出口当地的产品；吉利已在俄罗斯和印尼建立全散件 CKD 组装厂，位于埃及的 CKD 工厂所生产的车辆计划 2013 年投入市场，在乌克兰设有半散件的 SKD 组装厂。此外，东风、一汽、上汽等大企业集团也在加强海外战略的推进。随着我国汽车企业集团海外战略布局的逐渐完善，汽车产品出口方式会向多元化发展。

（三）汽车零部件产品出口

2013 年，汽车零部件出口额 645.92 亿美元，同比增长 9.2%，占汽车商品出口总额的 78.4%。出口顺差达到 263.28 亿美元，同比提高 16.39 亿美元。在四大类汽车零部件品种中，与 2012 年相比，发动机出口停止下降趋势，呈小幅增长，共出口 331.25 万台，同比增长 5.1%，出口额 15.75 亿美元，同比增长 5.9%；汽车零件、附件出口额 315.81 亿美元，同比增长 13.3%，增幅较 2012 年明显提升；汽车、摩托车轮胎和其他汽车相关商品出口及增幅较 2012 年有所减缓，出口额分别为 148.78 亿美元和 117.87 亿美元，同比分别增长 2.8%和 2.6%。

从细分类别看，出口汽车零部件有如下特点：首先，出口的汽车零部件产品结构与以往相比变化不大，依然是行驶系统（33.1%）、汽车电子电器（16.0%）和车身及附件（11.0%）居出口额的前三位，其次依次是发动机零部件、制动系统、传动系统、发动机和转向系统。其中传动系统零部件出口额增长最快，累计出口 36.51 亿美元，同比增产 28.3%。

从汽车零部件分国别出口情况看，中国汽车零部件出口至 200 多个国家和地区，出口居前十位的国家分别是美国、日本、韩国、俄罗斯、德国、英国、墨西哥、巴西、加拿大及澳大利亚。出口额分别增长了 10.0%、3.3%、8.8%、6.9%、17.8%、9.2%、8.4%、24.6%、－4.2%和－0.5%。合计为 381.55 亿美元，占中国汽车零部件出口总额的 58.0%。在排名前二十名中，汽车零部件出口居前十位的国家中，出口额同比增长幅度较大的国家有墨西哥（增长 29.8%）、日本（增长 21.9%）、俄罗斯（增长 17.8%）、加拿大（增长 15.1%）和美国（增长 12.8%）。

（中国汽车工业协会贸易协调部　刘振尤）

中国服务贸易发展概况

2013年，在党中央、国务院领导的关心和支持下，商务部把握全球产业结构调整和服务业加速转移的机遇，加强服务贸易顶层设计，坚持有序推进服务业开放，积极营造有利于服务贸易发展的环境，完善重点行业支持政策，推动我国服务贸易实现快速发展。

一、2013年中国服务贸易取得较快发展

2013年，我国服务贸易保持较快增长速度，全年服务进出口总额达5396.4亿美元，同比增长14.7%，占我国对外贸易总额的11.5%，占世界服务进出口总额的6%，居世界第三位。其中，服务出口额2105.9亿美元，同比增长10.6%，实现了2011年以来首次两位数增长，增速比上年提高6个百分点。

服务进口保持较快增长态势

2013年，我国服务进口增速高于出口，当年实现服务进口总额3290.5亿美元，同比增长17.5%，增幅与去年基本持平。我国出境游持续升温，旅游进口占我国服务进口总额的比重进一步提升，全年实现旅游进口1285.8亿美元，居服务进口第一位，同比增长26.1%，占比提升到39.1%。运输服务进口943.2亿美元，同比增长9.9%，占比为28.7%。高附加值服务中的金融服务、计算机和信息服务、电影和音像服务进口增速显著，增幅分别为77%、55.9%和39.8%；专有权利使用费和特许费进口增长18.5%；咨询进口增长17.8%。

服务出口结构呈现优化趋势

2013年，我国高附加值服务出口继续保持快速增长势头，成为服务贸易结构调整的重要推动力。金融出口增速居首，达54.2%，咨询出口同比增长21.2%，保险服务出口增长20%。同期，运输服务、旅游、建筑服务出口总额分别为376.5亿美元、516.6亿美元、106.6亿美元，在服务出口中的累计占比为47.5%，比去年同期下降5.6个百分点。旅游出口居各类服务之首，在我国服务出口总额中的占比为24.5%；运输服务出口居第二，占比为17.9%。

服务贸易逆差进一步扩大

2013年，我国服务贸易逆差由上年的897亿美元扩大至1184.6亿美元，同比增长32.1%。尽管在其他商业服务、咨询、计算机和信息服务、建筑服务领域分别实现195.5亿美元、169.5亿美元、94.5亿美元、67.7亿美元的顺差，但在旅游、运输服务、专有权利使用费和特许费、保险服务领域存在较大数额逆差，逆差额分别为769.2亿美元、566.8亿美元、201.5亿美元和181亿美元。旅游的逆差是居民消费能力增强和人民币升值共同作用的结果，因此是相对合理的；专有权利使用费和特许费的增长和逆差，反映了新的生产性服务要素需求上升，这也是商务部等部委近年来积极支持引进先进技术的成果，这部分逆差在相当长一段时期内也是合理的；运输服务逆差，表明我国运输服务企业竞争力不足，国际营销网络不健全，反映了运输权益丢失和海运产业链不完善，这种状况亟须改变；保险服务同运输服务类似，反映了保险行业国际化发展不足，需要逐步扭转逆差趋势。

服务外包成为吸纳大学生就业的重要容纳器

2013年，我国累计签订承接国际服务外包合同金额638.5亿美元，同比增长37.1%；执行金额454.1亿美元，同比增长35%。截至2013年底，服务外包累计吸纳从业人员536万人，其中2/3以上是大学生，服务外包已经成为促进大学生等知识型人才就业创业的重要容纳器。

二、推动服务贸易发展的主要工作情况

2013年，商务部以实现服务贸易与货物贸易的良性互动、协调发展为目标，会同相关部门理顺管理机制，开展创新政策研究，推动重点领域加快发展。

（一）加强服务贸易顶层设计和政策研究

加强服务贸易创新政策研究，提出了促进服务贸易发展的财政支持、税收优惠、金融扶持等一系列政策措施。向国务院主管领导报送《关于服务贸易发展情况的报告》，提出了今后一个时期发展服

务贸易的一系列政策建议，受到了国务院领导的肯定。推动将“结合‘营改增’改革范围的扩大，创造条件，对服务出口实行零税率”纳入国务院办公厅《关于促进进出口稳增长、调结构的若干意见》（国办发［2013］83号）。制定并下发《2013年服务贸易和商贸服务业工作要点》。会同中国进出口银行积极落实《关于金融支持服务贸易发展的指导意见》，支持服务贸易重点项目建设。

（二）推动服务贸易重点领域加快发展

一是创新服务外包支持政策。争取国务院办公厅下发《关于进一步促进服务外包产业发展的复函》（国办函［2013］33号），对服务外包相关政策建议做出批复，同意延续财税政策期限、放宽技术先进型服务企业认定条件、创新中高端人才政策、加快国际营销网络建设等。依据国务院批准的《中国服务外包示范城市综合评价办法》，开展了首次服务外包示范城市综合评价工作。2013年度安排财政资金5.4亿元，支持服务外包公共服务平台建设、人才培养、资质认证等。组织110多家企业赴美、欧、日等重点发包国家和地区开展了30多场项目洽谈活动，宣讲我国服务外包产业政策，组织参加美国“高德纳服务外包峰会”等大型国际服务外包展会，支持企业开拓国际市场。

二是加快发展对外文化贸易。商务部和中宣部牵头会同财政部等8部门，共同起草完成了《关于加快发展对外文化贸易的意见》（即2014年3月印发的国发［2014］13号），明确了文化贸易支持重点，并从加大财税支持、强化金融服务、完善服务保障等角度提出了加快服务贸易发展的支持措施。完成2013－2014年度国家文化出口重点企业和重点项目的评选工作，共有366家企业、123个项目入选。商务部还会同财政部对175家文化出口重点企业给予了资金支持。组织开展语言服务业和服务贸易政策制定项目，研究设立文化走出去股权投资基金，编写《文化产品和服务出口指南》。

三是提升技术贸易发展水平。积极支持上海技术进出口促进中心建设。继续开展技术出口贴息工作，2013年符合贴息要求的企业694家，审定出口总额53.86亿美元，安排贴息资金3亿元人民币。举办第十届中韩技术展示暨洽谈会，为中韩两国企业增进了解、开展技术交流与合作提供了良好平台。加强对商务主管部门和相关企业的培训，举办了全国商务系统技术贸易专题培训班及中央企业技术出口培训班。

四是完善国际货代物流业管理体制。制定出台了《促进国际货代物流业发展的指导意见》，明确了促进货代流通业发展的目标、任务和保障措施。研究营改增政策对国际货代行业的影响，推动对试点纳税人提供的国际货代服务免征增值税。指导货代协会建立健全行业规范，制定和推广行业标准，颁布实施5项行业标准，完成《国际货运代理危险品运输服务质量要求》、《契约承运人服务质量要求》等13项国家标准审批稿的修订。

五是加快中医药服务贸易促进机制建设。商务部会同国家中医药管理局共同开展中医药服务贸易重点项目、骨干企业（机构）和重点区域建设工作，组织成立了中医药服务贸易专家委员会。

（三）积极拓展服务贸易促进平台

一是成功举办全球服务论坛·北京峰会。2013年5月28日至6月1日，商务部和北京市人民政府成功举办第二届中国（北京）国际服务贸易交易会（以下简称京交会），京交会期间与联合国贸发会议联合主办全球服务论坛·北京峰会，组建了全球服务业展望委员会，发布了《北京宣言》，提高了发展中国家在服务贸易领域的话语权。李克强总理出席峰会并发表主旨演讲，汪洋副总理视察京交会展馆并提出工作要求。第二届京交会期间，共举办148场次活动，洽谈展览总面积7.59万平方米，比首届增长34%；共有中外企业1900余家参展，比首届增长10.4%；来自117个国家和地区的到会客商及代表累计达13.8万人次，分别比首届增长41%和35.3%。

二是稳步推进促进平台和示范载体建设。成功举办首届中国（上海）国际技术进出口交易会，创建了“上交会”这一全球技术进出口领域的权威交易平台。同时，成功举办了第九届文博会、第十一届大连软交会、第十届中韩技术展示暨洽谈会、第五届国际服务贸易（重庆）高峰会、第七届中国（香港）国际服务贸易洽谈会等服务贸易展示洽谈会，初步形成了以京交会为龙头，以各专业展会为支撑的服务贸易会展格局。积极参与上海、天津、广东等自由贸易试验区方案制定工作，推动将服务贸易相关先行先试工作纳入试验区总体方案。

三是开展双边框架下服务贸易务实合作。2013

年，我部同印度签署《中华人民共和国商务部与印度共和国商业工业部工作纲要》，成立中印服务贸易促进工作组并举行了工作组首次会议。双方围绕信息技术及关联服务、影视和音像制品、旅游业、服务外包、服务贸易统计、服务贸易促进等领域开展了卓有成效地沟通，并就下一步合作重点达成共识。与新加坡新签服务贸易合作备忘录，成立了中新服务贸易合作促进工作组。截至目前，已分别与德国、澳大利亚、英国、爱尔兰、印度和新加坡有关部门就双边服务贸易促进合作签署了 6 个协议，在双边框架下开展服务贸易领域务实合作。

（四）继续加强和改进统计工作

推进统计方法完善，与国家外汇管理局、国家旅游局等部门以及统计专家联合开展服务贸易月度数据统计方法研究，从 2013 年 4 月起，试编服务贸易月度数据。启动服务贸易重点企业名录建设，为统计分析和政策制定提供信息支持。开展了贸易增加值统计的初步研究，在第二届京交会期间组织了“全球价值链与服务贸易统计研讨会”，取得良好成效。启动了文化产品和服务统计目录的修订工作。

“十二五”乃至今后一段时期，将是我国服务贸易发展的重要战略机遇期。大力发展服务贸易，对于全面深化改革、加快转变经济发展方式、提升产业链国际竞争力、全方位参与价值链合作，增加大学生群体就业、打造经济升级版具有重要意义。商务部将全面贯彻十八届三中全会精神，抢抓机遇，充分发挥市场在资源配置中的决定性作用，坚持扩大服务业开放和提高服务贸易国际竞争力相结合，理顺服务贸易管理机制，完善服务贸易政策法规体系，推动我国服务贸易快速发展。

（商务部服务贸易和商贸服务业司）

外资银行在中国的经营和发展

2013 年，银监会积极贯彻党的十八大和十八届三中全会关于全面深化改革、扩大开放的精神，坚定不移地推进银行业对外开放，促进在华外资银行稳健运行。

截至 2013 年底，共有 51 个国家和地区的银行在华设立 42 家外资法人机构、92 家外国银行分行和 187 家代表处（见表 1）。外资银行在我国 27 个省（市、区）的 69 个城市设立了机构，初步形成具有一定覆盖面和市场深度的总行、分行、支行服务网络，营业网点达 947 家。36 家外资法人银行、57 家外国银行分行获准经营人民币业务，30 家外资法人银行、27 家外国银行分行获准从事金融衍生产品交易业务，6 家外资法人银行获准发行人民币金融债，3 家外资法人银行获准发行信用卡。

表 1　在华外资银行业金融机构情况（截至 2013 年底）

	外国银行	独资银行	合资银行	独资财务公司	合计
法人机构总行		39	2	1	42
法人机构分行		282	3		285
外国银行分行	92				92
支行	9	509	10		528
总计	101	830	15	1	947

在华外资银行整体经营稳健。截至 2013 年底，在华外资银行营业性机构资产总额 2.56 万亿元，同比增长 7.45%；各项贷款 1.11 万亿元，同比增长 6.47%；各项存款 1.49 万亿元，同比增长 4.72%；流动性比例 72.42%；平均不良贷款率 0.49%，低于全国商业银行平均水平；拨备覆盖率 258.02%，对预期损失的风险抵补能力较强；实现税后利润 140.34 亿元；外资法人银行资本充足率 16.52%，一级资本充足率及核心一级资本充足率均为 16.06%。

2013 年 8 月，内地与香港、澳门分别签署《内地与香港关于建立更紧密经贸关系的安排》补充协议十和《内地与澳门关于建立更紧密经贸关系的安排》补充协议十。两份协议于 2013 年 8 月起正式实施，涉及银行业的内容包括：允许香港、澳门的银行在内地的营业性机构，经批准经营港资、澳资企业人民币业务，服务对象可包括依规定被认定为视同香港、澳门投资者的第三地投资者在内地设立的企业。

2013 年 6 月，《海峡两岸服务贸易协议》在上海成功签署。大陆方面在协议中提出 6 项开放措施，为台资银行在大陆开展经营活动提供了更为优惠和便利的条件。《海峡两岸服务贸易协议》的签署与实施，将有利于两岸银行业进一步加强交流合作，服务两岸经济共同发展。

2013 年，银监会首次批准台资银行在大陆设立独资银行，首次批准台资银行、台资金融控股公司收购大陆的合资银行。截至 2013 年底，共有 14 家台资银行在大陆设立 1 家独资银行、1 家合资银行、11 家母行直属分行和 4 家代表处，其中 1 家合资银行与 7 家母行直属分行已获准经营人民币业务。

（中国银行业监督管理委员会银行监管三部）

中国保险业对外开放情况

按照党中央、国务院的精神，中国保监会稳步推进保险业对外开放工作，积极把握对外开放的主动权，引领中国保险业的对外开放工作，在增强风险防范能力、完善现代监管体系和提高行业竞争力等方面取得了显著成效。中国保险业认真履行入世承诺，本着“以我为主、安全可控、统筹协调、优势互补、合作共赢、和谐发展”的总体原则，通过引进国外的资金、技术、人才、机制和理念，同时引导中资保险企业吸收国际先进经验并增强自身经营管理能力，合理运用国内外两个市场、两种资源，显著增强了中国保险业在当前对外开放条件下的竞争能力和发展能力。

一、保险业对外开放基本情况

总体来看，我国保险业在入世时做出高水平的开放承诺，开放力度较大，是我国金融业中开放最早、开放过渡期最短的行业。经过入世后十余年的发展，目前已初步形成中外资保险公司共同发展、互利共赢的开放格局。

（一）外资保险公司在华呈现出平稳健康发展的态势

1. 外资保险公司数量和业务规模稳步增长

截至2013年底，共有15个国家和地区的保险机构在我国设立了56家外资保险公司，其中产险公司22家，寿险公司28家，再保险公司6家。在华外资保险机构设立的各级营业机构共1700余家。进入《财富》杂志世界500强的跨国保险机构中，有超过85%的机构通过发起设立或参股的方式进入中国市场，引进外方投资近千亿人民币，中国保险市场已成为世界上最大的保险新兴市场。截至2013年末，我国外资保险公司原保险保费收入679.87亿元，占市场份额为3.95%。外资保险公司总资产为4335.28亿元，占市场份额为5.23%。根据原保险保费收入，在北京、上海、深圳、广东外资保险公司相对集中的区域保险市场上，外资保险公司的市场份额分别为14.77%，15.28%，7.33%和8.47%。全国外资保险公司的市场份额较入世前实现了较大幅度的增长。

2. 市场开放结构不断优化

在市场主体结构方面，除发起设立独资或合资保险公司外，境外保险机构还参股了多家中资保险公司，中外资本日趋交融，市场主体结构不断优化，外资保险机构进入我国保险市场的形式开始出现多元化趋势。在地域结构方面，自保险业全面对外开放以来，保险业已对外资保险公司经营放开了全部地域，各家外资保险公司可根据自身发展战略在各个省市开设分支机构，部分外资保险公司逐步向中西部地区发展，保险业开放的地域结构不断优化。在业务结构方面，外资保险公司积极发挥自身在专业险种和渠道营销方面的优势，近年来我国保险市场上责任险、货运险、健康险等险种取得较快增长。

3. 外资保险公司总体呈现扭亏为盈的趋势

经过不断发展，目前部分外资寿险公司正逐步开始盈利。2013年盈利公司的数量增加到19家，外资保险公司正逐步走出在中国“水土不服”的困境。外资保险公司在引进国外公司治理和内控制度的同时，根据在中国市场经营的实践积累和经验总结，逐步认识到与当地市场相结合的重要性。从而能够结合实际情况进行灵活调整，取得了较好的经营效果，具体表现为更加重视以外方的经营理念培养本土保险人才，以提高本土化水平；利用股东背景发挥资产管理、风险控制、产品研发等方面的优势，提高专业化水平；加强对中国市场起步较晚的责任保险、货运和海上保险等细分市场的开发，提高精细化水平。

4. 外资保险公司股权变更逐渐增多

近年来，由于市场环境的变化，外资保险公司出现股权变更逐渐增多的情况，大致可以分为以下几种：一是随着银行投资保险试点工作的开展，中资商业银行从控制风险规模和选择有实力合作伙伴的角度出发，以收购外资保险公司股权的方式进入保险市场，如交银康联、工银安盛、中荷人寿等。二是外资公司的中外双方股东内部调整股权比例，通过定向增发、协议转让等方式，提高中方股东持股比例，充分发挥其销售渠道、客户资源等方面的优势，如光大永明和中意产险等。三是外资公司的外方股东进行并购使其在华拥有两家保险公司的股权，为整合业务和避免同业竞争，外方选择出售其中一家公司，如ING和大都会。目前保监会对外资保险公司的股权变更已进行平稳处理，未对市场造成冲击和负面影响。通过股权变更，外资保险公司进一步理顺了股权结构，有利于提高经营效率。

（二）中资保险机构贯彻“走出去”战略，逐步加大参与国际竞争的力度

《中国保险业发展“十二五”规划纲要》明确提出，鼓励具备条件的保险企业“走出去”，鼓励具备条件的保险公司开拓国际市场，服务国家“走出去”总体战略。

截至2013年末，有12家中资保险公司在境外设立了29家保险营业机构，4家中资保险公司设立了7家海外代表处，为我国驻外企业、员工和各国华人华侨提供了风险保障，提高了中国保险公司在海外的知名度和认可度。有9家中资保险公司在香港设立资产管理公司，在中国保险机构海外投资方面进行了初步尝试，体现了中国保险业在快速发展的情况下不断增长的海外投资需求。此外，自2002年以来，有6家中资保险公司在境外上市，在推动国有保险公司股份制改革、增强保险公司资本实力和抵御风险的能力、实现与国际规则接轨以及完善公司治理结构等方面发挥了积极作用。2013年《财富》杂志世界500强排名中，中国人寿、中国平安和中国人保分别位列第111名、第181名和第256名。中国的保险公司正逐步得到世界的认可。

（三）保险业对外谈判情况

保险业对外开放一直是我国对外谈判磋商中的重要环节。在我国入世谈判中，保险业开放力度较大，在入世协议中做出了广泛而深入的承诺。入世后，在各类多双边谈判磋商和政府间对话中，保险业仍然是外方关注的重点。目前我保险业参加的各项谈判机制包括：①双边对话机制。我保险业固定参加的双边对话机制包括中美战略与经济对话、中英经济财金对话、中欧经济财金对话、中美经济联委会和中加金融政策对话等；不定期参加的双边对话机制包括上海合作组织金融委员会等。②自贸区谈判。目前我保险业正在参加的自贸区谈判包括中韩、中澳、中挪等。另外，中国已与东盟、巴基斯坦、智利、新西兰、新加坡、秘鲁、哥斯达黎加、冰岛、瑞士签署了自贸区协定。③特殊经济安排。为加强内地与港澳经贸关系，支持和促进港澳经济发展，中央政府分别与港澳特区政府签署了《内地与港澳更紧密经贸关系的安排》。为促进海峡两岸关系友好发展，海基会和海协会签署了《海峡两岸经济合作框架协议》。④双边专项安排。根据中央部署，中国政府决定重启中美投资协定谈判。⑤专属经济区。目前，中央政府陆续批准了海峡西岸经济区、北部湾经济区、横琴新区等经济区规划，在政策层面给予了诸多优惠。我国保险业也积极配合中央统一部署，做出了相应安排。⑥WTO新一轮谈判。2001年11月，WTO在卡塔尔首都多哈召开第四次部长级会议，正式启动了新一轮多边贸易谈判。谈判确定了农业、非农产品市场准入和服务贸易等8个谈判领域，计划在2005年1月1日前结束。然而，多哈回合谈判的历程并非一帆风顺，由于各成员在利益要求上存在严重分歧，矛盾难以调和，谈判进程一波三折，屡陷困境。

入世十二年来，保险业严格履行入世承诺，积极稳妥地推动保险业开放，并在市场准入、业务范围、中介服务、便利措施等领域做出了多项开放举措。市场准入方面，允许外资产险分公司改制成子公司；允许香港、澳门、台湾地区保险公司通过整合或战略合并组成的集团，按照WTO准入条件进入保险市场。业务范围方面，允许外资产险公司经营交强险业务。中介服务方面，允许香港的保险代理公司在内地设立独资代理保险公司；允许香港的保险经纪公司在广东省（含深圳）试点设立独资保险代理公司，经营区域为广东省（含深圳）；同意在香港、澳门设立内地保险中介资格考试考点。便利措施方面，允许香港居民中的中国公民在取得内地精算师资格后，无须获得预先批准，即可在内地执业；允许香港居民在获得内地保险从业资格并受聘于内地保险营业机构后，从事相关的保险业务。

当前，国内外经济形势错综复杂，保险业对外谈判正面临着新的挑战。一是处理好保险行业对外开放与国家整体对外开放的关系。作为金融业支柱之一的保险业，是国家经济的重要组成部分。如何能既做到积极稳妥地推进行业开放，又服务好国家对外开放整体战略，是保险行业对外谈判工作面临的新挑战。二是处理好保险行业对外开放与区域性特殊安排以及与专属经济区的关系。三是处理好保险行业对外开放和保险行业发展的关系。入世以后，保险业对外开放在保险市场健康稳定发展中发挥了积极的推动作用。然而，保险业进一步开放的空间较为有限。如何继续积极稳妥地扩大开放以促进保险行业健康稳定发展，是保险业对外谈判工作迫切需要解决的新课题。

（四）加强全面风险监管，有效防范金融风险

2008 年国际金融危机爆发后，保险业面临国际金融风险跨境传递、金融信任危机传导、境外投资难度加大和国际分保困难等严峻形势。在国务院的统一安排下，保监会不断强化保险业风险防范体系的规范性和有效性，完善风险预警、识别和处置机制，定期对金融危机发展进程、国际金融监管改革、跨国保险集团经营状况进行跟踪分析研究；利用双边保险监管合作机制，对在华设有分支机构的跨国保险集团母国监管机构取得联系，及时掌握境外监管动态；对国内保险公司财务和投资风险全面排查，降低金融风险跨境传递可能性；关注外资保险公司境外股东兼并重组进程，防范国内保险市场资金流出风险；加强对国内保险消费者的正面引导，防范大规模集中退保风险，有效防范了风险的跨境传递，维护了保险市场健康发展和国家经济金融安全。

（五）强化国际监管合作，提高国际保险监管领域影响力和话语权

2000 年我国加入国际保险监督官协会，并于 2008 年成功当选其核心决策机构——执行委员会委员。2008 年金融危机后，我国积极参与《国际保险集团监管共同框架》的制定工作，在“共同框架”的实施过渡期、选择进入机制等方面，争取了符合我国保险市场实际情况的具体政策。2013 年，中国平安保险集团入选首批全球系统重要性保险机构，成为发展中国家和新兴市场的唯一代表，这是我国保险业积极参与国际金融治理，维护全球金融稳定的重大举措。这体现了国际社会对我国经济金融改革与发展成就的充分肯定，也是对我国保险业在国际保险市场上影响和地位的认可。目前，保监会正积极参与国际保险监管改革与合作，包括参与国际金融监管组织后续关于全球系统重要性保险机构监管机制的设计和标准措施的制定，为不断提升中国保险业的国际竞争力和在国际保险监管领域的影响力和话语权创造条件。

中国保险业坚持以对外开放促进行业改革发展取得了积极显著的成效，为中国保险业的改革发展注入了新的活力，促使中国保险业发生了深刻变化。外资的进入不仅没有对保险市场安全和民族保险业发展造成大的冲击，而且带来了新的理念和技术，促进了国内保险公司经营管理水平的提高。通过对外开放，我国保险业不仅引进大量的境外资金，同时也引进了大量专业人才和先进技术。目前各保险公司的精算、产品研发和资产管理等岗位核心人员基本具有海外从业背景或外资工作经验，责任险、健康险、货运险等专业险种研发以及保险公司风险防范和内控体系建设等均借鉴了国际经验。同时，在中国这个全球最大的保险新兴市场当中，外资保险公司自身也取得了长足的发展，成为推动中国保险市场发展的重要力量。

二、保险业对外开放中始终坚持几个方向

入世以来，保险业始终坚定不移地执行对外开放的基本国策，严格履行入世承诺，同时积极把握对外开放主动权，逐步推动行业形成全方位、多层次的开放格局。在对外开放的过程中，我们始终把握好以下几个方向：

一是要促进中外保险公司的优势互补。根据保险业服务经济社会发展大局、服务全面建设小康社会和构建社会主义和谐社会的时代要求，我们深入分析保险业加入世贸组织和全面开放的严峻形势和良好机遇，加快改革发展步伐，一方面继续发挥中资保险公司的本土优势和网络优势，拓展保险经济补偿、资金融通和辅助社会管理的内在功能，提高保险的覆盖面和渗透力。另一方面引导外资保险公司向我国保险业的薄弱环节和领域发展，充分发挥外资保险公司在责任保险、健康保险、农业保险和养老保险等方面的经验和技术优势，在公司治理、经营理念、信息技术和产品创新方面的示范效应，形成做大做强中国保险业的内外合力。

二是推动中外保险公司的合作共赢。在积极引导有实力、有经验、有特色的境外保险机构进入中国市场的同时，鼓励外资保险公司与中资公司在客户、产品和渠道上进行差别竞争，维护公平竞争的良好市场秩序，使外资保险公司在分享中国保险市

场快速增长利益的同时，避免与中资保险公司的恶性竞争，实现中外保险公司的合作共赢。同时积极研究以开放促进中资公司在观念、产品、体制和渠道等方面提高服务水平和核心竞争力。

三是做到“走出去”和“引进来”的均衡协调发展。在对外开放中，我们十分注意引进国外保险业的经营管理制度，强调引进消化吸收再创新；学习和借鉴国际保险监管的成功做法和新鲜经验，加强国际保险监管合作；鼓励和允许引进国外保险精算人才和高级管理人才，提高中国保险业的经营管理水平。同时，我们始终把实施“走出去”战略作为我国保险业应对国际化和国际竞争的重要举措，支持中资保险公司走向国际资本市场，在境外上市筹集资本，增强了资本实力，完善了公司治理结构，提高了国际知名度。

四是在搞好对外开放的同时高度重视风险控制。我们贯彻落实对外开放的基本国策，认真履行入世承诺，注意树立我国保险业信守承诺的良好国际形象。我们坚持安全可控的开放政策，充分考虑中国保险市场对国际化和国际竞争的承受程度，综合运用世贸组织有关条款、市场准入的国际惯例，循序渐进把握对外开放节奏，防止对国内保险市场造成大的冲击。我们高度重视国家金融保险安全，密切监控和防范对外开放可能产生的风险，坚持以公司内控为基础，以偿付能力监管为核心，以现场检查为重要手段，以资金运用监管为关键环节，以保险保障基金为屏障，构筑了保险业风险防范的五道防线，实现了对外开放的速度、广度和深度与风险可控程度的统筹协调，较好地防止了国际化和国际竞争的风险。

三、保险业将继续深入推进对外开放工作

在保险业对外开放初期，立足于我国保险业实际情况，通过引进大型跨国保险机构，构建了开放竞争的市场格局，实现了市场主体多元化、企业文化多元化、保险服务和创新多元化，推动了我国保险业逐步与国际保险市场接轨，引进了国际化的人才和技术，形成了国际化的视野和思路，增强了中国保险业参与国际化竞争的实力和信心。在保险业下一步的对外开放工作中，为了更好地把握机遇，迎接挑战，保持保险业对外开放政策的稳定性和连续性，我们初步考虑在以下几个方面继续深入推进保险业对外开放工作：

一是继续坚定不移地推进保险业对外开放。根据《中国保险业“十二五”规划纲要》的要求，适应我国对外开放新形势，不断提高保险业对外开放的水平。以开放促发展、促改革、促创新，实现中外资保险公司互利共赢、共同发展。保险业将继续认真履行对外承诺，维护保险业对外开放的良好形象。进一步加快与国际接轨的步伐，充分利用国际资源，把保险业的对外开放提高到一个新的水平。

二是优化保险市场开放结构，深度挖掘外资优势。加大细分市场的力度，发挥境外资本开拓和培育市场、引导和推动创新的作用。鼓励有特色、有经验的境外保险机构进入健康、医疗、养老保险市场，以开拓和示范效应带动我国相关领域保险业务的发展，提高行业服务水平和创新能力。继续引进境外保险机构在产品定价、风险控制、资产管理等方面的先进技术和理念，带动国内市场的产品和服务创新。继续通过引入境外保险机构带动境外精算、资产管理、医疗健康服务管理等专业化人才的引进。在加大“引智”力度的同时提升本地人才的专业化水平，培养职业经理人队伍。

三是坚决维护国家金融保险安全，全面防范金融风险。继续强化保险业风险防范体系建设，根据我国保险业发展实际和承受能力，及时评估保险业对外开放和参与国际竞争的风险，落实有关制度和措施，构筑保险业防范对外开放风险的坚实防线。深化国际交流合作，严密监控国际保险市场动向，防止外资保险公司传导国际金融风险。防范资本外逃、洗钱和违法关联交易等行为，坚决维护国家金融保险安全。

四是推动完善制度体系建设，提升保险监管能力。继续完善现代保险监管体系，推进中资境外保险机构的监管工作，并加强对中资保险公司海外投资的指引。根据金融综合经营的新形势，创新保险监管制度。借鉴国际金融监管改革的有益经验，坚持宏观审慎监管和微观审慎监管并重的原则，在进一步完善微观审慎监管的同时，建立宏观审慎保险监管框架，研究运用宏观审慎监管工具，构建系统性风险防范体系。结合我国保险业发展实际，全面深入参与全球系统重要性保险机构认定和监管措施制定等工作，强化对我国系统重要性保险机构的后

续监管工作，进一步加强我国保险业的宏观审慎监管。

五是积极开展国际保险监管合作与交流。目前开展的国际保险监管改革使我国保险业面临着更为现实和紧迫的完善监管制度体系的压力。为更好地吸收借鉴国际前沿的监管规则，提升保险监管能力，防范系统性风险，我们应积极参与国际保险规则和监管原则的制定，建立与国际保险组织和监管机构间人员交流的长效机制，并积极研究借鉴国际保险监管改革的监管理念和措施，推动我国保险监管制度体系建设。此外，加强与外资保险公司总部所在地监管机构的监管协调，强化与周边国家和地区的区域性保险交流合作，加强对跨境保险的监管。

（中国保险业监督管理委员会国际部）

附表一　外资保险公司一览表

	序　号	公司名称	注册地
寿险	1	中宏人寿保险有限公司	上海
	2	中德安联人寿保险有限公司	上海
	3	工银安盛人寿保险有限公司	上海
	4	信诚人寿保险有限公司	北京
	5	交银康联人寿保险有限公司	上海
	6	中意人寿保险有限公司	北京
	7	中荷人寿保险有限公司	大连
	8	海康人寿保险有限公司	上海
	9	中法人寿保险有限责任公司	北京
	10	中英人寿保险有限公司	北京
	11	中美联泰大都会人寿保险有限公司	上海
	12	北大方正人寿保险有限公司	上海
	13	长生人寿保险有限公司	上海
	14	招商信诺人寿保险有限公司	深圳
	15	恒安标准人寿保险有限公司	天津
	16	瑞泰人寿保险有限公司	北京
	17	国泰人寿保险有限责任公司	上海
	18	华泰人寿保险股份有限公司	北京
	19	中航三星人寿保险有限公司	北京
	20	平安健康保险股份有限公司	上海
	21	中新大东方人寿保险有限公司	重庆
	22	汇丰人寿保险有限公司	上海
	23	新光海航人寿保险有限责任公司	北京
	24	君龙人寿保险有限公司	厦门
	25	复星保德信人寿保险有限公司	上海
	26	中韩人寿保险有限公司	杭州
	27	德华安顾人寿保险有限公司	济南
	28	友邦保险有限公司	5个省（市）
财产险	1	美亚财产保险有限公司	北京
	2	东京海上日动火灾保险（中国）有限公司	上海
	3	安盛天平财产保险股份有限公司	上海
	4	太阳联合保险（中国）有限公司	上海
	5	丘博保险（中国）有限公司	上海
	6	三井住友海上火灾保险（中国）有限公司	上海
	7	三星财产保险（中国）有限公司	上海
	8	苏黎世财产保险（中国）有限公司	北京

续 表

	序 号	公司名称	注册地
财产险	9	安联财产保险（中国）有限公司	广州
	10	利宝保险有限公司	重庆
	11	日本财产保险（中国）有限公司	大连
	12	中航安盟财产保险有限公司	北京
	13	劳合社保险（中国）有限公司	上海
	14	中意财产保险有限公司	北京
	15	现代财产保险（中国）有限公司	北京
	16	爱和谊日生同和财产保险（中国）有限公司	天津
	17	国泰财产保险有限责任公司	上海
	18	乐爱金财产保险（中国）有限公司	南京
	19	日本兴亚财产保险（中国）有限责任公司	深圳
	20	信利保险（中国）有限公司	上海
	21	富邦财产保险有限公司	厦门
	22	史带财产保险股份有限公司	上海
再保险	1	慕尼黑再保险公司北京分公司	上海
	2	通用再保险公司上海分公司	上海
	3	汉诺威再保险股份公司上海分公司	上海
	4	瑞士再保险公司北京分公司	北京
	5	法国再保险公司北京分公司	北京
	6	RGA 美国再保险公司上海分公司	上海

附表二　　外国/地区保险机构驻华代表机构一览表

序 号	国家/地区	公 司	城 市
1	澳大利亚	安保集团	北京
2	澳大利亚	康联保险集团	北京
3	澳大利亚	昆士兰保险集团股份有限公司	广州
4	澳大利亚	力诚保险有限公司	北京
5	澳大利亚	澳大利亚保险集团有限公司	上海
6	德国	安联保险集团	北京
7	德国	通用再保险公司	北京
8	德国	慕尼黑再保险公司	上海
9	德国	安顾保险集团股份公司	北京
10	德国	安顾保险集团股份公司	济南
11	德国	汉萨美安相互医疗保险公司	上海
12	法国	安盛公司	北京
13	法国	法国国家人寿保险公司	北京
14	法国	法国安盟保险公司	北京
15	法国	安盟甘寿险北京代表处	北京
16	法国	巴黎人寿保险有限公司	上海
17	法国	巴黎财产保险有限公司	北京
18	法国	科法斯信用保险公司	北京
19	法国	圣汇安保险经纪股份有限公司	上海
20	法国	兴业保险股份有限公司	北京
21	菲律宾	中华保险公司	厦门
22	韩国	乐爱金财产保险有限公司	北京

续 表

序 号	国家/地区	公 司	城 市
23	韩国	乐爱金财产保险有限公司	上海
24	韩国	三星火灾海上保险公司	北京
25	韩国	三星生命保险公司	北京
26	韩国	贸易保险公社	北京
27	韩国	贸易保险公社	上海
28	韩国	现代海上火灾保险有限公司	北京
29	韩国	现代海上火灾保险有限公司	上海
30	韩国	韩国教保生命保险株式会社	北京
31	韩国	韩华生命保险株式会社	北京
32	韩国	大韩再保险公司	北京
33	韩国	东部火灾海上保险公司	北京
34	韩国	兴国生命保险株式会社	北京
35	韩国	首尔保证保险株式会社	北京
36	荷兰	荷兰保险有限公司（Ⅱ）	北京
37	荷兰	全球人寿保险国际公司	北京
38	荷兰	富通保险国际股份有限公司	上海
39	荷兰	安卓信用保险公司	上海
40	加拿大	加拿大人寿保险公司	北京
41	加拿大	永明人寿保险公司	北京
42	加拿大	加拿大皇家银行人寿保险公司	北京
43	加拿大	枫信金融控股责任有限公司	北京
44	美国	美国保德信保险公司	北京
45	美国	北美洲保险公司	北京
46	美国	北美洲保险公司	上海
47	美国	大都会人寿保险公司	北京
48	美国	大陆保险集团公司	北京
49	美国	大陆保险集团公司	上海
50	美国	大西洋再保险公司	上海
51	美国	国际集团	北京
52	美国	纽约人寿国际公司	北京
53	美国	苏立文·克迪斯保险经纪人公司	北京
54	美国	信安人寿保险公司	北京
55	美国	信诺保险公司	北京
56	美国	怡安保险（集团）公司	北京
57	美国	RGA 美国再保险公司	北京
58	美国	美国在线健康保险代理公司	厦门
59	美国	美国展维住房抵押贷款保险公司	北京
60	美国	美国佳达再保险经纪有限公司	北京
61	美国	美国联合保险公司	北京
62	美国	美国联合健康保险公司	北京
63	美国	美国柏柯莱保险集团公司	北京
64	美国	美国盛博保险有限公司	上海
65	美国	美国史带公司	北京
66	美国	美国法特瑞互助保险公司	北京
67	美国	美国安泰人寿保险公司	上海
68	美国	美国国际金融保险公司	北京

续　表

序　号	国家/地区	公　司	城　市
69	美国	美国维朋公司	北京
70	日本	爱和谊日生同和保险公司（总）	北京
71	日本	爱和谊日生同和保险公司	广州
72	日本	日本财产保险公司	重庆
73	日本	第一生命保险公司	北京
74	日本	第一生命保险公司	上海
75	日本	日本东京海上日动火灾保险株式会社	北京
76	日本	日本东京海上日动火灾保险株式会社	成都
77	日本	日本明治安田生命保险公司	北京
78	日本	三井住友海上火灾保险公司（总）	北京
79	日本	三井住友海上火灾保险公司	大连
80	日本	三井住友海上火灾保险公司	成都
81	日本	三井住友海上火灾保险公司	青岛
82	日本	日本生命保险公司	北京
83	日本	住友生命保险公司	北京
84	瑞士	瑞士再保险股份有限公司	上海
85	瑞士	苏黎世保险公司	北京
86	瑞士	苏黎世保险公司	上海
87	台湾	富邦产物保险股份有限公司	北京
88	台湾	国泰人寿保险股份有限公司	北京
89	台湾	国泰人寿保险股份有限公司	成都
90	台湾	新光人寿保险股份有限公司	北京
91	台湾	新光人寿保险股份有限公司	上海
92	台湾	台湾新光产物保险股份有限公司	苏州
93	台湾	台湾人寿保险股份有限公司	北京
94	台湾	富邦人寿保险股份有限公司	北京
95	台湾	中国人寿保险股份有限公司（台湾）	北京
96	台湾	台湾产物保险股份有限公司	上海
97	台湾	新安东京海上产物保险股份有限公司	上海
98	台湾	华南产物保险股份有限公司	深圳
99	香港	恒生保险有限公司	深圳
100	香港	闽信保险有限公司	福州
101	香港	其士保险有限公司	北京
102	香港	德安保险经纪有限公司	深圳
103	香港	香港亚洲保险有限公司	深圳
104	香港	中国保险（集团）有限公司（中保国际控股有限公司）	北京
105	香港	中国保险（集团）有限公司（中保国际控股有限公司）	上海
106	香港	中银集团人寿保险有限公司	北京
107	香港	汇丰人寿保险（国际）有限公司	广州
108	香港	蓝十字（亚太）保险有限公司	上海
109	香港	高诚保险经纪人有限公司	福州
110	香港	中国交通保险有限公司	深圳
111	香港	德安保险经纪有限公司	北京
112	香港	领航海上保险顾问有限公司	北京
113	新加坡	大东方人寿保险有限公司	北京
114	新加坡	职总英康保险合作社	北京

续 表

序 号	国家/地区	公 司	城 市
115	意大利	忠利保险有限公司	北京
116	意大利	忠利保险有限公司	上海
117	西班牙	曼福保险集团	北京
118	印尼	金光集团保险私人有限公司	北京
119	英国	保诚集团	北京
120	英国	劳合社	北京
121	英国	英国耆卫公共有限公司	北京
122	英国	麦理伦国际集团有限公司	上海
123	英国	思文够赫思特有限公司	上海
124	英国	保柏金融公众有限公司	北京
125	英国	库柏盖伊有限公司	上海
126	英国	亚瑟 J. 盖勒格英国有限公司	北京
127	百慕大	大新人寿保险有限公司	深圳
128	百慕大	博纳再保险有限责任公司	北京
129	南非	和德保险有限公司	北京
130	卢森堡	瑞再国际财产保险有限公司	上海
131	美国	万凯公司	北京
132	台湾	台银人寿保险有限公司	北京
133	百慕大	凯林集团	北京
134	台湾	南山人寿保险股份有限公司	上海
135	香港	香港友邦保险控股有限公司	北京
136	香港	香港友邦保险控股有限公司	上海
137	香港	中国太平保险控股有限公司	北京
138	香港	中国太平保险控股有限公司	深圳

中国资本市场对外开放情况

对外开放是我国资本市场发展的重要动力。二十多年来，我国资本市场从无到有，从小到大，市场的规模、效率、影响力和透明度均不断提升。在此过程中，中国证监会积极稳妥地推进证券期货业和资本市场的对外开放。一系列循序渐进的举措，基本契合同时期市场的发展需要，使我国资本市场在较短的时间内取得了长足的进步和巨大的成就。2013年，中国证监会继续推动资本市场的双向开放，同时不断加强国际合作与交流。

一、推动境内企业境外发行上市

境外上市是我国资本市场改革开放的重要举措，是我国利用外资的重要形式和长期政策，符合境外上市地上市条件的境内企业可以自主选择到境外上市。截至2013年底，共有185家境内股份有限公司到境外上市，筹资总额2080.77亿美元。其中，在香港交易及结算所有限公司（以下简称港交所）主板上市158家（含香港、纽约同时上市10家，香港、伦敦同时上市4家，香港、纽约、伦敦同时上市1家），在港交所创业板上市24家。185家H股公司中有80家发行A股，1家发行B股，1家同时发行A、B股。

推动境内企业境外直接上市。2012年12月，中国证监会正式发布《关于股份有限公司境外发行股票和上市申报文件及审核程序的监管指引》（以下简称《指引》），并自2013年1月1日起正式实施。《指引》取消境外上市关于企业规模、盈利及筹资额等财务门槛限制，大幅精简申报文件，简化审核程序，提高监管效率，为境内企业特别是中小民营企业到境外市场直接上市融资创造了更为便利的制度环境。

继续推进B转H试点工作①。2013年，丽珠医药集团股份有限公司经中国证监会核准以介绍方式在港交所上市。中国证监会将继续积极支持发行B股的境内上市公司将其B股以介绍方式转至香港上市的试点工作。

研究境内企业境外发行上市向注册制或备案制过渡。在简政放权、放松管制的总体思想下，中国证监会正在研究境内企业境外发行上市由审核制向注册制或备案制过渡，并将在制度设计中充分考虑保护境内投资者、落实国家相关宏观政策、确保境内企业规范运作等问题，做出相应安排。

二、促进证券投资跨境双向流动

在人民币没有实现完全自由兑换、资本项目尚未开放的情况下，我国逐步实施了QFII、QDII、RQFII等制度②，并在资格、准入条件、额度和投资范围等方面不断深化开放。

加快引入QFII。2013年，中国证监会新批准45家QFII资格，QFII总数达到251家，其中资产管理机构、央行和主权基金、养老金等中长期机构占比达到84%。新批准QFII投资额度122.58亿美元，挪威央行、香港金管局、淡马锡富敦获批额度均达15亿美元。截至2013年底，QFII总投

---

① B股转H股试点：B股，又称"境内上市外资股"，是指在中国境内注册的股份有限公司向境内外投资者发行、募集外币资金并在中国境内证券交易所上市交易的股票。H股，又称境外上市外资股，是指在中国境内注册的公司在境外发行上市的股票。B股公司将其B股转至港交所介绍上市（简称B转H）的试点工作于2012年底启动。2012年12月，经中国证监会核准、港交所聆讯通过，中国国际海运集装箱（集团）股份有限公司作为首家B转H试点企业，成功实现在港交所挂牌上市。

② 合格境外机构投资者（QFII）、合格境内机构投资者（QDII）和人民币合格境外机构投资者（RQFII）制度是我国在资本项目尚未完全开放的条件下，部分开放资本市场的过渡性安排。QFII是指符合一定条件，经中国证监会批准投资于中国证券市场，并取得外汇局批准的投资额度的境外基金管理机构、保险公司、证券公司、商业银行以及其他资产管理机构。QFII制度自2002年起实施。QDII是指符合一定条件，经中国证监会批准在境内募集资金，运用所募集的部分或者全部资金以资产组合方式进行境外证券投资管理的境内基金管理公司和证券公司等证券经营机构。QDII制度自2007年起实施。RQFII是指符合一定条件，经中国证监会批准并取得外汇局批准的投资额度，运用来自境外的人民币资金进行境内证券投资的境外法人。RQFII制度自2011年起实施。

资额度为 497.01 亿美元，总投资上限为 1500 亿美元，总资产 4222 亿元人民币，其中证券资产 3793 亿元人民币，占总资产的 89.84%，持股市值约占中国 A 股流通市值的 1.5%。

扩大 RQFII 试点范围。2013 年，中国证监会将 RQFII 试点范围从香港扩大至台湾地区、伦敦和新加坡等地。此外，RQFII 法规于 2013 年进行了修订，修改主要内容包括：允许境内商业银行、保险公司香港子公司、注册地及主要经营地在香港的金融机构参与试点；取消股债资产配置限制，由试点机构自主决定产品类型；进一步明确了 RQFII 投资范围，增加股指期货、中小企业私募债等投资产品；简化了申请文件要求。

2013 年，中国证监会新批准 35 家 RQFII 资格，RQFII 总数达到 61 家。新批准 RQFII 额度 905 亿元人民币。截至 2013 年底，RQFII 总投资额度为 1575 亿元人民币，总资产 618.5 亿元人民币，持股市值约占中国 A 股流通市值的 0.2%。

继续推行 QDII 制度。截至 2013 年底，中国证监会共批准 32 家基金管理公司 QDII 资格和 86 只 QDII 基金产品，已经成立 83 只 QDII 基金，资产净值为 588.02 亿元人民币。截至 2013 年底，共批准 14 家证券公司 QDII 资格和 6 只 QDII 资产管理计划（其中 2 只已清盘），资产净值为 2.28 亿元人民币。

三、市场开放新布局

通过国际谈判探索全面开放新模式。2013 年，中国证监会积极参与了中美、中欧等双边投资协定谈判，其中，中美双边投资协定谈判中的准入前国民待遇和负面清单模式将推动建立资本市场全面开放的新模式，促进中国证监会的行政管理体制改革和职能转变，推动市场在资源配置中起决定性作用。

2013 年，中国证监会继续配合相关部门积极参加中瑞、中韩、中澳等双边自贸区的多轮谈判，并推动最终签署《中国与瑞士自由贸易协定》。

推出支持上海自贸区的政策措施。2013 年 9 月 29 日，中国（上海）自由贸易试验区正式挂牌。中国证监会随即宣布了资本市场支持促进自贸区建设的五项措施，批准上期所在自贸区设立国际化的原油期货交易平台，批准华安基金等 2 家基金管理公司、海通期货等 5 家期货公司在区内设立专业子公司，并继续研究细化相关政策措施，抓紧制定实施细则。

四、进一步扩大对港澳台开放

香港、澳门地区。在内地与香港、澳门签署的《关于建立更紧密经贸关系的安排》（CEPA）及其补充协议下，2004 年 1 月 1 日起，中国证监会推出一系列加强内地与港澳资本市场合作的政策与措施，内地与港澳资本市场的交流与合作达到了新的高度。

2013 年，中国证监会实施的相关措施包括：2013 年 1 月 1 日起，修订完善境外上市的相关规定，支持符合香港上市条件的内地企业赴香港上市，为境内企业特别是中小企业到境外市场直接上市融资创造便利条件；积极研究降低香港、澳门金融机构申请 QFII 资格的有关资质要求，为香港有关长期资金投资内地资本市场提供便利；积极研究深化内地与香港商品期货市场合作的路径和方式，推动两地建立优势互补、分工合作、共同发展的期货市场体系；继续支持符合条件的香港、澳门金融机构在内地设立合资证券公司、基金管理公司、期货公司；允许符合条件的港资、澳资银行从事证券公司客户交易结算资金和期货保证金存管业务；允许符合外资参股证券公司境外股东资质条件的香港、澳门证券公司与内地具备设立子公司条件的证券公司，在内地设立合资证券投资咨询公司，合资证券投资咨询公司作为内地证券公司的子公司，专门从事证券投资咨询业务，香港、澳门证券公司持股比例最高可达到 49%。

截至 2013 年底，中国证监会已批准 3 家香港中介机构参股内地期货公司；另外，内地分别有 23 家证券公司、6 家期货公司、22 家基金管理公司在香港地区设立分支机构。

台湾地区。2009 年 11 月，两岸证券及期货监督管理机构签署了《海峡两岸证券及期货监督管理合作谅解备忘录》。该文件于 2010 年 1 月 16 日生效，标志着两岸证券及期货监督管理合作机制的建立，奠定了两岸证券期货市场合作的基础。

2013 年 1 月，首次两岸证券及期货监管合作会议顺利举行，双方就进一步加强两岸证券及期货监督管理合作机制、共同推动两岸资本市场资金的双向流动及机构准入达成了广泛共识，有力推动了两岸资本市场合作的进一步深化。

截至2013年底，已有27家台资金融机构获批QFII资格，4家台资金融机构获批在大陆设立合资基金管理公司。

五、加强国际监管合作

建立健全监管合作机制。中国证监会于1995年加入国际证监会组织（IOSCO），并于2007年签署IOSCO《磋商、合作及信息交换多边谅解备忘录》（以下简称多边备忘录）。此外，截至2013年底，中国证监会已与51个国家和地区的监管机构签署了55个双边监管合作谅解备忘录（以下简称双边备忘录）。中国证监会一直按照多、双边备忘录的框架开展国际监管合作。

2013年，中国证监会先后与乌克兰国家证券和股市委员会、立陶宛银行、耿西岛金融服务委员会签署了《证券期货监管合作谅解备忘录》。

加大跨境协查力度。近年来，随着跨境证券活动的增加，来自境外监管机构的协查请求数量迅速上升，部分协查请求内容新、涉及部门广、复杂程度高，给中国证监会的跨境协查工作带来了新的挑战。面对不断增加的协查请求数量，中国证监会先后探索建立了会内外的跨境执法部际会商机制，不断提高工作效率，增强执法协查效果。

完善司法部际会商机制。2013年初，中国证监会启动了与司法部、外交部等部委建立的司法部际会商机制，解决了此前中国证监会对外提供涉诉类协查信息的程序问题，在职权范围内同境外监管机构分享了工商注册资料、银行账户信息、个人询问记录等协查信息。同时，中国证监会进一步梳理处理协查请求的工作流程，提高案件办理效率，在办理新收到协查请求的同时，大幅办理了2013年之前尚未办结的协查请求。

启动跨境审计执法合作。2013年3月，中国证监会与财政部共同确立了跨境审计执法合作的工作流程，开始在多边和双边合作框架下与境外监管机构开展审计执法合作。2013年5月，中国证监会和财政部与美国公众公司会计监察委员会（PCAOB）签署《中美审计跨境执法合作备忘录》。2013年，收到PCAOB提出的协查请求共4份，办结2份。此外，中国证监会和财政部正在与PCAOB就开展中美审计日常监管合作的事宜进行磋商。

六、推动落实金融监管改革

中国证监会是IOSCO理事会成员，一直积极参与IOSCO的各项标准制定工作，推动落实二十国集团（G20）和金融稳定理事会（FSB）部署的各项金融监管改革工作。

监管标准制定。中国证监会加入了IOSCO负责证券期货监管标准制定的全部八个政策委员会，其中包括于2013年6月成立的个人投资者委员会（又称“第八委员会”），并担任投资管理委员会（又称“第五委员会”）的副主席。

2013年9月，G20在圣彼得堡峰会上呼吁发展资本市场，促进储蓄转化为长期投资，以助力经济增长、创造就业。为此，IOSCO于同年11月成立了长期融资专项工作组，旨在研究资本市场支持长期融资的现状与潜在发展路径，研提政策建议。中国证监会加入了该专项工作组，并将提供中国资本市场在此方面的观点与经验。

金融市场基础设施。为落实G20关于加强支付结算体系等系统重要性金融市场基础设施抗风险能力的要求，国际支付结算体系委员会（CPSS）和IOSCO于2012年联合发布《金融市场基础设施原则》（PFMI）及配套的《信息披露框架》和《评估方法》。为推动PFMI的实施，2013年，中国人民银行和中国证监会联合启动了国内金融市场基础设施评估工作。对照国际组织的评定标准，中国证监会已从监管政策层面将PFMI纳入监管框架。

场外衍生品市场。2013年，中国证监会加入了FSB场外衍生品工作组（ODWG）和场外衍生品数据汇总方法研究小组（AFSG），参与第七期场外衍生品市场监管改革进展报告、场外衍生品数据汇总方法可行性研究报告起草等工作。

（中国证券监督管理委员会国际合作部 卢嘉红 周宏达）

附表 1　　中国证券期货市场主要统计数据（2000—2013 年）

指　标	2000	2001	2002	2003	2004	2005	2006	2007	2008	2009	2010	2011	2012	2013
境内上市公司数（A、B股）（家）	1 088	1 160	1 224	1 287	1 377	1 381	1 434	1 550	1 625	1 718	2 063	2 342	2 494	2 489
境内上市外资股（B股）（家）	114	112	111	111	110	109	109	109	109	108	108	108	107	106
境外上市公司数(家)	52	60	75	93	111	122	143	148	153	159	165	171	179	185
股票总发行股本（亿股）	3 791.71	5 218.01	5 875.45	6 428.46	7 149.43	7 629.51	14 926.35	22 416.85	24 522.85	26 162.85	33 184.35	36 095.52	38 395.00	40 569.08
其中：流通股本	1 354.26	1 813.17	2 036.90	2 269.92	2 577.18	2 914.77	3 444.50	10 331.52	12 578.91	19 759.53	25 642.03	28 850.26	31 339.60	36 744.16
股票市价总值(亿元)	48 090.94	43 522.20	38 329.12	42 457.72	37 055.57	32 430.28	89 403.89	327 140.89	121 366.44	243 939.12	265 422.59	214 758.10	230 357.62	239 077.19
其中：股票流通市值	16 087.52	14 463.17	12 484.55	13 178.52	11 688.64	10 630.53	25 003.64	93 064.35	45 213.9	151 258.65	193 110.41	164 921.30	181 658.26	199 579.54
股票成交金额(亿元)	60 826.65	38 305.18	27 990.46	32 115.27	42 333.95	31 663.16	90 468.92	460 556.22	267 112.64	535 986.74	545 633.54	421 649.73	314 667.41	468 728.60
上证综合指数（收盘）	2 073.48	1 645.97	1 357.65	1 497.04	1 266.50	1 161.06	2 675.47	5 261.56	1 820.81	3 277.14	2 808.08	2 199.42	2 269.13	2 115.98
深证综合指数（收盘）	635.73	475.94	388.76	378.62	315.81	278.74	550.59	1 447.02	553.30	1 201.34	1 290.87	866.65	881.17	1 057.67
股票有效账户数（万户）	—	—	—	6 961.02	7 106.11	7 189.44	7 482.11	9 279.07	10 449.69	12 037.69	13 391.04	14 050.37	14 045.91	13 247.15
交易所债券成交金额（亿元）	19 119.16	20 417.76	33 249.53	62 136.36	50 323.50	28 367.85	18 279.32	20 667.21	28 884.94	40 635.06	76 011.5	216 349.51	403 426.49	678 404.56
证券投资基金只数(只)	34	51	71	95	161	218	307	346	439	557	704	914	1 173	1 552
证券投资基金规模（亿份）	560.00	811.26	1 330.36	1 632.76	3 308.79	4 714.92	6 220.69	22 339.84	25 741.25	24 535.89	25 200.75	26 510.37	31 708.41	31 180.69
证券投资基金成交金额（亿元）	2 465.79	2 561.88	1 166.58	682.65	728.58	773.13	1 879.05	8 620.10	5 831.06	10 249.58	8 996.43	6 365.80	8 667.36	12 562.04
期货总成交量(万手)	5 461.07	12 046.35	13 943.37	27 992.43	30 569.76	32 287.41	44 947.41	72 800	136 396	215 743	313 368.83	105 413.75	145 052.57	206 182.31
期货总成交额量(亿元)	16 082.29	30 144.98	39 490.28	108 396.59	146 935.32	134 462.71	210 046.32	410 000.00	719 173.35	305 107.26	080 592.41	375 162.44	711 269.3[illegible]	674 762.01

注：①数据来源：中国证监会，各证券、期货交易所，中国证券业、期货业协会。②本表中有关股票的指标数值均涵盖A、B股。③2011 年起期货成交量和成交额改为单边统计。

附表 2　　外资参股证券公司一览表

序号	公司名称	境外股东名称
1	中国国际金融有限责任公司	新加坡政府投资公司 TPG Asia V Delaware，L. P. KKR Institutions Investments L. P 大东方人寿保险有限公司 名力集团控股有限公司
2	中银国际证券有限责任公司	中银国际控股有限公司
3	光大证券有限公司	中国光大控股有限公司
4	财富里昂证券有限公司	法国里昂证券资本市场公司
5	海际大和证券有限公司	日本大和证券公司
6	高盛高华证券有限公司	高盛（亚洲）有限公司
7	瑞银证券有限责任公司	瑞士银行有限公司 国际金融公司
8	瑞信方正证券有限责任公司	瑞士信贷
9	中德证券有限责任公司	德意志银行
10	华英证券有限责任公司	苏格兰皇家银行公众有限公司

续 表

序号	公司名称	境外股东名称
11	摩根士丹利华鑫证券有限责任公司	摩根士丹利（亚洲）有限公司
12	第一创业摩根大通证券有限责任公司	摩根大通经纪（香港）有限公司
13	东方花旗证券有限公司	花旗环球金融亚洲有限公司

注：经中国证监会批准，长江巴黎百富勤证券有限公司外方股东法国巴黎银行已于2006年12月8日将所持33%股权全部转让给长江证券，长江巴黎百富勤证券有限公司变更为长江证券的全资子公司。

附表3 **外资参股基金管理公司一览表**

序号	公司名称	境外股东名称
1	国泰基金管理有限公司	意大利忠利集团
2	华夏基金管理有限公司	加拿大鲍尔公司
3*	鹏华基金管理有限公司	意大利欧利盛资本资产管理股份公司
4	嘉实基金管理有限公司	德意志资产管理（亚洲）公司（新加坡注册）
5	长盛基金管理有限公司	新加坡星展银行有限公司
6	富国基金管理有限公司	加拿大蒙特利尔银行
7	融通基金管理有限公司	日兴资产管理公司
8*	国投瑞银基金管理有限公司	瑞士银行股份有限公司
9*	泰达宏利基金管理有限公司	宏利资产管理（香港）有限公司
10	金鹰基金管理有限公司	东亚联丰投资管理有限公司
11*	华宝兴业基金管理有限公司	领先资产管理有限公司
12	摩根士丹利华鑫基金管理有限公司	摩根士丹利国际控股公司
13*	国联安基金管理有限公司	德国安联集团
14*	海富通基金管理有限公司	法国巴黎投资管理BE控股公司
15*	景顺长城基金管理有限公司	美国景顺资产管理公司（英国注册）
16*	兴业全球基金管理有限公司	荷兰全球人寿保险国际公司
17	申万菱信基金管理有限公司	三菱UFJ信托银行株式会社
18	中海基金管理有限公司	法国爱德蒙得洛希尔银行股份有限公司
19*	上投摩根基金管理有限公司	摩根富林明资产管理有限公司
20	光大保德信基金管理有限公司	保德信投资管理有限公司
21	中银基金管理有限公司	贝莱德投资管理（英国）有限公司
22*	国海富兰克林基金管理有限公司	美国坦伯顿国际股份有限公司
23*	华泰柏瑞基金管理有限公司	柏瑞投资有限责任公司
24	工银瑞信基金管理有限公司	瑞士信贷银行股份有限公司
25	交银施罗德基金管理有限公司	施罗德投资管理公司
26*	信诚基金管理有限公司	英国保诚集团股份有限公司
27	建信基金管理有限责任公司	美国信安金融服务公司
28*	汇丰晋信基金管理有限公司	汇丰环球投资管理（英国）有限公司
29	中邮创业基金管理有限公司	三井住友银行股份有限公司
30	信达澳银基金管理有限公司	康联首域集团有限公司
31*	诺德基金管理有限公司	美国诺德·安博特公司
32*	中欧基金管理有限公司	意大利意联银行股份合作公司
33*	金元惠理基金管理有限公司	惠理基金管理香港有限公司
34	浦银安盛基金管理有限公司	法国安盛投资管理公司
35	农银汇理基金管理有限公司	东方汇理资产管理公司
36	民生加银基金管理有限公司	加拿大皇家银行
37*	纽银梅隆西部基金管理有限公司	纽约银行梅隆资产管理国际有限公司
38	平安大华基金管理有限公司	大华资产管理有限公司

续 表

序号	公司名称	境外股东名称
39	方正富邦基金管理有限公司	富邦证券投资信托股份有限公司
40	华宸未来基金管理有限公司	未来资产基金管理公司
41*	中原英石基金管理有限公司	安石投资管理有限公司
42*	华润元大基金管理有限公司	元大宝来证券投资信托股份有限公司
43	中加基金管理有限公司	加拿大丰业银行
44*	道富基金管理有限公司	道富环球投资管理亚洲有限公司
45	国开泰富基金管理有限责任公司	国泰证券投资信托股份有限公司
46	永赢基金管理有限公司	利安资金管理公司
47	国寿安保基金管理有限公司	安保资本投资有限公司
48*	圆信永丰基金管理有限公司	永丰证券投资信托股份有限公司

注： * 代表外资股权为 49%。

附表 4　　外资参股期货公司一览表

序号	公司名称	境外股东名称
1	银河期货有限公司	苏皇金融期货亚洲有限公司
2	中信新际期货有限公司	新际经纪香港有限公司
3	摩根大通期货有限公司	摩根大通经纪（香港）有限公司

附表 5　　合格境外机构投资者一览表

序号	合格境外机构投资者（QFII）名称	批准时间	注册地
1	瑞士银行	2003 年 5 月 23 日	瑞士
2	野村证券株式会社	2003 年 5 月 23 日	日本
3	摩根士丹利国际股份有限公司	2003 年 6 月 5 日	英国
4	花旗环球金融有限公司	2003 年 6 月 5 日	英国
5	高盛公司	2003 年 7 月 4 日	美国
6	德意志银行	2003 年 7 月 30 日	德国
7	香港上海汇丰银行有限公司	2003 年 8 月 4 日	香港特别行政区
8	荷兰安智银行股份有限公司	2003 年 9 月 10 日	荷兰
9	摩根大通银行	2003 年 9 月 30 日	美国
10	瑞士信贷（香港）有限公司	2003 年 10 月 24 日	香港特别行政区
11	渣打银行（香港）有限公司	2003 年 12 月 11 日	香港特别行政区
12	日兴资产管理有限公司	2003 年 12 月 11 日	日本
13	美林国际	2004 年 4 月 30 日	英国
14	恒生银行有限公司	2004 年 5 月 10 日	香港特别行政区
15	大和证券资本市场株式会社	2004 年 5 月 10 日	日本
16	比尔及梅林达盖茨信托基金会	2004 年 7 月 19 日	美国
17	景顺资产管理有限公司	2004 年 8 月 4 日	英国
18	苏格兰皇家银行有限公司	2004 年 9 月 2 日	英国
19	法国兴业银行	2004 年 9 月 2 日	法国
20	巴克莱银行	2004 年 9 月 15 日	英国
21	德国商业银行	2004 年 9 月 27 日	德国
22	富通银行	2004 年 9 月 29 日	比利时
23	法国巴黎银行	2004 年 9 月 29 日	法国
24	加拿大鲍尔公司	2004 年 10 月 15 日	加拿大
25	东方汇理银行	2004 年 10 月 15 日	法国
26	高盛国际资产管理公司	2005 年 5 月 9 日	英国

续 表

序号	合格境外机构投资者（QFII）名称	批准时间	注册地
27	马丁可利投资管理有限公司	2005年10月25日	英国
28	新加坡政府投资有限公司	2005年10月25日	新加坡
29	柏瑞投资有限责任公司	2005年11月14日	美国
30	淡马锡富敦投资有限公司	2005年11月15日	新加坡
31	JF资产管理有限公司	2005年12月28日	香港特别行政区
32	日本第一生命保险株式会社	2005年12月28日	日本
33	星展银行有限公司	2006年2月13日	新加坡
34	安保资本投资有限公司	2006年4月10日	澳大利亚
35	加拿大丰业银行	2006年4月10日	加拿大
36	比联金融产品英国有限公司	2006年4月10日	英国
37	法国爱德蒙得洛希尔银行	2006年4月10日	法国
38	耶鲁大学	2006年4月14日	美国
39	摩根士丹利投资管理公司	2006年7月7日	美国
40	瀚亚投资（香港）有限公司	2006年7月7日	香港特别行政区
41	斯坦福大学	2006年8月5日	美国
42	通用电气资产管理公司	2006年8月5日	美国
43	大华银行有限公司	2006年8月5日	新加坡
44	施罗德投资管理有限公司	2006年8月29日	英国
45	汇丰环球投资管理（香港）有限公司	2006年9月5日	香港特别行政区
46	瑞穗证券株式会社	2006年9月5日	日本
47	瑞银环球资产管理（新加坡）有限公司	2006年9月25日	新加坡
48	三井住友资产管理株式会社	2006年9月25日	日本
49	挪威中央银行	2006年10月24日	挪威
50	百达资产管理有限公司	2006年10月25日	英国
51	哥伦比亚大学	2008年3月12日	美国
52	保德信资产运用株式会社	2008年4月7日	韩国
53	荷宝基金管理公司	2008年5月5日	荷兰
54	道富环球投资管理亚洲有限公司	2008年5月16日	香港特别行政区
55	铂金投资管理有限公司	2008年6月2日	澳大利亚
56	比利时联合资产管理有限公司	2008年6月2日	比利时
57	未来资产基金管理公司	2008年7月25日	韩国
58	安达国际控股有限公司	2008年8月5日	美国
59	魁北克储蓄投资集团	2008年8月22日	加拿大
60	哈佛大学	2008年8月22日	美国
61	三星资产运用株式会社	2008年8月25日	韩国
62	联博有限公司	2008年8月28日	英国
63	华侨银行有限公司	2008年8月28日	新加坡
64	首域投资管理（英国）有限公司	2008年9月11日	英国
65	大和证券投资信托株式会社	2008年9月11日	日本
66	壳牌资产管理有限公司	2008年9月12日	荷兰
67	普信国际公司	2008年9月12日	美国
68	瑞士信贷银行股份有限公司	2008年10月14日	瑞士
69	大华资产管理有限公司	2008年11月28日	新加坡
70	阿布达比投资局	2008年12月3日	阿联酋
71	德盛安联资产管理卢森堡	2008年12月16日	卢森堡
72	资本国际公司	2008年12月18日	美国

续 表

序号	合格境外机构投资者（QFII）名称	批准时间	注册地
73	三菱日联摩根士丹利证券股份有限公司	2008 年 12 月 29 日	日本
74	韩华资产运用株式会社	2009 年 2 月 5 日	韩国
75	安石股票投资管理（美国）有限公司	2009 年 2 月 10 日	美国
76	DWS 投资管理有限公司	2009 年 2 月 24 日	卢森堡
77	韩国产业银行	2009 年 4 月 23 日	韩国
78	韩国友利银行股份有限公司	2009 年 5 月 4 日	韩国
79	马来西亚国家银行	2009 年 5 月 19 日	马来西亚
80	罗祖儒投资管理（香港）有限公司	2009 年 5 月 27 日	香港特别行政区
81	邓普顿投资顾问有限公司	2009 年 6 月 5 日	美国
82	东亚联丰投资管理有限公司	2009 年 6 月 18 日	香港特别行政区
83	三井住友信托银行股份有限公司	2009 年 6 月 26 日	日本
84	韩国投资信托运用株式会社	2009 年 7 月 21 日	韩国
85	霸菱资产管理有限公司	2009 年 8 月 6 日	英国
86	安石投资管理有限公司	2009 年 9 月 14 日	英国
87	纽约梅隆资产管理国际有限公司	2009 年 11 月 6 日	英国
88	宏利资产管理（香港）有限公司	2009 年 11 月 20 日	香港特别行政区
89	野村资产管理株式会社	2009 年 11 月 23 日	日本
90	东洋资产运用（株）	2009 年 12 月 11 日	韩国
91	加拿大皇家银行	2009 年 12 月 23 日	加拿大
92	英杰华投资集团全球服务有限公司	2009 年 12 月 28 日	英国
93	常青藤资产管理公司	2010 年 2 月 8 日	美国
94	达以安资产管理公司	2010 年 4 月 20 日	日本
95	法国欧非资产管理公司	2010 年 5 月 21 日	法国
96	安本亚洲资产管理公司	2010 年 7 月 6 日	新加坡
97	KB 资产运用	2010 年 8 月 9 日	韩国
98	富达基金（香港）有限公司	2010 年 9 月 1 日	香港特别行政区
99	美盛投资（欧洲）有限公司	2010 年 10 月 8 日	英国
100	香港金融管理局	2010 年 10 月 27 日	香港特别行政区
101	富邦证券投资信托股份有限公司	2010 年 10 月 29 日	台湾地区
102	群益证券投资信托股份有限公司	2010 年 10 月 29 日	台湾地区
103	蒙特利尔银行投资公司	2010 年 12 月 6 日	加拿大
104	瑞士宝盛银行	2010 年 12 月 14 日	瑞士
105	科提比资产运用株式会社	2010 年 12 月 28 日	韩国
106	领先资产管理	2011 年 2 月 16 日	法国
107	元大宝来证券投资信托股份有限公司	2011 年 3 月 4 日	台湾地区
108	忠利保险有限公司	2011 年 3 月 18 日	意大利
109	西班牙对外银行有限公司	2011 年 5 月 6 日	西班牙
110	国泰证券投资信托股份有限公司	2011 年 6 月 9 日	台湾地区
111	复华证券投资信托股份有限公司	2011 年 6 月 9 日	台湾地区
112	亢简资产管理公司	2011 年 6 月 24 日	法国
113	东方汇理资产管理香港有限公司	2011 年 7 月 14 日	香港特别行政区
114	贝莱德机构信托公司	2011 年 7 月 14 日	美国
115	GMO 有限责任公司	2011 年 8 月 9 日	美国
116	新加坡金融管理局	2011 年 10 月 8 日	新加坡
117	中国人寿保险股份有限公司（台湾）	2011 年 10 月 26 日	台湾地区
118	新光人寿保险股份有限公司	2011 年 10 月 26 日	台湾地区

续 表

序号	合格境外机构投资者（QFII）名称	批准时间	注册地
119	普林斯顿大学	2011年11月25日	美国
120	新光投信株式会社	2011年11月25日	日本
121	加拿大年金计划投资委员会	2011年12月9日	加拿大
122	泛达公司	2011年12月9日	美国
123	瀚博环球投资公司	2011年12月13日	美国
124	安耐德合伙人有限公司	2011年12月13日	美国
125	泰国银行	2011年12月16日	泰国
126	科威特政府投资局	2011年12月21日	科威特
127	北美信托环球投资公司	2011年12月21日	英国
128	台湾人寿保险股份有限公司	2011年12月21日	台湾地区
129	韩国银行	2011年12月21日	韩国
130	安大略省教师养老金计划委员会	2011年12月22日	加拿大
131	韩国投资公司	2011年12月28日	韩国
132	罗素投资爱尔兰有限公司	2011年12月28日	爱尔兰
133	迈世勒资产管理有限责任公司	2011年12月31日	德国
134	华宜资产运用有限公司	2011年12月31日	韩国
135	新韩法国巴黎资产运用株式会社	2012年1月5日	韩国
136	家庭医生退休基金	2012年1月5日	荷兰
137	国民年金公团（韩国）	2012年1月5日	韩国
138	三商美邦人寿保险股份有限公司	2012年1月30日	台湾地区
139	保德信证券投资信托股份有限公司	2012年1月31日	台湾地区
140	信安环球投资有限公司	2012年1月31日	美国
141	医院管理局公积金计划	2012年1月31日	香港特别行政区
142	全球人寿保险股份有限公司	2012年2月3日	台湾地区
143	大众信托基金有限公司	2012年2月3日	马来西亚
144	明治安田资产管理有限公司	2012年2月27日	日本
145	国泰人寿保险股份有限公司	2012年2月28日	台湾地区
146	三井住友银行株式会社	2012年2月28日	日本
147	富邦人寿保险股份有限公司	2012年3月1日	台湾地区
148	友邦保险有限公司	2012年3月5日	香港特别行政区
149	纽伯格伯曼欧洲有限公司	2012年3月5日	英国
150	马来西亚国库控股公司	2012年3月7日	马来西亚
151	资金研究与管理公司	2012年3月9日	美国
152	日本东京海上资产管理株式会社	2012年3月14日	日本
153	韩亚大投证券株式会社	2012年3月29日	韩国
154	兴元资产管理有限公司	2012年3月30日	美国
155	伦敦市投资管理有限公司	2012年3月30日	英国
156	摩根资产管理（英国）有限公司	2012年3月30日	英国
157	冈三资产管理股份有限公司	2012年3月30日	日本
158	预知投资管理公司	2012年4月18日	南非
159	东部资产运用株式会社	2012年4月20日	韩国
160	骏利资产管理有限公司	2012年4月20日	美国
161	瑞穗投信投资顾问有限公司	2012年4月26日	日本
162	瀚森全球投资有限公司	2012年4月28日	英国
163	欧利盛资产管理有限公司	2012年5月2日	卢森堡
164	中银国际英国保诚资产管理有限公司	2012年5月3日	香港特别行政区

续　表

序号	合格境外机构投资者（QFII）名称	批准时间	注册地
165	富敦资金管理有限公司	2012 年 5 月 4 日	新加坡
166	利安资金管理公司	2012 年 5 月 7 日	新加坡
167	忠利基金管理有限公司	2012 年 5 月 23 日	卢森堡
168	威廉博莱公司	2012 年 5 月 24 日	美国
169	天达资产管理有限公司	2012 年 5 月 28 日	英国
170	安智投资管理亚太（香港）有限公司	2012 年 6 月 4 日	香港特别行政区
171	三菱日联资产管理公司	2012 年 6 月 4 日	日本
172	中银集团人寿保险有限公司	2012 年 7 月 12 日	香港特别行政区
173	霍尔资本有限公司	2012 年 8 月 6 日	美国
174	得克萨斯大学体系董事会	2012 年 8 月 6 日	美国
175	南山人寿保险股份有限公司	2012 年 8 月 6 日	台湾地区
176	SUVA 瑞士国家工伤保险机构	2012 年 8 月 13 日	瑞士
177	不列颠哥伦比亚省投资管理公司	2012 年 8 月 17 日	加拿大
178	惠理基金管理香港有限公司	2012 年 8 月 21 日	香港特别行政区
179	安大略退休金管理委员会	2012 年 8 月 29 日	加拿大
180	教会养老基金	2012 年 8 月 31 日	美国
181	麦格理银行有限公司	2012 年 9 月 4 日	澳大利亚
182	瑞典第二国家养老金	2012 年 9 月 20 日	瑞典
183	海通资产管理（香港）有限公司	2012 年 9 月 20 日	香港特别行政区
184	IDG 资本管理（香港）有限公司	2012 年 9 月 20 日	香港特别行政区
185	杜克大学	2012 年 9 月 24 日	美国
186	卡塔尔控股有限责任公司	2012 年 9 月 25 日	卡塔尔
187	瑞士盈丰银行股份有限公司	2012 年 9 月 26 日	瑞士
188	海拓投资管理公司	2012 年 10 月 26 日	美国
189	奥博医疗顾问有限公司	2012 年 10 月 26 日	美国
190	新思路投资有限公司	2012 年 10 月 26 日	新加坡
191	贝莱德资产管理北亚有限公司	2012 年 10 月 26 日	香港特别行政区
192	摩根证券投资信托股份有限公司	2012 年 11 月 5 日	台湾地区
193	全球保险集团美国投资管理有限公司	2012 年 11 月 5 日	美国
194	鼎晖投资咨询新加坡有限公司	2012 年 11 月 7 日	新加坡
195	瑞典北欧斯安银行有限公司	2012 年 11 月 12 日	瑞典
196	嘉实国际资产管理有限公司	2012 年 11 月 12 日	香港特别行政区
197	灰石投资管理有限公司	2012 年 11 月 21 日	加拿大
198	统一证券投资信托股份有限公司	2012 年 11 月 21 日	台湾地区
199	大和住银投信投资顾问株式会社	2012 年 11 月 19 日	日本
200	毕盛资产管理有限公司	2012 年 11 月 27 日	新加坡
201	中信证券国际投资管理（香港）有限公司	2012 年 12 月 11 日	香港特别行政区
202	太平洋投资策略有限公司	2012 年 12 月 11 日	香港特别行政区
203	易方达资产管理（香港）有限公司	2012 年 12 月 11 日	香港特别行政区
204	高瓴资本管理有限公司	2012 年 12 月 11 日	新加坡
205	永丰证券投资信托股份有限公司	2012 年 12 月 13 日	台湾地区
206	华夏基金（香港）有限公司	2012 年 12 月 25 日	香港特别行政区
207	宜思投资管理有限责任公司	2013 年 1 月 7 日	瑞典
208	第一金证券投资信托股份有限公司	2013 年 1 月 24 日	台湾地区
209	太平洋投资管理公司亚洲私营有限公司	2013 年 1 月 24 日	新加坡
210	瑞银环球资产管理（香港）有限公司	2013 年 1 月 24 日	香港特别行政区

续　表

序号	合格境外机构投资者（QFII）名称	批准时间	注册地
211	南方东英资产管理有限公司	2013年1月31日	香港特别行政区
212	EJS投资管理有限公司	2013年1月31日	瑞士
213	国泰君安资产管理（亚洲）有限公司	2013年2月21日	香港特别行政区
214	泰康资产管理（香港）有限公司	2013年2月22日	香港特别行政区
215	招商证券资产管理（香港）有限公司	2013年2月22日	香港特别行政区
216	现代证券株式会社	2013年3月22日	韩国
217	工银亚洲投资管理有限公司	2013年3月25日	香港特别行政区
218	亚洲资本再保险集团私人有限公司	2013年4月11日	新加坡
219	AZ基金管理股份有限公司	2013年4月11日	卢森堡
220	台新证券投资信托股份有限公司	2013年4月27日	台湾地区
221	海富通资产管理（香港）有限公司	2013年5月7日	香港特别行政区
222	汇丰中华证券投资信托股份有限公司	2013年5月10日	台湾地区
223	太平资产管理（香港）有限公司	2013年5月15日	香港特别行政区
224	中国国际金融香港资产管理有限公司	2013年5月16日	香港特别行政区
225	中国光大资产管理有限公司	2013年5月30日	香港特别行政区
226	博时基金（国际）有限公司	2013年6月4日	香港特别行政区
227	兆丰国际证券投资信托股份有限公司	2013年6月4日	台湾地区
228	法国巴黎投资管理亚洲有限公司	2013年6月19日	香港特别行政区
229	圣母大学	2013年6月19日	美国
230	纽堡亚洲	2013年7月15日	美国
231	华南永昌证券投资信托股份有限公司	2013年7月15日	台湾地区
232	景林资产管理香港有限公司	2013年7月15日	香港特别行政区
233	中国信托人寿保险股份有限公司	2013年8月20日	台湾地区
234	凯思博投资管理（香港）有限公司	2013年8月20日	香港特别行政区
235	富邦产物保险股份有限公司	2013年8月26日	台湾地区
236	欧特咨询有限公司	2013年8月26日	英国
237	盛树投资管理有限公司	2013年8月26日	新加坡
238	广发国际资产管理有限公司	2013年9月26日	香港特别行政区
239	梅奥诊所	2013年9月29日	美国
240	国信证券（香港）资产管理有限公司	2013年9月29日	香港特别行政区
241	新加坡科技资产管理有限公司	2013年10月18日	新加坡
242	政府养老基金（泰国）	2013年10月24日	泰国
243	狮诚控股国际私人有限公司	2013年10月30日	新加坡
244	CSAM资产管理有限公司	2013年10月30日	新加坡
245	中国人寿富兰克林资产管理有限公司	2013年10月30日	香港特别行政区
246	福特基金会	2013年10月31日	美国
247	瑞银韩亚资产运用株式会社	2013年10月31日	韩国
248	国泰世华商业银行股份有限公司	2013年11月7日	台湾地区
249	立陶宛银行	2013年11月23日	立陶宛
250	富兰克林华美证券投资信托股份有限公司	2013年11月23日	台湾地区
251	中国信托商业银行股份有限公司	2013年11月23日	台湾地区

附表 6

合格境外机构投资者托管行一览表

序　号	QFII 托管行中文名称	序　号	QFII 托管行中文名称
1	汇丰银行（中国）有限公司	10	中国招商银行股份有限公司
2	花旗银行（中国）有限公司	11	德意志银行（中国）有限公司
3	渣打银行（中国）有限公司	12	新加坡星展银行
4	中国工商银行股份有限公司	13	中国中信银行股份有限公司
5	中国银行股份有限公司	14	上海浦东发展银行股份有限公司
6	中国农业银行股份有限公司	15	中国民生银行股份有限公司
7	交通银行股份有限公司	16	三菱东京日联银行（中国）有限公司
8	中国建设银行股份有限公司	17	兴业银行股份有限公司
9	中国光大银行股份有限公司	—	—

附表 7

人民币合格境外机构投资者一览表

序　号	人民币合格境外机构投资者（RQFII）名称	批准时间
1	南方东英资产管理有限公司	2011 年 12 月 21 日
2	易方达资产管理（香港）有限公司	2011 年 12 月 21 日
3	嘉实国际资产管理有限公司	2011 年 12 月 21 日
4	华夏基金（香港）有限公司	2011 年 12 月 21 日
5	大成国际资产管理有限公司	2011 年 12 月 21 日
6	汇添富资产管理（香港）有限公司	2011 年 12 月 21 日
7	博时基金（国际）有限公司	2011 年 12 月 21 日
8	海富通资产管理（香港）有限公司	2011 年 12 月 21 日
9	华安资产管理（香港）有限公司	2011 年 12 月 21 日
10	申银万国（香港）有限公司	2011 年 12 月 22 日
11	安信国际金融控股有限公司	2011 年 12 月 22 日
12	中国国际金融（香港）有限公司	2011 年 12 月 22 日
13	国信证券（香港）金融控股有限公司	2011 年 12 月 22 日
14	光大证券金融控股有限公司	2011 年 12 月 22 日
15	华泰金融控股（香港）有限公司	2011 年 12 月 22 日
16	国泰君安金融控股有限公司	2011 年 12 月 22 日
17	海通国际控股有限公司	2011 年 12 月 22 日
18	广发控股（香港）有限公司	2011 年 12 月 22 日
19	招商证券国际有限公司	2011 年 12 月 22 日
20	中信证券国际有限公司	2011 年 12 月 22 日
21	国元证券（香港）有限公司	2011 年 12 月 22 日
22	工银瑞信资产管理（国际）有限公司	2012 年 8 月 7 日
23	广发国际资产管理有限公司	2012 年 8 月 7 日
24	上投摩根资产管理（香港）有限公司	2012 年 10 月 26 日
25	国投瑞银资产管理（香港）有限公司	2012 年 12 月 17 日
26	富国资产管理（香港）有限公司	2012 年 12 月 17 日
27	诺安基金（香港）有限公司	2013 年 2 月 22 日
28	泰康资产管理（香港）有限公司	2013 年 3 月 14 日
29	建银国际资产管理有限公司	2013 年 3 月 25 日
30	兴证（香港）金融控股有限公司	2013 年 4 月 26 日
31	中国人寿富兰克林资产管理有限公司	2013 年 5 月 15 日
32	农银国际资产管理有限公司	2013 年 5 月 15 日
33	中投证券（香港）金融控股有限公司	2013 年 5 月 17 日
34	东方金融控股（香港）有限公司	2013 年 5 月 24 日

续　表

序　号	人民币合格境外机构投资者（RQFII）名称	批准时间
35	工银亚洲投资管理有限公司	2013年6月4日
36	恒生投资管理有限公司	2013年6月4日
37	太平资产管理（香港）有限公司	2013年6月19日
38	中银香港资产管理有限公司	2013年7月15日
39	南华资产管理（香港）有限公司	2013年7月15日
40	长江证券控股（香港）有限公司	2013年7月15日
41	中国平安资产管理（香港）有限公司	2013年7月19日
42	信达国际资产管理有限公司	2013年7月19日
43	丰收投资管理（香港）有限公司	2013年7月19日
44	汇丰环球投资管理（香港）有限公司	2013年7月19日
45	东亚银行有限公司	2013年8月15日
46	永丰金资产管理（亚洲）有限公司	2013年8月15日
47	交银国际资产管理有限公司	2013年8月20日
48	中国东方国际资产管理有限公司	2013年8月20日
49	惠理基金管理香港有限公司	2013年8月20日
50	柏瑞投资香港有限公司	2013年9月26日
51	创兴银行有限公司	2013年9月26日
52	香港沪光国际投资管理有限公司	2013年10月30日
53	中国光大资产管理有限公司	2013年10月30日
54	中信建投（国际）金融控股有限公司	2013年10月30日
55	JF资产管理有限公司	2013年10月30日
56	未来资产环球投资（香港）有限公司	2013年10月30日
57	粤海证券有限公司	2013年12月6日
58	安石投资管理有限公司	2013年12月17日
59	瑞银环球资产管理（香港）有限公司	2013年12月19日
60	永隆资产管理有限公司	2013年12月30日

附表8　　境外证券类机构驻华代表处一览表

序　号	外资机构名称	辖　区
1	野村证券株式会社	上海、北京
2	法国巴黎资本（亚洲）有限公司	上海、北京
3	美林国际有限公司	上海、北京
4	里昂证券有限公司	上海、北京、深圳
5	摩根士丹利亚洲有限公司	上海、北京
6	高盛（中国）有限责任公司	上海、北京
7	巴克莱证券有限公司	上海
8	友利投资证券公司	上海
9	瑞银证券亚洲有限公司	上海、北京
10	群益国际控股有限公司	上海
11	元大宝来证券股份有限公司	上海、北京
12	现代证券公司	上海
13	元富证券（香港）有限公司	上海、深圳、厦门
14	新鸿基投资服务有限公司	上海、深圳、广州、南京
15	星展唯高达香港有限公司	上海
16	永丰金证券（亚洲）有限公司	上海
17	日盛嘉富证券国际有限公司	上海

续 表

序 号	外资机构名称	辖 区
18	星展亚洲融资有限公司	上海、北京
19	兆丰资本（亚洲）有限公司	上海、北京、深圳
20	花旗环球金融亚洲有限公司	上海
21	凯基证券亚洲有限公司	上海、深圳
22	洛希尔中国控股有限公司	上海、北京
23	海通国际证券有限公司	上海
24	统一证券（香港）有限公司	上海
25	三星证券公司	上海、北京
26	大华证券（香港）有限公司	上海
27	香港上海汇丰银行有限公司	上海、北京
28	韩华投资证券股份有限公司	上海
29	内藤证券公司	上海
30	摩根大通证券（亚太）有限公司	上海、北京
31	法国兴业证券（香港）有限公司	上海
32	卓亚（企业融资）有限公司	上海
33	富达基金（香港）有限公司	上海、北京
34	大和投资管理（香港）有限公司	上海
35	瑞士信贷（香港）有限公司	上海、北京
36	三井住友资产管理股份有限公司	上海
37	瑞穗证券股份有限公司	上海、北京
38	富邦综合证券股份有限公司	上海、北京、厦门
39	德意志银行股份有限公司	上海、北京
40	渣打证券（香港）有限公司	上海、北京
41	富瑞金融集团	上海
42	冈三证券股份有限公司	上海
43	马丁可利投资管理有限公司	上海
44	威廉一博莱有限责任公司	上海
45	施罗德集团	上海、北京
46	麦格理证券（澳大利亚）股份有限公司	上海
47	荷宝基金管理公司	上海
48	致富证券有限公司	上海、北京、深圳
49	未来资产迈普斯资产运用株式会社	上海
50	东洋证券股份有限公司	上海
51	大信证券股份有限公司	上海
52	益华证券有限公司	上海
53	新韩金融投资股份有限公司	上海
54	东京海上国际资产管理有限公司	上海
55	安本亚洲资产管理有限公司	上海
56	蓝泽证券股份有限公司	上海
57	爱思开证券股份有限公司	上海
58	科提比资产运用株式会社	上海
59	道富环球投资管理亚洲有限公司	上海
60	大和住银投信投资顾问株式会社	上海
61	联昌证券有限公司	上海
62	盈透证券有限公司	上海
63	华南永昌综合证券股份有限公司	上海、北京

续　表

序　号	外资机构名称	辖　区
64	利安资金管理公司	上海
65	韩国投资信托运用株式会社	上海
66	华宜资产运用株式会社	上海
67	大宇证券股份有限公司	上海、北京
68	第一金和昇证券有限公司	上海
69	复华证券投资信托股份有限公司	上海
70	博大证券有限公司	上海
71	元大宝来证券投资信托股份有限公司	上海
72	野村投资管理香港有限公司	上海
73	元大证券（香港）有限公司	上海
74	韦仕投资银行集团有限合伙公司	上海
75	英杰华投资集团全球服务有限公司	上海
76	德盛安联资产管理香港有限公司	上海
77	花旗环球金融中国有限公司	北京
78	大和证券株式会社	北京
79	三菱日联证券控股股份有限公司	北京
80	中银国际控股有限公司	北京
81	汇富金融服务有限公司	北京
82	京华山一国际（香港）有限公司	北京
83	国浩资本有限公司	北京
84	新百利有限公司	北京
85	香港第一上海融资有限公司	北京
86	蒙特利尔银行利时证券公司	北京
87	未来资产证券株式会社	北京
88	三井住友信托银行股份有限公司	北京
89	加皇投资理财有限公司	北京
90	交银国际控股有限公司	北京
91	城市信贷投资银行有限公司	北京
92	加拿大帝国商业银行世界市场公司	北京
93	现汽投资证券股份有限公司	北京
94	布朗兄弟哈里曼（香港）有限公司	北京
95	太平洋顶峰证券有限公司	北京
96	摩乃科斯证券股份有限公司	北京
97	韩亚大投证券株式会社	北京
98	宏富投资管理有限公司	北京
99	先锋投资管理公司	北京
100	邓普顿国际股份有限公司	北京
101	信安环球投资有限公司	北京
102	标准人寿投资公司	北京
103	法国巴黎资产管理有限公司	北京
104	东方汇理基金管理公司	北京
105	景顺投资管理有限公司	北京
106	摩根资产管理有限公司	北京
107	威灵顿环球投资管理有限公司	北京
108	富敦资金管理公司	北京
109	安智投资管理亚太（香港）有限公司	北京

续 表

序 号	外资机构名称	辖 区
110	贝莱德资产管理北亚有限公司	北京
111	法盛全球资产管理公司	北京
112	罗素投资集团有限公司	北京
113	摩根士丹利投资管理公司	北京
114	桥水投资公司	北京
115	安盛投资管理巴黎公司	北京
116	百能投资管理有限公司	北京
117	英仕曼投资（香港）有限公司	北京
118	飞腾投资公司	北京
119	宝来证券股份有限公司	北京
120	恒生投资管理有限公司	深圳
121	富昌证券有限公司	深圳
122	元大宝来证券（香港）有限公司	深圳
123	统一综合证券股份有限公司	厦门
124	结好证券有限公司	宁波
125	华富嘉洛证券有限公司	沈阳

附表 9　境外交易所设立驻华代表处一览表

序 号	境外交易所名称	序 号	境外交易所名称
1	香港交易及结算所有限公司	6	新加坡交易所有限公司
2	纽约证券交易所有限责任公司	7	伦敦证券交易所有限公司
3	纳斯达克股票市场股份有限公司	8	德意志交易所股份有限公司
4	东京证券交易所株式会社	9	多伦多证券交易所公司
5	韩国交易所	10	巴西证券期货交易所股份有限公司

附表 10　在香港特别行政区设立分支机构的内地证券公司一览表

序 号	公司名称	序 号	公司名称
1	中金公司	13	安信证券
2	招商证券	14	东方证券
3	中信证券	15	中国建银投资证券
4	国泰君安	16	长江证券
5	国元证券	17	光大证券
6	广发证券	18	银河证券
7	华泰证券	19	兴业证券
8	申银万国	20	财通证券
9	海通证券	21	齐鲁证券
10	平安证券	22	中信建投
11	国信证券	23	西南证券
12	国都证券		

附表 11　在香港特别行政区设立分支机构的内地基金管理公司一览表

序 号	公司名称	序 号	公司名称
1	南方东英资产管理有限公司	11	上投摩根资产管理（香港）有限公司
2	易方达资产管理（香港）有限公司	12	国投瑞银资产管理（香港）有限公司
3	嘉实国际资产管理有限公司	13	诺安国际资产管理有限公司
4	华夏基金（香港）有限公司	14	工银瑞信资产管理（国际）有限公司

续 表

序 号	公司名称	序 号	公司名称
5	汇添富资产管理（香港）有限公司	15	华宝兴业资产管理（香港）有限公司
6	大成国际资产管理有限公司	16	银华基金管理公司（香港）有限公司
7	博时基金（国际）有限公司	17	富国资产管理（香港）有限公司
8	海富通资产管理（香港）有限公司	18	融通国际资产管理（香港）有限公司
9	华安资产管理（香港）有限公司	19	长盛基金（香港）有限公司
10	广发国际资产管理有限公司	20	招商资产管理（香港）有限公司

附表 12　　在香港特别行政区设立分支机构的内地家期货公司一览表

序 号	公 司 名 称
1	格林期货
2	永安期货
3	广发期货
4	中国国际期货
5	金瑞期货
6	南华期货

附表 13　　双边监管合作谅解备忘录一览表

序 号	时 间	境外监管机构名称	备忘录名称	签署地
1	1993.6.19	香港证券暨期货事务监察委员会	监管合作备忘录	北京
2	1994.4.28	美国证券与交易委员会	关于合作、磋商及技术协助的谅解备忘录	北京
3	1995.7.4	香港证券暨期货事务监察委员会	有关期货事宜的监管合作备忘录	北京
4	1995.11.30	新加坡金融管理局	关于监管证券和期货活动的相关合作与信息互换的备忘录	新加坡
5	1996.5.23	澳大利亚证券委员会	证券期货监管合作谅解备忘录	堪培拉
6	1996.10.7	英国财政部、证券与投资委员会	证券期货监管合作谅解备忘录	北京
7	1997.3.18	日本大藏省	谅解备忘录	东京
8	1997.4.18	马来西亚证券委员会	证券期货监管合作谅解备忘录	北京
9	1997.11.13	巴西证券委员会	证券监管合作谅解备忘录	北京
10	1998.3.4	法国证券委员会	证券期货监管合作谅解备忘录	北京
11	1998.10.8	德国联邦证券监管委员会	证券监管合作谅解备忘录	法兰克福
12	1999.11.3	意大利国家证券监管委员会	证券期货监管合作谅解备忘录	罗马
13	2000.6.22	埃及资本市场委员会	证券监管合作谅解备忘录	邮寄方式
14	2001.6.19	韩国金融监督委员会	证券期货监管合作安排	北京
15	2002.1.18	美国商品期货交易委员会	期货监管合作谅解备忘录	华盛顿
16	2002.6.27	罗马尼亚国家证券委员会	证券期货监管合作谅解备忘录	北京
17	2002.10.29	南非共和国金融服务委员会	证券期货监管合作谅解备忘录	比勒陀利亚
18	2002.11.1	荷兰金融市场委员会	证券期货监管合作谅解备忘录	邮寄方式
19	2002.11.26	比利时银行及金融委员会	证券期货监管合作谅解备忘录	北京
20	2003.3.21	加拿大证券监管机构初始参与成员	证券期货监管合作谅解备忘录	邮寄方式
21	2003.5.22	瑞士联邦银行委员会	证券期货监管合作谅解备忘录	邮寄方式
22	2003.12.9	印度尼西亚资本市场监管委员会	关于相互协助和信息交流的谅解备忘录	雅加达
23	2004.2.20	新西兰证券委员会	证券期货监管合作谅解备忘录	惠灵顿
24	2004.10.14	印度尼西亚商品期货交易监管局	期货监管合作谅解备忘录	北京
25	2004.10.26	葡萄牙证券市场委员会	证券期货监管合作谅解备忘录	蒙特利尔
26	2005.6.14	尼日利亚证券交易委员会	证券期货监管合作谅解备忘录	北京
27	2005.6.27	越南证券委员会	证券期货监管合作谅解备忘录	北京
28	2006.9.15	印度共和国证券交易委员会	证券期货监管合作谅解备忘录	北京

续　表

序　号	时　间	境外监管机构名称	备忘录名称	签署地
29	2006.9.20	阿根廷国家证券委员会	证券期货监管合作谅解备忘录	上海
30	2006.9.20	约旦证券委员会	证券期货监管合作谅解备忘录	上海
31	2006.9.26	挪威金融监管委员会	证券期货监管合作谅解备忘录	奥斯陆
32	2006.11.10	土耳其资本市场委员会	证券期货监管合作谅解备忘录	伊斯坦布尔
33	2006.11.21	印度远期市场委员会	商品期货监管合作谅解备忘录	新德里
34	2006.12.6	阿联酋证券商品委员会	证券期货监管合作谅解备忘录	邮寄方式
35	2007.4.12	泰国证券交易委员会	证券期货监管合作谅解备忘录	孟买
36	2008.1.15	列支敦士登金融管理局	证券期货监管合作谅解备忘录	北京
37	2008.1.24	蒙古金融监督委员会	证券监管合作谅解备忘录	北京
38	2008.8.8	俄罗斯联邦金融市场监督总局	证券期货监管合作谅解备忘录	北京
39	2008.9.27	迪拜金融服务局	证券期货监管合作谅解备忘录	迪拜
40	2008.10.23	爱尔兰金融服务监管局	证券期货监管合作谅解备忘录	北京
41	2008.10.30	奥地利金融市场管理局	证券期货监管合作谅解备忘录	邮寄方式
42	2009.10.6	西班牙国家证券市场委员会	证券期货监管合作谅解备忘录	巴塞尔
43	2009.11.16	台湾地区金融监督管理机构	海峡两岸证券及期货监督管理合作谅解备忘录	邮寄方式
44	2010.1.26	马耳他金融服务局	证券期货监管合作谅解备忘录	瓦莱塔
45	2010.5.5	科威特股票交易所委员会	证券期货监管合作谅解备忘录	科威特城
46	2010.12.17	巴基斯坦证券交易委员会	证券期货监管合作谅解备忘录	伊斯兰堡
47	2011.3.29	以色列证券监管局	证券期货监管合作谅解备忘录	北京
48	2011.4.7	卡塔尔金融市场管理局	证券期货监管合作谅解备忘录	北京
49	2011.9.19	老挝证券交易委员会	证券期货监管合作谅解备忘录	北京
50	2012.4.24	瑞典金融监管局	证券期货监管合作谅解备忘录	斯德哥尔摩
51	2012.5.17①	卢森堡金融监管委员会	证券期货监管合作谅解备忘录	北京
52	2012.5.17	塞浦路斯证券交易委员会	证券期货监管合作谅解备忘录	北京
53	1997.12.22②	乌克兰国家证券和股市委员会	证券期货监管合作谅解备忘录	北京
54	2013.9.13	立陶宛银行	证券期货监管合作谅解备忘录	维尔纽斯
55	2013.11.18	耿西岛金融服务委员会	证券期货监管合作谅解备忘录	北京

① 该备忘录是在 1998 年 5 月 18 日我会与卢森堡证券委员会在北京签署的《证券监管合作谅解备忘录》基础之上重新签署。

② 该备忘录是在 1997 年 12 月 22 日我会与乌克兰证券与股市委员会签署的《证券监管合作谅解备忘录》基础之上重新签署。

中国交通运输业对外开放情况

一、交通运输行业发展情况

2013年全国完成铁路公路水路固定资产投资22190.67亿元，同比增长6.4%，占全社会固定资产投资的5.0%。其中，公路建设投资13692.20亿元，比上年增长7.7%，内河及沿海建设完成投资1528.46亿元，比上年增长2.3%。

1. 公路

2013年底，中国公路总里程已达到436万公里，比上年末增加12万公里，其中高速公路达到10.4万公里，比上年末增加0.82万公里。公路密度继续增加，路网密度达到45.4公里/百平方公里，通达水平进一步提高。

全国通公路的乡（镇）占全国乡（镇）总数的99.97%，与上年末持平，通公路的建制村占全国建制村总数的99.70%，比上年末提高0.15个百分点。其中，通硬化路面的乡（镇）占全国乡（镇）总数的97.81%，通硬化路面的建制村占全国建制村总数的89.00%，比上年末分别提高0.38个和2.54个百分点。

2013年公路货运量、货物周转量、客运量、旅客周转量分别完成307.66亿吨、55738.08亿吨公里、185.35亿人、11250.94亿人公里，按可比口径比上年分别增长10.9%、11.2%、4.2%、1.0%。

2. 水路

截至2013年底，全国港口拥有万吨级及以上泊位2001个，比上年末增加115个，其中，沿海港口万吨级及以上泊位1607个，比上年末增加90个，内河港口万吨级及以上泊位394个，增加25个。全国内河航道通航里程12.59万公里，比上年末增加858公里，其中三级及以上航道10201公里，占航道总里程的8.1%，比上年提高0.2个百分点。

水路客货运输量继续保持平稳增长，港口生产总体良好。2013年全国完成货运量55.98亿吨、货物周转量79435.65亿吨公里，按可比口径比上年分别增长10.4%和4.8%；完成客运量2.35亿人、旅客周转量68.33亿人公里，按可比口径比上年分别增长3.0%和2.9%。全国港口完成货物吞吐量117.67亿吨，比上年增长9.2%，其中，完成外贸货物吞吐量33.60亿吨，比上年增长9.9%。全国港口完成集装箱吞吐量1.90亿TEU，比上年增长7.2%。

全国港口完成液体散货吞吐量9.48亿吨，比上年增长4.6%；干散货吞吐量69.10亿吨，增长9.8%；件杂货吞吐量11.67亿吨，增长9.6%；集装箱吞吐量（按重量计算）21.85亿吨，增长10.3%；滚装汽车吞吐量（按重量计算）5.57亿吨，增长4.5%。

货物吞吐量超过亿吨的港口由上年的29个增加到32个，集装箱吞吐量超过100万TEU的港口由上年的22个增加到24个。上海港集装箱吞吐量连续四年居全球第一。

2013年底，全国拥有水上运输船舶17.26万艘，比上年末减少3.4%；净载重量24401.03万吨，增长6.8%；平均净载重量1414.11吨/艘，增长10.5%；集装箱箱位170.16万TEU，增长8.1%。在集装箱箱位拥有量居世界前20位的世界集装箱班轮公司中，中国中远集运、中海集运分别排名第五和第九位。

二、交通运输业最新开放情况

1. 与港澳地区

《内地与香港关于建立更紧密经贸关系的安排》补充协议十于2013年8月29日在香港签署，该协议于2014年1月1日起正式实施。“补充协议十”对香港进一步扩大开放，包括服务贸易开放、金融合作、贸易投资便利化等内容。特别是服务贸易方面，内地对香港采取65项具体措施，在法律、建筑、海运、航空运输、公路运输、货代、商标代理等28个领域在原有开放承诺基础上，进一步放宽市场准入条件、取消股权限制、放宽经营范围和经营地域的限制等。

《内地与澳门关于建立更紧密经贸关系的安排》补充协议十于2013年8月30日在澳门签署，该协议于2014年1月1日起正式实施。该协议对澳门进一步扩大开放，包括服务贸易开放、金融合作、贸易投资便利化等内容。根据“补充协议九”，内地对澳门采取65项具体措施，在法律、建筑、旅游、海运、航空运输、公路运输、货代等28个领域在原有开放承诺基础上，进一步放宽市场准入条件、取消股权限制、放宽经营范围和经营地域的限制等。

2. 海峡两岸海上直航

2013年，两岸海运取得了积极成果，两岸在促进两岸邮轮运输发展、支持两岸航运中心建设、客滚运输和车辆互通等方面达成共识。交通运输部制定出台促进海西交通运输发展和对台先行先试的一揽子措施，进一步促进了两岸经贸交流和人员往来；先后发布了15项进一步促进两岸海上直航发展的政策措施，积极转变政府职能，把福建至金马澎地区海上运输的审批管理权限下放至福建省交通运输厅；建立并实施两岸集装箱运价备案制度，加强事中事后监管。

2013年，海峡两岸海上运输继续保持增长，全年完成两岸海上货运量近6000万吨，其中集装箱运量204万TEU，同比增长8.5%；完成客运量156.7万人，其中大陆至台湾本岛18.5万人，同比增长34.9%。开辟大陆至台湾本岛的2条客滚运输航线和3条两岸集装箱运输航线，首艘两岸资本邮轮首航台湾。实施促进两岸邮轮运输发展的政策，促进两岸邮轮运输快速增长。全年完成21个航次，运送旅客逾4万人，两岸邮轮运输发展已成为新的经济增长点。

3. 港航服务业

截至2013年底，我国持有国际船舶经营许可证的公司264家，外商在华设立的独资船务公司40家，外商在华设立的独资船务分公司239家，比去年增加7家。外商在华设立外商独资集装箱运输服务公司7家，分公司73家，与去年持平。在华开展班轮运输业务的中外公司共153家，比上年减少4家。

2013年，按照国家的总体要求，围绕行业发展的中心任务，交通运输部多措并举、强化管理、提升服务，促进航运企业加强结构调整、推进自主创新。加强行政审批制度改革，推动政府职能转变，取消国际船舶运输经营者之间兼并、收购审核，取消国际船舶代理业务审批，改为向行业协会备案（中外合资国际船舶代理企业审批除外）；促进国际航运政策创新研究和试点，加快上海自贸区建设，与上海市人民政府联合发布《关于落实〈中国（上海）自由贸易试验区总体方案〉和推进上海国际航运中心建设的实施方案》，试点允许设立外资控股的中外合资、合作企业开展国际船舶运输业务，试点允许设立外商独资企业经营国际船舶管理业务，开展中资非五星旗国际航行船舶沿海捎带在上海的试点工作；完善国际航运政策，优化国际航运市场环境，发布了《完善无船承运管理制度有关问题的公告》、《关于无船承运业务经营者保证金责任保险制度操作办法》、《关于试行无船承运业务经营者保证金保函制度操作办法》，调整完善无船承运业务经营者保证金存储管理制度，切实帮助无船承运业务经营者减轻经营资金压力。

4. 对外合作

2013年，交通运输部与丹麦、加拿大、韩国、美国、欧盟举行年度海运会谈，进一步密切了与相关国家和地区的海运交流与合作。与美国海岸警卫队港口设施保安互访团交流工作，召开第十四届东北亚港湾局长会议处长级会议及工作组会议，增强港口国际合作和交流。组织召开中俄航联委第54次航行例会、中朝国境河流航运合作委员会第51次会议。

三、运输服务贸易

2013年，中国运输服务贸易进出口总额为1320亿美元，同比增长5.8%，在中国服务贸易进出口总额中的占比为24.6%。2013年，中国运输服务贸易逆差为567亿美元，比2012年的469亿美元增长20.7%。2013年运输服务贸易逆差占中国服务贸易总逆差的45.5%，比重比2012年下降近7个百分点；运输服务贸易在中国服务贸易逆差行业中，属于第二大逆差行业，旅游服务贸易从2012年开始，成为中国服务贸易的第一大逆差行业，2013年其逆差为769亿美元。

（交通运输部规划研究院）

中国航空运输业对外开放情况

一、2013 年中国民用航空行业发展情况

2013 年，在世界经济复苏艰难，国内经济下行压力加大的情况下，民航主要运输指标继续保持平稳较快增长。

2013 年中国民航全行业完成运输总周转量 671.72 亿吨公里，比上年增加 61.40 亿吨公里，增长 10.1%，其中旅客周转量 501.43 亿吨公里，比上年增加 55.00 亿吨公里，增长 12.3%；货邮周转量 170.29 亿吨公里，比上年增加 6.40 亿吨公里，增长 3.9%。

国内航线完成运输周转量 461.05 亿吨公里，比上年增加 45.21 亿吨公里，增长 10.9%，其中港澳台航线完成 14.23 亿吨公里，比上年增加 0.56 亿吨公里，增长 4.1%；国际航线完成运输周转量 210.68 亿吨公里，比上年增长 16.19 亿吨公里，增长 8.3%。

全行业完成旅客运输量 35397 万人次，比上年增加 3461 万人次，增长 10.8%。国内航线完成旅客运输量 32742 万人次，比上年增加 3142 万人次，增长 10.6%，其中港澳台航线完成 904 万人次，比上年增加 70 万人次，增长 8.4%；国际航线完成旅客运输量 2655 万人次，比上年增加 319 万人次，增长 13.7%。截至 2013 年底，我国共有定期航班航线 2876 条，按重复距离计算的航线里程 634.22 万公里，按不重复距离计算的航线里程为 410.60 万公里。

截至 2013 年底，我国与其他国家或地区签订双边航空运输协定 115 个，比 2012 年底增加 1 个。其中：亚洲 44 个国家，非洲 23 个国家，欧洲 35 个国家，美洲 9 个国家，大洋洲 4 个国家。在通航城市方面，定期航班国内通航城市 188 个（不含香港、澳门、台湾地区），我国航空公司国际定期航班通航 50 个国家的 118 个城市，内地航空公司定期航班从 41 个内地城市通航香港，从 10 个内地城市通航澳门，大陆航空公司从 42 个大陆城市通航台湾地区。

表 1　　2012、2013 年中国运输统计数据

年度	运输总周转量（亿吨公里）	客运量（万人）	旅客周转量（亿吨公里）	货运量（万吨）	货邮周转量（亿吨公里）
2012 年	610.32	31936	446.43	545	163.89
2013 年	671.72	35397	501.43	561	170.29
同比增长	10.1%	10.3%	12.3%	3.0%	3.9%
年度	国际航线（条）	国际客运量(万人)	国际货运量（万吨）	运输飞机（架）	旅客吞吐量（亿人次）
2012 年	480	2336	156.5	1941	6.8
2013 年	534	2655	154.5	2145	7.54
同比增长	11.2%	13.7%	−1.3%	10.5%	11%

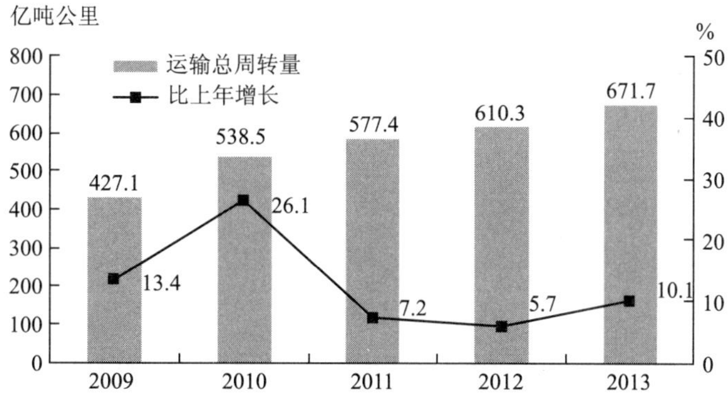

图 1　2008—2012 年民航运输总周转量

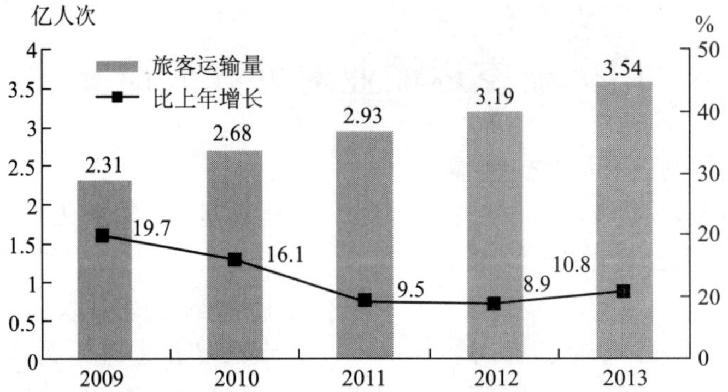

图 2 2009—2013 年民航旅客运输量

二、2013 年中国民航的对外开放情况

2013 年 7 月 6 日中国—瑞士自由贸易协定在北京签署。其中，中方在入世承诺的基础上对航空运输服务做出了进一步开放，取消了瑞士服务提供者投资航空器维修服务的经济需求测试的要求，允许瑞士服务提供者设立合资企业提供机场地面服务中的集装设备管理、旅客与行李、货物与邮件、机坪、飞机等服务；瑞方则在航空器维修和保养、航空运输服务的销售和市场推广、计算机订座系统服务、机场地面服务、机场管理服务等领域对我国做出了完全开放。

（中国民用航空局政策法规司　陈婧丹）

中国旅游业对外开放情况

一、旅游业总体发展情况

2013 年是中国旅游业发展历史上具有深刻影响和重大意义的一年。第十二届全国人大常委会审议通过《中华人民共和国旅游法》，国务院办公厅印发《国民旅游休闲纲要》。2013 年全年实现旅游总收入 29475 亿元，国内旅游人数 32.62 亿人次，国内旅游收入 26276 亿元；出境旅游人数约 9819 万人次；入境过夜人数 5569 万人次，旅游外汇收入约 517 亿美元。新增旅游直接就业 50 多万人。

二、旅游对外交流情况

1. 旅游宣传推广力度加大。面对错综复杂的国际形势和日趋激烈的市场竞争，按照大力巩固重点市场、积极发展新兴市场、着力培育潜在市场的方针，各地迎难而上、强化措施，积极开拓旅游市场，取得了明显成效。

——市场推广方式更加多元。国家和各省区市旅游局（委）牵头组织参加 100 多个海外旅展和专项推广活动，邀请 2000 多名境外媒体记者和旅行商来华采风考察。与外宣、文化、商务等部门联合开展主题鲜明、特色多样的宣传推广活动。2013 年昆明国际旅交会吸引了 102 个国家和地区参展，参展企业买家占到 70%。

——宣传推广体系和旅游品牌建设不断加强。国家旅游局制定出台了中长期市场推广规划，启动了“美丽中国之旅”品牌推广计划，与相关部门共同出台了一批扶持政策。重点推动长江旅游带、黄河旅游带、香格里拉旅游区等旅游线路和新产品开发，下大力气提升长三角、泛珠三角、环渤海、丝绸之路等跨区域旅游品牌影响力。积极推动边疆民族地区和内陆沿边地区旅游开放、开发。

2. 国际旅游交流合作更加深入，两岸四地旅游交流合作全面加强。紧紧围绕国家总体外交方针和保持香港澳门长期繁荣稳定、促进两岸关系和平发展的总体要求，开展了一系列卓有成效的旅游交流与合作，积极发挥旅游在国家对外工作和对港澳台工作大局中的作用。

——国际旅游交流与合作成效显著。俄罗斯“中国旅游年”成功举办，习近平主席出席开幕式并致辞，李克强总理为闭幕式发了贺信，汪洋副总理出席闭幕式并致辞，高度评价旅游年的丰硕成果。与相关国家签署 7 个旅游对外合作文件。举办了中西旅游圆桌会议、中日韩旅游教育研讨会等一系列多边、双边会议，举办联合国世界旅游组织丝绸之路国际大会、中国宁夏穆斯林旅行商大会和中国—太平洋国家旅游合作论坛等大型多边国际活动。积极探索对外交往与旅游推广、高层互动与民间交流、专业活动与公众参与有机结合的旅游合作新模式。

——两岸四地旅游交流合作成果丰硕。进一步落实支持港澳发展和惠台涉旅政策。试点开放沈阳等 13 个城市赴台个人游，新增第五批 47 家赴台组团社。举办两岸旅游圆桌会议暨大陆居民赴台旅游 5 周年纪念活动。组织 4000 多名港澳台学生到广东等地开展修学活动。预计 2013 年内地与香港、澳门旅游双向交流分别达到 1.18 亿人次、3942 万人次；大陆与台湾旅游双向交流 800 万人次。

3. 文明旅游工作全面推进。按照习近平总书记等中央领导同志的要求，全行业认真贯彻“提升中国公民出境旅游文明素质电视电话会议”精神，组织旅游系统全面开展提升游客文明素质活动，取得了积极成效。

——宣传教育广泛开展。在主要机场、车站、游客咨询中心播放文明旅游公益宣传片，在中央和地方电视台、广播电台和主要网络媒体播放宣传广告，组织开展“文明与旅游同行”等社会广泛参与的文明旅游活动。发挥社会监督的作用，对不文明行为举止、不文明语言进行曝光，积极引导公民文明出行、文明旅游。

——行业管理和自律不断强化。编写《团队旅游行前说明规范》行业标准，把文明旅游要求纳入合同内容。组织各级各类旅游协会通过定制度、定规则、发倡议等方式，开展形式多样的文明旅游教育引导活动。

（国家旅游局政策法规司　王倬）

中国电信业对外开放情况

一、2013年电信业发展情况

2013年，我国电信业保持平稳较快发展，基础设施建设步伐加快，用户规模持续快速增长，移动通信加速更新换代，市场竞争格局进一步优化，三网融合取得积极进展，新兴信息消费快速增长，电信业市场进一步开放，市场监管能力稳步增强，网络与信息安全保障有力，行业发展活力持续增强，加速推动了两化深度融合和信息化水平提升，服务和支撑国民经济社会发展的基础性、先导性、战略性作用日益突出。

（一）行业保持平稳较快增长

2013年，全国电信业务总量累计完成13954亿元，同比增长7.5%。其中：固定话音业务总量682亿元，同比下降12.3%；固定数据及互联网业务总量2170亿元，同比增长14.4%；固定增值及其他业务总量613亿元，同比增长8.3%；移动话音业务总量6693亿元，同比增长5.9%；移动数据及互联网业务总量957亿元，同比增长13.6%；移动增值及其他业务总量2840亿元，同比增长10.3%。全国电信业务收入累计完成11689亿元，同比增长8.7%，其中移动数据及互联网业务增长55.6%，是电信业务收入增长最快的领域。3G业务收入增长仍然较为突出，增长幅度为52.3%，达到1741亿元；固定通信业务继续延续前两年回升势头，业务收入增长5%，其中固定数据及互联网业务收入增长达8.8%。

（二）宽带网络加快普及提速

2013年光缆线路长度净增265.8万公里，达到1745.1万公里，同比增长17.9%，随着接入网光纤化的发展，接入网光缆线路长度和纤芯长度的增长速度均超过15%。固定互联网宽带接入端口达到3.6亿个，同比增长34%。城市新建住宅小区大力推进光纤到户，已建住宅区加快光纤化改造，光纤到户覆盖家庭达到1.67亿户，无线宽带网络持续优化，2013年全年新开通3G基站27.3万个，累计达到109.2万个，其中TD基站达到44.6万个。3G网络覆盖的广度和深度继续扩大，已覆盖全国所有县城以及大部分乡镇。

（三）3G用户呈现快速增长态势

2013年，全国新增电话用户1.06亿户，新增用户规模与2012年基本持平，电话用户总数达14.96亿户，电话普及率为110.5部/百人。其中，固定用户数2.7亿户，普及率为19.7部/百人；移动用户数达到12.3亿户，普及率为90.8部/百人，全国有8省市的移动电话普及率超过100部/百人。全国移动电话用户新增1.17亿户，其中新增3G移动电话用户1.69亿户，新增规模是2012年的1.62倍。3G用户规模达到4亿户，渗透率为32.7%，比2012年同期提高11.8个百分点。其中，TD-SCDMA用户新增1.03亿户，总规模达到1.91亿户，同比增长117.5%。

（四）基础电信企业转型加快

2013年，非话音业务实现收入6218.8亿元，同比增长17%，比话音业务收入增速高16.4个百分点，在电信业务收入中占比达53.2%，比2012年同期提高3.8个百分点。非话音业务收入对电信业务收入增长的贡献达到96.6%，比2012年同期提高10个百分点，在电信业务收入增长中的作用越来越突出。移动数据及互联网业务实现收入1982亿元，同比增长55.6%，在电信业务收入中的占比由2012年同期的11.8%提高到17%，自2012年2月以来连续22个月保持主要业务增长贡献第一位，是带动非话音业务收入迅速增长的主要因素。2013年，基础电信业完成移动互联网接入流量13.2亿吉比特，同比增长71.3%，连续成为全部业务量中增长最快的领域。2013年手机电视下载视频数达到2057.1万次。

（五）互联网产业增长势头迅猛

2013年，我国网民规模达6.18亿，全年共计新增网民5358万人。互联网普及率为45.8%，较2012年底提升3.7个百分点。手机网民规模达5亿，较2012年底增加8009万人，网民中使用手机上网的人群占比提升至81.0%，较2012年底提升6.5个百分点。网民中农村人口占比28.6%，规模达1.77亿人，较2012年底增长2101万人。电子商务整体市场规模超过10万亿元，同比增长

25%。“11.11”当天淘宝交易额达到 350 亿元，同比增长 183.2%。搜索引擎市场规模达 421.1 亿元，增长 38.8%，网络广告市场 421.7 亿元，增长 44.7%，网络游戏 700.9 亿元，增长 20.9%，视频网站 150 亿元，同比增长 51.1%。我国 IPv6 地址数量为 16670 块/32，较 2012 年同期增长 33.0%，位列世界第二位。域名总数增至 1844 万个，相比 2012 年增速达 37.5%，其中 .CN 域名总数为 1083 万，相比 2012 年同期增长了 44.2%，占中国域名总数比例为 58.7%。全国互联网国际出口带宽持续高速增长，同比增长 79.3%，达到 3.4Tbps。

二、当前我国电信业开放情况

自 2001 年加入 WTO 以来，我国根据在 WTO 中承诺开放的业务和条件，严格履行 WTO 承诺，积极应对 WTO 挑战，逐步建设完善相关法律法规，有关情况如下。

根据我国 WTO 承诺及 2003 版《电信业务分类目录》，我国对外资开放的基础电信业务有 10 项：固定网本地电话业务、固定网长途电话业务、固定网国际长途电话业务、蜂窝移动通信业务、因特网数据传送业务、国际数据通信业务、无线寻呼业务、固定网国内数据传送业务、无线数据传送业务、国内通信服务设施业务，外资股比不超过 49%。增值电信业务有 3 项：信息服务业务、在线数据处理与交易处理业务、存储转发类业务，外资持股比例不高于 50%。

根据国务院《关于鼓励服务外包产业加快发展的复函》，我国在 21 个试点城市进行了离岸呼叫中心对外资试点开放，经营该项业务的外商投资企业外资股比可达 100%，同时，我国对外资离岸呼叫中心业务试点审批程序进行了简化。

根据《内地与香港（澳门）更紧密经贸关系（CEPA）安排》，在 WTO 承诺的基础上，向港澳资增加了开放因特网数据中心业务、因特网接入服务业务、呼叫中心业务、国内因特网虚拟专用网业务等四项增值电信业务，港澳资本股比不超过 50%。此外，离岸呼叫中心业务允许港澳服务提供者在广东省东莞市、珠海市设立独资或合资企业，港澳资本股权比例不设限制；在线数据处理与交易处理（仅限于经营性电子商务网站）允许港澳服务提供者在广东省设立合资企业，港澳资本股权比例不超过 55%。

根据《工业和信息化部 上海市人民政府关于中国（上海）自由贸易试验区进一步对外开放增值电信业务的意见》，在 WTO 承诺的基础上试点进一步开放增值电信业务：一是放宽了已在 WTO 承诺开放的三项业务的外资股比限制，其中信息服务业务中的应用商店业务、存储转发类业务不设外资股比限制，在线数据处理与交易处理业务中的经营类电子商务业务外资股比放宽到 55%；二是新增试点开放呼叫中心业务、国内多方通信服务业务、为上网用户提供的因特网接入服务业务、国内因特网虚拟专用网业务等四项业务，其中前三项业务不设外资股比限制，国内因特网虚拟专用网业务外资股比不超过 50%。

截至目前，在增值电信领域，共有 34 家中外合资企业获得《电信业务经营许可证》，11 家外商独资企业经营离岸呼叫中心业务。

（工业和信息化部通信发展司）

中国文化产业对外开放情况

一、2012－2013 年中国文化产业与文化贸易的相关政策

作为国际文化贸易的主要参与国之一，中国政府越来越关注通过商业渠道推动中国文化“走出去”，在调控和管理国内文化产业市场、为文化贸易创造良好的国内环境的同时，也通过税费减免、扶持奖励等手段，推动文化贸易的开展。综合来看，2012－2013 年出台的文化产业及文化贸易政策，包括以下几类：

（一）文化产业规划

2012 年 5 月，文化部发布《“十二五”时期文化改革发展规划》，将“对外文化交流和贸易迈上新台阶，基本形成官民并举的对外和对港澳台文化工作新格局，中华文化影响力不断扩大”作为主要发展目标之一，将“在国际、多边、双边等场合举办国家级重大涉外文化活动 30 项以上，邀请 500 名国际文化名人与 1000 名青少年文化使者来华访问，对外文化援助的受援国家达 20 个以上；海外中国文化中心形成合理布局，到‘十二五’期末，总数达到 25～30 所。”

作为主要指标之一，2012 年 6 月 28 日，文化部颁布了《关于鼓励和引导民间资本进入文化领域的实施意见》，明确提出鼓励民间资本积极参与国有文艺院团转企改制、公共文化服务体系建设、文化产业发展、投入非物质文化遗产传承保护、参与对外文化交流和文化贸易，并对民间资本进入的方式、方向和扶持政策等做出了明确指引。

2012 年 7 月，文化部颁布了《“十二五”时期国家动漫产业发展规划》，立足动漫产业发展实际并结合市场需求，确定了“十二五”时期我国动漫产业发展的总任务。其中关于动漫产业对外贸易，该规划提出要充分利用国内国外两个市场，通过信息共享、政策咨询、宣传推广、境内外参展、表彰鼓励等方式，推动动漫企业、产品和服务走向国际市场，全面提高我国动漫产业国际化水平；并从“促进动漫产品和服务出口”“支持动漫企业走出去”“加强国际动漫产业交流合作”等方面提出了总体的指导思想和发展规划。

2012 年 9 月 12 日，文化部制定了《文化部“十二五”文化科技发展规划》，将“十二五”时期文化科技发展的重点领域定为：文化科技基础性工作、文化艺术资源保护与开发领域、文化艺术产品创作生产领域、文化传播与服务领域、文化装备与系统平台建设。

（二）市场规范和版权保护

2013 年 1 月 30 日，国务院决定对《信息网络传播权保护条例》、《中华人民共和国著作权法实施条例》进行修改，对非法经营活动加大处罚力度，进一步保护著作权人、表演者、录音录像制作者等权利人的信息网络传播权，鼓励有益于社会主义精神文明、物质文明建设的作品的创作和传播。

（三）扶持与配额

2012 年 2 月 1 日，由商务部、中宣部、外交部、财政部、文化部、海关总署、税务总局、广电总局、新闻出版总署、国务院新闻办共同修订的《文化产品和服务出口指导目录》予以公布，各部门将在列入本目录的项目中认定一批有利于弘扬中华民族优秀传统文化、有利于维护国家统一和民族团结、有利于发展中国同世界各国人民友谊、具有比较优势和鲜明民族特色的国家文化出口重点项目；在符合本目录要求的企业中认定一批具备较强国际市场竞争力、守法经营、信誉良好的国家文化出口重点企业。各部门、各地区依据有关规定在市场开拓、技术创新、海关通关等方面创造条件予以支持。

2012 年 2 月 18 日，中美双方就解决 WTO 电影相关问题的谅解备忘录达成协议，协议内容主要包括：中国将在原每年引进美国电影配额约 20 部的基础上增加 14 部仅支持 3D 或 IMAX 放映方式的特种片；美方票房分账比例从 13%提高至 25%；中国的民营企业将得到发行进口片的机会，过去国有公司垄断进口片发行的局面将被打破等。此次双方的协议虽然会对国产电影的生存空间带来一定程度的挤压，但在优秀进口影片的刺激下，大陆的整体票房将进一步提升，有良好内容制作能力的电影制片商也将快速成长。

2012年12月初，国家广电总局电影管理局颁布了《关于加强海峡两岸电影合作管理的现行办法》，其中规定了台湾影片进入大陆不受进口配额限制、增加引进台湾电影的数量、内地与台湾合拍电影的优惠政策、发行方法等一系列有关政策，加大两岸片源输送，促进两岸间电影的交流合作，丰富国产电影的类型和产量，实现共赢。

（四）补贴及减税

2012年11月22日，国家电影事业发展专项资金管理委员会发布《关于对国产高新技术格式影片创作生产进行补贴的通知》、《关于“对新建影院实行先征后返政策”的补充通知》、《关于返还放映国产影片上缴电影专项资金的通知》和《关于对安装数字放映设备补贴的补充通知》四项扶持通知，分别对制片方、影院进行了返还已上缴专项资金、按票房比例予以资金奖励等形式的资金补贴。

继2011年5月出台的《动漫企业进口动漫开发生产用品免征进口税收的暂行规定》后，2012年财政部又颁发了《关于扶持动漫产业发展的增值税、营业税政策的通知》，规定对属于增值税一般纳税人的动漫企业销售其自主开发生产的动漫软件，按17%的税率征收增值税后，对其增值税实际税负超过3%的部分，实行即征即退政策，并且规定动漫软件出口免征增值税。

（五）内容比例限制

2013年10月，国家新闻出版广播电视电总局向各卫视下发通知，确定了2014年节目播出的相关调控政策，其中规定各卫视平均每天早上8点到晚上9点30分要播放不少于30分钟的国产动画片。

二、中国文化产业进出口情况

（一）演艺娱乐业

2012年经文化部审批的来华演出项目共计1140项，计22760人次；经文化部审批的“走出去”演出项目共计315项，团组人数9280人，海外观众人数1089万人，演出收入约8470万元①。

随着演艺产品在国际市场的传播与流转，中国观众可以接触到越来越丰富的外国演艺作品，如《妈妈咪呀！》、《Avenue Q》都出现了本土化制作，歌剧、芭蕾舞、现代舞等艺术门类频频登陆一线城市的剧场院线。而中国演艺产品的对外输出也正在逐渐摆脱以往以杂技、武术等动作技巧类产品为主的模式。中国文化年以及海外的中国文化中心，为演艺走出去搭建了良好的平台。

（二）新闻出版业

图1为《2009—2013年中国新闻出版业版权引进与输出状况》（2013年根据前三年的增长率平均作预测），可见，中国不论在版权引进还是版权输出都处于成长的态势，显示了中国新闻出版业发展有越来越国际化的趋势。

近年来，中国在版权输出方面取得显著进展，体现在②：

1. 版权贸易逆差大大改善

从2003年的15∶1缩小到2012年的1.91∶1，同时质量结构也在不断优化，相较于2002年，2012年我国对美、加、英、法、德五个西方传统发达国家输出图书版权总量增长近122倍，达到2213项，逆差从1∶387缩小至1∶4。

2. 实物出口保持持续增长

2011年累计出口金额为7396.6万美元，比2010年增长近一倍。2012年出版物实物出口金额9400万美元，实现了快速增长。

3. 数字出版产品境外收益率不断提高

2012年我国期刊数据库的海外付费下载收入超过千万美元，电子书海外销售收入近500万美元，网络游戏出口额达到5.7亿美元。清华同方中文期刊全文数据库海外机构用户数量超过1000家，分布在42个国家和地区。完美世界公司开发的10款民族游戏用户遍布四大洲60多个国家和地区。

4. 企业和资本走出去不断增多

目前我国新闻出版企业已在境外投资或设立分支机构459家。一些走出去骨干企业在加快走出去步伐的同时，积极探索持久发展模式，研究走出去的成功商业模式。

以上这四组数据说明，短短十多年间，我国新

① 《2012年中国演出市场年度报告》，中国演出行业协会，http：//www.capa.com.cn/news/showDetail? id=60342

② 《中国新闻出版报：“我国新闻出版业走出去成效显著”》，http：//www.chuban.cc/bq/jl/201311/t20131101_149335.html

闻出版业走出去发生了质的变化，从被动走出去到主动走进去，从单一版贸模式到企业全球化布局，工作越来越务实，成果越来越丰硕，成效越来越显著。

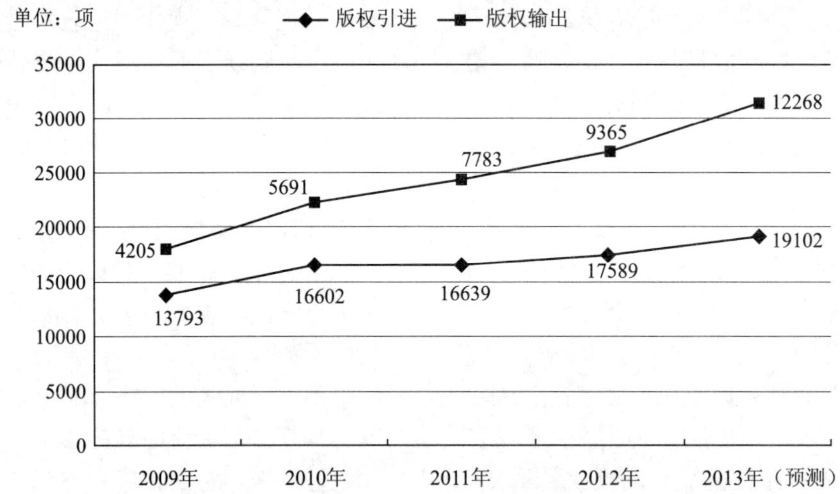

图 1 2009—2013 年中国新闻出版业版权引进与输出状况

资料来源：中国新闻出版总署《2009—2012 年新闻出版产业分析报告》。

（三）电影产业

进口片在 2013 年的表现略逊一筹，不仅在整体票房上落后于 2012 年同期，单片收益也较以往大幅退步，全年仅两部电影票房超过 5 亿元，在单周票房冠军方面，虽然最终以 26 周单周票房冠军打平国产电影，但统治力已远不及以往。2013 年进口片票房共计约 91 亿元，增长速度明显放缓，进口分账大片共 34 部，包括 20 部普通分账片和 14 部 IMAX 与 3D 特种分账片，加上以国内电影公司买断版权形式进入的国外电影即所谓的“批片”，共有 60 部进口片在中国放映。从类型看，进口影片以动作片引进为主，占比 38%；其次是科幻片、动画片和奇幻片；特效，尤其是 3D 电影，仍然是国内观众选择进口影片的主要原因。①

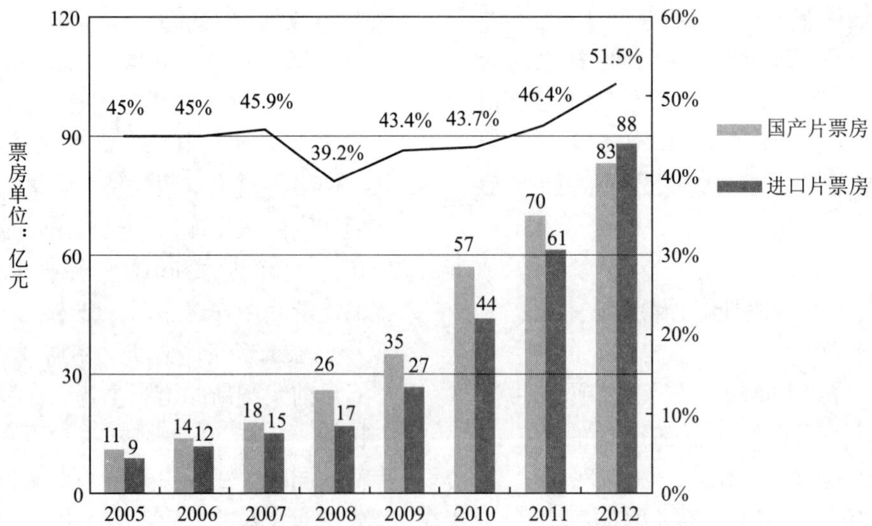

资料来源：国家广播电影电视总局。
©2013.03艺恩咨询EntGroupInc.

图 2 2005－2012 年国产片与进口片票房对比

① 《2013－2014 中国电影产业研究报告》，艺恩咨询，http：//www.entgroup.cn/report/f/0318120.shtml

2013年，国产电影在海外销售数量达到45部，共计247部次，累计票房和销售收入达到14.14亿元人民币，相比较2012年的10.63亿元，同比增长33.02%。王家卫导演的《一代宗师》是2013年北美票房最高的华语电影，2013年8月登陆北美院线，在强力推手韦恩斯坦的帮助下，两个月内斩获659万美元的票房，创造了近年来华语电影在北美的最好成绩。位列北美票房第二、三位的华语影片则是《私人定制》和《毒战》，分别获得31.4万美元和12.82万美元。2013年内地国产片票房亚军、席卷超过7亿元人民币的《致我们终将逝去的青春》在北美仅获得了6.7万人民币（1.1万美元）的票房，而陈凯歌的《搜索》更是惨淡到只收获了1100美元。华语片在北美的势头依旧整体低迷，成为不争的事实。①

2013年，合拍片保持了良好的发展势头，合作的内容和范围不断扩大，合作的国家和地区包括了港、澳、台、英、美、日、韩等。中国蓬勃发展的电影市场越来越受重视，《钢铁侠3》还开辟了“特供片”的先河，专门为中国电影观众拍摄一版有中国演员参与的版本，但目前的中美合拍，中方在影片的剧情、制作、市场营销等方面参与甚微，仅仅出现一些中国面孔、中国企业品牌，远未体现合拍的真正意义。

（四）电视产业

2012年，中国电视节目的进口额增长幅度很小，出口额平稳上升，达到62533万元，较2011年增长15.59%（见图3）。随着知识产权保护意识的增强，中国的电视台开始进口国际知名综艺节目的版权。2012年夏，浙江卫视打造的“中国好声音”收视火爆，让国内电视从业者认识到了国外成熟节目模式的魅力。其后不少卫视纷纷效仿，湖南卫视引进了英国真人秀节目模式“X-factor”，打造了“中国最强音”；东方卫视的“中国梦之声”来自于瑞典选秀节目“Idol”；江苏卫视引进了德国节目“临危不惧”的模式，制作了“星跳水立方”。加上“中国星跳跃”、“中国梦想秀”、“舞林争霸”等节目，短短一年时间，中国就引进了近20档来源于欧美节目模式的综艺节目。不过，这个热潮很快在2013年被韩国的综艺节目模式取代，“爸爸去哪儿”、“我是歌手”、“中国星力量”等节目均来源于韩国节目模式。

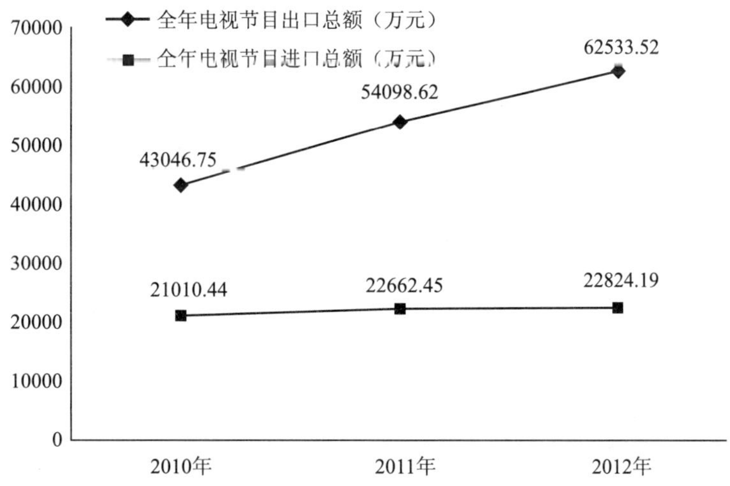

图3　2010—2012电视节目进出口总额

2012年，中国电视节目出口总时长约为37573小时，其中电视剧出口集约为15329集，所占份额超过总时长的50%，纪录片以2369小时占据6%，出口量较2011年有大幅提升（见表1）。2012年，中国电视的出口总金额约为22824万元，其中电视剧的出口金额为15019万元，占总金额的65%，而纪录片以3226万元占据了总金额的14%。

从上述数据可以看出，电视剧的出口始终占据

① 《2013华语片在海外：票房依旧迷失，艺术佳作缺失》，电影网，http：//www.m1905.com/news/20140123/726420.shtml

我国电视节目的大部分份额，平均每集的出口价格为 9797.76 元；纪录片出口市场的比例虽小，但平均每小时的出口价格却高达 13617.56 元，而且在 2011—2012 年呈现了出口增长的态势（图 4）。

表 1　　2012 年中国电视节目出口时长与出口额

	出口时长		出口金额（万人民币）	
	出口时长	占总时长比重	出口金额	占总金额比重
电视剧	15329（集）	>50%	15019	65%
纪录片	2369（时）	6%	3226	14%
总计	37573（时）	100%	22824	100%

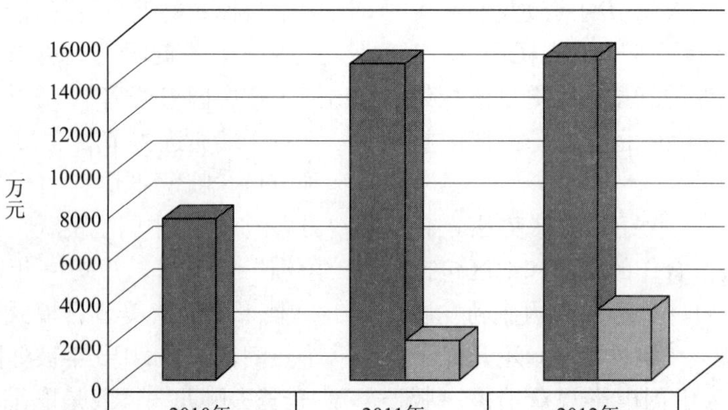

	2010年	2011年	2012年
电视剧	7484	14649	15019
纪录片		1833	3226

图 4　2010—2012 年中国电视剧、纪录片出口总额（单位：万人民币）

2012 年中国电视节目版权进出口总数分别为 190 项和 1531 项，出口总数远远多于进口总数。版权进口国家和地区包括美国、英国、新加坡及香港地区，主要出口国家和地区包括美国、新加坡及香港地区，分别达到 192、101、66 项，其余分布在世界各地。2012—2013 年，中国古装电视剧《甄嬛传》成为走向海外的佼佼者，不仅在日本、美国、东南亚国家大受欢迎，而且将改编成美国版（电视电影），可谓名利双收。此外，纪录片《舌尖上的中国》第一季销到了海外二十多个国家和地区，创下了 4 万美元一集的记录，成绩斐然。

自 2011 年以来，央视纪录频道启动了 20 余部、70 余小时的国际联合摄制项目，成功探索了多种合作模式，与世界各地的纪录片制作机构建立了良好合作关系。其中，央视纪录频道与英国广播公司、美国国家地理频道、法国国家电视集团合作摄制的三部纪录片《秘境中国·天坑》、《非洲》、《生命的奇迹》于 2013 年起陆续在央视综合频道晚间“魅力纪录”栏目和央视纪录频道黄金时段播出，这三部纪录片就是初步的合作成果。

（五）动漫与游戏产业

2012 年，我国动画电视播放总数为 30.49 万小时，较 2011 年的 28.03 万小时增加 8.78%。其中，进口动画电视播放数为 1.21 万小时，占播放总数的 3.97%，较 2011 年的 1.48 万小时，占比下降 1.31 个百分点。在我国动画电视播放总数增加的情况下，进口动画电视播放数占比不大，并有下降趋势，与近年来我国颁布的一系列保护国产动画电视的扶持政策有关。

表2　　2012年中国动画电视进出口情况

指　标	合　计	欧　洲	非　洲	美　洲	亚　洲	大洋洲
全年动画电视进口总额（万元）	1489	111	0	411	967	0
全年动画电视出口总额（万元）	3105	379	0	678	2009	39
全年动画电视进口量（小时）	385	17	0	294	74	0
全年动画电视出口量（小时）	1678	239	0	449	961	28

从2012年中国动画电视的进出口情况来看，动画电视进口总额为1489万元，进口数量385小时；出口总额为3105万元，出口数量为1678小时，出口远远大于进口（见表2）。从进口数量来看，美洲和亚洲是主要的电视动画进口区域，美国、日本是我国动画电视的主要进口对象，而对非洲和大洋洲没有进口；而亚洲是我国动画电视主要的出口地区，主要是东南亚各国和中国香港地区，对中国台湾、韩国和大洋洲有少量出口，而对日本和非洲则没有出口。

游戏产业是中国文化产业门类中海外拓展最成功的行业。经过多年的海外市场拓展，中国原创网游在2012年的海外成绩仍然不俗。一方面，中国游戏海外市场保持快速增长，出口企业持续增加，出口题材日渐多元，客户端网游、网页游戏、移动游戏均进入海外市场，出口范围持续扩大，已经出口到一百多个国家和地区；另一方面，完美世界等一批中国自主研发网络游戏全球拓展企业，已经从单纯依靠海外代理的出口初级阶段、成立海外子公司的第二阶段，进入到尝试整合全球知识产权，直接面向全球开发产品的全新阶段。

2012年，在主管部门的大力支持下，中国游戏企业“抱团出海”开始有实质性进展，出口领军企业完美世界为网络游戏产品进出口而打造的完美世界海外进出口平台（PWIE）正式推出，腾讯收购欧美网络游戏站群ZAM.com、收购新加坡Level Up 49%股权；畅游出北美游戏平台Gamefuse、为旗下产品公布新LOGO与规模宏大的全球运营计划；盛大加速全球战略；光宇华夏研发3D游戏引擎授权香港企业等等。基于后发优势，中国游戏具有完善的收费机制、用户付费激励机制，在欧美等市场具有一定竞争力，并积极开拓南美洲、非洲等新兴市场。

截至12月11日，2013年审批通过的进口网络游戏数量为48款，进口电子单机游戏11款①。海外市场进一步拓展，2013年中国自主研发网络游戏海外市场销售收入达到18.2亿美元，比2012年增长219.3%，移动游戏和网页游戏海外出口势头强劲，建立子公司海外直接运营成为更多公司的选择，并购成为海外拓展的重要手段，《英雄联盟》等产品在世界范围内取得成功，《火炬之光2》击败《暗黑3》获得海外媒体大奖，部分中国游戏企业开始战略转移，深耕海外市场。

总之，在中国政府的积极引导和大力扶持下，中国的文化贸易取得了显著成果。优质的文化产品与服务的进口，更好地满足了人民群众的精神文化需求，而文化产品与服务的出口，有助于提升中国的软实力和中华文化的国际影响力。一批有实力的中国文化企业已经在国际市场崭露头角，通过海外并购、筹建子公司、寻求海外代理、中外合拍等多种形式，在开疆拓土的同时将中国文化传播到世界各个角落；一些优质的文化产品，受到了国际观众的好评，并形成了一些可借鉴的模式。但是同欧美、日韩等文化产业强国对比来看，中国文化产业在故事创意、国际营销以及销售渠道等环节，还需要汲取经验和提升水平，才能更好地参与国际文化市场竞争。

（北京大学文化产业研究院　范颖）

---

① 数据来源：《游戏工委初步预计今年我国游戏市场达880亿》，腾讯游戏，http：//games.qq.com/a/20131213/007315.htm

中国钢铁工业对外开放情况

一、2013 年中国钢铁工业发展概况

2013 年，我国经济实现了稳中有进、稳中向好，经济运行总体平稳，结构调整取得新进展。随着世界经济缓慢复苏和我国“稳增长、调结构、促改革”政策措施效果逐步显现，钢铁行业总体市场环境有所好转。钢铁企业将“转方式、优结构、提质量、增效益”作为全年工作重点，加大钢材品种开发力度、大力推进管理创新，钢铁生产、出口和经济效益都保持增长态势，行业经济效益略有好转，为支撑国民经济持续发展做出了积极贡献。但由于钢材市场需求增速低于钢铁产量增速，国内市场供大于求的局面没有改观；钢材价格一直低位运行，行业盈利仍处于较低水平，钢铁企业所面临的生产经营形势依然严峻。

1. 粗钢产量保持增长，占全球粗钢总产量比重继续上升

根据国际钢铁协会（WSA）的统计数据，2013 年全球粗钢产量 15.8 亿吨，同比增长 3.4%。2013 年中国粗钢累计产量为 7.79 亿吨，同比增长 7.5%。中国占全球粗钢总产量的比例为 49.3%，

表 1　　2013 年全球主要国家及地区钢产量　　单位：百万吨

	2013 年	2012 年	2013/2012 年（%）
欧洲	311.1	317.3	−2.0
其中：欧盟 27 国	165.8	168.6	−1.7
独联体	108.7	110.8	−1.9
北美	119.3	121.6	−1.9
其中：美国	87.0	88.7	−2.0
南美	46.0	46.4	−0.8
非洲	15.7	15.0	4.7
中东	25.9	24.2	6.9
亚洲	1 057.6	999.2	5.8
其中：中国	779.0	724.7	7.5
日本	110.8	107.2	3.3
大洋洲	5.5	5.8	−4.5
全球	1 581.1	1 529.5	3.4

数据来源：国际钢协 2013 年《世界钢铁统计数据》。

表 2　　2013 年主要钢铁生产国粗钢产量　　单位：百万吨

排 名	国 家	2013 年	2012 年	2013/2012 年（%）
1	中国	779.0	724.7	7.5
2	日本	110.8	107.2	3.3
3	美国	87.0	88.7	−2.0
4	印度	79.4	77.6	2.4
5	俄罗斯	69.4	70.4	−1.5
6	韩国	66.0	69.1	−4.4
7	德国	42.6	42.7	0
8	土耳其	34.7	35.9	−3.4
9	巴西	34.2	34.5	−1.0
10	乌克兰	32.8	33.0	−0.5

数据来源：国际钢协 2013 年《世界钢铁统计数据》。

比2011年增长3.0个百分点。虽然全球经济开始缓慢复苏，但钢材市场需求总体偏弱，美欧钢产量略有下降；受日本政府经济刺激计划的影响，日本钢产量恢复增长；我国新增生产能力投入运行及主要产钢地区钢产量下降是造成我国占全球粗钢总产量比例上升的主要原因（见表1）。主要产钢国中，中国、日本和印度钢产量保持增长，美国、俄罗斯、韩国钢产量下降（见表2）。

2. 主要用钢行业固定资产投资增速同比回落，难以支撑钢铁产量的增长

2013年，全国规模以上工业增加值同比实际增长9.7%（以下增加值增速均为扣除价格因素的实际增长），增速较上年回落0.3个百分点，回落幅度较2012年的3.9个百分点和2011年的1.8个百分点有所收窄，工业生产总体平稳增长。

2013年我国城镇固定资产投资完成额为436527.70亿元，同比增长19.6%，较2012年增幅同比回落1.1个百分点。其中，房地产业完成固定资产投资111423.85亿元，同比增长20.3%，较2012年增幅同比回落1.1个百分点。

2013年我国主要钢铁产品中，除中板受造船行业影响，产量略有下降外，其余产品产量均有不同幅度的增长（见表3）。从整体上看，主要用钢行业固定资产投资，工业增加值和工业产品出口交货值增速同比回落，难以支撑钢铁产量的增长。

表3　　2013年全国钢材分品种产量　　单位：万吨

品　种	2013年产量	2012年产量
铁道用材	605.26	516.09
大型型钢	1 324.18	1 162.99
中小型型钢	5 693.46	4 270.95
棒材	8 050.05	7 037.77
钢筋	21 227.14	19 241.39
线材（盘条）	14 897.24	13 610.85
特厚板	619.63	575.22
厚钢板	2 491.46	2 339.34
中板	3 719.56	3 909.10
热轧薄板	951.05	792.52
冷轧薄板	3 167.80	2 304.59
中厚宽钢带	12 004.61	10 779.70
热轧薄宽钢带	5 337.64	4 995.06
冷轧薄宽钢带	4 023.19	3 739.27
热轧窄钢带	6 032.44	5 163.51
冷轧窄钢带	1 163.00	906.67
镀层板（带）	4 621.19	3 762.23
涂层板（带）	807.14	776.08
电工钢板（带）	776.13	619.39
无缝钢管	2 998.40	2 408.15
焊接钢管	5 358.67	4 710.27
其他钢材	2 823.35	1 443.99

数据来源：中国钢铁工业协会。

3. 钢材价格同比下降，总体低位波动运行

2013年，受需求增长放缓和产量增长过快、产品供大于求的影响，钢材价格呈现低位窄幅波动运行态势。根据中国钢铁工业协会监测，全年钢材综合价格指数平均为102.76点，同比下降9.00点，降幅为8.05%。到12月末，钢材综合价格指数为99.14点，比年初下跌6.17点，跌幅5.86%。国内市场长材平均价格指数为105.01点，同比下降10.43点，降幅9.04%；国内市场板材平均价格指数为102.36点，同比下降7.27点，降幅6.63%。长材价格降幅大于板材。

国际市场钢材价格上半年呈下降态势，7—8月略有回升，下半年走势相对平稳。2013年平均综合价格指数为171.1点，同比下降13.3点，降幅7.2%。

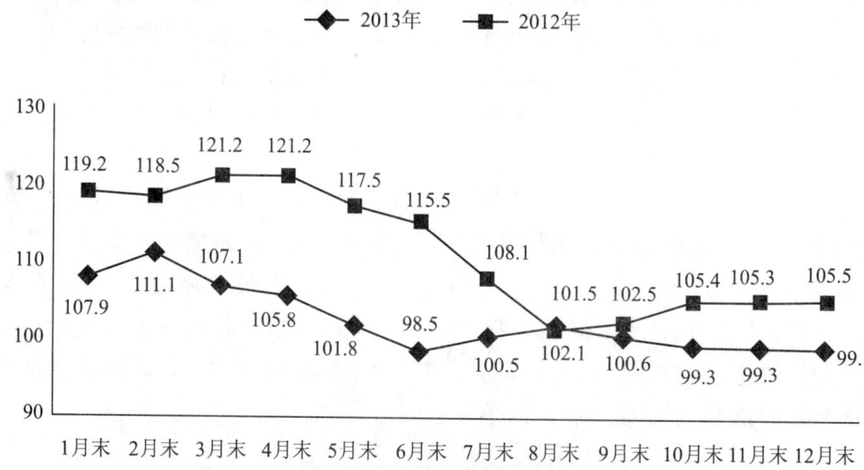

图1 2013年国内钢材综合价格指数（CSPI）

数据来源：中国钢铁工业协会。

4. 制造成本下降，企业经济效益有所好转，但盈利仍处于工业行业最低水平

2013年，随着钢材价格走低，煤炭、焦炭、废钢的采购价格也出现下降。受市场供求关系和进口低价炼焦煤的影响，炼焦煤价格降幅较大。2013年全年我国进口炼焦煤7538.53万吨，同比增长40.78%；进口金额98.44亿美元，同比增长28.84%；进口均价为130.58美元/吨，同比下降8.48%。

2013年我国进口铁矿石81941.36万吨，同比增长10.20%；进口金额1057.28亿美元，同比增长10.59%；进口均价129.03美元/吨，比2012年上涨0.45美元/吨，同比增长0.35%（见图2）。

2013年钢材价格下跌幅度较大，年末国内钢材综合价格指数已跌破100点，即低于1994年的价格水平。在钢材价格持续走低的情况下，铁矿石价格保持平稳并略有上涨，是制约钢铁生产成本下降的最主要因素。钢材价格过低和进口铁矿石价格过高是当前我国钢铁行业困难的最主要原因，在这双重因素的影响下，在我国工业行业中钢铁行业盈利水平最低。铁矿石主要用于钢铁生产，随着我国钢产量进入峰值平台，对铁矿石需求增幅下降，铁矿石的供需关系将发生逆转，铁矿石价格即将进入下行通道。

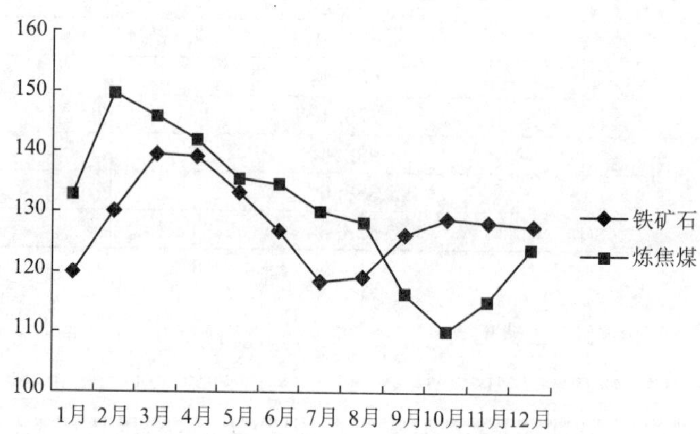

图2 2013年进口铁矿石及炼焦煤价格趋势

数据来源：海关总署。

5. 钢铁企业资金紧张，负债率上升，经营风险加大

2013年，随着钢铁生产规模扩大和钢铁企业经营困难的持续，企业负债水平明显上升。在银行借款、应付账款增加的情况下，产成品资金占用、应收账款等也出现增加态势。企业不仅资金紧张，而且资金周转也很困难，资金风险加大。

二、2013年中国钢铁产业对外贸易情况

2013年，在经历了国际金融危机，欧债危机和债务上限后，美国，欧元区和日本经济首次共同出现了温和复苏的迹象，但复苏的基础并不牢固；新兴经济体和发展中国家普遍面临外需疲软、内生增长动力不足、通胀压力上升等问题，制约钢铁产品国际贸易的困难因素增多，上半年进出口增速明显放缓。7月，国务院第18次常务会议通过了《关于促进进出口稳增长、调结构的若干意见》，出台12项措施，切实减轻外贸企业负担，提高贸易便利化水平，为外贸发展营造良好的政策环境，提振了企业信心。在国际市场需求总体偏弱、各国钢铁产业竞争日趋激烈、贸易摩擦严重的形势下，我国钢铁行业克服不利因素，调整出口结构，着力增加出口产品的技术含量和附加值，积极开发新兴市场，实现了钢铁产品对外贸易的平稳增长。

1. 钢铁产品出口保持较快增长，进口略有增长

2013年，我国出口钢材6233.75万吨，同比增长11.85%；出口金额532.35亿美元，同比增长3.40%；出口均价853.98美元/吨，同比下降7.56%。

2013年我国进口钢材1407.76万吨，同比增长3.08%；进口金额170.49亿美元，同比下降4.25%；进口均价1211.08美元/吨，同比下降7.10%。

2013年进、出口相抵，钢材净出口4825.99万吨，钢锭、钢坯净进口60.66万吨，以材、坯、锭折合成粗钢计算，净出口粗钢5073.37万吨（钢材按0.94折算），同比增长14.35%。钢材、钢坯、钢锭合计实现顺差356.12亿美元，比2012年增加24.73亿美元，同比增长7.46%。

2. 钢材出口市场不断拓展

2013年，我国向213个国家和地区出口钢材产品，钢材出口目的地比2012年增加了4个国家和地区。东盟、韩国和中东地区仍是我国钢材最主要的出口市场，对非洲的出口增长较快。

2012年，东盟取代韩国成为我国最大的钢材出口目的地。2013年，向东盟出口仍保持较快增长：全年向东盟出口钢材1742.53万吨，同比增长22.42%；向东盟出口占我国钢材出口总量的27.95%，比2012年增长了2.41个百分点。在东盟十国中，有七个国家是我国重要的出口目的地。其中，向越南出口385.94万吨，同比增长52.59；向新加坡出口293.45万吨，同比增长22.58%；向泰国出口286.92万吨，同比下降4.44%；向菲律宾出口244.58万吨，同比增长44.00%；向印度尼西亚出口224.83万吨，同比增长13.91%；向马来西亚出口180.90万吨，同比增长25.66%；向缅甸出口107.83万吨，同比增长11.45%。仅向泰国出口由于泰国政治风波的影响略有下降。

向中东、南美和非洲出口钢材取得较快增长：全年向中东出口718.56万吨，同比增长15.25%；向南美洲出口497.19万吨，同比增长13.30%；向非洲出口456.10万吨，同比增长41.07%。

向韩国出口钢材972.43万吨，同比小幅减少22.97万吨，下降2.31%。向韩国出口占出口总量比例为15.60%，比2012年下降2.26个百分点。从出口结构上看，我国对韩国出口钢材主要为热轧产品，尤其是造船板数量较大。近两年来，韩国投资新建的热轧产能纷纷投产，韩国热轧板（卷）产量不断增长，但造船业用钢需求有所下降。此外，韩国建筑业和汽车产业增长乏力，也对其钢材需求也具有一定的负面影响。

虽然经历了财政悬崖的风险，但美国经济没有偏离缓慢复苏的轨道。2013年，美国就业形势进一步好转，房地产、汽车、能源需求上升，居民消费回暖，私人投资持续增长。美国经济的复苏带动了钢材需求的增长。2013年我国向美国出口钢材220.80万吨，同比增长11.22%。虽然欧盟经济也开始缓慢复苏，但出口对其经济拉动作用较大，欧盟内部钢材需求持续疲软，导致我国向欧盟钢材出口持续下降。2013年对欧盟出口365.33万吨，同比下降7.59%，占钢材出口总量的5.86%，比2012年降低1.23个百分点（见

表 4）。2013 年我国向新兴经济体出口钢材有所增加：对巴西出口钢材 157.26 万吨，同比增长 43.08%；对俄罗斯出口钢材 97.78 万吨，同比增长 14.73%。

表 4　　2013 年中国对主要市场出口钢铁产品情况　　单位：吨，美元/吨

序号	区域组织	2013 年累计		2012 年累计		累计同比%	
		数量	占出口量比重%	数量	占出口量比重%	数量	均价
世界合计		62 337 535.04	100.00	55 732 074.16	100.00	11.85	−7.56
1	东盟	17 425 291.7	27.95	14 234 158.36	25.54	22.42	−9.61
2	韩国	9 724 284.19	15.60	9 954 019.94	17.86	−2.31	−5.9
3	中东地区	7 185 577.48	11.53	6 234 622.94	11.19	15.25	−8.26
4	南美洲	4 971 866.9	7.98	4 388 085.54	7.87	13.3	−8.73
5	非洲	4 561 005.05	7.32	3 233 159.12	5.80	41.07	−7.24
6	亚洲其他	4 499 142.72	7.22	4 464 056.1	8.01	0.79	−2.52
7	欧盟 28 国	3 653 273.44	5.86	3 953 195.9	7.09	−7.59	0.32
8	海湾国家经济合作委员会	3 092 796.26	4.96	3 323 299.44	5.96	−6.94	−3.3
9	美国	2 207 962.17	3.54	1 985 239.65	3.56	11.22	−14.48
10	中国香港	2 054 596.61	3.30	1 658 900.96	2.98	23.85	−11.56
11	中国台湾	1 561 031.74	2.50	1 176 842.93	2.11	32.65	−8.49
12	欧洲其他国家	1 443 711.43	2.32	1 158 529.16	2.08	24.62	−2.52
13	北美自由贸易区（除美国）	1 048 685.62	1.68	1 212 163.95	2.17	−13.49	−5.37
14	中美洲	1 038 530.01	1.67	699 615.91	1.26	48.44	−14.83
15	日本	771 553.42	1.24	890 411.7	1.60	−13.35	0.18
16	大洋洲国家	651 320.07	1.04	984 855.99	1.77	−33.87	0.3
17	中国澳门	196 789.68	0.32	109 785.11	0.20	79.25	−11.48
18	世界其他	20 387.71	0.03	32 715.86	0.06	−37.68	7.31

数据来源：海关总署。

3. 出口产品同质化特征明显，贸易摩擦不断增多，出口结构仍需调整

2013 年，我国出口钢材均价为 853.98 美元/吨，同比下跌 69.79 美元/吨，下降 7.56%；进口钢材均价为 1211.08 美元/吨，同比下跌 92.60 美元/吨，下降 7.10%。进口钢材均价比出口钢材均价高 357.10 美元/吨。从出口产品结构上看，企业出口含微量合金元素的热轧产品不断增加，导致国外钢铁产业对我国热轧产品出口及相关政策的抱怨不断增多。

近年来，我国钢铁行业不断调整出口产品结构，电工钢、马口铁、不锈钢、冷轧产品等高附加值钢铁产品出口不断增加。但从总体上看，棒线材和普通热轧产品占总出口量比例仍然较大；企业缺乏特色产品，相同大类产品出口同质化特征明显，产品用途基本相同；同质化产品出口价格竞争激烈，容易引发贸易摩擦。

我国已经成为全球第一大钢材出口国，要增加钢材出口效益、减少贸易摩擦，亟须调整产品结构和出口结构，增强与国外产业的沟通，加强与出口地政府、协会、企业交流；学习当地法律和国际贸易规则，运用法律和国际贸易规则维护企业权益。同时，中国钢铁企业要实现国际化，除了产品出口、建设海外生产基地外，还需要进一步提升服务能力，尝试推进钢材出口产业链建设。

4. 进口钢材仍主要来自日本、韩国和我国台湾地区，进来料加工在钢材进口贸易中占据重要地位

2013 年，我国从日本、韩国和我国台湾地区进口钢材合计 1216.24 万吨，占我国进口钢材总量的 86.40%，比 2012 年提高 0.30 个百分点。其中，从日本进口 601.69 万吨，占进口总量的 42.74%，比 2012 年下降 0.41 个百分点；从韩国进口 424.64 万吨，占进口总量的 30.16%，比 2012 年上升 0.48 个百分点；从我国台湾地区进口 189.92 万吨，占进口总量的 13.49%，比 2012 年上升 0.23 个百分点（见表 5）。

表 5　　2013 年中国进口钢材主要来源国　　单位：吨，%

国家/地区		2013 年		2012 年		累计同比%	比重增减
		数　量	占进口总量比重	数　量	占进口总量比重		
进口钢材合计		14 077 557.52	100.00	13 657 505.9	100.00	3.08	0.00
其中：							
1	日本	6 016 911.37	42.74	5 893 318.12	43.15	2.1	−0.41
2	韩国	4 246 380.11	30.16	4 054 224.8	29.68	4.74	0.48
3	中国台湾	1 899 156.73	13.49	1 811 139.58	13.26	4.86	0.23
4	欧盟 28 国	1 141 766.05	8.11	1 022 668.77	7.49	11.65	0.62

数据来源：海关总署。

在钢材进口贸易中，一般贸易进口数量同比增长，加工贸易进口数量同比下降。一般贸易已成为我国钢材进口最主要的贸易方式，但加工贸易在钢材进口贸易中仍占有较大比重。2013 年，我国一般贸易进口钢材 776.37 万吨，占我国进口钢材总量的 55.15%，比 2012 年增长了 4.58 个百分点。进来料加工贸易进口钢材 595.86 万吨，占我国钢材总进口量的 42.33%，同比减少了 3.80 个百分点（见表 6）。

表 6　　2013 年中国进口钢材贸易方式　　单位：吨，%

序　号	贸易方式	2012 年		2011 年		同　比	比重增减
		数　量	占进口总量比重	数　量	占进口总量比重		
1	一般贸易	7 763 730.93	55.15	6 906 764.52	50.57	12.41	4.58
2	进料加工贸易	4 817 416.09	34.22	4 897 689.48	35.86	−1.64	−1.64
3	来料加工贸易	1 141 219.24	8.11	1 401 891.9	10.26	−18.59	−2.16
4	保税区仓储转口货物	179 557.94	1.28	163 163.24	1.19	10.05	0.08
5	边境小额贸易	86 413.69	0.61	211 151.91	1.55	−59.08	−0.93
6	保税仓库进出口境货物	78 594.17	0.56	68 341.5	0.50	15	0.06
7	其他贸易	7 042.22	0.05	7 676.72	0.06	−8.27	−0.01
8	外商作为投资进口的设备物品	3 245.32	0.02	643.4	0.00	404.41	0.02
9	出口加工区进口设备	312.78	0.00	179.82	0.00	73.94	0.00
10	出料加工贸易	24.93	0.00	2.29	0.00	988.82	0.00
11	租赁贸易	0.22	0.00	0.04	0.00	528.57	0.00
12	国家间、国际组织无偿援助和赠送的物资	—	—	1.08	0.00	—	—
13	来料加工进口的设备	—	—	0	0.00	—	—

三、2013 年中国钢铁产品国际贸易摩擦情况

随着我国钢材出口量的增长与出口区域的拓展，钢铁产品国际贸易摩擦情况也呈现新特点：对我国钢铁产品发起贸易救济调查的国家增多，涉案产品多元化、涉案企业增加，贸易救济调查应对难度增大。

1. 美国对我国无取向电工钢、取向电工钢发起反倾销调查

2013 年 10 月 25 日，应美国 AK 钢公司（AK Steel Corporation，West Chester，Ohio）、美国阿勒格尼技术公司（Allegheny Ludlum，LLC，Pittsburgh，Pennsylvania）以及美国钢铁工人联合会（The United Steelworkers，Pittsburgh，Pennsylvania）的申请，美国商务部决定对原产于中国、捷克、德国、日本、韩国、波兰和俄罗斯的取向电工钢发起反倾销反补贴合并调查。取向电工钢生产工艺复杂，被誉为现代钢铁业“皇冠上的明珠”，全球只有少数钢铁企业具有生产取向电工钢

的能力，美国基本上把具有取向电工钢生产能力的其他国家都列入反倾销调查之中。

2013年11月18日，应美国AK钢公司（AK Steel Corporation，West Chester，Ohio）的申请，美国商务部对原产于中国、德国、日本、韩国、瑞典和中国台湾的无取向电工钢发起反倾销反补贴合并调查。

2. 越南对不锈钢冷轧薄板发起反倾销调查

2013年7月9日，应Posco VST Co Ltd和Hoa Binh Inox JSC的申请，越南工商部决定对从中国、马来西亚、印度尼西亚和中国台湾进口的冷轧不锈钢进行反倾销立案调查，涉案产品包括含碳量1.2%以下和含铬量10.5%以上的不锈钢冷轧薄板。涉案产品主要用于生产不锈钢餐具、管状家具、热水系统、汽车零件和建材等。

12月3日，越南工贸部竞争管理局对案件做出初裁：对涉案产品征收为期120日的临时反倾销税。其中，中国企业的税率为6.45%～6.99%；中国台湾企业的税率为13.23%～30.73%。印尼、马来西亚产品的税率则分别为12.03%和14.38%。

3. 澳大利亚对热轧钢板发起反倾销反补贴合并调查

2013年2月，澳大利亚对原产于中国、印尼、韩国和日本的热轧钢板进行反倾销立案调查；并对原产于中国的热轧钢板进行反补贴立案调查。

9月10日，澳大利亚终止了对山东钢铁有限公司、韩国现代钢铁有限公司和韩国浦项制铁公司的热轧钢板的反倾销调查。12月19日，澳大利亚对本案做出反倾销终裁，并对原产于中国的热轧钢板做出反补贴终裁。山东钢铁有限公司的税率为0，其他中国企业的税率为54.9%。

4. 马来西亚对镀锡板发起反倾销调查

2013年2月，马来西亚贸工部对原产于中国和韩国的镀锡板发起反倾销调查，这是继印尼之后第二个对我国镀锡板发起反倾销调查的东盟国家。11月16日，马来西亚贸工部做出反倾销终裁，裁定自2013年11月16日起对来自中国和韩国的镀锡板产品征收为期5年的反倾销税，其中中国涉案产品的反倾销税为0～9.78%。

5. 欧盟对原产于我国的大口径无缝钢管发起反倾销调查

2013年2月16日，应欧盟产业申请，欧委会发起对原产于中国的外径超过406.4mm的无缝钢管的反倾销调查，这是欧盟继对我国外径不超过406.4mm的无缝钢管发起反倾销调查并征收反倾销税后，对我国钢管产品发起的又一起反倾销调查。经过我国钢管企业的积极应诉，2013年9月9日，案件申请人向欧委会提交了撤销案件的申请。

6. 欧盟将我国不锈钢无缝钢管反倾销措施诉至世贸组织

2013年6月13日，欧盟就中国对自欧盟进口的不锈钢无缝钢管征收反倾销税的决定向世贸组织争端解决机构提出磋商申请。中国商务部于2011年9月正式发起对原产于欧盟和日本的高性能不锈钢无缝管进行反倾销调查。2012年11月8日，终裁裁定日本公司的最终反倾销税税率为9.2%～14.4%不等，欧盟公司的最终反倾销税税率为9.7%～11.1%不等。日本于2012年12月20日就本案向世贸组织争端解决机构提出与中国的磋商申请，并于2013年4月11日向世贸组织争端解决机构主席提交了成立专家组的书面申请。

7. 中国向WTO提交原材料案执行情况报告

在2013年1月28日的世贸组织争端解决机构大会上，中国提交了中国对原材料出口的限制措施案（DS394、DS395、DS398）执行情况报告，表示已完全履行了争端解决机构的建议和裁决。对此，美国表示欢迎，认为中国自2013年1月1日起取消对涉案原材料的出口关税和出口配额的做法是对入世承诺的积极履行，也是美国产业和全球供应链在创建公平竞争环境方面取得的重要成就。

8. 中国履行世贸组织就美国诉中国对原产于美国取向性硅电钢征收的反补贴税和反倾销税专家组报告和上诉机构报告的裁决和建议

为执行世界贸易组织争端解决机构关于美国诉中国对原产于美国取向性硅电钢征收的反补贴税和反倾销税专家组报告和上诉机构报告的裁决和建议，根据《中华人民共和国反倾销条例》和《中华人民共和国反补贴条例》的规定，2013年6月14日，商务部发布公告，决定对原产于美国的进口取向性硅电钢所适用的反倾销措施和反补贴措施进行再调查。

调查机关在案件原审调查中各利害关系方所提交的证据材料及调查机关在原审调查中收集的证据材料的基础上，根据专家组和上诉机构的建议，对原反倾销措施和原反补贴措施所依据的部分程序和实体问题进行重新审查。

经过重新审查，商务部裁定，原产于美国的进口取向性硅电钢存在倾销和补贴，中国国内取向性硅电钢产业受到了实质损害，而且倾销、补贴与实质损害之间存在因果关系。同时，对反倾销税和反补贴税进行了调整。

（中国钢铁工业协会　王利群 蒋璇芳）

中国建筑业对外开放情况

一、2013 建筑业发展

（一）行业发展概况

2013 年，中国建筑业发展坚持稳增长、调结构，保持了稳中有进的发展态势。全国建筑业企业（指具有资质等级的总承包和专业承包建筑业企业，不含劳务分包建筑业企业，下同）完成建筑业总产值 159313 亿元，增长 16.1%；完成竣工产值 90199 亿元，增长 13.3%；签订合同额 289674.1 亿元，增长 17.1%。

（二）建筑服务贸易发展情况

1. 境内外商投资建设工程企业发展情况

目前，来自全球多个国家和地区的投资者在中国境内设立了 1000 余家企业，取得相应资质从事建筑业、建设工程设计、招标代理、工程监理等活动，业务范围涵盖了石油、化工、水利、电力、市政等基础设施项目和房屋建设等多种工程建设项目。同时，还有大量外国企业通过跨境交付及与中国建设工程企业开展合作的方式，在中国开展建设工程设计、工程项目管理等服务。

2. 境外中国建设工程企业发展情况

2013 年，我国对外承包工程保持了良好的发展势头。对外承包工程业务完成营业额 1371 亿美元，同比增长 17.6%，新签合同额 1716 亿美元，同比增长 9.7%。截至 2013 年底我国对外承包工程累计完成营业额 7927 亿美元，签订合同额 11698 亿美元。

2013 年，我国对外承包工程行业业务规模不断扩大，市场分布呈多元化发展，共有 55 家企业入选 ENR 全球最大工程承包商 250 强名单，在水利建设和电力工程建设领域表现较为突出。

（三）重要法规及规范性文件

一是印发了《关于进一步加快勘察设计行业发展的若干意见》，促进工程勘察设计行业优化行业发展环境、提升行业服务水平。

二是修订出台了 2013 版《建设工程施工合同（示范文本）》，起草完成《建设工程设计合同（示范文本）》（征求意见稿），通过进一步明确承发包双方的权利义务，注重了对承发包双方市场行为的引导、规范和权益平衡，适应了加快政府转变职能，更多地运用法律、经济手段调节和管理市场的大趋势，健全合同履约监管机制。

二、建筑市场开放情况

（一）我国建设领域加入世贸组织的承诺

1. 关于建筑设计服务方面的承诺

在市场准入方面：对于方案设计的市场准入没有限制；除方案设计以外的设计要求与中国专业机构合作；允许设立合资、合作企业，允许外方拥有多数股权。中国加入 WTO 五年内，允许设立外商独资企业。

在国民待遇方面：外国服务提供者应为在其本国从事建筑、工程、城市规划服务的建筑师、工程师或设计企业。

2. 关于建筑及相关工程服务方面的承诺

在市场准入方面：允许设立中外合资、合作建筑业企业，允许外资控股。中国加入 WTO 后三年内，允许设立外商独资建筑业企业。但外商独资建筑业企业只允许承包四类建设项目：外资建筑企业只允许在其资质等级许可的范围内承包下列工程：一是全部由外国投资、外国赠款、外国投资和外国赠款捐助的项目；二是由国际金融机构资助并通过根据贷款条款进行的国际招标授予的建设项目；三是外资等于或超过 50%的中外联合建设项目；外资少于 50%，但因技术困难而不能由中国建筑企业独立实施的中外联合建设项目；四是由中国投资，但中国建筑企业难以独立实施的建设项目，经省政府批准，可由中外建筑企业联合承揽。

在国民待遇方面：中国加入 WTO 后三年内取消建筑企业注册资本与国内企业的差别要求；取消对合资、合作建筑业企业承包外资工程的义务要求。

（二）最新开放情况

1. 中国与香港、澳门关于建立更紧密经贸关系的安排

2013 年，中央政府与香港、澳门特别行政区

政府签署了《〈内地与香港关于建立更紧密经贸关系的安排〉补充协议十》和《〈内地与澳门关于建立更紧密经贸关系的安排〉补充协议十》，协议的签署进一步扩大了建筑市场的开放，促进了两地市场的融合和经贸关系的发展。协议在建设领域开放方面做了以下规定：

一是允许香港、澳门服务提供者在内地设立的建设工程设计企业中，出任主要技术人员且持有香港方面身份证明文件的自然人，不受每人每年在内地累计居住时间应当不少于6个月的限制。

二是对于注册建筑师在继续教育中选修课部门，香港、澳门服务提供者可以在香港完成或由内地派师资授课，选修课继续教育方案须经内地认可。

三是允许香港、澳门服务提供者雇用的合同服务提供者以自然人流动的方式在内地提供本部门或分部门分类项目下的服务。

2. 中国—瑞士自贸区

2013年，中国与瑞士签署中瑞自贸协定。协定在建设领域做了以下规定：

在建筑设计服务、工程服务、建筑及相关工程服务部门中，合同服务提供者，根据有关合同条款规定应被授予居留许可，或首期居留不超过1年。

（住房城乡建设部建筑市场监管司　张娟）

● 知识产权保护

中国知识产权发展情况

2013 年，国家知识产权战略深入实施，知识产权法律法规进一步健全完善，知识产权数量继续快速增长，知识产权保护成效显著，知识产权交流合作进一步拓宽，中国知识产权事业取得新进展。

一、国家知识产权战略实施

《国家知识产权战略纲要》五年目标基本完成，知识产权法规政策体系日益完善，知识产权创造运用能力明显增强，知识产权保护力度不断加大，知识产权管理服务水平快速提高，知识产权国际影响力持续提升。

召开全国知识产权战略实施工作电视电话会议，国务委员王勇出席会议并作重要讲话，会议对一下阶段战略实施工作做出了全面部署。全面启动《深化实施国家知识产权战略行动计划（2014－2020 年）》制定工作。

制定发布《2013 年国家知识产权战略实施推进计划》，从提高创造水平等 8 个方面，提出 84 项具体措施。开展《国家知识产权战略纲要》五年评估，形成《全国地方知识产权战略实施评价报告》。与教育部等联合制定出台《关于深入实施知识产权战略 促进中原经济区经济社会发展的若干意见》。

全国已有 30 个省（区、市）出台并实施地方知识产权战略，200 多个地级市（区）出台实施区域性知识产权战略政策。

二、知识产权法律、法规

国务院法制办会同有关部门积极推动知识产权法律法规修改，修改后的《商标法》于 5 月 1 日起施行，《著作权法实施条例》、《信息网络传播权保护条例》、《计算机软件保护条例》、《植物新品种保护条例》等行政法规中关于罚款数额规定的修改工作已经完成。《专利法》、《著作权法》以及《专利代理条例》的修改工作按照年度立法计划安排有序推进。

国家知识产权局完成《职务发明条例草案（送审稿）》的起草工作，对《专利行政执法办法》、《专利费用减缴办法》等进行修改，发布《关于修改〈专利审查指南〉的决定》。国家工商行政管理总局开展《商标法实施条例》、《驰名商标认定和保护规定》、《马德里商标国际注册实施办法》等修改工作。国家版权局会同有关部门发布《教科书法定许可付酬办法》，推动《出版文字作品报酬规定》修改工作。

农业部配合做好《种子法》修改工作，起草植物新品种保护相关条款；印发第九批农业植物品种保护名录、《农产品地理标志登记专家评审规范》、《农产品地理标志登记审查准则》等。国家林业局印发第五批林业植物部标品种保护名录，启动《植物新品种保护条例实施细则》（林业部分）修改工作，组织起草《林业植物新品种保护审批规则》、《林业植物新品种保护行政执法管理办法》、《林业生物遗传资源获取与惠益分享管理办法》等。

最高人民法院发布《最高人民法院关于修改〈关于审查专利纠纷案件适用法律问题的若干规定〉的规定》，扩大具有一般知识产权案件管辖权的基层法院数量；发布《最高人民法院关于印发中华全国专利代理人协会推荐的专利代理人名单的通知》，规范专利代理人参与专利民事诉讼活动。最高人民法院和最高人民检察院联合发布《关于办理危害食品安全刑事案件适用法律若干问题的解释》，将生产、销售不符合食品安全标准的食品添加剂等行为规定为“生产、销售伪劣产品罪”。

三、知识产权审批登记

国家知识产权局全年受理发明、实用新型和外观设计三种专利申请237.7万件，同比增长15.9%。其中，发明专利申请82.5万件，同比增长26.3%。全年累计完成发明专利实质审查35.5万件，同比增长3.1%。全年授权发明专利20.8万件，同比下降4.1%。截至2013年底，经国家知识产权局授权并维持有效的发明专利为103.4万件；其中，国内拥有58.7万件，占56.8%，同比增长24.1%。国家知识产权局受理依据《专利合作条约》（PCT）提出的国际申请22924件，同比增长15%。全年受理复审请求18829件，同比增长8.7%；受理无效宣告请求2930件，同比减少0.4%。全年收到集成电路布图设计登记申请1561件，予以公告并发出证书1612件。

全年受理商标注册申请188.15万件，同比增长14.15%。全年审查商标注册申请142.46万件，同比增长16.09%。全年核准注册和初步审定地理标志证明商标、集体商标436件，同比增长16.89%。全年国内申请人马德里商标国际申请2273件，同比增长8.2%。新收商标评审案件8.26万件，同比减少6.57%。

全年全国著作权登记量达1009657件，首次突破百万件，同比增长22.08%。其中，作品著作权登记量845064件，同比增长22.89%；计算机软件著作权登记量达到164349件，同比增长18.04%；著作权质权登记224件，同比增长67.12%。

农业部全年受理农业植物品种权申请1333件、授予品种权137件，累计受理植物新品种权申请11710件、授予品种权4018件；全年批准登记农产品地理标志328个，累计批准登记农产品地理标志1375个。国家林业局全年受理植物新品种申请162件、授予品种权158件，累计受理植物新品种申请1246件、授予林业品种权658件。

海关总署全年受理知识产权海关保护备案申请6325件，同比增长13.8%；核准通过4998件，同比增长14.1%。海关累计核准备案申请3.3万件。

四、知识产权保护

中国政府继续加强知识产权保护力度。全国打击侵犯知识产权和制售假冒伪劣商品工作领导小组研究部署全年重点工作，印发年度打击侵权假冒工作要点，对每季度打击侵权假冒重点工作进行安排。各成员单位认真贯彻工作部署，积极开展专项整治，严厉打击各类侵权假冒违法行为。

国家知识产权局组织开展“护航”专项行动，大力打击涉及民生、重大项目等领域的专利侵权假冒行为，快速调处专利纠纷，积极维护权利人、市场主体与创新主体的合法权益。国家工商行政管理总局以家用电器、日用百货、食品等生活必需品和农药化肥种子等涉农产品为重点，在全国范围内部署开展打击“傍名牌”专项执法行动；以保护驰名商标、地理标志、涉外高知名度商标为重点，加大打击侵犯商标专用权违法行为。国家版权局联合公安部等开展互联网专项治理“剑网行动”，严厉打击网络文学、音乐、影视、游戏、动漫、软件等重点领域侵权盗版行为；大力推进使用正版软件工作，2013年全国市县级政府按期完成软件正版化检查整改任务，我国政府机关软件正版化工作进入常态化阶段。

文化部针对网络音乐、网络游戏等侵权盗版情况较为严重的领域，部署协调各地文化市场综合行政执法机构进行重点打击。农业部部署开展农作物种子打假护权专项行动，对全国70%以上的发证企业进行了检查；加强农产品地理标志的证后监管。国家林业局组织开展打击侵犯林业植物新品种权专项行动，加大植物新品种保护执法力度。全国海关进一步加强风险分析技术运用以及技术查验设备的投入，针对侵权高发的重点领域、重点渠道、重点商品开展打击。

全国行政执法部门共立案侵犯知识产权和制售假冒伪劣商品案件26.2万件，移送司法机关4550件，捣毁窝点5441个。全国公安机关共侦破侵权假冒犯罪案件5.5万件，抓捕犯罪嫌疑人5.9万人，涉案金额1729亿元。全国检察机关共批捕侵权假冒案件9161件、犯罪嫌疑人1.4万人，审查起诉案件1.4万件、2.3万人。全国审判机关共审结侵权假冒刑事案件1.2万件，生效判决人数1.7万人。

全国地方法院共新收、审结知识产权民事一审案件 88583 件，审结 88286 件，同比分别增长 1.33％和 5.29％。全年共审结涉外知识产权民事一审案件 1697 件，同比增长 18.75％。全年共审结涉及知识产权侵权的刑事案件 9212 件，判决发生法律效力 13424 人，其中有罪判决 13422 人。在审结案件中，以侵犯知识产权犯罪判决的案件 4872 件，生效判决人数 6866 人。全国检察机关共受理提请批准逮捕涉及侵犯知识产权犯罪案件 4644 件、7735 人，同比分别下降 11.6％和 17.1％。经审查，批准逮捕 3272 件、5081 人，同比分别下降 21.3％和 27.4％。

五、知识产权国际合作

国家知识产权局协调有关部门参加世界知识产权组织和国际植物新品种保护联盟框架下的各类会议，积极参与《外观设计法条约》、《专利合作条约》、保护遗传资源和传统知识等国际规则的磋商和谈判。成功举办第四届中国—东盟知识产权局局长会，积极推动中美欧日韩五局、中日韩三局、“金砖国家”知识产权机构、中蒙俄三局等多边合作。与美、日、韩等签署多项双边合作协议、谅解备忘录和工作计划，与美国、加拿大、波兰、墨西哥等签署专利审查高速路试点协议，与欧洲专利局联合举办“欧洲专利制度巡回研讨会”。加强与亚非拉国家的合作，多次举办面向发展中国家的知识产权培训班。

商务部积极参加第 5 轮中美战略与经济对话知识产权磋商，认真落实对话成果；广泛开展与外国驻华机构及跨国公司的交流，完善与外资企业的沟通协调机制，主动与外国驻华使馆和商会组织开展沟通交流。国家工商行政管理总局作为正式成员参加中美日欧韩商标五方会谈，继续深化与美、欧盟、韩、日、英、法等商标机构的交流合作。

国家版权局加强与世界知识产权组织合作，联合举办“版权和相关权地区研讨会”及“视听表演保护与北京条约国际研讨会”等。完成澳门特区适用《世界知识产权组织版权条约》和《世界知识产权组织表演和录音制品条约》的相关工作。参加世界知识产权组织摩洛哥外交会议，缔结《关于为盲人、视力障碍者或其他印刷品阅读障碍者获得已出版作品提供便利的马拉喀什条约》。积极推进我国加入《视听表演北京条约》相关工作。推进《中美版权战略合作谅解备忘录》的实施，积极推进中英版权相关事项等。

农业部派员以国际植物新品种保护联盟行政和法律委员会主席身份，成功主持第六十七届、第六十八届行政和法律委员会会议；加强中欧地理标志协议谈判及产品互认工作，初步完成首批中欧地理标志互认产品清单提交工作。国家林业局成功举办国际植物新品种保护联盟测试及分子技术会议，承担国际植物新品种保护联盟丁香属和核桃属测试指南编制任务；中国代表亚洲连任联合国粮农组织森林遗传资源技术工作组成员；与韩国林木植物新品种保护部门签署谅解备忘录。

中国海关与美、俄、欧等在法律制度和执法经验交流、案件信息和统计数据交换等方面开展有效合作。联合美国海关在航空、快件、邮递等渠道开展“侵权消费电子产品联合执法行动”，查扣输美假冒消费电子产品千余批，涉及货物逾 10 万件。与美国海关开展“控制下交付”国际执法合作，成功侦破一起特大跨境生产、销售兴奋剂案，涉案金额高达 2.18 亿元人民币。

公安部应邀参加由国际刑警组织发起的第四期打击假药犯罪“风暴”行动、第六期打击互联网假药犯罪“盘古”行动，以及亚太地区反假冒和打击非法物品贩运“飓风”行动。组织上海、浙江等地公安机关会同美国警方，在中美两地开展打击跨国制售假药案集群战役同步收网行动，彻底摧毁该跨境制售假药网络。

（国家知识产权局办公室综合信息处处长　沙开清）

中国专利制度

2013年，中国专利制度进一步健全完善，专利事业发展战略稳步推进，专利申请继续快速增长，提前完成“十二五”发明专利拥有量目标，各项工作取得显著进展。

一、法律法规

形成《中华人民共和国专利法修订草案（送审稿）》，并提请国务院审议。完成《职务发明条例草案（送审稿）》起草工作。开展《专利代理条例》修改调研，协助国务院法制办完善《专利代理条例》修改草案。

与教育部等联合制定出台《关于深入实施知识产权战略 促进中原经济区经济社会发展的若干意见》。制定发布《2013年国家知识产权战略实施推进计划》、《2013年全国专利事业发展战略推进计划》等。

开展《关于规范专利申请行为的若干规定》、《专利代理管理办法》、《用于专利程序的微生物保藏办法》等规范性文件实践评估工作。开展《专利行政执法办法》、《专利费用减缴办法》等修改工作。发布《关于修改〈专利审查指南〉的决定》，完成图形用户界面保护相关内容的修改草案及征求意见工作等。

二、申请与授权

全年受理发明、实用新型和外观设计三种专利申请237.7万件，同比增长15.9%。其中，发明专利申请82.5万件、实用新型专利申请89.2万件、外观设计专利申请66万件，同比分别增长26.3%、20.5%和0.3%。

国内发明专利申请（含港澳台地区，下同）为70.5万件，占总量的85.5%，同比增长31.8%。其中，职务申请57.1万件，占81.0%，同比增长33.4%；非职务申请13.4万件，占19.0%，同比增长25.2%。国内职务发明专利申请中，企业申请42.7万件，占74.8%，同比增长35.1%；高校申请9.8万件，占17.1%，同比增长28.9%；科研机构申请3.7万件，占6.5%，同比增长27.6%；机关团体申请0.9万件，占1.6%，同比增长28.6%。

全年授权发明专利20.8万件，同比下降4.1%。其中，国内发明专利授权14.4万件，占69.2%。授权实用新型专利69.3万件，同比增长21.4%。授权外观设计专利41.2万件，同比下降11.8%。

截至2013年底，经国家知识产权局授权并维持有效的发明专利103.4万件，较2012年底增长18.2%。其中，国内58.7万件，占56.8%，增长24.1%。我国每万人口发明专利拥有量（不含港澳台）达到4.02件，提前完成“十二五”规划目标。

国家知识产权局作为《专利合作条约》（PCT）受理局，全年受理PCT国际申请22924件，同比增长15%，居世界第三。自1994年起，累计受理国际申请10.6万件。

全年受理复审请求18829件，同比增长8.7%；复审请求结案14805件。全年受理无效宣告请求2930件，同比下降0.4%；无效宣告请求结案2313件。自1985年以来，共受理无效宣告请求34365件。全年当事人向北京市第一中级人民法院起诉和向北京市高级人民法院上诉的案件总计1025件。

三、专利运用

积极探索开展专利导航产业发展，确定首批国家专利导航产业发展实验区8个。积极推进专利协同运用，选定一批行业协会和企业为专利协同运用试点单位和专利运营试点企业。深入开展知识产权示范园区专利转移转化工作，指导4个示范园区建立专利转移转化服务机制。全国专利导航工作体系初步建立。

创新知识产权金融服务方式，组建专利价值分析服务平台，促进专利质押融资工作。会同银监会等出台了《关于商业银行知识产权质押贷款业务的指导意见》，在全国19个地区深入开展知识产权质押融资、投融资服务试点，全年实现专利权质押金额254亿元，同比增长80%。在全国25个地区积极开展专利保险服务，全年有530家企业投保专利执行保险，保障金额达6438万元。

举办以“专利导航产业发展，服务聚焦企业创新”为主题的第七届中国专利周活动，组织各地紧扣产业发展和企业创新需求开展服务活动，推进专利转移转化。与世界知识产权组织共同开展第十五届中国专利奖评选工作，共评出金奖项目25项，优秀奖389项。据不完全统计，自专利实施之日起至2012年底，25个金奖项目新增销售额1095亿元，新增利润371亿元。

四、专利保护

开展专利执法维权“护航”专项行动，大力打击涉及民生、重大项目等领域的专利侵权假冒行为，快速调处专利纠纷，积极维护权利人、市场主体与创新主体的合法权益。全年共办理各类专利案件16227件，同比增长79.8%。其中，专利纠纷5056件（包括专利侵权纠纷案4684件），同比增长101.4%。

印发《专利行政执法能力提升工程方案》，开展执法业务能力提高轮训。初步建立专利侵权纠纷快速调解、执法协作调度、侵权判定咨询等机制。加快构建电子商务领域专利执法维权工作机制，推进建立知识产权保护社会信用机制，建成并运行执法办案信息（国家、省、市三级）报送管理系统。新设北京朝阳（设计）、浙江杭州（制笔）、广东东莞（家具）快速维权中心。

印发《关于开展专业市场知识产权保护工作的通知》，确定在边贸口岸、重点领域等市场开展试点工作。编制《专业市场知识产权保护工作手册》（试行版）。发布《2012年中国知识产权保护状况》。组织开展2012年度重大事件、案件及有影响人物评选活动。按照软件正版化工作部际联席会议的统一部署，牵头完成4个省、2个中央国家机关的软件正版化督查任务。

五、管理工作

深化省部会商，与河南省人民政府新建立合作会商制度，与中国科学技术协会建立全面合作关系，正在合作会商中的省（区、市）有7个。与国家统计局建立知识产权统计工作长效合作机制，会同科技部等开展科技重大专项的知识产权分析评议工作，开展战略性新兴产业集聚区知识产权集群管理试点。确定示范城市18家、试点城市40家，城市试点示范工作不断深化。确定首批示范县（区）22家、试点县（区）99家，继续推进县域知识产权工作。

印发《关于启动企业知识产权管理标准推行工作的通知》，全面实施《企业知识产权管理规范》国家标准。重点支持国家级知识产权优势企业和示范企业贯标，推动高新技术企业贯标，全国近1800家企业进行贯标。

会同国家认证认监委共同印发《关于开展知识产权管理体系认证实施意见》，推动市场化的认证服务模式。经国家标准委批准，筹建全国知识管理标准化技术委员会，加强知识资源的战略规划和标准化管理。

印发《关于开展国家级知识产权优势企业和示范企业培育工作的通知》，全面启动知识产权优势企业培育工作，确定首批127家国家级知识产权示范企业和771家国家级知识产权优势企业。会同工业和信息化部实施中小企业知识产权战略推进工程，在全国26个省开展知识产权托管试点。

启动专利代理行业中长期发展规划研究制定工作，研究促进代理行业加快发展的政策措施，制定实施专利代理人实务技能培训工作计划。全国专利代理人资格考试报名人数21689人，同比增长30%。共有3812人通过考试，同比增长28.52%。依法审批专利代理机构，新批准设立专利代理机构97家，同比增长125.58%。截至2013年底，全国共有17886人获得专利代理人资格，其中8950人在全国1002家专利代理机构执业。

六、宣传培训

围绕知识产权宣传周、知识产权战略实施五周年、专利周和专利奖等重要活动，联合新华社、人民日报、中央电视台等中央重要媒体开展系列深度报道，在国内外产生积极广泛影响。制定实施《关于加强知识产权文化建设的若干意见》，明确知识产权文化建设的重点任务和具体措施。编制《中小学知识产权教育读本》，启动知识产权宣传教育重点学校建设，推动中小学知识产权宣传普及。

出台《关于加强知识产权人才体系建设的意见》、《全国知识产权教育培训指导纲要》等政策性文件，人才工作政策体系进一步完善。培训基地等工作列入国家自主创新能力建设规划，国家知识产权人才信息网络平台建成上线。选拔培养600多人的专家人才队伍。探索中小微企业聚集区人才培养新模式，在广东佛山南海区设立首个国家中小微企业知识产权培训基地。全年面向社会培训各级各类人才50多万人次。

七、信息化和文献

加强中国专利查询系统、网上缴费系统、政府网站等服务平台建设。政府网站全年点击量23.2亿次、网页浏览量6.7亿次。国家专利数据中心核心系统“专利数据资源管理系统”上线。发布《国家专利数据中心业务管理规定》，规范国家专利数据中心的各项业务工作。新批14家专利信息服务中心，地方专利信息服务中心布局进一步完善。新增7家专利信息传播利用基地。

电子审批（E）系统实现中国专利查询系统多语言的查阅、复审和无效请求受理的电子化，系统性能和服务能力全面提升。专利检索与服务（S）系统性能持续优化，S系统（局内部分）新增CPC分类应用、法律状态检索、引证和被引证信息的统计、已结案案卷审查历史查看、主分类号确认等功能。

全年配置专利和非专利文献资源共计79种，包括专利资源11种和非专利资源68种，资源内容全面覆盖了与审查业务相关的主要技术与学科领域。与37个国家（地区）或组织建立并保持专利文献交换关系，并向21个国家（地区）、组织赠送中国专利英文摘要等专利文献光盘。截至2013年底，共有各类专利文献资源450余种，涉及全球104个知识产权机构的专利文献，其中中国专利文献总量超过1 000万件。

八、交流合作

与世界知识产权组织签署关于发展基础设施服务以支持专利审查工作共享合作协议。推进我国加入外观设计国际注册海牙协定进程。积极参与外观设计法条约等国际规则的磋商谈判。建立与印尼、塔吉克斯坦、格鲁吉亚、葡萄牙等国的双边合作关系。与美、日、韩知识产权局以及欧洲专利局、欧洲内部市场协调局的业务合作更加深入。与16个国外知识产权机构签署“专利审查高速路”试点合作协议。

与香港知识产权署签署《关于专利领域的合作安排》。成功举办第十四届“内地与香港、澳门特区知识产权研讨会”和第六届“两岸专利论坛”。首次接待“台湾智慧财产局”的专利审查人员来大陆进行业务交流。

（国家知识产权局办公室综合信息处处长　沙开清）

附表　　2013 年度各省、自治区、直辖市发明专利受理与授权统计表

	受理量（件）	授权量（件）	有效专利（件）
北京	67 554	20 695	85 434
天津	21 946	3 141	12 301
河北	7 329	2 008	7 404
山西	6 025	1 332	5 250
内蒙古	1 935	549	2 114
辽宁	25 292	3 830	16 092
吉林	4 549	1 496	5 676
黑龙江	10 338	2 238	8 495
上海	39 157	10 644	48 370
江苏	141 259	16 790	62 112
浙江	42 744	11 139	43 275
安徽	34 857	4 241	11 566
福建	9 884	2 941	10 429
江西	3 931	923	3 354
山东	67 642	8 913	27 996
河南	15 580	3 173	11 249
湖北	18 189	4 052	15 235
湖南	11 938	3 613	14 195
广东	68 990	20 084	95 475
广西	14 382	1 295	3 692
重庆	12 562	2 360	8 609
四川	23 510	4 566	16 677
贵州	3 988	776	3 262
云南	3 961	1 312	5 160
西藏	92	44	184
陕西	26 487	4 133	14 394
甘肃	3 735	785	2 714
青海	520	91	364
宁夏	1 792	184	603
新疆	2 081	540	1 756
海南	921	449	1 498
香港	957	374	2 338
澳门	62	18	43
台湾	10 747	4 806	39 177
合计	704 936	143 535	586 493

中国商标保护制度

2013年，国家工商行政管理总局积极应对商标法修改带来的新机遇、新挑战，切实加大商标专用权保护力度，全面深入推进商标战略实施，大力推进商标工作实践创新、理论创新和机制创新，推动各项商标工作不断取得新成绩。

一、商标审查审理工作取得新成绩

（一）商标注册申请量持续大幅攀升

2013年，全年共受理商标注册申请188.15万件，同比增长14.15%，再创历史新高，连续十二年位居世界第一。2009—2013年这5年的商标申请量（685万件）超过了前28年商标申请量的总和（639万件），商标申请量持续快速上涨的趋势仍然延续。2013年，商标注册网上申请达117.58万件，占同期申请总量的62.49%，比2012年提高了约2.3个百分点，由此可见，电子申请的方式被越来越多的商标申请人所接受，已经成为主要的商标申请方式。全年共受理商标异议申请34667件，同比减少4.58%，表明商标局做出的初步审定结论得到认可的比例不断提高。受理马德里商标国际注册领土延伸申请53008件，同比增长9.1%。截至2013年12月份，商标累计注册申请量为1324.13万件，累计商标注册量为865.24万件，商标有效注册量为723.79万件。

（二）商标注册审查及评审效能不断提升

面对繁重的审查审理任务，国家工商总局商标局、商标评审委员会积极应对，多措并举，通过优化商标注册流程，统筹调配审查力量，对商标审查辅助人员施行绩效激励，实行“双节点”管理等，进一步完善工作机制，挖掘内部潜力，全年共审查商标注册申请142.46万件，同比增长16.09%；审查马德里领土延伸申请42743类，同比增长2.41%，办理国际变更、续展、转让、注销、删减及更正共计27611件，同比增长41.54%；审结评审案件共计14.4万件，同比增长174.61%，相当于以往四年工作量的总和，再创历史新高。商标注册申请平均审查周期为10个月，异议审理周期严格控制在12个月以内，评审案件审理周期缩短到了17个月，为确保法定审查时限奠定了坚实基础。

（三）商标公共服务质量进一步提高

国家工商总局按照为民务实清廉的要求，加强商标服务窗口建设，以群众满意为第一标准，不断提高商标窗口服务质量。健全管理规范，制定完善了岗位职责工作规范、服务准则和考核管理规定等。充分发挥注册大厅服务质量评价体系的作用，加强工作监督。积极回应群众关切，解决突出问题，针对个别地区试行新版个体工商户营业执照，不再记载经营范围信息的新情况，及时研究调整受理标准，确保申请人顺利提交申请。2013年，商标注册大厅共受理直接办理的各类商标申请10.5万件，同比增长31.1%，商标局驻中关村办事处共受理直接办理的各类商标申请5.1万件，同比增长86.4%。

（四）商标信息化建设稳步推进

一是积极稳妥推进商标注册与管理自动化系统三期工程建设，按照新商标法的要求抓紧做好商标业务系统软件的修改测试工作，做好三期系统上线运行的各项准备。二是进一步完善商标网上服务系统，2013年商标注册网上申请达117.58万件，占同期申请总量的62.49%，比2012年提高了约2.3个百分点。三是积极推进提高商标审查评审效能信息化建设项目，规划商标自动化未来5年发展蓝图。为商标注册审查工作提供技术支撑。

二、打击商标侵权假冒工作取得新进展

（一）继续保持打击侵权假冒的高压态势

全国工商系统扎实推进打击侵权假冒工作，查处了大量侵权假冒违法案件。全年共立案查处侵犯知识产权和制售假冒伪劣商品案件8.31万件、涉案金额11.21亿元，捣毁侵权和制假售假窝点1786个，依法向司法机关移送涉嫌犯罪案件477件、涉案金额2.8亿元。总局先后组织相关地方工商局对各地反映侵权较为普遍和严重的“赣南脐橙”、“中国黄金”、“PRADA”、“宝马”等商标案件进行重点查处，严厉打击侵犯商标专用权的违法行为。

（二）积极开展打击侵权假冒专项整治

一是有效遏制恶意抢注商标行为，对涉嫌恶意抢注商标案件开通快速审理通道，依法严格进行审查。截至目前，依法予以驳回、不予核准注册或予以撤销 2 万余件，有效遏制恶意抢注商标行为。二是严厉打击“傍名牌”不正当竞争行为，国家工商总局以家用电子电器、日用百货、食品、建筑装饰等生活必需品和农药化肥种子等涉农产品为重点，在全国范围内部署开展打击“傍名牌”专项执法行动。据初步统计，全国工商系统在打击“傍名牌”专项行动中共查处仿冒侵权案件 2.96 万件，案值 7.44 亿元，罚没款 2.74 亿元。三是全面加强网络商品交易市场监管。对利用互联网开展经营的行为，加强日常监理，从源头上进行安全防范，规范网络市场经营秩序，清除网络市场中的非法主体，打击利用网络销售商标侵权商品的违法行为。经初步统计，各地工商机关提请通信管理部门关闭网络商品交易非法主体网站 100 余个，巡查网站 13000 余个，责令整改网站 2000 余个，立案查处网络侵权案件 300 余件，罚没款 200 余万元。四是扎实开展“红盾护农”行动，根据国家工商总局《2013 年红盾护农行动工作方案》，全国工商系统围绕重点工作，严厉查处销售假冒伪劣农资坑农害农行为，努力实现粮食丰收和菜篮子产品有效供给。五是强化重点流通领域商品质量监管。全国各地工商机关对家用电子电器、服装鞋帽、装饰装修材料、交通工具、儿童用品等重点商品开展质量监测和专项执法检查，严厉打击销售假冒伪劣和不合格商品违法行为。在儿童用品质量专项整治中，全国工商系统共查处销售假冒伪劣和不合格儿童用品案件 722 件，案值 313.4 万元。

（三）构建打击侵权假冒工作长效机制

全国工商系统认真贯彻落实《关于构建商标保护长效机制的意见》，一是积极贯彻执行国家工商总局与公安部、最高人民检察院联合制定的《关于工商行政执法与刑事司法衔接配合工作若干问题的意见》，加大执法监督力度，严格落实工作责任，不断完善行政执法与刑事司法衔接工作机制。二是根据国务院《关于依法公开制售假冒伪劣商品和侵犯知识产权行政处罚案件信息的意见》，国家工商总局加紧研究制定《工商系统依法公开制售假冒伪劣商品和侵犯知识产权行政处罚信息实施办法》，推进依法公开侵权假冒案件行政处罚信息工作。三是稳步推进商标行政执法信息平台建设，基础软硬件支撑平台已经搭建完成，执法案件查询统计、执法案件协办督办及执法案件分析等软件开发完成，为行政执法与刑事司法案件信息共享奠定基础。

三、商标法制建设取得新成果

（一）商标法修订工作圆满完成

《关于修改〈中华人民共和国商标法〉的决定》经十二届全国人大常委会第四次会议审议通过，商标法第三次修改圆满完成。此次修改商标法，在与我国参加的国际条约保持一致的前提下，重在立足国内实际需要进行修改，借鉴吸收了世界主要国家的先进经验和成熟作法，围绕实践中存在的突出问题对商标法律制度进行了完善。修改的内容主要包括：调整商标注册审查制度，为申请人提供更加方便快捷的商标注册服务；对商标注册、使用和商标代理中的不正当竞争行为进行规制，维护公平竞争的市场秩序；厘清驰名商标保护制度，引导驰名商标回归其立法本意；加大对注册商标专用权的保护力度，保护商标权利人的合法利益等。

（二）《商标法实施条例》的修订工作稳步推进

早在 2012 年 3 月，商标局就成立了商标法实施条例修改小组，全面启动了商标法实施条例的修改工作。商标局和商评委还共同成立了专题研究小组，对申请分割、声音商标、商标代理监管、商标专用权保护等 11 项重点问题进行专题论证。经过调研论证、征求意见，不断进行修改完善，12 月 30 日，国家工商总局将《商标法实施条例（修订送审稿）》报请国务院审议。

（三）商标法制宣传培训工作大力开展

国家工商总局召开了全系统贯彻落实新商标法电视电话会议，同时下发了《关于做好新商标法贯彻落实工作的通知》，就贯彻落实新商标法做出全面部署。各地层层抓好落实，不断创新宣传方式，开展有针对性的培训，进一步增强社会公众商标法律意识，提升市场主体商标运用、保护能力，加深广大工商干部和商标代理从业人员对新商标法的理解和把握，努力提高依法行政水平。

四、推进商标战略实施工作重点向有效运用和依法保护转变取得新成效

（一）商标战略实施效果不断扩大

按照国家工商总局统一部署，全国工商系统积极推进商标战略实施重心向商标有效运用和依法保护转变，向注重发挥示范、创新和服务作用转变，向企业主体、政府引导和市场导向相结合转变。合理区分行政行为、市场行为和企业行为，依法履行工商职责，充分发挥职能作用。认真总结经验，加强理论研究，充分发挥示范城市（区）、示范企业的典型带动作用；完善商标行政指导工作机制，进一步加强商标战略实施分类指导力度，鼓励和指导市场主体结合自身发展要求制定实施商标战略，我国商标注册、运用、保护和管理能力进一步提升。

（二）提升企业商标意识和商标运用能力

在商标战略实施中进一步突出市场主体的主体地位，以提升企业商标意识和商标运用能力为立足点，加大宣传、创新服务。全国企业户均商标申请量和商标有效注册量逐渐上升，2013年平均每万户企业申请商标1232件，是2009年企业户均商标申请量的1.6倍；截至2013年，平均每万户企业商标有效注册量达到4737件。户均商标申请量和商标有效注册量的大幅增加，表明市场主体商标意识和商标运用能力明显提高，有效提升了我国经济发展的质量和活力。

（三）高效服务经济社会发展大局

一是积极支持企业开展商标权质押融资，全年共办理质权登记申请818件，质押商标7438件，质押金额401.8亿元，同比分别增长19.2%、41.8%和87.2%。二是深入实施商标富农工程，强化农产品地理标志和商标保护，截至2013年底，累计注册农产品商标达144.73万件；累计核准注册和初步审定地理标志商标2190件；外国在我国注册和初步审定的地理标志商标达到46件。三是积极服务企业实施“走出去”战略，2013年，国内申请人提交马德里商标国际申请2273件（一标多类），同比增长8.2%，位居马德里联盟第六位，比2012年排名上升1位；国外申请人指定我国的马德里商标申请量为20275件，连续保持马德里联盟第一位。

五、国际及港澳台交流与合作进一步加强

（一）积极开展多边领域的交流合作

与世界知识产权组织之间的交流与合作日益密切。11月8日，国家工商总局张茅局长会见了来访的世界知识产权组织总干事弗朗西斯·高锐一行，表示愿与世界知识产权组织一道，巩固已有合作成果，在更广泛的领域内，进一步拓展合作空间，共同推动商标知识产权事业发展。积极派员参加世界知识产权组织召开的各类工作会、研讨班和执法培训等。作为正式成员参加了在韩国举行的2013年中日韩美欧商标五方会谈年度会议。继续派员参加APEC第36次知识产权专家组会议以及经合组织（OECD）/韩国政策中心与世界知识产权组织举办的知识产权与竞争法研讨会。

（二）积极开展双边领域的交流与合作

国家工商总局张茅局长会见了美国专利商标局代理局长特瑞莎女士（Ms. Teresa Stanek Rea）一行，就商标法修改、商标恶意抢注以及双边合作等议题进行了交流。派员赴美参加了中美知识产权工作组司局级会议。继续深化与美国驻华使馆、中国美国商会、美国全国商会、美国半导体协会等机构的交流合作，了解美方工作最新进展，宣传我商标工作成绩，并就商标法及其实施条例的修改及实施等内容进行深入交流探讨。派员参加了2013年中欧知识产权工作组第十二次、十三次会议，《中欧地理标志双边合作协定》第八轮谈判；正式启动了中欧知识产权IPKEY计划，多次就该框架下具体合作项目进行了磋商并同欧方共同制订了计划。中英双边商标领域的合作项目得到加强，先后接待了英国知识产权局局长约翰·阿尔蒂先生（Mr. John Alty）和英国商务、创新和技能部贸易政策司副司长麦克·威廉先生（Mr. Michael Williams）的来访，就双方关注的商标领域问题进行了探讨。继续举办了第二期非洲英语国家知识产权研修班、第三期非洲法语国家知识产权研修班，对学员进行培训，宣讲中国商标制度和体系。派员赴韩国执行了知识产权合作协议任务等。

（三）积极开展与港、澳、台地区的交流与合作

两次派员赴澳门参加了内地与香港、澳门知识产权研讨会，内地商标的审查标准及品牌权益保护

策略座谈会。并应海峡两岸商务协调会邀请派员赴台湾向台湾企业宣讲《商标法》。与台湾智慧财产局专家召开了研讨会，继续在《海峡两岸知识产权保护协议》的框架下开展商标案件协处机制的相关工作。通过开展一系列商标领域多边及双边交流合作活动，在加强对外宣传、树立我国保护知识产权的良好形象方面发挥了重要作用。

（国家工商行政管理总局商标局）

统计数据：

目　录

一、商标申请与注册数据
表 1　2013 年度商标申请/注册概况表
表 2　2013 年度各省、自治区、直辖市商标申请注册统计表
表 3　2013 年度外国（地区）在华商标申请统计表
表 4　2013 年度外国（地区）在华商标注册统计表
表 5　2013 年度按类申请和注册商标统计表
表 6　1979—2013 年商标注册申请及核准注册商标统计表
二、商标行政执法数据
表 1　2013 年度全国查处商标一般违法案件基本情况
表 2　2013 年度全国查处商标侵权假冒案件基本情况
表 3　2013 年度全国各地区查处商标违法案件基本情况
三、2013 年度商标评审案件统计表

一、商标申请与注册数据

表 1　　**2013 年度商标申请/注册概况表**

<table>
<tr><th></th><th>国　内</th><th>国　际</th><th>马德里</th><th>合　计</th></tr>
<tr><td>申请商标</td><td>1 733 361</td><td>95 177</td><td>53 008</td><td>1 881 546</td></tr>
<tr><td>续展申请</td><td>99 786</td><td>13 528</td><td>6 010</td><td>119 324</td></tr>
<tr><td>异议申请</td><td>20 901</td><td>13 382</td><td>384</td><td>34 667</td></tr>
<tr><td>变更申请</td><td>147 645</td><td>26 765</td><td>2 829</td><td>177 239</td></tr>
<tr><td>转让申请</td><td>97 657</td><td>13 658</td><td>2 049</td><td>113 364</td></tr>
<tr><td>注销申请</td><td colspan="2">6 508</td><td rowspan="2">2 278</td><td rowspan="2">21 414</td></tr>
<tr><td>撤销申请</td><td colspan="2">12 628</td></tr>
<tr><td>许可合同备案申请</td><td colspan="3">29 438</td><td>29 438</td></tr>
<tr><td>注册商标</td><td>909 541</td><td>59 496</td><td>27 687</td><td>996 724</td></tr>
<tr><td>审定商标</td><td colspan="2">908 878</td><td>27 872</td><td>936 750</td></tr>
<tr><td>核驳商标</td><td colspan="2">251 498</td><td>10 687</td><td>262 185</td></tr>
<tr><td>部分核驳商标</td><td colspan="2">221 560</td><td>4 184</td><td>225 744</td></tr>
<tr><td>变更注册商标</td><td colspan="2">172 914</td><td>9 077</td><td>181 991</td></tr>
<tr><td>转让注册商标</td><td colspan="2">111 038</td><td>3 569</td><td>114 607</td></tr>
<tr><td>续展注册商标</td><td colspan="2">116 621</td><td>6 064</td><td>122 685</td></tr>
<tr><td>注销注册商标</td><td colspan="2">110 186</td><td rowspan="2">7 502</td><td rowspan="2">123 415</td></tr>
<tr><td>撤销注册商标</td><td colspan="2">5 727</td></tr>
<tr><td>许可合同备案办理</td><td colspan="3">34 998</td><td>34 998</td></tr>
<tr><td>补发商标注册证</td><td colspan="3">10 680</td><td>10 680</td></tr>
</table>

表2 2013年度各省、自治区、直辖市商标申请与注册统计表

说明：申请件数、注册件数指2012.12.16—2013.12.15的商标统计情况，其他指截至2013.12.15的统计情况。

省、自治区、直辖市	申请件数	注册件数	有效注册量
北京市	133 510	68 688	467 259
天津市	22 127	13 194	77 143
河北省	43 826	21 084	166 136
山西省	16 753	6 731	52 742
内蒙古自治区	13 146	6 899	56 746
辽宁省	30 440	16 881	134 082
吉林省	14 977	7 330	62 575
黑龙江省	19 079	9 719	84 157
上海市	106 374	57 354	364 528
江苏省	110 097	60 069	459 132
浙江省	178 978	105 825	864 161
安徽省	42 981	19 523	123 834
福建省	96 134	52 367	369 736
江西省	26 862	13 064	88 125
山东省	92 765	47 202	343 623
河南省	57 591	29 410	184 866
湖北省	37 031	18 190	132 396
湖南省	41 362	21 453	139 205
广东省	318 789	162 264	1 126 595
广西壮族自治区	16 652	8 430	57 656
海南省	7 470	4 022	28 554
四川省	63 649	31 125	219 938
贵州省	19 814	9 655	41 448
云南省	28 051	15 637	87 927
西藏自治区	1 316	531	3 667
陕西省	40 169	21 209	104 745
甘肃省	6 293	2 991	23 887
青海省	2 963	1 717	10 429
宁夏回族自治区	3 689	2 401	13 411
新疆维吾尔自治区	16 368	8 767	57 024
重庆市	45 751	25 034	114 889
香港特别行政区	67 889	29 907	175 097
澳门特别行政区	621	321	2 778
台湾省	9 844	10 547	104 095
合计	1 733 361	909 541	6 342 586

表 3　　2013 年度外国（地区）在华商标申请统计表

外国（地区）	外国（地区）申请件数	马德里申请件数	总　计
阿尔及利亚	39	5	44
阿富汗	17	0	17
阿根廷	185	0	185
阿联酋	389	0	389
阿曼	3	0	3
阿塞拜疆	52	48	100
埃及	57	10	67
埃塞俄比亚	11	0	11
爱尔兰	343	46	389
爱沙尼亚	11	29	40
安道尔	4	0	4
安哥拉	16	0	16
安圭拉	304	0	304
安提瓜和巴布达	1	0	1
奥地利	372	635	1 007
澳大利亚	2 303	1 238	3 541
巴巴多斯	29	0	29
巴布亚新几内亚	6	0	6
巴哈马	159	0	159
巴基斯坦	62	0	62
巴拉圭	2	0	2
巴勒斯坦	3	0	3
巴林	9	0	9
巴拿马	110	0	110
巴西	492	0	492
白俄罗斯	0	61	61
百慕大	126	0	126
保加利亚	26	178	204
贝里斯	17	0	17
贝宁共和国	2	0	2
比荷卢	0	2 394	2 394
比利时	318	0	318
冰岛	17	70	87
波多黎各	6	0	6
波兰	148	267	415
波斯尼亚和黑塞哥维那	0	10	10

续　表

外国（地区）	外国（地区）申请件数	马德里申请件数	总　计
玻利维亚	9	0	9
伯利兹	30	0	30
布基纳法索	1	0	1
朝鲜民主主义人民共和国	2	1	3
丹麦	895	583	1478
德国	4 275	6 490	10 765
多哥	3	0	3
多米尼加共和国	8	0	8
俄罗斯	503	1 474	1 977
厄瓜多尔	16	0	16
法国	4 402	5 227	9 629
菲律宾	112	37	149
斐济	2	0	2
芬兰	348	229	577
刚果民主共和国	8	0	8
哥伦比亚	123	3	126
哥斯达黎加	5	0	5
格鲁吉亚	7	15	22
古巴	4	1	5
圭亚那	2	0	2
哈萨克斯坦	14	37	51
韩国	7 700	631	8 331
荷兰	1 213	0	1 213
荷属安的列斯群岛	102	0	102
黑山	0	1	1
吉尔吉斯斯坦	3	7	10
加拿大	1 806	0	1 806
加纳	4	0	4
柬埔寨	5	0	5
捷克共和国	83	210	293
斯洛伐克共和国	0	4	4
津巴布韦	5	0	5
喀麦隆	4	0	4
卡塔尔	69	0	69
开曼群岛	2 341	0	2 341
科威特	36	0	36
克罗地亚	1	52	53

续 表

外国（地区）	外国（地区）申请件数	马德里申请件数	总 计
肯尼亚	14	11	25
库克群岛	16	0	16
库拉索	3	6	9
拉脱维亚	3	28	31
黎巴嫩	62	0	62
立陶宛	4	32	36
利比亚	12	0	12
列支敦士登	154	86	240
卢森堡	307	0	307
罗马尼亚	18	81	99
马达加斯加	2	3	5
马恩岛	175	0	175
马耳他	97	0	97
马来西亚	944	0	944
马里	1	0	1
马其顿	0	8	8
马绍尔群岛	60	0	60
毛里求斯	59	0	59
毛里塔尼亚	3	0	3
美国	25 773	5 102	30 875
美属维尔京群岛	10	0	10
蒙古	0	5	5
孟加拉	11	0	11
秘鲁	21	0	21
缅甸	37	0	37
摩尔多瓦共和国	0	25	25
摩洛哥	20	27	47
摩纳哥	39	175	214
墨西哥	325	11	336
纳米比亚	5	0	5
南非	318	0	318
尼加拉瓜	4	0	4
尼泊尔	2	0	2
尼日利亚	28	0	28
挪威	103	373	476
欧盟	0	10 252	10 252
葡萄牙	173	187	360
日本	13 200	3 404	16 604
瑞典	777	227	1 004
瑞士	1 696	3 789	5 485
塞尔维亚	0	24	24
塞拉利昂	2	0	2
塞内加尔	4	0	4
塞浦路斯	85	74	159
塞舌尔	344	0	344
沙特阿拉伯	97	0	97

续　表

外国（地区）	外国（地区）申请件数	马德里申请件数	总　计
圣基茨和尼维斯	5	0	5
圣马力诺	8	30	38
斯里兰卡	31	0	31
斯洛伐克	63	158	221
斯洛文尼亚	11	63	74
泰国	1 173	0	1 173
坦桑尼亚	18	0	18
特克斯和凯科斯群岛	1	0	1
突尼斯	7	0	7
土耳其	239	886	1 125
瓦努阿图	3	0	3
危地马拉	31	0	31
委内瑞拉	36	0	36
文莱	81	0	81
乌干达	2	0	2
乌克兰	65	308	373
乌拉圭	17	0	17
乌兹别克斯坦	9	1	10
西班牙	1 261	670	1 931
西萨摩亚	144	0	144
希腊	153	76	229
新加坡	1 965	312	2 277
新西兰	964	186	1150
匈牙利	28	61	89
叙利亚	59	0	59
牙买加	2	0	2
亚美尼亚	6	17	23
也门共和国	23	0	23
伊拉克	53	0	53
伊朗	98	39	137
以色列	270	129	399
意大利	2 690	3 965	6 655
印度	702	0	702
印度尼西亚	113	0	113
英国	6 503	2 124	8 627
英吉利海峡群岛	38	0	38
英属根西岛	6	0	6
英属维尔京群岛	3 069	0	3 069
英属西印度群岛	60	0	60
约旦	35	0	35
越南	87	60	147
赞比亚	1	0	1
泽西岛	23	0	23
直布罗陀	1	0	1
智利	235	0	235

表 4 2013 年度外国（地区）在华商标注册统计表

外国（地区）	外国（地区）注册件数	马德里注册件数	总　计
阿尔及利亚	21	0	21
阿富汗	6	0	6
阿根廷	110	0	110
阿联酋	204	1	205
阿曼	7	1	8
阿塞拜疆	25	0	25
埃及	75	7	82
爱尔兰	213	106	319
爱沙尼亚	3	13	16
安道尔	4	12	16
安哥拉	29	0	29
安圭拉	65	0	65
奥地利	224	507	731
澳大利亚	1 165	454	1 619
巴巴多斯	37	0	37
巴布亚新几内亚	1	0	1
巴哈马	53	1	54
巴基斯坦	50	0	50
巴拉圭	11	0	11
巴勒斯坦	1	0	1
巴林	2	0	2
巴拿马	42	7	49
巴西	314	0	314
白俄罗斯	4	37	41
百慕大	137	0	137
保加利亚	25	53	78
贝里斯	11	0	11
贝宁共和国	1	0	1
比利时	166	478	644
冰岛	27	5	32
波多黎各	0	0	0
波兰	24	225	249
玻利维亚	0	0	0
伯利兹	34	4	38
布基纳法索	1	0	1
朝鲜民主主义人民共和国	3	1	4
丹麦	529	459	988
德国	2 332	5 339	7 671
多哥	1	0	1
多米尼加共和国	7	0	7
俄罗斯	236	1 030	1 266
厄瓜多尔	7	0	7
法国	2 082	3 236	5 318
菲律宾	72	1	73
斐济	1	0	1
芬兰	146	284	430

续 表

外国（地区）	外国（地区）注册件数	马德里注册件数	总 计
刚果民主共和国	0	0	0
哥伦比亚	77	0	77
哥斯达黎加	4	0	4
格鲁吉亚	4	3	7
古巴	4	0	4
哈萨克斯坦	12	11	23
韩国	3 815	246	4 061
荷兰	570	862	1 432
荷属安的列斯群岛	32	0	32
吉尔吉斯斯坦	3	0	3
几内亚	5	0	5
加拿大	871	12	883
加纳	0	0	0
柬埔寨	0	0	0
捷克共和国	30	127	157
津巴布韦	1	0	1
喀麦隆	2	0	2
卡塔尔	15	0	15
开曼群岛	1 076	17	1 093
科特迪瓦	4	0	4
科威特	5	0	5
克罗地亚	4	28	32
肯尼亚	4	1	5
库克群岛	10	0	10
库拉索	2	0	2
拉脱维亚	8	13	21
老挝	1	0	1
黎巴嫩	40	1	41
立陶宛	4	14	18
利比亚	3	0	3
列支敦士登	31	58	89
卢森堡	158	284	442
罗马尼亚	33	16	49
马达加斯加	0	0	0
马恩岛	57	0	57
马耳他	10	56	66
马来西亚	529	3	532
马里	3	0	3
马其顿共和国	0	5	5
马绍尔群岛	60	0	60
毛里求斯	26	0	26
毛里塔尼亚	0	0	0
美国	15 881	2 273	18 154
美属维尔京群岛	1	0	1
蒙古	0	1	1
孟加拉	5	0	5

续 表

外国（地区）	外国（地区）注册件数	马德里注册件数	总　计
秘鲁	33	0	33
缅甸	10	1	11
摩尔多瓦共和国	1	16	17
摩洛哥	4	26	30
摩纳哥	46	52	98
莫桑比克	0	7	7
墨西哥	239	2	241
纳米比亚	0	0	0
南非	233	0	233
尼泊尔	3	0	3
尼日利亚	17	0	17
挪威	42	136	178
葡萄牙	114	122	236
日本	14 266	1 828	16 094
瑞典	373	495	868
瑞士	1 015	2 714	3 729
萨尔瓦多	1	0	1
塞尔维亚和黑山共和国	1	14	15
塞拉利昂	1	0	1
塞内加尔	1	0	1
塞浦路斯	90	487	577
塞舌尔	138	8	146
沙特阿拉伯	56	0	56
圣基茨和尼维斯	1	0	1
圣马力诺	6	8	14
圣文森特	1	0	1
斯里兰卡	12	0	12
斯洛伐克	1	35	36
斯洛文尼亚	8	34	42
泰国	251	10	261
坦桑尼亚	1	0	1
特克斯和凯科斯群岛	4	0	4
特立尼达和多巴哥	1	0	1
突尼斯	13	0	13
土耳其	117	206	323
土库曼斯坦	1	0	1
瓦努阿图	0	0	0
危地马拉	4	0	4
委内瑞拉	38	0	38
文莱	28	0	28
乌干达	3	0	3
乌克兰	28	105	133
乌拉圭	15	6	21
乌兹别克斯坦	2	1	3
西班牙	869	563	1 432
西萨摩亚	89	0	89

续　表

外国（地区）	外国（地区）注册件数	马德里注册件数	总　计
希腊	64	46	110
新加坡	1 096	135	1 231
新西兰	563	18	581
匈牙利	8	52	60
叙利亚	13	0	13
牙买加	3	0	3
亚美尼亚	4	12	16
也门共和国	10	0	10
伊拉克	50	0	50
伊朗	66	22	88
以色列	107	86	193
意大利	1 630	2 463	4 093
印度	355	7	362
印度尼西亚	44	0	44
英国	3 263	1 536	4 799
英吉利海峡群岛	10	0	10
英属根西岛	7	0	7
英属维尔京群岛	1 752	80	1 832
英属西印度群岛	113	0	113
约旦	20	0	20
越南	90	56	146
泽西岛	9	5	14
直布罗陀	2	1	3
智利	132	0	132

表5　　2013年度按类申请和注册商标统计表　　单位：个

类别	申　请				注　册			
	国内	国际	马德里	合计	国内	国际	马德里	合计
1	26 358	1 772	1 131	29 261	16 679	1 343	730	18 752
2	12 966	593	364	13 923	7 600	436	205	8 241
3	52 881	4 754	2 062	59 697	25 745	3 052	1 051	29 848
4	10 317	727	371	11 415	6 141	496	244	6 881
5	55 222	4 457	2 031	61 710	27 340	2 740	1 187	31 267
6	32 447	1 571	1 029	35 047	18 906	1 037	555	20 498
7	47 793	3 172	1 963	52 928	28 952	1 978	1 057	31 987
8	11 225	1 027	615	12 867	7 161	661	322	8 144
9	100 869	8 891	5 216	114 976	54 092	5 205	2 501	61 798
10	18 571	1 988	1 295	21 854	9 477	1 202	723	11 402
11	66 283	2 923	1 527	70 733	36 713	1 557	772	39 042
12	30 826	2 418	1 146	34 390	15 644	1 259	563	17 466
13	2 607	159	74	2 840	1 973	112	49	2 134
14	31 604	1 824	1 272	34 700	14 923	1 307	714	16 944
15	4 482	290	139	4 911	2 741	263	83	3 087
16	30 441	2 826	1 678	34 945	19 444	1 983	875	22 302
17	14 178	957	691	15 826	9 127	674	445	10 246
18	40 243	3 352	1 968	45 563	23 734	2 250	994	26 978

续 表

类别	申 请				注 册			
	国内	国际	马德里	合计	国内	国际	马德里	合计
19	31 792	762	636	33 190	18 542	599	385	19 526
20	43 609	1 592	1 054	46 255	23 513	1 148	593	25 254
21	32 563	2 125	999	35 687	18 763	1 406	534	20 703
22	5 815	424	216	6 455	3 790	301	139	4 230
23	4 446	232	119	4 797	3 295	191	78	3 564
24	26 657	1 309	873	28 839	16 739	1 046	474	18 259
25	206 541	6 649	3 256	216 446	101 646	4 351	1 362	107 359
26	8 298	579	258	9 135	5 822	424	156	6 402
27	9 209	430	275	9 914	5 199	381	213	5 793
28	23 684	2 152	1 095	26 931	14 045	1 644	628	16 317
29	72 703	2 541	963	76 207	38 061	1 518	475	40 054
30	98 498	3 444	1 275	103 217	50 090	2 025	600	52 715
31	50 454	785	435	51 674	26 766	555	247	27 568
32	35 280	1 897	928	38 105	15 332	1 083	441	16 856
33	54 464	3 647	1 412	59 523	25 781	2 001	796	28 578
34	4 878	393	251	5 522	2 835	233	150	3 218
35	144 901	7 350	3 532	155 783	62 693	3 263	1 021	66 977
36	26 439	1 314	749	28 502	12 957	885	473	14 315
37	24 614	1 303	1 168	27 085	14 490	807	731	16 028
38	14 574	954	954	16 482	7 417	699	593	8 709
39	20 368	1 028	630	22 026	11 418	605	417	12 440
40	13 732	675	613	15 020	8 618	495	378	9 491
41	45 762	3 355	2 097	51 214	23 011	2 127	1 069	26 207
42	45 005	2 891	2 925	50 821	24 377	1 881	1 676	27 934
43	66 620	2 086	659	69 365	29 994	1 236	311	31 541
44	23 488	996	577	25 061	12 488	650	377	13 515
45	9 654	563	487	10 704	5 467	387	300	6 154
合计	1 733 361	95 177	53 008	1 881 546	909 541	59 496	27 687	996 724

表 6　　1979—2013 年商标注册申请及核准注册商标统计表　　单位：个

年度	申 请				核准注册			
	国内	国际	马德里	合计	国内	国际	马德里	合计
1979					27 459	5 130		32 589
1980				26 177	15 348	1 297		16 645
1981				23 004	15 707	2 049		17 756
1982	17 000	1 565		18 565	12 385	4 672		17 057
1983	19 120	1 687		20 807	4 293	2 278		6 571
1984	26 487	3 077		29 564	13 252	1 518		14 770
1985	43 445	5 798		49 243	19 584	2 084		21 668
1986	45 031	5 939		50 970	26 993	5 126		32 119
1987	40 014	4 055		44 069	27 687	4 454		32 141
1988	41 683	5 866		47 549	25 448	3 604		29 052
1989	43 202	5 209		48 411	31 810	4 625		36 435
1990	50 853	4 371	2 048	57 272	25 966	4 036	1 269	31 271
1991	59 124	5 885	2 595	67 604	34 501	3 523	2 306	40 330
1992	79 837	8 367	2 591	90 795	42 710	4 198	1 180	48 088
1993	107 758	21 014	3 551	132 323	42 668	3 999	2 059	48 726
1994	117 186	20 238	5 193	142 617	47 482	7 803	3 016	58 301
1995	144 610	21 442	6 094	172 146	59 895	12 591	19 380	91 866
1996	122 057	22 615	7 132	151 804	101 178	15 843	11 407	128 428

续　表

年度	申　请				核准注册			
	国内	国际	马德里	合计	国内	国际	马德里	合计
1997	118 577	21 676	8 502	148 755	188 047	24 958	10 033	223 038
1998	129 394	18 252	10 037	157 683	80 095	14 137	13 478	107 710
1999	140 620	18 883	11 212	170 715	96 139	13 896	12 366	122 401
2000	181 717	24 623	16 837	223 177	129 441	16 327	12 807	158 575
2001	229 775	23 234	17 408	270 417	167 563	19 017	16 259	202 839
2002	321 034	37 221	13 681	371 936	169 904	23 364	19 265	212 533
2003	405 620	33 912	12 563	452 095	206 070	21 188	15 253	242 511
2004	527 591	44 938	15 396	587 925	225 394	25 069	16 156	266 619
2005	593 382	52 166	18 469	664 017	218 731	23 792	16 009	258 532
2006	669 276	56 840	40 203	766 319	228 814	25 254	21 573	275 641
2007	604 952	59 714	43 282	707 948	215 161	19 159	29 158	263 478
2008	590 525	60 704	46 890	698 119	342 498	31 870	29 101	403 469
2009	741 763	51 966	36 748	830 477	737 228	68 471	31 944	837 643
2010	973 460	67 838	30 889	1 072 187	1 211 428	108 510	29 299	1 349 237
2011	1 273 827	95 831	47 127	1 416 785	926 330	66 074	30 294	1 022 698
2012	1 502 540	97 190	48 586	1 648 316	919 951	58 656	26 290	1 004 897
2013	1 733 361	95 177	53 008	1 881 546	909 541	59 496	27 687	996 724
合计	11 694 821	997 293	500 042	13 241 337	7 546 701	708 068	397 589	8 652 358

二、商标行政执法数据

表 1　　**2013 年度全国查处商标一般违法案件基本情况**　　单位：件，万元

项　目		案件总数（件）		其中：涉外案件		案值（万元）	罚没金额（万元）	其中：立案查处（件）				收缴和销毁商标标识（件）	销毁物品（件）
		合计	其中：投诉案件	合计	其中：投诉案件			小计	其中：投诉案件	罚款10—100万元	罚款100万元以上		
合计		70 785	6 896	1 114	99	29	16 371	5 101	3 772	858	116	1	256 705
注册商标使用的管理	自行改变注册商标的	*	259	71	1		371	*	60	18	*	*	*
	自行改变注册商标注册人名义、地址或其他注册事项的	*	35	11			109	*	14	6	*	*	*
	自行转让注册商标的	*	57	4			151	*	37	3	*	*	*
	商品粗制滥造、以次充好、欺骗消费者的	*	510	171	7		443	392	220	67	11		*
未注册商标使用的管理	冒充注册商标的	*	3 956	626	53	15	12 555	3 309	2 162	547	77	1	*
	商品粗制滥造、以次充好、欺骗消费者的	*	405	24			428	259	134	8	6		*
	违反《商标法》第六条规定的	*	109	6			125	111	63	5	1		*
	违反《商标法》第十条规定的	*	22	2			164	11	3	1			*
违反《商标法》第四十条第二款规定的		2	227	40	20	7	300	*	128	42	*	*	2 161
违反《商标法》第十三条规定的		2 805	232	48			310	*	170	38	*	*	30 672
违反《商标印制管理办法》规定的		66 198	1 030	105	18	7	1 250	921	741	117	20		216 584
违法使用地理标志的		1 610	14	1			3	6	7	1			210
违法使用地理标志产品专用标志的		65	25				2	2	24				7 059
违法使用特殊标志的		105	15	5			161	92	9	5	1		19

表 2　　2013 年度全国查处商标侵权假冒案件基本情况

（左半部分）

项目		案件总数（件）		其中：涉外案件		案值（万元）	罚没金额（万元）	其中：立案查处（件）					
										处罚程度		利用互联网实施侵权假冒案件	
		合计	其中：投诉案件	小计	其中：投诉案件			小计	其中：投诉案件	罚款 10—100 万元	罚款 100 万元以上	案件数	案值
合计		419 971	13 656	11 636	4 434	65 230	46 406	38 438	12 179	1 195	20	647	1 716
假冒商标	小计	7 786	2 438	2 211	827	12 731	7 731	5 871	2 076	92	6	119	342
	未经注册商标所有人的许可，在相同商品上使用与其注册商标相同的商标的	3 492	1 150	1 141	431	6 598	4 179	2 549	972	61		28	213
	伪造、擅自制造他人注册商标标识或者销售伪造、擅自制造的注册商标标识的	816	250	135	32	1 542	765	630	233	7		1	4
	销售明知是假冒注册商标的商品的	3 478	1 038	935	364	4 590	2 788	2 692	871	24	6	90	126
商标侵权	小计	42 185	11 218	9 425	3 607	52 499	38 675	32 567	10 103	1 103	14	528	1 373
	未经注册商标所有人的许可，在相同商品上使用与其注册商标近似的商标或在类似商品上使用与其注册商标相同或近似的商标的	6 068	1 460	1 866	496	11 291	8 987	4 603	1 285	242	4	41	87
	销售侵犯注册商标专用权的商品的	31 819	8 515	7 150	2 978	32 203	25 045	24 173	7 647	775	9	474	944
	在同一种或类似商品上，将与他人注册商标相同或近似的标志作为商品名称或者商品装潢使用，误导公众的	1 311	295	167	42	4 201	1 806	1 025	255	48	1	3	5
	故意为侵犯他人注册商标专用权行为提供仓储、运输、邮寄、隐匿便利条件的	1 668	598	141	69	2 572	1 617	1 651	598	22		1	
	未经商标注册人同意更换其注册商标并将该更换商标的商品又投入市场的	109	27	7	4	597	183	106	27	2		3	311
	给他人注册商标专用权造成其他损害的	300	97	27	6	738	355	183	76	8		1	2
	侵犯地理标志专用权的	81	19			35	32	70	19				
	侵犯特殊标志所有权的	38	5	2		163	103	31	5	1			
	侵犯驰名商标权益的	791	202	65	12	699	546	725	191	5		5	26

（右半部分）

没收、销毁侵权商品(件)	没收、销毁侵权商标标识（件）	没收、销毁专门用于制造侵权商品和伪造注册商标标识的工具（件）	移送司法机关（件，人）					
			案件数			其中：涉外案件		
			合计	其中：投诉案件	人数	合计	其中：投诉案件	人数合计
13 724 110	6 274 103	8 566	*	*	*	*	*	*
4 961 460	1 947 457	346	362	146	347	177	69	176
4 141 095	951 992	165	131	72	111	65	38	48
199 553	817 707	50	25	6	18	5	1	5
620 812	177 758	131	206	68	218	107	30	123
8 762 650	4 326 646	8 220	*	*	*	*	*	*
4 940 904	1 931 001	5 935	*	*	*	*	*	*
3 478 540	1 466 873	1 871	*	*	*	*	*	*
120 141	248 641	347	*	*	*	*	*	*
25 984	218 627	50	*	*	*	*	*	*
2 323	222 784	0	*	*	*	*	*	*
41 376	197 447	14	*	*	*	*	*	*
1 825	30 290		*	*	*	*	*	*
2 465	97	1						
149 092	10 886	2	*	*	*	*	*	*

表 3　　2013 年全国各地区查处商标违法案件基本情况　　单位：件，万元

项　目	一般违法				侵权假冒			
	案件总数	其中：涉外案件	案　值	罚款金额	案件总数	其中：涉外案件	案　值	罚款金额
合计	6 896	99	16 370.83	5 101.47	49 971	11 636	65 230.04	46 406.10
北京	6	1	199.64	36.42	1 024	477	2 054.16	1 014.51
天津	33		30	23.16	344	48	828.47	567.07
河北	257	5	170.89	142.02	927	111	591.39	731.43
山西	212		131.28	61.28	1 021	46	679.18	353.11
内蒙古	65		55.74	44.91	205	2	264.95	187.51
辽宁	168		422.78	135.31	1 118	157	2 467.52	834.40
吉林	39		29.11	36.81	427	52	841.78	476.13
黑龙江	27		15.13	16.48	315	42	415.47	210.40
上海	58		1 845.56	171.19	2 990	2 039	2 805.27	1 555.71
江苏	127	10	2 755.89	240.63	2 725	230	7 227.91	4 355.47
浙江	488	2	1 557.70	600.07	6 142	3 135	11 934.36	10 247.90
安徽	601	3	210.21	204.14	4 930	439	1 587.67	1 512.09
福建	332	15	174.46	123.36	4 146	928	2 981.43	2 278.09
江西	130		125.87	88.48	590	10	1 410.27	479.79
山东	555		1 113.21	383.20	2 251	90	1 875.28	1 593.46
河南	644	2	853.19	329.88	4 994	109	2 200.85	1 561.32
湖北	669		1 484.10	559.70	2 267	68	7 157.59	3 972.07
湖南	319		254.04	349.86	1 022	20	2 759.41	1 506.82
广东	427	42	947.11	417.22	5 965	3 067	8 326.64	7 530.09
广西	107		143.96	35.42	779	57	439.90	260.59
海南	178	6	106.97	129.63	434	49	391.18	417.65
重庆	34	3	147.20	251.48	289	77	889.72	944.04
四川	219		2 277.82	245.54	964	126	1 561.03	1 427.84
贵州	83		174.25	30.13	450	3	344.55	194.23
云南	321		292.25	194.76	889	26	1 247.92	642.25
西藏	29	2	17.37	9.19	59		28.86	60.15
陕西	310	7	356.72	74.10	851	120	263.29	345.06
甘肃	142		85.50	66.47	636	41	501.98	378.24
青海	22		0.69	1.25	284	1	105.99	121.11
宁夏	34		6.03	7.39	244	12	100.42	117.66
新疆	260	1	386.16	91.99	689	54	945.60	529.91

三、2013 年度商标评审案件统计表

2013 年度商标评审案件统计表

项　目	案件类型	数　量（件）
评审案件申请量	驳回商标注册申请复审	58 491
	商标异议复审	17 846
	注册商标争议	4 121
	撤销注册商标复审	2 156
	总计	82 614

续　表

项　目	案件类型	数　量（件）
评审案件裁决量	驳回商标注册申请复审	108 301
	商标异议复审	30 232
	注册商标争议	5 042
	撤销注册商标复审	607
	总计	144 182
参与行政诉讼	一审	1 760
	二审	881
	再审	57
	总计	2 698
行政复议	申请量	265
	结案量	241

中国版权工作基本情况

2013 年版权工作紧紧围绕科学发展主题、加快转变经济发展方式主线，不断深化改革创新，切实改进工作作风，着力实施《版权工作“十二五”规划》，各项工作取得新的进展。

一、大力加强版权行政执法监管

（一）认真做好打击侵权假冒和制售假冒伪劣商品工作

按照国务院有关工作部署，国家版权局继续以抓源头、清市场、打网络、查破大要案为主线全面开展打击侵权假冒和制售假冒伪劣商品各项版权工作。加强重点案件督办查处。与全国“扫黄办”、公安部、高法院和高检院联合挂牌督办 8 起重大案件，直接挂牌督办 20 起重大案件。2013 年，各地版权行政执法部门共查办侵权盗版案件 647 件。其中行政结案 456 件，移送司法机关追究刑事责任 84 件。针对社会热点，国家版权局部署开展了打击假冒他人署名书画作品、打击含有著作权的标准类侵权盗版等多个重点领域的专项治理行动，取得良好效果。

（二）组织开展第九次互联网专项治理“剑网行动”

联合公安部、工信部、国家互联网信息办公室于 6 月部署开展第九次打击网络侵权盗版“剑网行动”，围绕网络文学、音乐、影视、游戏、动漫、软件等重点领域以及图书、音像制品、电子出版物、网络出版物等重点产品，严厉打击各种网络侵权盗版行为。2013 年第九次剑网行动各地共接到各类投诉举报案件 512 件，行政处理 190 件，移送司法机关刑事处理 93 件；没收服务器及相关设备 137 台，关闭网站 201 家。同时，进一步改进网站版权主动监管工作。扩大监管范围，列入版权主动监管的网站达到 25 家。启动了重点视听作品版权监管预警保护，完善了工作程序和措施。印发《互联网传播作品著作权监督管理办法》，版权主动监管工作长效机制进一步健全。

（三）积极查处侵权盗版大案要案

先后破获江苏“一点智慧”软件被侵权案、南京 1·10 重大网络侵权案、黑龙江“第一教育网”侵权案、北京“思路网”盗版数字高清作品案以及安徽“DY161 电影网”涉嫌侵犯著作权案、江苏“速酷电影网”等视频网站涉嫌侵犯著作权系列案、广西“威盘网”涉嫌侵犯著作权案、北京何某某等涉嫌侵犯网络游戏软件著作权案、山东淄博李某等涉嫌侵犯网络游戏著作权案、安徽“999 宝藏网”涉嫌侵犯著作权案、“上海复旦网上书店”和“上海惠生图文”网店涉嫌销售盗版图书案及上海王某等利用互联网销售侵权盗版 ISO 标准案等一批大要案件，震慑了违法犯罪份子。在加强对地方执法指导的同时，国家版权局还对重大案件直接进行查处。相继处理了 360 公司侵权盗版案、亚马逊出版物发行网络交易平台销售盗版图书案，特别是对百度公司、快播公司以侵犯著作权分别处以 25 万元的行政处罚，有力震慑了侵权盗版分子，起到了极大的社会反响和很好的宣传效果。

（四）整合加强版权执法力量

开展直辖市版权执法与信息化建设工作座谈会，发挥文化市场执法机构在版权执法当中的重要作用。举办 4 期版权执法培训班，对 31 个省（区、市）各级版权执法部门 400 余名同志进行培训。开展 2012 年度查处侵权盗版案件有功单位和有功个人奖励工作。对查处侵权盗版做出突出贡献的 230 家有功单位和 157 名有功个人进行奖励，奖励金额 485.8 万元。推动京版“十五社”反盗版联盟与淘宝网在北京举行合作签约仪式，充分发挥企业自律作用，减少侵权盗版权行为。

二、深入推进使用正版软件工作

（一）取得显著工作成效

协调推进使用正版软件工作部际联席会议各成员单位于 4 月对 14 家中央国家机关和 16 个省份进行督查，10 月对 12 个省份进行督查。会同国资委、银监会、证监会和保监会对 10 家中央企业和 18 家大中型金融机构软件正版化情况进行检查。截至 2013 年底，79.7%的中央和国家机关推进全部直属事业单位完成软件正版化任务，各省（区、市）扎实推进市县级政府机关和各级党委、人大、政协等机关开展软件正版化检查整改工作。市县级政府机关全部按期完成软件正版化检查整改任务。

2013 年全国共有 3449 家企业列入年度完成使用正版软件工作目标，其中 3066 家企业完成检查验收；共举办培训班 318 次，参训企业 7783 家（次），培训人员 1.72 万人（次）。截至 2013 年 12 月底，全国累计列入年度完成工作目标企业 29729 家，累计完成软件正版化企业 20848 家，累计举办培训班 1812 次，参训企业 5.07 万家（次），培训人员 10.13 万人（次）。

中央企业三级以上企业、大中型金融机构、新闻出版行业企业集团总部全部实现软件正版化，新闻出版、勘察设计、旅游饭店、网吧、煤炭等重点行业积极推进软件正版化工作。25 家大中型企业带头完成软件资产管理试点工作，探索建立符合中国企业实际的软件资产管理制度。

（二）加强长效机制建设

研究起草《政府机关使用正版软件管理办法》，国务院办公厅于 2013 年 8 月颁布实施，进一步完善政府机关软件正版化长效机制。推动企业加强软件资产管理，完成对软件资产管理试点项目的 25 家企业考核验收。

（三）做好宣传培训工作

通过编发快报、月报、出版《软件正版化工作巡礼》专刊、召开新闻发布会、举办《软件正版化工作成果展览》等形式宣传软件正版化工作成果，会同推进使用正版软件工作部际联席会议有关成员单位联合开展了 9 期行业企业软件正版化培训，开展了 1 期全国政府机关软件正版化培训。

三、着力提高版权管理服务水平

（一）进一步推进作品登记工作

2013 年，通过完善登记信息和排名发布制度，全国作品登记工作保持良好发展态势。2013 年，全国包括作品登记、计算机软件著作权登记、著作权质权登记在内的著作权登记总量首次突破百万件。其中作品登记 845064 件，较 2012 年的 687651 件增长了 22.89%。软件著作权登记量延续了近年来高速增长的发展势头，达到 164349 件，登记量较上一年度增长 18.04%；著作权质权登记为 244 件，涉及主债务金额 31 亿多元。

（二）继续开展全国版权示范建设工作

4 月 15 日，召开全国版权示范工作经验交流会。经考核验收，同意苏州、昆山、广州为全国版权示范城市；授予北京中文在线数字出版股份有限公司、上海版权服务中心/上海版权纠纷调解中心全国版权示范单位称号；授予浙江省中国轻纺城、景德镇国际陶瓷艺术创意中心、章丘市龙山黑陶研制中心全国版权示范园区（基地）称号。

（三）规范监督著作权集体管理组织及境外著作权认证机构驻京代表处的业务活动

加强与集体管理组织的沟通，参与其理事会等相关会议并提供指导意见。协助处理集体管理组织开展审计及摄影著作权协会、文字著作权协会开展换届事宜。处理中国音像著作权集体管理协会卡拉 OK 收费等投诉。参与配合境外著作权认证机构驻京代表处申请延期等事宜的审批工作。与驻京代表处保持密切联系，做好监管与服务工作。

（四）着力推进国家版权监管平台建设

2013 年，经过研究制定需求、公开招投标、确定承建单位等程序，国家版权监管平台（二期）进入到承建单位进行概要设计阶段。同时针对平台（一期）的恢复运行升级改造工作于 2013 年底完成。通过建设国家版权监管平台，以技术手段，提高国家版权局版权监管及公共服务水平。

四、积极促进版权产业健康发展

（一）推进版权贸易中心（基地）建设

同意福建建立“国家海峡版权交易中心”，青岛建立“国际版权交易中心”，加快版权资源优势向版权产业优势转变，实现版权资源共享和版权使用价值最大化。

（二）推动版权贸易发展

继续举办北京国际图书博览会（BIBF）国际版权贸易研讨会；支持福州海峡版权（创意）产业精品博览交易会、东莞国际影视动漫版权保护和贸易博览会等重要版权展会；加强对国家版权贸易基地等相关机构的指导和管理，充分发挥其在版权交易、评估、融资等方面的作用。

（三）开展版权资产管理试点及相关课题研究

以出版业版权资产管理为试点，委托相关机构开展调研，了解我国文化产业版权资产的种类、数量、运用和管理状况，为出台指导文化企业版权资产管理的文件做准备。继续开展 2010、2011 年度版权产业国民经济贡献率调研，受到中央领导高度重视。完成《2012 年中国网络版权年度报告》，为规范行业管理和推动产业发展提供了有益的参考。

五、努力营造良好版权社会氛围

（一）开展 4·26 知识产权宣传周系列宣传活动

坚持面向公众、面向行业、面向社会的原则，创新性地统一宣传标志和口号，围绕版权示范、著作权集体管理、软件正版化、剑网行动等重点版权工作，采用多种形式和媒体开展主题宣传，激发了社会各界及公众对版权工作的关注度和支持度。

（二）开展版权产业专题宣传

为落实中央领导同志向社会介绍“版权产业”概念的批示精神，国家版权局制定统一方案，采取专题访问、制作专版和专刊、录制“政务直通车”、“对话”栏目等形式，全方位、多角度地进行集中研究、宣传、普及，使社会公众对版权产业有了较为直观、基础的认识，取得了预期效果。

（三）利用敏感、热点版权问题进行宣传

充分利用钱钟书书信拍卖引发的版权争议等敏感、热点版权问题，建立版权热点问题应对机制，在人民日报、新华社、中央电视台等发布口径，运用各种媒体特别是国家版权局网站等信息网络，及时回应社会关切，宣传阐释版权知识，提高全社会的版权保护意识。

六、持续强化版权对外交流合作

（一）积极参与国际版权事务

参加商务部第五次 WTO 对华贸易政策审议有关应对工作，参与完成 WTO 对美国等 11 个经济体的贸易政策审议。巩固与 WIPO 的良好合作关系，与其在上海联合举办“版权和相关权地区研讨会”和“视听表演保护与北京条约国际研讨会”。向国务院法制办上报我国加入《视听表演北京条约》的请示。完成澳门特区适用《世界知识产权组织版权条约》和《世界知识产权组织表演和录音制品条约》的相关工作。参加 WIPO 摩洛哥外交会议，缔结《关于为盲人、视力障碍者或其他印刷品阅读障碍者获得已出版作品提供便利的马拉喀什条约》。推进 WIPO 在福建德化设立版权保护优秀案例示范点调研活动。参加亚太经合组织（APEC）第 35 次、第 36 次知识产权专家组会议，积极应对有关版权事务。

（二）妥善处理版权涉外关系

在中美商贸联委会（JCCT）以及中美战略经济对话（SED）项下，积极做好中美版权相关应对工作。推进中美版权战略合作谅解备忘录的实施，并经双方同意将备忘录自动续期 5 年至 2018 年。积极推进中英版权相关事项，确定双方 2014 年合作计划。参与中欧知识产权工作组第 11 次、第 12 次对话及相关工作，参与中国欧盟知识产权合作项目三期工作。参与中瑞、中澳、中韩、中日韩自贸区谈判和中俄、中巴知识产权工作组会议。举办中韩著作权研讨会及中韩著作权工作组会谈。签署中泰 2013—2015 年工作计划。完成“2013 年海峡两岸著作权交流活动”及“著作权工作组会谈”。推动香港、澳门尽早加入《视听表演北京条约》。

（三）跟踪研究国际版权发展态势

依托中南财经政法大学知识产权研究中心，成立国家版权局国际版权研究基地，吸收版权领域的专家学者及有关政府和实务部门的代表作为研究员共同参与，了解国际版权发展情况，研究有关版权问题，为提高我国版权工作整体水平、有效应对国际知识产权谈判提供对策。

七、不断完善版权法律政策体系

2013 年国家版权局继续推动《著作权法》的第三次修改。与国家发改委于 10 月 29 日联合公布《教科书法定许可付酬办法》。修订发布《全国版权示范城市、示范单位和示范园区（基地）管理办法》。推动修订《出版文字作品报酬规定》。协助、配合国管局制定《中央行政事业单位无形资产管理暂行办法》，就最高人民法院制定网络民事侵权司法解释、发改委制定推动文化创意与相关产业融合发展的若干意见等协助提供意见。

（国家版权局综合处副处长　丁智勇）

中国地理标志保护制度

一、地理标志产品保护工作在质检系统的起源和形成过程

（一）原产地域产品保护制度的建立和原产地标记中的地理标志注册

早在1994年原国家技术监督局同法国进行了交流与合作，并同法国签署《中法联合声明》和《中法关于成立农业及农业食品合作委员会的声明》。原国家质量技术监督局于1999年8月17日以第6号局长令的形式发布了《原产地域产品保护规定》，标志着原产地域产品保护制度初步确立。

2001年，原国家出入境检验检疫局根据WTO《与贸易有关的知识产权协定》，借鉴国际地理标志保护制度，制定发布我国《原产地标记管理规定》，进一步完善了地理标志专门保护制度。

（二）地理标志产品保护制度

2004年10月，为进一步完善地理标志保护制度，中编办批准国家质检总局成立科技司，设立地理标志管理处，统一管理地理标志保护工作。2005年，我局发布了《地理标志产品保护规定》部门规章。新规定的发布实施，使地理标志保护工作走上了更加规范、科学、快速发展的轨道。这一制度依托质检部门从生产源头到进出口全程保护与监管的职能优势，提升和保护特色产品质量，发展区域经济，提高品牌价值，推动解决“三农”问题，为保护我国民族特色产品和产业，打造具有自主知识产权的民族品牌发挥了重要作用。

（三）国务院发布的《知识产权战略纲要》和《质量发展纲要（2011－2020年）》将地理标志保护提升到国家高度

2008年5月，国务院发布了《知识产权战略纲要》。2012年2月，国务院发布了《质量发展纲要（2011－2020年）》。两个纲要的发布，从国家高度确认了地理标志是独立的知识产权形态，指出了地理标志发展的目标、任务，部署建立健全地理标志保护发展体系，从质量机制的高度指出了地理标志工作的内涵。

二、地理标志产品保护监管工作体制

（一）管理体制

依据《地理标志产品保护规定》，我国对地理标志产品实施两级管理。一级是质检总局作为地理标志产品保护工作的主管部门，另一级是有关省、自治区、直辖市质量技术监督局和直属检验检疫局。

（二）在两级管理体制下，质检总局建立了完善的审核制度、监控制度和专用标志制度

1. 审核制度

依据规定，任何地方申报地理标志产品保护必须按照法定程序经过审核批准，任何单位和个人申请使用地理标志产品专用标志来保护地理标志产品，必须依照规定进行注册登记。国家依据法律制定标准，对地理标志产品的通用技术要求、专用标志和产品质量、特性等要求进行规范。在程序上，地理标志产品保护实行两级申请，每级申请实行两次审查的制度。第一级申请，是由地方申报机构向总局提出申请并提供相关材料。第二级申请是生产者提出地理标志产品保护和使用专用标志的申请并提交相关材料。

2. 监控制度

实现了对地理标志产品产地范围、原材料、生产技术工艺、质量、质量等级、数量、包装、标识标签的监控，实现了市场监控和对环境、生产设备的监控。

3. 专用标志制度

地理标志产品专用标志是国家在审核批准地理标志产品保护后，经登记，向社会公告，授予企业地理标志产品专用的地理标志专用标志。

三、地理标志专门保护制度建设

近年来，质检系统围绕职能转变，积极推进地理标志保护专门制度建设，使地理标志保护工作走上了更加规范、科学、快速发展的轨道。

（一）完善地理标志保护“三大体系”建设

质检系统的地理标志保护专门制度针对维护好地理标志特色质量的核心需要，注重建立健全地理

标志的技术标准、质量保证与检测技术，构建了中国特色地理标志保护技术体系，为维护地理标志产品的特色质量及其人文自然环境提供了可靠的技术保障，发挥了地理标志保护的引领作用。

(1) 建立健全地理标志保护的技术标准体系。围绕地理标志产品的注册与保护，制定地理标志产品的各类标准和技术性规范，建立技术标准的信息管理中心，便利技术管理与查询，使地理标志保护有准可依。

(2) 建立健全地理标志产品质量保证体系。以技术标准规范为基础，实现对地理标志产品流通与零售过程中的智能甄别，打击假冒伪劣，加大地理标志产品保护力度。

(3) 建立健全地理标志产品检测体系。加强各级地理标志产品质量认定与检测机构的建设，提高检测水平，实现产品产地、质量可鉴定，提高保护水平。

(二) 各地地理标志产品保护与监管工作有序推进

很多省市地方政府非常重视地理标志产品的保护工作。例如，2006 年，陕西省结合当地实际情况，制定了《陕西省地理标志产品保护办法》。该办法是全国第一个地理标志保护的省级地方性法规，具有标志性意义。随后四川等地纷纷启动了地方地理标志产品管理办法制定程序，将地理标志产品的保护和监管提升到法制的高度。此外，龙井茶、川酒、安溪铁观音众多知名产品所在地地方人民政府为了进一步加强当地地理标志产品的保护和管理，保障生产，结合实际，针对产品出台了一系列条例和保护办法。如浙江省制定了《杭州市西湖龙井茶基地保护条例》，四川省人大启动了对《四川省酒类管理条例》的修订工作，这些条例均对地方特色地理标志产品的保护和监管工作进行了详细规定。

四、保护成效

(一) 地理标志产品规模及效益呈现连年递增趋势

经过 10 多年的地理标志保护实践，我国获保地理标志产品已近 1800 个，已核准 6000 多家企业和组织使用地理标志产品专用标志，产品范围覆盖酒类、茶叶、中药材、水果、蔬菜、肉制品、水产品、工艺品、调味品等多种特色产品，保护产品遍及全国 31 个省、自治区、直辖市。目前获保产品生产企业产值接近万亿元人民币，其中，获保的地理标志初级农产品增值效益普遍增加 15%～20%。

(二) 地理标志产品示范区发挥了示范引领作用

2010 年，质检总局在总结既有的工作基础上，通过对运行经验的总结，有重点、分行业、分类别地启动国家地理标志产品保护示范区建设。截至目前，经当地政府和地方两局的主动申请，先后就北京市的平谷大桃，江苏省阳山水蜜桃，四川省的双流县、郫县、蒲江县和浙江省的衢州椪柑设立了国家地理标志保护示范区，起到了良好的示范作用。

(三) 地理标志产品专项检查成效显著

质检总局每年开展地理标志保护产品专项监督检查工作，对存在假冒伪劣和质量安全事件的地理标志保护产品生产企业、地理标志保护示范区、业务工作规范化和工作责任风险开展专项监督检查，专项监督检查成果显著。

(四) 大型龙头企业运用地理标志保护制度加快发展

2012 年，质检总局下发《关于支持农业产业化龙头企业运用地理标志保护制度加快发展的通知》等相关政策文件，启动了支持大型龙头企业运用地理标志产品保护制度加快发展的工作。通过组织龙头企业地理标志调研，支持龙头企业参与地理标志产品申报和组织运行，发挥龙头企业的重要作用。优先鼓励龙头企业申请专用标志，注重龙头企业地理标志使用的引领作用，做好对龙头企业地理标志产品的指导服务，支持其地理标志维权，切实保障龙头企业的合法权益。

(五) 开展地理标志产品专项文化宣传活动

利用“西洽会”、“西博会”、中国茶叶博览会等具有国际影响力的大型活动平台，质检总局组织了地理标志产品展会，充分展示了地理标志产品的保护成果，以及质检工作在促进西部经济社会和相关行业发展中所做出的贡献和所取得的成效。

五、国际的交流与合作

(一) 推动中外地理标志产品互认互保工作

质检总局与欧盟贸易总司于 2006 年启动了中国一欧盟 10+10 地理标志保护双边互保项目，龙口粉丝、龙井茶、陕西苹果、琯溪蜜柚、蠡县麻山药等 10 个中国地理标志产品已经获得欧盟委员会的地理标志注册，获得了欧盟 28 个成员国的市场认可与保护。围绕中欧经贸发展的共同利益，中欧双方领导人在 2009 年 11 月的“中欧峰会”上提出签署中欧地理标志合作协议的构想。基本原则是互惠互利、相互认可并实现有效保护。该协议是建立在中欧“10＋10”互认项目的基础上，将实现“100＋100”的互认互保。

除欧盟以外，美国的纳帕河谷葡萄酒等知名国际地理标志产品也受到了我国的保护。

互认互保工作不仅为我国地理标志产品打开广泛的国际市场，也为实现对地理标志产品获得国际保护拉开了帷幕。

（二）参与国际规则的制定

近年来，科技司参与了各类双边自由贸易区的地理标志议题谈判，涉及澳大利亚、秘鲁、智利、挪威、哥斯达黎加、瑞士等国，迄今为止，中国已经有多个地理标志产品被纳入中秘和中智自由贸易区协议，并与欧盟、美国、澳大利亚、瑞士、日本、巴西、墨西哥、泰国等国开展了地理标志业务交流合作，与欧盟、泰国签署了地理标志合作备忘录。

（三）支持高端访问，丰富对外交往活动

鉴于地理标志在知识产权、人文分享和国际贸易方面的意义，地理标志保护国际化运用的外交作用也日益彰显。质检部门以地理标志保护的国际化运用配合外交，在中欧、中美、中泰、中墨、中巴(西)、中国东盟、APEC 等的交往活动中发挥了建设性作用，国际反映积极。国际多方响应质检部门提出的“地理标志物产保护与经贸协调发展促进行动”倡议，活跃和丰富了对外交往活动，成为支持我国周边睦邻友好外交的广受关注的国际化议题。

六、地理标志保护工作的展望

（一）加强地理标志立法调研，推进中央、地方立法

鉴于我国地理标志产品保护立法工作的缺失，根据国务院有关文件的要求，坚持以《国家知识产权战略纲要》为指导，总结地理标志产品保护制度建立以来好的工作做法，借鉴国际先进国家和地区专门制度的经验，紧密结合质检职能优势，广泛吸取各方意见，研究专门制度与商标制度的衔接，加快推进地理标志专门保护的立法和国家级制度建设。同时，借鉴四川、陕西两省的地方立法工作经验，以质检部门现有的专门保护制度为基础，鼓励地方两局与当地政府一道，积极开展地方立法工作。

（二）加强地理标志保护监管工作，开展执法打假活动，提高保护水平

为持续维护好地理标志产品的特色质量和声誉，预防发生系统性的假冒伪劣事件，确保假冒伪劣和违规问题及时发现和处置，各地方监管机构必须按照总局“抓质量、保安全、促发展、强质检”的工作方针，根据《地理标志保护规定》、《地理标志产品保护工作细则》进一步加强保护监管工作的业务部署，实现从点到面、从上到下、从内到外的有效保护。

（三）加强地理标志产品保护宣传工作，丰富宣传形式，提高地理标志产品的社会认知度和品牌影响力

积极推进和探索地理标志保护工作宣传方式，注重获得保护产品的人文内涵和特色质量的采集和展现，多渠道多样化地面向社会、媒体、消费者开展获得保护地理标志产品的展示交流，积极推进地理标志产品保护概念的普及，促进社会广泛的自觉保护意识，为保护监管提供更好地社会支持基础。一是向国内外媒体推介地理标志保护产品，支持开展地理标志产品的品牌建设；二是支持中国地理标志产品品牌建设，积极向国外消费者推介中国地理标志保护产品，鼓励中国产品走出去；三是主动向地方政府宣传，提高当地政府和企业对地理标志保护制度的关注度，影响当地政府对地理标志产品保护的政策和财政支持，促进地理标志产品的规模化、产业化、品牌化发展。

（四）加强地理标志产品保护技术保障体系建设和检测技术联盟建设，为地理标志产品健康发展提供技术支撑

当前质检总局在地理标志保护产品批准公告中已经明确了技术要求，要进一步建立健全地理标志标准体系、检测体系和质量保证体系三大体系，对每个地理标志保护产品都要制定强制性的质量技术要求，并配套相应的技术管理规范或地方标准。要求对每个地理标志产品指定专门的检测机构，运用检测手段，识别质量特色，保障特色质量；每个地理标志产品的生产者要按照技术标准组织生产，按照质保程序控制质量，地方管理机构对地理标志产品的产地和地理标志产品的质量特色实施监管。在今后将继续建立健全地理标志保护产品的三大体系，夯实保护的技术基础，助力地理标志产品发展和壮大。

在三大体系的基础上，实力强的质检技术机构吸纳社会优势检测资源，组建地理标志保护产品检测技术联盟，针对地理标志产品质量特色，共享技术资源，联合开展技术攻关，建立全国统一的、相适应的地理标志产品监督检验规范，开展全国地理标志产品专项监督检查，提升地理标志保护产品的技术支撑能力和保护能力。

（五）继续推动和支持国家地理标志产品保护示范区建设

为进一步加强地理标志保护对经济贸易发展的促进作用，激励保护积极性，推广保护经验，推动保护工作的科学发展，质检总局下达了《关于组织开展地理标志产品保护示范区试点工作的通知》，确定了地理标志保护产品试点示范区的基本要求。经过在北京等四个省市的试点，取得了良好的效果。在未来的发展中，一是试点示范地方省局建立健全协调工作机制，共同组织实施好试点示范区的建设，鼓励其他省份两局加强对示范区政策、资源和投入支持。二是修改完善地理标志保护示范区的筹建条件，规范示范区的筹建工作。三是建立公平、公开的地理标志保护示范区验收、批准程序，指导验收准备工作。四是建立地理标志保护示范区的监督管理制度和退出机制。充分发挥好示范区的引领实效，促进地理标志保护与当地经济、贸易、文化与旅游发展的有机融合。

（六）加强国际交流，将地理标志国际交流与合作提升到新高度

在未来的国际交流中，一是积极营造良好的国际环境，主要是在自贸区协议以及 WTO 和 APEC 国际组织知识产权地理标志议题的多双边磋商中发挥重要作用，积极参与中美、中欧、中澳、中瑞等一系列经贸领域的地理标志议题交流与磋商。二是着力抓好涉外保护工作，以双方互为最大贸易伙伴的新大背景，遵循“预则立”的原则，认真调研，精心组织，专项部署涉外地理标志产品保护工作，开创涉外保护工作新局面，为促进地理标志对外贸易奠定业务管理基础。

（国家质量监督检验检疫总局科技司司长　武津生）

第七篇　中国地方 WTO 事务（2013）

内蒙古自治区加强制度体系建设，提升外贸质量水平

一、贸易规模不断扩大，外向型经济长足发展

（一）进出口规模突破百亿美元

2013 年自治区进出口总额 119.93 亿美元，比上年的 112.57 亿美元增长 6.5%，是 2001 年的 4.7 倍。其中，出口总额 40.95 亿美元，比上年的 39.72 亿美元增长 3.1%，占自治区国内生产总值 16832.38 亿元（相当于 2760.81 亿美元）的 4.35%；占全国出口额的 0.1%；进口总额 78.98 亿美元，比上年的 72.86 亿美元增长 8.4%。进出口商品结构不断优化，工业制成品出口比重不断提高，资源类和机电设备类商品的进口占 7 成以上（表 1、表 2）。进口市场多元化战略取得明显成效，出口商品销往 152 个国家和地区，进口商品来自 72 个国家和地区（表 3、表 4）。

表 1　　内蒙古自治区 2013 年出口额 5000 万美元以上商品情况表

金额分类	商品名称	出口金额（万美元）	占出口总额比重（%）
亿美元以上（8 种）	针织服装及衣着附件、钢材、车辆及其零件、塑料制品、抗菌素、铁合金、机械设备、羊绒制品	215668	52.7
5000～亿美元（10 种）	谷氨酸钠、电力、饲料添加剂、葵花籽、无毛山羊绒、钢铁制品、电气设备、水泥、稀土金属	65903	16.1
合　计		281571	68.8

表 2　　内蒙古自治区 2013 年进口额 2000 万美元以上商品情况表

金额分类	商品名称	出口金额（万美元）	占出口总额比重（%）
5 亿美元以上（7 种）	煤炭、机械设备、铁矿砂、铜矿砂、锯材、原木、半导体器件	534279	67.6
1 亿～5 亿美元（11 种）	乳品、锌矿砂、纸及纸板、塑料制品、氯化钾、有机化学品、木浆、铅矿砂、电气设备及仪器	183148	23.2
2000 万美元以上（10 种）	石油、锰矿砂、铜及其制品、车辆及零件、银矿砂、石棉、钢铁制品、橡胶及其制品、生皮及皮革	48750	6.2
合　计		766177	97.0

表 3　　内蒙古自治区 2013 年主要出口市场情况表

国别（地区）	出口金额（亿美元）	同比增长（%）	占出口总额比重（%）
蒙古	114 481	8.6	28.0
韩国	35 147	12.1	8.6
美国	29 718	34.1	7.3
俄罗斯	27 536	−1.2	6.7
日本	26 174	−13.3	6.4
泰国	13 759	−17.8	3.4
印度	12 536	−4.0	3.1
越南	12 122	77.2	3.0
意大利	10 142	27.3	2.5
菲律宾	8 106	40.7	2.0

表 4　　内蒙古自治区 2013 年主要进口市场情况表

国别（地区）	进口金额（亿美元）	同比增长（%）	占进口总额比重（%）
俄罗斯	235 123	−4.4	29.8
蒙古	201 129	−8.8	25.5
澳大利亚	54 457	−16.7	6.9
日本	51 804	760.6	6.6
美国	32 209	−8.7	4.1
韩国	30 683	1 350.3	3.9
新西兰	27 616	157.4	3.5
德国	26 023	−0.9	3.3
秘鲁	19 256	91.0	2.4
智利	16 039	−0.5	2.0

（二）利用外资和经贸合作水平不断提高

2013 年，自治区实际利用外资 46.45 亿美元，同比增长 18%。主要来自香港、美国、毛里求斯、日本和新加坡等 18 个国家和地区，其中香港实际投资 30.4 亿美元，同比增长 0.4%，占全区实际利用外资总额的 65.4%。投资领域主要集中在制造业、采矿业、房地产、租赁和商务服务业、交通运输仓储和邮政业，分别占外商投资总额的 51.1%、23.5%、6.9%、6.2%和 4.7%。

2013 年，全区新核准境外投资企业 32 家，中方协议投资总额 10.24 亿美元，同比下降 15.86%。中方实际投资额 4.96 亿美元，与上年持平。境外投资上千万美元的项目 14 个。境外投资国别（地区）主要在俄罗斯、蒙古国、香港、美国、马达加斯加、加纳、丹麦和加拿大。投资领域为：投资管理、矿产资源勘探开发、森林采伐、木材加工、房地产开发、纺织品加工、生物技术等。

二、建立完善产业安全预警体系，妥善应对贸易摩擦

（一）健全产业损害预警工作体系，积极开展产业安全预警和贸易救济

1. 完善产业安全损害预警体系

一是制订产业安全损害预警体系建设方案，明确工作目标，确定工作重点，安排工作进度，有序开展产业安全预警。二是开通中国产业安全指南网内蒙古子站，为自治区各界提供产经安全动态、贸易摩擦、政策解读等信息咨询服务。三是开发产业安全预警分析系统技术平台，加强产业安全重点监测企业数据库的审核、报送、分析、预警预报等工作。2013 年对产业安全直报数据库进行了全面梳理，初步完成内蒙古自治区稀土产业国际竞争力课题研究方案。对自治区钢铁产业开展预警监测，完成 2013 年内蒙古自治区钢铁产业预警报告。

2. 做好贸易救济企业效果跟踪

一是对自治区企业提起反倾销反补贴申请和应对提供咨询指导。自治区企业诉欧盟、日本、美国企业 P92 钢管倾销案件于 2013 年 5 月 10 日商务部正式立案，2014 年 5 月 9 日经商务部终裁认定，原产于欧盟和美国的进口相关高温承压合金无缝钢管存在倾销，决定对美国和欧盟有关企业征收 13%～14.1%的反倾销税。二是做好贸易救济涉案企业效果跟踪。分析救济效果，提出措施建议。

（二）加强对基层及企业的培训指导，提高相关人员素质

利用商务部举办全国培训班的机会，对全区盟市、旗县商务主管部门人员、重点监测企业人员进行了业务知识培训。为 14 个盟市免费订阅了《产业安全信息参考》，加强对盟市、企业的信息咨询服务和指导。

三、提高规则意识，创建符合 WTO 规则的软环境

2011 年自治区商务厅将世贸、贸易救济、产业安全、政策法规等职能整合，对厅内拟出台的规范性文件进行合法合规性审查，确保出台政策符合 WTO 规则。积极参加有关世贸政策审议工作，配合商务部组织有关盟市对蒙古国相关政策进行审议。

（内蒙古自治区商务厅）

青岛加快构建开放型经济新体制

近年来，青岛开放型经济快速发展，2013年青岛口岸对外贸易进出口总额1567.3亿美元，占全国进出口总额的3.4%，全市实现外贸进出口总额779.1亿美元，其中出口419.9亿美元，进口359.3亿美元，分别居十五个副省级城市第6位、第3位。作为全国重要的贸易口岸城市，青岛口岸是全国最大的天然橡胶、棉花、原油进口口岸，集装箱、货轮推车出口占全国超过20%，青岛港2013年完成货物吞吐量4.5亿吨，完成集装箱吞吐量1552万标准箱，货物和集装箱吞吐量均在世界排名第七位。青岛市还拥有国家级的青岛经济技术开发区和胶州经济技术开发区、前湾保税港区、西海岸出口加工区和青岛出口加工区、高新技术产业经济区，是全国开放政策最集中的区域之一。

2013年青岛市委、市政府出台了《关于实施"走出去"与"引进来"相结合发展战略进一步提升对外开放水平的若干意见》，市政府办公厅发布了《青岛市国际贸易中心城市建设纲要（2013—2020年）》。加快建设国际贸易中心城市有利于推动转变外贸发展方式，提升外贸发展水平，加快实现向国际贸易强市的转变；有利于推动金融、物流、信息、中介、商贸、旅游、餐饮等生产性服务业的快速发展，加快经济结构转型升级；有利于加快开放型经济转型发展，提高城市综合实力和国际竞争力，更好发挥龙头带动辐射作用，加快推动山东半岛蓝色经济区发展。

一、突出"六个中心"定位

青岛建设国际贸易中心城市，核心是推动传统对外贸易向现代国际贸易转变，实施电子商务引领发展，国际货物贸易提升发展，国际转口贸易突破发展，国际服务贸易跨越发展，国内外贸易融合发展，打造青岛蓝色经济升级版，力争到2020年基本建成东北亚区域性国际贸易中心城市。届时全市电子商务交易突破1万亿元；全市国际货物贸易总值达到1500亿美元，青岛口岸贸易额3000亿美元；全市国际转口贸易占国际货物贸易总量比重从目前15%提升到45%左右；国际服务贸易占国际贸易总量比重从目前12%提升到30%左右；社会消费品零售额达到6800亿元。

通过打造包括国际贸易口岸集散中心、国际航运综合枢纽和物流中心、国际采购与交易中心、国际转口贸易中心、国际商务服务中心和国际商业购物中心在内的"六大中心"功能架构，力争到2020年基本形成国际市场与国内市场相互融合、市场开放度与贸易便利化标准化程度较高、贸易要素集聚、贸易主体活跃、贸易设施完备、服务体系发达、法制环境完善、诚信体系健全的区域性国际贸易中心城市功能体系。

二、启动实施"五大行动计划"

围绕国际贸易中心建设，青岛启动实施了"五大行动计划"，突出29项重点措施加快推动外经贸转型升级。

（一）启动实施"电子商务引领发展行动计划"

一是实施电子商务发展环境优化工程。加快国家电子商务示范城市建设，推进国家跨境电子商务试点。建立与电子商务交易信息、在线支付信息、物流配送信息相符的网络电子发票开具等相关管理制度，推广网络电子发票应用，支持企业开展电子商务以及咨询、法律、安全技术、人力资源、物流等电子商务专业服务。二是实施电子商务基地载体建设工程。加快崂山区国家电子商务示范基地建设，打造"青岛电子商务信息港"，培育和引进一批具有龙头引领作用的电商品牌企业，支持电子商务企业集聚发展。三是实施大宗商品电商交易青岛指数平台工程。发挥青岛现有的橡胶、棉花、矿石、原油等大宗商品交易的区位优势和行业影响力，创新大宗商品电子商务平台交易模式，实现即期现货、远期现货、竞买竞卖等多种交易模式，建立重点大宗交易商品青岛指数发布平台。四是实施电子商务交易规模扩大工程。推动建立区域性电子商务平台，支持企业自建或利用第三方电子商务平台建立完善的国内外网上市场营销和交易系统；建立青岛出口商品网上商城，整合现有外贸电商服务平台进口专区，支持建立服务进口的联合采购平台和进口产品分销与直销平台。五是实施电子商务应用服务创新发展工程。鼓励综合性批发市场、专业化市场发展线上线下协同的电子商务应用体系，支持外贸、农产品、旅游、社区电子商务发展。畅通电商企业与传统商家信息资源互通共享渠道，选择试点商圈或社区创建区域服务论坛、分类信息网站、生活服务点评网站。支持开展社区菜篮子、家政服务和休闲娱乐等电商服务，促进便利消费。

（二）启动实施"国际货物贸易提升发展行动计划"

一是重点特色产品出口基地培育体系。围绕十条工业千亿级产业链和现代农业十大重点工程培育市级特色出口基地，支持国家级崂山电子信息和高新区胶州湾北部园区装备制造科技兴贸创新基地、海西湾船舶出口基地和外贸转型升级示范基地等特色出口基地建设，争创国家电子家电等出口基地。二是进口贸易扩大发展体系。鼓励企业进口先进生产设备，重点加大先进技术和关键零部件进口，扩大天然橡胶、原油、棉花、铁矿石等重要资源性产品进口，增加中高端消费品进口；推进保税港区汽车整车进口口岸建设，筹建拓展汽车零部件交易平台；研究发布青岛大宗商品进口交易指数。三是产业转型升级贸易提升发展体系。鼓励海工装备、海洋生物、海水利用装备等蓝色优势产品扩大出口，支持蓝色产业利用国际国内两个市场形成规模经济，加快将蓝色科技优势转化为产业国际竞争优势；培育扩大自主研发、自主品牌、自主营销产品出口。四是国际市场开拓多元化发展体系。巩固和深度开拓欧盟、美国、日本、韩国、香港等传统市场，对东盟、南亚、中东、拉美、非洲及金砖国家等新兴市场运用区域性自由贸易协定等政策重点开拓；扶持企业参加境内外重点展会，邀请国际大型采购商举办专场采购会，为企业进出口搭建平台。五是国际贸易经营主体培育体系。培育发展一批拥有自主知识产权和知名品牌、主业突出、带动作用明显、具有国际竞争力的跨国经营总部型大企业；推动企业"走出去"到境外建立加工贸易、资源开发、农业合作、科技研发等"四大基地"。加快培育一批拥有核心竞争力的外向型中小企业；推进招商引贸，重点引进产品出口型外资大项目和国内大企业贸易总部。六是国际贸易支撑平台建设体系。大力培育为国际贸易企业提供研发设计、产品检测、信息资讯、贸易争端解决、知识产权保护等服务的公共平台，推进驻青国家级重点检测实验室优化配置资源和规划建设，完善中小微外贸企业供应链服务平台功能，建立青岛市贸易救济服务平台健全贸易风险防范及保障机制。

（三）启动实施"国际转口贸易突破发展行动计划"

一是推动西海岸海关特殊监管区向自由贸易试验区转型。推进青岛前湾保税港区以货物贸易海关监管模式便利化政策为方向转型自由港；适时调整扩大保税港区三期封关区域范围，加快建设董家口港区保税功能政策拓展区，以发展国际中转业务带动发展国际转口贸易；推进青岛出口加工区向综合保税区转型，研究西海岸出口加工区面向日韩试办进出口加工区的可行性。二是推动大宗商品国际交易向定价中心转型。扩大国际大宗商品进口保税，橡胶、棉花、铁矿石等大宗商品进口做大做强，巩固我市大宗原材料进口集散地位；推动橡胶市场发展成为世界上重要的橡胶交易中心、定价中心，推进棉花市场建设国际化大型现货超市，形成中国棉花进口交易指导价格。三是推动青岛口岸向多样化转口商品聚集中心转型。发挥保税港区的功能优势，吸引跨国企业设立商品跨国采购中心、出口集运中心、进口分拨中心、转运配送中心；拓展食品、红酒、电子产品、轮胎等消费类商品的仓储转口；筹建中国国际酒水进出口贸易市场；董家口港区建设全国初级产品进口贸易集散地。四是推动港口物流发展向口岸物流集散分拨中心转型。在空运货物试点监管袋直通的基础上，扩大电子封志的应用范围，在保税港区集装箱物流中使用，进一步提高通关效率；在出口拼箱试点的基础上，开发全国首个保税港区出口拼箱系统，形成出口拼箱高端物流集聚。五是推动青岛港向国际中转航运中心转型。发展海铁联运，扩大经青岛港过境集装箱运输的吞吐量；发展内支中转业务，缩短出口退税时间，扩大青岛港中转集装箱吞吐量；发展出口拼箱、进口拆箱和二次集拼，吸引国际集拼中转业务在保税港区集聚。

（四）启动实施"国际服务贸易跨越发展行动计划"

一是国际服务外包跨越发展。重点培育服务外包"十大运营企业"和"十大在建项目"，加快推进服务外包“园区建设工程”和“人才培养工程”。以青岛国际创新园、青岛信息谷、青岛软件科技城等为重点，形成“东园西谷北城”的战略新布局。围绕高端服务业“十个千万平米工程”建设，打造形成全国一流、国际知名的服务贸易聚集区。二是服务贸易创新业态跨越发展。用足用好 CEPA、ECFA 相关政策，加快发展电子商务、文化创意、服务外包、金融保险、工业设计、教育医疗、中介服务、会展服务等新兴服务产业，积极承接国际服务产业转移，拓展服务贸易领域，培育城市服务核心竞争力。三是跨境文化贸易跨越发展。突出海洋文化品牌，以新闻出版、影视制作、动漫游戏、网络文化、数字传媒、文化创意等为重点，大力发展文化贸易，培育发展一批实力雄厚的文化出口企业；建设海洋特色文化产业园区，推进东方影都等重点项目，推动中国电影交易中心、青岛出版物交易中心建立文化产权及版权交易服务平台。争取国家文化对外贸易基地政策，发展我市文化保税产业。四是中日韩自贸区服务贸易开放政策试点工程跨越发展。争取国家支持中日韩自贸区谈判中所涉及的金融、保险、证券、物流等服务贸易领域开放试点政策在我市先行先试；加快韩元挂牌交易试点建设，争取日元挂牌交易试点，建设区域性韩元和日元结算中心。五是国际海洋会展名城建设跨越发展。打造以蓝色经济、财富金融为主题的自主会展品牌，培育中国国际消费电子博览会、青岛国际啤酒节、青岛国际帆船周、青岛国际航海博览会等会展品牌；办好 2014 亚太经合组织（APEC）贸易部长会议、中（日）韩自贸区谈判、2014 年世界园艺博览会、2015 年世界休闲体育大会。

（五）启动实施“国内外贸易融合发展行动计划”

一是推动总部商务区和特色商贸集聚区建设提升。打造以总部商务区为核心，金融、现代物流、商贸、旅游、服务外包、会展会议、文化创意等十个特色商务区为支撑的总部经济和特色商务发展新格局；提升五大市级商业中心的集聚度和辐射能力，加快区级商业中心规划和建设步伐，形成布局合理、结构优化、功能完善、辐射强劲的商业中心网络体系。二是推动青岛“城市购物节”国际消费品牌提升。坚持“以节兴市”，促进商务、旅游、文化结合，对标新加坡、香港购物节，结合重点节庆展会和重大国际赛事，把青岛购物节打造成国际性、品牌性、时尚型的购物节会。三是推动现代商品流通市场体系建设提升。推进董家口中国北方国际海产品交易中心和冷链物流基地建设，打造面向东北亚、辐射全国、多功能一体化的综合性枢纽设施；规划建设胶州大型国际农产品交易中心；在红岛经济区推进城市共同配送试点建设。四是推动“菜篮子”安全工程国际标准提升。借鉴内地输港农产品和出口欧盟水产品、美国禽肉食品、日本肉鸡等质量标准、供应模式和管理方式，利用市场改造机制加强农产品生产质量三级监测网络，健全“农超对接”长效机制，升级改造产地农产品批发市场冷链、信息、监控、电子结算、检验检测功能，加快生鲜超市、标准化农贸市场配置。五是推动青岛“世界海鲜美食知名城市 ”创意策划提升。创意优化餐饮业发展品牌环境，培育 10 条餐饮特色街区和 30 强餐饮企业，规划建设集餐饮、酒吧、休闲娱乐于一体的大型餐饮综合体。开展青岛特色菜品认定、海鲜烹饪大赛等活动，挖掘青岛海鲜美食文化。六是推动世界高档品牌消费集聚中心培育提升。推动东部前海、即墨海泉湾、西海岸唐岛湾等区域打造中国北方知名的世界高档品牌消费集聚中心。香港中路商圈形成世界高档品牌集聚核心区。推进国际邮轮母港城打造休闲商务区、欧陆风情区、大型免税购物综合体，振兴中山路老商业区。七是建立“扩进口”与“促消费”相结合的政策运作机制。加强与国际采购促进协会的合作办好青岛进口商品展；引导知名商贸企业建立进口商品供应配送中心，形成青岛口岸进口商品集聚区；鼓励商贸企业并购国际品牌和海外销售渠道，建立境外商品采购服务体系。八是建立外贸企业扩内销的政策运作机制。支持出口企业建立国内销售网络和自有品牌，支持商贸企业承接转内销商品，打造外贸商品城、外贸商品特色街、韩国小商品城、内外贸融合市场等内销载体，畅通转内销双向对接渠道。打破内外贸企业经营在盈利模式、结算方式、风险机制等方面的差别和阻隔，打通外贸商品流通的渠道。

三、完善八项保障工作机制

一是加强青岛口岸“大通关 ”机制建设。加快口岸监管模式创新，规范贸易便利化工作流程，提高通关环节的信息化应用水平，营造收费规范、便捷高效、服务一流的口岸环境；加快铁路、公路、空港建设，加强与港口航运对接，提高疏港和货运效率，提升口岸辐射能力。二是加强定向招商项目支撑机制建设。以蓝色、高端和新兴为导向，吸引外资做大做强实体经济，夯实发展国际贸易的产业基础；大力发展总部经济，引进世界 500 强、民营 500 强、省内 500 强企业的国际贸易总部、跨国结算中心、区域性销售中心等，建设总部型进出口基地；引进培育商务型、功能型、综合型中介服务机构，完善城市服务功能。三是加强财税金融政策扶持机制建设。整合财政金融信贷商务等领域促进开放型经济发展的扶持政策，扩大扶持资金规模，研究制定符合国际惯例的促进贸易及相关产业发展的财税政策，加快发展中高端金融后援服务和金融创新，推动建设跨境贸易人民币结算和融资业务中心。四是加强国际经贸人才支撑机制建设。建立和完善以市场为导向、与国际贸易中心建设相适应的经贸人才使用评价机制；对引进的高层次、紧缺贸易人才，在户籍和居住证办理、住房、医疗保障、子女就学、家属就业等方面提供便利；对引进的境外贸易人才，按照国家有关规定简化出入境手续。五是加强国际贸易秩序法治环境机制建设。建设东北亚区域性国际贸易争端解决中心，提高贸易纠纷仲裁专业化水平和国际化程度，打造国际知名仲裁机构；推进建设国家知识产权示范城市，支持企业开展海外知识产权注册登记，建立企业海外知识产权维权援助工作机制；积极争取在国内率先开展商贸流通立法试点。六是加强商务诚信机制建设。研究制定加快推进商务诚信建设的政策措施，完善商务诚信工作体系，支持企业商务诚信品牌建设；建立和完善商务信用信息征集制度，建立信用信息共享机制、披露机制和查询服务机制。七是加强政务环境法治化机制建设。建立精简高效的行政审批制度，推动管理制度、商事规则与国际接轨，简化审批流程，畅通重点项目绿色通道；研究推进商事登记改革，降低市场准入门槛，简化登记手续，由“前置审批”向“后置监管”转变。八是加强协调推进机制建设。建立由市政府领导任总召集人的国际贸易中心城市建设工作联席会议制度，完善工作协调和联动机制；建立部、省、市多层次合作机制，形成共同推动国际贸易中心城市建设的合力。

（青岛市商务局公平贸易和产业损害调查处）

新疆商务贸易工作概况

一、商务简况

消费。2013 年社会消费品零售总额 2039.15 亿元，增长 13.4%。

进出口。2013 年实现货物贸易进出口额 275.6 亿美元，增长 9.5%，居全国第 19 位、西部地区第四位。其中，出口 222.7 亿美元，增长 15.1%；进口 52.9 亿美元，下降 9.1%。

外资。2013 年实际利用外资 48102 万美元，增长 15.7%。

对外经济合作。2013 年完成对外承包工程营业额 199012 万美元，增长 35.3%。非金融类对外直接投资 39374 万美元，增长 51.9%。

服务贸易。2013 年实现服务贸易进出口 16.3 亿美元，同比增长 6.6%。

二、商务主要特点

（一）外商直接投资增速快于全国

实际利用外资增长 15.7%，增速快于全国 5 个百分点。

（二）外经快速发展

对外承包工程带动设备出口 39488 万美元，增长 115.4%。对外承包工程营业额增长 25.3%。

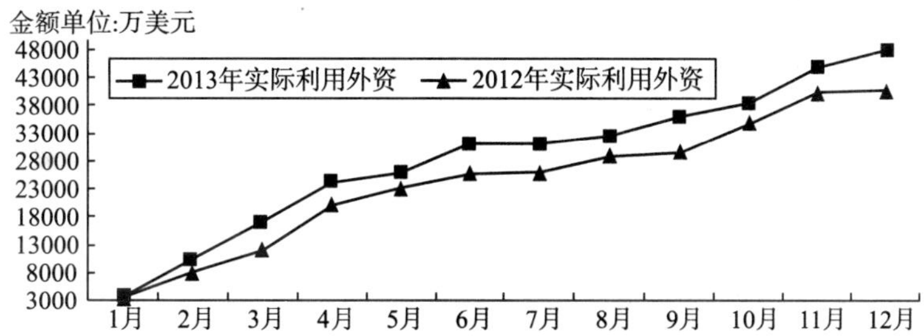

2013 年实际利用外资分析

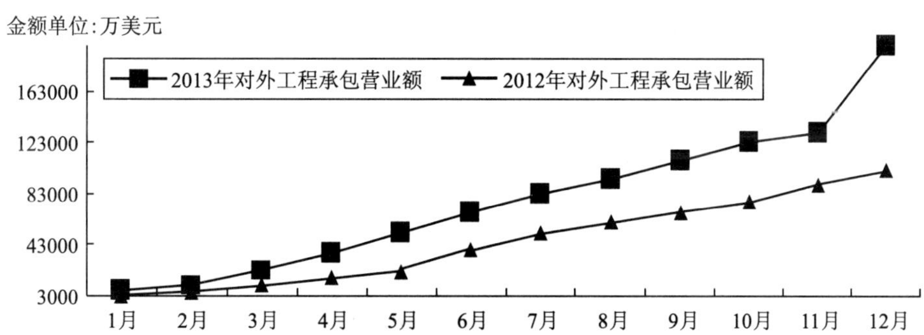

2013 年对外工程承包分析

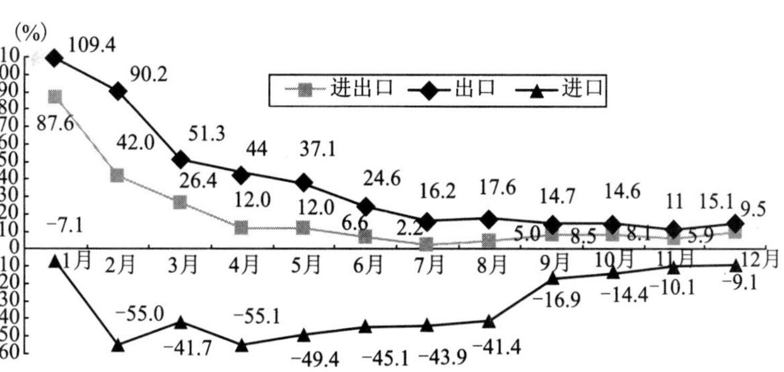

2013 年进出口速度分析

（三）民营企业拉动进出口功不可没

民营企业实现进出口 203.7 亿美元，增长 11.4%，占进出口总值的 73.9%。其中，私营企业进出口 200 亿美元，增长 12.6%。

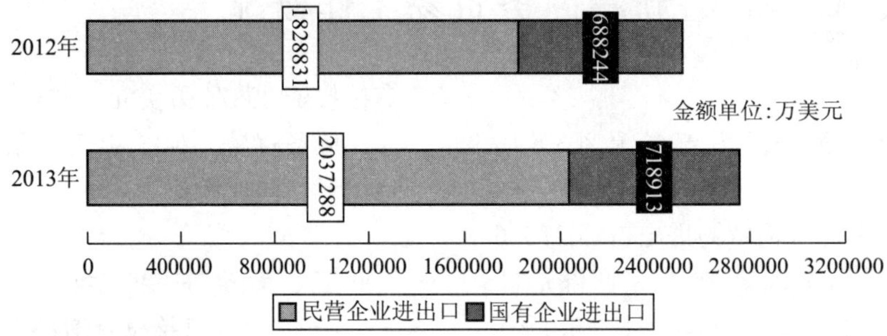

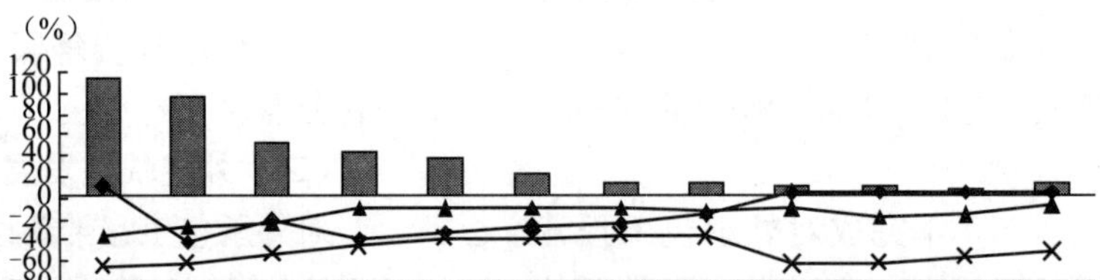

	1月	2月	3月	4月	5月	6月	7月	8月	9月	10月	11月	12月
私营企业	115.1	95.0	51.8	44.2	36.8	23.4	13.4	13.6	11.7	11.2	7.7	12.6
国有企业	9.4	-41.6	-23.6	-40.1	-33.5	-28.7	-24.9	-16.9	3.6	4.4	4.9	4.5
外贸企业	-36.7	-27.6	-24.2	-10.6	-11.1	-10.2	-10.1	-12.3	-11.5	-18.1	-17.1	-8.3
集体企业	-66.3	-63.7	-55.1	-47.1	-39.6	-39.5	-36.5	-38.4	-64.5	-62.8	-57.7	-52.3

2013 年新疆企业进出口速度分析

（四）边贸保持增长，加工贸易快速增长

边贸进出口 167.6 亿美元，增长 5.4%，占总值的 60.8%，占全国边境小额贸易进出口的 37.2%。

一般贸易进出口 95.12 亿美元，增长 12.6%，占总值的 34.5%。加工贸易进出口 50993 万美元，增长 96.8%，占总值的 1.9%。

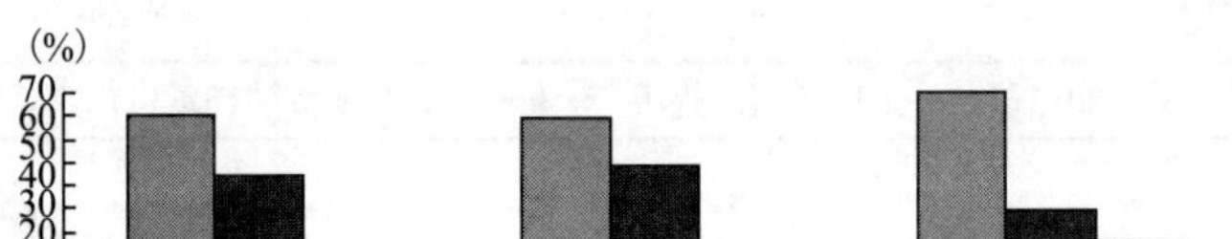

	进出口占%	出口占%	进口占%
边境贸易	60.8	58.5	70.4
一般贸易	34.5	38.2	18.9
加工贸易	1.9	1.0	5.6

2013 年进出口贸易结构分析

	1月	2月	3月	4月	5月	6月	7月	8月	9月	10月	11月	12月
边境贸易	74.3	7.0	4.8	-11.1	-6.6	-5.3	-3.6	-2.7	7.2	6.9	4.8	5.4
一般贸易	111.3	104.1	55.7	54.1	40.1	19.7	4.9	11.5	5.7	5.2	2.6	12.6
加工贸易	135.7	213.7	224	250.7	265.6	233.5	166.3	116.1	106.4	108.6	109.6	96.8

2013 年新疆贸易方式进出口速度分析

（五）市场多元化取得新成效

2013 年，贸易国别达 190 个。对中亚及俄罗斯进出口 194.9 亿美元，增长 6.9%。其中，对哈萨克贸易额达 122.5 亿美元，增长 9.7%，占总值的 44.5%。

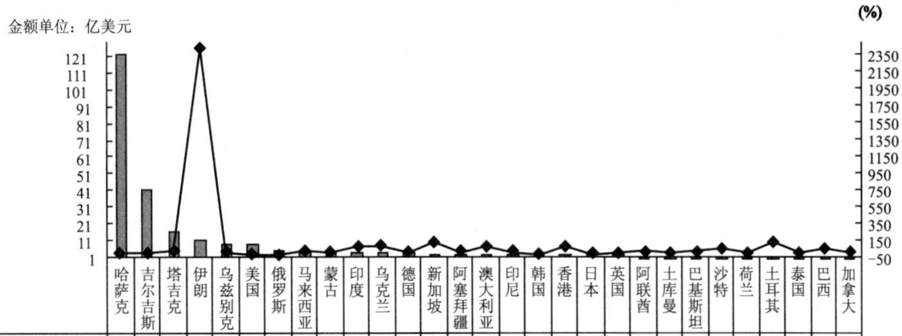

	哈萨克	吉尔吉斯	塔吉克	伊朗	乌兹别克	美国	俄罗斯	马来西亚	蒙古	印度	乌克兰	德国	新加坡	阿塞拜疆	澳大利亚	印尼	韩国	香港	日本	英国	阿联酋	土库曼	巴基斯坦	沙特	荷兰	土耳其	泰国	巴西	加拿大
进出口额	123	42	16	10	8.7	8.1	4.5	4.5	3.7	3.4	3	2.8	2.5	2.4	2.3	2.2	1.9	1.6	1.6	1.6	1.5	1.5	1.4	1.3	1.2	1.1	1.1	1	1
增减%	9.7	3.3	13	242	4.9	−2	−3	26	8.6	76	76	−11	12	−8	75	8.6	−2	77	−3	−6	32	10	17	39	−1	12	2.3	56	3.4

2013 年新疆进出口超亿美元国别分析

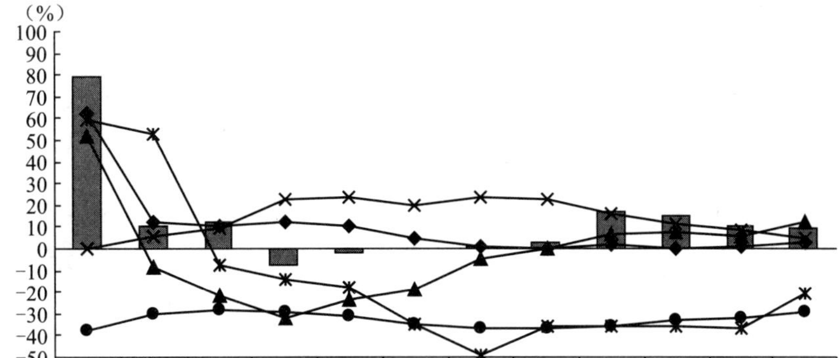

	1月	2月	3月	4月	5月	6月	7月	8月	9月	10月	11月	12月
哈萨克	79	10.7	12.6	−7.9	−1.6	−0.4	0.9	3.3	16.6	15.1	10.6	9.7
吉尔吉斯	62	11.8	10.4	12.2	10.5	5	1.2	0.0	1.7	0	1.2	3.3
塔吉克	52	−8.6	−21.3	−32.5	−23.3	−18.5	−5	−0.1	6.2	7.7	5.8	12.6
乌兹别克	0.4	5.6	9.7	23	23.3	19.6	23.7	22.9	16.4	11.3	8.8	4.9
美国	59.6	52.6	−8	−14.1	−18	−35.2	−49.1	−35.6	−36.2	−36.1	−36.7	−20.9
俄罗斯	−37.5	−30.5	−28.1	−29.3	−31.2	−34.7	−37.2	−36.5	−35.6	−32.9	−31.8	−29.5

2013 年新疆主要国别进出口速度分析

（六）大宗资源性产品进口减少

原油累计进口 367.5 万吨，金额 29.1 亿美元，分别下降 0.9%和 5.2%，单价下跌 4.3%。铁矿砂、机电产品、棉花、成品油、钢材进口额分别减少 27.6%、18.9%、16.6%、40.7%和 47.4%，进口价格分别下跌 19.1%、63.9%、7.8%、7.2%和 20.1%。1 亿美元以上的进口商品 7 个、1000 万美元以上的进口商品 28 个。

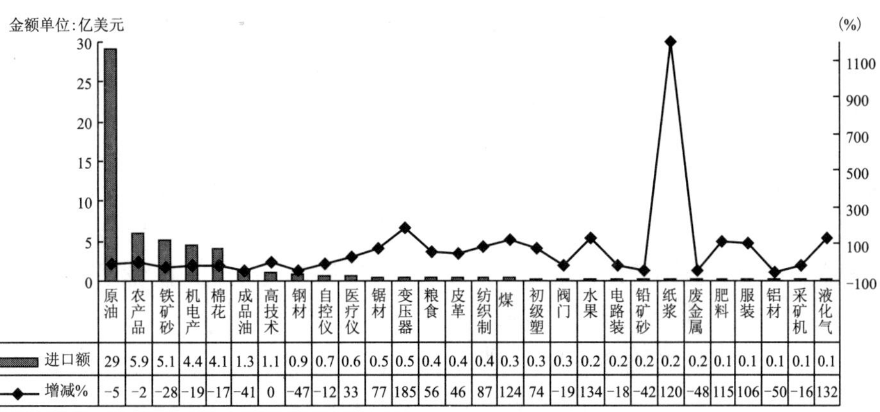

	原油	农产品	铁矿砂	机电产	棉花	成品油	高技术	钢材	自控仪	医疗仪	锯材	变压器	粮食	皮革	纺织制	煤	初级塑	阀门	水果	电路装	铅矿砂	纸浆	废金属	肥料	服装	铝材	采矿机	液化气
进口额	29	5.9	5.1	4.4	4.1	1.3	1.1	0.9	0.7	0.6	0.5	0.5	0.4	0.4	0.4	0.3	0.3	0.3	0.2	0.2	0.2	0.2	0.2	0.1	0.1	0.1	0.1	0.1
增减%	−5	−2	−28	−19	−17	−41	0	−47	−12	33	77	185	56	46	87	124	74	−19	134	−18	−42	120	−48	115	106	−50	−16	132

2013 年新疆进口 1000 万美元商品分析

（七）各项商务指标增速快于全国

2013 年新疆与全国商务指标对比分析

指标名称	全国		新疆		与全国增速比较
	金额	增长%	金额	增长%	
进出口额（亿美元）	41603.3	7.6	275.6	9.5	快于全国 1.9 个百分点
出口额（亿美元）	22100.4	7.9	222.7	15.1	快于全国 7.2 个百分点
进口额（亿美元）	19502.9	7.3	52.9	−9.1	低于全国 16.4 个百分点
工程承包营业额（亿美元）	1371.4	17.6	19.9012	25.3	快于全国 7.7 个百分点
对外投资（亿美元）	901.7	16.8	3.9374	51.9	快于全国 35.1 个百分点
实际利用外资（亿美元）	1175.86	5.25	4.8102	15.65	快于全国 10.4 个百分点
消费总额（亿元）	234380	13.1	2039.15	13.4	快于全国 0.3 个百分点

三、商务运行亮点分析

1. 国际市场结构进一步优化。2013 年，新疆与新兴市场国家贸易 54.85 亿美元，增长 41.9%，占总额的 19.9%，比重提高 4.5 个百分点。

2. 经营主体进一步优化。民营企业进出口占比从 72.7%提高到了 73.9%，提高 1.2 个百分点。

3. 贸易方式进一步优化。2013 年，新疆一般贸易、加工贸易占比分别上升 0.9 个百分点、0.9 个百分点。

4. 出口商品结构进一步优化。2013 年，新疆机电产品出口增速快于全区平均增速 11.9 个百分点，占出口总值的 25.4%。

5. 区域布局进一步优化。2013 年，新疆南疆进出口增速快于全区平均增速 46.4 个百分点，北疆进出口增速低于全区平均增速 4.2 个百分点。

6. 实际利用外资快于全国水平。2013 年，新疆实际利用外资快于全国 10.4 个百分点。

7. 对外工程承包和对外投资势头良好。对外工程承包营业额近 20 亿美元，增速快于全国 7.7 个百分点。对外投资增速快于全国 35.1 个百分点。

四、积极应对国际贸易摩擦，维护产业安全

在商务部的领导下，我区通过不断完善产业安全预警工作机制，鼓励企业和公共机构积极建立健全产业安全预警体系，积极应对国际贸易摩擦，有效维护了自治区重点产业安全和企业利益。

（一）不断加强重点产业安全预警体系建设

目前，已建立起了以 54 家重点企业为主的产业安全数据库，入库大型企业占比约为 60%，涉及机电、轻工、纺织，石油、化工、建材、医药，仓储八大类企业。产业安全数据直报率稳居全国产业安全龙虎榜的前列，重点数据直报企业直报率均超过年度目标的 90%，我区在全国上报商务部产业安全数据直报系统中，一直排在全国 36 个省、区、市的并列第一位。

（二）加强产业安全预警服务平台建设

自治区投资 10 多万元，建立了“中国产业安全指南网—新疆子站”，设立了出口预警、应对贸易摩擦、世贸知识等二十四个栏目，每年发布各类产业安全预警信息近百条。

（三）突出重点产业竞争力调研，积极维护产业安全

围绕番茄酱等重点产业，建立起了产业损害预警机制，重点加强了与自治区番茄产业龙头企业中粮屯河、新疆中亚食品研发中心的联系，适时了解企业的生产、销售和运行情况。对番茄产业的发展趋势进行了较为准确的评估，为政府及时做出政策调整提供了保障。

（四）认真开展涉案跟踪调查，切实维护企业权益

配合商务部完成了对甲乙酮、己二酸、聚氯乙烯、水合肼、马铃薯淀粉等 5 家涉案企业的效果跟踪调查，有效维护了企业利益。

（五）积极开展维护产业安全培训

聘请国内富有经验的专家和产业安全局的领导先后举办了两期“维护产业安全业务培训班”，为指导各类企业和行业协会维护产业安全，保护自身合法利益发挥了积极作用。

（新疆商务厅）

新疆生产建设兵团商务及 WTO 工作取得新进展

一、贸易及对外开放

2013 年，新疆生产建设兵团商务事业持续健康发展，国内贸易快速增长，实现社会消费品零售总额 385.64 亿元，增长 21%。外贸进出口持续增长。完成进出口总额 115.9 亿美元，增长 20.1%，首次突破百亿美元，占新疆外贸进出口总值的 42%。招商引资成效显著。实际利用外资 2.17 亿美元，增长 75%。国际经济合作取得新进展。对外工程承包和劳务合作营业额 5.42 亿美元，增长 34.7%。

二、WTO 贸易政策审议工作

根据 2013 年度世贸组织贸易政策审议机构安排，我局已通知有关企业按照要求提交书面问题，报商务部世贸司向被审议成员提出。

三、公平贸易、应对贸易摩擦和产业预警工作

（一）协助开展反倾销调查工作

2012 年底，商务部启动了对原产于美国、加拿大和巴西浆粕的反倾销调查。我们协助商务部指导兵团阿拉尔新农棉浆有限责任公司作为此案件的支持企业参加了国内浆粕行业的反倾销调查。

（二）产业安全工作

1. 举办培训班，提高产业预警数据监测水平

2013 年 1 月，在乌鲁木齐举办了兵团外贸出口样本企业培训会议，各师、市商务主管部门的业务负责人和兵团产业安全数据库扩容企业的信息员参加了培训。

2. 建立产业安全预警数据库信息报送工作通报制度

为加强产业安全数据报送工作，建立了产业安全预警信息报送通报制度，向各师、兵团企业通报上年度兵团产业安全数据库的运行情况。

3. 完善产业安全预警数据库的管理体系

为加强数据直报工作，完善兵、师、企业三级工作联系机制，为 13 个师商务主管部门管理员申请了用户名和密码，赋予各师商务主管部门产业安全数据库系统登录、本地企业管理、数据报表审核权限，便于各师开展数据直报的审核、催报管理工作。

4. 产业安全预警数据库运行情况

2013 年，兵团产业安全预警数据监测企业 79 家，产业安全监测企业 44 家，外贸出口订单调查问卷正常填报企业 45 家（含 10 家产业安全监测企业）。44 家产业预警数据直报企业直报率 100%，外贸出口订单调查问卷填报企业平均直报率 90%。

（三）推动国别贸易政策宣传指导

在网站上公开发布商务部每年发表的《国别贸易投资环境报告》，为兵团各级商务主管部门和企业提供国外贸易政策的咨询指导。

（新疆生产建设兵团商务局　徐荣 卢磊）

西藏自治区对外贸易、利用外资及对外经济合作简况

一、对外贸易

2013年，外贸进出口总额实现33.19亿美元，同比下降3.06%。其中，出口32.69亿美元，同比下降2.57%；进口0.50亿美元，同比下降27.03%。

对外贸易呈现以下特点：一是边境贸易在对外贸易中主导地位进一步巩固。边境小额贸易进出口总额实现19.24亿美元，同比增长14.08%，占进出口总额的57.9%。二是自产产品出口增幅较大。全年自产产品出口实现4886万美元，同比增长39.60%，占出口总额的1.5%，主要产品有鲜苹果、未梳脱脂剪羊毛、粗梳羊毛纱线、人发制品等。三是边民互市贸易持续增长。全年实现边民互市贸易7.2亿元，同比增长10.8%；活畜出口46万只。

二、利用外资

全年合同利用外资1.02亿美元，比上年下降76%；实际利用外资1.01亿美元，比上年下降42%。

拉萨国家级经济技术开发区累计实现税收37.88亿元，同比增长34%；实现工业增加值3亿元，同比增长35%；新增注册企业637家，同比增长78%。

三、口岸建设与发展

口岸项目建设有条不紊地进行，口岸基础设施不断完善，通关能力不断提升。地方电子口岸平台建设项目可行性方案论证工作全面启动。吉隆口岸扩大开放条件成熟，将于2014年8月试运行，10月份正式开放。2013年全区口岸出入境人员19.59万人（次），出入境运输工具2.55万架（辆）次。进出口货物17.8万吨，进出口货运值20.53亿美元。

四、对外经济交流与合作

出台了《西藏自治区对外投资合作专项资金管理办法实施细则》，加快推动我区企业“走出去”。完成援尼10所学校勘察设计任务；完成了吉隆口岸尼方一侧旱码头项目的可行性考察。

五、贸易促进与经贸交流

成功举办第十四届中国西藏—尼泊尔经贸洽谈会，184家企业参展，签订贸易合同或意向共计3893万美元，较2009年洽谈会增长86.54%。全年组织完成19个区外展会参展，签订产品销售协议金额1.34亿元，签订引资项目合同5个，合同金额12.5亿元。组织企业国外参展，在英国举办的中国品牌商品欧洲展上，拉萨皮革、优格仓藏香、金哈达羊绒、刚坚茶叶等品牌首次亮相欧洲市场。

（西藏自治区商务厅）

深圳 WTO 事务工作

2013 年是深圳市世贸组织事务工作第二个十年的开局之年，深圳市世贸组织事务中心围绕我市提出的“实现稳增长与促转型相结合、速度与质量相统一，实现经济有质量的可持续增长”这一出发点和落脚点，在合规性审查、进出口贸易预警和主要市场贸易形势分析、重大案件应对、技术性贸易措施应对等重点工作领域取得了一些成绩。

一、积极参与贸易政策审议工作，持续推进合规性审查工作

2013 年，中心共审查市、区有关部门提交的法规、规章等规范性文件草案共计 19 件，草拟了 WTO 合规性意见共 11 件，同时配合商务部核实外方质疑我国补贴政策中有关深圳相关政策的情况，并及时向商务部反馈了相关意见。中心于 3 月组织召开贸易政策合规性审查工作会，研究制定了《深圳市世贸组织事务中心关于设立深圳市贸易政策合规性审查工作专家组暂行工作办法》。中心领导还多次带队，参与商务部及广东省关于合规性审查工作的交流与探讨。

二、开展进出口贸易预警和主要市场贸易形势分析，推动贸易安全与产业损害预警系统建设

中心全年完成并发布了《金砖五国经济贸易发展态势》、《欧美建立“自由贸易区”对深圳经济贸易发展影响研究》和《中欧光伏产品“双反”案件情况分析与展望》等综合性预警监测报告，为各级各部门和有关业界提供决策参考。同时，在中心网站发布了美国、欧盟等 14 个主要贸易市场的 2012 年度与 2013 年上半年进出口形势分析简报 28 份。2013 年，中心还完成了市贸易安全与产业损害预警系统硬件设备的公开招投标和采购工作，系统的开发正积极推进中。

三、抓住重大案件应对，保护本土企业利益

2013 年，我市企业共遭遇贸易摩擦案件 13 起。其中，反倾销调查 9 起，反补贴调查 1 起，美国 337 调查 3 起。337 调查应对继续仍然是我市企业遭遇的贸易摩擦案件重点，世贸中心积极配合商务部相关司局来深调研。世贸组织事务中心也应邀赴华为公司开展国际贸易摩擦应对工作交流，帮助企业加深对世贸规则的理解，更好地防范和化解国际贸易风险。目前案件应对工作取得了积极进展，在全部 6 起案件中，有 3 起案件初裁不侵权，2 起案件由于原告撤诉而终止调查。在“两反一保”案件方面，我市企业应对工作也取得较好成效。

四、继续推进公平贸易服务平台建设

一是推进《促进进出口公平贸易专项资金管理办法》的制定工作。中心在市经贸信息委和财政委的支持下，对已届实施期限的《深圳市贸易救济研究资金管理暂行办法》进行了更名和修改完善，并进行绩效评估工作，拟定了《深圳市促进进出口公平贸易专项资金管理办法（送审稿）》。二是不断完善我市 WTO 法律服务平台建设。2013 年新增 3 名专业律师，扩大了 WTO 法律服务专家律师库的规模，同时组织召开了 WTO 法律服务体系工作会议，分析贸易摩擦和贸易争端形势，总结应对工作经验，探讨工作思路和工作路径。

五、关注新型贸易壁垒，开展技术性贸易措施应对

近年来，技术性贸易措施越来越成为制约我市企业出口的主要壁垒。中心与国家质检总局标法中心、深圳出入境检验检疫局、深圳市标准技术研究院于 2011 年签署了四方合作协议。2013 年，中心先后联合深圳检验检疫局开展深圳企业遭遇国外技术性贸易壁垒受损情况调研，对企业在出口中面临的检测、认证、通关，以及对国外有关技术法规等要求不熟悉造成退货等问题和困难进行专题调研并形成报告报市政府。根据市领导对信息专报“欧美能效新规将大面积冲击我市电子信息产业出口须重视”一文的批示（深督专〔2013〕119 号），世贸中心参与了督办调研，并

反馈了意见和建议，同时组织了相关培训宣传。

六、积极开展培训与研究，加强能力建设

一是参与我委承担的市委、市政府2013年重大课题《加快调整贸易政策和产业政策 率先构建开放型经济体系》研究。二是全面总结我市国际贸易摩擦的形势和应对工作情况，形成了《2013年深圳市进出口公平贸易报告》。三是针对重点高科技产业和主要摩擦难点，开展了“华为、中兴应对美国337调查案件评估”课题研究工作，总结华为、中兴两家企业应对美国337调查案件的工作经验，为我市有关业界提供经验参考。四是对供应链壁垒进行了研究并报告了市政府。五是扎实推进博士后创新基地的工作。2013年中心博士后创新实践基地与中南大学、西南财经大学博士后流动站建立起了交流合作关系。8月，开展了在站博士后中期考核，在站两名博士后均取得了中期考核良好的评价。在培训方面，2013年中心全年组织技术性贸易壁垒、知识产权等主题的培训21场，培训人员约1500人。

七、开展交流合作，加强多方位指导交流

2013年，商务部产业损害调查局、进出口公平贸易局、世界贸易组织司等先后到中心就贸易预警监测、“贸易救济与液晶面板产业安全”、中兴、华为两家企业遭遇美国337调查案件应对工作等开展调研。中心始终与省外经贸厅保持紧密联系，就省厅起草《关于加强贸易摩擦应对工作的指导意见》积极反馈建议，就中兴、华为遭遇337调查案件及中心的协调应对情况及时向省外经贸厅汇报。中心也非常注重加强与部分省市兄弟单位的交流合作，先后赴北京、天津、河北、上海、广州等省市交流，宣传《地方世贸组织事务工作深圳倡议》，就落实该倡议，加强地方WTO事务工作合作机制达成合作备忘录等进行积极主动地沟通；加强业务上的相互交流学习。2013年中心还先后组织“海合会国家自由贸易区及WTO事务交流推介团”、“欧债危机对深圳出口影响研究暨‘走出去’WTO事务交流活动”，先后赴沙特、阿联酋、卡塔尔、德国、比利时和西班牙开展专题交流。

八、举办年会、论坛，搭建改革开放交流平台

“WTO与深圳”高级论坛，至今已成功举办了12届，第十二届“WTO与深圳”高级论坛12月9日在深举行。世界贸易组织副总干事易小准作主旨演讲，市长许勤致辞。中国世界贸易组织研究会会长孙振宇、商务部经贸政策咨询委员会主任王洛林，中国世贸组织研究会终身荣誉顾问沈觉人、WTO上诉机构大法官张月姣、全国政协常委王新奎等相关领域的著名专家、学者、企业代表等，围绕“多哈回合谈判与中国的参与”、“自贸园区与新一轮对外开放”、“产业价值链与国际竞争力的提升”三个专题展开深入探讨。副市长陈彪主持有关活动。12月，深圳市世贸组织事务中心召开了顾问委员会2013年会，探讨如何进一步发挥地方WTO事务机构的作用，达成了《地方WTO事务工作合作备忘录》。

（深圳市世贸组织事务中心）

江西省商务工作及 WTO 事务概况

一、对外贸易及对外开放

（一）外贸出口实现快速发展

2013 年，全省累计实现外贸进出口 367.4 亿美元，同比增长 9.9%，其中，出口 281.7 亿美元，增长 12.2%；进口 85.7 亿美元，增长 3.2%。出口总量居全国 15 位。一般贸易出口快速增长，全年累计达 233.87 亿美元，增长 34.8%，高出全省平均水平 22.6 个百分点。加工贸易进口高速增长，全年累计出口达 44.1 亿美元，增长 36.4%。机电产品出口保持平稳增长，全年累计出口 105.7 亿美元，同比增长 12.9%，高于全省平均出口增幅 0.7 个百分点。新兴市场开拓成效显著，全年江西省与全世界 209 个国家和地区发生贸易往来，其中出口总值超过 1 亿美元的国家和地区达到 45 个。对东盟、非洲、拉丁美洲等新兴市场累计出口 160.4 亿美元，占全省出口总值的 56.9%，较 2012 年提高 2.5 个百分点，其中东盟跃升我省第一大出口市场，累计出口 57.7 亿美元，增长 68.3%。民营企业出口贡献突出，全年实现出口 205.6 亿美元，增长 19.2%，增幅高出全省平均水平 7 个百分点，对全省出口增长的贡献率达 108%。民营企业、外资企业和国有企业占全省出口比重分别为 73%、22.5%、4.5%。

（二）招商引资综合效益进一步提高

2013 年，全省新批外商投资企业 847 家，增长 7.4%；实际利用外资 75.5 亿美元，增长 10.7%。全省引进省外 5000 万元以上项目 1671 个，增长 14.7%；实际进资 3859.6 亿元，增长 21%。“招大引强”成果丰硕，全年引进外资 1 亿美元以上重大项目 13 个，引进世界 500 强 4 家，全省累计引进世界 500 强 114 家；引进省外 20 亿元以上重大项目 71 个，其中 50 亿元以上项目 12 个，100 亿元以上项目 2 个；引进央企重大项目 39 个，实际进资 28.9 亿元。引资结构进一步优化，全省先进制造业利用外资占全省的 66.8%，服务业利用外资占比达 25.0%。引进亿元以上战略性新兴产业项目 381 个，占全省引进亿元以上项目总数的 46.5%；实际进资 2166 亿元，占比 42.2%。先后成功举办赣港经贸合作活动、赣台经贸文化合作交流会、央企入赣投资合作洽谈会等重大招商活动，累计签约内外资项目 416 个，投资总额 4506 亿元。开放平台加快发展，新获批宜春、龙南、瑞金 3 个国家级经济技术开发区，赣州综合保税区成功获批，截至 2013 年底，全省共有国家级开发区 14 家，数量在中部乃至全国居前列。

（三）对外投资合作快速增长

2013 年，全省对外承包工程累计完成营业额 22.7 亿美元，同比增长 23.4%，新签合同额 20.3 亿美元，同比增长 20.8%，高出全国平均增幅 11.2 个百分点。全省外派劳务人员（含工程项下）5937 人，下降 2.4%，期末在外 15008 人，同比增长 8.63%。全省对外直接投资额为 5.38 亿美元，同比增长 47.4%。对外承包工程实现重大突破，全省对外承包工程营业额突破 20 亿美元，3 年翻一番，居全国第 14 位，全省累计完成营业额突破 100 亿美元。江西国际、江西中煤和中鼎国际入选全球 250 家最大国际承包商。对外投资实现多元化，全省核准境外投资企业 73 家，同比增加 13 家；对外投资区域主要分布在非洲、亚洲、大洋洲和北美洲，对外投资额分别占比 51.78%、19.58%、14.24%、8.15%。国家援外任务圆满完成，全年新增援外工程企业 4 家，企业总数增至 13 家；中标援外工程项目 6 个，合同总额近 2 亿元。依托江西外语外贸职业学院“国际商务官员研修基地”和南昌大学等高校，先后执行国家援外培训项目 10 个，为 50 多个国家培训近 200 名政府官员。

（四）口岸客货运实现突破

2013 年，全年累计完成进出口货运 298.23 万吨，国际集装箱 19.44 万重标箱，同比分别增长 25.27%和 21.96%。南昌航空口岸出入境人员突破 20 万人次，达到 20.18 万，同比增长 64.73%；出入境飞机 1347 架次，同比增长 48.68%。水运口岸货运快速增长，累计完成进出口货运 243.65 万吨、15.75 万重标箱，同比分别增长 34.47%和 29.18%。航空口岸发展不断提速，启动组建地方航空公司工作，大幅加密和开通国际国内重点航线，全年南昌昌北机场开通航线达到79条，同比增加20条；通航城市达到53个，同比增加9个。出口通道继续拓展，巩固加密九江至上海港始发班轮，新开行赣州（吉安）至厦门铁海联运五定班列、新余至宁波铁海联运专列，积极推动沿向莆铁路开行货运班列。口岸大通关合作深入推进，推动建立了江西鲜活农产品属地检验、沿海口岸免检直通放行快速通关模式，开辟了赣闽、赣粤鲜活农产品高速公路运输跨省免开箱查验“绿色通道”。

二、应对贸易摩擦和维护产业安全工作

（一）积极应对贸易摩擦维护企业利益

2013年，全省涉及国外新发起的贸易救济调查案3起，涉案金额累计近6000万美元，跟踪案件3起，我省充分利用“四位一体”的工作机制，积极开展协调工作，涉案企业的抗辩意识逐渐增强，尤其是欧盟光伏产品“双反”案中，涉案企业密切配合，积极应诉和参与行业组织的对外交涉和谈判，与欧盟达成了价格承诺协议，我省3家主要出口企业进入了价格承诺企业名单，维护了出口渠道，其中两家企业还被行业推选为价格承诺监督委员会委员。此外，在美国不锈钢水槽“双反”案和印度炭黑反倾销案中，我省有两家企业通过参与应诉，获得了较低的单独关税。

（二）有效应用贸易救济措施保护产业利益

2012年以来，国外大量低价的进口多晶硅对国内产业造成了严重冲击，我省多晶硅主要生产企业——江西赛维LDK光伏硅科技有限公司联合国内3家大企业代表行业提出了贸易救济调查申请。2012年至2013年，商务部对美国、韩国和欧盟进口多晶硅进行了立案调查，调查期间，我省有关部门和申请企业积极配合调查机关开展工作。2013年7月，商务部公布了对美、韩多晶硅反倾销调查的初裁结果，对遏制国外倾销行为取得了明显效果，为维护我省多晶硅产业良好的发展环境起到积极作用。

三、区域经济合作

（一）积极开展省际交流合作

2013年，江西省全年共计开展省际交流与协作活动10多项，加强了与周边省份及黑龙江、陕西、四川、重庆、贵州、青海、新疆等省（区、市）的双边省际交流与合作，达成了一批多边、双边合作意向。积极组织省内企业参加“第十七届西洽会”、“第十六届渝洽会”、“2013青洽会”、“第三届亚欧博览会”、“第十四届西博会”、“2013宁洽会”、“第24届哈洽会”、“玛纳斯国际文化节经贸活动”等重点经贸活动。通过这些大型经贸活动，江西省企业实现销售额近千万元，签订销售协议3700多万元。

（二）推动构建“赣湘开放合作试验区”

2013年，为扎实落实省政府关于支持赣西经济转型加快发展的战略部署，萍乡市委、市政府提出设立“赣湘开放合作试验区”重要战略，并编制完成《赣湘开放合作试验区发展战略构想》以及相关配套方案规划。2014年3月11日，赣湘开放合作试验区正式纳入国家发改委编制的《赣闽粤中央苏区振兴发展规划》，并被列为江西省中央苏区振兴发展九大重点平台之一。2014年4月10日，萍乡市政府与湖南株洲市政府在株洲市举行对接洽谈会，初步达成了《赣湘开放合作试验区战略合作框架协议》。

（三）参加第八届中国中部投资贸易博览会

2013年5月18—20日第八届“中博会”在河南郑州举行。江西省对外推介发布重大项目800多个，总投资近5000亿元。其中，战略性新兴产业招商项目达395个，投资总额1952.07亿元；服务业招商项目420个，总投资2894亿元。

（四）参加第九届泛珠三角区域合作经贸洽谈会

在2013年9月的第九届“泛珠会”上，江西省经贸推介了1206个、项目投资总额6848.59亿元的重大产业招商项目和服务业招商项目，涉及重大基础设施、江西省十大战略型新兴产业、传统制造业和现代服务业等重点发展产业。达成泛珠合作成果项目108个，签约金额362.79亿元，分别比上届大会增长3.85%和15.62%。

四、参与《政府采购协议》谈判工作

2013年，根据国家的统一部署，江西省积极开展GPA研究和出价工作，并向国家提交了我省各行业竞争力分析报告和加入GPA出价清单。

（江西省商务厅）

湖北省 WTO 工作情况简述

一、产业损害预警、产业安全数据库扩容和应对贸易摩擦情况

（一）产业损害预警工作

2013年，湖北省把产业损害预警工作的重点主要集中在钢铁、光纤、汽车等重点行业领域，并与武钢、烽火科技及烽火藤仓等参与预警工作的重点企业建立了稳固长期的合作关系，按月、按季对重点行业日常经济运行情况进行监测分析，不定期集中收集、反馈重点行业的实际问题和困难。先后编写完成《2013年上半年度湖北省钢铁产业预警分析报告》和《2013年湖北省光纤产业预警分析报告》，集中反映了当前阶段钢铁、光纤等产业亟待解决的实际问题和困难。通过对全省光纤产业的损害预警分析，发现了近年来自印度进口的同类产品对我光纤行业及企业的低价冲击，并于2013年8月指导我省烽火藤仓光纤科技有限公司参与发起了对原产于印度的进口单模光纤进行反倾销调查，维护了国内受损光纤生产企业的合法权益。此外，我省已尝试利用定期进出口数据制作进出口异常产品表来收集、整理、分析和反映其他产业的受损程度。2013年，对全省重点关注的产品及种类进行分析和判定，最后通过省商务厅信息平台和省内重要新闻媒体发布相关信息，对重点产品实施预警并发布预警报告，受到了企业和相关人士的欢迎和好评。

（二）产业安全数据库扩容工作

湖北省从2006年即开始实施产业损害预警建设。目前，产业安全数据库监测领域已达12个行业，月度数据直报企业208家，重点监测产品近300个大类，已覆盖全省主要产业和产品。2013年1—9月以完成上报各类报表2658件，上报率达到95.34%，审核通过率达到95.23%。各月度产业安全数据上报率、月度外贸问卷调查上报率以及两项的综合上报率均维持在90%以上，有力支撑了国家产业安全数据库扩容及损害预警建设。

（三）积极有效应对贸易摩擦

2013年湖北省共遭遇了40起贸易救济原审调查，同比增长42.8%，其中反倾销调查25起，反补贴调查5起，保障措施调查9起，337调查1起。涉案金额约9370万美元，同比下降41.4%，103家省内企业涉案。面对贸易摩擦，我们充分利用商务部“四体联动”应对机制，指导有关部门及企业积极应对，重大案件应对取得一定成效。2013年我省参与发起1起贸易救济调查，2012年发起的1起贸易救济调查在2013年获得肯定性终裁，切实维护了我省受损产业的合法权益。

二、技术性贸易壁垒

（一）TBT事件盘点

2013年，湖北省进出口贸易总值创下纪录，直逼363.9亿美元。其中，出口增长17.9%，达到228.4亿美元，比全国平均增幅高出9.6个百分点，超过2008年全省进出口的总和。

2013年，湖北省WTO/TBT通报咨询中心，持续跟踪WTO成员的贸易措施变动情况，深入研究和本省产业密切相关的措施，为帮助企业规避出口壁垒，把企业和专家意见传达到国家WTO/TBT中心。我们撰写了科普国外市场准入规则的专著，发表了贸易壁垒与出口研究报告，建立了以国内外技术法规、标准和合格评定、评议服务为特色的网络平台，点击率已达700余万次。

（二）ISO/TS 16949认证规则升级

ISO/TS 16949是2002年发布的首个为汽车及配件制造商专门设计的质量管理体系国际标准。2014年4月1日，升级版认证规则生效，制造商通过认证或复审的难度有所提升。对于关键技术优势不明显的湖北汽车制造商来说，通过该体系标准认证意味着供应商的产品质量持久稳定、整体运营有序并且稳定，更容易拿到主流汽车制造商的订单，也更容易获得市场的信任。

三、参与加入WTO《政府采购协议》谈判工作

2013年我国已进入加入GPA地方出价阶段，湖北省商务厅配合省财政厅做好相关工作，在去年的出价研究基础上，同专家一起完成了《中国加入〈政府采购协议〉（GPA）与湖北省货物出价分析报告》。

（湖北省商务厅）

广西对外经贸工作与 WTO 事务简述

2013 年，面对错综复杂的国际形势和经济下行的巨大压力，广西商务厅按照商务部和广西壮族自治区党委、政府的要求，以“广西商务工作十大重点工程”为抓手，积极参与中国—东盟自由贸易区建设、指导企业应对贸易摩擦、扎实推进产业预警数据库建设，外经贸工作取得新成绩。

一、对外开放总体情况

2013 年广西对外开放工作呈现出“一个历史性突破、两个较快增长、两个结构性优化、四大突出亮点”的好势头，为经济社会发展做出了积极贡献。

“一个历史性突破”：广西外贸进出口总额突破 300 亿美元，达到 328.4 亿美元，增长 11.4%。其中出口 187 亿美元，增长 20.9%。短短两年时间，外贸进出口在登上 200 亿美元台阶后，再登 300 亿美元台阶，成为广西率先实现富民强桂新跨越的主要经济指标。

“两个较快增长”：一是对外投资较快增长。广西对外直接投资 7.77 亿美元，增长 15.7%。二是对外承包工程较快增长。广西对外承包工程完成营业额 8.5 亿美元，增长 10.7%。

“两个结构性优化”：一是利用外资结构进一步优化。合同外资额 21.6 亿美元，同比增长 136%；实际直接利用外资 7 亿美元，虽然数额下降 6.5%，但投资结构更优，项目更多集中在新兴产业、高新技术业和服务业。引进广西第一家综合性外资融资性担保公司和第二家融资租赁公司，以及华润新能源等一批新能源、新材料、电子信息和生物科技外资项目。二是外贸商品结构优化。全年机电产品出口 74.1 亿美元，同比增长 27.2%，占全区出口总额比重由 2012 年的 37.6% 提高至 39.6%；高新技术产品出口 19.4 亿美元，同比增长 21.8%，占全区出口总额比重由 2012 年的 10.3%提高至 10.4%。钢材、水泥等“两高一资”产品出口显著下降。

“四大突出亮点”：一是中越签署建设跨境经济合作区的谅解备忘录，广西多年来推进的跨境经济合作实现重大突破。二是马中关丹产业园区隆重开园，中马钦州产业园区首批入园的生物医药、粮油加工、清真食品等产业项目已开工建设，中马“两国双园”作为两国投资合作的旗舰项目进展顺利。三是历经 12 年不懈争取，成功引进总投资金额超 10 亿美元的斯道拉恩索林浆纸一体化外资项目。四是积极争取商务部支持，广西—东盟经济技术开发区获批国家级经济技术开发区，成为我区第三个国家级经开区。

二、参与中国—东盟自由贸易区取得积极成效

2013 年广西充分发挥紧邻东盟的独特区位优势，开展与东盟的多领域务实交流与合作，经贸关系深入发展。

（一）积极参与和推进多区域合作

在中国—东盟自由贸易区合作框架下，广西积极参与次区域合作，取得显著成效。一是推动泛北部湾合作。泛北部湾经济合作是中国—东盟全面经济合作框架下的海上次区域合作，该合作得到了中国与东盟各国领导人的支持，泛北合作中方专家组和联合专家组相继成立，泛北合作中方秘书处也在南宁揭牌成立。二是加强大湄公河次区域合作。大湄公河次区域合作是中国—东盟全面经济合作框架下的陆上次区域合作。广西务实推进与相关国家在互联互通基础设施建设、交通运输服务、旅游、农业、贸易投资便利化及能源资源等领域的合作，取得积极进展。三是推进中马“两国双园”开发建设。2013 年 2 月，马中关丹产业园区（该园区为中马钦州产业园区的姊妹园区）在马来西亚关丹隆重开园，标志着中马“两国双园”国际合作新模式正式形成。四是推动南宁（中国）—新加坡经济走廊合作。目前，南宁至新加坡公路通道已全线贯通，交通运输通道基本成型，构建走廊的经济条件基本具备。五是推进中越跨境经济合作区建设。2013 年 10 月，中越两国政府签署《关于建设跨境经济合作区的谅解备忘录》，标志着中越跨境经济合作区建设由地方构想上升为两国共识。

（二）努力扩大与东盟国家的经贸合作

2013 年广西与东盟经贸关系蓬勃发展。贸易方面，2013 年广西与东盟贸易额达到 159.1 亿美元，占广西对外贸易总额中的比重为 48.5%。东盟已连续 13 年成为广西第一大贸易伙伴。对外投资和承包工程方面，2013 年，广西对东盟协议投资额为 2.48 亿美元，较 2002 年增长了 53 倍，年均增长 43.8%。特别是 2009—2013 年广西对东盟协议投资额连续五年超过 1 亿美元。截至 2013 年底，广西对东盟承包工程累计完成营业额 12.49 亿美元。利用东盟国家外资方面，2013 年，广西实际利用东盟资金为 4231 万美元，占全区利用外资总额的 6.0%。东盟已经成为广西第二大利用外资来源地，仅次于香港特区。

（三）积极搭建中国—东盟合作大平台

广西积极主动服务国家自贸区战略，搭建一系列面向东盟开放合作的重要平台。一是承办好中国—东盟博览会、中国—东盟商务与投资峰会。截至 2013 年中国—东盟博览会、中国—东盟商务与投资峰会已连续成功举办十届，成为中国与东盟的经贸盛会，搭建起了双方经贸合作平台和沟通桥梁。二是成功举办中国—东盟自贸区论坛。中国和东盟十国商务主管部门和广西壮族自治区人民政府共同主办了两届中国—东盟自贸区论坛，论坛就如何推进深度合作、实现可持续发展进行了有益探讨。三是积极举办泛北部湾经济合作论坛。截至 2013 年，广西已成功举办七届泛北部湾经济合作论坛，成为各国政府官员、专家学者、企业精英相互交流、共同展望、制定规划、推进合作的重要平台。

三、积极推进公平贸易相关工作

（一）加强产业损害预警和产业安全数据库建设工作

2013 年，在商务部产业损害调查局的指导下，广西产业损害预警和产业安全数据库建设工作取得了积极进展。一是推进信息员培训工作。2013 年广西新增监测企业 169 家，商务厅于 2013 年 3 月组织开展了产业安全数据库新增监测企业培训班。邀请商务部有关同志为广西新增监测企业系统地介绍了产业安全数据库建设的有关政策、理论，产业损害预警相关知识和统计报表制度。二是加强数据催报工作。为提升信息报送的及时性，商务厅借助广西国际电子商务中心具体实施数据催报工作，保证了良好的企业数据上报率。三是加大对产业安全数据库建设工作的宣传力度，积极与重点联系企业沟通，强化数据源建设。定期向各重点联系企业宣传普及维护产业安全的知识，提高企业运用贸易救济措施的意识和能力。

（二）积极做好应对贸易摩擦相关工作

一是支持企业进行反倾销应诉。近年来，广西商务厅积极指导企业进行反倾销应诉，协助企业申请贸易救济律师费补贴，在企业对外反倾销应诉过程中进行支持和帮助。包括对欧盟聚乙烯醇反倾销应诉，平果亚洲铝业股份有限公司应诉加拿大铝型材反倾销，南南铝业有限公司应诉澳大利亚铝型材反倾销，广西平桂飞碟股份有限公司应诉韩国对锐钛型二氧化钛的反倾销调查等。其中，2012 年欧盟对我日用陶瓷反倾销案已经终裁，我方胜诉，涉案企业获得了单独税率。二是支持企业进行反补贴应诉。广西商务厅主要负责联系相关单位和企业，及时向商务部提供应诉材料，积极帮助企业应诉。包括 2009 年美国商务部发布公告对我输美铜版纸（涂布纸）发起反倾销反补贴合并调查，2013 年美国对我铝挤压材反补贴调查等。三是进行贸易救济相关培训。近年来，广西商务厅多次牵头举办贸易救济工作培训班，通过给地市商务局、企业讲授反倾销理论知识及面对面的交流，使企业在获得反倾销知识的同时，也增强了应对反倾销的信心。

（广西壮族自治区商务厅　赵理）

广东省公平贸易工作与地方 WTO 事务

2013 年，广东积极参与国际经济竞争与合作，扎实推进公平贸易与地方 WTO 事务工作。

一、公平贸易工作

（一）贸易摩擦特点

一是“两反一保”贸易救济调查严重阻碍部分行业产品出口。2013 年广东涉及的贸易救济案件数量和涉案金额继续保持高位，全年共遭遇来自 16 个国家（地区）的贸易救济案件总计 62 起，涉案金额逾 33 亿美元，涉及金额 10 万美元以上企业 800 多家，包括电子、纺织、化工、机械、建材、冶金、金属制品、农产品、轻工、有色金属、造纸、食品等 12 个行业。受此影响，广东部分产品出口大幅下降，如对欧盟的瓷砖出口由 2010 年的 2.91 亿美元下降为 2013 年的 1.39 亿美元，从 2011 年起每年分别下降 21.1%、31.6%、11.2%。

二是发达国家通过更多采用调查、通报召回等方式限制我产品出口随着广东产业转型升级步伐加快，美欧等发达国家为了继续掌控产业竞争制高点，纷纷通过知识产权、技术性贸易壁垒强化产业保护。2013 年广东电子、通信、轮胎、家用电器产品受到美国 337 调查共 5 起，占其同期立案数量的 10%以上，涉及不少大型龙头企业，例如华为、中兴公司从 2011 年起已连续遭遇 6 起“337 调查”，仅 2013 年就遭遇了 3 起。发达国家还对我国产品发起数量诸多的召回、扣押、安全警告等技术性贸易壁垒措施，涉及家电、玩具、家居产品、服装、鞋帽等广泛领域。

三是与新兴市场国家贸易摩擦加剧 2013 年广东涉及的 30 起反倾销新立案件中，有 24 起来自发展中国家，占比高达 80%，涉及产品主要为电子、机械、化工、建材、轻工产品等。广东与发展中国家间的贸易摩擦不断加剧，主要是由于广东传统出口产品与其他发展中国家相关产品同质化程度较高。从发展趋势看，在传统产业领域，广东与美国、欧洲和日本三大出口市场的摩擦数量会减少，但与发展中国家的摩擦数量会增加，如印度、巴西、秘鲁和阿根廷等。

（二）公平贸易工作举措

一是加强全省贸易摩擦应对工作的统筹、协调和指导。制定出台《关于加强贸易摩擦应对工作的指导意见》（下称《指导意见》），从完善应对国外“两反两保”应对机制、规范市场竞争秩序、改进和完善公共政策、应对新型贸易壁垒、加强运用世贸组织规则、加强应对贸易摩擦机制和平台建设等方面对新形势下贸易摩擦应对工作的内容、机制和保障措施做出了全面、系统部署。

二是加强应对贸易摩擦基础能力建设。推进贸易摩擦应对的关口前移，着力提高政府、企业、行业组织和中介机构“四体联动”的合力，2013 年启动了“广东省公平贸易工作站”、“广东省应对贸易摩擦预警监测平台”建设，进一步建立和健全制度化、规范化的贸易摩擦应对工作机制，健全多层面、全覆盖的公共服务平台，并将应对工作向技术性贸易壁垒、世贸组织谈判和审议机制等新领域拓展。

三是认真组织应对“两反两保”、337 调查等贸易摩擦案件。一方面，加强应诉指导和协调。及时收集和通报案情，跟进案情进展，组织企业积极应诉。另一方面，加强重大案件的应诉组织。对贸易摩擦大案要案，根据不同案件的实际情况，分别组织协调企业结成应诉同盟、协调行业协会代表行业组织开展无损害抗辩活动、协调本省各级政府部门填答国外反补贴调查问卷、协调政府部门和企业参加国外调查机关的实地核查工作、协调企业制定和落实价格承诺协议等。此外，加强应对 337 调查及其他新型贸易壁垒。及时通报案情外，赴华为、中兴等公司调研和指导工作，举办美国 337 调查应对工作现场会，总结梳理广东受到美国 337 调查案件的有关企业总结应对经验和成效，开展经验交流。

四是指导和协助企业合理运用贸易救济措施维护利益。积极协调和协助商务部对境外产品发起反倾销调查和加快复审调查，维护我省企业利益。应广州泰邦食品科技有限公司要求，向商务部请求加快对原产于印度的进口特丁基对苯二酚反倾销调查立案。支持广东肇庆星湖生物科技股份有限公司提起反倾销复审。经沟通协调，并请求商务部加快复审进程，商务部已于 2013 年 9 月公告对原产于印度尼西亚和泰国的核苷酸类食品添加剂提高征收反倾销税税率。维护了企业的合法权益。

五是继续做好产业安全数据库工作。继续做好数据库的扩容工作，对已培训的重点联系企业开展数据上报指导、催报、稽核，提高报送率和数据准确率。同时为重点联系企业定期提供产业安全信息服务。

二、广东省 WTO 事务工作

（一）开展 WTO 贸易政策审议，提高政策措施透明度

在商务部的指导下，先后以日本、阿根廷、巴西、欧盟等 WTO 成员为重点对象进行贸易政策审议，收集了被审议成员在货物贸易、服务贸易、知识产权保护、信息安全保护和国际收支等领域违背 WTO 规则的歧视性或限制性做法和措施情况，综合整理后向商务部上报谈判交涉建议 15 条，通过国家谈判层面为广东创造良好的贸易投资外部环境，维护广东企业在国际投资和贸易中的合法权益。

（二）充分利用世贸组织相关机制维护我省企业合法权益

配合商务部为中美商贸联委会等国家级双边会议收集议题。在调研和与企业沟通的基础上，将美国商务部罔顾事实裁决冷冻暖水虾反补贴税率、美国反倾销调查行政复审程序造成障碍、美国反倾销调查程序中采取选择“替代国”的方式致使涉案企业被征收高额反倾销税、近年美国对进入该国的机电产品技术壁垒限制不断增多、美国自动扣留政策对企业出口造成重大影响、美国对我国企业投资金额门槛设置较高等各种非关税壁垒问题作为议题建议上报商务部，其中部分获得采纳。

（三）开展涉外经济政策合规研究

根据商务部在全国部分省市开展建立涉外经济政策合规性长效机制调查和评估项目安排，组织开展了“广东省建立涉外经济政策合规性长效机制的调查与评估”工作，掌握了广东省政府部门现行贸易政策合规性的基本现状，研讨了建立地方政府涉外经济政策合规性评估长效机制的基本思路以及省涉外经济政策出台前合规性评估的办法。

（四）开展多边贸易规则、自由贸易区协定优惠政策的解读工作

开展《中国—东盟自由贸易区协定解读与指引问答》、《中国一新西兰和中国一冰岛自由贸易区协定解读与指引问答》、《内地与港澳关于建立更紧密经贸关系的安排（CEPA）解读与指引》、《世贸组织协定法律文本及中国入世承诺解读（上、下册）》等系列协定的解读与编印工作，帮助企业更好地理解和运用国际贸易规则开展国际投资贸易合作，为企业提供公共信息服务。

（五）关注和跟踪世贸组织、国际区域经济热点问题

密切关注中日韩自贸区、区域全面经济伙伴关系协定（RCEP）首轮谈判进展以及泛太平洋战略经济伙伴协定（TPP）最新发展动向，及时向省委省政府及有关部门报送《中日韩自贸区谈判前景及对我国的影响》、《中瑞自贸区协定实施对广东外经贸的影响与对策》等参阅材料。此外，就中国一智利自贸区委员会第四次会议，向商务部报送了广东关注的中国一智利自贸区税则转版、原产地、技术性贸易壁垒、动植物卫生检疫措施、商务人员临时入境等议题的意见和建议，积极反映企业的关注。

（六）积极配合商务部有关司局开展相关工作

一是协助并参加商务部世贸司主持的“新一轮产业革命对多边贸易体制的影响及中国的对策”调研，为今后的多边贸易体制谈判提供依据，增强在多边贸易体制谈判中的主动性。二是参与商务部世贸司主持的“中德贸易可持续发展企业行为规范”项目。三是派员参加政府采购协议（GPA）、世贸组织规则、产业损害调查等工作会议和培训。

（七）继续加强 WTO 信息咨询与服务工作

会办了省十二届人大一次会议财经类 1031 号建议提案；为广东省法制办、经信委等政府部门在政策制定、审查阶段提供 WTO 规则及有关敏感、难点问题的咨询服务。

（广东省商务厅公平贸易局、广东省世界贸易组织事务中心）

第八篇　WTO 学术成果

●专　　著

《21世纪经济报道》. WTO改变中国. 北京：二十一世纪出版社，2013

［作者简介］《21世纪经济报道》

［内容提要］本书通过对北京和华盛顿权威当事人数次深入访问，获得大量未曾展现的谈判细节，梳理出入世前后中美高层政治决策的逻辑，这一逻辑不仅贯穿于中美激烈的谈判中，也贯穿于入世后中国和世界所发生的故事中。

陈彬. WTO司法体制法律适用问题研究. 北京：北京理工大学出版社，2013

［作者简介］陈彬，男，1979年生，江西上饶人，法学博士、博士后，深圳证券交易所综合研究所研究员，广东省法学会金融法研究会常务理事。曾为罗马国际统一私法协会访问学者、海牙阿瑟尔研究所访问学者、汉堡马克斯·普朗克比较和国际私法研究所访问学者。

［内容提要］本书在肯定WTO争端解决机制的司法性质的基础之上，首先分析了有关该问题的两大学说：自足说和开放说。自足说强调WTO专家组和上诉机构适用WTO涵盖协议，而开放说则主张一般国际法规则可以在WTO司法体制中获得适用。在简要介绍了两大学说的主要学术观点后，分析了两派学说之间的冲突实质，认为两种学说的分歧实质上是对WTO法律体系属性的不同看法，由此对法律适用产生了不同的看法。

葛壮志. WTO争端解决机制法律和实践问题研究. 北京：法律出版社，2013

［作者简介］葛壮志，男，1972年生，辽宁省兴城市人，辽宁大学法学院副教授，硕士生导师。东北财经大学经济学学士，大连海事大学法律硕士，中国现代国际关系研究院法学博士。中国法学会WTO法研究会理事，中国国际经济贸易法研究会理事，商务部知识产权海外维权中心专家，兼职律师。

［内容提要］本书在充分占有国内外研究成果和全部WTO争端解决案例的基础上，将DSU的法律研究、WTO争端案例的研究和WTO法律规则的研究三者有机结合起来，通过文献分析、比较分析、特别是案例分析等多种方法，分析了WTO争端解决机制的法律和实践问题。

宫占奎. 亚太区域经济合作发展报告—2013. 北京：高等教育出版社，2013

［作者简介］南开大学APEC研究中心主任

［内容提要］本书包括4个专栏，即亚太地区政治经济发展分析、2012年APEC进程中的重点问题、APEC区域经济一体化进程以及资料选编。

顾春芳. 中国贸易救济与产业安全论丛—2012. 北京：中国商务出版社，2013

［作者简介］南开大学APEC研究中心主任、中国APEC研究院副院长。

［内容提要］本书共收录37篇文章，这些文章紧密结合后危机时代背景下国际经贸和我国产业安全的复杂形势，内容涵盖了贸易、产业、法律等多个研究领域，深刻探讨了我国贸易救济和产业安全工作面临的新形势和新问题。

官松. 论WTO争端解决机制下的报复制度. 北京：法律出版社，2013

［作者简介］官松，就职于中华人民共和国商务部，现为中国驻以色列使馆经济商务参赞处三等秘书。

［内容提要］本书从一般国际法中的报复制度出发，研究报复制度从作为一般国际法中的一项制度到成为国际贸易体制争端解决最后手段的发展变

化，通过对 WTO 报复制度的进一步分析，论证 WTO 贸易报复制度的目的是“促使执行”，并将之作为评判该制度有效性的依据。重点研究 WTO 体制中的报复制度的体系与架构，剖析 DSU 和 SCM 协定中有关报复措施的实体和程序规定，研究分析交叉报复制度的法律规定及其在货物贸易领域、服务贸易领域以及与贸易相关的知识产权领域的应用，并总结提炼计算报复水平的方法。最后，对改进和完善 WTO 报复制度，以及中国实施 WTO 报复授权的策略提出建议。

广东省对外贸易经济合作厅. 多边贸易规则与自贸区协定条款系列解读与指引. 广州：新世纪出版社，2013

［作者简介］广东省对外贸易经济合作厅

［内容提要］本书分为六章，内容包括：中国—东盟自由贸易区简介、《中国—东盟全面经济合作框架协议》与早期收获计划、中国—东盟自由贸易区《货物贸易协议》与原产地规则等。

何宪民. WTO 体制下贸易救济实施与中国的应对策略研究. 北京：经济科学出版社，2013

［作者简介］何宪民，男，汉族，1968 年 10 月生，河北永年人，1991 年 9 月参加工作，博士研究生学历，经济学博士，中央财经大学博士后，河北省首批正高级会计师，中国会计学会高级会员，现任河北省社会科学院财务处处长，正高级会计师。

［内容提要］本书以经济学分析与法律研究相结合的视角，综合运用案例分析法、比较分析法、按照从一般到特殊、再由特殊到一般的思维过程，对贸易经济的历史、现象、特征、本质等问题层层深入地进行分析。按照规范分析和实证分析相结合、定性分析与质量分析相结合的方法，通过统计描述、指数分析和统计检验，研究 WTO 成员方贸易救济实践的选择、滥用情形，及其对中国贸易政策的影响。

侯连琦. 反规避法律制度研究. 北京：中国政法大学出版社，2013

［作者简介］侯连琦，1964 年 7 月生，河南省新蔡县人。2008 年毕业于苏州大学法学院。现任于江南大学法学院。主要研究 WTO·贸易救济法律制度并参与编辑大量文献。

［内容提要］本书介绍了一般法上的规避和贸易救济法上的规避、反规避法律制度及其价值、欧共体反规避法律制度、美国反规避法律制度、WTO 反规避法律制度的建立等内容。

胡庆江. 东亚自由贸易区（EAFTA）路径选择研究. 北京：北京大学出版社，2013

［作者简介］胡庆江，中国人民大学经济学博士，北京航空航天大学副教授、硕士研究生导师。先后就读于北京航空航天大学人文学院、经济管理学院以及中国人民大学经济学院。目前，主要从事国际贸易学和产业经济学领域的教学与科研工作。

［内容提要］本书从东亚区域经济一体化的历史、现状与发展趋势出发，深入探讨了影响东亚自由贸易区（EAFTA）路径选择的经济基础和约束条件，通过对南北型自由贸易区路径选择的比较研究，指出了东亚国家应如何借鉴 EU、NAFTA 的成功经验并吸取 APEC 自由贸易安排的教训。

黄东黎，等. 反补贴法与国际贸易. 北京：社会科学文献出版社，2013

［作者简介］黄东黎，中国社会科学院国际法研究中心研究员、教授。中国社会科学院法学研究所学术委员会委员。美国法学博士。

［内容提要］本书选择美国、欧盟和加拿大这三个对中国进口产品提起反补贴调查最多的世界贸易组织成员，以及亚洲地区最发达经济体——日本作为研究对象，对其补贴与反补贴法律制度进行研究。

姜鸿，等. 实施自由贸易区战略问题研究. 南京：南京大学出版社，2013

［作者简介］姜鸿，1970 年 2 月生，中南财经政法大学教授。

［内容提要］本书首先从理论上分析自由贸易区影响区内成员产业安全和贸易平衡的机制；然后构建自由贸易区框架下产业安全与贸易平衡的协调模型；最后运用该模型提出中国在自由贸易区谈判中的关税减让策略、矿产资源合作策略、技术合作策略。

金向东. 东北亚区域整合现状及趋势. 厦门：厦门大学出版社，2013

［作者简介］金向东，厦门大学硕士生导师。

［内容提要］本书从东北亚地区的社会制度、资源状况、经济结构与发展水平、大国利益交织和美国因素影响等方面着手，分析影响东北亚区域经济合作的积极因素与消极因素，列举了东北亚区域合作极具潜力的项目。

李廷江，等. 东亚区域合作与中日韩关系. 北京：社会科学文献出版社，2013

［作者简介］李廷江，1954年生于沈阳，1977年清华大学毕业，东京大学博士。曾任中国社会科学院世界政治研究所和日本研究所研究人员，现任日本中央大学法学系教授、清华大学特聘教授。代表著作有《日本财界和辛亥革命》、《近代中日关系源流》等。

［内容提要］本书收录文章为中国中外关系史学会、清华大学日本研究中心、复旦大学韩国研究中心在上海复旦大学共同主办的学术研讨会上的参会论文，内容涉及东亚区域文化交流、东亚区域合作的历史基础以及东亚区域合作存在的问题等。

李建民. 二十一世纪东亚区域经济合作战略研究. 北京：中国财政经济出版社，2013

［作者简介］李建民，吉林财经大学国际经济贸易学院教授，博士。1980年考入原吉林财贸学院国际贸易系，现吉林财经大学国际经济贸易学院。1984年毕业留校任教。2001－2002年到澳大利亚查尔斯大学做访问学者。2006年获得东北师范大学城市环境科学管理学院博士学位。

［内容提要］本书在借鉴西方研究方法的基础上，以经济学研究的方法（如地区主义理论、国际经济相互依赖理论、关税同盟理论和大市场理论等）为主，采用理论研究与实证研究相结合、定性分析与定量分析相结合的方法，探求了东亚区域经济合作和一体化的可行性和现实性。

厉力. 自由贸易区的原产地规则问题研究. 上海：复旦大学出版社，2013

［作者简介］厉力，生于吉林长春，现任上海海关学院海关管理系副教授，复旦大学理论经济学博士后，全国海关原产地管理技术委员会委员。2003年毕业于吉林大学法学院后赴英留学，获得英国华威大学（University of Warwick）法学硕士学位，回国后取得华东政法大学国际法专业法学博士学位。

［内容提要］本书阐述了自由贸易区和原产地规则的产生、演进、发展趋势以及两者之间的关系，对世界主要的自贸区原产地规则做了全面梳理，将其分为北美模式、泛欧模式和印度洋模式三种模式，并对不同模式的原产地规则的立法特点和适用效果进行对比分析。同时，本书详细论述了我国自贸区原产地规则的立法模式及其未来的走向，尤其对原产地规则在海关特殊监管区、服务贸易、加工贸易等重要领域的应用现状及存在的问题做了深入探讨。

梁明，等. 中国自由贸易区发展报告——2012. 北京：中国商务出版社，2013

［作者简介］商务部国际贸易经济合作研究院青年论坛区域小组，受青年课题资金支持。

［内容提要］本书对中国推进自由贸易区建设面临的新环境、新变化以及中国与自由贸易区内贸易伙伴经贸合作的新进展进行了分析和梳理，就中国签订的自由贸易协定的执行情况分别进行了研究和总结，并提出了未来我国加快实施自由贸易区战略的政策措施。

刘稚. 大湄公河次区域合作发展报告——2012—2013. 北京：社会科学文献出版社，2013

［作者简介］刘稚，女，云南大学大湄公河次区域研究中心主任，研究员，入选“百千万人才工程”，云南省中青年学术带头人，中国东南亚研究会副会长，中国面向西南重要桥头堡建设云南研究中心常务副主任。

［内容提要］本书介绍和研究2012—2013年度大湄公河次区域合作的热点、难点和重点问题，追踪分析该区域在2012—2013年度的发展态势，展望次区域合作的发展趋势，并对新形势下我国推进次区域合作深入发展提出相关对策和建议。

栾信杰. 世界贸易组织（WTO）规则解读. 北京：对外经济贸易大学出版社，2013

［作者简介］栾信杰，1965年10月生，山东潍坊人。中国计量学院经济与管理学院教授，浙江省哲学社会科学重点研究基地——浙江省产业发展政策研究中心教授，浙江省高校人文社科重点研究基地（标准化与知识产权管理）教授，硕士生导师，浙江省国际贸易学会理事，浙江省经济学会理

事，教育部人文社科重点研究基地——对外经济贸易大学中国 WTO 研究院高级研究员。

［内容提要］本书具体内容包括：世界贸易组织（WTO）的基本知识；世界贸易组织（WTO）贸易政策审查和争端解决机制、世界贸易组织（WTO）农产品贸易、服务贸易规则；世界贸易组织（WTO）反倾销反补贴和保障措施规则；世界贸易组织（WTO）与贸易有关的知识产权保护规则；世界贸易组织（WTO）与贸易有关的投资措施、进口许可程序、原产地和海关估价规则及中国入世规则。

毛树春，等. WTO 与中国棉花十年. 北京：中国农业出版社，2013

［作者简介］毛树春，研究员，博士生导师，享受国务院特殊津贴。长期在中国农业科学院棉花研究所从事棉花科学研究，任中棉所栽培室与棉花产业技术体系功能研究室主任，中国农科院杰出人才，《中国棉花生产景气报告》系列出版物主编，中国优质棉网总监，兼任中国农业咨询团和棉花市场预警会商专家等。

［内容提要］本书回顾我国加入世界贸易组织 10 年以来，棉花生产、棉花科技、棉花种子市场化、棉花市场和价格、棉纺织业、棉花市场监测预警系统等的发展情况，取得的经验和存在的问题。

彭德雷. WTO 下参与法律机制研究. 北京：中国政法大学出版社，2013

［作者简介］彭德雷，江西宜春人，1984 年 8 月生，法学博士（上海交大与澳大利亚拉筹伯大学国家公派联合培养），现为华东理工大学商学院国际商法教研室讲师，兼任上海交通大学凯原法学院亚洲法律中心客座研究员。

［内容提要］本书共分五章，内容包括 WTO 法律机制：参与的维度与挑战；WTO 主要成员的参与法律机制：核心五成员；WTO 下中国参与法律机制的构建：内部与外部；WTO 下中国参与法律机制的价值：国内治理与国际善治等。

任钢建. 中国一东盟文化共生与包容性发展. 北京：知识产权出版社，2013

［作者简介］任钢建，男，汉族，山东高密人，1956 年 3 月生，中共党员，教授，西南大学教育学博士，硕士生导师，贵州大学党委副书记（正厅级），贵州大学学术学科带头人。

［内容提要］本书收录有《教育外交的新模式——“中国一东盟教育交流周”经验解读》、《文化的共生与包容：东盟国际关系的主旋律》、《中国与东盟的文化交流：文化共生与包容发展》等文章。

商务部条约法律司，等. 中国——影响知识产权保护和实施措施案（DS362 号）. 上海：上海人民出版社，2013

［作者简介］商务部条约法律司

［内容提要］本书收录了“中国——影响知识产权保护和实施措施案”，报告记述了中外双方在案件中的法律论辩和专家组/上诉机构的法律分析和推理。

孙琬钟. WTO 法与中国论丛. 2013 年卷. 北京：知识产权出版社，2013

［作者简介］孙琬钟，男，汉族，河北怀来县人，北京大学法学院兼职教授，中国法学会世界贸易组织法研究会的发起人之一。现任世界贸易组织法研究会会长，董必武法学思想研究会常务副会长，北京大学公法研究中心客座研究员，宪法、行政法博士生导师组成员，中国政法大学讲座教授，北京师范大学、中国人民大学兼职教授。

［内容提要］本书是“WTO 法与中国”论坛暨中国法学会世界贸易组织法研究会 2012 年年会论文集，以“中国入世第二个十年：新起点与新挑战”为主题，研究了中国与 WTO，WTO 贸易救济的理论与实务，WTO 服务贸易与投资规则及其新挑战，WTO 争端解决机制的理论与实践，WTO 框架下的贸易与非贸易社会价值的冲突与协调，与 WTO 有关的知识产权、技术壁垒及其他新问题，反映了当下的重点、热点、难点问题，对中国对外贸易及相关法律制度建设有积极的参考价值。

汤碧. 中国自贸区战略动态优化研究. 北京：对外经济贸易大学出版社，2013

［作者简介］云南昆明市人，经济学博士，对外经济贸易大学国际经济研究院院长助理、副研究员，硕士生导师。

［内容提要］本书在对当前国际区域经济合作发展研究的基础上，从动态视角结合实证分析和案例研究，提出我国双边 FTA 动态优化的政策建

议，将会有助于这一问题的解决。

王婧.论WTO多哈回合服务贸易谈判.北京：对外经济贸易大学出版社，2013

［作者简介］王婧，1981年生于湖北武汉，对外经济贸易大学经济学博士，现就职于对外经济贸易大学英语学院，主要研究领域为世界贸易组织、世界经济体系，国际经济形势等，参与教育部哲学社会科学重大课题攻关项目、北京市及校级项目，并在经济类核心期刊上发表论文数篇。

［内容提要］本书以多哈回合为视角与主线，按照其进程梳理有关服务贸易谈判的历史及现状，以规则谈判和市场准入谈判两大议题分析谈判内容及关键领域，在分析各国提案的基础上，总结谈判的主要规律及各国基本立场，并对中国服务业及其自由化程度进行评估，进而分析多哈回合服务贸易谈判中中国的立场和策略。

王俊文.加快实施中国自贸区战略研究（论文集）.北京：中国商务出版社,2013

［作者简介］王俊文，中国国际贸易学会会长。

［内容提要］本书收集了2012年8—10月，中国国际贸易学会会同有关部门举办的“中国自由贸易区建设”主题征文活动的获奖论文和部分征文来稿。全书分为中国自贸区建设的意义和任务、加快中国自贸区建设的路径和建议、TPP与中国自贸区建设、他山之石可以攻玉、附录五部分。

王永杰.世界贸易组织补贴争端解决机制研究.浙江：浙江大学出版社,2013

［作者简介］王永杰，男，1972年11月生，安徽寿县人。2003年毕业于苏州大学，获法学硕士学位；2012年毕业于苏州大学，获法学博士学位。现为浙江理工大学经济管理学院讲师，浙江华浙律师事务所兼职律师。

［内容提要］本书探讨了各成员之间产生补贴争端的经济学原因。书中以世贸组织争端解决程序作为基础，重点研究该程序中解决补贴争端的特殊程序，如磋商程序中的“可获得证据的说明”、禁止性补贴案件中加速程序和常设专家小组程序以及可申诉补贴案件中的搜集严重侵害信息程序等。

魏传忠.特别贸易关注.北京：中国质检出版社，中国标准出版社，2013

［作者简介］魏传忠，男，1954年4月生，山东阳谷人，1977年8月毕业于山东农业大学，1981年8月加入中国共产党，党校研究生。2007年任国家质量监督检验检疫总局副局长、党组成员，上海世博会组委会委员。

［内容提要］本书主要包括TBT特别贸易关注研究报告（1995—2011）、WTO其他成员对中国提出的特别贸易关注、中国对WTO其他成员提出的特别贸易关注、G/TBT/GEN/74/Rev.9《TBT委员会上提出的特别贸易关注》译文及原文。

吴喜梅.WTO框架下我国农业补贴法律体系的建构.北京：法律出版社，2013

［作者简介］吴喜梅，郑州大学法学院副教授，硕士生导师，重庆大学法学院博士生，河南省教学质量工程项目世界贸易组织法双语示范课程负责人，斯洛伐克考门斯基大学访问学者，加拿大访问学者。

［内容提要］本书在总结了近年来国内外学者就WTO农业补贴规则的学理解释和WTO争端解决机构就相关规则的准司法解释的基础之上，比较研究了WTO主要成员农业补贴法律政策内容及其发展变化规律和趋势，分析了中国农业补贴实践与制度缺陷，力求探索一条建立与完善中国农业补贴法律体系的有效路径。

杨国华，等.法学教学方法：探索与争鸣.厦门：厦门大学出版社，2013

［作者简介］杨国华，男，法学博士，现就职于中华人民共和国商务部条约法律司，任WTO法律处处长，负责与我国有关的WTO争端解决事务。武汉大学国际法研究所、湖南师范大学、中国政法大学、国际关系学院兼职教授，北京市国际法学会会会长。澳大利亚Bond University“全球贸易与金融中心”（Tim Fischer Centre for Global Trade & Finance）高级研究员。中国国际经济贸易仲裁委员会仲裁员。

［内容提要］本书主要介绍了由杨国华司长提出的WTO案例教学中的“讨论式教学法”。以人本主义为指导思想，由学生课前阅读、课堂讨论、课后研究三个环节组成，其中课堂探讨环节，以学生发言和辩论为主，教师只是讨论的主持人和促进者。

杨国华，等. 探索 WTO 一二. 厦门：厦门大学出版社，2013

［作者简介］同前。

［内容提要］本书内容包括：WTO 概述、知识产权案、取向电工钢案、双重救济案、出版物案和原材料案等。

杨静. 自由贸易协定知识产权条款研究. 北京：法律出版社，2013

［作者简介］杨静，女，华中科技大学工学学士、法学硕士，同济大学法学院民商法学专业博士研究生，云南财经大学法学院副教授、硕士研究生导师。研究方向为知识产权法。

［内容提要］本书对知识产权条款在自由贸易协定中的缘起与生成、规律与趋势进行了探析，试图观察、分析、评价自由贸易协定知识产权之制度旨趣、秩序主张和价值取向，揭示塑造知识产权国际保护制度的主体、力量、作用机制与具体作用过程。

易波. WTO 非违法之诉研究. 长春：吉林大学出版社，2013

［作者简介］易波，男，汉族，江苏南京人，东南大学法学院讲师。

［内容提要］本书完整系统地研究了 WTO 非违法之诉，主要内容有：非违法之诉的渊源和发展、非违法之诉的基础和意义、非违法之诉的成立要件、非违法之诉的扩大适用、非违法之诉的程序规则等。

袁志刚. 中国（上海）自由贸易试验区新战略研究. 上海：格致出版社，上海人民出版社，2013

［作者简介］袁志刚，复旦大学经济学院院长，复旦大学理论经济学博士后流动站负责人，复旦大学校务委员会委员，教育部“长江学者奖励计划”特聘教授，博士生导师，国务院政府特殊津贴专家。兼任复旦大学就业与社会保障研究中心主任，教育部经济学教学指导委员会委员，国家劳动和社会保障部专家咨询委员会委员，上海经济学会副会长等职。

［内容提要］本书分为十二章，内容包括：经济全球化新趋势与中国应对、上海自贸试验区发展战略思考、全球价值链分工与上海自贸试验区建设的逻辑、上海自贸试验区大宗商品人民币计价权研究、上海自贸试验区与离岸再保险中心建设等。

张磊，等. 多哈回合谈判的最新进展——2011 年度报告. 北京：法律出版社，2013

［作者简介］张磊，世界贸易组织教席主持人（WTO Chair Holder）。现任 WTO 学院院长、教授。联合国世界知识产权组织仲裁员。现为荷兰马斯特里赫特大学国际经济法专业博士。

［内容提要］本报告在上年度报告的基础上，以 2011 年 4 月份谈判组的报告文件为基础，重点关注农业谈判、补贴和反补贴措施、知识产权以及服务贸易等几个主要领域在本年度的谈判进展情况。

张彬，等. 中日韩自由贸易区问题研究. 北京：人民出版社，2013

［作者简介］张彬，现任武汉大学经济与管理学院世界经济系教授、博士生导师。近年来主要从事美国经济、区域经济合作研究。

［内容提要］本书在分析建立中日韩自由贸易区的全球和地区背景和客观条件的基础上，系统阐述 FTA 货物贸易自由化、投资效应、服务贸易自由化、贸易便利化合作的基本理论，深入分析建立中日韩自由贸易区的重要领域，对中日韩三国已经达到的自由化水平和未来开放压力进行比较，并提出中国参与上述领域合作的策略选择。之后，进一步探讨了影响中日韩 FTA 未来发展的内部和外部因素，提出推进建立中日韩 FTA 的总体思路和重要议题处理方式的建议，并对中日韩 FTA 框架下开展多领域合作的前景进行了展望。

张乃根. WTO 法与中国涉案争端解决. 上海：上海人民出版社，2013

［作者简介］张乃根，1955 年 10 月生于上海；1983 年毕业于华东政法学院，获法学学士学位；1986 年毕业于复旦大学法律系，获法学硕士学位；2002 年获复旦大学法学博士学位（国际关系专业同等学力）；1989 年以来先后赴美国哥伦比亚大学、乔治·华盛顿大学、密歇根大学、乔治城大学、德国马克斯—普朗克国际公法研究所、汉堡大学、法国巴黎第一大学等任访问学者、富布莱特研究学者或客座教授；现为复旦大学法学院教授、博士生导师。

［内容提要］本书汇编了作者有关 WTO 法与中国涉案 WTO 争端解决研究的 20 多篇论文，涵盖

WTO的体制性问题与中国入世后国内法制建设的若干重大问题、WTO争端解决机制与国际法的一般理论问题及中国涉案争端解决的具体问题研究。

郑东阳，等. 两岸ECFA时代. 福州：海风出版社，2013

［作者简介］《凤凰周刊》记者。

［内容提要］本书从宏观和微观两方面解读ECFA签订后给两岸人民带来的实惠。主要结合“十二五”规划与台湾发展“黄金十年”，展望两岸真正进入互利双赢、合作发展的历史新阶段，对谋求两岸经济共同繁荣，增进两岸民众切身利益具有积极和深远意义。

赵晋平，等. 跨太平洋伙伴关系协定. 北京：中国财政经济出版社，2013

［作者简介］赵晋平，男，汉族，经济学博士，研究员，安子介国际贸易研究奖获得者。

［内容提要］本书共七章，内容包括亚太区域经济合作的新动向、TPP的总体框架及其特点、TPP谈判的新进展和前景展望、非成员国对TPP的态度和可能采取的策略、TPP在亚太经济格局演变中的作用、TPP对我国经济的可能影响、我国自贸区战略面临的挑战与对策建议。

中国世界贸易组织研究会竞争政策与法律专业委员会. 中国竞争法律与政策研究报告——2013年. 北京：法律出版社，2013

［作者简介］中国世界贸易组织研究会竞争政策与法律专业委员会。

［内容提要］本书是由中国世界贸易组织研究会竞争政策与法律专业委员会联合多家高校及科研机构共同编撰的关于竞争政策与法律的研究报告，系统地介绍我国竞争法律和政策制定与实施的现状，研究世界主要经济体竞争政策与法律最新发展情况以供借鉴，对我国竞争法律与政策学术研究成果进行了全面评述，集政策性、研究性、实用性为一体。

中国—东盟环境保护合作中心. 中国—东盟环境合作. 北京：中国环境出版社，2013

［作者简介］中国—东盟环境保护合作中心。

［内容提要］本书共分六章，第一章综述了区域生物多样性保护合作现状；第二章介绍了区域生物多样性保护的机遇和挑战；第三章阐述了中国和东盟生物多样性保护的政策和措施；第四章介绍了国际组织、地方开展的区域生物多样性保护的合作项目；第五章具体分析了生物多样性保护及合作成功案例；第六章论述了中国—东盟生物多样性保护与绿色发展的未来合作前景和方向。

朱榄叶. WTO争端解决案例新编. 北京：中国法制出版社，2013

［作者简介］朱榄叶，女，华东法政大学国际法学院教授，博士研究生导师，中国国际法学会常务理事，中国法学会WTO法研究会副会长，中国国际经济法研究会副会长，享受国务院政府特殊津贴。兼任中国国际经济贸易仲裁委员会委员、上海仲裁委员会仲裁员、深圳仲裁委员会仲裁员。

［内容提要］本书介绍了WTO成立18年来通过其争端解决机制的专家组/上诉机构程序处理的183个案件。书中对每一个案件都是先介绍案件争议的事实，即WTO某个成员的法律或者其采取的措施，然后阐明专家组/上诉机构对被诉措施的法律结论，而将专家组/上诉机构的法律分析浓缩，略去案件的程序。

● 学术论文

➤ 中国与世界贸易组织

1. 入世后我国粮食安全立法的反思与未来战略. 黄晖，曾文革. 农业经济问题，2013/01

［作者单位］重庆大学法学院

［内容提要］我国粮食安全对我国及世界的稳定与发展均有重要意义。入世以来，我国粮食安全的规则与理念深受WTO的影响，但粮食安全观未体现两个市场的观念；立法策略缺乏对WTO规则的辩证转化；以粮食安全基本法为核心的立法体系尚未有效建立，这是我国缺失粮食安全战略的主要标志。应通过树立国际化的粮食安全观、优化立法、构建国内粮食安全法制等综合措施完善我国粮食安全立法未来发展战略。

2. 入世对中国农业发展影响的事后评估——基于GTAP模型的实证分析. 陈恭军，田维明. 财贸研究，2013/02

［作者单位］中国农业大学经济管理学院

［内容提要］基于GTAP模型，设计了相应的模拟方案，事后模拟评估了不入世对中国农业发展带来的影响。结果显示：如果中国当初未加入WTO，中国的国民经济发展水平和福利水平将显著下降，而对世界其他地区的国民经济发展水平和福利水平影响很小；中国大多数农产品的生产、消费和价格都会下降；在分类农产品贸易上，奶类、油料和油脂这些中国具有比较劣势的农产品进口量将大幅度减少，而蔬菜水果和水产品这些中国具有较强国际竞争力的农产品出口量将明显萎缩。

3. 入世十年中国纺织品出口国际竞争力分析. 吴钧. 价格月刊，2013/02

［作者单位］淮阴师范学院经济与管理学院

［内容提要］入世十年来，中国纺织品出口贸易迅猛发展。通过对国际竞争力主要测量指标国际市场占有率、贸易专业化指数和显示性比较优势指数化，分析入世十年来中国纺织品出口的国际竞争力。结果证明，中国纺织品出口具有较强的国际竞争力，但显示性比较优势指数在入世十年期间多次下跌。在探讨影响中国纺织品出口国际竞争力主要因素的基础上，提出了增强中国纺织品出口国际竞争力的对策建议。

4. 完善我国农业补贴制度的思考. 张勇，张国梅. 金融与经济，2013/02

［作者单位］石家庄邮电职业技术学院经济系

［内容提要］农业补贴是一种政府提供的行政给付行为。我国农业补贴制度在向WTO《农业协议》的规定靠拢，但仍存在制度弊病。我们应当从农业补贴固有的法律属性和我国农业补贴的现实性两方面来理解这一制度。并根据我国农业补贴存在的问题，从法律体系完善、制度内容合理化、实施效果改良三个方面进行制度更新。

5. WTO下企业电子商务的营销管理创新. 王燕，张茹冰. 中国外资，2013/02

［作者单位］佳木斯大学经济管理学院

［内容提要］自我国加入WTO贸易组织之后，给企业的各项经济活动带来机遇和挑战。随着计算机与网络技术的普及与发展，电子商务成为企业发展的必然趋势，如何实现电子商务背景下的营销管理创新，是本文着重讨论的话题。

6. 探析WTO体制下中国反倾销法律制度的立法完善. 左祥宾. 法制与经济，2013/02

［作者单位］华南理工大学法学院

［内容提要］加入世界贸易组织（WTO）已过十年，虽然我国的反倾销措施已经形成了一套比较成熟的法律体系，但由于我国反倾销立法起步较晚，与欧美发达国家相比还存在许多不完善之处，

因此我国应针对反倾销立法中存在的问题，从宏观方面、实体方面和程序方面等三个方面进行修改和完善。

7. 我国农业产业安全评估指标体系研究. 高庆鹏，陈彬，李沁洋. 安徽农业科学，2013/03

［作者单位］北京大学光华管理学院；中国人民大学农业与农村发展学院

［内容提要］根据后 WTO 时期我国农业发展的新特征、新动向，结合影响农业产业安全因素分析，选用科学的指标体系设计方法，构建了我国农业产业安全评估指标体系。该指标体系分为风险因子指标（体现风险程度）和能力因子指标（体现保障能力）两个方面，由消费安全、生产安全、产业控制力、产业发展力、产业发展环境、政府作用、产业基础条件 7 个子系统组成，共采用了 31 个指标。风险因子分为高风险、较高风险、一般风险、较低风险和低风险 5 个等级，保障因子分为强壮型、健康型、一般型、虚弱型和残障型 5 个等级。根据加权加总得出的产业安全综合分数，将农业产业安全分为非常安全、安全、基本安全、不安全和危机 5 种类型。该评价指标体系旨在为有效评估我国农业产业安全提供理论参考。

8. WTO 视角下的中国农业国内支持. 倪洪兴，田志宏，徐宏源. 世界农业，2013/03

［作者单位］中国农业国内支持课题组

［内容提要］随着中国经济的快速发展和经济实力的增强，中国农业国内支持力度得到了加强，农业支持水平得到了较大幅度的提高，引起了国际社会的关注和热议。如何认识中国农业支持政策的本质，明确中国农业支持政策的选择方向，不仅对中国农业健康和可持续发展至关重要，而且对全球粮食安全至关重要。

9. 论 WTO 框架下的竞争法律对我国反不正当竞争法的修改启示与借鉴. 贾平，刘茜. 世界贸易组织动态与研究，2013/03

［作者单位］上海对外贸易学院

［内容提要］经济全球化迫使竞争法律进行相应的变革。WTO 框架下的竞争法律涵盖了服务贸易、与贸易有关的知识产权领域、与贸易有关的投资领域及反倾销、反补贴等各个方面，并随着全球经济一体化进程的加快而不断地进行自我完善。面对势头强劲的经济全球化趋势，以及入世以后我国国内外经济环境的巨大变化，《反不正当竞争法》应当着眼于具体的国际经济环境以及不正当竞争行为的具体表现和国际化趋势，从与国际竞争立法相结合的角度进行相关的修改。

10. WTO 框架下我国农业补贴政策发展趋势. 王炜，李莎. 经济研究导刊，2013/03

［作者单位］哈尔滨商业大学财政与公共管理学院

［内容提要］WTO 的《农业协议》规定了三个基本的农业政策，即“黄箱政策”、“绿箱政策”以及“蓝箱政策”。“黄箱政策”明确规定了中国作为发展中国家应该达到的关于粮食补贴的水平，而我国加入 WTO 后的 11 年来，在不断调整的过程中仍然与 WTO 的规定有着一定差距，这在一定程度上制约了我国农业生产的发展。通过立法和完善政策等方式弥补差距，是促进我国农业生产、保证粮食安全以及实现农民增收的必然选择。

11. 入世以来我国价格贸易条件变化原因的一个新的研究视角——基于 SITC2 分类的分解研究. 赵晓梅. 哈尔滨商业大学学报（社会科学版），2013/03

［作者单位］对外经济贸易大学

［内容提要］从一个非常新颖的视角研究了入世以来影响我国价格贸易条件变化的原因，即研究了根据 SITC2 分类的每一类产品对总的价格贸易条件变化的影响程度，并且借鉴并引用了马来西亚学者 Jarita（2011）的方法，计算出了每种产品对总的价格贸易条件变化的影响数值并且把这个值称为“贡献值”；研究发现工业制成品对我国总的价格贸易条件变化的影响力远远大于初级产品的影响力，其影响力是初级产品的 11 倍，还发现在工业制成品中第 7 类产品即机械及运输设备对我国总的价格贸易条件变化的影响力远远大于其他类的产品，这类产品主导着我国价格贸易条件的变化，因此，这类产品的价格贸易条件的改善对于改善我国总的价格贸易条件进而增加在国际贸易中所获得的利益作用是比较显著的。

12. TBT 对我国出口竞争力的影响及对策. 沈明其. 企业导报，2013/03

［作者单位］浙江农林大学天目学院

[内容提要] 技术性贸易壁垒（TBT）是国际贸易中新兴的一类贸易限制性措施。我国加入WTO十年来，通过WTO的透明度原则，提前获知其他成员国的技术壁垒最新动向，利用《TBT协议》给予发展中国家的特殊的优惠待遇，用好用足“例外条款”，保护我国民族工业，从发达国家获得一些经济发展必要的技术、质量、管理、认证、检验等方面的信息及指导，促进我国科技水平、技术法规和标准、认证水平及管理水平的提高。

13. **WTO规则下稀土出口应对策略.徐雅萍.中国有色金属**，2013/03

[作者单位] 中国有色金属建设股份有限公司

[内容提要] 日前，美欧日等国向WTO提起一项针对中国限制稀土出口的贸易诉讼，认为中国该做法违反国际规则。本文通过对中国在稀土问题上的立场分析，结合有关WTO规则，从经济学、国际政治经济力量博弈、世界稀土发展趋势等方面进行分析，并依此得出WTO规则限制下中国政府在稀土出口问题上的政策选择。

14. **贸易自由化、劳动要素流动与贫困.陈怡，王洪亮，姜德波.国际贸易问题**，2013/04

[作者单位] 南京审计学院经济学院

[内容提要] 本文利用我国1998—2009年的省际数据考察了贸易自由化对贫困人口收入的影响，并考虑了劳动要素流动因素。研究结果显示：贸易自由化提高了贫困人口的平均绝对可支配收入，贸易具有一定的减贫作用，但是由于不同人群在贸易中的获益并不均等，贸易使贫困人口与其他人群的收入差距拉大，并且随着我国的入世这种收入差距有扩大趋势；大部分东部省市区产业间劳动力流动性较高，而大部分中西部省市区产业间劳动力流动性较低；在劳动要素流动性相对较高的省市区，贸易带动贫困人口平均绝对可支配收入上升的作用更大，并且贸易对贫困人口与其他人群收入差距的扩大作用也大大减弱了。

15. **贸易政策与产业政策的协调.宋学义.国际经济合作**，2013/04

[作者单位] 清华大学社会科学学院经济学研究所

[内容提要] 传统意义上将产业政策认为是一国内部的经济管理政策。但随着世界经济全球化的不断加深，各国在制定产业政策和贸易政策时也越来越受到WTO贸易规则的约束和主要贸易伙伴国的影响。产业政策与贸易政策的冲突与协调问题逐渐成为各界关注的焦点。我国正处在新型工业化道路的关键时期，产业政策与贸易政策在相当长一段时期里将发挥重要和关键的作用，推动国内产业政策和贸易政策相协调，对提升我国产业国际竞争力具有重要意义。

16. **国内学界对入世后中国外贸的研究述评.王蕾.兰州商学院学报**，2013/04

[作者单位] 中国社会科学院当代中国研究所

[内容提要] 外贸在改革开放后的中国经济研究上占有非常重要的地位。入世后国内学界对中国外贸研究取得了长足进步，本文对此进行了分类和述评，并在此基础上提出了应加强对宏观经济管理与政策调控的研究，和对微观企业外销的调查研究，研究领域的均衡，注重定量分析与定性分析的结合等，以不断深化研究。

17. **WTO协议在中国法院的适用问题.李晓郛.兰州商学院学报**，2013/04

[作者单位] 华东政法大学研究生院

[内容提要] 中国法律体系目前对于国际条约和国内法关系的规定缺乏系统性，加上签署加入WTO议定书的特殊情况，导致WTO及其附属协议的国内适用存疑。从美国、欧盟等国家的实践来看，对WTO及其附属协议采取实用主义的做法对中国较为有利。而在中国法律体系内赋予不同类别的国际条约适当的法律位阶是首要做法。同时，对于WTO及其附属协议，可以参照WTO成员方的多数做法，采用个案处理的方法适用。

18. **WTO对中国的影响——入世十二年后的回顾及展望.王钰.对外经贸**，2013/04

[作者单位] 哈尔滨商业大学经济学院

[内容提要] 自加入世界贸易组织以来，中国经济发展迅猛，WTO对中国的影响十分巨大。从长远的角度看，加入WTO促进了中国经济的高速增长，提升了中国的产业国际竞争力，产业结构不断得到优化，推动了中国的市场化和法制化进程，从而获得了较好的外部发展环境，国际地位显著提升。但是贸易摩擦加剧，国内贫富分化严重，而且

资源和环境的破坏日益成为严重问题。加入WTO对中国的影响总体上是积极的，但消极影响也不容忽视。积极的影响主要体现在"量"和"规模"上，未来对中国经济的考验主要体现在"质"上。为此，未来应抓住机遇摆脱比较优势陷阱，大力开展科技创新，提升产业国际竞争力；提高宏观调控水平，调整失衡问题；加强国际化人才的培养和储备；研究和参与国际规则博弈。

19. 入世十年来我国在国际贸易网络中的角色与地位演变轨迹. 张勤，李海勇，马文杰. 商业研究，2013/05

［作者单位］北京物资学院商学院；海关总署办公厅

［内容提要］本文通过联合国贸易和发展会议网站获取2002—2011年国际贸易50强之间的进出口数据，采用社会网络分析方法描绘加入WTO十年来我国在国际贸易中角色地位的变化轨迹。研究结果表明：2011年我国的点入度、中间中心度和特征向量中心度都排名第一，在多维尺度图中也占据中心地位，表明我国在国际贸易网络中的地位、权力不断增强；但点出度、核心度和限制度还落后于美、德等贸易强国，反映出我国在国际贸易体系中的话语权和影响力尚需进一步提高。

20. 入世以来中国对外贸易依存度的变化趋势及其原因分析. 张建华. 价格月刊，2013/05

［作者单位］河南工程学院经济贸易学院；河南大学黄河文明与可持续发展中心/环境与规划学院

［内容提要］对外贸易依存度（Dependence Degree of Foreign Trade）是衡量一个国家或地区对外开放程度及其参与国际分工和国际市场竞争程度的一项基本指标。运用2000—2011年中国进出口贸易和GDP等相关统计数据，实证分析入世以来中国外贸依存度变化趋势。在对外贸依存度进行国际和国别比较的基础上，深入剖析中国对外贸易依存度变化的深层次原因，最后提出如何理性看待国内对外贸易依存度的变化。

21. 加入世贸组织后中国省际贸易成本测度、效应及决定因素. 许统生，洪勇，涂远芬，黄先明. 经济评论，2013/05

［作者单位］江西财经大学国际经济研究所

［内容提要］本文利用Novy（2013）模型，测度中国加入世贸组织后省际贸易成本、效应及其决定因素，结果表明：省际贸易成本有所下降，但降幅较小；与中国国际贸易成本及外国省际贸易成本相比，中国省际贸易成本所反映的国内市场一体化水平均较低；分产业来看，工业的省际贸易成本远低于农业和服务业；经济增长和省际贸易成本下降对国内贸易增长都具有重要促进作用，经济增长对国内贸易的贡献超过了贸易成本下降的贡献度；交通基础设施对降低省际贸易成本的作用最为显著。

22. 中国加入WTO十年银行业竞争力提升分析. 徐盛发，巴曙松. 北京航空航天大学学报（社会科学版），2013/05

［作者单位］东北大学工商管理学院；国务院发展研究中心金融研究所

［内容提要］以1995—2011年中国工、农、中、建四大国有商业银行和招商、民生等十家股份制商业银行的原始数据为样本，从各银行的资源状况、盈利能力、风险管理能力、资产流动能力和持续发展能力五个方面来评估中国银行业在加入WTO十年后的竞争力提升情况，在此基础上得出导致中国银行业竞争力变化的可能原因为金融深化程度进一步提高，金融体制改革完善了监管体系，金融基础设施明显改善以及国有商业银行初步奠定了现代公司治理基础。

23. 中国服务贸易发展现状、问题及对策. 李晓峰，左煌. 广东外语外贸大学学报，2013/07

［作者单位］广东外语外贸大学

［内容提要］中国加入世界贸易组织距今已近十二年。在过去的十多年间，中国服务贸易发展迅猛，但在取得巨大成就的同时也面临着严峻的挑战。本文在全面分析入世十年中国服务贸易发展状况的基础上对中国服务贸易面临的机遇与挑战进行了阐述和判断，最后提出了促进中国服务贸易发展的对策。

24. 加入WTO以来中国水果出口分析. 王晓娜. 世界农业，2013/08

［作者单位］河南经贸职业学院

［内容提要］加入WTO以来中国水果出口持续增长，但与水果生产规模相比，出口量明显不足。本文从生产、出口现状、产品结构、出口市

场、国际竞争力等方面对中国水果出口进行分析，以期增强中国水果出口的优势。

25. 加入WTO对海峡两岸水产品出口波动影响的实证研究——基于福建与台湾的恒定市场分析. 郑思宁，黄祖辉. 经济地理，2013/09

[作者单位] 浙江大学管理学院

[内容提要] 利用1996—2010年福建与台湾水产品出口贸易数据，采用恒定市场模型对加入WTO对海峡两岸水产品出口波动的影响进行分析。结果表明：①入世以来，国际市场需求对闽台双方水产品出口均有正向促进作用。②加入WTO对福建水产品出口竞争力有长期的促进作用，对台湾则有短期拉动作用，但长期作用有限，内部产业问题成为阻碍台湾水产品出口竞争力提升的关键。③入世以来，福建与台湾均通过不断调整出口结构来适应国际市场需求，但台湾在出口产品结构上的调整能力有限。此外，文章还在分析其发生原因的基础上，提出在ECFA框架下促进二者水产品出口并加强渔业合作的政策建议。

26. 浅析中国入世议定书及相关承诺的法律性质. 耿瑞宁. 法制博览，2013/10

[作者单位] 华东理工大学

[内容提要] 中国加入世界贸易组织至今已逾十二年，这段时间既是机遇也是挑战。西方国家屡次指责中国违反入世约定，并援引中国入世议定书而诉至WTO。究其外国的做法是否有依据，本文试以WTO案例为切入点，辅以文本解释的基本方式，浅析中国议定书及相关承诺的法律性质，以期为商务部应对贸易案件时提供参考。

27. 国际经济法在中国对外贸易中的地位和作用. 王大鹏. 法制博览，2013/10

[作者单位] 渤海大学文理学院

[内容提要] 国际经济法的作用是巨大的，不容忽视。随着中国加入WTO以来，中国的国际地位越来越高，在国际市场上发挥着举足轻重的作用。因此，国际经济法的出现为中国贸易更好的发展提供了可能。

28. WTO视野下我国风力发电上网电价补贴政策研究. 吴昱，边永民. 宏观经济研究，2013/10

[作者单位] 对外经济贸易大学；西南交通大学

[内容提要] 本文主要从WTO的视角研究我国风力发电上网电价的补贴政策。依据国家发展改革委发布的《2010年10月～2011年4月可再生能源电价补贴和配额交易方案》，分析得出我国风力发电上网电价补贴存在超发的现象，并且同一资源区内的属于同一省电网区的风力发电上网电价补贴呈现不一致，这种补贴利益存在违反WTO有关规定即补贴专项性的情形。我国风力发电上网电价的补贴作为上游产品的补贴利益很可能传递给下游风能设备生产，导致下游风电设备产能过剩，并获得出口竞争性利益，因此很可能引起新一轮反补贴诉讼。本文首先分析我国风力发电上网电价的定价机制和风力发电电力附加收入补贴政策，然后根据补贴数据分析风力发电上网电价补贴存在专项性，最后提出相关对策建议。

29. 全球贸易格局演变的新趋向与中国的应对策略. 巩胜利. 新金融，2013/11

[作者单位] 中国金融智库

[内容提要] 近年来，美国开始积极推动“泛太平洋战略经济伙伴关系”（TPP）、“欧美跨大西洋贸易与投资伙伴协议”（TTIP），以及全球贸易新规则“诸（多）边服务业协议”（PSA）谈判。“太平洋＋大西洋＋服务业新秩序”的即将出笼实施，这将对全球贸易和投资秩序造成颠覆性影响。中国目前尚未参与这些协议的谈判，必须对此高度重视，积极实施自由贸易区战略，更广泛地参与到全球自贸谈判中，以在未来的全球经贸新秩序中获得主动，并借助全球经贸秩序的重建推动自身的市场化改革，实现经济转型升级和国家强盛。

30. 加入WTO与中国“开放型经济体系”的确立与完善. 杨凤鸣，薛荣久. 国际贸易，2013/11

[作者单位] 对外经济贸易大学

[内容提要] 中国作为一个负责任的贸易大国和核心成员应该充分认识和肯定WTO运行的业绩。中国在WTO中应坚定核心成员地位，勇于肩负起更多的职责。中国应该一如既往地与WTO其他成员一道，推动多哈回合谈判的早日完成，推动WTO早日实现改革的目标。这将不仅推动经济全球化，促进成员的经贸发展，而且通过互动，为中国实现开放型经济体系的目标提供良好的外部条件。

➢ 多边贸易体制、多哈回合与新议题

1. 刍议国际投资协定中的税收仲裁机制——以中国的缔约实践为例. 李庆灵. 世界贸易组织动态与研究，2013/01

［作者单位］厦门大学法学院

［内容提要］为减少与包括WTO协定和避免双重征税协定在内的其他涉税条约争端解决机制之间的冲突，特别是，避免原有的投资者与国家间投资仲裁机制对本国税收主权的过度限制，中国最近缔结的国际投资协定引入了专门的税收仲裁机制。这一尝试值得期许。然而，该税收仲裁机制仍存在诸多的不足，这可能会削弱其应有的作用。对此，中国应参考有关国家的实践，做出相应的调整。

2. 从产品标准的解释看环境税在WTO体制下的法律地位. 魏圣香，王慧. 世界贸易组织动态与研究，2013/01

［作者单位］华东理工大学法学院，上海海事大学法学院

［内容提要］从GATT/WTO争端解决机制对环境与贸易案件的解释来看，GATT/WTO争端解决机制对"相同产品"概念的解释和"直接竞争或替代产品"概念的解释都朝着扩大解释的方向迈进，这有利于人们将环境保护议题纳入WTO规制之内。GATT/WTO争端解决机制通过对GATT第3条产品标准的扩张解释，逐渐认可了环境保护在多边贸易体制中的合法地位，承认了作为国内税收措施和政府规制措施的环境税在WTO规则中的合法性地位。

3. 自然人流动谈判的进程及影响因素分析. 李琴. 世界贸易组织动态与研究，2013/01

［作者单位］中南林业科技大学

［内容提要］2000年WTO新一轮服务贸易谈判开启，自然人流动谈判是该轮谈判的焦点之一。自然人流动谈判历经提交提案、双边要价－出价、复边谈判、服务信号会议，尚未最终完结。WTO自然人流动谈判受到诸多因素的影响。自然人流动的更快速发展、发展中国家的更积极推动、利益相关者的更多关注对谈判起着有力的促进作用。而多哈回合一揽子承诺的谈判原则、自然人流动壁垒繁多复杂、发达国家与发展中国家间的利益冲突与观点分歧较大地阻碍了自然人流动谈判的进程。这些因素决定了自然人流动谈判成为WTO谈判的焦点，但其过程必定是曲折而缓慢的。

4. WTO环境产品贸易自由化问题的研究综述. 龚清华. 经济研究导，2013/01

［作者单位］武汉工程大学法商学院

［内容提要］为了促进贸易、环境间的协调发展，WTO多哈回合谈判框架包含了环境产品贸易议题。有关环境产品贸易自由化的研究已成为各国广泛关注的现实课题。该问题的理论研究与相关实证研究的结论，不仅对各国的贸易政策取向产生影响，也对各国实施的可持续发展宏观政策提供积极的启示。研究国内外文献，努力探索环境产品贸易自由化问题的渊源，归纳分析相关的研究成果，为探讨我国参与WTO环境产品贸易自由化的对策奠定基础。

5. 从产品标准的解释看环境税在WTO体制下的法律地位. 魏圣香，王慧. 世界贸易组织动态与研究，2013/01

［作者单位］商务部研究院

［内容提要］现今越来越多的贸易协定涵盖了投资问题，使贸易协定成为制定投资规则的一个重要领域。更重要的是，持续不断大量涌现的区域自由贸易协定在制定相关投资规则方面采用了更加开放的原则，这推动全球投资治理体制日益向着更加自由化的方向发展，有关投资准入权规则的发展鲜明地印证了这一点。

6. WTO新贸易统计数据的优势及对我国的影响. 蒋庚华，郭沛，刘舒野. 经济纵横，2013/02

［作者单位］南开大学国际经济研究所；东北师范大学经济学院；中国人民银行长春中心支行

［内容提要］世界贸易组织（WTO）第一批基于产品附加值的新贸易统计数据将于2013年初正式颁布。新贸易统计数据有助于更准确地描述世界贸易的发展情况，更清楚地刻画各国在世界贸易中的地位，这将对世界贸易的诸多方面产生重要影响。我国应当积极回应WTO在贸易统计数据方面的革新，适时调整我国相关的贸易数据统计方式，以更好地适应世界贸易发展的新变化。

7. 从WTO与"文化例外"看国际文化贸易规则. 吴承忠，牟阳. 国际贸易问题，2013/03

［作者单位］对外经济贸易大学文化与休闲产

业研究中心；对外经济贸易大学公共管理学院

［内容提要］本文首先厘清了中国等发展中国家在研究国际文化贸易规则中应秉持的价值倾向是“文化例外”，重点分析的管理机制为 WTO，然后结合三个经典的国际文化贸易案例对在 WTO 中体现“文化例外”精神的国际文化贸易规则进行了详细的分析，并归纳了相关的主要争议点和难点，最后进行了总结并就中国在国际文化贸易争端解决策略及其规则制定参与上提出了自己的建议。

8. 论 WTO 出口税制度的改革：自然资源主权、经济发展与环境保护. 秦娅，吕晓杰，李伶. 清华法学，2013/03

［作者单位］美国韦恩州立大学法学院；清华大学法学院；清华大学

［内容提要］当前世界贸易组织（WTO）关于出口限制的制度呈现两个极端：一方面，大多数 WTO 成员可以几乎完全自由地征收出口税，这使得 WTO 有关出口限制的纪律难以奏效；另一方面，少数几个加入成员承担着不得为任何目的征收出口税的严格义务。WTO 对中国原材料案的裁决更固化了后一个极端。本文旨在揭示 WTO 现有制度的不合理性，尤其是仅由少数几个成员承担的严格义务所引发的后果。此等义务不仅剥夺了这些 WTO 成员将其自然资源留给本国使用的所有者权利，也使他们失去了控制资源产品环境负外部性的一个有效工具。这些义务的实际不可变更性还与国家对自然资源享有永久主权的原则相矛盾。为纠正这一不合理状况，本文建议，将所有单独承担的出口税义务纳入《关税与贸易总协定》（GATT）的关税减让表中。这样做将使所有负有出口税义务的成员获得 GATT 提供的政策空间和灵活度。此外，本文认为，要争取发展中国家对建立全面出口纪律的支持，关键在于承认出口税的合理功能。WTO 应当以规范进口关税的相同方式规范出口税，而不是简单地推动出口税的取消。

9. 国际经济新秩序的理念和现实. 何力. 东方法学，2013/04

［作者单位］复旦大学法学院

［内容提要］作为多年来我国国际经济法学的理论基础和出发点，国际经济新秩序的主张以理念追求的角度，具有一定的国际道义，并在一定时期对我国和发展中国家权益的维护起到了历史作用。但是在 20 世纪 80 年代以后新自由主义下的经济全球化浪潮中，国际经济新秩序的口号和现实的距离越来越远。特别是 WTO 的建立和成功运作，标志着以往的国际经济秩序经过改良而制度化、稳固化，国际经济新秩序实现的可能性已微乎其微。在国际经济格局巨变下，中国作为发展中国家已经成为世界第二的经济体，从中国的国际经济利益出发，必须重新审视有关国际经济新秩序的口号和政策。

10. 浅析 WTO 未来之路——WTO 改革动向及思考. 刘敬东. 法学杂志，2013/04

［作者单位］中国社会科学院国际法研究所

［内容提要］面对国际关系的历史性变化以及当前国际金融危机，WTO 理应改革自身体制适应新的形势，推动国际贸易在新世纪的发展和繁荣。尽管改革思路和方案内容不同，但对于 WTO 改革的必要性，国际上有广泛的共识：WTO 体制已不适应新的国际关系特点，自身存在的制度性缺陷已严重阻碍 WTO 发挥多边贸易体制功能。但对于 WTO 改革的指导思想，发展中成员与发达成员之间、学者之间尚有争论。结合当前形势以及可行性考虑，WTO 应当在广泛征求意见的基础上，围绕总干事以及秘书处的职权、透明度、现行决策机制这三项基本制度尽快开展必要的改革。

11. 论 WTO 与国际海关制度及组织的关系. 朱秋沅. 上海海关学院学报，2013/04

［作者单位］上海海关学院法律系

［内容提要］世界贸易组织（WTO）逐渐成为创制国际海关法的重要来源之一，而且其对国际海关制度的关注度日渐增长。同时，WTO 与 WCO 作为全球性的组织，在国际海关法领域中，两者功能发生了竞合，两者的立法原则出现了矛盾，两者的立法出现了重合与竞争。由于 WTO 与 WCO 在国际海关领域中的代表性、影响力、约束力等方面具有明显不同。因此，自 WTO 多哈议程的贸易便利化谈判开始，国际海关法的构建焦点就从 WCO 转移到了 WTO。WCO 迅速调整自身的角色定位与心态，WCO 将与 WTO 的关系定位于：一致、谐调、互补，也因此成了配合 WTO 形成贸易便利化的国际海关制度的“技术性组织”。

12. 碳关税对我国对外贸易的影响及对策分析. 王红. 中国商贸，2013/05

［作者单位］北京社会管理职业学院

［内容提要］在《京都议定书》中明确注明了发达国家与发展中国家之间负有“共同而有区别的责任”，但是发达国家依然通过征收“碳关税”这种形式，人为地创造和实施一种新型的贸易壁垒，这是对我国经济发展的一种遏制，会对我国对外贸易的结构和方式产生恶劣的不利影响。我国必须积极寻求对策，不断调整对外贸易的产业结构，科学合理开发新能源，降低产业经营成本，加快产业升级转型，以克服“碳关税”对我国对外贸易的不良影响。

13. 多哈回合农业国内支持谈判的进展与中国农业政策的调整. 李淑静. 世界贸易组织动态与研究，2013/05

［作者单位］对外经济贸易大学国际经济贸易学院

［内容提要］国内支持是农业谈判三大支柱之一，通过研究WTO最新的模式草案，并与乌拉圭回合农业协定相比较，可以看出国内支持谈判具体取得的进展；接着通过研究我国农业国内支持的实施现状，分析了我国入世承诺执行情况，结果表明我国很好地履行了入世承诺；最后根据模式草案的规定，指出今后我国农业政策的调整方向。

14. 附加值贸易统计方法视角下的中国外贸发展状况. 关兵. 世界贸易组织动态与研究，2013/05

［作者单位］中国电子信息产业发展研究院

［内容提要］2013年1月16日，WTO与OECD共同推出了利用附加值统计方法计算出来的贸易数据，为重新测量国际贸易提供了新的视角。本文在诠释附加值贸易统计方法的内涵的基础上，分析了附加值贸易统计方法所带来的经济意义，通过对比传统贸易数据和附加值贸易数据，剖析了在附加值贸易统计方法下我国的对外贸易发展状况，并提出了该方法对我国对外贸易的发展启示。

15. 服务贸易自由化的争议与中国的发展趋势. 张小琳，姚新超. 国际经贸合作，2013/05

［作者单位］对外经济贸易大学国际经济贸易学院

［内容提要］世界贸易组织（WTO）多哈回合谈判已进入第十二个年头。尽管世贸组织各成员在多个谈判议题中的许多争议已达成共识，但服务贸易自1997年达成电信与金融服务贸易协定后，在WTO的多边架构中再无达成任何协定。

16. 碳关税与WTO规则的相符性研究——基于WTO对相关贸易与环境争端处理的分析. 赵玉焕，郭付强. 国际商务，2013/06

［作者单位］北京理工大学管理与经济学院

［内容提要］碳关税是国际贸易与气候变化领域的一个热点问题，各国政府和学者探讨的焦点之一是碳关税的征收是否符合WTO的规则，特别是是否符合GATT第20条的规定。发达国家征收碳关税针对的不是产品的质量与性能，而是产品的加工过程和生产方法，即NPR-PPM。本文对WTO时期与NPR-PPM有关的贸易与环境争端及根据GATT第20条进行的处理进行了分析，探讨专家组和上诉机构对WTO成员方基于NPR-PPM采取贸易限制措施的态度和对GATT第20条的解释的演变，在此基础上分析碳关税是否符合WTO规则，特别是GATT第20条的规定。

17. 多哈回合农业谈判未决议题及前景展望. 何燕华. 时代法学，2013/06

［作者单位］湖南师范大学法学院

［内容提要］农业谈判是多哈回合谈判最为关键的议题之一，各成员方分歧较大，谈判过程异常艰难。2008年12月第4版农业谈判模式修正草案体现的十项未决议题至今仍无实质性进展。WTO第9次部长级会议将于2013年年底召开。目前，仅就关税配额管理、粮食安全议题纳入磋商。多哈回合谈判中利益集团的利益博弈决定了谈判的长期性，农业在成员国的重要地位决定了谈判的复杂性，贸易自由化的世界大势决定了谈判的可期性。

18. 国际投资条约仲裁审查标准之反思. 王燕. 法学，2013/06

［作者单位］广东外语外贸大学国际商务英语学院

［内容提要］东道国公共健康措施屡屡被质疑违反了国际投资协定下“间接征收”或“公平公正待遇”条款，其中的一个重要原因是仲裁庭在审查东道国公法行为时主要遵从一般商事契约规则，而并未按国际法审查主权国家公法行为的惯例对东道

国公益管制的权力予以尊重。参考国际投资条约仲裁、WTO 争端解决机制以及欧洲人权法院基于成员方对体制事前和事后控制能力、民主投入能力及功能的实践经验，对国际投资条约仲裁可考虑采取较 WTO 涵盖协定下相称性标准和欧洲人权法院政策空间标准更为宽松的公法审查标准。

19. 中国 GPA 谈判面临的主要问题与应对策略. 芦艳荣. 中国政府采购，2013/06

［作者单位］国家信息中心

［内容提要］2007 年底，中国政府正式启动了 WTO《政府采购协议》（简称“GPA”）谈判，作为对入世承诺的履行，充分体现了中国作为一个负责任大国的良好形象。2013 年是中国加入 GPA 谈判的第六年，截至目前，以财政部牵头的工作组已经向世贸组织提交了四份出价清单，与 GPA 各参加方的谈判正在紧张进行中。

20. WTO 框架下国际粮食援助与公平贸易——后多哈时代展望. 陈亚芸. 世界贸易组织动态与研究，2013/07

［作者单位］河南大学法学院

［内容提要］粮食援助和贸易本是两个相对独立的问题，粮食援助最初主要满足人道主义目的。随着粮食援助形式的发展和国际贸易自由化程度加深，粮食援助商业色彩越来越浓，逐渐与公平贸易挂钩。粮食援助是多哈回合谈判重要议题之一，欧盟、美国和受援国间矛盾分歧严重，谈判陷入僵局未取得实质进展，粮食援助与贸易将面临后多哈时期一系列新的挑战。

21. 世界需要建立新的全球金融规则. 张斌，胡志浩. 国际经济评论，2013/07

［作者单位］中国社会科学院世界经济与政治研究所；中国社会科学院金融研究所

［内容提要］由于国际金融领域缺乏必要的公共秩序，全球范围内的资源配置扭曲不断加剧并酿成金融危机。各国间缺乏合作的债务杠杆调整机制，严重制约了全球经济的可持续复苏。结束当前国际金融体系的无政府状态，效仿 WTO 规则，谋求建立基于宏观审慎和避免囚徒博弈困境的国际金融规则是帮助全球经济以最小的代价走出困境的政策依托。建立全球金融规则，在解决全球资源配置失衡方面更有效率，可以减轻单个国家结构调整的负担，对于一国内部其他领域的改革也有帮助，有望成为推动国内相关改革的助推器，可以让一些国家的改革尽快走出国内政治泥潭。

22. 中国发展国际服务贸易的思考与法律完善. 曹飞，刘正. 行政与法，2013/08

［作者单位］南京财经大学

［内容提要］随着生产力的发展和全球信息化、网络化的发展，世界经济中心已向服务业倾斜，服务贸易的发展水平已经成为一个国家综合国力和影响力的体现。服务贸易将成为 WTO 新一轮谈判以及区域性经济合作谈判的主要议题，鉴于此，我们有必要探究国际服务贸易的法律渊源、内涵及对我国的利与弊。只有全面了解国际服务贸易的属性，才能逐步完善我国的服务贸易立法，才能在未来世界经济中打造中国服务品牌，传播中国文化，发展对外经济，充分迎接 TPP 的挑战。

23. 从 2012 版 GPA 文本论政府采购发展走势. 祝尔坚. 工程研究，2013/09

［作者单位］中国人民解放军后勤学院学术研究部后勤理论研究室

［内容提要］WTO《政府采购协议》（The Government Procurement Agreement，GPA）是 WTO 框架下的诸边协议之一，目的在于为政府采购制定更为透明的制度，以保证采购活动更加公平、公正和充分竞争。新版 GPA 文本在继承旧文本关于政府采购职能内涵的基础上，更加准确、完整、精炼地表达了 GPA 的职能和要求，使其成为国际经贸和国家经济发展的应用工具。GPA 对均衡国际经济关系和促进发展的积极作用，主要体现在对成员方采购行为的有效约束和政策扶持上。GPA 对中国经济社会发展是一把双刃剑，加入 GPA 既要积极也要慎重。研究 GPA 与中国建设发展的关系，充分利用好国际资源，不仅是国家经济发展的战略问题，也是国防安全战略的重大举措。

24. 美国投资协定中的知识产权保护问题研究. 何艳. 知识产权，2013/09

［作者单位］中南财经政法大学《法商研究》编辑部

［内容提要］美国投资协定将知识产权纳入“投资”定义范畴，使得知识产权能够获得与其他类型投资一样的保护待遇，将东道国采取的与知识

产权有关的措施与间接征收挂钩，为美国投资者的知识产权拓展了一条间接保护路径。美国投资协定确立的投资者——国家投资争端解决机制在WTO争端解决机制和东道国国内法院争端解决机制之外为投资者提供一条知识产权救济的新路径。相较于《TRIPs协定》确立的知识产权保护的最低标准，美国投资条约中的知识产权制度体现了一种超TRIPs标准。

25. 国际贸易与气候变化的协调对策研究. 闫云凤. 对外经贸，2013/10

［作者单位］上海海事大学经济管理学院；对外经济贸易大学国际经济贸易学院

［内容提要］世界贸易的蓬勃发展和气候变化的影响使得全球政、学、企各界都在关注两者之间的相互关系和发展趋势。在简要介绍国际贸易和气候变化、贸易政策和气候政策相互影响关系的基础上，着重分析《联合国气候变化框架公约》谈判进程中涉及的贸易问题和世界贸易组织规则下的气候变化问题，指出避免贸易和气候变化冲突的最理想方案是制定一个有效的全球气候变化协定，任何的单边气候措施都不得带有贸易保护条款，并立即协商修订WTO规则以解决单边减排措施所引起的贸易争议问题。

26. 国际投资条约中不排除措施条款的解释. 陈正健. 法学论坛，2013/11

［作者单位］中国人民大学法学院

［内容提要］近些年来，国际投资条约中的不排除措施条款开始受到人们的普遍关注，除了其作为“安全阀”所具有的平衡东道国和外国投资者之间利益的作用外，一个重要的原因是仲裁庭援引外部资源（作为习惯国际法的国家危急情况条款和GATT/WTO法中的例外条款）对其进行解释所带来的适用困境。追根溯源，产生这种困境的根源竟然与仲裁庭引入外部资源的依据一样，都是《维也纳条约法公约》第31条第3款第3项“宽泛”的外延。为应对这一困境，仲裁机构可以排除习惯国际法的引入；国际社会可以达成协议对《维也纳条约法公约》第31条第3款第3项“宽泛”的外延进行限定；我国可以明确不排除措施条款的内容或“指向”以及删除或替代条款中的“必需的”一词。

27. WTO宪政化：从“司法宪法论”到“贸易民主论”. 左海聪，范笑迎. 当代法学，2013/11

［作者单位］南开大学法学院；南开大学周恩来政府管理学院

［内容提要］有关WTO宪政化的三大理论“制度管理主义的宪政”、“以权利为基础的宪政”以及“司法造法的宪政”，都不符合民族国家的宪政化概念的全部核心要素，但据此不能否认WTO正在历经的宪政化过程，而是应当考察WTO的具体实践，探索更为灵活与开放的后国家主义的国际组织宪政化的新路径，将“贸易民主”作为WTO宪政化重构的重心。从民主出发加强WTO的合法性，由此构建的WTO宪政化将更能体现全球化背景下的多元价值与利益需求，更符合全球治理的实际要求。不过，这一路径本身也有不足，其发展亦面临着一些困难。中国学者应当受此启发，打破西方学者在这一问题上的话语垄断，提出符合中国利益的WTO宪政化命题。

28.《政府采购协定》的新发展与我国的加入分析. 叶波. WTO经济导刊，2013/11

［作者单位］上海对外经贸大学WTO研究教育学院

［内容提要］本文首先介绍了新协定对市场准入的积极作用，重点体现在透明度原则和特殊和差别待遇两方面，然后分析了我国加入协定的前景，认为加入协定对我国来说利大于弊，但应逐步推进加入进程，以实现利益最大化。

29. 国际服务贸易协议（TISA）进展研究. 梁日杰. 现代经济信息，2013/11

［作者单位］北京联合大学

［内容提要］本研究论文就部分WTO成员组成的WTO服务业真正之友集团展开的国际服务贸易协议谈判进行了详细介绍、分析、研究，并对该谈判对未来面临的挑战作了分析。

30. WTO困境下的国际贸易新格局与挑战. 章昌裕. 对外经贸实务，2013/11

［作者单位］对外经济贸易大学

［内容提要］在国际贸易新格局中，中国被孤立和边缘化，主要贸易伙伴几乎“一网打尽”，FTA建设难度进一步加大，从而面临两难选择。为此，中国必须组织专门力量进行前瞻性研究，将

FTA 构建提升到国家开放战略层面进行顶层设计。

31.《国际服务贸易协定》与《服务贸易总协定》的比较分析.李伍荣,冯源.财贸经济,2013/11

［作者单位］湘潭大学商学院国际经济与贸易系；湘潭大学商学院

［内容提要］在世界贸易组织多边框架下开展的多哈回合服务贸易自由化谈判基本处于停滞状态的背景下，以美国、欧盟为主导的“服务业挚友”集团在探寻一种新的谈判路径，《国际服务贸易协定》应运而生。《国际服务贸易协定》与《服务贸易总协定》既有联系，如前者采用后者的核心规范、减让表基本结构等；又有区别，如前者目前是以诸边方式进行的，引入了新的规则，期望实现服务贸易更高水平的自由化等。正确把握二者的关系，对于预测《国际服务贸易协定》进一步的发展，分析对多边贸易体制和各国服务贸易的影响，并在此基础上制定科学的应对策略，都具有重要的现实意义。

➤ 区域贸易协定

1.东亚 FTA/EPA 推动下的日本农业政策演变：基于利益集团博弈的视角.谢剑锋.世界经济与政治论坛.2013/01

［作者单位］辽宁大学国际关系学院；辽宁工程技术大学工商管理学院

［内容提要］本文从农协、经团联等利益集团的冲突与博弈的视角来观察日本农业政策的变化，并结合利益集团理论对 FTA/EPA 推动下的日本农业政策演变做出解释。长期来看日本农业政策的方向性调整是由日本的国家利益导向的，而阶段性具体政策的变化是由相关利益集团的博弈而实现的。在从坚持 WTO 框架下的多边贸易体系转向缔结东亚地区 FTA/EPA 的大背景下，日本农业的开放是不可避免的，农产品贸易保护水平将会逐步降低，日本农业政策改革的重点将置于结构调整。

2.ECFA 的法律性质研究.陈姿文.中国外资,2013/01

［作者单位］复旦大学法学院

［内容提要］近年来，由于东协加一（中国）将在明年生效，而中国加韩国、日本的东协加三也可能在将来签署通过，中国已逐步实现了与东协的自由贸易化。反观台湾当局却迟迟无法与主要贸易国美国、日本签署自由贸易协议（FTA），因此台湾与大陆间希望借由签订自由贸易协定的方式，重新纳入到东协加一这个自由贸易大环境中，避免被边缘化。但由于两岸的政治形势特殊，ECFA 的法律性质很难有一个确切的定论。本文从 WTO 框架下，结合 FTA 的定义来探讨 ECFA 的法律性质及其疑点。

3.WTO 环境产品贸易自由化问题的研究综述.龚清华.经济研究导刊，2013/02

［作者单位］武汉工程大学法商学院

［内容提要］为了促进贸易、环境之间的协调发展，WTO 多哈回合谈判框架包含了环境产品贸易议题。有关环境产品贸易自由化的研究已成为各国广泛关注的现实课题。该问题的理论研究与相关实证研究的结论，不仅对各国的贸易政策取向产生影响，也对各国实施的可持续发展宏观政策提供积极的启示。研究国内外研究文献，努力探索环境产品贸易自由化问题的渊源，归纳分析相关的研究成果，为探讨我国参与 WTO 环境产品贸易自由化的对策奠定基础。

4.实施 FTA 战略的潜在风险及中国的防范策略.戴臻，魏磊.亚太经济，2013/02

［作者单位］对外经济贸易大学 WTO 研究院

［内容提要］FTA 在全球呈现出快速发展趋势，其潜在风险已经显现：FTA 对区域外经济体存在歧视，挑战透明度规则，增加贸易成本；过多考虑政治和安全利益，经济功能趋于弱化，执行不力，经济效果未充分发挥；部分产业被排除在外，产业边缘化问题凸现；FTA 战略与企业运营策略衔接不足，企业并未充分利用 FTA 获利。为了防范这些风险，我国应该在全球范围内倡导互利共赢的经贸合作理念；增强 FTA 的经济功能，弱化政治和安全诉求；提升 FTA 的层次和执行效率；建立 FTA 战略的产业政策支撑体系；消除企业利用 FTA 的障碍，将 FTA 平台提供的机会转化为企业利润。

5.CEPA 框架下香港与中国内地的贸易创造——基于 1997—2010 年贸易关联面板数据.冯邦彦,胡娟红.国际经贸探索，2013/03

［作者单位］暨南大学经济学院

[内容提要] 采用1997—2010年中国内地各省(地级市)与香港贸易量数据，在引力模型和Nicolas Peridy (2005)模型的基础上实证研究了中国内地与香港签署CEPA协议产生的贸易创造效应。在模型的各种设定下，中国加入WTO对内地与香港的贸易创造为31.2%～32.1%，CEPA签署产生的贸易创造为16.8%～19.1%，实证结果表明CEPA的签署对内地和香港经济产生了正面的贸易创造效应，但仍然存在限制效应发挥的贸易障碍，要扩大CEPA合作的深度和广度，推进两地的经贸合作走向新阶段。

6. 特惠贸易协定与多边贸易协定：一致或侵蚀. 王中美. 国际经贸探索，2013/03

[作者单位] 上海社会科学院世界经济研究所

[内容提要] 文章首先分析了近年来特惠贸易协定盛行的情况以及原因，在此基础上从历史角度分析了特惠贸易协定与多边贸易协定之间的相互关系，探讨二者保持一致的可能性，特别以普惠制为例，论证特惠贸易协定偏离多边贸易协定的可能表现，最后通过评价现有解决思路，试图发现多边贸易协定可以从哪些途径加强对特惠贸易协定的监控。文章认为并存仍然是趋势，贸易自由化的版图仍将错综复杂，而软法途径可能是目前唯一可行的方案。

7. 以美韩自由贸易协议探究亚太区域经济安全. 杨智翔. 中国外资，2013/04

[作者单位] 上海复旦大学国际关系与公共事务学院

[内容提要] 太平洋经济合作理事会(PECC)贸易政策论坛(TPF)于2001年6月于泰国曼谷举办"区域贸易协议之现状及未来发展"研讨会(Seminar on RTA: Stock take and Next Step)，并邀请APEC经济体重要智库、学者及重要国际组织如WTO、联合国贸易发展委员会(UNCTAD)、亚洲开发银行(ADB)、美洲开发银行(IADB)等代表与会，发表对RTA最新趋势之研究心得或政策分析，和近年(Regional Trade Agreement，RTA)之发展趋势与可能影响。与会学者指出"志愿性部门别提前自由化"(EVSL)及WTO西雅图会议之失败、"东协加三"(ASEAN+3)之形成等，是造成1998年以后全球各区域FTA突如其来快速增加的主要原因。目前一般的FTA均宣称符合WTO规范，其成立之商业动机有主动性质，亦有防御性质，其政策考虑则除经济因素外，亦极多含有政治及外交政策之动机。

8. 中国—东盟农产品贸易结构变化及互补性分析. 谢思娜，杨军，刘合光. Orachos Napasintuwong Artachinda. 湖南农业大学学报(社会科学版)，2013/04

[作者单位] 中国农业科学院农业经济与发展研究所；中国科学院地理科学与资源研究所；泰国农业大学经济学院

[内容提要] 2001年中国加入WTO和2002年中国东盟自贸区建设正式启动，中国东盟农产品贸易快速增长。由于中国对东盟农产品的进口增速大于出口增速，2001—2011年，中国对东盟的农产品贸易一直处于逆差地位，而且贸易逆差呈现不断扩大的趋势。采用显示性比较优势指数和贸易补偿指数分析发现：中国东盟农产品贸易朝着体现双边比较优势的方向发展，但中国农产品的比较优势不断下降，东盟农产品的比较优势在波动中缓慢上升；同时，中国出口和东盟进口的农产品贸易互补性指数较低且不断下降，东盟出口和中国进口的农产品贸易互补性指数缓慢上升。这将严重影响未来中国对东盟农产品出口的增长潜力。

9. 亚太区域经济一体化的走势及我国的对策. 汪占熬，陈小倩. 经济纵横，2013/04

[作者单位] 温州大学城市发展研究中心；温州大学城市学院

[内容提要] 近年来，亚太区域经济一体化呈现高速发展态势，区域经济体之间联系紧密，具备了良好的经济合作基础。虽然目前亚太区域经济一体化仍以双边区域贸易协定(RTA)为主要形式，但统一的多边RTA构想不断被提出；在美国正式参与跨太平洋伙伴关系协议谈判后，亚太主要国家加强了对多边RTA框架的利益博弈。中国在参与亚太区域经济一体化时更应综合考虑多方利益，也要借助经济领域的密切合作稳定周边环境，构建互利共赢的伙伴关系，巩固我国在亚太区域经济组织中的核心国家地位。

10. 自贸协定：区域合作的新潮流. 赵晋平. 中国外汇，2013/05

［作者单位］国务院发展研究中心对外经济研究部

［内容提要］经济全球化的大环境和举步维艰的 WTO 进程，促使以自贸协定为代表的区域贸易自由化快速发展，并成为当前区域合作的新潮流。受益于经济全球化的大环境，以自贸协定为代表的区域贸易自由化得到快速发展，已经成为 WTO 主导下的全球贸易自由化的重要补充。近年来，由于 WTO 进程举步维艰，进一步加快了区域贸易自由化的发展速度：目前，全球签署的自贸协定已超过 200 个，在亚太地区，各种自贸协定的贸易覆盖率达到 52.8%。

11. 美欧自贸区建立对中欧经贸的影响. 孙元江. 对外经贸，2013/05

［作者单位］商务部国际经贸关系司

［内容提要］关于美欧自贸协定我讲两方面内容：一是美欧自贸区的背景情况和意图；二是美欧自贸协定对我国的影响。美欧自贸协定全称为《跨大西洋贸易和投资伙伴关系协定》，即 TTIP。以 2008 年金融危机划线，在危机以前，主宰这个世界并占据全球经济主导权的是发达国家，如八国集团、OECD，还有世界银行、IMF，甚至 WTO。

12. 中国参与亚太区域整合的战略选择——RCEP 对 TPP 的替代效应. 汤婧. 中国经贸导刊，2013/06

［作者单位］中国社会科学院财经战略研究院

［内容提要］近十年来，由于 WTO 推动的多哈回合谈判步履维艰，各国为争夺有限的出口市场，提升国家出口竞争力，已逐渐将贸易政策的重心，转为推动洽签双边或多边自由贸易协议（FTA），这种依托自贸区重构的全球贸易格局正在逐步推进。

13. 两岸四地经济一体化法律模式分析. 鲍禄. 广东社会科学，2013/06

［作者单位］对外经济贸易大学法学院

［内容提要］两岸四地相互间签订的三项经贸合作协议，属于世界贸易组织原则和章程规制的其成员之间分别成立的自由贸易协议。在两岸四地尚未形成一个整体的、制度化的经济一体化区域。世贸组织是近现代的国家法与国际法相伴结构发展到 20 世纪中期的产物，在应对 20 世纪后半期以来经济社会全球化对法律的需求方面有所局限。超国家法是现代法制的新现象，欧盟的成功运作和不断扩展是这种新法律模式生命力的最好验证。两岸四地经贸合作的深化，特别是经贸之外其他领域合作的拓展与深入，以及对全面一体化前景的努力，须以法律模式的全新探索和求证为必备的前提。

14. 论 FTA 中的地理标志与中国的选择. 那力，魏德才. 江淮论坛，2013/07

［作者单位］吉林大学法学院；海南大学法学院

［内容提要］地理标志问题是 WTO 中最为困难的谈判领域之一，TRIPs 确立的地理标志多边保护规则并不完备。近年来，方兴未艾的自由贸易协议（FTA）给地理标志的国际保护提出了新的问题与挑战，使之成为贸易大国之间博弈的战场，特别是通过地理标志专门立法保护的欧盟与以商标法保护地理标志的美国，都在通过 FTA 扩大自己的保护范围与影响，彼此发生了利益冲突。我国应积极参与多边贸易地理标志谈判，密切关注贸易伙伴 FTA 中的地理标志条文，在双边 FTA 中谨慎对待地理标志问题，以维护我国权益。

15. 亚太地区 FTA 整合问题研究. 宫占奎，曾霞. 南开学报，2013/07

［作者单位］南开大学 APEC 研究中心；南开大学经济学院

［内容提要］在 WTO 谈判进展艰难、APEC 自身贸易投资自由化推进缓慢的背景之下，APEC 成员间 FTA 大量涌现。其中，TPP、中日韩自贸区和 RCEP 三个正在谈判中的较大的次区域 FTA 将对 APEC 内部 FTA 发展与重组产生重大影响。APEC 内部大量 FTA 的存在形成了繁杂的原产地规则和多重的争端解决机制等问题，给亚太地区经济一体化进程带来了消极影响。如何整合亚太地区的 FTA，正日益成为 APEC 成员关注的问题。基于 APEC 地区 FTA 发展的现状，整合 APEC 成员内部 FTA，从而建立 ETAAP、RCEP 发展与 TPP 合并、TPP 扩张到 FTAAP 的三种路径可以作为备选方案。

16. 关于世界自由贸易区的若干问题研究. 张娟. 国际市场，2013/08

［作者单位］上海市商务发展研究中心；上海社会科学院

［内容提要］自由贸易区（Free Trade Zone，简称 FTZ）是一国为达到一定的经济目的、通过特殊的经济政策和手段在国内开辟的与其他地区隔离的特别经济区域。Free Trade Area（FTA）也译为自由贸易区，系指两个以上国家或单独关税地区通过签署协定，在 WTO 最惠国待遇基础上，相互进一步开放市场，分阶段取消绝大部分货物的关税和非关税壁垒，改善服务和投资的市场准入条件，从而形成的实现贸易和投资自由化的特区。

17. 论 ECFA 的过渡性质及其完善. 曾炜. 福建论坛（人文社会科学版），2013/08

［作者单位］贵州民族大学法学院

［内容提要］在分析 ECFA 过渡性质的基础上，指出 ECFA 当前面临的主要法律问题是组织机构的缺位与争端解决机制的缺失。为推动 ECFA 后续协议的谈判和保证 ECFA 的顺利实施，应赋予两岸经济合作委员会常设机构的地位，这一组织机构的安排同时对于构建 ECFA 下的争端解决机制也具有重要作用，并在此基础上建立政治与司法兼容的争端解决机制。

18. 中国加入 TPP 的利弊权衡及战略选择. 毕晶. 国际经济合作，2013/08

［作者单位］北京城市学院；中国社会科学院世界经济与政治研究所

［内容提要］20 世纪 90 年代以来，各种双边、多边和区域 PTAs（Preferential Trade Agreements，特惠贸易安排协议）/FTAs（Free Trade Agreements，自贸区协议）频繁涌现，世界范围内掀起了新的区域经济一体化浪潮。2008 年开始的全球金融危机更是导致对原有全球经济治理结构的信任危机，也在一定程度上加速了 PTAs/FTAs 的发展。据 WTO 统计，截至 2013 年 6 月底，全球正在实施的区域贸易协定数量为 381 个。在此背景下亚太地区的区域合作呈加快趋势。

19. 金砖国家推动全球经济治理变革与转型. 蔡春林. 亚太经济，2013/08

［作者单位］广东工业大学新兴经济体研究所

［内容提要］本文通过简要分析 WTO、IMF、世界银行等全球治理机制和框架，建议金砖国家建立共赢性发展互动机制，强化内部合作，增进共识，提升国际议题设定能力，将 G20 机制作为推动全球经济治理变革与转型的重要战略平台，以“循序快进”方式推动全球经济治理的变革与转型。

20. 模板、跳板、挡板：美国战略视角下 TPP 功能的三位一体. 饶芸燕. 世界经济研究，2013/08

［作者单位］上海对外经贸大学

［内容提要］近年来，世界经济力量对比发生巨大变化，亚洲一体化进程加速。为应对局势变化，美国战略重返亚洲后力推 TPP，企图发挥 TPP 的三位一体功能，即 TPP 旨在成为 21 世纪全面高标准的区域贸易协定的模板，TPP 是美国把国际经贸规则制定权转为全球经贸霸权的跳板以及阻挡亚洲一体化的挡板。本文对 TPP 三位一体的功能进行了重点分析并对中国的应对提出了对策建议。

21. 区域一体化背景下中国与东亚和欧盟投资、贸易互动效应分析. 邓慧慧. 国际经贸探索，2013/08

［作者单位］对外经济贸易大学国际经济研究院

［内容提要］通过把 Grossman and Helpman（1994）模型扩展到多区域、多产业框架，并引入区域贸易一体化因素，从理论视角分析了 FDI 对出口贸易的影响机制，并聚焦于区域贸易协定在这种影响机制中的作用。理论分析结果表明，FDI 流入以非线性方式影响出口。影响机制不仅与本国的市场规模、资本存量、本国与其他经济体的贸易自由度相关，还与贸易伙伴的市场规模和彼此之间的贸易自由度相关。贸易自由度在 FDI 影响贸易的机制中具有“二次放大”效应。此结论在使用 1986—2010 年跨国面板数据所进行的实证研究中得到证明。该结果意味着在当前国际经济、外贸形势下，中国与东亚主要经济体尤其是日本、韩国加快谈判进程，提高贸易便利化水平，对推动我国外贸发展，降低欧盟、美国对我国“贸易包围圈”的不利影响有重要意义。

22. 服贸协议为何在台湾遭遇扭曲. 陈咏江. 世界知识，2013/09

［作者单位］中国社会科学院台湾研究所

［内容提要］2013 年 6 月 21 日，两岸正式签署《海峡两岸服务贸易协议》。协议中大陆对台开放 80 项服务，开放幅度均高于 WTO 承诺；而台湾对陆开放 64 项，开放度大多刚达到 WTO 承诺，仅 19 项高于 WTO 承诺（早已对外资开放），新增开放项目仅 28 项。由于服贸协议对台湾更加有利，岛内多数企业与主流舆论签署当日就表达欢迎立场，希望协议早日生效。然而，在绿营的恶意攻击之下，岛内部分民众，尤其是“受冲击”业者对协议充满恐惧。民调显示，对于两岸签署服贸协议，47.4%的民众认为弊大于利，仅 24.9%的民众认为利大于弊。明明有利台湾的协议却遭遇扭曲，如此诡异的现象，让远在大洋彼岸的美国人都“感到诧异”，也连带让协议在“立法院”的首次闯关宣告失败。为何会出现如此情形？马当局又将如何导正视听？我们该怎样看待此次服贸协议在岛内所遇到的阻力？本文将逐一揭开谜底。

23. 论 TPP 谈判对 WTO 多哈回合谈判的影响. 许多. 江海学刊，2013/09

［作者单位］南京师范大学外国语学院

［内容提要］《跨太平洋伙伴关系协定》（TTP）是美国在原有《跨太平洋战略经济伙伴关系协定》基础上极力主导的亚太地区新特惠贸易协定，该协定也因为标准高而被誉为 21 世纪新的特惠贸易协定安排模式。美国从加入谈判进而到主导谈判，表现出其希望通过该协定重返亚太并改变世界经济格局的目的。作为特惠贸易协定，TPP 应当遵守 WTO 关于特惠贸易协定的规范要求，但谈判的进程却显露出 TPP 对 WTO 规范的冲击。诚然，TPP 的影响将主要体现在亚太地区，但不可否认，TPP 对 WTO 规范的冲击，将对正在进行中的多哈回合谈判产生影响。虽然这种影响将是利弊兼有，但可以预见，TPP 本身对处于困境中的 WTO 多哈回合谈判而言，是利大于弊的。

24. 区域一体化视角下我国竞争法与反倾销法协调研究. 毕莹. 安徽大学学报（哲学社会科学版），2013/09

［作者单位］浙江大学光华法学院

［内容提要］区域贸易协定中竞争法与反倾销法的关联度主要取决于一体化的深度。我国应确立统一区域竞争法取代反倾销法的终极目标。为此，一方面须转变反倾销是“双刃剑”等观念，在所加入的自由贸易区中以对多边 WTO 反倾销协定的实体或程序性修改的方式限制域内反倾销的使用；另一方面应删除反不正当竞争法及价格法有关掠夺性定价的相关规定，统一将其归入反垄断法中。这一努力可先从与新加坡、EFTA、日本、韩国等具有“相似意向”国家或地区间的区域贸易协定入手。

25. 上海自贸区：外贸引擎新动力. 孙晶晶，齐昕时. 进出口经理人，2013/10

［作者单位］北京工商大学经济学院；中南财经政法大学经济学院

［内容提要］自 2001 年加入世界贸易组织（WTO）以来，我国享受了诸多“世贸红利”，如外需对经济增长的贡献突出、外商直接投资源源不断、技术转移与国际市场拓展的力度增强。当前，随着我国进一步对外开放，需要探索新的形式来释放制度红利。7 月 3 日，国务院通过批准建设中国（上海）自由贸易试验区（简称上海自贸区），此举展示了政府更加主动实行开放战略的决心。

26. 沪自贸区开启“全球化红利”第二波. 张茉楠. 金融博览，2013/10

［作者单位］中国国际经济交流中心

［内容提要］创立上海自由贸易区是中国新一轮“以改革促开放”大战略的重要决策。21 世纪的十年可谓是全球化红利期。而今，以上海自由贸易区为代表的改革开放新战略已经启动，这势必将让中国获得新的增长红利、改革红利和全球化红利。

27. 自由贸易协定（FTA）与知识产权国际环境. 李顺德. 知识产权，2013/10

［作者单位］中国社会科学院法学研究所

［内容提要］自由贸易协定（FTA），在 WTO 的框架中被纳入区域贸易协定 RTAs。发达国家和地区，充分利用 FTA 机制，企图绕开 WTO 机制，大力推行所谓“TRIPs-Plus”（超 TRIPs 条款），进一步大幅度提高知识产权保护的水平，这一现实及其对世界知识产权环境的影响是不容忽视的。在介绍有关自由贸易协定（FTA）的基本情况、类型的基础上，分析自由贸易协定（FTA）与世界贸易组织（WTO）的法律关系，从 3 个层次上探讨自由贸易协定（FTA）对世界知识产权制度和

法律环境的影响，提出如何应对这一影响的初步设想。

28. **上海自贸区的机遇和风险. 任新建. 上海人大月刊，2013/10**

［作者单位］上海市发展改革研究院金融研究所

［内容提要］9月29日，中国（上海）自由贸易试验区正式挂牌。这是自浦东开发开放以来，中央交给上海的又一项重大历史使命，是中国新一轮改革开放战略的重大探索，是上海又一次重大功能制度层面的突破，具有重要的战略意义。上海自贸区的建设，将为上海乃至全国的深化改革、扩大开放和加快发展带来重要的战略机遇。

29. **深化国企改革 助力TPP谈判. 于换军. 现代国企研究，2013/11**

［作者单位］中国社会科学院世界经济与政治研究所

［内容提要］一向关注人民币汇率的美国，为什么现在对国有企业问题感兴趣了？美国针对国有企业问题采取了什么措施？这些问题对中国有什么潜在影响。中国该如何应对？

30. **世界典型区域贸易协定的历史比较与国际比较. 陈淑梅，陈敏，赵亮. 国际贸易，2013/11**

［作者单位］东南大学经济管理学院；重庆三峡学院经济与管理学院

［内容提要］综观世界主要区域贸易协定，既有成功的经验，也有失败的教训；既有共性，又有差异。在中美新型大国关系的背景下，如何借鉴世界主要RTA的经验做法，达成高质量的符合新时期国际贸易规则的协定，促进我国新一轮的经济增长，是我们需长期研究的课题。

31. **台湾当局自由贸易协议实践的亚太转向及其前景. 季烨，彭莉. 台湾研究集刊，2013/11**

［作者单位］厦门大学台湾研究中心

［内容提要］自20世纪90年代以来，为因应全球区域一体化的浪潮，台湾当局力推自由贸易协议（FTA）战略，但成效不佳。2008年马英九执政后，两岸关系在“九二共识”的基础上得以缓和并稳步发展，台湾参与区域经济一体化的问题被重新提上议事日程。当前，台湾当局的FTA战略目标逐渐从传统的中南美洲“友邦”逐渐转向亚太地区，从单纯的“政治驱动型”向“政治经济平衡型”特征转变。未来，台湾当局FTA实践的进展，并不单纯取决于台湾当局作为世界贸易组织成员的身份，更取决于两岸经济整合的深度和两岸政治互信的程度。台湾当局FTA实践的经验，对于未来参与TPP同样具有借鉴意义。

➢ 争端解决

1. **我国涉案WTO争端解决的国内法审查以及应对研究. 张乃根. 世界贸易组织动态与研究，2013/01**

［作者单位］复旦大学法学院

［内容提要］随着我国加入WTO之后的国际贸易地位日益提高，贸易争端也接踵而至。我国在WTO被诉争端解决案件均涉及国内法，并不得不接受WTO争端解决机构的审查，从而对我国在扩大改革开放的新形势下如何建立健全国内法制，构成了前所未有的挑战。本文首先在界定此类审查的含义基础上，分析了WTO争端解决机构对已决案或待决案涉及的我国国内法进行审查的实践；然后提出应区分WTO争端解决机构审查我国涉案国内法的一般与特殊标准，并据此结合案例展开我国涉案的分析，指出两者一致的客观评估理念；最后从加强研究WTO法律框架下的国内法解析、建立与之适应的我国涉案国内法的举证机制和依据有关审查标准完善国内法这三方面，提出应对我国涉案的国内法审查以及在新形势下推进我国法制建设的路径。

2. **GATT1994第20条的权利性质分析——对WTO上诉机构相关裁决的思考. 刘敬东. 北方法学，2013/01**

［作者单位］中国社会科学院国际法研究所

［内容提要］GATT第20条“一般例外”条款的核心是，豁免成员方为保护人类生命健康以及保护可用竭资源等目的而采取违反WTO规则或其所作承诺的贸易限制措施，在WTO体制尚无具体环境规则的情形下，该条款是WTO成员方可资援引以实现环境保护目的的重要协定条款。但根据WTO上诉机构的裁决，在出口税方面，中国政府却无权引用“一般例外”条款，这在WTO成员中绝无仅有，其后果十分严重。在现代国际法中，

GATT第20条保护的人权、动植物的生命健康权以及可持续发展权均是主权国家应享有的固有权利，是国际法赋予国家的固有权利，同时也是主权国家必须履行的国际法义务，绝不可因WTO成员方明示或暗示、直接或间接、单方或协议的方式而被放弃。WTO上诉机构认定，中国因《加入议定书》第11.3条未明确规定引入GATT1994或"一般例外"就丧失了援引"一般例外"条款的豁免权利，这样的结论与国际法的理论和最新实践可谓背道而驰。

3.技术性国际争端解决的"全球行政法"思路——基于WTO食品安全案例的分析.龚向前.华东政法大学学报，2013/01

［作者单位］北京理工大学法学院

［内容提要］"全球行政法"的思路开始渗透到国际争端解决实践之中。对于食品安全之类技术性案件，WTO准司法机制日益重视程序性方法、双边协商和非政府渠道在解决争端中的作用；SPS委员会作为"全球行政法的引擎"提供了争端解决的专家治理路径。WTO食品安全争端解决的"全球行政法"思路既有重要意义也存在局限性，须与国际争端解决的法治化路径相互补充。我国应提高多元化应对技术性国际争端的能力。

4.出口关税引发的贸易摩擦之法律应对——以中国原材料出口限制措施案为视角.邵朱励，张美红.金融经济，2013/01

［作者单位］安徽财经大学法学院

［内容提要］GATT在出口关税方面没有明确的具体约束规则，但中国在入世时承诺，除对列明的少数产品在约定税率之下征收出口税之外，取消适用于出口产品的全部税费。在中国原材料出口限制案中，中国对某些稀有资源征收出口税的范围和最高税率超出了承诺水平，且不能援引GATT1994的一般例外条款抗辩。我们应考虑采取不会对国际贸易流向造成扭曲影响的替代措施，更多地运用国内产业政策和环境政策达到预期目的。

5.以贸易救济措施为视角看美国对DSB裁决的执行.李晓郛.上海海关学院学报，2013/02

［作者单位］华东政法大学

［内容提要］贸易救济措施是WTO成员方对美国的主要诉由，通过美国对涉及贸易措施的DSB裁决的执行情况可以发现，美国建立了一套较为完整的国内法律法规体系。其中，美国法律为涉及行政程序的DSB裁决规定了详细的执行程序，而对于涉及法律层面的执行，则为立法机关留下了较大的自由裁量权。特别是以贸易代表署（USTR）为核心的协调机制，方便了立法、行政和司法制度之间的相互配合，保障了国内产业的利益。美国执行DSB裁决的思路和做法对中国具有借鉴作用。

6.论WTO争端解决机制的透明度——以"法庭之友"制度为视角.杜玉琼.社会科学研究，2013/03

［作者单位］四川大学法学院

［内容提要］自多哈发展回合以来，WTO成员方对WTO争端解决机制的改革和完善提出了诸多建议，承认和接受了"法庭之友"制度。从"法庭之友"在争端解决机制中的实践看，其陈述的公共性、专业性、代表性和相关性，有利于提高争端解决机制的透明度，有利于全球性经贸问题的有效、公正解决。我国作为WTO的重要成员国，对"法庭之友"制度在WTO争端解决机制中的适用问题不能视而不见，它对我国积极参与新一轮多边贸易谈判，以及利用WTO争端解决机制维护我国的经贸利益具有重要意义。

7."中国电子支付服务案"详解.杨国华.世界贸易组织动态与研究，2013/03

［作者单位］商务部条法司

［内容提要］"中国电子支付服务案"是中国入世10年来最为复杂的案件之一，涉及众多机构和个人，以及多重法律关系，专家组报告在本案最核心的问题——电子支付服务是否属于入世减让表中的"支付服务"上支持了美国的观点。本文就该案所涉相关问题，包括涉案措施、中国的入世承诺、涉案服务的分类、电子支付服务的定义、GATS项下的国民待遇条款和市场准入条款等做具体分析，并对该案的专家组报告中的相关问题提出质疑。

8.WTO贸易救济措施争端解决的绩效分析——基于动态非平衡面板数据模型系统GMM检验.杨仕辉，郭艳春.商业经济与管理，2013/03

［作者单位］暨南大学经济学院

［内容提要］文章在回顾相关研究的基础上考虑四阶段 WTO 争端解决程序，根据 WTO 争端案例结案时长不等的特点和多阶段策略选择难以量化的性质，建立 WTO 贸易救济措施争端解决绩效动态非平衡面板数据模型，运用系统 GMM 检验，对 WTO 贸易救济措施争端解决绩效进行实证分析。结果表明：积极援引 WTO 争端解决机制是能够在一定程度上挽回贸易损失的，尤其是双方在争端解决过程中达成的磋商解决、请求专家组中止工作、相互满意解决或者败诉方执行 WTO 决定等均对申诉方出口贸易具有促进作用；尽快结案将有利于申诉方，而 WTO 争端解决案件的持续时间越长，越不利于申诉方。

9. 资源争夺战：WTO 争端中的中国困境与应对. 钟楹. 环境经济，2013/03

［作者单位］对外经济贸易大学法学院

［内容提要］学界对原材料案做出了诸多评析，虽然我们承认专家组裁决具有一定的合理性，但更关键的问题是该裁决可能会使我国在随后的资源争夺战中处于不利的地位。已成立专家组的稀土案更是激发了人们对该问题的忧虑。甚至有人指出，稀土只是一个切口，欧美日国家的真实目的是为了最终瓦解我国战略资源保障体系和制度，即使稀土案尘埃落定，后面还会有其他战略性资源的博弈。

10. 从新近 WTO/TBT 争端论技术性贸易措施的应对. 阙占文. 国际贸易，2013/03

［作者单位］江西财经大学法学院

［内容提要］2012 年 4 月 24 日，WTO 争端解决机构（DSB）通过了印度尼西亚诉美国影响丁香烟生产和销售措施案（以下简称“美国丁香烟案”）上诉机构报告及经修订的专家组报告。

11. 美日欧诉中国稀土出口限制的博弈论分析. 胡建州. 对外经贸，2013/04

［作者单位］苏州大学东吴商学院

［内容提要］2012 年美国、欧盟和日本联合针对中国稀土出口限制措施向 WTO 提出申诉请求，要求中国停止实施“单边”贸易保护措施，这是中国加入 WTO 以来，继“原材料出口限制案”后又一涉及矿产资源出口限制的案件。运用博弈论，分析美国、欧盟和日本结成诉讼联盟对抗中国稀土出口限制措施的原因。

12. 中美 DSB 争端案件考察（2001—2012）. 李晓郛，熊轩昱. 世界贸易组织动态与研究，2013/05

［作者单位］华东政法大学

［内容提要］从申诉方、应诉方以及第三方等角度考察中美 DSB 争端案件，可以发现“美攻中守”的态势。在“规则导向”的 WTO 争端解决机制内，中国完全可以利用其特点，以更加积极的态度解决中美争端、缓解美国对中国的压力。应诉时注意加强证据的准备工作，执行 DSB 裁决时从实用角度出发并且构建相应的协调机制，同时也要结合世情和国情重新定位中国国际经济法学。

13. 美国对华新能源产业实施“双轨制反补贴”战略研究. 陈利强，屠新泉. 国际贸易问题，2013/05

［作者单位］浙江工业大学法学院；浙江大学公共管理学院；对外经济贸易大学中国 WTO 研究院

［内容提要］当下中美补贴与反补贴摩擦在向新能源产业领域蔓延，突出表现为美国对华新能源产业实施“双轨制反补贴”战略。美国一方面对华风能产业补贴措施提起 WTO 诉讼，在 WTO 争端解决机制下指控中国的禁止性补贴，另一方面对华太阳能光伏和风能产品发起“双反”调查，指控中国的可诉性补贴，双管齐下，旨在打压中国战略性新兴产业（新能源产业）国际化发展空间。中美经济同步转型及美国强化对华贸易执法战略等因素促使美国对华新能源产业实施“双轨制反补贴”战略。为了应对未来美国不断强化实施这种战略，中国应当坚持攻防兼备的原则，遵循“国内主动限权、WTO 限权和扩权、对美积极应诉、对美诉讼和反制”的基本思路，采取合理有效的策略加以应对。

14. GATS 承诺表解释的困境与出路——从美国诉中国银联垄断案谈起. 崔聪聪. 经济问题探索，2013/06

［作者单位］北京邮电大学

［内容提要］WTO 争端解决机构采用“文本主义”和“扩张解释”的方法在解读 GATS（服务贸易总协定）承诺表时，可能会不当增加 WTO 成员的义务。《WTO 协定》主体规范和具体承诺表

具有不同的法律属性，其解释方法应予以区别。在考虑 GATS 承诺表特性的基础上，GATS 承诺表的解释应考虑单个缔约国的意图。

15. 光伏产品反补贴贸易争端透析——兼析 WTO 可再生能源补贴问题. 徐忆斌. 现代经济探讨，2013/06

[作者单位] 西南政法大学国际法学院；中国一东盟法律研究中心秘书处

[内容提要] 中美、中欧之间针对光伏产品反补贴贸易争端愈演愈烈，这既体现出中国的光伏产品补贴政策存在与 WTO 规则相符性之间的差距，也暗示了 WTO 下补贴与例外规则在保护包括光伏产品在内的可再生能源产业发展时期存在的现实困境。此问题的解决，一方面 WTO 多边贸易规则不能回避，其应从原则上确立可再生能源补贴的合法性，并从例外方面对其外部性加以约束；另一方面，中国也要积极筹谋，通过细化规则与强化政策、严格避免禁止性补贴以及合理巧用可诉性补贴，以减少不必要贸易争端的发生。

16. WTO 争端解决中的举证责任及分配规则. 曾炜. 四川理工学院学报（社会科学版），2013/07

[作者单位] 贵州民族大学法学院

[内容提要] 举证责任是指在争端解决中当事方为了向审理者证明其所主张的事实，必须提出证明的责任。在 WTO 争端解决中，提出特定事实主张的当事方，负有提供相关事实证据的责任。举证责任分配的问题非常重要，往往可能决定着一个案件的判决结果。在 WTO 争端解决程序中，举证责任的分配标准原则上是由当事方所主张应适用条款的性质决定，即该项条款的性质是否为积极的主张条款或抗辩条款。如果是主张条款，原则上应由申诉方主张与证明该条款的适用性。如果是抗辩条款，则应由被诉方主张与证明该条款的适用性。

17. 国际机制司法化模式的治理失灵——基于 GATT/WTO 争端解决机制司法化进程的分析（1980—2010）. 苏瑞娜. 理论月刊，2013/07

[作者单位] 南京大学政府管理学院

[内容提要] 国际组织中的争端解决机制对于调节国家间争议、和平解决国际纷争意义重大，目前国际组织的争端解决机制发展出一套类司法体系的治理模式：受理投诉、评审违规行为、发布约束性制裁。国际关系和国际法的大量研究集中关注司法化的效用，忽视司法化对于国际争端解决机制自身的影响。对 WTO 争端解决机制的历时性分析显示出司法化程度加深会引起成员国尤其是主要发达国家对该程序的消极抵抗，且发展中国家也无法获得追求的预期。司法化加强带来的非预期结果抑制了通过谈判达成和解的灵活性也提高了自身受游说的风险，同时限制了发展中国家和发达国家的利益诉求，造成了制度本身的削弱。

18. 论 WTO 争端解决中食品安全国际软法适用的分歧及其消解. 曾文革，林婧友. 江西社会科学，2013/10

[作者单位] 重庆大学法学院；武汉大学

[内容提要] 食品安全保障问题不仅关乎公民健康权以及各国的贸易利益，也取决于科技水平的高低，故各国国内食品安全保障措施差异较大，很难采取硬法方式进行统一规范，由此催生软法的适用来对差异性加以弥合。但在现行食品贸易体制对各国利益分配不均的大背景之下，一方面由于国际软法制定过程隐藏的“权力导向”，另一方面由于 WTO 规则尚不周延，争端解决机制本身也存在缺陷，以致 WTO 食品贸易争端中国际软法适用分歧频现。为使食品安全国际软法能够在 WTO 争端解决中发挥更好的作用，我们应当努力从遏制食品安全国际软法制定过程中的“权力导向”、明确 WTO 争端解决机制中第三方举证权限等方面，努力消解 WTO 争端解决中食品安全国际软法适用的分歧。

19. 美国对华反补贴案件补贴项目分析. 杨荣珍. 国际贸易，2013/10

[作者单位] 对外经济贸易大学中国 WTO 研究院

[内容提要] 美国于 2012 年 3 月通过修改国内反补贴法的方式，以成文法形式确定了可以对中国、越南等“非市场经济国家”进行反补贴调查的规定，可以预见，今后美国对中国产品频繁发起反补贴调查的做法不会停止。此外，《中国加入 WTO 议定书》中有关“非市场经济待遇”问题的相关规定将于 2016 年终止，可以预见在取消反倾销调查中的“替代国”做法后，对华反补贴案件可能会有所增加。因此，如何应对国外反补贴将是我

国相关政府部门和企业面临的一个紧迫问题。

20. 中美贸易争端的新动向及风险防范策略. 张军生, 李俊. 国际贸易, 2013/10

[作者单位] 对外经济贸易大学国际经济研究院; 商务部研究院

[内容提要] 金融危机以来，美国对华贸易政策明显收紧，主要表现在贸易争端的进攻力度逐步强化，挑起贸易争端的节奏明显加快。中美贸易争端呈现涉案产业范围扩大化、层次高端化、产业链覆盖全面化的发展趋势。从产业安全角度看，中美贸易争端几乎涉及核心工业原材料、传统产业、新兴产业、高端服务业等全品类产品，体现出明显的战略对抗性，对中国产业发展的负面影响不容低估。本文从中美处理贸易争端的策略变化出发，通过剖析金融危机以来提交WTO争端解决机制的中美争端案件，分析评估其可能带来的产业风险隐患，并提出相应的防范对策。

21. 论国家安全审查措施在WTO中的可诉性. 黄志瑾. 河北法学, 2013/11

[作者单位] 上海对外经贸大学国际经贸研究所

[内容提要] 随着“走出去”战略的不断深入，中国企业走出去的步伐越来越频繁和大胆，世界各国都遍布中国企业的足迹。一方面，各国为了吸引外资的需要都欢迎中国企业到其本国投资，另一方面，中国企业，尤其是国有企业给东道国带来一定的压力，各国从某种程度上开始抵制中国企业的大幅度投资。国家安全审查是这种抵制的最强有力的手段，基本上被市场开放程度较高的发达经济体普遍采用。从三一重工诉美国CIFUS案入手，对国家安全审查的国内司法可诉性和国际法可诉性进行对比，试图寻找出国家安全审查这一政府行政行为是否属于WTO的管辖权? 中国企业和政府如何通过WTO这一途径高效地维护企业在海外的利益。

22. 政府采购、利益与补贴——从日、欧诉加拿大可再生能源案看开去. Fernando Pierola. 张蔚蔚. 世界贸易组织动态与研究, 2013/11

[作者单位] Advisory Centeron WTO Law; 日内瓦国际与发展研究院

[内容提要] 根据WTO《补贴与反补贴措施协定》第1.1条，政府通过财政资助授予货物或服务供应方“利益”是补贴存在的前提之一。政府采购是政府财政资助的方式之一。如何界定某项政府采购是否授予企业利益? 上诉机构在加拿大一可再生能源案中给出了参考答案。上诉机构在界定第1.1条中的“利益”是否存在时十分倚重SCM协定第14 (d) 条对反补贴调查“利益”计算所规定的市场比较法。笔者认为第14 (d) 条不适用于因政府干预而存在的特殊市场，“利益”的存在不应以第14 (d) 条所定义的政府采购“所涉货物或服务”的市场情况为参照。

➤ 贸易摩擦

1. WTO法律框架下的新能源补贴问题研究——以美国对华新能源产业“301调查”为视角. 李婧舒, 刘朋. 国际商务, 2013/02

[作者单位] 对外经济贸易大学

[内容提要] 作为扶植新能源产业的主要措施，新能源补贴在WTO法律框架下的合法性尚未确定。本文结合美国启动“301调查”挑战中国新能源补贴政策，推行新贸易保护主义的现实，对新能源补贴的相关法律问题进行探讨。在不可诉补贴制度失效的前提下，新能源补贴可能构成禁止性或可诉性补贴。中国应当提倡在WTO框架下建立新能源补贴例外制度，运用政府采购的力量支持新能源产业，同时审慎出台补贴政策，引导新能源产业科学发展。

2. 金融危机期间我国遭受国际反倾销的特点及原因分析. 王林. 河北经贸大学学报, 2013/02

[作者单位] 对外经济贸易大学国际经济贸易学院

[内容提要] 金融危机期间，为保护国内经济，各国贸易保护主义抬头。反倾销作为贸易保护的主要手段被不断地使用。而中国作为世界出口大国，更成为各国发起反倾销调查的主要国家。我国应根据金融危机期间（2006—2010年）对我国发起反倾销调查的主要国家对我国反倾销调查的数量和产品类别及我国被反倾销调查的原因采取相应对策，如分散商品的出口地并可到东道国进行外商直接投资；提高出口商品的科技含量和附加值；积极使用WTO争端贸易解决机制，果敢应诉；同其他国家协商谈判，以争取我国的市场经济地位。

3. 再议欧盟反倾销“承诺”条款. 何黎明. 法制与社会，2013/02

［作者单位］浙江五联律师事务所

［内容提要］WTO《反倾销协定》作为规范各成员国反倾销实践的国际协定，其中第 8 条明确了“价格承诺”在反倾销法程序中允许使用的建设性贸易救济措施，且作为对反倾销税的一种替代措施。“承诺”条款在不同国家反倾销中的运用差异较大，本文试对欧盟反倾销法中“承诺”条款的具体形式及法律意义等进行理论分析、经验总结，为我国今后应对欧盟“承诺”措施，以及处理中欧贸易纠纷提供更具体的可行性指导。

4. WTO 贸易规则下中国瓷砖行业应对反倾销的思考. 王思鹏. 当代经济，2013/03

［作者单位］华中科技大学

［内容提要］随着经济全球化迅猛发展，国际之间的竞争也日益激烈，随之而来的便是贸易摩擦。中国虽然加入了世界贸易组织 WTO，但是却被扣上了一个“非市场经济”的大帽子，非市场经济国家的歧视待遇接踵而来。本文通过分析欧盟对华瓷砖反倾销的案例，探究该行业遭受反倾销的现状和主要原因，并借此案例总结应对国外反倾销的经验以及教训，最后从政府和企业的角度出发，提出反倾销的建议和措施。

5. 拉美国家对华贸易摩擦现状及应对——以巴西、阿根廷为例. 岳云霞，武小琦. 中国经贸，2013/03

［作者单位］中国社科院拉丁美洲研究所

［内容提要］2012 年 6 月在墨西哥洛斯卡沃斯举行的 G20 峰会上，根据成员国达成的协议，为应对全球金融危机，G20 成员国不采取贸易保护措施。各成员国再次做出承诺，避免为投资、货物和服务贸易增设新的壁垒，不实施新的出口限制措施，在各领域不实施包括刺激出口措施在内的、违反 WTO 规则的举措。

6. 浅析新兴经济体对华反倾销调查呈现数量剧增趋势之原因以及我国的应对策略. 闫星宇. 法制博览，2013/03

［作者单位］广西师范大学法学院

［内容提要］今年四月份，印度、阿根廷、土耳其等新兴市场国家纷纷就中国出口至其国家的不同商品对中国提起反倾销调查。根据相关的数据统计得知，自中国入世以来，尤其是在 2008 年金融危机爆发以后，WTO 成员中的新兴市场国家对华实施反倾销频率之繁、数量之大的现象，引起了社会各方的紧密关注。本文作者通过对相关数据的分析，试探性地分析此种现象之原因，并且对我国如何应对做简要的阐述。

7. 全球技术性贸易壁垒发展的新特点、趋势及对我国的启示. 李丽. WTO 经济导刊，2013/03

［作者单位］对外经济贸易大学重点研究基地技术性贸易措施研究中心

［内容提要］技术性贸易壁垒（Technical Barriers to Trade）是指一国或区域以维护国家或区域安全、保障人类和动植物的健康和安全、保护生态环境、防止欺诈行为、保证产品质量等为由而采取的强制性或自愿性技术性措施，这些措施对其他国家商品和服务进入该国或该区域市场形成障碍。

8. 应对贸易摩擦，环境政策怎样调整? 吴玉萍. 环境经济，2013/03

［作者单位］环境保护部环境与经济政策研究中心

［内容提要］WTO 环境与贸易争端的焦点是，我国旨在环保目标的国内生产和消费环节的政策调整，滞后于出口限制等“绿色贸易”政策，形成限制国外企业而没有同时限制国内企业的被动局面，为欧美留下了利用 WTO 规则诉我的口实，成为我国败诉的最大症结。

9. 争端不休，我国稀土贸易管理该走向何方? 宋鹏，毛显强，李丽平，李向前，刘峥延. 环境经济，2013/03

［作者单位］北京师范大学环境学院、北京师范大学全球环境政策研究中心；环境保护部环境与经济政策研究中心；北京石油化工学院

［内容提要］由于 WTO 公平性原则要求对“出口品”和“国内品”要适用同样的管理政策，因此，贸易端政策手段的实施，还必须建立在国内实施相应政策手段的基础上，从环保视角建立我国资源性产品新的管控政策体系。

10. 基于国际经验的农业补贴对中国农业的启示. 王宁. 世界农业，2013/04

［作者单位］河北农业大学；河北金融学院

［内容提要］世界各国广泛对农业进行补贴，特别是发达国家的农业补贴提高了其国际竞争力。本文首先回顾了WTO《农业协议》对农业补贴的相关规定。在此基础上，根据美国、欧盟和日本等发达国家和地区对农业补贴的经验，研究了这些国家农业补贴对中国的启示。

11.欧盟对华贸易摩擦现状及对策探析——基于政府宏观视角.王光丽.广西财经学院学报，2013/04

［作者单位］山东广播电视大学经管学院

［内容提要］伴随着中欧经贸关系的发展，特别是在欧债危机的背景下，欧盟对华频繁使用反倾销、反补贴、技术性贸易壁垒的贸易救济措施，成为制约我国产品出口欧盟市场的羁绊。我国政府从宏观层面出发，通过开展经济外交、运用WTO争端解决机制等措施寻求贸易摩擦应对之道。

12.浅议反倾销的会计问题及其对策.秦艳，杨孝安.中国证券期货，2013/04

［作者单位］西安工程大学

［内容提要］随着经济全球化步伐的加快，以及我国加入WTO，我国的国际贸易占GDP的比重越来越多，外国对华反倾销的势头也是有增无减，我国已经成为世界各国反倾销的主要对象和遭受反倾销最严重的国家。本文从会计的角度分析了我国当前反倾销会计中存在的问题，并针对性地提出相应对策。

13.浅谈绿色壁垒对我国农产品出口的影响及对策——以中日农产品贸易为例.郭绮均.中国外资，2013/04

［作者单位］中央财经大学国际经济与贸易学院

［内容提要］我国是农业大国。农业的发展对我国经济有着十分重要的影响。中国加入WTO以来，农产品出口贸易大幅增长。但是，近年来，不少发达国家开始实行贸易保护主义，非关税壁垒逐渐替代关税壁垒成为各国限制进口、保护本国产业的工具。绿色壁垒就是其中一个新型代表。日本是我国农产品出口的第一贸易大国，对我国农产品的技术要求、检验检疫标准等要求，都对我国农产品出口产生极大的影响。因此，本文主要以中日农产品贸易为例，探讨绿色壁垒对我国经济的消极影响以及我国应采取的应对措施。

14.中国工业遭遇反补贴的理论机制与现状研究.龙晓柏.世界经济研究，2013/05

［作者单位］对外经济贸易大学应用经济学博士后流动站

［内容提要］随着中国制造业在世界贸易中所占份额的快速上升，中国工业品遭遇反补贴的贸易政策博弈问题日益成为中国工业贸易发展的重要制约因素。本文首先分析了两国（贸易体）关于工业补贴政策的关联效应机制，并阐述了现阶段我国工业出口遭遇反补贴的主要特征，对影响机制因素进行了实证分析，最后对中国工业品如何应对反补贴贸易救济提出了若干对策。

15.美国337调查与TRIPs协议实体规定冲突问题研究.冯涛波.河北法学，2013/06

［作者单位］南京信息工程大学公共管理学院法律系

［内容提要］337条款的ITC诉讼与地区法院诉讼间在程序和实体方面的差异是GATT专家组异议的中心和争议双方分歧的焦点问题之一，GATT/WTO迄今尚无明确裁决结果。该条款存在一定合理性，但在某些方面不符合TRIPs要求。美国国内专利持有人在与国内生产者间关于专利侵权的争端中，仅能从美国国内法院寻求救济，而该专利持有人在同外国生产者的专利争端中却享有救济途径“选择权”，实际上获得双重救济机会。外国生产者被剥夺了救济途径的选择权，且增加了讼累，事实上造成不公平结果，构成对外国产品和国民的歧视。国民待遇应是实质上而非仅是形式上。应依WTO协定判断该条款的合条约性，而非仅依其实施效果。二者在立法目的、价值选择、基本原则等方面存在差异。TRIPs本身并不禁止337条款之类的边境措施，但该措施应符合WTO协定。使国内外被告人适用于相同机制是解决冲突的可能途径。

16.基于TCD和ADI测度的11国对华反倾销案件实证分析.刘爱东，曾辉祥.湖南财政经济学院学报，2013/06

［作者单位］中南大学商学院

［内容提要］通过WTO1995－2012年间世界反倾销案件的统计数据，选取对华提起反倾销居前

的 11 个国家（或地区），运用 TCD 指数和 ADI 指数对 11 国（或地区）提起反倾销与中国的贸易关系密切程度和对华反倾销强度进行了实证分析，并以散点图分布形式将 2001 至 2011 年 11 国（或地区）的 TCD 和 ADI 排名情况进行了揭示。研究发现，墨西哥、土耳其、阿根廷、巴西、印度等发展中国家与中国贸易关系的密切程度和对华反倾销强度有超过欧美等发达国家的趋势；国外对华反倾销的强度高于中国的出口绩效，反倾销报复性应当引起关注。

17. 美国对非市场经济体反补贴措施分析：历史转变、双重救济与合法性. 王中美. 财贸研究，2013/06

［作者单位］上海社会科学院世界经济研究所

［内容提要］美国从 2006 年开始一反其长期坚持的不对非市场经济体适用反补贴的立场，此后，同时进行反倾销与反补贴调查成为美国对中国产品实施贸易救济的常用方式。WTO 上诉机构已经裁决美国商务部在对非市场经济体实行“双反”时的双重计算问题，违反了 WTO《补贴与反补贴措施协定》第 19.3 条所规定的征收反补贴税应当“在合适的数额”。为此，追溯与分析美国此类双重救济的根源与特点很有必要。

18. 技术性贸易壁垒对我国农产品出口的影响——以日本肯定列表制度为例. 熊力治. 中国农业银行武汉培训学院学报，2013/07

［作者单位］中南财经政法大学工商管理学院

［内容提要］WTO 对关税壁垒实施规制以来，非关税贸易壁垒的实行日益加强。我国的农产品出口在世界贸易中一直扮演着十分重要的角色，进口国实行的技术性贸易壁垒对我国农产品出口造成了深远影响。本文以日本肯定列表制度为例，基于理论和数据分析，研究技术性贸易壁垒对我国农产品出口的影响。日本肯定列表制度对我国农产品出口的影响具体表现为：直接地导致农产品出口风险增大、出口量下降；间接地波及农产品上游产业及其他部门的经济发展，对其他国家贸易壁垒产生示范效应，对调整中国农产品出口市场结构具有一定潜在的客观积极影响。因此，要灵活地运用宏观、中观、微观手段对农产品出口加以控制，从而合理利用技术性贸易壁垒的积极效应并有效规避其负面影响，做到合理应对技术性贸易壁垒。

19. 美欧对华光伏产品反倾销的成因与影响. 韩玉军，李雅菲. 国际贸易，2013/07

［作者单位］中国人民大学法学院

［内容提要］近年来，在 WTO 多边自由贸易谈判的框架下，传统贸易壁垒受到制约，反倾销逐渐演变成为各国最主要的贸易保护手段之一。2012 年，我国光伏产品出口相继遭遇美欧的反倾销调查，并裁定征收高额关税。我国光伏产业的发展现状和特点如何，为什么中国光伏产品遭遇到美欧的反倾销，美欧对华光伏产品反倾销将给中国经济带来什么影响，我国政府、行业、企业应采取什么对策来规避。

20. 光伏产品贸易争端中的反补贴问题研究——以 WTO 法律规则为基点. 杨旭. 中共中央学报，2013/08

［作者单位］西南政法大学国际法学院

［内容提要］在剧烈的国际竞争中、在各国扶持可再生能源产业发展的背景下，中国光伏产品不可避免地成为贸易保护战的攻击对象。对此，即便是作为多边贸易管制者的 WTO 也束手无策，因为其规则体系中存在对可再生能源补贴的规制盲点。为此，我们应当通过谈判努力完善多边贸易规则，同时在合理使用及符合规则的前提下积极调整制定国内补贴措施。

21. 印度对华反倾销与我国报复性威胁机制的缺位. 汤晓军，张进铭，殷功利. 国际贸易，2013/08

［作者单位］江西财经大学国际经贸学院；江西财经大学江西经济发展研究院；安庆师范学院经济与管理学院

［内容提要］在应对国外尤其是印度对华反倾销行为时，我国产业界或企业界和政府报复性反倾销威胁存在严重缺位，未能起到应有的抑制作用。因此，面对来自印度如此频繁的对华反倾销态势，我国政府不仅要引导企业改变低价竞争出口战略，调整出口产品结构，还要在 GATT /WTO 框架下，强化对印度的报复性反倾销威胁力。

22. 印度对华反倾销加剧的原因探析——基于 1994—2011 年数据的实证分析. 苏爱岩. 对外经贸，2013/08

［作者单位］苏州大学东吴商学院

[内容提要] 从印度对华反倾销调查的案件数量、行业分布以及涉案金额方面分析印度对华反倾销现状。基于1994—2011年中印两国的相关数据，对印度对华反倾销的宏观经济和政治影响因素进行实证分析。实证结果表明印度国内的经济状况、中印两国的贸易状况、中国加入WTO以及印度的政治选举对印度对华反倾销的影响显著。最后从优化对印出口产品结构、加强中印政府间的沟通合作、加大对印的直接投资等方面提出相应的对策。

23. 反倾销会计与涉外企业财务风险研究. 隋玉明. 会计之友，2013/08

[作者单位] 哈尔滨欣荣集团股份有限公司

[内容提要] 自我国加入WTO以来，针对我国的反倾销案例不断增加，反倾销预警制度的建立非常重要，而其中核心的是会计检测系统的建立。目前，很多对反倾销的预测机制主要关注点是行业等宏观方面的影响，对于与反倾销有关的具体工作的准备常常反应不及时。为了避免此种情况的出现，要建立完善针对反倾销案例的会计自评体系，用这套体系来对公司处理反倾销案例的能力预先评估，保证企业在反倾销诉讼中处于有利地位。

24. 论WTO补贴案件报复规则的发展——以美国—陆地棉花案为视角. 官松. 北方法学，2013/09

[作者单位] 中华人民共和国商务部驻以色列使馆经商处；对外经济贸易大学

[内容提要] 报复在WTO争端解决体系中起着最后救济手段的作用。2009年WTO争端解决机构通过的美国—陆地棉花案DSU第22.6条仲裁裁决，是关于WTO报复的最新司法见解。补贴案件中的报复规则主要涉及报复水平的认定、交叉报复适用的原则和程序两个方面，而美国—陆地棉花案不仅在这两个方面均有涉及，且发表了若干重要见解。作为涉及报复问题最新的WTO仲裁裁决，美国—陆地棉花案对当前补贴案件中的报复规则有诸多发展，其中包括：将SCM协定中规定的反措施与一般国际法上的报复制度相联系；将“贸易影响”作为判定补贴案件报复水平计算的标准；仅允许原告就自己受到的不利影响采取报复措施；坚持“既往不咎”的原则，不允许对已经纠正的违反措施实施报复；澄清补贴案件中的“反措施”仍应遵循DSU第22.3条所规定的报复原则和程序，并确立了判定该条所规定“有效性”的新依据等。

25. WTO多哈谈判农产品特殊保障机制问题的思考——基于生存权与发展权平等视角. 尚清，郝震. 唐山学院学报，2013/09

[作者单位] 华中农业大学文法学院

[内容提要] 农产品特殊保障机制是WTO多哈回合谈判中的重要议题，当前的GATT一般保障措施和SSG对发展中国家农产品进出口贸易保障问题关注不足，SSM的建立可有效缓解传统保障机制对发展中国家保护不力的难题。后多哈时代，农产品特殊保障机制问题的有效解决应在全球化视野下，以生存权与发展权平等为逻辑起点，构建全球性的利益协调机制，加强发展中国家的合作。中国应继续坚持特殊保障机制只能为发展中国家使用，适用范围包括一般农产品且适用较低的触发水平，从而易于简便、有效地实施，维护发展中成员的利益。

26. 浅析蓝色贸易壁垒对中国出口贸易产生的效应. 张慧. 经济研究导刊，2013/10

[作者单位] 信阳师范学院

[内容提要] 在WTO自由贸易体制下，形式多样的新型非关税壁垒应运而生，蓝色贸易壁垒就是其中之 。在分析蓝色贸易壁垒对中国出口贸易产生的效应的基础上对中国出口贸易应对蓝色贸易壁垒提出建议。

27. TBT新近案例关键争议点分析：趋势与启示. 隋军. 国际经贸探索，2013/10

[作者单位] 东北大学文法学院

[内容提要] 技术性贸易壁垒措施在国际贸易中作用凸显，对我国出口贸易的影响也越来越大。文章通过对1995年以来WTO争端解决机构裁定的五个TBT典型案例，尤其是2012年三个典型案例的分析，从WTO争端解决机构对TBT协定附件第1.1条、第2.1条、第2.2条和第12.3条的解释和适用，对“技术法规”、“非歧视义务”和“不必要贸易限制”等关键条款进行分析和厘清，分析TBT协定适用趋势，为我国运用国际规则应对有关TBT贸易争议案提供依据。

28. 第三国倾销制度初探. 陈立虎. 国际商务研究，2013/11

[作者单位] 苏州大学法学院

［内容提要］第三国倾销制度包含“代表第三国反倾销”和“请求第三国反倾销”两项内容。虽然 WTO 的反倾销协定之下的一般反倾销条款构成“第三国倾销”规则的组成部分，但代表第三国反倾销和请求第三国反倾销与一般的国内反倾销仍有不同之处。中国外贸立法上的“第三国倾销”条款是不完备的，应参考国际立法和外国的立法，充实我国立法中第三国倾销方面的制度。

➢ 其他议题

1. 知识产权保护对国际贸易的影响研究述评. 余长林. 经济评论，2013/01

［作者单位］厦门大学宏观经济研究中心

［内容提要］自 WTO 在 1994 年签署《与贸易有关的知识产权》（TRIPs）协定以来，知识产权保护与国际贸易之间的关系日益成为国际贸易领域的研究热点。本文从理论和实证两个层面系统梳理了知识产权保护对国际贸易的影响效应。理论层面上，本文重点从总体贸易、行业贸易和贸易模式三个方面解读了知识产权保护对国际贸易的影响机制。实证层面上，本文重点从知识产权保护对总体贸易的影响、知识产权保护对行业贸易的影响、知识产权保护对国际贸易边际的影响、知识产权保护和经济发展水平对贸易的综合影响、知识产权保护和模仿能力对贸易的综合影响五个方面解读了知识产权保护对国际贸易的影响效应。最后，论文提出了该领域未来可能拓展的方向。

2. WTO 贸易政策审议机制的特点与功能——以中国第四次贸易政策审议为切入点. 胡加祥，彭德雷. 法学，2013/01

［作者单位］上海交通大学凯原法学院；华东理工大学商学院

［内容提要］贸易政策审议是世界贸易组织的三大法律机制之一，目的是确保各成员的贸易政策和措施与世界贸易组织规则保持一致，加强其他成员对被审议成员经贸政策的理解，同时监督、鼓励各成员遵守世界贸易组织规则。2012 年 6 月 12 日和 14 日，世界贸易组织对中国进行了第四次贸易政策审议。在本次审议中，各成员提出的问题之多、涉及范围之广，都超过了前三次审议。对本次贸易政策审议的考察，可以让我们更加了解世界贸易组织贸易政策审议机制的功能与特点。对各成员提出的问题进行系统梳理和分析，可以让我们全面认识中国在融入多边贸易体制进程中所取得的成绩与存在的问题。

3. WTO《政府采购协议》救济机制浅析之二——面向参加方的救济机制. 徐舟. 中国政府采购，2013/01

［作者单位］上海市政府采购中心

［内容提要］继上一期文章中作者介绍了 GPA 面向供应商的救济机制，即国内审查程序，本篇文章介绍了 GPA 面向参加方的救济机制，即争端解决机制。

4. WTO 成立以来技术性贸易措施对中国农产品出口影响研究——基于多边贸易阻力的两阶段引力模型. 秦臻，倪艳. 国际经贸探索，2013/01

［作者单位］华中农业大学经济管理学院；湖北省社会科学院

［内容提要］自 WTO 成立以来，中国农产品出口遭遇了大量技术性贸易壁垒，给出口企业、相关农户以及农产品价格稳定带来不利影响。文章通过建立基于多边贸易阻力的两阶段重力模型来定量分析 1995—2011 年间技术性贸易壁垒的贸易效应。实证结论显示：不同的技术性贸易壁垒会具有不同的贸易效应，虽然 TBT 和 SPS 均显著减低了贸易广度，但 SPS 的限制效应要强于 TBT，而且，当 TBT 降低贸易深度时，SPS 却能有效提升贸易深度。另外，文章将中国农产品出口贸易伙伴分为发达国家及发展中国家进行分类比较分析，还对美国、欧盟及日本设置的壁垒进行了比较分析。

5. 入世后的俄罗斯能源政策对中俄贸易影响. 汤敏，关越，张莹. 现代商业，2013/02

［作者单位］北京第二外国语学院国际经济贸易学院

［内容提要］2012 年 8 月 22 日，俄罗斯结束 19 年长跑，正式成为了 WTO 第 156 个成员。俄罗斯作为世界上最大的能源生产国，其石油、天然气、电力等能源资源禀赋具有充分的比较优势。加入 WTO 后，伴随国际资本进入，俄罗斯的能源优势必将加速地强大起来。本文以时间序列为轴，列举入世后俄罗斯的能源政策走向，解答中俄能源合作的贸易和投资问题，探索中国如何开发入世后的

俄罗斯能源市场。

6. 条约解释的新动向：当代意义解释对当时意义解释. 吴卡. 法学评论，2013/03

［作者单位］浙江师范大学法政学院

［内容提要］现代条约解释形成了当时意义解释和当代意义解释两种方法之间的博弈。前者是传统的条约解释方法，后者经过40余年的发展，俨然已成为当今条约解释的新趋势。国际法院和WTO上诉机构采用条约用语的“一般性”和条约的“无期限性”作为当代意义解释的主要条件，有其特定原因。这两种条约解释方法在理论基础、立法体现、反映的司法态度和实践操作过程都有明显区别。当代意义解释和当时意义解释各有优缺点，这表明二者在一个相当长的时间内将是并存的，它们之间的博弈也将继续进行。

7. WTO安全例外条款分析. 安佰生. 国际贸易问题，2013/03

［作者单位］商务部世界贸易组织司

［内容提要］WTO与国家安全例外相关的规则本身较为模糊。WTO是否有权以及将如何裁决国家安全措施导致的贸易纠纷均无明确答案。在目前国家安全相关贸易纠纷不断增多的情况下，争议成员应遵循“善意”原则，尽量避免贸易纠纷升级，务实地寻求双边解决方案，同时积极完善多边贸易规则。

8. TRIPs协定下拒绝商标注册的理由——兼评我国的义务履行. 杨建锋. 世界贸易组织动态与研究，2013/03

［作者单位］上海对外贸易学院WTO教育研究学院

［内容提要］TRIPs协定与所纳入的巴黎公约文本条款中包含了成员可以拒绝商标注册的多种理由。综合拨款法案进一步确定了成员以国内法上的理由拒绝履行商标注册义务的适用条件。相比于TRIPs协定义务的要求，我国在商标立法中可以更加灵活地设置拒绝商标注册的理由。

9. WTO透明度原则对《SPS协定》通知要求的影响分析. 叶波. 世界贸易组织动态与研究，2013/03

［作者单位］上海对外贸易学院WTO研究和教育学院

［内容提要］《SPS协定》要求成员通知卫生与植物卫生法规，以贯彻透明度原则。WTO成员可评论措施，促进规则的国际完善。欧盟积极履行了透明度义务，通知了欧盟层面和成员国层面的上述措施，但也存在若干问题，例如欧盟很大程度上依靠科学证据是否修改规则。由于欧盟组织机构的复杂性，通知制度带有一定的模糊性，但相当程度上促进了国际贸易的发展，完善了国际食品安全法律规则。

10. 动物福利的国际贸易保障制度与我国的立法对策. 张敏. 国际商务研究，2013/03

［作者单位］南京农业大学人文学院

［内容提要］在国际贸易领域，动物福利立法常常被发达国家用于进口贸易的管制，进而成为国际贸易领域的道德壁垒。然而，由于我国缺少动物福利规则，无法以动物福利为由对我国动物产品的进口进行管理，因此失去了一个有效的进口管理手段，我国相关产品也因此在国际市场竞争上处于不对等地位。因此，有必要完善我国的动物福利立法，在国际贸易管理领域建立起适合我国国情的动物福利贸易保障制度，为我国动物及相关产品的进口建立起一道有效的道德防线。

11. 农产品地理标志产业发展研究的有益探索——《农产品地理标志保护利用与产业发展研究》评介. 陈萌山. 农业经济问题，2013/03

［作者单位］中国农业科学院

［内容提要］进入新世纪以来，我国农业生产实现了从量的扩张到质、量并重转变，消费需求和国内外市场竞争都对农产品的质量安全水平提出了新要求。特别是随着我国进入WTO后的过渡期，国际农产品对我国市场的冲击日益凸显，对国内农产品的质量结构、生产经营模式提出了挑战。农产品地理标志已作为保护农业知识产权、促进农产品贸易的重要手段。

12. WTO框架下转基因食品标识的消费者知情权研究. 郭高峰. 暨南学报（哲学社会科学版），2013/04

［作者单位］西南政法大学国际法学院

［内容提要］转基因食品两大阵营的代表欧盟和美国在转基因食品标识制度上存在严重分歧。该分歧的价值核心是，消费者知情权能否作为转基因

食品强制标识的合法理由。欧美这两种不同的标识制度在国际贸易规则中相遇时，冲突在所难免。然而，在现行的倾向于支持贸易自由化的国际贸易规则内，消费者知情权很难通过WTO的合法性审查。这种局面不仅不利于转基因食品的发展而且使WTO的合法性和权威性也面临挑战。对此，WTO应当进行根本性的扩展或者通过多边协议来解决像消费者知情权这样重要的非经济议题。

13.中俄贸易互补性及发展对策研究.李艳.对外经贸，2013/04

[作者单位] 黑龙江大学经济与工商管理学院

[内容提要] 中俄两国政治互信，地理位置毗连，在自然资源、劳动力资源、科技合作以及产业结构方面具有较强的互补性，然而两国贸易结构失衡，贸易秩序不规范使双方的贸易合作滞后于两国的政治合作。应充分发挥比较优势，加强现有领域合作，扩大对俄合作新领域；利用WTO平台，削减贸易壁垒，促进中俄贸易自由化发展；投资与贸易互动，以扩大投资合作带动贸易发展；发展服务合作，带动商品贸易发展；坚持世代友好、紧密合作，积极推动两国的政治文化交流，为中俄经贸合作奠定良好的合作基础，以推进中俄经贸关系向更高的台阶发展。

14.论WTO法律框架下的跨TRIPs协定交叉报复.徐成伦.成都理工大学学报（社会科学版），2013/05

[作者单位] 广东商学院法学院

[内容提要] 贸易报复是WTO争端解决机制赋予当事方的最后救济手段。如今，跨TRIPs协定交叉报复逐渐成为受到弱小经济实体欢迎的新方式。实践也证明这种报复形式的确有其优越之处，既能对发达工业化国家败诉方产生有效的威慑作用，刺激其及时执行DSB裁决，还可改善报复实施国家的社会福利水平。不过和所有新兴事物一样，跨TRIPs协定交叉报复也存在风险，报复实施方需要精心谋划对策，才能确保此种报复方式之优越性得以充分发挥。

15.WTO框架下CAC标准的适用析论.曾文革，田路.重庆大学学报（社会科学版），2013/05

[作者单位] 重庆大学法学院

[内容提要] 随着食品贸易纠纷的增加，在WTO框架下，援引食品法典委员会制定的相关标准的情况频繁出现。该类标准法律性质上属于软法，原本不具有强制执行的法律效力，但在WTO下被重新定位，呈现出软法硬化的现象。文章就WTO框架下该类标准适用中涉及的法律地位、合法性审查、冲突协调、国内法适用等主要问题展开了讨论。

16.论单独关税区的国际经济法律关系主体地位.董金鑫.太原理工大学学报（社会科学版），2013/06

[作者单位] 武汉大学国际法研究所

[内容提要] 在经济全球化的今天，单独关税区成为跨国经济活动的新兴参与者。它不但能够作为民事主体参与跨国财产流转关系，还能作为监管主体参与跨国财产流转管理管制关系，并可作为诸如世界贸易组织等政府间国际经济组织的成员方参与到对跨国经济活动进行监管的国际协调关系当中。因此，单独关税区在国际经济法律关系中具有类似国家地位的主体资格。

17.WTO框架下中国渔业补贴及其出口效应研究——基于1999—2011年数据的实证.胡宁宁，邓启明.科技与管理，2013/07

[作者单位] 宁波大学商学院

[内容提要] 首先以中央财政投入为例，根据WTO《SCM协议》和草案，分析WTO框架下中国渔业补贴的性质，发现中国渔业补贴含较多禁止性补贴；进而运用计量模型实证研究渔业补贴对我国水产品出口规模的影响，发现中央财政渔业投入对水产品出口规模没有显著影响。最后，提出相应的对策建议：中国应加强在WTO会议上的谈判权；调整渔业补贴结构，使其不会造成或加重过度捕捞；积极培育知名品牌等。

18.过境货物的知识产权边境措施：TRIPs协定下的合规性问题.杨鸿，高田甜.亚太经济，2013/07

[作者单位] 上海对外经贸大学法学院；上海对外经贸大学WTO研究教育学院

[内容提要] 尽管欧盟对过境货物的知识产权边境措施引发的WTO争端暂停，但同类措施在美国继续存在，并在美韩自贸协定与TPP等一系列区域协定中继续发展，该趋势对我国影响重大。相关

措施在TRIPs协定下存在严重合规性问题，不仅与协定确认的地域性原则冲突，而且构成合法贸易的壁垒，未对措施滥用提供保障，故违反协定第41条1款。我国应积极利用对相关措施的合规性分析在贸易谈判中维护自身利益，并通过WTO争端解决程序遏制该措施，反制发达国家的相关动向。

19. WTO体系下的碳标签制度研究. 陈咪. 商场现代化，2013/07

［作者单位］大连海事大学

［内容提要］在资源日益枯竭，全球变暖威胁人类生存的大背景下，倡导绿色消费，发展低碳经济成为各国的必然选择。于是由发达国家发起的碳标签计划应运而生。然而各国依照不同的标准单边实施的碳标签制度是否符合WTO贸易自由化的基本原则，是否构成了新型的技术性贸易壁垒而以环保的名义进行贸易保护尚有待研究。通过对碳标签制度的产生、内容以及WTO体系下的合法性研究对我国政府和企业应对发达国家发起的碳标签制度提出具体地建议。

20. 论条约序言的法律效力——兼论TRIPs序言与《WTO协定》及其涵盖协定之序言间的位阶关系. 冯寿波. 政治与法律，2013/08

［作者单位］南京信息工程大学公共管理学院

［内容提要］对条约序言的法律效力，国内外学界以及相关法律实践中存有分歧。作为条约的一个组成部分，序言中大多规定了条约的基本原则、缔约目的和宗旨，其在裁决机构和当事国解释诸条款含义时具有相应的约束力。对条约序言法律效力的否定可能导致对序言中基本原则以及条约目的和宗旨应有效力的否定。TRIPs序言与WTO其他涵盖协定的序言、已被纳入WTO诸协定中的其他国际条约之序言、《WTO协定》序言间存在内在的关联性和效力方面的位阶性。非WTO国际条约序言一般不应拘束对TRIPs序言及正文的解释。《WTO协定》序言能通过影响其诸附件条款的解释来维护WTO条约群的整体性。

21. SPS措施通报应用的发展及对中国的启示. 隋军. 暨南学报（哲学社会科学版），2013/09

［作者单位］东北大学文法学院

［内容提要］对全球SPS措施通报的发展以及我国入世十一年来SPS措施通报评议工作的实证研究表明，目前全球SPS通报数量稳定增长，发展中国家通报数量已经超过发达国家，中国通报数量位列全球第三。说明WTO透明度原则在国际农产品贸易、食品安全等领域发挥着日益显著的作用。客观看待SPS通报的应用，我国SPS通报工作仍有差距，应从通报措施、与其他成员国互动和及时性三个方面加以完善。

第九篇　与 WTO 有关的法规及政策（2013）

对外投资合作环境保护指南

为指导我国企业在对外投资合作中进一步规范环境保护行为，引导企业积极履行环境保护社会责任，推动对外投资合作可持续发展，我们制定了《对外投资合作环境保护指南》（以下简称《指南》），现予印发。

请各地商务主管部门、环境保护部门加强对《指南》的宣传，指导我企业在对外投资合作中提高环境保护意识，了解并遵守东道国环境保护政策法规，实现互利共赢。

台湾投资者经第三地转投资认定暂行办法

为实施《海峡两岸投资保护和促进协议》，保护台湾投资者合法投资权益，鼓励台湾同胞赴大陆投资，促进海峡两岸经济合作，现公布《台湾投资者经第三地转投资认定暂行办法》，自2013年2月20日起实施。

商务部关于印发《规范对外投资合作领域竞争行为的规定》的通知

本规定自发布之日起30天后施行。

电子招标投标办法

为了规范电子招标投标活动，促进电子招标投标健康发展，国家发展改革委、工业和信息化部、监察部、住房城乡建设部、交通运输部、铁道部、水利部、商务部联合制定了《电子招标投标办法》及相关附件，现予发布，自2013年5月1日起施行。

旧电器电子产品流通管理办法

《旧电器电子产品流通管理办法》已经2013年2月17日商务部第74次部务会议审议通过，现予发布，自2013年5月1日起施行。

外国投资者境内直接投资外汇管理规定

本规定自2013年5月13日起实施。此前规定与本规定不一致的，以本规定为准。

国务院关于修改《中华人民共和国外资保险公司管理条例》的决定

现公布《国务院关于修改〈中华人民共和国外资保险公司管理条例〉的决定》，自2013年8月1日起施行。

中华人民共和国海关对平潭综合实验区监管办法（试行）

《中华人民共和国海关对平潭综合实验区监管办法（试行）》已于2013年6月8日经署务会议审议通过，现予公布，自2013年8月1日起施行。

中华人民共和国海关对横琴新区监管办法（试行）

《中华人民共和国海关对横琴新区监管办法（试行）》已于 2013 年 6 月 8 日经海关总署署务会议审议通过，现予公布，自 2013 年 8 月 1 日起施行。

对外投资合作境外安全事件应急响应和处置规定

本规定自 2013 年 7 月 1 日起施行。

海关总署关于修改中华人民共和国海关最不发达国家特别优惠关税待遇进口货物原产地管理办法的决定

《海关总署关于修改〈中华人民共和国海关最不发达国家特别优惠关税待遇进口货物原产地管理办法〉的决定》已于 2013 年 7 月 1 日经海关总署署务会议审议通过，现予公布，自 2013 年 7 月 1 日起施行。

对外投资合作和对外贸易领域不良信用记录试行办法

本办法自发布之日起 30 日后施行。《对外劳务合作不良信用记录试行办法》（商合函〔2010〕462 号）与本办法规定不一致的，以本办法为准。

执行世界贸易组织贸易救济争端裁决暂行规则

《执行世界贸易组织贸易救济争端裁决暂行规则》已经 2013 年 7 月 27 日商务部第 6 次部务会议审议通过，现予公布，自公布之日起施行。

司法部关于修改《取得内地法律职业资格的香港特别行政区和澳门特别行政区居民在内地从事律师职业管理办法》的决定

《司法部关于修改〈取得内地法律职业资格的香港特别行政区和澳门特别行政区居民在内地从事律师职业管理办法〉的决定》已经 2013 年 6 月 25 日司法部部务会议审议通过，现予发布，自 2013 年 10 月 1 日起施行。

全国人民代表大会常务委员会关于修改中华人民共和国商标法的决定

《全国人民代表大会常务委员会关于修改 中华人民共和国商标法的决定》已由中华人民共和国第十二届全国人民代表大会常务委员会第四次会议于 2013 年 8 月 30 日通过，现予公布，自 2014 年 5 月 1 日起施行。

商品现货市场交易特别规定（试行）

《商品现货市场交易特别规定（试行）》已经 2013 年 8 月 15 日商务部第 7 次部务会议审议通过，并经中国人民银行、证监会同意，现予发布，自2014年1月1日起施行。

国务院关于修改《国际收支统计申报办法》的决定

现公布《国务院关于修改〈国际收支统计申报办法〉的决定》，自2014年1月1日起施行。

消费金融公司试点管理办法

《消费金融公司试点管理办法》已经中国银监会2013年第18次主席会议通过。现予公布，自2014年1月1日起施行。

有机产品认证管理办法

《有机产品认证管理办法》已经2013年4月23日国家质量监督检验检疫总局局务会议审议通过，现予公布，自2014年4月1日起施行。

国务院关于修改部分行政法规的决定

《国务院关于修改部分行政法规的决定》已经2013年12月4日国务院第32次常务会议通过，现予公布，自公布之日起施行。

政府采购非招标采购方式管理办法

《政府采购非招标采购方式管理办法》已经2013年10月28日财政部部务会议审议通过，现予公布，自2014年2月1日起施行。

中华人民共和国海关审定内销保税货物完税价格办法

《中华人民共和国海关审定内销保税货物完税价格办法》已于2013年12月9日经海关总署署务会议审议通过，现予公布，自2014年2月1日起施行。

海关总署关于修改《中华人民共和国海关暂时进出境货物管理办法》的决定

《海关总署关于修改〈中华人民共和国海关暂时进出境货物管理办法〉的决定》已于2013年12月9日经海关总署署务会议审议通过，现予公布，自2014年2月1日起施行。

中华人民共和国海关审定进出口货物完税价格办法

《中华人民共和国海关审定进出口货物完税价格办法》已于2013年12月9日经海关总署署务会议审议通过，现予公布，自2014年2月1日起施行。

机动车强制报废标准规定

《机动车强制报废标准规定》已经 2012 年 8 月 24 日商务部第 68 次部务会议审议通过，并经发展改革委、公安部、环境保护部同意，现予发布，自 2013 年 5 月 1 日起施行。《关于发布〈汽车报废标准〉的通知》（国经贸经〔1997〕456 号）、《关于调整轻型载货汽车报废标准的通知》（国经贸经〔1998〕407 号）、《关于调整汽车报废标准若干规定的通知》（国经贸资源〔2000〕1202 号）、《关于印发〈农用运输车报废标准〉的通知》（国经贸资源〔2001〕234 号）、《摩托车报废标准暂行规定》（国家经贸委、发展计划委、公安部、环保总局令〔2002〕第 33 号）同时废止。

海关总署关于修改《中华人民共和国海关关于大嶝对台小额商品交易市场管理办法》的决定

《海关总署关于修改〈中华人民共和国海关关于大嶝对台小额商品交易市场管理办法〉的决定》已于 2013 年 12 月 9 日经海关总署署务会议审议通过，现予公布，自 2014 年 2 月 1 日起施行。

第十篇　贸易统计数据

● 世界贸易统计

表 1

1950—2013 年世界货物出口、产量和 GDP （指数，2005 年＝100）

年份	总额				数量								GDP
	出口				出口				产量				
	总计 a	农产品	燃料和矿产品	制成品	总计 a	农产品	燃料和矿产品	制成品	总计	农业	矿业	制造业	
1950	1	3	1	0	4	15	10	2	13	26	22	9	13
1951	1	4	1	0	4	15	11	2	14	27	25	9	14
1952	1	4	1	0	4	15	12	2	14	28	25	10	14
1953	1	4	1	0	4	16	13	2	15	29	26	11	15
1954	1	4	1	1	5	16	14	3	15	29	26	11	16
1955	1	4	1	1	5	17	15	3	17	30	29	12	17
1956	1	4	1	1	6	18	16	3	17	31	31	13	17
1957	1	4	1	1	6	19	18	3	18	31	31	13	18
1958	1	4	1		6	20	17	3	18	34	31	13	18
1959	1	5	1	1	7	22	18	4	19	34	32	15	19
1960	1	5	1	1	8	24	22	4	21	35	35	16	20
1961	1	5	1	1	8	25	23	4	21	36	37	17	21
1962	1	5	1	1	8	25	24	5	23	37	40	19	22
1963	2	5	1	1	9	26	25	5	24	38	41	20	23
1964	2	6	2	1	11	27	27	6	27	40	45	22	25
1965	2	6	2	1	11	28	28	6	28	40	47	24	26
1966	2	6	2	2	12	29	30	7	30	41	49	26	28
1967	2	6	2	2	13	30	33	8	31	43	50	27	29
1968	2	6	2	2	14	32	37	9	33	44	54	29	30
1969	3	7	3	2	16	34	39	10	35	44	55	31	32
1970	3	8	3	3	17	35	44	11	37	45	59	33	34
1971	3	8	3	3	18	35	45	12	39	47	62	34	36
1972	4	10	4	4	20	38	48	13	41	47	63	37	38
1973	6	14	5	5	22	38	53	15	44	49	67	40	40
1974	8	17	12	6	24	36	52	17	45	50	69	42	41
1975	8	17	11	7	22	37	46	16	44	52	65	40	42
1976	10	19	13	8	24	40	49	18	47	52	70	43	44
1977	11	22	15	9	26	41	50	19	49	53	72	45	46
1978	13	25	15	11	27	44	53	20	51	55	73	47	48
1979	16	31	22	13	28	46	56	21	53	56	79	49	50
1980	20	35	32	15	29	49	52	22	53	56	77	50	51
1981	20	34	31	15	29	51	47	23	53	58	71	50	52
1982	18	32	27	14	28	50	44	23	52	60	66	49	52
1983	18	31	25	14	29	50	44	24	54	60	66	51	54
1984	19	33	25	16	31	52	46	26	57	63	68	54	56
1985	19	31	24	16	32	51	46	28	59	65	67	56	58
1986	21	35	18	19	33	50	50	29	60	66	69	58	60
1987	24	40	20	23	35	53	51	31	62	67	70	60	63
1988	28	45	21	27	38	55	53	34	65	68	74	64	66
1989	30	47	24	29	41	56	56	36	68	70	77	66	68
1990	34	49	28	33	42	57	59	38	69	72	78	67	70
1991	34	50	26	34	44	59	61	40	68	72	78	66	70
1992	36	53	26	37	46	62	63	41	68	74	78	66	71

续 表

年份	总额				数量								GDP
	出口				出口				产量				
	总计a	农产品	燃料和矿产品	制成品	总计a	农产品	燃料和矿产品	制成品	总计	农业	矿业	制造业	
1993	36	51	25	37	48	63	66	43	68	74	80	66	72
1994	41	59	26	42	52	68	70	48	70	76	81	68	73
1995	49	69	30	51	56	71	73	52	74	78	83	71	75
1996	52	71	34	53	59	74	75	55	76	81	85	74	77
1997	53	70	35	55	65	79	81	61	80	83	88	78	80
1998	52	67	28	56	68	80	83	64	82	85	89	80	82
1999	55	64	32	58	71	80	82	67	84	87	88	83	84
2000	62	65	47	64	79	83	84	76	88	89	91	88	88
2001	59	65	43	62	79	85	84	76	88	90	91	86	89
2002	62	69	43	65	81	87	86	79	89	91	91	88	91
2003	72	80	54	75	85	91	91	83	92	94	94	91	93
2004	88	92	72	91	94	94	96	93	97	98	98	96	97
2005	100	100	100	100	100	100	100	100	100	100	100	100	100
2006	116	111	128	113	109	106	104	110	104	102	101	105	104
2007	134	133	147	130	116	111	107	119	109	105	101	112	108
2008	154	158	195	143	118	113	109	122	109	109	103	111	109
2009	120	139	125	115	104	111	103	103	103	109	101	102	107
2010	146	160	167	137	119	120	108	122	110	109	103	112	111
2011	175	195	224	158	125	127	110	130	114	112	105	116	114
2012	175	194	228	157	128	129	113	133	116	113	107	119	116
2013	179	205	220	162	131	133	114	137	118	119	108	121	118

a 包括未细分产品。

表 1（续） 1950—2013 年世界货物出口、产量和 GDP （年度变化百分比）

年份	总额				数量								GDP
	出口				出口				产量				
	总计a	农产品	燃料和矿产品	制成品	总计a	农产品	燃料和矿产品	制成品	总计	农业	矿业	制造业	
1950-1963	7	4	8	10	8	4	7	9	5	3	5	7	5
1964	12	7	12	15	11	5	9	15	9	5	9	10	7
1965	8	4	7	11	7	5	3	7	6	0	4	9	4
1966	9	4	10	11	8	4	6	10	7	3	5	8	6
1967	5	0	6	8	6	2	10	5	5	3	2	5	4
1968	11	4	14	15	11	6	12	18	6	3	7	7	6
1969	14	7	9	16	12	5	6	16	6	0	2	8	7
1970	15	11	14	15	9	3	12	9	5	3	8	5	5
1971	12	7	11	14	7	2	1	9	5	3	4	5	4
1972	18	20	14	19	8	7	7	10	5	0	3	7	6
1973	38	46	47	34	12	1	10	14	8	5	7	10	7
1974	45	22	123	31	5	−5	−2	9	3	2	2	3	2

续 表

年份	总额				数量								GDP
	出口				出口				产量				
	总计a	农产品	燃料和矿产品	制成品	总计a	农产品	燃料和矿产品	制成品	总计	农业	矿业	制造业	
1975	4	1	−4	9	−7	1	−12	−4	−2	4	−6	−4	1
1976	13	11	16	13	12	8	7	13	7	1	8	8	5
1977	14	13	11	15	4	4	3	5	4	3	3	5	4
1978	16	13	4	22	5	7	5	6	5	3	1	5	5
1979	27	24	47	21	5	5	6	5	4	1	9	4	4
1980	22	14	42	16	2	7	−6	6	−1	1	−3	1	3
1981	−1	−2	−3	−1	0	5	−10	4	0	4	−8	0	2
1982	−6	−7	−11	−4	−2	−2	−6	−2	−1	3	−7	−1	1
1983	−2	−1	−8	1	2	0	−1	5	2	0	−1	3	3
1984	6	5	−1	8	8	3	5	11	7	5	4	7	5
1985	0	−6	−3	4	3	−1	−1	5	3	2	−1	3	4
1986	9	11	−24	20	4	−2	9	4	3	2	3	3	3
1987	17	15	11	20	6	6	2	6	3	1	1	4	4
1988	14	13	1	16	8	3	6	9	5	2	5	6	5
1989	8	4	15	7	6	3	4	8	3	3	4	3	4
1990	13	5	16	14	4	1	6	6	1	2	1	1	3
1991	1	1	−6	3	4	3	3	4	0	0	−1	−1	1
1992	7	7	−1	8	5	6	4	5	0	2	1	−1	1
1993	0	−4	−4	0	4	1	4	4	0	1	2	−1	1
1994	13	16	5	16	9	9	7	11	3	3	2	3	2
1995	19	18	15	20	7	5	4	9	5	2	2	6	2
1996	5	3	14	4	5	4	4	5	4	4	3	3	3
1997	3	−1	3	5	10	6	7	11	5	2	3	6	3
1998	−1	−5	−21	2	5	1	3	5	2	2	1	2	2
1999	4	−4	16	3	5	1	−1	5	3	3	−1	4	3
2000	13	1	46	10	11	4	4	14	5	2	4	6	4
2001	−4	0	−9	−4	0	2	0	−1	−1	2	0	−2	2
2002	5	6	1	5	3	3	2	4	1	1	0	2	2
2003	17	17	24	16	5	4	6	6	4	3	4	4	3
2004	22	15	35	20	10	3	6	11	5	5	4	6	4
2005	14	9	38	10	7	6	4	8	3	2	2	4	3
2006	16	11	28	13	9	6	4	10	4	2	1	5	4
2007	16	20	15	15	6	5	3	8	4	3	0	6	4
2008	15	19	33	10	2	2	1	2	0	4	2	0	1
2009	−23	−12	−36	−20	−12	−2	−5	−15	−6	1	−2	−8	−2
2010	22	15	33	20	14	8	5	18	7	0	2	9	4
2011	20	22	34	15	5	6	2	7	3	2	1	4	2
2012	0	−1	2	0	2	2	3	2	2	1	3	2	2
2013	2	6	−3	3	3	3	0	3	2	6	1	2	2

a 包括未细分产品。

表 2

2011—2013 年世界货物贸易流向（按地区）

（左半部分表格） 单位：十亿美元

目的地		世界 a	北美洲		中、南美洲	欧洲			独联体	
原产地	年份		总计	美国		总计	欧盟（27）	欧洲其他地区	总计	俄罗斯
世界	2011	17 890.00	2 922.73	2 167.09	761.99	6 916.95	6 248.61	668.34	534.62	304.83
	2012	17 934.00	3 036.45	2 244.27	787.70	6 541.30	5 909.05	632.25	555.17	321.51
	2013	18 301.00	3 082.25	2 271.80	782.05	6 669.14	5 973.23	695.90	566.24	323.35
北美洲	2011	2 283.43	1 102.94	606.45	201.44	382.84	329.03	53.82	15.41	10.30
	2012	2 371.61	1 151.15	625.62	216.95	379.90	326.32	53.58	17.97	12.84
	2013	2 418.18	1 189.28	645.33	216.40	368.31	314.13	54.18	18.64	12.98
美国	2011	1 482.51	480.17	—	166.52	316.46	269.60	46.86	12.95	8.32
	2012	1 545.70	509.13	—	180.09	313.79	265.68	48.11	15.33	10.70
	2013	1 579.59	528.16	—	181.05	310.03	262.15	47.88	16.20	11.14
中、南美洲	2011	759.50	184.00	156.44	203.43	138.78	122.13	16.64	8.70	7.42
	2012	749.45	187.94	162.54	201.05	127.09	111.74	15.35	8.27	6.65
	2013	736.03	178.16	153.89	195.49	120.87	107.76	13.11	8.81	7.06
欧洲	2011	6 654.26	481.66	398.08	119.13	4 698.86	4 277.61	421.25	234.03	162.03
	2012	6 382.22	493.61	410.97	123.86	4 376.11	3 988.16	387.96	245.13	170.15
	2013	6 645.95	505.72	418.63	129.04	4 560.17	4 107.50	452.67	253.40	171.42
欧盟（28）	2011	6 092.34	434.86	360.03	109.75	4 333.39	3 928.82	404.57	211.17	150.21
	2012	5 813.10	447.08	371.63	113.52	4 022.56	3 650.72	371.84	220.83	157.70
	2013	6 076.45	457.50	378.35	118.52	4 206.10	3 769.45	436.65	226.61	158.27
欧洲其他地区	2011	561.92	46.79	38.05	9.38	365.47	348.79	16.68	22.86	11.82
	2012	569.12	46.54	39.34	10.33	353.55	337.44	16.11	24.30	12.46
	2013	569.50	48.21	40.28	10.52	354.08	338.05	16.02	26.79	13.14
独联体	2011	785.93	42.60	36.52	10.43	403.28	347.37	55.90	159.57	50.76
	2012	799.60	36.73	29.88	9.15	418.46	359.26	59.21	154.93	50.39
	2013	778.51	32.97	27.57	9.23	406.64	352.03	54.61	148.73	45.36
俄罗斯	2011	522.01	34.05	31.79	7.23	289.05	249.70	39.35	83.83	—
	2012	529.26	29.05	26.93	6.49	301.34	260.55	40.79	77.42	—
	2013	523.29	26.67	24.78	7.35	295.68	258.87	36.81	78.13	—
非洲	2011	607.79	96.61	84.01	29.26	208.26	184.63	23.63	1.86	1.33
	2012	639.80	73.54	61.19	30.15	235.12	213.21	21.92	1.84	1.22
	2013	602.50	53.83	45.51	29.58	215.62	193.58	22.04	1.88	1.24
中东	2011	1 266.39	108.04	100.37	9.61	157.52	133.15	24.37	5.20	1.95
	2012	1 348.31	119.16	109.59	10.05	146.44	116.54	29.90	6.29	2.22
	2013	1 346.79	110.11	101.13	10.94	142.72	108.56	34.16	6.37	2.27
亚洲	2011	5 532.27	906.88	785.23	188.69	927.41	854.68	72.73	109.85	71.04
	2012	5 642.56	974.32	844.48	196.49	858.18	793.83	64.34	120.74	78.03
	2013	5 772.69	1012.18	879.74	191.38	854.80	789.67	65.13	128.42	83.02
日本	2011	823.18	146.82	127.80	17.84	109.79	95.95	13.84	13.75	11.81
	2012	798.57	162.79	142.04	17.12	89.67	81.50	8.17	14.58	12.59
	2013	715.10	152.92	134.54	15.69	78.72	71.80	6.93	13.04	10.96
中国	2011	1 898.38	458.13	398.85	94.05	459.98	435.85	24.13	67.23	38.90
	2012	2 048.71	506.92	439.33	104.37	437.89	414.51	23.39	75.65	44.06
	2013	2 209.01	541.38	469.33	103.03	450.28	425.08	25.20	83.52	49.59
澳大利亚和新西兰	2011	308.06	16.52	12.92	3.59	25.45	23.85	1.60	1.51	1.23
	2012	293.73	16.31	12.94	3.02	22.57	20.83	1.74	1.29	1.01
	2013	292.11	14.60	12.21	2.52	17.70	15.73	1.97	1.17	0.90
亚洲其他地区	2011	2 502.65	285.41	245.65	73.21	332.20	299.03	33.16	27.36	19.09
	2012	2 501.55	288.31	250.16	71.98	308.04	276.99	31.05	29.22	20.37
	2013	2 556.48	303.28	263.66	70.13	308.09	277.06	31.03	30.69	21.57

a 包括未分类产品。

（右半部分表格） 单位：十亿美元

非洲			中东	亚洲						年份	目的地
总计	南非	非洲其他地区		总计	日本	澳大利亚/新西兰	亚洲其他地区				原产地
							总计	中国	其他		
552.05	113.69	438.36	659.54	5 159.29	786.16	250.55	4 122.17	1 359.37	2 762.83	2011	
590.30	114.89	475.40	712.60	5 334.87	817.75	266.72	4 250.39	1 363.79	2 886.61	2012	世界
618.05	114.73	503.32	759.72	5 423.03	793.05	258.94	4 371.04	1 433.20	2 937.83	2013	
37.50	8.22	29.28	62.96	476.94	78.83	34.50	363.20	127.06	236.17	2011	
37.66	8.44	29.23	75.02	488.31	82.94	38.00	367.37	135.59	231.78	2012	北美洲
40.36	7.99	32.37	78.22	501.15	77.83	32.46	390.86	148.11	242.75	2013	
33.24	7.27	25.97	58.53	412.77	65.80	31.21	315.35	104.11	211.27	2011	
33.14	7.55	25.59	69.58	422.35	69.96	34.39	318.00	110.50	207.50	2012	美国
35.65	7.29	28.36	73.28	432.06	65.21	29.35	337.50	121.72	215.78	2013	
21.59	3.09	18.50	18.64	169.82	24.23	3.00	142.59	87.69	54.90	2011	
20.90	3.30	17.60	17.80	171.87	22.65	3.03	146.20	85.63	60.57	2012	中、南美洲
19.54	2.89	16.65	18.03	177.65	21.80	2.83	153.02	94.00	59.02	2013	
202.59	37.08	165.51	195.38	641.75	77.17	51.21	513.37	204.58	308.80	2011	
210.86	33.44	177.42	208.33	643.15	79.80	51.37	511.99	198.11	313.88	2012	欧洲
221.59	33.68	187.92	219.91	666.62	79.23	51.02	536.37	212.05	324.32	2013	
187.04	35.53	151.51	160.43	578.60	67.36	47.35	463.89	188.93	274.96	2011	
192.05	32.13	159.91	158.85	579.73	70.39	47.53	461.82	184.19	277.63	2012	欧盟（27）
201.55	32.07	169.48	177.15	603.49	70.79	47.29	485.41	195.88	289.52	2013	
15.55	1.55	14.00	34.95	63.16	9.82	3.85	49.49	15.65	33.84	2011	
18.82	1.31	17.51	49.48	63.42	9.41	3.85	50.17	13.91	36.26	2012	欧洲其他地区
20.04	1.61	18.44	42.76	63.13	8.44	3.73	50.97	16.17	34.80	2013	
12.37	0.22	12.15	21.74	120.60	18.33	0.24	102.03	56.10	45.94	2011	
16.11	0.46	15.64	21.88	130.07	20.24	0.35	109.49	56.51	52.98	2012	独联体
13.15	0.47	12.68	19.29	138.73	22.49	0.76	115.48	60.70	54.78	2013	
8.23	0.11	8.11	9.28	87.02	17.11	0.07	69.84	34.69	35.15	2011	
9.66	0.28	9.38	7.72	94.25	18.71	0.12	75.43	35.77	39.66	2012	俄罗斯
7.22	0.29	6.93	7.89	99.80	21.28	0.40	78.11	35.63	42.49	2013	
89.13	18.55	70.58	18.06	140.21	13.53	4.37	122.31	61.04	61.27	2011	
92.96	20.45	72.51	17.53	161.82	18.75	6.53	136.53	68.60	67.93	2012	非洲
97.35	20.94	76.41	18.30	160.20	16.27	5.43	138.50	68.82	69.68	2013	
35.88	10.32	25.55	100.26	668.57	144.06	7.88	516.63	121.59	395.04	2011	
37.30	11.30	26.00	110.61	726.77	155.75	7.31	563.72	132.52	431.19	2012	中东
38.32	9.96	28.36	135.50	702.77	148.28	7.68	546.81	142.23	404.58	2013	
152.98	36.21	116.77	242.51	2 941.39	430.00	149.36	2 362.03	701.32	1 660.71	2011	
174.50	37.50	137.01	261.43	3 012.87	437.63	160.14	2 415.10	686.83	1 728.27	2012	亚洲
187.74	38.81	148.93	270.45	3 075.91	427.14	158.77	2 489.99	707.28	1 782.71	2013	
9.90	4.32	5.58	24.56	482.91	—	19.74	463.17	183.61	279.56	2011	
10.61	4.06	6.55	28.33	459.59	—	20.38	439.21	166.56	272.65	2012	日本
9.65	3.46	6.18	25.39	408.78	—	19.16	389.61	149.49	240.12	2013	
69.13	13.36	55.77	79.69	663.27	182.78	45.83	434.65	—	434.65	2011	
82.79	15.32	67.46	85.62	750.51	190.28	51.12	509.11	—	509.11	2012	中国
91.17	16.83	74.34	97.01	839.80	194.51	51.98	593.30	—	593.30	2013	
5.22	1.87	3.35	8.45	243.19	54.81	16.46	171.92	78.45	93.46	2011	
5.08	1.78	3.30	8.58	233.90	52.28	15.69	165.93	81.39	84.54	2012	澳大利亚和新西兰
5.13	1.49	3.64	9.80	232.80	47.69	14.52	170.59	97.06	73.53	2013	
68.73	16.66	52.07	129.82	1 552.03	192.41	67.32	1 292.29	439.26	853.03	2011	
76.02	16.33	59.69	138.89	1 568.87	195.08	72.95	1 300.85	438.88	861.97	2012	亚洲其他地区
81.79	17.03	64.76	138.26	1 594.54	184.94	73.11	1 336.48	460.73	875.76	2013	

a 包括未分类产品。

表 3

2011—2013 年世界货物贸易流向（按产品类别和地区）

（左半部分表格） 单位：十亿美元

目的地	世界 a			北美洲			中、南美洲			欧洲		
原产地	2011	2012	2013	2011	2012	2013	2011	2013	2013	2011	2012	2013
世界												
农产品	1 661.80	1 652.78	1 744.83	196.26	201.48	206.70	65.85	67.81	70.66	689.18	660.62	700.08
食品	1 360.18	1 372.65	1 456.68	164.63	168.72	175.58	57.30	60.63	63.60	577.51	561.19	598.23
鱼产品	122.59	121.04	130.65	20.13	20.06	22.18	3.09	3.24	3.54	49.31	45.68	49.67
其他食品	1 237.58	1 251.61	1 326.03	144.50	148.66	153.40	54.22	57.39	60.06	528.20	515.52	548.56
原料	301.62	280.13	288.15	31.63	32.76	31.11	8.55	7.18	7.06	111.67	99.43	101.85
燃料和矿产品	4 064.97	4 133.09	3 996.98	609.28	575.62	539.79	170.92	176.83	168.96	1 372.05	1 387.01	1 321.76
矿石和其他矿物	433.88	393.11	388.89	26.06	24.54	23.91	7.78	6.64	6.69	126.75	110.26	101.86
燃料	3 212.62	3 371.58	3 257.54	521.16	495.83	465.34	154.10	161.82	154.18	1 062.88	1 117.65	1 073.59
有色金属	418.47	368.39	350.54	62.07	55.25	50.54	9.04	8.37	8.08	182.42	159.10	146.31
制成品	11 511.08	11 479.34	11 848.00	2 053.78	2 192.27	2 264.97	503.61	519.43	518.78	4 631.54	4 289.51	4 421.22
钢铁	528.44	485.01	454.03	64.92	68.35	60.92	21.02	21.32	19.92	216.80	182.05	173.69
化学品	2 003.82	1 959.74	2 001.18	277.59	281.76	280.64	103.79	107.79	109.04	920.98	878.24	899.24
药品	504.93	510.67	521.70	88.25	88.93	87.02	19.64	21.20	21.95	287.47	284.15	289.57
其他化学品	1 498.90	1 449.06	1 479.48	189.34	192.82	193.61	84.14	86.59	87.09	633.50	594.09	609.67
其他半制成品	1 110.60	1 094.01	1 153.21	171.52	181.12	190.17	42.31	44.98	45.32	495.38	455.03	474.61
机械和运输设备	5 749.52	5 756.24	5 932.17	1 132.17	1 223.80	1 271.02	254.14	256.85	259.14	2 106.52	1 931.27	1 984.71
办公和电信设备	1 683.48	1 681.87	1 750.11	358.82	363.65	377.21	47.82	47.78	49.23	534.25	493.31	483.83
EDP 和办公设备	554.08	554.94	543.13	158.25	160.44	159.25	15.95	15.87	14.67	203.31	197.94	196.12
通信设备	635.31	640.74	669.58	158.30	163.16	173.60	26.42	25.65	27.47	222.69	216.37	221.93
集成电路	494.09	486.19	537.41	42.27	40.04	44.36	5.45	6.25	7.10	108.26	79.00	65.78
运输设备	1 962.67	1 969.88	2 033.41	402.40	454.61	476.18	108.13	106.20	108.21	824.66	737.36	775.86
汽车	1 283.67	1 300.91	1 347.80	310.97	355.58	373.44	68.78	69.01	71.75	555.10	488.25	516.01
其他运输设备	679.00	668.97	685.61	91.43	99.02	102.74	39.35	37.20	36.46	269.57	249.12	259.85
其他机械	2 103.38	2 104.49	2 148.65	370.95	405.54	417.63	98.18	102.87	101.70	747.60	700.60	725.02
纺织品	294.19	284.16	305.90	38.15	39.29	41.53	19.16	18.23	17.72	100.55	89.86	95.69
服装	417.72	422.57	460.27	94.17	94.87	100.98	15.02	16.52	15.20	203.63	185.56	199.59
其他制成品	1 406.78	1 477.61	1 541.23	275.25	303.08	319.72	48.18	53.74	52.43	587.69	567.48	593.69
个人及家居用品	302.00	318.90	343.12	69.07	76.90	82.67	11.99	14.17	13.05	145.82	139.61	147.64
科学和控制仪器	376.38	391.00	395.59	71.15	76.69	78.00	13.22	14.06	14.35	126.78	122.87	125.41
杂项制成品	728.40	767.72	802.52	135.04	149.49	159.04	22.97	25.51	25.03	315.09	305.01	320.64
制成品出口总额 b	**17 890.00**	**17 934.00**	**18 301.00**	**2 922.73**	**3 036.45**	**3 082.25**	**761.99**	**787.70**	**782.05**	**6 916.95**	**6 541.30**	**6 669.14**
北美洲												
农产品	251.36	258.21	266.29	94.71	98.20	102.43	17.40	17.60	19.82	23.84	23.16	25.10
食品	196.63	206.41	212.65	80.52	84.17	87.34	14.28	15.09	17.44	16.54	16.83	18.73
鱼产品	10.74	10.41	10.65	4.32	4.26	4.52	0.19	0.20	0.17	1.90	1.71	1.65
其他食品	185.89	196.00	202.00	76.20	79.91	82.82	14.09	14.88	17.27	14.65	15.13	17.08
原料	54.73	51.81	53.63	14.19	14.03	15.09	3.12	2.51	2.38	7.29	6.33	6.37
燃料和矿产品	409.39	402.16	407.58	238.36	228.92	235.67	41.10	49.15	50.22	60.38	59.94	56.54
矿石和其他矿物	59.57	53.90	50.26	12.39	11.85	11.54	1.28	1.35	1.25	15.73	13.31	11.95
燃料	301.89	305.29	317.49	194.44	188.80	197.02	38.48	46.57	47.81	38.43	40.76	39.94
有色金属	47.93	42.97	39.83	31.53	28.28	27.11	1.34	1.23	1.16	6.21	5.86	4.66
制成品	1 500.53	1 582.36	1 616.05	730.65	782.91	808.05	135.87	142.78	138.45	250.41	247.59	248.90
钢铁	33.32	33.17	32.18	23.38	24.16	23.13	3.37	3.22	3.22	2.37	2.08	1.90
化学品	260.87	258.85	261.78	91.33	92.13	94.55	32.89	33.26	34.09	64.50	63.17	63.85
药品	50.32	52.04	51.89	11.29	10.49	9.87	3.83	4.23	4.06	26.47	26.65	27.21
其他化学品	210.55	206.81	209.90	80.04	81.64	84.68	29.06	29.03	30.03	38.03	36.53	36.64
其他半制成品	125.05	127.62	133.06	64.82	69.37	71.21	9.12	9.61	9.68	19.10	18.12	18.61
机械和运输设备	876.05	947.46	966.56	457.11	497.71	515.62	72.95	79.20	74.15	121.65	120.16	119.00
办公和电信设备	212.03	213.87	213.19	110.54	111.50	111.90	20.64	21.61	20.91	22.89	21.84	21.20
EDP 和办公设备	72.00	74.76	71.93	42.52	44.62	43.90	8.58	8.88	7.75	8.29	8.51	8.23
通信设备	91.20	93.20	95.13	55.15	54.60	54.84	9.53	9.83	10.14	10.72	10.44	10.24
集成电路	48.83	45.91	46.13	12.88	12.28	13.17	2.53	2.90	3.03	3.88	2.89	2.73
运输设备	370.57	419.63	438.24	206.51	231.47	244.47	23.81	27.26	24.15	57.36	56.98	56.79
汽车	241.28	269.89	277.91	175.27	196.55	207.08	13.50	14.52	12.40	17.79	17.98	15.89
其他运输设备	129.29	149.74	160.32	31.24	34.92	37.39	10.30	12.74	11.75	39.57	38.99	40.90
其他机械	293.44	313.96	315.14	140.05	154.74	159.25	28.51	30.33	29.08	41.40	41.34	41.01
纺织品	18.02	17.75	18.28	9.51	9.93	10.34	4.46	3.92	3.83	1.58	1.43	1.49
服装	11.17	11.34	11.66	8.19	8.15	8.41	0.81	0.81	0.84	0.95	1.03	1.06
其他制成品	176.07	186.17	192.52	76.32	81.47	84.80	12.27	12.76	12.63	40.26	41.59	43.01
个人及家居用品	18.20	20.41	21.72	14.46	16.53	17.57	0.78	0.85	0.91	0.80	0.85	0.94
科学和控制仪器	71.54	75.15	77.42	23.16	24.83	26.06	4.78	5.11	5.11	19.05	18.66	19.46
杂项制成品	86.32	90.61	93.38	38.69	40.11	41.17	6.71	6.80	6.61	20.41	22.09	22.61
制成品出口总额 b	**2 283.43**	**2 371.61**	**2 418.18**	**1 102.94**	**1 151.15**	**1 189.28**	**201.44**	**216.95**	**216.40**	**382.84**	**379.90**	**368.31**

（右半部分表格）　　　　单位：十亿美元

独联体			非洲			中东			亚洲			目的地
2011	2012	2013	2011	2012	2013	2011	2012	2013	2011	2012	2013	原产地
												世界
66.01	66.92	71.59	93.54	95.72	98.50	85.65	88.74	99.11	453.89	462.04	486.13	农产品
59.60	60.60	65.15	85.64	87.82	90.55	79.66	83.14	93.46	326.33	343.15	361.50	食品
3.88	4.15	5.02	3.88	4.80	4.76	2.20	2.34	2.74	39.67	40.25	42.12	鱼产品
55.72	56.44	60.13	81.76	83.02	85.79	77.46	80.80	90.72	286.65	302.90	319.37	其他食品
6.41	6.33	6.45	7.90	7.90	7.95	5.99	5.59	5.65	127.57	118.89	124.63	原料
67.74	62.42	54.93	100.37	110.13	113.35	76.54	84.65	93.08	1 545.24	1 621.34	1 575.08	燃料和矿产品
7.84	7.25	7.31	7.66	6.78	6.73	8.76	8.98	9.95	246.85	226.44	230.05	矿石和其他矿物
55.29	50.61	43.55	85.88	96.94	99.89	57.89	65.70	72.25	1 158.24	1 273.91	1 222.12	燃料
4.61	4.56	4.07	6.83	6.41	6.73	9.89	9.97	10.89	140.15	120.99	122.91	有色金属
394.83	419.67	433.07	338.78	360.86	383.24	474.31	503.78	529.63	3024.58	3112.92	3 214.24	制成品
23.79	22.73	22.93	20.54	21.54	23.07	37.14	36.51	32.39	140.55	130.51	120.37	钢铁
61.48	63.15	67.01	54.78	57.18	61.82	54.57	55.78	60.92	516.01	505.50	511.10	化学品
18.39	19.11	20.95	13.62	14.76	16.15	12.55	12.85	14.90	59.65	66.17	66.46	药品
43.09	44.04	46.05	41.16	42.42	45.67	42.02	42.93	46.02	456.36	439.33	444.64	其他化学品
41.11	44.43	47.20	41.17	46.41	49.36	69.57	65.27	74.19	243.58	249.62	264.66	其他半制成品
194.36	211.87	209.12	161.57	168.74	177.70	221.96	243.90	252.39	1 621.31	1 671.31	1 734.28	机械和运输设备
27.22	28.99	28.32	24.40	21.79	21.20	40.08	41.83	43.97	649.79	683.28	745.42	办公和电信设备
9.56	11.27	10.03	7.05	6.83	6.51	13.44	14.05	14.74	146.42	148.43	141.71	EDP 和办公设备
16.21	16.09	16.68	15.71	13.45	12.58	24.30	24.50	26.37	170.74	180.42	190.17	通信设备
1.46	1.63	1.60	1.63	1.50	2.11	2.34	3.28	2.86	332.63	354.43	413.53	集成电路
75.84	87.01	82.67	62.53	68.70	70.59	84.12	101.04	105.94	352.05	371.52	374.33	运输设备
57.89	65.52	62.42	42.78	49.91	51.18	57.26	68.76	70.61	189.01	202.17	201.04	汽车
17.94	21.49	20.25	19.76	18.79	19.41	26.86	32.28	35.33	163.04	169.35	173.30	其他运输设备
91.30	95.87	98.14	74.63	78.26	85.91	97.76	101.03	102.49	619.46	616.51	614.53	其他机械
12.23	13.03	13.80	19.88	19.73	20.91	15.79	15.63	17.04	86.23	86.72	96.42	纺织品
19.95	21.10	26.00	8.60	10.30	10.84	15.08	16.91	19.60	59.73	69.26	77.55	服装
41.92	43.35	47.01	32.24	36.95	39.54	60.20	69.78	73.10	357.17	400.02	409.86	其他制成品
13.70	14.66	16.47	8.14	11.17	11.93	10.89	13.24	15.79	41.99	48.75	55.14	个人及家居用品
9.53	9.10	9.24	6.32	6.87	7.54	9.31	10.04	10.66	139.85	151.11	150.10	科学和控制仪器
18.68	19.59	21.30	17.79	18.90	20.06	39.99	46.51	46.65	175.33	200.15	204.62	杂项制成品
534.62	**555.17**	**566.24**	**552.05**	**590.30**	**618.05**	**659.54**	**712.60**	**759.72**	**5159.29**	**5 334.87**	**5 423.03**	制成品出口总额 b
												北美洲
2.66	3.38	2.78	9.38	8.26	8.02	7.09	5.85	5.62	95.90	101.71	102.15	农产品
2.49	3.18	2.57	8.56	7.44	7.20	6.47	5.29	5.07	67.40	74.36	73.95	食品
0.30	0.28	0.36	0.05	0.03	0.05	0.03	0.03	0.03	3.94	3.88	3.88	鱼产品
2.19	2.90	2.21	8.50	7.41	7.15	6.44	5.26	5.04	63.46	70.47	70.07	其他食品
0.18	0.20	0.21	0.82	0.82	0.82	0.62	0.56	0.55	28.49	27.36	28.20	原料
1.26	0.75	0.73	4.61	3.95	6.63	2.92	2.13	2.48	59.99	56.35	53.90	燃料和矿产品
0.05	0.14	0.18	0.89	0.54	0.76	0.40	0.40	0.22	28.81	26.30	24.36	矿石和其他矿物
1.18	0.59	0.51	3.62	3.32	5.81	1.74	1.08	1.65	23.23	23.21	23.36	燃料
0.02	0.02	0.04	0.10	0.09	0.06	0.78	0.65	0.61	7.94	6.84	6.18	有色金属
11.22	13.61	14.91	21.68	23.75	23.55	49.45	62.08	63.77	300.16	308.18	316.64	制成品
0.11	0.13	0.14	0.54	0.53	0.63	0.63	0.68	0.87	2.92	2.36	2.29	钢铁
1.37	1.45	1.56	2.94	3.15	3.18	3.83	4.23	4.47	63.82	61.20	59.92	化学品
0.21	0.29	0.30	0.45	0.58	0.62	0.69	0.84	0.95	7.37	8.96	8.88	药品
1.16	1.16	1.26	2.49	2.57	2.57	3.14	3.39	3.52	56.45	52.25	51.04	其他化学品
0.52	0.54	0.55	1.52	1.40	1.73	8.34	7.82	8.38	21.49	20.56	22.66	其他半制成品
8.23	10.36	11.34	15.10	16.96	16.29	32.08	44.51	44.64	168.55	178.07	185.10	机械和运输设备
0.50	0.60	0.61	1.02	1.33	1.07	4.01	5.41	6.11	52.31	51.43	51.23	办公和电信设备
0.23	0.22	0.22	0.42	0.47	0.45	1.56	1.60	1.64	10.39	10.43	9.71	EDP 和办公设备
0.19	0.29	0.32	0.55	0.82	0.56	1.75	2.31	3.44	13.22	14.79	15.49	通信设备
0.08	0.08	0.07	0.05	0.05	0.06	0.70	1.49	1.04	28.70	26.21	26.02	集成电路
3.45	4.77	6.28	7.79	8.40	7.25	17.47	26.95	26.55	54.08	63.58	72.58	运输设备
1.92	2.12	2.89	3.83	4.48	4.39	9.91	13.58	13.62	19.02	20.57	21.56	汽车
1.54	2.65	3.39	3.96	3.92	2.87	7.56	13.37	12.92	35.07	43.01	51.02	其他运输设备
4.28	5.00	4.45	6.29	7.23	7.96	10.60	12.15	11.98	62.16	63.05	61.29	其他机械
0.04	0.04	0.07	0.09	0.09	0.09	0.17	0.17	0.18	2.16	2.15	2.27	纺织品
0.03	0.05	0.05	0.05	0.05	0.05	0.24	0.26	0.27	0.89	0.98	0.96	服装
0.91	1.05	1.19	1.44	1.56	1.59	4.16	4.39	4.96	40.33	42.85	43.44	其他制成品
0.06	0.07	0.08	0.12	0.12	0.12	0.37	0.40	0.43	1.58	1.57	1.64	个人及家居用品
0.54	0.62	0.70	0.77	0.90	0.94	2.11	2.30	2.45	21.09	22.71	22.68	科学和控制仪器
0.31	0.36	0.41	0.55	0.55	0.52	1.68	1.69	2.08	17.65	18.58	19.12	杂项制成品
15.41	**17.97**	**18.64**	**37.50**	**37.66**	**40.36**	**62.96**	**75.02**	**78.22**	**476.94**	**488.31**	**501.15**	制成品出口总额 b

表 3（续 1）

（左半部分表格）

单位：十亿美元

目的地	世界a			北美洲			中、南美洲			欧洲		
原产地	2011	2012	2013	2014	2012	2013	2011	2012	2013	2011	2012	2013
中、南美洲												
农产品	207.56	205.45	216.87	28.15	27.61	28.76	33.59	35.58	35.53	53.65	48.48	48.56
食品	187.85	186.25	197.68	24.01	23.48	24.44	31.69	33.89	33.91	48.27	43.71	44.02
鱼产品	10.74	10.87	12.44	2.68	3.04	3.53	1.42	1.54	1.80	3.15	2.88	3.40
其他食品	177.11	175.38	185.24	21.33	20.44	20.92	30.27	32.35	32.10	45.12	40.83	40.63
原料	19.71	19.20	19.19	4.14	4.13	4.31	1.90	1.69	1.63	5.38	4.77	4.54
燃料和矿产品	327.12	317.41	296.68	96.51	96.16	86.88	74.32	71.40	66.06	48.35	43.58	40.86
矿石和其他矿物	93.77	82.70	82.11	6.80	5.64	5.10	5.46	4.11	4.43	21.14	17.47	17.39
燃料	191.22	198.57	181.32	82.75	83.89	75.02	63.71	62.52	57.14	17.18	18.80	17.61
有色金属	42.13	36.13	33.26	6.97	6.63	6.76	5.15	4.77	4.50	10.02	7.31	5.86
制成品	196.47	195.60	194.40	52.40	55.53	54.11	95.32	93.39	92.96	25.73	24.30	22.67
钢铁	20.94	19.26	16.17	5.63	5.67	4.97	5.98	5.85	5.04	3.77	2.97	2.28
化学品	48.70	49.48	45.30	14.22	15.59	13.73	22.11	22.48	21.99	7.91	6.95	5.16
药品	10.04	10.68	10.39	3.97	4.40	4.14	4.67	4.87	4.77	0.68	0.63	0.64
其他化学品	38.67	38.80	34.92	10.25	11.19	9.60	17.44	17.61	17.21	7.22	6.32	4.51
其他半制成品	24.50	24.32	24.58	5.26	5.43	5.81	11.97	11.77	11.29	3.93	3.75	3.75
机械和运输设备	67.15	66.44	73.38	11.78	12.98	13.66	38.89	36.36	38.81	8.00	8.66	9.48
办公和电信设备	5.84	5.64	5.81	1.31	1.36	1.42	2.68	2.32	2.11	0.60	0.62	0.60
EDP 和办公设备	0.83	0.78	0.80	0.23	0.26	0.24	0.50	0.39	0.43	0.04	0.05	0.05
通信设备	2.86	2.53	2.38	0.44	0.41	0.49	2.09	1.82	1.58	0.15	0.14	0.11
集成电路	2.15	2.33	2.62	0.65	0.69	0.69	0.10	0.11	0.10	0.40	0.43	0.44
运输设备	38.69	37.42	45.26	4.55	5.21	5.59	25.10	23.00	26.23	4.36	4.70	6.13
汽车	27.18	25.46	28.63	2.19	2.27	2.38	21.96	20.79	24.07	1.45	0.98	0.78
其他运输设备	11.51	11.95	16.63	2.37	2.94	3.22	3.14	2.21	2.16	2.91	3.72	5.34
其他机械	22.61	23.39	22.31	5.92	6.41	6.64	11.10	11.05	10.47	3.04	3.35	2.76
纺织品	4.35	4.17	3.99	0.55	0.56	0.58	3.49	3.31	3.12	0.16	0.15	0.16
服装	15.12	15.50	14.78	10.55	10.44	10.30	4.17	4.67	4.10	0.28	0.25	0.24
其他制成品	15.71	16.43	16.19	4.41	4.86	5.07	8.72	8.96	8.61	1.68	1.57	1.60
个人及家居用品	5.22	5.14	5.05	0.86	0.86	0.87	3.20	3.28	3.19	0.80	0.63	0.58
科学和控制仪器	3.18	3.31	3.49	1.80	1.97	2.14	0.84	0.81	0.75	0.32	0.36	0.39
杂项制成品	7.32	7.97	7.65	1.75	2.03	2.06	4.67	4.87	4.66	0.56	0.59	0.63
制成品出口总额 b	**759.50**	**749.45**	**736.03**	**184.00**	**187.94**	**178.16**	**203.43**	**201.05**	**195.49**	**138.78**	**127.09**	**120.87**
欧洲												
农产品	670.17	655.96	707.80	26.43	27.57	29.48	6.64	7.00	7.29	520.26	499.98	537.48
食品	570.28	563.21	610.31	24.10	25.21	27.01	5.82	6.17	6.43	445.40	432.56	466.45
鱼产品	40.49	38.45	42.25	1.13	1.06	1.25	0.55	0.55	0.52	32.23	29.94	33.06
其他食品	529.79	524.76	568.06	22.97	24.16	25.76	5.27	5.62	5.91	413.17	402.62	433.40
原料	99.89	92.75	97.49	2.32	2.36	2.47	0.82	0.83	0.86	74.86	67.42	71.02
燃料和矿产品	826.72	841.82	811.94	53.74	46.65	42.53	5.96	8.16	8.79	649.35	654.43	627.96
矿石和其他矿物	91.31	81.88	75.40	1.89	2.10	2.07	0.40	0.44	0.40	68.58	60.37	55.57
燃料	579.45	624.48	607.01	42.17	36.87	34.14	4.44	6.68	7.36	458.10	487.10	471.33
有色金属	155.96	135.46	129.53	9.68	7.68	6.33	1.12	1.03	1.02	122.67	106.96	101.06
制成品	4 987.15	4 729.66	4 909.77	394.99	412.52	425.66	104.36	106.02	110.64	3 416.77	3 133.87	3 258.31
钢铁	225.40	198.13	185.27	12.34	13.54	11.02	3.73	4.16	3.64	169.16	142.55	136.48
化学品	1 078.34	1 040.83	1 074.62	113.28	114.04	112.60	24.37	26.16	26.97	742.93	703.21	729.11
药品	393.12	392.45	405.19	60.22	61.22	60.70	9.54	10.34	11.19	245.86	241.08	247.01
其他化学品	685.22	648.38	669.44	53.06	52.83	51.91	14.82	15.82	15.78	497.07	462.13	482.10
其他半制成品	521.93	485.10	511.02	25.96	26.78	28.70	8.60	8.75	9.42	386.54	350.08	367.32
机械和运输设备	2 338.00	2 216.25	2 302.78	184.04	196.67	207.12	57.61	56.27	59.63	1 522.24	1 386.77	1 443.85
办公和电信设备	389.75	359.34	350.52	15.75	14.96	14.90	3.49	2.96	2.98	296.20	273.48	267.99
EDP 和办公设备	136.17	130.52	128.89	5.19	4.77	4.81	0.76	0.81	0.82	109.56	104.52	103.50
通信设备	184.93	171.42	168.99	7.29	7.18	7.24	2.32	1.70	1.78	138.08	130.97	131.80
集成电路	68.65	57.40	52.64	3.28	3.00	2.84	0.41	0.45	0.38	48.56	37.99	32.69
运输设备	950.06	903.31	966.79	73.60	82.87	89.89	22.93	20.99	23.68	655.05	584.10	629.35
汽车	680.54	636.20	677.85	50.37	58.62	64.22	11.90	10.93	13.00	488.24	426.70	457.10
其他运输设备	269.52	267.12	288.94	23.23	24.24	25.68	11.02	10.06	10.68	166.81	157.39	172.24
其他机械	998.19	953.59	985.47	94.69	98.84	102.33	31.20	32.33	32.98	571.00	529.19	546.52
纺织品	90.00	82.41	85.99	3.95	4.00	4.15	0.97	1.05	0.95	66.33	59.00	61.69
服装	134.72	127.24	136.65	4.21	4.55	4.84	0.58	0.69	0.71	112.41	102.99	109.98
其他制成品	598.77	579.70	613.43	51.20	52.94	57.22	8.50	8.93	9.32	417.16	389.28	409.87
个人及家居用品	129.18	123.90	133.69	6.41	6.77	7.64	0.64	0.75	0.80	102.65	95.27	101.61
科学和控制仪器	140.50	138.64	145.07	19.16	19.32	20.36	3.42	3.57	3.75	80.33	76.05	78.77
杂项制成品	329.09	317.16	334.68	25.63	26.86	29.22	4.44	4.62	4.78	234.18	217.96	229.50
制成品出口总额 b	**6 654.26**	**6 382.22**	**6 645.95**	**481.66**	**493.61**	**505.72**	**119.13**	**123.86**	**129.04**	**4 698.86**	**4 376.11**	**4 560.17**

（右半部分表格） 单位：十亿美元

独联体			非洲			中东			亚洲			目的地
2011	2012	2013	2011	2012	2013	2011	2012	2013	2011	2012	2013	原产地
												中、南美洲
7.98	7.33	7.73	15.34	14.74	13.91	12.90	12.54	13.25	54.61	57.52	67.37	农产品
7.64	6.94	7.31	15.15	14.60	13.77	12.69	12.33	13.04	47.29	49.94	59.71	食品
0.22	0.23	0.48	0.29	0.33	0.29	0.06	0.06	0.07	2.75	2.70	2.81	鱼产品
7.42	6.71	6.84	14.86	14.26	13.49	12.63	12.27	12.97	44.53	47.23	56.91	其他食品
0.34	0.40	0.42	0.18	0.15	0.13	0.21	0.21	0.21	7.33	7.59	7.66	原料
0.21	0.20	0.33	1.90	1.71	1.43	3.52	3.05	2.62	98.85	97.93	95.21	燃料和矿产品
0.18	0.19	0.31	1.07	0.91	0.96	2.64	2.41	2.13	56.48	51.99	51.78	矿石和其他矿物
0.04	0.02	0.02	0.78	0.76	0.37	0.71	0.55	0.43	22.60	28.68	27.44	燃料
0.00	0.00	0.00	0.05	0.05	0.09	0.16	0.09	0.06	19.77	17.27	15.98	有色金属
0.50	0.72	0.74	4.31	4.07	3.79	1.50	1.34	1.21	16.25	15.76	14.29	制成品
0.02	0.05	0.06	0.63	0.47	0.49	0.28	0.25	0.30	4.62	3.99	3.04	钢铁
0.08	0.07	0.08	0.64	0.60	0.53	0.21	0.22	0.27	3.38	3.34	3.21	化学品
0.03	0.03	0.03	0.05	0.06	0.05	0.04	0.04	0.05	0.50	0.53	0.53	药品
0.05	0.04	0.05	0.58	0.55	0.48	0.16	0.18	0.22	2.88	2.80	2.68	其他化学品
0.05	0.05	0.05	0.47	0.43	0.41	0.16	0.14	0.14	2.61	2.69	3.05	其他半制成品
0.30	0.49	0.49	2.28	2.15	2.09	0.74	0.61	0.38	5.04	5.07	4.35	机械和运输设备
0.00	0.00	0.00	0.02	0.02	0.02	0.02	0.02	0.03	1.20	1.30	1.62	办公和电信设备
0.00	0.00	0.00	0.01	0.00	0.01	0.00	0.00	0.00	0.05	0.09	0.07	EDP 和办公设备
0.00	0.00	0.00	0.01	0.01	0.01	0.01	0.01	0.02	0.15	0.12	0.16	通信设备
0.00	0.00	0.00	0.00	0.00	0.00	0.00	0.00	0.00	1.00	1.09	1.39	集成电路
0.15	0.35	0.38	1.35	1.30	1.33	0.44	0.24	0.07	2.67	2.52	1.47	运输设备
0.02	0.13	0.05	0.87	0.73	0.69	0.20	0.03	0.01	0.48	0.54	0.64	汽车
0.13	0.23	0.33	0.48	0.57	0.63	0.23	0.22	0.06	2.19	1.99	0.83	其他运输设备
0.15	0.13	0.10	0.92	0.83	0.75	0.29	0.35	0.28	1.17	1.24	1.25	其他机械
0.00	0.00	0.00	0.03	0.03	0.02	0.00	0.00	0.00	0.09	0.11	0.08	纺织品
0.00	0.00	0.00	0.01	0.02	0.02	0.01	0.01	0.01	0.06	0.09	0.08	服装
0.05	0.05	0.06	0.25	0.38	0.22	0.10	0.10	0.11	0.44	0.47	0.48	其他制成品
0.03	0.03	0.04	0.12	0.14	0.14	0.05	0.06	0.06	0.12	0.14	0.16	个人及家居用品
0.01	0.01	0.01	0.04	0.03	0.03	0.02	0.01	0.01	0.14	0.13	0.14	科学和控制仪器
0.01	0.01	0.01	0.09	0.22	0.05	0.03	0.03	0.03	0.17	0.20	0.18	杂项制成品
8.70	**8.27**	**8.81**	**21.59**	**20.90**	**19.54**	**18.64**	**17.80**	**18.03**	**169.82**	**171.87**	**177.65**	制成品出口总额 b
												欧洲
23.99	24.89	26.99	25.39	25.89	28.55	19.47	21.52	24.40	46.73	47.74	52.20	农产品
21.69	22.46	24.53	21.91	22.13	24.66	17.53	19.71	22.59	33.10	34.12	37.63	食品
1.85	2.01	2.22	1.35	1.77	1.62	0.29	0.28	0.33	3.07	2.86	3.24	鱼产品
19.83	20.45	22.31	20.55	20.36	23.04	17.24	19.43	22.26	30.02	31.26	34.39	其他食品
2.31	2.42	2.45	3.48	3.76	3.89	1.94	1.81	1.82	13.64	13.62	14.57	原料
7.73	8.24	9.03	31.26	37.37	36.64	13.42	13.61	13.38	41.24	45.51	42.51	燃料和矿产品
0.82	0.89	0.95	1.86	1.96	1.56	1.22	1.26	1.16	16.41	14.75	13.49	矿石和其他矿物
5.45	6.06	6.83	26.68	32.80	32.47	10.04	10.42	10.26	9.02	17.09	14.07	燃料
1.46	1.29	1.25	2.71	2.62	2.61	2.17	1.93	1.95	15.81	13.67	14.95	有色金属
200.15	209.51	213.86	142.24	145.61	153.72	158.57	159.24	169.32	542.41	538.42	553.47	制成品
5.02	4.01	3.77	9.29	10.01	9.16	10.32	10.72	8.73	13.38	12.44	12.23	钢铁
39.06	39.89	42.78	24.95	25.96	27.67	25.70	25.51	27.19	99.72	99.26	100.80	化学品
15.72	16.15	17.90	9.01	9.75	10.55	10.15	10.25	11.94	37.56	40.44	41.68	药品
23.34	23.74	24.88	15.94	16.21	17.11	15.55	15.26	15.25	62.16	58.82	59.13	其他化学品
19.68	20.82	21.90	15.42	16.65	17.78	18.42	17.39	19.35	46.11	43.99	45.49	其他半制成品
104.62	110.86	109.55	74.07	73.95	78.37	78.84	77.96	82.81	301.75	298.55	306.68	机械和运输设备
14.34	14.04	13.10	11.73	9.03	8.14	12.93	11.36	11.32	34.64	32.73	31.75	办公和电信设备
5.65	6.38	5.64	4.21	3.80	3.48	4.24	4.09	4.43	6.54	6.13	6.20	EDP 和办公设备
7.96	6.88	6.66	6.60	4.33	3.70	8.00	6.43	6.08	14.04	13.16	11.40	通信设备
0.73	0.78	0.80	0.92	0.90	0.96	0.69	0.83	0.81	14.06	13.44	14.15	集成电路
36.44	40.66	38.40	23.15	26.30	27.13	22.36	23.17	26.78	104.34	112.59	118.79	运输设备
29.35	31.86	29.64	17.39	20.75	21.42	12.92	13.39	14.66	69.31	73.02	77.08	汽车
7.09	8.80	8.75	5.75	5.56	5.71	9.44	9.78	12.12	35.03	39.57	41.72	其他运输设备
53.83	56.16	58.06	39.20	38.62	43.10	43.56	43.42	44.71	162.78	153.24	156.13	其他机械
4.34	4.54	4.75	5.68	5.45	5.73	2.36	2.41	2.53	5.86	5.54	5.72	纺织品
6.21	6.69	7.47	1.51	1.63	1.71	2.98	3.34	3.84	6.58	7.16	7.89	服装
21.21	22.71	23.63	11.31	11.97	13.29	19.94	21.92	24.87	69.02	71.48	74.66	其他制成品
5.35	5.86	6.69	1.63	1.85	2.14	3.06	3.29	3.92	9.40	10.04	10.82	个人及家居用品
4.93	5.65	5.60	3.61	3.60	4.05	4.86	5.10	5.59	24.09	25.23	26.78	科学和控制仪器
10.93	11.20	11.35	6.07	6.52	7.10	12.02	13.53	15.36	35.53	36.21	37.06	杂项制成品
234.03	**245.13**	**253.40**	**202.59**	**210.86**	**221.59**	**195.38**	**208.33**	**219.91**	**641.75**	**643.15**	**666.62**	制成品出口总额 b

表 3（续 2）

（左半部分表格） 单位：十亿美元

目的地	世界a			北美洲			中、南美洲			欧洲		
原产地	2011	2012	2013	2011	2012	2013	2011	2012	2013	2011	2012	2013
独联体												
农产品	58.97	66.50	69.05	0.64	0.68	0.73	0.21	0.18	0.28	13.51	18.83	16.94
燃料和矿产品	523.44	520.15	513.80	33.05	27.26	24.69	2.96	1.81	2.36	333.25	330.99	332.69
制成品	184.59	186.02	173.58	8.26	8.18	6.75	6.06	5.55	4.74	49.46	55.37	48.28
制成品出口总额 b	**785.93**	**799.60**	**778.51**	**42.60**	**36.73**	**32.97**	**10.43**	**9.15**	**9.23**	**403.28**	**418.46**	**406.64**
非洲												
农产品	60.03	58.87	61.91	3.40	2.87	2.45	1.52	1.52	1.58	22.52	19.70	20.32
燃料和矿产品	402.68	437.16	397.38	83.03	61.25	42.73	25.30	25.82	25.17	133.00	165.62	147.83
制成品	111.82	108.56	111.69	9.56	8.70	7.63	2.39	2.79	2.80	45.40	41.37	41.61
制成品出口总额 b	**607.79**	**639.80**	**602.50**	**96.61**	**73.54**	**53.83**	**29.26**	**30.15**	**29.58**	**208.26**	**235.12**	**215.62**
中东												
农产品	29.60	28.28	33.40	0.49	0.53	0.59	0.09	0.08	0.09	2.95	3.06	3.47
燃料和矿产品	858.36	921.85	879.53	81.11	92.95	83.19	6.49	6.15	6.52	104.70	94.70	81.96
制成品	245.27	252.60	276.35	25.93	25.42	26.06	2.95	3.71	4.22	43.23	40.04	45.18
制成品出口总额 b	**1 266.39**	**1 348.31**	**1 346.79**	**108.04**	**119.16**	**110.11**	**9.61**	**10.05**	**10.94**	**157.52**	**146.44**	**142.72**
亚洲												
农产品	384.11	379.51	389.52	42.44	44.02	42.26	6.40	5.85	6.06	52.46	47.41	48.21
食品	289.49	293.59	305.52	32.26	32.57	33.77	4.31	4.27	4.47	38.26	36.57	37.76
鱼产品	49.71	51.18	53.85	11.61	11.35	12.44	0.82	0.85	0.94	8.13	7.42	7.79
其他食品	239.78	242.40	251.67	20.65	21.22	21.32	3.49	3.42	3.53	30.13	29.14	29.97
原料	94.62	85.93	84.00	10.17	11.44	8.49	2.10	1.57	1.59	14.20	10.84	10.44
燃料和矿产品	717.26	692.56	690.07	23.48	22.43	24.08	14.78	14.35	9.84	43.04	37.76	33.92
矿石和其他矿物	126.68	114.15	120.53	3.28	3.07	3.20	0.13	0.20	0.21	5.77	4.90	3.99
燃料	490.84	490.96	482.63	12.02	11.29	14.32	13.74	13.29	8.64	27.76	23.49	21.99
有色金属	99.73	87.45	86.90	8.19	8.08	6.56	0.91	0.86	0.99	9.52	9.36	7.94
制成品	4 285.23	4 424.55	4 566.17	832.00	899.01	936.70	156.66	165.20	164.96	800.53	746.97	756.28
钢铁	176.72	167.12	158.94	19.34	20.55	18.46	7.28	7.38	7.46	19.76	15.35	15.33
化学品	452.13	448.87	458.82	45.56	47.76	48.82	17.39	18.43	19.36	64.27	61.42	58.77
药品	40.57	44.87	43.75	8.43	9.21	9.14	1.56	1.68	1.84	11.61	12.68	11.56
其他化学品	411.57	404.00	415.08	37.13	38.55	39.68	15.83	16.75	17.51	52.67	48.74	47.20
其他半制成品	338.11	351.47	372.54	64.96	70.13	74.51	12.09	14.32	14.39	60.25	57.95	59.37
机械和运输设备	2 331.94	2 385.58	2 443.87	470.06	506.88	525.12	81.96	82.16	83.04	425.67	386.05	382.95
办公和电信设备	1 056.02	1 081.46	1 157.11	229.59	234.26	247.41	20.44	20.31	22.39	210.74	193.84	190.98
EDP 和办公设备	340.78	344.09	336.53	109.92	110.38	109.92	6.06	5.76	5.62	84.76	84.21	83.73
通信设备	344.53	361.27	390.41	94.49	100.08	110.21	12.14	11.93	13.61	71.20	72.40	77.77
集成电路	370.71	376.09	430.17	25.19	23.79	27.29	2.23	2.63	3.16	54.78	37.23	29.48
运输设备	548.12	551.16	523.84	112.89	130.01	131.08	35.05	33.48	32.30	98.72	80.52	72.67
汽车	305.66	338.44	330.98	80.59	95.80	97.90	20.82	22.21	21.61	43.57	38.16	37.76
其他运输设备	242.46	212.72	192.86	32.30	34.21	33.18	14.22	11.27	10.68	55.15	42.36	34.91
其他机械	727.80	752.96	762.92	127.58	142.62	146.62	26.47	28.36	28.35	116.21	111.69	119.30
纺织品	168.72	167.36	182.87	23.09	23.84	25.49	10.12	9.84	9.70	28.95	25.81	28.49
服装	239.80	246.44	273.60	68.41	68.89	74.59	9.44	10.33	9.51	80.37	72.96	79.65
其他制成品	577.81	657.71	675.53	140.58	160.95	169.71	18.39	22.74	21.51	121.27	127.43	131.73
个人及家居用品	143.09	163.22	175.89	47.18	52.61	56.46	7.31	9.22	8.09	39.38	40.97	42.67
科学和控制仪器	153.18	167.07	162.28	25.94	29.38	28.32	4.02	4.40	4.53	25.57	26.26	25.13
杂项制成品	281.53	327.43	337.35	67.46	78.96	84.93	7.05	9.12	8.89	56.32	60.20	63.92
制成品出口总额 b	**5 532.27**	**5 642.56**	**5 772.69**	**906.88**	**974.32**	**1012.18**	**188.69**	**196.49**	**191.38**	**927.41**	**858.18**	**854.80**

a 包括未分类目的地。

b 包括未分类产品。

（右半部分表格） 单位：十亿美元

独联体			非洲			中东			亚洲			目的地
2010	2011	2012	2010	2011	2012	2010	2011	2012	2010	2011	2012	原产地
												独联体
20.53	20.83	23.20	4.14	6.52	4.67	4.19	6.61	5.35	13.44	11.11	16.58	农产品
56.50	51.24	42.82	3.02	3.15	2.72	6.22	6.55	6.36	81.59	93.38	96.31	燃料和矿产品
79.26	79.70	80.24	3.61	4.08	4.46	9.89	7.86	6.28	23.00	21.48	20.42	制成品
159.57	**154.93**	**148.73**	**12.37**	**16.11**	**13.15**	**21.74**	**21.88**	**19.29**	**120.60**	**130.07**	**138.73**	制成品出口总额 b
												非洲
1.22	1.04	1.18	15.27	15.78	17.05	5.06	4.56	5.10	10.77	12.66	13.32	农产品
0.28	0.34	0.30	28.93	30.39	29.79	3.61	3.82	3.42	113.60	135.03	132.11	燃料和矿产品
0.34	0.46	0.39	34.91	36.35	39.72	6.14	5.80	6.40	12.37	11.40	11.39	制成品
1.86	**1.84**	**1.88**	**89.13**	**92.96**	**97.35**	**18.06**	**17.53**	**18.30**	**140.21**	**161.82**	**160.20**	制成品出口总额 b
												中东
1.17	1.30	1.26	1.91	2.10	2.59	13.13	13.90	18.10	5.08	4.71	4.31	农产品
0.16	0.17	0.16	19.06	19.83	19.03	29.77	33.64	40.65	552.52	616.60	585.97	燃料和矿产品
3.76	4.74	4.90	13.99	14.27	15.99	51.50	57.22	68.55	87.99	87.81	88.99	制成品
5.20	**6.29**	**6.37**	**35.88**	**37.30**	**38.32**	**100.26**	**110.61**	**135.50**	**668.57**	**726.77**	**702.77**	制成品出口总额 b
												亚洲
8.45	8.15	8.46	22.12	22.42	23.72	23.79	23.76	27.29	227.36	226.59	230.22	农产品
7.67	7.39	7.79	20.72	21.09	22.30	22.12	22.25	25.75	163.08	168.13	171.99	食品
0.96	1.11	1.31	1.35	1.82	1.85	1.31	1.45	1.61	25.46	27.09	27.78	鱼产品
6.71	6.28	6.48	19.37	19.28	20.45	20.81	20.80	24.13	137.62	141.03	144.21	其他食品
0.78	0.76	0.67	1.40	1.33	1.42	1.68	1.51	1.54	64.28	58.46	58.23	原料
1.59	1.47	1.56	11.59	13.73	17.12	17.08	21.85	24.18	597.46	576.55	569.07	燃料和矿产品
0.32	0.30	0.27	0.52	0.19	0.19	1.09	0.90	1.34	115.57	104.60	111.32	矿石和其他矿物
0.77	0.70	0.74	9.14	11.70	15.11	12.52	18.24	20.39	406.68	407.84	391.16	燃料
0.50	0.48	0.56	1.93	1.84	1.82	3.48	2.72	2.45	75.21	64.11	66.58	有色金属
99.60	110.93	118.03	118.03	132.72	142.01	197.27	210.24	214.09	2042.41	2 129.88	2 209.04	制成品
3.59	3.88	4.47	5.54	5.57	7.31	13.63	13.84	12.22	107.49	100.53	93.64	钢铁
6.67	6.94	7.44	13.36	13.95	15.52	13.41	13.43	13.71	291.13	286.69	294.85	化学品
1.03	1.06	1.17	3.16	3.41	3.79	0.92	0.94	1.04	13.84	15.84	15.03	药品
5.64	5.88	6.27	10.20	10.54	11.73	12.49	12.48	12.67	277.29	270.85	279.82	其他化学品
8.66	10.09	11.16	14.90	17.85	18.89	32.13	28.35	32.57	144.31	152.69	161.35	其他半制成品
49.11	56.42	54.99	52.34	56.89	60.35	88.78	98.04	98.71	1 127.99	1 171.08	1 218.26	机械和运输设备
10.24	11.76	11.61	9.57	9.20	9.75	19.13	20.73	21.62	556.23	591.30	653.13	办公和电信设备
3.34	4.14	3.59	1.88	1.91	1.97	5.88	6.45	6.51	128.92	131.23	125.17	EDP 和办公设备
6.42	7.04	7.49	7.12	6.80	6.75	12.59	13.63	14.44	140.53	149.35	159.97	通信设备
0.48	0.58	0.53	0.57	0.49	1.03	0.67	0.65	0.67	286.79	310.72	368.00	集成电路
21.63	25.59	23.47	22.13	23.79	24.81	35.66	41.98	42.85	186.19	187.84	176.54	运输设备
19.20	22.72	21.29	14.87	17.67	17.47	29.13	36.50	36.11	97.40	105.30	98.77	汽车
2.43	2.87	2.18	7.26	6.12	7.33	6.53	5.48	6.74	88.79	82.54	77.77	其他运输设备
17.23	19.07	19.90	20.65	23.91	25.79	33.99	35.34	34.23	385.56	391.93	388.59	其他机械
6.02	6.64	7.15	12.52	12.78	13.56	11.03	10.63	11.43	76.96	77.79	86.96	纺织品
12.48	12.93	16.96	5.76	7.55	7.81	10.63	12.08	14.07	52.03	60.87	68.47	服装
13.08	14.04	15.87	13.61	18.13	18.56	27.65	33.87	31.38	242.49	280.24	285.52	其他制成品
6.92	7.21	7.97	5.22	8.00	8.32	6.36	8.34	10.02	30.65	36.77	42.28	个人及家居用品
1.61	1.70	1.76	1.21	1.73	1.73	1.97	2.30	2.22	92.86	101.30	98.58	科学和控制仪器
4.55	5.13	6.14	7.19	8.40	8.52	19.32	23.24	19.14	118.98	142.17	144.65	杂项制成品
109.85	**120.74**	**128.42**	**152.98**	**174.50**	**187.74**	**242.51**	**261.43**	**270.45**	**2 941.39**	**3 012.87**	**3 075.91**	制成品出口总额 b

a 包括未细分的目的地。
b 包括未细分的产品。

表 4

2004—2013 年区域一体化协定的货物贸易

单位：十亿美元

地区＼年份	2004	2005	2006	2007	2008	2009	2010	2011	2012	2013
欧盟（27）										
总出口	3 771.6	4 082.7	4 606.1	5 366.0	5 954.9	4 613.5	5 183.9	6 092.3	5 813.1	6 076.5
内部出口	2 595.9	2 777.0	3 159.2	3 674.4	4 029.4	3 087.7	3 390.0	3 928.8	3 650.7	3 769.5
外部出口	1 175.7	1 305.7	1 446.9	1 691.6	1 925.5	1 525.9	1 793.9	2 163.5	2 162.4	2 307.0
总进口	3 874.5	4 249.7	4 870.3	5 655.2	6 358.4	4 809.2	5 421.1	6 334.6	5 961.5	6 004.0
内部进口	2 596.6	2 776.7	3 156.9	3 672.3	4 026.8	3 085.7	3 390.0	3 928.8	3 650.7	3 769.4
外部进口	1 278.0	1 472.9	1 713.4	1 982.9	2 331.6	1 723.5	2 031.1	2 405.8	2 310.8	2 234.6
北美自由贸易区										
总出口	1 319.6	1 475.8	1 664.1	1 840.7	2 035.2	1 601.8	1 964.3	2 283.4	2 371.6	2 418.2
对内出口	739.1	824.5	901.0	950.0	1 012.5	767.9	956.7	1 102.2	1 150.5	1 188.7
对外出口	580.5	651.3	763.1	890.7	1 022.7	834.0	1 007.6	1 181.2	1 221.1	1 229.5
总进口	2 007.9	2 283.4	2 540.6	2 700.8	2 906.8	2 176.7	2 682.1	3 090.6	3 190.9	3 194.3
内部进口	715.5	790.9	828.9	914.5	965.5	717.5	899.6	1 033.1	1 077.7	1 094.0
外部进口	1 292.4	1 492.5	1 711.6	1 786.4	1 941.3	1 459.2	1 782.5	2 057.5	2 113.2	2 100.3
东盟										
总出口 a	569.0	656.6	769.8	865.1	989.7	813.8	1 050.0	1 236.8	1 252.3	1 273.4
内部出口 a	141.5	164.9	191.3	217.9	251.4	201.1	264.8	312.9	325.0	334.2
外部出口	427.5	491.7	578.5	647.2	738.3	612.7	785.2	923.9	927.2	939.1
总进口 a	513.6	602.7	687.7	774.9	938.8	727.0	953.1	1 153.0	1 222.4	1 245.9
内部进口 a	125.3	150.6	173.8	194.3	228.1	175.5	230.7	267.0	278.6	279.7
外部进口	388.3	452.1	513.9	580.7	710.6	551.5	722.4	886.0	943.8	966.2
南方共同市场										
总出口	137.1	165.5	191.8	225.7	280.3	219.2	283.3	355.8	338.8	342.3
内部出口	18.4	22.6	27.3	34.1	43.1	34.0	44.6	54.2	48.5	51.6
外部出口	118.6	142.9	164.5	191.6	237.3	185.1	238.7	301.5	290.3	290.8
总进口	95.1	113.9	139.5	182.8	257.9	186.3	267.0	334.4	324.6	347.9
内部进口	18.0	22.5	25.9	33.4	43.7	32.8	44.7	53.8	47.8	49.2
外部进口	77.1	91.4	113.6	149.5	214.2	153.5	222.3	280.6	276.8	298.6
安第斯共同体										
总出口	39.0	51.5	64.9	76.9	94.0	78.6	99.4	134.0	141.5	137.4
内部出口	3.4	4.5	5.2	5.9	7.0	5.8	7.8	9.3	10.3	9.9
外部出口	35.6	46.9	59.7	71.0	87.0	72.8	91.6	124.7	131.2	127.6
总进口	36.9	46.4	56.5	70.7	93.6	74.3	96.7	124.3	135.1	139.7
内部进口	4.2	5.2	6.2	7.2	8.6	7.1	9.5	11.0	11.7	11.4
外部进口	32.7	41.2	50.3	63.6	85.0	67.3	87.2	113.3	123.4	128.3

表 5

2003—2013 年区域集团的货物贸易

单位：十亿美元

地区＼年份	2003	2004	2005	2006	2007	2008	2009	2010	2011	2012	2013
出口											
世界 a	**7 589.1**	**9 222.7**	**10 508.4**	**12 129.7**	**14 022.3**	**16 159.3**	**12 554.0**	**15 300.0**	**18 328.3**	**18 404.1**	**18 816.3**
北美洲和欧洲											
欧洲自由贸易联盟	175.5	208.2	237.8	273.5	313.2	377.9	293.3	330.9	400.6	392.0	388.5
欧盟（28）	3 155.1	3 771.6	4 082.7	4 606.1	5 366.0	5 954.9	4 613.5	5 183.9	6 092.3	5 813.1	6 076.5
北美自由贸易区	1 162.9	1 319.6	1 475.8	1 664.1	1 840.7	2 035.2	1 601.8	1 964.3	2 283.4	2 371.6	2 418.2
中、南美洲											
安第斯共同体	30.0	39.0	51.5	64.9	76.9	94.0	78.6	99.4	134.0	141.5	137.4
中美洲共同市场	18.0	19.9	21.7	24.3	27.3	29.6	26.1	30.5	36.4	37.7	37.4
加勒比共同体和共同市场	9.1	11.1	15.0	20.3	20.3	26.4	15.0	17.8	23.2	22.2	21.5
南方共同市场	107.6	137.1	165.5	191.8	225.7	280.3	219.2	283.3	355.8	338.8	342.3
非洲											
中部非洲经济与货币共同体	11.6	16.6	22.9	26.8	30.2	42.7	27.0	35.7	44.4	44.8	42.4
东南非共同市场	37.4	49.2	66.0	82.9	98.7	127.0	92.6	118.5	98.2	134.4	120.2
中部非洲国家经济共同体	22.5	32.1	49.6	61.6	78.0	111.3	71.7	92.0	118.9	123.0	118.3
西非国际经济共同体	37.0	53.7	67.1	78.1	87.5	111.9	83.4	114.8	153.0	154.9	145.7
南部非洲发展共同体	62.0	79.7	97.9	116.7	144.2	177.7	131.3	181.0	223.0	219.4	216.1
西非经济和货币同盟	9.8	11.6	12.7	14.2	15.0	18.5	19.3	20.7	23.9	23.3	25.0
中东和亚洲											
东盟	474.8	569.0	656.6	769.8	865.1	989.7	813.8	1 050.0	1 236.8	1 252.3	1 273.4
海湾（阿拉伯国家）合作委员会	212.7	285.2	397.6	480.7	555.0	762.5	525.9	661.7	950.0	1 061.2	1 084.2
南亚自由贸易区	84.0	105.2	132.6	158.9	190.0	240.8	206.3	277.3	364.9	357.7	379.2
备忘：											
非洲、加勒比和太平洋国家集团	136.7	181.5	226.8	269.9	316.9	399.2	288.8	391.6	492.1	484.7	470.8
最不发达国家	45.8	60.4	82.4	103.4	128.2	167.8	127.7	162.4	202.2	204.3	214.6
WTO 成员（160）	7 448.9	9 031.6	10 247.3	11 793.5	13 614.1	15 611.1	12 198.4	14 844.0	17 756.7	17 817.1	18 289.3
进口											
世界	**7 868.5**	**9 574.2**	**10 870.2**	**12 461.1**	**14 330.1**	**16 571.9**	**12 781.2**	**15 509.8**	**18 503.9**	**18 610.9**	**18 890.1**
北美洲和欧洲											
欧洲自由贸易联盟	143.1	168.0	187.0	211.8	248.2	280.1	228.0	257.5	303.8	289.9	295.5
欧盟（28）	3 228.4	3 874.5	4 249.7	4 870.3	5 655.2	6 358.4	4 809.2	5 421.1	6 334.6	5 961.5	6 004.0
北美自由贸易区	1 723.1	2 007.9	2 283.4	2 540.6	2 700.8	2 906.8	2 176.7	2 682.1	3 090.6	3 190.9	3 194.3
中、南美洲											
安第斯共同体	30.6	36.9	46.4	56.5	70.7	93.6	74.3	96.7	124.3	135.1	139.7
中美洲共同市场	28.2	32.1	36.2	41.5	47.8	54.5	41.1	48.9	59.1	62.1	63.0
加勒比共同体和共同市场	15.1	17.0	20.2	23.0	26.3	31.7	23.6	24.9	30.3	31.2	30.9
南方共同市场	69.1	95.1	113.9	139.5	182.8	257.9	186.3	267.0	334.4	324.6	347.9
非洲											
中部非洲经济与货币共同体	6.0	6.9	7.9	10.5	14.2	17.4	17.3	20.0	25.2	26.5	26.4
东南非共同市场	40.3	51.0	65.1	76.0	93.7	119.4	114.7	134.9	140.5	172.8	169.8
中部非洲国家经济共同体	13.4	15.3	19.8	23.2	32.4	44.4	45.7	43.2	53.8	59.5	60.5

续 表

地区 \ 年份	2003	2004	2005	2006	2007	2008	2009	2010	2011	2012	2013
西非国际经济共同体	25.9	33.1	43.6	51.9	66.1	89.5	67.1	83.6	103.0	104.1	113.7
南部非洲发展共同体	65.8	85.3	99.7	119.6	140.4	171.3	140.6	165.2	208.7	219.9	224.2
西非经济和货币同盟	10.2	12.8	15.3	16.0	20.0	25.5	22.0	24.5	25.0	29.3	34.0
中东和亚洲											
东盟	411.8	513.6	602.7	687.7	774.9	938.8	727.0	953.1	1153.0	1 222.4	1 245.9
海湾（阿拉伯国家）合作委员会	122.1	154.3	188.3	225.1	295.0	383.0	318.4	350.0	426.3	484.5	532.8
南亚自由贸易区	105.2	140.7	194.4	238.4	296.6	406.7	326.6	436.5	573.2	594.7	574.5
备忘：											
非洲、加勒比和太平洋国家集团	141.7	176.3	216.5	260.0	309.5	388.2	314.1	369.9	455.0	476.7	492.7
最不发达国家	59.9	70.9	87.1	100.7	124.8	161.9	153.7	169.5	207.8	227.1	243.8
WTO 成员（160）a	7 735.8	9 389.4	10 656.8	12 227.1	14 046.0	16 203.8	12 452.4	15 137.7	18 093.6	18 172.1	18 444.5

a 包括重要的转口及因转口的进口。

表 6

2003—2013 年区域集团的服务贸易

单位：十亿美元

地区 \ 年份	2003	2004	2005	2006	2007	2008	2009	2010	2011	2012	2013
出口											
世界	**1 851.4**	**2 250.4**	**2 516.2**	**2 845.4**	**3 421.4**	**3 847.1**	**3 488.7**	**3 827.7**	**4 295.4**	**4 397.0**	**4 644.4**
北美洲和欧洲											
欧洲自由贸易联盟	57.1	69.4	79.6	88.3	106.7	122.1	114.8	123.1	138.0	134.7	137.3
欧盟（28）	893.1	1 082.2	1 191.3	1 340.2	1 622.2	1 797.0	1 625.7	1 693.1	1 910.9	1 870.6	1 998.6
北美自由贸易区	344.5	396.5	434.3	480.3	553.2	603.3	572.1	627.8	692.6	724.6	759.8
中、南美洲											
安第斯共同体	4.6	5.4	6.2	7.3	8.2	9.4	9.3	9.7	11.2	12.8	14.5
中美洲共同市场	4.6	5.1	5.7	6.4	7.3	8.1	7.8	8.8	9.7	10.7	11.5
加勒比共同体和共同市场	7.6	8.4	9.2	9.6	10.2	10.5	9.6	9.9	14.5	15.5	…
南方共同市场	15.3	18.5	23.3	27.9	35.5	44.1	39.8	46.7	56.0	57.0	55.5
非洲											
中部非洲经济与货币共同体	1.0	1.5	1.3	1.4	1.8	2.1	1.9	1.9	2.7	2.4	…
东南非共同市场	15.7	20.2	21.5	23.8	29.5	36.7	32.2	36.4	34.2	38.2	35.5
中部非洲国家经济共同体	1.3	2.0	1.6	1.8	2.5	3.1	3.2	3.3	4.2	3.8	…
西非国际经济共同体	6.1	6.4	5.2	6.2	6.5	7.8	7.0	8.0	8.9	10.4	…
南部非洲发展共同体	13.2	15.6	17.3	18.9	22.4	21.9	20.1	23.5	25.7	26.7	26.9
西非经济和货币同盟	1.6	2.0	2.1	2.2	2.9	3.3	2.8	3.2	3.6	3.7	…
中东和亚洲											
东盟	80.1	105.6	118.2	137.1	175.2	196.5	169.2	204.7	238.0	261.0	279.4
海湾（阿拉伯国家）合作委员会	12.8	16.0	25.9	35.8	40.6	37.3	37.1	38.6	43.5	47.6	49.4
南亚自由贸易区	27.6	42.5	56.9	74.8	92.3	113.4	99.7	125.5	148.9	156.8	164.2

续 表

地区 \ 年份	2003	2004	2005	2006	2007	2008	2009	2010	2011	2012	2013
备忘：											
非洲、加勒比和太平洋国家集团	37.3	42.8	48.7	53.2	60.7	64.8	59.4	67.5	79.1	86.0	86.3
最不发达国家	6.7	8.2	9.2	10.5	13.6	17.3	18.6	21.7	25.9	28.0	31.7
WTO 成员（160）	1 819.8	2 214.6	2 473.1	2 792.4	3 359.5	3 779.3	3 419.3	3 749.4	4 213.2	4 306.9	4 549.6
进口											
世界	**1 792.8**	**2 146.0**	**2 384.3**	**2 666.0**	**3 174.5**	**3 635.1**	**3 300.1**	**3 613.4**	**4 055.9**	**4 173.9**	**4 381.4**
北美洲和欧洲											
欧洲自由贸易联盟	36.5	43.8	54.1	57.0	69.4	76.8	72.1	80.9	94.7	97.9	105.1
欧盟（28）	835.4	985.4	1 074.8	1 184.5	1 413.9	1 589.8	1 438.7	1 467.0	1 621.6	1 581.2	1 663.2
北美自由贸易区	289.3	332.5	359.0	402.2	443.5	486.8	456.9	493.1	531.5	548.8	565.2
中、南美洲											
安第斯共同体	7.9	9.0	10.4	11.8	13.7	16.6	15.2	17.9	20.4	22.9	24.3
中美洲共同市场	4.5	5.1 |	5.3	6.0	6.8	7.1	5.9	6.9	7.5	7.9	8.3
加勒比共同体和共同市场	4.7	5.2	5.9	6.4	6.9	7.0	5.9	6.1 |	11.8	12.6	…
南方共同市场	20.7	23.5	31.0	36.7	46.8	59.5	57.7	76.1	93.3	99.0	106.6
非洲											
中部非洲经济与货币共同体	4.5	5.9	6.4	8.1	9.6	11.4	10.2	12.8	15.0	15.3	…
东南非共同市场	13.7	16.6	21.1	23.5	29.8	37.4	32.3	36.4	37.9	42.6	…
中部非洲国家经济共同体	7.8	11.1	13.9	16.2	23.5	34.5	30.7	32.0	40.8	39.0	…
西非国际经济共同体	10.7	11.7 |	12.7	19.3	24.2	32.9	26.4	30.9	35.0	36.5	35.1
南部非洲发展共同体	16.4	21.2	25.8	28.8	38.7	48.8	43.3	47.0	57.4	55.4	54.7
西非经济和货币同盟	3.6	4.2	4.5	4.9	5.9	7.0	6.6	7.3	7.8	8.3	…
中东和亚洲											
东盟	103.7	124.6	137.6	155.6	181.9	210.0	189.0	227.5	261.3	283.0	294.9
海湾（阿拉伯国家）合作委员会	30.3	38.7 |	54.6	75.0	103.9	122.1	109.5	122.4	152.5	164.1	178.4
南亚自由贸易区	31.5 |	44.7 |	58.9	71.6	85.1	104.9	92.3	128.9	141.5	145.0	143.1
备忘：											
非洲、加勒比和太平洋国家集团	42.8	51.7	60.8	74.8	93.6	117.8	101.6	115.7	140.8	142.6	…
最不发达国家	16.5	21.1	26.1	30.1	40.0	55.3	51.2	55.1	68.4	71.8	73.5
WTO 成员（160）	1 754.5	2 091.8	2 322.3	2 586.7	3 065.8	3 496.3	3 155.9	3 467.9	3 899.2	4 010.3	4 206.1

表 7

2003—2013 年世界货物出口（按地区和国家）

单位：百万美元

地区 \ 年份	2003	2004	2005	2006	2007	2008	2009	2010	2011	2012	2013
世界 a	**7 589 000**	**9 223 000**	**10 508 000**	**12 130 000**	**14 022 000**	**16 159 000**	**12 554 000**	**15 300 000**	**18 328 000**	**18 404 000**	**188 160 000**
北美洲	1 162 965	1 319 700	1 475 820	1 664 140	1 840 750	2 035 210	1 601 885	1 964 300	2 283 430	2 371 610	24 181 750
百慕大	52	73	49	27	27	24	29	15	13	11	130
加拿大	272 739	316 762	360 475	388 178	420 693	456 471	316 094	387 481	451 335	455 250	4 583 790
墨西哥	165 396	187 980	214 207	249 961	271 821	291 265	229 712	298 305	349 569	370 643	3 801 890
美国	724 771	814 875	901 082	1 025 967	1 148 199	1 287 442	1 056 043	1 278 495	1 482 508	1 545 703	15 795 930
中、南美洲	225 000	292 600	371 500	448 900	514 100	617 100	474 200	591 900	759 500	749 400	7 360 000
安提瓜和巴布达	45	57	83	74	59	65	51	46	56	59	640

续 表

地区＼年份	2003	2004	2005	2006	2007	2008	2009	2010	2011	2012	2013
阿根廷	29 566	34 576	40 351	46 546	55 779	70 018	55 672	68 187	84 051	80 246	816 600
阿鲁巴（荷兰）	2 052	3 435	4 416	4 716	5 206	5 456	1 952	265	5 180	1 389	2 840
巴哈马	425	477	549	694	802	956	711	702	834	984	9 700
巴巴多斯	250	278	359	510	524	488	379	429	475	565	4 630
伯利兹	303	305	319	419	416	469	381	478	604	622	6 090
玻利维亚	1 597	2 166	2 827	3 952	4 504	6 525	4 960	6 402	8 358	11 233	114 960
巴西	73 203	96 678	118 529	137 807	160 649	197 942	152 995	201 915	256 040	242 580	2 421 790
智利	21 664	32 520	41 267	58 680	67 972	64 510	55 463	71 109	81 438	77 965	766 840
哥伦比亚	13 080	16 224	21 190	24 391	29 991	37 626	32 853	39 713	56 915	60 125	588 220
哥斯达黎加	6 102	6 301	7 026	8 200	9 337	9 504	8 784	9 448	10 408	11 457	116 030
古巴	1 688	2 332	2 319	3 159	3 981	3 957	3 092	4 914	6 440	5 900	55 880
库拉索岛	—	—	—	—	—	—	—	—	928	948	7 200
多米尼克	40	42	42	41	37	40	33	37	30	37	380
多米尼加	5 471	5 936	6 145	6 610	7 160	6 748	5 483	6 754	8 492	9 069	96 510
厄瓜多尔	6 223	7 753	10 100	12 728	14 321	18 818	13 863	17 490	22 322	23 765	249 510
萨尔瓦多	3 128	3 305	3 418	3 706	4 015	4 641	3 866	4 499	5 308	5 339	54 910
格林纳达	42	32	28	25	33	31	29	25	31	35	380
危地马拉	4 459	5 036	5 381	6 025	6 898	7 737	7 214	8 463	10 401	9 979	100 300
圭亚那	513	593	553	588	679	795	763	880	1 116	1 415	13 760
海地	347	391	470	509	522	480	576	579	767	815	9 000
洪都拉斯	3 754	4 534	5 048	5 277	5 784	6 199	4 827	6 264	7 977	8 274	78 330
牙买加	1 180	1 402	1 532	1 948	2 254	2 439	1 316	1 328	1 623	1 712	15 970
荷属安的列斯	1 161	521	608	695	676	1 088	810	811	—	—	−0
尼加拉瓜	605	756	866	1050	1222	1475	1394	14851	2264	2677	24010
巴拿马	864	944	7 050	8 034	8 821	9 817	10 717	10 987	14 555	16 230	150 500
巴拉圭	2 585	2 874	3 153	3 472	4 724	6 407	5 080	6 505	7 764	7 271	94 320
秘鲁	9 091	12 809	17 368	23 830	28 094	31 019	26 962	35 803	46 376	46 367	421 770
圣基茨和尼维斯	41	40	34	40	34	51	38	32	45	46	420
圣卢西亚	62	80	64	94	98	164	166	215	160	182	1 740
圣文森特和格林纳丁斯	38	37	40	38	48	52	49	42	38	43	480
圣马丁岛	—	—	—	—	—	—	—	—	127	131	1 770
苏里南	638	874	997	1 175	1 359	1 743	1 402	2 026	2 467	2 695	23 940
特立尼达和多巴哥	5 178	6 517	9 942	14 155	13 396	18 650	9 126	10 982	14 944	12 983	127 700
乌拉圭	2 206	2 931	3 422	3 989	4 518	5 942	5 405	6 724	7 912	8 709	90 690
委内瑞拉	27 230	39 668	55 716	65 578	69 980	95 021	57 603	65 745	92 811	97 340	890 000
欧洲	3 386 535	4 051 105	4 404 320	4 979 265	5 803 060	6 483 420	5 021 190	5 650 065	6 654 255	6 382 220	66 459 500
阿尔巴尼亚	448	605	658	798	1 078	1 355	1 091	1 545	1 951	1 968	23 320
奥地利	97 146	118 376	125 182	136 751	163 620	181 289	136 989	152 560	177 428	166 611	1 746 590
比利时	255 617	306 866	334 400	366 745	430 952	471 840	370 125	407 692	475 672	445 939	4 694 380
波斯尼亚和黑塞哥维那	1 340	1 793	2 400	3 323	4 152	5 021	3 954	4 803	5 850	5 162	56 870
保加利亚	7 543	9 932	11 739	15 064	18 518	22 362	16 318	20 630	28 208	26 686	295 230
克罗地亚	6 187	8 028	8 795	10 361	12 340	14 112	10 403	11 806	13 338	12 371	118 460
塞浦路斯	923	948	1 465	1 333	1 394	1 633	1 257	1 402	1 818	1 740	20 220
捷克	48 702	68 986	78 110	94 929	122 498	146 799	112 956	132 982	162 939	157 041	1615 090
丹麦	66 512	77 079	85 121	92 558	103 171	116 923	93 984	96 440	111 864	105 469	1 101 480
爱沙尼亚	5 622	5 932	7 716	9 692	11 010	12 458	9 048	11 591	16 709	16 083	16 294
法罗群岛	594	616	599	651	746	852	762	839	1 008	952	1 084
芬兰	53 171	61 520	65 498	77 206	90 025	96 455	62 854	69 518	79 142	73 077	74 385
法国	392 039	452 106	463 428	495 868	559 612	616 240	484 781	523 767	596 473	568 708	579 687
马其顿	1 367	1 676	2 041	2 401	3 398	3 991	2 708	3 351	4 478	4 015	4 267
德国	751 560	909 887	970 915	1 108 107	1 321 214	1 446 171	1 120 041	1 258 924	1 473 985	1 405 096	1 452 711
希腊	13 382	15 308	17 278	20 749	23 578	26 382	20 469	27 950	33 899	35 451	36 593
匈牙利	43 094	55 567	62 936	75 255	95 400	108 504	83 008	95 483	112 312	103 570	108 066
冰岛	2 381	2 839	3 091	3 453	4 783	5 382	4 057	4 604	5 347	5 064	4 998
爱尔兰	92 755	104 788	109 658	108 726	121 544	125 719	115 928	116 497	125 740	116 773	114 229
意大利	299 333	353 782	373 135	416 875	499 882	542 748	406 909	447 301	523 258	501 306	517 740
拉脱维亚	2 893	4 009	5 161	6 155	8 308	10 144	7 702	9 532	13 130	14 112	14 455
立陶宛	7 162	9 302	11 807	14 142	17 144	23 646	16 454	20 748	28 050	29 611	32 610
卢森堡	13 297	16 250	19 120	22 980	22 933	25 694	21 339	19 748	20 866	20 468	18 434

续 表

地区＼年份	2003	2004	2005	2006	2007	2008	2009	2010	2011	2012	2013
马耳他	2 252	2 517	2 399	2 796	3 437	3 481	2 857	3 586	4 386	4 250	3 490
黑山	—	—	—	556	626	617	388	437	632	472	494
荷兰	296 012	357 417	406 372	463 630	550 755	637 918	497 891	574 251	667 101	653 891	671 863
挪威	68 321	82 527	103 759	122 208	136 354	171 764	116 778	130 657	160 410	161 000	154 339
波兰	53 762	75 047	89 437	110 780	140 147	170 458	136 503	159 724	188 697	185 374	202 050
葡萄牙	31 757	35 787	38 738	44 750	52 482	57 137	44 211	49 406	59 617	58 149	62 919
罗马尼亚	17 662	23 553	27 688	32 458	40 488	49 535	40 567	49 579	63 035	57 842	65 838
塞尔维亚	—	—	—	6 428	8 825	10 972	8 345	9 795	11 779	11 353	14 614
塞尔维亚和黑山	2 650	3 979	5 065	—	—	—	—	—	—	—	—
斯洛伐克	21 837	27 745	31 889	41 862	58 516	71 142	56 082	64 664	79 830	80 612	85 988
斯洛文尼亚	12 766	16 361	19 248	23 230	30 102	34 128	26 177	29 200	34 756	32 163	34 125
西班牙	156 147	182 623	192 644	213 717	253 297	281 493	227 338	254 418	306 551	295 250	316 534
瑞典	102 104	123 267	130 962	147 793	168 817	183 327	130 781	158 549	186 963	172 660	167 702
瑞士	104 822	122 844	130 930	147 856	172 078	200 759	172 474	195 609	234 819	225 949	229 157
土耳其	47 253	63 167	73 476	85 535	107 272	132 027	102 143	113 883	134 907	152 462	151 787
英国	305 627	347 494	390 860	450 907	441 831	472 168	354 893	415 959	506 570	472 793	541 594
欧盟（28）b	3 155 130	3 771 570	4 082 705	4 606 065	5 366 010	5 954 870	4 613 535	5 183 905	6 092 335	5 813 095	6 076 450
欧盟(28)对外出口	975 015	1 175 715	1 305 670	1 446 905	1 691 635	1 925 495	1 525 860	1 793 930	2 163 520	2 162 385	2 307 005
独联体	194 595	265 495	343 705	430 955	520 475	702 540	450 310	589 215	785 930	799 595	778 510
亚美尼亚	686	723	974	985	1 152	1 057	710	1 011	1 316	1 428	1 480
阿塞拜疆	2 592	3 615	7 649	13 015	21 269	30 586	21 097	26 476	34 495	32 374	31 776
白俄罗斯	9 946	13 774	15 979	19 734	24 275	32 571	21 304	25 284	41 419	46 060	37 232
格鲁吉亚	461	647	865	936	1 232	1 495	1 134	1 677	2 189	2 377	2 909
哈萨克斯坦	12 927	20 093	27 849	38 250	47 755	71 172	43 196	59 971	84 336	86 449	82 512
吉尔吉斯共和国	582	719	672	891	1 321	1 856	1 673	1 756	1 979	1 894	1 791
摩尔多瓦	790	985	1 091	1 052	1 342	1 591	1 283	1 541	2 217	2 162	2 399
俄罗斯	135 929	183 207	243 798	303 551	354 403	471 606	303 388	400 630	522 011	529 255	523 294
塔吉克斯坦	797	915	909	1 399	1 468	1 409	1 010	1 195	1 257	1 358	1 163
土库曼斯坦	3 632	3 870	4 944	7 156	8 932	11 945	5 000	6 500	13 000	16 500	18 000
乌克兰	23 067	32 666	34 228	38 368	49 296	66 954	39 782	51 478	68 460	68 530	63 312
乌兹别克斯坦	3 189	4 280	4 749	5 617	8 029	10 298	10 735	11 695	13 254	11 210	12 643
非洲	179 300	239 600	311 000	370 700	436 500	562 200	393 500	521 400	607 800	639 800	602 500
阿尔及利亚	23 163	31 304	46 002	54 613	60 163	79 298	45 174	57 053	73 489	71 866	64 974
安哥拉	9 508	13 475	24 109	31 862	44 396	63 914	40 828	50 595	67 310	71 093	68 800
贝宁	541	569	578	736	1 047	1 282	1 225	1 282	1 251	1 350	1 500
博茨瓦纳	2 810	3 513	4 425	4 529	5 174	4 951	3 456	4 693	5 882	5 971	7 608
布基纳法索	321	479	468	588	623	693	900	1 591	2 399	2 183	2 160
布隆迪	38	47	58	58	59	57	67	101	123	134	99
佛得角	13	15	18	21	19	32	35	44	69	53	69
喀麦隆	2 283	2 477	2 861	3 576	4 230	5 241	3 552	3 878	4 517	4 275	4 200
中非共和国	128	134	128	158	178	150	120	140	190	200	150
乍得	601	2 191	3 081	3 352	3 666	4 169	2 800	3 600	4 800	4 600	42 000
科摩罗	27	19	12	10	14	7	15	21	26	20	200
刚果	2 677	3 433	4 745	6 078	5 635	8 325	6 100	9 400	11 600	10 600	98 000
刚果（金）	1 378	1 917	2 403	2 705	3 100	4 400	3 500	5 300	6 600	6 300	63 000
科特迪瓦	5 788	6 919	7 697	8 477	8 669	10 390	11 327	11 410	12 635	11 833	132 470
吉布提	37	38	40	55	58	69	77	85	93	118	1 200
埃及	7 408	9 661	12 912	16 728	19 224	26 224	23 062	26 438	30 528	29 397	284 920
赤道几内亚	2 801	4 599	7 064	8 207	10 210	15 218	9 100	10 000	13 500	15 500	145 000
厄立特里亚	7	11	11	12	13	11	11	13	430	480	3 300
埃塞俄比亚	496	678	903	1 043	1 277	1 602	1 618	2 330	2 875	2 891	27 000
加蓬	3 062	3 728	5 065	5 450	6 309	9 566	5 356	8 686	9 766	9 661	95 240
冈比亚	8	10	8	11	13	14	66	35	95	100	900
加纳	2 324	2 450	2 802	3 727	4 195	5 270	5 840	7 960	12 785	13 552	137 520
几内亚	609	744	853	1 033	1 203	1 342	1 050	1 471	1 433	1 300	13 000
几内亚比绍	65	76	89	74	107	128	122	127	242	130	1 900
肯尼亚	2 411	2 684	3 420	3 502	4 081	5 001	4 463	5 169	5 756	6 127	58 560
莱索托	476	708	651	718	830	884	734	878	1 172	972	8 470
利比里亚	109	104	131	158	200	242	149	222	367	460	5 590

续 表

地区＼年份	2003	2004	2005	2006	2007	2008	2009	2010	2011	2012	2013
利比亚	14 647	20 410	31 358	40 260	46 970	62 100	36 951	48 673	18 996	60 946	435 000
马达加斯加	856	992	855	985	1 238	1 310	1 052	1 149	1 590	1 516	19 000
马拉维	525	483	509	668	869	879	1 188	1 066	1 425	1 183	12 080
马里	928	976	1 101	1 550	1 556	2 097	1 774	1 996	2 374	2 610	23 390
毛里塔尼亚	318	440	625	1 367	1 454	1 788	1 364	2 074	2 776	2 641	26 740
毛里求斯	1 898	1 993	2 143	2 329	2 238	2 384	1 939	2 261	2 565	2 649	28 720
摩洛哥	8 778	9 925	11 190	12 744	15 340	20 345	14 054	17 771	21 654	21 446	218 220
莫桑比克	1 045	1 504	1 783	2 381	2 412	2 653	2 147	3 000	3 604	4 100	43 000
纳米比亚	1 262	1 827	2 070	2 647	2 922	3 141	3 146	4 026	4 407	4 369	46 230
尼日尔	352	437	489	508	663	910	1 000	1 150	1 250	1 500	15 500
尼日利亚	24 031	38 631	50 467	58 726	66 606	86 274	56 742	84 000	114 000	115 000	1030 000
卢旺达	63	98	125	147	177	268	235	297	464	591	7 030
圣多美和普林西比	7	5	7	8	7	11	8	11	11	15	160
塞内加尔	1 257	1 509	1 578	1 594	1 674	2 170	2 017	2 161	2 542	2 532	26 400
塞舌尔	274	291	340	380	360	430	395	400	483	497	5 780
塞拉利昂	92	139	158	231	245	216	231	341	350	1 122	19 170
南非	36 482	46 146	51 626	58 175	69 784	80 782	61 677	91 347	108 815	100 020	959 420
苏丹	2 542	3 778	4 824	5 657	8 879	11 671	8 257	11 404	9 689	4 066	70 860
斯威士兰	1 638	1 949	1 640	1 660	1 740	1 570	1 660	1 800	1 910	1 930	19 300
坦桑尼亚	1 216	1 479	1 679	1 865	2 139	3 121	2 982	4 051	4 735	5 547	50 500
多哥	598	601	660	630	677	853	903	976	1 179	1 200	13 500
突尼斯	8 027	9 685	10 494	11 694	15 165	19 320	14 445	16 427	17 847	17 007	170 600
乌干达	532	654	813	962	1 337	1 724	1 568	1 619	2 159	2 357	24 080
赞比亚	980	1 576	1 810	3 770	4 617	5 099	4 312	7 200	9 001	9 365	105 940
津巴布韦	1 670	1 887	1 850	2 000	2 400	2 200	2 269	3 199	3 512	3 882	35 070
中东	302 300	400 800	541 200	659 500	766 200	1 034 100	722 200	906 800	1 266 400	1 348 300	13 468 000
巴林	6 632	7 558	10 242	12 200	13 634	17 316	11 874	14 971	19 650	19 768	209 270
伊朗	33 750	41 697	56 252	77 012	88 733	113 668	78 830	101 316	132 000	104 000	820 000
伊拉克	9 711	17 810	23 697	29 361	41 268	61 273	41 929	52 483	83 226	94 392	895 500
以色列	31 784	38 618	42 770	46 789	54 091	61 337	47 935	58 413	67 796	63 141	667 810
约旦	3 082	3 883	4 302	5 204	5 725	7 938	6 375	7 028	8 006	7 887	79 110
科威特	20 678	28 599	44 869	56 016	62 691	87 457	54 008	69 978	102 103	118 912	1 150 340
黎巴嫩	1 813	2 199	2 337	2 814	3 574	4 454	4 187	5 021	5 664	5 615	51 700
阿曼	11 669	13 342	18 692	21 585	24 692	37 719	27 652	36 601	47 092	52 138	564 290
卡塔尔	13 382	18 684	25 762	34 051	42 020	67 307	48 007	74 964	114 448	132 962	1 368 550
沙特阿拉伯	93 245	125 997	180 711	211 306	233 329	313 462	192 314	251 143	364 699	388 401	3 759 330
叙利亚	5 731	7 378	8 708	10 919	11 546	15 410	10 855	12 796	10 000	4 000	2 000
阿联酋	67 135	90 997	117 287	145 588	178 630	239 213	192 000	214 000	302 000	349 000	379 000
也门	3 733	4 072	5 608	6 654	6 299	7 584	6 259	8 100	9 700	8 100	9 200
亚洲 a	2 138 300	2 653 400	3 060 800	3 576 100	4 141 200	4 724 700	3 890 700	5 076 300	5 971 000	6 113 100	6 288 400
阿富汗	144	305	384	416	454	540	403	388	376	429	515
澳大利亚	70 377	86 565	106 097	123 437	141 358	187 257	154 331	212 634	270 387	256 423	252 665
孟加拉国	6 990	8 305	9 297	11 802	12 453	15 370	15 083	19 194	24 439	25 127	29 114
不丹	133	183	258	414	675	521	496	641	675	554	510
文莱达鲁萨兰	4 421	5 057	6 249	7 636	7 668	10 319	7 200	8 907	12 465	13 001	11 448
柬埔寨	2 118	2 798	3 092	3 692	4 088	4 708	4 196	5 143	6 704	7 838	9 300
中国	438 228	593 326	761 953	968 978	1 220 456	1 430 693	1 201 612	1 577 754	1 898 381	2 048 714	2 209 007
法属波利尼西亚	156	199	217	235	197	195	148	153	168	139	151
中国香港	228 708	265 543	292 119	322 669	349 386	370 242	329 422	400 692	455 573	492 908	535 548
国内出口	19 591	19 978	20 050	22 765	18 109	16 958	16 839	14 798	16 846	22 371	19 849
转口	209 117	245 565	272 069	299 904	331 276	353 284	312 583	385 894	438 727	470 537	515 699
印度	58 963	76 649	99 616	121 808	150 159	194 828	164 909	226 351	302 905	296 808	313 235
印度尼西亚	64 108	70 767	86 996	103 527	118 013	139 606	119 646	158 075	200 788	188 496	183 344
日本	471 817	565 675	594 941	646 725	714 327	781 412	580 719	769 774	823 184	798 568	715 097
基里巴斯	3	2	4	6	10	8	6	4	9	6	8
韩国	193 817	253 845	284 419	325 465	371 489	422 007	363 534	466 384	555 214	547 870	559 632
老挝	335	363	553	882	923	1 092	1 053	1 746	2 190	2 271	2 264
中国澳门	2 581	2 812	2 476	2 557	2 543	1 997	961	870	869	1 021	1 138
马来西亚	104 706	126 646	141 626	160 749	175 966	199 414	157 244	198 612	228 086	227 538	228 276

续　表

地区 \ 年份	2003	2004	2005	2006	2007	2008	2009	2010	2011	2012	2013
马尔代夫	152	181	162	225	228	331	169	198	346	314	331
蒙古	616	870	1 065	1 543	1 889	2 539	1 903	2 899	4 818	4 385	4 273
缅甸	2 458	2 355	3 776	4 539	6 253	6 882	6 662	8 661	9 238	8 877	11 233
尼泊尔	662	772	863	838	868	939	823	856	919	911	883
新喀里多尼亚	785	1 033	1 093	1 352	2 104	1 300	993	1 493	1 663	1 331	1 229
新西兰	16 527	20 344	21 730	22 409	26 943	30 580	24 933	31 396	37 669	37 305	39 445
北马里亚纳群岛	838	826	691	509	329	115	9	5	2	4	4
巴基斯坦	11 930	13 379	16 051	16 930	17 838	20 323	17 523	21 410	25 383	24 567	25 150
帕劳	8	6	13	14	11	10	6	6	6	9	7
巴布亚新几内亚	2 207	2 552	3 273	4 166	4 681	5 713	4 394	5 742	6 908	6 324	5 597
菲律宾	36 231	39 681	41 255	47 410	50 466	49 078	38 436	51 496	48 305	52 099	56 698
萨摩亚	87	85	87	65	97	72	46	70	66	76	62
新加坡	159 902	198 637	229 649	271 807	299 308	338 176	269 832	351 867	409 503	408 393	410 250
国内出口	86 419	106 663	124 546	143 176	156 038	175 702	138 064	182 726	223 913	228 160	219 108
转口	73 483	91 974	105 103	128 631	143 270	162 474	131 769	169 141	185 590	180 233	191 142
所罗门群岛	74	97	103	121	165	210	165	224	415	493	440
斯里兰卡	5 125	5 757	6 347	6 886	7 740	8 452	7 345	8 602	10 236	9 380	9 950
中国台北	150 298	182 432	198 432	224 017	246 677	255 629	203 675	274 601	308 257	301 181	305 441
泰国	80 324	96 248	110 936	129 722	153 867	177 778	152 422	193 306	222 576	229 236	228 530
东帝汶	8	7	8	8	8	13	8	16	13	31	16
汤加	18	15	10	10	8	9	8	8	14	16	15
图瓦卢	0	0	0	0	0	0	0	0	0	0	0
瓦努阿图	27	37	38	49	50	57	57	49	67	55	39
越南	20 149	26 485	32 442	39 826	48 561	62 685	57 096	72 237	96 906	114 529	132 033
备忘项：											
世界不含 a											
欧盟(28) 对内出口	5 409 018	6 626 819	7 731 323	8 970 490	10 347 953	12 129 932	9 466 326	11 910 006	14 399 471	14 753 370	15 046 895
欧洲不含											
欧盟(28) 对内出口	1 206 423	1 455 246	1 627 287	1 820 101	2 128 687	2 454 043	1 933 512	2 260 091	2 725 438	2 731 506	2 876 505

a　含重要转口。

b　由于欧洲统计局对塞浦路斯、爱沙尼亚和立陶宛使用不同的统计方法，2004年前，欧盟（28）总体数据并不是由单个成员国加总而来。

注：统计总额无连续性的国家和地区集团标示为‘｜’，主要在于货物贸易统计数据收集和报告的方法不同。

注意世界和亚洲数据含重复计算的因素，源于其使用一般货物贸易统计体系，该方法含转口贸易。

一些国家和地区近几年的数据由秘书处统计。

表 8

2003—2013 年世界货物进口（按地区和国家）

单位：百万美元

地区 \ 年份	2003	2004	2005	2006	2007	2008	2009	2010	2011	2012	2013
世界 a	**7 869 000**	**9 574 000**	**10 870 000**	**12 461 000**	**14 330 000**	**16 572 000**	**12 781 000**	**15 510 000**	**18 504 000**	**18 611 000**	**18 890 000**
北美洲	1 724 020	2 008 935	2 284 425	2 541 720	2 702 090	2 908 065	2 177 865	2 683 150	3 091 610	3 191 925	3 195 435
百慕大	833	988	985	1 094	1 167	1 159	1 064	972	900	900	1 020
加拿大 b	245 021	279 931	322 411	359 000	390 188	419 011	329 907	402 690	463 640	474 910	474 270
墨西哥	175 039	202 260	228 240	263 476	290 246	318 304	241 515	310 205	361 068	380 477	390 965
美国	1 303 050	1 525 680	1 732 706	1 918 077	2 020 403	2 169 487	1 605 296	1 969 184	2 265 894	2 335 537	2 329 060
中、南美洲	193 000	246 200	308 800	374 000	467 800	608 600	451 800	584 700	734 500	754 500	773 400
安提瓜和巴布达	422	454	506	624	728	743	534	501	471	532	508
阿根廷	13 834	22 445	28 689	34 152	44 706	57 462	38 786	56 793	74 319	68 020	73 656
阿鲁巴（荷兰）	2 397	3 589	4 288	4 723	5 126	6 011	2 449	1 394	5 917	2 041	1 364
巴哈马	1 762	1 905	2 312	2 727	2 956	3 199	2 535	2 591	2 966	3 386	3 100
巴巴多斯	1 195	1 413	1 604	1 697	1 746	1 920	1 449	1 569	1 805	1 780	1 759
伯利兹	552	520	593	660	684	837	669	706	831	861	928
玻利维亚	1 616	1 877	2 431	2 916	3 586	5 081	4 545	5 590	7 927	8 269	9 338
巴西	50 881	66 433	77 628	95 838	126 645	182 377	133 677	191 537	236 946	233 388	250 447
智利	19 322	24 794	32 735	38 406	47 164	62 787	42 806	59 207	74 695	80 073	79 178
哥伦比亚	13 889	16 746	21 204	26 162	32 897	39 669	32 898	40 486	54 233	59 048	59 381
哥斯达黎加	7 663	8 268	9 824	11 548	12 952	15 372	11 395	13 570	16 220	17 591	18 014

续 表

年份 地区	2003	2004	2005	2006	2007	2008	2009	2010	2011	2012	2013
古巴	4 673	5 615	8 084	10 258	10 886	15 373	9 619	11 496	14 243	13 869	14 778
库拉索岛	—	—	—	—	—	—	—	—	2 130	2 254	2 000
多米尼克	128	144	165	167	196	247	225	224	226	212	203
多米尼加 b	7 627	7 888	9 869	12 174	13 597	15 993	12 296	15 489	17 409	17 739	16 873
厄瓜多尔	6 703	8 226	10 287	12 114	13 893	18 852	15 090	20 591	24 438	25 477	27 305
萨尔瓦多	5 754	6 329	6 690	7 663	8 821	9 818	7 325	8 416	9 965	10 258	10 772
格林纳达	254	233	328	299	365	363	282	318	336	341	368
危地马拉	8 127	9 475	10 499	11 915	13 576	14 547	11 531	13 838	16 613	16 994	17 515
圭亚那	576	651	788	889	1 059	1 312	1 161	1 397	1 763	1 997	1 847
海地	1 188	1 306	1 454	1 619	1 682	2 315	2 124	3 146	3 020	3 170	3 700
洪都拉斯 b	4 774	5 827	6 545	7 303	8 888	10 453	7 372	8 907	11 126	11 374	11 026
牙买加	3 639	3 940	4 739	5 650	6 893	8 465	5 064	5 225	6 437	6 580	6 219
荷属安的列斯	2 606—	1 723	1 950	2 209	2 549	3 079	2 607	2 687	—	—	—
尼加拉瓜	1 879	2 212	2 623	3 026	3 611	4 317	3 489	4 173	5 204	5 851	5 650
巴拿马	3 086	3 594 |	9 600	10 775	13 269	15 737	13 877	16 737	21 802	22 950	21 900
巴拉圭	2 228	3 097	3 715	4 744	5 859	9 033	6 940	10 033	12 366	11 555	12 142
秘鲁	8 414	10 101	12 502	15 312	20 368	29 953	21 814	30 030	37 747	42 274	43 670
圣基茨和尼维斯	199	183	210	250	272	325	296	270	247	226	249
圣卢西亚	403	422	486	592	614	656	520	662	697	644	564
圣文森特和格林纳丁斯	201	226	240	271	327	373	333	338	332	357	378
圣马丁岛	—	—	—	—	—	—	—	—	734	768	926
苏里南	704	742	1 050	1 013	1 044	1 304	1 390	1 398	1 638	1 994	2 174
特立尼达和多巴哥	3 892	4 858	5 694	6 484	7 663	9 591	6 955	6 480	9 511	9 065	8 871
乌拉圭	2 190	3 114	3 879	4 806	5 628	9 069	6 907	8 622	10 726	11 652	11 642
委内瑞拉	9 256	16 679	24 027	33 616	46 097	50 450	41 540	39 000	48 000	60 500	53 500
欧洲	3 461 510	4 164 675	4 579 875	5 252 935	6 117 235	6 895 465	5 217 040	5 904 385	6 927 835	6 533 345	6 598 470
阿尔巴尼亚	1 864	2 309	2 618	3 058	4 188	5 251	4 550	4 406	5 396	4 882	4 881
奥地利	99 532	119 905	127 327	137 212	163 037	184 293	143 063	159 009	191 418	178 513	182 203
比利时	234 945	285 621	318 700	351 635	411 558	466 307	353 364	391 177	466 943	439 129	450 706
波斯尼亚和黑塞哥维那	4 801	5 915	7 070	7 345	9 720	12 189	8 773	9 223	11 051	10 019	10 295
保加利亚	10 871	14 453	18 163	23 270	29 961	36 908	23 539	25 513	32 582	32 710	34 317
克罗地亚	14 209	16 612	18 599	21 477	25 617	30 728	21 123	20 067	22 663	20 832	20 931
塞浦路斯	4 466	5 502	6 316	6 928	8 615	10 644	7 835	8 569	8 678	7 296	6 310
捷克	51 728	69 967	76 512	93 191	118 169	142 038	105 048	126 652	152 125	141 412	143 483
丹麦	57 429	68 157	75 581	85 507	98 027	109 362	83 133	83 052	95 663	91 925	96 704
爱沙尼亚	7 967 |	8 336	10 238	13 449	15 677	16 026	10 140	12 287	17 459	17 791	18 154
法罗群岛	738	628	743	790	1 016	988	783	780	987	1 153	1 115
芬兰	42 513	51 443	58 766	69 375	81 704	91 781	60 889	68 803	84 264	76 468	77 446
法国	398 840	470 945	504 124	541 919	630 861	716 795	560 873	611 070	720 029	674 415	681 016
马其顿	2 306	2 932	3 228	3 763	5 281	6 883	5 073	5 474	7 027	6 522	6 600
德国	604 612	715 742	777 073	906 684	1 054 983	1 185 067	926 347	1 054 814	1 254 869	1 163 230	1 188 884
希腊	44 852	52 760	54 436	63 619	78 532	92 580	69 448	66 913	67 394	63 332	62 149
匈牙利	47 808	60 538	66 552	78 262	95 565	108 940	77 761	88 178	102 440	95 176	100 072
冰岛	2 827	3 643	4 979	6 137	6 738	6 205	3 604	3 920	4 841	4 772	4 779
爱尔兰	53 886	61 814	68 565	73 118	83 822	83 965	62 704	60 276	66 606	62 769	65 502
意大利	297 519	355 301	384 790	442 555	511 662	561 919	415 105	487 049	558 787	488 600	477 392
拉脱维亚	5 234	7 096	8 697	11 541	15 322	16 143	9 811	11 691	16 290	17 228	17 864
立陶宛	9 803 |	12 387	15 548	19 373	24 412	31 099	18 304	23 403	31 773	31 969	35 203
卢森堡	16 165	20 046	22 607	27 145	28 029	32 157	25 330	25 092	28 860	27 407	26 677
马耳他	3 227	3 641	3 681	4 307	4 801	5 300	4 478	5 062	6 293	6 598	5 848
黑山	—	—	—	1 842	2 867	3 731	2 313	2 182	2 544	2 337	2 349
荷兰	264 704	319 669	363 822	416 833	492 616	580 937	443 153	516 409	599 035	590 352	589 768
挪威	40 055	48 534	55 488	64 261	80 297	90 293	68 970	77 330	90 784	87 321	89 816
波兰	68 272	89 696	101 639	126 989	165 710	208 804	149 459	178 049	210 597	199 059	205 107
葡萄牙	47 200	54 948	63 921	70 684	82 129	94 416	71 663	77 749	82 447	72 162	75 332
罗马尼亚	23 983	32 691	40 518	51 160	70 314	84 053	54 324	62 109	76 480	70 208	73 416
塞尔维亚	—	—	—	131 72	19 164	24 331	16 047	16 735	19 862	19 013	20 543
塞尔维亚和黑山	7 952	11 752	11 635	—	—	—	—	—	—	—	—
斯洛伐克	22 523	29 862	34 649	44 986	60 616	73 912	55 650	65 026	79 842	77 398	81 896

续　表

地区＼年份	2003	2004	2005	2006	2007	2008	2009	2010	2011	2012	2013
斯洛文尼亚	13 845	17 759	20 337	24 141	31 559	37 034	26 507	30 094	35 527	32 035	33 483
西班牙	208 602	258 331	288 786	328 696	389 301	420 803	293 218	327 016	376 606	337 339	338 921
瑞典	83 540	100 433	111 697	127 547	153 226	168 503	119 876	148 946	177 026	164 003	159 839
瑞士	100 239	115 799	126 574	141 400	161 180	183 574	155 378	176 281	208 220	197 787	200 934
土耳其	69 340	97 540	116 774	139 576	170 063	201 964	140 928	185 544	240 842	236 545	251 650
英国	399 401	470 633	519 273	612 671	638 263	657 783	519 078	591 095	677 133	690 563	655 319
欧盟（28）	3 228 380	3 874 545	4 249 660	4 870 290	5 655 160	6 358 375	4 809 190	5 421 065	6 334 630	5 961 495	6 004 045
欧盟（28）自外进口	1 057 990	1 277 975	1 472 930	1 713 400	1 982 855	2 331 560	1 723 465	2 031 090	2 405 810	2 310 780	2 234 605
独联体	132 275	172 975	215 610	279 775	378 975	500 090	333 315	415 445	541 255	571 450	574 020
亚美尼亚	1 280	1 351	1 802	2 192	3 268	4 426	3 321	3 783	4 196	4 267	4 477
阿塞拜疆	2 626	3 516	4 350	5 269	6 045	7 574	6 514	6 746	10 167	10 193	11 156
白俄罗斯	11 558	16 491	16 708	22 351	28 693	39 381	28 569	34 884	45 771	46 404	42 999
格鲁吉亚	1 141	1 846	2 490	3 678	5 215	6 302	4 500	5 257	7 058	7 842	7 874
哈萨克斯坦	8 409	12 781	17 353	23 677	32 756	37 889	28 409	31 107	36 906	46 358	48 873
吉尔吉斯共和国	717	941	1 102	1 931	2 789	4 072	3 040	3 223	4 261	5 374	6 070
摩尔多瓦	1 399	1 769	2 292	2 693	3 690	4 899	3 278	3 855	5 191	5 213	5 493
俄罗斯 b	76 070	97 382	125 434	164 281	223 486	291 861	191 803	248 634	323 831	335 446	342 980
塔吉克斯坦	881	1 191	1 330	1 723	2 455	3 273	2 570	2 657	3 206	3 778	4 139
土库曼斯坦	2 512	3 320	2 947	2 560	3 619	5 600	6 800	5 700	7 600	9 900	10 000
乌克兰	23 020	28 997	36 136	45 039	60 618	85 535	45 487	60 911	82 594	84 639	76 962
乌兹别克斯坦	2 662	3 392	3 666	4 380	6 340	9 277	9 023	8 689	10 472	12 034	12 998
非洲	165 500	212 500	256 500	302 900	374 900	481 400	411 200	479 000	566 100	614 500	628 100
阿尔及利亚	12 380	18 169	20 357	21 456	27 631	39 479	39 294	40 473	47 247	50 378	55 028
安哥拉 b	5 480	5 832	8 353	8 778	13 661	20 982	22 660	16 667	20 228	23 717	24 500
贝宁	892	894	1 018	1 228	2 037	2 289	2 064	2 054	2 129	2 200	2 400
博茨瓦纳	2 448	3 231	3 161	3 086	4 067	5 211	4 728	5 657	7 272	8 025	7 544
布基纳法索	925	1 270	1 260	1 319	1 678	2 018	1 870	2 048	2 406	3 200	3 600
布隆迪	157	176	269	431	319	403	402	509	752	751	811
佛得角	351	431	438	542	750	825	709	742	947	765	726
喀麦隆	2 163	2 406	2 735	3 150	4 657	5 686	4 442	5 133	6 800	6 515	7 000
中非共和国	118	151	175	203	249	300	270	300	310	320	250
乍得	790	953	950	1 350	1 800	2 000	2 000	2 400	2 700	3 000	2 800
科摩罗	70	86	99	115	138	180	210	233	277	273	284
刚果 b	831	969	1 304	2 013	2 530	3 050	2 900	4 000	5 200	5 500	5 500
刚果（金）	1 495	2 051	2 690	2 892	3 400	4 300	3 900	4 500	5 500	6 100	6 300
科特迪瓦	3 279	4 715	5 865	5 820	6 683	7 884	6 960	7 849	6 720	9 770	12 729
吉布提 b	238	261	277	336	473	574	451	374	511	564	719
埃及	12 950	15 950	22 449	27 300	37 100	48 382	44 946	52 923	58 903	69 200	58 295
赤道几内亚	908	1 092	1 310	2 020	2 767	3 787	5 200	5 200	6 500	7 500	7 000
厄立特里亚	433	480	490	495	510	600	590	660	950	970	1 030
埃塞俄比亚	2 686	2 874	4 095	5 207	5 809	8 277	7 668	8 602	8 896	11 913	12 200
加蓬	1 206	1 347	1 471	1 725	2 157	2 563	2 501	2 983	3 665	3 629	3 880
冈比亚	156	229	260	259	321	322	304	285	344	402	350
加纳	3 210	4 074	5 347	6 754	8 061	10 269	8 046	10 922	15 838	17 763	17 600
几内亚	640	780	820	956	1 218	1 366	1 060	1 405	2 106	2 254	2 100
几内亚比绍 b	65	83	106	127	168	199	202	196	240	220	240
肯尼亚	3 725	4 553	5 846	7 233	8 989	11 128	10 202	12 093	14 782	16 290	16 358
莱索托	1 121	1 440	1 410	1 500	1 738	1 800	1 850	2 300	2 500	2 600	2 200
利比里亚	170	337	310	467	499	813	551	710	1 044	1 005	1 150
利比亚	4 330	6 326	6 079	6 041	6 733	9 150	12 859	17 674	8 000	22 000	27 000
马达加斯加	1 304	1 680	1 706	1 804	2 635	3 781	3 199	2 584	2 905	3 094	3 200
马拉维	786	933	1 165	1 207	1 378	2 204	2 022	2 173	2 428	2 360	2 845
马里	1 271	1 364	1 544	1 820	2 185	3 339	2 486	3 428	3 352	3 463	3 900
毛里塔尼亚	542	923	1 428	1 167	1 432	1 941	1 498	1 935	2 467	3 170	3 250
毛里求斯	2 363	2 771	3 157	3 627	3 894	4 651	3 733	4 386	5 149	5 354	5 399
摩洛哥	14 250	17 822	20 790	23 980	32 010	42 366	32 881	35 382	44 272	44 872	45 090
莫桑比克	1 753	2 035	2 408	2 869	3 050	4 008	3 764	4 600	6 306	6 800	8 800
纳米比亚	1 980	2 396	2 577	2 884	3 520	4 340	4 980	5 570	6 593	7 256	7 575
尼日尔	622	750	943	949	1 149	1 696	2 200	2 476	2 190	1 930	2 100

续 表

地区＼年份	2003	2004	2005	2006	2007	2008	2009	2010	2011	2012	2013
尼日利亚	10 853	14 164	20 754	26 523	34 830	49 951	33 906	44 235	56 000	51 000	56 000
卢旺达	259	284	471	591	771	1 174	1 308	1 431	2 039	2 300	2 302
圣多美和普林西比	41	41	50	71	79	114	103	112	134	131	152
塞内加尔	2 391	2 839	3 498	3 671	4 871	6 528	4 713	4 782	5 909	6 434	6 730
塞舌尔	412	497	675	757	859	1 087	794	984	1 050	1 070	1 083
塞拉利昂	303	286	345	389	445	534	520	770	1 717	1 604	1 780
南非	39 748	53 466	62 304	78 715	88 450	101 640	74 054	96 835	124 430	127 154	126 350
苏丹	2 882	4 075	6 757	8 074	8 775	9 352	9 691	10 045	9 236	9 475	9 918
斯威士兰	1 519	1 925	1 890	1 910	1 840	1 580	1 780	1 960	1 950	1 850	1 780
坦桑尼亚	2 125	2 726	3 287	4 246	5 337	7 703	6 411	7 874	10 799	11 346	12 120
多哥	775	880	1 060	1 085	1 237	1 509	1 509	1 683	2 062	2 100	2 300
突尼斯	10 910	12 818	13 177	15 007	19 099	24 638	19 096	22 215	23 952	24 471	24 266
乌干达	1 375	1 726	2 054	2 557	3 493	4 526	4 247	4 664	5 631	6 044	5 818
赞比亚	1 574	2 152	2 558	3 074	4 007	5 060	3 832	5 321	7 178	8 805	10 162
津巴布韦	1 710	2 204	2 350	2 300	2 550	2 950	2 900	3 800	4 400	4 400	4 300
中东	215 000	280 600	335 400	375 800	469 600	603 400	512 300	581 400	678 200	734 500	779 500
巴林	5 657	7 385	9 393	10 515	11 488	14 980	10 100	12 260	12 730	12 830	14 360
伊朗	24 798	31 976	40 041	40 772	44 942	57 401	50 768	65 404	61 760	57 092	49 000
伊拉克	9 934	21 302	23 532	20 892	21 516	33 000	38 437	43 915	47 803	56 234	61 000
以色列	36 303	42 864	47 142	50 334	59 039	67 656	49 278	61 209	75 830	75 392	74 880
约旦	5 743	8 179	10 498	11 548	13 681	16 995	14 236	15 564	18 930	20 752	21 864
科威特	10 987	12 631	15 801	17 243	21 363	24 840	19 892	22 675	25 090	27 259	29 403
黎巴嫩	7 315	9 609	9 633	9 647	12 251	16 754	16 574	18 460	20 750	21 945	22 024
阿曼	6 801	8 796	8 971	11 039	16 025	23 137	17 936	19 973	24 019	28 636	34 950
卡塔尔	4 897	6 005	10 061	16 440	23 429	27 900	24 922	23 240	29 888	34 200	34 900
沙特阿拉伯	41 704	47 376	59 459	69 800	90 214	115 134	95 552	106 863	131 586	155 593	168 181
叙利亚	5 111	8 411	10 862	11 488	14 655	18 105	15 443	17 562	16 800	7 300	5 400
阿联酋	52 074	72 082	84 654	100 057	132 500	177 000	150 000	165 000	203 000	226 000	251 000
也门	3 675	3 986	5 378	6 074	8 511	10 546	9 185	9 255	10 034	11 260	12 500
亚洲 a	1 977 300	2 488 300	2 889 500	3 333 900	3 819 500	4 574 800	3 677 700	4 861 800	5 964 400	6 210 700	6 341 200
阿富汗	2 101	2 177	2 471	2 744	3 022	3 020	3 336	5 154	6 515	9 069	8 724
澳大利亚	89 084	109 384	125 281	139 253	165 336	200 273	165 471	201 639	243 701	260 940	242 132
孟加拉国	10 434	12 036	13 889	16 034	18 596	23 860	21 833	27 821	36 214	34 173	36 377
不丹	249	411	386	420	526	543	529	854	1 052	986	1 040
文莱达鲁萨兰	1 327	1 422	1 491	1 676	2 101	2 572	2 449	2 538	3 629	3 572	3 612
柬埔寨 b	2 560	3 193	3 927	4 771	5 439	6 508	5 830	6 791	9 300	11 000	13 000
中国	412 760	561 229	659 953	791 461	956 116	1 132 567	1 005 923	1 396 247	1 743 484	1 818 405	1 949 992
斐济	1 205	1 446	1 607	1 804	1 800	2 264	1 440	1 808	2 182	2 253	2 844
法属波利尼西亚	1 585	1 500	1 723	1 656	1 863	2 169	1 717	1 726	1 796	1 706	1 815
中国香港	233 249	272 893	300 160	335 754	370 133	392 962	352 241	441 369	510 855	553 487	622 276
留存进口	61 018	70 044	75 269	86 097	93 791	98 927	88 672	112 587	131 822	136 229	141 227
印度	72 558	99 775	142 870	178 410	229 370	321 032	257 202	350 233	464 462	488 591	466 042
印度尼西亚	42 196	54 877	75 725	80 650	93 101	127 539	93 786	135 324	176 201	190 383	187 294
日本	382 930	454 542	515 866	579 064	622 243	762 534	551 981	694 059	855 381	885 843	833 166
基里巴斯	52	59	74	62	70	75	67	73	92	109	112
韩国	178 827	224 463	261 238	309 383	356 846	435 275	323 085	425 212	524 413	519 584	515 586
老挝	462	713	882	1 060	1 067	1 403	1 461	2 060	2 404	3 055	3 020
中国澳门	3 232	4 094	4 514	5 236	6 045	5 880	4 751	5 629	7 927	8 982	10 250
马来西亚	83 299	105 166	114 324	130 441	146 170	156 348	123 757	164 622	187 473	196 393	206 014
马尔代夫	471	642	745	927	1 096	1 388	963	1 091	1 465	1 554	1 733
蒙古	801	1 021	1 184	1 486	2 117	3 616	2 131	3 278	6 598	6 738	6 355
缅甸	2 070	2 174	1 908	2 538	3 247	4 256	4 348	4 760	9 019	9 181	12 043
尼泊尔	1 754	1 938	2 283	2 492	3 122	3 590	4 384	5 133	5 774	6 063	6 604
新喀里多尼亚	1 541	1 636	1 774	2 117	2 809	3 233	2 574	3 312	3 698	3 245	3 240
新西兰	18 559	23 195	26 219	26 424	30 882	34 369	25 574	30 617	37 105	38 254	39 641
北马里亚纳群岛	660	664	591	489	300	160	70	90	90	90	100
巴基斯坦	13 038	17 949	25 357	29 825	32 590	42 329	31 668	37 807	44 012	44 157	44 698
帕劳	88	107	105	115	110	120	130	120	120	142	150
巴布亚新几内亚	1 367	1 680	1 729	2 260	2 945	3 510	3 210	3 950	4 760	5 330	5 740

续　表

地区＼年份	2003	2004	2005	2006	2007	2008	2009	2010	2011	2012	2013
菲律宾	42 576	46 102	49 487	54 078	57 996	60 420	45 878	58 468	63 693	65 350	65 097
萨摩亚	150	210	239	275	266	288	231	310	346	346	367
新加坡	136 218	173 599	200 047	238 710	263 155	319 780	245 785	310 791	365 770	379 723	373 016
留存进口	62 735	81 625	94 944	110 079	119 885	157 306	114 017	141 650	180 180	199 490	181 874
所罗门群岛	94	121	185	217	294	328	268	404	472	500	519
斯里兰卡	6 672	7 973	8 834	10 258	11 301	13 953	10 049	13 512	20 269	19 190	18 003
中国台北	128 130	169 250	182 614	202 698	219 252	240 448	174 371	251 236	281 438	270 473	269 897
泰国	75 824	94 410	118 178	128 773	139 966	179 225	133 709	182 921	228 787	249 988	250 723
东帝汶	130	146	109	101	183	269	295	246	319	664	843
汤加	94	105	121	116	143	168	145	159	193	199	210
图瓦卢	8	11	13	13	16	26	14	16	25	30	16
瓦努阿图	105	128	149	217	229	314	294	285	304	296	313
越南	25 256	31 969	36 761	45 015	62 682	80 714	69 949	84 839	106 750	113 780	132 033
备忘项：											
世界不含 a 欧盟(27) 自内进口	5 698 130	6 977 652	8 093 421	9 304 235	10 657 789	12 545 068	9 695 509	12 119 822	14 575 061	14 960 185	15 120 621
欧洲不含 欧盟(27) 自内进口	1 291 119	1 568 105	1 803 145	2 096 049	2 444 930	2 868 645	2 131 315	2 514 409	2 999 014	2 882 632	2 829 028

a　含重要转口。

b　进口以 f. o. b 计。

注：统计总额无连续性的国家和地区集团标示为‘｜’。主要在于货物贸易统计数据收集和报告的方法不同。

注意世界和亚洲数据含重复计算的因素，源于其使用一般货物贸易统计体系，该方法含转口贸易。

一些国家和地区近几年的数据由秘书处统计。

表 9

2003—2013 年世界商务服务出口（按地区和国家）

单位：百万美元

地区＼年份	2003	2004	2005	2006	2007	2008	2009	2010	2011	2012	2013
世界 a	**1 851 400**	**2 250 400**	**2 516 200**	**2 845 400**	**3 421 400**	**3 847 100**	**3 488 700**	**3 827 700**	**4 295 400**	**4 397 000**	**4 644 400**
北美洲	344 500	396 500	434 300	481 800	554 800	604 800	573 400	629 100	694 000	726 000	761 100
百慕大	…	…	…	1 490	1 620	1 527	1 273	1 341	1 363	1 343	1 315
加拿大	43 131	49 058	54 418	58 880	63 785	66 726	63 828	71 930	79 109	78 193	78 162
墨西哥	12 257	13 587	15 628	15 807	17 139	17 570	14 821	15 233	15 581	16 146	19 586
美国	289 143	333 829	364 282	405 589	472 262	518 982	493 432	540 587	597 925	630 284	662 041
中、南美洲	49 400	57 300	69 900	79 300	93 700	108 500	99 200	113 100	134 000	142 100	144 300
安提瓜和巴布达	413	470	454	462	510	547	499	466	469	484	466
阿根廷	4 419	5 202	6 519	7 899	10 233	12 004	10 831	13 462	15 409	14 908	14 224
阿鲁巴（荷兰）	1 034	1 238	1 291	1 290	1 451	1 582	1 509	1 544	1 661	1 737	1 857
巴哈马	2 028	2 211	2 460	2 403	2 566	2 493	2 311	2 456	2 446	2 648	2 486
巴巴多斯	1 063	1 111	1 426	1 579	1 666	1 792	1 464	1 601	1 223	1 121	1 221
伯利兹	196	223	284	339	369	355	317	325	311	371	421
玻利维亚	348	401	473	462	484	482	498	530	780	942	980
巴西	9 570	11 615	14 856	17 946	22 615	28 822	26 245	30 072	36 435	38 121	37 465
智利	4 990	5 949	7 040	7 726	8 851	10 716	8 408	11 042	12 981	12 332	12 660
哥伦比亚	1 852	2 188	2 594	3 301	3 559	4 058	4 053	4 287	4 674	5 169	5 675
哥斯达黎加	1 990	2 207	2 585	2 933	3 521	4 053	3 567	4 288	4 947	5 453	5 952
古巴	2 845	3 634	7 075	7 201	8 588	9 252	8 444	10 212	10 817	12 760	12 365
库拉索岛	—	—	—	—	—	—	—	—	1 215	1 398	1 560
多米尼克	76	86	85	99	108	117	108	132	141	138	148
多米尼加	3 401	3 435	3 865	4 496	4 753	4 888	4 766	5 053	5 313	5 639	6 036
厄瓜多尔	812	940	940	959	1 112	1 351	1 239	1 370	1 484	1 691	1 922
萨尔瓦多	906	1 039 ｜	915	976	1 094	1 030	834	944	1 016	1 265	1 435
格林纳达	132	159	115	129	147	148	150	150	156	151	150
危地马拉	954	1 015	1 221	1 410	1 619	1 732	1 981	2 168	2 123	2 313	2 406
圭亚那	157	161	148	148	173	212	170	248	298	298	165
海地	114	104	89	136	199	285	324	188	193	493	595
洪都拉斯	573	635	684	727	770	874	915	944	990	1 029	1 097

续表

地区＼年份	2003	2004	2005	2006	2007	2008	2009	2010	2011	2012	2013
牙买加	2 103	2 262	2 296	2 613	2 670	2 763	2 616	2 600	2 587	2 642	2 723
荷属安的列斯	1 639	1 754	1 819	1 936	2 048	2 027	2 003	1 965	—	—	—
尼加拉瓜	222	250	271	306	333	452	483	490	577	632	642
巴拿马	2 503	2 758	3 193	3 957	4 887	5 718	5 504	6 376	7 990	9 249	9 624
巴拉圭	550	597	610	726	883	1060	417	513	572	596	686
秘鲁	1 600	1 872	2 164	2 532	3 021	3 514	3 499	3 552	4 221	4 984	5 929
圣基茨和尼维斯	104	131	158	172	168	155	126	129	142	141	149
圣卢西亚	317	366	434	342	354	362	350	368	378	396	414
圣文森特和格林纳丁斯	131	143	156	169	159	151	137	136	137	141	142
圣马丁岛	—	—	—	—	—	—	—	—	902	1 039	1 064
苏里南	52	129	183	211	210	233	257	207	191	164	171
特立尼达和多巴哥	672	838	883	800	910	918	758	869	5 808	…	…
乌拉圭	746	1 086	1 285	1 361	1 804	2 241	2 283	2 654	3 553	3 349	3 159
委内瑞拉	791	1 024	1 248	1 441	1 723	2 011	2 027	1 627	1 702	1 851	1 926
欧洲	971 300	1 178 900	1 303 500	1 460 700	1 767 300	1 966 700	1 785 700	1 862 000	2 100 600	2 058 900	2 193 700
阿尔巴尼亚	695	997	1 154	1 481	1 924	2 419	2 415	2 256	2 398	2 092	2 162
奥地利	32 166	37 518	42 060	45 199	53 657	62 957	53 876	53 925	60 543	59 884	64 594
比利时	43 252	50 562	54 106	57 143	72 716	89 639	86 040	90 952	96 125	99 475	106 175
波斯尼亚和黑塞哥维那	719	861	987	1 137	1 454	1 668	1 330	1 198	1 205	1 132	1 211
保加利亚	2 921	4 005	4 413	5 249	6 512	7 830	6 832	6 630	7 431	7 371	7 589
克罗地亚	8 568	9 399	9 966	10 488	12 490	14 749	11 724	11 579	12 644	11 933	12 592
塞浦路斯	4 975	5 884	6 187	6 749	8 260	9 324	7 817	7 831	8 524	7 777	7 484
捷克	7 733	9 578	11 821	14 113	17 243	21 732	19 258	20 878	23 102	22 028	21 667
丹麦	30 867	36 337	42 766	51 508	60 662	71 566	55 034	60 894	66 071	65 710	69 839
爱沙尼亚	2 179	2 807	3 200	3 558	4 451	5 217	4 429	4 518	5 493	5 419	5 897
法罗群岛	77	86	133	175	214	252	170	191	207	200	…
芬兰	11 369	15 060	16 883	17 246	22 990	31 607	27 614	26 885	28 951	28 087	29 447
法国	97 781	113 899	121 477	127 688	148 194	164 175	189 529	195 308	234 402	215 407	236 269
马其顿	359	429	492	581	798	997	841	887	1 096	1 046	1 156
德国	115 727	138 850	157 448	180 708	215 657	250 774	234 197	242 554	268 588	265 428	286 204
希腊	24 072	33 104	34 164	35 490	42 794	49 804	37 385	37 588	39 645	34 946	36 874
匈牙利	9 125	10 691	12 743	13 584	17 093	19 969	18 265	19 219	21 822	20 246	21 265
冰岛	1 279	1 524	1 949	1 804	2 260	2 109	2 331	2 466	2 915	2 985	3 395
爱尔兰	41 636	52 174	59 446	70 992	92 286	99 265	93 405	97 905	112 779	115 629	125 262
意大利	70 439	83 480	88 315	97 372	110 439	113 621	92 852	96 775	106 274	103 855	110 205
拉脱维亚	1 487	1 751	2 141	2 605	3 649	4 472	3 800	3 644	4 443	4 495	4 867
立陶宛	1 860	2 431	3 085	3 571	3 966	4 689	3 604	4 034	5 148	5 842	7 063
卢森堡	25 146	33 593	40 203	50 311	64 375	67 514	57 241	63 033	71 257	71 705	77 275
马耳他	1 345	1 660	1 982	2 555	3 392	4 268	3 902	4 319	4 808	4 868	4 993
黑山	—	—	—	524	921	1 099	1 033	1 042	1 274	1 264	1 401
荷兰	68 889	82 769	90 124	94 510	109 084	123 037	111 352	115 558	135 629	131 064	146 654
挪威	21 357	25 296	29 105	33 064	40 165	44 605	38 227	39 492	42 196	42 846	40 524
波兰	11 174	13 289	16 246	20 473	28 571	35 093	28 551	32 734	37 536	37 904	40 128
葡萄牙	12 180	14 477	15 041	18 193	22 978	25 916	22 435	23 030	26 349	24 205	26 931
罗马尼亚	2 993	3 579	5 063	6 897	9 383	12 761	9 777	8 753	10 048	10 728	14 239
塞尔维亚	—	—	—	2 089	3 123	4 000	3 475	3 523	4 184	3 969	4 548
塞尔维亚和黑山	1 130	1 678	1 909	—	—	—	—	—	—	—	—
斯洛伐克	3 259	3 703	4 382	5 376	6 980	8 406	6 013	5 812	6 592	7 146	7 428
斯洛文尼亚	2 778	3 451	3 989	4 474	5 666	7 243	6 009	6 073	6 721	6 630	7 190
西班牙	73 510	85 344	94 011	105 537	126 747	142 063	122 485	123 823	142 328	136 899	145 274
瑞典	30 363	38 508	42 628	48 294	61 536	68 227	55 252	60 608	70 539	70 570	74 965
瑞士	34 509	42 562	48 513	53 435	64 226	75 434	74 233	81 189	92 883	88 891	93 421
土耳其	18 004	23 129	27 646	25 921	29 622	36 690	35 382	36 057	40 570	43 048	46 349
英国	155 343	193 998	204 063	232 267	284 856	281 369	254 616	263 789	292 758	288 370	292 728
欧盟（28）	893 100	1 082 200	1 191 300	1 340 200	1 622 200	1 797 000	1 625 700	1 693 100	1 910 900	1 870 600	1 998 600
欧盟(28)对外出口 a	…	…	…	…	…	757 100	700 300	739 200	837 400	841 100	890 800
独联体	27 100	35 000	41 400	51 400	67 500	85 600	71 600	79 500	95 700	104 500	114 200
亚美尼亚	199	324	403	475	571	636	578	750	999	1 006	1 055
阿塞拜疆	392	453	625	841	1 172	1 455	1 698	2 017	2 624	4 153	4 073

续 表

年份 地区	2003	2004	2005	2006	2007	2008	2009	2010	2011	2012	2013
白俄罗斯	1 477	1 726	2 055	2 385	3 244	4 222	3 439	4 463	5 254	5 962	6 909
格鲁吉亚	418	508	648	801	976	1 157	1 225	1 514	1 916	2 447	2 871
哈萨克斯坦	1 528	1 817	1 999	2 584	3 251	3 981	3 815	3 895	4 075	4 598	5 051
吉尔吉斯共和国	137	193	234	351	654	884	852	713	1 130	1 215	1 348
摩尔多瓦	231	320	384	449	609	824	651	663	839	897	990
俄罗斯	16 088	20 469	24 741	30 866	38 960	50 574	41 972	44 566	54 532	58 229	64 769
塔吉克斯坦	66	81	103	110	116	134	142	399	531	746	715
乌克兰	5 013	7 460	8 913	10 822	13 651	17 302	12 959	15 940	18 155	18 681	19 370
乌兹别克斯坦	536	573	660	773	962	1 196	1 036	1 328	1 773	2 396	2 446
非洲	43 100	52 200	55 900	62 600	74 400	85 300	76 700	85 700	87 100	92 900	89 700
阿尔及利亚	1 544	1 823	2 466	2 511	2 781	3 420	2 775	3 533	3 647	3 636	3 849
安哥拉	201	323	177	…	311	329	623	857	732	780	864
贝宁	163	204	179	196	281	328	203	348	396	414	…
博茨瓦纳	626	743	821	771	788	863	236	241	444	189	351
布基纳法索	44	65	63	59	84	121	142	270	398	413	…
布隆迪	2	4	7	6	7	3	2	7	20	16	…
喀麦隆	593	1 056	857	900	1 239	1 355	1 141	1 105	1 809	1 548	…
佛得角	190	220	253	361	468	575	465	481	560	579	627
中非共和国	11	18	19	22	26	29	28	30	32	30	…
乍得	36	41	55	80	111	129	234	199	215	212	…
科摩罗	27	32	39	43	51	56	51	55	64	58	…
刚果	185	183	206	251	303	352	358	378	449	463	…
刚果（金）	25	107	96	169	200	326	414	291	326	225	…
科特迪瓦	560	641	697	706	775	856	859	889	783	841	…
吉布提	87	87	95	97	92	131	142	149	152	156	…
埃及	10 837	14 046	14 449	15 834	19 660	24 668	21 302	23 618	19 031	21 336	17 878
赤道几内亚	8	17	20	23	26	32	28	29	32	33	…
厄立特里亚	…	…		…	…	…	…	…	…	…	…
埃塞俄比亚	588	800	789	890	1 183	1 775	1 676	1 991	2 598	2 576	2 685
加蓬	167	136	120	121	138	160	142	142	155	148	…
冈比亚	70	72	82	92	128	118	104	131	144	151	211
加纳	612	684	1 083	1 243	1 614	1 559	1 522	1 344	1 740	3 200	2 409
几内亚	55	31	35	38	44	95	67	61	71	156	…
几内亚比绍	5	6	5	3	33	44	32	42	43	21	…
肯尼亚	876	1 227	1 523	1 979	2 409	2 520	2 188	3 004	3 311	3 864	3 943
莱索托	24	31	32	38	39	39	36	43	46	69	57
利比里亚	…	68	81	143	156	182	142	40	365	307	226
利比亚	329	351	419	385	109	208	385	410	40	152	…
马达加斯加	253	358	420	558	874	1 042	764	988	1 090	1 352	…
马拉维	50	52	65	62	70	72	75	78	85	104	…
马里	208	227	253	291	359	442	335	353	377	307	…
毛里塔尼亚	32	37	57	62	61	99	114	86	151	116	134
毛里求斯	1 274	1 449	1 604	1 663	2 194	2 530	2 225	2 656	3 215	3 364	3 302
摩洛哥	5 126	6 304	7 570	9 269	11 490	12 840	11 892	12 138	13 550	13 066	13 008
莫桑比克	300	246	316	355	404	488	544	557	646	1 011	1 579
纳米比亚	399	456	391	505	579	538	637	878	926	822	672
尼日尔	57	88	84	84	79	126	100	119	68	…	…
尼日利亚	3 473	3 336	1 433	2 057	1 097	1 834	1 760	2 629	2 314	2 076	1 928
卢旺达	48	65	83	74	126	326	269	259	373	359	386
圣多美和普林西比	9	9	9	8	7	10	10	13	18	17	…
塞内加尔	488	604	690	716	1 096	1 177	905	936	1 028	1 154	…
塞舌尔	311	308	347	409	628	608	418	440	470	433	502
塞拉利昂	66	61	78	43	45	61	103	60	160	180	…
南非	8 261	9 634	11 041	11 912	13 499	12 394	11 656	13 617	14 427	14 711	13 760
苏丹	31	35	101	220	342	457	351	224	306	861	1 023
斯威士兰	200	235	273	274	447	222	191	250	296	226	242
坦桑尼亚	900	1 074	1 215	1 467	1 836	1 966	1 795	2 001	2 256	2 599	2 979
多哥	72	122	145	159	197	253	265	289	460	…	…
突尼斯	2 842	3 520	3 901	4 162	4 769	5 831	5 241	5 471	4 447	4 931	4 768

续 表

地区 \ 年份	2003	2004	2005	2006	2007	2008	2009	2010	2011	2012	2013
乌干达	249	350	488	469	516	702	857	1 033	1 610	1 919	2 166
赞比亚	142	161	207	229	273	300	241	311	375	467	…
津巴布韦	243	375	336	294	250	222	262	308	363	359	…
中东	43 500	51 100	64 700	78 500	89 400	97 700	96 600	104 500	110 100	119 500	124 800
巴林	1 260	2 676	3 048	3 322	3 524	3 740	3 653	4 047	3 040	2 819	3 037
伊朗	4 369	4 362	4 912	5 544	6 791	7 629	7 888	8 657	8 396	6 467	…
伊拉克	…	…	348	353	839	1 249	1 730	2 199	2 159	2 657	…
以色列	13 056	16 005	17 394	19 147	20 485	24 062	22 519	24 753	27 391	30 858	32 470
约旦	1 717	2 052	2 239	2 850	3 436	4 353	4 197	5 221	4 738	5 379	6 026
科威特	1 763	2 516	3 840	7 495	9 104	11 362	10 995	8 429	9 503	8 250	5 278
黎巴嫩	9 445	9 682	10 840	11 565	12 744	17 558	16 874	15 834	19 549	22 059	…
阿曼	655	736	939	1 311	1 683	1 826	1 620	1 899	2 148	2 874	3 199
卡塔尔	…	…	2 576	3 484	3 129	2 276	1 943	2 826	5 580	8 851	10 294
沙特阿拉伯	5 713	5 852	11 179	13 973	15 743	9 128	9 428	10 351	11 116	10 575	11 147
叙利亚	1 181	2 343	2 560	2 649	3 561	4 145	4 583	7 040	2 395	…	…
阿联酋	2 350	2 560	4 277	6 259	7 434	8 958	9 503	11 028	12 063	14 279	16 411
也门	244	292	285	…	578	1 049	1 085	1 460	1 091	1 013	1 490
亚洲	372600	479300	546400	631100	774300	898400	785500	953800	1074000	1153200	1216500
阿富汗	…	…	…	…	…	…	1 854	3 053	3 392	2 998	…
澳大利亚	23 227	27 841	30 378	32 438	39 786	44 513	39 834	45 816	50 848	52 301	52 247
孟加拉国	398	420	474	603	685	899	947	1 203	1 388	1 307	1 876
不丹	20	28	42	42	52	51	53	67	80	97	123
文莱达鲁萨兰	436	544	616	745	813	867	915	1 054	1 209	…	…
柬埔寨	541	788	1 064	1 244	1 510	1 613	1 492	1 596	2 140	2 456	2 700
中国	46 401	64 534	73 909	91 427	121 654	146 444	128 526	161 210	175 670	190 440	204 718
斐济	591	672	832	780	830	960	768	913	1 067	1 099	1 087
法属波利尼西亚	809	889	957	880	1 034	1 008	850	752	864	878	…
中国香港	46 487	55 104	63 642	72 680	84 650	92 220	84 855	105 005	118 334	125 188	133 316
印度	23 633	37 931	52 199	69 456	86 612	106 745	92 137	116 460	138 161	145 648	150 926
印度尼西亚	5 143	11 755	12 571	11 093	12 074	14 731	12 618	16 211	20 118	22 523	21 733
日本	75 889	94 883	107 981	115 179	126 969	146 430	125 824	138 703	142 551	142 489	145 356
基里巴斯	7	7	10	9	10	4	4	5	…	…	…
韩国	33 771	43 163	48 327	55 333	71 375	89 428	72 466	86 266	94 063	110 324	111 783
老挝	111	160	184	203	255	359	374	489	526	553	…
中国澳门	5 711	8 102	8 567	10 459	14 202	17 760	18 791	28 693	39 778	45 331	53 536
马来西亚	13 459	16 999	19 463	21 572	29 375	30 283	28 727	31 713	35 760	37 532	39 834
马尔代夫	429	505	317	549	638	716	1 538	1 804	1 999	2 010	2 372
密克罗尼西亚联邦	19	18	19	22	25	26	27	30	…	…	…
蒙古	203	329	409	483	575	497	412	483	618	956	707
缅甸	225	230	235	254	282	274	279	331	580	…	…
尼泊尔	302	356	271	252	340	494	601	584	775	769	962
新喀里多尼亚	334	387	263	304	380	413	362	434	402	388	…
新西兰	7 826	9 296	9 850	9 613	11 472	11 341	9 980	11 260	12 881	12 985	13 067
巴基斯坦	1 476	1 719	2 043	2 245	2 224	2 531	2 532	2 944	3 386	3 222	3 284
巴布亚新几内亚	222	189	288	305	313	318	160	279	387	431	366
菲律宾	3 389	4 043	4 525	6 444	9 766	9 717	13 951	17 595	18 728	20 308	21 671
萨摩亚	76	94	113	133	130	133	148	157	171	189	…
新加坡	37 803	48 258	55 520	66 078	84 824	99 002	75 318	94 232	109 036	117 044	122 137
所罗门群岛	24	26	37I	51	56	54	66	104	129	138	129
斯里兰卡	1 389	1 506	1 519	1 604	1 755	1 981	1 874	2 454	3 062	3 773	4 657
中国台北	23 028	25 545	25 574	28 860	32 994	36 549	31 408	40 104	45 643	48 810	51 360
泰国	15 694	18 932	19 740	24 382	29 848	32 709	29 893	34 086	41 280	49 306	58 584
东帝汶	…	…	…	25	32	23	24	37	32	30	…
汤加	22	21	29	22	23	34	29	41	47	66	65
图瓦卢	2	2	2	2	2	2	2	3	3	…	…
瓦努阿图	108	118	135	140	177	225	241	271	281	315	326
越南	3 272	3 867	4 232	5 060	6 415	6 956	5 666	7 355	8 581	9 510	10 380
备忘项：											
世界不含欧盟(28)对内出口 a	…	…	…	…	…	2 807 200	2 563 300	2 873 800	3 221 900	3 367 500	3 536 600
欧洲不含欧盟(28)对内出口 a	…	…	…	…	…	926 800	860 300	908 100	1 027 100	1 029 400	1 085 900

a 欧盟内、外部贸易统计参阅技术注释。

注：由于服务贸易数据的频繁修正，致使大量国家和地区的数据缺少连续性。参阅技术注释。

表 10

2003—2013 年世界商务服务进口（按地区和国家）

单位：百万美元

地区＼年份	2003	2004	2005	2006	2007	2008	2009	2010	2011	2012	2013
世界	**1 792 800**	**2 146 000**	**2 384 300**	**2 666 000**	**3 174 500**	**3 635 100**	**3 300 100**	**3 613 400**	**4 055 900**	**4 173 900**	**4 381 400**
北美洲	289 300	332 500	359 000	403 000	444 600	487 800	457 900	494 100	532 400	549 800	566 200
百慕大	…	…	…	837	1 081	1 021	964	991	943	963	960
加拿大	51 771	58 023	64 906	71 841	81 723	87 604	80 956	95 893	104 958	105 447	104 865
墨西哥	17 193	18 790	20 298	21 611	22 462	23 991	22 681	22 290	25 934	26 540	28 803
美国	220 351	255 666	273 814	308 759	339 287	375 162	353 264	374 894	400 561	416 813	431 524
中、南美洲	51 200	58 400	71 100	80 900	100 100	121 500	114 000	140 700	174 100	184 500	196 200
安提瓜和巴布达	174	182	218	249	271	260	217	214	203	204	221
阿根廷	5 462	6 374	7 364	8 242	10 569	13 073	11 887	14 452	17 505	18 050	19 128
阿鲁巴（荷兰）	693	613	684	721	748	749	651	642	808	777	789
巴哈马	1 009	1 169	1 209	1 510	1 502	1 306	1 069	1 101	1 258	1 522	1 611
巴巴多斯	492	519	615	643	605	679	652	671	507	445	489
伯利兹	127	139	147	143	159	161	154	154	162	177	195
玻利维亚	534	590	664	808	883	996	993	1 128	1 635	1 972	2 274
巴西	14 350	16 111	22 409	27 149	34 700	44 396	44 075	59 519	72 976	77 751	83 311
智利	5 555	6 653	7 572	8 250	9 733	11 518	10 264	12 740	15 819	14 394	15 335
哥伦比亚	3 298	3 873	4 704	5 428	6 170	7 131	6 959	7 982	9 413	10 635	11 113
哥斯达黎加	1 231	1 370	1 502	1 617	1 814	1 878	1 401	1 778	1 771	1 996	1 949
古巴	661	776	1 015	1 258	1 325	2 079	1 673	1 923	2 178	2 406	2 478
库拉索岛	—	—	—	—	—	—	—	—	791	875	880
多米尼克	41	45	48	50	63	69	65	65	62	62	65
多米尼加	1 179	1 168	1 431	1 510	1 691	1 895	1 741	2 054	2 099	2 149	2 128
厄瓜多尔	1 575	1 889	2 079	2 265	2 481	2 944	2 568	2 939	3 040	3 102	3 419
萨尔瓦多	1 040	1 130	1 053	1 153	1 244	1 238	921	1 024	1 116	1 154	1 277
格林纳达	77	80	88	101	104	106	91	89	91	91	95
危地马拉	1 085	1 325	1 429	1 756	2 017	2 116	1 999	2 280	2 369	2 402	2 561
圭亚那	172	208	201	245	273	323	272	344	434	526	500
海地	247	336	516	562	645	718	639	716	733	773	792
洪都拉斯	746	840	923	1 027	1 058	1 199	942	1 143	1 417	1 479	1 602
牙买加	1 538	1 670	1 676	1 969	2 226	2 304	1 824	1 767	1 884	1 978	2 093
荷属安的列斯	748	711	725	749	789	865	925	911	—	—	—
尼加拉瓜	353	385	424	475	625	716	629	689	804	874	887
巴拿马	1 253	1 412	1 759	1 673	2 065	2 561	2 128	2 719	4 063	4 105	4 642
巴拉圭	318	287	329	365	442	562	514	699	863	906	1 049
秘鲁	2 493	2 603	2 996	3 266	4 214	5 566	4 665	5 888	6 344	7 231	7 512
圣基茨和尼维斯	75	76	90	96	98	116	97	107	111	108	115
圣卢西亚	141	148	174	182	199	209	185	200	199	192	189
圣文森特和格林纳丁斯	61	69	72	80	103	98	87	86	80	84	89
圣马丁岛	—	—	—	—	—	—	—	—	236	257	264
苏里南	188	251	339	250	292	367	246	237	553	586	536
特立尼达和多巴哥	335	314	471	311	320	271	335	369	5 472	…	…
乌拉圭	602	748	901	937	1 079	1 462	1 233	1 470	1 978	2 262	3 161
委内瑞拉	3 251	4 265	5 173	5 746	9 523	11 515	11 777	12 555	15 031	17 076	17 109
欧洲	881 200	1 042 100	1 144 000	1 258 100	1 506 100	1 693 400	1 535 000	1 574 600	1 744 600	1 706 500	1 799 500
阿尔巴尼亚	734	991	1 318	1 552	1 893	2 361	2 216	1 990	2 235	1 861	2 158
奥地利	23 576	27 902	30 686	33 337	38 854	42 569	36 766	36 920	42 060	42 259	44 588
比利时	42 089	48 256	50 427	52 313	68 630	84 645	75 464	81 743	88 595	91 253	97 518
波斯尼亚和黑塞哥维那	375	422	425	458	571	682	648	525	532	463	453
保加利亚	2 424	3 210	3 389	4 085	4 900	5 905	5 022	4 160	4 226	4 386	4 865
克罗地亚	2 888	3 516	3 351	3 395	3 837	4 502	3 790	3 459	3 577	3 593	3 551
塞浦路斯	2 083	2 546	2 615	2 843	3 610	4 187	3 280	3 180	3 631	3 583	3 225
捷克	7 220	8 894	10 168	11 902	14 270	17 333	15 314	16 880	19 744	19 441	19 553
丹麦	27 282	32 775	36 192	44 228	52 893	61 321	51 010	52 169	58 451	58 062	59 640
爱沙尼亚	1 362	1 712	2 180	2 453	3 025	3 295	2 480	2 756	3 672	3 875	4 285
法罗群岛	146	161	230	274	359	382	343	366	394	364	…
芬兰	12 025	14 414	17 607	18 597	22 405	30 696	27 171	26 593	28 882	30 128	29 495
法国	81 692	98 522	106 046	112 134	128 256	140 212	164 286	167 223	190 932	173 907	188 544

续 表

地区＼年份	2003	2004	2005	2006	2007	2008	2009	2010	2011	2012	2013
马其顿	373	487	533	551	740	964	801	817	937	960	1 029
德国	172 140	196 568	210 893	223 674	259 588	291 695	259 832	267 605	296 848	294 682	316 804
希腊	10 657	13 542	14 301	15 873	19 692	24 288	19 441	19 875	19 210	15 750	14 411
匈牙利	9 015	10 019	11 182	11 681	15 146	17 683	15 458	15 333	17 399	15 791	16 565
冰岛	1 479	1 814	2 527	2 531	2 937	2 410	2 015	2 188	2 588	2 782	2 893
爱尔兰	54 344	65 286	71 483	80 050	94 487	110 703	103 441	107 155	115 554	111 842	117 561
意大利	73 045	81 690	88 448	98 032	118 554	125 723	104 019	108 035	113 434	104 017	107 329
拉脱维亚	915	1 164	1 546	1 952	2 666	3 145	2 251	2 183	2 616	2 595	2 682
立陶宛	1 209	1 577	1 995	2 454	3 270	4 035	2 906	2 898	3 695	4 182	4 884
卢森堡	15 448	20 887	24 213	29 784	37 572	38 821	33 293	37 302	42 278	42 143	45 766
马耳他	827	1 020	1 187	1 753	2 200	2 643	2 544	2 781	3 182	3 025	3 111
黑山	—	—	—	277	373	580	447	433	427	483	534
荷兰	69 664	78 709	83 590	86 008	97 393	111 273	107 522	105 510	120 897	119 484	127 420
挪威	20 415	22 622	28 837	31 141	38 723	43 788	36 258	42 427	47 044	48 410	49 417
波兰	10 533	13 133	15 353	19 402	23 626	29 581	23 538	29 512	31 835	31 798	33 006
葡萄牙	8 066	9 468	10 176	11 814	13 989	16 262	14 185	14 303	15 808	13 245	14 012
罗马尼亚	2 906	3 818	5 425	6 808	8 749	11 693	10 106	8 104	9 473	9 223	10 517
塞尔维亚	—	—	—	2 114	3 445	4 239	3 408	3 476	3 932	3 722	4 078
塞尔维亚和黑山	795	1 192	1 478	—	—	—	—	—	—	—	—
斯洛伐克	3 006	3 406	4 024	4 675	6 409	9 057	7 384	6 773	7 089	6 693	7 172
斯洛文尼亚	2 154	2 579	2 825	3 205	4 196	5 047	4 275	4 293	4 578	4 243	4 467
西班牙	47 499	58 742	66 775	78 020	95 688	104 868	88 058	87 187	94 746	89 880	92 247
瑞典	28 434	32 900	35 217	38 115	45 997	52 151	44 286	46 655	54 113	54 195	57 429
瑞士	14 642	19 327	22 703	23 306	27 770	30 629	33 838	36 285	45 057	46 736	52 815
土耳其	6 824	9 378	10 756	11 016	14 935	17 095	15 955	18 530	19 381	19 174	22 190
英国	122 920	145 199	158 431	170 256	195 069	195 257	163 240	164 542	174 690	175 224	174 039
欧盟（27）	835 400	985 400	1 074 800	1 184 500	1 413 900	1 589 800	1 438 700	1 467 000	1 621 600	1 581 200	1 663 200
欧盟(27)自外进口 a	…	…	…	…	…	648 300	580 600	595 800	656 200	645 500	668 500
独联体	39 900	50 800	59 000	69 000	91 100	114 700	93 000	108 700	128 400	152 000	174 100
亚美尼亚	264	419	517	600	772	952	938	1 071	1 138	1 151	1 170
阿塞拜疆	2 027	2 702	2 625	2 784	3 324	3 828	3 329	3 762	5 630	7 105	8 122
白俄罗斯	820	943	1 057	1 643	1 999	2 617	2 079	2 854	3 180	3 866	4 448
格鲁吉亚	355	440	584	687	872	1 156	910	996	1 201	1 364	1 479
哈萨克斯坦	3 712	5 058	7 375	8 621	11 473	10 915	9 835	11 138	10 804	12 621	11 982
吉尔吉斯共和国	157	218	286	455	599	987	853	915	1 129	1 523	1 308
摩尔多瓦	268	331	390	457	613	791	678	724	845	921	985
俄罗斯	26 487	32 216	37 795	43 679	56 768	73 616	59 830	71 358	87 307	104 103	123 008
塔吉克斯坦	120	205	250	393	590	453	289	524	666	885	1 061
乌克兰	3 979	6 162	6 962	8 582	11 055	15 777	11 070	12 137	12 707	13 936	15 502
乌兹别克斯坦	302	424	425	402	390	427	415	486	557	772	794
非洲	48 800	60 300	71 700	86 200	109 900	143 100	125 700	140 000	158 300	161 900	159 800
阿尔及利亚	2 748	3 631	4 502	4 492	6 334	1 0473	11 173	11 398	11 982	10 366	10 232
安哥拉	2 774	4 285	6 191	6 860	11 997	20 451	18 210	16 028	22 415	21 151	22 355
贝宁	244	273	267	342	491	500	488	503	494	573	…
博茨瓦纳	652	789	847	834	980	782	499	586	719	549	569
布基纳法索	225	284	347	346	442	588	545	816	1 119	1 160	…
布隆迪	38	75	125	193	173	241	160	156	189	188	…
喀麦隆	1 177	1 448	1 428	1 416	1 719	2 578	1 720	1 717	1 952	2 067	…
佛得角	183	194	201	242	285	349	307	292	311	287	259
中非共和国	88	106	105	120	148	165	156	183	185	178	…
乍得	829	1 680	1 542	2 124	1 702	1 838	1 851	2 212	2 337	2 434	…
科摩罗	36	41	45	54	62	77	83	93	106	105	…
刚果	866	1 012	1 413	2 422	3 523	3 565	3 209	4 850	5 453	5 130	…
刚果（金）	349	681	1 020	762	1 441	1 853	1 658	2 497	2 633	1 933	…
科特迪瓦	1 657	1 896	1 982	2 087	2 263	2 487	2 441	2 578	2 445	2 620	…
吉布提	60	70	76	81	99	121	114	104	143	142	…
埃及	6 038	7 470	9 507	10 288	13 088	16 335	12 765	12 991	13 129	15 557	14 808
赤道几内亚	722	744	906	845	1 128	1 657	2 058	1 970	2 570	3 029	…
厄立特里亚	…	…	…	…	…	…	…	…	…	…	…

续 表

地区 \ 年份	2003	2004	2005	2006	2007	2008	2009	2010	2011	2012	2013
埃塞俄比亚	689	932	1 178	1 154	1 737	2 379	2 190	2 534	3 309	3 582	3 436
加蓬	821	921	1 020	1 207	1 426	1 599	1 253	1 916	2 480	2 464	…
冈比亚	30	45	47	94	87	86	83	73	68	80	83
加纳	753	904	1 140	1 442	1 812	2 038	2 366	2 444	3 126	3 839	4 438
几内亚	188	195	205	233	247	398	288	381	526	762	…
几内亚比绍	36	42	42	40	68	85	85	100	98	70	…
肯尼亚	575	803	955	1 235	1 479	1 663	1 624	1 817	1 958	2 224	2 224
莱索托	312	362	354	332	358	347	397	410	451	421	355
利比里亚	…	90	99	217	219	344	141	234	266	209	23
利比亚	1 528	1 753	2 128	2 324	2 497	3 572	4 323	5 251	3 555	6 279	…
马达加斯加	479	474	462	600	1 037	1 277	1 157	1 005	1 050	1 243	…
马拉维	136	135	140	142	141	172	136	147	154	205	…
马里	478	528	583	672	774	1 022	813	994	1 102	1 044	…
毛里塔尼亚	161	251	322	345	435	653	541	569	646	870	850
毛里求斯	875	1 005	1 193	1 312	1 562	1 910	1 586	1 951	2 428	2 382	2 635
摩洛哥	2 350	2 805	3 103	3 562	4 527	5 628	5 302	5 724	6 713	6 578	6 456
莫桑比克	553	511	627	729	819	918	987	1 199	2 141	4 156	2 964
纳米比亚	269	411	359	420	504	578	568	694	716	640	758
尼日尔	175	250	277	327	369	599	735	843	865	…	…
尼日利亚	5 715	5 973	6 384	12 115	15 553	22 577	16 487	19 942	22 472	22 509	20 513
卢旺达	104	123	176	214	259	504	449	453	552	425	472
圣多美和普林西比	11	13	10	16	16	19	17	22	27	23	…
塞内加尔	567	684	777	808	1 206	1 384	1 105	1 075	1 239	1 400	…
塞舌尔	213	211	231	265	462	369	235	259	248	203	221
塞拉利昂	89	87	86	78	90	117	129	248	425	524	…
南非	7 848	10 063	11 833	13 900	16 127	16 515	14 416	18 023	19 228	17 195	15 962
苏丹	805	1 023	1 801	2 728	2 873	2 552	1 886	2 195	1 939	1 863	1 697
斯威士兰	342	363	396	365	494	629	539	650	861	809	715
坦桑尼亚	685	923	1 131	1 212	1 364	1 627	1 685	1 843	2 157	2 310	2 444
多哥	204	237	249	261	303	358	374	389	464	…	…
突尼斯	1 510	1 869	2 075	2 338	2 674	3 226	2 812	3 165	3 110	3 091	3 103
乌干达	…	473	593	756	958	1 234	1 377	1 774	2 382	2 424	2 600
赞比亚	388	418	446	562	887	877	629	839	1 063	1 206	…
津巴布韦	536	571	585	485	502	510	611	860	1 149	963	…
中东	61 700	79 000	98 200	122 200	159 000	188 900	175 300	192 700	223 300	233 600	250 900
巴林	907	1 248	1 416	1 605	1 701	2 030	1 741	1 905	1 778	1 480	1 615
伊朗	6 432	9 730	10 407	11 407	14 760	17 100	16 937	18 153	16 347	12 400	…
伊拉克	…	…	5 426	5 030	4 741	7 168	8 426	9 606	10 870	13 016	…
以色列	10 978	12 611	13 501	14 427	16 823	18 960	17 273	18 508	20 242	20 751	19 989
约旦	1 690	1 972	2 465	2 854	3 356	3 926	3 672	4 312	4 357	4 465	4 463
科威特	5 534	6 202	7 444	8 805	10 494	14 799	12 779	14 238	17 491	19 769	20 380
黎巴嫩	6 474	8 213	7 879	8 720	9 973	13 445	14 031	13 114	12 894	12 247	…
阿曼	2 573	3 152	3 145	3 896	5 095	5 878	5 482	6 291	7 066	8 681	9 939
卡塔尔	…	…	4 034	6 864	7 348	7 067	5 662	7 666	15 548	22 126	24 844
沙特阿拉伯	7 936	11 057	19 684	29 488	45 914	49 572	47 039	50 996	54 954	49 889	51 678
叙利亚	1 697	2 071	2 274	2 437	2 917	3 078	2 608	3 377	2 812	…	…
阿联酋	11 440	14 655	18 891	24 322	33 372	42 773	36 752	41 337	55 702	62 195	69 957
也门	947	1 004	1 183	1 800	1 811	2 289	2038	2 295	2 220	2 440	2 368
亚洲	420 700	522 900	581 200	646 600	763 700	885 700	799 300	962 700	1 094 800	1 185 600	1 234 700
阿富汗	…	…	…	…	…	…	774	1 215	1 246	2 185	…
澳大利亚	21 476	27 377	29 909	31 600	39 197	47 613	42 074	50 543	60 528	63 195	62 211
孟加拉国	1 595	1 835	2 011	2 111	2 673	3 496	3 184	4 122	4 978	5 230	6 200
不丹	108	103	128	58	54	90	95	135	171	188	171
文莱达鲁萨兰	886	922	940	1 035	1 115	1 181	1 215	1 366	1 546	…	…
柬埔寨	425	502	632	760	871	935	826	968	1 293	1 507	1 743
中国	54 852	72 190	83 344	100 327	129 259	158 004	158 016	192 174	237 003	280 164	329 424
斐济	384	463	503	514	515	593	446	443	531	558	596
法属波利尼西亚	598	665	736	546	616	718	702	595	567	517	…
中国香港	25 988	30 985	33 836	36 907	42 448	46 921	43 227	50 719	55 802	58 045	59 521

续 表

地区 \ 年份	2003	2004	2005	2006	2007	2008	2009	2010	2011	2012	2013
印度	24 679	35 293	46 820	58 222	70 388	87 847	79 429	113 753	123 889	128 133	124 621
印度尼西亚	17 171	20 620	21 836	21 175	24 075	27 994	22 636	25 599	30 788	33 302	34 266
日本	107 535	130 309	132 622	133 898	148 549	167 326	146 927	155 613	165 727	174 924	162 287
基里巴斯	26	27	38	28	36	51	44	49	…	…	…
韩国	40 314	49 944	58 964	69 346	83 954	95 433	79 525	94 956	99 970	104 872	105 922
老挝	22	24	29	31	38	102	130	258	325	335	…
中国澳门	1 819	2 171	2 345	2 927	4 427	5 611	4 689	7 151	10 072	10 759	11 677
马来西亚	17 323	18 967	21 750	23 421	28 475	30 060	27 257	32 076	37 714	42 678	45 045
马尔代夫	119	155	210	226	265	342	394	446	537	580	623
密克罗尼西亚联邦	56	55	56	55	55	59	68	65	…	…	…
蒙古	249	496	468	514	456	598	545	760	1 768	2 044	2 004
缅甸	399	440	481	541	629	599	593	754	1 067	…	…
尼泊尔	258	376	424	488	716	840	828	846	761	882	964
新喀里多尼亚	538	598	840	1 129	1 320	1 389	1 101	1 383	1 333	1 374	…
新西兰	5 637	7 119	8 155	7 961	9 365	10 036	8 310	9 906	11 711	12 030	12 212
巴基斯坦	3 102	5 101	7 206	8 093	8 435	9 286	5 886	6 475	7 231	7 534	7 099
巴布亚新几内亚	962	1 076	1 262	1 584	1 945	1 817	1 823	2 737	2 937	3 715	3 684
菲律宾	5 322	5 769	5 797	6 211	7 391	8 348	8 799	11 561	11 782	13 711	14 389
萨摩亚	30	41	55	56	62	62	65	64	76	90	…
新加坡	40 086	49 703	55 073	64 938	74 405	87 202	83 234	100 379	113 079	123 643	128 430
所罗门群岛	62	42	57	66	95	113	101	180	191	188	198
斯里兰卡	1 646	1 872	2 051	2 359	2 568	2 975	2 487	3 075	3 973	2 487	3 432
中国台北	24 803	29 859	31 420	31 752	34 089	34 149	29 082	37 117	41 321	42 051	41 710
泰国	17 999	22 909	26 615	32 407	37 765	45 696	36 300	44 774	51 965	52 855	55 005
东帝汶	…	…	…	45	52	102	294	451	830	467	…
汤加	32	32	34	31	33	45	46	42	62	70	67
图瓦卢	16	15	12	13	25	18	19	24	33	…	…
瓦努阿图	56	61	69	66	70	129	106	122	143	145	144
越南	4 050	4 739	4 420	5 082	7 137	7 881	8 046	9 771	11 707	12 353	13 015
备忘项：											
世界不含											
欧盟(28)自内进口 a	…	…	…	…	…	2 693 500	2 442 000	2 742 200	3 090 500	3 238 200	3 386 700
欧洲不含											
欧盟(28)自内进口 a	…	…	…	…	…	751 800	676 900	703 300	779 300	770 800	804 800

a 欧盟内、外部贸易统计参阅技术注释。

注：由于服务贸易数据的频繁修正，致使大量国家和地区的数据缺少连续性。参阅技术注释。

表 11

2005—2013 年世界货物出口量和产量增长　（年度变化百分比）

年份	2005—2013	2011	2012	2013
世界货物出口	3.5	5.5	2.5	2.5
农产品	3.5	6.0	2.0	3.0
燃料和矿产品	1.5	2.0	2.5	0.5
制成品	4.0	7.0	2.5	3.0
世界货物产量	2.0	3.0	2.5	2.0
农业	2.5	2.0	1.5	5.5
采掘业	1.0	1.5	2.5	0.5
制造业	2.5	4.0	2.5	1.5
世界 GDP	2.0	2.5	2.0	2.0

表 12

2005—2013 年世界主要地区和经济体货物贸易量增长 （年度变化百分比）

出口 2005—2013	出口 2012	出口 2013		进口 2005—2013	进口 2012	进口 2013
3.5	2.5	2.5	世界	3.0	2.0	2.0
3.5	4.5	3.0	北美洲	1.5	3.0	1.0
0.0	3.5	2.0	加拿大	2.0	1.5	1.5
4.5	8.5	4.5	墨西哥	4.0	7.5	3.0
4.5	4.0	2.5	美国	0.5	3.0	1.0
1.5	0.5	1.5	中、南美洲	8.0	2.5	3.0
2.0	1.0	1.5	欧洲	1.0	−2.0	−0.5
2.0	0.5	1.5	欧盟（27）	0.5	−2.0	−1.0
−1.5	1.0	−5.0	挪威	3.0	−0.5	1.5
2.5	0.5	0.0	瑞士	1.5	−1.5	−1.0
2.5	1.0	1.0	独联体	7.5	7.0	−1.5
6.5	3.0	4.5	亚洲	5.5	3.5	4.5
3.5	2.5	6.0	澳大利亚	4.5	5.0	−3.0
11.0	6.0	7.5	中国	10.0	3.5	10.0
10.5	0.0	7.5	印度	11.0	7.0	−3.0
2.0	−1.0	−2.0	日本	1.0	4.0	0.5
5.5	1.0	3.0	六个东亚贸易方 a	3.5	2.0	3.5

a 中国香港；马来西亚；韩国；新加坡；台、澎、金、马单独关税区（中国台北）和泰国。

表 13

2005—2013 年世界货物和服务贸易（按地区和国家） （年度变化百分比）

出口 2005—2013	出口 2012	出口 2013		进口 2005—2013	进口 2012	进口 2013
			货物贸易			
8	0	2	世界	7	0	1
6	4	2	北美洲	4	3	0
7	4	2	美国	4	3	0
3	1	1	加拿大	5	2	0
9	−1	−2	中、南美洲	12	3	3
9	−5	0	巴西	16	−2	7
9	−5	2	阿根廷	13	−8	8
5	−4	4	欧洲	5	−6	1
5	−5	5	欧盟（27）	4	−6	1
7	−4	1	瑞士	6	−5	2
11	2	−3	独联体	13	6	0
10	1	−1	俄罗斯	13	4	2
8	0	−8	乌克兰	10	2	−9
9	5	−6	非洲	12	9	2
8	−8	−4	南非	9	2	−1
9	1	−10	尼日利亚 a	13	−9	10
12	6	0	中东	11	8	6
16	16	9	阿联酋 a	15	11	11
10	6	−3	沙特	14	18	8

续 表

出口 2005—2013	出口 2012	出口 2013		进口 2005—2013	进口 2012	进口 2013
10	2	2	亚洲	10	4	1
14	8	8	中国	15	4	7
2	−3	−10	日本	6	4	−6
			服务贸易			
8	2	6	世界	8	3	5
7	5	5	北美洲	6	3	3
8	5	5	美国	6	4	4
5	−1	0	加拿大	6	0	−1
9	6	2	中、南美洲	14	6	6
12	5	−2	巴西	18	7	7
10	−3	−5	阿根廷	13	3	6
7	−2	7	欧洲	6	−2	5
7	−2	7	欧盟（27）	6	−2	5
9	−4	5	瑞士	11	4	13
14	9	9	独联体	14	18	15
13	7	11	俄罗斯	16	19	18
10	3	4	乌克兰	11	10	11
6	7	−3	非洲	11	2	−1
3	12	−16	埃及	6	18	−5
3	2	−6	南非	4	−11	−7
9	9	4	中东	12	5	7
18	18	15	阿联酋	18	12	12
0	−5	5	沙特	13	−9	4
11	7	5	亚洲	10	8	4
14	8	7	日本	19	18	18
4	0	2	中国	3	6	−7

a 秘书处估计。

表 14

2013 年世界货物出口（按产品类别）

单位：十亿美元，%

	总 额	份 额	年度变化百分比								
	2013	占世界货物贸易	1980—1985	1985—1990	1990—1995	1995—2000	2000—2005	2005—2013	2011	2012	2013
农产品	1 745	9.5	−2	9	7	−1	9	9	22	−1	6
燃料和矿产品	3 997	21.8	−5	3	2	10	16	10	34	2	−3
燃料	3 258	17.8	−5	0	1	12	17	11	37	5	−3
制成品	11 848	64.7	2	15	9	5	9	6	15	0	3
钢铁	454	2.5	−2	9	8	−2	17	5	25	−8	−6
化工产品	2 001	10.9	1	14	10	4	14	8	17	−2	2
办公和通信设备	1 750	9.6	9	18	15	10	6	4	4	0	4
汽车	1 348	7.4	5	14	8	5	10	5	17	1	4
纺织品	306	1.7	−1	15	8	0	6	5	17	−3	8
服装	460	2.5	4	18	8	5	7	6	18	1	9
农产品（AoA）a	1 450	7.9	—	—	—	—	10	10	21	1	5
非农产品（NAMA）	16 850	92.1	—	—	—	—	10	7	20	0	2

a 见（AoA）（第 5 章，第 2.1.2 节）的农产品定义。

表 15

2013 年世界货物出口（按产品类别和地区）

单位：十亿美元，%

	农产品	燃料和矿产品		制成品						
		总额	燃料	总额	钢铁	化工产品	办公和通信设备	汽车	纺织品	服装
世界	1 745	3 997	3 258	11 848	454	2 001	1 750	1 348	306	460
占所有出口比重	9.5	21.8	17.8	64.7	2.5	10.9	9.6	7.4	1.7	2.5
年度变化百分比										
2005—2013	9	10	11	6	5	8	4	5	5	6
2012	−1	2	5	0	−8	−2	0	1	−3	1
2013	6	−3	−3	3	−6	2	4	4	8	9
北美洲	266	408	317	1616	32	262	213	278	18	12
占所有出口比重	11.0	16.9	13.1	66.8	1.3	10.8	8.8	11.5	0.8	0.5
年度变化百分比										
2005—2013	9	11	12	5	6	7	2	5	1	−2
2012	3	−2	1	5	0	−1	1	12	−1	2
2013	3	1	4	2	−3	1	0	3	3	3
中、南美洲	217	297	181	194	16	45	6	29	4	15
占所有出口比重	29.5	40.3	24.6	26.4	2.2	6.2	0.8	3.9	0.5	2.0
年度变化百分比										
2005—2013	12	10	9	5	0	9	−2	7	3	0
2012	−1	−3	4	0	−8	2	−3	−6	−4	3
2013	6	−7	−9	−1	−16	−8	3	12	−4	−5
欧洲	708	812	607	4 910	185	1 075	351	678	86	137
占所有出口比重	10.7	12.2	9.1	73.9	2.8	16.2	5.3	10.2	1.3	2.1
年度变化百分比										
2005—2013	7	9	9	4	3	6	−1	4	1	4
2012	−2	2	8	−5	−12	−3	−8	−7	−8	−6
2013	8	−4	−3	4	−6	3	−2	7	4	7
独联体	69	514	472	174	44	43	4	10	5	3
占所有出口比重	8.9	66.0	60.6	22.3	5.6	5.6	0.5	1.2	0.6	0.4
年度变化百分比										
2005—2013	13	11	12	8	3	11	22	11	12	7
2012	13	−1	1	1	−8	3	18	11	−13	−1
2013	4	−1	0	−7	−13	−13	4	−1	28	11
非洲	62	397	343	112	9	23	3	11	3	10
占所有出口比重	10.3	66.0	56.9	18.5	1.4	3.8	0.6	1.9	0.6	1.7
年度变化百分比										
2005—2013	10	8	8	7	1	11	7	9	7	1
2012	−2	9	11	−3	−17	1	−7	6	−12	−13
2013	5	−9	−10	3	−2	4	1	5	7	3
中东	33	880	854	276	9	94	16	12	7	11
占所有出口比重	2.5	65.3	63.4	20.5	0.7	7.0	1.2	0.9	0.5	0.8
年度变化百分比										
2005—2013	9	11	11	13	16	15	8	12	8	14
2012	−4	7	7	3	17	−4	11	3	6	212
2013	18	−5	−5	9	12	5	12	11	19	9

续 表

	农产品	燃料和矿产品		制 成 品						
		总额	燃料	总额	钢铁	化工产品	办公和通信设备	汽车	纺织品	服装
亚洲	390	690	483	4 566	159	459	1 157	331	183	274
占所有出口比重	6.7	12.0	8.4	79.1	2.8	7.9	20.0	5.7	3.2	4.7
年度变化百分比										
2005—2013	12	13	13	9	8	11	7	7	8	9
2012	−1	−3	0	3	−5	−1	2	11	−1	3
2013	3	0	−2	3	−5	2	7	−2	9	11

表 16

2013 年世界商业服务贸易（按产品类别）

单位：十亿美元，%

	总 额	份 额				
年份	2013	2000	2005	2011	2012	2013
出口						
所有服务	4 645	100.0	100.0	100.0	100.0	100.0
运输服务	905	23.2	22.6	20.5	20.2	19.5
旅游服务	1 185	32.0	27.9	24.8	25.1	25.5
其他服务	2 550	44.8	49.3	54.5	54.5	54.9
进口						
所有服务	4 380	100.0	100.0	100.0	100.0	100.0
运输服务	1 165	28.6	28.6	27.4	27.3	26.6
旅游服务	1 070	30.1	27.4	23.4	23.9	24.5
其他服务	2 085	41.2	44.0	48.0	47.5	47.6

表 17

1990—2013 年世界商业服务出口增长（按产品类别和地区）

（年度变化百分比）

	年度	世界	北美洲	中、南美洲	欧洲	独联体	非洲	中东	亚洲
商业服务									
	1990—1995	8	8	9	—	—	7	…	14
	1995—2000	5	7	6	4	…	4	…	4
	2000—2005	11	5	8	13	18	12	13	12
	2005—2010	9	8	10	7	14	9	10	12
	2012	2	5	6	−2	9	7	9	7
	2013	6	5	2	7	9	−3	4	5
运输服务									
	1990—1995	7	4	7	—	—	6	…	11
	1995—2000	2	1	1	2	…	−1	…	3
	2000—2005	10	3	11	11	15	14	…	11
	2005—2010	7	6	9	6	13	9	9	9
	2012	1	3	1	−3	6	8	6	5
	2013	2	4	3	5	5	2	−3	−3
旅游服务									
	1990—1995	9	7	10	—	—	8	…	14
	1995—2000	4	6	7	2	…	6	…	3

续 表

	年度	世界	北美洲	中、南美洲	欧洲	独联体	非洲	中东	亚洲
旅游服务									
	2000—2005	8	2	6	9	18	15	11	11
	2005—2010	6	4	6	3	9	8	15	13
	2012	4	8	6	−3	10	6	2	10
	2013	7	7	4	8	9	−10	8	9
其他商业服务									
	1990—1995	9	11	10	—	—	5	…	16
	1995—2000	8	10	9	7	…	6	…	5
	2000—2005	13	8	11	15	25	6	12	14
	2005—2010	11	10	15	10	19	11	6	13
	2012	2	3	9	−1	12	7	16	8
	2013	6	4	−1	7	14	2	6	7

表 18

2013 年区域间和区域内货物贸易

单位：十亿美元，%

原 产 地	目的地							世界
	北美洲	中、南美洲	欧洲	独联体	非洲	中东	亚洲	
	贸易额							
世界	3 082	782	6 669	566	618	760	5 423	18 301
北美洲	1 189	216	368	19	40	78	501	2 418
中、南美洲	178	195	121	9	20	18	178	736
欧洲	506	129	4 560	253	222	220	667	6 646
独联体	33	9	407	149	13	19	139	779
非洲	54	30	216	2	97	18	160	602
中东	110	11	143	6	38	135	703	1 347
亚洲	1 012	191	855	128	188	270	3 076	5 773
区域内贸易流量占每一区域总货物贸易出口的份额								
世界	16.8	4.3	36.4	3.1	3.4	4.2	29.6	100.0
北美洲	49.2	8.9	15.2	0.8	1.7	3.2	20.7	100.0
中、南美洲	24.2	26.6	16.4	1.2	2.7	2.5	24.1	100.0
欧洲	7.6	1.9	68.6	3.8	3.3	3.3	10.0	100.0
独联体	4.2	1.2	52.2	19.1	1.7	2.5	17.8	100.0
非洲	8.9	4.9	35.8	0.3	16.2	3.0	26.6	100.0
中东	8.2	0.8	10.6	0.5	2.8	10.1	52.2	100.0
亚洲	17.5	3.3	14.8	2.2	3.3	4.7	53.3	100.0
每一区域的出口额占世界对此区域出口总额的份额								
世界	100.0	100.0	100.0	100.0	100.0	100.0	100.0	100.0
北美洲	38.6	27.7	5.5	3.3	6.5	10.3	9.2	13.2
中、南美洲	5.8	25.0	1.8	1.6	3.2	2.4	3.3	4.0
欧洲	16.4	16.5	68.4	44.8	35.9	28.9	12.3	36.3
独联体	1.1	1.2	6.1	26.3	2.1	2.5	2.6	4.3

续 表

原 产 地	目的地 北美洲	中、南美洲	欧洲	独联体	非洲	中东	亚洲	世界
非洲	1.7	3.8	3.2	0.3	15.8	2.4	3.0	3.3
中东	3.6	1.4	2.1	1.1	6.2	17.8	13.0	7.4
亚洲	32.8	24.5	12.8	22.7	30.4	35.6	56.7	31.5
区域内贸易流量占世界总货物贸易出口的份额								
世界	16.8	4.3	36.4	3.1	3.4	4.2	29.6	100.0
北美洲	6.5	1.2	2.0	0.1	0.2	0.4	2.7	13.2
中、南美洲	1.0	1.1	0.7	0.0	0.1	0.1	1.0	4.0
欧洲	2.8	0.7	24.9	1.4	1.2	1.2	3.6	36.3
独联体	0.2	0.1	2.2	0.8	0.1	0.1	0.8	4.3
非洲	0.3	0.2	1.2	0.0	0.5	0.1	0.9	3.3
中东	0.6	0.1	0.8	0.0	0.2	0.7	3.8	7.4
亚洲	5.5	1.0	4.7	0.7	1.0	1.5	16.8	31.5

表 19

1948、1953、1963、1973、1983、1993、2003 和 2013 年

世界货物出口（按地区和国家）

单位：十亿美元，%

地区 \ 年份	1948	1953	1963	1973	1983	1993	2003	2013
	总 额							
世界	59	84	157	579	1 838	3 684	7 380	18 301
	份 额							
世界	100.0	100.0	100.0	100.0	100.0	100.0	100.0	100.0
北美洲	28.1	24.8	19.9	17.3	16.8	18.0	15.8	13.2
美国	21.7	18.8	14.9	12.3	11.2	12.6	9.8	8.6
加拿大	5.5	5.2	4.3	4.6	4.2	3.9	3.7	2.5
墨西哥	0.9	0.7	0.6	0.4	1.4	1.4	2.2	2.1
中、南美洲	11.3	9.7	6.4	4.3	4.5	3.0	3.0	4.0
巴西	2.0	1.8	0.9	1.1	1.2	1.0	1.0	1.3
阿根廷	2.8	1.3	0.9	0.6	0.4	0.4	0.4	0.4
欧洲	35.1	39.4	47.8	50.9	43.5	45.3	45.9	36.3
德国 a	1.4	5.3	9.3	11.7	9.2	10.3	10.2	7.9
法国	3.4	4.8	5.2	6.3	5.2	6.0	5.3	3.2
意大利	1.8	1.8	3.2	3.8	4.0	4.6	4.1	2.8
英国	11.3	9.0	7.8	5.1	5.0	4.9	4.1	3.0
独联体 b	—	—	—	—	—	1.5	2.6	4.3
非洲	7.3	6.5	5.7	4.8	4.5	2.5	2.4	3.3
南非 c	2.0	1.6	1.5	1.0	1.0	0.7	0.5	0.5
中东	2.0	2.7	3.2	4.1	6.7	3.5	4.1	7.4
亚洲	14.0	13.4	12.5	14.9	19.1	26.0	26.1	31.5
中国	0.9	1.2	1.3	1.0	1.2	2.5	5.9	12.1
日本	0.4	1.5	3.5	6.4	8.0	9.8	6.4	3.9

续 表

地区 \ 年份	1948	1953	1963	1973	1983	1993	2003	2013
印度	2.2	1.3	1.0	0.5	0.5	0.6	0.8	1.7
澳大利亚和新西兰	3.7	3.2	2.4	2.1	1.4	1.4	1.2	1.6
六个东亚贸易方	3.4	3.0	2.5	3.6	5.8	9.6	9.6	9.6
备忘项：								
欧盟 d	—	—	24.5	37.0	31.3	37.3	42.4	33.2
前苏联	2.2	3.5	4.6	3.7	5.0	—	—	—
GATT/WTO 成员 e	63.4	69.6	75.0	84.1	77.0	89.0	94.3	97.1

a 联邦德国的数据参考 1948—1983 年。

b 数据受到显著影响，包括波罗的海国家和独联体 1993 和 2003 年的相互贸易。

c 自 1998 年，统计数据均来自南非，而不再是南部非洲关税同盟。

d 数据参考 EEC（6）1963 年、EC（9）1973 年、EC（10）1983 年、EU（12）1993 年、EU（25）2003 年和 EU（28）2013 年。

e 其成员以所提年份为准。

注：1973 年、1983 年和 1993—2003 年的出口份额受到石油价格的影响。

表 20

1948、1953、1963、1973、1983、1993、2003 和 2013 年

世界货物进口（按地区和国家）

单位：十亿美元，%

地区 \ 年份	1948	1953	1963	1973	1983	1993	2003	2013
	总额							
世界	62	85	164	594	1 883	3 800	7 696	18 409
	份额							
世界	100.0	100.0	100.0	100.0	100.0	100.0	100.0	100.0
北美洲	18.5	20.5	16.1	17.2	18.5	21.3	22.4	17.4
美国	13.0	13.9	11.4	12.3	14.3	15.9	16.9	12.7
加拿大	4.4	5.5	3.9	4.2	3.4	3.7	3.2	2.6
墨西哥	1.0	0.9	0.8	0.6	0.7	1.8	2.3	2.1
中、南美洲	10.4	8.3	6.0	4.4	3.9	3.3	2.5	4.2
巴西	1.8	1.6	0.9	1.2	0.9	0.7	0.7	1.4
阿根廷	2.5	0.9	0.6	0.4	0.2	0.4	0.2	0.4
欧洲	45.3	43.7	52.0	53.3	44.1	44.4	45.0	35.8
德国 a	2.2	4.5	8.0	9.2	8.1	9.0	7.9	6.5
法国	5.5	4.9	5.3	6.4	5.6	5.7	5.2	3.7
意大利	2.5	2.8	4.6	4.7	4.2	3.9	3.9	2.6
英国	13.4	11.0	8.5	6.5	5.3	5.5	5.2	3.6
独联体 b	—	—	—	—	—	1.2	1.7	3.1
非洲	8.1	7.0	5.2	3.9	4.6	2.6	2.2	3.4
南非 c	2.5	1.5	1.1	0.9	0.8	0.5	0.5	0.7
中东	1.8	2.1	2.3	2.7	6.2	3.3	2.8	4.2
亚洲	13.9	15.1	14.1	14.9	18.5	23.6	23.5	31.8
中国	0.6	1.6	0.9	0.9	1.1	2.7	5.4	10.6
日本	1.1	2.8	4.1	6.5	6.7	6.4	5.0	4.5
印度	2.3	1.4	1.5	0.5	0.7	0.6	0.9	2.5

续 表

地区＼年份	1948	1953	1963	1973	1983	1993	2003	2013
澳大利亚和新西兰	2.9	2.3	2.2	1.6	1.4	1.5	1.4	1.5
六个东亚贸易方	3.5	3.7	3.2	3.9	6.1	10.3	8.6	9.5
备忘项：								
欧盟 d	—	—	25.5	37.1	31.4	36.2	41.3	32.6
前苏联	1.9	3.3	4.3	3.6	4.3	—	—	—
GATT/WTO 成员 e	58.6	66.9	75.3	85.5	79.7	89.3	96.0	97.5

a 联邦德国的数据参考1948—1983年。

b 数据受到显著影响，包括波罗的海国家和独联体1993和2003年的相互贸易。

c 自1998年，统计数据均来自南非，而不再是南部非洲关税同盟。

d 数据参考EEC（6）1963年、EC（9）1973年、EC（10）1983年、EU（12）1993年、EU（25）2003年和EU（28）2013年。

e 其成员以所提年份为准。

注：1973、1983年和1993—2003年的出口份额受到石油价格的影响。

表21

2013年世界货物贸易的主要进出口方

单位：十亿美元，%

排名	出口方	总额	份额	年度变化百分比	排名	进口方	总额	份额	年度变化百分比
1	中国	2 209	11.7	8	1	美国	2 329	12.3	0
2	美国	1 580	8.4	2	2	中国	1 950	10.3	7
3	德国	1 453	7.7	3	3	德国	1 189	6.3	2
4	日本	715	3.8	−10	4	日本	833	4.4	−6
5	荷兰	672	3.6	3	5	法国	681	3.6	1
6	法国	580	3.1	2	6	英国	655	3.5	−5
7	韩国	560	3.0	2	7	中国香港	622	3.3	12
8	英国	542	2.9	15		留用进口	141	0.7	4
9	中国香港	536	2.8	9	8	荷兰	590	3.1	0
10	内部出口	20	0.1	−11	9	韩国	516	2.7	−1
	转口	516	2.7	10					
	俄罗斯	523	2.8	−1	10	意大利	477	2.5	−2
11	意大利	518	2.8	3	11	加拿大 a	474	2.5	0
12	比利时	469	2.5	5	12	印度	466	2.5	−5
13	加拿大	458	2.4	1	13	比利时	451	2.4	3
14	新加坡	410	2.2	0	14	墨西哥	391	2.1	3
	内部出口	219	1.2	−4	15	新加坡	373	2.0	−2
	转口	191	1.0	6		留用进口	182	1.0	−9
15	墨西哥	380	2.0	3					
16	阿联酋 b	379	2.0	9	16	俄罗斯 a	343	1.8	2
17	沙特阿拉伯	376	2.0	−3	17	西班牙	339	1.8	0
18	西班牙	317	1.7	7	18	中国台北	270	1.4	0
19	印度	313	1.7	6	19	澳大利亚	252	1.3	6
20	中国台北	305	1.6	1	20	阿联酋 b	251	1.3	11
21	澳大利亚	253	1.3	−1	21	泰国	251	1.3	0
22	巴西	242	1.3	0	22	巴西	250	1.3	7

续　表

排名	出　口　方	总额	份额	年度变化百分比	排名	进　口　方	总额	份额	年度变化百分比
23	瑞士	229	1.2	1	23	澳大利亚	242	1.3	−7
24	泰国	229	1.2	0	24	马来西亚	206	1.1	5
25	马来西亚	228	1.2	0	25	波兰	205	1.1	3
26	波兰	202	1.1	9	26	瑞士	201	1.1	2
27	印尼	183	1.0	−3	27	印尼	187	1.0	−2
28	澳大利亚	175	0.9	5	28	奥地利	182	1.0	2
29	瑞典	168	0.9	−3	29	沙特阿拉伯	168	0.9	8
30	捷克	162	0.9	3	30	瑞典	160	0.8	−3
31	挪威	154	0.8	−4	31	捷克	143	0.8	1
32	土耳其	152	0.8	0	32	越南	132	0.7	16
33	卡塔尔	137	0.7	3	33	南非 b	126	0.7	−1
34	越南	132	0.7	15	34	匈牙利	100	0.5	5
35	科威特	115	0.6	−3	35	丹麦	97	0.5	5
36	爱尔兰	114	0.6	−2	36	挪威	90	0.5	3
37	丹麦	110	0.6	4	37	斯洛伐克	82	0.4	6
38	匈牙利	108	0.6	4	38	智利	79	0.4	−1
39	尼日利亚 b	103	0.5	−10	39	芬兰	77	0.4	1
40	南非	96	0.5	−4	40	乌克兰	77	0.4	−9
41	伊拉克 b	90	0.5	−5	41	葡萄牙	75	0.4	4
42	委内瑞拉 b	89	0.5	−9	42	以色列 b	75	0.4	−1
43	斯洛伐克	86	0.5	7	43	阿根廷	74	0.4	8
44	哈萨克斯坦	83	0.4	−5	44	罗马尼亚	73	0.4	5
45	伊朗 b	82	0.4	−21	45	爱尔兰	66	0.3	4
46	阿根廷	82	0.4	2	46	菲律宾	65	0.3	0
47	智利	77	0.4	−2	47	希腊	62	0.3	−2
48	芬兰	74	0.4	2	48	伊拉克 b	61	0.3	8
49	安哥拉 b	69	0.4	−3	49	哥伦比亚	59	0.3	1
50	以色列	67	0.4	6	50	埃及	58	0.3	−16
	以上总计 c	17 383	92.4	—		以上总计 c	17 177	90.9	—
	世界 c	18 816	100.0	2		世界 c	18 890	100.0	2

a　进口以 f. o. b. 计价。
b　秘书处估计。
c　包括转口以及为转口的进口。

表 22

2013 年世界货物贸易的主要进出口方〔不包括 EU（28）内部贸易〕　　单位：十亿美元，%

排名	出　口　方	总额	份额	年度变化百分比	排名	进　口　方	总额	份额	年度变化百分比
1	EU（28）对外出口	2 307	15.3	7	1	美国	2 329	15.4	0
2	中国	2 209	14.7	8	2	EU（28）从外进口	2 235	14.8	−3
3	美国	1 580	10.5	2	3	中国	1 950	12.9	7
4	日本	715	4.8	−10	4	日本	833	5.5	−6
5	韩国	560	3.7	2	5	中国香港	622	4.1	12
6	中国香港	536	3.6	9		留用进口	141	0.9	4

续 表

排名	出口方	总额	份额	年度变化百分比	排名	进口方	总额	份额	年度变化百分比
7	内部出口	20	0.1	−11	6	韩国	516	3.4	−1
	转口	516	3.4	10					
	俄罗斯	523	3.5	−1	7	加拿大 a	474	3.1	0
8	加拿大	458	3.0	1	8	印度	466	3.1	−5
9	新加坡	410	2.7	0	9	墨西哥	391	2.6	3
	内部出口	219	1.5	−4	10	新加坡	373	2.5	−2
	转口	191	1.3	6		留用进口	182	1.2	−9
10	墨西哥	380	2.5	3					
11	阿联酋 b	379	2.5	9	11	俄罗斯 a	343	2.3	2
12	沙特	376	2.5	−3	12	中国台北	270	1.8	0
13	印度	313	2.1	6	13	土耳其	252	1.7	6
14	中国台北	305	2.0	1	14	阿联酋 b	251	1.7	11
15	澳大利亚	253	1.7	−1	15	泰国	251	1.7	0
16	巴西	242	1.6	0	16	巴西	250	1.7	7
17	瑞士	229	1.5	1	17	澳大利亚	242	1.6	−7
18	泰国	229	1.5	0	18	马来西亚	206	1.4	5
19	马来西亚	228	1.5	0	19	瑞士	201	1.3	2
20	印度尼西亚	183	1.2	−3	20	印度尼西亚	187	1.2	−2
21	挪威	154	1.0	−4	21	沙特阿拉伯	168	1.1	8
22	土耳其	152	1.0	0	22	越南	132	0.9	16
23	卡塔尔	137	0.9	3	23	南非 b	126	0.8	−1
24	越南	132	0.9	15	24	挪威	90	0.6	3
25	科威特	115	0.8	−3	25	智利	79	0.5	−1
26	尼日利亚 b	103	0.7	−10	26	乌克兰	77	0.5	−9
27	南非	96	0.6	−4	27	以色列 b	75	0.5	−1
28	伊拉克 b	90	0.6	−5	28	阿根廷	74	0.5	8
29	委内瑞拉 b	89	0.6	−9	29	菲律宾	65	0.4	0
30	哈萨克斯坦	83	0.5	−5	30	伊拉克 b	61	0.4	8
31	伊朗 b	82	0.5	−21	31	哥伦比亚	59	0.4	1
32	阿根廷	82	0.5	2	32	埃及	58	0.4	−16
33	智利	77	0.5	−2	33	尼日利亚 b	56	0.4	10
34	安哥拉 b	69	0.5	−3	34	阿尔及利亚	55	0.4	9
35	以色列	67	0.4	6	35	委内瑞拉	54	0.4	−12
36	阿尔及利亚	65	0.4	−10	36	伊朗 b	49	0.3	−14
37	乌克兰	63	0.4	−8	37	哈萨克斯坦	49	0.3	5
38	哥伦比亚	59	0.4	−2	38	摩洛哥	45	0.3	0
39	菲律宾	57	0.4	9	39	巴基斯坦	45	0.3	1
40	阿曼	56	0.4	8	40	秘鲁	44	0.3	3
41	利比亚 b	44	0.3	−29	41	白俄罗斯	43	0.3	−7
42	秘鲁	42	0.3	−9	42	新西兰	40	0.3	4
43	新西兰	39	0.3	6	43	孟加拉	36	0.2	6
44	白俄罗斯	37	0.2	−19	44	阿曼 b	35	0.2	22
45	阿塞拜疆	32	0.2	−2	45	卡塔尔 b	35	0.2	2
46	孟加拉国	29	0.2	16	46	科威特	29	0.2	8
47	埃及	28	0.2	−3	47	厄瓜多尔	27	0.2	7

续　表

排名	出　口　方	总额	份额	年度变化百分比	排名	进　口　方	总额	份额	年度变化百分比
48	巴基斯坦	25	0.2	2	48	利比亚 b	27	0.2	23
49	厄瓜多尔	25	0.2	5	49	安哥拉 ab	25	0.2	3
50	摩洛哥	22	0.1	2	50	突尼斯	24	0.2	−1
	以上总计 c	14 566	96.8	—		以上总计 c	14 424	95.4	—
	世界［除 EU (28)］c	15 047	100.0	2		世界［除 EU (28)］c	15 121	100.0	1

a　进口以 f.o.b. 计价。
b　秘书处估计。
c　包括转口以及为转口的进口。

表 23

2013 年世界商业服务贸易的主要进出口方

单位：十亿美元，%

排名	出　口　方	总额	份额	年度变化百分比	排名	进　口　方	总额	份额	年度变化百分比
1	美国	662	14.3	5	1	美国	432	9.8	4
2	英国	293	6.3	2	2	中国	329	7.5	18
3	德国	286	6.2	8	3	德国	317	7.2	8
4	法国	236	5.1	10	4	法国	189	4.3	8
5	中国	205	4.4	7	5	英国	174	4.0	−1
6	印度	151	3.2	4	6	日本	162	3.7	−7
7	荷兰	147	3.2	12	7	新加坡	128	2.9	4
8	日本	145	3.1	2	8	荷兰	127	2.9	7
9	西班牙	145	3.1	6	9	印度	125	2.8	−3
10	中国香港	133	2.9	6	10	俄罗斯	123	2.8	18
11	爱尔兰	125	2.7	8	11	爱尔兰	118	2.7	5
12	新加坡 a	122	2.6	4	12	意大利	107	2.4	3
13	韩国	112	2.4	1	13	韩国	106	2.4	1
14	意大利	110	2.4	6	14	加拿大	105	2.4	−1
15	比利时	106	2.3	7	15	比利时	98	2.2	7
16	瑞士	93	2.0	5	16	西班牙	92	2.1	3
17	加拿大	78	1.7	0	17	巴西	83	1.9	7
18	卢森堡	77	1.7	8	18	阿联酋	70	1.6	12
19	瑞典	75	1.6	6	19	澳大利亚	62	1.4	−2
20	丹麦	70	1.5	6	20	丹麦	60	1.4	3
21	俄罗斯	65	1.4	11	21	中国香港	60	1.4	3
22	奥地利	65	1.4	8	22	瑞典	57	1.3	6
23	泰国	59	1.3	19	23	泰国	55	1.3	4
24	中国澳门	54	1.2	18	24	瑞士	53	1.2	13
25	澳大利亚	52	1.1	0	25	沙特阿拉伯	52	1.2	4
26	中国台北	51	1.1	5	26	挪威	49	1.1	2
27	土耳其	46	1.0	8	27	卢森堡	46	1.0	9
28	挪威	41	0.9	−5	28	马来西亚	45	1.0	6
29	波兰	40	0.9	6	29	奥地利	45	1.0	6
30	马来西亚	40	0.9	6	30	中国台北	42	1.0	−1
31	巴西	37	0.8	−2	31	印度尼西亚	34	0.8	3
32	希腊	37	0.8	6	32	波兰	33	0.8	4
33	以色列	32	0.7	5	33	芬兰	29	0.7	−2
34	芬兰	29	0.6	5	34	墨西哥	29	0.7	9

续 表

排名	出 口 方	总额	份额	年度变化百分比	排名	进 口 方	总额	份额	年度变化百分比
35	葡萄牙	27	0.6	11	35	卡塔尔	25	0.6	12
36	黎巴嫩 b	23	0.5	…	36	安哥拉	22	0.5	6
37	印度尼西亚	22	0.5	−4	37	土耳其	22	0.5	16
38	菲律宾	22	0.5	7	38	尼日利亚	21	0.5	−9
39	捷克	22	0.5	−2	39	科威特	20	0.5	3
40	匈牙利	21	0.5	5	40	以色列	20	0.5	−4
	以上总计	4 155	89.5	—		以上总计	3 765	85.9	—
	世界	4 645	100.0	6		世界	4 380	100.0	5

a 未包括中介交易。
b 秘书处估计。

表 24

2013 年世界商业服务贸易的主要进出口方［不包括 EU（28）内部贸易］ 单位：十亿美元，%

排名	出 口 方	总额	份额	年度变化百分比	排名	进 口 方	总额	份额	年度变化百分比
1	欧盟(28)对外出口	891	25.2	6	1	欧盟（28）从外进口	668	19.7	4
2	美国	662	18.7	5	2	美国	432	12.7	4
3	中国	205	5.8	7	3	中国	329	9.7	18
4	印度	151	4.3	4	4	日本	162	4.8	−7
5	日本	145	4.1	2	5	新加坡	128	3.8	4
6	中国香港	133	3.8	6	6	印度	125	3.7	−3
7	新加坡 a	122	3.5	4	7	俄罗斯	123	3.6	18
8	韩国	112	3.2	1	8	韩国	106	3.1	1
9	瑞士	93	2.6	5	9	加拿大	105	3.1	−1
10	加拿大	78	2.2	0	10	巴西	83	2.5	7
11	俄罗斯	65	1.8	11	11	阿联酋	70	2.1	12
12	泰国	59	1.7	19	12	澳大利亚	62	1.8	−2
13	中国澳门	54	1.5	18	13	中国香港	60	1.8	3
14	澳大利亚	52	1.5	0	14	泰国	55	1.6	4
15	中国台北	51	1.5	5	15	瑞士	53	1.6	13
16	土耳其	46	1.3	8	16	沙特阿拉伯	52	1.5	4
17	挪威	41	1.1	−5	17	挪威	49	1.5	2
18	马来西亚	40	1.1	6	18	马来西亚	45	1.3	6
19	巴西	37	1.1	−2	19	中国台北	42	1.2	−1
20	以色列	32	0.9	5	20	印度尼西亚	34	1.0	3
21	黎巴嫩 b	23	0.7	…	21	墨西哥	29	0.9	9
22	印度尼西亚	22	0.6	−4	22	卡塔尔	25	0.7	12
23	菲律宾	22	0.6	7	23	安哥拉	22	0.7	6
24	墨西哥	20	0.6	21	24	土耳其	22	0.7	16
25	乌克兰	19	0.5	4	25	尼日利亚	21	0.6	−9
26	埃及	18	0.5	−16	26	科威特	20	0.6	3
27	阿联酋	16	0.5	15	27	以色列	20	0.6	−4
28	阿根廷	14	0.4	−5	28	阿根廷	19	0.6	6
29	南非	14	0.4	−6	29	委内瑞拉	17	0.5	0
30	新西兰	13	0.4	1	30	南非	16	0.5	−7
31	摩洛哥	13	0.4	0	31	伊拉克 b	16	0.5	…

续　表

排名	出　口　方	总额	份额	年度变化百分比	排名	进　口　方	总额	份额	年度变化百分比
32	智利	13	0.4	3	32	乌克兰	16	0.5	11
33	古巴	12	0.3	－3	33	智利	15	0.5	7
34	沙特阿拉伯	11	0.3	5	34	挪威	15	0.4	－5
35	越南	10	0.3	9	35	黎巴嫩 b	14	0.4	…
36	卡塔尔	10	0.3	16	36	菲律宾	14	0.4	5
37	巴拿马	10	0.3	4	37	越南	13	0.4	5
38	白俄罗斯	7	0.2	16	38	新西兰	12	0.4	2
39	特立尼达和多巴哥 b	6	0.2	…	39	哈萨克斯坦	12	0.4	－5
40	多米尼加	6	0.2	7	40	中国澳门	12	0.3	9
	以上总计	3 350	94.7	—		以上总计	3 135	92.5	—
	世界［除 EU（28）］	3 535	100.0	5		世界［除 EU（28）］	3 385	100.0	5

a　未包括中介交易。
b　秘书处估计。

表 25

2003—2013 年美国的货物贸易（按地区和国家）

单位：十亿美元

地区＼年份	2003	2004	2005	2006	2007	2008	2009	2010	2011	2012	2013
出口											
世界	**724.8**	**814.9**	**901.1**	**1 026.0**	**1 148.2**	**1 287.4**	**1 056.0**	**1 278.5**	**1 482.5**	**1 545.7**	**1 579.6**
北美洲	267.7	301.0	332.6	364.9	385.4	413.2	334.3	413.5	480.2	509.1	528.2
加拿大	169.5	189.1	211.4	230.2	248.4	260.9	204.7	248.2	280.7	291.7	300.2
墨西哥	97.6	110.7	120.2	133.7	135.9	151.2	128.9	163.6	198.3	215.9	226.0
中、南美洲	51.5	60.7	71.5	87.3	105.4	135.0	108.0	137.1	166.5	180.1	181.1
巴西	11.2	13.9	15.4	18.9	24.2	32.3	26.1	35.4	43.0	43.8	44.1
其他中、南美洲国家	40.3	46.8	56.1	68.4	81.2	102.7	81.9	101.6	123.5	136.3	136.9
欧洲	168.9	187.0	204.0	235.8	272.5	311.1	249.9	276.3	316.5	313.8	310.0
欧盟（28）	155.2	171.9	186.0	212.7	244.2	271.8	220.6	239.6	269.6	265.7	262.1
欧洲其他地区	13.8	15.0	17.9	23.1	28.3	39.3	29.3	36.7	46.9	48.1	47.9
独联体	3.7	4.8	5.9	7.1	10.5	13.8	8.1	9.2	12.9	15.3	16.2
俄罗斯	2.4	3.0	4.0	4.7	7.3	9.3	5.3	6.0	8.3	10.7	11.1
其他独联体国家	1.3	1.8	1.9	2.4	3.2	4.5	2.8	3.2	4.6	4.6	5.1
非洲	10.7	13.4	15.5	18.8	24.1	28.8	24.7	28.7	33.2	33.1	35.7
南非	2.8	3.2	3.9	4.5	5.5	6.5	4.5	5.6	7.3	7.6	7.3
非洲其他地区	7.9	10.2	11.6	14.4	18.5	22.3	20.2	23.1	26.0	25.6	28.4
中东	19.4	23.5	31.5	37.2	45.1	55.0	44.8	48.7	58.5	69.6	73.3
亚洲	202.7	224.1	239.5	274.2	304.4	329.4	285.4	364.0	412.8	422.3	432.1
中国	28.4	34.4	41.2	53.7	62.9	69.7	69.5	91.9	104.1	110.5	121.7
日本	52.1	53.6	54.7	58.5	61.2	65.1	51.1	60.5	65.8	70.0	65.2
六个东亚贸易方	88.6	100.2	103.7	116.8	125.8	131.0	107.7	143.5	162.3	158.3	165.0
亚洲其他地区	33.6	35.9	40.0	45.3	54.6	63.6	57.1	68.1	80.6	83.6	80.1
进口											
世界	**1 303.1**	**1 525.7**	**1 732.7**	**1 918.1**	**2 020.4**	**2 169.5**	**1 605.3**	**1 969.2**	**2 265.9**	**2 335.5**	**2 329.1**
北美洲	366.5	417.7	464.6	507.9	531.6	559.0	407.1	512.2	584.5	607.6	619.8
加拿大	227.6	259.7	291.9	307.7	317.5	339.1	227.6	279.3	319.1	327.5	336.7
墨西哥	139.5	157.9	172.5	200.4	213.3	218.6	178.8	232.3	265.3	280.0	283.0
中、南美洲	83.8	105.2	129.9	140.4	141.8	167.4	113.5	136.4	178.5	177.3	163.9

续 表

地区 \ 年份	2003	2004	2005	2006	2007	2008	2009	2010	2011	2012	2013
巴西	18.9	22.7	26.2	28.0	27.2	32.1	21.1	25.0	32.5	33.2	28.6
其他中、南美洲国家	64.9	82.5	103.7	112.4	114.6	135.2	92.4	111.4	146.0	144.1	135.2
欧洲	282.0	317.5	346.8	369.9	393.5	409.6	314.5	359.2	415.5	429.8	439.0
欧盟（28）	261.0	292.7	320.1	341.5	365.2	378.2	288.0	327.4	376.0	389.5	396.3
欧洲其他地区	21.0	24.8	26.7	28.3	28.2	31.4	26.6	31.8	39.5	40.3	42.7
独联体	10.4	14.9	19.8	25.3	26.5	38.5	24.1	32.3	42.0	34.9	31.9
俄罗斯	9.1	12.6	16.2	20.7	20.2	27.9	19.0	26.5	35.5	30.1	27.7
其他独联体国家	1.3	2.3	3.6	4.6	6.3	10.5	5.1	5.7	6.5	4.8	4.2
非洲	33.8	48.3	67.9	83.8	95.2	117.3	64.6	87.5	94.8	68.5	51.3
南非	4.8	6.2	6.1	7.7	9.3	10.1	6.0	8.3	9.6	8.8	8.6
非洲其他地区	29.1	42.2	61.8	76.1	85.9	107.1	58.7	79.1	85.2	59.7	42.7
中东	43.9	54.2	65.7	74.7	80.3	115.3	61.0	76.9	106.2	119.6	109.5
亚洲	482.6	567.7	638.0	716.0	751.4	762.5	620.4	764.7	841.0	896.0	912.9
中国	163.2	210.5	259.8	305.7	340.3	356.6	309.7	383.1	417.3	444.4	460.0
日本	121.1	133.4	142.0	152.2	149.6	143.6	98.6	123.7	132.4	150.4	142.1
六个东亚贸易方	138.3	157.1	162.3	174.9	173.0	167.0	133.4	160.5	177.2	180.9	183.4
亚洲其他地区	60.0	66.7	73.9	83.2	88.5	95.3	78.7	97.5	114.0	120.3	127.4

表26

2009—2013年欧盟（28）的货物贸易（按地区和国家）

单位：十亿美元

地区 \ 年份	总额					年度变化百分比				
	2009	2010	2011	2012	2013	2005—2013	2010	2011	2012	2013
出口										
世界	**4 613.5**	**5 183.9**	**6 092.3**	**5 813.1**	**6 076.5**	**5**	**12**	**18**	**−5**	**5**
北美洲	329.8	378.6	434.9	447.1	457.5	3	15	15	3	2
美国	277.5	314.3	360.0	371.6	378.4	3	13	15	3	2
其他北美洲国家	52.3	64.3	74.8	75.4	79.2	6	23	16	1	5
中、南美洲	69.1	91.1	109.8	113.5	118.5	10	32	20	3	4
巴西	29.5	41.0	48.9	49.5	51.7	13	39	19	1	4
其他中、南美洲国家	39.5	50.2	60.8	64.0	66.8	9	27	21	5	4
欧洲	3 352.4	3 705.1	4 333.4	4 022.6	4 206.1	4	11	17	−7	5
欧盟（28）	3 087.7	3 390.0	3 928.8	3 650.7	3 769.5	4	10	16	−7	3
欧洲其他地区	264.7	315.1	404.6	371.8	436.6	9	19	28	−8	17
独联体	132.8	162.7	211.2	220.8	226.6	11	22	30	5	3
俄罗斯	90.4	113.6	150.2	157.7	158.3	11	26	32	5	0
其他独联体国家	42.4	49.1	61.0	63.1	68.3	10	16	24	4	8
非洲	148.1	164.1	187.0	192.0	201.5	8	11	14	3	5
南非	21.8	28.1	35.5	32.1	32.1	5	29	26	−10	0
非洲其他地区	126.2	136.0	151.5	159.9	169.5	9	8	11	6	6
中东	128.0	139.5	160.4	158.9	177.2	6	9	15	−1	12
亚洲	384.5	477.2	578.6	579.7	603.5	9	24	21	0	4
中国	113.7	149.5	188.9	184.2	195.9	15	31	26	−3	6
日本	48.9	57.4	67.4	70.4	70.8	4	17	17	4	1
六个东亚贸易方	122.6	152.8	180.5	187.2	197.5	8	25	18	4	6
亚洲其他地区	213.0	267.0	330.8	322.2	335.2	11	25	24	−3	4
进口										
世界	**4 809.2**	**5 421.1**	**6 334.6**	**5 961.5**	**6 004.0**	**4**	**13**	**17**	**−6**	**1**
北美洲	250.4	275.6	331.0	325.9	316.6	4	10	20	−2	−3
美国	209.7	224.5	265.0	263.4	258.6	3	7	18	−1	−2

续　表

地区＼年份	总额 2009	2010	2011	2012	2013	年度变化百分比 2005—2013	2010	2011	2012	2013
其他北美洲国家	40.7	51.0	66.0	62.5	58.0	7	25	29	−5	−7
中、南美洲	91.2	109.6	134.7	122.5	107.7	4	20	23	−9	−12
巴西	36.2	44.1	54.2	47.8	41.0	4	22	23	−12	−14
其他中、南美洲国家	54.9	65.5	80.5	74.8	66.7	5	19	23	−7	−11
欧洲	3 341.1	3 663.7	4 254.1	3 968.9	4 079.4	4	10	16	−7	3
欧盟（28）	3 085.7	3 390.0	3 928.8	3 650.7	3 769.4	4	10	16	−7	3
欧洲其他地区	255.3	273.8	325.2	318.2	309.9	5	7	19	−2	−3
独联体	206.6	266.5	360.7	352.0	345.4	9	29	35	−2	−2
俄罗斯	163.6	211.2	277.6	274.7	269.5	9	29	31	−1	−2
其他独联体国家	43.0	55.4	83.1	77.2	75.9	10	29	50	−7	−2
非洲	154.9	179.9	209.7	238.6	221.6	7	16	17	14	−7
南非	26.7	26.5	29.8	25.6	19.8	−1	−1	13	−14	−22
非洲其他地区	128.2	153.4	179.9	213.0	201.8	8	20	17	18	−5
中东	70.0	95.7	141.0	119.8	108.3	3	37	47	−15	−10
亚洲	635.4	766.7	843.8	770.1	756.5	5	21	10	−9	−2
中国	300.0	375.4	408.4	374.1	371.3	8	25	9	−8	−1
日本	81.4	89.0	98.0	82.5	74.8	−3	9	10	−16	−9
六个东亚贸易方	148.9	178.6	179.9	166.5	160.5	1	20	1	−7	−4
亚洲其他地区	105.1	123.7	157.4	147.0	149.8	8	18	27	−7	2

表 27

2003—2013 年日本的货物贸易（按地区和国家）　　单位：十亿美元

地区＼年份	2003	2004	2005	2006	2007	2008	2009	2010	2011	2012	2013
出口											
世界	**471.8**	**565.7**	**594.9**	**646.7**	**714.3**	**781.4**	**580.7**	**769.8**	**823.2**	**798.6**	**715.1**
北美洲	128.6	142.5	151.7	164.7	164.5	159.4	109.9	139.3	146.8	162.8	152.9
美国	117.5	128.7	135.9	145.5	143.7	138.7	95.3	120.2	127.8	142.0	134.5
其他北美洲国家	11.1	13.8	15.8	19.3	20.8	20.7	14.6	19.0	19.0	20.7	18.4
中、南美洲	6.5	8.1	9.4	12.0	15.0	19.1	12.2	17.9	17.8	17.1	15.7
巴西	1.9	2.3	2.7	3.0	4.0	5.9	4.2	6.2	6.2	5.9	5.7
其他中、南美洲国家	4.6	5.8	6.6	9.0	11.0	13.2	7.9	11.7	11.6	11.2	10.0
欧洲	80.0	94.8	93.5	100.7	112.7	119.5	81.5	98.7	109.8	89.7	78.7
欧盟（28）	75.7	89.3	87.9	94.0	105.5	110.5	72.5	87.1	95.9	81.5	71.8
欧洲其他地区	4.3	5.4	5.6	6.6	7.2	9.0	9.1	11.6	13.8	8.2	6.9
独联体	2.2	3.8	5.2	8.3	12.5	19.3	4.1	9.1	13.8	14.6	13.0
俄罗斯	1.8	3.1	4.5	7.1	10.8	16.5	3.3	8.0	11.8	12.6	11.0
其他独联体国家	0.4	0.7	0.7	1.2	1.7	2.8	0.8	1.1	1.9	2.0	2.1
非洲	4.8	6.6	7.0	8.7	10.5	12.1	8.0	10.1	9.9	10.6	9.6
南非	2.0	2.9	3.3	4.1	4.6	4.6	2.6	3.8	4.3	4.1	3.5
非洲其他地区	2.8	3.7	3.7	4.6	5.9	7.5	5.4	6.2	5.6	6.6	6.2
中东	12.9	14.5	16.5	19.2	26.2	33.8	21.6	25.3	24.6	28.3	25.4
亚洲	231.2	288.7	303.5	322.2	361.0	406.5	329.5	452.5	482.9	459.6	408.8
中国	72.9	92.9	98.4	111.5	129.7	144.6	125.9	171.3	183.6	166.6	149.5
六个东亚贸易方	122.6	153.6	161.2	167.0	179.8	198.7	155.2	212.5	222.1	211.0	187.6
亚洲其他地区	35.7	42.3	43.8	43.6	51.5	63.2	48.4	68.7	77.2	82.0	71.7
进口											
世界	**382.9**	**454.5**	**515.9**	**579.1**	**622.2**	**762.5**	**552.0**	**694.1**	**855.4**	**885.8**	**833.2**
北美洲	69.2	74.2	76.9	80.4	84.1	95.5	72.6	83.4	93.2	95.3	88.2

续 表

地区＼年份	2003	2004	2005	2006	2007	2008	2009	2010	2011	2012	2013
美国	59.9	63.6	65.4	68.0	70.9	78.9	60.6	69.1	76.3	78.2	72.0
其他北美洲国家	9.3	10.6	11.5	12.4	13.1	16.6	12.0	14.4	16.9	17.1	16.2
中、南美洲	7.7	10.4	12.1	16.2	19.6	22.5	15.8	22.8	29.0	28.8	27.6
巴西	2.9	3.7	4.4	5.1	6.0	9.1	6.4	9.9	12.7	12.0	11.1
其他中、南美洲国家	4.8	6.8	7.7	11.1	13.6	13.4	9.4	13.0	16.3	16.8	16.4
欧洲	55.7	64.5	65.6	66.8	72.5	79.7	67.8	75.9	91.6	94.8	88.7
欧盟（28）	50.2	58.0	58.9	59.9	65.0	70.5	59.3	66.5	80.6	83.3	78.5
欧洲其他地区	5.5	6.5	6.7	6.9	7.5	9.2	8.6	9.4	11.0	11.5	10.3
独联体	4.6	6.2	6.8	7.4	11.5	14.9	9.6	17.2	20.1	22.1	24.9
俄罗斯	4.2	5.7	6.2	6.7	10.6	13.4	8.8	16.1	19.0	20.8	23.7
其他独联体国家	0.4	0.5	0.6	0.7	1.0	1.5	0.8	1.1	1.0	1.3	1.3
非洲	6.4	8.7	9.8	13.5	15.3	20.9	9.1	11.7	17.2	21.3	19.1
南非	3.6	4.6	5.5	6.6	7.7	9.0	5.0	7.2	8.5	6.4	6.8
非洲其他地区	2.9	4.1	4.3	6.9	7.6	11.9	4.1	4.5	8.7	14.8	12.4
中东	51.2	62.7	87.4	109.1	114.0	167.6	92.6	118.6	161.2	169.7	160.6
亚洲	188.1	227.8	257.2	283.3	303.2	361.3	284.3	362.7	443.1	453.6	423.8
中国	75.4	94.3	108.4	118.0	127.5	143.2	122.6	153.2	183.9	188.4	181.0
六个东亚贸易方	63.3	74.6	81.3	88.9	91.2	104.7	80.3	105.1	128.3	131.4	120.4
亚洲其他地区	49.3	59.0	67.5	76.3	84.5	113.4	81.5	104.5	130.9	133.8	122.5

表 28

2003—2013 年中国的货物贸易（按地区和国家）

单位：十亿美元

地区＼年份	2003	2004	2005	2006	2007	2008	2009	2010	2011	2012	2013
出口											
世界	**438.2**	**593.3**	**762.0**	**969.0**	**1 220.5**	**1 430.7**	**1 201.6**	**1 577.8**	**1 898.4**	**2 048.7**	**2 209.0**
北美洲	130.4	176.2	226.0	284.2	326.2	349.7	304.8	394.5	458.1	506.9	541.4
美国	119.2	159.7	204.9	255.0	289.4	308.0	269.3	346.7	398.9	439.3	469.3
其他北美洲国家	11.2	16.4	21.1	29.2	36.9	41.7	35.5	47.9	59.3	67.6	72.1
中、南美洲	8.4	13.0	17.7	26.6	39.5	56.9	42.9	69.9	94.0	104.4	103.0
巴西	2.1	3.7	4.8	7.4	11.4	18.8	14.1	24.5	31.8	33.4	35.9
其他中、南美洲国家	6.3	9.3	12.9	19.3	28.1	38.0	28.8	45.4	62.2	71.0	67.1
欧洲	100.8	140.5	186.8	244.3	317.8	371.5	301.5	396.5	460.0	437.9	450.3
欧盟（28）	96.7	134.8	178.9	232.2	300.8	353.4	287.0	377.9	435.8	414.5	425.1
欧洲其他地区	4.1	5.7	7.9	12.0	17.0	18.1	14.6	18.6	24.1	23.4	25.2
独联体	9.3	13.8	21.4	28.0	48.1	64.7	39.0	53.8	67.2	75.7	83.5
俄罗斯	6.0	9.1	13.2	15.8	28.5	33.1	17.5	29.6	38.9	44.1	49.6
其他独联体国家	3.3	4.7	8.2	12.2	19.6	31.6	21.5	24.2	28.3	31.6	33.9
非洲	10.1	13.6	18.5	26.2	36.8	50.5	46.3	56.1	69.1	82.8	91.2
南非	2.0	3.0	3.8	5.8	7.4	8.6	7.4	10.8	13.4	15.3	16.8
非洲其他地区	8.1	10.7	14.7	20.4	29.3	41.9	39.0	45.3	55.8	67.5	74.3
中东	13.3	16.9	22.2	29.6	44.3	58.8	51.1	62.6	79.7	85.6	97.0
亚洲	165.9	219.1	269.2	329.5	406.6	477.4	413.4	537.0	663.3	750.5	839.8
日本	70.8	89.6	102.4	112.0	124.9	138.7	118.1	148.4	182.8	190.3	194.5
六个东亚贸易方	64.6	86.5	111.7	145.8	181.1	212.0	175.2	223.3	270.9	330.6	386.3
亚洲其他地区	30.5	43.0	55.2	71.6	100.6	126.7	120.0	165.3	209.6	229.6	259.0
进口											
世界	**412.8**	**561.2**	**660.0**	**791.5**	**956.1**	**1 132.6**	**1 005.9**	**1 396.2**	**1 743.5**	**1 818.4**	**1 950.0**
北美洲	40.0	54.2	58.5	69.6	83.8	97.9	93.7	124.5	154.7	166.1	188.9

续　表

地区＼年份	2003	2004	2005	2006	2007	2008	2009	2010	2011	2012	2013
美国	33.9	44.8	48.7	59.3	69.6	81.6	77.8	102.7	123.1	133.8	153.4
其他北美洲国家	6.1	9.5	9.7	10.3	14.2	16.4	15.9	21.8	31.5	32.4	35.5
中、南美洲	13.2	19.5	24.4	31.5	47.7	67.7	60.2	84.2	109.3	116.0	116.1
巴西	5.8	8.7	10.0	12.9	18.3	29.9	28.3	38.1	52.4	52.3	54.3
其他中、南美洲国家	7.3	10.9	14.4	18.6	29.4	37.8	32.0	46.1	56.9	63.7	61.8
欧洲	59.1	76.2	79.9	97.2	120.0	144.4	139.8	192.3	245.9	242.2	284.9
欧盟（28）	55.0	70.6	74.1	90.8	111.3	132.9	128.1	168.5	211.2	212.1	219.9
欧洲其他地区	4.1	5.7	5.8	6.4	8.7	11.5	11.7	23.8	34.6	30.1	64.9
独联体	13.1	16.2	20.7	22.8	28.0	33.9	31.0	42.3	65.5	72.8	70.9
俄罗斯	9.7	12.1	15.9	17.6	19.7	23.8	21.3	25.9	40.4	44.1	39.7
其他独联体国家	3.4	4.1	4.8	5.2	8.3	10.1	9.8	16.4	25.2	28.6	31.3
非洲	8.4	15.6	21.1	28.8	36.4	56.0	43.3	67.1	93.2	113.2	117.5
南非	1.8	3.0	3.4	4.1	6.6	9.2	8.7	14.9	32.1	44.7	48.4
非洲其他地区	6.5	12.7	17.6	24.7	29.7	46.7	34.6	52.2	61.1	68.6	69.1
中东	14.4	21.6	31.0	40.8	47.9	79.9	56.2	86.7	134.1	145.2	155.5
亚洲	264.5	357.7	424.3	500.8	592.3	652.7	581.2	797.4	934.7	956.4	1 011.6
中国	25.1	38.7	55.2	73.3	85.8	92.5	86.4	106.9	122.6	142.9	157.5
日本	74.1	94.3	100.4	115.7	133.9	150.6	130.9	176.7	194.6	177.8	162.2
六个东亚贸易方	136.9	182.5	214.3	246.8	286.5	306.3	272.0	374.7	432.4	444.2	484.4
亚洲其他地区	28.4	42.2	54.4	65.0	86.1	103.3	91.9	139.2	185.1	191.4	207.3

表 29

2013 年 NAFTA 成员的货物贸易（按产品和原产地/目的地）　单位：十亿美元，%

目的地	世界					NAFTA					其他原产地/目的地				
	总额	份额		年度变化百分比		总额	份额		年度变化百分比		总额	份额		年度变化百分比	
	2013	2005	2013	2012	2013	2013	2005	2013	2012	2013	2013	2005	2013	2012	2013
出口															
加拿大															
农产品	66	11.4	14.3	4	5	35	8.9	9.9	5	8	31	25.5	28.8	4	1
燃料和矿产品	152	25.7	33.1	−4	2	129	27.0	36.9	−2	5	22	18.6	20.7	−10	−13
制成品	207	57.2	45.2	3	−2	170	58.6	48.4	5	−1	37	49.6	34.9	−2	−4
总出口	458	100.0	100.0	1	1	351	100.0	100.0	2	2	107	100.0	100.0	−2	−4
墨西哥															
农产品	25	5.9	6.6	2	7	19	5.5	6.2	1	8	6	8.1	8.1	7	5
燃料和矿产品	60	16.7	15.9	−5	−9	43	15.2	13.7	−12	−10	18	27.4	25.4	21	−5
制成品	285	77.0	74.9	9	6	240	78.8	77.5	9	7	44	64.2	63.3	9	−2
总出口	380	100.0	100.0	6	3	310	100.0	100.0	5	4	70	100.0	100.0	12	−2
美国															
农产品	176	9.2	11.1	2	2	48	7.8	9.1	4	1	127	10.0	12.1	1	3
燃料和矿产品	196	5.6	12.4	1	4	64	6.7	12.1	−1	9	132	5.0	12.5	1	2
制成品	1 124	81.0	71.2	5	2	397	82.8	75.3	7	3	726	80.0	69.1	4	2
总出口	1 580	100.0	100.0	4	2	528	100.0	100.0	6	4	1 052	100.0	100.0	3	1
NAFTA															
农产品	266	9.3	11.0	3	3	102	7.7	8.6	4	4	164	11.3	13.3	2	2
燃料和矿产品	408	12.1	16.9	−2	1	236	16.2	19.8	−4	3	172	7.1	14.0	1	−1
制成品	1 616	74.6	66.8	5	2	808	73.0	68.0	7	3	808	76.8	65.7	4	1
总出口	2 418	100.0	100.0	4	2	1 189	100.0	100.0	4	3	1 229	100.0	100.0	3	1
进口															
加拿大															

续 表

目的地	世界					NAFTA					其他原产地/目的地				
	总额	份额		年度变化百分比		总额	份额		年度变化百分比		总额	份额		年度变化百分比	
	2013	2005	2013	2012	2013	2013	2005	2013	2012	2013	2013	2005	2013	2012	2013
农产品	40	6.8	8.4	4	2	25	7.0	9.2	7	4	14	6.6	7.3	−2	0
燃料和矿产品	64	12.0	13.6	−6	−3	33	7.3	12.0	−2	22	31	19.4	15.8	−8	−21
制成品	350	78.9	73.8	4	0	208	83.5	75.2	5	0	142	71.5	71.9	4	1
总出口	474	100.0	100.0	2	0	277	100.0	100.0	4	3	197	100.0	100.0	0	−4
墨西哥															
农产品	30	7.4	7.7	1	−2	23	10.2	11.6	2	−5	7	3.8	3.6	0	12
燃料和矿产品	43	8.0	10.9	−6	−3	33	9.6	16.6	−3	−5	10	5.8	5.1	−15	2
制成品	309	83.5	79.1	8	4	138	79.9	70.1	9	0	171	88.2	88.3	7	7
总出口	391	100.0	100.0	5	3	197	100.0	100.0	6	−2	194	100.0	100.0	5	8
美国															
农产品	146	5.5	6.3	3	3	53	7.7	8.5	4	9	94	4.7	5.5	3	0
燃料和矿产品	440	19.4	18.9	−7	−10	170	23.3	27.5	−3	1	269	18.0	15.8	−9	−15
制成品	1 651	71.5	70.9	6	2	369	63.9	59.6	8	2	1 282	74.3	75.0	6	2
总出口	2 329	100.0	100.0	3	0	620	100.0	100.0	4	2	1 709	100.0	100.0	3	−1
NAFTA															
农产品	216	5.9	6.8	3	2	101	7.9	9.2	4	4	115	4.8	5.5	2	1
燃料和矿产品	547	17.2	17.1	−7	−8	236	17.0	21.6	−3	2	310	17.3	14.8	−9	−15
制成品	2 311	73.8	72.3	6	2	716	71.4	65.4	7	1	1 595	75.0	75.9	6	2
总出口	3 194	100.0	100.0	3	0	1 094	100.0	100.0	4	2	2 100	100.0	100.0	3	−1

表30

2013年MERCOSUR成员的货物贸易（按产品和原产地/目的地） 单位：十亿美元，%

目的地	世界					MERCOSUR					其他原产地/目的地				
	总额	份额		年度变化百分比		总额	份额		年度变化百分比		总额	份额		年度变化百分比	
	2013	2005	2013	2012	2013	2013	2005	2013	2012	2013	2013	2005	2013	2012	2013
出口															
阿根廷															
农产品	46	47.5	56.1	−5	6	4	23.4	20.2	−5	−10	42	53.2	68.3	−5	8
燃料和矿产品	7	19.5	8.0	0	−21	2	18.1	7.6	−11	−26	5	19.8	8.1	5	−19
制成品	24	30.4	29.9	−4	−3	15	58.6	71.8	−3	14	10	23.8	15.6	−6	−22
总出口	82	100.0	100.0	−5	2	21	100.0	100.0	−4	4	61	100.0	100.0	−5	1
巴西															
农产品	91	29.6	37.4	0	5	1	5.7	5.6	−6	−3	89	32.2	41.1	0	5
燃料和矿产品	59	16.0	24.2	−16	−11	3	7.7	11.1	−30	−1	56	16.9	25.7	−15	−11
制成品	85	52.1	35.1	−3	4	21	86.5	83.2	−17	10	64	48.3	29.6	3	2
总出口	242	100.0	100.0	−5	0	25	100.0	100.0	−18	8	217	100.0	100.0	−4	−1
巴拉圭															
农产品	6	44.6	66.8	−12	48	1	31.8	29.4	62	22	5	83.6	92.1	−21	55
燃料和矿产品	2	48.1	24.8	−1	0	2	63.8	59.4	−2	0	0	0.4	1.3	75	1
制成品	1	6.5	8.1	8	20	0	4.3	11.2	−5	15	0	13.1	6.0	34	26
总出口	9	100.0	100.0	−6	30	4	100.0	100.0	9	7	6	100.0	100.0	−17	51
乌拉圭															
农产品	7	63.3	74.9	13	6	1	34.9	41.6	4	−4	6	71.7	86.6	14	8
燃料和矿产品	0	5.2	0.8	45	−42	0	4.0	1.5	26	−57	0	5.6	0.5	107	−10
制成品	2	29.3	23.2	−2	5	1	61.2	56.9	−9	9	1	19.9	11.4	14	0
总出口	9	100.0	100.0	10	4	2	100.0	100.0	−3	1	7	100.0	100.0	16	5
MERCOSUR															
农产品	150	34.9	43.7	−1	7	8	15.5	14.9	1	−4	142	38.0	48.8	−1	7
燃料和矿产品	68	17.2	19.7	−14	−11	7	17.0	12.8	−17	−9	61	17.3	21.0	−13	−12
制成品	112	45.5	32.8	−3	2	37	67.5	72.1	−11	12	75	42.0	25.8	1	−2

续　表

目的地	世界					NAFTA					其他原产地/目的地				
	总额	份额		年度变化百分比		总额	份额		年度变化百分比		总额	份额		年度变化百分比	
	2013	2005	2013	2012	2013	2013	2005	2013	2012	2013	2013	2005	2013	2012	2013
总出口	342	100.0	100.0	−5	1	52	100.0	100.0	−11	6	291	100.0	100.0	−4	0
进口															
阿根廷															
农产品	2	4.3	3.3	−4	−3	1	5.5	3.9	−10	−8	2	3.6	3.0	0	0
燃料和矿产品	13	8.4	17.6	−10	20	2	10.1	10.1	−40	19	11	7.2	20.5	0	20
制成品	58	86.3	78.6	−8	6	17	84.4	85.7	−16	7	40	87.7	75.8	−4	6
总出口	74	100.0	100.0	−8	8	20	100.0	100.0	−19	8	53	100.0	100.0	−4	9
巴西															
农产品	15	5.9	5.9	−4	8	5	28.4	26.4	−2	−10	10	3.5	4.1	−5	22
燃料和矿产品	54	22.2	21.7	−6	11	1	16.2	7.2	−13	−19	53	22.8	23.0	−6	13
制成品	181	71.9	72.3	0	6	13	55.3	66.4	−4	8	168	73.7	72.8	0	6
总出口	250	100.0	100.0	−2	7	20	100.0	100.0	−4	0	230	100.0	100.0	−1	8
巴拉圭															
农产品	1	9.4	8.6	0	5	1	15.5	14.9	2	5	0	4.4	4.1	−6	5
燃料和矿产品	2	15.5	15.0	11	−5	1	20.7	21.7	2	−3	1	11.1	10.2	28	−9
制成品	9	74.9	76.2	−11	8	3	63.8	63.4	−14	11	6	84.1	85.5	−9	6
总出口	12	100.0	100.0	−7	5	5	100.0	100.0	−8	6	7	100.0	100.0	−5	4
乌拉圭															
农产品	2	11.1	13.5	−7	19	1	18.0	28.0	−7	14	1	6.0	6.9	−9	30
燃料和矿产品	2	25.9	19.3	40	−31	0	10.4	7.2	0	−62	2	37.1	24.8	58	−23
制成品	8	62.9	67.2	1	10	2	71.6	64.8	−7	0	5	56.5	68.3	6	16
总出口	12	100.0	100.0	9	0	4	100.0	100.0	−6	−8	8	100.0	100.0	18	4
MERCOSUR															
农产品	20	5.8	5.7	−4	7	8	14.8	16.0	−3	−6	12	3.6	4.0	−4	18
燃料和矿产品	71	18.6	20.6	−5	10	5	13.0	9.9	−21	−9	67	20.0	22.3	−3	12
制成品	256	75.3	73.6	−2	6	36	72.2	74.0	−12	7	220	76.1	73.5	−1	6
总出口	348	100.0	100.0	−3	7	49	100.0	100.0	−11	3	299	100.0	100.0	−1	8

表 31

2013 年安第斯共同体成员的货物贸易（按产品和原产地/目的地）

单位：十亿美元，%

目的地	世界					安第斯共同体					其他原产地/目的地				
	总额	份额		年度变化百分比		总额	份额		年度变化百分比		总额	份额		年度变化百分比	
	2013	2005	2013	2012	2013	2013	2005	2013	2012	2013	2013	2005	2013	2012	2013
出口															
玻利维亚															
农产品	2	21.7	16.1	37	22	1	80.4	80.9	102	19	1	14.6	7.9	−4	27
燃料和矿产品	9	63.4	75.2	20	7	0	10.8	15.5	6	−29	8	69.8	82.7	21	9
制成品	0	10.5	4.2	69	−9	0	8.8	0	3.6	20	29	0	10.7	4.3	74
总出口	11	100.0	100.0	34	2	1	100.0	100.0	64	8	10	100.0	100.0	32	2
哥伦比亚															
农产品	7	21.7	11.4	−6	1	0	9.3	9.9	10	−11	6	23.0	11.4	−7	2
燃料和矿产品	40	40.6	67.9	8	−1	0	25.4	10.8	11	−33	40	42.3	71.4	8	0
制成品	10	34.7	16.9	0	0	3	65.3	79.3	3	0	7	31.3	13.1	−1	0
总出口	59	100.0	100.0	6	−2	3	100.0	100.0	5	−6	55	100.0	100.0	6	−2
厄瓜多尔															
农产品	9	31.8	34.5	2	13	0	14.3	16.5	5	−3	8	34.5	36.8	2	14
燃料和矿产品	14	58.5	57.4	7	3	2	56.7	54.9	14	−10	13	58.8	57.7	6	4
制成品	1	7.1	6.0	13	−21	1	29.0	28.6	4	−7	1	3.7	3.1	21	−32

续 表

目的地	世界					NAFTA					其他原产地/目的地				
	总额	份额		年度变化百分比		总额	份额		年度变化百分比		总额	份额		年度变化百分比	
	2013	2005	2013	2012	2013	2013	2005	2013	2012	2013	2013	2005	2013	2012	2013
总出口	25	100.0	100.0	6	5	3	100.0	100.0	9	−8	22	100.0	100.0	6	7
秘鲁															
农产品	7	18.2	17.0	−3	−6	0	16.4	18.5	11	−14	7	18.3	16.9	−4	−6
燃料和矿产品	22	48.6	51.6	−2	−6	1	37.1	23.3	−21	9	21	49.1	53.3	−1	−6
制成品	5	14.0	11.7	6	−6	1	46.4	58.2	9	3	4	12.4	8.9	5	−9
总出口	42	100.0	100.0	0	−9	2	100.0	100.0	2	0	40	100.0	100.0	0	−10
安第斯共同体															
农产品	24	22.5	17.7	−1	4	2	16.8	23.1	32	2	22	23.0	17.3	−3	4
燃料和矿产品	85	48.1	61.6	6	−1	3	35.8	27.0	5	−12	82	49.2	64.3	6	0
制成品	17	21.0	12.3	4	−4	5	47.4	49.9	5	0	12	18.4	9.3	4	−6
总出口	137	100.0	100.0	6	−3	10	100.0	100.0	10	−4	128	100.0	100.0	5	−3
进口															
玻利维亚															
农产品	1	11.2	7.9	−3	12	0	16.1	13.6	−22	11	1	10.7	7.4	2	12
燃料和矿产品	1	10.6	14.4	21	−1	0	4.1	7.7	31	35	1	11.3	15.1	20	−2
制成品	7	72.9	76.5	6	16	1	79.8	71.8	13	−1	7	72.3	76.9	6	17
总出口	9	100.0	100.0	4	13	1	100.0	100.0	8	9	9	100.0	100.0	4	13
哥伦比亚															
农产品	6	10.4	10.7	13	−1	1	29.7	32.6	17	21	5	9.0	9.4	12	−4
燃料和矿产品	7	5.2	12.3	38	11	0	12.9	7.8	−27	−6	7	4.7	12.6	44	12
制成品	45	83.2	75.7	3	1	2	57.2	59.5	−2	−19	43	85.1	76.7	3	2
总出口	59	100.0	100.0	9	1	3	100.0	100.0	0	−8	56	100.0	100.0	10	1
厄瓜多尔															
农产品	2	8.7	8.1	−7	0	1	9.7	17.6	6	−2	2	8.5	6.7	−12	1
燃料和矿产品	7	12.3	24.4	4	12	0	24.9	13.2	−38	53	6	9.7	25.9	7	10
制成品	18	72.2	66.2	5	6	2	65.5	69.1	14	−5	16	73.5	65.8	4	8
总出口	27	100.0	100.0	4	7	3	100.0	100.0	5	0	24	100.0	100.0	4	8
秘鲁															
农产品	5	13.2	11.0	7	0	1	12.9	20.3	58	3	4	13.3	10.1	0	0
燃料和矿产品	7	20.7	16.3	2	10	2	58.0	47.8	6	−9	5	14.5	13.2	1	18
制成品	31	65.9	71.9	15	2	1	29.2	31.9	6	4	30	72.1	75.9	15	2
总出口	44	100.0	100.0	12	3	4	100.0	100.0	13	−3	40	100.0	100.0	12	4
安第斯共同体															
农产品	14	10.8	10.1	6	0	3	16.6	22.5	22	9	12	10.1	9.0	4	−1
燃料和矿产品	22	11.3	16.1	13	10	3	32.2	23.3	−6	−1	20	8.6	15.4	17	12
制成品	102	75.6	72.7	7	3	6	51.3	53.6	6	−8	95	78.6	74.4	7	4
总出口	140	100.0	100.0	9	3	11	100.0	100.0	6	−3	128	100.0	100.0	9	4

表 32

2013 年 ASEAN 成员的货物贸易（按产品和原产地/目的地）

单位：十亿美元，%

目的地	世界					ASEAN					其他原产地/目的地				
	总额	份额		年度变化百分比		总额	份额		年度变化百分比		总额	份额		年度变化百分比	
	2013	2005	2013	2012	2013	2013	2005	2013	2012	2013	2013	2005	2013	2012	2013
出口															
印度尼西亚															
农产品	43	16.7	23.4	−6	−4	6	12.6	14.6	−4	−19	37	17.6	25.9	−6	−1

续　表

目的地	世界					NAFTA					其他原产地/目的地				
	总额	份额		年度变化百分比		总额	份额		年度变化百分比		总额	份额		年度变化百分比	
	2013	2005	2013	2012	2013	2013	2005	2013	2012	2013	2013	2005	2013	2012	2013
燃料和矿产品	71	36.1	38.5	−11	−6	17	24.5	41.7	−1	0	54	38.8	37.6	−13	−7
制成品	68	46.9	37.2	−1	2	17	62.1	42.4	5	4	51	43.5	35.7	−2	1
总出口	183	100.0	100.0	−6	−3	41	100.0	100.0	0	−2	143	100.0	100.0	−8	−3
马来西亚															
农产品	30	9.4	13.2	−13	−11	6	6.9	9.9	2	−9	24	10.3	14.5	−16	−12
燃料和矿产品	58	14.5	25.5	13	13	18	19.5	27.9	27	16	40	12.8	24.6	8	11
制成品	138	74.5	60.7	−1	−1	40	72.1	61.7	4	4	99	75.4	60.3	−2	−3
总出口	228	100.0	100.0	0	0	64	100.0	100.0	9	5	164	100.0	100.0	−3	−1
菲律宾															
农产品	7	6.6	11.9	−6	33	1	5.5	10.0	2	17	6	6.8	12.3	−8	36
燃料和矿产品	6	4.1	10.3	−5	50	1	6.5	12.1	−40	44	5	3.6	10.0	11	52
制成品	44	89.0	77.1	10	3	7	87.9	77.9	25	−15	37	89.3	77.0	7	7
总出口	57	100.0	100.0	8	9	9	100.0	100.0	14	−8	48	100.0	100.0	7	13
新加坡															
农产品	11	1.9	2.7	−3	10	5	2.5	3.7	0	10	6	1.7	2.2	−5	11
燃料和矿产品	76	13.0	18.5	−8	−4	40	17.5	30.7	−1	−4	36	10.9	13.0	−14	−4
制成品	288	80.5	70.3	0	2	82	78.3	63.5	1	1	207	81.5	73.4	−1	2
总出口	410	100.0	100.0	0	0	129	100.0	100.0	1	−1	281	100.0	100.0	−1	1
泰国															
农产品	40	16.0	17.7	−11	−4	8	12.6	13.7	−4	−5	32	17.0	19.0	−12	−4
燃料和矿产品	17	5.5	7.6	10	−2	10	13.3	17.2	10	−2	7	3.4	4.2	11	−4
制成品	168	76.0	73.3	6	3	40	72.4	66.9	6	6	128	77.0	75.6	6	2
总出口	229	100.0	100.0	3	0	59	100.0	100.0	5	5	169	100.0	100.0	2	−2
ASEAN															
农产品	161	9.4	12.7	−7	−1	32	6.8	9.7	−1	−2	129	10.3	13.7	−9	−1
燃料和矿产品	257	16.1	20.1	−3	0	97	20.1	28.9	2	3	160	14.8	17.0	−6	−2
制成品	813	72.1	63.8	4	4	200	71.7	59.9	6	3	613	72.2	65.3	3	4
总出口	1273	100.0	100.0	1	2	334.0	100.0	100.0	4	3	939.0	100.0	100.0	0	1
进口															
印度尼西亚															
农产品	22	8.8	11.5	−7	4	3	4.5	5.1	−14	−27	19	10.8	14.1	−5	11
燃料和矿产品	52	25.6	27.6	4	6	25	38.8	45.5	3	8	27	19.4	20.3	4	5
制成品	112	65.3	59.9	13	−5	27	56.6	49.3	10	0	85	69.4	64.2	14	−7
总出口	187	100.0	100.0	8	−2	54	100.0	100.0	5	1	133	100.0	100.0	9	−3
马来西亚															
农产品	20	6.3	9.7	1	−7	7	8.6	13.1	−2	−18	13	5.5	8.5	4	1
燃料和矿产品	46	11.7	22.2	15	21	18	20.4	32.3	12	8	28	8.7	18.5	18	32
制成品	136	79.0	65.9	3	2	29	68.8	52.5	4	2	107	82.5	70.7	2	2
总出口	206	100.0	100.0	5	5	55	100.0	100.0	5	1	151	100.0	100.0	5	7
菲律宾															
农产品	7	7.8	11.0	3	−1	2	12.5	12.1	−3	−10	5	6.7	10.7	6	2
燃料和矿产品	15	15.6	23.7	9	−5	3	21.5	20.6	3	−9	13	14.2	24.6	11	−4
制成品	42	76.4	64.8	−1	2	9	65.4	66.7	−2	−3	33	78.9	64.3	0	3
总出口	65	100.0	100.0	3	0	14	100.0	100.0	−1	−5	51	100.0	100.0	4	1
新加坡															
农产品	14	3.2	3.8	2	3	5	4.9	6.8	4	−6	9	2.6	3.1	0	8
燃料和矿产品	123	19.2	32.9	3	−5	27	16.0	34.6	2	1	96	20.4	32.4	3	−7
制成品	228	76.1	61.2	3	1	44	78.1	56.8	1	−4	184	75.4	62.3	4	2
总出口	373	100.0	100.0	4	−2	78	100.0	100.0	2	−2	295	100.0	100.0	4	−2

续 表

目的地	世界					ASEAN					其他原产地/目的地				
	总额	份额		年度变化百分比		总额	份额		年度变化百分比		总额	份额		年度变化百分比	
	2013	2005	2013	2012	2013	2013	2005	2013	2012	2013	2013	2005	2013	2012	2013
泰国															
农产品	17	6.0	6.6	12	−2	3	6.4	6.4	20	−11	14	5.9	6.7	10	0
燃料和矿产品	61	21.6	24.3	7	6	13	28.4	30.6	10	5	47	20.0	23.0	6	6
制成品	158	69.5	63.0	15	−4	28	61.2	62.6	8	3	130	71.5	63.0	17	−5
总出口	251	100.0	100.0	9	0	44	100.0	100.0	10	2	207	100.0	100.0	9	0
ASEAN															
农产品	96	5.9	7.7	1	0	25	7.0	9.0	−1	−12	71	5.6	7.4	2	5
燃料和矿产品	317	18.6	25.4	5	2	97	23.9	34.7	5	5	220	16.8	22.8	5	1
制成品	802	73.7	64.4	8	2	155	67.6	55.2	4	0	647	75.7	67.0	9	2
总出口	1246	100.0	100.0	6	2	280	100.0	100.0	4	0	966	100.0	100.0	7	2

表 33

2013 年最不发达国家货物贸易进出口

单位：百万美元，%

	出口					进口				
	总额	年度变化百分比				总额	年度变化百分比			
	2013	2005—2013	2011	2012	2013	2013	2005—2013	2011	2012	2013
LDCs	214 622	13	24	1	5	243 788	14	23	9	7
石油出口方 a										
安哥拉	68 800	14	33	6	−3	24 500	14	21	17	3
赤道几内亚	14 500	9	35	15	−6	7 000	23	25	15	−7
缅甸	11 233	15	7	−4	27	12 043	26	89	2	31
也门	9 200	6	20	−16	14	12 500	11	8	12	11
苏丹	7 086	5	−15	−58	74	9 918	5	−8	3	5
乍得	4 200	4	33	−4	−9	2 800	14	13	11	−7
不丹	510	9	5	−18	−8	1 040	13	23	−6	6
南苏丹	…	…	…	…	…	…	…	…	…	…
制成品出口方										
孟加拉国	29 114	15	27	3	16	36 377	13	30	−6	6
柬埔寨	9 300	15	30	17	19	13 000	16	37	18	18
马达加斯加	1 900	11	38	−5	25	3 200	8	12	6	3
海地	900	8	32	6	10	3 700	12	−4	5	17
尼泊尔	883	0	7	−1	−3	6 604	14	12	5	9
莱索托	847	3	34	−17	−13	2 200	6	9	4	−15
萨摩亚	62	−4	−6	15	−18	367	6	12	0	6
农产品出口方										
埃塞俄比亚	2 700	15	23	1	−7	12 200	15	3	34	2
乌干达	2 408	15	33	9	2	5 818	14	21	7	−4
布基纳法索	2 160	21	51	−9	−1	3 600	14	17	33	13
贝宁	1 500	13	−2	8	11	2 400	11	4	3	9
多哥	1 350	9	21	2	13	2 300	10	23	2	10
马拉维	1 208	11	34	−17	2	2 845	12	12	−3	21
卢旺达	703	24	56	27	19	2 302	22	42	13	0
阿富汗	515	4	−3	14	20	8 724	17	26	39	−4
所罗门群岛	440	20	86	19	−11	519	14	17	6	4
几内亚比绍	190	10	91	−46	46	240	11	22	−8	9
中非	150	2	36	5	−25	250	5	3	3	−22
布隆迪	99	7	22	8	−26	811	15	48	0	8
冈比亚	90	35	171	6	−10	350	4	21	17	−13

续　表

	出口					进口				
	总额	年度变化百分比				总额	年度变化百分比			
	2013	2005—2013	2011	2012	2013	2013	2005—2013	2011	2012	2013
瓦努阿图	39	0	38	−19	−30	313	10	7	−3	6
科摩罗	20	6	25	−24	1	284	14	19	−1	4
圣多美和普林西比	16	11	1	37	6	152	15	19	−2	16
基里巴斯	8	7	121	−32	29	112	5	26	18	3
索马里	…	…	…	…	…	…	…	…	…	…
非燃料产品出口方										
赞比亚	10 594	25	25	4	13	10 162	19	35	23	15
刚果（金）	6 300	13	25	−5	0	6 300	11	22	11	3
坦桑尼亚	5 050	15	17	17	−9	12 120	18	37	5	7
莫桑比克	4 300	12	20	14	5	8 800	18	37	8	29
毛里塔尼亚	2 674	20	34	−5	1	3 250	11	27	28	3
马里	2 339	10	19	10	−10	3 900	12	−2	3	13
老挝	2 264	19	25	4	0	3 020	17	17	27	−1
塞拉利昂	1 917	37	2	221	71	1 780	23	123	−7	11
尼日尔	1 550	16	9	20	3	2 100	11	−12	−12	9
几内亚	1 300	5	−3	−9	0	2 100	12	50	7	−7
厄立特里亚	330	52	…	12	−31	1 030	10	44	2	6
其他										
塞内加尔	2 640	7	18	0	4	6 730	9	24	9	5
黎巴嫩	559	20	65	25	22	1 150	18	47	−4	14
吉布提	120	15	9	27	1	719	13	37	11	27
东帝汶	16	9	−19	133	−48	843	29	29	108	27
图瓦卢	0	22	0	0	0	16	3	56	20	−47
备忘项：										
世界 b	18 816 000	8	20	0	2	18 890 000	7	19	1	1

a　不丹的数据包括其出口的电流。

b　包括重要的复出口和为复出口的进口。

注：2012 的数据主要为估计值。

表 34

2003—2014 年初级产品的出口价格　（指数，2005 年＝100）

年份	2003	2004	2005	2006	2007	2008	2009	2010	2011	2012	2013	2013				2014	
												Q1	Q2	Q3	Q4	Q1	Q2
食品和饮料	87	98	100	110	127	157	136	153	182	175	175	178	180	173	168	176	181
食品	88	100	100	111	127	157	134	150	180	176	178	181	183	176	170	177	181
谷类	95	102	100	122	159	222	161	166	230	236	218	240	231	209	191	191	198
小麦	96	103	100	126	167	214	147	147	207	206	205	211	206	201	202	195	211
玉米	107	114	100	124	166	227	168	189	297	303	263	310	296	244	203	214	217
大米	69	85	100	106	116	243	205	181	192	202	180	198	191	175	156	153	142
大麦	110	104	100	123	181	211	135	167	218	251	217	252	244	207	166	171	176
植物油和蛋白粉	96	111	100	103	143	193	154	170	209	216	206	212	213	204	198	203	212
肉类	82	100	100	95	99	103	98	117	134	132	136	135	136	139	135	143	156
牛肉	76	96	100	97	99	102	101	128	154	158	155	163	153	149	154	162	165
羊肉	99	103	100	96	101	106	91	91	93	63	66	60	65	68	72	77	84
猪肉	79	105	100	94	94	96	82	110	132	122	128	118	131	141	122	137	170
家禽	90	102	100	94	106	115	116	116	118	128	141	136	141	144	142	142	148
海产食品	84	88	100	121	113	113	114	140	139	113	160	149	166	159	168	186	171
鱼类	74	82	100	125	112	119	121	151	146	117	166	159	177	161	169	191	171
虾类	117	105	100	105	116	91	85	98	115	97	136	109	123	151	161	166	172
糖	77	83	100	133	102	117	152	172	211	175	148	153	145	145	149	144	154

续 表

年份	2003	2004	2005	2006	2007	2008	2009	2010	2011	2012	2013	2013				2014	
												Q1	Q2	Q3	Q4	Q1	Q2
香蕉	65	91	100	118	117	146	147	153	169	171	161	162	158	162	161	164	161
柑橘	81	101	100	98	114	132	108	118	102	99	111	94	122	131	95	92	94
饮料	80	83	100	108	123	152	154	176	206	167	147	152	147	145	146	168	181
咖啡	59	70	100	112	129	150	132	165	231	180	147	161	153	143	132	168	193
可可豆	114	100	100	103	127	167	187	203	193	154	158	143	149	160	179	191	200
茶	90	92	100	112	98	125	145	146	160	161	123	148	122	113	108	115	103
农业原材料	93	98	100	109	114	113	94	124	153	133	136	133	137	135	139	141	141
木料	86	96	100	108	107	109	102	101	111	107	107	104	109	107	109	110	110
棉花	115	112	100	105	115	129	114	188	280	162	164	163	168	166	158	170	168
羊毛	113	105	100	104	144	138	115	153	234	215	196	218	190	179	199	186	182
橡胶	72	87	100	140	153	174	128	243	321	225	186	210	193	173	168	150	141
生皮	104	102	100	105	110	98	68	110	125	127	144	131	143	146	157	164	167
金属和有色金属（不含石油）	58	79	100	156	183	169	136	202	229	190	182	199	176	176	178	171	165
铜	48	78	100	183	194	189	141	205	240	217	199	216	195	193	195	191	185
铝	75	90	100	135	139	136	88	114	126	106	97	105	97	94	93	90	95
铁矿石	49	58	100	119	130	219	285	522	597	457	482	528	446	473	480	429	365
锡	66	115	100	119	196	250	184	276	353	286	302	326	283	289	310	307	313
镍	65	94	100	163	251	143	99	148	155	119	102	117	101	94	94	99	125
锌	60	76	100	237	235	137	120	157	159	141	138	147	133	135	138	147	150
铅	53	91	100	132	265	215	177	221	246	212	220	235	211	216	217	216	215
铀	40	65	100	171	355	230	167	165	201	175	138	153	146	128	125	126	107
以上总计	76	91	100	123	140	151	127	161	190	171	169	175	170	166	165	167	168
能源	55	72	100	119	132	185	117	147	201	203	196	203	188	197	197	195	197
天然气	63	70	100	115	117	174	110	113	154	171	165	168	168	161	162	169	165
原油	54	71	100	121	133	182	116	149	204	208	201	208	192	203	203	200	203
烧杯	57	113	100	104	138	266	149	206	254	202	177	193	179	161	174	163	155
所有初级产品	61	77	100	121	135	172	121	152	197	191	186	192	182	185	185	184	186

注：这些指数是美元价格的长期平均。季度数据未经过季节调整。

表 35

2013 年农产品占货物贸易和初级产品的份额（按地区）

单位：%

	出　口	进　口		出　口	进　口
占货物贸易份额			占初级产品份额		
世界	9.5	9.5	世界	30.4	30.4
北美洲	11.0	6.7	北美洲	39.5	27.7
中、南美洲	29.5	9.0	中、南美洲	42.2	29.5
欧洲	10.7	10.5	欧洲	46.6	34.6
独联体	8.9	12.6	独联体	11.8	56.6
非洲	10.3	15.9	非洲	13.5	46.5
中东	2.5	13.0	中东	3.7	51.6
亚洲	6.7	9.0	亚洲	36.1	23.6

表 36

2013 年农产品出口（按目的地）

单位：十亿美元，%

年份 地区	总额	份额				年度变化百分比		
		地区出口		世界出口				
	2013	2005	2013	2005	2013	2005—2013	2012	2013
世界	1745	100.0	100.0	100.0	100.0	9	−1	6
欧洲								
世界	708	100.0	100.0	46.8	40.6	7	−2	8
欧洲	537	80.9	75.9	37.9	30.8	7	−4	7
亚洲	52	5.3	7.4	2.5	3.0	12	2	9
北美洲	29	5.1	4.2	2.4	1.7	5	4	7
非洲	29	2.7	4.0	1.3	1.6	13	2	10
独联体	27	2.6	3.8	1.2	1.5	12	4	8
中东	24	2.2	3.4	1.0	1.4	14	10	13
中、南美洲	7	0.8	1.0	0.4	0.4	10	5	4
亚洲								
世界	390	100.0	100.0	18.3	22.3	12	−1	3
亚洲	230	58.0	59.1	10.6	13.2	12	0	2
欧洲	48	15.4	12.4	2.8	2.8	9	−10	2
北美洲	42	14.2	10.8	2.6	2.4	8	4	−4
中东	27	4.9	7.0	0.9	1.6	17	0	15
非洲	24	4.0	6.1	0.7	1.4	18	1	6
独联体	8	1.9	2.2	0.4	0.5	14	−4	4
中、南美洲	6	1.2	1.6	0.2	0.3	16	−9	4
北美洲								
世界	266	100.0	100.0	16.0	15.3	9	3	3
北美洲	102	29.9	38.4	4.8	5.9	12	6	0
亚洲	102	46.4	38.5	7.4	5.9	6	4	4
欧洲	25	12.1	9.4	1.9	1.4	5	−3	8
中、南美洲	20	5.8	7.4	0.9	1.1	12	1	13
非洲	8	2.7	3.0	0.4	0.5	10	−12	−3
中东	6	1.9	2.1	0.3	0.3	10	−18	−4
独联体	3	1.1	1.0	0.2	0.2	8	27	−18
中、南美洲								
世界	217	100.0	100.0	10.6	12.4	12	−1	6
欧洲	67	20.2	31.1	2.1	3.9	18	5	17
亚洲	49	31.7	22.4	3.4	2.8	7	−10	0
中、南美洲	36	13.8	16.4	1.5	2.0	14	6	0
北美洲	29	18.7	13.3	2.0	1.6	7	−2	4
中东	14	5.5	6.4	0.6	0.8	14	−4	−6
非洲	13	4.7	6.1	0.5	0.8	15	−3	6
独联体	8	5.0	3.6	0.5	0.4	7	−8	5
非洲								
世界	69	100.0	100.0	3.0	4.0	13	13	4
欧洲	23	32.3	33.6	1.0	1.3	14	1	11
非洲	17	26.4	24.5	0.8	1.0	12	39	−10
亚洲	17	26.7	24.0	0.8	0.9	12	−17	49

续 表

地区 \ 年份	总　额	份　额				年度变化百分比		
		地区出口		世界出口				
	2013	2005	2013	2005	2013	2005—2013	2012	2013
北美洲	5	5.7	7.7	0.2	0.3	18	58	−19
中东	5	5.0	6.8	0.2	0.3	18	58	−28
独联体	1	2.4	1.1	0.1	0.0	2	5	8
中、南美洲	0	0.1	0.4	0.0	0.0	36	−16	58
独联体								
世界	62	100.0	100.0	3.3	3.5	10	−2	5
独联体	20	50.3	32.8	1.7	1.2	5	−13	3
欧洲	17	19.1	27.5	0.6	1.0	15	3	8
亚洲	13	16.8	21.5	0.6	0.8	14	18	5
非洲	5	4.9	8.2	0.2	0.3	18	−10	12
中东	2	5.8	4.0	0.2	0.1	5	−15	−15
北美洲	2	0.4	2.6	0.0	0.1	40	1	4
中、南美洲	1	1.7	1.9	0.1	0.1	12	−15	13
中东								
世界	33	100.0	100.0	1.9	1.9	9	−4	18
中东	18	32.9	54.2	0.6	1.0	16	6	30
亚洲	4	9.8	12.9	0.2	0.2	13	−7	−8
欧洲	3	13.0	10.4	0.2	0.2	6	4	14
非洲	3	4.7	7.7	0.1	0.1	16	10	24
独联体	1	2.6	3.8	0.0	0.1	15	11	−3
北美洲	1	2.0	1.8	0.0	0.0	8	9	10
中、南美洲	0	0.2	0.3	0.0	0.0	11	−6	7

表 37

2013 年农产品的主要进出口方

单位：十亿美元，%

地区 \ 年份	总　额	占世界出口/进口份额				年度变化百分比			
	2013	1980	1990	2000	2013	2005—2013	2011	2012	2013
出口方									
欧盟（28）	661	—	—	41.9	37.9	7	17	−2	8
欧盟(28)对外出口	175	—	—	10.0	10.0	10	23	3	8
美国	176	17.0	14.3	13.0	10.1	10	18	2	2
巴西	91	3.4	2.4	2.8	5.2	13	26	0	5
中国	70	1.5	2.4	3.0	4.0	12	25	2	6
加拿大	66	5.0	5.4	6.3	3.8	6	15	4	5
印度	47	1.0	0.8	1.1	2.7	21	49	23	11
印度尼西亚	43	1.6	1.0	1.4	2.4	15	34	−6	−5
阿根廷	41	1.9	1.8	2.2	2.4	10	31	−5	−4
泰国	40	1.2	1.9	2.2	2.3	11	35	−12	−4
澳大利亚	38	3.3	2.9	3.0	2.2	7	38	3	−2
马来西亚	30	2.0	1.8	1.5	1.7	11	35	−13	−11
俄罗斯	30	—	—	1.4	1.7	9	36	3	−2
越南 a	28	…	…	0.7	1.6	18	32	5	22
新西兰	27	1.3	1.4	1.4	1.5	9	23	0	11

续　表

地区＼年份	总　额	占世界出口/进口份额				年度变化百分比			
	2013	1980	1990	2000	2013	2005—2013	2011	2012	2013
墨西哥	25	0.8	0.8	1.7	1.4	9	22	2	7
以上 15 个经济体总计	1 412	—	—	83.4	80.9	—	—	—	—
进口方									
欧盟（28）	664	—	—	42.7	35.9	6	17	—5	6
欧盟(28)自外进口	178	—	—	13.2	9.6	6	21	−7	3
中国	165	2.1	1.8	3.3	8.9	18	34	8	6
美国	146	8.7	9.0	11.6	7.9	5	18	3	3
日本	86	9.6	11.5	10.4	4.6	3	24	−2	−8
俄罗斯 ab	45	—	—	1.3	2.4	13	19	−3	6
加拿大 b	39	1.8	2.0	2.6	2.1	8	14	4	2
韩国	33	1.5	2.2	2.2	1.8	9	30	—5	1
墨西哥 b	29	1.2	1.2	1.8	1.6	7	24	−7	8
墨西哥 b	28	—	—	—	—	12	17	3	11
中国香港	18	1.0	1.0	1.1	1.0	12	19	4	8
留用进口 a	25	1.5	0.8	0.9	1.4	14	18	8	13
印度	24	0.5	0.4	0.7	1.3	16	26	14	−5
印度尼西亚	22	0.6	0.5	1.0	1.2	14	43	−7	3
马来西亚	20	0.5	0.5	0.8	1.1	14	32	1	−7
阿联酋 a	18	0.3	0.4	0.5	1.0	15	22	13	10
土耳其	17	0.1	0.6	0.7	0.9	13	36	−7	3
以上 15 个经济体总计	1352	—	—	81.5	73.0	—	—	—	—

a　进口以 f.o.b. 计价。
b　包括秘书处估计。

表 38

1990—2013 年主要经济体的农产品进口

单位：百万美元，%

地区＼年份	总　　额					占经济体总货物出口的份额	
	1990	2000	2011	2012	2013	2005	2013 a
阿尔及利亚	2 766	2 815	11 489	10 755	11 270	21.0	20.5
阿根廷	326	1 644	2 579	2 478	2 415	4.3	3.3
澳大利亚 b	2 735	4 234	13 530	14 109	14 611	5.5	6.3
孟加拉 c d	835	1 716	11 047	9 768	10 398	19.3	28.6
白俄罗斯	—	1 226	3 808	4 193	4 521	11.0	10.5
波斯尼亚和黑塞哥维那	…	…	2 112	1 988	1 999	18.6	19.4
巴西 e	2 690	4 762	13 582	13 109	14 174	5.9	5.9
加拿大 d	9 009	15 272	36 447	37 909	38 780	6.8	8.4
智利	461	1 421	5 985	6 387	6 702	6.8	8.5
中国	7 855	19 544	144 724	156 823	165 459	6.8	8.5
哥伦比亚	593	1 736	5 718	6 395	6 348	10.4	10.7
科特迪瓦	…	453	1 746	2 023	1 914	15.1	15.0
古巴	…	826	…	…	…	20.7	…

续 表

地区 \ 年份	总额 1990	总额 2000	总额 2011	总额 2012	总额 2013	占经济体总货物出口的份额 2005	占经济体总货物出口的份额 2013 a
多米尼加 d f	413	964	2 771	2 776	2 641	11.3	14.5
厄瓜多尔	206	423	2 374	2 203	2 208	8.7	8.1
埃及 d	4 793	4 195	16 659	17 660	135 90	21.3	23.3
萨尔瓦多	158	692	1 795	1 868	1 832	15.4	17.0
欧盟（28）g	—	254 480	656 805	625 205	663 904	9.6	11.1
欧盟（28）自外进口	—	78 865	186 389	173 554	178 246	7.7	8.0
危地马拉	196	673	2 432	2 500	2 551	12.1	14.6
中国香港	8 325	11 728	24 231	25 003	27 831	3.7	4.5
留用进口 d	4 591	6 488	16 019	16 700	18 095	24.1	17.0
印度	1 721	3 993	22 551	25 668	24 417	5.3	5.2
印度尼西亚	2 126	5 727	22 411	20 906	21 512	9.7	11.5
伊朗 d	3 830	2 943	11 288	13 989	14 567	9.5	29.7
以色列	1 565	2 288	6 129	5 916	6 126	6.2	8.2
日本	50 762	62 150	95 981	93 724	85 994	12.8	10.3
约旦	709	942	3 187	3 838	3 929	14.7	18.0
哈萨克斯坦	—	506	4 188	4 442	4 727	8.1	9.7
韩国	9 531	12 837	34 681	33 076	33 386	6.4	6.5
科威特 d	589	1 312	3 968	3 849	4 480	14.4	15.2
黎巴嫩	…	1 210	3 331	3 436	3 567	15.6	16.2
马来西亚	2 404	4 610	21 144	21 429	19 992	6.3	9.7
墨西哥 b	5 374	10 989	29 235	27 076	29 202	7.4	7.7
摩洛哥	1 096	1 941	6 531	6 421	5 610	13.3	12.4
新西兰	756	1 204	4 132	4 307	4 470	8.4	11.3
尼日利亚 d	658	1 212	6 180	5 628	6 180	14.3	11.0
挪威	2 090	2 956	8 795	9 008	9 445	8.7	10.5
阿曼 d	506	1 158	2 736	3 066	3 851	12.3	11.0
巴基斯坦	1 568	1 882	7 353	6 524	6 332	14.4	14.2
秘鲁	668	998	4 494	4 800	4 811	13.2	11.0
菲律宾	1 665	3 104	7 026	7 240	7 157	7.8	11.0
俄罗斯 b d	—	7 561	43 256	42 037	44 726	13.4	13.0
沙特 d	3 487	5 663	20 870	22 600	25 457	15.4	15.1
塞内加尔 d	372	394	1 451	1 652	1 691	29.8	25.1
新加坡	4 702	4 890	13 756	13 953	14 305	3.2	3.8
留用进口	1 789	2 369	8 003	8 496	8 697	3.9	4.8
南非	1 219	1 650	7 054	7 389	7 681	5.5	7.4
斯里兰卡 d	549	934	2 848	2 278	2 377	12.8	13.2
苏丹 d	…	376	1 756	1 030	1 078	14.4	10.9
瑞士	5 920	5 712	13 805	12 868	13 724	6.5	6.8

续　表

地区＼年份	总额 1990	2000	2011	2012	2013	占经济体总货物出口的份额 2005	2013 a
叙利亚 d	791	850	3 928	1 707	1 263	15.8	23.4
中国台北	6 203	7 899	15 343	14 990	14 848	5.2	5.5
泰国	3 230	4 484	15 195	16 844	16 645	6.0	6.6
突尼斯	819	968	3 193	2 698	3 010	11.1	12.4
土耳其	2 806	4 133	17 574	16 370	16 914	5.5	6.7
乌克兰	—	1 092	6 930	8 036	8 674	8.5	11.3
阿联酋 d	1 726	3 230	14 378	16 290	17 859	6.9	7.1
美国	39 966	69 115	137 157	141 849	146 482	5.5	6.3
委内瑞拉	986	1 970	5 856	8 536	10 022	10.0	18.7
越南 d	236	1 269	13 187	13 241	15 823	9.9	12.0
也门	…	…	3 235	3 714	3 917	29.2	31.3

a　或最近年份。

b　进口以 f. o. b. 计。

c　财政年数字。

d　包括秘书处估计。

e　始自 2000 年，进口以 f. o. b. 计。

f　直至 2010 年，进口以 f. o. b. 计。

g　EU（28）内部数据见原数据。

表 39

1990—2013 年主要经济体的农产品出口　　单位：百万美元，%

地区＼年份	总额 1990	2000	2011	2012	2013	占经济体总货物出口的份额 2005	2013 a
世界	414 723	550 868	1 661 796	1 652 780	1 744 833	8.3	9.5
阿根廷	7 482	11 954	45 262	43 151	41 474	47.5	50.8
澳大利亚	11 875	16 446	37 399	38 405	37 596	20.0	14.9
巴西	9 779	15 464	86 443	86 435	90 664	29.6	37.4
喀麦隆 b	695	438	1 538	1 403	1 379	25.7	32.8
加拿大	22 339	34 789	60 144	62 834	65 687	11.4	14.3
智利	2 779	6 399	18 929	18 907	20 802	26.0	27.1
中国	10 060	16 384	64 613	66 175	70 159	3.8	3.2
哥伦比亚	2 514	3 106	7 059	6 629	6 680	21.7	11.4
哥斯达黎加	927	1 812	3 845	4 083	4 189	33.3	36.1
科特迪瓦 b	2 374	2 308	6 716	5 949	6 419	43.8	48.5
多米尼加 b	…	542	1 557	1 516	1 614	12.2	16.7
厄瓜多尔	1 236	1 948	7 486	7 618	8 614	31.8	34.5
埃及 b	669	610	5 312	4 738	5 154	9.1	18.1
埃塞俄比亚 b	260	406	2 203	2 445	2 283	91.0	84.5
欧盟（28）	—	230 985	627 876	613 682	661 002	9.2	10.9
欧盟（28）对内出口	—	55 286	157 460	162 032	175 343	6.3	7.6

续 表

地区 \ 年份	总额					占经济体总货物出口的份额	
	1990	2000	2011	2012	2013	2005	2013 a
欧盟(28)对外出口	—	175 699	470 416	451 651	485 658	10.6	12.9
加纳	…	621	4 328	5 863	5 818	46.2	42.3
危地马拉	849	1 618	4 651	4 910	4 811	37.1	48.0
洪都拉斯	680	782	2 333	2 736	2 393	17.0	30.5
中国香港	4 556	5 693	9 216	9 346	10 111	1.5	1.9
内部出口 b	821	453	1 005	1 043	925	2.7	4.7
转口 b	3 735	5 240	8 212	8 303	9 736	1.4	1.9
冰岛	1 274	1 257	2 314	2 298	2 398	59.3	48.0
印度	3 506	5 951	34 491	42 395	46 954	10.3	15.0
印度尼西亚	4 154	7 764	48 143	45 023	42 628	16.2	23.3
伊朗	601	932	4 574	5 973	5 661	4.1	6.9
以色列	1 327	1 182	2 458	2 433	2 588	4.0	3.9
日本	3 298	4 349	10 925	10 859	10 769	1.0	1.5
肯尼亚	559	1 062	3 129	3 227	3 157	47.6	53.9
韩国	2 985	4 298	12 705	12 628	11 805	1.9	2.1
马拉维 b	382	342	1 151	955	972	82.1	80.4
马来西亚	7 500	8 015	38 902	33 911	30 095	9.4	13.2
墨西哥	3 466	9 100	22 949	23 411	25 039	5.9	6.6
摩洛哥	1 228	1 746	3 990	3 928	4 298	23.0	19.7
缅甸 b	…	…	3 195	2 363	2 991	…	26.6
新西兰	5 966	7 665	24 068	24 088	26 746	59.9	67.8
尼加拉瓜	295	547	1 748	2 053	1 840	83.4	76.6
巴基斯坦	1 081	1 234	5 550	4 979	5 571	13.4	22.2
巴拿马 b	263	580	830	925	1 020	85.8	6.8
巴拉圭	863	699	4 807	4 255	6 299	44.6	66.8
秘鲁	789	1 911	7 874	7 696	7 161	18.2	17.0
菲律宾	1 683	2 026	5 417	5 075	6 425	6.6	11.3
俄罗斯	—	7 554	29 222	30 165	29 575	5.9	5.7
新加坡	4 095	3 723	10 074	9 860	10 882	2.0	2.7
内部出口	1 183	1 202	3 868	4 038	4 711	1.5	2.1
转口	2 912	2 521	5 754	5 457	5 608	2.5	2.9
南非	1 691	3 270	8 868	8 302	11 146	10.2	11.6
斯里兰卡 b	758	1 093	2 980	2 732	2 910	23.6	29.2
瑞士	2 244	2 502	9 274	8 975	9 672	3.0	4.2
叙利亚 b	767	621	2 270	908	403	12.4	20.1
中国台北	3 732	3 509	6 769	6 938	6 484	2.3	2.1
坦桑尼亚 b	…	432	1 141	1 729	1 499	46.0	29.7
泰国	7 786	12 220	47 601	42 030	40 357	16.1	17.7
突尼斯 b	418	548	1 885	1 672	1 734	11.0	10.2
土耳其	3 300	3 828	14 949	15 671	17 426	11.0	11.5
乌干达	…	292	1 324	1 236	1 439	68.8	59.8
乌克兰	—	1 585	13 487	18 456	17 763	13.8	28.1
阿联酋 b，c	501	1 185	5 646	6 544	7 763	2.1	2.0
美国	59 404	71 408	168 272	171 976	175 567	9.2	11.1

续 表

地区 \ 年份	总额					占经济体总货物出口的份额	
	1990	2000	2011	2012	2013	2005	2013 a
乌拉圭	1 025	1 278	5 703	6 422	6 794	63.4	74.9
越南 b	…	3 954	22 229	23 404	28 496	23.4	21.6

a 接近一年。
b 包括秘书处估计。
c 主要的转口。

表 40

1990—2013 年主要经济体的食品出口

单位：百万美元，%

地区 \ 年份	总额					占经济体总货物进口的份额	
	1990	2000	2011	2012	2013	2005	2013 a
世界	315 559	431 141	1 360 175	1 372 648	1 456 682	6.7	8.0
阿根廷	6 949	11 491	44 225	42 407	40 790	46.2	50.0
澳大利亚	7 937	12 583	29 301	30 704	30 057	16.1	11.9
白俄罗斯	—	495	3 787	4 519	5 329	8.3	14.3
巴西	8 697	12 808	77 373	77 212	82 081	25.7	33.9
加拿大	10 898	17 630	43 631	46 329	47 140	6.7	10.3
智利	1 965	4 424	14 266	14 481	15 950	19.6	20.8
中国	7 868	13 559	54 168	56 318	59 983	3.2	2.7
哥伦比亚	2 222	2 502	5 722	5 251	5 187	17.2	8.8
哥斯达黎加	848	1 648	3 584	3 814	3 941	30.2	34.0
科特迪瓦	…	1 806	5 307	4 778	5 245	36.0	39.6
厄瓜多尔	1 198	1 758	6 663	6 702	7 627	27.6	30.6
埃及	251	375	4 487	4 038	4 576	7.2	16.1
埃塞俄比亚 b	186	321	1 988	2 229	2 081	75.4	77.1
欧盟（28）	—	189 781	531 026	523 644	566 461	7.7	9.3
欧盟（28）对内出口	—	45 921	128 352	132 712	144 699	5.1	6.3
欧盟（28）对外出口	—	143 860	402 673	390 932	421 761	8.9	11.2
加纳	…	513	3 666	5 601	5 502	40.5	40.0
危地马拉	778	1 518	4 119	4 464	4 409	33.8	44.0
洪都拉斯	649	730	2 295	2 691	2 341	16.3	29.9
中国香港	3 385	3 664	7 094	7 243	7 722	0.9	1.4
内部出口 b	742	362	698	787	698	2.1	3.5
转口 b	2 644	3 302	6 396	6 457	7 436	0.8	1.4
冰岛	1 266	1 240	2 278	2 257	2 348	58.5	47.0
印度	2 782	5 418	27 009	30 534	37 429	9.0	11.9
印度尼西亚	2 853	5 526	32 865	33 692	31 939	11.3	17.4
伊朗	…	818	4 318	5 600	5 223	3.7	6.4
以色列	1 022	824	2 031	2 050	2 171	3.1	3.3
日本	1 706	2 124	4 615	4 557	4 589	0.5	0.6
肯尼亚	502	927	2 502	2 599	2 531	37.6	43.2
韩国	2 162	2 665	6 165	6 398	6 202	1.1	1.1
马拉维 b	374	331	1 078	895	916	78.4	75.8
马来西亚	3 434	5 440	31 716	28 451	25 140	6.9	11.0

续 表

地区 \ 年份	总额					占经济体总货物出口的份额	
	1990	2000	2011	2012	2013	2005	2013 a
墨西哥	3 057	8 179	21 647	21 990	23 706	5.4	6.2
摩洛哥	1 105	1 596	3 751	3 692	4 109	21.2	18.8
缅甸 b	…	…	1 735	1 534	1 941	…	17.3
新西兰	4 272	5 819	20 118	20 108	22 047	49.6	55.9
尼加拉瓜	251	534	1 717	2 023	1 814	81.3	75.6
挪威	2 365	3 827	10 141	9 651	11 236	5.2	7.3
巴基斯坦	516	964	4 901	4 187	4 995	12.0	19.9
巴拿马 b	258	569 |	795	887	977	85.0	6.5
巴拉圭	502	564	4 678	4 099	6 140	39.9	65.1
秘鲁	703	1 736	7 456	7 274	6 726	16.8	15.9
菲律宾	1 532	1 815	4 915	4 638	5 843	6.1	10.3
俄罗斯	—	3 950	17 538	20 575	19 540	2.9	3.7
塞尔维亚	…	…	2 407	2 651	2 711	19.8	18.5
新加坡	2 747	3 091 |	8 777	8 807	9 644	1.7	2.4
内部出口	1 077	1 092 |	3 819	3 988	4 599	1.4	2.1
转口	1 671	1 999 |	4 926	4 804	5 031	2.0	2.6
南非	…	2 232	6 859	6 607	9 297	7.7	9.7
斯里兰卡	649	…	2 577	2 426	2 648	21.6	26.6
瑞士	1 756	2 021	8 623	8 414	9 119	2.6	4.0
叙利亚 b	577	408 |	2 102	841	373	9.9	18.6
中国台北	2 703	1 819	3 373	3 761	3 573	1.1	1.2
坦桑尼亚 b	…	359	972	1 413	1 295	36.4	25.6
泰国	6 611	9 924	31 465	30 704	29 368	11.6	12.9
突尼斯 b	384	510	1 801	1 588	1 657	10.4	9.7
土耳其	2 906	3 521	14 209	15 033	16 756	10.5	11.0
乌干达	…	241	1 163	1 092	1 335	58.2	55.4
乌克兰	—	1 339	12 757	17 778	16 962	12.4	26.8
阿联酋 b,c	73	1 128	5 358	6 209	7 388	2.0	1.9
美国	42 422	54 341	131 360	138 094	141 811	6.9	9.0
乌拉圭	670	1 064	4 876	5 687	5 989	54.3	66.0
越南 b	…	3 666	18 007	19 521	23 435	20.2	17.7

a 接近一年。

b 包括秘书处估计。

c 主要的转口。

表 41

1990—2013 年主要经济体的食品进口

单位：百万美元，%

地区 \ 年份	总额					占经济体总货物出口的份额	
	1990	2000	2011	2012	2013	2005	2013a
阿尔及利亚	2 306	2 578	10 762	9 998	10 467	19.3	19.0
阿根廷	164	1 267	1 787	1 726	1 715	2.8	2.3
澳大利亚 b	1 943	3 245	12 038	12 643	13 199	4.6	5.7
孟加拉国 c，d	650	1 254	8 036	7 243	7 710	12.6	21.2
白俄罗斯	—	1 027	3 099	3 509	3 965	9.3	9.2
波斯尼亚和黑塞哥维纳	…	…	1 943	1 826	1 841	17.3	17.9
巴西 e	2 112	3 665	10 244	10 626	11 713	4.4	4.9
加拿大 b	7 143	12 027	31 851	33 357	34 343	5.6	7.4
智利	308	1 228	5 513	5 912	6 142	5.8	7.8
中国	4 619	9 043	75 455	90 651	98 646	3.3	5.1
哥伦比亚	395	1 405	5 068	5 872	5 842	8.7	9.8
科特迪瓦	…	427	1 689	1 955	1 846	14.6	14.5
古巴	…	765	…	…	…	20.0	…
多米尼加 d，f	…	… |	2 592	2 585	2 458	9.8	13.5
厄瓜多尔	156	310	2 091	1 959	1 977	7.5	7.2
埃及	2 903	3 519 |	14 794	15 666	11 674	17.7	20.0
萨尔瓦多	128	613	1 572	1 663	1 641	14.0	15.2
欧盟（28）g	—	200 685	552 395	533 559	569 446	7.9	9.5
欧盟（28）自外进口	—	57 224	149 722	142 627	147 684	6.0	6.6
危地马拉	169	592 |	2 194	2 255	2 320	10.9	13.2
中国香港	6 551	9 165	21 299	22 087	24 374	2.9	3.9
留用进口 d	3 908	5 863	14 903	15 631	16 938	22.0	15.9
印度	771 |	2 283	15 296	17 672	16 690	3.3	3.6
印度尼西亚	1 104	3 336	16 730	15 828	16 395	6.4	8.8
伊朗	…	2 585	9 654	12 442	13 140	7.6	26.8
以色列	1 197	1 923	5 326	5 196	5 388	5.2	7.2
日本	34 154	48 543	79 056	78 870	71 749	10.4	8.6
约旦 d	672	851	2 948	3 598	3 691	13.6	16.9
哈萨克斯坦 d	—	459	3 938	4 165	4 462	7.3	9.1
肯尼亚	199	403	1 902	1 961	1 820	9.5	11.1
韩国	3 912	7 722	25 370	24 879	25 285	4.4	4.9
科威特 d	561	1 249	3 780	3 676	4 297	13.9	14.6
黎巴嫩	…	1 107	3 113	3 229	3 360	14.4	15.3
马来西亚	2 021	3 526	16 524	16 518	15 631	5.1	7.6
墨西哥 b	4 326	8 485	24 533	22 859	25 113	6.0	6.6
摩洛哥	677	1 585	5 593	5 581	4 817	10.6	10.7
新西兰	643	1 074	3 902	4 059	4 203	7.7	10.6

续 表

地区 \ 年份	总额					占经济体总货物出口的份额	
	1990	2000	2011	2012	2013	2005	2013 a
尼日利亚	…	1 159	5 741	5 228	5 741	13.8	10.3
挪威	1 584	2 221	7 552	7 888	8 325	6.8	9.3
阿曼 d	486	1 122	2 617	2 913	3 671	11.8	10.5
巴基斯坦	1 276	1 524	5 203	4 846	4 467	10.3	10.0
秘鲁	621	864	3 840	4 221	4 268	11.4	9.8
菲律宾	1 348	2 598	6 564	6 819	6 723	6.9	10.3
俄罗斯 b,d	—	6 853	40 150	39 045	41 760	12.7	12.2
沙特 d	3 319	5 375	19 770	21 413	24 118	14.7	14.3
塞内加尔 d	350	362	1 356	1 554	1 586	28.1	23.6
新加坡	3 685	4 354 |	12 329	12 558	12 937	2.8	3.5
留用进口	2 014	2 354 |	7 403	7 754	7 906	3.7	4.3
南非	846	1 254	6 091	6 528	6 781	4.5	6.6
斯里兰卡	502	…	2 539	2 038	2 151	11.7	11.9
苏丹 d	…	360	1 716	992	1 038	13.6	10.5
瑞士	4 371	4 549	11 917	11 194	12 012	5.4	6.0
叙利亚 d	745	726 |	3 534	1 536	1 136	12.9	21.0
中国台北	3 495	5 013	11 025	11 247	11 117	3.6	4.1
泰国	1 672	2 677	10 842	12 638	12 851	4.0	5.1
突尼斯	582	706	2 712	2 219	2 579	8.5	10.6
土耳其	1 856	2 128	10 653	10 420	10 830	2.8	4.3
乌克兰	—	882	6 111	7 225	7 912	7.2	10.3
阿联酋 d	1 627	3 026	13 744	15 572	17 012	6.3	6.8
美国	30 055	51 226	114 023	117 138	122 902	4.2	5.3
委内瑞拉	739	1 704	5 343	8 000	9 639	9.0	18.0
越南 d	…	814	9 046	9 473	11 087	6.3	8.4
也门	…	…	3 163	3 642	3 799	28.3	30.4

a 接近一年。

b 进口以 f. o. b. 计价。

c 财政年度的数据。

d 包括秘书处估计。

e 自 2000 年进口以 f. o. b. 计价。

f 参见欧盟（28）从外进口的详细数据。

g 欧盟（28）自内进口见原数据。

表 42

2013 年燃料和矿产品占货物贸易和初级产品的份额（按地区）

单位：%

	出　口	进　口		出　口	进　口
占货物贸易份额			占初级产品份额		
世界	21.8	21.8	世界	69.6	69.6
北美洲	16.9	17.5	北美洲	60.5	72.3
中、南美洲	40.3	21.6	中、南美洲	57.8	70.5
欧洲	12.2	19.8	欧洲	53.4	65.4
独联体	66.0	9.7	独联体	88.2	43.4
非洲	66.0	18.3	非洲	86.5	53.5
中东	65.3	12.3	中东	96.3	48.4
亚洲	12.0	29.0	亚洲	63.9	76.4

表 43

2013 年燃料占货物贸易和初级产品的份额（按地区）

单位：%

	出　口	进　口		出　口	进　口
占货物贸易份额			占初级产品份额		
世界	17.8	17.8	世界	56.7	56.7
北美洲	13.1	15.1	北美洲	47.1	62.3
中、南美洲	24.6	19.7	中、南美洲	35.3	64.3
欧洲	9.1	16.1	欧洲	39.9	53.1
独联体	60.6	7.7	独联体	81.0	34.4
非洲	56.9	16.2	非洲	74.7	47.2
中东	63.4	9.5	中东	93.6	37.6
亚洲	8.4	22.5	亚洲	44.7	59.3

表 44

2013 年制成品占货物贸易的份额（按地区）

单位：%

	出　口	进　口
占货物贸易份额		
世界	64.7	64.7
北美洲	66.8	73.5
中、南美洲	26.4	66.3
欧洲	73.9	66.3
独联体	22.3	76.5
非洲	18.5	62.0
中东	20.5	69.7
亚洲	79.1	59.3

表 45

2013 年各地区制成品的出口（按目的地）

单位：十亿美元，%

地区 \ 年份	总额	份额				年度变化百分比		
		占地区出口		占世界出口				
	2013	2005	2013	2005	2013	2005—2013	2012	2013
世界	11 848	100.0	100.0	100.0	100.0	6	0	3
欧洲								
世界	4 910	100.0	100.0	48.0	41.4	4	−5	4
欧洲	3 258	71.9	66.4	34.5	27.5	3	−8	4
亚洲	553	8.3	11.3	4.0	4.7	8	−1	3
北美洲	426	9.4	8.7	4.5	3.6	3	4	3
独联体	214	2.7	4.4	1.3	1.8	11	5	2
中东	169	3.0	3.4	1.4	1.4	6	0	6
非洲	154	2.6	3.1	1.3	1.3	7	2	6
中、南美洲	111	1.4	2.3	0.7	0.9	10	2	4
亚洲								
世界	4 566	100.0	100.0	31.6	38.5	9	3	3
亚洲	2 209	47.2	48.4	14.9	18.6	9	4	4
北美洲	937	24.4	20.5	7.7	7.9	7	8	4
欧洲	756	19.4	16.6	6.1	6.4	7	−7	1
中东	214	3.3	4.7	1.0	1.8	14	7	2
中、南美洲	165	1.9	3.6	0.6	1.4	18	5	0
非洲	142	1.9	3.1	0.6	1.2	16	12	7
独联体	118	1.4	2.6	0.5	1.0	17	11	6
北美洲								
世界	1 616	100.0	100.0	15.1	13.6	5	5	2
北美洲	808	54.6	50.0	8.2	6.8	4	7	3
亚洲	317	18.1	19.6	2.7	2.7	6	3	3
欧洲	249	17.2	15.4	2.6	2.1	3	−1	1
中、南美洲	138	5.9	8.6	0.9	1.2	10	5	−3
中东	64	2.6	3.9	0.4	0.5	11	26	3
非洲	24	1.1	1.5	0.2	0.2	9	10	−1
独联体	15	0.4	0.9	0.1	0.1	15	21	10
中东								
世界	276	100.0	100.0	1.4	2.3	13	3	9
亚洲	89	19.8	32.2	0.3	0.8	20	0	1
中东	69	20.6	24.8	0.3	0.6	16	11	20
欧洲	45	18.6	16.3	0.3	0.4	11	−7	13
北美洲	26	17.3	9.4	0.2	0.2	5	−2	3
非洲	16	6.4	5.8	0.1	0.1	11	2	12
独联体	5	2.3	1.8	0.0	0.0	9	26	3

续 表

地区＼年份	总额	份额				年度变化百分比		
		占地区出口		占世界出口				
	2013	2005	2013	2005	2013	2005—2013	2012	2013
中、南美洲	4	0.9	1.5	0.0	0.0	21	26	14
中、南美洲								
世界	194	100.0	100.0	1.8	1.6	5	0	−1
中、南美洲	93	36.9	47.8	0.6	0.8	9	−2	0
北美洲	54	39.6	27.8	0.7	0.5	1	6	−3
欧洲	23	12.5	11.7	0.2	0.2	4	−6	−7
亚洲	14	7.3	7.3	0.1	0.1	6	−3	−9
非洲	4	2.3	1.9	0.0	0.0	3	−6	−7
中东	1	1.0	0.6	0.0	0.0	−1	−11	−10
独联体	1	0.2	0.4	0.0	0.0	12	44	2
独联体								
世界	174	100.0	100.0	1.2	1.5	8	1	−7
独联体	80	33.0	46.2	0.4	0.7	13	1	1
欧洲	48	32.5	27.8	0.4	0.4	6	12	−13
亚洲	20	16.7	11.8	0.2	0.2	4	−7	−5
中东	7	5.8	3.9	0.1	0.1	3	−1	−17
北美洲	6	5.8	3.6	0.1	0.1	2	−21	−20
中、南美洲	5	2.2	2.7	0.0	0.0	11	−8	−15
非洲	4	3.3	2.6	0.0	0.0	5	13	9
非洲								
世界	112	100.0	100.0	0.9	0.9	7	−3	3
欧洲	42	52.2	37.3	0.5	0.4	3	−9	1
非洲	40	18.7	35.6	0.2	0.3	16	4	9
亚洲	11	13.3	10.2	0.1	0.1	4	−8	0
北美洲	8	9.3	6.8	0.1	0.1	3	−9	−12
中东	6	4.0	5.7	0.0	0.1	12	−6	10
中、南美洲	3	1.3	2.5	0.0	0.0	17	17	1
独联体	0	0.1	0.4	0.0	0.0	20	36	−14

表 46

2013 年制成品的主要进出口方

单位：十亿美元，%

地区＼年份	总额	占世界出口/进口份额				年度变化百分比			
	2013	1980	1990	2000	2013	2005—2013	2011	2012	2013
出口方									
欧盟（28）	4 549	—	—	43.0	38.4	4	16	−5	4
欧盟(28)对外出口	1 772	—	—	14.1	15.0	6	18	0	4
中国 a	2 077	0.8	1.9	4.7	17.5	15	20	9	8
美国	1 124	13.0	12.1	13.8	9.5	6	11	5	2

续 表

地区 \ 年份	总 额	占世界出口/进口份额				年度变化百分比			
	2013	1980	1990	2000	2013	2005—2013	2011	2012	2013
日本	626	11.2	11.5	9.6	5.3	2	7	−2	−12
韩国	481	1.4	2.5	3.3	4.1	8	15	−2	4
中国香港	440	—	—	—	—	6	9	4	4
内部出口 b	5	1.2	1.1	0.5	0.0	−14	−14	−11	−11
转口 b	424	—	—	—	—	6	10	4	1
新加坡	288	0.8	1.6	2.5	2.4	6	10	1	2
内部出口	125	0.4	1.0	1.3	1.1	4	11	1	−7
转口	167	0.3	0.6	1.2	1.4	7	8	1	10
墨西哥 a	285	0.4	1.1	3.0	2.4	7	11	9	6
中国台北	253	1.6	2.6	3.0	2.1	5	11	−3	−3
加拿大	207	2.7	3.1	3.7	1.7	0	10	3	−2
瑞士	201	2.4	2.5	1.5	1.7	7	20	−4	3
印度 a	186	0.5	0.5	0.7	1.6	13	34	−2	3
泰国	168	0.1	0.6	1.1	1.4	9	13	2	3
马来西亚 a	139	0.2	0.7	1.7	1.2	3	6	−1	−1
土耳其	116	0.1	0.4	0.5	1.0	9	18	4	7
以上 15 个经济体总计	10 704	—	—	92.5	90.3	—	—	—	—
进口方									
欧盟（28）	4 020	—	—	40.0	32.6	3	13	−8	3
欧盟(28)自外进口	1 243	—	—	12.6	10.1	4	11	—7	0
美国	1 651	11.2	15.4	19.8	13.4	4	11	6	2
中国 a，c	1 135	1.1	1.7	3.5	9.2	11	16	3	7
中国香港	471	—	—	—	—	7	11	5	4
留用进口 b	47	1.1	0.9	0.6	0.4	17	30	18	34
日本	400	2.3	4.1	4.3	3.2	5	16	4	−4
加拿大 d	341	3.7	3.8	4.1	2.8	4	11	5	0
墨西哥 a，d	302	1.5	1.3	3.1	2.4	6	12	8	4
韩国	263	0.9	1.8	2.0	2.1	7	12	−4	2
俄罗斯	258	—	—	0.4	2.1	18	34	7	−1
新加坡	228	1.2	1.8	2.2	1.8	5	9	3	1
留用进口	61	0.8	1.2	1.1	0.5	1	10	7	−19
印度	181	0.5	0.5	0.5	1.5	13	22	−2	−4
巴西 d	173	0.9	0.5	0.8	1.4	16	22	0	6
澳大利亚 d	164	1.3	1.3	1.2	1.3	7	19	10	−8
中国台北	163	0.9	1.5	2.3	1.3	3	8	−8	0
瑞士	163	2.3	2.4	1.4	1.3	6	17	−5	4
以上 15 个经济体总计	9 491	—	—	86.1	76.9	—	—	—	—

表 47

2013 年美国、欧盟（28）和中国的制成品贸易（按原产地和目的地） 单位：十亿美元，%

出口						年份 / 地区	进口					
总额	份额		年度变化百分比				总额	份额		年度变化百分比		
2013	2005	2013	2005—2013	2012	2013		2013	2005	2013	2005—2013	2012	2013
						美国						
1 124	100.0	100.0	6	5	2	世界	1 651	100.0	100.0	4	6	2
398	37.6	35.4	5	7	3	北美洲	369	24.0	22.4	3	8	2
111	7.5	9.9	9	5	−3	中、南美洲	48	3.4	2.9	2	8	−2
34	1.8	3.0	12	1	0	巴西	14	1.4	0.9	−2	12	−7
224	23.5	19.9	3	−1	2	欧洲	353	22.3	21.4	3	4	3
202	21.8	17.9	3	0	0	欧盟（28）	321	20.9	19.5	3	5	2
13	0.6	1.2	15	24	11	独联体	7	0.4	0.4	3	−4	−8
9	0.4	0.8	16	28	8	俄罗斯	6	0.3	0.3	6	−3	−4
21	1.5	1.9	9	9	−2	非洲	10	0.5	0.6	5	−7	2
61	3.7	5.4	11	25	3	中东	27	1.6	1.6	4	−1	3
295	25.6	26.3	6	3	3	亚洲	838	47.7	50.7	4	7	2
74	3.9	6.6	13	2	18	中国	444	20.2	26.9	7	7	4
44	5.3	3.9	2	13	−8	日本	135	11.0	8.2	0	14	−6
118	12.1	10.5	4	−1	2	六个东亚贸易方	160	12.0	9.7	1	2	2
						欧盟（28）						
4 549	100.0	100.0	4	−5	4	世界	4 020	100.0	100.0	3	−8	3
388	9.3	8.5	3	4	3	北美洲	232	6.2	5.8	2	−1	0
102	1.4	2.2	10	1	4	中、南美洲	21	0.7	0.5	−1	−6	−26
46	0.5	1.0	12	−2	7	巴西	10	0.3	0.3	0	−13	−13
3 061	72.3	67.3	3	−8	4	欧洲	2 962	74.5	73.7	3	−9	4
2 777	66.8	61.1	3	−9	4	欧盟（28）	2 777	70.4	69.1	3	−9	4
193	2.7	4.2	10	4	1	独联体	35	0.8	0.9	4	−11	1
138	1.9	3.0	11	5	0	俄罗斯	22	0.5	0.6	5	−6	1
139	2.6	3.0	6	1	6	非洲	41	1.2	1.0	1	−10	3
139	2.9	3.0	5	−2	7	中东	30	0.8	0.7	1	−6	9
505	8.2	11.1	8	0	3	亚洲	681	15.3	16.9	5	−8	−1
167	1.7	3.7	15	−3	7	中国	358	6.1	8.9	8	−8	−1
60	1.4	1.3	4	6	0	日本	72	2.9	1.8	−3	−15	−8
159	2.9	3.5	6	2	3	六个东亚贸易方	143	4.4	3.6	1	−7	−3
						中国 a						
2 077	100.0	100.0	15	9	8	世界	1 135	100.0	100.0	11	3	7
522	31.0	25.1	12	11	7	北美洲	113	8.4	10.0	13	4	24
97	2.4	4.7	25	12	−1	中、南美洲	9	0.7	0.8	13	21	−13
34	0.6	1.7	29	6	7	巴西	3	0.3	0.3	8	8	−14
431	25.3	20.8	12	−4	3	欧洲	203	14.5	17.9	14	−1	4
407	24.2	19.6	12	−5	2	欧盟（28）	190	13.6	16.7	14	0	4
80	2.9	3.8	19	13	10	独联体	7	1.2	0.6	1	−3	−4
47	1.8	2.3	18	15	13	俄罗斯	3	0.9	0.3	−4	−3	−19
86	2.5	4.2	22	21	10	非洲	5	0.3	0.5	16	−2	31
93	3.0	4.5	21	8	13	中东	22	1.0	2.0	21	−1	7
765	33.1	36.8	16	15	12	亚洲	775	73.8	68.2	10	3	6
174	12.1	8.4	9	6	3	日本	149	19.0	13.2	6	−9	−9
356	14.3	17.1	17	24	17	六个东亚贸易方	422	39.4	37.1	10	3	12

a 中国通报其 2012 年内部进口占制成品进口的 13%。

表 48

1990—2013 年主要经济体的制成品出口

单位：十亿美元，%

地区 \ 年份	总额					占经济体总货物出口的份额	
	1990	2000	2011	2012	2013	2005	2013 a
世界	2 391	4 689	11 511	11 479	11 848	71.3	64.7
阿根廷 b	4	9	26	25	26	30.4	32.2
澳大利亚	7	15	31	32	30	20.4	11.7
孟加拉国 b，c	1	6	23	23	27	91.2	93.5
白俄罗斯	—	5	20	22	17	51.9	46.5
博茨瓦纳 b	…	2	5	5	7	84.9	87.1
巴西	16	32	84	82	85	52.1	35.1
柬埔寨 b	…	1	6	7	9	94.7	94.3
加拿大	73	176	204	211	207	57.2	45.2
智利	1	3	11	10	10	14.9	13.3
中国 d	44	220	1 772	1 925	2 077	91.9	94.0
哥伦比亚	2	4	10	10	10	34.7	16.9
哥斯达黎加 d	0	4	6	7	7	65.1	61.0
多米尼加 d	2	5	5	5	5	80.6	51.2
埃及 b	1	2	13	13	14	19.4	47.7
萨尔瓦多 d	0	2	4	4	4	78.9	72.9
欧盟（28）	—	2 015	4 636	4 388	4 549	80.8	74.9
欧盟（28）对内出口	—	663	1 703	1 708	1 772	84.0	76.7
欧盟（28）对外出口	—	1 352	2 933	2 680	2 777	79.3	73.7
危地马拉	0	1	4	4	4	56.7	41.4
中国香港	76	192	408	423	440	95.8	82.2
内部出口 b	27	22	6	5	5	80.3	23.3
转口 b	48	170	402	418	424	97.0	82.2
印度 b，e	13	33	184	180	186	71.1	59.4
印度尼西亚 d	9	37	68	68	68	45.3	37.0
以色列 e	10	30	63	58	62	94.5	92.4
日本	275	450	725	710	626	91.9	87.6
约旦	1	1	6	5	6	71.5	72.6
哈萨克斯坦	—	1	10	12	8	12.0	9.8
韩国	61	155	473	463	481	90.8	85.9
马来西亚 d	16	79	141	140	139	74.5	60.7
墨西哥 d	25	139	247	270	285	77.0	74.9

续　表

地区＼年份	总额 1990	2000	2011	2012	2013	占经济体总货物出口的份额 2005	2013 a
摩洛哥 d	2	5	14	14	14	63.0	63.7
新西兰	2	4	8	8	8	31.2	20.4
挪威	11	13	25	24	25	18.1	16.3
巴基斯坦	4	8	18	19	18	81.1	73.5
菲律宾 b，d	6	35	39	43	42	89.1	73.4
俄罗斯	—	26	102	102	101	21.4	19.3
沙特 c	4	6	42	46	56	9.5	15.0
塞尔维亚	…	…	7	7	10	63.3	67.1
新加坡	37	118 |	280	283	288	80.6	70.3
内部出口	23	63 |	133	134	125	71.8	57.2
转口	14	54 |	150	152	167	91.1	87.5
南非 e	8	14	37	35	40	50.5	42.0
斯里兰卡 b	1	4	7	7	7	68.1	69.8
瑞士	60	70	202	195	201	89.4	87.8
中国台北	62	141	271	262	253	86.5	82.9
泰国	15	52	159	163	168	76.0	73.3
突尼斯	2	5	13	12	12	74.9	73.1
土耳其	9	22	104	108	116	81.3	76.1
乌克兰	—	10	43	41	36	68.5	57.4
阿联酋 b，f	3	7	60	69	83	19.5	21.8
美国	290	646	1 049	1 102	1 124	81.0	71.2
越南 c	…	6	62	79	93	49.9	70.4

a　接近一年。

b　财政年度的数据。

c　包括秘书处估计。

d　包括重要的自加工区的出口。

e　包括重要的钻石出口。最近几年，钻石占制成品出口的份额，印度为12%，以色列是29%，南非则是4.7%。

f　重要的转口。

表 49

1990—2013 年主要经济体的制成品进口

单位：十亿美元,%

地区 \ 年份	总额					占经济体总货物进口的份额	
	1990	2000	2011	2012	2013	2005	2013 a
阿尔及利亚	7	6	34	34	39	76.5	70.0
阿根廷	3	22	59	55	58	86.3	78.7
澳大利亚 b	32	59	162	178	164	79.9	70.5
孟加拉国 c，d	2	5	21	20	21	66.6	57.3
白俄罗斯	—	4	19	22	23	46.3	54.2
巴西 e	13	41	163	163	173	71.9	72.3
加拿大 c	93	201	325	340	341	78.9	73.8
智利 d	5	12	49	54	55	68.2	69.4
中国 f	42	170	1 033	1 059	1 135	74.7	58.2
哥伦比亚	4	9	44	44	45	83.2	75.7
哥斯达黎加 d，f	1	5	12	13	13	74.8	73.8
科特迪瓦	…	1	3	5	7	46.9	58.3
多米尼加 d，f，g	2	7 |	10	12	11	55.9	60.8
厄瓜多尔	2	3	16	17	18	72.3	66.2
埃及 d	7	8 |	29	35	32	40.8	55.0
欧盟（28）h	—	1 960	4 263	3 920	4 020	73.7	67.0
欧盟（28）自外进口	—	615	1 330	1 240	1 243	63.0	55.5
危地马拉 f	1	3 |	11	11	11	71.2	65.0
中国香港	71	193	432	453	471	91.6	75.7
留用进口 d	22	27	30	35	47	45.6	44.1
印度 i	12 |	22	192	188	181	47.0	38.8
印度尼西亚 d，f	17	30	106	119	112	63.1	59.7
伊朗 d	15	10	42	36	29	67.0	59.1
伊拉克 d	…	2	33	40	44	…	71.9
以色列 i	12	29	52	50	50	72.5	66.6
日本	100	213	403	418	400	53.6	48.0
约旦	1	3	9	9	11	57.4	49.2
哈萨克斯坦	—	4	28	34	38	78.2	77.7
肯尼亚	1	2	8	10	10	64.3	61.1
韩国	44	98	268	257	263	60.5	51.0
科威特 b	3	6	20	21	24	80.2	80.4
黎巴嫩	…	3	10	10	11	53.3	51.7
马来西亚 b，f	23	68	130	133	136	79.0	66.0

续 表

年份 地区	总额					占经济体总货物出口的份额	
	1990	2000	2011	2012	2013	2005	2013 a
墨西哥 b，f	32	150	268	290	302	83.5	79.1
摩洛哥 f	4	7	24	24	26	61.8	56.8
新西兰	8	11	24	26	27	76.7	68.2
尼日利亚 d	5	4	48	44	48	80.6	86.5
挪威	21	27	67	66	68	78.8	75.6
阿曼 d	2	3	16	18	23	75.8	65.5
巴基斯坦	4	5	20	20	21	58.4	45.9
秘鲁	2	5	27	31	31	66.0	71.9
菲律宾 d	9	29	42	42	42	76.4	64.9
卡塔尔 d	1	3	25	20	24	89.2	68.5
俄罗斯 b，d	—	19	245	262	258	56.5	75.3
沙特 b	18	22	100	120	129	78.3	76.5
塞尔维亚	…	…	12	12	13	65.5	64.4
新加坡	44	110 |	220	227	228	76.1	61.2
留用进口	30	55 |	70	75	61	58.5	33.6
南非 d	13	18	63	63	65	68.9	62.8
斯里兰卡 d	2	5	12	11	11	64.8	60.3
瑞士	58	68	165	157	163	81.4	81.1
叙利亚 d	1	2 |	9	4	3	51.8	54.1
中国台北	37	110	176	163	163	71.7	60.6
泰国	25	47	143	163	158	69.5	63.0
特立尼达和多巴哥 d	1	2	5	5	5	51.1	51.3
突尼斯	4	6	16	16	16	72.0	66.4
土耳其	14	38	142	132	146	66.4	57.9
乌克兰	—	6	44	48	44	57.0	57.5
阿联酋	9	23	112	127	142	61.4	56.6
美国	376	968	1 523	1 618	1 651	71.5	70.9
委内瑞拉	5	12	30	38	34	78.7	62.9
越南 d	2	11	74	84	101	69.4	76.8

a 接近一年。

b 包括秘书处估计。

c 进口以 f. o. b. 计价。

d 财政年度的数据。

e 自 2000 年进口以 f. o. b. 计价。

f 包括重要的加工区进口。

g 2010 年前进口以 f. o. b. 计价。

h EU（28）从内部的进口见数据库。

i 包括重要的钻石进口。最近几年，钻石占制成品进口的份额，印度为 17.5%，以色列是 18.8%。

表 50

2013 年钢铁的主要进出口方

单位：十亿美元，%

地区 \ 年份	总额	占世界出口/进口份额				年度变化百分比			
	2013	1980	1990	2000	2013	2005—2013	2011	2012	2013
出口方									
欧盟（28）	169	—	—	47.1	37.1	2	26	−13	−6
欧盟(28)对外出口	50	—	—	11.4	10.9	3	26	−5	−9
中国 a	55	0.3	1.2	3.1	12.0	14	40	−3	2
日本	39	20.1	11.8	10.4	8.6	4	11	−6	−11
韩国	27	2.2	3.4	4.7	5.9	8	30	−5	−12
俄罗斯	22	—	—	5.0	4.9	2	10	−2	−12
美国	20	4.2	3.3	4.4	4.4	7	18	3	−5
乌克兰	16	—	—	3.6	3.6	3	28	−15	−7
印度	13	0.1	0.2	0.9	2.8	11	−1	4	17
土耳其	12	0.0	1.4	1.3	2.5	9	26	2	−12
中国台北	11	0.4	0.8	3.2	2.5	3	17	−11	−3
巴西	9	1.1	3.4	2.5	2.0	0	41	−11	−19
加拿大	7	2.3	1.9	2.3	1.5	3	7	1	−9
南非	6	1.6	2.0	1.9	1.4	1	−1	−18	−1
墨西哥 a	5	0.1	0.7	1.2	1.2	5	20	−13	14
新加坡	3	0.3	0.4	0.4	0.7	7	24	1	−5
内部出口	1	0.2	0.1	0.1	0.1	2	14	−8	−8
转口	3	0.1	0.3	0.3	0.7	9	23	5	−6
以上 15 个经济体总计	413	—	—	92.0	91.0	—	—	—	—
进口方									
欧盟（28）	153	—	—	41.4	32.0	2	28	−19	−5
欧盟(28)自外进口	34	—	—	7.5	7.1	2	38	−27	−2
美国	39	10.1	9.5	12.7	8.2	3	32	10	−13
中国 a	21	2.7	2.5	6.4	4.5	−3	8	−16	−6
韩国	19	1.2	2.9	3.5	4.0	3	13	−17	−10
泰国	15	0.6	2.4	1.8	3.2	7	18	10	1
土耳其	12	0.4	1.1	1.6	2.6	8	19	−4	10
沙特 b	12	2.3	0.7	0.7	2.5	17	34	26	5
加拿大 c	12	1.6	2.0	3.5	2.4	3	19	3	−12
印度尼西亚	11	1.2	1.1	1.1	2.3	14	26	28	−8
墨西哥 ac	10	2.2	1.0	2.6	2.2	7	15	23	−11
阿联酋 b	9	0.7	0.4	0.6	1.9	12	32	13	6
中国台北	9	1.4	2.5	3.1	1.8	0	16	−14	−5
越南 b	8	…	…	0.6	1.8	13	5	−4	22
俄罗斯 b，c	8	—	—	0.9	1.8	11	38	−13	−3
印度	8	1.0	1.0	0.5	1.8	9	15	−3	−24
以上 15 个经济体总计	348	—	—	80.9	73.0	—	—	—	—

a 包括重要的加工区货物。
b 进口以 f.o.b. 计价。
c 包括秘书处估计。

表 51

1990—2013 年主要经济体的汽车出口

单位：百万美元，%

地区＼年份	总额					占经济体总货物出口的份额	
	1990	2000	2011	2012	2013	2005	2013 a
世界	318 959	576 437	1 283 670	1 300 908	1 347 798	9.0	7.4
阿根廷	200	2 108	10 043	9 635	10 278	7.6	12.6
澳大利亚	726	2 151	2 783	3 246	3 104	3.3	1.2
白俄罗斯	—	739	2 686	2 959	2 196	7.4	5.9
巴西	2 034	4 683	14 411	13 038	14 409	10.1	5.9
加拿大	28 442	60 656	53 946	62 151	59 983	18.5	13.1
智利	18	203	938	927	1 002	1.0	1.3
中国 b	258	1 581	37 494	43 110	45 976	1.3	2.1
哥伦比亚	6	226	393	563	839	3.1	1.4
科特迪瓦	…	11	38	27	152	2.4	1.1
厄瓜多尔	1	60	390	490	138	1.4	0.6
欧盟（28）	—	287 225	661 483	617 733	655 755	12.1	10.8
欧盟(28)对外出口	—	70 233	225 662	238 472	252 214	9.9	10.9
欧盟(28)对内出口	—	216 991	435 821	379 261	403 542	13.1	10.7
格鲁吉亚	—	1	487	637	767	2.8	26.4
中国香港	354	764	1 439	1 340	1 398	0.5	0.3
内部出口 c	27	23	0	0	0	0.0	0.0
转口 c	328	741	1 439	1 340	1 346	0.6	0.3
印度	198	588	8 091	10 038	11 267	2.6	3.6
印度尼西亚	22	369	2 928	4 293	4 194	1.5	2.3
伊朗	…	61	336	412	198	0.3	0.2
以色列	31	31	150	167	160	0.3	0.2
日本	66 195	88 043	150 424	165 888	151 846	20.6	21.2
约旦	19	62	135	104	136	2.6	1.7
韩国	2 301	15 194	69 171	72 005	74 451	13.3	13.3
科威特 c	65	49	870	1014	980	0.3	0.9
马来西亚 b	121	307	1 407	1 530	1 632	0.5	0.7
墨西哥 b	4 383	30 655	67 691	75 469	83 394	16.5	21.9
摩洛哥 b	28	24	426	996	1 648	0.7	7.6
挪威	305	459	812	772	801	0.7	0.5
菲律宾 b	23	583	2 215	1 626	1 568	3.7	2.8
卡塔尔 c	32	32	541	467	481	0.5	0.4
俄罗斯	—	1 156	3 749	4 340	5 119	1.0	1.0
沙特 c	229	59	857	883	1 891	0.4	0.5
新加坡	348	678	4 013	4 284	3 125	1.0	0.8
内部出口 c	82	90	679	521	349	0.2	0.2
转口 c	266	588	3 334	3 513	3 713	1.9	1.9
南非	249	1 708	7 320	7 572	8 037	8.4	8.4
瑞士	591	777	2 152	2 111	2 152	1.1	0.9
中国台北	829	2 221	5 755	6 309	6 469	1.9	2.1
泰国	108	2 417	18 279	24 276	25 946	7.2	11.4
突尼斯	30	63	355	315	369	2.7	2.2
土耳其	153	1 517	15 677	14 837	16 768	12.8	11.0
乌克兰	—	145	570	520	337	0.9	0.5

续 表

地区 \ 年份	总额					占经济体总货物出口的份额	
	1990	2000	2011	2012	2013	2005	2013 a
阿联酋 c，d	1	641	6 242	7 234	8 814	2.5	2.3
美国	32 547	67 195	119 644	132 268	134 536	9.6	8.5
委内瑞拉	73	223	11	8	4	0.6	0.0
越南 c	…	8	641	928	980	0.5	0.7

a 接近一年。

b 包括重要的出口加工区的出口。

c 包括秘书处估计。

d 主要的转口。

表 52

1990—2013 年主要经济体的汽车进口

单位：百万美元，%

地区 \ 年份	总额					占经济体总货物进口的份额	
	1990	2000	2011	2012	2013	2005	2013 a
阿尔及利亚	658	615	4 879	7 565	7 506	11.0	13.6
阿根廷	183	2 805	13 592	12 566	14 798	15.2	20.1
澳大利亚 b	3 794	8 550	24 897	30 777	27 674	12.8	11.9
巴林 c	…	180	101	142	130	…	4.2
白俄罗斯	—	297	1 716	1 848	2 284	3.0	5.3
巴西 d	532	4 154	22 826	21 681	23 468	6.4	9.8
加拿大 b	24 640	46 276	64 496	71 353	71 611	18.3	15.5
智利	579	1 507	9 062	9 030	8 539	11.4	10.8
中国 g	1 796	3 798	69 642	73 973	78 035	2.1	4.0
哥伦比亚	416	590	6 338	6 176	5 154	9.0	8.7
多米尼加 c，e，f	…	… |	614	861	819	9.2	4.5
厄瓜多尔	157	184	2 117	2 109	2 065	11.2	7.6
埃及	416	512 |	2 957	3 438	3 314	3.7	5.7
埃塞俄比亚 c	114	141	800	1 037	1 062	8.4	8.7
欧盟（28）g	—	246 075	505 851	442 426	467 652	9.9	7.8
欧盟（28）自外进口	—	32 199	70 029	63 165	64 111	3.7	2.9
加纳	…	331	1 795	2 214	1 288	13.1	7.3
危地马拉 e	117	481 |	847	924	852	7.4	4.9
中国香港	994	2 195	3 848	3 731	3 823	0.8	0.6
留用进口 c	666	1 455	2 410	2 391	2 477	2.9	2.3
印度	260 |	421	5 652	5 870	5 277	0.8	1.1
印度尼西亚	1 523	1 870	7 383	9 608	7 601	4.2	4.1
伊朗	…	770	3 261	2 305	2 141	4.0	4.4
以色列	871	2 298	4 689	4 078	4 773	5.0	6.4
日本	7 327	9 956	17 031	20 440	20 450	2.6	2.5
约旦	108	519	1 005	1 059	1 266	8.2	5.8

续　表

地区 \ 年份	总额					占经济体总货物进口的份额	
	1990	2000	2011	2012	2013	2005	2013 a
哈萨克斯坦	—	435	1 808	3 140	4 256	9.0	8.7
肯尼亚	255	156	803	966	1 062	6.5	6.5
韩国	929	1 773	9 746	9 794	10 777	1.6	2.1
科威特 c	453	1 141	4 194	6 439	4 464	18.4	15.2
黎巴嫩	…	535	1 431	1 445	1 546	7.8	7.0
马来西亚 e	1 312	1 833	5 880	7 169	7 120	2.9	3.5
墨西哥 b，e	933	20 003	34 704	39 437	40 323	11.3	10.6
摩洛哥 e	317	471	2 709	3 307	3 572	5.7	7.9
新西兰	1 012	1 480	2 830	3 797	4 315	13.2	10.9
挪威	1 419	2 597	8 128	8 139	8 610	9.5	9.6
阿曼 c	429	1 109	4 651	4 445	6 038	23.0	17.3
巴基斯坦	390	324	1 314	1 451	1 112	5.1	2.5
巴拿马 c	111	332 |	1 251	1 317	1 199	10.1	5.5
秘鲁	176	510	3 451	4 585	4 611	4.9	10.6
菲律宾	537	974	2 434	3 104	3 102	2.1	4.8
卡塔尔 c	202	409	3 061	3 563	3 611	13.6	10.3
俄罗斯 bc	—	1 044	39 259	46 122	42 204	8.8	12.3
沙特 c	2 839	3 815	16 748	22 802	23 162	16.6	13.8
新加坡	1 418	2 417 |	4 846	4 821	4 173	1.8	1.1
留用进口 c	1 152	1 829 |	1 512	1 308	460	1.7	0.3
南非	…	1 455	8 737	8 768	8 685	10.0	8.4
苏丹 c	…	155	930	475	497	13.3	5.0
瑞士	6 048	6 263	15 041	14 067	13 391	6.6	6.7
叙利亚 c	75	184 |	1 186	515	381	7.2	7.1
中国台北	2 565	2 676	5 572	5 399	5 720	2.0	2.1
泰国	2 651	2 084	9 334	13 439	12 531	3.7	5.0
突尼斯	306	595	1 424	1 718	1 717	6.7	7.1
土耳其	1177	5 831	19 423	16 368	19 040	10.3	7.6
乌克兰	—	446	5 056	5 472	4 916	8.6	6.4
阿联酋 c	964	2 384	11 690	13 245	15 289	7.7	6.1
美国	79 320	170 195	211 645	250 375	260 065	11.9	11.2
委内瑞拉	426	1 451	833	1 723	878	12.7	1.6
越南 c	…	294	2 460	1 675	2 476	3.2	1.9

a　接近一年。
b　进口以 f. o. b. 计价。
c　包括秘书处估计。
d　财政年度的数据。
e　自 2000 年进口以 f. o. b. 计价。
f　包括重要的加工区的进口。
g　EU（28）从内进口参看数据库信息。

表 53

1990—2013 年主要经济体的纺织品出口

单位：百万美元，%

地区 \ 年份	总额					占经济体总货物出口的份额	
	1990	2000	2011	2012	2013	2005	2013 a
世界	104 354	154 784	294 193	284 158	305 898	2.0	1.7
阿根廷	158	258	300	222	204	0.5	0.3
澳大利亚	153	347	274	257	227	0.3	0.1
孟加拉国 b，c	343	393	1 898	1 634	1 893	7.6	6.5
白俄罗斯	—	410	745	729	738	3.0	2.0
巴西	769	895	1 108	996	949	1.1	0.4
加拿大	687	2 204	2 024	2 018	1 906	0.7	0.4
智利	33	114	213	193	166	0.5	0.2
中国 d	7 219	16 135	94 411	95 450	106 578	5.4	4.8
哥伦比亚	133	268	486	454	386	1.7	0.7
多米尼加 c，d	…	…	331	333	354	0.5	3.7
厄瓜多尔	3	40	165	119	122	0.5	0.5
埃及	554	411	1 523	1 365	1 489	2.1	5.2
萨尔瓦多 d	38	79	283	276	319	3.3	5.8
欧盟（28）	—	56 824	77 137	69 723	72 150	1.7	1.2
欧盟（28）对内出口	—	15 301	23 435	22 028	22 797	1.5	1.0
欧盟（28）向外出口	—	41 523	53 702	47 695	49 353	1.8	1.3
危地马拉	34	53	278	247	259	3.3	2.6
中国香港	8 213	13 441	11 283	10 546	10 718	4.7	2.0
内部出口 c	2 171	1 174	203	186	165	3.0	0.8
转口 c	6 042	12 267	11 080	10 360	10 321	4.9	2.0
印度	2 180	5 593	15 340	15 274	18 907	8.4	6.0
印度尼西亚	1 241	3 505	4 791	4 541	4 632	3.9	2.5
伊朗	510	766	939	1 097	950	1.4	1.2
以色列	270	490	801	743	702	1.7	1.1
日本	5 871	6 994	8 034	7 819	6 841	1.2	1.0
约旦	31	43	72	96	111	1.0	1.4
肯尼亚	21	26	60	70	61	1.4	1.0
韩国	6 076	12 710	12 369	11 970	12 043	3.7	2.2
黎巴嫩	…	8	43	37	37	1.1	0.7
中国澳门	136	271	50	21	21	11.1	1.8
马来西亚 d	343	1 270	2 036	1 786	1 851	1.0	0.8
毛里求斯 c，d	35	81	114	97	114	3.5	4.0
墨西哥 d	713	2 571	2 140	2 246	2 446	1.0	0.6
摩洛哥 d	203	123	413	355	361	1.7	1.7
尼泊尔 c	82	182	292	293	284	21.6	32.1
新西兰	135	146	297	268	253	1.2	0.6
尼日利亚 C	…	10	41	40	38	…	0.0
挪威	163	173	196	207	203	0.2	0.1

续 表

地区 \ 年份	总额					占经济体总货物进口的份额	
	1990	2000	2011	2012	2013	2005	2013 a
巴基斯坦	2 663	4 532	9 082	8 705	9 341	44.2	37.1
秘鲁	221	128	374	489	465	0.9	1.1
菲律宾 d	132	297	184	170	172	0.7	0.3
俄罗斯	—	483	675	582	596	0.2	0.1
塞尔维亚	…	…	125	132	163	1.2	1.1
新加坡	903	907	851	801	891	0.4	0.2
内部出口	141	293	263	260	293	0.2	0.1
转口	762	614	587	553	609	0.6	0.3
南非 c	167	237	235	228	425	0.6	0.4
斯里兰卡 c	25	244	198	226	236	2.1	2.4
瑞士	2 557	1 278	1 384	1 166	1 164	1.0	0.5
叙利亚 c	555	158	591	236	105	2.6	5.2
中国台北	6 128	11 891	11 016	10 293	10 246	4.9	3.4
坦桑尼亚	…	11	115	106	103	1.8	2.0
泰国	928	1 958	4 072	3 521	3 874	2.5	1.7
突尼斯	112	154	468	424	413	3.1	2.4
土耳其	1 440	3 672	10 772	11 054	12 157	9.6	8.0
乌克兰	—	127	224	232	247	0.7	0.4
阿联酋 ce	6	1 289	1 913	2 218	2 736	1.2	0.7
美国	5 039	10 952	13 852	13 483	13 924	1.4	0.9
越南 c	…	299	3 770	3 894	4 786	2.2	3.6

a 接近一年。
b 财政年度的数据。
c 包括秘书处估计。
d 包括重要的出口加工区的出口。
e 主要的转口。

表 54

1990—2013 年主要经济体的纺织品进口

单位：百万美元，%

地区 \ 年份	总额					占经济体总货物进口的份额	
	1990	2000	2011	2012	2013	2005	2013 a
阿根廷	53	653	1 293	1 133	1 143	2.5	1.6
澳大利亚 b	1 445	1 632	2 550	2 587	2 617	1.5	1.1
孟加拉国 c，d	452	1 350	6 610	5 840	6 217	17.5	17.1
白俄罗斯	—	256	645	640	665	2.1	1.5
波斯尼亚和黑塞哥维那	…	…	337	297	361	2.8	3.5
巴西 e	252	1 045	4 303	4 300	4 221	1.6	1.8
柬埔寨 b，d	…	432	2 150	2 487	3 080	25.1	23.7
加拿大 b	2 325	4 126	4 502	4 591	4 566	1.4	1.0
智利	203	431	1 192	1 198	1 333	1.8	1.7

续 表

地区＼年份	总额					占经济体总货物进口的份额	
	1990	2000	2011	2012	2013	2005	2013 a
中国 f	5 292	12 832	18 901	19 810	21 563	2.3	1.1
哥伦比亚	75	558	1 530	1 522	1 461	3.4	2.5
哥斯达黎加 f	83	184	338	343	284	2.5	1.6
多米尼加 d，f，g	…	1 173	1 010	939	893	6.5	4.9
埃及	211	206	2 265	2 278	2 390	1.5	4.1
萨尔瓦多 f	111	325	1 032	1 024	1 100	13.4	10.2
欧盟（28）g	—	57 671	85 211	74 901	78 424	1.7	1.3
欧盟（28）自外进口	—	16 189	31 509	27 206	29 071	1.5	1.3
马其顿	…	27	476	439	481	9.8	7.3
危地马拉 f	38	59	1 068	984	1 015	11.1	5.8
洪都拉斯 b，d	26	501	1 934	1 566	1 497	17.9	13.6
中国香港	10 182	13 716	11 049	10 364	10 420	4.6	1.7
留用进口	4140	1449	…	3	98	0.2	0.0
印度	240	585	3 393	3 318	3 579	1.4	0.8
印度尼西亚	785	1 251	5 654	5 570	5 788	1.0	3.1
伊朗 d	…	298	693	654	745	1.1	1.5
以色列	474	759	788	706	710	1.6	0.9
日本	4 133	4 934	9 195	9 013	8 766	1.1	1.1
约旦	107	172	635	692	829	6.5	3.8
肯尼亚	17	47	369	324	346	4.1	2.1
韩国	1 947	3 359	5 658	4 882	5 218	1.4	1.0
科威特 d	168	212	451	548	414	2.1	1.4
黎巴嫩	…	178	252	265	293	2.2	1.3
中国澳门	619	906	83	66	33	15.6	0.3
马达加斯加 d	20	200	329	269	279	15.5	8.7
马来西亚 f	951	1 114	1 466	1 368	1 454	0.8	0.7
毛里求斯 d	336	411	285	274	270	8.0	5.0
墨西哥 b，f	992	5 822	5 859	6 003	6 180	2.7	1.6
摩洛哥 f	361	1 364	2 443	2 413	2 455	8.6	5.4
新西兰	396	369	596	605	631	2.0	1.6
尼日利亚 d	…	38	1 410	1 284	1 410	…	2.5
挪威	554	509	971	906	934	1.3	1.0
巴基斯坦	126	130	1 245	1 077	1 245	1.9	2.8
秘鲁	17	165	894	974	965	2.6	2.2
菲律宾	910	1 250	814	796	907	2.2	1.4
俄罗斯 b	—	714	4 439	4 663	4 365	1.0	1.3
沙特 d	1 312	986	1 723	1 939	2 145	2.0	1.3
新加坡	1 778	1 275	1 151	1 081	1 072	0.5	0.3
留用进口	1016	661	564	528	463	0.4	0.3
南非	561	569	1 385	1 330	1 369	1.6	1.3

续 表

地区 \ 年份	总额					占经济体总货物进口的份额	
	1990	2000	2011	2012	2013	2005	2013 a
斯里兰卡 d	412	1 483	2 230	2 185	1 960	17.5	10.9
瑞士	1 849	1 300	2 235	1 994	2 055	1.3	1.0
叙利亚 d	168	399	477	207	153	3.5	2.8
中国台北	1 013	1 460	1 418	1 255	1 246	0.6	0.5
泰国	898	1 630	2 982	3 245	3 059	1.7	1.2
突尼斯	790	1 207	2 026	1 700	1 710	12.2	7.0
土耳其	567	2 124	7 557	6 441	6 789	3.8	2.7
乌克兰	—	450	1 224	1 280	1 341	2.5	1.7
阿联酋 d	983	2 055	2 707	3 067	3 460	2.6	1.4
美国	6 730	15 985	25 359	25 956	27 056	1.3	1.2
委内瑞拉	112	286	511	725	674	2.1	1.3
越南 d	…	1 379	8 702	9 075	10 643	9.3	8.1

a 接近一年。
b 进口以 f. o. b. 计价。
c 财政年度的数据。
d 包括秘书处估计。
e 自 2000 年进口以 f. o. b. 计价。
f 包括重要的加工区的进口。
g 2010 前进口以 f. o. b. 计价。
h EU (28) 从内进口参看数据库信息。

表 55

2013 年服装的主要进出口方

单位：十亿美元，%

地区 \ 年份	总额	占世界出口/进口份额				年度变化百分比			
	2013	1980	1990	2000	2013	2005—2013	2011	2012	2013
出口方									
中国 a	177	4.0	8.9	18.3	38.6	12	18	4	11
欧盟 (28)	118	—	—	28.7	25.6	4	17	−6	7
欧盟(28)对外出口	31	—	—	6.5	6.7	6	26	3	8
孟加拉	24	0.0	0.6	2.6	5.1	17	29	3	19
中国香港	22	—	—	—	—	−3	2	−8	−3
内部出口 b	0	11.5	8.6	5.0	0.0	−35	−14	−29	−11
转口 b	21	—	—	—	—	1	2	−8	−5
越南 b	17	…	…	0.9	3.7	18	27	10	19
印度	17	1.7	2.3	3.0	3.7	9	31	−6	22
土耳其	15	0	3	3.3	3.3	3	9	2	8
印度尼西亚	8	0.2	1.5	2.4	1.7	6	18	−6	2
美国	6	3.1	2.4	4.4	1.3	2	12	7	4

续 表

地区 \ 年份	总额	占世界出口/进口份额				年度变化百分比			
	2013	1980	1990	2000	2013	2005—2013	2011	2012	2013
柬埔寨 b	5	…	…	0.5	1.1	11	31	8	19
马来西亚 a	5	0.4	1.2	1.1	1.0	8	18	0	1
巴基斯坦	5	0.3	0.9	1.1	1.0	3	16	−7	8
墨西哥 a	5	0.0	0.5	4.4	1.0	−6	6	−4	2
斯里兰卡 b	5	0.3	0.6	1.4	1.0	6	21	−5	13
泰国	4	0.7	2.6	1.9	0.9	0	6	−6	−4
以上 15 个经济体总计	410	—	—	79.0	89.0	—	—	—	—
进口方									
欧盟（28）	182	—	—	41.1	37.9	4	15	−10	6
欧盟(28)自外进口	95	—	—	19.6	19.7	5	15	−11	5
美国	91	16.4	24.0	33.0	18.9	2	8	−1	3
日本	34	3.6	7.8	9.7	7.0	5	23	3	−1
中国香港	16	—	—	—	—	−1	4	−5	1
留用进口	…	0.9	0.7	0.9	…	…	…	…	…
加拿大 c	10	1.7	2.1	1.8	2.1	7	15	−2	6
俄罗斯 b，c	9	—	—	0.1	1.9	33	23	0	−2
韩国	8	0.0	0.1	0.6	1.6	13	38	3	20
澳大利亚 c	6	0.8	0.6	0.9	1.3	9	21	4	3
瑞士	6	3.4	3.1	1.6	1.2	4	16	−7	3
中国 a	5	0.1	0.0	0.6	1.1	16	59	13	18
阿联酋 b	4	0.6	0.5	0.4	0.8	12	21	13	10
沙特 b	3	1.6	0.7	0.4	0.7	11	28	5	14
墨西哥 a，c	3	0.3	0.5	1.8	0.7	3	20	8	9
智利	3	0.0	0.0	0.1	0.7	19	15	−18	17
土耳其	3	0.3	0.8	0.9	0.6	4	19	2	22
以上 15 个经济体总计 d	368	—	—	93.1	76.4	—	—	—	—

a 包括加工区的重要货物。
b 包括秘书处估计。
c 进口以 f. o. b. 计价。
d 除香港的留用进口。

表 56

1990—2013 年主要经济体的服装出口

单位：百万美元，%

地区＼年份	总额					占经济体总货物出口的份额	
	1990	2000	2011	2012	2013	2005	2013 a
世界	108 129	197 635	417 724	422 573	460 268	2.7	2.5
阿尔巴尼亚	…	97	325	292	327	30.0	14.0
孟加拉国 b	643	5 067	19 214	19 788	23 501	74.1	80.7
白俄罗斯	—	262	506	577	574	2.1	1.5
波斯尼亚和黑塞哥维那	…	…	205	177	207	3.4	3.6
博茨瓦纳 c	…	30	237	57	73	4.6	1.0
巴西	247	282	193	167	163	0.3	0.1
柬埔寨 c	…	970	3 995	4 294	5 095	71.5	54.8
加拿大	328	2 077	1 289	1 280	1 275	0.5	0.3
中国 d	9 669	36 071	153 774	159 614	177 435	9.7	8.0
哥伦比亚	460	520	650	703	615	4.3	1.0
哥斯达黎加 d	54	660	172	193	129	6.7	1.1
多米尼加 d	782	2 555	645	757	806	30.9	8.3
埃及	144	313	1 553	1 258	1 365	1.4	4.8
萨尔瓦多 d	184	1 673	1 829	1 912	2 067	49.3	37.6
欧盟（28）	—	56 709	117 407	109 841	117 958	2.1	1.9
欧盟（28）对内出口	—	12 753	27 579	28 269	30 633	1.4	1.3
欧盟（28）向外出口	—	43 956	89 828	81 573	87 326	2.4	2.3
马其顿	…	318	658	598	624	24.4	14.6
危地马拉	24	49	1 255	1 229	1 318	28.0	13.1
海地 c	63	245	677	720	…	83.6	88.3
洪都拉斯 c	64	2 275	3 808	3 718	4 011	55.3	51.2
中国香港	15 406	24 214	24 505	22 573	21 937	9.3	4.1
内部出口 c	9 266	9 933	360	256	227	36.1	1.1
转口 c	6 140	14 281	24 145	22 317	21 124	7.4	4.1
印度	2 530	5 965	14 672	13 833	16 843	8.8	5.4
印度尼西亚	1 646	4 734	8 045	7 524	7 692	5.7	4.2
以色列	482	729	177	161	155	1.1	0.2
日本	568	534	595	557	487	0.1	0.1
约旦	11	115	1 004	1 049	1 150	24.7	14.5
肯尼亚	9	9	247	241	279	5.4	4.8
韩国	7 879	5 027	1 840	1 910	2 100	0.9	0.4
吉尔吉斯斯坦 c	—	…	143	157	148	3.5	8.3
莱索托 c	…	161	578	480	418	68.5	49.3
中国澳门	1 111	1 844	133	111	89	66.8	7.8
马达加斯加 c	11	309	350	304	381	40.3	20.1

续 表

年份 地区	总额					占经济体总货物进口的份额	
	1990	2000	2011	2012	2013	2005	2013 a
马来西亚 d	1 315	2 257	4 567	4 560	4 586	1.8	2.0
毛里求斯 c，d	607	948	893	821	761	34.7	26.5
墨西哥 d	587	8 631	4 638	4 449	4 530	3.4	1.2
摩尔多瓦	—	76	280	254	261	15.7	10.9
摩洛哥 d	722	2 401	3 274	3 225	3 122	25.4	14.3
缅甸 c	12	800	943	346	438	8.8	3.9
新西兰	67	116	206	187	225	0.9	0.6
巴基斯坦	1 014	2 144	4 550	4 214	4 549	22.5	18.1
秘鲁	120	504	1 525	1 619	1 392	6.1	3.3
菲律宾 d	1 733	2 536	1 402	1 612	1 558	5.5	2.7
俄罗斯	—	439	232	308	405	0.1	0.1
塞尔维亚	…	…	481	505	603	5.4	4.1
新加坡	1 588	1 825 |	1 190	1 335	1 272	0.7	0.3
内部出口	995	504 |	146	131	142	0.2	0.1
转口	593	1 321 |	1 043	1 204	1 129	1.4	0.6
南非	85	218	119	125	503	0.3	0.5
斯里兰卡 c	638	2 812	4 211	4 005	4 511	45.3	45.3
瑞士	686	611	1 542	1 409	1 389	1.2	0.6
叙利亚 c	330	129 |	338	135	60	1.6	3.0
中国台北	3 987	3 015	994	971	888	0.8	0.3
泰国	2 817	3 759	4 561	4 275	4 100	3.7	1.8
突尼斯	1 126	2 227	3 317	2 724	2 802	29.8	16.4
土耳其	3 331	6 533	13 948	14 290	15 408	16.1	10.2
乌克兰	—	417	668	573	585	2.0	0.9
阿联酋 c，e	146	464	1 055	1 223	1 599	0.7	0.4
美国	2 565	8 629	5 241	5 614	5 859	0.6	0.4
越南 c	…	1 821	13 149	14 443	17 230	14.4	13.0

a 接近一年。
b 财政年度的数据。
c 包括秘书处估计。
d 包括重要的出口加工区的出口。
e 主要的转口。

表 57

1990—2013 年主要经济体的服装进口

单位：百万美元，%

年份 地区	总额					占经济体总货物进口的份额	
	1990	2000	2011	2012	2013	2005	2013 a
阿尔巴尼亚	…	68	199	175	202	5.6	4.1
阿尔及利亚	4	38	238	289	329	0.4	0.6
阿根廷	6	333	563	460	408	0.5	0.6

续　表

年份 地区	总额					占经济体总货物进口的份额	
	1990	2000	2011	2012	2013	2005	2013 a
澳大利亚 b	711	1 858	5 838	6 080	6 257	2.6	2.7
孟加拉国 c，d	14	174	675	276	293	1.8	0.8
白俄罗斯	—	50	170	249	282	0.3	0.7
波斯尼亚和黑塞哥维那	…	…	193	179	195	2.4	1.9
巴西 e	59	173	2 066	2 556	2 775	0.4	1.2
加拿大 b	2 388	3 690	9 532	9 365	9 949	1.9	2.2
智利	52	501	2 518	2 706	2 898	2.8	3.7
中国 f	48	1 192	4 012	4 522	5 335	0.2	0.3
哥伦比亚	19	80	644	802	856	0.6	1.4
哥斯达黎加 f	17	592	291	308	308	3.4	1.7
多米尼加 d，f，g	…	…	225	384	365	4.9	2.0
厄瓜多尔	1	23	218	253	319	1.3	1.2
埃及	9	11	415	452	530	0.1	0.9
萨尔瓦多 f	171	713	322	337	407	5.3	3.8
欧盟（28）g	—	83 459	191 798	172 333	182 231	3.1	3.0
欧盟（28）自外进口	—	39 729	101 969	90 760	94 905	4.4	4.2
危地马拉 f	5	33	183	181	193	1.8	1.1
洪都拉斯 d	25	1 304	225	401	334	7	3.0
中国香港	6 913	16 008	17 248	16 338	16 458	6.1	2.6
留用进口	773	1 726	…	…	…	…	…
冰岛	75	88	126	118	126	2.9	2.6
印度	2	22	364	403	522	0.0	0.1
印度尼西亚	16	39	417	481	570	0.1	0.3
以色列	61	471	1 364	1 450	1 555	1.4	2.1
日本	8 765	19 705	32 945	33 942	33 632	4.4	4.0
约旦	28	61	319	331	399	1.6	1.8
韩国	151	1 307	6 110	6 267	7 535	1.1	1.5
科威特 d	206	317	729	851	875	3.5	3.0
黎巴嫩	…	171	470	510	514	3.0	2.3
中国澳门 d	26	540	345	391	446	22.1	4.4
马来西亚 f	76	148	690	856	1 012	0.2	0.5
墨西哥 b，f	573	3 602	2 744	2 965	3 231	1.1	0.8
摩洛哥 f	8	232	371	383	340	1.4	0.8
新西兰	149	401	1 125	1 152	1 176	2.7	3.0
挪威	1 231	1 287	2 893	2 667	2 801	3.3	3.1
巴拿马 d	71	97	2 368	2 492	2 378	2.6	10.9
秘鲁	1	59	487	583	716	0.9	1.6
卡塔尔 d	29	54	419	413	449	1.4	1.3
俄罗斯 b，d	—	198	9 238	9 245	9 014	0.7	2.6
沙特 d	833	813	2 866	3 020	3 447	2.5	2.0

续 表

地区＼年份	总额 1990	2000	2011	2012	2013	占经济体总货物进口的份额 2005	2013 a
塞尔维亚	…	…	324	313	331	1.5	1.6
新加坡	920	1 881	2 335	2 389	2 916	1.1	0.8
留用进口	328	560	1 293	1 185	1 787	0.7	1.0
南非	108	223	1 529	1 599	1 901	1.5	1.8
瑞士	3 437	3 181	6 139	5 721	5 904	3.5	2.9
中国台北	290	978	1 530	1 638	1 610	0.6	0.6
泰国	29	131	613	726	789	0.2	0.3
突尼斯	191	438	550	453	468	4.3	1.9
土耳其	16	264	3 272	2 677	3 140	0.7	1.2
乌克兰	—	60	592	1 157	974	1.1	1.3
阿联酋 d	514	832	3 150	3 569	3 921	1.8	1.6
美国	26 977	67 115	88 584	87 957	91 028	4.6	3.9
委内瑞拉	101	390	536	838	742	2.2	1.4
越南 d	…	450	529	619	687	0.9	0.5

a 接近一年。
b 进口以 f. o. b. 计价。
c 财政年度的数据。
d 包括秘书处估计。
e 自 2000 年进口以 f. o. b. 计价。
f 包括重要的加工区的进口。
g 2010 前进口以 f. o. b. 计价。
h EU（28）从内进口参看数据库信息。

表 58

2013 年世界运输服务贸易（按地区）

单位：十亿美元，%

地区＼年份	总额 2013	份额 2005	2013	年度变化百分比 2005—2013	2011	2012	2013
出口							
世界	905	100.0	100.0	6	9	1	2
北美洲	100	11.1	11.0	6	11	3	4
中、南美洲	30	2.9	3.3	8	16	1	3
欧洲	433	50.9	47.8	5	10	−3	5
欧盟（28）	394	46.2	43.4	5	9	−3	5
独联体	41	3.1	4.5	11	16	6	5
非洲	27	2.6	3.0	8	7	8	2
中东	28	2.7	3.1	8	18	6	−3
亚洲	248	26.7	27.4	6	5	5	−3
进口							
世界	1165	100.0	100.0	7	14	3	2
北美洲	131	14.9	11.2	3	10	3	5
中、南美洲	56	3.9	4.8	10	20	4	3
欧洲	376	39.6	32.3	4	10	−4	3

续 表

地区＼年份	总 额	份 额		年度变化百分比			
	2013	2005	2013	2005—2013	2011	2012	2013
欧盟（28）	349	36.7	30.0	4	11	−4	4
独联体	31	1.5	2.6	15	19	9	4
非洲	65	4.6	5.6	10	8	10	−2
中东	110	5.3	9.5	15	30	9	7
亚洲	396	30.3	34.0	8	16	6	−1

表 59

2013 年运输服务的主要进出口方

单位：十亿美元，%

地区＼年份	总 额	份 额		年度变化百分比			
	2013	2005	2013	2005—2013	2011	2012	2013
出口方							
欧盟（28）	393.5	46.2	43.4	5	9	−3	5
欧盟(28)对外出口	187.1	22.8	20.7	5	8	−2	1
美国	86.5	9.2	9.5	6	11	4	4
新加坡	44.1	3.4	4.9	11	8	3	2
日本	39.6	6.3	4.4	1	−1	5	−2
中国	37.6	2.7	4.2	12	4	9	−3
韩国	36.6	4.2	4.0	5	−5	12	−12
中国香港	31.0	3.6	3.4	5	8	0	−2
俄罗斯	20.6	1.6	2.3	11	17	10	8
印度	16.9	1.0	1.9	14	34	−1	−3
挪威	15.6	2.7	1.7	0	11	−1	−9
土耳其	13.1	0.9	1.4	13	16	15	5
加拿大	12.5	1.7	1.4	3	10	0	0
中国台北	10.1	1.0	1.1	7	1	3	1
埃及	9.4	0.8	1.0	9	4	8	6
乌克兰	8.1	0.8	0.9	8	16	−6	−5
以上 15 个经济体总计	775.0	86.2	85.6	—	—	—	—
进口方							
欧盟（28）	349.4	36.7	30.0	4	11	−4	4
欧盟(28)自外进口	154.8	16.3	13.3	4	9	−4	3
美国	95.7	11.6	8.2	2	9	5	7
中国	94.3	4.2	8.1	16	27	7	10
印度	57.1	3.0	4.9	14	25	4	−5
日本	47.0	5.9	4.0	2	6	12	−15
阿联酋	45.2	1.6	3.9	19	43	11	11
新加坡	36.9	3.0	3.2	8	7	12	3
韩国	28.5	3.0	2.4	4	0	2	−5
泰国	28.4	2.1	2.4	9	19	8	−1
加拿大	22.4	2.1	1.9	6	11	−1	−2
沙特	19.2	0.7	1.6	19	21	16	7
澳大利亚	17.5	0.8	1.5	17	30	7	6
中国香港	16.8	1.5	1.4	6	14	2	0
俄罗斯	16.1	1.6	1.4	5	16	11	−7
巴西	15.2	0.7	1.3	15	25	0	7
以上 15 个经济体总计	890.0	78.5	76.3	—	—	—	—

表 60

2013 年世界旅游服务贸易（按地区）

单位：十亿美元，%

地区＼年份	总额	份额		年度变化百分比			
	2013	2005	2013	2005—2013	2011	2012	2013
出口							
世界	1 185	100.0	100.0	7	12	4	7
北美洲	204	18.8	17.3	6	9	8	7
中、南美洲	51	4.4	4.4	6	10	6	4
欧洲	459	48.0	38.8	4	12	−3	8
欧盟（28）	403	43.0	34.1	4	12	−3	8
独联体	26	1.6	2.2	12	28	10	9
非洲	39	4.1	3.3	4	−3	6	−10
中东	48	3.3	4.0	9	−8	2	8
亚洲	356	19.8	30.0	12	18	10	9
进口							
世界	1 070	100.0	100.0	6	10	5	8
北美洲	140	15.4	13.1	4	6	6	3
中、南美洲	48	2.5	4.5	14	22	7	10
欧洲	398	49.4	37.2	3	8	−4	6
欧盟（28）	356	45.6	33.2	2	8	−4	5
独联体	68	3.4	6.3	15	25	28	22
非洲	26	1.9	2.4	9	7	−6	−1
中东	76	5.2	7.1	10	0	6	11
亚洲	315	…	29.4	…	16	15	9

表 61

2013 年旅游服务的主要进出口方

单位：十亿美元，%

地区＼年份	总额	份额		年度变化百分比			
	2013	2005	2013	2005—2013	2011	2012	2013
出口方							
欧盟（28）	403.1	43.0	34.1	4	12	−3	8
欧盟(28)对外出口	134.8	11.7	11.4	6	18	4	10
美国	172.6	15.2	14.6	6	11	9	7
中国澳门	51.8	1.1	4.4	26	38	14	18
中国	51.6	4.2	4.4	7	6	3	3
泰国	42.1	1.4	3.6	20	35	24	24
中国香港	38.9	1.5	3.3	18	28	16	18
澳大利亚	31.0	2.4	2.6	8	10	2	−3
土耳其	28.0	2.7	2.4	5	11	2	9
马来西亚	21.5	1.3	1.8	12	8	3	6
新加坡	19.1	0.9	1.6	15	28	5	1
印度	18.4	1.1	1.6	12	22	1	2

续 表

地区＼年份	总额 2013	份额 2005	份额 2013	年度变化百分比 2005—2013	2011	2012	2013
加拿大	17.7	2.0	1.5	3	6	4	1
瑞士	16.5	1.4	1.4	6	16	−7	4
日本	15.1	…	1.3	…	−17	33	4
韩国	14.4	0.8	1.2	12	21	8	7
以上15个经济体总计	940.0	80.6	79.6	—	—	—	—
进口方							
欧盟（28）	355.8	45.6	33.2	2	8	−4	5
欧盟(28)自外进口	116.4	…	10.9	…	6	−4	0
中国	128.7	3.3	12.0	25	32	41	26
美国	95.9	11.5	9.0	3	4	7	4
俄罗斯	53.5	2.7	5.0	15	23	30	25
加拿大	35.2	2.8	3.3	9	12	5	0
澳大利亚	26.6	1.7	2.5	11	21	1	−3
巴西	25.1	0.7	2.3	23	30	5	13
新加坡	24.6	1.5	2.3	12	15	10	4
日本	21.9	…	2.0	…	−2	2	−22
韩国	21.7	2.4	2.0	4	6	4	5
中国香港	21.2	2.0	2.0	6	10	6	6
挪威	18.7	1.6	1.7	8	15	5	11
阿联酋	17.7	0.9	1.7	14	12	14	17
沙特	17.7	1.4	1.6	9	−18	−1	4
瑞士	15.0	1.4	1.4	7	22	1	8
以上15个经济体总计	880.0	85.3	82.0	—	—	—	—

a 秘书处估计。

表 62

2013 年世界其他服务贸易（按地区）

单位：十亿美元，%

地区＼年份	总额 2013	份额 2005	份额 2013	年度变化百分比 2005—2013	2011	2012	2013
出口							
世界	2 550	100.0	100.0	9	14	2	6
北美洲	457	19.2	17.9	8	11	3	4
中、南美洲	63	1.8	2.5	14	28	9	−1
欧洲	1 301	54.4	51.0	9	14	−1	7
欧盟（28）	1 201	50.3	47.1	9	14	−1	7

续 表

年份 / 地区	总额	份额		年度变化百分比			
	2013	2005	2013	2005—2013	2011	2012	2013
独联体	47	1.1	1.8	17	21	12	14
非洲	24	1.0	0.9	9	5	7	2
中东	48	2.0	1.9	9	15	16	6
亚洲	611	20.6	24.0	12	13	8	7
进口							
世界	2 085	100.0	100.0	9	12	2	5
北美洲	295	15.0	14.1	8	8	2	2
中、南美洲	92	2.7	4.4	16	27	7	7
欧洲	976	52.6	46.8	7	12	−1	6
欧盟（28）	908	50.2	43.5	7	11	−1	6
独联体	75	2.5	3.6	14	13	16	13
非洲	68	2.6	3.3	12	20	−2	0
中东	63	2.5	3.0	11	17	−4	5
亚洲	517	22.0	24.8	11	12	6	5

表 63

2013 年其他服务贸易的主要进出口方

单位：十亿美元，%

年份 / 地区	总额	份额		年度变化百分比			
	2013	2005	2013	2005—2013	2011	2012	2013
出口方							
欧盟（28）	1 200.8	50.3	47.1	9	14	−1	7
欧盟(28)对外出口	568.6	...	22.3	…	14	1	7
美国	403.0	16.5	15.8	9	10	4	4
中国	115.5	2.4	4.5	19	13	11	14
印度	113.6	3.1	4.5	14	15	10	7
日本	90.7	4.8	3.6	5	8	−6	3
瑞士	70.5	2.8	2.8	9	14	−4	6
中国香港	63.4	2.7	2.5	8	9	4	5
韩国	60.8	1.5	2.4	16	20	24	10
新加坡 a	58.9	…	2.3	…	19	12	8
加拿大	48.0	2.5	1.9	6	11	−3	−1
俄罗斯	32.2	0.8	1.3	16	24	10	13
中国台北	28.6	1.2	1.1	9	15	9	6
巴西	25.3	0.6	1.0	16	24	8	−3
以色列	20.9	0.7	0.8	11	16	16	7
挪威	19.3	0.8	0.8	8	2	4	−5

续 表

地区＼年份	总 额	份 额		年度变化百分比			
	2013	2005	2013	2005—2013	2011	2012	2013
以上 15 个经济体总计	2 350.0	93.2	92.2	—	—	—	—
进口方							
欧盟（28）	908.1	50.2	43.5	7	11	−1	6
欧盟(28)自外进口	370.3	…	17.8	…	12	−1	5
美国	239.9	11.4	11.5	9	7	3	2
中国	106.5	3.2	5.1	16	13	10	15
日本	93.4	5.2	4.5	7	10	3	2
新加坡	67.0	…	3.2	…	15	8	4
韩国	55.6	2.2	2.7	11	9	7	3
俄罗斯	52.1	1.5	2.5	17	19	15	16
印度	49.2	1.9	2.4	12	5	7	−2
加拿大	47.3	3.1	2.3	5	7	−2	−1
巴西	43.0	1.2	2.1	17	18	10	4
瑞士	32.9	1.1	1.6	15	28	5	16
挪威	22.1	0.9	1.1	12	28	2	1
中国香港	21.5	1.0	1.0	10	7	5	2
泰国	19.9	0.8	1.0	11	17	−9	12
澳大利亚	19.6	0.8	0.9	12	21	5	6
以上 15 个经济体总计	1780.0	86.7	85.3	—	—	—	—

a 未包括中介交易。
b 秘书处估计。

表 64

2012 年和 2013 年世界通信服务出口（按地区）

单位：十亿美元，%

地区＼年份	总 额		份 额		年度变化百分比		
	2012	2013	2005	2013	2005—2013	2012	2013
出口							
世界	110	120	100.0	100.0	9	5	9
北美洲	18	18	…	14.6	…	10	0
中、南美洲	4	4	4.5	2.9	3	9	−9
欧洲	62	70	57.9	58.0	9	4	14
欧盟（28）	59	67	54.0	55.5	10	7	15
独联体	3	3	2.1	2.7	13	5	10
非洲	5	5	3.2	3.9	12	4	3
中东	6	6	4.9	4.6	9	0	−3
亚洲	15	16	14.7	13.2	8	1	9

表 65

2012 年和 2013 年通信服务的主要进出口方

单位：百万美元，%

地区 \ 年份	总额 2012	总额 2013	占 10 个经济体份额 2012	年度变化百分比 2005—2012	2011	2012	2013
出口方							
欧盟（28）	58 595	67 235	66.2	9	9	7	15
欧盟(28)对外出口	27 224	31 899	30.8	17	14	15	17
美国	14 398	14 813	16.3	...	17	10	3
科威特	3 448	3 360	3.9	15	1	−5	−3
加拿大	2 991	2660	3.4	6	2	7	−11
中国	1 793	1 672	2.0	21	41	4	−7
中国香港	1 760	...	2.0	9	26	12	...
印度	1 647	2203	1.9	1	7	−1	34
俄罗斯	1 550	1 736	1.8	13	9	5	12
澳大利亚	1 259	1 231	1.4	11	12	8	−2
印度尼西亚	1 091	836	1.2	1	29	−25	−23
以上 10 个经济体总计	88 535	...	100.0	—	—	—	—
进口方							
欧盟（28）	52 083	56 551	68.9	8	5	4	9
欧盟(28)自外进口	22 913	25 555	30.3	13	7	10	12
美国	8 449	8 585	11.2	...	−2	4	2
加拿大	2 547	2 466	3.4	8	−5	11	−3
俄罗斯	2 538	2 819	3.4	19	21	0	11
中国香港	2 375	...	3.1	11	20	19	...
沙特 a	2 027	2375	2.7	29	18	−22	17
中国	1 647	1 614	2.2	15	5	38	−2
卡塔尔	1 386	2 134	1.8	18	−31	447	54
马来西亚	1 307	1 499	1.7	10	26	12	15
日本	1 184	1 362	1.6	10	−5	22	15
以上 10 个经济体总计	75 545	...	100.0	—	—	—	—

a 通信服务。

表 66

2012 年和 2013 年电信服务的主要进出口方

单位：百万美元，%

地区 \ 年份	总额 2012	总额 2013	占 10 个经济体份额 2012	年度变化百分比 2005—2012	2011	2012	2013
出口方							
欧盟（28）	42 637	...	61.9	7	7	−4	...
欧盟(28)对外出口	19 198	...	27.9	16	12	0	...
美国	14 009	14 413	20.3	...	18	9	3
科威特	3 446	3 358	5.0	15	1	−4	−3
加拿大	2 023	1 799	2.9	9	−7	27	−11
印度	1 623	2 181	2.4	11	8	−1	34

续 表

地区 \ 年份	总额		占10个经济体份额	年度变化百分比			
	2012	2013	2012	2005—2012	2011	2012	2013
俄罗斯	1 406	1 553	2.0	12	7	4	10
中国香港	1 398	...	2.0	11	32	12	...
马来西亚	828	809	1.2	4	−5	31	−2
挪威	802	928	1.2	15	99	−29	16
摩洛哥	670	738	1.0	11	8	−12	10
以上10个经济体总计	68 840	...	100.0	—	—	—	—
进口方							
欧盟（28）	39 232	...	67.7	7	5	−3	...
欧盟(28)自外进口	15 783	...	27.2	11	6	−3	...
美国	8 007	8 136	13.8	...	−2	3	2
俄罗斯	2 518	2 792	4.3	20	22	0	11
沙特	2 027	2 375	3.5	29	18	−22	17
加拿大	1 562	1 512	2.7	10	−13	12	−3
马来西亚	1294	1 485	2.2	10	26	12	15
印度	964	1 095	1.7	24	24	−28	14
中国香港	884	...	1.5	11	29	24	...
挪威	867	852	1.5	22	−35	−11	−2
中国台北	590	...	1.0	3	24	13	...
以上10个经济体总计	57 945	...	100.0	—	—	—	—

表 67

2012 年和 2013 年世界建筑服务出口（按地区）

单位：十亿美元，%

地区 \ 年份	总额		份额		年度变化百分比		
	2012	2013	2005	2013	2005—2013	2012	2013
出口							
世界	105	105	100.0	100.0	8	0	−2
北美洲	4	4	...	3.7	...	−1	6
中、南美洲	0	0	0.2	0.2	3	−3	−1
欧洲	42	42	55.7	39.9	4	−7	1
欧盟（27）	38	39	52.3	36.7	4	−7	1
独联体	6	8	4.5	7.6	15	14	23
非洲	2	2	2.0	1.7	7	6	0
中东	3	2	3.2	2.3	4	−8	−7
亚洲	50	47	31.6	44.6	13	6	−7

表 68

2012 年和 2013 年建筑服务的主要进出口方

单位：百万美元，%

地区 \ 年份	总额		占10个经济体份额	年度变化百分比			
	2012	2013	2012	2005—2012	2011	2012	2013
出口方							

续 表

地区＼年份	总额		占10个经济体份额	年度变化百分比			
	2012	2013	2012	2005—2012	2011	2012	2013
欧盟（28）	38 127	38 635	40.0	4	1	−7	1
欧盟(28)对外出口	21 300	21 730	22.3	...	1	−7	2
韩国	19 709	19 052	20.7	23	29	27	−3
中国	12 246	10 626	12.8	25	2	−17	−13
日本	11 585	9 666	12.1	7	3	6	−17
俄罗斯	4 729	5 743	5.0	11	26	7	21
美国	3 335	...	3.5	...	16	3	...
新加坡	1 605	1 701	1.7	17	50	4	6
伊朗	1 482	...	1.6	0	...	...	...
土耳其	1 371	1 173	1.4	7	11	10	−14
马来西亚	1 177	1 056	1.2	5	6	7	−10
以上10个经济体总计	95 365	...	100.0	—	—	—	—
进口方							
欧盟（28）	26 916	29 180	40.4	5	0	0	8
欧盟(28)自外进口	10 103	9 557	15.2	...	1	−3	−5
日本	7 755	7 515	11.6	7	−2	1	−3
俄罗斯	7 594	9 381	11.4	9	22	36	24
安哥拉	6 230	...	9.3	25	71	−21	...
中国	3 619	3 912	5.4	12	−26	−3	8
韩国	3 363	3 883	5.0	21	65	−11	15
美国	3 276	...	4.9	...	18	10	...
哈萨克斯坦	2 755	1 814	4.1	5	14	45	−34
沙特	2 729	3 619	4.1	10	−32	6	33
马来西亚	2 398	2 484	3.6	12	14	78	4
以上10个经济体总计	66 635	...	100.0	—	—	—	—

表 69

2012 年和 2013 年保险服务的主要进出口方

单位：百万美元，%

地区＼年份	总额		占10个经济体份额	年度变化百分比			
	2012	2013	2012	2005—2012	2011	2012	2013
出口方							
欧盟（28）	58 283	53 130	61.3	14	7	−3	−9
欧盟(28)对外出口	30 718	25 285	32.3	...	8	−6	−18
美国	16 067	15 639	16.9	11	4	7	−3
瑞士	5 875	6 689	6.2	8	16	2	14
中国	3 329	4 038	3.5	29	75	10	21
新加坡	3 252	4 021	3.4	14	−17	11	24
印度	2 258	2 144	2.4	13	45	−13	−5
加拿大	2 134	2 075	2.2	...	13	−3	−3

续 表

地区 \ 年份	总额		占10个经济体份额	年度变化百分比			
	2012	2013	2012	2005—2012	2011	2012	2013
墨西哥	2 015	2 394	2.1	4	24	−11	19
土耳其	959	1 038	1.0	17	16	15	8
中国香港	931	1 082	1.0	12	−1	10	16
以上10个经济体总计	95 105	92 250	100.0	—	—	—	—
进口方							
美国	52 564	49 849	37.1	9	−9	−6	−5
欧盟(28)	35 451	33 464	25.0	4	0	−3	−6
欧盟(28)自外进口	14 049	11 081	9.9	...	3	−7	−21
中国	20 600	22 095	14.5	16	25	4	7
日本	7 383	6 745	5.2	21	0	8	−9
印度	6 415	5 935	4.5	16	24	4	−7
加拿大	5 409	5 126	3.8	...	25	−9	−5
新加坡	4 570	5 005	3.2	13	12	1	10
墨西哥	3 943	4 701	2.8	8	56	−4	19
泰国	3 074	2 995	2.2	12	27	12	−3
伊朗	2 402	...	1.7	14	9	24	...
以上10个经济体总计	141 810	...	100.0	—	—	—	—

表70

2012年和2013年金融服务的主要进出口方

单位：百万美元，%

地区 \ 年份	总额		占10个经济体份额	年度变化百分比			
	2012	2013	2012	2005—2012	2011	2012	2013
出口方							
欧盟(28)	149 177	159 694	51.5	7	16	−5	7
欧盟(28)对外出口	68 575	78 511	23.7	7	12	−2	14
美国	76 418	83 862	26.4	10	8	−2	10
新加坡 a	16 493	18 433	5.7	20	24	9	12
瑞士 a	16 081	16 701	5.6	2	8	−6	4
中国香港 a	11 829	12 640	4.1	9	3	−3	7
印度	5 135	5 935	1.8	24	7	−18	16
日本	4 644	4 557	1.6	−1	14	13	−2
加拿大	4 045	4 159	1.4	11	24	−6	3
韩国	3 193	3 621	1.1	10	24	−6	13
巴西	2 684	2 908	0.9	27	28	1	8
以上10个经济体总计	289 700	312 505	100.0	—	—	—	—
进口方							
欧盟(28)	69 624	75 498	62.4	6	20	−7	8
欧盟(28)自外进口	27 808	30 241	24.9	7	24	−7	9
美国	16 952	18 657	15.2	5	13	−3	10

续 表

地区＼年份	总额		占10个经济体份额	年度变化百分比			
	2012	2013	2012	2005—2012	2011	2012	2013
印度	4 841	5 532	4.3	28	22	−42	14
加拿大	4 384	4 167	3.9	7	−7	4	−5
中国香港 a	3 501	3 812	3.1	14	10	−2	9
日本	3 224	3 618	2.9	3	6	−4	12
新加坡 a	3 134	3 824	2.8	19	18	3	22
挪威	2 051	2 405	1.8	7	49	9	17
巴西	1 975	1 793	1.8	15	7	9	−9
中国	1 926	3 685	1.7	43	−46	158	91
以上10个经济体总计	111 610	122 990	100.0	—	—	—	—

a 包括间接测算的金融中介服务 FISIM。

表 71

2012 年和 2013 年计算机服务的主要进出口方

单位：百万美元，%

地区＼年份	总额		占10个经济体份额	年度变化百分比			
	2012	2013	2012	2005—2012	2011	2012	2013
出口方							
欧盟（28）	130 492	...	62.2	...	18	5	...
欧盟(28)对外出口	51 778	57 749	24.7	...	19	2	12
印度	46 995	49 341	22.4	17	18	4	5
美国	11 292	11 536	5.4	...	24	2	2
加拿大	6 695	5 953	3.2	11	17	−3	−11
以色列	4 252	...	2.0	11	22	15	...
菲律宾	2 500	2 788	1.2	61	23	5	12
俄罗斯	1 995	2 508	1.0	27	31	20	26
马来西亚	1 990	...	0.9	24	23	12	...
哥斯达黎加	1 831	2 011	0.9	33	27	18	10
阿根廷	1 717	1 608	0.8	33	31	−2	−6
以上10个经济体总计	209 760	...	100.0	—	—	—	—
进口方							
欧盟（28）	63 972	...	61.2	...	17	3	...
欧盟(28)自外进口	20 911	23 713	20.0	...	12	7	13
美国	23 783	24 216	22.8	...	15	6	2
巴西	4 337	4 804	4.1	15	15	10	11
加拿大	2 579	2 498	2.5	11	27	−4	−3
俄罗斯	2 313	2 909	2.2	30	30	8	26
印度	2 107	2 281	2.0	10	−42	68	8
挪威	1 686	1 779	1.6	6	0	1	6
澳大利亚	1 515	1 692	1.4	11	11	−3	12
马来西亚	1 453	...	1.4	21	13	21	...

续　表

地区＼年份	总　额		占10个经济体份额	年度变化百分比			
	2012	2013	2012	2005—2012	2011	2012	2013
以色列	758	...	0.7	15	10	16	...
以上10个经济体总计	104 500	...	100.0	—	—	—	—

表 72

2012年和2013年专有权利使用费和特许费服务的主要经济体　单位：百万美元，%

地区＼年份	总　额		占10个经济体份额	年度变化百分比			
	2012	2013	2012	2005—2012	2011	2012	2013
出口方							
美国	124 182	127 830	43.1	8	12	3	3
欧盟（28）	98 851	108 039	34.3	11	14	−5	9
欧盟(28)对外出口	51 365	53 512	17.8	...	21	−6	4
日本	31 890	31 620	11.1	9	9	10	−1
瑞士	20 466	...	7.1	13	19	4	...
韩国	3 806	4 108	1.3	10	38	−12	8
加拿大	3 744	3 754	1.3	4	19	12	0
新加坡	2 007	2 037	0.7	...	68	23	2
中国	1 044	898	0.4	31	−10	40	−14
以色列	990	...	0.3	6	20	24	...
中国台北	932	1 017	0.3	22	82	11	9
以上10个经济体总计	287 910	...	100.0	—	—	—	—
进口方							
欧盟（28）	120 672	134 591	44.1	9	9	−3	12
欧盟(28)自外进口	61 741	65 388	22.6	6	8	−3	6
美国 a	39 889	39 399	14.6	7	7	15	−1
瑞士	23 986	...	8.8	17	34	8	...
日本	19 897	17 827	7.3	4	2	4	−10
新加坡	19 850	20 153	7.3	...	15	4	2
中国	17 749	20 979	6.5	19	13	21	18
加拿大	10 863	10 846	4.0	7	7	4	0
韩国	8 478	9 598	3.1	9	−19	16	13
俄罗斯	7 629	8 389	2.8	25	20	31	10
中国台北	4 549	3 834	1.7	14	17	−21	−16
以上10个经济体总计	273 560	...	100.0	—	—	—	—

表 73

2012年和2013年其他商业服务的主要进出口方　单位：百万美元，%

地区＼年份	总　额		占10个经济体份额	年度变化百分比			
	2012	2013	2012	2005—2012	2011	2012	2013
出口方							
欧盟（28）	552 499	588 234	56.2	8	16	−1	6

续 表

地区＼年份	总　额		占10个经济体份额	年度变化百分比			
	2012	2013	2012	2005—2012	2011	2012	2013
欧盟(28)对外出口	267 786	283 527	27.2	9	16	3	6
美国	134 225	138 242	13.6	10	9	9	3
中国	66 623	79 472	6.8	16	12	14	19
印度 a	48 060	50 909	4.9	15	13	24	6
中国香港	43 590	...	4.4	9	11	5	...
日本	37 519	41 814	3.8	5	7	−17	11
新加坡 c	26 883	27 945	2.7	...	20	15	4
韩国	25 930	30 063	2.6	16	10	40	16
加拿大	24 824	26 103	2.5	7	7	−5	5
瑞士 b	23 445	24 729	2.4	19	16	−8	5
以上10个经济体总计	983 600	...	100.0	—	—	—	—
进口方							
欧盟（28）	465 442	481 574	57.7	7	13	−1	3
欧盟(28)自外进口	185 872	194 404	23.0	8	13	0	5
美国	87 621	93 001	10.9	13	18	3	6
日本	46 549	50 239	5.8	8	17	1	8
中国	42 354	47 496	5.3	14	15	7	12
韩国	37 722	36 679	4.7	14	14	9	−3
新加坡	30 065	31 067	3.7	16	12	11	3
印度	29 900	27 952	3.7	12	−1	19	−7
巴西	28 346	29 159	3.5	21	21	12	3
俄罗斯	20 120	22 876	2.5	18	19	8	14
加拿大	18 537	19 490	2.3	6	7	−6	5
以上10个经济体总计	806 655	839 535	100.0	—	—	—	—

a 秘书处估计。
b 包括建筑、计算机和信息服务。
c 未包括中介服务。

表 74

2012 年和 2013 年个人、文化及娱乐服务的主要进出口方

单位：百万美元，%

地区＼年份	总　额		占10个经济体份额	年度变化百分比			
	2012	2013	2012	2005—2012	2011	2012	2013
出口方							
欧盟（28）	25 829	28 010	74.4	9	20	−1	8
欧盟(28)对外出口	10 854	11 823	31.3	9	16	5	9
加拿大	2 362	1 995	6.8	2	10	−6	−16
韩国	1 252	1 473	3.6	25	46	35	18
土耳其	1 216	1 282	3.5	2	39	−4	5
澳大利亚	908	787	2.6	11	25	3	−13
印度	767	1 232	2.2	32	5	123	61

续 表

地区＼年份	总额		占10个经济体份额	年度变化百分比			
	2012	2013	2012	2005—2012	2011	2012	2013
美国 a	760	...	2.2	17	−17	−8	...
新西兰	587	440	1.7	19	11	36	−25
俄罗斯	556	770	1.6	17	4	13	39
中国香港	474	...	1.4	8	11	0	...
以上10个经济体总计	34 710	...	100.0	—	—	—	—
进口方							
欧盟（28）	21 010	21 322	58.4	3	11	−6	1
欧盟(28)自外进口	8 067	8 169	22.4	0	7	−6	1
委内瑞拉	3 747	...	10.4	52	12	3	...
加拿大	2 048	1 470	5.7	2	−4	1	−28
澳大利亚	1 684	1 604	4.7	12	29	2	−5
挪威	1 573	1 457	4.4	17	156	1	−7
卡塔尔	1 398	2 115	3.9	...	...	−2	51
日本	1 199	1 133	3.3	1	5	23	−5
韩国	1 187	1 305	3.3	14	0	16	10
俄罗斯	1 117	1 264	3.1	14	6	6	13
巴西	1 034	1 601	2.9	13	10	−8	55
以上10个经济体总计	35 995	...	100.0	—	—	—	—

表 75

2012 年中间品的主要进出口方

单位：百万美元，%

地区＼年份	总额	占世界进出口的份额		年度变化百分比			
	2012	2005	2012	2005—2012	2010	2011	2012
出口方							
欧盟（28）	2 614	41.0	34.4	5	16	19	−6
欧盟(28)向外出口	981	13.1	12.9	8	18	6	12
中国 a	819	6.6	10.8	16	37	23	6
美国	764	11.4	10.0	6	23	14	1
日本	437	6.9	5.8	5	31	7	−3
韩国	293	3.3	3.9	10	35	17	1
中国香港	314	—	—	10	25	16	11
内部出口	19	0.2	0.2	5	−22	28	48
转口	295	—	—	10	28	15	9
新加坡	219	3.1	2.9	7	30	7	0
中国台北	203	2.7	2.7	8	34	12	−3
加拿大	201	3.5	2.6	4	27	17	−2
巴西	155	1.5	2.0	12	35	31	−7
澳大利亚	141	1.1	1.9	17	43	38	−7

续 表

地区 \ 年份	总 额	占世界进出口的份额		年度变化百分比			
	2012	2005	2012	2005－2012	2010	2011	2012
墨西哥 a	140	1.9	1.8	8	34	20	10
印度	134	1.2	1.8	14	40	24	－2
马来西亚	126	1.7	1.7	7	27	15	－5
俄罗斯	119	1.4	1.6	10	20	24	19
以上 15 个经济体总计	6 384	87.5	84.0	7	24	18	－2
进口方							
欧盟（28）	2 454	38.0	31.5	5	19	19	－10
欧盟(28)自外进口	855	11.4	11.0	7	33	12	－4
中国 a	1 063	9.4	13.7	13	35	19	1
美国	806	12.8	10.4	4	26	18	5
中国香港	329	—	—	10	29	14	9
留用进口	34	0.4	0.4	9	34	4	10
日本	296	4.2	3.8	6	32	16	－5
韩国	234	2.9	3.0	8	30	17	－5
印度	228	1.5	2.9	18	35	30	－4
墨西哥 b	220	2.9	2.8	7	30	14	5
加拿大 b	199	3.1	2.6	4	24	14	3
新加坡	171	2.5	2.2	6	26	7	2
中国台北	143	2.2	1.8	5	46	11	－10
泰国	135	1.5	1.7	10	43	20	2
俄罗斯	124	0.7	1.6	20	40	32	16
马来西亚	117	1.7	1.5	6	32	11	－2
土耳其	117	1.3	1.5	10	33	28	－3
以上 15 个经济体总计	6 341	85.2	81.5	7	26	18	－4

a　包括出口加工区。
b　进口以 f.o.b. 计价。

表 76

2009 年主要经济体总出口的增值含量

单位:%

地 区	出口的增值含量 a					
	国 内				国 外	总 计
	直接出口	至第三方	复进口	Total		
阿根廷	65.3	22.6	0.0	87.9	12.1	100.0
澳大利亚	56.0	31.3	0.1	87.5	12.5	100.0
奥地利	43.9	24.2	0.2	68.4	31.6	100.0
比利时	42.1	22.6	0.3	65.0	35.0	100.0
巴西	63.7	27.2	0.1	91.0	9.0	100.0
文莱	56.5	32.2	0.0	88.7	11.3	100.0
保加利亚	52.1	15.7	0.0	67.9	32.1	100.0

续 表

地 区	出口的增值含量 a					
	国 内				国 外	总 计
	直接出口	至第三方	复进口	Total		
柬埔寨	59.7	6.3	0.0	65.9	34.1	100.0
加拿大	65.0	15.2	0.2	80.5	19.5	100.0
智利	47.7	33.8	0.0	81.5	18.5	100.0
中国	52.8	13.4	1.1	67.4	32.6	100.0
捷克	37.4	23.0	0.2	60.6	39.4	100.0
丹麦	48.8	19.0	0.2	68.0	32.0	100.0
爱沙尼亚	45.4	21.3	0.0	66.8	33.2	100.0
芬兰	43.6	22.5	0.1	66.2	33.8	100.0
法国	53.7	21.1	0.4	75.3	24.7	100.0
德国	49.5	22.9	1.0	73.4	26.6	100.0
希腊	56.9	19.9	0.0	76.9	23.1	100.0
中国香港	44.1	27.3	0.1	71.5	28.5	100.0
匈牙利	43.3	16.7	0.1	60.1	39.9	100.0
冰岛	44.8	18.7	0.0	63.4	36.6	100.0
印度	57.6	20.4	0.1	78.1	21.9	100.0
印度尼西亚	56.2	29.3	0.1	85.6	14.4	100.0
爱尔兰	38.8	18.8	0.1	57.7	42.3	100.0
以色列	49.2	20.2	0.0	69.4	30.6	100.0
意大利	58.0	21.7	0.2	79.9	20.1	100.0
日本	51.9	33.0	0.4	85.2	14.8	100.0
韩国	34.5	24.4	0.5	59.4	40.6	100.0
拉脱维亚	50.5	24.3	0.0	74.8	25.2	100.0
立陶宛	49.8	14.2	0.0	64.0	36.0	100.0
卢森堡	28.1	12.8	0.2	41.1	58.9	100.0
马来西亚	34.0	27.7	0.4	62.1	37.9	100.0
马耳他	44.9	18.3	0.0	63.2	36.8	100.0
墨西哥	58.0	11.5	0.2	69.7	30.3	100.0
荷兰	42.8	20.9	0.4	64.1	35.9	100.0
新西兰	65.9	15.7	0.0	81.6	18.4	100.0
挪威	45.6	38.9	0.2	84.7	15.3	100.0
菲律宾	33.1	28.3	0.2	61.6	38.4	100.0
波兰	51.5	20.5	0.2	72.1	27.9	100.0
葡萄牙	48.5	19.0	0.1	67.6	32.4	100.0
罗马尼亚	53.8	22.0	0.0	75.8	24.2	100.0
俄罗斯	48.0	45.0	0.1	93.1	6.9	100.0
沙特	53.3	43.7	0.0	97.0	3.0	100.0
新加坡	29.0	20.8	0.3	50.1	49.9	100.0
斯洛伐克	37.6	17.9	0.1	55.7	44.3	100.0
斯洛文尼亚	47.3	18.2	0.0	65.6	34.4	100.0

续 表

地 区	出口的增值含量 a					
	国 内				国 外	总 计
	直接出口	至第三方	复进口	Total		
南非	66.2	17.3	0.0	83.5	16.5	100.0
西班牙	57.9	21.1	0.2	79.3	20.7	100.0
瑞典	44.1	22.1	0.2	66.4	33.6	100.0
瑞士	47.3	24.0	0.3	71.5	28.5	100.0
中国台北	28.5	29.5	0.5	58.5	41.5	100.0
泰国	47.0	18.3	0.2	65.5	34.5	100.0
土耳其	62.2	15.9	0.1	78.2	21.8	100.0
英国	57.3	25.1	0.3	82.7	17.3	100.0
美国	59.6	28.6	0.6	88.7	11.3	100.0
越南	48.6	14.7	0.1	63.4	36.6	100.0
欧盟（28）b d	49.7	21.7	0.4	71.9	28.1	100.0
其他 c	53.8	32.5	0.5	86.7	13.3	100.0
世界 d	51.3	24.2	0.4	75.9	24.1	100.0

a 细节可见元数据第 V 节第 2.3 部分。
b 包括欧盟对内出口。
c 除表中所列的所有国家。
d 所有经济体的平均值。

表 77

2009 年主要经济体国内外对总出口的贡献度

单位：%

地 区	出口增值的来源 a						总 计
	国 内			国 外			
	初级产品	制成品	服务	初级产品	制成品	服务	
阿根廷	23.8	34.7	29.4	1.4	5.3	5.4	100.0
澳大利亚	34.2	16.7	36.5	3.2	4.5	4.8	100.0
奥地利	2.0	28.0	38.4	3.4	12.2	16.1	100.0
比利时	1.1	25.0	38.9	5.8	11.3	17.9	100.0
巴西	22.5	33.2	35.3	2.3	3.3	3.5	100.0
文莱	56.1	12.1	17.7	1.4	4.6	8.2	100.0
保加利亚	8.9	21.9	37.3	7.3	10.3	14.2	100.0
柬埔寨	23.6	16.2	25.1	5.0	12.2	17.9	100.0
加拿大	23.3	25.2	31.9	4.0	8.5	7.0	100.0
智利	42.1	16.2	23.2	4.6	6.0	7.9	100.0
中国	8.3	39.3	19.7	6.1	14.5	12.0	100.0
塞浦路斯	3.6	9.1	68.3	1.9	4.7	12.4	100.0
捷克	2.9	30.7	27.2	4.2	18.9	16.1	100.0
丹麦	5.7	27.3	35.1	3.6	8.0	20.3	100.0
爱沙尼亚	5.6	23.9	37.7	3.1	13.2	16.4	100.0

续　表

地　区	出口增值的来源 a						总　计
	国　内			国　外			
	初级产品	制成品	服务	初级产品	制成品	服务	
芬兰	2.2	27.3	36.9	5.2	10.4	18.1	100.0
法国	3.7	29.0	42.6	3.6	10.6	10.6	100.0
德国	1.1	34.5	37.8	3.9	10.1	12.6	100.0
希腊	3.8	15.0	58.3	5.5	5.3	12.2	100.0
中国香港	0.1	4.0	67.3	3.7	6.7	18.1	100.0
匈牙利	3.1	32.0	25.2	3.2	18.9	17.7	100.0
冰岛	9.0	23.3	33.2	1.6	7.5	25.4	100.0
印度	11.3	22.6	44.2	5.0	7.1	9.7	100.0
印度尼西亚	33.9	35.0	16.6	3.4	5.6	5.4	100.0
爱尔兰	1.7	24.0	32.1	2.7	8.7	30.9	100.0
以色列	3.0	28.4	38.1	3.8	11.8	14.8	100.0
意大利	2.1	35.9	41.9	4.3	7.4	8.3	100.0
日本	0.5	46.8	37.9	4.7	5.5	4.6	100.0
韩国	0.8	32.8	25.8	12.3	14.3	13.9	100.0
拉脱维亚	7.1	19.4	48.1	2.1	8.6	14.7	100.0
立陶宛	5.4	29.4	30.1	11.6	8.3	15.2	100.0
卢森堡	0.3	4.1	36.8	2.3	7.3	49.2	100.0
马来西亚	15.7	24.0	22.4	3.7	18.6	15.6	100.0
马耳他	2.1	18.6	43.1	2.5	11.4	22.4	100.0
墨西哥	16.8	31.1	21.9	2.3	18.0	9.9	100.0
荷兰	9.4	21.4	33.3	10.2	11.2	14.4	100.0
新西兰	15.3	26.4	39.9	3.4	6.9	8.2	100.0
挪威	42.5	11.1	31.1	1.7	6.6	7.0	100.0
菲律宾	2.8	28.7	30.6	3.8	18.6	15.6	100.0
波兰	5.5	33.2	33.6	3.4	12.7	11.7	100.0
葡萄牙	3.8	23.5	40.4	5.4	12.8	14.0	100.0
罗马尼亚	6.5	39.0	30.5	3.3	10.2	10.6	100.0
俄罗斯	32.6	27.7	32.8	0.6	2.6	3.7	100.0
沙特	80.9	9.6	6.4	0.3	0.8	2.1	100.0
新加坡	0.0	19.3	30.8	7.9	14.7	27.3	100.0
斯洛伐克	3.2	28.4	24.4	6.2	20.7	17.1	100.0
斯洛文尼亚	2.3	31.4	32.3	3.5	15.6	14.9	100.0
南非	29.5	20.2	33.8	4.8	6.1	5.7	100.0
西班牙	3.8	26.7	48.7	4.6	6.7	9.4	100.0
瑞典	2.9	26.1	37.5	5.8	11.2	16.5	100.0
瑞士	1.3	29.4	40.9	3.9	11.9	12.6	100.0
中国台北	1.0	31.2	26.5	10.9	17.5	13.0	100.0
泰国	8.5	38.1	18.9	6.8	14.3	13.3	100.0

续 表

地 区	出口增值的来源 a						总 计
	国 内			国 外			
	初级产品	制成品	服务	初级产品	制成品	服务	
土耳其	7.0	31.3	39.9	4.3	9.1	8.3	100.0
英国	5.0	26.5	51.2	3.0	6.5	7.9	100.0
美国	4.3	37.6	46.9	3.2	4.3	3.7	100.0
越南	31.7	16.9	14.7	6.5	16.2	14.0	100.0
欧盟（28）b，d	3.3	28.9	39.7	4.4	10.0	13.7	100.0
其他 c	50.9	15.9	20.0	3.5	4.8	5.0	100.0
世界 d	11.9	29.7	34.3	4.5	9.2	10.4	100.0

a 细节可见元数据第 V 节第 2.3 部分。
b 包括欧盟对内出口。
c 除表中所列的所有国家。
d 单个经济体的平均。

表 78

2011 年美国海外子公司提供的货物和服务

单位：十亿美元，%

	总 额	占总供应的份额
海外子公司的总供应	1 757.0	30.6
给母公司	441.0	7.7
给其他当地分支机构 a	353.0	6.1
给非当地的分支机构 b	963.0	16.8
无关联公司的总供应	3 987.0	69.4
给美国的无关联机构	100.0	1.7
给非关联的本地公司 a	3 051.0	53.1
给非关联的非本地公司 b	836.0	14.6
分支机构与无关联公司的总供应	5 744.0	100.0

a 在同一个经济体内。
b 公司设在第三方国家。

中国商务统计

表 1

1981－2013 年全国进出口总值

单位：亿美元，%

年　份	进出口	出　口	进　口	同　比		
				进出口	出　口	进　口
1981	440.2	220.1	220.2	—	—	—
1982	416.1	223.2	192.9	－5.5	1.4	－12.4
1983	436.2	222.3	213.9	4.8	－0.4	10.9
1984	535.5	261.4	274.1	22.8	17.6	28.1
1985	696.0	273.5	422.5	30.0	4.6	54.1
1986	738.5	309.4	429.0	6.1	13.1	1.5
1987	826.5	394.4	432.2	11.9	27.5	0.7
1988	1 027.8	475.2	552.7	24.4	20.5	27.9
1989	1 116.8	525.4	591.4	8.7	10.6	7.0
1990	1 154.4	620.9	533.5	3.4	18.2	－9.8
1991	1 357.0	719.1	637.9	17.6	15.8	19.6
1992	1 655.3	849.4	805.9	22.0	18.1	26.3
1993	1 957.0	917.4	1 039.6	18.2	8.0	29.0
1994	2 366.2	1 210.1	1 156.2	20.9	31.9	11.2
1995	2 808.6	1 487.8	1 320.8	18.7	23.0	14.2
1996	2 898.8	1 510.5	1 388.3	3.2	1.5	5.1
1997	3 251.6	1 827.9	1 423.7	12.2	21.0	2.5
1998	3 239.5	1 837.1	1 402.4	－0.4	0.5	－1.5
1999	3 606.3	1 949.3	1 657.0	11.3	6.1	18.2
2000	4 743.0	2 492.0	2 250.9	31.5	27.8	35.8
2001	5 096.5	2 661.0	2 435.5	7.5	6.8	8.2
2002	6 207.7	3 256.0	2 951.7	21.8	22.4	21.2
2003	8 509.9	4 382.3	4 127.6	37.1	34.6	39.8
2004	11 545.5	5 933.3	5 612.3	35.7	35.4	36.0
2005	14 219.1	7 619.5	6 599.5	23.2	28.4	17.6
2006	17 604.4	9 689.8	7 914.6	23.8	27.2	19.9
2007	21 765.7	12 204.6	9 561.2	23.6	26.0	20.8
2008	25 632.6	14 306.9	11 325.7	17.8	17.3	18.5
2009	22 072.7	12 016.6	10 056	－13.9	－16.0	－11.2
2010	29 792.6	15 779.3	13 948.3	34.7	31.3	38.7
2011	36 420.6	18 986.0	17 434.6	22.5	20.3	24.9
2012	38 667.6	20 489.3	18 178.3	6.2	7.9	4.3
2013	41 596.9	22 093.7	19 503.2	7.6	7.9	7.3

表 2

2013 年全国进出口简要情况

单位：亿美元，%

项　目	12 月当月		1～12 月累计	
	绝对值	同　比	绝对值	同　比
进出口总值	3 898.4	6.2	41 603.3	7.6
出口总值	2 077.4	4.3	22 100.4	7.9
进口总值	1 821.0	8.3	19 502.9	7.3
进出口差额	256.4	－17.3	2 597.5	12.8

表 3

2013 年全国进出口主要国别/地区总值

单位：千美元

进口原产国（地） 出口最终目的国（地）	进出口 当月	进出口 1月至当月累计	出口 当月	出口 1月至当月累计	进口 当月	进口 1月至当月累计	累计同比（±%）进出口	累计同比（±%）出口	累计同比（±%）进口
总值	389 843 996	4 160 330 639	207 742 423	2 210 041 939	182 101 573	1 950 288 700	7.6	0	0
其中：香港	39 574 972	401 007 414	38 517 355	384 792 269	1 057 617	16 215 145	17.5	0	0
印度	6 218 536	65 471 323	4 055 653	48 443 379	2 162 883	17 027 943	−1.5	0	0
日本	28 454 362	312 553 285	13 478 640	150 275 128	14 975 721	162 278 157	−5.1	0	0
韩国	23 905 013	274 248 474	7 036 653	91 175 860	16 868 359	183 072 615	7	0	0
台湾	16 554 323	197 280 501	3 466 776	40 643 616	13 087 547	156 636 885	16.7	0	0
东南亚国家联盟	44 374 124	443 610 831	24 073 603	244 070 374	20 300 521	199 540 458	10.9	0	0
其中：印度尼西亚	6 672 091	68 354 502	3 281 834	36 932 402	3 390 257	31 422 100	3.2	0	0
马来西亚	10 573 426	106 075 387	4 497 017	45 932 553	6 076 409	60 142 834	11.9	0	0
菲律宾	3 552 350	38 065 610	1 882 902	19 835 385	1 669 448	18 230 225	4.6	0	0
新加坡	7 151 664	75 914 305	4 323 232	45 864 048	2 828 432	30 050 257	9.6	0	0
泰国	6 691 371	71 261 421	2 901 150	32 738 441	3 790 221	38 522 980	2.2	0	0
越南	6 778 747	65 482 447	5 110 097	48 592 882	1 668 650	16 889 565	29.8	0	0
欧洲联盟	53 036 501	559 063 150	32 984 513	339 007 842	20 051 988	220 055 307	2.1	0	0
其中：英国	7 234 357	70 040 174	5 201 648	50 949 307	2 032 708	19 090 867	11	0	0
德国	14 713 738	161 562 381	6 587 193	67 358 481	8 126 544	94 203 900	0.3	0	0
法国	4 777 518	49 831 644	2 525 219	26 718 529	2 252 300	23 113 115	−2.3	0	0
意大利	4 255 829	43 334 259	2 575 448	25 756 465	1 680 381	17 577 794	3.9	0	0
荷兰	7 306 826	70 147 392	6 097 249	60 316 818	1 209 577	9 830 574	3.8	0	0
俄罗斯联邦	8 132 099	89 212 689	5 035 353	49 594 839	3 096 746	39 617 850	1.1	0	0
南非	5 641 581	65 150 284	1 291 542	16 831 152	4 350 039	48 319 132	8.6	0	0
巴西	8 066 229	90 278 543	3 616 446	36 192 446	4 449 783	54 086 096	5.3	0	0
加拿大	5 125 514	54 437 984	2 665 633	29 219 138	2 459 881	25 218 846	6	0	0
美国	48 845 815	521 002 089	33 341 727	368 426 763	15 504 088	152 575 326	7.5	0	0
澳大利亚	12 381 084	136 377 461	3 116 186	37 559 721	9 264 898	98 817 739	11.5	0	0
新西兰	1 280 687	12 385 021	377 011	4 132 031	903 676	8 252 990	28	0	0

表 4

2013 年全国进口重点商品量值

单位：千美元

商品名称	计量单位	当月 数量	当月 金额	1月至当月累计 数量	1月至当月累计 金额	去年同期累计 数量	去年同期累计 金额	累计比去年同期比±% 数量	累计比去年同期比±% 金额
鲜、干水果及坚果	吨	269 799	343 418	3 119 675	3 982 223	3 266 581	3 673 593	−4.5	8.4
谷物及谷物粉	万吨	172	568 911	1 458	5 100 551	1 398	4 786 732	4.3	6.6
大豆	万吨	740	4 219 874	6 338	37 984 992	5 838	34 990 169	8.6	8.6
食用植物油	万吨	81	736 888	810	8 078 286	845	9 692 123	−4.2	−16.7
铁矿砂及其精矿	万吨	7 338	9 368 868	81 941	105 728 071	74 360	95 739 598	10.2	10.4
原油	万吨	2 678	20 960 869	28 195	219 653 607	27 103	220 799 886	4	−0.5
成品油	万吨	338	3 029 069	3 959	31 930 822	3 982	33 071 835	−0.6	−3.5
肥料	万吨	81	311 878	793	3 393 245	843	4 048 885	−6	−16.2
农药	吨	7 137	58 485	76 903	692 836	68 928	592 302	11.6	17
初级形状的塑料	万吨	235	4 674 984	2 462	49 096 921	2 371	46 186 530	3.9	6.3
ABS 树脂	吨	145 974	311 450	1 670 801	3 597 003	1 666 698	3 624 218	0.2	−0.8
聚酯切片	吨	14 988	28 131	188 984	351 425	183 003	324 689	3.3	8.2
天然橡胶（包括胶乳）	万吨	35	829 129	247	6 392 582	218	6 813 468	13.5	−6.2

续 表

商品名称	计量单位	当月		1月至当月累计		去年同期累计		累计比去年同期比±%	
		数 量	金 额	数 量	金 额	数 量	金 额	数 量	金 额
合成橡胶（包括胶乳）	吨	140 392	398 255	1 527 447	4 431 291	1 439 081	5 096 966	6.1	−13.1
原木	万立方米	407	890 964	4 516	9 317 352	3 789	7 252 875	19.2	28.5
锯材	万立方米	211	652 553	2 402	6 825 555	2 063	5 517 490	16.4	23.7
木质胶合板	万立方米	1	6 758	13	82 748	14	88 293	−6.9	−6.3
纸浆	万吨	157	1 062 470	1 685	11 373 527	1 646	10 972 829	2.4	3.7
纸及纸板（未切成形的）	万吨	23	302 309	284	3 663 237	311	3 835 385	−8.8	−4.5
纺织用合成纤维	万吨	3	97 808	38	1 154 464	33	1 008 656	15.9	14.5
合成纤维纱线	吨	31 248	163 723	387 356	1 940 553	404 954	1 910 171	−4.3	1.6
钢坯及粗锻件	万吨	4	38 882	55	505 654	36	492 946	53	2.6
钢材	万吨	121	1 460 065	1 408	17 049 116	1 366	17 805 220	3.1	−4.2
未锻造的铜及铜材	吨	441 291	3 342 509	4 541 825	35 407 414	4 647 619	38 615 208	−2.3	−8.3
废铜	万吨	40	1 259 918	437	13 766 499	486	14 836 860	−10	−7.2
氧化铝	万吨	35	126 880	383	1 404 482	502	1 816 065	−23.7	−22.7
未锻造的铝及铝材	吨	125 180	418 105	963 124	4 036 423	1 170 970	4 789 832	−17.7	−15.7
废铝	万吨	25	370 035	250	3 915 955	259	4 127 918	−3.4	−5.1
金属加工机床	台	5 837	667 868	75 637	10 098 515	109 957	13 653 557	−31.2	−26
汽车和汽车底盘	辆	121 809	4 840 030	1 193 503	48 861 227	1 130 830	47 569 096	5.5	2.7
飞机	架	88	2 525 816	743	20 916 282	517	15 692 691	43.7	33.3
*机电产品	0	0	75 870 268	0	840 080 048	0	782 627 345	0	7.3
*高新技术产品	0	0	50 606 325	0	558 192 884	0	507 077 819	0	10.1

注：*“机电产品”和“高新技术产品”包括本表中已列名的有关商品，请读者使用时注意。

表 5

2013 年全国出口重点商品量值

单位：千美元

商品名称	计量单位	当月		1月至当月累计		去年同期累计		累计比去年同期比±%	
		数 量	金 额	数 量	金 额	数 量	金 额	数 量	金 额
活猪	万头	27	78 345	168	459 185	164	460 564	2.5	0
大米	吨	22 430	26 124	478 404	416 665	279 087	271 997	71.4	0
玉米	吨	3 161	1 231	77 640	33 186	257 300	101 171	−69.8	0
食糖	吨	4 357	3 634	47 771	41 800	47 144	43 486	1.3	0
煤及褐煤	万吨	57	76 877	751	1 061 863	928	1 587 881	−19.1	0
焦炭及半焦炭	万吨	75	178 869	467	1 134 178	102	445 059	358.1	0
原油	万吨	9	94 751	162	1 456 209	243	2 226 025	−33.5	0
成品油	万吨	264	2 252 489	2 851	24 505 197	2 427	21 309 949	17.5	0
塑料制品	吨	816 403	3 595 678	8 964 144	35 294 615	8 513 265	31 565 174	5.3	0
锯材	万立方米	4	26 502	45	323 990	47	329 490	−4.2	0
生丝	吨	501	28 576	6 690	373 583	7 674	368 452	−12.8	0
纺织纱线、织物及制品	0	0	9 737 301	0	106 943 893	0	95 760 601	0	0
箱包及类似容器	吨	256 265	2 573 628	3 020 824	27 588 972	3 018 787	25 309 076	0.1	0
服装及衣着附件	0	0	16 259 551	0	177 046 487	0	159 135 788	0	0
鞋类	吨	447 425	5 355 357	4 674 571	50 763 787	4 572 800	46 811 105	2.2	0
贵金属或包贵金属的首饰	千克	76 979	3 210 924	897 743	28 898 799	960 301	22 892 976	−6.5	0
钢坯及粗锻件	万吨	0	857	0	3 749	0	4 053	−5.9	0
钢材	万吨	537	4 574 270	6 234	53 235 095	5 573	51 486 544	11.9	0
未锻轧铝	吨	63 853	137 856	572 280	1 280 005	631 212	1 467 681	−9.3	0

续 表

商品名称	计量单位	当月		1月至当月累计		去年同期累计		累计比去年同期比±%	
		数 量	金 额	数 量	金 额	数 量	金 额	数 量	金 额
手持无线电话机及其零件	0	0	12 751 508	0	130 634 355	0	109 743 924	0	0
彩色电视接收机	万台	570	1 030 086	5 959	11 052 793	6 148	12 108 645	−3.1	0
集成电路	万个	1 193 282	5 725 954	14 266 604	87 699 675	11 821 127	53 434 191	20.7	0
集装箱	万个	25	800 028	270	7 881 249	248	8 422 042	8.8	0
摩托车及有动力装置的脚踏车	万辆	85	440 276	1 142	5 822 191	1 101	5 504 629	3.7	0
自行车	万辆	459	260 136	5 695	3 169 236	5 715	3 176 275	−0.3	0
手表	只	5 217	201 517	63 421	2 200 122	66 216	1 912 984	−4.2	0
玩具	0	0	886 322	0	12 381 189	0	11 449 768	0	0
自动数据处理设备及其部件	万台	17 828	18 637 887	187 167	182 174 869	183 315	185 321 031	2.	0
电动机及发电机	万台	27 372	914 641	308 588	9 861 248	309 632	9 224 903	−0.3	0
家具及其零件	0	0	5 280 158	0	51 825 766	0	48 817 123	0	0
灯具、照明装置及零件	0	0	2 777 034	0	24 659 406	0	19 537 580	0	0
*机电产品	0	0	117 657 329	0	265 538 000	0	1 179 337 635	0	0
*高新技术产品	0	0	61 071 258	0	660 340 471	0	601 163 850	0	0

注：*“机电产品”和“高新技术产品”包括本表中已列名的有关商品，请读者使用时注意。

表6

2013年进出口商品企业性质贸易方式总值表

单位：千美元

企业性质	贸易方式（2位）	1～12月 美元值	1～12月 美元值（同比）	12月份 美元值	12月份 美元值（同比）
#合计		429 103 331.14	5.1447	38 209 658.54	−1.163
国有企业					
#合计		282 075 761.75	−1.3736	25 512 734.65	−0.4688
	一般贸易	233 686 107.53	−3.9982	20 973 450.71	−0.0157
	国家间、国际组织无偿援助和赠送的物资	245 284.21	−25.5483	32 728.27	58.9947
	其他捐赠物资	250.103	−99.8371	52.513	…
	加工贸易	24 548 701.67	28.8891	1 944 204.04	−10.8497
	来料加工装配贸易	19 210 796.23	9.7256	1 568 535.32	−4.9153
	进料加工贸易	5 337 905.44	0.7642	375 668.73	−29.279
	寄售、代销贸易	…	…	…	…
	边境小额贸易	3 844.93	…	…	…
	加工贸易进口设备	4 895.03	385.1425	70.677	…
	对外承包工程出口货物	6 557 357.31	30.9353	587 650.78	37.9343
	租赁贸易	1 634 685.26	−30.4943	356 000.00	62.0059
	出料加工贸易	56 394.36	110.9466	5 129.14	34.3291
	免税外汇商品	27 561.93	8.3072	2 339.38	−15.1923
	海关特殊监管区域	15 246 015.87	−2.1312	1 604 364.61	−10.6842
	保税监管场所进出境货物	14 308 955.19	−7.031	1 380 494.62	−22.3187
	海关特殊监管区域物流货物	935 282.24	409.4517	223 869.99	1 073.96
	其他贸易	64 663.57	−0.3871	6 744.54	10.5785
外商投资企业					
#合计		74 623 769.46	0.1942	6 824 528.03	12.9996

续　表

企业性质	贸易方式（2位）	1～12月		12月份	
		美元值	美元值（同比）	美元值	美元值（同比）
一般贸易		51 704 195.50	−0.6826	5 147 030.90	28.4688
加工贸易		21 345 575.97	7.89	1 514 752.94	−15.7822
来料加工装配贸易		675 815.76	−20.1378	56 398.06	−11.0612
进料加工贸易		20 669 760.20	9.1424	1 458 354.88	−15.9548
加工贸易进口设备		344.221	90.8702	…	…
对外承包工程出口货物		134.126	−90.6179	…	…
租赁贸易		28 895.10	42.9516	1 216.22	−2.1058
外商投资企业作为投资进口的设备、物品		407 190.50	−2.1961	33 394.85	−20.0159
出料加工贸易		13 022.41	258.2587	1 418.76	87.209
海关特殊监管区域		984 485.11	−52.3324	112 417.43	−36.787
保税监管场所进出境货物		827 880.02	−56.7081	94 716.21	−43.865
海关特殊监管区域物流货物		137 095.63	14.8876	15 136.88	99.9912
其他贸易		139 926.53	9.4163	14 296.94	11.9818
中外合作企业					
＃合计		100 438.54	−24.0568	7 588.18	−3.3393
一般贸易		72 859.92	5.6948	7 001.09	−6.2124
加工贸易		25 559.28	−59.3908	273.053	−28.1715
来料加工装配贸易		…	…	…	…
进料加工贸易		25 559.28	−59.0417	273.053	−28.1715
对外承包工程出口货物		134.126	…	…	…
外商投资企业作为投资进口的设备、物品		195	−27.7778	…	…
出料加工贸易		1 373.76	…	300.94	…
其他贸易		316.454	185.1939	13.096	145.1057
中外合资企业					
＃合计		26 266 386.79	12.2545	2 097 249.26	3.1731
一般贸易		8 343 394.50	−2.0928	808 745.00	21.8716
加工贸易		16 861 077.41	20.866	1 164 882.74	−8.3899
来料加工装配贸易		146 067.12	−18.8324	11 468.66	−10.3377
进料加工贸易		16 715 010.29	21.3848	1 153 414.08	−8.3701
加工贸易进口设备		266.744	151.6453	…	…
对外承包工程出口货物		…	…	…	…
租赁贸易		17 121.18	8.8188	578.673	−39.2295
外商投资企业作为投资进口的设备、物品		339 824.47	68.0788	28 035.29	−25.884
出料加工贸易		5 042.52	331.585	557.652	305.3528
海关特殊监管区域		678 112.65	−0.2214	92 595.50	61.1409
保税监管场所进出境货物		677 732.99	1.3974	92 595.50	61.8575
其他贸易		21 547.33	−19.5315	1 854.40	54.6078
外商独资企业					
＃合计		48 256 944.13	−5.2818	4 719 690.59	18.0268
一般贸易		43 287 941.09	−0.4163	4 331 284.81	29.859
加工贸易		4 458 939.28	−22.7408	349 597.15	−33.6209
来料加工装配贸易		529 748.65	−20.4264	44 929.40	−11.244
进料加工贸易		3 929 190.63	−23.0426	304 667.75	−36.0004

续 表

企业性质	贸易方式（2位）	1～12月		12月份	
		美元值	美元值（同比）	美元值	美元值（同比）
加工贸易进口设备		77.477	4.2156	…	
租赁贸易		11 773.92	162.8373	637.543	119.728
外商投资企业作为投资进口的设备、物品		67 171.03	−68.5943	5 359.56	36.5281
出料加工贸易		6 606.13	167.8291	560.164	−9.6909
海关特殊监管区域		306 372.46	−77.8903	19 821.93	−83.5334
保税监管场所进出境货物		150 147.03	−87.9296	2 120.71	−98.0984
海关特殊监管区域物流货物		137 095.63	14.8876	15 136.88	99.9912
其他贸易		118 062.75	16.8982	12 429.44	7.4985
民营企业					
#合计		20 173 591.96	4.5776	2 002 297.65	−4.944
一般贸易		16 810 443.03	1.8768	1 686 196.34	−5.5837
国家间、国际组织无偿援助和赠送的物资		2 541.65	−44.8207	4.954	…
其他捐赠物资		976.219	−94.3707	300	…
加工贸易		354 432.20	74.7251	14 845.98	−18.4881
来料加工装配贸易		25 076.95	−66.3306	3 048.82	21.4384
进料加工贸易		329 355.24	156.5645	11 797.15	−24.8717
边境小额贸易		…	…	…	…
对外承包工程出口货物		5 383.14	−74.2716	211.118	−84.8156
租赁贸易		57 949.90	−19.4976	858.905	−93.0091
出料加工贸易		2 959.45	341.4178	246.188	…
海关特殊监管区域		2 852 993.76	19.0817	285 730.64	2.0026
保税监管场所进出境货物		1 122 483.17	21.4225	137 116.33	0.6117
海关特殊监管区域物流货物		1 729 403.38	17.5414	148 556.61	3.2803
其他贸易		85 912.62	13.7003	13 903.53	63.4871
集体企业					
#合计		1 209 526.12	−24.8768	198 229.19	165.0273
一般贸易		994 423.42	−30.3673	161 316.04	125.3053
加工贸易		6 621.23	−59.3425	525.224	−5.52
来料加工装配贸易		3 247.37	−68.3384	143.785	−28.7459
进料加工贸易		3 373.87	−44.0387	381.439	7.7152
海关特殊监管区域		208 371.27	25.852	36 383.61	1 277.77
保税监管场所进出境货物		208 371.27	25.852	36 383.61	1 277.77
其他贸易		110.195	4.8149	4.314	1 697.50
私营企业					
#合计		18 946 547.55	7.2649	1 803 206.22	−11.1811
一般贸易		15 798 514.37	4.9333	1 524 018.0	−11.0287
国家间、国际组织无偿援助和赠送的物资		2 541.65	−44.8207	4.954	…
其他捐赠物资		976.219	−94.3707	300	…
加工贸易		347 810.96	86.6916	14 320.75	−18.6509
来料加工装配贸易		21 829.59	−66.01	2 905.04	25.8246
进料加工贸易		325 981.38	167.0252	11 415.72	−25.3644
边境小额贸易		…	…	…	…
对外承包工程出口货物		5 383.14	−74.2716	211.118	−84.8156

续 表

企业性质	贸易方式（2位）	1～12月 美元值	1～12月 美元值（同比）	12月份 美元值	12月份 美元值（同比）
租赁贸易		57 949.90	−19.4976	858.905	−93.0091
出料加工贸易		2 959.45	341.4178	246.188	…
海关特殊监管区域		2 644 622.49	18.5791	249 347.03	−10.1388
保税监管场所进出境货物		914 111.90	20.456	100 732.72	−24.6249
海关特殊监管区域物流货物		1 729 403.38	17.5414	148 556.61	3.280
其他贸易		85 789.37	13.7125	13 899.22	63.441
个体工商户					
#合计		17 518.28	2.0409	62.25	−40.099
一般贸易		17 505.23	3.6239	862.25	−37.7963
加工贸易		…	…	…	…
进料加工贸易		…	…	…	…
其他贸易		13.055	15.2759	…	…
其他企业					
#合计		52 230 207.97	84.3422	3 870 098.21	−20.7027
一般贸易		52 014 686.10	85.5035	3 852 401.36	−20.8231
国家间、国际组织无偿援助和赠送的物资		2 325.84	−67.4581	225.058	27.6845
其他捐赠物资		…	…	…	…
加工贸易		59 407.48	161.4771	43.207	−95.7817
进料加工贸易		59 407.48	161.4771	43.207	−95.7817
对外承包工程出口货物		574.73	−83.2779	…	…
出料加工贸易		621.191	282.7873	191.249	…
海关特殊监管区域		116 569.57	2.1629	14 126.36	92.7294
保税监管场所进出境货物		116 569.57	2.1632	14 126.36	92.7294
海关特殊监管区域物流货物		…	…	…	…
其他贸易		36 023.06	72.825	3 110.99	5.5194
民营企业及其他企业					
#合计		72 403 799.93	52.0327	5 872 395.87	−15.9518
一般贸易		68 825 129.13	54.5226	5 538 597.70	−16.7313
国家间、国际组织无偿援助和赠送的物资		4 867.48	−58.5865	230.012	30.4951
其他捐赠物资		976.219	−99.3148	300	−91.3176
加工贸易		413 839.68	83.4629	14 889.19	−22.6035
来料加工装配贸易		25 076.95	−66.3306	3 048.82	21.4384
进料加工贸易		388 762.73	157.3032	11 840.36	−29.2139
边境小额贸易		…	…	…	…
对外承包工程出口货物		5 957.87	−75.5423	211.118	−84.8156
租赁贸易		57 949.90	−19.4976	858.905	−93.0091
出料加工贸易		3 580.64	329.9918	437.437	…
海关特殊监管区域		2 969 563.34	18.3126	299 857.00	4.316
保税监管场所进出境货物		1 239 052.75	19.3065	151 242.69	5.3132
海关特殊监管区域物流货物		1 729 403.38	17.5413	148 556.61	3.2803
其他贸易		121 935.67	26.4838	17 014.52	48.5644

表 7

2013 年出口商品企业性质贸易方式总值表

单位：千美元

企业性质	贸易方式（2 位）	1～12 月		12 月份	
		美元值	美元值（同比）	美元值	美元值（同比）
#合计		63 246 223.20	6.0607	5 373 247.62	−3.1703
国有企业					
#合计		33 797 279.11	5.3585	3 104 665.77	−1.5556
一般贸易		13 868 630.61	−13.2207	1 281 252.69	−7.821
国家间、国际组织无偿援助和赠送的物资		227 794.50	−29.917	28 412.09	38.0266
其他捐赠物资		…	…	…	…
加工贸易		10 286 151.43	25.9977	821 688.31	−21.88
来料加工装配贸易		6 052 376.83	49.216	527 048.40	−16.7384
进料加工贸易		4 233 774.60	3.0707	294 639.91	−29.651
寄售、代销贸易		…	…	…	…
边境小额贸易		…	…	…	…
加工贸易进口设备		…	…	…	…
对外承包工程出口货物		6 557 357.31	30.9353	587 650.78	37.9343
租赁贸易		205	−87.7581	…	…
出料加工贸易		27 066.73	124.6362	2 534.67	38.9524
免税外汇商品		…	…	…	…
海关特殊监管区域		2 812 873.55	9.2247	379 879.15	44.5568
保税监管场所进出境货物		2 679 319.98	4.4807	247 310.40	−5.834
海关特殊监管区域物流货物		133 553.57	1 125.93	132 568.75	84 549.51
其他贸易		17 199.99	65.5141	3 248.08	364.3127
外商投资企业					
#合计		22 765 505.92	6.6443	1 676 301.66	−9.7058
一般贸易		7 263 391.85	5.2639	601 760.03	7.0323
加工贸易		15 155 463.67	7.8782	1 012 646.20	−17.8755
来料加工装配贸易		373 670.91	−20.3443	25 828.60	4.4311
进料加工贸易		14 781 792.77	8.8531	986 817.60	−18.3321
加工贸易进口设备		…	…	…	…
对外承包工程出口货物		134.126	−90.6179	…	…
租赁贸易		311.227	5.535	65.956	…
外商投资企业作为投资进口的设备、物品		…	…	…	…
出料加工贸易		8 020.19	219.3551	968.624	67.2443
海关特殊监管区域		331 041.54	−13.8224	60 372.54	0.3594
保税监管场所进出境货物		310 727.38	−13.9065	58 904.46	0.612
海关特殊监管区域物流货物		20 314.16	−12.5152	1 468.08	−8.8253
其他贸易		7 143.33	−27.8666	488.317	4.2962
中外合作企业					
#合计		47 792.90	−42.2499	3 763.65	−2.5739
一般贸易		26 120.16	−7.7479	3 462.71	−10.364
加工贸易		20 163.54	−62.9605	…	…
来料加工装配贸易		…	…	…	…
进料加工贸易		20 163.54	−62.5918	…	…

续 表

企业性质	贸易方式（2位）	1～12月 美元值	1～12月 美元值（同比）	12月份 美元值	12月份 美元值（同比）
	对外承包工程出口货物	134.126	…	…	…
	外商投资企业作为投资进口的设备、物品	…	…	…	…
	出料加工贸易	1 373.76	…	300.94	…
	其他贸易	1.308	−79.2381	…	…
中外合资企业					
#合计		14 589 320.82	12.673	1 019 619.32	−5.765
	一般贸易	2 099 299.05	−16.4213	180 035.86	12.1225
	加工贸易	12 215 711.15	20.7395	780 555.75	−12.5842
	来料加工装配贸易	96 294.58	−22.4458	8 654.76	−1.8014
	进料加工贸易	12 119 416.57	21.2761	771 900.99	−12.6917
	加工贸易进口设备	…	…	…	…
	对外承包工程出口货物	…	…	…	…
	租赁贸易	…	…	…	…
	外商投资企业作为投资进口的设备、物品	…	…	…	
	出料加工贸易	1 709.97	106.7087	245.289	80.0603
	海关特殊监管区域	268 432.49	−13.9494	58 638.68	107.635
	保税监管场所进出境货物	268 432.49	−13.9494	58 638.68	107.635
	其他贸易	4 168.17	−16.6203	143.748	14.2898
外商独资企业					
#合计		8 128 392.20	−2.256	652 918.70	−15.2746
	一般贸易	5 137 972.64	17.8408	418 261.47	5.1465
	加工贸易	2 919 588.98	−24.6914	232 090.45	−31.7661
	来料加工装配贸易	277 376.33	−19.4626	17 173.84	7.8818
	进料加工贸易	2 642 212.65	−25.2012	214 916.62	−33.7128
	加工贸易进口设备	…	…	…	…
	租赁贸易	311.227	5.535	65.956	…
	外商投资企业作为投资进口的设备、物品	…	…	…	…
	出料加工贸易	4 936.46	193.1154	422.395	−4.6385
	海关特殊监管区域	62 609.05	−13.2736	1 733.85	−94.5673
	保税监管场所进出境货物	42 294.89	−13.6331	265.778	−99.123
	海关特殊监管区域物流货物	20 314.16	−12.5152	1 468.08	−8.8253
	其他贸易	2 973.85	−39.2796	344.569	0.6255
民营企业					
#合计		6 615 423.93	8.2014	586 579.55	9.7901
	一般贸易	6 144 064.52	7.1792	561 386.68	13.851
	国家间、国际组织无偿援助和赠送的物资	1 193.68	−33.5332	…	…
	其他捐赠物资	…	…	…	…
	加工贸易	219 207.08	69.8395	10 497.37	−16.6539
	来料加工装配贸易	16 414.93	−64.4334	1 928.93	30.7306
	进料加工贸易	202 792.15	144.5796	8 568.44	−22.9416
	边境小额贸易	…	…	…	…

续 表

企业性质	贸易方式（2位）	1～12月		12月份	
		美元值	美元值（同比）	美元值	美元值（同比）
对外承包工程出口货物		5 383.14	－74.2716	211.118	－84.8156
租赁贸易		1 695.86	150.7281	…	…
出料加工贸易		1 326.73	764.4925	…	…
海关特殊监管区域		240 853.09	6.2216	14 248.06	－47.437
保税监管场所进出境货物		167 530.56	－5.4461	10 089.07	－51.4626
海关特殊监管区域物流货物		73 322.53	47.9297	4 159.00	－34.1977
其他贸易		1 699.84	－18.475	236.331	182.1661
集体企业					
＃合计		121 619.20	－1.1741	6 571.86	14.0029
一般贸易		47 251.53	－2.0723	3 591.10	21.1232
加工贸易		3 136.79	－68.1374	144.513	－42.9614
来料加工装配贸易		2 101.03	－70.8231	12.929	－88.4051
进料加工贸易		1 035.76	－60.8219	131.584	－7.2398
海关特殊监管区域		71 229.18	9.6375	2 836.25	11.3805
保税监管场所进出境货物		71 229.18	9.6375	2 836.25	11.3805
其他贸易		1.711	…	…	…
私营企业					
＃合计		6 477 511.79	8.4142	579 270.22	9.8929
一般贸易		6 080 520.05	7.2717	557 058.10	13.9665
国家间、国际组织无偿援助和赠送的物资		1 193.68	－33.5332	…	…
其他捐赠物资		…	…	…	…
加工贸易		216 070.29	81.5584	10 352.85	－15.7501
来料加工装配贸易		14 313.90	－63.2521	1 916.00	40.4699
进料加工贸易		201 756.39	152.0158	8 436.85	－22.7696
边境小额贸易		…	…	…	…
对外承包工程出口货物		5 383.14	－74.2716	211.118	－84.8156
租赁贸易		1 695.86	150.7281	…	…
出料加工贸易		1 326.73	764.4925	…	…
海关特殊监管区域		169 623.91	4.8499	11 411.81	－53.5353
保税监管场所进出境货物		96 301.38	－14.1792	7 252.82	－60.2361
海关特殊监管区域物流货物		73 322.53	47.9297	4 159.00	－34.1977
其他贸易		1 698.13	－18.557	236.331	182.1661
个体工商户					
＃合计		16 292.94	0.9255	737.477	－46.8051
一般贸易		16 292.94	2.2801	737.477	－44.6788
加工贸易		…	…	…	…
进料加工贸易		…	…	…	…
其他贸易		…	…	…	…
其他企业					
＃合计		68 014.24	－26.5838	5 700.64	21.6587
一般贸易		10 420.51	326.7857	2 666.50	551.1679

续 表

企业性质	贸易方式（2位）	1～12月		12月份	
		美元值	美元值（同比）	美元值	美元值（同比）
国家间、国际组织无偿援助和赠送的物资		1 801.09	229.8569	75.498	−57.1669
其他捐赠物资		…	…	…	…
加工贸易		…	…	…	…
进料加工贸易		…	…	…	…
对外承包工程出口货物		574.73	−83.2779	…	…
出料加工贸易		621.191	282.7873	191.249	…
海关特殊监管区域		52 269.36	−36.6034	2 476.49	−37.9343
保税监管场所进出境货物		52 269.36	−36.6031	2 476.49	−37.9343
海关特殊监管区域物流货物		…	…	…	…
其他贸易		2 327.36	−17.3591	290.905	164.707
民营企业及其他企业					
＃合计		6 683 438.17	7.6822	592 280.19	9.8933
一般贸易		6 154 485.02	7.3152	564 053.18	14.2968
国家间、国际组织无偿援助和赠送的物资		2 994.77	27.8764	75.498	−57.1669
其他捐赠物资		…	…	…	…
加工贸易		219 207.08	69.8395	10 497.37	−16.6539
来料加工装配贸易		16 414.93	−64.4334	1 928.93	30.7306
进料加工贸易		202 792.15	144.5796	8 568.44	−22.9416
边境小额贸易		…	…	…	…
对外承包工程出口货物		5 957.87	−75.5423	211.118	−84.8156
租赁贸易		1 695.86	150.7281	…	…
出料加工贸易		1 947.92	516.9181	191.249	…
海关特殊监管区域		293 122.45	−5.1979	16 724.55	−46.2177
保税监管场所进出境货物		219 799.92	−15.3404	12 565.56	−49.2839
海关特殊监管区域物流货物		73 322.53	47.9285	4 159.00	−34.1977
其他贸易					

表 8

2013 年进口商品企业性质贸易方式总值表

单位：千美元

企业性质	贸易方式（2位）	1～12月		12月份	
		美元值	美元值（同比）	美元值	美元值（同比）
＃合计		365 857 107.94	4.988	32 836 410.92	−0.8266
国有企业					
＃合计		248 278 482.64	−2.2241	22 408 068.88	−0.3163
一般贸易		219 817 476.92	−3.3501	19 692 198.01	0.5381
国家间、国际组织无偿援助和赠送的物资		17 489.72	295.7787	4 316.18	…
其他捐赠物资		250.103	−99.8365	52.513	…
加工贸易		14 262 550.24	31.0582	1 122 515.73	−0.5733
来料加工装配贸易		13 158 419.40	35.7542	1 041 486.92	2.4465
进料加工贸易		1 104 130.84	−7.1989	81 028.82	−27.8924
寄售、代销贸易		…	…	…	…

续 表

企业性质	贸易方式（2位）	1～12月 美元值	1～12月 美元值（同比）	12月份 美元值	12月份 美元值（同比）
边境小额贸易		3 844.93	…	…	…
加工贸易进口设备		4 895.03	385.1425	70.677	…
对外承包工程出口货物		…	…	…	…
租赁贸易		1 634 480.26	－30.4534	356 000.00	62.0059
出料加工贸易		29 327.63	99.714	2 594.47	30.1001
免税外汇商品		27 561.93	8.3072	2 339.38	－15.1923
海关特殊监管区域		12 433 142.31	－4.3803	1 224 485.46	－20.1506
保税监管场所进出境货物		11 629 635.21	－9.3325	1 133 184.21	－25.1774
海关特殊监管区域物流货物		801 728.67	364.2535	91 301.24	382.7417
其他贸易		47 463.58	－12.9476	3 496.46	－35.2481
外商投资企业					
＃合计		51 858 263.54	－2.3973	5 148 226.37	23.0768
一般贸易		44 440 803.66	－1.5912	4 545 270.87	31.968
加工贸易		6 190 112.30	7.9191	502 106.75	－11.2183
来料加工装配贸易		302 144.86	－19.881	30 569.47	－20.9674
进料加工贸易		5 887 967.44	9.8755	471 537.28	－10.5026
加工贸易进口设备		344.221	90.8702	…	…
对外承包工程出口货物		…	…	…	…
租赁贸易		28 583.87	43.5056	1 150.26	－7.4147
外商投资企业作为投资进口的设备、物品		407 190.50	－2.1961	33 394.85	－20.0159
出料加工贸易		5 002.22	345.2166	450.132	151.9222
海关特殊监管区域		653 443.57	－61.1317	52 044.90	－55.7752
保税监管场所进出境货物		517 152.64	－66.6655	35 811.75	－67.498
海关特殊监管区域物流货物		116 781.47	21.5082	13 668.81	129.3966
其他贸易		132 783.20	12.5457	13 808.62	12.2744
中外合作企业					
＃合计		52 645.65	6.3618	3 824.54	－4.081
一般贸易		46 739.76	15.065	3 538.39	－1.7596
加工贸易		5 395.74	－36.534	273.053	－28.1715
来料加工装配贸易		…	…	…	…
进料加工贸易		5 395.74	－36.534	273.053	－28.1715
对外承包工程出口货物		…	…	…	…
外商投资企业作为投资进口的设备、物品		195	－27.7778	…	…
出料加工贸易		…	…	…	…
其他贸易		315.146	201.1112	13.096	145.1057
中外合资企业					
＃合计		11 677 065.96	11.7359	1 077 629.94	13.345
一般贸易		6 244 095.45	3.8956	628 709.14	24.9836
加工贸易		4 645 366.26	21.2	384 327.00	1.501
来料加工装配贸易		49 772.54	－10.791	2 813.90	－29.2533
进料加工贸易		4 595 593.72	21.6725	381 513.10	1.8275

续 表

企业性质	贸易方式（2位）	1～12月 美元值	1～12月 美元值（同比）	12月份 美元值	12月份 美元值（同比）
加工贸易进口设备		266.744	151.6453	…	…
对外承包工程出口货物		…	…	…	…
租赁贸易		17 121.18	8.8188	578.673	−39.2295
外商投资企业作为投资进口的设备、物品		339 824.47	68.0788	28 035.29	−25.884
出料加工贸易		3 332.55	876.8975	312.363	23 106.76
海关特殊监管区域		409 680.16	11.4261	33 956.82	16.2061
保税监管场所进出境货物		409 300.51	14.8283	33 956.82	17.2267
其他贸易		17 379.16	−20.1998	1 710.65	59.331
外商独资企业					
＃合计		40 128 551.94	−5.872	4 066 771.90	25.9764
一般贸易		38 149 968.45	−2.4517	3 913 023.34	33.2054
加工贸易		1 539 350.30	−18.7493	117 506.70	−37.0033
来料加工装配贸易		252 372.32	−21.4594	27 755.57	−20.0177
进料加工贸易		1 286 977.98	−18.1958	89 751.13	−40.8856
加工贸易进口设备		77.477	4.2156	…	…
租赁贸易		11 462.70	173.9228	571.587	96.9964
外商投资企业作为投资进口的设备、物品		67 171.03	−68.5943	5 359.56	36.5281
出料加工贸易		1 669.67	113.4007	137.769	−22.3106
海关特殊监管区域		243 763.41	−81.4417	18 088.08	−79.5526
保税监管场所进出境货物		107 852.14	−90.9744	1 854.93	−97.7161
海关特殊监管区域物流货物		116 781.47	21.5082	13 668.81	129.3966
其他贸易		115 088.90	19.7613	12 084.87	7.7082
民营企业					
＃合计		13 558 168.03	2.8961	1 415 718.10	−9.9511
一般贸易		10 666 378.51	−0.946	1 124 809.67	−12.9961
国家间、国际组织无偿援助和赠送的物资		1 347.97	−52.0341	4.954	…
其他捐赠物资		976.219	−94.3707	300	…
加工贸易		135 225.12	83.2712	4 348.61	−22.6
来料加工装配贸易		8 662.02	−69.4218	1 119.90	8.1927
进料加工贸易		126 563.09	178.4253	3 228.72	−29.5542
边境小额贸易		…	…	…	…
对外承包工程出口货物		…	…	…	…
租赁贸易		56 254.05	−21.1123	858.905	−93.0091
出料加工贸易		1 632.72	215.8235	246.188	…
海关特殊监管区域		2 612 140.67	20.426	271 482.58	7.2993
保税监管场所进出境货物		954 952.61	27.7931	127 027.27	9.9837
海关特殊监管区域物流货物		1 656 080.85	16.482	144 397.61	5.0028
其他贸易		84 212.78	14.6134	13 667.20	62.3067
集体企业					
＃合计		1 087 906.92	−26.8384	191 657.33	177.639
一般贸易		947 171.90	−31.3567	157 724.94	129.8057

续 表

企业性质	贸易方式（2位）	1～12月 美元值	1～12月 美元值（同比）	12月份 美元值	12月份 美元值（同比）
加工贸易		3 484.45	−45.8994	380.711	25.8341
来料加工装配贸易		1 146.34	−62.4825	130.856	44.935
进料加工贸易		2 338.11	−30.9316	249.855	17.7096
海关特殊监管区域		137 142.09	36.3234	33 547.36	35 473.26
保税监管场所进出境货物		137 142.09	36.3234	33 547.36	35 473.26
其他贸易		108.484	3.1874	4.314	1 697.50
私营企业					
＃合计		12 469 035.77	6.6774	1 223 936.00	−18.5716
一般贸易		9 717 994.33	3.5213	966 959.95	−21.0091
国家间、国际组织无偿援助和赠送的物资		1 347.97	−52.0341	4.954	…
其他捐赠物资		976.219	−94.3707	300	…
加工贸易		131 740.67	95.7696	3 967.90	−25.3566
来料加工装配贸易		7 515.68	−70.2607	989.04	4.6816
进料加工贸易		124 224.99	195.6202	2 978.86	−31.8495
边境小额贸易		…	…	…	…
对外承包工程出口货物		…	…	…	…
租赁贸易		56 254.05	−21.1123	858.905	−93.0091
出料加工贸易		1 632.72	215.8235	246.188	…
海关特殊监管区域		2 474 998.58	19.6528	237 935.22	−5.9247
保税监管场所进出境货物		817 810.52	26.4661	93 479.91	−18.9964
海关特殊监管区域物流货物		1 656 080.85	16.482	144 397.61	5.0028
其他贸易		84 091.24	14.6297	13 662.88	62.2601
个体工商户					
＃合计		1 225.34	19.6185	124.773	135.0217
一般贸易		1 212.29	25.8448	124.773	135.0217
加工贸易		…	…	…	…
进料加工贸易		…	…	…	…
其他贸易		13.055	15.2759	…	…
其他企业					
＃合计		52 162 193.73	84.7061	3 864 397.57	−20.7434
一般贸易		52 004 265.59	85.4825	3 849 734.86	−20.8712
国家间、国际组织无偿援助和赠送的物资		524.744	−92.0507	149.56	…
其他捐赠物资		…	…	…	…
加工贸易		59 407.48	161.4771	43.207	−95.7817
进料加工贸易		59 407.48	161.4771	43.207	−95.7817
对外承包工程出口货物		…	…	…	…
出料加工贸易		…	…	…	…
海关特殊监管区域		64 300.21	103.1381	11 649.87	248.8484
保税监管场所进出境货物		64 300.21	103.1381	11 649.87	248.8484
海关特殊监管区域物流货物		…	…	…	…
其他贸易		33 695.70	86.9135	2 820.08	−0.6441

续　表

企业性质	贸易方式（2位）	1～12月 美元值	1～12月 美元值（同比）	12月份 美元值	12月份 美元值（同比）
民营企业及其他企业					
#合计		65 720 361.76	58.6789	5 280 115.67	−18.112
一般贸易		62 670 644.10	61.4992	4 974 544.52	−19.2179
国家间、国际组织无偿援助和赠送的物资		1 872.71	−80.1018	154.514	…
其他捐赠物资		976.219	−99.311	300	−91.3176
加工贸易		194 632.60	101.6832	4 391.82	−33.8845
来料加工装配贸易		8 662.02	−69.4218	1 119.90	8.1927
进料加工贸易		185 970.58	172.7773	3 271.92	−41.6514
边境小额贸易		…	…	…	…
对外承包工程出口货物		…	…	…	…
租赁贸易		56 254.05	−21.1123	858.905	−93.0091
出料加工贸易		1 632.72	215.8235	246.188	…
海关特殊监管区域		2 676 440.89	21.6157	283 132.44	10.4459
保税监管场所进出境货物		1 019 252.83	30.855	138 677.14	16.6962
海关特殊监管区域物流货物		1 656 080.85	16.482	144 397.61	5.0028
其他贸易					

表9

2013年全国月度进口和出口统计

单位：亿美元，%

出　口	当月 金额	当月 同比	1月至当月累计 金额	1月至当月累计 同比
2013.01	1 873.7	25.0	1 873.7	25.0
2013.02	1 393.7	21.8	3 267.3	23.6
2013.03	1 821.9	10.0	5 088.7	18.4
2013.04	1 870.6	14.7	6 958.7	17.4
2013.05	1 827.7	1.0	8 785.6	13.5
2013.06	1 743.2	−3.1	10 528.2	10.4
2013.07	1 859.9	5.1	12 387.3	9.5
2013.08	1 906.1	7.2	14 292.6	9.2
2013.09	1 856.4	−0.3	16 148.6	8.0
2013.10	1 854.1	5.6	18 002.1	7.8
2013.11	2 022.0	12.7	20 023.2	8.3
2013.12	2 077.4	4.3	22 100.4	7.9
进　口	**当月 金额**	**当月 同比**	**1月至当月累计 金额**	**1月至当月累计 同比**
2013.01	1 582.2	28.8	1 582.2	28.8
2013.02	1 241.2	−15.2	2 825.8	5.0
2013.03	1 830.7	14.1	4 658.0	8.4
2013.04	1 689.0	16.8	6 348.8	10.6
2013.05	1 623.4	−0.3	7 976.9	8.2
2013.06	1 471.9	−0.7	9 448.7	6.7

续 表

进口	当月		1月至当月累计	
	金额	同比	金额	同比
2013.07	1 681.7	10.9	11 130.2	7.3
2013.08	1 620.9	7.0	12 750.5	7.3
2013.09	1 704.4	7.4	14 455.0	7.3
2013.10	1 543.0	7.6	15 997.5	7.3
2013.11	1 684.0	5.3	17 681.7	7.1
2013.12	1 821.0	8.3	19 502.9	7.3

表10

2013年全国月度进出口总值统计

单位：亿美元，%

月份	当月		1月至当月累计	
	进出口	同比	进出口	同比
2013.01	3 455.8	26.7	3 455.8	26.7
2013.02	2 634.9	1.0	6 093.1	14.2
2013.03	3 652.6	12.1	9 746.7	13.4
2013.04	3 559.6	15.7	13 307.5	14.0
2013.05	3 451.1	0.4	167 62.5	10.9
2013.06	3 215.1	−2.0	19 976.9	8.6
2013.07	3 541.6	7.8	23 517.6	8.5
2013.08	3 527.0	7.1	27 043.1	8.3
2013.09	3 560.8	3.3	30 603.7	7.7
2013.10	3 397.0	6.5	33 999.6	7.6
2013.11	3 706.1	9.3	37 704.9	7.7
2013.12	3 898.4	6.2	41 603.3	7.6

表11

1982—2012年全国年度服务进出口

单位：亿美元，%

年份	中国进出口额			中国出口额			中国进口额		
	金额	同比	占世界比重	金额	同比	占世界比重	金额	同比	占世界比重
1982	44	—	0.6	25	—	0.7	19	—	0.5
1983	43	−2.3	0.6	25	0.0	0.7	18	−5.3	0.5
1984	54	25.6	0.7	28	12.0	0.8	26	44.4	0.7
1985	52	−3.7	0.7	29	3.6	0.8	23	−11.5	0.6
1986	56	7.7	0.6	36	24.1	0.8	20	−13.0	0.4
1987	65	16.1	0.6	42	16.7	0.8	23	15.0	0.4
1988	80	23.1	0.7	47	11.9	0.8	33	43.5	0.5

续 表

年 份	中国进出口额			中国出口额			中国进口额		
	金额	同比	占世界比重	金额	同比	占世界比重	金额	同比	占世界比重
1989	81	1.3	0.6	45	−4.3	0.7	36	9.1	0.5
1990	98	21.0	0.6	57	26.7	0.7	41	13.9	0.5
1991	108	10.2	0.6	69	21.1	0.8	39	−4.9	0.5
1992	183	69.4	1.0	91	31.9	1.0	92	135.9	1.0
1993	226	23.5	1.2	110	20.9	1.2	116	26.1	1.2
1994	322	42.5	1.6	164	49.1	1.6	158	36.2	1.5
1995	430	33.5	1.8	184	12.2	1.6	246	55.7	2.1
1996	430	0.0	1.7	206	12.0	1.6	224	−8.9	1.8
1997	522	21.4	2.0	245	19.0	1.9	277	23.8	2.2
1998	504	−3.4	1.9	239	−2.5	1.8	265	−4.5	2.0
1999	572	13.5	2.1	262	9.6	1.9	310	17.0	2.3
2000	660	15.4	2.2	301	15.2	2.0	359	15.8	2.5
2001	719	9.0	2.4	329	9.1	2.2	390	8.8	2.6
2002	855	18.9	2.7	394	19.7	2.5	461	18.1	3.0
2003	1013	18.5	2.8	464	17.8	2.5	549	19.0	3.1
2004	1337	32.0	3.1	621	33.8	2.8	716	30.5	3.4
2005	1571	17.5	3.2	739	19.1	3.0	832	16.2	3.5
2006	1917	22.0	3.5	914	23.7	3.2	1003	20.6	3.8
2007	2509	30.9	3.9	1217	33.1	3.6	1293	28.8	4.1
2008	3045	21.4	4.1	1464	20.4	3.9	1580	22.2	4.5
2009	2867	−5.8	4.5	1286	−12.2	3.9	1581	0.1	5.1
2010	3624	26.4	5.1	1702	32.4	4.6	1922	21.5	5.5
2011	4191	15.6	5.2	1821	7.0	4.4	2370	23.3	6.1
2012	4706	12.3	5.6	1904	4.6	4.4	2801	18.2	6.8

注：①遵循 WTO 有关服务贸易的定义，中国服务进出口数据不含政府服务。

②数据来源：WTO 国际贸易统计数据库（International Trade Statistics Database）；中国商务部。

表 12

1997—2012 年全国服务贸易出口（分项目）

（左半部分表格） 单位：亿美元，%

年份		总　计	运输服务	旅　游	通信服务	建筑服务	保险服务	金融服务
1997	金额（亿美元）	245.0	29.5	120.7	2.7	5.9	1.7	0.3
	占比（%）	100.0	12.1	49.3	1.1	2.4	0.7	0.1
1998	金额（亿美元）	238.8	23.0	126.0	8.2	5.9	3.8	0.3
	比上年增长（%）	−2.5	−22.1	4.4	201.4	0.7	120.5	−1.3
	占比（%）	100.0	9.6	52.8	3.4	2.5	1.6	0.1
1999	金额（亿美元）	261.6	24.2	141.0	5.9	9.9	2.0	1.1
	比上年增长（%）	9.6	5.2	11.9	−28.0	65.8	−47.0	310.8
	占比（%）	100.0	9.2	53.9	2.3	3.8	0.8	0.4
2000	金额（亿美元）	301.5	36.7	162.3	13.5	6.0	1.1	0.8
	比上年增长（%）	15.2	51.7	15.1	128.2	−38.9	−47.1	−29.7
	占比（%）	100.0	12.2	53.8	4.5	2.0	0.4	0.3
2001	金额（亿美元）	329.0	46.4	177.9	2.7	8.3	2.3	1.0
	比上年增长（%）	9.1	26.3	9.6	−79.8	37.8	110.9	27.3
	占比（%）	100.0	14.1	54.1	0.8	2.5	0.7	0.3
2002	金额（亿美元）	393.8	57.2	203.9	5.5	12.5	2.1	0.5
	比上年增长（%）	19.7	23.4	14.6	102.9	50.1	−8.1	−48.5
	占比（%）	100.0	14.5	51.8	1.4	3.2	0.5	0.1
2003	金额（亿美元）	463.7	79.1	174.1	6.4	12.9	3.1	1.5
	比上年增长（%）	17.8	38.2	−14.6	16.1	3.5	49.7	197.9
	占比（%）	100.0	17.0	37.5	1.4	2.8	0.7	0.3
2004	金额（亿美元）	620.6	120.7	257.4	4.4	14.7	3.8	0.9
	比上年增长（%）	33.8	52.6	47.9	−31.0	13.8	21.7	−38.2
	占比（%）	100.0	19.4	41.5	0.7	2.4	0.6	0.2
2005	金额（亿美元）	739.1	154.3	293.0	4.9	25.9	5.5	1.5
	比上年增长（%）	19.1	27.8	13.8	10.2	76.7	44.3	54.6
	占比（%）	100.0	20.9	39.6	0.7	3.5	0.7	0.2
2006	金额（亿美元）	914.2	210.2	339.5	7.4	27.5	5.5	1.5
	比上年增长（%）	23.7	36.2	15.9	52.1	6.2	−0.3	−0.2
	占比（%）	100.0	23.0	37.1	0.8	3.0	0.6	0.2
2007	金额（亿美元）	1 216.5	313.2	372.3	11.7	53.8	9.0	2.3
	比上年增长（%）	33.1	49.1	9.7	59.2	95.3	64.9	59.0
	占比（%）	100.0	25.7	30.6	1.0	4.4	0.7	0.2
2008	金额（亿美元）	1 464.5	384.2	408.4	15.7	103.3	13.8	3.2
	比上年增长（%）	20.4	22.6	9.7	33.7	92.1	53.0	36.7
	占比（%）	100.0	26.2	27.9	1.1	7.1	0.9	0.2
2009	金额（亿美元）	1 286.0	235.7	396.8	12.0	94.6	16.0	4.4
	比上年增长（%）	−12.2	−38.7	−2.9	−23.7	−8.4	15.4	38.7
	占比（%）	100.0	18.3	30.9	0.9	7.4	1.2	0.3
2010	金额（亿美元）	1 702.5	342.1	458.1	12.2	144.9	17.3	13.3
	比上年增长（%）	32.4	45.2	15.5	1.8	53.2	8.2	204.6
	占比（%）	100.0	20.1	26.9	0.7	8.5	1.0	0.8
2011	金额（亿美元）	1 820.9	355.7	484.6	17.3	147.2	30.2	8.5
	比上年增长（%）	7.0	4.0	5.8	41.5	1.6	74.7	−36.2
	占比（%）	100.0	19.5	26.6	0.9	8.1	1.7	0.5
2012	金额（亿美元）	1 904.4	389.1	500.3	17.9	122.5	33.3	18.9
	比上年增长（%）	4.6	9.4	3.2	3.7	−16.8	10.3	122.5
	占比（%）	100.0	20.4	26.3	0.9	6.4	1.7	1.0

（右半部分表格） 单位：亿美元，%

计算机和信息服务	专有权利使用费和特许费	咨 询	广告、宣传	电影、音像	其他商业服务		年份
0.8	0.5	3.5	2.4	0.1	76.8	金额（亿美元）	1997
0.3	0.2	1.4	1.0	0.0	31.3	占比（%）	
1.3	0.6	5.2	2.1	0.2	62.1	金额（亿美元）	1998
59.7	14.3	49.5	11.4	53.0	−19.1	比上年增长（%）	
0.6	0.3	2.2	0.9	0.1	26.0	占比（%）	
2.7	0.7	2.8	2.2	0.1	69.1	金额（亿美元）	1999
98.8	18.9	−45.9	4.6	−56.7	11.2	比上年增长（%）	
1.0	0.3	1.1	0.8	0.0	26.4	占比（%）	
3.6	0.8	3.6	2.2	0.1	70.8	金额（亿美元）	2000
34.1	7.8	26.9	1.3	69.8	2.5	比上年增长（%）	
1.2	0.3	1.2	0.7	0.0	23.5	占比（%）	
4.6	1.1	8.9	2.8	0.3	72.8	金额（亿美元）	2001
29.6	37.0	150.0	24.1	146.8	2.8	比上年增长（%）	
1.4	0.3	2.7	0.8	0.1	22.1	占比（%）	
6.4	1.3	12.8	3.7	0.3	87.6	金额（亿美元）	2002
38.3	20.6	44.5	34.5	6.4	20.3	比上年增长（%）	
1.6	0.3	3.3	0.9	0.1	22.2	占比（%）	
11.0	1.1	18.8	4.9	0.3	150.6	金额（亿美元）	2003
72.7	−19.5	46.7	30.4	12.7	71.8	比上年增长（%）	
2.4	0.2	4.1	1.0	0.1	32.5	占比（%）	
16.4	2.4	31.5	8.5	0.4	159.5	金额（亿美元）	2004
48.5	120.9	67.2	74.5	22.6	5.9	比上年增长（%）	
2.6	0.4	5.1	1.4	0.1	25.7	占比（%）	
18.4	1.6	53.2	10.8	1.3	168.8	金额（亿美元）	2005
12.4	−33.4	68.8	26.8	226.5	5.9	比上年增长（%）	
2.5	0.2	7.2	1.5	0.2	22.8	占比（%）	
29.6	2.1	78.3	14.5	1.4	196.9	金额（亿美元）	2006
60.7	30.2	47.2	34.3	2.3	16.6	比上年增长（%）	
3.2	0.2	8.6	1.6	0.1	21.5	占比（%）	
43.4	3.4	115.8	19.1	3.2	269.1	金额（亿美元）	2007
46.9	67.1	47.8	32.3	130.9	36.7	比上年增长（%）	
3.6	0.3	9.5	1.6	0.3	22.1	占比（%）	
62.5	5.7	181.4	22.0	4.2	260.1	金额（亿美元）	2008
43.9	66.7	56.7	15.2	32.2	−3.4	比上年增长（%）	
4.3	0.4	12.4	1.5	0.3	17.8	占比（%）	
65.1	4.3	186.2	23.1	1.0	246.9	金额（亿美元）	2009
4.2	−24.8	2.7	5.0	−76.7	−5.1	比上年增长（%）	
5.1	0.3	14.5	1.8	0.1	19.2	占比（%）	
92.6	8.3	227.7	28.9	1.2	355.9	金额（亿美元）	2010
42.1	93.4	22.3	24.8	26.4	44.1	比上年增长（%）	
5.4	0.5	13.4	1.7	0.1	20.9	占比（%）	
121.8	7.4	283.9	40.2	1.2	322.8	金额（亿美元）	2011
31.6	−10.5	24.7	39.3	−0.1	−9.3	比上年增长（%）	
6.7	0.4	15.6	2.2	0.1	17.7	占比（%）	
144.5	10.4	334.5	47.5	1.3	284.2	金额（亿美元）	2012
18.6	40.1	17.8	18.2	5.9	−12.0	比上年增长（%）	
7.6	0.5	17.6	2.5	0.1	14.9	占比（%）	

表13

1997—2012年全国服务贸易进口（分项目）

（左半部分表格）

年份		总　计	运输服务	旅　游	通信服务	建筑服务	保险服务	金融服务
1997	金额（亿美元）	277.2	99.4	81.3	2.9	12.1	10.5	3.2
	占比（%）	100.0	35.9	29.3	1.0	4.4	3.8	1.2
1998	金额（亿美元）	264.7	67.6	92.1	2.1	11.2	17.6	1.6
	比上年增长（%）	−4.5	−32.0	13.2	−28.3	−7.4	68.1	−49.7
	占比（%）	100.0	25.6	34.8	0.8	4.2	6.6	0.6
1999	金额（亿美元）	309.7	79.0	108.7	1.9	15.4	19.2	1.7
	比上年增长（%）	17.0	16.8	18.0	−7.0	37.5	9.3	2.1
	占比（%）	100.0	25.5	35.1	0.6	5.0	6.2	0.5
2000	金额（亿美元）	358.6	104.0	131.1	2.4	9.9	24.7	1.0
	比上年增长（%）	15.8	31.6	20.7	25.1	−35.4	28.6	−41.6
	占比（%）	100.0	29.0	36.6	0.7	2.8	6.9	0.3
2001	金额（亿美元）	390.3	113.2	139.1	3.3	8.5	27.1	0.8
	比上年增长（%）	8.8	8.9	6.1	34.7	−14.8	9.7	−20.6
	占比（%）	100.0	29.0	35.6	0.8	2.2	6.9	0.2
2002	金额（亿美元）	460.8	136.1	154.0	4.7	9.6	32.5	0.9
	比上年增长（%）	18.1	20.2	10.7	44.3	13.8	19.7	16.1
	占比（%）	100.0	29.5	33.4	1.0	2.1	7.0	0.2
2003	金额（亿美元）	548.5	182.3	151.9	4.3	11.8	45.6	2.3
	比上年增长（%）	19.0	33.9	−1.4	−9.1	22.8	40.6	158.8
	占比（%）	100.0	33.2	27.7	0.8	2.2	8.3	0.4
2004	金额（亿美元）	716.0	245.4	191.5	4.7	13.4	61.2	1.4
	比上年增长（%）	30.5	34.6	26.1	10.5	13.1	34.2	−40.6
	占比（%）	100.0	34.3	26.7	0.7	1.9	8.6	0.2
2005	金额（亿美元）	831.7	284.5	217.6	6.0	16.2	72.0	1.6
	比上年增长（%）	16.2	15.9	13.6	27.8	21.0	17.6	15.9
	占比（%）	100.0	34.2	26.2	0.7	1.9	8.7	0.2
2006	金额（亿美元）	1 003.3	343.7	243.2	7.6	20.5	88.3	8.9
	比上年增长（%）	20.6	20.8	11.8	26.6	26.6	22.7	456.9
	占比（%）	100.0	34.3	24.2	0.8	2.0	8.8	0.9
2007	金额（亿美元）	1 292.6	432.7	297.9	10.8	29.1	106.6	5.6
	比上年增长（%）	28.8	25.9	22.5	41.6	41.9	20.8	−37.5
	占比（%）	100.0	33.5	23.0	0.8	2.3	8.3	0.4
2008	金额（亿美元）	1 580.0	503.3	361.6	5.1	43.6	127.4	5.7
	比上年增长（%）	22.2	16.3	21.4	39.6	49.9	19.5	1.6
	占比（%）	100.0	31.9	22.9	1.0	2.8	8.1	0.4
2009	金额（亿美元）	1 581.1	465.7	437.0	12.1	58.7	113.1	7.3
	比上年增长（%）	0.1	−7.5	20.9	−19.9	34.5	−11.3	28.2
	占比（%）	100.0	29.5	27.6	0.8	3.7	7.2	0.5
2010	金额（亿美元）	1 921.7	632.6	548.8	11.4	50.7	157.5	13.9
	比上年增长（%）	21.5	35.8	25.6	−6.0	−13.6	39.3	91.2
	占比（%）	100.0	32.9	28.6	0.6	2.6	8.2	0.7
2011	金额（亿美元）	2 370.0	804.4	725.9	11.9	37.3	197.4	7.5
	比上年增长（%）	23.3	27.2	32.3	4.7	−26.5	25.3	−46.2
	占比（%）	100.0	33.9	30.6	0.5	1.6	8.3	0.3
2012	金额（亿美元）	2 801.4	858.6	1 019.8	16.5	36.2	206.0	19.3
	比上年增长（%）	18.2	6.7	40.5	38.6	−2.9	4.4	158.4
	占比（%）	100.0	30.6	36.4	0.6	1.3	7.4	0.7

（右半部分表格）

计算机和信息服务	专有权利使用费和特许费	咨　询	广告、宣传	电影、音像	其他商业服务		年份
2.3	5.4	4.7	2.4	0.4	52.5	金额（亿美元）	1997
0.8	2.0	1.7	0.9	0.2	18.9	占比（%）	
3.3	4.2	7.6	2.7	0.4	54.4	金额（亿美元）	1998
44.0	−22.8	62.0	9.8	−11.1	3.5	比上年增长（%）	
1.3	1.6	2.9	1.0	0.1	20.5	占比（%）	
2.2	7.9	5.2	2.2	0.3	65.9	金额（亿美元）	1999
−32.8	88.6	−30.8	−17.4	−13.0	21.2	比上年增长（%）	
0.7	2.6	1.7	0.7	0.1	21.3	占比（%）	
2.7	12.8	6.4	2.0	0.4	61.2	金额（亿美元）	2000
18.5	61.8	22.0	−7.6	10.2	−7.2	比上年增长（%）	
0.7	3.6	1.8	0.6	0.1	17.1	占比（%）	
3.4	19.4	15.0	2.6	0.5	57.4	金额（亿美元）	2001
30.1	51.3	134.8	27.5	34.2	−6.1	比上年增长（%）	
0.9	5.0	3.8	0.7	0.1	14.7	占比（%）	
11.3	31.1	26.3	3.9	1.0	49.3	金额（亿美元）	2002
228.6	60.7	75.1	52.9	91.2	−14.1	比上年增长（%）	
2.5	6.8	5.7	0.9	0.2	10.7	占比（%）	
10.4	35.5	34.5	4.6	0.7	64.6	金额（亿美元）	2003
−8.6	13.9	31.1	16.1	−27.6	31.1	比上年增长（%）	
1.9	6.5	6.3	0.8	0.1	11.8	占比（%）	
12.5	45.0	47.3	7.0	1.8	84.8	金额（亿美元）	2004
20.9	26.7	37.2	52.5	152.9	31.2	比上年增长（%）	
1.7	6.3	6.6	1.0	0.2	11.8	占比（%）	
16.2	53.2	61.8	7.2	1.5	93.9	金额（亿美元）	2005
29.5	18.3	30.6	2.4	−12.4	10.7	比上年增长（%）	
2.0	6.4	7.4	0.9	0.2	11.3	占比（%）	
17.4	66.3	83.9	9.6	1.2	112.6	金额（亿美元）	2006
7.2	24.7	35.7	33.5	−21.4	20.0	比上年增长（%）	
1.7	6.6	8.4	1.0	0.1	11.2	占比（%）	
22.1	81.9	108.6	13.4	1.5	182.4	金额（亿美元）	2007
27.0	23.5	29.4	40.0	27.0	62.0	比上年增长（%）	
1.7	6.3	8.4	1.0	0.1	14.1	占比（%）	
31.7	103.2	135.4	19.4	2.6	231.2	金额（亿美元）	2008
43.3	26.0	24.7	45.2	65.9	26.8	比上年增长（%）	
2.0	6.5	8.6	1.2	0.2	14.6	占比（%）	
32.3	110.7	134.2	19.5	2.8	187.7	金额（亿美元）	2009
2.1	7.2	−0.9	0.7	9.2	−18.8	比上年增长（%）	
2.0	7.0	8.5	1.2	0.2	11.9	占比（%）	
29.7	130.4	150.9	20.4	3.7	171.8	金额（亿美元）	2010
−8.3	17.8	12.5	4.4	33.2	−8.5	比上年增长（%）	
1.5	6.8	7.9	1.1	0.2	8.9	占比（%）	
38.4	147.1	185.8	27.7	4.0	182.6	金额（亿美元）	2011
29.6	12.8	23.1	35.9	7.8	6.3	比上年增长（%）	
1.6	6.2	7.8	1.2	0.2	7.7	占比（%）	
38.4	177.5	200.2	27.7	5.6	195.6	金额（亿美元）	2012
−0.1	20.7	7.7	−0.3	40.2	7.1	比上年增长（%）	
1.4	6.3	7.1	1.0	0.2	7.0	占比（%）	

表 14

1997—2012 年全国服务进出口差额

单位：亿美元

年份	1997	1998	1999	2000	2001	2002	2003	2004	2005	2006	2007	2008	2009	2010	2011	2012
总计	-32.2	-25.9	-48.0	-57.1	-61.3	-67.0	-84.8	-95.5	-92.6	-89.1	-76.0	-115.6	-295.1	-219.3	-549.2	-897.0
运输服务	-69.9	-44.6	-54.8	-67.3	-66.9	-78.9	-103.3	-124.8	-130.2	-133.5	-119.5	-119.1	-230.1	-290.5	-448.7	-469.5
旅游	39.4	34.0	32.3	31.2	38.8	49.9	22.2	65.9	75.4	96.3	74.5	46.9	-40.3	-90.7	-241.2	-519.5
通信服务	-0.2	6.1	4.0	11.0	-0.5	0.8	2.1	-0.3	-1.2	-0.3	0.9	0.6	-0.1	0.8	5.4	1.4
建筑服务	-6.2	-5.3	-5.5	-3.9	-0.2	2.8	1.1	1.3	9.7	7.0	24.7	59.7	36.0	94.2	110.0	86.3
保险服务	-8.7	-13.7	-17.2	-23.6	-24.8	-30.4	-42.5	-57.4	-66.5	-82.8	-97.6	-113.6	-97.1	-140.3	-167.2	-172.7
金融服务	-3.0	-1.4	-0.6	-0.2	0.2	-0.4	-0.8	-0.4	-0.1	-7.5	-3.3	-2.5	-2.9	-0.6	1.0	-0.4
计算机和信息服务	-1.5	-2.0	0.4	0.9	1.2	-4.9	0.7	3.8	2.2	12.2	21.4	30.9	32.8	62.9	83.4	106.1
专有权利使用费和特许费	-4.9	-3.6	-7.2	-12.0	-18.3	-29.8	-34.4	-42.6	-51.6	-64.3	-78.5	-97.5	-106.4	-122.1	-139.6	-167.1
咨询	-1.2	-2.4	-2.4	-2.8	-6.1	-13.5	-15.6	-15.8	-8.6	-5.6	7.2	46.1	52.1	76.8	98.1	134.3
广告宣传	0.0	-0.5	0.0	0.2	0.2	-0.2	0.3	1.5	3.6	4.9	5.8	2.6	3.6	8.4	12.4	19.8
电影音像	-0.3	-0.2	-0.3	-0.3	-0.2	-0.7	-0.4	-1.3	-0.2	0.2	1.6	1.6	-1.8	-2.5	-2.8	-4.3
其他商业服务	24.3	7.8	3.2	9.7	15.4	38.3	85.9	74.7	75.0	84.3	86.8	28.9	59.2	184.1	140.1	88.6

注：①遵循 WTO 有关服务贸易的定义，中国服务进出口数据不含政府服务。

②数据来源：中国商务部。

表 15

2013 年全国派出各类劳务人员（省市区排名）

单位：人

序 号	省市（地区）	累计派出各类劳务人员数量	期末在外各类劳务人员数量
1	山东省	52 591	95 811
	其中：青岛市	7 113	14 433
2	江苏省	46 041	88 014
3	福建省	37 813	41 789
	其中：厦门市	9 551	8 980
4	广东省	35 076	56 710
	其中：深圳市	2 155	1 629
5	湖北省	28 881	42 327
6	河南省	27 077	73 608
7	浙江省	24 026	25 482
	其中：宁波市	332	838
8	辽宁省	21 645	41 422
	其中：大连市	14 438	21 039
9	上海市	18 034	25 137
10	北京市	17 000	21 036
11	天津市	15 164	17 550
12	安徽省	12 650	21 494
13	吉林省	11 888	33 602
14	河北省	10 344	11 200
15	四川省	10 078	18 501
16	云南省	8 127	18 864
17	湖南省	7 304	26 727
18	陕西省	6 959	11 855
19	新疆维吾尔自治区	5 920	3 025
20	江西省	5 913	13 328
21	黑龙江省	5 730	8 795
22	甘肃省	3 333	2 958
23	重庆市	2 389	4 692
24	广西壮族自治区	2 277	3 755
25	新疆生产建设兵团	2 157	2 656
26	内蒙古自治区	2 139	3 917
27	山西省	1 816	4 085
28	贵州省	1 268	1 669
29	青海省	932	947
30	宁夏回族自治区	248	358
31	海南省	8	34

表16

2013年全国对外承包营业额（分省市区排序）

单位：万美元

序　　号	省市区名称	完成营业额
1	广东省	2 286 507
	其中：深圳市	2 220 746
2	山东省	850 106
	其中：青岛市	350 802
3	上海市	806 920
4	江苏省	726 299
5	四川省	634 776
6	湖北省	520 733
7	浙江省	441 586
	其中：宁波市	149 692
8	河北省	434 565
9	北京市	335 854
10	天津市	312 853
11	河南省	291 796
12	安徽省	291 394
13	辽宁省	237 277
	其中：大连市	78 413
14	江西省	227 296
15	湖南省	221 121
16	云南省	181 724
17	陕西省	178 711
18	新疆维吾尔自治区	144 768
19	广西壮族自治区	83 002
20	山西省	76 505
21	福建省	64 870
	其中：厦门市	83
22	重庆市	63 757
23	黑龙江省	62 512
24	新疆生产建设兵团	54 244
25	吉林省	51 318
26	贵州省	45 940
27	甘肃省	30 915
28	青海省	11 551
29	内蒙古自治区	4 510
30	宁夏回族自治区	2 357
31	海南省	385
32	西藏自治区	22

表 17

2013 年我国对外承包工程业务完成营业额前 50 家企业

单位：万美元

序号	企业名称	完成营业额
1	中兴通讯股份有限公司	1 300 295
2	华为技术有限公司	917 468
3	中国建筑工程总公司	574 267
4	中国水利水电建设股份有限公司	531 436
5	中国港湾工程有限责任公司	339 108
6	中信建设有限责任公司	283 092
7	上海振华重工（集团）股份有限公司	271 648
8	中国葛洲坝集团股份有限公司	241 212
9	中国路桥工程有限责任公司	223 026
10	山东电力建设第三工程公司	217 042
11	中国机械设备工程股份有限公司	212 477
12	上海电气集团股份有限公司	210 547
13	中国石油天然气管道局	198 827
14	中国石油工程建设公司	185 655
15	中国土木工程集团有限公司	172 366
16	中国石油集团川庆钻探工程有限公司	171 030
17	中国石油集团长城钻探工程有限公司	169 640
18	中国石油集团东方地球物理勘探有限责任公司	143 054
19	中国水利电力对外公司	126 622
20	中工国际工程股份有限公司	106 636
21	中地海外建设集团有限公司	105 745
22	东方电气股份有限公司	100 822
23	青建集团股份公司	94 506
24	上海贝尔股份有限公司	90 694
25	中国电力工程有限公司	84 485
26	国家电网公司	82 557
27	山东电力基本建设总公司	80 079
28	中国中铁股份有限公司	76 977
29	中石化炼化工程（集团）股份有限公司	72 024
30	沈阳远大铝业工程有限公司	71 865
31	中铁四局集团有限公司	71 214
32	中国石油集团工程设计有限责任公司	68 137
33	北方国际合作股份有限公司	65 409
34	中国机械进出口（集团）有限公司	61 192
35	中铁二局集团有限公司	54 867
36	安徽建工集团有限公司	53 780
37	中国交通建设股份有限公司	53 746
38	中国地质工程集团公司	53 332
39	中石化中原石油工程有限公司	52 894
40	特变电工股份有限公司	52 600
41	中国江西国际经济技术合作公司	51 919
42	中国河南国际合作集团有限公司	51 759
43	中国技术进出口总公司	50 652
44	中国石油集团西部钻探工程有限公司	49 023
45	东方电气集团国际合作有限公司	47 214
46	中国大连国际经济技术合作集团有限公司	46 540
47	北京建工集团有限责任公司	46 421
48	中国中原对外工程有限公司	46 027
49	中海油田服务股份有限公司	44 388
50	新疆生产建设兵团建设工程（集团）有限责任公司	43 080

表 18

2013 年我国对外承包工程业务新签合同额前 50 家企业

单位：万美元

序　号	企 业 名 称	新签合同额
1	华为技术有限公司	1 386 919
2	中国建筑工程总公司	1 117 223
3	中兴通讯股份有限公司	900 016
4	中国水利水电建设股份有限公司	896 656
5	中国葛洲坝集团股份有限公司	823 028
6	中国港湾工程有限责任公司	600 188
7	中国土木工程集团有限公司	489 297
8	中国交通建设股份有限公司	478 311
9	上海振华重工（集团）股份有限公司	352 503
10	中国石化集团国际石油工程有限公司	348 439
11	中国路桥工程有限责任公司	245 610
12	中国机械设备工程股份有限公司	234 226
13	中国石油集团工程设计有限责任公司	227 672
14	中地海外建设集团有限公司	212 713
15	中国石油集团长城钻探工程有限公司	208 696
16	中国水利电力对外公司	181 590
17	山东电力建设第三工程公司	168 941
18	中国石油天然气管道局	166 913
19	中国石油工程建设公司	158 242
20	中国寰球工程公司	150 397
21	中国石油集团东方地球物理勘探有限责任公司	144 284
22	中国水电工程顾问集团有限公司	132 027
23	天元建设集团有限公司	125 800
24	中工国际工程股份有限公司	124 145
25	中国中材国际工程股份有限公司	117 851
26	威海国际经济技术合作股份有限公司	109 809
27	天津水泥工业设计研究院有限公司	106 151
28	中铁国际经济合作有限公司	102 882
29	安徽省外经建设（集团）有限公司	100 522
30	中国江西国际经济技术合作公司	100 508
31	中信建设有限责任公司	98 452
32	上海贝尔股份有限公司	91 565
33	北方国际合作股份有限公司	85 977
34	中国冶金科工集团有限公司	85 209
35	中国江苏国际经济技术合作集团有限公司	82 736
36	保利科技有限公司	80 800
37	上海建工集团股份有限公司	79 758
38	中钢设备有限公司	75 086
39	浙江省建设投资集团有限公司	72 866
40	山东电建铁军电力工程有限公司	71 449
41	北京建工集团有限责任公司	68 564
42	中材建设有限公司	66 241
43	沈阳远大铝业工程有限公司	65 902
44	中铁建工集团有限公司	65 871
45	云南路桥股份有限公司	65 137
46	中国河南国际合作集团有限公司	63 318
47	中国技术进出口总公司	62 934
48	中国大连国际经济技术合作集团有限公司	60 589
49	中石化胜利建设工程有限公司	59 293
50	中国联合工程公司	58 917

表 19

2013 年全国外商投资企业进出口情况

单位：亿美元

<table>
<tr><th rowspan="2"></th><th colspan="2">全　国</th><th colspan="6">外商投资企业</th></tr>
<tr><th>金　额</th><th>比去年%</th><th colspan="2">金　额</th><th colspan="2">占全国比重%</th><th>比重+/−(百分点)</th><th>比去年</th></tr>
<tr><td>进出口总值</td><td>41 603.31</td><td>7.62%</td><td colspan="2">19 190.93</td><td colspan="2">46.13%</td><td>−2.86</td><td>1.33%</td></tr>
<tr><td>出口总值</td><td>22 100.42</td><td>7.90%</td><td colspan="2">10 442.73</td><td colspan="2">47.25%</td><td>−2.68</td><td>2.10%</td></tr>
<tr><td>进口总值</td><td>19 502.89</td><td>7.30%</td><td colspan="2">8 748.2</td><td colspan="2">44.86%</td><td>−3.08</td><td>0.41%</td></tr>
<tr><td></td><td></td><td></td><td>投资进口设备</td><td>98.35</td><td>占三资企业进口比重</td><td>1.12%</td><td>−0.42</td><td>−26.76%</td></tr>
</table>

注：2013 年 1～12 月贸易顺差值为 1 694.53 亿美元，扣除投资项下进口设备、物料，贸易净顺差值为 1 792.88 亿美元。

表 20

2013 年我国非金融类对外直接投资（按省市区排序）

单位：万美元

序　号	省 市 区 名 称	直 接 投 资 额
1	广东省	502 937
	其中：深圳市	239 958
2	山东省	384 861
	其中：青岛市	102 647
3	江苏省	315 973
4	北京市	307 534
5	浙江省	239 887
	其中：宁波市	103 040
6	上海市	180 293
7	辽宁省	155 410
	其中：大连市	116 974
8	海南省	131 588
9	天津市	96 505
10	河北省	89 003
11	云南省	82 121
12	湖南省	69 523
13	安徽省	68 576
14	河南省	65 675
15	黑龙江省	65 059
16	福建省	63 618
	其中：厦门市	20 609
17	四川省	55 342
18	吉林省	55 048
19	江西省	53 772
20	山西省	53 663
21	湖北省	52 092
22	内蒙古自治区	49 573
23	重庆市	41 098
24	新疆维吾尔自治区	39 235
25	陕西省	29 041
26	甘肃省	15 527
27	贵州省	12 977

续 表

序　号	省 市 区 名 称	直接投资额
28	广西壮族自治区	12 674
29	宁夏回族自治区	7 010
30	青海省	872
31	新疆生产建设兵团	733
32	西藏自治区	22

备注：按省市排序的表中都是地方企业，不含中央企业。

表 21

2000—2013 年两岸贸易统计

单位：亿美元，%

年　份	贸易总额		大陆对台出口额		大陆自台进口额		贸易差额
	金　额	同　比	金　额	同　比	金　额	同　比	
2000	305.3	30.1	50.4	27.6	254.9	30.6	−204.5
2001	323.4	5.9	50.0	−0.8	273.4	7.2	−223.4
2002	446.7	38.1	65.9	31.7	380.8	39.3	−314.9
2003	583.6	30.7	90.0	36.7	493.6	29.7	−403.6
2004	783.2	34.2	135.5	50.4	647.8	31.2	−512.3
2005	912.3	16.5	165.5	22.2	746.8	15.3	−581.3
2006	1 078.4	18.2	207.4	25.3	871.1	16.6	−663.7
2007	1 244.8	15.4	234.6	13.1	1 010.2	16.0	−775.6
2008	1 292.2	3.8	258.8	10.3	1 033.4	2.3	−774.6
2009	1 062.3	−17.8	205.1	−20.8	857.2	−17.0	−652.1
2010	1 453.7	36.9	296.8	44.8	1 156.9	35.0	−860.1
2011	1 600.3	10.1	351.1	18.3	1 249.2	7.9	−898.1
2012	1 689.6	5.6	367.8	4.8	1 321.8	5.8	−954
2013	1 972.8	16.7	406.4	10.5	1 566.4	18.5	−1 160

表 22

2000—2013 年台商投资大陆统计

单位：亿美元，%

年　份	项　目　数			实际使用台资金融		
	个　数	同　比	占当年总额比重	金　额	同　比	占当年总额比重
2000	3 108	24.4	13.9	23.0	−11.7	5.6
2001	4 214	35.6	16.1	29.8	29.8	6.4
2002	4 853	15.2	14.2	39.7	33.3	7.5
2003	4 495	−7.4	10.9	33.8	−14.9	6.3
2004	4 002	−11.0	9.2	31.2	−7.7	5.1
2005	3 907	−2.4	8.8	21.6	−31.0	3.6
2006	3 752	−4.0	9.1	21.4	−0.7	3.4
2007	3 299	−12.1	8.7	17.7	−20.4	2.4
2008	2 360	−28.5	8.6	19.0	7.0	2.1
2009	2 555	8.3	10.9	18.8	−1.0	2.1
2010	3 072	20.2	—	24.8	31.7	—
2011	2 639	−14.10	—	21.8	−11.81	—
2012	2 229	−15.5	—	28.5	20.4	3
2013	2 017	−9.5	—	20.9	−26.7	4.2

表 23

2000—2013 年内地与香港贸易统计

单位：亿美元，%

年 份	进出口		出口		进口	
	总 额	同 比	总 额	同 比	总 额	同 比
2000	539.5	23.3	445.2	20.8	94.3	36.8
2001	559.7	3.7	465.5	4.6	94.2	−0.1
2002	629.1	3.7	584.7	25.6	107.4	14
2003	847.1	26.3	762.9	30.5	111.2	3.7
2004	1 126.8	28.9	1 008.8	32.3	118	6.1
2005	1 367.1	21.3	1 244.8	23.4	122.3	3.6
2006	1 661.7	21.6	1 553.9	24.8	107.9	−11.8
2007	1 972.5	18.7	1 844.3	18.7	128.2	18.8
2008	2 036.7	3.3	1 907.4	3.4	129.2	0.9
2009	1 749.5	−14.1	1 662.3	−12.8	87.1	−32.6
2010	2 035.8	31.8	2 183.2	31.3	133.6	40.9
2011	2 835.2	23.0	2 680.3	22.8	155.0	26.4
2012	3 414.9	20.5	3 235.3	20.7	179.6	15.9
2013	4 010.1	17.5	3 847.9	19	162.2	−9.9

表 24

2000—2013 年香港对内地投资统计

单位：亿美元，%

年 份	项目数			实际使用港资金额		
	个 数	同 比	占 比	金 额	同 比	占 比
2000	7 199	22	32.21	155	−6.3	38.07
2001	8 008	11.2	30.64	167.1	7.8	35.66
2002	10 845	35.4	31.74	178.6	6.88	33.86
2003	13 633	25.7	33.19	177.0	−0.9	33.08
2004	14 719	7.97	33.71	189.9	7.29	31.08
2005	14 831	0.76	33.71	179.5	5.48	24.72
2006	15 496	4.5	37.36	202.3	12.7	32.11
2007	16 208	4.6	42.8	277.0	30.0	37.1
2008	12 857	−20.7	45.7	410.4	48.1	44.4
2009	10 701	−16.8	45.7	460.8	12.3	51.2
2010	13 070	22.1	—	605.7	31.5	—
2011	13 889	6.27	—	705.0	16.4	—
2012	12 604	−9.3	—	655.6	−7.0	58.7
2013	12 014	−4.8	—	733.9	11.9	—

表 25

1998—2013 年内地对香港承包工程统计

单位：亿美元，%

年 份	项目数		新签合同额		完成营业额		年末在港人数	
	份 数	同 比	金 额	同 比	金 额	同 比	人 数	同 比
1998	116	−36.30	18.30	−7.60	19.00	24.20	497	−21.40
1999	156	34.00	27.70	51.40	19.60	3.10	924	85.90
2000	162	3.80	25.50	−8.00	20.20	3.10	1 037	12.20
2001	235	45.06	23.64	−7.25	16.99	−16.18	958	−7.62
2002	187	20.43	22.03	−6.79	21.38	25.76	907	−5.32

续 表

年 份	项 目 数		新签合同额		完成营业额		年末在港人数	
	份 数	同 比	金 额	同 比	金 额	同 比	人 数	同 比
2003	284	51.87	23.34	5.94	26.37	23.38	850	−6.28
2004	649	128.52	17.74	−23.99	25.43	−3.58	839	−1.29
2005	209	67.80	14.46	−18.51	17.83	−29.89	991	18.12
2006	258	23.44	18.28	26.42	17.55	−18.11	1 037	4.64
2007	263	1.94	16.27	−11.00	19.94	13.62	767	−26.04
2008	95	−63.88	16.1	−1.04	16.9	−15.25	375	−51.11
2009	94	−1.05	29.3	81.99	18.0	6.51	449	19.73
2010	1 632	—	35.1	—	19.0	—	21 052	—
2011	94	—	44.9	—	19.7	—	24 046	—
2012	120	—	54.0	—	27.9	—	35 098	—
2013	164	—	30.3	—	—	—	33 820	—

注：2010—2013年数据包括内地在香港承包工程、劳务合作合同数；年末在港劳务人数。

表26

2000—2013年内地与澳门贸易统计

单位：亿美元，%

年 份	进出口		出 口		进 口	
	总 额	同 比	总 额	同 比	总 额	同 比
2000	8.05	9.6	7.10	11.3	0.95	−2.0
2001	8.63	7.2	7.43	4.7	1.19	25.4
2002	10.18	18.2	8.76	18.0	1.42	19.4
2003	14.67	44.1	12.81	46.3	1.86	30.6
2004	18.28	24.7	16.11	25.9	2.16	16.3
2005	18.70	2.0	16.05	−0.8	2.65	22.5
2006	24.41	30.5	21.84	36.1	2.56	−3.4
2007	29.2	19.7	26.4	20.9	2.8	9.7
2008	29.1	−0.5	26	−1.5	3.1	9.1
2009	21	−27.9	18.5	−28.8	2.5	−19.6
2010	22.6	8.0	21.4	15.7	1.2	−49.8
2011	25.2	11.2	23.6	10.0	1.6	31.3
2012	29.9	18.6	27.1	14.9	2.8	72
2013	35.7	19.4	31.8	17.4	3.9	38.7

表27

2000—2013年澳门对内地投资统计

单位：亿美元，%

年份	项 目		实际利用外资	
	个数	同比	金额	同比
2000	433	70.5	3.47	12.5
2001	458	5.8	3.21	−7.6
2002	518	13.1	4.68	45.9
2003	580	12	4.16	−11.1
2004	715	23.3	5.46	31.2
2005	707	−1.2	6.00	10
2006	868	22.8	6.00	0.41
2007	856	−1.4	6.4	−6.0
2008	435	−96.8	5.8	−9.4
2009	294	−32.4	8.1	40.1
2010	274	−6.8	6.6	−19.6

续 表

年份	项目		实际利用外资	
	个数	同比	金额	同比
2011	283	3.28	6.8	3.84
2012	303	7.1	5.1	−25.7
2013	310	2.3	4.6	−8.9

表 28

1998—2013 年内地对澳门劳务合作统计

单位：亿美元，人

年份	劳务合作			承包工程		
	新签合同额	完成营业额	年末在外人数	新签合同额	完成营业额	年末在外人数
1998	1.34	1.12	27 066	1.30	1.45	436
1999	0.73	1.31	28 260	0.55	1.18	614
2000	0.98	1.23	28 253	0.62	0.98	451
2001	1.24	1.38	36 563	0.93	0.64	241
2002	1.23	1.09	21 033	1.25	0.79	611
2003	0.90	1.18	23 590	2.13	1.70	1 024
2004	1.20	1.31	21 983	5.24	2.18	1 146
2005	2.74	1.38	27 063	5.79	3.73	219
2006	3.14	2.57	37 557	18.13	7.92	456
2007	4.04	2.63	44 510	11.03	11.72	578
2008	5.41	3.64	53 399	8.86	8.79	899
2009	1.1	3.3	47 908	2.8	5.3	2 091
	新签合同额		完成营业额		年末在外人数	
2010	15.6		14.5		48 951	
2011	8.2		5.0		58 543	
2012	7.5		4.7		68 216	
2013	8.7		4.2		89 152	

注：2010、2011、2012、2013 年数据未单列。

表 29

2013 年中国对亚洲国家（地区）贸易统计

单位：亿美元

	进出口		出口		进口		贸易差额	
	金额	同比%	金额	同比%	金额	同比%	当年	上年同期
总值	41 603.08	7.59	22 100.19	7.86	19 502.89	7.29	2 597.30	2 311.09
亚洲地区	22 248.76	8.80	11 347.06	12.69	1 0901.7	5.03	445.36	−310.04
亚洲司主管国别	12 020.28	4.7	5 997.34	0.8	6 022.94	0.4	−25.60	−512.52
占总值比	28.9	−0.8	27.1	0.3	30.9	−2.1	—	—
东北亚	5 993.14	0.2	2 475.33	0.8	3 517.81	−0.3	−1 042.40	−1 073.90
日本	3 125.53	−5.13	1 502.75	−0.9	1 622.78	−8.73	−120.03	−261.66
韩国	2 742.48	6.99	911.76	3.99	1 830.73	8.55	−918.97	−809.66
朝鲜	65.57	8.66	36.32	2.83	29.24	16.91	7.08	10.31
蒙古	59.56	−9.70	24.50	−7.68	35.06	−11.06	−10.56	−12.89
东盟	4 436.11	10.88	2 440.70	19.48	1 995.41	1.9	445.30	84.51
文莱	17.94	11.57	17.04	36.06	0.9	−74.73	16.14	8.97
缅甸	101.50	45.60	73.40	29.38	28.1	116.49	45.29	43.75
柬埔寨	37.72	29.05	34.11	25.95	3.62	67.92	30.49	24.93
印度尼西亚	683.55	3.23	369.32	7.71	314.22	−1.59	55.10	23.59

续 表

	进出口		出口		进口		贸易差额	
	金额	同比%	金额	同比%	金额	同比%	当年	上年同期
老挝	27.41	58.61	17.20	83.58	10.21	29.04	7.00	1.46
马来西亚	1 060.75	11.88	459.33	25.78	601.43	3.17	−142.10	−217.77
菲律宾	380.66	4.66	198.35	18.55	182.3	−7.17	16.05	−29.06
新加坡	759.14	9.58	458.64	12.55	300.5	5.35	158.14	122.27
泰国	712.61	2.17	327.38	4.93	385.23	−0.06	−57.85	−73.45
越南	654.82	29.82	485.93	42.04	168.9	4.07	317.03	179.81
东帝汶	0.48	−24.34	0.47	−24.15	0	−41.98	0.47	0.62
南亚	963.24	3.5	752.58	6.8	210.66	−6.9	541.92	478.35
印度	654.71	−1.51	484.43	1.62	170.28	−9.42	314.15	288.74
巴基斯坦	142.19	14.51	110.19	18.79	32.	1.9	78.19	61.36
孟加拉国	103.08	21.98	97.06	21.77	6.02	25.54	91.04	74.91
斯里兰卡	36.20	14.25	34.38	14.34	1.83	12.77	32.55	28.45
尼泊尔	22.54	12.82	22.10	12.31	0.43	46.51	21.67	19.39
马尔代夫	0.98	27.63	0.97	27.31	0	158.39	0.97	0.76
不丹	0.17	11.51	0.17	11.55	0	−32.45	0.17	0.16
阿富汗	3.38	−27.97	3.28	−29.24	0.1	85.05	3.19	4.59
西亚（三国）	627.79	10.6	328.73	16.2	299.06	5.0	29.67	−2.86
伊朗	395.42	8.43	141.48	21.93	253.94	2.13	−112.46	−132.61
土耳其	222.12	16.32	177.53	13.91	44.59	27.06	132.94	120.76
塞浦路斯	10.24	−15.47	9.72	−11.13	0.53	−55.48	9.19	9.75
西亚其他	2 023.04	9.73	754.19	12.4	1 268.85	8.18	−514.66	−461.46
中国香港	4 010.07	17.43	3 847.92	18.94	162.15	−9.72	3 685.77	3 055.67
中国澳门	35.66	19.41	31.79	17.42	3.87	38.67	27.92	24.23
中国台湾	1 972.81	16.76	406.44	10.51	1 566.37	18.5	−1 159.9	−954.05
欧盟(28 国)	5 590.40	2.12	3 389.85	1.1	2 200.55	3.74	1 189.30	1 219.34
美国	5 210.02	7.49	3 684.27	4.73	1 525.75	14.82	2 158.51	2189.10

注：①十大贸易伙伴：欧盟、美国、东盟、中国香港、日本、韩国、中国台湾、澳大利亚、巴西、俄罗斯。

②十大出口市场：中国香港、美国、欧盟、东盟、日本、韩国、俄罗斯、印度、中国台湾、澳大利亚。

③十大进口来源：欧盟、东盟、韩国、日本、中国台湾、美国、澳大利亚、巴西、南非、俄罗斯。

④占总值比中的“同比”为同比增减点数；亚洲司主管 26 个国别。

表 30

2013 年美国对中国出口主要商品构成（章）

单位：百万美元，%

HS 编码	商品类别	2013 年 1～12 月	上年同期	同比	占比
章	总值	122 016	110 484	10.4	100.0
12	油籽；子仁；工业或药用植物；饲料	13 764	15 147	−9.1	11.3
88	航空器、航天器及其零件	12 617	8 364	50.9	10.3
84	核反应堆、锅炉、机械器具及零件	12 196	11 555	5.6	10.0
85	电机、电气、音像设备及其零附件	11 377	9 664	17.7	9.3
87	车辆及其零附件，但铁道车辆除外	10 289	7 028	46.4	8.4
90	光学、照相、医疗等设备及零附件	7 666	7 034	9.0	6.3
39	塑料及其制品	4 745	4 700	1.0	3.9
47	木浆等纤维状纤维素浆；废纸及纸板	3 610	3 820	−5.5	3.0
74	铜及其制品	3 485	3 941	−11.6	2.9
29	有机化学品	2 970	3 247	−8.5	2.4
27	矿物燃料、矿物油及其产品；沥青等	2 747	2 439	12.7	2.3
10	谷物	2 678	1 535	74.5	2.2
76	铝及其制品	2 591	2 757	−6.0	2.1

续　表

HS 编码	商　品　类　别	2013 年 1～12 月	上年同期	同　比	占　比
52	棉花	2 365	3 521	−32.8	1.9
44	木及木制品；木炭	2 351	1 643	43.2	1.9
38	杂项化学产品	1 992	1 691	17.8	1.6
23	食品工业的残渣及废料；配制的饲料	1 798	947	89.8	1.5
41	生皮（毛皮除外）及皮革	1 769	1 471	20.3	1.5
26	矿砂、矿渣及矿灰	1 492	1 725	−13.5	1.2
72	钢铁	1 403	1 582	−11.3	1.2
30	药品	1 220	1 067	14.4	1.0
71	珠宝、贵金属及制品；仿首饰；硬币	1 156	523	121.3	1.0
03	鱼及其他水生无脊椎动物	1 094	1 114	−1.8	0.9
02	肉及食用杂碎	1 062	1 002	6.0	0.9
28	无机化学品；贵金属等的化合物	958	1 291	−25.8	0.8
40	橡胶及其制品	949	1 029	−7.8	0.8
48	纸及纸板；纸浆、纸或纸板制品	767	729	5.2	0.6
73	钢铁制品	753	642	17.4	0.6
37	照相及电影用品	601	516	16.6	0.5
34	洗涤剂、润滑剂、人造蜡、塑型膏等	576	460	25.1	0.5
	以上合计	113 044	102 185	10.6	92.7

表 31

2013 年美国自中国进口主要商品构成（章）

单位：百万美元，%

HS 编码	商　品　类　别	2013 年 1～12 月	上年同期	同　比	占　比
章	总值	440 434	425 579	3.5	100.0
85	电机、电气、音像设备及其零附件	117 532	110 671	6.2	26.7
84	核反应堆、锅炉、机械器具及零件	100 445	99 133	1.3	22.8
94	家具；寝具等；灯具；活动房	24 124	22 443	7.5	5.5
95	玩具、游戏或运动用品及其零附件	21 683	21 978	−1.3	4.9
64	鞋靴、护腿和类似品及其零件	17 009	17 148	−0.8	3.9
61	针织或钩编的服装及衣着附件	15 578	14 985	4.0	3.5
62	非针织或非钩编的服装及衣着附件	14 901	14 711	1.3	3.4
39	塑料及其制品	12 928	12 149	6.4	2.9
87	车辆及其零附件，但铁道车辆除外	9 813	9 388	4.5	2.2
90	光学、照相、医疗等设备及零附件	9 523	8 778	8.5	2.2
73	钢铁制品	8 925	9 368	−4.7	2.0
42	皮革制品；旅行箱包；动物肠线制品	8 651	8 415	2.8	2.0
63	其他纺织制品；成套物品；旧纺织品	6 796	6 373	6.6	1.5
29	有机化学品	6 712	6 436	4.3	1.5
40	橡胶及其制品	5 279	4 698	12.4	1.2
83	贱金属杂项制品	4 202	3 839	9.4	1.0
71	珠宝、贵金属及制品；仿首饰；硬币	3 671	3 601	2.0	0.8
82	贱金属器具、利口器、餐具及零件	3 338	3 098	7.8	0.8
44	木及木制品；木炭	3 337	3 167	5.4	0.8
48	纸及纸板；纸浆、纸或纸板制品	2 606	2 535	2.8	0.6
96	杂项制品	2 485	2 380	4.4	0.6
76	铝及其制品	2 344	1 897	23.6	0.5
69	陶瓷产品	2 214	2 262	−2.1	0.5
70	玻璃及其制品	2 094	1 958	7.0	0.5

续 表

HS 编码	商 品 类 别	2013 年 1～12 月	上年同期	同 比	占 比
03	鱼及其他水生无脊椎动物	1 957	1 955	0.1	0.4
49	印刷品；手稿、打字稿及设计图纸	1 936	1 884	2.8	0.4
72	钢铁	1 546	1 548	−0.1	0.4
28	无机化学品；贵金属等的化合物	1 489	1 637	−9.0	0.3
67	加工羽毛及制品；人造花；人发制品	1 440	1 550	−7.1	0.3
65	头饰	1 299	1 370	−5.1	0.3
	以上合计	415 858	401 354	3.6	94.4

表 32

2013 年美国对中国出口主要商品构成（类）

单位：百万美元，%

海关分类	HS 编码	商 品 类 别	2013 年 1～12 月	上年同期	同 比	占 比
类	章	总值	122 016	110 484	10.4	100.0
第 16 类	84—85	机电产品	23 573	21 219	11.1	19.3
第 17 类	86—89	运输设备	23 037	15 547	48.2	18.9
第 2 类	06—14	植物产品	17 099	17 348	−1.4	14.0
第 6 类	28—38	化工产品	9 652	9 460	2.0	7.9
第 15 类	72—83	贱金属及制品	9 072	9 794	−7.4	7.4
第 18 类	90—92	光学、钟表、医疗设备	7 690	7 059	8.9	6.3
第 7 类	39—40	塑料、橡胶	5 693	5 729	−0.6	4.7
第 10 类	47—49	纤维素浆；纸张	4 527	4 705	−3.8	3.7
第 5 类	25—27	矿产品	4 440	4 361	1.8	3.6
第 11 类	50—63	纺织品及原料	3 545	4 626	−23.4	2.9
第 1 类	01—05	活动物；动物产品	2 943	2 616	12.5	2.4
第 4 类	16—24	食品、饮料、烟草	2 828	1 844	53.4	2.3
第 9 类	44—46	木及制品	2 355	1 646	43.1	1.9
第 8 类	41—43	皮革制品；箱包	1 987	1 633	21.7	1.6
第 14 类	71	贵金属及制品	1 156	523	121.3	1.0
		其他	2 416	2 373	1.8	2.0

表 33

2013 年美国自中国进口主要商品构成（类）

单位：百万美元，%

海关分类	HS 编码	商 品 类 别	2013 年 1～12 月	上年同期	同 比	占 比
类	章	总值	440 434	425 579	3.5	100.0
第 16 类	84—85	机电产品	217 977	209 803	3.9	49.5
第 20 类	94—96	家具、玩具、杂项制品	48 292	46 801	3.2	11.0
第 11 类	50—63	纺织品及原料	40 674	39 290	3.5	9.2
第 15 类	72—83	贱金属及制品	21 701	21 134	2.7	4.9
第 12 类	64—67	鞋靴、伞等轻工产品	20 241	20 558	−1.5	4.6
第 7 类	39—40	塑料、橡胶	18 207	16 847	8.1	4.1
第 6 类	28—38	化工产品	12 697	12 501	1.6	2.9
第 17 类	86—89	运输设备	10 824	10 431	3.8	2.5
第 18 类	90—92	光学、钟表、医疗设备	10 820	10 116	7.0	2.5
第 8 类	41—43	皮革制品；箱包	8 756	8 533	2.6	2.0
第 13 类	68—70	陶瓷；玻璃	5 499	5 270	4.4	1.3
第 10 类	47—49	纤维素浆；纸张	4 546	4 425	2.7	1.0
第 14 类	71	贵金属及制品	3 671	3 601	2.0	0.8
第 9 类	44—46	木及制品	3 662	3 505	4.5	0.8
第 4 类	16—24	食品、饮料、烟草	2 916	3 126	−6.7	0.7
		其他	9 950	9 636	3.3	2.3

表 34

2013 年美国自中国进口的十大类商品及其国别/地区构成

单位：百万美元，%

HS84—85：机电产品

国家和地区	金 额	同 比	占 比
中国	217 977	3.9	36.2
墨西哥	100 040	0.9	16.6
日本	48 962	−9.5	8.1
德国	29 483	−0.8	4.9
加拿大	27 634	−4.4	4.6
韩国	25 484	6.3	4.2

HS39—40：塑料、橡胶

国家和地区	金 额	同 比	占 比
中国	18 207	8.1	25.4
加拿大	13 832	1.4	19.3
墨西哥	6 008	5.2	8.4
日本	4 663	−7.6	6.5
德国	3 677	3.6	5.1
韩国	3 484	−3.8	4.9

HS94—96：家具、玩具、杂项制品

国家和地区	金 额	同 比	占 比
中国	48 292	3.2	60.7
墨西哥	10 067	7.3	12.7
加拿大	5 075	2.7	6.4
越南	2 911	13.3	3.7
中国台湾	1 873	−1.2	2.4
意大利	1 068	13.0	1.3

HS28—38：化工产品

国家和地区	金 额	同 比	占 比
爱尔兰	22 343	−10.1	12.9
加拿大	19 892	0.2	11.5
德国	18 848	7.5	10.9
中国	12 697	1.6	7.3
瑞士	10 711	10.0	6.2
日本	8 420	0.8	4.9

HS50—63：纺织品及原料

国家和地区	金 额	同 比	占 比
中国	40 674	3.5	37.8
越南	8 413	14.6	7.8
印度	6 633	7.0	6.2
墨西哥	5 386	0.3	5.0
印度尼西亚	5 271	0.7	4.9
孟加拉国	5 044	10.8	4.7

HS86—89：运输设备

国家和地区	金 额	同 比	占 比
加拿大	62 900	−1.8	22.3
墨西哥	60 700	11.3	21.6
日本	53 840	−1.7	19.1
德国	35 886	13.4	12.7
韩国	17 347	13.8	6.2
中国	10 824	3.8	3.8

HS72—83：贱金属及制品

国家和地区	金 额	同 比	占 比
加拿大	22 663	−2.2	20.0
中国	21 701	2.7	19.2
墨西哥	9 855	−2.9	8.7
日本	5 842	−13.4	5.2
德国	5 710	−7.7	5.1
韩国	5 148	−6.4	4.6

HS90—92：光学、钟表、医疗设备

国家和地区	金 额	同 比	占 比
墨西哥	10 849	3.4	14.0
中国	10 820	7.0	14.0
德国	9 014	1.2	11.6
日本	7 890	−0.6	10.2
爱尔兰	5 757	8.8	7.4
瑞士	5 709	4.9	7.4

HS64—67：鞋靴、伞等轻工产品

国家和地区	金 额	同 比	占 比
中国	20 241	−1.5	69.7
越南	3 068	20.8	10.6
印度尼西亚	1 392	20.7	4.8
意大利	1 366	10.0	4.7
墨西哥	616	11.1	2.1
印度	314	11.1	1.1

HS41—43：皮革制品；箱包

国家和地区	金 额	同 比	占 比
中国	8 756	2.6	62.6
意大利	1 210	9.7	8.6
越南	755	43.2	5.4
法国	579	1.3	4.1
印度	405	15.5	2.9
加拿大	295	7.3	2.1

表35

2013年欧盟（27）对中国出口主要商品构成（章）

单位：百万美元，%

HS编码	商品类别	2013年	上年同期	同 比	占 比
章	总值	195 719	184 320	6.2	100.0
84	核反应堆、锅炉、机械器具及零件	44 750	43 582	2.7	22.9
87	车辆及其零附件，但铁道车辆除外	38 242	35 792	6.9	19.5
85	电机、电气、音像设备及其零附件	20 266	18 600	9.0	10.4
90	光学、照相、医疗等设备及零附件	11 303	10 087	12.1	5.8
88	航空器、航天器及其零件	8 535	8 742	−2.4	4.4
30	药品	7 235	6 410	12.9	3.7
39	塑料及其制品	6 246	5 799	7.7	3.2
74	铜及其制品	5 824	6 991	−16.7	3.0
29	有机化学品	3 830	4 189	−8.6	2.0
73	钢铁制品	3 124	2 547	22.7	1.6
72	钢铁	2 836	2 774	2.3	1.5
27	矿物燃料、矿物油及其产品；沥青等	2 620	2 479	5.7	1.3
47	木浆等纤维状纤维素浆；废纸及纸板	2 422	2 549	−5.0	1.2
38	杂项化学产品	2 227	1 930	15.4	1.1
40	橡胶及其制品	1 921	1 812	6.0	1.0
71	珠宝、贵金属及制品；仿首饰；硬币	1 790	1 915	−6.5	0.9
22	饮料、酒及醋	1 720	1 884	−8.7	0.9
94	家具；寝具等；灯具；活动房	1 314	1 135	15.8	0.7
76	铝及其制品	1 285	1 392	−7.7	0.7
02	肉及食用杂碎	1 266	1 085	16.7	0.7
41	生皮（毛皮除外）及皮革	1 203	1 039	15.8	0.6
28	无机化学品；贵金属等的化合物	1 142	1 315	−13.2	0.6
48	纸及纸板；纸浆、纸或纸板制品	1 136	1 087	4.5	0.6
19	谷物粉、淀粉等或乳的制品；糕饼	1 100	771	42.6	0.6
26	矿砂、矿渣及矿灰	1 096	995	10.2	0.6
43	毛皮、人造毛皮及其制品	1 089	787	38.4	0.6
32	鞣料；着色料；涂料；油灰；墨水等	1 067	912	17.0	0.6
44	木及木制品；木炭	1 023	636	60.9	0.5
04	乳；蛋；蜂蜜；其他食用动物产品	946	608	55.6	0.5
34	洗涤剂、润滑剂、人造蜡、塑型膏等	872	721	20.8	0.5
	以上合计	179 433	170 564	5.2	91.7

表 36

2013 年欧盟（27）自中国进口主要商品构成（章）

单位：百万美元，%

HS 编码	商品类别	2013 年	上年同期	同　比	占　比
章	总值	370 272	372 645	－0.6	100.0
85	电机、电气、音像设备及其零附件	96 026	98 614	－2.6	25.9
84	核反应堆、锅炉、机械器具及零件	80 826	80 048	1.0	21.8
62	非针织或非钩编的服装及衣着附件	18 607	19 002	－2.1	5.0
61	针织或钩编的服装及衣着附件	16 558	16 073	3.0	4.5
94	家具；寝具等；灯具；活动房	15 647	15 689	－0.3	4.2
95	玩具、游戏或运动用品及其零附件	14 008	14 604	－4.1	3.8
64	鞋靴、护腿和类似品及其零件	10 196	10 012	1.8	2.8
39	塑料及其制品	8 965	8 516	5.3	2.4
29	有机化学品	8 697	8 206	6.0	2.4
90	光学、照相、医疗等设备及零附件	8 588	8 151	5.4	2.3
73	钢铁制品	8 270	8 387	－1.4	2.2
42	皮革制品；旅行箱包；动物肠线制品	7 702	7 806	－1.3	2.1
87	车辆及其零附件，但铁道车辆除外	6 223	6 057	2.7	1.7
63	其他纺织制品；成套物品；旧纺织品	4 054	3 992	1.6	1.1
40	橡胶及其制品	3 797	3 687	3.0	1.0
72	钢铁	3 426	3 403	0.7	0.9
83	贱金属杂项制品	3 326	3 332	－0.2	0.9
82	贱金属器具、利口器、餐具及零件	3 107	3 006	3.4	0.8
71	珠宝、贵金属及制品；仿首饰；硬币	2 937	2 959	－0.7	0.8
44	木及木制品；木炭	2 609	2 746	－5.0	0.7
89	船舶及浮动结构体	2 568	3 881	－33.8	0.7
76	铝及其制品	2 541	2 379	6.8	0.7
96	杂项制品	2 381	2 335	2.0	0.6
70	玻璃及其制品	2 286	2 278	0.4	0.6
48	纸及纸板；纸浆、纸或纸板制品	2 063	1 966	4.9	0.6
91	钟表及其零件	1 848	1 875	－1.4	0.5
03	鱼及其他水生无脊椎动物	1 730	1 832	－5.6	0.5
28	无机化学品；贵金属等的化合物	1 651	1 639	0.8	0.5
69	陶瓷产品	1 623	2 099	－22.7	0.4
30	药品	1 512	1 445	4.7	0.4
	以上合计	343 774	346 019	－0.6	92.9

表 37

2013 年欧盟（27）对中国出口主要商品构成（类）

单位：百万美元，%

海关分类	HS 编码	商品类别	2013 年	上年同期	同 比	占 比
类	章	总值	195 719	184 320	6.2	100.0
第 16 类	84—85	机电产品	65 016	62 182	4.6	33.2
第 17 类	86—89	运输设备	47 654	45 440	4.9	24.4
第 6 类	28—38	化工产品	18 191	17 040	6.8	9.3
第 15 类	72—83	贱金属及制品	15 620	15 765	−0.9	8.0
第 18 类	90—92	光学、钟表、医疗设备	11 523	10 259	12.3	5.9
第 7 类	39—40	塑料、橡胶	8 167	7 611	7.3	4.2
第 5 类	25—27	矿产品	4 422	4 076	8.5	2.3
第 10 类	47—49	纤维素浆；纸张	3 782	3 852	−1.8	1.9
第 4 类	16—24	食品、饮料、烟草	3 617	3 330	8.6	1.9
第 11 类	50—63	纺织品及原料	3 463	3 128	10.7	1.8
第 1 类	01—05	活动物；动物产品	2 932	2 357	24.4	1.5
第 8 类	41—43	皮革制品；箱包	2 879	2 304	25.0	1.5
第 14 类	71	贵金属及制品	1 790	1 915	−6.5	0.9
第 20 类	94—96	家具、玩具、杂项制品	1 626	1 403	15.9	0.8
第 13 类	68—70	陶瓷；玻璃	1 308	1 136	15.2	0.7
其 他			3 729	2 522	47.9	1.9

表 38

2013 年欧盟（27）自中国进口主要商品构成（类）

单位：百万美元，%

海关分类	HS 编码	商品类别	2013 年	上年同期	同 比	占 比
类	章	总值	370 272	372 645	−0.6	100.0
第 16 类	84—85	机电产品	176 852	178 662	−1.0	47.8
第 11 类	50—63	纺织品及原料	45 396	44 778	1.4	12.3
第 20 类	94—96	家具、玩具、杂项制品	32 037	32 628	−1.8	8.7
第 15 类	72—83	贱金属及制品	22 872	22 688	0.8	6.2
第 6 类	28—38	化工产品	15 893	15 349	3.5	4.3
第 7 类	39—40	塑料、橡胶	12 762	12 202	4.6	3.5
第 12 类	64—67	鞋靴、伞等轻工产品	12 538	12 363	1.4	3.4
第 18 类	90—92	光学、钟表、医疗设备	10 880	10 520	3.4	2.9
第 17 类	86—89	运输设备	9 341	10 435	−10.5	2.5
第 8 类	41—43	皮革制品；箱包	8 045	8 227	−2.2	2.2
第 13 类	68—70	陶瓷；玻璃	5 291	5 822	−9.1	1.4
第 10 类	47—49	纤维素浆；纸张	3 366	3 361	0.1	0.9
第 9 类	44—46	木及制品	2 958	3 132	−5.5	0.8
第 14 类	71	贵金属及制品	2 937	2 959	−0.7	0.8
第 1 类	01—05	活动物；动物产品	2 661	2 792	−4.7	0.7
其 他			6 442	6 728	−4.2	1.7

表 39

2013 年欧盟（27）自中国进口的十大类商品及其国别/地区构成

单位：百万美元，%

HS84—85：机电产品				HS39—40：塑料、橡胶			
国家和地区	金 额	同 比	占 比	国家和地区	金 额	同 比	占 比
中国	176 852	−1.0	38.5	中国	12 762	4.6	20.2
美国	68 721	1.8	15.0	美国	9 913	3.1	15.7
日本	34 840	−7.9	7.6	瑞士	4 256	2.9	6.7
瑞士	20 190	−0.3	4.4	韩国	3 963	20.7	6.3
韩国	17 325	0.1	3.8	土耳其	3 746	6.4	5.9
中国台湾	15 912	−2.0	3.5	日本	3 706	−12.6	5.9
HS50—63：纺织品及原料				HS64—67：鞋靴、伞等轻工产品			
国家和地区	金 额	同 比	占 比	国家和地区	金 额	同 比	占 比
中国	45 396	1.4	37.7	中国	12 538	1.4	52.8
土耳其	16 833	7.9	14.0	越南	2 941	7.2	12.4
孟加拉国	12 836	14.7	10.7	印度尼西亚	1 662	1.2	7.0
印度	8 511	4.8	7.1	印度	1 598	9.0	6.7
巴基斯坦	4 141	13.4	3.4	突尼斯	540	−3.7	2.3
突尼斯	3 073	−0.3	2.6	摩洛哥	417	15.5	1.8
HS94—96：家具、玩具、杂项制品				HS90—92：光学、钟表、医疗设备			
国家和地区	金 额	同 比	占 比	国家和地区	金 额	同 比	占 比
中国	32 037	−1.8	68.7	美国	25 720	3.5	33.3
美国	2 022	3.1	4.3	瑞士	14 394	3.8	18.6
越南	1 122	0.3	2.4	中国	10 880	3.4	14.1
土耳其	1 094	3.4	2.4	日本	6 600	−10.6	8.5
瑞士	1 076	1.1	2.3	韩国	3 452	−11.3	4.5
中国台湾	1 015	3.2	2.2	墨西哥	2 238	−2.0	2.9
HS72—83：贱金属及制品				HS86—89：运输设备			
国家和地区	金 额	同 比	占 比	国家和地区	金 额	同 比	占 比
中国	22 872	0.8	19.5	美国	27 687	−11.3	22.8
俄罗斯	10 969	−13.3	9.3	日本	14 324	−9.3	11.8
美国	9 260	−1.5	7.9	土耳其	13 058	16.0	10.8
瑞士	7 134	0.5	6.1	韩国	12 025	−13.3	9.9
挪威	6 628	−11.8	5.6	中国	9 341	−10.5	7.7
土耳其	6 568	10.2	5.6	瑞士	2 812	10.9	2.3
HS28—38：化工产品				HS41—43：皮革制品；箱包			
国家和地区	金 额	同 比	占 比	国家和地区	金 额	同 比	占 比
美国	52 004	1.6	27.9	中国	8 045	−2.2	44.2
瑞士	41 823	2.3	22.4	印度	1 800	9.0	9.9
中国	15 893	3.5	8.5	瑞士	881	11.9	4.8
新加坡	8 357	−33.9	4.5	巴西	838	27.6	4.6
俄罗斯	7 968	2.5	4.3	越南	648	11.9	3.6
日本	7 512	−3.0	4.0	美国	632	14.3	3.5

表 40

2013 年日本对中国出口主要商品构成（章）

单位：百万美元，%

HS 编码	商品类别	2013 年 1～12 月	上年同期	同 比	占 比
章	总值	129 124	144 174	－10.4	100.0
85	电机、电气、音像设备及其零附件	25 660	30 804	－16.7	19.9
84	核反应堆、锅炉、机械器具及零件	25 196	29 924	－15.8	19.5
87	车辆及其零附件，但铁道车辆除外	12 554	13 580	－7.6	9.7
90	光学、照相、医疗等设备及零附件	11 286	11 958	－5.6	8.7
29	有机化学品	9 515	7 503	26.8	7.4
39	塑料及其制品	7 462	7 955	－6.2	5.8
72	钢铁	7 063	8 195	－13.8	5.5
74	铜及其制品	3 398	3 887	－12.6	2.6
73	钢铁制品	1 906	2 036	－6.4	1.5
38	杂项化学产品	1 670	1 919	－13.0	1.3
27	矿物燃料、矿物油及其产品；沥青等	1 580	1 893	－16.5	1.2
40	橡胶及其制品	1 521	1 552	－2.0	1.2
70	玻璃及其制品	1 217	1 194	1.9	0.9
47	木浆等纤维状纤维素浆；废纸及纸板	843	884	－4.7	0.7
32	鞣料；着色料；涂料；油灰；墨水等	797	922	－13.6	0.6
54	化学纤维长丝	752	908	－17.2	0.6
55	化学纤维短纤	741	722	2.7	0.6
34	洗涤剂、润滑剂、人造蜡、塑型膏等	733	725	1.2	0.6
37	照相及电影用品	694	708	－2.0	0.5
82	贱金属器具、利口器、餐具及零件	651	741	－12.2	0.5
76	铝及其制品	634	707	－10.2	0.5
96	杂项制品	588	483	21.7	0.5
28	无机化学品；贵金属等的化合物	548	571	－4.0	0.4
71	珠宝、贵金属及制品；仿首饰；硬币	537	600	－10.5	0.4
68	矿物材料的制品	467	453	3.0	0.4
30	药品	453	432	4.9	0.4
48	纸及纸板；纸浆、纸或纸板制品	430	478	－10.2	0.3
60	针织物及钩编织物	359	487	－26.4	0.3
59	浸、包或层压织物；工业用纺织制品	313	394	－20.7	0.2
52	棉花	307	361	－14.9	0.2
	以上合计	119 873	132 976	－9.9	92.8

表 41

2013 年日本自中国进口主要商品构成（章）

单位：百万美元，%

HS 编码	商 品 类 别	2013 年 1～12 月	上年同期	同 比	占 比
章	总值	180 762	188 450	－4.1	100.0
85	电机、电气、音像设备及其零附件	48 567	47 444	2.4	26.9
84	核反应堆、锅炉、机械器具及零件	31 422	32 297	－2.7	17.4
61	针织或钩编的服装及衣着附件	12 585	12 965	－2.9	7.0
62	非针织或非钩编的服装及衣着附件	11 480	12 145	－5.5	6.4
95	玩具、游戏或运动用品及其零附件	5 236	6 058	－13.6	2.9
39	塑料及其制品	5 176	5 216	－0.8	2.9
94	家具；寝具等；灯具；活动房	4 975	5 129	－3.0	2.8
90	光学、照相、医疗等设备及零附件	4 754	5 409	－12.1	2.6
87	车辆及其零附件，但铁道车辆除外	4 055	3 861	5.0	2.2
64	鞋靴、护腿和类似品及其零件	3 872	3 980	－2.7	2.1
73	钢铁制品	3 705	4 052	－8.6	2.1
42	皮革制品；旅行箱包；动物肠线制品	3 260	3 695	－11.8	1.8
29	有机化学品	3 154	3 212	－1.8	1.8
63	其他纺织制品；成套物品；旧纺织品	3 064	3 188	－3.9	1.7
16	肉、鱼及其他水生无脊椎动物的制品	2 836	3 313	－14.4	1.6
28	无机化学品；贵金属等的化合物	1 895	2 522	－24.9	1.1
44	木及木制品；木炭	1 826	1 836	－0.5	1.0
20	蔬菜、水果等或植物其他部分的制品	1 610	1 758	－8.4	0.9
76	铝及其制品	1 539	1 598	－3.7	0.9
07	食用蔬菜、根及块茎	1 450	1 521	－4.7	0.8
48	纸及纸板；纸浆、纸或纸板制品	1 390	1 608	－13.5	0.8
68	矿物材料的制品	1 163	1 176	－1.1	0.6
72	钢铁	1 155	1 698	－31.9	0.6
03	鱼及其他水生无脊椎动物	1 126	1 256	－10.3	0.6
38	杂项化学产品	1 097	1 499	－26.8	0.6
27	矿物燃料、矿物油及其产品；沥青等	1 056	1 259	－16.2	0.6
91	钟表及其零件	915	1 062	－13.9	0.5
96	杂项制品	861	880	－2.2	0.5
40	橡胶及其制品	767	825	－7.1	0.4
70	玻璃及其制品	761	788	－3.4	0.4
	以上合计	166 751	173 250	－3.8	92.2

表42

2013年日本对中国出口主要商品构成（类）

单位：百万美元，%

海关分类	HS编码	商品类别	2013年1～12月	上年同期	同比	占比
类	章	总值	129 124	144 174	－10.4	100.0
第16类	84－85	机电产品	50 855	60 728	－16.3	39.4
第6类	28－38	化工产品	14 942	13 432	11.2	11.6
第15类	72－83	贱金属及制品	14 290	16 370	－12.7	11.1
第17类	86－89	运输设备	12 727	13 837	－8.0	9.9
第18类	90－92	光学、钟表、医疗设备	11 521	12 267	－6.1	8.9
第7类	39－40	塑料、橡胶	8 983	9 507	－5.5	7.0
第11类	50－63	纺织品及原料	3 094	3 608	－14.2	2.4
第13类	68－70	陶瓷；玻璃	1 853	1 837	0.9	1.4
第5类	25－27	矿产品	1 769	2 144	－17.5	1.4
第10类	47－49	纤维素浆；纸张	1 420	1 587	－10.5	1.1
第20类	94－96	家具、玩具、杂项制品	986	1 092	－9.7	0.8
第14类	71	贵金属及制品	537	600	－10.5	0.4
第1类	01－05	活动物；动物产品	255	207	23.1	0.2
第4类	16－24	食品、饮料、烟草	110	159	－30.6	0.1
第2类	06－14	植物产品	73	65	13.1	0.1
其他			5 710	6 735	－15.2	4.4

表43

2013年日本自中国进口主要商品构成（类）

单位：百万美元，%

海关分类	HS编码	商品类别	2013年1～12月	上年同期	同比	占比
类	章	总值	180 762	188 450	－4.1	100.0
第16类	84－85	机电产品	79 989	79 741	0.3	44.3
第11类	50－63	纺织品及原料	29 235	30 459	－4.0	16.2
第20类	94－96	家具、玩具、杂项制品	11 072	12 066	－8.2	6.1
第15类	72－83	贱金属及制品	8 718	9 795	－11.0	4.8
第6类	28－38	化工产品	7 847	8 960	－12.4	4.3
第7类	39－40	塑料、橡胶	5 943	6 041	－1.6	3.3
第18类	90－92	光学、钟表、医疗设备	5 798	6 624	－12.5	3.2
第4类	16－24	食品、饮料、烟草	5 741	6 500	－11.7	3.2
第12类	64－67	鞋靴、伞等轻工产品	4 719	4 884	－3.4	2.6
第17类	86－89	运输设备	4 178	3 994	4.6	2.3
第8类	41－43	皮革制品；箱包	3 431	3 901	－12.0	1.9
第2类	06－14	植物产品	2 584	2 763	－6.5	1.4
第13类	68－70	陶瓷；玻璃	2 537	2 590	－2.0	1.4
第9类	44－46	木及制品	2 129	2 209	－3.7	1.2
第5类	25－27	矿产品	1 779	2 137	－16.8	1.0
其他			5 062	5 785	－12.5	2.8

表 44

2013 年日本自中国进口的十大类商品及其国别/地区构成

单位：百万美元，%

HS84—85：机电产品			
国家和地区	金 额	同 比	占 比
中国	79 989	0.3	50.3
美国	14 928	−4.8	9.4
中国台湾	12 631	6.4	8.0
韩国	10 398	−11.4	6.5
泰国	7 100	−2.4	4.5
马来西亚	5 389	−6.4	3.4

HS39—40：塑料、橡胶			
国家和地区	金 额	同 比	占 比
中国	5 943	−1.6	29.0
泰国	2 556	−10.8	12.5
美国	2 170	−8.8	10.6
国	1 881	−12.6	9.2
印度尼西亚	1 839	−14.3	9.0
中国台湾	1 591	−7.6	7.8

HS50—63：纺织品及原料			
国家和地区	金 额	同 比	占 比
中国	29 235	−4.0	71.4
越南	2 780	13.3	6.8
印度尼西亚	1 386	10.4	3.4
意大利	1 078	3.5	2.6
泰国	818	8.9	2.0
孟加拉国	606	16.7	1.5

HS90—92：光学、钟表、医疗设备			
国家和地区	金 额	同 比	占 比
美国	7 722	−4.8	27.6
中国	5 798	−12.5	20.7
瑞士	2 458	0.9	8.8
德国	2 253	−5.5	8.1
爱尔兰	1 564	−21.5	5.6
中国台湾	738	−9.3	2.6

HS94—96：家具、玩具、杂项制品			
国家和地区	金 额	同 比	占 比
中国	11 072	−8.2	69.3
越南	750	7.1	4.7
中国台湾	606	0.6	3.8
泰国	582	−4.6	3.6
美国	390	−3.1	2.4
马来西亚	352	−2.2	2.2

HS16—24：食品、饮料、烟草			
国家和地区	金 额	同 比	占 比
中国	5 741	−11.7	21.8
美国	3 815	−10.1	14.5
泰国	3 208	−9.8	12.2
荷兰	2 222	−8.6	8.4
法国	1 446	−4.0	5.5
韩国	1 113	−9.8	4.2

HS72—83：贱金属及制品			
国家和地区	金 额	同 比	占 比
中国	8 718	−11.0	27.6
韩国	4 340	−20.0	13.7
美国	1 793	−3.2	5.7
印度尼西亚	1 760	−4.4	5.6
中国台湾	1 730	−5.9	5.5
泰国	1 543	12.4	4.9

HS64—67：鞋靴、伞等轻工产品			
国家和地区	金 额	同 比	占 比
中国	4 719	−3.4	66.7
越南	541	6.5	7.7
意大利	385	4.1	5.5
印度尼西亚	268	20.3	3.8
柬埔寨	214	15.7	3.0
孟加拉国	129	39.7	1.8

HS28—38：化工产品			
国家和地区	金 额	同 比	占 比
美国	10 100	−12.8	17.7
中国	7 847	−12.4	13.8
德国	6 347	−7.8	11.1
法国	4 099	−19.2	7.2
意大利	2 853	0.2	5.0
瑞士	2 839	−21.6	5.0

HS86—89：运输设备			
国家和地区	金 额	同 比	占 比
德国	6 977	2.0	24.1
美国	6 549	−10.6	22.7
中国	4 178	4.6	14.5
法国	1 620	21.4	5.6
泰国	1 402	−13.8	4.9
英国	933	−3.0	3.2

附　录

附录一：多哈回合及中国参与谈判大事记（2013）

日期	事件
1月26日	商务部部长助理俞建华、常驻世贸组织大使易小准出席在瑞士达沃斯举行的世贸组织贸易部长非正式会议，重点参与讨论了多哈回合“早期收获”工作计划。
2月22日	常驻世贸组织大使易小准在世贸组织贸易谈判委员会非正式会议上发言，鼓励成员加快在贸易便利化、部分农业议题和发展议题上的讨论，推动巴厘部长会议取得“早期收获”。
2月25—26日	常驻世贸组织大使易小准参加总理事会会议，讨论了总干事拉米作为贸易谈判委员会主席对多哈谈判进展的报告，推举巴基斯坦大使巴希尔担任新一届总理事会主席，以及其他议题。
4月11日	常驻世贸组织大使易小准参加贸易谈判委员会非正式会议，呼吁成员加快谈判节奏，就可行的议题在第九届部长会上达成“早期收获”。
4月20—21日	商务部部长高虎城率中国代表团出席在印尼泗水举行的APEC贸易部长会议。会上，中方呼吁各方展现政治意愿，推动多哈回合谈判。
4月30日	商务部世贸司司长柴小林与澳大利亚高官在日内瓦共同主持主要成员高官会，讨论各方所能显示的灵活性，希望籍此形成新的谈判势头，加速推进谈判。
5月28日	商务部国际贸易谈判副代表俞建华出席在巴黎举行的OECD小型部长会议，讨论多哈回合下一步谈判工作。
6月3日	常驻世贸组织大使易小准参加贸易谈判委员会非正式会议，阐述中方在粮食安全、贸易便利化和发展问题上的关注，呼吁成员加倍努力，以尽快完成“早期收获”谈判。
6月4日	常驻世贸组织大使易小准参加总理事会会议，就总干事拉米作为贸易谈判委员会主席对谈判进展的报告、第九届部长会议准备以及其他议题阐述中方观点。
7月3日	常驻世贸组织大使易小准参加发展问题大使级磋商，阐述中方对特殊差别待遇监督机制和“坎昆28条”发展中条款有关提案的立场。
7月10日	商务部副部长李金早率中国代表团出席世贸组织第四次促贸援助全球审议大会，就中国促贸援助工作举措、成就及未来工作方向等议题阐述中方观点。
7月22日	常驻世贸组织大使易小准参加贸易谈判委员会非正式会议，阐述了中方对巴厘岛一揽子谈判要素相互关系的立场，呼吁成员进一步努力，争取按时完成谈判。
7月24—25日	常驻世贸组织大使易小准出席总理事会会议并就相关议题阐述中方立场，会议还选举了第九届部长会议的主席和副主席。
9月1日	阿泽维多接替拉米正式出任世贸组织第六任总干事
9月9日	常驻世贸组织大使易小准出席总理事会会议，祝贺阿泽维多出任世贸组织总干事。阿泽维多在会上发表就职演讲，宣布其首要工作目标是确保巴厘部长会议取得成功。
9月11日	常驻世贸组织代表团朱洪公使出席印度大使召集的“发展之友”大使级磋商，就多哈回合“早期收获”整体谈判以及具体议题进行了讨论。

续 表

9月19—20日	商务部世贸司司长柴小林参加日内瓦主要成员高官会，就“早期收获”的有关议题进行了讨论。
9月23日	常驻世贸组织代表团朱洪临时代办参加贸易谈判委员会非正式会议，敦促成员尽快完成“早期收获”谈判。
9月30日	常驻世贸组织代表团朱洪临时代办参加贸易谈判委员会非正式会议，听取阿泽维多总干事以及各谈判机构主席报告。
10月1日	常驻世贸组织大使易小准出任世贸组织副总干事。
10月1日	常驻世贸组织代表团朱洪临时代办出席美国贸易代表弗罗曼召集的主要成员驻日内瓦大使会议，就多哈回合“早期收获”谈判与各方交换了意见。
10月9日	常驻世贸组织代表团朱洪临时代办参加总理事会会议，就阿泽维多总干事作为贸易谈判委员会主席关于谈判进展的报告以及其他议题发表中方意见。
10月14日	常驻世贸组织代表团朱洪临时代办参加贸易谈判委员会非正式会议，并呼吁成员应增强互信，本着现实态度谈判巴厘岛成果。
10月15—16日	商务部国际贸易谈判副代表俞建华出席在老挝举行的“第二届最不发达国家加入世贸组织圆桌会”，就最不发达国家加入世贸组织、“早期收获”等议题阐述中方观点。
10月25日	常驻世贸组织代表团朱洪临时代办参加贸易谈判委员会非正式会议，听取阿泽维多总干事以及各谈判机构主席的报告。
11月9日	常驻世贸组织代表团朱洪临时代办参加阿泽维多总干事召集的主要成员（美国、欧盟、中国、印度、巴西和牙买加）大使级会议，盘点“早期收获”谈判进展。
11月10日	商务部国际贸易谈判副代表俞建华率中国代表团赴日内瓦参加第九届部长会前各种形式的磋商，推动多哈回合“早期收获”谈判。
11月11日	商务部国际贸易谈判副代表俞建华与阿泽维多总干事举行工作午餐，就多哈回合“早期收获”谈判交换意见。
11月12日	商务部国际贸易谈判副代表俞建华出席贸易谈判委员会非正式会议，阐述中方立场。
11月12日	商务部国际贸易谈判副代表俞建华与美国大使庞克举行会谈，讨论多哈回合“早期收获”谈判进展。
11月13日	商务部国际贸易谈判副代表俞建华分别与阿泽维多总干事、总理事会主席、巴基斯坦大使巴希尔以及新西兰大使、农委会主席 John Adank 举行双边会谈，讨论多哈回合“早期收获”谈判问题。
11月14日	商务部国际贸易谈判副代表俞建华召集金砖国家大使早餐会，讨论多哈回合“早期收获”谈判问题。
11月19日	商务部国际贸易谈判副代表俞建华与欧盟大使潘格拉提斯在日内瓦举行会谈，就《信息技术协定》扩围谈判、《服务贸易协定》谈判、多哈回合“早期收获”谈判等交换意见。
11月21日	常驻世贸组织代表团朱洪临时代办出席阿泽维多总干事召集的发展议题大使级磋商，就最不发达国家“免关税、免配额”案文以及特殊与差别待遇监督机制案文进行讨论，最终各方就监督机制初步形成共识。

续　表

11月22日	商务部国际贸易谈判副代表俞建华向阿泽维多总干事递交全权证书，出任第三任中国常驻世贸组织大使。
11月26日	常驻世贸组织代表团朱洪临时代办出席总理事会会议呼吁成员尽快达成“早期收获”成果，会议讨论了阿泽维多作为贸易谈判委员会主席关于巴厘“早期收获”谈判进展的报告等议题。
11月27日	常驻世贸组织代表团朱洪临时代办会见世贸组织总理事主席、巴基斯坦大使巴希尔，讨论巴厘会议成果和当前谈判的形势。
12月3—7日	世贸组织在印尼巴厘岛召开第九届部长级会议，达成“巴厘一揽子协议”。商务部高虎城部长率中国代表团参会。中国代表团积极发挥“促和”、“促谈”、“促成”作用，成功斡旋相关成员立场，为会议成功发挥了关键作用。

（商务部世界贸易组织司）

附录二：中国自由贸易区建设概况

我国在2001年正式加入世贸组织后，为在新时期寻求我国对外开放的新平台，为我国改革发展提供新动力，我们顺应世界区域经济一体化快速发展的新特点，积极稳妥推进自贸区建设。经过十来年发展，我国自贸区建设取得了一定进展，初步形成了周边自贸平台和全球自贸区网络。

截至2013年，我国已经签署和正在商谈的自贸区有18个，涉及31个国家和地区。其中，已经签署12个自贸协定，涉及20个国家和地区，分别是中国与东盟、新加坡、巴基斯坦、新西兰、智利、秘鲁、哥斯达黎加、冰岛和瑞士的自贸协定，内地与香港、澳门的更紧密经贸关系安排（CEPA），以及大陆与台湾的海峡两岸经济合作框架协议（ECFA）。正在谈判的自贸区有6个，涉及22个国家，分别是中国与韩国、海湾合作委员会、澳大利亚和挪威的自贸谈判，以及中日韩自贸区和《区域全面经济合作伙伴关系协定》（RCEP）谈判。

此外，中国完成了与印度的区域贸易安排（RTA）联合研究；正与斯里兰卡和哥伦比亚等国家开展自贸区联合可行性研究；还加入了《亚太贸易协定》。

（商务部国际司）

附录三：WTO年度大事记（2013）

◇ 2013年1月

3日

9名候选人提名为WTO总干事

9名候选人被各自政府提名为WTO总干事候选人，以接替现任总干事帕斯卡尔·拉米。拉米将于2013年8月31日任期结束。9名候选人分别为加纳的阿兰·科瓦德沃·克里曼坦（Alan John Kwadwo Kyerematen）先生，哥斯达黎加的安贝尔·冈萨雷斯（Anabel González）部长，新西兰的蒂姆·格罗泽（Tim Groser）部长，肯尼亚的阿米纳·穆罕默德（Amina Mohamed ）女士，约旦的艾哈迈德·欣达维（Ahmad Hindawi）先生，墨西哥的埃米尼奥·布兰科（Herminio Blanco）先生，印度尼西亚的冯慧兰（Mari Pangestu）女士，韩国的朴泰镐（Taeho Bark）部长，巴西的罗伯托·卡瓦略·阿泽维多（Roberto Carvalho de Azevêdo）先生。

老挝通过其入世一揽子协议，将于2月2日成为WTO成员

2013年1月3日，老挝向WTO通报，其国内已经通过了入世一揽子协议。根据WTO相关程序，这意味着老挝将于2月2日正式成为WTO第158位成员。

16日

拉米："较好的统计将有助于催生较优的政策"

2013年1月16日，OECD在巴黎召开"贸易增值测量的新进展"圆桌讨论会，拉米认为WTO和OECD发布的用于测量贸易增值的新数据是"许多参与者和利益相关者长期合作与努力的里程碑"。

拉米称赞为贸易援助基金募集的2000亿美元

2013年1月16日，OECD在巴黎召开贸易援助政策对话会，拉米在其主旨发言中指出为发展中国家提供的发展援助所需要的"额外的财政资源方面，我们已经取得了巨大的进步"。但是，他也警告"在持续紧张的财政环境下，维持财政资金的流量将非常困难"。

21日

WHO，WIPO和WTO启动新书：促进医学技术和创新的市场准入

世界卫生组织，世界知识产权组织和世界贸易组织将于2013年2月5日启动一项新的研究，研究公共健康政策、知识产权和贸易在促进医学技术发展并确保其可以公平地适用于所需要的人群所扮演的角色。

29日

WTO成员与总干事候选人见面

2013年1月29—31日在WTO总理事会上，9位总干事候选人将与WTO成员见面，向所有成员做简单陈述，包括对WTO愿景的看法，同时还要回答成员的问题。

WTO和新加坡主持亚太经济体的政府采购工作组

2013年1月29—31日在新加坡，WTO秘书处和新加坡政府合作组织WTO《政府采购协定》区域工作小组的工作，主要涉及国家采购政策。WTO 22个成员位于亚太地区的成员有GG个参与方参与此工作组。

31日

塔吉克斯坦成为WTO第159位成员

2001年7月18日的总理事会上启动了塔吉克斯坦入世工作组。2012年10月26日，塔吉克斯坦完成了其入世双边谈判，工作组通过了入世一揽子协议。2012年12月10日，总理事会批准塔吉克斯坦加入。2013年月2日，塔吉克斯坦将成为WTO第159位成员。

◇ 2013年2月

5日

WHO、WIPO和WTO发布健康创新和药品准入的研究成果

世界卫生组织、世界知识产权组织和世界贸易组织首次合力研究了促进医疗健康技术并确保其用于所需要的人群的政策。

13 日

WTO 欢迎中国“姑苏园”的落成

由中国捐建的苏式园林“姑苏园”于 2013 年 2 月 13 日在瑞士日内瓦世界贸易组织总部正式开园。中国常驻世贸组织代表易小准和世贸组织总干事帕斯卡·拉米共同为开园仪式剪彩。

18 日

WTO 启动 2013 年青年经济学家学术论文奖征集活动

2012 年 2 月 18 日，WTO 启动“2013 青年经济学家有奖征文”。目的是促进年轻经济学家高质量研究 WTO 及其相关的问题，并加强 WTO 与学术界的联系。论文提交截止日期为 2013 年 6 月 1 日。

WTO 在瓦努阿图设立了在线咨询中心

2013 年 2 月 18 日，瓦努阿图副总理兼贸工部长哈姆·利尼主持了在维拉港设立的 WTO 信息咨询中心的落成式。该中心向瓦努阿图的贸易官员们提供 WTO 信息和在线培训。

21 日

WTO 强化与商业社会的联系

2013 年 2 月 21 日，WTO 总部开展了一项针对商业社会的活动。WTO 宣布了之前所做的商业调查的结果，并启动了在 WTO 官网上专门开设的针对商界的界面。

WTO 在缅甸设立了新的咨询中心

2013 年 2 月 21 日，缅甸的商务部长吴温敏和 WTO 秘书处的 Serafino Marchese 先生共同举行了在内比都设立的 WTO 信息咨询中心的落成式。

◇ 2013 年 3 月

5 日

最贫穷国家延长知识产权保护期：时间有限？无限？

2013 年 3 月 5—6 日，WTO 成员一致认为最不发达国家保护知识产权的时限应该被延展超过目前 2013 年 7 月 1 日的规定。但是，仍然没有决定是否设定新的时限或者保留至每一个国家都“毕业”。

11 日

WTO 和 WIPO 共同举办第五次政府官员知识产权培训课程

2013 年 3 月 11—22 日，来自发展中国家成员和转型经济体的 25 位政府官员参加了 WTO 和 WIPO 共同举办第五次政府官员知识产权培训课程。该课程旨在使学员了解该领域最新的进展。

拉米：“亚洲国家”意味着共享繁荣、共担责任和维护多边协议

拉米在 2013 年 3 月 11 日举行的“全球贸易体制的未来：亚洲视角”会议发言时指出：亚洲已经经历了贸易占其经济规模份额的剧增时期，正日益融入全球供应链，同时正在通过自由贸易协定来实现其贸易议程。现在已经到了将这些协定“多边化”的时刻。

18 日

拉米：重申商品部门的发展是经济增长和减贫的发动机

2013 年 3 月 18 日，联合国贸发会在日内瓦召开全球商品论坛中，拉米发言指出：“重申商品部门的发展在所有方面对于我们所追求的经济增长和消除贫困的共同目标都是非常关键的。这次会议的召开非常及时，我也非常高兴重申 WTO 在这一重要的领域中发挥作用。”

24 日

拉米：中国应该在全球经济治理中发挥更加积极的作用

2013 年 3 月 24 日，在北京举行的中国发展论坛上，总干事拉米讲话指出：发达经济体和新兴经济体在如何平衡国际问题的成本收益上有分歧，如多哈回合谈判，中国占尽天时地利，将会成为关键性因素。

26 日

2013 年 WTO 公共论坛将讨论贸易与创新

2013 公共论坛，WTO 最大的年度活动，将于 10 月 1—3 日在日内瓦举行，主题为“通过创新和数字经济扩大贸易”。参与者有民间社团、学术界、商界、媒体、政府、议会和非政府组织。

27 日

波斯尼亚和黑塞哥维那入世谈判预计 2013 年结束

在波斯尼亚和黑塞哥维那第 11 次入世会议上，WTO 成员支持其在 2013 年完成入世谈判。

◇ 2013 年 4 月

4 日

WTO 在博茨瓦纳设立信息查询中心

2013 年 4 月 4 日，博茨瓦纳的哈博罗内，WTO 在南部非洲发展共同体总部设立信息查询中心。

5 日

阿尔及利亚重启入世谈判

2013 年 4 月 5 日阿尔及利亚入世谈判工作组第 11 次会议，根据修订的入世工作组报告，WTO 成员审议了阿尔及利亚在货物和服务方面的双边谈判进展，审查了阿尔及利亚贸易体制和法制进步。

9 日

WTO 电子商务和发展研讨会结束

2013 年 4 月 9 日，WTO 总部召开为期 2 天的公共研讨会结束，其主题为“电子商务、发展和中小企业”。会议最后，大会主席对所讨论对的问题进行了总结，指明了电子商务和发展领域未来的工作方向。

12 日

总干事选举：5 位候选人将进入第二轮

世贸组织（WTO）总理事会主席根据《总干事任命程序》第 18 段，在争端解决机构主席、贸易政策审议机构主席的协助下，召集会议，向世贸组织成员通报了下一任世贸组织总干事的第一轮竞选结果，有 5 名候选人进入第二轮竞选。他们是印度尼西亚现任文化旅游部长玛丽·厄尔卡·庞厄斯图（Mari Elka Pangestu）女士（中文名：冯慧兰）；新西兰现任贸易部长蒂姆·格罗泽（Tim Groser）先生；墨西哥前贸易和工业部长埃米尼奥·布兰科（Herminio Blanco）先生；韩国现任外交通商部通商交涉本部长朴泰镐（Taeho Bark）先生；巴西常驻世贸组织代表罗伯托·卡瓦略·阿泽维多（Roberto Carvalho de Azevêdo）先生。第二轮遴选拟于 4 月 16—24 日进行。

22 日

拉米：WTO 推进全球增长议程

2012 年 4 月 20 日，总干事拉米在华盛顿向世界银行发展委员会做演讲：“WTO 已经站在推进全球增长议程的前沿阵地，尤其是 2015 年后期，将继续努力发挥在贸易和经济增长中的更为关键的作用。”这是拉米作为总干事最后一次参加委员会的会议，他强调了世界贸易组织和世界银行合作的重要性，尤其是贸易援助。

24 日

政府面临四个不同面向的贸易挑战

WTO 定义贸易未来小组（The Panel on Defining the Future of Trade）于今年（2013 年）4 月 24 日发布《贸易的未来：凝聚共识（convergence）的挑战》报告，指出：对一个快速整合的世界经济而言，更加开放的贸易环境建制规范，仅是其面对的诸多挑战之一。虽然，现今已有一个具备应变能力的多边贸易体制，然而就像所有资产一样，不仅需要适当的保养，更需要未来的持续投资。这份报告希望能唤起行动，并对进一步反思（reflection）做出贡献。相信要解决目前的停滞，以及承担显著加诸全球经济、社会及政治成本的真实风险，行动与反思将是不可或缺的。

25 日

国际贸易中心执行主任的选举程序将于 6 月结束

基于联合选举工作小组的工作，UNCTAD 秘书长和 WTO 总干事及其继任者将与候选人互动交流以确定最适合国际贸易中心执行总裁的人选，并联合提名 1 名或 2 名候选人，以使联合国秘书长确定最终人选。这一选举程序预计 6 月结束。

26 日

总干事选举：埃米尼奥·布兰科和罗伯托·卡瓦略·阿泽维多进入终轮选举

三位大使根据选举程序已经通过了进入下一轮的人员名单，即墨西哥前贸易和工业部长埃米尼奥·布兰科（Herminio Blanco）先生和巴西常驻世贸组织代表罗伯托·卡瓦略·阿泽维多（Roberto Carvalho de Azevêdo）先生。第三轮和最终轮的选举程序将于 2013 年 5 月 1 日启动。

29 日

拉米欢迎非常驻成员和观察员参与“日内瓦周”

2013 年 4 月 29 日，总干事拉米在第 26 届“日内瓦周”开幕式上指出，此活动“旨在更为有效地促进和保护你们、非常驻成员和观察员在 WTO 中的利益。”

◇ 2013 年 5 月

2 日

列支敦士登首先批准《政府采购协议》修正案

列支敦士登成为首个批准《政府采购协议》修正案的成员，该修正案是 2012 年 3 月 30 日通过的。列支敦士登驻 WTO 大使 Norbert Frick，向 WTO 总干事拉米提交了政府批准文书。

3 日

WTO 启动了新的贸易监测数据库

2013 年 5 月 3 日，WTO 启动了新的贸易监测数据库。该数据库提供自 2008 年 10 月以来，WTO 成员和观察员所实施的贸易措施的详细信息。该数据库可以通过 WTO 官网访问。

8 日

三位协调人推选罗伯托·卡瓦略·阿泽维多为下一任 WTO 总干事

2013 年 5 月 8 日，各代表团大使的非正式会议上，三位主持选举的协调人根据选举程序确定了巴西常驻世贸组织代表罗伯托·卡瓦略·阿泽维多（Roberto Carvalho de Azevêdo）先生为最终候选人，并最终获得 WTO 成员的一致同意。三位协调人建议在 2013 年 5 月 14 日的总理事会上讨论阿泽维多大使作为 WTO 总干事的提名问题。

14 日

总理事会任命罗伯托·卡瓦略·阿泽维多为新任 WTO 总干事

2013 年 5 月 14 日总理事会特别会议，一致通过了对巴西常驻世贸组织代表罗伯托·卡瓦略·阿泽维多（Roberto Carvalho de Azevêdo）先生作为 WTO 总干事的任命。他的任期开始于 2013 年 9 月 1 日。现任总干事帕斯卡尔·拉米表示将与阿泽维多大使密切合作以确保平稳交接。

17 日

OECD 和 WTO 更新了贸易增值的联合数据库

2013 年 5 月 17 日，OECD 和 WTO 发布了有关贸易增值的联合数据库的首次更新。相对于 2013 年 1 月 16 日首次发布的数据，通过对国家范围的扩充，本次的版本深化了分析力度；对于过去成就的监测也使增加两个参考年份（1995 和 2000 年）成为可能。

22 日

WTO 延长了 2013 年公共论坛的建议收集时限

WTO 把为 2013 年公共论坛提供建议的时限延长至 2013 年 6 月 17 日。2013 年公共论坛将于 10 月 1—3 日召开。论坛的主题是“通过创新和数字经济扩大贸易”。

23 日

WTO 宣布第四次全球贸易援助审议大会议程

2013 年 5 月 23 日，WTO 宣布第四次全球贸易援助审议大会的议程，此次大会将于 2013 年 7 月 8—10 日召开。大会的议题是“对接价值链”。这次的审议将集中于全球生产链扩展的发展含义，并审议贸易援助如何帮助发展中国家融入和提升价值链。

29 日

欢迎俄罗斯成为政府采购委员会的观察员

2013 年 5 月 29 日，政府采购委员会一致同意批准俄罗斯观察员地位。这是接纳俄罗斯成为《政府采购协议》正式成员的第一步。

◇ 2013 年 6 月

4 日

WTO 成员同意 Gita Wirjawan 作为第九届部长级大会的主席

2013 年 6 月 4 日总理事会会议上，WTO 成员一致同意印度尼西亚贸易部长 Gita Irawan

Wirjawan 作为大会主席主持 2013 年 12 月 3—6 日在巴厘岛召开的第九届部长级会议。

5 日

哈萨克斯坦入世谈判进入了提速阶段

2013 年 6 月 5 日，芬兰人 Vesa Himanen 主席督促哈萨克斯坦入世工作组加速其技术和实质性谈判环节，其目标是在巴厘岛举行第九届部长级会议时可以使哈萨克斯坦成为 WTO 的成员。

拉米：好的政策需要好的研究做支撑

2013 年 6 月 5—6 日货币基金组织、货币银行和世界贸易组织贸易工作组会议上，拉米在欢迎致辞中指出："贸易的本质正在发生变化——尤其生产网络的扩展与增长——因此我们需要在未来的政策制定中更好地理解和认识这一新的事实。尤其是考虑到贸易对于可持续发展、增长、就业和减贫的作用。"

7 日

波斯尼亚和黑塞哥维那加速其入世谈判

2013 年 6 月 6 日，匈牙利人 H. E. Dr. István Major 主席督促波斯尼亚和黑塞哥维那入世工作组加速其双边谈判环节，其目标是在巴厘岛举行第九届部长级会议时可以使波斯尼亚和黑塞哥维那成为 WTO 的成员。

10 日

技术贸易壁垒高级课程结束

2013 年 6 月 10 日至 21 日，在 WTO 总部日内瓦，WTO 秘书处组织了《技术性贸易壁垒协议》2013 年高级课程。

11 日

最不发达国家获得 8 年的知识产权保护期

2013 年 6 月 11 日，WTO 成员一致同意将最不发达国家成员在《与贸易有关的知识产权协定》下对于知识产权的保护期延长至 2021 年 6 月 11 日，同时保留到期后再次延期的可能。

13 日

WTO 放开参加巴厘部长级会议的非政府机构的授权

WTO 秘书处已经放开了对于想参加巴厘部长级会议的非政府组织的授权程序。

塞尔维亚离完成入世谈判仅几步之遥

2013 年 6 月 13 日，瑞典人 H. E. Ms Marie-Claire Swärd Capra 主席呼吁完成塞尔维亚的双边谈判阶段，颁布入世谈判最后一轮所需要的相应的立法，以使塞尔维亚的入世谈判可以于今年"跨越终点"。

14 日

三大机构举行联合研讨会：医疗创新——改变商业模式

世界贸易组织（WTO）总干事帕斯卡尔·拉米、世界卫生组织（WHO）总干事陈冯富珍（Margaret Chan）以及世界知识产权组织（WIPO）总干事弗朗西斯·高锐（Francis Gurry）将于 2013 年 7 月 5 日在 WIPO 日内瓦办公室举行为期一天的讨论，讨论主题为"医疗创新——改变商业模式"。

17 日

WTO 警告 G20 贸易限制措施的累积将会减缓复苏步伐

2013 年 6 月 17 日，总干事拉米发布 G20 贸易措施的报告，他指出："过去 7 个月，G20 实施的贸易限制措施超过了 100 项，影响 G20 货物进口贸易的 2.5%"。他呼吁 G20 "采取有效的措施，以释放贸易对增长的潜力，这需要确保在巴厘部长级会议上取得丰硕的成果"。

17 日

WTO 成员继续讨论技术规则的"良好实践"

2013 年 6 月 17—20 日，WTO 成员继续推进为政府确立"良好规则实践"指导原则的工作，尤其是当需要确立产品标准（如标签和认证）时，以确保这些措施不会给贸易带来不必要的扭曲。

21 日

塞舌尔群岛入世谈判进入技术环节

2013 年 6 月 21 日，金融、贸易和投资部部长 Laporte 重申塞舌尔群岛的入世承诺。WTO 成员高度赞扬了塞舌尔群岛近期在改革其贸易体制并使其符合 WTO 规则方面所做的努力，同时仍期待更多的成果。

27 日

加入欧盟后，克罗地亚成为《政府采购协议》第43位成员

2013年6月27日，WTO政府采购委员会一致同意修订欧盟加入《政府采购协议》承诺表，将克罗地亚纳入其中，并自2013年7月1日克罗地亚成为欧盟成员时有效。这一决议将《政府采购协议》的成员数上升至43位。

28 日

WTO任命新的最不发达国家工作组

2013年6月28日WTO最不发达国家分委员会任命了新的最不发达国家工作组，将联合国《伊斯坦布尔行动纲领》（《2011－2020十年期支援最不发达国家行动纲领》）纳入WTO的使命中。该工作组还包括2012年通过的便利最不发达国家入世程序以及工作组的定期审议内容。

WTO成员呼吁以科学基础的贸易措施以迎接食品安全机构50周年

2013年6月27－28日，WTO成员庆祝有186个成员的食品法典委员会成立50周年，该委员会为食品安全设立国际标准。WTO成员呼吁该机构继续努力，并呼吁以科学为基础的贸易措施。

30 日

WTO公众开放日

2013年6月30日是WTO的公众开放日，开放时间为10：00到16：00。本次公众开放日恰逢WTO新的办公楼落成和旧的办公楼威廉·拉巴中心（The Centre William Rappard）修缮完毕之际。落成仪式开始自在会议室播放WTO新办公楼的建设视频。随后，总干事拉米主持了发布仪式，总理事会主席Amb. Shahid Bashir，瑞士联邦议会委员Johann N. Schneider-Ammann，日内瓦州长Charles Beer和市长Sandrine Salerno都出席并做了简短发言。

◇ 2013年7月

8 日

ECA和WTO加强合作以确保非洲对多边贸易的参与

2013年7月8日，非洲经济委员会（ECA）和WTO签署了《加强非洲国家与贸易有关的技术援助和能力建设的谅解备忘录》。总干事拉米说：“贸易能力建设是非洲融入全球经济的‘必要’步骤。”

机构首脑们承诺为使最贫穷国家从贸易中受益而做出更大努力

2013年7月8日，增加综合框架（EIF）一为最不发达国家的贸易援助——机构首脑们，第四届贸易援助全球审议大会期间在日内瓦会面。这些机构首脑们将重申承诺以帮助最不发达国家从全球贸易网络中获利，尤其是全球经济体转向2015年后发展议程。这一行动标志着目前最不发达国家所需要的以确保其贸易渠道畅通以及其贸易可增长至超过世界贸易1.1%的份额。

27个政府和组织强调贸易便利化援助的重要性

2013年7月8日，第四届贸易援助全球审议大会期间，27个政府和组织发表联合声明，强调向发展中国家贸易便利化项目提供技术援助的重要性。他们还指出，相较于2011年贸易便利化承诺提高了365%，使总额高达381百万美元。

18 日

报告指出世界贸易本质的快速变化带来贸易政策的新挑战

2013年7月18日，WTO发布2013年《世界贸易报告》。大量的经济、政治和社会因素，包括技术创新、生产和消费模式转移、人口数量的变化等都将影响未来的世界贸易和全球贸易体制。拉米说：“从如此众多的因素出发来考虑未来前景对构想未来贸易格局是非常有用的，这提醒人们推动贸易发展并不只是为了贸易本身，而是归因于其对人类未来发展的潜在贡献。”

高级贸易政策课程在日内瓦结束

2013年7月18日，年内第二次高级贸易课程结束。为期3个月的课题，在WTO总部举行，由培训和技术合作学院（ITTC）院长Bridget Chilala和本课程的赞助人爱沙尼亚常驻日内瓦联合国办事处H. E. Mr. Jüri Seilenthal大使共同主持。

23 日

拉米启动WTO“记录之书”

2013年7月23日，总干事拉米在“世界贸易组织的历史与未来”的启动式上称此书为“一本记录 WTO 相对短却充实的历史之书”。他还指出：“不只如此，通过对过去的描述，这本书可以更好地指导将来。这样，我们将可以创造历史。”

WTO 扩展其综合贸易信息门户的范围

2013 年 7 月 23 日，WTO 发布了新版综合贸易信息门户，提供 WTO 成员所有贸易政策信息。新版综合贸易信息门户首次包括了有关服务贸易的信息。

哈萨克斯坦入世进程有所进展，但仍有重大问题未解决

2013 年 7 月 23 日，WTO 成员赞扬哈萨克斯坦入世谈判在农业领域的进展，但是对于其他关键领域缺乏投入与进展表达了严重关切。

25 日

WTO 更新统计数据库

2013 年 7 月 25 日，WTO 更新了其统计数据库，现在的数据包括 2012 年全球货物贸易和服务进出口数据。这些数据包括国家和国家集团。下次的更新将会在 8 月的第二周。

阿富汗入世程序有望于 2013 年结束

2013 年 7 月 25 日，入世工作组第四次会议上，WTO 成员赞扬阿富汗承诺将通过技术投入以加速其入世谈判的结束。

◇ **2013 年 8 月**

5 日

前 WTO 总干事雷纳托·鲁杰罗（Renato Ruggiero）在米兰逝世

雷纳托·鲁杰罗（Renato Ruggiero）是 WTO 成立后的首任总干事，逝世于米兰，享年 83 岁。WTO 总干事帕斯卡尔·拉米悼念说：“我们失去了一位多边主义的真正的领袖雷纳托·鲁杰罗。他为 WTO 奠定了坚实的基础，使 WTO 更为强大，从而更好地为 WTO 成员及其人民服务。”

6 日

WTO 和世界银行将开发服务贸易数据库

WTO 和世界银行一致同意联合开发和维护服务贸易数据库。服务贸易正变得日益重要，但其信息却很难被公众获知。联合数据库包括 100 多个国家的不同部门，如金融、运输、旅游、零售、通信及包括法律和会计的商务服务。

8 日

WTO 和 OCTA 举行召开服务贸易太平洋区域研讨会

2013 年 8 月 5—8 日，在瓦努阿图的维拉港，WTO 和首席贸易顾问办公室（OCTA）联合组织了一场太平洋区域服务贸易研讨会。瓦努阿图贸易部长 Toara Daniel 在开幕式上说：“对于世界上许多国家，尤其是对于出口能力弱的小型的且易受影响的发展中国家，如太平洋岛国，服务贸易已经成为经济增长的主要发动机。”

14 日

WTO 将创新和巴厘部长级会议议题纳入 2013 公共论坛

2013 年 8 月 14 日，WTO 发布了 2013 年公共论坛的暂定议程，57 个会议将在 10 月 1—3 日召开公共论坛时举行。公共论坛的主要议题是贸易和创新，但是参与者仍有机会讨论 12 月将在巴厘岛召开的 WTO 部长级会议的一些主要议题。

15 日

联合国秘书长任命西班牙人 Arancha Gonzalez 为 ITC 执行主任

2013 年 8 月 15 日，联合国秘书长潘基文宣布任命西班牙人 Arancha Gonzalez 为国际贸易中心执行主任。国际贸易中心是联合国贸易与发展大会和世界贸易组织联合设立的有关贸易和国际商务发展的机构。

17 日

当选的总干事阿泽维多宣布四位新任副总干事名单

新任总干事 Roberto Azevêdo 宣布四位新任副总干事名单，分别是中国驻世贸组织大使易小准，德国驻布鲁塞尔高级贸易官员 Karl-Ernst Brauner，尼日利亚驻世贸组织大使 Yonov Frederick Agah，美国驻世贸组织副常设代表 David Shark。总干事阿泽维多经过广泛征求世贸组织成员意见，最终选定来自不同地区的四位副

总干事。阿泽维多同日还宣布其幕僚长将由澳大利亚驻世贸组织大使 Tim Yeend 出任。新任总干事的任期开始于2013年9月1日，四位副总干事开始于2013年10月1日。

29日

离任前，拉米签署了新的WTO基础建设合同

2013年8月29日，在伯尔尼，瑞士联邦财政部长 Eveline Widmer-Schlumpf 和 WTO 总干事帕斯卡尔·拉米签署了最终的新的 WTO 基础设施合同。

◇ 2013年9月

1日

罗伯托·卡瓦略·阿泽维多（Roberto Carvalho de Azevêdo）履新

2013年9月1日，巴西人罗伯托·卡瓦略·阿泽维多（Roberto Carvalho de Azevêdo）接手WTO成为第六位WTO总干事。新任总干事任期为4年。

6日

G20峰会：全球价值链带来增长和进步的机遇

2013年9月5－6日，G20圣彼得堡峰会，OECD、WTO和UNCTAD发布联合报告。报告指出，全球价值链已经成为世界贸易和投资的显著特色，为增长、发展和就业提供了良好的机遇。

9日

针对最不发达国家的介绍性课程结束

针对法语区的最不发达国家开设的为期三周的介绍性课程将于9月27日结束。该课程共有21位来自最不发达国家的学员，大多数来自非洲国家，其中一个国家正在进行入世谈判。

11日

WTO新办公楼获瑞士能源效率证书

2013年9月11日，WTO新办公楼由于较低的能源消耗，获得了能源效率证书，认证标识为“MINERGIE-P®”。在瑞士仅仅有少数办公楼获得此项环境友好认证。

12日

WTO宣布2013年青年经济学家学术论文奖获胜者

WTO宣布2013年青年经济学家学术论文奖获胜者为普林斯顿大学的 Felix Tintelnot。他的论文“出口平台的全球生产”，被学术评选专家组评为第一名。这是2013年9月15日在英国的伯明翰召开的欧洲贸易研究小组年度会议上宣布的。

13日

俄罗斯加入WTO《信息技术产品协议》

2013年9月13日，扩大信息技术产品贸易参加方委员会确认俄罗斯已经加入《信息技术产品协议》。该协议旨在扩大全球经济中这一重要且增长中的领域的贸易自由化程度。

16日

有关区域贸易协定的高级课程开课

2013年9月16日，WTO有关区域贸易协定的高级课程开课，将会有来自世界各地的30个学员，包括一些常驻日内瓦的代表团成员。

23日

总干事阿泽维多启动有关WTO加入程序的全球论坛

2013年9月23日，WTO总干事阿泽维多启动了有关WTO加入程序的全球论坛。本次论坛为期一周，有17个欲加入WTO的政府参加。阿泽维多说：“本次论坛为WTO成员和申请加入的政府之间提供了对话的平台，为未来WTO在此领域的能力建设提供了很好的平台。”

26日

WTO同意也门的入世条件，为在巴厘岛正式决议扫清了道路

2013年9月26日，也门入世工作组同意了也门的入世条件。也门入世一揽子协议将提交给12月3－6日召开的第九届部长级会议，以待正式决议。

◇ **2013年10月**

1日

公共论坛开幕式：创新已经改变了我们的贸易方式

2013年10月1日，公共论坛开幕式会议，参与的专家一致认为世界已经改变，创新已经改变了我们的贸易方式。政府、议会和企业需要应对这些变化。

阿泽维多2013公共论坛开幕式致辞：创新是贸易的重要发动机

总干事阿泽维多为2013年公共论坛开幕式致辞，欢迎来自世界各地的数百位参与者参加为期3天的公共论坛。阿泽维多称本次论坛“一次现实的审查，将为我们提供一个绝好的学习机会，以便我们学习如何做不同的事情。”他还指出今年“我们将集中力量解决通过创新和数字经济以扩大贸易的几个关键议题。”

美国贸易代表Froman警告如果巴厘岛会议失败则贫穷国家的损失最大

美国贸易代表Michael Froman在主旨发言时警示大家：“如果巴厘岛会议表明WTO不再是可信的谈判平台，那么双边和区域将可能成为贸易谈判的唯一选择。”“而小国和贫穷国家将会是受损失最大的。”

2日

第2天的公共论坛集中讨论消费者和小型企业的需求

第2天的公共论坛则集中讨论创新如何帮助小型企业的贸易可以跨出国界进入较远的市场。专家们讨论保护消费者权益的挑战，强调贸易方式的创新（如移动电话和在线购买技术），如何给消费者带来利益。

3日

公共论坛审查巴厘岛议题

公共论坛的最后一天，几个不同的讨论会讨论为巴厘部长级会议所准备的议题，包括贸易便利化、农业和发展等议题。

7日

SPS高级课程在日内瓦开班

2013年10月7日，有关植物与动植物卫生措施的高级课程在日内瓦开班。本课程将于10月25日结束，课程等级为3，是WTO进阶学习课程中的最高级。

16日

对食品安全、动植物卫生措施的关注空前高涨

处理食品安全和动植物卫生措施的WTO委员会收到迄今最多的贸易关注——11份新的，12份旧的，还有1份关于“其他”——但是目前没有就调解程序达成一致，本月16－17日期间很难避免法律纠纷。

18日

对于奶制品、生物燃料、汽车和海产品的贸易限制措施的关注增加

2013年10月18日，货物贸易委员会会议上，有关俄罗斯对卢森堡奶制品的限令、欧盟有关生物燃料的措施、乌克兰的汽车回收费，以及尼日利亚在海产品的关税配额等问题受到了极大关注。

24日

WTO发布了年度的贸易和关税数据

2013年10月24日，WTO发布了其年度的贸易和关税数据，包括首次发布的服务贸易数据。此次更新提供了2012年贸易发展的综合数据，包括2013年贸易状况、世界关税状况和国际贸易统计的一揽子数据，这些数据包括了以价值增值所进行的统计数据。

◇ **2013年11月**

15日

塞舌尔群岛的入世谈判进入最后阶段

2013年11月15日，塞舌尔群岛入世谈判工作组会议上，塞舌尔群岛的财政部首席秘书重申了其与WTO规则相一致的承诺。WTO成员赞扬了塞舌尔群岛对于使其贸易体制与WTO规则相符的努力，但仍有许多工作要做。

29日

WTO和其合作者赞扬对食品安全、动物和植物健康所做的援助

根据2013年11月29日由合作伙伴、捐助者和发展中国家的专家所给出的独立审查报告，这一5个机构联合的项目在帮助发展中国家提高其食品安全和动植物健康达到国际标准方面的效果“令人印象深刻”和“有效”。

◇ **2013 年 12 月**

3 日

Yudhoyono 总统：让我们抓住这次机会

2013 年 12 月 3 日，印度尼西亚总统 H. E. Dr. Susilo Bambang Yudhoyono 在巴厘岛召开的第九届部长级会议开幕式上呼吁以更加强烈的政治意愿和更大的灵活性，来达成巴厘一揽子协议。他对 125 位贸易部长和近 3000 名代表说：“我们已经完成了艰难的工作。我们已经接近于一项历史性的成就。今天在这里，汇聚我们的政治意愿，让我们一起来抓住这次机会。这是我们为宝贵的贸易谈判平台重树信心和可信性的机会。”

3—7 日

WTO 第九届部长级会议

3 日

第 1 天：巴厘会议开始即警告若会议失败将损害穷人的利益

巴厘部长级会议若达成协议将惠及人民，尤其是穷人；同样，若无法达成协议则将弱化多边贸易体制，从而损害穷人的利益——演讲者们在会议的开幕环节如是说。

4 日

部长级会议批准也门加入世界贸易组织

2013 年 12 月 4 日，也门扫清了成为 WTO 成员的最后障碍。WTO 部长级会议批准了也门入世的条件和条款。也门政府将于 2014 年 6 月 2 日前完成国内批准程序，向 WTO 总干事通报其入世议定书后 30 天，也门正式成为 WTO 成员。

第 2 天：也门入世获批，成员磋商“巴厘一揽子协议”

2013 年 12 月 4 日，总干事阿泽维多告诉 WTO 部长们他主持的磋商大部分是成员们所迫切要求的——以寻求达成“巴厘一揽子协议”。

部长们强调加强综合框架对于后巴厘议程的重要性

2013 年 12 月 4 日，加强综合框架（EIF）在部长级会议间歇期间组织了部长早餐会。会上最不发达国家的部长们和向 EIF 捐助的国家强调 EIF 与最不发达国家贸易和发展优先性的关系，2012 年该项目的中期审查也确认过此点。

6 日

密集磋商后修订的“巴厘一揽子”草案提交给部长们

参加第九届部长级会议的部长们 2013 年 12 月 6 日修订后“巴厘一揽子”草案。草案内容涉及贸易便利化，允许发展中国家在保护食品安全方面有更多的选择，促进最不发达国家的贸易，促进普遍发展等。

7 日

第 3、4、5 天：夜以继日的磋商促成了“巴厘一揽子”

WTO 第九届部长级会议比原订计划延长一天才结束，最终达成了“巴厘一揽子”。其议题包括贸易便利化，允许发展中国家在保护食品安全方面有更多的选择，促进最不发达国家的贸易，促进普遍发展等。

阿泽维多：WTO 确实已经交付了成果

2013 年 12 月 7 日，WTO 总干事阿泽维多在第九届部长级会议闭幕式致辞，感谢 WTO 成员显示出“我们跨过终点所需要的政治意愿”。“‘巴厘一揽子’使我们再次确信，不只是成员对 WTO 承诺，还有多哈发展议程的成果交付。”

10 日

关于创新和健康准入的综合方法的研讨会

2013 年 12 月 10—13 日，来自发展中国家成员和观察员的 27 位政府官员参加了一个研讨会，该研讨会主要讨论创新和健康部门准入的支持标准问题。

12 日

上诉机构成员重新任命和主席的选举

2013 年 12 月 25 日，WTO 争端解决机构认命了 Peter Van den Bossche 先生作为上诉机构成员的第二个任期。

墨西哥人卡多·拉米雷斯·埃尔南德斯（Ricardo Ramírez-Hernández）先生再次当选上诉机构主席。

17 日

EIF 欢迎 UNWTO 成为其观察员

加强综合框架执行委员会，联合最不发达国家代表，该项目的捐助者和合作机构，接纳世界旅游组织（UNWTO）为 EIF 的观察员机构。

附录四：《世界贸易报告（2013）》内容摘要

A. 引言

《世界贸易报告（2013）》研究了世界贸易的前进方向，以及当前和未来的经济、社会、政治因素对它的影响。这种影响并不是单方面的，贸易既是发展的原因，也是发展的结果。

这份报告首先介绍了过去、现在和未来的经济活动和贸易情况，重点记录了这一年中所发生的里程碑事件及未来走向，尤其强调了技术和政治的重要性。近年来，贸易已经发生了巨大转变，主要体现为地理参与的多元、贸易组成的变化、国际供应链的崛起。在对未来经济走向的模拟中，我们可以看到其中的某些趋势进一步加强，但是当假定的经济和政策因素发生变化时，这一趋势也会相应产生变化。（见 B 节）

决定国际贸易前景的基本因素包括人口、投资、科技、能源分配以及其他自然资源的可用性、运输成本和相关制度规定（见 C 节）。虽然许多经济著作重点关注这些因素，但是我们认为社会经济更为广泛的其他因素也十分关键，其中包括社会、环境和宏观经济等政治议题（见 D 节）。所有的这些经济、社会和政治因素都会影响政策的制定，同时也会被政策所影响。本报告特别关注的是这些趋势对多边贸易体制产生的影响、多边贸易体制面临的挑战，以及多边贸易体制对这些趋势的影响（见 E 节）。最后一节将通过总结关键因素得出我们的结论。

B. 国际贸易的发展趋势

国际贸易的发展：从经济史的角度解读

全球化既非不可避免的也不是不可逆转的。科技——尤其是交通和通信——在过去 200 年中已经变成全球经济融合的主要动力。同时，政治力量也发挥了重要作用，它会帮助缓冲经济融合带来的压力，但有时也会阻碍甚至扭转这种趋势。

19 世纪后期和 20 世纪的最初几年里产生了第一次广泛的全球化。然而，1914 年至 1945 年的几十年间里，出现了戏剧性的“反全球化”。第一次世界大战、大萧条、第二次世界大战的联合冲击将各个国家从全球化进程中拉了回来，转向实行国内经济为重心、国家指导的经济模式。世界经济因此变得更加支离破碎，国际贸易总额在此期间不断下降。

这种趋势在 1945 年后得到了扭转，在战争和萧条破坏后，全球经济开始积极地“再全球化”。第二次全球化过程出现了一个新的特征，即许多国际化组织的出现，其中包括联合国、国际货币基金组织（IMF）、世界银行、关税与贸易总协定（GATT，也即后来的 WTO）。这些国际组织旨在维护和平，同时遏制经济民族主义和曾在 20 世纪上半段极大破坏国际稳定的以邻为壑政策。在缺乏有效的国际政治合作时，全球化不可能茁壮发展。

国际贸易趋势：在过去二三十年间发生了什么改变？

国际贸易在过去 30 年里大幅增长，速度远远超过了全球产出的增速。

以美元为单位计算，在 1980 年和 2011 年之间，世界商品贸易大约以每年 7%的速度增长，并在 2011 年达到了 18 万亿美元这一历史最高点。服务贸易增长更快，保持平均每年 8%的增速，并在 2011 年达到 4 万亿美元。实际商品贸易增长（即考虑价格和汇率变动的贸易增长）也同样惊人，1980 年到 2011 年之间，贸易总量增长了 4 倍。自 1980 年以来，世界贸易平均以世界总产出增速的近两倍速度增长。这一期间，关税和其他贸易壁垒的削减极大促进了贸易的扩张。

一批新兴的国家正在全球贸易中崛起，尤其是大型发展中国家和迅速工业化的亚洲经济体。

1980年，发展中国家占世界总出口的份额只有34%，到2011年已经上升到47%，接近世界总出口的一半。而发达国家所占份额从66%下降到53%。中国出口激增大大提高了其在世界贸易出口中的份额，从1980年的1%上升到2011年的11%，使得中国成为全球第一大出口国（欧盟成员出口贸易额分别计算）。同时，若将美国、日本和欧盟作为一个整体计算，这个整体在世界贸易中的份额也是降低的。同样的情况也发生在进口方面。

发展中经济体在全球贸易中的总份额已经大大提高，重要的原因之一就是他们相互的贸易往来。我们看到，“南南”贸易在全球贸易中所占份额从1990年的8%上升到2011年的24%。“南北”贸易额也略有增加，从1990年的33%到2011年的38%。但是，发达国家之间的贸易从56%下降到36%。

随着时间推移，各国的出口专业化程度越来越低。

交通、电信、信息技术的进步，伴随着经济一体化程度的增加，以及贸易的更加开放，带动了更高水平的技术传播和更便利的生产要素流动和聚集。其结果是，各国在出口某种特定产品上的专业化程度越来越低，出口产品结构上也在趋同。不同国家的比较优势或者说生产效率上的国际差异，已经变得越来越弱。

自1990年以来，贸易区域化在亚洲越来越明显，但在欧洲以及北美持平甚至下降。

在亚洲，区域内贸易占出口份额从1990年的42%增长到2011年的52%。当把欧盟算作一个独立实体时，亚洲区域内贸易所占比例是最大。而将欧盟成员单独计算时，欧洲区域内贸易份额所占比例最大，在2011年达到75%。在北美地区，区域内贸易出口中所占全球份额自1990年的41%上升到2000年的56%，但在2011年下降到48%。若不考虑欧盟内部贸易，欧洲区域内贸易出口所占全球份额自1980年的35%下降到2011年的29%。其他区域（南美、非洲、中东、独联体）主要出口初级产品到其他地区，尽管区域内贸易份额有所增加，但是相对于其他地区依然很小。

由国际供应链所决定的经济体之间相互依存关系的实质，只有当贸易按照其在生产过程中所处环节增加价值衡量时，才能被真正理解。这些新的统计数据可能有助于更好地制定贸易政策。

国际供应链在当今的全球经济中发挥着主导作用：货物和服务贸易的投入有可能来自很多不同的国家，但传统的贸易统计方法将贸易产品的全部交换价值归结到生产过程中的最后一个国家，这一点很容易令人产生误解。这正是除贸易总额测算外，还需要其增加价值测算的原因。全球投入产出表将国家投入产出表和双边贸易的总流动相结合，以描述国家间的生产关系。初步估计，以增加价值衡量的贸易显示，贸易总量中的30%包含中间产品的再出口，这也意味着国际生产链间的国际依存关系越来越紧密。从20世纪90年代中期开始，这个数字上升了大约10个百分点。

如果以增加价值来衡量贸易，服务贸易对国际贸易的贡献将会高得多。

若以增加价值来测量贸易，服务贸易占总贸易的比例是以总额测算比例的2倍。以2008年为例，将从23%上升到45%。服务贸易对货物贸易有重要贡献，在促进跨境交易和增加商品总价值方面均有体现。这对制定产业和贸易政策，尤其是制定旨在规范服务市场、整合国际供应链里中小型企业的政策时，具有重要意义。

有效的中间投入是一国出口竞争力的关键。

各国进口越来越多的中间产品和服务用于本国市场和出口生产。研究表明，进口投入和出口表现之间成正比：某一经济体越积极地融入国际供应链，其出口增加也相应越多。有效的中间投入可提升提高企业生产效率，使其在一个联系紧密的世界里保持竞争力。

未来展望

对未来经济活动和贸易的预测对于假定发生的变化是十分敏感的，尤其是考虑到技术进步、人口、投资、能源、自然资源、交通运输、制度和政策等因素的变化。

当在展望未来时，科技是经济转型的关键因素。能源和其他初级产品生产力的提高对进一步工业化带来的价格增长十分重要。运输行业的发展——基础设施、燃料价格、创新和监管等——同样会影响到贸易成本和全球生产。

一些国家（主要是发展中国家），拥有有利的人口优势，但同时很大程度上受到教育和新进劳动力融合程度的影响。其他国家则需要处理人口老龄化和劳动力萎缩问题。随着全球储蓄率的降低，资本流动在刺激经济方面扮演了重要角色。经济活动和贸易同样也依赖于更广阔的制度和政策环境，而这是很难预测的。特别是考虑到贸易政策转变趋势，例如，国际供应链影响力的扩大也许会进一步促进贸易开放。同时，不平衡、失业和环境问题也许会导致贸易政策的逆转。同时，推动变革的各种因素之间关系多元，导致形势分析变得十分复杂。

由于各影响因素不断变化，未来经济和贸易形势预测也有所不同。各国面临不同挑战，贸易发展趋势也会发生相应变化。

发展中国家和新兴的国家将从充满活力的经济环境、更深入的贸易开放中获利最多，而在疲软的经济发展、摇摇欲坠的经贸合作中损失最大。在前一种情况下，发展中经济体平均以每年 7%的速度增长，而后者仅有 2.8%，仅略微高于发达国家 2%的增速。在出口方面，两种情形的差距更大。经济状况好、贸易开放情况下，发展中国家出口大约以每年 8.5%的速度增长。而经济萎靡、贸易合作少的情况下，出口增速则低于 1%。发达国家在经济状况良好时，出口增速会达到 4.5%，在经济不景气的情况下的出口增速为 1.5%。因此，在经济萎靡时，发展中国家出口增速甚至会低于发达国家。这时，贸易方向很难改变，发达国家之间的贸易将超过全球份额的 40%，而发展中国家则会降至 18%。相反，在乐观情况下，两者的位置将会发生对调。此时，发展中国家的贸易将会占据全球贸易的最大份额（大约 43%），而发达国家之间的贸易只占 17%。

服务贸易的发展势头将会持续下去。相比暂时快速发展的区域贸易协定，跨区域的多边贸易伙伴关系将获取更显著的位置。由于过于广泛，区域贸易协定会引发许多的问题，其中细节需要我们进一步分析。

C. 影响国际贸易的基础经济因素

人口、投资、技术、能源和其他自然资源、运输成本和制度都是影响国际贸易的基本经济因素，他们可以解释为什么国家间要进行贸易。

人 口

全球的人口规模和结构上正发生着巨大的变化，不同国家间的变化也十分迥异。

一个国家的人口转型通常经过四个演变阶段：第一，高生育率和死亡率造成了人口年轻化、较低的老龄人口抚养比率。在第二阶段人口转型的前期，死亡率降低、而出生率仍然保持高位。随后，出生率逐渐开始降低、劳动人口增加。这一阶段将带来“人口红利”——正如过去四十年来全球所经历的那样。但是如今以人口老龄化为特征的第三阶段已经到来。最后，人口转型将在第四阶段结束，整体人口将加剧老龄化，老年人口抚养比率也会提高。但需要强调的是，不同国家的人口转型阶段发生时间也大不相同。

人口发展影响着贸易模式和进口需求。

国际人口动态差异是决定比较优势的一个重要因素。然而，人口转型给贸易带来的影响，主要是因为需求结构发生的变化。在老龄化国家里，老年人更多地在通讯、交通和健康服务方面进行消费。而仍然处在人口转型期早期的国家，人均收入逐渐增加，中产阶级也在不断扩大。因此，中产阶级主要消费的娱乐设备、汽车、手机，以及娱乐和文化服务等货物和服务需求主要将来自于新兴市场。

其他两个与人口转型相关劳动力构成的特点是：受教育劳工的增加、参加工作的女性比例上升。这些趋势影响贸易的方式并不容易预测。

在许多国家尤其是发展中国家，劳动人口的受教育程度继续提高，全球劳工受教育程度趋于一致。人口转型同样与劳动力组成结构的变化有关。劳动市场中女性的参与度和生育率的下降是紧密相关的，但是同时受到不同地区国家的文化规范和制度的影响。根据预测，女性劳动力参与度在欧盟、南美和中美、非洲撒哈拉以南地区将会上升，但在中东上升比率相对较小。这些发展在国家层面上改变了生产要素的相对丰裕程度，因而有可能影响国家间比较优势。

国际人口流动是人口变化的一个重要因素。

移民可以在不同的国家通过改变人口数量直接影响人口增长，也可以通过对国家生育率的影响，进而对人口增长产生间接影响。全球移民比率在1990年到2010年间增长了38%，但移民只占全球人口非常小的比例，在2010年大约只有3.1%。在一些生育率非常低的发达国家，移民是人口增长的重要驱动力。移民通常是劳动年龄的成年人，因此还能够降低该国的老年抚养率。这个趋势在未来仍将继续。

来自不同的国家的移民中高学历移民所占比例差异很大。在加勒比海和一些撒哈拉以南的非洲国家，高学历移民超过40%。一般来说，非洲、南美和中美的移民相对来说受教育程度更高。研究表明，若考虑鼓励资本形成、移民汇款，以及移民网络的积极效应等要素，这种“人才外流”对移民输出国也有一定积极作用。

移民网络从两个方面促进了移民输出国和东道国的贸易：首先，他们可以降低技术、语言和制度相关的贸易成本，进而促进商业关系的建立。其次，由于移民对祖国的商品和服务需求庞大，也能促进两国间贸易。

城镇化和集聚效应是全球最突出的人口趋势。

城镇化通过改变相对生产效率（比较优势）影响贸易。在1950年到2011年间，城镇化比率（居住在城镇区域的人口比例）增加了77%。城镇人口有望在2050年提高到总人口的67.1%。集聚经济和城镇化紧密相关，通过影响生产力间接影响贸易模式。知识密集型行业的创新尤其受到经济活动空间聚集度的影响，因此这些行业的比较优势同样取决于经济的聚集程度。

人口和贸易的关系受多重因素影响。

人口和贸易之间的因果关系很有可能是双向的，贸易联系可能会影响到移民决定。城镇化和贸易的关系也是如此，贸易开放能促进经济聚集。制度对人口和贸易也有非常重要的影响。同时，历史证明人口转型的时机也受到国际贸易的影响。因此，我们需要谨慎预测人口趋势对贸易的影响。

投　资

在国际供应链的背景下，资本投资会促使国际贸易新参与者的出现，并改变国际贸易现有参与者的比较优势。

非洲公路、港口和其他基础设施的公共投资有助于降低贸易成本，从而提高非洲在世界商品贸易中的参与程度。实证文献表明，将一国领土内的公路的公里数翻番，或者将每平方千米的机场增加一倍，该国贸易额将增长13到14个百分点。此外，信息通讯技术（ICT）基础设施的投资能帮助非洲国家更广泛地参与到全球服务市场。对实物资本（例如厂房、机器及设备）的投资可以使一个相对劳动密集型产业转化成资本密集型产业。一个很好的例子就是日本，在1960年资本劳动比还不到10，而在1990年已经达到了将近180。

国内储蓄对提高实物资本投资至关重要。

对于高收入和中等收入国家，储蓄和投资的相关性在过去的20年间一直很高。2000年到2010年，平均储蓄率的最高国家主要在亚洲、中东资源充裕的地区以及北非。中等收入国家在2010年整体保持30%的储蓄率，几乎是高收入国家的两倍。较高的储蓄率为中等收入国家的实物资本投资继续提供资金支持。在低收入国家，经济发展、收入增加可以提高储蓄率。有效的税收制度、健全的宏观经济政策和更有效的资本市场，对于将储蓄转化成投资也同样十分重要。

引进外资可促进国内投资。

海外援助和移民汇款在补齐低收入国家的储蓄与投资的缺口方面发挥了重要作用，其中就包括WTO的促贸援助。

外国直接投资（FDI）对低收入国家未来资本形成的重要性不应被低估。为了吸引外资，低收入国家需要制定稳定的宏观经济政策并健全制度保障，包括稳健的法律框架、有效的透明度安排和独立的监管机制。

私人资本流入对进一步提高中等收入国家的投资率也极其重要。在过去的十年里，从国外获得证券投资以及银行存款的发展中国家的前十位，几乎全是亚洲或拉丁美洲的中等收入国家。尽管放松管制和市场开放措施给私人资本流入创造了条件，完善基础设施建设和制度保障对维持这些资本投入也十分重要。此外，一些发展中国家在最近几年里成了资本输出国，其资本输出从20世纪90年代早期到2010年，几乎是从零增至3000亿美元以上。从长远看，预期内的高增长、相似的投资环境、不断增强的南南贸易联系，都有助于提高“南南”之间的资本流动。

外国资本流入有助于促进国际供应链的发展。

外国直接投资增加了出口中间产品和服务的可

能性，例如设计、研究和发展（R&D）。与FDI有关的技术和知识转移有可能影响到一国的比较优势。另外，国际金融合作减少了出口商和进口商之间的信息不对称，也能够增加贸易流动。

在一定程度上，投资和贸易是互补的，全球投资规则可以确保更有效地分配跨境资源，这反过来又会促进贸易。

现在越来越多双边或区域贸易投资协定，有可能会造成监管分散。但多边投资规则可以解决这个问题，并且为那些在双边贸易中处在不利位置的小国提供更多的投资机会。

科技

技术进步的地理分布正在发生变化，主导技术发展的国家中出现了新的参与者。技术转移越来越地区化。

最近几年里，创新在地理分布上发生重大变化。尽管高收入国家和低收入国家之间的技术差距仍然存在，R&D上的支出已变得不那么集中了。一般来说，技术外溢偏本土化，但随着时间的推移，本土化的程度减弱。国际生产网络在贸易中日益增加的重要性或许可以解释这一点。由于生产网络往往是区域性的，区域内技术外溢大于跨区域技术外溢。日益增加的区域内技术外溢可能会使得相关国家的技术水平逐渐趋同（“趋同俱乐部”），进而创造更多区域内贸易和共同经济利益及更强有力的区域贸易机制。

尽管大部分创新仍然发生在制造业领域，服务的R&D支出从20世纪90年代早期起大幅增加。

R&D支出集中程度高。接近90%的R&D投资集中在制造业：包括化学产品、电气和非电气机械（涵盖ICT）和运输设备。然而，在服务上的R&D支出，譬如知识密集型的商业服务（KIBS）支出正在增长，从长期来看有可能代替制造业成为全球创新引擎。

技术进步是解释贸易的一个主要因素。技术通过形成比较优势、降低贸易成本影响贸易。

国家间的贸易是基于相对生产率之上的，技术溢出效应带来的聚集力影响贸易。各国倾向于出口他们具有国内市场优势的产品——即具有巨大国内需求的产品。通过喷气发动机、集装箱运输和ICT等物流技术的进步，技术创新对贸易成本产生了重大影响。

技术和贸易之间存在着双向关系。技术是贸易发展的动力，贸易是科技进步的原因之一。

贸易通过激励创新和技术转移促进技术进步。企业创新受到贸易许多因素影响：市场规模、竞争和技术溢出效应。进口先进产品提供了接触其中包含的先进技术的机会。出口同样也是一个技术传输渠道。因此，国际贸易提供了跨境学习生产方法、产品设计和市场条件的交流渠道。

其他影响技术进步的因素包括：知识产权、生产要素流动及一个国家的技术吸收能力。

技术进步会受到知识产权保护的影响。知识产权保护和技术进步之间的关系无论在理论还是实践中都无法一概而论。影响到技术转移的决定性因素还包括FDI、人口流动，以及直接购买技术或许可。技术的国际传播并不是自发的，各国吸收技术的能力也是不同的，取决于商业环境和高等教育体系的质量。

在未来，我们可以预见在制定某些国内政策时会遇到越来越多的压力。

如果生产过程的碎片化继续加深，政府在制定政策促进国内产业与国际生产链融合时，将面临越来越大的压力。这些政策可能包括R&D补贴、基础设施投资以及加强知识产权保护等。经营环境和监管制度的不协调也同样需要包括竞争规则在内的国际规则的约束。

技术创新同样会使贸易活动在国家、企业之间迁移。

3D打印的个性化生产使中小型企业（SMEs）更容易进入出口市场。通过降低劳动成本能够形成比较优势，因此自动化的发展可能会促使制造业重回发达国家。互联网也将影响零售行业的购销方式。

能源和其他自然资源

在这样一个资源分布不均的世界里，能源、土地和水资源的配置对于国际贸易的总量、模式和增长影响重大。

一国自然资源的优势和贸易之间的关系显而易见。能源和土地对贸易的影响很大，而水资源则影响稍小。全球资源分配不均可能会诱使有些国家通过使用出口限制获利。出口限制将减少该自然资源在国际市场上的供应，进而推高全球价格，从而为出口国家带来收益。虽然只有5%的全球贸易征收出口税，征收出口税的自然资源产品比例高达11%。所有在WTO通报的出口限制中，超过1/3的限制措施用于此类产品。有自然资源优势的国家也可以使用该资源的控制权，支持其战略和地缘政治目标。某种程度上，这种动机加剧了国际的紧张关系，在资源的价格上增加了一个风险溢价，加剧价格波动。

石油等自然资源价格上涨和波动，对经济活动和国际贸易产生了巨大的不利影响。

石油是生产的重要能源之一，且在短期内石油的替代品几乎不存在。石油价格的上涨不利于石油净进口国生产力和贸易增长。高油价虽然会提高石油净出口国的产出并且促进经济增长，但是它并不能弥补石油净进口国因价格上升所产生的不利影响。总体来看，能源价格的上涨将推高能源密集型产品的价格、降低能源需求，进而改变许多国家的商品贸易结构。石油价格的波动增加了进口商的风险，因此会减少相关贸易流动。由于石油价格未来走势的不确定性，家庭将延迟购买耐用消费品，企业也会推迟投资决定，从而降低了整体需求和总进口。

替代产品和技术变化很大程度上决定了自然资源对经济增长和贸易的影响程度。

一些自然资源的耗竭在一定程度上为我们敲响了警钟。所有不可再生资源的总供应量都不甚确切。若给予适当的经济鼓励，可以通过开采原本经济上不那么划算的资源，以保持或增加不可再生资源储备。例如在过去的30年里，已探明的石油储备量增加了140%，石油储备与全球消费比从11倍上升到了19倍。创新也能提高不可再生资源的利用效率、降低边际开采成本。此外，新的开采方法增加了发现更多储备的可能性，新技术也可以找到这些不可再生资源的替代物。因此，随着不可再生资源逐渐耗竭，原先储备量巨大的国家将会经历一定意义上的优惠侵蚀。

自然资源的开采和使用对环境产生具有不利影响。

使用自然资源的负面效应最严重的例子是矿物燃料的燃烧。许多国家已经采取措施，单独或与其他国家开展合作，以减轻碳化合物排放带来的危害。应对气候变化的政策措施是未来能源价格变化、全球经济对矿物燃料依赖程度的关键。各国应对气候变化政策力度不同也会产生一些竞争问题，尤其是能源密集型行业。

到2035年，能源需求预计将上升接近1/3，其中大部分需求增长来自新兴经济体。美国页岩气的快速发展会带来全球能源流动和石油贸易模式上巨大的变化。不管怎么讲，未来能源价格很有可能升高。同时，在有些地区，水资源的稀缺程度也将越来越高。

矿物燃料将继续占据世界能源消费的大部分，但是天然气所占份额将会上升。几乎所有增加的天然气供应都来自于页岩气开发。美国将成为天然气的净出口国，而亚洲对中东石油的需求很有可能上涨。这些可能的趋势将都会带来贸易构成方面的变化。

此外，南亚、中东以及中国和北非的大部分人口将面临水资源日益匮乏的问题。这些地区需要进口更多的食物和农产品，进而遏制甚至扭转食品和农产品的国际贸易份额长期下降的趋势。

运输成本

运输成本影响到贸易规模、发展方向和组成结构。

运输成本使得原产地价格和最终产品价格相差巨大，因此高运输成本会不利于贸易。此外，如果运输成本是按商品单位支付，而不是简单地按贸易商品价格的比例来支付的话，高运输成本将会带来低质量商品和低单位价值商品贸易的减少。而运输成本的降低则会促进更大范围商品的贸易。拉美国家数据表明，运输成本平均降低10%，出口产品种类将会增加10%以上，进口商品种类也会增加9%。运输成本对时间也非常敏感。随着国际供应链、实时存货管理、精品零售的崛起，运输成本的时间敏感性将带来越来越大的影响。

经验表明，装运时间延迟一周，出口量将减少7%，或者产品交付价格将提高16%。对其他譬如零部件之类的时间敏感产品来说，价格将提高26%。若出口商深处内陆远离市场，运输成本则会大大增加。证据表明，深处内陆的出口商贸易量将减少约40%，而如果贸易伙伴双方之间距离增加，贸易量则会降低9%。在出口国、进口国、中转国的交通基础设施的质量同样会影响到运输成本。交通基础设施落后带来的不利后果影响巨大。例如，一个公路质量排名处于全球中等靠后的国家，其运输成本高出排名居中的国家大约 12 个百分点，导致其贸易量与排名居中国家相比平均减少 28%。

交通运输行业的效率一定程度上取决于该行业允许存在多少竞争。

自然垄断可能导致竞争缺乏，政府政策也可能有重要影响。在海运领域，游轮市场自 20 世纪之初已经不受国际反垄断法约束，一定程度上是为了降低该市场的价格波动。然而，这种相对稳定的市场是以更高的价格和更少的成交量为代价的。海运市场有限的竞争意味着发展中国家需要多付 30%的运输费用，从而减少 15%的贸易量。竞争的增加很有可能带来效率的提高。研究发现，空运市场的开放也将会降低运输价格，同时增加运输货物的数量。

创新大大促进了运输成本的降低。

喷气发动机的发展使航空运输成本降低到不足十分之一。集装箱在海上运输的应用，引入了货物自动化处理和多式联运系统，不仅加快了交货时间，同时也减少了交货时间的不确定性。

海关和其他管理货物跨境流动的边境措施和管制有可能延长交货时间，并增加贸易成本。

国际供应链的崛起和对于时间要求敏感的贸易的增多，导致海关延误所造成的损失越来越大。降低贸易便利化成本十分重要，这就是为什么贸易便利化是 WTO 多哈回合的主要议题之一。在日内瓦进行的贸易便利化谈判，仅 OECD 国家，就有可能降低其 10%的总贸易成本。许多发展中国家和最不发达国家受边境措施影响更大。低收入国家的进口成本相比中等收入国家大约高 20%，与高收入国家相比，则高了 40%。

包括燃料在内的能源的真正价格，从长期来看很有可能上涨。但是，可以通过在国家和多边层面采取政策倡议，抵消燃料成本的增加。

相比其他因素，能源价格上涨对贸易模式产生的不利影响更大。按照燃料在运输成本中所占份额进行估计，燃料很有可能引起运输成本上升幅度达到两位数。能源成本同样也会影响到货物贸易的结构。因为能源成本上升很有可能对单位价值低的商品造成更不利影响。尽管证据还远未到可以下结论的程度，但高油价同样也会引起贸易从距离较远的国家向邻近国家转移。

解决燃料成本上涨的政策倡议包括改善交通基础设施的数量和质量，成功结束多哈回合贸易便利化谈判，引入更多竞争并且鼓励创新。未来在这些方面仍然存在很大的改善余地来抵偿能源价格的上涨。如果这些领域没有重大进展，预期燃料价格上涨很有可能会转化成运输成本的长期增加。其后果是贸易增速放缓、贸易更倾向于区域化、贸易结构向有利于高质量商品和高单位价值商品的贸易结构转变、时间敏感性货物在贸易中的比例下降，产品品种减少、贸易从货物贸易向服务贸易转变、贸易更加依赖科技和理念销售，因为这些不需要太多的运输服务。

制度

制度包括决定政策和规划经济交流的社会规范、法律法规、政治宪法和国际条约。

本报告着眼于三套制度：政治制度，例如政府和政策边界的形式；经济制度，比如监管系统和法律规则的质量；文化规范，比如社会价值观中的文化标准。

长期来看，国际贸易和制度之间存在着双向关系。

一方面，制度是贸易的一个形成因素。制度差异导致了交易成本，同时也可能构成某些行业或生产任务中比较优势的基础。国内和国际制度决定了贸易政策和与贸易相关的政策是如何确定和谈判的。另一方面，国际贸易是决定政治、经济、文化层面制度发展的重要因素之一。

国际贸易和政府系统是有关联的。

一些研究表明，实行开放的贸易政策的国家往往拥有更民主的国内制度。但是对许多国家而言，这一关系没有得到确认。事实上，也有一些研究持有相反的观点。此外，这种关系可能是反向的，政府形式可能会受到贸易开放的影响。全球化改变了要素价格，将财富和经济力量在不同的社会群体之间重新洗牌，这些很有可能会给国内政治改革带来压力。

政治边界阻碍国际贸易，但同时也回应贸易环境的变化。

政治边界产生了不同形式的交易成本，对国际贸易产生了消极影响。实证文献发现，这种“边界效应”是相当大的。仅在工业化国家中，政治边界就使国际贸易大约减少了 30%。另一方面，全球化重塑了国家边界。经济一体化改变了关于国家主权的衡量，既有增加同时也有削弱的力量。这些力量的共存有助于解释在过去的 60 年里，越来越多的主权国家以及超国家机构的平行增加。国际供应链的重要性日益增强与更深入的贸易协定相联系，表明了变化的边界（主权）和国际贸易之间存在着复杂的关系。

强劲的经济制度促进国际一体化，同时是比较优势的重要来源之一。

制度保证合约价值、保护财产权利、捍卫法规有效性及保证法律尊严，通过减少交易成本以及不确定性所带来的成本来激励贸易发展。拥有更健全制度的国家在生产复杂产品上更专业，因为其具备一个更有活力的条约环境。现有的经验证据证实，贸易成本和制度质量之间存在着重要的联系。经济制度的质量同样与一国融入全球供应链、吸引外国直接投资的能力有关。

非正式制度上的差异也可能产生限制国际贸易的各种成本。但是长期商业关系和更深层次的协议会消除这些成本。

除了正式制度，譬如包括社会规范和公约（即文化）在内的非正式制度，决定了人类交往的方式，从而影响国际贸易。文化差异和贸易流动是负相关的。不同的非正式制度可以形成贸易的隐形壁垒，因为其产生了交易和信息成本，并且有可能降低代理人之间的信任。另一方面，从长期来看，国际贸易是文化传播的载体，并且有助于在不同社会团体之间建立信任。正式制度同样也可以用来弥合不同国家间非正式制度的差异。

D. 贸易开放度和更广阔的社会经济背景

贸易发生在一个广阔的经济、社会和政治背景下。这种背景对贸易政策决定来说十分重要。历史上，社会和宏观因素不断重复地影响着贸易政策决定。两者在如今的政治议程中均引起了重要关注。在各国、区域和全球的政策辩论中，环境可持续是另一个越来越突出的问题。

社会关注：不公平和失业问题

为获得公众支持，政策需要被理解为能够支持就业。

近几年，就业问题一直处于决策者的议程前列。尽管不同国家的原因有所不同，但是失业问题是普遍存在的。一些国家的失业率达到了大萧条以来的最高水平，政府正在努力降低失业率。其他国家则在寻求办法，吸引大部分的年轻工人进入正式的劳动力市场，或者促进农村劳动力向城市劳动力市场转移。

贸易有助于解决就业问题，但可能会给劳动力市场带来调整压力。

贸易开放产生新的、高质量的工作，尤其是在成功融入全球市场的公司。但是这同样给竞争力不足的公司带来就业压力，有些工作机会可能会被取消。因此，贸易改革后的调整过程可能会导致失业率的上升。然而实证证据表明，从长期来看，贸易开放对就业的影响是积极的。

贸易——更普遍的全球化——促进了理念和创新的传播。这为经济增长做出了贡献，尤其是对处于技术追赶过程中的国家而言。但是，理念和创新的传播同样也暗含着技术的变革。因此，成功地融入全球市场意味着，个体和社会需要不断调整以适应竞争环境的变化。

各国面临的调整挑战各不相同，但主要取决于各国的发展水平。

劳动力市场挑战的性质和程度在不同国家之间都有所不同。对于那些尚未很好地融入全球市场的国家，成功融入可能意味着重大的经济结构调整：从农业向工业和服务行业转移。这种情况发生在许多低收入国家，尤其是不发达国家。一些新兴经济体面临着双重挑战：一方面需要雇佣大量的农村劳动力，同时又要向更高的价值增值活动迈进。考虑到比较优势和技术变革的持续发展，工业化国家的劳动力市场的调整压力同样会继续存在。

调整计划同样会受到国内收入分配的影响，因为收入不平等可能会阻碍调整进程。

证据表明，在过去的二十年里，许多国家国内的不平等现象加剧。收入分配关系着贸易流动，因为它影响了比较优势和消费模式。在贸易政策和竞争环境发生变化时，不平等将阻碍经济调整，尤其是在一国的金融市场无法良好运转时。

加强经济调整能力以适应竞争环境变化的政策，在经济利益和公众支持贸易改革方面将获得高回报。

教育和培训政策在促进调整以适应变化和减轻

个人负担方面发挥了重要作用。社会保障体系以及积极的劳动力市场政策也可以发挥重要作用。旨在为企业提供更有利商业环境的政策将带来尤其高的回报，因为其为创造就业做出了积极贡献。更普遍的是，旨在加强供给响应能力的倡议例如“促贸援助”，能够为强化多边贸易体制在处理劳动力市场挑战的能力方面做出贡献。

环境关注

向可持续发展道路的过渡涉及谨慎处理贸易和环境之间的复杂关系。

贸易开放和环境保护是可持续发展的关键因素，并且这两个领域的政策应该更好地利用现有资源。除了以上广泛层面存在共性，贸易和环境通过复杂的方式相互影响，两个体系之间存在着多元联系和反馈效应。如果不谨慎处理这一关系，可能会导致对立冲突，破坏贸易对经济增长和可持续发展的积极作用。

贸易对环境的影响可能是积极的，也有可能是消极的。贸易保护主义在处理消极的环境影响时是无效的，因为其剥夺了国际组织作为经济增长动力的引擎作用，以及效率提高带来的环境收益。

贸易涉及一系列复杂的变化，而且贸易对环境的净效应还未被有效衡量。世界贸易在过去三十年间急剧增长，已经引发贸易对环境质量的规模效应的关注。

仍存在很多未被利用的机遇来增强贸易的环境收益。贸易可以通过改变商品和服务生产的方式，进而减少生产所用能源和降低污染的强度、降低贸易的规模效应。然而，这些有益的效果不会自动产生，而是取决于许多条件，包括开放的贸易制度、健全的环境政策和其他制度因素。这凸显了第一次贸易和环境多边谈判的重要性，WTO 成员在这次谈判中试图降低或消除影响这些绿色货物和服务贸易的壁垒。

交通运输因为对碳排放的贡献受到的关注越来越多。就碳排放量而言，海洋运输是污染最小的运输模式。尽管大部分贸易依赖于这一运输模式，与贸易有关的运输将会在未来几十年里迅速增加，与贸易相关的排放成本也将增加。

环境政策可能会影响特定企业和行业的竞争力，使开放经济体面临诉诸绿色保护主义的压力。

除了贸易的规模效应，关于贸易和环境的相互作用的学术和政治讨论，引起人们关注环境政策的竞争力影响，这一影响很难被分析，有时被认为阻挠了环境政策改革。环境政策不可避免地影响生产和消费模式，因此很有可能对某些特定企业和行业产生不利影响。政府可以通过将贸易限制性要素纳入环境政策、补偿受影响的企业和产业，回应来自产业的这些压力。

越来越多的政府正在雄心勃勃地实施一揽子绿色激励计划。强调各种环境和产业政策目标作为这些措施的理由可能降低环境有效性，并加剧其对贸易的负面影响。

面对与环境政策相关的遵守成本的关注，越来越多的政府回应的办法是提高“绿色竞争力”。若干政府已经建立了绿色科技激励计划，尤其是对可再生能源的激励措施。这些措施被广泛证明是合理的，不仅仅是因为发展可再生资源面临的特殊障碍，还因为更宽泛的政策目标，诸如刺激经济增长、创造就业机会、促进出口多元化。但是风险是众多的环境目标和绿色竞争力目标结合在一起，有可能增加可再生能源激励措施面临强大的游说和寻租行为的可能性，或者因为很难获得足够信息来达成这一多元政策目标（往往定义模糊），导致设计出有缺陷的激励措施。这些都有可能加剧与一些激励措施相关的不利贸易影响，并损害其环境竞争力。

为解决气候变化等全球环境问题的区域、各国、地方环境政策网络的涌现将增加未来处理贸易和环境问题的复杂性。

这一制度网络也许会令人们担忧，能源密集型和贸易导向型的企业和行业丧失部分竞争力，并且在相关的“碳泄露”问题上，政府很有可能通过在进口商品价格上增加碳排放价格来进行管理。这种次优政策很有可能引起国际关系紧张，同时带来混淆环境目标和保护主义的风险。因此，这是气候变化国际合作政策的一项糟糕替代政策。

开放经济体在处理贸易和环境关系上的单独和集体决定对国际贸易和 WTO 的未来产生了重要影响。

通过共同努力达成解决全球环境问题的政策办法，也许能有效避免不同管理体制之间的冲突。这意味着未来贸易和环境的发展取决于 WTO 和国际环境管理体制下的多边合作。

宏观经济和金融关注：贸易融资和汇率变动

宏观经济和金融震荡只有在改变基本面时才能影响中长期贸易。

如果2008—2009年的金融危机导致金融部门的持续萎缩，或诱发短期汇率波动，这一危机将产生长期影响。

金融是贸易的润滑剂。虽然通常情况下是低风险命题，但金融危机将影响贸易融资的供给。

金融危机影响到贸易信贷的供应，因为外界对货币市场上风险加强、再融资困难的理解不断加剧。2008年到2009年间，为了防止贸易融资市场崩溃，"二十国集团"（G20）干预市场，提供了高达250亿美元用于补充流动资金和风险降低能力，其中2/3已用于贸易商。

虽然在主要市场的危机过后贸易融资市场迅速恢复，但对于低收入国家的贸易商来说，获得能够负担的贸易融资变得日趋困难。多边开发银行已经建立了一个贸易融资便利化网络，旨在支持处在贸易融资市场底端的贸易交易。正如这些国家衡量市场缺口的指标所示，这种便利化的需求不断增长。

金融部门的当前精简存在着一个风险，它可能引起贸易融资供应的减少。去杠杆化可能会对贸易产生不利影响，因为新的信贷配给要满足审慎比例。

新的审慎体制应该对金融机构采取激励，鼓励其从事低风险、安全的银行活动，比如贸易融资。在这种情况下，贷款将重新调整为对实体经济融资，包括贸易融资。多边机构需要继续参与贸易融资，至少要帮助填补融资市场底端的结构性差距。需要与监管机构进行对话，以确保贸易融资是发展友好型和低风险的融资形式。

汇率对贸易的影响可以通过货币波动以及相对货币水平（所谓的汇率错配）来分析。

通常来说，汇率波动对贸易流动产生了负面影响，即使这一影响不是很大。汇率波动增加了商业风险，带来了不确定性，并且能够影响是否进入外国市场的决定。这一影响的程度取决于众多因素，包括对冲工具、生产结构（例如小公司的占比率）、经济一体化的程度。

长期来看，情况更加不清楚。经济理论表明，当不存在市场扭曲时，汇率错配不会对贸易产生长期影响，因为其不会改变相对价格。但是在假定存在市场扭曲的模型中，长期影响是存在的。在短期，当经济体中的部分价格是"黏性"的（即需要时间调整），名义汇率的变动会改变相对价格，从而影响国际贸易流动，但这也取决于许多因素。汇率的持续错配是对国际贸易的系统刺激，因为它激发对不公平竞争的看法，给WTO成员施加压力，利用贸易政策纠正这种被感知的货币不平衡。预计汇率问题在世界贸易体制中仍将保持一段时间，暗示着加强货币合作的需要。

E. 多边贸易合作的前景

本报告确认了贸易性质、贸易组成、贸易分布以及贸易环境的很多趋势，这些趋势给多边贸易体制带来了挑战。

我们讨论的主要趋势包括：国际供应链的崛起、新的区域主义形式的兴起、服务贸易的增长、货物贸易和服务贸易的联系更加紧密。其他因素是更高、更不稳定的商品价格，若干新兴经济体的崛起、关于贸易的社会和环境影响的关注日趋增多、WTO规则和其他国际组织规则之间不断增多的潜在紧张关系。

正如过去那样，WTO需要对这些挑战做出回应，并且做出调整以适应21世纪的现实情况。

传统的市场准入问题仍将继续列在议程上。

在关税方面，重点在于打破市场准入僵局、使优惠关税制度多边化。若干原因导致市场准入谈判陷入僵局，但是寻找解决方案的一步可能涉及重新定义特殊和差别待遇以更好地反映发展中国家的差别。这也是重新审视互惠在谈判中作用的一个组成部分。

另一个有助于打破该领域僵局的做法是要求更好地理解约束关税的价值和相应减少贸易政策的不确定性。同时，需要审查减少优惠性原产地规则的贸易扭曲效应的提案。虽然这些领域的一些行动需要在优惠贸易协定框架下（PTAs）进行，WTO能够在补充性的从上而下的方法中发挥核心作用。

就非关税措施（NTMs）而言，WTO需要继续努力提高透明度并改进现有机制。这些涉及改变WTO成员遵守其通报义务的激励，并且加强审议和监督机制。除了透明度，WTO 还需要更加关注监管的一致性。WTO 成员需要重新审视现有条款以及制定多边规则来确保区域和多边政策的一致性。

WTO 也需要找到方法来简化当前用来区分合法措施和保护主义措施的“测试”方法。最后，一项具体的与 NTM 相关的议题已经被确认作为 WTO 议程的组成部分，这一议题就是重新平衡对进口壁垒和出口限制的相对关注。

旨在解决与制造业“服务化”相关挑战的提案涉及建立机制来确保制造商的地位，这些提案已经在服务贸易谈判中得到考虑。服务和货物市场开放并不是分别谈判的，一个领域交换的承诺对另一个领域的承诺不利。至于解决供应链国际化和公共政策扩散对服务行业挑战的提案，很大程度上类似于上面就 NTMs 泛滥的讨论。

新议题也在不断涌现。

投资和竞争政策纳入 WTO 议程仍然存在争议，但是可能从一些平台提供新的动力来推动 WTO 解决这些议题。环境措施将继续引发重要关注，尤其是考虑到处理气候变化问题的紧迫性。WTO 可以在两个领域为可持续发展做出贡献，即建立渔业补贴纪律和开放环境产品市场。

环境政策决议碎片化和由此导致的试验有其优势。但是，这也带来了风险，如果采取的国内措施具有贸易影响，可能会在 WTO 受到挑战。确实，最近的几起 WTO 争端都涉及旨在促进绿色经济的产业政策。有观点认为，汇率错配和全球失衡引发的挑战与国际治理的“一致性差异”相关。WTO 触发的贸易行动自身不能提供一个有效的工具，来弥补国际合作在宏观经济、汇率和结构政策上的缺点，但是这可以构成更宽泛解决方法中的组成部分。

WTO 还可以解决国内治理问题。

由于贸易和贸易环境的趋势导致的许多挑战与 WTO 治理相关。在所有提出的制度改革中，有一个概念是“可变组合模式”，允许部分成员在一个议题上向前迈进，而其他成员则放弃参与。最惠国待遇（MFN）的“可变组合模式”采取了“临界数量”的方法，数量足够大的部分成员同意在 WTO 的框架下合作，而无需将不参加的成员排除在外。临界数量的方法同样可以用于解决区域贸易协定扩散带来的问题。在非歧视原则的约束可以适当放松的领域，诸边协定将提供一项替代选择。

其他提案已经关注到 WTO 秘书处在支持决策过程中发挥的作用，建议在不稀释成员的权威的情况下，赋予 WTO 秘书处和总干事更大的权力。一个令人担忧的问题是效率的提高也许要以合法性为代价。为解决小国和穷国的参与问题，一种选择就是改善发展中国家联盟的代表性。

WTO 在全球治理中的作用已成为迫在眉睫的问题。

PTA 数量的不断增多被认为是对 WTO 在多边贸易治理中作用最严峻的挑战。更严峻的挑战是因为最近的 PTA 超越了 WTO 规则，并且推动在国内监管上进行更深入的合作。一个相关议题便是所谓的“超大型 PTA”谈判的最新进展。这样，对 WTO 而言，关键问题转变为这些 PTA 的谈判成果“多边化”的前景，不仅仅是在关税方面，同时也确保监管一致性。另外，追求健康和环境保护等合法政策目标的非关税措施的重要性不断增加，WTO 有必要加强与处理此类议题的其他多边机构的合作。

附录五：WTO成员一览表

WTO成员一览表

（截至2014年6月26日）

序 号	中文名称（简称）	英文名称（简称）	加入时间
1	阿尔巴尼亚	Albania	2000—09—08
2	安哥拉	Angola	1996—11—23
3	安提瓜和巴布达	Antigua and Barbuda	1995—01—01
4	阿根廷	Argentina	1995—01—01
5	亚美尼亚	Armenia	2003—02—05
6	澳大利亚	Australia	1995—01—01
7	奥地利	Austria	1995—01—01
8	巴林	Bahrain	1995—01—01
9	孟加拉国	Bangladesh	1995—01—01
10	巴巴多斯	Barbados	1995—01—01
11	比利时	Belgium	1995—01—01
12	伯利兹	Belize	1995—01—01
13	贝宁	Benin	1996—02—22
14	玻利维亚	Bolivia	1995—09—12
15	博茨瓦纳	Botswana	1995—05—31
16	巴西	Brazil	1995—01—01
17	文莱	Brunci Darussalam	1995—01—01
18	保加利亚	Bulgaria	1996—12—01
19	布基纳法索	Burkina Faso	1995—06—03
20	布隆迪	Burundi	1995—07—23
21	柬埔寨	Cambodia	2004—10—13
22	喀麦隆	Cameroon	1995—12—13
23	加拿大	Canada	1995—01—01
24	佛得角	Cape Verde	2008—07—23
25	中非	Central African Republic	1995—05—31
26	乍得	Chad	1996—10—19
27	智利	Chile	1995—01—01
28	中国	China	2001—12—11
29	中国台北	Chinese Taipei	2002—01—01
30	哥伦比亚	Colombia	1995—04—30
31	刚果（布）	Congo	1997—03—27
32	哥斯达黎加	Costa Rica	1995—01—01
33	科特迪瓦	C? te d'Ivoire	1995—01—01
34	克罗地亚	Croatia	2000—11—30
35	古巴	Cuba	1995—04—20
36	塞浦路斯	Cyprus	1995—07—30
37	捷克	Czech Republic	1995—01—01
38	刚果（金）	Democratic Republic of the Congo	1997—01—01

续 表

序　号	中文名称（简称）	英文名称（简称）	加 入 时 间
39	丹麦	Denmark	1995—01—01
40	吉布提	Djibouti	1995—05—31
41	多米尼克	Dominica	1995—01—01
42	多米尼加	Dominican Republic	1995—03—09
43	厄瓜多尔	Ecuador	1996—01—21
44	埃及	Egypt	1995—06—30
45	萨尔瓦多	El Salvador	1995—05—07
46	爱沙尼亚	Estonia	1999—11—13
47	欧盟（前欧共体）	European Community	1995—01—01
48	斐济	Fiji	1996—01—14
49	芬兰	Finland	1995—01—01
50	法国	France	1995—01—01
51	加蓬	Gabon	1995—01—01
52	冈比亚	The Gambia	1996—10—23
53	格鲁吉亚	Georgia	2000—06—14
54	德国	Germany	1995—01—01
55	加纳	Ghana	1995—01—01
56	希腊	Greece	1995—01—01
57	格林纳达	Grenada	1996—02—22
58	危地马拉	Guatemala	1995—07—21
59	几内亚	Guinea	1995—10—25
60	几内亚比绍	Guinea—Bissau	1995—05—31
61	圭亚那	Guyana	1995—01—01
62	海地	Haiti	1996—01—30
63	洪都拉斯	Honduras	1995—01—01
64	中国香港	Hong Kong，China	1995—01—01
65	匈牙利	Hungary	1995—01—01
66	冰岛	Iceland	1995—01—01
67	印度	India	1995—01—01
68	印度尼西亚	Indonesia	1995—01—01
69	爱尔兰	Ireland	1995—01—01
70	以色列	Israel	1995—04—21
71	意大利	Italy	1995—01—01
72	牙买加	Jamaica	1995—03—09
73	日本	Japan	1995—01—01
74	约旦	Jordan	2000—04—11
75	肯尼亚	Kenya	1995—01—01
76	韩国	Korea，Republic of	1995—01—01
77	科威特	Kuwait	1995—01—01
78	吉尔吉斯斯坦	Kyrgyz Republic	1998—12—20
79	老挝	Lao People’s Democratic Republic	2013—02—02
80	拉脱维亚	Latvia	1999—02—10
81	莱索托	Lesotho	1995—05—31
82	列支敦士登	Liechtenstein	1995—09—01
83	立陶宛	Lithuania	2001—05—31
84	卢森堡	Luxembourg	1995—01—01

续表

序 号	中文名称（简称）	英文名称（简称）	加入时间
85	中国澳门	Macau，China	1995—01—01
86	马达加斯加	Madagascar	1995—11—17
87	马拉维	Malawi	1995—05—31
88	马来西亚	Malaysia	1995—01—01
89	马尔代夫	Maldives	1995—05—31
90	马里	Mali	1995—05—31
91	马耳他	Malta	1995—01—01
92	毛里塔尼亚	Mauritania	1995—05—31
93	毛里求斯	Mauritius	1995—01—01
94	墨西哥	Mexico	1995—01—01
95	摩尔多瓦	Moldova	2001—07—26
96	蒙古	Mongolia	1997—01—29
97	黑山	Montenegro	2012—4—29
98	摩洛哥	Morocco	1995—01—01
99	莫桑比克	Mozambique	1995—08—26
100	缅甸	Myanmar	1995—01—01
101	纳米比亚	Namibia	1995—01—01
102	尼泊尔	Nepal	2004—04—23
103	荷兰	Netherlands	1995—01—01
104	新西兰	New Zealand	1995—01—01
105	尼加拉瓜	Nicaragua	1995—09—03
106	尼日尔	Niger	1996—12—13
107	尼日利亚	Nigeria	1995—01—01
108	挪威	Norway	1995—01—01
109	阿曼	Oman，Sultanatc of	2000—11—09
110	巴基斯坦	Pakistan	1995—01—01
111	巴拿马	Panama	1997—09—06
112	巴布亚新几内亚	Papua New Guinea	1996—06—09
113	巴拉圭	Paraguay	1995—01—01
114	秘鲁	Peru	1995—01—01
115	菲律宾	Philippines	1995—01—01
116	波兰	Poland	1995—07—01
117	葡萄牙	Portugal	1995—01—01
118	卡塔尔	Qatar	1996—01—13
119	罗马尼亚	Romania	1995—01—01
120	俄罗斯	Russian Federation	2012—08—22
121	卢旺达	Rwanda	1996—05—22
122	圣基茨和尼维斯	Saint Kitts and Nevis	1996—02—21
123	圣卢西亚	Saint Lucia	1995—01—01
124	圣文森特和格林纳丁斯	Saint Vincent and the Grenadines	1995—01—01
125	萨摩亚	Samoa	2012—05—10
126	沙特阿拉伯	Saudi Arabia	2005—12—11
127	塞内加尔	Senegal	1995—01—01
128	塞拉利昂	Sierra Leon	1995—07—23
129	新加坡	Singapore	1995—01—01
130	斯洛伐克	Slovakia Republic	1995—01—01

续 表

序 号	中文名称（简称）	英文名称（简称）	加入时间
131	斯洛文尼亚	Slovenia	1995—07—30
132	所罗门群岛	Solomon Islands	1996—07—26
133	南非	South Africa	1995—01—01
134	西班牙	Spain	1995—01—01
135	斯里兰卡	Sri Lanka	1995—01—01
136	苏里南	Suriname	1995—01—01
137	斯威士兰	Swaziland	1995—01—01
138	瑞典	Sweden	1995—01—01
139	瑞士	Switzerland	1995—07—01
140	塔吉克斯坦	Tajikistan	2013—03—02
141	坦桑尼亚	Tanzania	1995—01—01
142	泰国	Thailand	1995—01—01
143	马其顿	The former Yugoslav Republic of Macedonia	2003—04—04
144	多哥	Togo	1995—05—31
145	汤加	Tonga	2007—07—27
146	特立尼达和多巴哥	Trinidad and Tobago	1995—03—01
147	突尼斯	Tunisia	1995—03—29
148	土耳其	Turkey	1995—03—26
149	乌干达	Uganda	1995—01—01
150	乌克兰	Ukraine	2008—05—16
151	阿联酋	United Arab Emirates	1996—04—10
152	英国	United Kingdom	1995—01—01
153	美国	United States	1995—01—01
154	乌拉圭	Uruguay	1995—01—01
155	瓦努阿图	Vanuatu	2012—08—24
156	委内瑞拉	Venezuela，Bolivarian Republic of	1995—01—01
157	越南	Viet Nam	2007—01—11
158	也门	Yemen	2014—06—26
159	赞比亚	Zambia	1995—01—01
160	津巴布韦	Zimbabwe	1995—03—05

WTO 政府观察员一览表

（截至 2014 年 6 月 26 日）

序　号	中　文　名　称	英　文　名　称
1	阿富汗	Afghanistan
2	阿尔及利亚	Algeria
3	安道尔	Andorra
4	阿塞拜疆	Azerbaijan
5	巴哈马群岛	Bahamas
6	白俄罗斯	Belarus
7	不丹	Bhutan
8	波斯尼亚和黑塞哥维那	Bosnia and Herzegovina
9	科摩罗	Comoros
10	赤道几内亚	Equatorial Guinea
11	埃塞俄比亚	Ethiopia
12	梵蒂冈	Holy See (Vatican)
13	伊朗	Iran
14	伊拉克	Iraq
15	哈萨克斯坦	Kazakhstan
16	黎巴嫩共和国	Lebanese Republic
17	利比里亚	Liberia，Republic of
18	利比亚	Libya
19	圣多美和普林西比	Sao Tone and Principe
20	塞尔维亚	Serbia
21	塞舌尔	Seychelles
22	苏丹	Sudan
23	叙利亚	Syrian Arab Republic
24	乌兹别克斯坦	Uzbekistan

注：除了梵蒂冈例外，其他所有观察员必须在其成为观察员后五年内开始其加入 WTO 谈判。

附录六：中国世界贸易组织研究会年度大事记（2013）

1 月

7 日　世界贸易组织市场准入司参赞唐小兵先生访问我会，就当前世贸组织的困局和动态、中美关系、中国的话语权等问题与我会领导进行交流。

10 日　我会在对外经济贸易大学举行了“美国企业眼中的中国投资环境”研讨会。

11 日　孙振宇会长出席国际投资专家委员会成立大会。

18 日　厦门市会展局王琼文局长访问我会，与陈鹏副会长兼秘书长会谈。

19 日　由我会主办的“第六届对外投资与经济合作形势展望 2013 年会”在北京召开。

19 日　我会组团赴台参加“2013 亚太区域整合与经济发展国际研讨会”。

29 日　孙振宇会长出席了中国国际贸易学会 2013 年新春座谈会并讲话。

2 月

4 日　我会召开 2013 年会长办公会暨新春座谈会。

22 日　哥斯达黎加贸易部长冈萨雷斯（Anabel Gonzalez）到访我会。

22 日　《中国世界贸易组织年鉴 2012》出版。

28 日　中国世界贸易组织研究会外经贸咨询顾问委员会 2013 年第一次例会在京举行，与会专家围绕“金砖国家合作面临的机遇与挑战”展开讨论。

28 日　美国美迈斯律师事务所代表来访。

3 月

15 日　孙振宇会长与原外经贸部美大司五同志座谈。

22 日　孙振宇会长陪同 WTO 总干事帕斯卡尔·拉米出席中国人民大学演讲会。

26 日　我会举办了“中国反垄断执法研讨会——白酒行业纵向垄断与企业分销规范经营”闭门研讨会。我会召开“竞委会 2013 年第一次工作会议”，会议报告 2012 年全年工作及财务收支情况，俞晓松主席出席。

28 日　澳大利亚商会代表来我会访问交流。

4 月

1 日　我会与中国洲际新资源股份公司（原中国光大集团）签署合作协议。孙振宇会长和有关同志出席。

13 日　我会举办国际项目融资、保函与财务管理说明会。

16 日　外经贸大学支持我会改善办公条件，行政楼 123、125 号两办公室启用。

26 日　中国世界贸易组织研究会外经贸咨询顾问委员会 2013 年第二次例会在京举行，与会专家围绕“服务贸易领域进一步扩大开放的有关建议”展开讨论。

29 日　孙振宇会长访问南开大学并在专题讲座演讲。

5 月

14 日　首届中国世界贸易组织研究成果收集活动圆满结束。活动所征集到的 86 部入围作品将按著作、论文、报告入册整理后，收纳到“中国世界贸易组织成果库”中。

14 日　中国世界贸易组织研究会第三届理事会第二次会议暨我国开放型经济体系新战略高层论坛在京举行。大会一致同意海峡两岸关系协会会长、商务部前部长陈德铭任中国世界贸易组织研究会名誉会长。

27 日　孙振宇会长在北京会见了联合国贸易与发展会议（UNCTAD）秘书长素帕猜·巴尼巴滴（Supachai Panitchpakdi）、世界贸易组织（WTO）副总干事哈沙·辛格（Harsha Vardhana Singh）、国际贸易和可持续发展中心总裁梅林德（Ricardo Meléndez-Ortiz）、韩国外商投资监诉总长、监管改革委员会前主席安忠荣（Choong-Yong Ahn）

28 日　第二届京交会高层论坛——“WTO 与中国：北京国际论坛—服务驱动发展”在北京国际

会议中心举行。

29 日　孙振宇会长邀请 WTO 副总干事哈沙·辛格和服务贸易司司长阿卜杜勒一哈米德·马姆杜到对外经济贸易大学发表演讲。

30 日　“WTO 与中国：北京国际论坛”——中非投资峰会在北京国家会议中心举行。

6 月

1—2 日　我会举办国际工程 EPC 总承包合同管理与运作实务说明会。

4 日　孙振宇会长与参加京交会“WTO 与中国：北京国际论坛”的对外经济贸易大学法学院 30 多名志愿者座谈，并为志愿者颁发荣誉证书。

13 日　中国世界贸易组织研究会外经贸咨询顾问委员会 2013 年第三次例会在对外经济贸易大学举行，与会专家围绕“中美双边经贸关系与全球经济治理方面所面临的机遇与挑战”展开讨论。

20 日　我会领导参加商务部召开的“学习贯彻党的十八大精神交流汇报暨 2013 年政治工作会议”。

24 日　我会召开办公会，明确办公室、秘书处、编辑部等部门分工和有关负责人员。

25 日　前美中贸易委员会主席柯白来我会拜会孙振宇会长。

7 月

3 日　我会承办的“WTO 框架下我国主要贸易伙伴贸易政策合规性研究”课题举行中期评审会议。

7 日　孙振宇会长出席由国际贸易学会和对外经贸大学联合主办的“中国对外经贸 2013 夏季形势分析会”，并发表讲话。

9 日　我会竞争政策与法律专业委员会（竞委会）召开年中工作会议。

27 日　我会主持召开“境外项目投资和融资、财务筹划与汇率风险说明会”。

30 日　我会召开“多边贸易体制发展趋势研究”课题开题会。

8 月

9 日　我会与对外经济贸易大学联合主办“中国企业投资美国介绍会”孙振宇会长主持会议。

15 日　中国世界贸易组织研究会外经贸咨询顾问委员会 2013 年第四次例会在天津市武清区举行。孙振宇会长做了题为《全面提升中国产品与服务在全球价值链中的位置》的主题报告。

23 日　世界贸易组织副总干事易小准莅临我会并与我会负责人座谈。

27 日　深圳市世贸组织事务中心曾建中副主任等拜访我会。

28 日　我会竞争政策与法律专业委员会（竞委会）召开工作会议。

29 日　陈鹏副会长兼秘书长赴广东省对外贸易经济合作厅调研，并与厅领导座谈。

9 月

2 日　民政部批复中国世界贸易组织研究会法人变更，我会按规定顺利完成审计并办理了相关手续。

5 日　孙振宇会长出席“我国汽车行业发展”研讨会。

9 日　我会与投洽会组委会共同举办“国际投资论坛投资沙龙”，孙振宇会长主持本次沙龙。

12 日　我会名誉会长、海峡两岸关系协会会长陈德铭莅临我会。

13 日　美国驻华使馆公使衔经济参赞史墨客（Hanscom Simth）同贸易与服务办公室副主任安浩博（Chris Allison）到我会拜会孙振宇会长。

14 日　我会举办“国际项目招标技巧与合同法律风险说明会”。

19 日　孙振宇会长会见前来访问的瑞士驻世界贸易组织前大使瓦榭沙（Luzius Wasescha），双方就多边贸易体制、多哈回合、跨太平洋伙伴关系协议等议题进行了交流。

23 日　孙振宇会长会见来自澳大利亚默多克大学的客人。

25 日　孙振宇会长在经贸大学主持对美研究工作小型座谈会，李永、金利刚等专家出席。

25 日　孙振宇会长出席哥斯达黎加大使鲁伊斯的晚宴。

30 日　我会主办的“两岸经贸问题研讨会”在对外经贸大学召开。我会名誉会长、海峡两岸关系协会会长、商务部前部长陈德铭到会听取专家意见并讲话。

10 月

10 日　商务部投资促进局局长刘殿勋到我会拜会孙振宇会长。

10 日　中国世界贸易组织研究会外经贸咨询顾问委员会在对外经济贸易大学举行 2013 年度第五次例会，就“对 21 世纪新议题的看法”展开讨论。

12 日　孙振宇会长出席商务部政研室组织的“经济危机与规则重构”专家座谈会。

15 日　我会 2013 版宣传画册付印。

20 日　由我会与南开大学联合发起，南开大学国际发展研究中心承办的中国参与全球经济治理复合人才高级研修项目——“国际谈判与国际经济谈判”专题研修班在南开大学举办，孙振宇会长出席并致辞。

22 日　孙振宇会长会见来访的深圳市 WTO 事务中心主任高瞻。

22 日　我会竞争政策与法律专业委员会召开关于奶粉问题小型研讨会，俞晓松主席主持。

23 日　我会与对外经济贸易大学图书馆会谈，研究共建“中国 WTO 信息交流中心”事宜。

24 日　《环球财富》杂志 2013 年第 10 期刊登了孙振宇会长的专访文章——“全球贸易自由化需要平衡的国家关系”。

25 日　孙振宇会长会见中国人民大学重阳金融研究院王文执行副院长。

30 日　孙振宇会长出席第五届北京进口汽车博览会开幕式并致辞。

11 月

1 日　中国世界贸易组织研究会外经贸咨询顾问委员会在对外经济贸易大学举行“WTO 第九届部长级会议早期收获谈判情况介绍暨 2013 年度第六次例会”，张向晨部长助理出席并讲话。

6 日　孙振宇会长出席 2013 上海 WTO 事务咨询中心顾问委员会年会暨“WTO——多边贸易制度的新趋势与新发展论坛”，并到上海电子口岸调研。

9 日　我会举办境外项目融资保函、外汇风险与税务策划说明会。

12 日　王受文部长助理到我会调研，听取我会工作汇报并对我会工作提出要求。

13 日　“中国汽车流通市场问题”闭门研讨会在京举办。俞晓松主席出席，王成安副会长兼主委会执行主席主持。

15 日　由我会与商务部投促局共同主办的“中美投资促进（北京）高层论坛”在京举行，王超副部长、孙振宇会长出席并致辞。

15 日　我会完成“中国世界贸易组织研究会竞争政策与法律专业委员会”社会团体组织机构登记证书的更换。

19 日　孙振宇会长会见全国工商联副主席、香港经纬集团有限公司董事局主席、香港中国商会主席兼会长陈经纬先生。

22 日　我会竞争政策与法律专业委员会召开进口汽车市场问题小型研讨会。

22 日　孙振宇会长出席中国美国商会 2013 年度答谢政府招待会。

22 日　陈鹏副会长兼秘书长到浙江省商务厅调研，并与厅领导座谈。

26 日　孙振宇会长会见朝鲜外宾。

26 日　陈鹏副会长兼秘书长到福建省外经贸厅调研，并与厅领导座谈。

28 日　“2014 国际投资论坛专家选题会”在京召开，孙振宇会长出席并讲话，9.8 投洽会组委会办公室常务副主任兼福建省外经贸厅厅长陈少和主持会议。

12 月

1 日　陈鹏副会长兼秘书长赴上海 WTO 事务中心调研，与该中心姚为群总裁助理及相关部门负责人座谈。

6 日　我会与对外经济贸易大学共同主办“亚太区域经济一体化前景展望：RCEP 和 TPP 国际论坛”，陈德铭名誉会长、孙振宇会长出席并致辞。

9 日　由深圳市人民政府与我会联合主办的第十二届“WTO 与深圳”高层论坛在深圳市举行。孙振宇会长、世界贸易组织副总干事易小准出席并演讲。

10 日　由深圳市人民政府与我会联合主办的“深圳市世贸组织事务中心顾问委员会 2013 年会”在深圳市举行，孙振宇会长及陈鹏、薛荣久、吴家煌等出席。

12 日　我会在京举办“中国竞争政策与法律

年会暨竞争执法国际论坛（2013 年）”，孙振宇会长致辞，俞晓松主席主持。《中国竞争法律与政策研究报告 2013 年》正式出版发行。

13 日　商务部机关党委批复：我会组成新一届党支部委员会，并由陈鹏同志任书记，王成安、宫和平同志为委员。

13 日　中国驻世界贸易组织大使俞建华莅临我会做专题报告并召开座谈会。孙振宇会长、我会全体人员、对外经济贸易大学主要负责人及相关专家、学者出席。

17 日　孙振宇会长在北京应邀会见了新加坡驻华大使罗家良先生。

27 日　孙振宇会长、陈鹏副会长兼秘书长参加全国商务工作会议。

30 日　我会 2013 年工作总结会暨年会在对外经济贸易大学举行。

附录七：对外经济贸易大学年度大事记（2013）

一、本校教师首获“长江学者” 高端人才建设取得突破

我校国际商学院汤谷良教授获“长江学者”特聘教授，这是我校第一位获此殊荣的本校教师；国际商学院王永贵教授入选2013年国家百千万人才工程名单，同时被授予“国家级有突出贡献中青年专家”荣誉称号；国际经济贸易学院洪俊杰教授、公共管理学院廉思副教授入选国家首批“青年拔尖人才支持计划”；8名教授入选教育部2013年度“新世纪优秀人才支持计划”；3名教授入选北京市中青年社科理论人才“百人工程”名单。

二、中国—俄罗斯经济类大学联盟成立

2013年11月23日，中国—俄罗斯经济类大学联盟在我校正式成立。中方牵头高校对外经济贸易大学校长施建军与俄方牵头高校俄罗斯圣彼得堡国立经济大学副校长卡尔利克共同签署联盟成立声明，中俄26所高校结成战略合作伙伴关系，组建中俄经济类大学联盟。联盟的成立是我校主动服务国家战略，积极响应和落实中俄人文合作委员会教育合作分委会会议精神的重要举措。联盟以培养复合型高端人才为宗旨，依托贸大自身的学科特色，在人才培养、教师互换、科研合作等多个领域加大力度。

三、科学研究成果丰硕 省部获奖数量再创新高

2013年我校共获各类纵向课题137项，其中国家社会科学基金项目32项（包括重点项目3项、决策咨询点项目1项）；国家自然科学基金项目27项（包括重点项目1项，应急项目4项）；教育部人文社会科学各类研究项目39项（包括重大课题攻关项目1项）；其他中央部委项目7项；北京市各类科研项目32项。各级各类纵向课题经费达2320余万元，较2012年增长5.4%。学校承担各类横向课题134项（含国际合作项目5项），横向课题经费1697余万元。

2013年产出各类科研成果1638项，发表各类论文1381篇，SSCI收录58篇，出版各类著作170部。2013年我校获得省部级奖励27项。其中，第六届“高等学校科学研究优秀成果奖（人文社会科学）”10项，2012/2013年度全国商务发展研究成果奖16项，第十一届全国统计科研优秀成果奖1项，再创历史新高。

四、招生就业继续保持全国领先地位

2013年我校在全国录取分数继续保持领先地位，录取分数全线上扬，部分省市分数再创新高。在北京地区的高校中，我校理科排名第五，文科排名第六。在全国绝大多数省市自治区的录取分数都排在前十名以内。文科在全国25个省市的录取分数超出一本线50分以上，理科在全国16个省市的录取分数超过一本线100分以上。我校被授予“北京市2012—2013年度招生工作先进集体”和“北京市2013年高考工作特殊贡献奖”。2013年，录取各类硕、博研究生突破2000人，博士、硕士生源质量保持高位稳定，研究生招生规模继续扩大，生源质量不断提高，研究生培养实现东方四校课程互选、学分互认。

2013年我校毕业生就业仍然保持就业率和就业质量“双高”的优势，本科生就业率为97.64%，研究生就业率为99.17%，超八成毕业生实现高质量就业。在《2013年度中国高校通用就业力排行榜》通用就业力总排名中，我校名列全国第五，英语工作能力排名列全国第四，各项排名均列全国财经类高校首位。我校就业工作的亮点和特色，得到了国务院副总理刘延东同志的批示肯定。

五、教育教学改革不断深化 成效显著

教育教学成效显著，7门课程入选教育部“建议入选国家级精品资源共享课立项项目”；16人次获得2013—2017年教育部相关教学指导委员会聘任；2门课程成功入选教育部第三批“精品视频公开课”名单；14项成果获2012年北京市高等教育教学成果奖；6项获2013年度北京市

高等学校教育教学改革立项；12 部教材荣获 2013 年“北京高等教育精品教材”称号；1 个认定 2013 年北京高等学校示范性校内创新实践基地建设单位；经贸人才实验教学示范中心通过北京市教委验收。

人才培养模式探索不断推进，启动 2013 级本硕连读“国际人才培养基地”实验班；开展“卓越法律人才计划”；开设中俄联合培养实验班等。2013 国际化暑期学校完美收官，47 名外教老师共开设 78 门课、14 场高端暑期学校专题学术讲座，2200 余名中外学子参加了学习。

六、人才培养质量稳步提升　国内外大赛捷报频传

2013 年我校组织、参加多场高水平学科竞赛。我校学生代表队获“欧莱雅校园市场策划大赛”中国赛区总冠军。600 余人获得全国大学生英语竞赛（北京）、全国（北京）大学生数学竞赛、全国大学生数学建模竞赛、美国大学生数学建模竞赛、华北五省（市、自治区）及港澳台大学生计算机应用大赛和北京市大学生英语演讲比赛等奖项。在 2013 年美国数学建模竞赛中，我校 198 支参加队伍中，32 支队伍获得一等奖，73 支队伍获得二等奖。获奖人数和获奖数量再创历史新高。一、二等奖获奖率和总获奖率均列财经类高校前三位。全国大学生英语竞赛 51 获奖，其中 3 人获得特等奖，3 人获得一等奖，15 人获二等奖。

15 个优秀作品参加市级“挑战杯”竞赛取得 1 个特等奖、1 个一等奖、3 个二等奖、7 个三等奖，市级特等奖作品获全国决赛三等奖；国家级大学生创新创业训练计划共 83 个项目顺利结项。本科生暑期社会实践活动共吸引 367 支团队、3424 人参与，6 支团队获选北京市级重点团队，10 支团队获评北京市优秀团队，10 篇报告入选北京市优秀实践成果；研究生寒假社会实践调研活动 24 支团队，500 人参与。在第四届北京大学生艺术展演中，7 个艺术社团排演的 10 个选送节目全部获奖，其中 3 个一等奖、7 个二等奖，获第四届首都高校校园记者基本功大赛特等奖，均创历史最好成绩。本年度 128 个学生科研项目成功结项；8000 人次志愿者参与各类志愿服务活动，近 300 个团学组织、个人获市级以上奖项。全年研究生科研创新项目 107 项（A 类 1 篇，B 类 9 篇，C 类 33 篇），被 EI 检索 4 篇。复合型人才培养模式品牌特色日益凸显。

七、国际化特色进一步彰显　孔子学院建设获国家汉办表彰

2013 年，WTO 副总干事哈沙·辛格、服务贸易司司长阿卜杜勒一哈米德·马姆杜、太平洋经济合作理事会主席唐·坎贝尔、欧盟竞争总司副总司长本德·隆海尔先生等多位国际著名学者来校访问并作精彩演讲；成功举办洪堡论坛、亚太区域经济一体化前景展望：RCEP 和 TPP 国际论坛、首届中俄经济金融论坛等多场高质量的国际学术会议；与多所国外高校签署合作协议；成功举办第四届国际文化节；学校国际化工程取得新进展，学校国际影响力不断提升。

2013 年，我校与南非马拉维大学共建孔子学院，这是我校参与共建的第 8 所孔子学院。我 8 所海外孔子学院分别位于欧洲（3 所），美洲（3 所），亚洲和非洲（各 1 所）。我校还在美国建立了 3 所海外孔子课堂。学校孔子学院工作规模进一步扩大，影响力持续增加，孔子学院招生人数显著提高，活动多元，将商务与教学并重，开设《生存商务汉语》、《国际商务官员商务汉语必会 100 句》、《商务汉语 888》、商务汉语考试大纲和国航合作的“机上 E 平台项目”等系列教学的商务汉语课程特色鲜明。学校获国家汉办颁发“孔子学院先进中方合作院校”称号、我校俄罗斯国立人文大学孔子学院获国家汉办颁发“优秀孔子学院”称号。

八、深圳研究院成立　校府校企合作开新篇

2013 年，我校与青岛市政府签署《青岛市政府与对外经贸大学合作框架协议》，与北汽集团校企战略合作框架协议，入驻深圳虚拟大学园，成立深圳研究院。学校广泛吸纳社会力量合作办学，支持加快建设国际贸易中心城市，提升开放型经济发展水平；以资本管理和财务管理为办学特色的研究生课程班，依托学校优质教学资源和国际化背景，加强国际竞争力；坚持以项目开发、实验室建设和人才培养为目标，培养高层次外经贸人才，持续打造校府、校企合作的精品。

九、深入开展党的群众路线教育实践活动　党建工作水平整体提升

2013年5月，教育部巡视组入驻我校，开展为期4周的巡视工作，全面系统地对学校各方面工作进行了调查研究。9月11日，教育部召开了巡视反馈会议，对我校过去几年各项事业全面发展的给予了充分肯定。

2013年，学校党委认真贯彻落实十八大、十八届三中全会精神，按照中央和教育部党组部署，深入开展党的群众路线教育实践活动，成立专门工作领导小组，制定详细工作方案，校领导班子带头，认真查摆"四风"问题，边查边改，取得实效。深入开展"我的中国梦"教育实践活动。"校领导带头宣讲十八大基层学院学习全覆盖"被评为北京市优秀活动；中国梦宣讲活动获北京教工委"我的梦·中国梦"主题宣讲活动优秀组织奖；我校党委理论中心组学习获评北京高校学习型党组织品牌活动；颁布《加强进一步加强青年教师思想政治工作实施细则》，创办"贸大青年教师讲堂"，青年教师思想政治工作取得新成效，"青年教师发展论坛"、"新老教师结对拜师活动"被授予北京高校青年教师思想政治工作优秀项目；"搭建国际化实践平台　探索实践育人新模式——'中国红贸大蓝'为特色的学生国际化社会实践探索"获教育部第七届高校校园文化建设优秀成果三等奖。党的建设工作水平整体提升。

教育部直属高校绩效评价报告（2012）发布，贸大位列第三，处在"绩效偏高"行列中，"产出"远高于"投入"，在财经外语类高校绩效评价中处于领先地位，反映出我校近年来办学有效益且质量良好。

十、3号地历史遗留问题解决　教育基金会突破亿元大关　办学条件进一步改善

校友、基金工作持续推进，截至6月30日，我校教育基金会收到校友及社会各界捐赠的实际到账金额突破1亿元大关。2013年，我校新成立了义乌校友会、美国北加州校友会和美国、法国、缅甸等国际校友分会，校友及社会各界为学校捐赠设立奖（助）学金、奖教金、教育发展基金等共2840多万元。目前教育基金会资金接近1.3亿。

我校3号地历史遗留问题成功解决，青年教师周转房问题明显缓解。

综合体育馆四层主体工程完成，将于近期封顶。6月13日，留学生综合楼举行开工奠基典礼。建成后的留学生综合楼总建筑面积接近5万m^2，楼内设有就餐层、会议活动层、会议室、留学生公寓等，将为我校进一步开展对外学术交流提供硬件条件保障，预计2015年9月竣工投入使用。

继续推进"绿色校园"、"节约型校园"和"美丽校园"建设，荣获"全国节能先进集体"、北京高校"美丽校园"、"北京高校后勤物业工作先进集体"、"北京高校后勤节能工作先进集体"称号；我校无烟校园建设在北京市检查评估中获好评，办学条件进一步改善。

附录八：北京市国际服务贸易事务中心年度大事记（2013）

北京市国际服务贸易事务中心是北京市商务委员会所属全额拨款事业单位，是中国（北京）国际服务贸易交易会（简称京交会）组委会执行机构，主要负责京交会总体策划、整体形象设计和宣传推介；负责京交会主办方、协办方和支持单位的联络和协调，落实重要来宾的邀请工作；负责京交会招商招展和展览会务工作，对相关情况进行统计、汇总和分析；负责京交会经费预算、支出、审计等财务管理工作。

除围绕京交会开展的工作外，北京市国际服务贸易事务中心保留原北京 WTO 事务中心的国际事务职能，目前主要负责“WTO 与中国：北京国际论坛”的组织筹备工作；负责为政府和企事业单位提供有关 WTO 事务研究和信息咨询服务，开展与 WTO 有关的国际交往。

一、举办第二届京交会

京交会是经国务院批准，由国家商务部和北京市人民政府共同主办的国家级、国际性、综合型交易会，是世界上第一个专门为服务贸易搭建的国际交流平台，也是全球服务贸易规模最大、涵盖领域最广的交易会。京交会致力于成为国际服务贸易的洽谈交易平台、国际服务贸易政策的发布窗口和各国服务贸易企业的交流合作桥梁。首届京交会于 2012 年在北京成功举行。世界贸易组织、联合国贸易和发展会议、经济合作与发展组织是京交会的永久支持单位。

2013 年 5 月 28 日至 6 月 1 日，第二届京交会在北京国家会议中心成功举办。本届京交会以“服务贸易：价值提升新引擎”为主题，坚持“国家级、国际性、综合型服务贸易交易平台”的定位，继续围绕 WTO 服务贸易十二大领域开展了六大板块活动；共举办了峰会、专业大会、推介洽谈、综合展示、主题日活动、权威发布 6 类 148 场次活动，洽谈展览总面积 7.59 万平方米；共有中外企业 1900 余家参展，比首届增长 10.4%；来自 117 个国家和地区的到会客商及代表累计达 13.8 万人次，分别比首届增长 41%和 35.3%；意向签约额累计 786.9 亿美元，比首届增长了 30.9%，其中，涉及境外签约项目意向签约额 108.9 亿美元。

本届京交会取得了四项成果。

第一，凝聚共识，提高了发展中国家的话语权。京交会组委会与联合国贸发会议共同主办全球服务论坛·北京峰会，60 多个国家和地区的近 800 位嘉宾，围绕“服务业：可持续发展的新领域”进行探讨；组建了全球服务业展望委员会，中国担任本届轮值主席，为发展中国家和中国在服务贸易发展中发挥更大作用创造了条件；发布了《北京宣言》，赞赏京交会和全球服务论坛在促进服务经济发展和国际服务贸易发展方面发挥的领导力和做出的全面贡献，提升了对发展中国家发展服务业与服务贸易的关注度和支持度。

第二，促进转型，助推中国打造经济升级版。李克强总理在主旨演讲时指出，服务业日益成为促进世界经济复苏、引领转型发展的新引擎；促进工业化和信息化深度融合、新型城镇化和农业现代化相辅相成，需要大力发展和提升服务业。京交会为产业联动、互动、融合发展创造了新机遇，成为产业价值提升的新平台。快递行业与电子商务、在线支付、软件服务等相关行业实现良性互动，形成快递行业价值实现新链条，参会企业签约金额达到 200 亿元，是首届签约金额的 4 倍。

第三，探索模式，加强了服务领域的国际合作。在服务贸易范围上，从服务贸易全部 12 大领域 160 多个行业中，精选了科技服务、设计服务、金融服务等 35 个专题板块分区展示。在服务展示方式上，形成了综合展示、专题展示、品牌展示等方式的多种组合，达到了多维立体的展示效果。在交易撮合方式上，形成了组委会集中撮合、承办机构定向撮合、企业自主撮合等方式的多种组合。在展会内容上，以峰会、专业大会等 6 类活动方式，形成了各参与方全方位的参与和互动机制，实现了政策、理论、实践对服务贸易发展的综合引领作用。

第四，注重实效，形成了服务贸易发展风向标。本届京交会共达成签约项目 415 个，累计签约额 786.9 亿美元，比首届增长了 30.9%。交易签约只是本届京交会丰硕成果的一部分，更多的客商则是通过京交会这个平台展示了最新的服务产品、结识了新客户。

二、举办“WTO 与中国：北京国际论坛（2013）”

5 月 28 日下午，“WTO 与中国：北京国际论坛（2013）”在北京国家会议中心报告厅成功举办。论坛以“服务驱动发展”为主题，分为“生产性服务与包容性发展”、“全球价值链与生产性服务”和“服务贸易政策对话会”三大专题，成为京交会中最具亮点和影响力的重要专业会议之一。

论坛以“服务驱动发展”为研讨主题，既契合当前世界经济发展形势，也适应中国服务经济发展战略，同时与第二届京交会主题“价值提升新引擎”相呼应，国际组织负责人、驻华使节、知名专家、企业家等与会嘉宾围绕会议主题就共同推动包括服务贸易在内的国际贸易持续均衡和协调发展进行了深入探讨，为中国服务贸易发展和进一步扩大开放建言献策，对中国乃至世界服务贸易发展提出了许多前瞻性、创新性的意见与建议。

论坛邀请了国内外政府官员、国际组织负责人、知名专家学者和企业高管等出席并发表演讲，充分体现了论坛的高规格和国际性。中共北京市委常委陈刚，中国世界贸易组织研究会会长孙振宇，韩国外商投资监诉总长、监管改革委员会前主席安忠荣，商务部世界贸易组织司副司长洪晓东，商务部政策研究室副主任王雪坤，国家商务部国际贸易谈判代表秘书局局长兼办公厅副主任、商务部新闻发言人沈丹阳等领导参加论坛并发言；联合国贸易与发展会议秘书长素帕猜·巴尼巴滴，WTO 副总干事哈沙·辛格，国际贸易和可持续发展中心总裁梅林德等国际组织负责人出席会议并发言；发表演讲的还有中国社会科学院财经战略研究院院长助理、研究员夏杰长；来自大连软件园股份有限公司、神舟生物科技有限责任公司等企业的高管参加了会议研讨与交流。参加论坛活动的还有外国或外资公司高管、外国律师事务所合伙人以及省市商务部门领导等共计 350 多人。

三、举办 2013 年北京台湾名品博览会

由北京市人民政府主办，市商务委、市台办和台北世贸中心共同承办，北京市国际服务贸易事务中心执行的 2013 年北京台湾名品博览会，于 2013 年 11 月 21 日至 24 日在全国农业展览馆新馆举办。

此次博览会规模达 13000 平方米，参展商品万余种，设有七大形象馆（区）：台湾精品馆、台湾农业精品馆、台湾优良精密机械形象馆、智慧生活体验馆、科技应用体验馆、健康医美形象馆、电子商务馆。同时设七大产业区：北京台商区、地方特色产业区、老年及妇幼用品区、农产食品区、台湾名茶区、文创产业区、休闲生活科技区。参展产品涉及台湾高新科技、精密机械制造、电子产品、节能环保、文化创意、运动休闲、品味生活、农业精品等类别。

展会 4 天客流量 12.2 万人次，现场销售额超过千万元，来自全国的 400 多家采购商到会洽商，90%的参展商已经或即将觅得合适的代理商及经销商，达成明确采购意向 9.3 亿元人民币。

附录九：上海 WTO 事务咨询中心年度大事记（2013）

2013 年 1 月 16 日，美国副助理国务卿柯夏（Atul Keshap）一行访问我中心。中心总裁王新奎及业务总监冯军、黄鹏、仇晋超、王悦晏、林惠玲等参加了接待。柯夏先生是美国 APEC 事务代表、美国国务院负责东亚和太平洋事务的助理国务卿的首席经济顾问，此次来访主要目的是探讨 APEC 相关事务和贸易体系以及 TPP（跨太平洋伙伴关系协定）相关事宜。

2013 年 1 月 23 日，日本财务省财务综合政策研究所所长田中修一行访问中心，中心总裁王新奎及业务总监黄鹏、仇晋超、陈波、林惠玲、王悦晏等参加接待。田中修先生与王新奎总裁就中国宏观经济形势、货币政策、推进城镇化、房地产价格、收入分配改革及中日韩自贸区等问题交换了看法。田中修先生随后应邀介绍了日本最新的经济情况及安倍晋三首相上任后的新政策。王新奎总裁表示，虽然中日间有一些摩擦和误会，但中心与综研所的联系与沟通还是非常顺畅的。

2013 年 2 月 27 日，“经济全球化新形势下我国对外开放战略”课题的三场商务部领导专题辅导会在上海召开。该课题是商务部与上海市政府合作建设的“全球贸易投资研究咨询中心”国家级平台的首个大型部市合作决策咨询项目。“全球贸易投资研究咨询中心”是以上海 WTO 事务咨询中心为载体，采取商务部与上海市政府合作建设方式，提供经济全球化背景下贸易、投资和产业运行监测、预警等领域研究与咨询服务的机构。该课题将从货物贸易、服务贸易、投资规则、区域开放格局、自贸区建设等五大对外开放领域，提出今后 5～10 年，在经济全球化新趋势下我国对外开放的重大战略。商务部世贸司洪晓东副司长就“我国服务贸易对外开放”专题、外资司黄峰副司长就“引进外资角度谈服务业对外开放和多双边投资规则”、条法司李成钢司长就“中国对外投资协定谈判若干重大问题研究”分别做了专题辅导报告及交流。

2013 年 3 月 18 日，印度 CUTS 机构秘书长梅塔（Pradeep Mehta）到访上海 WTO 事务咨询中心，并做了题为“多边贸易体制的未来”的演讲。中心业务总监龚柏华教授出席并主持了会议。梅塔先生在演讲中阐述了其对多边贸易体制是否处于危机之中、多边贸易体制能否整合民间社会的许多议题（如食品安全、环境和人权）等问题的看法，并希望增加两个机构间的合作。梅塔是 WTO 总干事邀请撰写《WTO 的未来和改革》的 12 位知名人士之一。中心与 CUTS 于 2011 年联合发起成立了金砖国家经贸研究网络，目标是在贸易和投资问题上协同工作，共同创造出有助于金砖国家政策制定的成果。

2013 年 5 月，中国世界贸易组织研究会与商务部政策研究室合作开展了首届中国 WTO 研究成果收集活动，86 部作品入围。我中心课题《多哈回合环境产品谈判研究》入选优秀成果，并在中国世界贸易组织研究会暨我国开放型经济体系新战略高层论坛上公布。本课题组组长为姚为群总助，成员有仇晋超、范炜、谈茜、罗海蓉、霍晓璐、张颖、金柳燕。

2013 年 6 月 12 日，第 16 届全球贸易分析年会（GTAP）在上海对外经贸大学校松江校区开幕。本次年会由美国普渡大学全球贸易分析中心（GTAP）主办，上海对外经贸大学、上海社科院、上海 WTO 事务咨询中心等共同承办，这是全球贸易分析年会首次在中国举行。本次会议主题为“迅速变化环境下全球贸易的新挑战”，旨在促进专家、学者就有关全球经济问题定量分析方面的交流与合作。上海 WTO 事务咨询中心总裁王新奎、上海对外经贸大学校长孙海鸣、上海社会科学院副院长王振致开幕词，来自美国、日本、德国、法国、中国、澳大利亚等国的该领域的专家、学者以及世界银行等国际机构的代表共 300 多人出席了会议。

2013 年 7 月 19 日，“经济全球化新形势下我国对外开放战略”课题中期评审和成果交流会议举行。该课题是商务部与上海市政府合作建设的“全球贸易投资研究咨询中心”国家级平台的首个大型部市合作决策咨询项目，分为货物贸易、服务贸易、投资规则、区域开放格局、自贸区建设等 8 个子课题，分别由市府发展研究中心、复旦大学、上海交通大学、上海社科院、华东政法大学和上海对外经贸大学的专家学者承担研究任务。评审会专家对各子课题的中期成果表示满意，并提出了下一步工作的方向。

2013 年 9 月 23 日，由商务部主办的“发展中国家贸易体系法律法规研修班”共 20 人到访上海 WTO 事务咨询中心。姚为群总助介绍了中心的发展历程和业务职能。研究班学员与专家们进行了热烈的互动式讨论。

2013 年 10 月 2 日，上海 WTO 事务咨询中心在世界贸易组织秘书处 2013WTO 公众论坛中方主办的第 6 分场在日内瓦举行。主题是“为贸易注入技术创新－从提高供应链和价值链管理的角度”，分析了当前全球供应链管理制度创新对国际贸易的影响。会议由王新奎总裁主持，并邀请中国企业家代表到场发表演讲。

2013 年 11 月 6 日，2013 中国国际工业博览会论坛暨 2013 上海事务咨询中心顾问委员会年会在沪召开，围绕“WTO——贸易制度的新趋势与新发展”的主题展开讨论。商务部部长助理、党组成员张向晨指出，上海自贸区的建设揭开了中国新一轮改革开放的序幕。“上海自贸区将试出水中的温度和深浅，试验出改革的方向和措施。上海自贸区会一步步探索中国下一轮改革开放的经验。”上海 WTO 事务咨询总裁王新奎在主旨演讲中指出，在 2008 年全球金融危机前后，全球经济发生巨大变化，各个主要贸易国家的产业结构都发生了巨大变化，全球多边贸易体制也面临重大变革。

2013 年 11 月 13 至 14 日，美国哥伦比亚大学可持续发展国际投资研究中心在哥伦比亚大学举办了“第八届哥伦比亚大学国际投资年会”。中心龚柏华总监、林惠玲主任和罗海蓉咨询师作为专家参加会议。会议期间，我中心专家向与会的各国专家学者介绍了我国通过设立中国（上海）自由贸易试验区吸引外资的情况和经验，为今后与哥伦比亚大学等国际机构的交流合作搭建了意向平台。

2013 年 12 月 26 日下午，中国常驻世贸组织代表团赵宏公参到访中心，并举行专题讲座，主题为“世贸组织第九届部长级会议（巴厘岛会议）谈判情况及发展前景”，介绍了巴厘岛一揽子协定内容，并就其中的难点和思路做了讲解，探讨了世贸组织和多哈回合的下一步走向。

附录十：深圳市世贸组织事务中心年度大事记（2013）

1月9日　深圳市世贸组织事务中心隆重召开座谈会，纪念中心十周年华诞。

1月21日　中心主任张金生、副主任高瞻率中心各部门同志前往商务部政研室、条法司、反垄断局、公平贸易局、调查局、世贸司、国际司等汇报工作。高虎城副部长、俞建华部长助理接见并做指示。

1月31日　深圳市世贸组织事务中心在市民中心召开2013年工作务虚会。

1月31日　中心组织召开2012年深圳企业应对国际贸易摩擦经验交流座谈会，全面总结2012年企业应对国际贸易摩擦工作情况，交流应诉工作经验，了解企业在应对过程中遇到的困难和问题。

2月27日　由中国世贸组织研究会和深圳市世贸组织事务中心联合发起的《地方世贸组织事务工作深圳倡议》在商务部世界贸易组织司网站上发布。此前，《地方世贸组织事务工作深圳倡议》在商务部世贸司和国际司于2012年11月联合主办的“全国地方世贸组织工作会议暨自贸区工作会议”上，由与会代表热烈讨论并通过。

3月6日　中心组织召开了深圳市贸易政策合规性审查工作会。商务部世贸司黄任刚副司长，广东省对外经济贸易合作厅公平贸易局张萍局长，市经贸信息委党组成员、世贸中心主任张金生，市法制办、经贸信息委、财政委、科技创新委以及各区法制办、经促局、新区经服局等40余人出席了会议。

3月20日　为帮助市重点“走出去”企业更好地防范和化解国际贸易风险，加深对世贸规则的理解，应华为公司邀请，中心高瞻副主任率咨询服务部、综合部相关人员与该公司法务部工作人员就国际贸易摩擦应对工作进行了交流。

3月20日　中央统战部发文对2012年度党外知识分子建言献策信息工作先进单位及个人给予通报表彰，深圳市政协委员、中心副主任高瞻被表彰为“优秀党外知识分子建言献策信息员”。

4月30日　中心参评“首届中国世界贸易组织研究成果征集活动”，两部作品入围“中国世界贸易组织成果库”。

5月14日　中心领导带队先后赴中南大学、西南财经大学等单位开展了博士后工作调研。

7月3日　中心与深圳检验检疫局联合举办2013年技术性贸易措施知识培训会，以使相关人员进一步熟悉和掌握WTO规则，增强开展WTO/TBT－SPS研究和应对的能力。

8月5日　中心召开党的群众路线教育实践活动动员大会，学习贯彻中央、省委和市委有关文件精神，通报了活动实施方案。

8月28日　商务部进出口公平贸易局和中国陶瓷工业协会在深圳召开巴西日用陶瓷反倾销工作会议。会议由中心承办。

10月16日　中心高瞻主任履新。受市委组织部委托，市经贸信委郭立民主任、彭新叶副主任到我中心宣读了深圳市人民政府关于高瞻担任深圳市世贸组织事务中心主任的决定。

10月31日　中心在北京组织召开了2013年深圳市WTO法律服务体系工作会议，全面总结2013年贸易摩擦应对工作，分析2014年形势，探讨深圳开展进出口公平贸易工作新思路。

11月13日　中心赴深圳市前海深港现代服务业合作区管理局开展座谈交流 。

12月9日　第十二届“WTO与深圳”高级论坛在深圳五洲宾馆召开。深圳市市长许勤出席论坛并致辞，世界贸易组织副总干事易小准发表主旨演讲。本届论坛主题为“WTO与新一轮对外开放”，围绕这一主题，论坛嘉宾展开了3个专题的演讲：“多哈回合谈判与中国的参与”、“自贸园区与新一轮对外开放”以及“产业价值链与国际竞争力的提升”。

12月10日　深圳市世贸组织事务中心顾问委员会2013年会召开，探讨如何进一步发挥地方WTO事务机构的作用。年会通过并发布了《地方WTO事务工作合作备忘录》。

對外經濟貿易大學

University of International Business and Economics

对外经济贸易大学是教育部直属的全国重点大学，国家“211工程”首批重点建设高校。2010年12月，教育部与商务部正式签署协议，共建对外经济贸易大学。学校现任党委书记王玲，校长施建军。

学校创建于1951年，是一所拥有经、管、法、文、理五大门类的多科性财经外语类大学。现有教职员工1600余人，在校学生1.6万人。目前，学校下设17个学院，并设有思想政治理论课教学科研部、体育部和文化艺术教学部；拥有国家级重点学科2个，国家级人文社会科学重点研究基地1个，教育部战略研究（培育）基地1个、教育战略与规划研究中心1个，北京市重点学科7个，北京市哲学社会科学研究基地1个，博士后流动站4个，一级学科博士点5个，一级学科硕士点8个，专业硕士学位授权点10个，本科专业39个。培养的学生一直以专业知识和技能扎实、外语娴熟、思维活跃、实践能力强而受到社会的普遍欢迎。

学校的学术研究在我国对外经贸科研领域占有重要地位，设有100多个研究单位，其中中国WTO研究院是全国唯一的研究世界贸易组织的国家级人文社科重点研究基地。学校主办并公开发行多种学术刊物，其中《国际贸易问题》、《国际商务——对外经济贸易大学学报》、《日语学习与研究》、《Journal of WTO and China》（WTO与中国）等享有较高的学术地位。学校也是国家培训高级经济管理干部的基地之一，设有政府委托或与外国合办的多个高级在职培训机构。

学校于1989年11月在国内率先成立了校董会。李岚清为首任校董会主席，荣毅仁、霍英东等任名誉主席，吴仪为第二任校董会主席。2011年9月，校董会第三届会议选举施建军为第三任校董会主席，石广生、刘鸿儒、陈元为荣誉主席。校董会的建立，对于学校的建设发展发挥了重要作用。

学校坚持走内涵式发展道路，倡导追求卓越、创造精品的精神，把建设国际竞争力、影响力显著增强的国际知名的有特色高水平大学作为自己的长期愿景和历史使命。

地址：北京朝阳区惠新东街10号
电话：64492001
网址：http://www.uibe.edu.cn

中国世界贸易组织研究会

CWTO China Society for World Trade Organization Studies

名誉会长
Honarary Chairman

徐匡迪
Xu Kuangdi

陈德铭
Chen Deming

终身荣誉顾问
Lifelong Honorary Advisors

沈觉人
Shen Jueren

佟志广
Tong Zhiguang

谷永江
Gu Yongjiang

龙永图
Long Yongtu

会长
Chairman

孙振宇
Sun Zhenyu

副会长
Vice Chairmen

廖晓淇
Liao Xiaoqi

陈鹏
Chen Peng

王成安
Wang Chengan

李恩恒
Li Enheng

王琴华
Wang Qinhua

霍建国
Huo Jianguo

施建军
Shi Jianjun

薛荣久
Xue Rongjiu

陈经纬
Chen Jingwei
(Chan Kingwai)

中国世界贸易组织研究会是中华人民共和国商务部直属管理的从事世贸组织（WTO）及相关经济和贸易问题研究的全国性社团组织。由全国长期致力于世贸组织相关事务的政府官员、权威专家学者和机构自愿组成，是国内进行世贸组织有关事务研究、咨询、培训、编辑、出版、国际交流与合作的权威机构之一。

China Society for World Trade Organization Studies (CWTO) is the sole nation-wide non-governmental organization of studying WTO and relevant economic and trade issues based in Beijing, China. Formed voluntarily by government officials, experts, scholars, and institutions all over the country engaged in WTO-related affairs, CWTO is one of the authoritative institutions in the country carrying out research, consulting, training, compilation, publication, international exchange and cooperation activities in connection with WTO.

国务院前副总理李岚清会见中国世界贸易组织研究会领导。（左起：廖晓淇、俞晓松、佟志广、李岚清、谷永江、徐秉金、刘光溪）

Former Vice Premier Li Lanqing met with CWTO leaders. (From left: Liao Xiaoqi, Yu Xiaosong, Tong Zhiguang, Li Lanqing, Gu Yongjiang, Xu Bingjin, Liu Guangxi)

2009年3月20日，徐匡迪院士、陈德铭部长出席中国世界贸易组织研究会第二届理事会第三次会议并发表重要讲话。（左起：郑志海、孙振宇、俞晓松、徐匡迪、陈德铭、谷永江、易小准、徐秉金、吴家煌、刘光溪）

On Mar. 20, 2009, Academician Xu Kuangdi and Minister Chen Deming attended and gave speech at the third session of the Second CWTO Council Meeting. (From left: Zheng Zhihai, Sun Zhenyu, Yu Xiaosong, Xu Kuangdi, Chen Deming, Gu Yongjiang, Yi Xiaozhun, Xu Bingjin, Wu Jiahuang and Liu Guangxi)

宗旨：服务国家，面向企业，依托智库院校，开展国际合作。

Our mission

To serve the country, support enterprises, rely on think tanks and universities, and carry out international cooperation.

主要职能：

- 研究世界贸易组织相关理论和实际问题；
- 组织国内外学术成果、工作经验和信息交流；
- 向我国政府部门、企业提供培训、咨询和法律服务；
- 国内外信息采编，编辑出版书籍、报刊、音像资料，宣传普及世界贸易组织知识；
- 促进我国与包括广大发展中国家在内的所有世贸组织成员的自由、公平贸易和经济技术合作；
- 推动我国企业参与国际竞争；
- 促进和推动我国与其他国家和地区包括自贸区在内的区域性经济合作；
- 协助我国政府部门在完善多边贸易体制进程中发挥积极和建设性作用。

Main functions

- Study WTO-related theories and practical issues;
- Organize domestic and international exchanges of academic research, work experiences and information;
- Provide relevant training, consultancy and legal services to China's government agencies, industries, and enterprises;
- Collect information, edit and publish books, newspapers, audio and video materials, and periodicals to popularize WTO knowledge;
- Promote free-and-fair trade, and economic and technological cooperation between China and other WTO members, including developing countries;
- Encourage Chinese enterprises to participate in global competition;
- Enhance regional economic cooperation between China and other economies including FTAs;
- Assist the Chinese government to play an active and constructive role in improving the world trading system.

2011年3月8日，商务部部长助理俞建华与中国世界贸易组织研究会领导在第二届理事会第四次会议上合影。（左起：王琴华、霍建国、陈经纬、俞建华、谷永江、俞晓松、孙振宇、郑志海、薛荣久）

On Mar. 8, 2011, Assistant Minister of Commerce Yu Jianhua and CWTO leaders attended the fourth session of the Second CWTO Council Meeting. (From left: Wang Qinhua, Huo Jianguo, Chan Kingwai, Yu Jianhua, Gu Yongjiang, Yu Xiaosong, Sun Zhenyu, Zheng Zhihai and Xue Rongjiu)

2013年9月30日,我会主办的“两岸经贸问题研讨会”在对外经贸大学召开。我会荣誉会长、海峡两岸关系协会会长陈德铭和有关专家学者及商务部相关司局参加了本次研讨会。会议由孙振宇会长主持。

On Sept. 30, 2013, a seminar on “Economic Issues Across the Taiwan Straits” was held in UIBE. Mr. Chen Deming, Honorary Chairman of CWTO and President of ARATS attended the seminar with scholars and relevant officials from Ministry of Commerce. The seminar was presided over by Mr. Sun Zhenyu, Chairman of CWTO.

2013年8月23日，世界贸易组织副总干事易小准视察我会并座谈。(左起：王琴华、王成安、薛荣久、易小准、孙振宇、陈鹏、霍建国、吴家煌、林桂军)

On Aug. 23, 2013, Deputy Director-general of WTO Yi Xiaozhun visited CWTO. (From left: Wang Qinhua, Wang Chengan, Xue Rongjiu, Yi Xiaozhun, Sun Zhenyu, Chen Peng, Huo Jianguo, Wu Jiahuang, Lin Guijun)

地址：北京市朝阳区惠新东街10号对外经济贸易大学逸夫科研楼6层
邮编：100029
电话：010-6449 3232
传真：010-8425 5122
网址：http://cwto.mofcom.gov.cn
电邮：office@cwto.org.cn
微博：http://weibo.com/chinawto

Address：Suite 608, Yifu Research Bldg., No.10, Huixin Dongjie, Chaoyang District, Beijing, China
Postcode：100029
Tel：010-6449 3232
Fax：010-8425 5122
Website：http://cwto.mofcom.gov.cn
Email：office@cwto.org.cn
Weibo)：http://weibo.com/chinawto

中国(北京)国际服务贸易交易会

CHINA BEIJING INTERNATIONAL FAIR FOR TRADE IN SERVICES

为顺应服务贸易领域的国际合作需求，积极推动全球服务贸易的交流与发展，由中华人民共和国商务部、北京市人民政府共同主办，世界贸易组织、联合国贸易和发展会议、经济合作与发展组织作为永久支持单位的中国（北京）国际服务贸易交易会（简称京交会），自2012年起落户北京，交易范围涵盖世界贸易组织界定的商业服务、通讯服务、建筑服务、销售服务、教育服务、环境服务、金融服务、健康与社会服务、旅游服务、文化体育服务、交通运输服务等服务贸易全部12大领域。

交易会的生命力在于促进成交，魅力在于创造商机，吸引力在于提供优质服务。京交会自举办以来，通过搭建全球服务贸易行业领域的专题展示、高峰论坛、交易洽谈平台，吸引了来自百余个国家和地区数万名展客商的参会和关注，实现了参展国家和地区、参会客商以及意向签约额的逐届递增。京交会，已逐渐成为全球优质创新服务展示的舞台，国际服务贸易政策和信息发布的窗口，各国服务贸易企业对接交易的平台，国际先进服务“引进来”和中国服务“走出去”的重要桥梁。

京交会，诚邀全球客商。

京交会官方网站：www.ciftis.org

上海WTO事务咨询中心
Shanghai WTO Affairs Consultation Center

SCC / WTO

理事长兼总裁
王新奎
Council Chairman & President
Mr. Wang Xinkui

上海WTO事务咨询中心是上海市人民政府主办的非营利性WTO事务专业咨询服务机构和国际交流沟通平台，建于中国加入世界贸易组织前夕的2000年10月。

上海WTO事务咨询中心设理事会，理事会成员由上海地区与WTO事务相关的主要政府部门的代表组成。

上海WTO事务咨询中心设顾问委员会，顾问委员会成员由经中华人民共和国国务院批准的国外WTO事务资深专家和经上海市人民政府批准的国内WTO事务权威人士组成。

上海WTO事务咨询中心业务团队成员的知识结构覆盖经济学、政治学、法学、管理学、系统工程、信息工程等专业领域，并具有从事WTO事务研究和咨询工作的长期经验。经中华人民共和国人力资源和社会保障部批准，中心设有以全球多边贸易体制为主要研究方向的博士后科研工作站。

作为WTO事务的专业咨询服务机构和国际交流沟通平台，上海WTO事务咨询中心向政府、企业和社会公众提供下列与WTO事务相关咨询服务：

1 与WTO有关的各类贸易谈判与磋商的数据分析或决策咨询服务；
2 与WTO争端解决有关的法律、法规和其他措施的合规性咨询服务；
3 针对各主要贸易伙伴的贸易环境和贸易壁垒调查服务；
4 按具体产品的反倾销、反补贴和保障措施的预警及监控服务；
5 反映贸易政策、贸易流量和产业产出相关关系的贸易运行监控服务；
6 与全球多边贸易体制有关的各国中长期宏观贸易政策趋势的研究服务；
7 通过电子网络发布或纸质文献资料查讯的WTO信息服务；
8 与WTO 事务有关的专题和热点培训服务。

The Shanghai WTO Affairs Consultation Center (SCC/WTO), funded by the Shanghai Municipal Government and established in October 2000 just prior to China's accession to the World Trade Organization, is a nonprofit think tank dedicated to professional consulting services and international exchanges on WTO affairs.

The SCC/WTO Board of Trustees consists of representatives from Shanghai's leading government departments related to WTO affairs.

The SCC/WTO also has a high-level Advisory Committee with members from home (accredited by the Shanghai Municipal Government) and abroad (accredited by China's State Council).

The SCC/WTO boasts a strong contingent of experienced researchers and veteran consultants in WTO affairs with expertise in multidisciplinary and interdisciplinary areas such as economics, political science, law, public administration, systems engineering, and information engineering. Upon approval from China's Ministry of Human Resources and Social Security, the SCC/WTO runs a postdoctoral program with a research focus on the global multilateral trading system.

As a professional institute specializing in WTO affairs consultancy and communication, the SCC/WTO provides the government, business, academia, and public with a broad range of services:

1 Statistical analysis and policy advice on trade negotiations under WTO;
2 Compliance consulting on laws, regulations and other measures related to the settlement of disputes under WTO;
3 Survey of trade environment and trade barriers in China's major trading partners;
4 Early-warning and monitoring of anti-dumping, countervailing, and safeguard measures against selected products;
5 Tracking and monitoring trade operations based on the interrelationship between trade policies, trade flows and industrial output;
6 Identifying trends in medium- and long-term macroeconomic policies of WTO members within the framework of multilateral trading system;
7 Distributing WTO-related information in print and electronic formats;
8 Training programs on hot topics and current issues related to WTO affairs.

地址：上海市古北路620号院内WTO中心办公楼
邮编：200336
电话：021-62591080

WTO Building,620, Gu Bei Road, Shanghai, China
Zip: 200336
Tel: 86-21-62591080

武漢大學WTO学院

简介

武汉大学WTO学院是武汉大学直属学院之一，是按照国际国内开放办学的模式和高效管理机制运行的新型学院。学院旨在以实现学生的国际就业为目标，提供高质量的教学计划和培养方案，使学生在学习的基础上，树立敢于面向国际职业市场的观念，提高就业竞争能力。

学院与多个国家的多所名校建立了联合培养机制，为高中毕业生开创了更新更好的就读机会，学生因此改变了自己的人生轨迹，拥有更好的学习机会、更大的发展空间、更高的就业层次。学院教学以严谨著称，学生管理以严格闻名，教学成效异常显著，学院因此获得了国外高校的高度肯定，吸引了多所世界名校前来我院寻求合作。

国内第二学位教育项目

武汉大学WTO双学位实验班至今已成功举办7届，是面向武汉地区十八所普通高校在校大学生开发的双学位教育（学生在大一时申请）。WTO双学位班将“培养具有国际交流能力的法律、经济、管理学的综合性人才”作为武汉大学特色人才培养目标之一；强调学生在继续学习原本科专业的同时，不转学籍参加本班学习，学生可以用原专业的学位或武大授予的学位进行就业、深造和申请出国，真正使学生获得综合优势。

网　　址：www.whuwto.com

地　　址：武汉大学桂园WTO学院

电　　话：027－68753872

　　　　　027－68754413

传　　真：027－68754690

KING®
经纬集团

经纬集团

经纬集团有限公司系香港经纬集团全资投资，于1992年经国家工商行政管理总局批准，在汕头经济特区注册成立的我国改革开放后首批外商独资集团公司，曾先后获得全国外商“明星企业”和“双优企业”荣誉称号，现为香港中国商会主席、会长单位，中国海外投资年会执行主席单位、中国国际商会副会长单位、中国商业联合会副会长单位、中国世界贸易组织研究会副会长单位、全国工商联常委单位。

1989年底，集团以锐利的战略眼光果断在内地投资兴办纺织服装实业，并拓展贸易业务。1991年，下属纺织印染企业引进世界一流的流水线，专业生产各类高档仿真丝面料，一举赢得了全国市场的龙头地位，带动了我国整个化纤布后整理产业的迅速革新和升级。集团多年在国家统计局对全国500家最大外商投资工业企业统计评选中名列前茅。

随着投资领域的扩大，集团业务逐步拓展到房地产、现代服务业、金融、国际贸易等领域，开发项目遍及广东、上海、天津三大核心经济区域，成功实现了集团的产业升级和战略布局。

集团秉承“稳健务实、开拓创新、团结拼搏、持之永恒”的企业精神，以诚信锻造品牌，增强自身凝聚力，赢得了良好的声誉，也一直受到各级领导的亲切关怀和社会各界的广泛关注；同时激励着全体经纬人的创业、敬业、惜业精神，不断开拓，向着更高的目标迈进！

山东·昌邑

文明和谐的昌邑欢迎您

Wenming Hexie de Changyi HuanyingNin

昌邑市地处山东半岛西北部，渤海莱州湾南岸，东与烟台、青岛毗邻，西与国际风筝都潍坊市区接壤，属环渤海经济圈，是国务院确定的沿海对外开放城市，在山东半岛蓝色经济区、黄河三角洲高效生态经济区和胶东半岛高端产业聚集区“三区”建设中交汇融合、功能叠加，属实施“蓝黄”两大国家战略的重点区域。昌邑古称鄑邑、都昌，秦朝设县，宋朝定名。春秋战国时为晏子食邑、孙膑封地，迄今已有2200多年的建制沿革历史。市域面积1627.5平方公里，总人口58万，是著名的“中国丝绸之乡”、“华侨之乡”、“中国溴·盐之乡”、“中国北方绿化苗木基地”、“中国超纤产业基地”、“中国纺织产业基地”、“全国科技进步先进市”、“2011年度中国中小城市科学发展百强”、“2011年度中国最具投资潜力中小城市百强”、“山东省区域经济协调发展示范县”、“山东省铸造业基地”、“山东省园林城市”。

昌邑区位优越，资源丰富，交通便捷，产业优势明显。目前，形成了石油化工、盐及盐化工、机械装备、纺织服装、食品加工、水产养殖、绿化苗木等优势产业集群。2011年，全市完成地区生产总值263.9亿元，实现财政总收入28.6亿元。

昌邑，一座生机勃勃的城市，一方投资兴业的热土。文明开放的昌邑欢迎您！

INVEST IN CHANGYI 投资昌邑

http://changyi.mofcom.gov.cn

贴近 合作 共赢

电话：0536-7211953

传真：0536-7211953

E-mail:cysswj@163.com

中国轻纺城 China Textile City

中国轻纺城坐落于浙江省绍兴市柯桥区，距杭州国际机场25公里。这里集聚了各类纺织服装面料、家居用纺织品和产业用纺织品，是目前全球规模最大、经营品种最多的纺织品集散中心。中国轻纺城始建于20世纪80年代，是全国首家冠名“中国”的专业市场。近年来，柯桥区坚持产业、市场与城市建设联动发展，大力推进中国轻纺城“二次创业”，市场集群化、现代化、国际化水平不断提升。

中国轻纺城已基本形成了“南部的传统交易区、北部的市场创新区、中部的国际贸易区、西部的原料龙头区和东部的物流配套区”。中国轻纺城现有市场建筑面积360多万平方米，传统区营业房25000多间，注册经营户（公司）25000余家，常驻国（境）外采购商近6000人，国（境）外代表机构1000多家，2013年成交额为1105.03亿元，全球每年有1/4的面料在此成交，与全国近一半的纺织企业建立了产销关系。市场率先实施知识产权保护，开展现代金融服务，引导培育技术创新、品牌创建、时尚创造和产业链整合的新型公司化经营模式并取得了良好成绩。

China Textile City is located at Keqiao District of Shaoxing City, it is only 25km away from Hangzhou International Airport. The market comprises a fine collection of fabrics of all sorts including garment fabrics, home textiles fabrics and industrial textiles fabrics. It is a textile distributing center of the largest scale which operates the most various kinds of textile products in the world. Founded in 1980s, China Textile City is the first national professional market with "China" as part of the name. In recent years, Keqiao District has insisted on a conjunct development model of industry, market and city construction, vigorously pushed to start a new undertaking, thus level of clustering, modernization and internationalization of the market has been continuously rising.

At present, China Textile City has basically formed five distinctive textile trade platforms, i.e. Traditional Trade Zone in the south part, Market Innovation Zone in the north part, International Trade Zone in the middle part, Textile Raw Materials Trade Zone in the west part, and Logistics Supporting Zone in the east part. China Textile City covers a construction area of over 3.6 million square meters at present with more than 25,000 business rooms and more than 25,000 operators/companies. There are nearly 6,000 overseas permanent purchasers and over 1,000 permanent overseas representative agencies. In 2013 the turnover of RMB110,503 billion Yuan. A quarter of global chemical fabrics are transacted here, nearly half of national textile enterprises have established business relations with it. The market is also the first to implement intellectual property protection, to carry out modern financial services, to guide and foster technological innovation, brand building, fashion creation and new model of company system that integrates industrial chain, and all these yield well.

地址：浙江省绍兴市柯桥区

南车戚墅堰机车有限公司

CSR QISHUYAN Co., LTD

中国南车 CSR

泰国机车
Tailand locomotive

阿根廷机车
Argentina locomotive

沙特机车
Saudi Arabia locomotive

中国南车股份有限公司旗下南车戚墅堰机车有限公司始建于1898年，坐落于中国江苏省常州市戚墅堰区，主要从事铁路干线大功率内燃机车的研发、制造和修理。经营范围为铁路机车、船用柴油机及配件制造、修理，自营和代理各类商品和技术的进出口业务等，是南车股份内燃机车龙头企业和中国最大的内燃机车研发、制造基地之一，系原中国铁道部六家重点扶持企业之一。

在中国铁路发展的近20年中，南车戚墅堰机车有限公司为中国的客运六次大提速研发制造了DF11、DF11G等提速机车。为中国铁路货运重载运输研发制造了DF8B型内燃机车，HXN5型AC-AC传动、6000马力内燃机车，内燃机车在国内市场占有率达到70%。在国际市场上，公司产品以可靠、经济、及时的服务著称，赢得了亚洲、非洲、澳洲、南美洲、北美洲市场客户的高度认可。

尼日利亚内燃动车组
Nigeria DMU

CSR Qishuyan Co., Ltd. was established in 1905, located in Qishuyan, Changzhou, Jiangsu Province China. It is affiliated with China South Locomotive & Rolling Stock Corporation Limited (abbreviated as CSR hereafter) and mainly engaged in the researching & developing, manufacturing and repairing of the railway mainline high-power diesel locomotive. The business covers the manufacture and repair of railway locomotives, marine diesel engines and components, and also self-management and agent of various goods and technology import and export. The company is the leading enterprise of diesel locomotive in CSR and one of the biggest researching & developing and manufacturing bases for diesel locomotives in china. It is one of the six enterprises key-supported by the former Ministry of Railways in China.

澳大利亚机车
Australia locomotive

In the recent 20-year development of China railway, CSR Qishuyan Co., Ltd has developed and manufactured DF11 and DF11G diesel locomotives for the speed-ups of railway passenger transportation. The company also has developed and manufactured DF8B diesel locomotive for heavy haul freight transportation, HXN5 diesel electric locomotive of AC-AC transmission with rated power of 6000 horse power. It's diesel electric locomotive covers 70% of the railway market in China. Products of CSR Qishuyan Co., Ltd are praised and win good reputation for its superior level of reliability、competitive price and satisfied service around the world, especially in Asian, Africa, Australia, South America and North America.

和谐长城号内燃动车组
Harmony Great-wall DMU

地址：中国江苏常州延陵东路358号
Add:No.358,Yanling East Road,Changzhou,Jiangsu,China
传真Fax：+86 519 88777844 邮编/Postcode:213011
电话Tel：+86 519 88771047
Http://www.csrqs.com.cn
E-mail:sale@csrqs.com

杭州经济技术开发区

HEDA

杭州经济技术开发区1992年5月启动建设，1993年4月被批准为国家经济技术开发区。它是全国唯一的集工业区、高教园区、出口加工区于一体的国家开发区，其江北区块104.7平方公里，辖区人口45万；跨江开发的江东区块40平方公里。杭州出口加工区于2001年5月封关运作，规划面积2.92平方公里。下沙高教园区规划面积10.91平方公里，是浙江省内规模最大的高教园区，拥有14所高校、20万在校师生。

近年来，开发区围绕转型发展的总体要求，大力实施“创新驱动、集聚领先、产城融合”战略，强势推进“大引擎驱动、大产业培育、大平台构筑、大环境优化”四大工程，加快转型发展、率先发展，努力把开发区建设成为“创新驱动、集聚领先的示范园区，功能完善、产城融合的杭州副城，富裕富有、魅力彰显的和谐社会”。

2013年，全区实现规模以上工业销售产值1555.1亿元，地区生产总值471.7亿元，财政总收入114.2亿元。工业经济总量居杭州各区、县（市）前列，经济实力处于全省开发区领先地位。食品饮料、电子信息、装备制造和生物医药等产业已凸显规模优势，汽车整车及零部件、文化创意、新能源新材料和现代物流等产业正加速集聚发展。全球500强的外资企业在开发区投资了60多个项目，福特、西门子、拜耳、松下、东芝、LG等一大批知名跨国公司在开发区建立了生产基地。开发区企业则在美洲、欧洲、东南亚的多个国家拓展了海外市场。2013年完成进出口总额87.2亿元，其中出口达58.4亿美元。

经过20年的开发建设，开发区取得了显著的发展成就，投资环境综合评价近三年连续位列国家经济技术开发区“十强”，多年保持浙江省开发区首位，先后荣获“生物产业国家高技术产业基地”、“国家知识产权试点园区”等10余个称号，以及中国75个城市开发区中的“最佳开发区”、“跨国公司最佳投资开发区”等多项殊荣。

松下工业园

工业区

开发区沿江居住带

最美东部湾

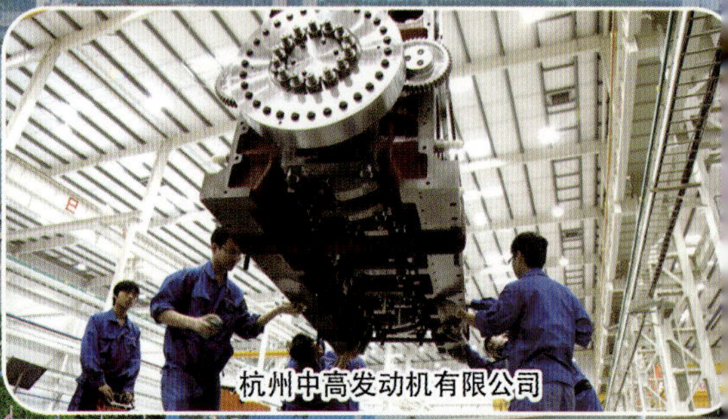
杭州中高发动机有限公司

联系地址：杭州经济技术开发区金沙大道600号 联系电话：0571—86912168

中国·旅顺经济技术开发区

城轨车调试车间

大学城

造船企业

旅顺经济技术开发区位于辽东半岛最南端，东临黄海，西濒渤海。境内有国家一类口岸、国内著名的天然深水不冻港旅顺新港，世界独一无二的鸟岛和蛇岛，国家4A级景区世界和平公园。

旅顺开发区成立于1992年，2002年晋升为省级开发区，2010年纳入辽宁沿海经济带重点发展区域，2013年晋升为国家经济技术开发区，成为国内外投资者关注的热点地区。园区规划面积88平方公里，海岸线长23.9公里，下辖12个行政村，总人口10万人。

经过二十多年的建设，开发区在突出优势产业、加速产业集聚等方面取得了显著成效，现已成为大连国际航运中心和现代产业聚集区建设的重要组成部分，成为辽宁沿海经济带最具活力的产业园区。

开发区先后入驻了中远集团、中国北车集团、中铁集团等500强在内的各类工业企业200多家，形成了以船舶制造、轨道交通、重大装备、港航物流为主导的产业发展格局。临港产业成为辽宁省新型工业化示范基地。配合产业发展，还引进了5个国家级研发中心、4所高等院校，初步奠定了加快创新的资源优势。在加快产业集聚的同时，提升了城市功能。累计投入120亿元用于城市基础设施建设，形成了集港口、火车轮渡、铁路、高速公路、城市轻轨“五位一体”的交通运输体系。旅顺新港建成各类泊位18个，在建泊位11个。开通了至烟台、蓬莱、东营、天津等地的多条客滚航线，正在向东北亚国际航运中心组合港迈进。2014年实现生产总值110亿元，公共财政预算收入15亿元，固定资产投资145亿元，实际利用外资1.5亿美元，外贸出口10亿美元。

旅顺新港

未来五年，旅顺开发区以建设千亿元产业园区为目标，着力打造改革创新先行区、对外开放先导区、绿色产业集聚区、产城融合示范区，建设成为年销售收入超300亿元的轨道交通装备制造产业基地、超200亿元的现代造船产业基地、超200亿元的装备制造产业基地和超300亿元的现代服务业产业基地。

旅顺西部临港新城

第十二届中国（漯河）食品博览会简介

Introduction to the 12th China (Luohe) Food Expo

河南省漯河市是中国食品工业协会命名的全国首家“中国食品名城”。基于良好的产业基础，2003 年漯河市即举办了首届中原食品节，2008 年更名为中国（漯河）食品博览会。截至目前，由河南省人民政府、中国食品工业协会、中国商业联合会共同主办的中国（漯河）食品博览会已成功举办了 12 届，展览面积达 5 万平方米，设 2500 个国际标准展位，单届参展企业近千家，先后 4 次入选商务部重点引导支持会展。

在 2014 年 5 月 16—18 日举办的第十二届中国（漯河）食品博览会上，中国食品工业协会、中国商业联合会及省有关领导亲自到会并参加相关活动；期间先后举行了开馆仪式、大型采购洽谈会、河南省“万村千乡市场工程”承办企业联合采购会、知名采购商座谈会和中原食品产业金销商峰会暨市场巡礼、食品百强企业漯河行、漯河市投资说明暨项目签约仪式、《字圣许慎》邮票首发式等 38 场专项活动，并首次利用网络技术开辟在线展厅，实现“云会展”。据统计，大会共签约 67 个投资项目，总投资 326.5 亿元；累计贸易采购额达 331.6 亿元，在业内产生了一定影响力和号召力。

Henan Luohe is the first city named "China Famous Food City" by China Food Industry Association. Based on its good industrial foundation, Luohe hosted the yearly food festival in central China since 2003, and the festival changed its name to "China (Luohe) Food Expo" after the approval from the China Food Industry Association in 2008. At present, the China (Luohe) Food Expo which co-sponsored by the People's Government of Henan Province, China Food Industry Association and China Chamber of Commerce has been successfully held 12 sessions. The Expo has the exhibition area of 50,000 square meters, accommodates 2,500 international standard booths, attracts over a thousand exhibitors in one single session, and selected by the Ministry of Commerce as the key guide support exhibition for four times.

In its session at 12th China (Luohe) Food Expo, held on May 16 to 18, 2014, President Shi Xiushi of China Food Industry Association, Chairman Zhang Zhigang of China Commerce Union, Vice Governor Wang Tie of Henan Province, Wang Yongle from the Standing Committee of the CPPCC and other leaders visited the Expo and participated the related activities.The Expo organized 38 special activities including the opening ceremony, the large procurement fair, the joint procurement by contractor enterprises of "market project of rural retailing development", the well-known buyers forum, the summit meeting and market survey for China’s best food industry distributor, a visit to Luohe by top 100 food enterprises, and Luohe investment meetings and project signing ceremony - the stamp premiere of "The words of St. Xu Shen". Moreover, by using the network technology, Luohe had opened up an online “cloud Expo” for the first time.According to statistics, a total of 67 investment projects signed during the Expo with a total investment of 32.65 billion yuan; the accumulated trade purchases reached 33.16 billion yuan and have a certain influence and appeal in the food industry.

食博会组委会办公室地址：中国河南省漯河市淞江新区嵩山东支路会展中心
联系电话：+86-0395-3183555　3186289　邮箱：lhsbh888@163.com　网址：www.lhfoodexpo.gov.cn

望城经济技术开发区

招商热线：0731—88068778

望城经济技术开发区在崭新起点上扬帆起航

长沙市望城经济技术开发区2000年创立，2014年2月由省级开发区升级为国家开发区。望城经济技术开发区是伟大的共产主义战士雷锋的故乡，推动经济社会又好又快发展的主阵地。

望城经济技术开发区区位优势明显，水陆空立体交通运输便捷：京—广、长（沙）—石(门)、长沙城际、长沙地铁和京珠西线、长（沙）—常（德）、长沙绕城等高等级公路与区域内六纵六横的城区主干道交错成网；境内湘江长沙航电枢纽和2000吨级霞凝港四季通航，入洞庭，达东海；距黄花国际机场仅40分钟车程。

望城经济技术开发区产业特色鲜明，已形成食品医药、有色金属精深加工及先进制造、航空航天和现代商贸物流四大主导产业集群，拥有国家有色金属新材料精深加工高新技术产业化基地、国家知识产权试点园区等高等级创新发展平台，2010年跻身“湖南最具投资价值十大园区”行列。2013年，望城经济技术开发区完成规模工业总产值513.3亿元，实现财政税收25.62亿元，各项经济指标连续保持30%以上的增速。

崭新平台，崭新起点。望城经济技术开发区正瞄准更高的目标，在产业转型升级的伟大实践中扬帆起航！

Wangcheng Economic & Technological Development Zone (WEDZ) was established in 2000, and was approved as the National-level economic and technical development zone by Chinese Government in February 2014. WEDZ is the hometown of Leifeng, a famous soldier of communism. The main position to promote sound and fast economic and social development.

With three-dimensional transportation network of developed aviation, railways, highways, WEDZ is an important node and hub in the transport network of Changsha. Beijing - Guangzhou, Chang(sha) - Shi(meng), Changsha City, Changsha Metro and Beijing-Zhuhai west line, Chang(sha) - Chang(de), Changsha City high-grade highways and district six vertical and six horizontal road cross into the net; Changsha navigation-power junction in the Xiangjiang River and 2000 tons of Xianing Port may be four seasons navigable, into the Dongting lake, to the East China Sea; only 40 minutes drive away from Huanghua International airport.

Wangcheng Economic & Technological Development Zone with distinctive characteristics of the industry, having great development potency, to form an industrial cluster composed of four major industries, namely, the foodstuff & medicine, nonferrous metals with deep-processing and advanced manufacturing, aerospace and modern commercial service & logistics industry, and has the National Non-ferrous Metal Materials and Deep Processing of High-tech Industrialization Base, the National Pilot Zone of Intellectual Property Rights and other high level platform for innovation and development. In 2010, WEDZ successively won the titles of Hunan's Top Ten Development Zone with the Greatest Investment Potential. In 2013, the gross industrial output value of the whole zone was 51.33 billion Yuan, and commercial and industrial taxes all the year round were 2.56 billion Yuan, up by 30% year-on-year.

The new platform, a new starting point. WEDZ is aiming a higher development goals, to promote industrial sectors to transform and upgrade, and to fulfill sustainable economic development.

百威英博（湖南）啤酒有限公司

中航飞机起落架公司

湖南晟通集团

前沿时尚 品位衡堂 HTANG

HTANG, a cutting-edge and tasteful international fashion house

衡堂HTANG,中国首家专业化的国际品牌孵化机构及服务平台，致力于为国际独立设计师品牌提供中国市场的专业化推广和销售渠道建设的服务。

HTANG, China's first specialized international brand incubator and service platform, is dedicated to providing market promotion and sales channel building services in China for international independent fashion designers.

衡堂HTANG建立起中欧之间时尚品牌的桥梁，致力于成为中欧最大的贸易平台，已与意大利、法国、德国、荷兰、丹麦、英国等欧洲国家的众多品牌商建立合作关系，引进纯正欧洲品牌数百个，涵盖皮具、服装、配饰、家居等多种品类。

Serving as the bridge between fashion brands from China and Europe, HTANG is dedicated to becoming the largest Sino-Europe trade platform. It has established cooperative partnership with brands from several European countries, including Italy, France, Germany, Netherlands, Denmark, the United Kingdom, aiming to introduce over a hundred brands next year, with assorted lines of leather goods, clothing, accessories, furniture, etc.

新进入中国市场的国际品牌，通过衡堂HTANG的孵化，将实现良好的消费者认知度和认同感，树立品牌形象，提升品牌价格。不久的将来，一批国际知名品牌将从衡堂HTANG诞生。

International brands new to the Chinese market could win customer acceptance, establish brand recognition, and enhance brand value through HTANG. The foreseeable future will see the emergence of an array of famous brands from HTANG.

衡堂HTANG在中国北京拥有一个展示中心。这里是品牌样品的展示空间，同时也是举办产品推荐会的场所，以及买手、设计师、时尚媒体人、时尚零售投资人等业内人士沟通交流的场所。衡堂计划2015年在北京和上海各投资一个衡堂生活方式概念店，以专业化的服务给渠道商树立样板，为国人带来全新购物理念。

HTANG is equipped with a showroom in Beijing, China. The showroom is not only a space for sample display, but also the venue for brand promotion, and communication with buyers, designers, fashion media professionals and fashion retailing business investors. HTANG plans to open two lifestyle concept stores in 2015 in Beijing and Shanghai respectively. The concept stores will set an example for distributors with its professional services, bringing brand-new shopping concept for the Chinese people.

衡堂HTANG的母公司贝衡控股是一家综合性投资集团公司，涉足房地产、奢侈品牌、商业管理、文化产业、投融资、矿产资源、国际贸易、教育培训等领域，管理着一些股东控股、参股企业。贝衡控股下辖四大业务板块：地产、金融、商业和文化。四大业务板块互为支撑，形成良性循环的“商态链”。贝衡地产在北京、天津、四川、陕西、湖北等地进行地产投资和开发建设，累计项目总数25个，开发总建筑面积超过350万平方米，涉及文化地产、商业地产、休闲旅游养生度假地产和住宅项目。以金矿为代表的矿业产业是贝衡控股另一个重资产投资业务，在河北、甘肃等地拥有多处矿产。

The holding company of HTANG, Beijing Everfortune Holdings (“Everfortune”), is a comprehensive investment group, with operations in the areas of real estate, luxury brands, business management, culture industry, investment and financing, mineral resources, international trade, and education and training, managing several controlled and invested companies. The four major businesses under Everfortune, namely commerce, culture, finance, and real estate, have formed a virtuous “business chain” through their complementarities. The real estate business has covered 25 projects with a total construction area of over 3.5 million square meters in Beijing, Tianjin, Sichuan, Shanxi and Hubei and a varying range from cultural and commercial real estate to tourism and resort real estate and residential projects. The mining business represented by gold mines is another heavy asset of Everfortune which has mineral resources in Hebei, Gansu, and several other provinces.

地址：中国北京市海淀区清华科技园科技大厦C座305

Address: Room 305, Block C, SP Tower, TusPark, Haidian District, Beijing 100084, China

Website: www.htangfashion.com

Tel: +86-10-8215-1501　　Mobile: +86-1530-1066-966

E-mail: htang@ef-holdings.com

湖南邵阳经济开发区

湘窖酒业

九兴控股规划

湖南邵阳经济开发区是1996年由湖南省人民政府批准设立的省级开发区，核定面积6平方公里，规划控制面积16.68平方公里，远期规划面积60平方公里。成立以来，按照“布局集中、土地集约、产业集聚、生态文明”的要求，在基础建设、招商引资、产业培育等方面取得了较好成绩，跨入湖南省省级开发区先进方阵，发展成为武陵山片区及湘西南地区重要的特色工业基地。

园区立足本地产业基础、交通区位、资源禀赋以及邵商资源优势，深入实施“大项目带动”战略，大力招商引资，目前已基本形成了以三一重工、恒天九五、北京新安特等企业为代表的先进装备制造产业群；以九兴控股、合隆国际、发制品城等为代表的轻纺产业群；以统一企业、湘窖酒业等企业为代表的食品产业群。

地址：湖南省邵阳市邵阳大道中小企业创业中心
电话：0739-5486000
传真：0739-5486080

标准厂房鸟瞰图

河北省唐山市丰南区

河北省唐山市丰南区沿渤海、邻京津，是唐山市沿海主城区，面积 1312 平方公里，海岸线 19.2 公里，辖 15 个乡镇、1 个街道办事处、444 个行政村、37 个居委会，总人口 52 万。1988 年被批准为沿海开放县，1994 年 4 月撤县建市，2002 年 8 月撤市设区。

改革开放以来，丰南区经济社会快速健康发展，县域经济综合实力先后三次荣登河北“十强”之首，五次跻身全国百强县（市）行列。2014 年，全区预计完成地区生产总值 641.7 亿元，完成全社会固定资产投资 309.5 亿元，公共财政预算收入 25.8 亿元，城镇居民人均可支配收入和农村居民人均纯收入分别达到 29185 元和 12516 元。

资源充足，物产丰富。境内有丰富的煤炭、地热、天然气、矿泉水等自然资源，有亚洲最大的盐场——南堡盐场，全国最大的现代化竖井煤矿——开滦钱家营矿。90 万亩肥沃平展的土地、50 万亩未利用地和 13 万亩可利用的坑塘水面，盛产小麦、水稻、棉花、花生、豆类、蔬菜等主要作物以及鱼、虾、蟹、贝等多种渔业产品，是名副其实的“鱼米之乡”。

区位优越，交通便捷。西距北京 160 公里、天津港 68 公里，东距秦皇岛港 150 公里，南距曹妃甸港 50 公里；京哈、汉南、张唐和津秦客专 4 条铁路，沿海、长深、唐津、唐曹、唐港高速公路及多条国省干线在区内交织成网。被誉为镶嵌在京津唐金三角上的一颗明珠。

工业摇篮，产业雄厚。丰南是我国近代民族工业的摇篮，中国第一条标准轨距铁路从这里延伸，第一台蒸汽机车——“龙号”机车从这里诞生。近年来，重点打造了以唐山港丰南港区和丰南临港经济开发区、丰南经济开发区、丰南小集经济开发区三个省级工业园区为重点的产业发展平台，总体规划面积 210 平方公里；初步建成了钢铁、陶瓷、装备制造、化工、特种线缆和食品加工六大产业基地。国丰公司成为全国最大的窄带钢生产基地；惠达集团成为全国最大的卫生陶瓷生产企业，“惠达”荣获中国驰名商标，品牌价值 91 亿元。

依水而生，因水而兴。清末，煤河通航，商轮客船，樯楫如林；二十世纪六十年代，唐津运河通水，泽被两岸千顷沃野；跨入“十二五”以来，丰南经济发展借水转型，唐津运河生态旅游度假景区成为国家 4A 级景区，唐津运河文化产业集聚区被评为省“十大文化产业集聚区”，运河唐人街荣获“中国特色商业街”称号，文化旅游产业成为丰南的新亮点。

河北丰南临港经济开发区

河北丰南经济开发区

河北丰南小集经济开发区

河北丰南临港物流产业聚集区

上海市商务教育培训中心概况

A brief introduction to Shanghai Education and Training Center of Commerce

上海市商务教育培训中心（以下简称“中心”）是上海市商务委员会直属的教育培训机构，其前身是上海市对外贸易职工大学、上海市对外经济贸易教育培训中心，有着50多年的教育培训历史。中心承担商务部下达的援外培训任务，承担上海市商务委下达的各类教育培训及内外贸领域相关岗位资格、职业资格培训与考核的任务，合作开展大专学历教育和高等职业教育。

中心下设兰生外经贸进修学院，2000年成立上海开放大学外经贸分校，2001年设立上海商学院高等职业技术学院国科路院区，2010年5月被认定为商务部国际商务官员研修基地。2011年，原上海商业人才开发服务中心并入原上海市对外经济贸易教育培训中心，更名为上海市商务教育培训中心。

中心始终把提高教育培训质量作为一切工作的生命线，坚持依托行业、紧扣需要、教培结合、办出特色、服务上海、面向全国的方针，着力培养既懂商务实务、掌握外语，又有较强经营管理能力，能够参与国际竞争的商务专业人才，并致力于打造我国援外培训精品品牌。

中心历来重视学历教育工作，开设了多个外贸领域的全日制专科专业，基本形成了覆盖外贸主要环节、主要岗位的专业框架，学生就业率始终在97%以上。

中心是上海市人力资源和社会保障局、上海市职业能力考试院批准成立的上海市外经贸人才认证中心，是全国商务领域教育培训中心联席会议发起单位和长三角紧缺人才培训中心之一，每年组织上万人次的培训和国家级考试，为企业量身定做培训科目。

中心积极承担商务部下达的援外培训任务，组织实施国际商务官员研修培训，注重援外培训质量和效果，努力深化我国与广大发展中国家的友好合作关系。

此外，中心还是全国成人教育协会培训教育机构工作委员会常务理事单位，上海市成人教育协会企业教育专业委员会副主任单位，长期致力于推进成人教育工作发展。

Shanghai Education and Training Center of Commerce (will be named as “Center” here below) was formerly known as Shanghai Foreign Economics and Trade Education Training Center, an education and training institution directly subordinate to Shanghai Municipal Commission of Commerce. It boasts a fruitful history of over 50 years in education and training. The Center assumes the responsibility of various education and training tasks of Shanghai Municipal Commission of Commerce, and cooperates with other organizations to undertake training and examination tasks of various professional and vocational qualifications in the fields of domestic trade and foreign trade. The Center also takes responsibility of foreign aid training tasks assigned by the Ministry of Commerce. Moreover, the Center undertakes college degree education and higher vocational education.

The Center has some subordinated sections under the unique leadership of the Center. They are: Shanghai Lansheng Foreign Economic Relation and Trade Institute, Foreign Economic Relation & Trade Campus of Shanghai Open TV University founded in 2000, Shanghai Vocational College Guoquan Campus of Shanghai Business School founded in 2001, and the MOFCOM Training Base for International Business Officials, which was awarded by the Ministry of Commerce in May 2010.

The Center has always regarded the quality of training as its lifeline. Based upon de guidelines of relying on industries, meeting with the needs, a good combination of education and training, having special characteristics, providing services to Shanghai and facing to the whole country, the Center is aimed at cultivating international business professionals who are familiar with foreign economics and trade practices, master foreign languages and at the same time, have strong management capabilities, and are able to stand keen competition in the international market. We are also devoting to building our own super brand of foreign aid training.

The Center has put its emphasis on college education and has set up quite a number of majors for full-time college students in the field of foreign economy and trade, which have basically formed a professional structure covering major types of work and posts in the field of foreign economy and trade. Its graduates enjoy a high employment rate of over 97%.

The Center is Shanghai's foreign economics and trade professional certification center approved by Shanghai Human Resources Bureau and Shanghai Professional Testing Authority. It is one of the founders of the National Joint Meeting of Business Training Centers and one of the training centers for cultivating urgently-needed talents in the Yangtze River Delta region, organizing different training programs and national-level tests for over 10,000 people, and designs tailored training programs for enterprises.

The Center has undertaken foreign-aid training tasks designated by the Ministry of Commerce, organizing and carrying out seminars for international business officials, paying full attention to the training quality and results, and trying to promote friendly relationships with other developing countries.

Moreover, the Center is also the executive member of the Working Committee of Training Institutes of National Association for Adult Education, the vice-director-level member of the Education Professional Committee of Shanghai Association for Adult Education. It has been devoting to sustainable promotion of adult education development.

建设桥头堡，打造大通道

民间傣剧

德昂族水鼓舞

网址：rlsyq.gov.cn

目瑙纵歌，万人狂欢

跨境旅游

联系电话：0692-2906365

沿边特区　开放前沿

——瑞丽国家重点开发开放试验区

瑞丽国家重点开发开放试验区位于云南省德宏傣族景颇族自治州，以瑞丽市为核心，规划建设面积 1420 平方公里。这里风光旖旎，气候宜人，民族文化多彩，生物资源多样，区位优势独具。歌曲《有一个美丽的地方》发源瑞丽，传唱华夏。

德宏州是我国与周边国家交流合作的探路者。早在两千多年前，蜀身毒道（南方丝绸之路）从瑞丽出境，联通中国和东南亚、南亚诸国。第二次世界大战时期滇缅公路和中印公路修通，进一步密切了与周边各国的联系。中国改革开放后，德宏进入对外开放黄金发展期。2010 年 7 月，中央做出“积极建设云南瑞丽等重点开发开放试验区”的部署。2012 年 7 月 9 日，国务院批准《瑞丽重点开发开放试验区建设实施方案》。2012 年 11 月，云南省政府成立了由副省长任组长的瑞丽试验区建设领导小组。2012 年 8 月，瑞丽试验区工委、管委挂牌成立。

2012 年以来，瑞丽试验区围绕“通道枢纽、产业基地、交流平台”三大功能，取得六个方面的主要成就：一是发展蓝图逐笔绘就。瑞丽试验区实施方案和总体规划获国家审批，6 个专项规划和总规环评报告编制完成。二是政策环境日益优化。云南省和德宏州人民政府先后出台了支持瑞丽试验区加快建设的若干政策。2013 年 12 月，省政府印发了沿边金融改革试验区总体方案。三是基础设施建设加快。高等级公路建设加快推进，空港建设取得实质性进展，口岸建设和开放力度加大，跨境能源通道逐步建成，互联互通基础设施建设积极推进。四是对缅开放积极主动。双边交流渠道不断拓宽，跨境合作务实推进，对外宣传手段更加多样，跨境金融合作不断突破，中缅双边贸易迅猛增长。五是发展基础不断夯实。试验区产业园区建设积极进行，招商引资取得显著成效，引进一批重大项目，建成一批重大项目。六是先行先试成果丰硕。政银合作更加密切，金融管理体制、通关管理模式、外籍车辆和人员管理方式不断创新，瑞丽畹町同城化管理基本实现，畹町、瑞丽边境经济合作区“扩区移位”正在推进。智力引进成效显著，获批云南省高层次人才创新创业示范基地。

成都 Chengdu

着力建设区域性国际贸易中心城市

Focus on Building Regional International Trade Center City

成都作为中西部地区特大城市，近年来一直站在中国全方位对外开放的前沿，依托产业创新及交通、物流、文化等优势，成为中国经济发展的新驱动：全球重要的电子信息产业基地、中国新型工业化产业示范基地、中国软件名城，以及中国重要的航空、航天、核动力、新能源、新材料产业基地……

全域开放，让成都成为世界关注的焦点。截至2014年9月，成都已与223个国家和地区建立了直接经贸关系；世界500强企业已有255家落户成都；77条国际及地区航线直飞伦敦、旧金山等数十个国际都市和地区；获批在蓉设立的领事机构达到12家，居全国第三、中西部首位。2013年9月1日起，成都正式实施72小时过境免签政策，成为继北京、上海、广州之后过境免签的第四城。

根据《成都市建设区域性国际贸易中心城市行动方案》，成都将建成联结中国西部地区与中亚、西亚、东南亚和南亚地区的贸易通道和核心枢纽，打造以“国际采购、全球服务、区域分拨、城际配送”为主体功能的全球贸易物流节点城市，成为带动和辐射西部地区扩大开放的重要通道和内陆开放示范城市。

Chengdu as the Midwest regional super-large city, in recent years, Chengdu has been standing in the forefront of China's all-round open-door to the outside world, it relying on the industry innovation and transportation, logistics, cultural and other advantages, become a new drive for China's economic development: the important electronic information industry base in the word, the new industrialization industry demonstration base in China, the famous software city in China, as well as the important aviation, aerospace, nuclear power, new energy, new material industry base in China.

As whole field opening, Chengdu become the focus of world attention. As of September 2014, Chengdu has established directly economic and trade relations with 223 countries and regions; 255 enterprises of world top 500 have settled in Chengdu; 77 international and regional routes non-stop flight to London, San Francisco and other dozens of international urban and region; 12 consular institutions have found in Chengdu, the third in China, the first in the Midwest. On September 1, 2013, Chengdu has implemented transit visa-free policy implementation in 72 hours, become the fourth city after Beijing, Shanghai, Guangzhou.

According to "the city of Chengdu construction of regional international trade center action plan ", Chengdu will be a trade routes and core hub to connecting the western region of China and central Asia, west Asia, southeast Asia and South Asia, and a global trade logistics node city to play the part of "international procurement, global services, regional distribution, intercity distribution", Chengdu becoming the importance of open channel and inland open demonstration cities to driven and to expand the western region.

中国武清开发区

China Wuqing Development Area

中国武清开发区是国家经济技术开发区和国家高新技术产业园区，设立于1991年12月28日，在建面积50平方公里。武清开发区区位交通开放便捷、自然生态环境良好、服务环境优质高效、配套功能设施完善，是京津之间最具实力和竞争力的现代、生态、文明兼具的新型园区。

建区以来，共吸引投资1350亿元，引入50个国家和地区的企业1400余家，其中世界500强企业29家。高端制造业以环保、节能、低碳为特色，形成了电子信息、机械制造、生物医药、汽车及零部件、新材料、新能源六大主导产业；现代服务业以总部经济和科技研发为主，形成了科技创新、服务外包、金融服务、研发孵化、商贸物流、总部结算、娱乐休闲等产业聚集效应。同时，开发区与普华永道、世邦魏理仕等国际知名咨询机构建立了战略合作伙伴关系。

武清开发区着眼于打造京津之间重要的战略性新兴产业基地、先进制造业基地和现代服务业聚集区。正在重点开发的区域有欧盟产业园、创业总部基地、京津高村科技创新园、京津高校(武清)科技创新园、高端制造业聚集园、文化创意产业园、天津自贸区武清园。

建区以来，累计实现地区生产总值1574亿元，税收507亿元，解决直接就业13万余人,各项主要经济指标的年增长率一直保持在25%左右， 是武清区对外开放的窗口、经济发展的主发动机、带动产业升级的龙头和安置就业的重要基地。

中国武清开发区

区位图

重点投资区域

布局规划图

China Wuqing Development Area is a state-level high-tech industrial park and state-level economic and technological development area approved by the State Council on Dec. 28, 1991. Up to now, completed and under construction area is 50 km2. Convenient transportation, outstanding natural environment, efficient service function, complete functional facility, the strongest and most competitive, modern, ecological and civilized new-type industrial park in Jing-Jin area.

Up to now, the investment is 120 billion RMB. More than 1400 enterprises from 50 countries invested in Wuqing Development Area and 29 top-500 enterprises among. The characteristic of high-end manufacturing is eco, energy saving and low-carbon. 6 main industries of high-end manufacturing are mechanical manufacturing, biology and pharmacy, electronic information, auto and parts, new materials and new energy. 2 main industries of modern service are headquarters economy and technical research and development. Scientific innovation, service outsourcing, financial, R&D, incubation, trade logistics, headquarters settlement, entertainment and leisure industry has been formed the aggregation effect. Meanwhile, Wuqing Development Area has established the strategic cooperation partnership with the world famous consulting agency like PWC, CBRE, etc.

The goal of Wuqing Development Area is to be the strategic new industry base, advanced manufacturing industry base and modern service industry accumulation area between Beijing and Tianjin. The key investment areas are EU-Park, Headquarter Base, Jingjin Gaocun Science & Technology Innovation Park, Beijing Tianjin Universities Science & Technologies Innovation Park, Advanced Manufacturing Cluster Area, Culture and Innovation Park and Tianjin Free Trade Zone Wuqing Park.

Until now, Wuqing development area accomplishes cumulatively GDP 139.7 billion RMB. Tax revenue is 45.9 billion RMB. 130 thousand peoples are employed by enterprises in Wuqing Development Area. Annual economy growth rate keeps at 25%. Wuqing development area is the window of opening up in Wuqing district and plays the flagship of the upgrade of industries. Wuqing development area is also the main engine role of Wuqing district local economy and the importance base for the employment placement.

地址：中国天津武清开发区福源道18号　邮编：301700
电话：4006-516-018　　传真：0086-22-82116325
网址：www.tjuda.com
Address: No. 18 Fuyuan Road, Wuqing Development Area Tianjin, China
Telephone: 4006-516-018　　Fax: 0086-22-82116325
Website: www.tjuda.com

德国代表处
地址:德国法兰克福市博肯海姆兰特大街61号，邮编60325
电话:0049（0）69 2475 6800转43；手机:0049（0）151 1132 8582
German Investment Office
Address: :Bockenheimer Landstr. 61 60325 Frankfurt am Main Germany
Tel: 0049（0）69 2475 6800ext43；M.T.:0049（0）151 1132 8582

中国南车 CSR

南车南京浦镇车辆有限公司

CSR NANJING PUZHEN CO., LTD.

南车南京浦镇车辆有限公司简介

南车南京浦镇车辆有限公司是中国南车股份有限公司核心企业，主要从事城轨车辆、城际动车、铁路客车等产品的研制，是中国轨道交通装备研究和制造的龙头企业。

公司拥有强大的研发平台和雄厚的制造实力，掌握了城轨车辆、城际动车组、城市有轨电车制造的核心技术，形成了城轨车辆、城际动车组、铁路客车、转向架核心部件等四大产业。

公司先后获得上海、南京、苏州、杭州、无锡、深圳、东莞、香港、印度孟买、伊朗等城市轨道车辆订单，以及朝鲜、格鲁吉亚、几内亚、马来西亚、突尼斯、阿根廷、喀麦隆、土库曼斯坦等国家动车或铁路客车订单，市场遍布亚洲、南美、北非、中东及前独联体国家。

沈阳汽车城

——助推辽宁汽车产业腾飞的强力引擎

一、沈阳汽车城区域概况

沈阳－欧盟经济开发区位于沈阳市大东区北部，规划面积约 70 平方公里。2006 年 5 月设立开发区管委会。2011 年 3 月，为推动沈阳汽车产业发展建设，管委会加挂沈阳汽车城开发建设管委会牌子，形成了两块牌子一套机构的格局。沈阳汽车城以创建国家新型工业化产业示范基地为目标，坚持以科学发展观统领经济社会发展全局。紧密围绕“汽车强区”这一战略重点，汽车产业基地已发展成为沈阳市装备制造业发展的龙头区域，成为助推辽宁汽车产业腾飞的强力引擎。

李英华 沈阳汽车城开发建设管理委员会主任
沈阳—欧盟经济开发区管理委员会主任

二、沈阳汽车城产业规模

沈阳汽车城区域内现有多家汽车生产及配套服务企业，生产态势良好，增长强劲，已经形成具有相当规模的汽车产业集聚区。区域内现已形成以轻型客车为基础、以轿车为重点，具有整车制造和零部件配套能力的汽车产业基地。区域内聚集了华晨金杯、华晨中华、华晨宝马、上通北盛四大整车厂。

在整车制造业迅速发展的同时，汽车零部件制造业也得到了快速发展。世界五百强企业美国江森、伟世通、德尔福集团以及德国伍尔特集团等 150 余家国内外知名的汽车零部件企业纷纷在沈阳汽车城内投资建厂。

2014 年，汽车产业规模持续壮大。整车产量达到 84.5 万辆，增长 3.6%；整车产值 1120.5 亿元，增长 6.1%，占大东区工业总产值的 71.8%；纳税总额 38.1 亿元，占大东区税收总额的 50.7%。与此同时，汽车零部件配套能力进一步增强。伟巴斯特等 22 个项目投产，平和法雷奥等 9 个项目开工，金杯汽车零部件产业园等 14 个项目签约，汽车零部件企业全年完成产值 103 亿元，增长 20%。

2014 年沈阳汽车城成为“国家新型工业化产业示范基地”，并在全国“开发区 30 年 30 强”公益评选中荣获“最具发展潜力奖”。

三、沈阳汽车城发展目标

发展目标一：汽车产业之城。到 2020 年实现整车产能 160 万辆，综合收入 5000 亿元，其中汽车工业总产值实现 3000 亿元，服务业综合收入 2000 亿元；实现税收 800 亿，就业人口 16 万人，城市常住人口 25 万人。

发展目标二：汽车科技之城。引进整车研发机构，引进第三方设计和检测机构。科技投入方面：2015 年前，汽车制造业研发经费投入占营业收入的比重达到 2% 以上；2020 年汽车制造业研发经费占营业收入 3% 以上。教育和人才培养方面：建设一个以汽车及相关专业为主的汽车工程学院。

发展目标三：汽车文化之城。到 2015 年，引进一两个全力打造沈阳特色会议平台，引入一两个全国性汽车行业赛事。到 2020 年，力争汽车文化产业综合收入达到 500 亿元。

发展目标四：汽车商贸之城。发挥沈阳市区域位置极佳、交通便捷、市场辐射能力强和汽车后市场产业基础良好等优势，大力发展汽车商贸服务业，打造独具特色的现代化汽车商贸之城 。2020 年，实现汽车商贸综合收入 300 亿元，其他后市场服务综合收入 200 亿元。

发展目标五：和谐之城。一是将自然生态与人文理念融入城市建设与发展，形成优雅舒适的人居环境，2020 年实现商住配套服务产业综合收入 500 亿元；二是力争汽车产业实现多企业、多品牌同区域发展；三是城市建设力争实现生产、生活区域相对分离的宜居格局。

中国·河北沧州经济开发区

CEDA
Cangzhou Economic Development Area
沧州经济开发区

地址：河北省沧州经济开发区渤海路 23 号　邮编：061002
电话：0317-3093917　网站：www.cedz.gov.cn

沧州经济开发区管委会

台商转移基地项目签约仪式

塑料管材产品

不锈钢制品

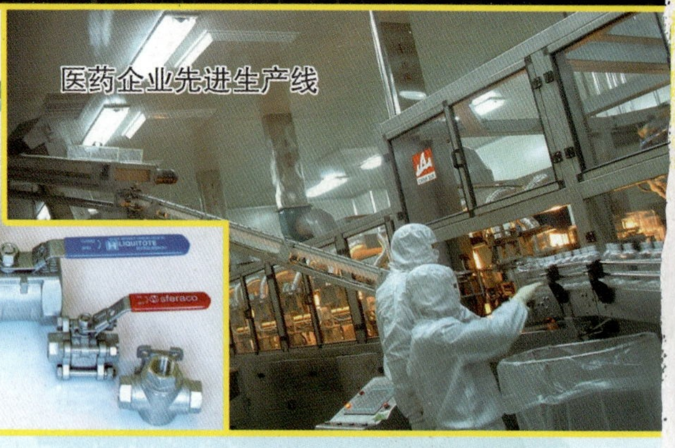
医药企业先进生产线

沧州经济开发区是经省政府批准建立的省级开发区，总体规划面积 80 平方公里，发展规模居河北省第十位，是中心城市的重要组成部分。

交通区位 沧州东临渤海，北依京津，南接华东，西通腹地。境内京沪、京九、朔黄、邯黄铁路和京沪高铁，加上京沪、京台、京济、石黄、保沧、津汕、沿海、廊沧、大广高速公路，“六纵四横”国省干线为骨架的便捷的公路交通网，构成了沧州“东出西联、南北贯通、内网加密、外部连接”的交通格局。乘坐京沪高速列车，沧州到北京仅需 51 分钟，到上海也只要 4 个多小时。

基础建设 沧州经济开发区基础设施完备，保障有力，实现了水、电、暖、汽、天然气、通讯、网络、有线电视、道路、排污和场地的“十通一平”。区内建有“七横五纵”的高标准公路网、双回路供电网络、日供水 10 万吨的水厂和日处理能力 10 万吨的污水输送工程。

产业集群 沧州经济开发区靠稳定的政策环境、公平的市场环境、全新的科技环境、优越的人才环境，吸引了日、韩、意及港台等境内外 300 多家企业入园。台商工业园、现代物流园、安防科技园、名优汽车配件园、新兴产业示范园、塑料工业园、航空产业园、中西医药产业园和科技创业中心的建立与发展，形成了沧州开发区“一区多园”的产业格局，成为沧州外向型经济的先导区、高科技企业的孵化区、产业升级的聚集区。

发展空间 随着《河北沿海地区发展规划》上升为国家战略，京津冀区域一体化发展规划的加快推进，以及京津产业的日益外溢和辐射，位于首都一小时经济圈和具有港口优势的沧州也担负起承接京津冀产业转移的重任。而作为沧州重要工业支撑点和增长极的沧州经济开发区则被推向了更高层次，迎来了前所未有的发展机遇。